金叶文苑

——山东省烟草学会 2019 年度优秀论文集

山东大学出版社

图书在版编目(CIP)数据

金叶文苑:山东省烟草学会2019年度优秀论文集 / 李艳主编. —济南:山东大学出版社,2021.2
ISBN 978-7-5607-6913-4

Ⅰ. ①金… Ⅱ. ①李… Ⅲ. ①烟草工业—工业企业管理—中国—文集 Ⅳ. ①F426.89-53

中国版本图书馆CIP数据核字(2021)第048276号

策划编辑:李　港
责任编辑:李　港
封面设计:尉希慧

出版发行:山东大学出版社
　　社　址　山东省济南市山大南路20号
　　邮　编　250100
　　电　话　市场部(0531)88363008
经　销:新华书店
印　刷:济南华林彩印有限公司
规　格:787毫米×1092毫米　1/16
　　49.25印张　1135千字
版　次:2021年2月第1版
印　次:2021年2月第1次印刷
定　价:88.00元

前言

《金叶文苑》是由山东省烟草学会组编，集结收录山东烟草每年度各领域获奖论文的专业类书籍，凝聚着山东烟草科技工作者的智慧，涵盖了工商企业最新最优的科技创新成果。本系列书籍按年度编印出版，自 2016 年开始，截至目前已经出版了 3 期。

党的十八大以来，以习近平同志为核心的党中央对实施创新驱动发展战略作出了一系列重大部署，陆续出台了国家创新驱动发展战略纲要和深化科技体制改革实施方案，提出了我国科技事业发展“三步走”战略目标，为国家创新发展指明了方向。十九届五中全会进一步指出，要坚持创新在我国现代化建设全局中的核心地位，强化国家战略科技力量，提升企业技术创新能力，激发人才创新活力，完善科技创新体制机制。

近年来，烟草行业全面树立和贯彻新发展理念，持续推进创新驱动发展战略，扎实推动科技体制机制改革，加快形成创新驱动发展的新模式、新机制，精心制定实施“十三五”科技创新规划和关于全面推进创新型行业建设的意见等，将全行业的科技创新放在更高层面；在国家局党组的正确领导下，山东烟草紧紧围绕行业高质量发展中心任务，以创新、协调、绿色、开放、共享的新发展理念为引领，以建设创新型企业为目标，着力优化创新氛围，完善创新机制，强化平台建设，持续推动观念、队伍、模式、做法转型升级，充分发挥了科技创新对山东烟草高质量发展的引领和支撑作用。

为深入贯彻创新驱动发展战略部署要求，进一步活跃学术思想、启迪创新思维、促进成果转化，山东省烟草学会组织开展了 2019 年度优秀论文征集评选活动。活动中，各会员单位与广大干部职工聚焦山东烟草高质量发展目标，围绕省局(公司)“六个聚焦、六个优化升级”工作重点、山东中烟公司“稳中求进调状态、凝心聚力促提升”工作思路，立足自身工作实际，深入思考、积极撰稿，共申报各类论文 738 篇，涵盖了烟草工业、农业、专卖、营销、经济管理等 14 个专业领域。

山东省烟草学会邀请行业内外专家成立论文评审组，秉承“专业引领与价值导向相统一”“宏观统筹与重点突破相结合”的原则，采取“上下联动、交叉评审、集体研讨”等多种方式开展论文评审，确保了评审过程的科学性和公正性。最终，共评选出一等奖论文 20 篇、二等奖论文 35 篇、三等奖论文 55 篇。通过将获奖论文集结成册的方式，承载山东烟草人不断追求高质量发展的渴望，将“聚智汇能”思想融入创新型企业建设大格局之中，不断探索学术成果在山东烟草各领域各环节的创新融合、深度应用，进一步鼓励广大科技工作者为推动山东烟草高质量发展作出更大的贡献。

在论文的评选和编辑过程中，各专业委员会、各评委和有关人员认真负责，做了大量的工作，借此机会，表示衷心的感谢。

由于水平有限，本论文集的编辑出版尚有不尽如人意之处，诚望广大读者见谅并指正。

编委

2020年9月

目　录

001　烟草农业篇

002　烟草工业与卷烟材料篇

003 烟草经济与管理

004 卷烟流通与现代物流篇

005 专卖与法律法规篇

006 信息化管理篇

007 综合管理篇

001 烟草农业篇

YAN CAO NONG YE PIAN

小麦秸秆及其生物炭对烟田土壤理化特性及有机碳组分的影响

王毅[1,2,3]，张俊清[1]，况帅[1]，管恩森[3]，禚其翠[4]，宋晓培[1,2]，
芦伟龙[1,2]，王大海[3]，刘跃东[1,2]，张继光[1]

（1. 中国农业科学院烟草研究所，山东青岛，266101；2. 中国农业科学院研究生院，北京，100081；
3. 山东潍坊烟草有限公司，山东潍坊，262200；4. 山东省农业科学院作物研究所，山东济南，250100）

［摘要］ 本文以2年田间定位试验为依托，旨在探明连续施用小麦秸秆及其生物炭对植烟土壤理化性状和有机碳组分的影响，为烟区土壤质量提升提供依据。试验设4个处理，分别为：常规施肥(CK)，配施小麦秸秆(FS)，配施小麦秸秆生物炭 2.25 t/hm^2(FB1)和 4.5 t/hm^2(FB2)。烟叶收获后，采集0～20 cm耕层土样，测定了土壤基础理化指标和总有机碳(TOC)、微生物生物量碳(MBC)、热水溶性有机碳(HWC)、活性有机碳(LOC)及轻组有机碳(LFOC)含量，并计算了土壤碳库管理指数(CPMI)。施用2年后，FB1和FB2处理TOC含量显著高于CK处理，增幅分别为74.9%和115.8%，而FS与CK处理差异较小。LFOC含量的变化趋势与TOC类似，FB1和FB2处理LFOC含量分别较CK处理显著增加152%和326.6%。FS处理HWC含量显著高于CK处理和FB1处理，而与FB2处理差异不显著。与CK处理相比，FS处理HWC含量增加了107%。FS和FB2处理MBC含量较CK处理分别增加了252.4%和143.5%，而FB1处理与CK处理相比差异不显著。FS处理LOC含量较CK处理显著增加了68.9%，而FB1、FB2处理LOC含量与CK处理相比差异不显著。FS处理还能显著降低土壤容重、增加土壤含水量及有效磷含量，其对部分土壤理化特性的改良效果优于生物炭处理(FB1和FB2)。此外，CPMI也以FS处理最高，较CK处理显著增加了73.5%，而FB1和FB2处理与CK处理相比差异不显著。连续秸秆还田有利于提升烟田土壤活性有机碳(MBC、HWC和LOC)含量，降低土壤容重，提高有效磷含量，提高土壤CPMI；而同量秸秆转化为生物炭连续还田能够提高土壤总有机碳和轻组有机碳含量，更有利于土壤有机碳的长期固存。

［关键词］ 小麦秸秆；生物炭；土壤理化特性；有机碳组分；碳库管理指数(CPMI)

潮褐土土体深厚，肥力中等偏上，是山东最适宜的植烟土壤之一，但由于常年的连作种植、有机物料投入不足以及化学肥料大量使用，致使土壤理化性状恶化，肥力降低[1]，已经严重制约了土壤的可持续利用及农业的可持续发展。土壤有机碳(Total Organic Carbon，TOC)与土壤的物理、化学及生物学特性密切相关，在土壤养分循环中发挥着重要作用[2]。

但 TOC 含量是一个矿化分解和合成的平衡结果，短期内的数量变化难以灵敏反映土壤有机碳的周转速率以及土壤质量的变化[3]。活性有机碳组分是土壤有机碳库中活性较高、容易被微生物分解矿化而被作物直接吸收的部分，能够迅速响应农田管理措施的变化，其中土壤微生物生物量碳（Microbial Biomass C，MBC）、热水溶性有机碳（HWC）、活性有机碳（Labile Organic C，LOC）等是其常用的重要表征指标[4]。Lefroy 等[5]在土壤活性有机碳研究基础上提出了土壤碳库管理指数（Carbon Pool Management Index，CPMI）的概念，它能全面动态地反映土壤碳库的有效性，更加系统灵敏地揭示出土壤肥力的变化，在农田土壤有机碳转化研究及管理方面得到了广泛应用。

农作物秸秆中含有丰富的碳、氮、钾及微量元素等养分，秸秆直接还田能够增加土壤有机碳及活性组分含量[6]，提高土壤微生物活性[7]，改善土壤理化性状[8]。也有研究指出，秸秆直接还田容易引起 CO_2 等温室气体的释放量增加[9]。秸秆在高温低氧条件下裂解形成的生物炭（Biochar），具有比表面积大、吸附能力强、稳定性高等特点[10]。土壤添加秸秆生物炭，可以增加土壤有机碳的储备[11]、改善土壤理化性状[12]、调节温室气体排放[11]等。但在土壤中，不同活性有机碳组分对生物炭的响应差异较大[11,13]。目前，秸秆还田及其生物炭在我国烟田土壤的应用多侧重于土壤改良及烟叶产量质量影响方面[14]，鲜见秸秆还田及其生物炭还田后烟田土壤有机碳组分及碳库管理指数（CPMI）动态变化方面的报道。为此，本文通过连续开展两年田间小区试验，比较小麦秸秆及其生物炭施用对烟田土壤基本理化性状、有机碳组分及 CPMI 的影响，旨在为秸秆资源高效利用及烟田土壤质量提升提供科学依据。

1 试验材料与方法

1.1 试验材料

试验于 2016～2017 年在山东省诸城市贾悦镇西洛庄村进行。试验区地处鲁东丘陵区，属温带季风气候，年均日照时数 2578 h，平均气温 12.3 ℃，降雨量 773 mm，无霜期 232 d。土壤类型为潮褐土，质地为壤土，常年种植烤烟。试验区耕层土壤（0～20 cm）的主要理化性状为：pH 7.82，有机质 8.58 g/kg，碱解氮 91.0 mg/kg，有效磷 20.6 mg/kg，速效钾 214 mg/kg。

供试小麦秸秆为试验区自产，小麦秸秆生物炭为当地自制（400 ℃～500 ℃，热解 1 h，转化率约为 33%）。小麦秸秆及其麦秸生物炭的基本理化性状如表 1 所示。

表 1　小麦秸秆及其生物炭的理化性状

材料	pH	全碳 (g/kg)	全氮 (g/kg)	全磷 (g/kg)	全钾 (g/kg)	全钙 (g/kg)	全镁 (g/kg)
小麦秸秆	7.62	394.9	11.60	0.977	11.84	3.57	2.32
麦秸生物炭	10.60	474.4	9.00	1.852	44.70	8.46	5.61

1.2 试验设计

试验设4个处理：常规施肥N 76.5 kg/hm^2，P_2O_5 84.2 kg/hm^2，K_2O 191.2 kg/hm^2（CK）；常规施肥配小麦秸秆6.75 t/hm^2（FS）；常规施肥配小麦秸秆生物炭2.25 t/hm^2（由6.75 t小麦秸秆烧制，FB1）；常规施肥配小麦秸秆生物炭4.5 t/hm^2（FB2）。每个处理3次重复，随机排列，每个重复小区面积为48 m^2。

每年3月烟田起垄前，地表撒施小麦秸秆及其生物炭，经翻耕混匀后，再施肥起垄。各施肥种类及用量情况为：烟草专用复合肥（N 10%，P_2O_5 10%，K_2O 20%）施用量为600 kg/hm^2，硫酸钾（K_2O 50%）施用量为105.0 kg/hm^2，磷酸二铵（N 16.5%，P_2O_5 44.5%）施用量为60.0 kg/hm^2，硝酸钾（N 13.5%，K_2O 44.5%）施用量为45.0 kg/hm^2。供试烤烟品种为NC55，5月10日左右移栽。烤烟的行株距为1.2 m×0.5 m，移栽密度为16500棵/hm^2。

1.3 样品采集与分析

每年烟叶采收结束后，在每个试验小区用环刀采集0～20 cm土层的3个样品，用于测量土壤容重和土壤含水量。同时用土钻以“S”法采集5个土样，充分混匀后采用四分法留取1.5 kg土壤带回实验室。土样经去杂后，过2 mm孔径筛，分成2份：一份储藏于4 ℃冰箱中，用于测定土壤MBC和HWC；另一份风干后再过0.25 mm孔筛，用于测定土壤其他指标。具体为：TOC采用重铬酸钾氧化—分光光度法，pH采用电位计法（水土比2.5∶1），阳离子交换量（CEC）采用中性乙酸胺交换法，全氮（TN）采用半微量开氏法，有效磷（AP）采用钼锑抗比色法，速效钾（AK）采用火焰光度计法[15]。HWC的测定：称取过2 mm孔径筛的土壤，加入蒸馏水后，在恒温水浴锅煮沸60 min，取上清液测定其有机碳含量[16]。采用氯仿熏蒸—K_2SO_4浸提法测定MBC含量[17]。LOC按照Loginow等[18]的方法测定。LFOC（Light Soil Organic Carbon Fraction，LFOC）按照Han等[19]的方法测定。

以2016年烟叶采收后的常规施肥处理土壤样品为参考，参考Demisie等[13]的方法计算土壤碳库管理指数及相关指标。

1.4 数据处理

用Excel 2013计算数据的平均值、标准差，并进行绘图；用IBM Statistics SPSS 19.0软件进行单因素方差分析、相关性分析，LSD法进行显著性检验，图中误差线表示标准偏差（SD）。

2 结果与分析

2.1 小麦秸秆及其生物炭对土壤理化特性的影响

小麦秸秆及其生物炭连续还田2年后，FS处理土壤容重较CK处理显著降低了14.0%，土壤含水量显著增加了33.4%，而FB1、FB2处理土壤容重及含水量变化较小（见表2）。此外，FS和FB2处理AP含量显著增加，增幅为82.9%和66.5%。

表 2　小麦秸秆及其生物炭对土壤理化特性的影响

处理	容重 (g/cm³)	土壤含水量 (%)	CEC C(mol/kg)	pH	全氮 (g/kg)	有效磷 (mg/kg)	速效钾 (mg/kg)
CK	1.19b	9.77b	26.6a	7.84a	0.63a	22.5b	229a
FS	1.03a	13.00a	27.9a	7.86a	0.80a	41.1a	254a
FB1	1.15ab	10.50b	27.4a	7.93a	0.70a	23.2b	247a
FB2	1.13ab	12.10b	28.1a	8.01a	0.69a	37.4a	308a

注:不同小写字母表示处理间差异显著($p<0.05$)。

2.2　小麦秸秆及其生物炭对土壤 TOC 的影响

小麦秸秆及其生物炭处理 TOC 含量呈增加趋势(见图 1),但仅 FB1 处理 TOC 含量年度间差异显著。施用秸秆及其生物炭 2 年后,与 CK 处理相比,FS 处理 TOC 含量增加了 20.7%,但差异不显著;FB1 和 FB2 处理 TOC 含量较 CK 处理显著增加,增幅分别为 74.9%和 116%。

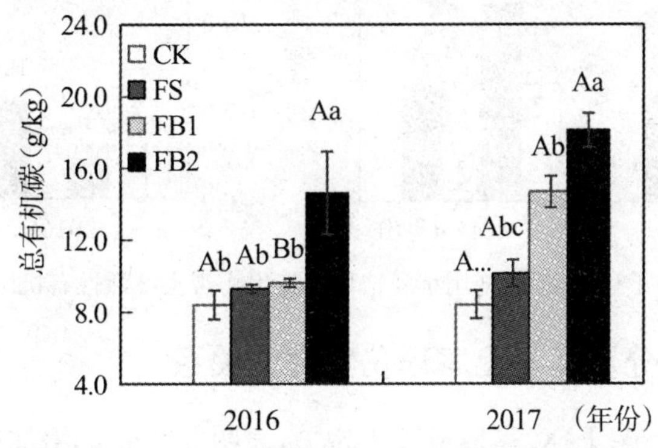

图 1　2016 年和 2017 年小麦秸秆及生物炭处理土壤总有机碳含量

注:柱上不同小写字母表示同一年度不同处理间差异显著,不同大写字母表示同一处理不同年度间差异显著($p<0.05$),下同。

2.3　小麦秸秆及其生物炭对土壤活性有机碳组分的影响

小麦秸秆及其生物炭对土壤活性有机碳组分的影响如图 2 所示。不同处理 HWC 含量年度间无显著变化。连续施用 2 年后,HWC 含量以 FS 处理最高,较 CK 处理显著增加了 107%,FB1 和 FB2 处理与 CK 处理相比差异不显著。与 2016 年相比,2017 年 FS、FB1 和 FB2 处理 MBC 含量分别显著增加了 150.1%、28.2%和 86.5%。秸秆及其生物炭施用 2 年后,FS 和 FB2 处理 MBC 含量分别较 CK 处理显著提高了 252.4%和 143.5%,FB1 处理与 CK 处理差异不显著。

各处理 LOC 含量年度间差异不显著。当年投入秸秆和生物炭对土壤 LOC 含量影响较小,而连续施用 2 年后,与 CK 处理相比,FS 处理 LOC 含量显著增加,增幅为 68.9%,而 FB1 和 FB2 处理增幅不显著。2017 年,FB1 和 FB2 处理 LFOC 含量较 2016 年分别显著增加了 90.4%和 129.8%，而 FS 处理 LFOC 含量变化较小。连续 2 年投入秸秆和生物炭，各处理 LFOC 含量以 FB2 处理最高，其次是 FB1 处理，较 CK 处理分别显著增加了 326.2%和 153.5%，FS 处理与 CK 处理相比差异不显著。

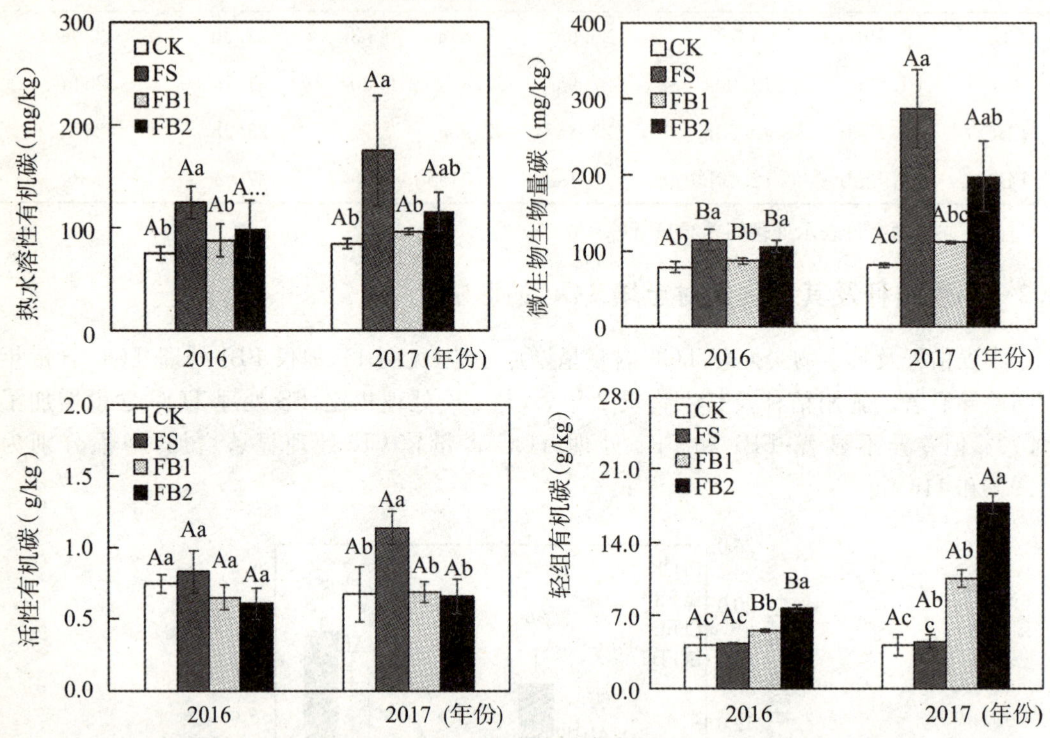

图 2　2016 年和 2017 年施用小麦秸秆及其生物炭土壤活性有机碳组分含量

2.4　土壤有机碳组分及其与土壤理化特性的关系

如表 3 所示，TOC 与 LFOC 呈极显著正相关，表明 LFOC 的增加有助于 TOC 含量的提高；MBC 与 HWC、LOC 呈极显著正相关，说明各有机碳组分之间存在密切的转化关系。如表 4 所示，不同土壤理化指标与 TOC 相关性较差，而与 MBC、HWC 和 LOC 相关性较好。MBC 与土壤 TN、CEC、土壤含水量和 AP 呈显著至极显著正相关，与容重呈极显著负相关；HWC 与土壤容重呈极显著负相关，与土壤含水量和 AP 呈显著正相关；LOC 与 TN 呈显著正相关，与土壤容重呈显著的负相关。

表 3　土壤有机碳组分间的相关性

指标	TOC	MBC	HWC	LOC	LFOC
TOC	1.000				
MBC	0.255	1.000			
HWC	0.041	0.621**	1.000		
LOC	−0.327	0.589**	0.716**	1.000	
LFOC	0.911**	0.232	0.026	−0.331	1.000

注：* 表示 $p< 0.05$ ；** 表示 $p<0.01$，下同。

表 4　土壤有机碳组分与土壤理化特性间的相关性

指标	容重	含水量	CEC	TN	AP	AK	pH
TOC	0.000	0.175	0.350	0.013	0.258	0.499	0.480
MBC	−0.755**	0.730**	0.656*	0.620*	0.788**	0.361	−0.004
HWC	−0.771**	0.621*	0.240	0.499	0.660*	−0.017	0.123
LOC	−0.674*	0.412	0.336	0.634*	0.419	−0.257	0.072
LFOC	0.096	0.167	0.307	−0.103	0.230	0.537	0.520

2.5　小麦秸秆及其生物炭对土壤 CPMI 的影响

如表 5 所示，与 CK 处理相比，秸秆及其生物炭施用当年，FB2 处理 CPI 最高，较 CK 处理显著增加了 74.0%；LI 最低，较 CK 处理显著降低了 54.8%，处理间 CPMI 差异不显著；秸秆及其生物炭施用 2 年后，FB1 和 FB2 处理 CPI 较 CK 处理分别增加了 75.0%和 116%；LI 以 FS 处理最高，生物炭处理(FB1 和 FB2)最低；与 CK 处理相比，FS 处理 LI 显著增加了 40.9%，生物炭处理则分别降低了 43.3%和 57.9%；各处理 CPMI 以 FS 处理为最高，较 CK 处理显著增加了 73.5%，但生物炭处理与 CK 处理差异不显著。

表 5　秸秆与秸秆生物炭对土壤碳库管理指数及相关指标的影响

年度	处理	碳库指数 (CPI)	碳库活度 (L)	活度指数 (LI)	土壤碳库管理指数 (CPMI)
2016	CK	1.00b	0.099a	1.00a	100.00a
	FS	1.11b	0.098a	0.99a	109.77a
	FB1	1.14b	0.073ab	0.73ab	83.86a
	FB2	1.74a	0.045b	0.45b	76.22a
2017	CK	1.00c	0.090ab	0.91ab	88.71b
	FS	1.21c	0.130a	1.28a	153.92a
	FB1	1.75b	0.049bc	0.51bc	89.55b
	FB2	2.16a	0.038c	0.38c	81.97b

3　讨论

3.1　秸秆及其生物炭施用对土壤理化特性的影响

在本文中，与常规对照相比，FS 处理显著降低了土壤容重，生物炭处理(FB1 和 FB2)的土壤容重略有改善。赵海成[20]等也得到类似结果。小麦秸秆密度小、投入量大，短期内秸秆在土壤中难以完全分解，因而能够通过占据较大土壤空间，迅速降低土壤容重。秸秆在炭化过程中，其不稳定的有机组分挥发损失导致孔隙的形成，木质素等难降解组分则保留下来，形成富含大量微孔结构的生物炭，持续施入土壤后能够通过吸附微小土壤团聚体颗粒达到持续改善土壤孔隙度，降低土壤容重的目的[20]。

3.2 秸秆及其生物炭施用对烟田土壤中有机碳及其组分的影响

研究发现，经秸秆还田处理的土壤 TOC 含量与常规相比差异不显著。原因是土壤 TOC 背景值高、变化慢，对短期农业管理措施引起的变化不敏感[21]；且秸秆多属新鲜有机质，难以在土壤中长期固持。秸秆生物炭提高了 TOC 含量，连续 2 年累积效应明显（见图 1）。原因是生物炭生物稳定性强，而土壤微生物难以分解有效碳组分，致使有机碳输入量远高于分解量[22]。

土壤微生物生物量碳（MBC）在调控有机质分解过程中发挥重要作用[23]。在本文中，FS 及 FB2 处理 MBC 含量均高于 CK 处理，且其含量逐年增加。秸秆还田能增加土壤碳氮输入，改善土壤微生物繁育环境条件，提高微生物的数量[3,6]；生物炭能为土壤微生物创造良好的生境条件，并增加土壤微生物数量[16]。热水溶性有机碳（HWC）与土壤微生物关系密切，是评价土壤有机碳生物潜在可用性的重要依据[24]。增施有机物料是提高土壤 HWC 含量的有效手段[25]。在本文中，秸秆还田处理 HWC 含量显著高于其他处理，这说明秸秆直接还田更有利于提高土壤有机碳的生物有效性。原因是在秸秆炭化过程中，秸秆中活性较高的组分多转化为惰性物质，而使其生物活性降低[26]。

轻组有机碳（LFOC）主要由处于不同分解阶段的植物碎片、植物根系等组成[27]。已有研究发现，土壤中 LFOC 含量与归还到土壤中的植物残体或添加的有机物料种类密切关联[28]。不易分解的有机物料往往更有利于增加土壤 LFOC 含量[29]。本文中的生物炭处理 LFOC 含量显著高于常规对照，这与生物炭密度小且形态稳定，轻组部分能够在土壤中大量集中且不易分解有关[30]。相比 LFOC，活性有机碳（LOC）检测方法更便捷，应用更加广泛[31]。在本文中，秸秆还田处理 LOC 含量显著高于常规对照。张杰等[32]利用小麦秸秆生物炭和木质素生物炭对潮土中 LOC 含量的研究也得到了类似结果。

3.3 秸秆与生物炭施用对土壤碳库管理指数(CPMI)的影响

土壤碳库管理指数（CPMI）越高，土壤碳库活度和质量也就越高[6]。本文表明，与 CK 处理相比，两年的秸秆还田处理显著提高了 CPMI，而生物炭处理变化较小。这说明与秸秆生物炭相比，秸秆直接还田处理更有利于土壤碳库活度的提高及质量的改善。其原因在于秸秆直接还田后增加了 LOC 含量，提高了 LI，而 CPI 变化不大，则 CPMI 表现为增加。

4 小结

小麦秸秆还田对潮褐土烟田土壤总有机碳（TOC）和轻组有机碳（LFOC）影响较小，但能提高土壤热水溶性有机碳（HWC）、微生物生物量碳（MBC）和活性有机碳（LOC）含量，降低土壤容重，提高土壤有效磷含量及土壤碳库管理指数（CPMI）；同量秸秆转化的生物炭施用后能增加烟田土壤中 TOC 和 LFOC 含量，但对活性高的碳组分（HWC、MBC 和 LOC）含量影响较小，且 CPMI 也无显著变化。因此，小麦秸秆直接还田有利于土壤有机碳库活度的提升及有机碳质量的改善，而秸秆转化后的生物炭更有利于土壤有机碳的长期固存。

参考文献

[1]李雪利，叶协锋，顾建国，等. 土壤C/N比对烤烟碳氮代谢关键酶活性和烟叶品质影响的研究[J]. 中国烟草学报，2011，17(3)：32-36.

[2]陆欣. 土壤肥料学[M]. 北京：中国农业大学出版社，2002.

[3]路文涛，贾志宽，张鹏，等. 秸秆还田对宁南旱作农田土壤活性有机碳及酶活性的影响[J]. 农业环境科学学报，2011，31(3)：522-528.

[4]Liang B. C.，Mackenzie A. E.，Schnitzer M.，et al.. Management induced change in labile soil organic matter under continuous corn in eastern Canadian soils [J]. *Biology and Fertil of Soils*，1997，26(2)：88-94.

[5]Lefroy R. D. B.，Blair C.，Strong W. M.. Changes in soil organic matter with cropping as measured by organic carbon fractions and ^{13}C natural isotope abundance [J]. *Plant and Soil*，1993，155 (1)：399-402.

[6]Tan D. S.，Jin J. Y.，Huang S. W.，et al.. Effect of long-term application of K fertilizer and wheat straw to soil on crop yield and soil K under different planting systems [J]. *Agricultural Sciences in China*，2007，6(2)：200-207.

[7]张聪，慕平，尚建明. 长期持续秸秆还田对土壤理化特性、酶活性和产量性状的影响[J]. 水土保持研究，2018，25(1)：92-98.

[8]Wang X. J.，Jia Z. K.，Liang L. Y.，et al.. Maize straw effects on soil aggregation and other properties in arid land [J]. *Soil and Tillage Research*，2015(153)：131-136

[9]李成芳，寇志奎，张枝盛，等. 秸秆还田对免耕稻田温室气体排放及土壤有机碳固定的影响[J]. 农业环境科学学报，2011，30(11)：2362-2367.

[10]武玉，徐刚，吕迎春，等. 生物炭对土壤理化性质影响的研究进展[J]. 地球科学进展，2014，1(29)：68-79.

[11]Zhang A. F.，Bian R. J.，Pan G. X.，et al.. Effects of biochar amendment on soil quality, crop yield and greenhouse gas emission in a Chinese rice paddy: A field study of 2 consecutive rice growing cycles [J]. *Field Crops Research*，2012(127)：153-160.

[12]战秀梅，彭靖，王月，等. 生物炭及炭基肥改良棕壤理化性状及提高花生产量的作用[J]. 植物营养与肥料学报，2015，21(6)：1633-1641.

[13]Demisie W.，Liu Z.，Zhang M.. Effect of biochar on carbon fractions and enzyme activity of red soil [J]. *Catena*，2014(121)：214-221.

[14]李正风，张晓海，夏玉珍，等. 秸秆还田在植烟土壤性状改良上应用的研究进展[J]. 中国农学通报，2007，23(5)：165-170.

[15]鲁如坤. 土壤农业化学分析方法[M]. 北京：中国农业科技出版社，2000.

[16]Chodak M.，Khanna P.，Beese F.. Hot water extractable C and N in relation to microbiological properties of soils under beech forests [J]. *Biology and Fertility of Soils*，2003(39)：123-130.

[17]吴金水. 土壤微生物生物量测定方法及其应用[M]. 北京：气象出版社，2006.

[18]Loginow W.，Wisniewski W.，Gonet S. S，et al. Fractionation of organic carbon based on susceptibility to oxidation [J]. *Polish Journal of Soil Science*，1987，20(1)：47-52.

[19]Han X. Z.，Wang S. Y.，Veneman P. L. M.，Xing B. S.. Change of organic carbon content and its fractions in black soil under long-term application of chemical fertilizers and recycled organic manure [J].

Communications in Soil Science and Plant Analysis，2006(37)：1127-1137.

[20]赵海成，郑桂萍，靳明峰，等.连年秸秆与生物炭还田对盐碱土理化性状及水稻产量的影响[J].西南农业学报，2018，31(9)：1836-1844.

[21]Gong W.，Yan X.，Wang J.，Hu T.，et al.. Long-term manure and fertilizer effects on soil organic matter fractions and microbes under a wheat-maize cropping system in northern China [J]. *Geoderma*，2011(149)：318-324.

[22]黎嘉成，高明，田冬，等.秸秆及生物炭还田对土壤有机碳及其活性组分的影响[J].草业学报，2018，27(5)：39-50.

[36]高梦雨，江彤，韩晓日，等.施用炭基肥及生物炭对棕壤有机碳组分的影响[J].中国农业科学，2018，51(11)：2126-2135.

[23]He Z. L.，Yang X. E.，Baligar V. C.，Calvert D. V.. Microbiological and biochemical indexing systems for assessing acid soil quality [J]. *Advances in Agronomy*，2003(78)：89-138.

[24]Liang Q.，Chen H.，Gong Y.，et al.. Effects of 15 years of manure and inorganic fertilizers on soil organic carbon fractions in a wheat-maize system in the North China Plain [J]. *Nutrient Cycling in Agroecosystems*，2012，92 (1)：21-33.

[25]潘艳斌，朱巧红，彭新华.有机物料对红壤团聚体稳定性的影响[J].水土保持学报，2017，31(2)：209-214.

[26]Sandhu S. S.，Ussiri D. A. N.，Kumar S.，et al.. Analyzing the impacts of three types of biochar on soil carbon fractions and physiochemical properties in a corn-soybean rotation [J]. *Chemosphere*，2017(184)：47-481.

[27]武天云，Jeff J. Schoenau，李凤民，等.耕作对黄土高原和北美大草原三中典型农业土壤有机碳的影响[J].应用生态学报，2003，14(12)：2213-2218.

[28]梁尧，韩晓增，宋春，李海波.不同有机物料还田对东北黑土活性有机碳的影响[J].中国农业科学，2011，44(17)：3565-3574.

[29]宇万太，柳敏，赵鑫，等.不同有机物料及其配施对潮棕壤轻组有机碳的动态影响[J].土壤通报，2008，6(39)：1307-1310.

[30]韩玮，申双和，谢祖彬，等.生物炭及秸秆对水稻土各密度组分有机碳及微生物的影响[J].生态学报，2016，36(18)：5838-5846.

[31]胡乃娟，韩新忠，杨敏芳，等.秸秆还田对稻麦轮作农田活性有机碳组分含量、酶活性及产量的短期效应[J].植物营养与肥料学报，2015，21(2)：371-377.

[32]张杰，黄金生，刘佳，等.秸秆、木质素及其生物炭对潮土 CO_2 释放及有机碳含量的影响[J].农业环境科学学报，2015，34(2)：401-408.

烤烟自然醇化过程中类胡萝卜素降解产物含量变化及与感官质量关系研究

王玉华，王德权，高政绪，席元肖，方敏，刘春菊，杜传印

（山东潍坊烟草有限公司，山东潍坊，261205）

[摘要] 为了探究烟叶自然醇化过程中类胡萝卜素降解产物含量变化，科学指导烟叶醇化工作，本文利用气质联用仪对醇化烟叶进行检测。结果表明，在醇化过程中，不同部位烟叶类胡萝卜素降解产物含量变化趋势一致，在醇化0～12个月期间，总量呈上升趋势，其间上部叶极显著增加了32.32%，中部叶显著增加了25.61%；醇化12个月之后含量呈波动上升趋势，在36个月时含量达到最大值，上、中部叶含量分别为87.48 μg/g、71.38 μg/g。随着醇化进度的增加，巨豆三烯酮、氧化异佛尔酮-2等含量是逐渐升高的，β-紫罗兰酮、β-环柠檬醛等含量是逐渐降低的，β-大马酮、金合欢基丙酮A等含量无显著变化。类胡萝卜素降解产物中金合欢基丙酮A、β-大马酮对香气质有显著的有利影响，巨豆三烯酮类物质、香叶醇、二氢猕猴桃内酯对刺激性指标有显著的有利影响；β-环柠檬醛、β-二氢大马酮、香叶基丙酮对烟叶感官质量有显著的不利影响。

[关键词] 烤烟；自然醇化；类胡萝卜素降解产物；感官质量；相关性

类胡萝卜素降解产物是烤后烟叶中一类重要的中性致香物质，主要来自烟叶成熟、调制、醇化等过程中类胡萝卜素的降解转化，目前在烟草中已发现的类胡萝卜素降解产物大约有80种[1]。诸多研究表明，该类物质对烟叶感官质量，尤其是香气质和香气量有着极其重要的影响。姜慧娟等的研究表明，二氢猕猴桃内酯和巨豆三烯酮-1等物质对烤烟香气质和香气量有着直接正向作用[2]。李俊丽等的研究表明，巨豆三烯酮-3对香气质有着直接正向作用；巨豆三烯酮-2对香气质有着不利影响，但对香气量有着正向作用[3]。李晓婷等认为类胡萝卜素降解产物含量多少与烟叶香型风格之间关系极为密切，浓香型烟叶类胡萝卜素降解产物含量要显著高于中间香型和清香型烟叶[4]。目前，关于类胡萝卜素降解产物含量变化的动态研究多集中在烤烟成熟过程及烘烤过程中[5~10]，而对醇化过程中类胡萝卜素降解产物变化的研究相对较少。研究表明，烤后烟叶经过自然醇化其外观质量与内在品质均有着显著提升[11~17]，这种改变与内部化学成分的变化是密不可分的。本文利用潍坊烟叶进行醇化试验，检测不同醇化时期类胡萝卜素降解产物含量变化情况，同时对其与感官质量的关系进行探究分析，以初步探索当地烟叶在醇化过程中类胡萝卜素降解产物及感官品质变化

规律，以期为烟叶醇化提供数据支撑。

1 材料与方法

1.1 试验材料

试验材料为初烤原烟，等级为 B2F 和 C3F。

1.2 试验方法

1.2.1 样品制备

初烤原烟经打叶复烤处理成片烟后，在自然条件下进行醇化，以后每隔固定时间取样，具体方法如下：

原烟经打叶复烤后，作为第一次取样。同时开始醇化，以后每隔半年取样一次，共计取样 7 次，每份样品每次取样 5 kg，所取样品经磨末和切丝卷制后置于冰柜（不高于－18 ℃）中冷冻保存，所有样品集中检测。

每份样品取 500 g 烟叶剪成细片状，置于 60 ℃烘箱中烘干，烘干后用机器磨成粉末，并过 40 目筛，将过筛粉末立即装入洁净干燥的密封袋中密闭保存，备用。其余烟叶切丝后制成卷烟，进行感官质量评价。

1.2.2 检测方法

1.2.2.1 样品前处理

称取 25 g 烟末，加入 20 g 氯化钠、400 mL 去离子水，充分摇匀后，以乙酸苯乙酯作为内标，利用二氯甲烷作为提取溶剂进行同时蒸馏萃取，蒸馏 3 h 后将提取液用无水硫酸钠干燥，干燥后氮吹浓缩至 10 mL，将浓缩后的溶液装入进样小瓶，待测。

1.2.2.2 色谱条件

色谱柱：HP-FFAP（HP-FFAP Polyethylene Glycol，TP：1526.53718，50.0 m×320 μm×0.50 μm）；进样口：240 ℃；辅助加热器：280 ℃；载气：氦气；流速：1.0 mL/min；进样量：1 μL；分流比：10 ∶ 1；升温程序：初始温度 70 ℃，以 2 ℃/min 速率升至 100 ℃，保持 5 min，以 2 ℃/min 速率升至 110 ℃，以 2.5 ℃/min 速率升至 140 ℃，保持 2 min，然后以 5 ℃/min 速率升至 190 ℃，最后以 5 ℃/min 速率升至 230 ℃，保持 20 min 后运行 30 min。

1.2.2.3 质谱条件

电离方式：EI 源；离子源温度：230 ℃；电离能量：70 eV；四级杆温度：150 ℃，传输线温度：280 ℃；溶剂延迟：4 min；扫描模式：离子扫描。

1.2.2.4 烟叶感官质量鉴定

依据《烟草及烟草制品感官评价方法》（YC/T 138—1998）、《卷烟　第 4 部分：感官技术要求》（GB 5606.4—2005）进行样品感官质量鉴定。

1.3 数据处理

利用 SAS9.1 软件及 Excel 等统计软件对所测数据进行分析。

2 结果与分析

2.1 自然醇化过程中类胡萝卜素降解产物含量变化

2.1.1 自然醇化过程中类胡萝卜素降解产物总量变化(见表1)

表1 自然醇化过程中17种类胡萝卜素降解产物含量

致香物质	部位	醇化时间(月)						
		0	6	12	18	24	30	36
巨豆三烯酮-1	B2F	3.57DE	4.87BC	5.68AB	4.06CD	6.12A	5.84A	6.55A
(μg/g)	C3F	3.05C	4.12AB	4.70A	3.61BC	4.82A	4.47AB	4.97A
巨豆三烯酮-2	B2F	13.50C	19.20B	24.00A	17.30B	25.60A	24.50A	27.80A
(μg/g)	C3F	11.50C	16.10B	19.90AB	15.40BC	20.10AB	18.80AB	21.20A
巨豆三烯酮-3	B2F	2.62D	3.04CD	3.36BC	2.67D	3.81AB	3.63ABC	4.10A
(μg/g)	C3F	2.28BC	2.55AB	2.75AB	2.29BC	3.09A	2.82AB	3.02AB
巨豆三烯酮-4	B2F	14.60D	17.60CD	20.60BC	16.80D	23.80AB	22.70AB	26.20A
(μg/g)	C3F	12.80CD	14.80ABC	16.90ABC	14.30BC	19.40A	17.70AB	19.40A
2-甲基-2-庚	B2F	0.86A	0.79AB	0.58C	0.90A	0.64BC	0.81AB	0.71ABC
烯-6-酮(μg/g)	C3F	0.76A	0.66AB	0.56B	0.81A	0.64AB	0.74AB	0.66AB
芳樟醇(μg/g)	B2F	0.88A	0.83AB	0.74B	0.88A	0.86AB	0.83AB	0.84AB
	C3F	0.69A	0.67A	0.62A	0.71A	0.72A	0.66A	0.72A
异佛尔酮(μg/g)	B2F	0.04A	0.04A	0.04A	0.03BC	0.03BC	0.03CD	0.03BC
	C3F	0.03AB	0.03ABC	0.03A	0.02BC	0.02ABC	0.02C	0.02BC
β-环柠檬醛	B2F	0.17A	0.15B	0.13CD	0.12D	0.12CD	0.12DE	0.10E
(μg/g)	C3F	0.16A	0.13BC	0.12CD	0.10DE	0.11CD	0.10E	0.10E
β-二氢大马酮	B2F	0.44A	0.43A	0.38A	0.28B	0.44A	0.40A	0.41A
(μg/g)	C3F	0.40A	0.37AB	0.32B	0.25C	0.37AB	0.32B	0.33B
香叶醇(μg/g)	B2F	0.24BC	0.26ABC	0.24BC	0.27AB	0.27AB	0.25ABC	0.28A
	C3F	0.20B	0.22AB	0.20B	0.22AB	0.23AB	0.20B	0.25A
香叶	B2F	4.85A	4.62A	4.13A	4.42A	4.50A	4.21A	4.80A
基丙酮(μg/g)	C3F	4.62A	4.21A	3.80A	4.18A	4.11A	3.72A	4.29A
β-	B2F	0.42A	0.40AB	0.37AB	0.26C	0.36AB	0.34B	0.34B
紫罗兰酮(μg/g)	C3F	0.42A	0.37AB	0.34BC	0.25D	0.34BC	0.30CD	0.31BCD
二氢猕	B2F	4.79B	4.77B	5.25AB	5.81A	5.45AB	5.57AB	5.88A
猴桃内酯(μg/g)	C3F	4.61A	4.48A	5.07A	5.54A	5.22A	4.95A	5.85A
藏红花醛(μg/g)	B2F	0.06A	0.05BC	0.04C	0.04D	0.04D	0.03D	0.03D

续表

致香物质	部位	醇化时间(月)						
		0	6	12	18	24	30	36
	C3F	0.05A	0.04BC	0.04CD	0.03DE	0.03DE	0.03E	0.03E
氧化异佛尔酮-2	B2F	0.08C	0.09BC	0.10BC	0.09C	0.11AB	0.09C	0.11A
(μg/g)	C3F	0.07B	0.08B	0.09B	0.08B	0.10AB	0.08B	0.11A
β-大马酮(μg/g)	B2F	5.60B	5.48B	5.26B	6.18A	5.57B	5.36B	5.22B
	C3F	6.06ABC	5.91BC	5.45C	6.73A	6.03ABC	5.63C	6.07ABC
金合欢	B2F	3.50A	3.36A	3.38A	4.45A	3.63A	3.80A	4.01A
基丙酮A(μg/g)	C3F	3.36A	3.20A	3.34A	4.53A	3.67A	3.66A	3.91A

注:同一行中不同大写字母保护表示差异显著($p<0.05$),小写字母不同表示差异极显著($p<0.01$),下同。

图1为自然醇化过程中17种类胡萝卜素降解产物含量的变化情况。分析可得,醇化过程中烟叶类胡萝卜素降解产物总量是提高的,且不同部位变化趋势一致,在醇化前12个月,含量增速较快,醇化12～18个月期间含量有所减低,醇化18个月之后含量呈波动式上升趋势,醇化36个月时含量达到最大值,上部叶和中部叶较醇化前分别提高55.55%和39.44%。方差分析结果表明,醇化过程中上部和中部叶类胡萝卜素降解产物总量变化均达到极显著水平。整个过程中上部叶类胡萝卜素降解产物含量始终高于中部叶,醇化开始时两者差异为5.05 μg/g,醇化结束时,上部叶较中部叶高出16.1 μg/g,差异进一步变大。

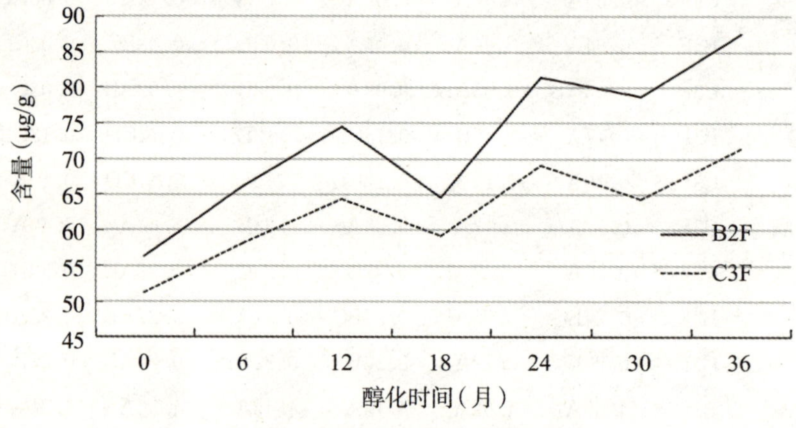

图1 自然醇化过程中类胡萝卜素降解产物含量

2.1.2 不同醇化时间类胡萝卜素降解产物含量多重比较(见表2)

表2 自然醇化过程中类胡萝卜素降解产物总量

部位	醇化时间(月)						
	0	6	12	18	24	30	36
B2F(μg/g)	56.24 EFde	66.10 CDcd	74.42 BCbc	64.53 DEcd	81.40 ABab	78.67 ABab	87.48 Aa
C3F(μg/g)	51.19 Cb	58.08 BCab	64.30 ABab	59.11 ABCab	69.03 ABa	64.29 ABab	71.38 Aa

在自然醇化前6个月内,上部叶和中部叶类胡萝卜素降解产物含量分别提高了17.53%和13.46%,其中上部叶含量变化达到0.05水平上的显著,中部叶含量变化不显著。醇化6～12个月期间,上部叶和中部叶含量分别提高12.59%和10.71%,该段时间内含量变化均未达到显著水平;但两部位烟叶在醇化12个月后较醇化开始时含量均有显著提高,并且上部叶含量变化达到极显著水平($p<0.01$)。

12～18个月期间,上部叶和中部叶含量均呈现下降趋势,两部位分别下降了13.29%和8.07%,且上部叶含量下降达到0.05水平上的显著。18个月时,两部位烟叶类胡萝卜素降解产物含量与醇化开始时无显著差异。

18个月后,类胡萝卜素降解产物含量开始回升。18～24个月期间,上部叶含量极显著提升了16.87 μg/g,中部叶提高了9.92 μg/g。24～30个月期间,两部位类胡萝卜素降解产物含量均有一定程度的下降,但均未达到显著水平。醇化30个月后,含量有所增加。36个月时,含量达到最大值。

2.1.3 17种类胡萝卜素降解产物在醇化过程中的变化

表1为17种类胡萝卜素降解产物在醇化过程中的含量变化情况。巨豆三烯酮-1、巨豆三烯酮-2、巨豆三烯酮-3、巨豆三烯酮-4(见图2)、氧化异佛尔酮-2、二氢猕猴桃内酯、香叶醇在醇化过程中含量呈现上升趋势。方差分析结果显示,巨豆三烯酮-1、巨豆三烯酮-2、巨豆三烯酮-4、氧化异佛尔酮-2、香叶醇含量在上部叶和中部叶中的变化均达到0.05水平上的显著。其中,巨豆三烯酮-1、巨豆三烯酮-2含量显著提升发生在醇化前6个月内。在上部叶中,该段时间含量增加量占醇化过程总提高量的比例分别为43.62%和39.86%,中部叶占比分别为55.73%和47.72%。氧化异佛尔酮-2含量显著提升发生在醇化18～24个月期间,该期间上部叶和中部叶含量增加量分别占总提高量的66.67%和50%。巨豆三烯酮-4、香叶醇含量是逐渐提升的,无明显快速提升期。二氢猕猴桃内酯在上部叶中的含量变化达到显著水平。

β-紫罗兰酮、β-环柠檬醛(见图3)、异佛尔酮、藏红花醛含量呈现下降趋势。方差分析结果表明,β-紫罗兰酮、β-环柠檬醛、藏红花醛在不同部位醇化前后含量变化均达到0.05水平上的显著,异佛尔酮在上部叶中醇化前后含量变化达到显著水平。四种物质含量快速下降期主要集中在醇化前18个月,该段时间各物质含量下降值占总下降值比重均在66.67%以上。醇化后期含量逐渐趋向稳定。

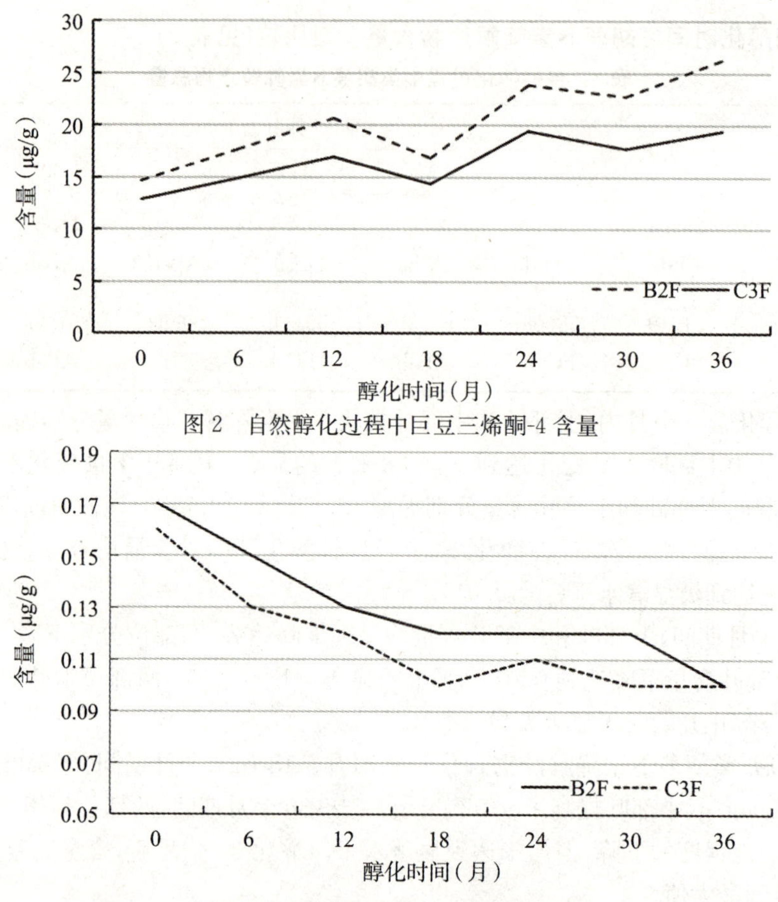

图 2　自然醇化过程中巨豆三烯酮-4 含量

图 3　自然醇化过程中 β-环柠檬醛含量

β-二氢大马酮、β-大马酮、金合欢基丙酮 A 在醇化过程中含量较为稳定；香叶基丙酮、芳樟醇、2-甲基-2-庚烯-6-酮在醇化过程中含量变化无明显规律可循。

2.2　类胡萝卜素降解产物与感官质量关系

表 3 为类胡萝卜素降解产物与烟叶感官质量的关系。分析可得，二者之间存在一定的相关性。在上部叶中，类胡萝卜素降解产物与香气质、香气量和余味之间的简单相关关系为负相关，与杂气、刺激性和总分之间的简单相关关系为正相关，且与刺激性之间的简单相关关系达到 0.05 水平上的显著；与感官质量之间的偏相关关系均为负相关，其中与香气量和余味之间的偏相关关系达到显著水平。在中部叶中，类胡萝卜素降解产物与各项感官指标之间的简单相关关系均为正相关，偏相关关系均为负相关，且与香气质和余味指标之间的偏相关关系达到 0.05 水平上的显著，相关系数分别为−0.299 和−0.323。

表 3　类胡萝卜素降解产物与感官质量相关系数

部位	项目	香气质	香气量	余味	杂气	刺激性	总分
B2F	简单相关	−0.004	−0.144	−0.183	0.133	0.301*	0.022
	偏相关	−0.222	−0.312*	−0.320*	−0.106	−0.123	−0.219

续表

部位	项目	香气质	香气量	余味	杂气	刺激性	总分
C3F	简单相关	0.048	0.215	0.004	0.145	0.216	0.101
	偏相关	−0.299*	−0.274	−0.323*	−0.174	−0.247	−0.282

注：* 表示相关关系在 0.05 水平上的显著，* * 表示相关关系在 0.01 水平上的显著，下同。

综上说明，类胡萝卜素降解产物对不同部位烟叶感官质量的直接作用是不利的。在上部叶中，对香气质、香气量和余味的间接作用是不利的，对杂气、刺激性和总分的间接作用是有利的，且对刺激性的间接作用是显著有利的；在中部叶中，对感官质量的间接作用是有利的，但影响均未达到显著水平。

分析表 4 可以得出，二氢猕猴桃内酯、β-大马酮、金合欢基丙酮 A 与香气质和余味指标呈显著或极显著的正相关关系；2-甲基-2-庚烯-6-酮、β-环柠檬醛、β-二氢大马酮等 6 种物质与香气质和杂气指标呈显著或极显著的负相关。β-二氢大马酮、香叶基丙酮、β-紫罗兰酮、藏红花醛 4 种物质与香气量和余味指标呈显著或极显著的负相关。巨豆三烯酮-1、巨豆三烯酮-2、巨豆三烯酮-4、香叶醇、二氢猕猴桃内酯、β-大马酮、金合欢基丙酮 A 与刺激性指标呈显著的正相关；β-二氢大马酮、香叶基丙酮与刺激性指标呈显著负相关；β-环柠檬醛、β-紫罗兰酮、藏红花醛与刺激性呈极显著的负相关。

表 4　17 种类胡萝卜素降解产物与感官质量相关系数

项目	部位	香气质	香气量	余味	杂气	刺激性	总分
巨豆三烯酮-1	B2F	−0.004	−0.148	−0.185	0.134	0.283*	0.020
	C3F	−0.048	0.160	−0.107	0.043	0.114	−0.002
巨豆三烯酮-2	B2F	0.045	−0.099	−0.139	0.185	0.330*	0.071
	C3F	−0.030	0.197	−0.081	0.074	0.142	0.026
巨豆三烯酮-3	B2F	−0.015	−0.154	−0.206	0.085	0.261	−0.015
	C3F	−0.034	0.100	−0.091	0.041	0.108	−0.002
巨豆三烯酮-4	B2F	0.038	−0.110	−0.156	0.141	0.321*	0.043
	C3F	−0.009	0.137	−0.057	0.084	0.140	0.033
2-甲基-2-庚烯-6-酮	B2F	−0.337*	−0.086	−0.228	−0.281*	−0.233	−0.266
	C3F	0.066	0.095	0.070	0.114	0.166	0.102
芳樟醇	B2F	0.208	0.006	0.054	0.076	0.101	0.083
	C3F	−0.250	−0.090	−0.231	−0.272	−0.060	−0.219
异佛尔酮	B2F	−0.044	−0.091	−0.109	−0.066	−0.078	−0.088
	C3F	0.035	−0.005	0.029	−0.070	0.083	0.009
β-环柠檬醛	B2F	−0.278*	−0.177	−0.176	−0.361**	−0.454**	−0.317*
	C3F	−0.088	−0.229	−0.097	−0.201	−0.123	−0.144
β-二氢大马酮	B2F	−0.371**	−0.414**	−0.400**	−0.320*	−0.280*	−0.373**
	C3F	−0.211	−0.295*	−0.245	−0.278*	−0.247	−0.264

续表

项目	部位	香气质	香气量	余味	杂气	刺激性	总分
香叶醇	B2F	0.282*	0.027	0.110	0.266	0.331*	0.216
	C3F	−0.133	0.074	−0.086	−0.055	0.104	−0.050
香叶基丙酮	B2F	−0.438**	−0.287*	−0.314*	−0.311*	−0.294*	−0.345*
	C3F	−0.022	0.034	0.007	0.083	0.014	0.024
β-紫罗兰酮	B2F	−0.473**	−0.478**	−0.477**	−0.483**	−0.434**	−0.509**
	C3F	−0.193	−0.271	−0.234	−0.267	−0.255	−0.252
二氢猕猴桃内酯	B2F	0.099	−0.130	−0.053	0.086	0.260	0.050
	C3F	0.326*	0.216	0.320*	0.263	0.382**	0.321*
藏红花醛	B2F	−0.393**	−0.316*	−0.293*	−0.486**	−0.579**	−0.452**
	C3F	−0.104	−0.205	−0.141	−0.251	−0.147	−0.175
氧化异佛尔酮2	B2F	−0.024	−0.172	−0.086	0.126	0.240	0.046
	C3F	−0.018	0.188	−0.012	0.101	0.209	0.066
β-大马酮	B2F	0.323*	0.180	0.309*	0.170	0.154	0.225
	C3F	0.275*	0.185	0.300*	0.133	0.313*	0.260
金合欢基丙酮A	B2F	−0.236	−0.052	−0.069	−0.121	−0.219	−0.136
	C3F	0.331*	0.278*	0.361*	0.423**	0.327*	0.376**

3 讨论

类胡萝卜素降解产物含量在醇化过程中的总体趋势是增加的，但是在12～18个月期间上部叶和中部叶均有一定程度的下降，随后继续呈现上升趋势，出现这一现象似乎与总变化趋势存在一定矛盾。原因可能在于醇化第12～18个月正处于夏季，高温高湿的自然条件在一定程度上促进了该类物质的降解转化，导致含量降低。而同期烟叶在人工醇化条件下类胡萝卜素降解产物含量未出现如此明显的波动[18]，在一定程度上也验证了这一观点。至于更深层次的原因，在以后的研究中将进一步探索。

在本文中，类胡萝卜素降解产物与感官质量关系的个别结论与前人的研究存在一定的差异，如巨豆三烯酮与香气质的关系较多地表现为负相关，而胡建军[19]等人的研究结论为正相关，这可能是受烟叶中其他类物质的干扰，一定程度上影响了该种物质本身的作用效果。

类胡萝卜素降解产物与感官质量关系在简单相关和偏相关关系上表现不一致，甚至出现相反的关系，如直接作用是不利的，而间接作用是有利的。原因可能是烟叶感官质量受多种物质的影响[20～22]，使得烟叶表现出的感官质量是多种物质综合作用的结果，其中任何一种物质含量发生改变都会在一定程度上影响整体感官品质。在本文中，同种物质在不同部位中与感官质量的关系表现不一致，原因可能就在于不同部位烟叶各物质含量比例存在差异，一定程度上也佐证了上述论点。

4 结论

在自然醇化过程中，不同部位烟叶的类胡萝卜素降解产物变化趋势是一致的，即随着醇化时间的增加呈升高趋势，在醇化0～12个月期间，类胡萝卜素降解产物总量变化呈上升态势，醇化12个月之后含量呈波动上升趋势，在醇化结束时含量达到最大值。上部叶类胡萝卜素降解产物含量始终高于中部叶含量，且随着醇化过程的推进，部位间含量差异逐渐扩大。不同物质在醇化过程中的变化规律不一致，其中，巨豆三烯酮、氧化异佛尔酮-2、二氢猕猴桃内酯等含量是逐渐升高的，β-紫罗兰酮、β-环柠檬醛等含量是逐渐降低的，β-大马酮、金合欢基丙酮A等含量无显著变化。

类胡萝卜素降解产物与烟叶感官质量关系较为密切。不同物质对感官质量的作用存在差异。金合欢基丙酮A、β-大马酮对香气质有显著的有利影响；巨豆三烯酮类物质、香叶醇、二氢猕猴桃内酯对刺激性指标有显著的有利影响。β-环柠檬醛、β-二氢大马酮、香叶基丙酮对烟叶感官质量有显著的不利作用。

参考文献

[1]Enzell C. R.. Leaf composition in relation to smoking quality and aroma[J]. *Recent Advance of Tobacco Science*, 1980(6): 64-122.

[2]姜慧娟，赵铭钦，任伟，等. 浓香型烤烟中性致香成分及多酚含量与香气质量的关系研究[J]. 中国烟草学报，2014(5): 25-30.

[3]李俊丽，叶协锋，赵莉，等. 豫中浓香型烤烟香气质量与中性致香成分关系分析[J]. 山西农业科学，2012(12): 1268-1272.

[4]李晓婷，荣凡番，罗云，等. 典型香型间和地区间烟叶中性致香物质组成与含量差异[J]. 云南农业大学学报(自然科学版)，2017(6): 1036-1044.

[5]李小勇，赵铭钦，拓阳阳，等. 延边烤烟生长发育过程中致香物质变化规律[J]. 西南农业学报，2013(6): 2546-2551.

[6]黄维，韩善红，崔国民，等. 不同调制工艺对烘烤过程中烟叶类胡萝卜素降解致香物质的影响[A]. 中国烟草学会会议论文集[C]，2017.

[7]赵会纳，蔡凯，雷波，等. 烤烟中性致香物质在烘烤前后的差异分析[J]. 中国烟草科学，2015(2): 8-13.

[8]任汝周，李佛琳，胡小东，等. 调制工艺对烤烟调制过程中类胡萝卜素降解产物以及烟叶品质的影响[J]. 江苏农业科学，2018(22): 198-203.

[9]张真美，赵铭钦，王一丁，等. 不同变黄条件对烤烟上部叶中性致香成分和感官质量的影响[J]. 山东农业科学，2016(12): 57-63.

[10]孟智勇，马浩波，李彦平，等. 密集烘烤定色升温方式对烤烟质量及中性致香物质含量的影响[J]. 河南农业科学，2012(8): 57-61.

[11]刘红光，胡玲，赵斌，等. 初烤、复烤烟叶协同醇化对烟叶品质的影响[J]. 烟草科技，2017(7): 31-39.

[12]王玉华，褚建忠，徐炳升，烤烟自然醇化过程美拉德反应产物变化及与感官质量的关系[J]. 中国烟

草科学,2015(4):85-90.

[13]闫铁军.不同产区烤烟配方模块在醇化过程中质量的变化趋势及醇化周期研究[D].郑州:河南农业大学,2009.

[14]周恒,邵惠芳,许自成,等.不同醇化阶段复烤片烟化学成分与感官质量的关系[J].四川农业大学学报,2009,27(4):433-439.

[15]范坚强,宋纪真,陈万年,等.醇化过程中烤烟片烟化学成分的变化[J].烟草科技,2003(8):19-22.

[16]张允政.烤烟片烟醇化过程中化学成分变化及与醇化质量的关系研究[D].武汉:华中农业大学,2008.

[17]胡有持,牟定荣,李炎强,等.云南烤烟复烤片烟自然陈化时间与质量关系的研究[J].中国烟草学报,2004,10(4):1-7.

[18]王玉华.醇化过程中烟叶重要中性致香物质变化研究[D].北京:中国农业科学院研究生院,2014.

[19]胡建军,周冀衡,李文伟,等.烤烟香味成分与其评吸质量的典型相关分析[J].烟草科技,2007(3):9-15,20.

[20]杜咏梅,郭承芳,张怀宝,等.水溶性糖、烟碱、总氮含量与烤烟吃味品质的关系研究[J].中国烟草科学,2000,21(1):7-10.

[21]王允白,王宝华,郭承芳,等.影响烤烟品吸质量的主要化学成分研究[J].中国农业科学,1998,31(1):89-91.

[22]肖守斌.烤烟烟碱含量与评吸质量关系[J].河南农业科学,2009(4):44-48.

有机肥施用对烟田土壤细菌多态性的影响

杨德廉[1],李祥英[2],马夙静[2],赵文超[2],王大海[1],管恩森[1],张英华[1],孟庆宏[1],刘振宇[2]

(1. 山东潍坊烟草有限公司,山东潍坊,261205;2. 山东农业大学,山东泰安,271018)

[**摘要**] 为实现烟田土壤保育的目标,本文对长年连作的烟田施用有机肥,采用高通量测序技术,应用Solexa基因组分析平台,测定和分析复合有机肥OFN、OFJ和烟草秸秆有机肥TS对烟田土壤细菌多态性的影响。发现:相对于单施化肥,烟田施用有机肥后,烟田土壤细菌OTU、chao1指数和ace指数增大,表明有机肥提高了烟田土壤细菌物种丰富度;细菌丰富度因有机肥种类而不同,并随烟草发育期而产生差异。有机肥对土壤细菌菌群结构影响显著,在门和属的分类水平上,土壤优势细菌种类和比例产生明显改变,特别是有机肥处理可显著提高假丝酵母属细菌的丰度,而降低红色杆菌属、硝化螺旋菌属细菌的丰度。KEGG代谢途径差异分析发现,施用有机肥后土壤细菌代谢路径和代谢路径中基因数量发生改变,而改变了烟田土壤细菌群落功能和细菌代谢。总之,烟田施用有机肥改变了土壤细菌的多态性,并可能达到烟田土壤保育的效果。

[**关键词**] 烟田;有机肥;土壤细菌;细菌多态性;土壤保育

烟草生产中存在长期连作且偏重施用化学肥料的现象,导致土层板结,肥力下降,土壤微生物多样性减少,微生物种群趋向单一[1~4]。土壤微生物在土壤生态系统中具有重要作用,质量好的土壤微生物多态性结构合理,对土壤有机物分解、腐殖质增加、团粒结构形成、速效养分释放和累积、土壤结构改善具有重要意义[5,6]。土壤微生物多态性反映土壤微生物的物种丰富度及其种间差异,从一个侧面反映了其群落结构的稳定性,是评价土壤质量重要指标[7~9]。

施用有机肥是土壤改良的重要手段。研究表明,有机肥对良好的土壤结构有着促进作用,可提高土壤的pH、速效养分的含量,促进植物对养分的吸收,提高作物的产量和质量[10~17]。有机肥中含有大量易被微生物分解利用的物质,可以刺激微生物迅速生长增殖,显著增加土壤微生物生物量,提高土壤微生物中碳、氮含量以及土壤酶活性,影响土壤微生物多态性[18~20]。

本文选取了两种复合有机肥和烟草秸秆有机肥施用于连作烟田,采用高通量测序的方法,探讨施用有机肥后连作烟田土壤细菌多态性特征,以明确不同有机肥对土壤的改良作用。

1 材料与方法

1.1 试验地点

试验在山东诸城烟草试验站开展。试验站位于山东省诸城市贾悦镇琅埠村，土壤类型为褐土，土壤基本养分状况为：pH 6.25、有机质 15.17 g/kg、全氮 636.0 mg/kg、碱解氮 63.07 mg/kg、速效磷 30.23 mg/kg、速效钾 254.66 mg/kg、水溶性氯 28.87 mg/kg、交换性钙 6455.78 mg/kg、交换性镁 118.59 mg/kg。该烟田多年连作，长年单一施用化学肥料。

1.2 试验设计

采用大田试验共设 3 个有机肥处理，以单施化肥作为对照，共 4 个处理，随机区组设计，重复 3 次。每个小区为 50 m×6.6 m，以 110 cm×55 cm 株行距种植烟草 6 行。供试烟草品种为 NC55。具体施肥方案设置如表 1 所示，各肥料中的养分质量分数如表 2 所示。

表 1 不同处理施肥量

处理	施肥时间								
	起垄		移栽			团棵	总量		
	有机肥用量 (kg/hm²)	化学复合肥 (kg/hm²)	K_2SO_4 (kg/hm²)	$(NH_4)_2HPO_4$ (kg/hm²)	KNO_3 (kg/hm²)	KNO_3 (kg/hm²)	N (kg/hm²)	P_2O_5 (kg/hm²)	K_2O (kg/hm²)
复合有机肥 OFN	1500	150	13.50	5.00		7.50	4.91	19.70	33.60
复合有机肥 OFJ			13.50	5.00		7.50	4.91	19.70	33.60
烟草秸秆有机肥 TS			10.96	2.82	2.96	7.50	4.91	19.70	33.60
单施化肥			6.56	2.80	2.96	7.5	4.91	19.70	33.60

表 2 供试肥料养分质量分数

肥料	N(%)	P_2O_5(%)	KO_2(%)
复合有机肥 OFN	2	1	2.0
复合有机肥 OFJ	2	1	2.0
烟草秸秆有机肥 TS	2	2	1.8
化学复合肥	10	10	20.0

1.3 试验方法

1.3.1 土壤取样方法

在烟草平顶期、采烤前期、采烤后期 3 个时期，沿每个处理的中间两行烟垄，按“S”形方法在小区的 5 m、25 m、45 m 处进行土壤取样。选取健康烟株，在距烟草根茎 15～20 cm 处，取 10～20 cm 深度土壤。每个小区取 3 个样，每个处理共取 9 个样品，用无菌样品袋保存，冰盒携带，放入−70 ℃冰箱保存，备用。

1.3.2 土壤总 DNA 的提取和高通量测序

DNA 提取前将每个处理的 9 个样品充分混匀为一个混合样，4 个处理的 3 次取样共混合为 12 个样品，采用 Omega 试剂盒提取土壤 DNA，样品检测合格后，应用 Solexa 基因组分析平台进行扩增子测序，测序为细菌 16S rDNA 的 v3-v4 双可变区域。

1.3.3 测序结果分析

将原始测序数据去除接头序列，并将双端测序序列拼接成单条序列[21]。对每个样板库的单序列基于 GreenGene 数据库，使用 QIIME(version 1.8.0)工具包进行注释，按照 97% 的相似性阈值将序列划分为不同的 OTU(Operational Taxonomic Units)，每一个 OTU 通常被视为一个微生物物种[22]，并对样本数据进行丰富度指数计算、PCA(Principal Component Analysis)差异性分析和 KEGG(Kyoto Encyclopedia of Genes and Genomes)构成差异分析。

2 结果

2.1 有机肥对烟田土壤细菌群落丰富度的影响

从 12 个土壤样品中共获得 1167815 条原始序列，比较分析得到 145～262 个 OTU，样品文库的覆盖率均大于等于 0.89(见表 3)。本次测序数据准确性及真实性较高，可客观反映土样中微生物的种群结构及差异性特征。结合 OTU 和群落丰富度指数 chao1、ace 可见，在烟草的 3 个生长期，烟田施加有机肥可不同程度地改变烟田土壤细菌的物种多样性和群落丰富度；在平顶期，以施用复合有机肥 OFJ 处理的 OTU 和群落丰富度指数 chao1、ace 最高，相较于单施化肥分别提高了 14.80%、19.71%、18.17%；在采烤前期，以复合有机肥 OFN 影响最为明显，相较于单施化肥 OTU 和群落丰富度指数 chao1、ace 分别提高了 37.26%、35.26%、38.16%；在采烤后期，施用烟草秸秆有机肥的 TS 处理土壤细菌的群落丰富度指数 chao1、ace 最高，但 OTU 略低，而复合有机肥 OFJ 处理土壤细菌 OTU 最高。可见，土壤中施用有机肥较单施化肥提高了土壤细菌多样性和丰富度，不同有机肥和不同烟草生长期的这种效应表现有差异。

表 3　12 个土壤样品细菌测序统计

采样时期	肥料	数量	OTUs	chao1	ace	均值
平顶期	复合有机肥 OFN	109542	13382	21562.6260	22593.4734	0.92
	复合有机肥 OFJ	126052	13747	21679.5563	22846.6522	0.92
	烟草秸秆有机肥 TS	121527	13544	20935.6218	22300.1610	0.92
	单施化肥	105326	11975	18109.6563	19333.3937	0.92
采烤前期	复合有机肥 OFN	105151	13663	22895.6163	24581.1965	0.90
	复合有机肥 OFJ	94689	11915	19729.4462	20646.8628	0.91
	烟草秸秆有机肥 TS	92351	11896	20419.8144	21299.1894	0.90
	单施化肥	72300	9954	16926.7034	17792.2856	0.89
采烤后期	复合有机肥 OFN	80919	11392	18399.8959	19224.1722	0.90
	复合有机肥 OFJ	99769	12234	16035.1095	16585.0821	0.91
	烟草秸秆有机肥 TS	62236	9682	19864.9817	20814.6222	0.89
	单施化肥	97953	11878	17769.9795	18994.0910	0.91

2.2　有机肥对优势菌群结构组成的影响

测序发现，供试 3 个有机肥和单施化肥的处理，其土壤细菌丰度前 10 个门均为：酸杆菌门（Acidobacteria）、放线菌门（Actinobacteria）、变形菌门（Proteobacteria）、绿弯菌门（Chloroflexi）、芽单胞菌门（Gemmatimonadetes）、厚壁菌门（Firmicutes）、硝化螺旋菌门（Nitrospirae）、拟杆菌门（Bacteroidetes）、TM7、WS3（见图 1）。在平顶期，3 种有机肥处理土壤中丰度位于前 10 位的土壤细菌门中有 8 个门细菌丰度均较单施化肥处理提高，硝化螺旋菌门丰度均下降，细菌放线菌门丰度 OFN、OFJ 处理分别较单施化肥处理提高了 34.48%、3.27%，但烟草秸秆有机肥 TS 处理则降低了 9.69%。采烤前期，相较于单施化肥，OFN 处理中位于前 10 位的细菌门丰度均提高，其中以 TM7、WS3 的丰度提升很大，分别为 229.41%、244.00%，OFJ 处理硝化螺旋菌门较单施化肥下降 39.86%，TS 处理酸杆菌门和硝化螺旋菌门分别降低了 1.05%、51.35%。在采烤后期，3 种有机肥处理的土壤细菌在门水平上丰度下降，其中 OFN 处理的酸杆菌门、放线菌门、变形菌门、绿弯菌门、厚壁菌门、硝化螺旋菌门丰度下降，OFJ 处理的酸杆菌门、放线菌门、硝化螺旋菌门丰度下降，TS 处理的酸杆菌门、硝化螺旋菌门丰度下降。可见在门分类水平上，施用有机肥能够引起土壤细菌优势菌群结构的明显变化。

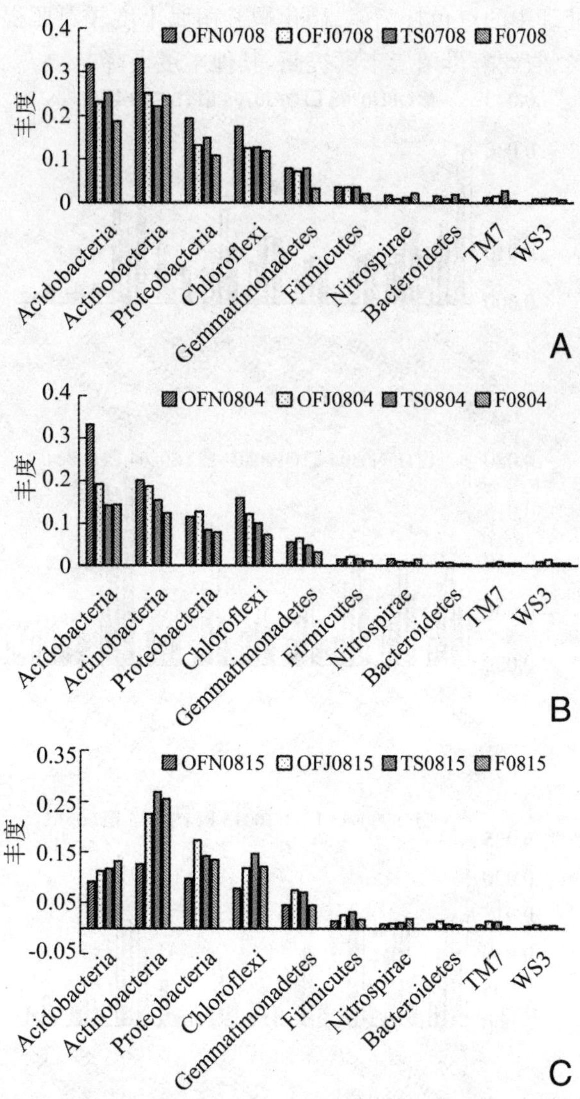

图 1　施用有机肥烟田土壤细菌中比例最高的前 10 个门及其丰度

经测序发现，土壤样品中细菌丰度比例最高的前 10 个属为：蓖麻杆菌属（Kaistobacter）、链霉菌属（Streptomyces）、红游动菌属（Rhodoplanes）、芽孢杆菌属（Bacillus）、乳球菌属（Lactococcus）、假丝酵母菌属（Candidatus）、红色杆菌属（Rubrobacter）、硝化螺旋菌属（Nitrospira）、韩国生工菌属（Kribbella）、类固醇杆菌属（Steroidobacter）（见图 2）。在平顶期，OFN 处理的土壤细菌丰度位于前 10 个属中的 8 个属的丰度较对照提高，其中假丝酵母菌属提高最大，较单施化肥提高 848.13％，红色杆菌属、硝化螺旋菌属丰度下降；OFJ 和 TS 处理的土壤细菌丰度位于前 10 个属中的 7 个属的丰度较对照提高，其中假丝酵母菌属提高最大，分别提升了 1505.73％和 669.71％，该两种有机肥除同样使红色杆菌属、硝化螺旋菌属丰度下降外，还使类固醇杆菌属丰度下降。在采烤前期，OFN 处理的土壤细菌丰度位于前 10 的属的细菌丰度均较对照提高，OFJ 和 TS 处理的土壤细菌丰度变化趋势同平顶期一致。同样，3 种有机肥处理对假丝酵母菌属丰度提升最大。在采烤后期，TS 处理的土壤细菌丰度变化特征与前两个时期一致，OFJ 处理中的红色杆菌属、硝化螺旋菌属丰度较对照提高，OFN 处理的类固醇杆菌属、红游动菌属、假丝酵母菌属丰度提高，其他丰度下降。

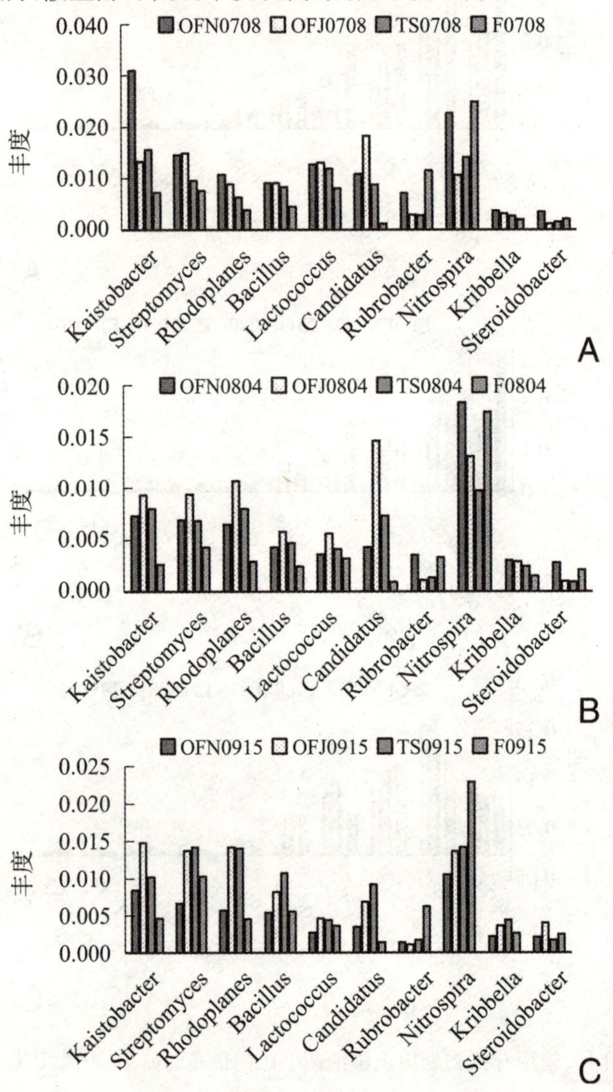

图 2　施用有机肥烟田土壤细菌中比例最高的前 10 个属及其丰度

2.3　不同施肥处理间 PCA 差异性显著性分析

对 12 个土壤样品中 OTU 组成进行 PCA 分析，结果如图 3 所示。可以看出，3 种有机肥处理与单施化肥处理距离较远，表现出有机肥处理与单施化肥处理在 OTU 组成上的较大差异，而有机肥处理间差异较小；烟草秸秆有机肥 TS 与复合有机肥 OFJ 处理的土壤细菌 OTU 组成差异较小，与复合有机肥 OFN 处理差异较大。图中也显示，TS、OFJ、单施化肥处理的土壤细菌 OTU 组成在 3 个烟草生育期之间差异较小，但 OFN 处理的则较大。总体表明，烟田施用有机肥，显著改变了土壤细菌 OTU 组成特征。

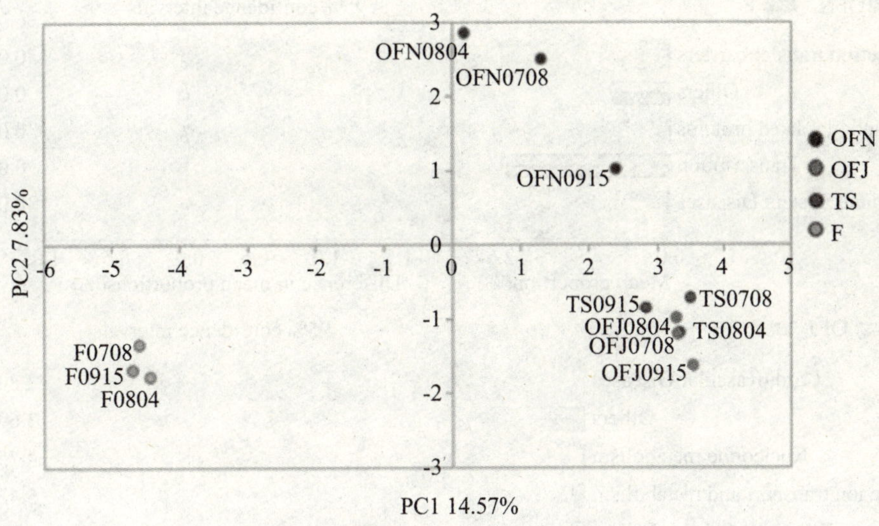

图 3　施用有机肥烟田土壤细菌 PCA 差异性分析

2.4　KEGG 代谢途径第二层分类差异分析

基于 KEGG 代谢途径第二等级对有机肥施用后土壤细菌群落功能的差异进行预测，由图 4 可见，不同分组的样品之间在微生物群落功能基因代谢途径上存在差异，不同路径基因所占比例的大小不同。相较于单施化肥，烟田施用有机肥 OFN 后，土壤细菌在基于 KEGG 代谢途径有 5 个途径存在显著差异，其中 Translation 和 Immune System Diseases 途径基因数量显著提高，而 Transcription related proteins 和 Electron transfer carriers 途径基因数量降低。而有机肥施用 OFJ 则引起 Transport and Catabolism、Metabolism of Cofactors and Vitamins、Endocrine System、Function unknown 等代谢途径基因数量显著提高，其中 Nucleotide metabolism、Transcription related proteins、Metabolism of Cofactors and Vitamins 途径的基因数量显著降低。烟草秸秆有机肥 TS 施入后，引起 Translation 途径基因数量显著增加，Metabolism of Cofactors and Vitamins 途径的基因数量显著降低。可见，有机肥处理使烟田土壤细菌群落功能和代谢产生改变，不同有机肥对土壤细菌代谢路径和代谢路径中基因数量的改变效应表现不同。

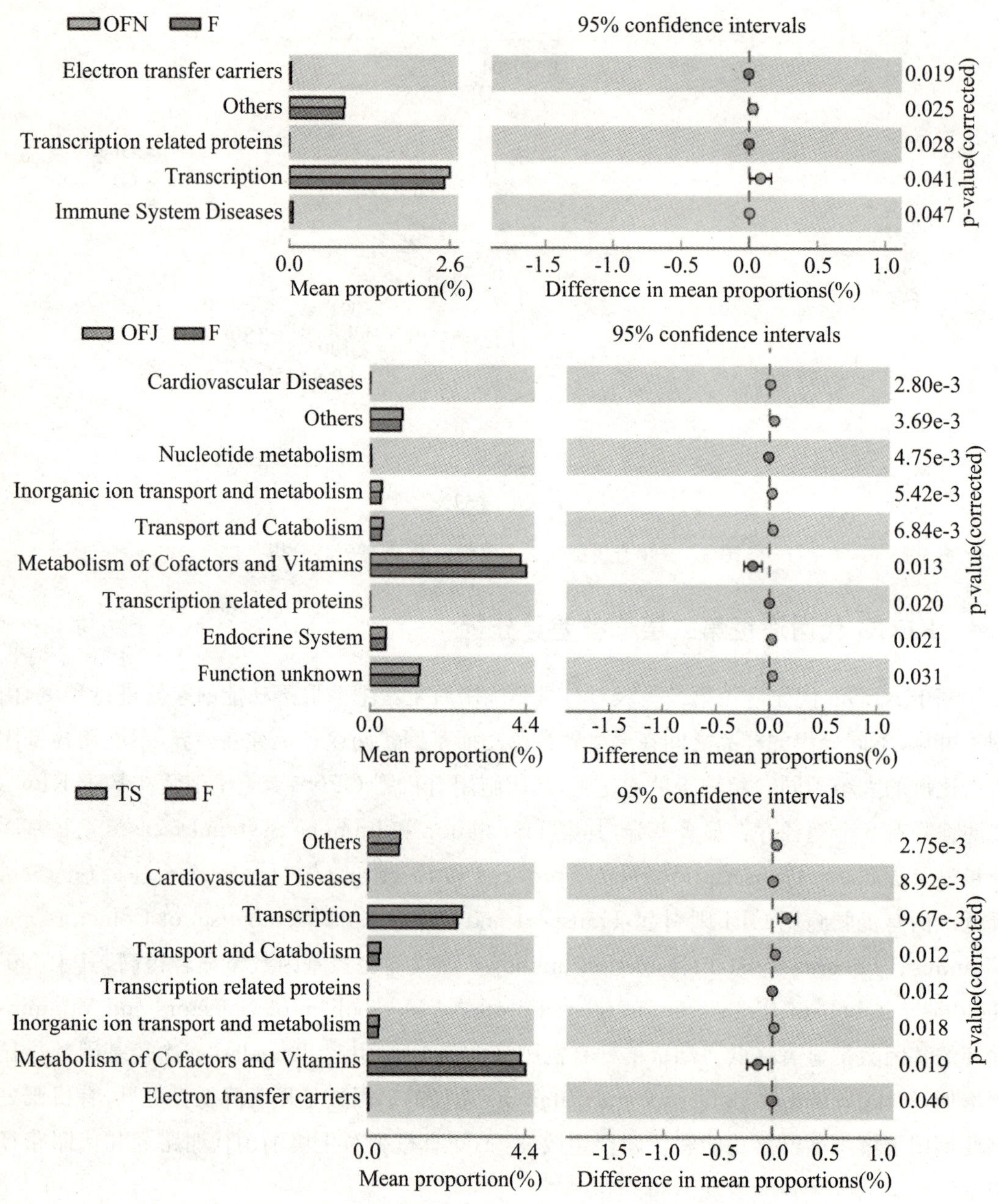

图 4 施用有机肥烟田土壤细菌的 KEGG 代谢途径第二层分类差异分析

3 讨论

土壤细菌多态性是土壤质量的综合体现，本文揭示出不同有机肥均可明显提高土壤细菌的数量和多样性，这跟毛君杰等[23]、徐永刚等[24]发现施用有机肥提高烟田以及其他作物土壤细菌的表现一致。同时本文还发现，有机肥对土壤细菌的作用效果跟烟草生育期有一定关系，复合有机肥 OFJ 和 OFN 可明显提高烟田土壤细菌在平顶期或采烤前期的 OTU 和

chao1、ace 指数，而烟草秸秆有机肥则在采烤后期明显提高土壤细菌 chao1、ace 指数。研究表明，有机肥施用可影响土壤细菌的优势菌属，调整土壤微生物的群落结构[25]。袁铭章等[26]研究揭示秸秆有机肥增强了土壤酶活性，有利于土壤细菌群落的多样性和稳定性的提高；张云伟等[27]发现有机肥显著提高了烤烟根际的细菌数量和微生物总量，以及烤烟根际放线菌的数量。本文结果显示，OFN、OFJ 和 TS 3 种供试有机肥处理较单施化肥对土壤细菌优势菌属均产生较大影响；3 种供试有机肥可提高多数细菌的丰度，但会降低红色杆菌属和硝化螺旋菌属的丰度。本文基于 KEGG 代谢途径的预测差异分析，也揭示 3 种有机肥的施用影响了土壤细菌的功能菌群。

本试验证明烟田施用有机肥能够改善烟田土壤细菌的群落结构，该研究结果对烟田土壤保育的理论和实践具有一定的指导意义，但需要进一步深入探究土壤细菌响应有机肥的细腻机制，更加科学利用有机肥进行土壤保育。

4 结论

(1)烟田施用有机肥，可明显改变烟田土壤细菌多态性，明显优于单一施用化肥。(2)有机肥的种类对烟田土壤细菌的数量及物种丰富度、在属水平上的优势菌的影响表现不同，显示出有机肥种类在土壤改良效应上的不同。(3)在烟草的不同生育期，有机肥对土壤细菌多态性的影响表现有差异，不同有机肥的作用效果呈现不一样的规律，显示出土壤细菌响应有机肥的作用机制差异，和“土壤—土壤细菌—烟草”体系对有机肥的存在整体动态响应动态。(4)总之，有机肥能够改变土壤细菌多态性，对维持烟田土壤生态系统平衡、实现烟田土壤保育有重要作用。

参考文献

[1]张继光，申国明，张久权，等. 烟草连作障碍研究进展[J]. 中国烟草科学，2011，32(3)：95-98.

[2]危跃，彭海峰，屠乃美，等. 烟草肥效调控研究进展[J]. 作物研究，2008，22(5)：480-485.

[3]王瑞，邓建强，谭军. 连作条件下植烟土壤保育与修复[J]. 中国烟草科学，2016，37(2)：83-88.

[4]Workneh F.，VAN B.. Microbial density，composition，and diversity in organically and conventionally managed rhizosphere soil in relation to suppression of cocky root of tomatoes [J]. *Applied Soil Ecology*，1994(1)：219-230.

[5]Zhao Jun，Zhang Ruifu，Xue Cho. et al.. Pyrosequencing reveals contrasting soil bacterial diversity and community structure of two main winter wheat cropping systems in China[J]. *Microbial Ecology*，2014，67(2)：443-453.

[6]Chen Xingbi. Su Yirong. He Xunyang. et al.. Soil bacterial community composition and diversity respond to cultivation in Karst ecosystems[J]. *World Journal of Microbiology and Biotechnology*，2012，28 (1)：205-213.

[7]张薇，魏海雷，高洪文，等. 土壤微生物多样性及其环境影响因子研究进展[J]. 生态学杂志. 2005，24(1)：48-52.

[8]Avidano L.，Gamalero E.，Cossa G. P.，et al.. Characterization of soil health in an Italian polluted site by using microorganisms as bio indicators[J]. *Applied Soil Ecology*，2005，30 (1)：21-33.

[9]Anderson I. C. , Campbell C. D. , Prosser J. I. . Diversity of fungi in organic soils under a moorland-Scots pine gradient[J]. *Environmental Microbiology*, 2003,5(11): 1121-1132.

[10]Cardinale B. J. , Srivastava D. S. , Duffy J. E. , et al. . Effects of biodiversity on the functioning of trophic groups and ecosystems[J]. *Nature*, 2006, 443(7114): 989-992.

[11]Gregory E. ,Caroline S. ,John S. . Soil and water environmental effects of fertilizer, manure, and compost-based fertility practices in an organic vegetable cropping system [J]. *Agriculture Ecosystems and Environment*, 2008(127): 50-58.

[12]刘国顺. 刘韶松，贾新成，等. 烟田施用有机肥对土壤理化性状和烟叶香气成分含量的影响[J]. 中国烟草学报，2005，11(3)：29-33.

[13]段玉琪，陈冬梅，晋艳，等. 不同肥料对连作烟草根际土壤微生物及酶活性的影响[J]. 中国农业科技导报，2012，14(3)：122-26.

[14]王成己，陈庆荣，陈曦，等. 烟秆生物质炭对烟草根际土壤养分及细菌群落的影响[J]. 中国烟草科学,2017，38(1)：42-47.

[15]李艳平，刘国顺，丁松爽，等. 混合有机肥用量对烤烟根系活力及根际土壤生物特性的影响[J]. 中国烟草科学，2016，37(1)：32-36,44.

[16]Tu C. , Ristaino J. B. , Hu S. . Soil microbial biomass and activity in organic tomato farming systems: effects of organic inputs and straw mulching[J]. *Soil Biol Biochem.*, 2006, 38 (2): 247-255.

[17]闫宁，郭东锋，姚忠达，等. 烟草秸秆还田对土壤细菌多样性的影响[J]. 江西农业学报，2016，28(5)：40-45.

[18]Kandeler E. , Stemmer M. , K limanek E. M. . Response of soil microbial biomass urease and amylase within particle size fractions to long-term soil management[J]. *Soil Biology and Biochemistry*, 1999, 31(2): 261-273.

[19]臧逸飞，郝明德，张丽琼，等. 26 年长期施肥对土壤微生物量碳、氮及土壤呼吸的影响[J]. 生态学报，2015，35(5)：1445-1451.

[20]刘恩科，赵秉强，李秀英，等. 长期施肥对土壤微生物量及土壤酶活性的影响[J]. 植物生态学报，2008，32(1)：176-182.

[21]Schloss P. D. , Westcott S. L. , Ryabin T. , et al. . Introducing mothur: open-source. platform-independent. community-supported software for describing and comparing microbial communities[J]. *Applied and Environmental Microbiology*, 2009, 75(23) :7537-7541.

[22]Wang Q. , Carrity G. M. , Tiedje J. M. , et al. . Naive Bayesian classifier for rapid assignment of rRNA sequences into the new bacterial taxonomy[J]. *Applied and Environmental Microbiology*, 2007, 73(16): 5261-5267.

[23]毛君杰，肖谋良，陈香碧，等. 喀斯特有机烟区不同施肥模式对烟叶化学成分的影响及其与土壤微生物性质的关系[J]. 西南农业学报，2018，31(1)：111-117.

[24]徐永刚，宇万太，马强，等. 长期不同施肥制度对潮棕壤微生物生物量碳、氮及细菌群落结构的影响[J]. 应用生态学报，2010，21(8)：2078-2085.

[25]Tao R. , Liang Y. , Wakeling S. A. , et al. . Supplementing chemical fertilizer with an organic component increases soil biological function and quality[J]. *AppliedSoil Ecology*, 2015(96): 42.

[26]袁铭章，刘树堂，陈延玲，等. 16S rDNA 扩增子测序揭示长期定位秸秆还田对土壤细菌群落的影响[J]. 华北农学报，2016，31(6)：157-163.

[27]张云伟，徐智，汤利，等. 不同有机肥对烤烟根际土壤微生物的影响[J]. 应用生态学报，2013，24(9)：2551-2556.

临沂烟区土壤重金属空间分布特征与风险评价

宋青松，王家民，张冠江，刘文涛，宗浩，韩传友，谭效磊，高鹏程，
田洪彰，刘西金，张瑞，邢玉鹏，臧甜甜，王立国

（山东临沂烟草有限公司费县分公司，山东临沂，273400）

［摘要］土壤重金属空间分布与风险评价对土壤重金属污染防治具有重要的指导意义。以传统适宜烤烟种植区山东省临沂市为研究对象，通过布点采样和地理信息系统制图，本文分析了土壤重金属的空间分布以及地区、土类间的差异，采用地积累指数、污染指数分析了土壤重金属富集污染水平，并对土壤重金属潜在生态风险和人体健康风险进行了评价。结果表明，临沂植烟耕层土壤重金属 As、Cd、Cr、Cu、Hg、Ni、Pb 和 Zn 平均含量分别为 3.85 mg/kg、0.09 mg/kg、47.56 mg/kg、14.45 mg/kg、0.07 mg/kg、18.04 mg/kg、17.82 mg/kg 和 29.21 mg/kg；在空间分布上，北部、中部和西南地区土壤重金属含量相对较高；8 种重金属中仅 Cd 和 Hg 在部分土壤中表现出富集和污染；土壤重金属潜在生态风险大小顺序为 Hg>Cd>As>Ni>Pb>Cu>Cr>Zn，其中部分土壤 Cd 和 Hg 对当地环境具有显著潜在生态风险；所有重金属均没有显著的人体健康风险。因此，临沂植烟土壤存在一定程度的 Cd 和 Hg 污染风险，应采取措施进行控制。

［关键词］烟草；烟区；农田土壤；潜在生态风险评价；人体健康风险评价

重金属因其高毒性、持久性、生物富集性已成为阻碍农业可持续发展最突出的问题之一。数十年来，随着工业化和城镇化的快速发展，土壤污染程度加重，积聚于土壤中的重金属通过食物链对生态环境和人类健康造成潜在威胁[1]。

近年来，国内外均开展了大量的土壤重金属污染水平和风险评价工作[2]。在现有的评价方法中，基于土壤背景值的方法有地积累指数法、富集因子法、污染因子法、污染负荷指数法等，基于土壤质量标准的方法有污染指数法等，而潜在生态风险评价则更考虑了不同重金属毒性的差异[3]。近年来，土壤重金属人体健康风险评价的研究也卓然兴起，特别是矿区、工业区、农业区的土壤[2~4]。人体健康风险评价包括致癌风险和非致癌风险，是通过对不同暴露途径评估而进行的。人体对土壤重金属的 3 种暴露途径有浮尘吸入、经口摄入和皮肤直接接触。有专家认为，在评价时经口摄入和接触是主要的暴露途径[3]，然而在实际操作中，吸入也经常作为一种直接的暴露途径纳入风险评价过程中[4]。近期有学者提出土壤和农产品综合质量指数法[2]，即综合考虑土壤背景值、土壤限量标准与农作物限量标准等参比系列，但对于尚没有重金属限量标准颁布的农产品（如烟草）及其产地暂无法使用此方法进

行评价。

烟草(Nicotiana tabacum L.)是国内外广泛种植的经济作物,近年来其质量安全及产地环境生态风险状况也逐渐引起关注。因此,本文调查采集了山东省临沂市植烟耕层土壤样品,检测了其中砷(As)、镉(Cd)、铬(Cr)、铜(Cu)、汞(Hg)、镍(Ni)、铅(Pb)和锌(Zn)的含量,分析了重金属在土壤中的富集和污染水平,对比了各区域的空间分布差异,并评估了潜在生态风险和人体健康风险水平,对当地烟田土壤重金属控制具有重要的指导意义。

1 材料与方法

1.1 研究区域

临沂市(东经 117°24′～119°11′,北纬 34°22′～36°13′)位于山东省东南部,气候属暖温带季风大陆性气候,全年平均气温 13.6 ℃,年平均降水量 797 mm,年平均日照 2288 h[5],在全国烟草种植区划上分属鲁中南低山丘陵烤烟适宜区[6]。

1.2 样品采集与检测

依据临沂市各县烟草种植面积和烟叶产量的空间分布情况,在市境内 9 个县共确定了 100 个典型采样点,其中苍山、费县、莒南、临沭、蒙阴、平邑、郯城、沂南和沂水样点数分别为 6 个、15 个、10 个、6 个、18 个、7 个、4 个、14 个和 20 个(见图 1)。同一田块耕作层(0～20 cm)随机多点采样,组成混合农化土样,经分拣杂物、自然风干、研磨后过 100 目筛备用。土壤样品加入 HNO_3、H_2O_2 和 HF,微波法消解,用电感耦合等离子质谱(ICP-MS)测定重金属[7,8]。

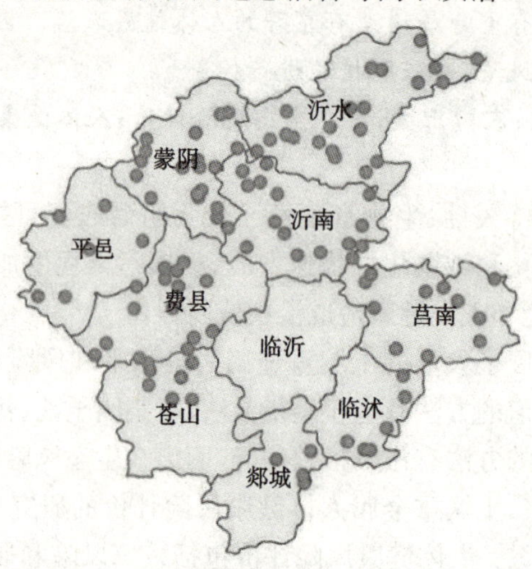

图 1　采样点位置示意图

1.3 评价方法

1.3.1 地积累指数

地积累指数(I_{geo})由 MÜLLER[9]发明,即:

$$I_{geo}=\log_2\frac{C_i}{1.5B_i} \tag{1}$$

式中,C_i 是 i 元素土壤含量(mg/kg),B_i 是 i 元素土壤背景值(mg/kg),源自中国环境监测中心主持的国家第一次土壤调查[10]。按 I_{geo} 值,分 7 个不同土壤污染程度:<0,无污染;0~1,轻微污染;1~2,轻度污染;2~3,中度污染;3~4,重度污染;4~5,极重污染;≥5,极度污染。

1.3.2 污染指数

单因子污染指数(P_i)为:

$$P_i=\frac{C_i}{S_i} \tag{2}$$

式中,S_i 为重金属 i 的评价标准(mg/kg)。本文采用《烟草产地环境技术条件标准》(NY/T 852—2004)[11]和《土壤环境质量标准》(GB 15618—1995)[12]。内梅罗综合污染指数(NIPI)计算及评价标准参照《土壤环境监测技术规范》(HJ/T 166—2004)[13]的方法。

1.4 数据分析

应用 IBM SPSS 19.0 进行数据分析,方差分析采用 Ducan 法($p<0.05$);空间分布图使用 Arc GIS 10.0 绘制,插值采用克里金法(Kriging);其他图表则使用 Excel 2010 或 Origin Pro 8.0 绘制。表 1 为健康风险评价中日平均暴露量计算相关参数,表 2 为不同暴露途径重金属参考浓度(RfD)和致癌斜率(SF)。

表 1 健康风险评价中日平均暴露量计算相关参数

参数	含义	值		文献来源
		成人	儿童	
IngR(mg/d)	食入率	100	200	[17]
EF(d/a)	暴露频率	350	350	[7]
ED(a)	暴露年限	24	6	[16]
BW(kg)	平均体重	56.8	15.9	[7]
AT(d)	非致癌平均暴露时间	ED×365	ED×365	[15]
InhR(m^3/d)	土壤吸入率	20	20	[16]
SA(cm^2)	暴露皮肤面积	5700	2800	[18]
AF[mg/(cm^2·d)]	皮肤附着因子	0.2	0.2	[18]
ABS	接触吸附因子	0.001	0.001	[18]
APM(mg/m^3)	大气颗粒物含量	0.0651	0.0651	[19]

表 2　不同暴露途径重金属参考浓度(RfD)和致癌斜率(SF)

重金属	RfD_{ing} [mg/(kg·d)]	RfD_{derm} [mg/(kg·d)]	RfD_{inh} [mg/(kg·d)]	SF_{ing} [kg/(d·mg)]	SF_{derm} [kg/(d·mg)]	SF_{inh} [kg/(d·mg)]
As	3.00×10^{-4}	1.23×10^{-4}	4.29×10^{-6}	1.50[a]	1.50[a]	15.10[a]
Cd	1.00×10^{-3}	2.50×10^{-5}	2.86×10^{-6}			6.30
Cr	3.00×10^{-3}	3.00×10^{-3}				42.00[a]
Cu	4.00×10^{-2}	1.20×10^{-2}				
Hg	3.00×10^{-4}	2.14×10^{-5}				
Ni	2.00×10^{-2}	5.40×10^{-3}				
Pb	1.40×10^{-3}	5.24×10^{-4}				4.20×10^{-2}[a]
Zn	3.00×10^{-1}	6.00×10^{-2}				

注：a 表示数据来自《污染场地风险评估技术导则》(HJ 25.3—2014)[7]。

2　结果

2.1　土壤重金属含量

临沂植烟土壤重金属含量统计分析结果及山东省土壤重金属背景值列于表 3 中。临沂植烟土壤 As、Cd、Cr、Cu、Hg、Ni、Pb 和 Zn 平均含量分别为 3.85 mg/kg、0.09 mg/kg、47.56 mg/kg、14.45 mg/kg、0.07 mg/kg、18.04 mg/kg、17.82 mg/kg 和 29.21 mg/kg。Hg 和 As 的变异系数较高，说明地区间分布不均衡。K-S 检验表示 8 种重金属均正态分布，峰度和偏度值也证明这一点。重金属作为土壤矿物成分，成土母质和成土过程对其含量有着基本的影响，土壤元素背景值能较好地反映这种自然因素的影响[20]。从表 3 可见，土壤 As、Cr、Cu、Ni、Pb 和 Zn 平均值均低于山东土壤元素背景值，Cd 平均值接近，而 Hg 平均值则相当于背景值的近两倍，说明除自然因素外，人为因素对土壤中 Hg 和 Cd 的变异影响较大。

2.2　土壤重金属空间分布

2.2.1　重金属空间分布和区域差异分析

图 2 和图 3 是临沂土壤重金属空间分布图和区域含量方差比较，分别从空间可视化角度和数据角度解析地区间差异。结果表明，临沂北部(蒙阴)、中部(费县)和西南(苍山)的一种或多种重金属含量较高，东南(郯城、临沭)的重金属含量普遍相对较低。

2.2.2　土壤类型差异分析

根据土壤采样点全球定位系统(GPS)信息，通过世界土壤数据库(Harmonized World Soil Database，HWSD)[21]查找对应土壤类型信息。发现按土壤诊断系统分类，临沂植烟土壤主要有石灰性冲积土(FLc)、饱和始成土(Cme)、弱发育淋溶土(LVh)、石灰性淋溶土(LVk)、饱和粗骨土(RGe)、潜育淋溶土(LVg)和石灰性粗骨土(RGc)7 个类别。样品数量少于 5 个的土类不计入。不同土类间的元素比较如表 4 所示。土壤 Cr、Hg、Pb 和 Zn 不同土壤类别之间无显著差异，As 含量 CMe 显著高于 RGc，Cd 含量 CMe 和 LVh 显著高于 RGc，Cu 含量 FLc 显著高于 LVk、LVg 和 RGc，CMe 也显著高于 RGc，Ni 含量 FLc 和 CMe 显著高于 RGc。因此，临沂植烟土壤从诊断土类看，石灰性冲积土（FLc）和饱和始成土（CMe）重金属含量较高，而石灰性粗骨土（RGc）含量较低。

表 3　土壤重金属含量描述性统计分析

指标	平均值（mg/kg）	最小值（mg/kg）	最大值（mg/kg）	中位数（mg/kg）	背景值[a]（mg/kg）	变异系数 CV（%）	峰度	偏度	K-S 检验[b]
pH	6.27	4.48	8.48	5.90	7.700	19.82	−1.34	0.36	1.29
As	3.85	0.20	30.52	2.69	9.300	103.85	20.18	3.61	1.81**
Cd	0.09	0.01	0.38	0.08	0.084	72.07	6.16	2.07	1.81**
Cr	47.56	4.38	227.53	44.89	66.000	68.03	10.16	2.45	1.54*
Cu	14.45	3.00	39.26	14.56	20.000	51.61	0.91	0.88	0.91
Hg	0.07	ND	2.14	0.02	0.037	312.68	62.87	7.43	3.75**
Ni	18.04	2.72	73.96	18.10	22.800	60.84	7.09	1.91	1.18*
Pb	17.82	4.99	120.89	14.60	24.200	88.32	23.19	4.35	2.39**
Zn	29.21	5.34	140.46	24.87	70.700	72.36	12.53	3.06	1.68**
V	59.97	13.62	125.22	59.39	81.900	43.53	−0.39	0.36	0.73

注：a 表示数据来自国家第一次土壤污染调查[10]；* 表示 $p<0.05$，** 表示 $p<0.01$。

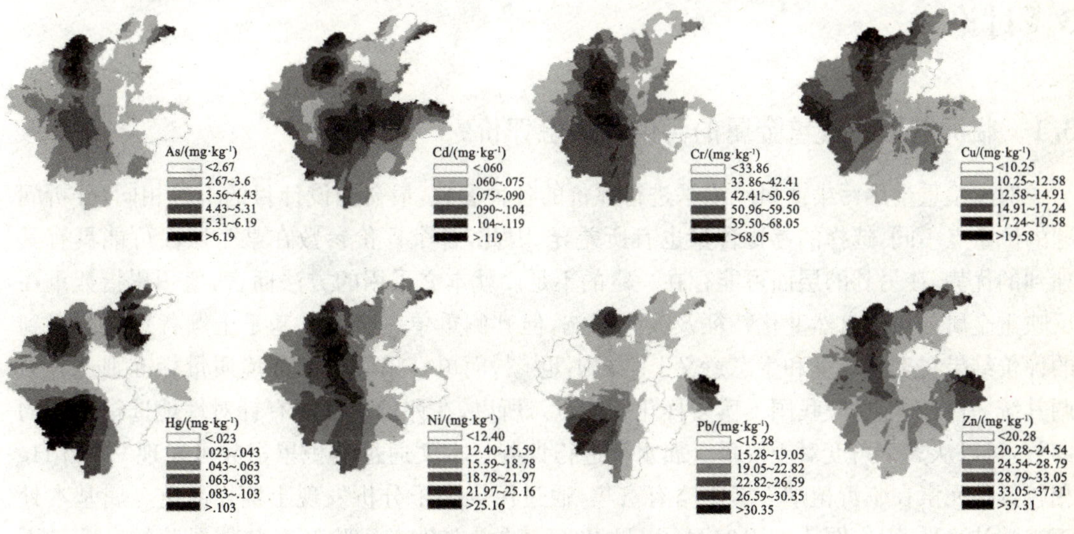

图 2　临沂植烟土壤重金属空间分布图

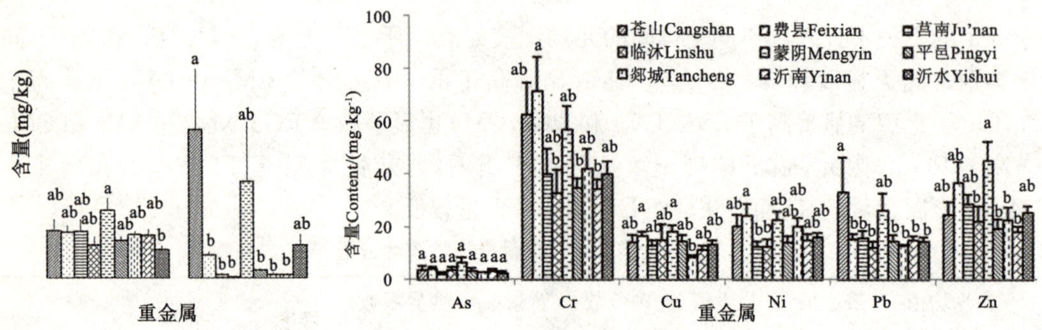

图 3　临沂各植烟县市土壤重金属含量比较

表 4　临沂不同土壤类型重金属含量差异

指标	FLc(mg/kg)	CMe(mg/kg)	LVh(mg/kg)	LVk(mg/kg)	RGe(mg/kg)	LVg(mg/kg)	RGc(mg/kg)
n	8	18	18	16	21	7	6
As	4.11±2.32ab	4.79±2.18a	4.06±3.40ab	2.83±4.12ab	3.36±2.93ab	2.40±1.43ab	1.81±0.93b
Cd	0.08±0.04ab	0.12±0.06a	0.11±0.08a	0.07±0.06ab	0.06±0.04ab	0.07±0.03ab	0.05±0.02b
Cr	61.01±32.02a	61.65±32.50a	48.92±47.24a	39.64±24.66a	40.11±28.24a	46.27±19.40a	33.32±27.02a
Cu	18.33±6.88a	16.99±6.88ab	15.69±5.56abc	11.52±6.57bc	14.10±9.26abc	10.83±6.69bc	9.06±4.26c
Hg	0.20±0.29a	0.05±0.07a	0.06±0.09a	0.05±0.04a	0.12±0.46a	0.03±0.02a	0.05±0.10a
Ni	23.39±9.66a	22.38±10.50a	19.48±14.62ab	15.22±9.44ab	15.39±10.64ab	17.47±8.07ab	9.12±4.94b
Pb	19.20±8.82a	17.38±7.27a	19.35±19.68a	19.98±27.52a	15.14±7.94a	15.62±6.89a	10.64±2.73a
Zn	34.71±10.25a	28.71±13.86a	33.16±25.98a	26.82±19.31a	27.74±28.14a	23.85±8.78a	21.42±11.34a

注:每行数据中相同字母表示无显著性差异($p<0.05$)。

3　讨论

3.1　临沂植烟土壤重金属的污染和风险评价

对土壤重金属污染或风险水平进行评价的各种参数,最初的设计目的不尽相同,分析问题的侧重点不同,选择的参比含量也有所差异,因此,各个评价参数在某个层面可能具有其独到的优势,在另外的层面可能存在一定的不足。就本文采用的方法而言,地积累指数重在反映重金属分布的自然变化特征及人为影响,但其侧重单一金属。基于土壤背景值而得到的评价结果在表现环境和生态意义上略显不足[26],而单一采用土壤环境质量标准则过分强调其统一性,不能适应我国土壤多样化的特点。所以,在评价过程中有针对性地选择不同的参数,可以从多个角度对土壤重金属水平进行评判。本文通过地积累指数可发现 Cd 和 Hg 相较其他元素在临沂植烟土壤中略有富集,通过污染因子分析发现土壤样品重金属基本处于尚清洁水平,而在图 4 中更突显了 Cd 和 Hg 的潜在生态风险及对整体风险的影响。不过,临沂植烟土壤重金属并不存在显著的人体健康风险。

3.2 临沂植烟土壤重金属的空间分布规律

土壤类型和土壤利用方式是影响土壤重金属含量的主要因素。究其原因，前者是土壤重金属的自然来源——成土母岩母质和成土过程的反映，后者则是土壤重金属差异产生的人为因素。不同的利用方式对土壤环境的影响存在显著差异[27]。在本文中，临沂作为山东传统烟区，数十年来，烟区肥料、农药等农用物资由当地相关主管部门进行统一采购，施用方式和用量也根据生产规范进行，所以，临沂植烟土壤人为影响在区域内造成的变异要远小于其他农业利用类型，使得自然因素的影响更加突出。在自然因素中，地形主要通过引起物质、能量的再分配而间接地作用于土壤的形成过程[28]。

4 结论

对山东省临沂市植烟土壤重金属 As、Cd、Cr、Cu、Hg、Ni、Pb 和 Zn 的污染与风险评价结果表明，临沂植烟土壤 93%样品的重金属整体处于清洁水平，仅 Cd 和 Hg 存在轻度富集或污染；84%土壤样品的重金属整体无显著生态风险，10%样品处于轻度风险；土壤中 8 种重金属生态风险大小顺序为 Hg>Cd>As>Ni>Pb>Cu>Cr>Zn，且对成人和儿童均无显著的健康风险；Cd 和 Hg 是植烟土壤今后重点控制的重金属元素，特别是临沂北部、西南和中部部分地区。

参考文献

[1]Luo L., Ma Y., Zhang S., et al.. An inventory of trace element inputs to agricultural soils in China[J]. *Journal of Environmental Management*, 2009, 90(8): 2524-2530.

[2]王玉军，吴同亮，周东美，等. 农田土壤重金属污染评价研究进展[J]. 农业环境科学学报，2017，36(12)：2365-2378.

[3]Li Z., Ma Z., Van Der Kuijp T. J., et al.. A review of soil heavy metal pollution from mines in China: Pollution and health risk assessment[J]. *Science of the Total Environment*, 2014(7): 468-469, 843-853.

[4]Hu W., Huang B., He Y., et al.. Assessment of potential health risk of heavy metals in soils from a rapidly developing region of China[J]. *Human and Ecological Risk Assessment An International Journal*, 2016, 22(1): 211-225.

[5]张磊，赵海军，潘婕，等. 临沂市旅游气候资源分析与评价[A]. 第 32 届中国气象学会年会[C]，2015.

[6]王彦亭，谢剑平，李志宏. 中国烟草种植区划[M]. 北京：科学出版社，2010.

[7]环境保护部科技标准司. 污染场地风险评估技术导则(HJ 25.3—2014)[S]. 北京：中国环境出版社，2004.

[8]Liu H., Zhang Y., Zhou X., et al.. Source identification and spatial distribution of heavy metals in tobacco growing soils in Shandong province of China with multivariate and geostatistical analysis[J]. *Environmental Science and Pollution Research*, 2017(24): 5964-5975.

[9]Müller G. . Schwermetalle in den Sedimenten des Rheins-Veränderungen seit 1971[J]. *Umschau in Wissenschaft und Technik*，1979，79 (24)：778-783 (in German).

[10]中国环境监测总站. 中国土壤元素背景值[M]. 北京：中国环境科学出版社，1990.

[11]农业部. 烟草产地环境技术条件(NY/T 852—2004)[S]. 北京：中国标准出版社，2004.

[12]国家环境保护总局. 土壤环境质量标准(GB 15618—1995)[S]. 北京：中国标准出版社，1995.

气象因素对临沂烟区主栽品种生育期的影响

高强，王志刚，刘元德，刘莉，武博，宗浩，谭效磊，王滨，徐蕊，贺鹏霖，张伟娜，崔云，张超

（山东临沂烟草有限公司，山东临沂，276000）

[摘要] 为明确影响临沂烤烟生长发育进程的限制气象因子，合理配置大田生育期，以烤烟主栽品种NC55、NC102为材料，连续多年设置不同移栽期田间对比试验，分析气象因素与烤烟生育期的关系，明确不同品种的温光特性。结果表明，烤烟生育期随移栽期推迟而显著缩短，主要表现在现蕾之前的营养生长阶段（伸根期、旺长期），其次为成熟后期；温度条件是影响烤烟生育期的关键气象因子，生长前期温度随移栽期推迟而显著升高，使生育进程加快而导致生育期显著缩短，而某一生育期的有效积温保持基本恒定，符合积温恒定理论；累积日照时数的减少主要是随生育时间缩短而变化的。

[关键词] 烤烟；品种；移栽期；生育期；有效积温

与其他作物一样，烤烟生长发育进程及品质特色受遗传因素、生态条件和栽培措施的共同调控[1]。在烤烟生产技术逐渐均一化的背景下，气候条件成为关键影响因子。在同一区域内，不同移栽期导致烟株生育期对应的气候条件不同，从而使烟株生长发育规律发生变化，进而影响烟叶产量和品质[2,3]。因此，明确气象因素对烤烟生育进程及品质的影响及机理，对于合理安排移栽期、预测烤烟生长趋势、提高烟叶质量有重要意义。针对移栽期影响烤烟生育进程缺乏理论支撑的情况，本文连续多年开展不同移栽期试验，研究移栽期对烤烟生育期变化规律的影响，分析气象要素特征与烤烟发育进程的关系，明确限制气象因子，以期为合理安排移栽期，优化配置气候资源，实现烤烟精准、可控生产提供理论参考。

1　材料与方法

1.1　试验设计

2011～2016年在山东临沂烟区采用当地主栽品种设置不同移栽期试验，具体试验品种、地点和时间如表1所示。各点试验均采用随机区组设计，设3次重复，纯氮用量每亩为4.5～5.0 kg，养分比例为N∶P_2O_5∶K_2O＝1∶1∶3，肥料全部基施，移栽烟苗保持大小一致，种植密度均为行距1.2 m、株距0.5 m，其他田间管理措施保持一致。

表1 主栽品种在不同试验点的移栽时间

供试品种	试验地点	年度	试验处理(移栽时间)
NC55	沂水 Yishui	2011	4.20、4.30、5.10、5.20
	沂水 Yishui	2012	5.01、5.11、5.21、5.31
	沂水 Yishui	2013	5.05、5.15、5.25
	沂水 Yishui	2014	4.25、5.05、5.15、5.25
	沂水 Yishui	2015	5.01、5.11、5.21
	沂水 Yishui	2016	4.21、5.01、5.11、5.21
NC102	沂水 Yishui	2011	4.20、4.30、5.10、5.20
	费县 Feixian	2011	4.20、4.30、5.10、5.20
	沂水 Yishui	2014	4.25、5.05、5.15、5.25
	沂南 Yinan	2015	5.01、5.11、5.21
	蒙阴 Mengyin	2016	4.21、5.01、5.11、5.21

1.2 测定项目及方法

气象数据采集:各年度各地区气象数据来自当地气象部门,包括平均气温、降水量、日照时数等。

生育期调查:按照烟草行业标准《烟草农艺性状调查测量方法》(YC/T 142—2010)调查记录各试验烟草生育期。其中,移栽至团棵期为伸根期,团棵期至现蕾期为旺长期,现蕾期至烟叶成熟为成熟前期,烟叶成熟至采收结束为成熟后期。

1.3 数据分析

由于每年各点试验移栽期有一定差异,为便于统计分析,将所有处理归结为4个不同移栽时期,即Y1[4月下旬(4.20～4.30)]、Y2[5月上旬(5.01～5.10)]、Y3[5月中旬(5.11～5.20)]和Y4[5月下旬(5.21～5.31)]。

数据统计利用Excel进行;多重比较及相关分析利用SAS进行。有效积温计算公式为$\sum_{i=1}^{n}(T_i - T_0)$,其中$T_i$为第$i$日平均温度,$T_0$(生物学零度)定为10 ℃,$n$为生育期天数[6]。

2 结果与分析

2.1 不同移栽时间对主栽品种生育期的影响

各品种不同移栽期生育期情况如表2所示。所有品种全生育期时间均随移栽期推迟而显著减少。NC55 伸根期、旺长期、成熟后期时间随移栽期推迟而明显减少，而成熟前期时间基本一致；NC102 伸根期时间随移栽期推迟明显减少，旺长期、成熟前期、成熟后期时间基本一致。结果表明，不同移栽期烤烟生育期差异主要表现在生长前期（伸根期、旺长期），其次为生长后期（成熟后期），而生长中期（成熟前期）时间基本一致。

表 2　不同移栽时间下主栽品种的生育期

品种	处理	伸根期	旺长期	成熟前期	成熟后期	全生育期
NC55	Y1	39.13a	27.00a	25.13a	46.25a	137.50a
	Y2	36.79a	25.64ab	25.21a	40.93ab	128.57b
	Y3	34.07b	24.21bc	24.93a	38.36b	121.57bc
	Y4	32.38b	22.50c	25.00a	34.38b	114.25c
NC102	Y1	37.75a	26.00a	23.00a	44.88a	131.63a
	Y2	34.44b	25.89a	22.89a	44.56a	127.78ab
	Y3	31.56c	25.11a	22.44a	43.44a	122.56ab
	Y4	30.60c	23.80a	23.80a	42.20a	119.40b

注：不同小写字母表示在 0.05 水平差异显著，下同。

2.2　不同移栽时间对主栽品种各生育期气象因素的影响

各品种不同移栽期各生育期气象条件情况如表 3 和表 4 所示。所有品种不同移栽期烤烟伸根期、旺长期、成熟前期有效积温均无显著差异，成熟后期、全生育期有效积温随移栽期推迟而显著减少。各品种不同移栽期各生育期累积降水量变化无明显规律性。所有品种伸根期、旺长期及全生育期累积日照时数随移栽期推迟而显著减少，而成熟前期、成熟后期日照时数无显著差异。各品种团棵期、旺长期、全生育期平均气温随移栽期推迟而显著升高，成熟后期平均气温随移栽期推迟而显著降低；两个品种成熟前期平均气温均无显著差异。不同品种平均降水量变化无明显规律。NC55 旺长期、NC102 伸根期随移栽期推迟而显著降低，其他各生育期及全生育期内平均日照时数均无显著差异。

2.3　主栽品种生育期与气象因素简单相关分析

各品种生育期与气象因素相关系数如表 5 所示。除 NC102 伸根期，其他各生育期与有效积温均呈显著或极显著正相关。各品种生育期与累积降水量关系无明显规律性。各品种各生育期与累积日照时数均呈显著或极显著正相关。各品种伸根期、旺长期、全生育期与平均气温均呈显著或极显著负相关，与成熟前期、成熟后期时间无显著相关性。各品种各生育期与平均降水量的关系无明显规律。NC55、NC102 旺长期、成熟前期与平均日照时数呈显著或极显著正相关，NC102 成熟后期与平均日照时数呈显著或极显著负相关。

表 3 不同移栽时间下主栽品种各生育期累积气象条件

品种	处理	有效积温					累积降水量					累积日照时数				
		伸根期	旺长期	成熟前期	成熟后期	全生育期	伸根期	旺长期	成熟前期	成熟后期	全生育期	伸根期	旺长期	成熟前期	成熟后期	全生育期
NC55	Y1	403.80a	368.60a	410.89a	681.33a	1864.61a	49.72a	69.61b	106.61a	279.41a	505.35a	328.76a	212.98a	161.47a	287.67a	990.87a
	Y2	409.89a	364.61a	420.12a	593.39ab	1791.49ab	38.15a	87.45ab	118.91a	233.57ab	478.08a	310.81ab	181.19b	160.03a	264.80a	916.83ab
	Y3	412.11a	356.77a	419.59a	536.73bc	1729.53bc	35.98a	98.42a	140.85a	202.50ab	478.10a	283.64bc	156.56bc	161.29a	249.08a	850.57bc
	Y4	415.00a	342.59a	423.45a	466.58c	1651.39c	39.65a	110.34a	173.29a	159.22b	483.22a	251.90c	137.87c	166.08a	231.31a	787.17c
NC102	Y1	402.16a	380.99a	371.87a	682.85a	1837.86a	65.23a	54.71a	142.08a	259.11a	521.13a	280.87a	160.22a	133.49a	240.44a	815.03a
	Y2	408.94a	385.66a	375.94a	653.44a	1823.98ab	44.90a	83.92a	135.92a	227.21a	491.96a	252.28ab	151.49ab	135.39a	235.98a	775.14ab
	Y3	413.24a	382.16a	373.24a	604.41ab	1773.05ab	32.95a	108.25a	135.62a	216.62a	493.45a	220.46bc	143.87b	131.13a	223.03a	718.48b
	Y4	414.34a	369.71a	377.38a	564.15b	1725.58b	38.12a	108.41a	129.66a	200.68a	476.86a	199.13c	141.36b	134.10a	210.73a	685.33b

表 4 不同移栽时间下主栽品种各生育期平均气象条件

品种	处理	平均气温					平均降水量					平均日照时数				
		伸根期	旺长期	成熟前期	成熟后期	全生育期	伸根期	旺长期	成熟前期	成熟后期	全生育期	伸根期	旺长期	成熟前期	成熟后期	全生育期
NC55	Y1	20.31d	23.69c	26.34a	24.78a	23.58c	1.29a	2.60c	4.20b	6.28a	3.71a	8.38a	7.84a	6.30a	6.18a	7.19a
	Y2	21.14c	24.25bc	26.80a	24.54a	23.92b	1.06a	3.44bc	4.62ab	5.95a	3.75a	8.43a	7.05ab	6.25a	6.45a	7.12a
	Y3	22.10b	24.82b	26.97a	24.01b	24.21ab	1.08a	4.23ab	5.39ab	5.36a	3.97a	8.31a	6.47b	6.38a	6.53a	6.99a
	Y4	22.80a	25.45a	26.95a	23.54b	24.45a	1.24a	5.14a	6.74a	4.63a	4.27a	7.75a	6.21b	6.57a	6.84a	6.89a
NC102	Y1	20.69c	24.66a	26.13a	25.37a	23.99a	1.70a	2.03b	6.26a	6.11a	4.03a	7.44a	6.16a	5.75a	5.42a	6.20a
	Y2	21.91b	24.88a	26.35a	24.83ab	24.30a	1.27a	3.17ab	5.97a	5.37a	3.94a	7.33ab	5.82a	5.83a	5.34a	6.07a
	Y3	23.11a	25.19a	26.54a	24.06bc	24.49a	1.04a	4.18a	5.87a	5.08a	4.10a	6.98ab	5.64a	5.76a	5.19a	5.86a
	Y4	23.53a	25.48a	26.52a	23.47c	24.47a	1.24a	4.33a	5.59a	4.69a	4.04a	6.51b	5.86a	5.80a	5.05a	5.75a

表 5　主栽品种生育期与气象因素相关系数

气象因素	品种	伸根期	旺长期	成熟前期	成熟后期	全生育期
有效积温	NC55	0.531**	0.734**	0.986**	0.976**	0.970**
	NC102	0.167	0.877**	0.986**	0.928**	0.785**
累积降水量	NC55	−0.111	−0.389**	0.603**	0.222	−0.185
	NC102	0.613**	0.506**	0.235	0.252	−0.598**
累积日照时数	NC55	0.809**	0.898**	0.927**	0.749**	0.838**
	NC102	0.765**	0.930**	0.907**	0.788**	0.625**
平均气温	NC55	−0.445**	−0.679**	0.114	0.103	−0.867**
	NC102	−0.854**	−0.428*	0.175	−0.132	−0.698**
平均降水量	NC55	−0.240	−0.707**	0.467**	−0.171	−0.516**
	NC102	0.459**	0.385	0.060	−0.385*	−0.717**
平均日照时数	NC55	0.296	0.306*	0.773**	−0.261	0.290
	NC102	0.316	0.456*	0.630**	−0.411*	0.054

注：* 表示在 0.05 水平下显著，* * 表示在 0.01 水平下显著。

2.4　主栽品种生育期与气象因素通径分析

将各品种营养生长时间(伸根期＋旺长期)与平均气温、平均日照时数进行通径分析，结果如表 6 所示。各品种平均气温对烤烟生育期的直接作用及作用总和均高于平均日照时数。

表 6　生育期与气象因素通径分析

品种	气象因素	直接作用	间接作用		作用总和
			平均气温	平均日照时数	
NC55	平均气温	−0.8500		−0.0622	−0.9122
	平均日照时数	0.1532	0.3451		0.4983
NC102	平均气温	−0.6301		−0.1234	−0.7535
	平均日照时数	0.4736	0.1641		0.6378

3　讨论

烤烟是喜温短日照植物，生长最低温度为 10 ℃，最高温度为 35 ℃，移栽—团棵最适温度范围为 20 ℃～25 ℃，团棵—现蕾最适温度范围为 20 ℃～28 ℃，不需要低温春化作用；临界日长为 14 h，最适日长为 10 h[1]。在本文中，山东烟区烤烟移栽时温度范围为 19 ℃～23 ℃，团棵时温度范围为 23 ℃～25 ℃，现蕾时温度范围为 25 ℃～27 ℃，均基本在最适生长温度范围之内，基本符合发育速度与温度呈线性关系的规律，因此，烤烟各生育节点的有效积温保持恒定；临沂烟区烤烟生长前期干旱少雨，日照时间比较稳定，导致不同移栽期烤烟生育前期每日光照时数基本一致，且在10 h之内，不存在长日照对发育进程的抑制作用，也无寡照对生长的迟滞作用。因此，对于以临沂为代表的北方烟区来说，温度是影响烤烟发育进程的主要限制因子，而光照是非主要影响因素。相对于参数过多的生理发育时间理论，计算简单的有效积温理论在分析预测烤烟生育进程中更具有优势。与籽粒作物不同，烤烟是叶用作物，收获结束时间受叶片成熟程度及人为控制双重影响。早栽烤烟上部烟叶生长后期往往会因为雨水较多而发生贪青晚熟现象，全生育期有效积温增加；晚栽烤烟上部烟叶生长后期温度下降，生产主体经常会根据气温降低及烘烤、收购、用工情况，在上部烟叶未完全成熟状态下集中采收，提前结束烤烟生育期，使晚栽烤烟成熟后期时间缩短，导致全生育期有效积温减少。但烤烟前期各生育期有效积温保持恒定，仍具有生物学意义。

4 结论

临沂烤烟主栽品种生育期随移栽期推迟均显著缩短，主要表现在现蕾之前的营养生长阶段，其次为成熟后期；温度条件是影响山东烤烟生育期的关键限制因子，生长前期温度随移栽期推迟而显著升高，使生育进程加快而导致生育期显著缩短，而某一生育期内的有效积温保持基本恒定，符合积温恒定理论，累积日照时数的减少主要是随生育时间的缩短而变化的。

参考文献

[1]中国农业科学院烟草研究所. 中国烟草栽培学[M]. 上海：上海科学技术出版社，2005.

[2]龚治翔，黄元炯，张海枞，等. 移栽期对烤烟生长发育影响的研究进展[J]. 贵州农业科学，2017，45(2)：63-66.

[3]刘德玉，李树峰，罗德华，等. 移栽期对烤烟产量、质量和光合特性的影响[J]. 中国烟草学报，2007，13(3)：40-46.

有机肥施用对烟田土壤酶活性的影响

杨德廉[1]，李祥英[1,2]，周昕[1]，李更新[1]，杜传印[1]，管恩森[1]，马夙静[2]，张彭[2]，刘振宇[2]

(1. 山东潍坊烟草有限公司，山东潍坊，261205；2. 山东农业大学，山东泰安，271018)

[摘要] 为明确有机肥施用后对烟田土壤酶活的影响，本文选用5种有机肥处理连作烟田土壤，并以单施化肥为对照，测定了烟草团棵期、旺长期、现蕾期、采烤前期和采烤后期烟田土壤的8种酶活性。施用有机肥后，在测定的5个时期均可提高土壤中蔗糖酶活性、过氧化氢酶活性，发酵牛粪对烟田土壤的蔗糖酶的影响最大，复合有机肥B处理对过氧化氢酶影响较大；施用有机肥可提高烟草采烤后期土壤的多酚氧化酶活性，发酵牛粪和发酵豆饼的效果较为显著；有机肥处理可提高从团棵期至采烤前期的土壤脱氢酶的活性；可提高从旺长期开始的土壤酸性磷酸酶和中性磷酸酶的活性，以秸秆有机肥和复合有机肥A对土壤酸性磷酸酶活性影响较大；可提高现蕾期和采烤前期的土壤碱性磷酸酶活性，以两种复合有机肥和发酵牛粪影响较大；除此之外，有机肥施用后相较于单施化肥降低了烟田土壤的脲酶活性。总之，烟田施用有机肥改变了土壤酶活性，对土壤保育有良好意义。

[关键词] 有机肥；烟田；土壤酶；土壤保育

0 引言

烟草是我国重要的经济作物，其面积和产量位于世界第一，是国民经济和财政收入的重要来源[1]。然而在烟草生产区，长期连作且偏重施用化学肥料[2,3]，导致土壤质量和作物品质下降等[4~6]。土壤是一个复杂的生态系统，各种生物化学反应都是在酶的参与下进行的。土壤酶是土壤的重要组成成分之一，参与土壤中重要营养元素的生物学循环、土壤有机质及矿物质的转化过程等。土壤酶反映了土壤对植物根系供应养分的潜在能力[7]。许多研究均表明，土壤酶活性可以作为土壤肥力、土壤质量和微生物活性的重要指标[8,9]。

随着绿色农业和可持续发展农业观念的提出，有机肥在土壤改良中的作用越来越受到关注。有机肥来源广泛，保护环境，应用范围广[10]。研究表明，有机肥可增加和更新土壤有机质，改良土壤物理性能，增加土壤微生物的活力，改善土壤酶的活性[11~14]，但有机肥来源不一，种类繁多，对烟田土壤的改良效果不同。据报道，有机肥能提高土壤中有关酶的活性和微生物活性[15]，如施用有机肥与化肥配施能显著提高土壤蔗糖酶活性和脲酶活性[16,17]。适量的芝麻饼肥与化肥配施能明显提高根际土壤脲酶活性[18]。

山东烟区是我国主要的“蜜甜焦香”型烟区，主要分布在潍坊、临沂等地区。近些年来，不少烟田也存在因长年连作、过度施用化学肥料导致烟田土壤和烟叶质量下降等问题，因此，烟田土壤改良也是山东烟草生产中的重要问题。本文以烟田土壤改良为目标，尝试施用不同种类的有机肥，揭示有机肥对长期连作烟田土壤酶活性的影响，分析不同有机肥种类对烟田土壤酶活性改变的差异，进而探讨有机肥在烟田土壤改良中的作用。

1 材料与方法

1.1 试验地点

本试验在山东潍坊诸城试验站农场大田进行，烟草栽培管理技术规范，土壤为黏性褐土，基本的营养状况：pH 6.25，有机质15.17 g/kg，全氮636 mg/kg，碱解氮63.07 mg/kg，速效磷30.23 mg/kg，速效钾254.66 mg/kg，水溶性氯28.87 mg/kg。烟草移栽前对土壤采用深耕。该烟田多年连作，以施用化学肥料为主。

1.2 试验处理

供试烤烟品种为NC102。供试有机肥5种，为烟草秸秆有机肥、复合有机肥A、复合有机肥B、发酵牛粪和发酵豆饼。不同有机肥和化肥的养分含量和氮磷钾比例如表1所示。

表1 不同有机肥和化肥的养分含量和氮磷钾比例

肥料	养分含量	氮磷钾比例
烟草秸秆有机肥	2∶2∶1.8	1.00∶1.08∶3.00
复合有机肥A	2∶1∶2	1.00∶1.08∶3.00
复合有机肥B	2∶1∶2	1.00∶1.08∶3.00
发酵牛粪	0.32∶0.25∶0.16	1.00∶1.08∶3.00
发酵豆饼	5∶1∶2	3.00∶1.00∶2.00
化肥	1.00∶0.85∶3.04	1.00∶0.70∶3.00

本试验设置6个处理，每个处理氮肥和钾肥用量均为81 kg/hm^2 和200.25 kg/hm^2；其中对照为只施用化肥处理，其他处理采用不同有机肥部分替代化肥；各处理施肥量的氮磷钾比例相同。试验小区设计以等价原则确定，每个处理设置3个小区作为重复，每个小区333.3 m^2(0.5亩)，小区内设置6行烟草处理，不设保护行。具体处理为：处理1，烟草秸秆有机肥(1500 kg/hm^2)＋化肥；处理2，复合有机肥A(1500 kg/hm^2)＋化肥；处理3，复合有机肥B(1500 kg/hm^2)＋化肥；处理4，发酵牛粪(7500 kg/hm^2)＋化肥；处理5，发酵豆饼(525 kg/hm^2)＋化肥；对照，化肥。

1.3 测定指标与方法

土壤采集在烟草的团棵期、旺长期、现蕾期、采烤前期、采烤后期进行。在距离烟株根茎20 cm处，从20～25 cm深度处取土，保存于无菌包装袋中，实验室去除残留根系和石砾，阴凉处风干备用。每个小区取 3 个样品,每个处理共取 9 个样品土壤。土壤酶活性的测定方法参照关松荫的方法[19]:土壤脲酶采用苯酚钠—次氯酸钠比色法;蔗糖酶采用 3,5-二硝基水杨酸比色法;磷酸酶采用磷酸苯二钠比色法;过氧化氢酶采用 $KMnO_4$ 滴定法;脱氢酶采用 TTC 还原比色法;多酚氧化酶采用邻苯三酚显色法。

1.4 数据统计与分析

利用 Excel 2013 进行数据的处理和图表的制作,利用 IBM SPSS Statistics 20 进行数据的差异显著性分析,差异显著水平为 0.05。

2 结果与分析

2.1 有机肥施用对烟田土壤脲酶活性的影响

烟田土壤脲酶的活性随烟草的生育期发生变化(见图 1),测定的 5 个时间点以现蕾期土壤的脲酶活性最高。有机肥处理的土壤的脲酶活性存在差异。综合 5 个测定的时间点的脲酶活性,以烟草秸秆处理的脲酶活性最低,发酵牛粪和发酵豆饼处理的脲酶活性较高;但所有有机肥处理后,烟土壤脲酶的活性均下降,不同有机肥处理的土壤脲酶活性下降程度存在差异。

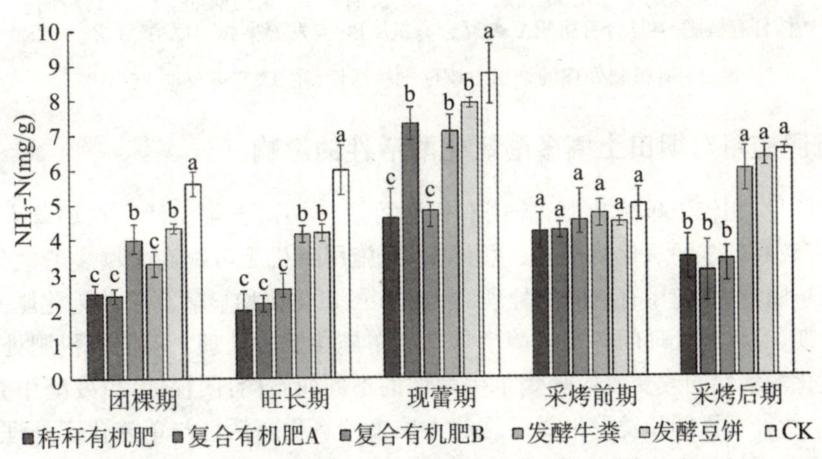

图 1 有机肥处理的烟田土壤脲酶活性(在 37 ℃下反应 24 h)

2.2 有机肥施用对烟田土壤蔗糖酶活性的影响

由图 2 可见,烟田土壤蔗糖酶活性随烟草生育期的变化呈现先增高后降低的特点,有机肥施用改变了烟田土壤蔗糖酶活性,不同有机肥处理其改变特征表现不同,且不同有机肥对烟田土壤蔗糖酶影响的差异在烟草不同生育期也表现不同。团棵期,烟草秸秆处理的土壤蔗糖酶酶活性显著高于单施化肥,而复合有机肥 A 和发酵豆饼处理的酶活则低于单施化肥处理。烟草旺长期,施用发酵豆饼处理的土壤蔗糖酶活性上升,显著高于单施化肥,复合有机肥 B 和发酵牛粪处理的土壤酶活尽管没有高于单施化肥处理,但也比团棵期有了很大的增长，烟草秸秆有机肥处理的蔗糖酶活性则下降，显著低于单施化肥处理。现蕾期，施用复合有机肥A和发酵牛粪处理的土壤蔗糖酶活性则上升为最高，显著高于单施化肥的处理，发酵豆饼、复合有机肥B处理的酶活则低于单施化肥处理。采烤前期，发酵牛粪处理和复合有机肥B处理的土壤蔗糖酶活性最高，且显著高于单施化肥的处理，烟草秸秆有机肥和复合有机肥A处理的土壤蔗糖酶活则显著低于单施化肥处理。采烤后期，发酵牛粪处理的土壤蔗糖酶活性依然保持较高活性，显著高于其他有机肥处理和单施化肥的处理，其他有机肥处理的土壤蔗糖酶酶活则低于单施化肥处理。从总体时间趋势上看，有机肥处理的烟田土壤其蔗糖酶活均较单施化肥有一定程度的提高，但不同有机肥对烟田土壤蔗糖酶活改变的趋势和大小有所不同。

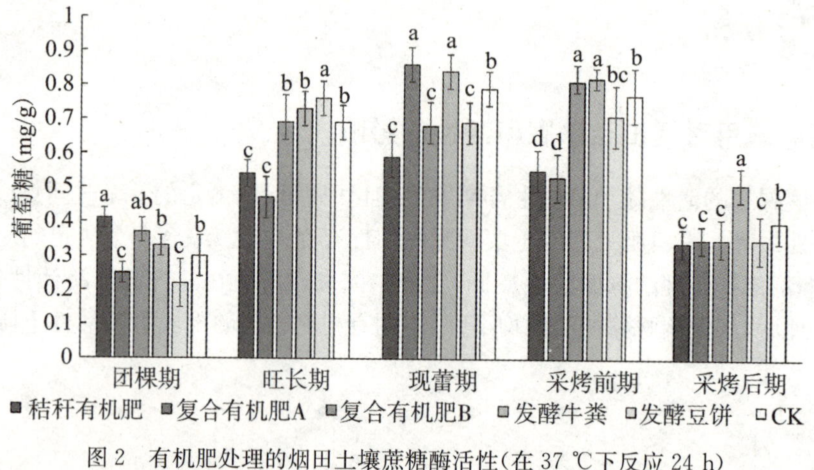

图2 有机肥处理的烟田土壤蔗糖酶活性（在37 ℃下反应24 h）

2.3 有机肥施用对烟田土壤多酚氧化酶活性的影响

由图3可见，相较于单施化肥，施用有机肥可改变烟田土壤酶活。在烟草采烤前期之前，土壤具有较高的多酚氧化酶活性。总体上看，施用有机肥可提高土壤多酚氧化酶活性。特别是在烟草团棵期，施用有机肥的处理的土壤多酚氧化酶均显著高于单施化肥的处理；但是在采烤后期，有机肥处理的各土壤酶活均低于单施化肥的处理。不同有机肥处理对烟田土壤多酚氧化酶活性的改变效应随烟草生育期的不同而不同：团棵期，以发酵牛粪为最高；旺长期，烟草秸秆有机肥和发酵牛粪处理的土壤多酚氧化酶活性与单施化肥处理的酶活无差异，但显著高于复合有机肥A、复合有机肥B及发酵牛粪处理；现蕾期，以复合有机肥A处理的土壤多酚氧化酶活性显著高于其他有机肥处理和单施化肥处理的酶活；采烤前期，以发酵豆饼处理的土壤多酚氧化酶活性最高，显著高于其他有机肥处理和单施化肥处理的酶活；采烤后期，烟田土壤酶活整体大程度下降，单施化肥处理的土壤多酚氧化酶活性最高，但与发酵牛粪和发酵豆饼处理的土壤酶活差异不显著。

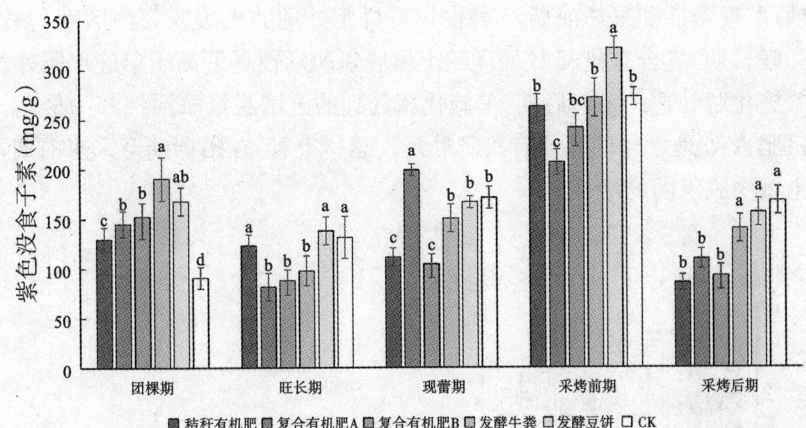

图 3 有机肥处理的烟田土壤多酚氧化酶活性(在 30 ℃下反应 2 h)

2.4 有机肥施用对烟田土壤过氧化氢酶活性的影响

有机肥处理烟田土壤,可显著提高烟田土壤的过氧化氢酶活性。不同有机肥对烟田土壤过氧化氢酶活的改变效应不同(见图 4)。团棵期,以复合有机肥 B 处理的土壤过氧化氢酶活性最高,是单施化肥的 2.5 倍,其次为发酵牛粪处理。旺长期,以复合有机肥 A 处理的土壤过氧化氢酶活性最高,且显著高于单施化肥处理,为单施化肥处理的酶活的 153.40%;但在该时期,发酵豆饼处理的土壤过氧化氢酶活性与单施化肥差异不显著。现蕾期,4 种供试有机肥处理的土壤过氧化氢酶活性均显著高于单施化肥处理,且以复合有机肥 B 最高,为单施化肥处理的酶活的 204.90%。采烤前期,5 种供试有机肥处理的土壤过氧化氢酶活性差异不显著,但均显著高于单施化肥处理。采烤后期,5 种供试有机肥处理的土壤过氧化氢酶活性依然显著高于单施化肥处理,其中复合有机肥 B 处理的土壤过氧化氢酶活性为单施化肥处理的酶活的 305.18%。

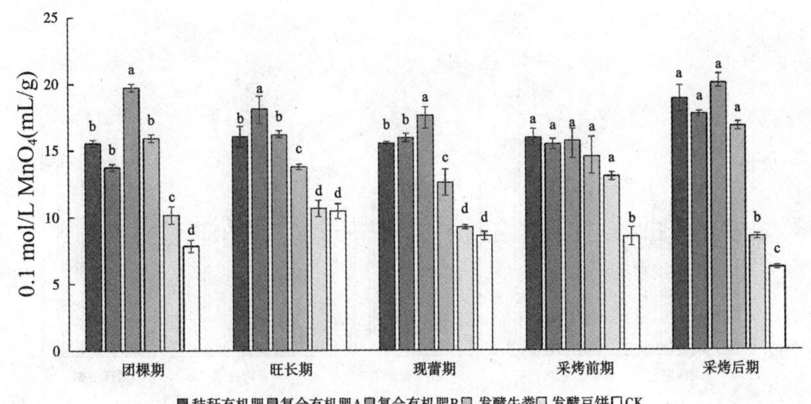

图 4 有机肥处理的烟田土壤过氧化氢酶活性(在 4 ℃下反应 1 h)

2.5 有机肥施用对烟田土壤脱氢酶活性的影响

由图 5 可见,有机肥施用可改变土壤脱氢酶活性特征。在烟草的不同生育期,其作用效果不同。团棵期、现蕾期和采烤前期,5 种供试有机肥处理的土壤脱氢酶活性均显著高于单施化肥处理。旺长期,复合有机肥 B 处理的土壤脱氢酶活性显著高于单施化肥处理,但其他处理则低于单施化肥处理。采烤后期,单施化肥处理的土壤脱氢酶活性却为最高,显著高于除了复合有机肥 A 处理之外的其他有机肥处理。总体上看,在团棵期至采烤前期,有机肥施用后可提高土壤中脱氢酶的活性。

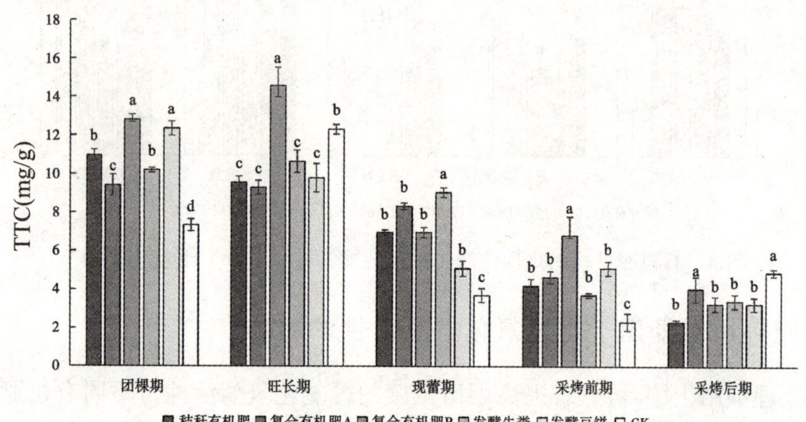

图 5　有机肥处理的烟田土壤脱氢酶活性(在 37 ℃下反应 6 h)

2.6　有机肥施用对烟田土壤磷酸酶活性的影响

图 6 呈现的是有机肥处理后土壤碱性磷酸酶活性特征。在烟草的不同生育期,有机肥对土壤碱性磷酸酶酶活的影响不同。团棵期,各处理烟田土壤碱性磷酸酶活性没有明显差异;旺长期,除发酵牛粪处理外,其他有机肥处理的土壤酶活均显著低于单施化肥处理;采烤前期,除烟草秸秆有机肥处理外,其他处理均高于单施化肥处理;采烤后期,复合有机肥 B、发酵牛粪、发酵豆饼处理的土壤碱性磷酸酶活性与单施化肥处理的差异不显著。

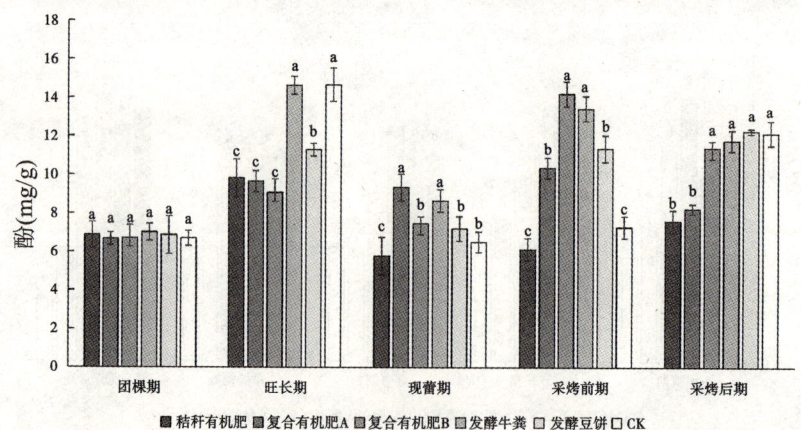

图 6　有机肥处理的烟田土壤碱性磷酸酶活性(在 37 ℃下反应 24 h)

图 7 呈现的是有机肥处理后土壤酸性磷酸酶活性特征。有机肥施用后可显著影响烟田土壤酸性磷酸酶活性,不同有机肥处理对烟田土壤酸性磷酸酶影响不同。团棵期,有机肥处理跟单施化肥处理的土壤酸性磷酸酶活性没有明显差异,且有机肥处理间酶活性差异不显

著,但在其他烟草生育期,施用有机肥的土壤酸性磷酸酶活性均显著高于单施化肥处理;旺长期到现蕾期,施用秸秆有机肥和发酵牛粪处理的酸性磷酸酶活性较高,现蕾期之后以烟草秸秆有机肥和两种复合有机肥处理的土壤酸性磷酸酶活性较高。

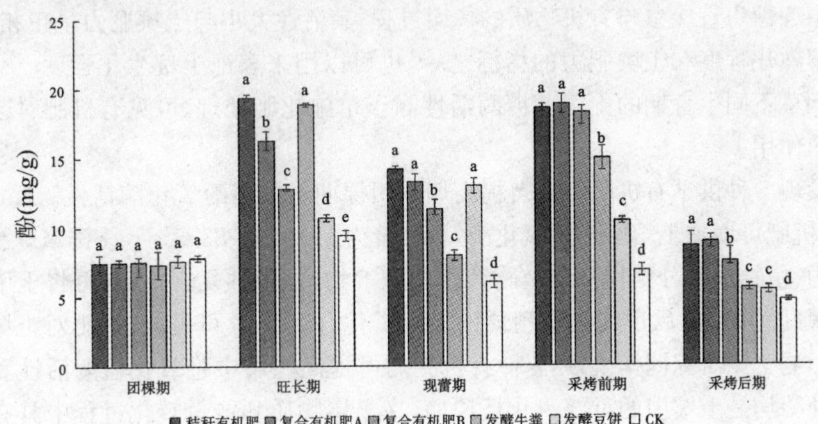

图 7 有机肥处理的烟田土壤酸性磷酸酶活性(在 37 ℃下反应 24 h)

有机肥处理后土壤中性磷酸酶活性特征如图 8 所示。有机肥对土壤中性磷酸酶活性的影响在不同时期呈现不同的差异。烟草团棵期,有机肥处理的土壤中性磷酸酶活性与单施化肥处理的差异不显著,有机肥处理间差异同样不显著;团棵期之后,各有机肥处理的土壤中性磷酸酶活性均显著高于单施化肥处理。烟草秸秆有机肥和复合有机肥 A 对土壤中性磷酸酶活性影响表现突出,烟草秸秆有机肥处理的旺长期土壤中性磷酸酶活性是单施化肥处理的 533.72%,复合有机肥 A 处理的现蕾期该酶活性是单施化肥处理的 429.09%。可见,有机肥处理可显著提高烟田土壤的中性磷酸酶活性。

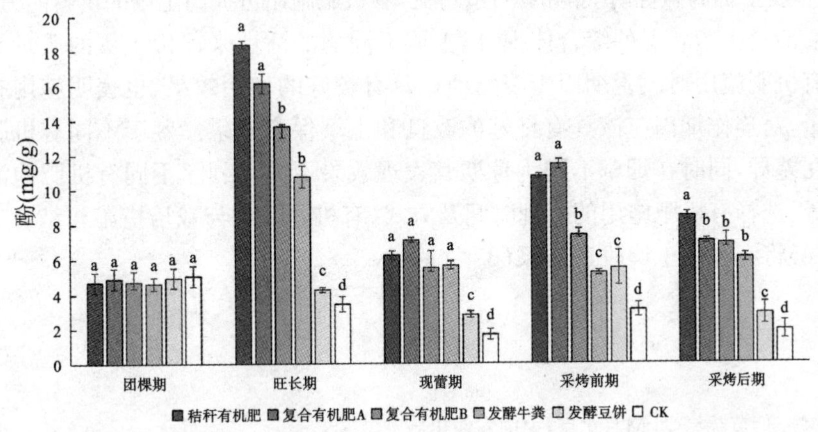

图 8 有机肥处理的烟田土壤中性磷酸酶活性(在 37 ℃下反应 24 h)

3 讨论与结论

脲酶是催化尿素水解的土壤酶类,其活性的变化可以反映土壤的氮素状况。本文发现,5 种有机肥施用后,相对单施化肥处理而言,烟田土壤的脲酶活性降低,特别是在烟草团棵期、旺长期和现蕾期表现明显，这在一定程度上反映出高氮素含量基肥和追肥施用影响了土壤脲酶活性，也能够表征施用有机肥在保证烟草氮素供应的前提下，能够实现烟田土壤肥料使用的降氮目标。

土壤中蔗糖酶直接参与有机物质的代谢过程，其活性大小与土壤肥力呈正相关，可以作为评价土壤熟化程度和土壤肥力的指标之一，也可以用来表征土壤生化强度[20]。5 种供试有机肥在烟草不同生育期的土壤蔗糖酶活性高于单施化肥处理，可见有机肥对改善土壤质量有良好的作用。

本文发现 5 种供试有机肥可显著提高烟草团棵期土壤多酚氧化酶活性。Ku 等[21]的研究证明，有机肥可增加土壤中多酚氧化酶，增加量为 17.9%～83.5%。多酚氧化酶主要来自土壤微生物、植物根系分泌物及动植物残体的分解物，是一种复合性酶，可将土壤中的有毒酚类物质氧化为醌，而后形成类腐殖质的大分子化合物[22]。可见，有机肥对土壤生物活性具有明显影响。该研究同样发现，5 种有机肥均可提高土壤中过氧化氢酶活性和脱氢酶活性。该两种酶均是土壤中的重要氧化还原酶，在土壤物质和能量转化过程中具有重要的作用，是土壤微生物活性和功能多样性的重要指标。郭群召[23]等发现植烟土壤施用油菜子饼肥后，土壤过氧化氢酶的活性明显增加。宋建群[24]等研究发现有机肥施用可提高土壤中脱氢酶活性，且随施用年份的增加作用效果增强。本文中有机肥对烟田土壤过氧化氢酶和脱氢酶活性的改变，同样证明有机肥对烟田土壤微生物结构改变的效应，对土壤保育具有良好意义。

磷酸酶是促进有机磷化合物分解的酶类，能将有机磷转化为无机磷，提高有机磷的脱磷速度。李正[25]、曹仕明等[26]的研究表明，有机肥施用后，烟株各生育时期土壤磷酸酶活性均有不同程度的提高。在本文中，同样发现有机肥可较好地提高土壤酸性磷酸酶和中性磷酸酶的活性，在一定程度上提高碱性磷酸酶的活性，可见，有机肥施用可提高土壤的供磷能力。

土壤酶活是土壤状况的综合体现，以土壤不同酶的活性来评价土壤的质量具有一定的客观性。有机肥施用对改善烟田土壤酶活性具有较好的作用效果，也表明施用有机肥可改善土壤质量，对连作烟田应该具有良好的改良和土壤保育效果。鉴于不同有机肥影响土壤酶活性存在差异，同时在烟草不同生育期其表现效果不同，因此，不同有机肥的混施及与化肥合理配置、选择有机肥施用的合理时间及方式、有机肥施用与栽培措施相结合等系列措施组合优化，必将有利于土壤改良与保育。

参考文献

[1]刘国顺. 烟草栽培学[M]. 北京：中国农业出版社，2003.

[2]张继光，申国明，张久权，等. 烟草连作障碍研究进展[J]. 中国烟草科学，2011，32(3)：95-98.

[3]危跃，彭海峰，屠乃美，等. 烟草肥效调控研究进展[J]. 作物研究，2008，22(5)：480-485.

[4]Maguire R. O.，Sims J. T.. *Observations on leaching and subsurface transport of phosphorus on the Delmarva Peninsula*[C]. USA：International Phosphorus Transfer Workshop，2001.

[5]Alwyn W.，Gunnar B.，Katarina H.. The effects of 55 years of different inorganic fertilizer regimes on soil properties and microbial community composition[J]. *Soil Biology and Biochemistry*，2013(67)：

41-46.

[6]Kaiser M., Eller rock R. H.. Functional characterization of soil organic matter fractions different in solubility originating from a long-term field experiment[J]. *Gendarme*, 2005,127(2/4):196-206.

[7]刘梦云,常庆瑞,齐雁冰,等.宁南山区不同土地利用方式土壤酶活性特征研究[J].中国生态农业学报,2006(3):67-70.

[8]路磊,李忠佩,车玉萍.不同施肥处理对黄泥土微生物生物量碳氮和酶活性的影响[J].土壤,2006(3):309-314.

[9]张逸飞,钟文辉,李忠佩,等.长期不同施肥处理对红壤水稻土酶活性及微生物群落功能多样性的影响[J].生态与农村环境学报,2006(4):39-44.

[10]Diacono M., Montemurro F. Long-term effects of organic amendments on soil fertility. A review[J]. *Agronomy for Sustainable Development*,2010,30(2):401-422.

[11]Hu C., Li S. L., Qiao Y., et al.. Effects of 30 years repeated fertilizer applications on soil properties microbes and crop yields in rice-wheat cropping systems[J]. *Experimental Agriculture*,2015,51(3):355-369.

[12]李军营,邓小鹏,杨坤,等.施用有机肥对植烟土壤理化性质的影响[J].中国土壤与肥料,2012(3):12-16,34.

[13]刘国顺,彭华伟.有机肥对烤烟土壤肥力及生长发育的影响[J].耕作与栽培,2004(3):29-31.

[14]董绘阳,张家韬,董鹏飞,等.绿肥对烟草品质及烟田土壤性质的影响[J].陕西农业科学,2014,60(1):10-12.

[15]李影,马聪,刘世亮,陈秀华,等不同有机肥对豫中植烟土壤酶活性及养分含量的影响[J].中国农学通报,2017,33(14):69-74.

[16]Chung H., Park M., Mashaiyan M., et al.. Isolation and characterization of phosphate solubilizing bacteria from the rhizosphere of crop plants of Korea[J]. *Soil Biology and biochemistry*, 2005(37):1970-1974.

[17]武雪萍,刘增俊,刘国顺,等.施用芝麻饼肥对植烟根际土壤酶活性和微生物碳氮的影响[J].植物营养与肥料学报, 2005,11(4):541-546.

[18]仝延鹏.精制有机肥对不同品种烤烟根际微生态及其产质量的影响[D].郑州:河南农业大学, 2014.

[19]关松荫等.土壤酶及其研究法[M].北京:农业出版社,1986.

[20]薛立,陈红跃,邝立刚.湿地松混交林地土壤养分、微生物和酶活性的研究[J].应用生态学报,2003(1):157-159.

[21]Ku Y. L., Xu G. Y., Zhao H., et al.. Effects of microbial fertilizer on soil improvement and fruit quality of kiwifruit in old orchard[J]. *Ying Yong Sheng Tai Xue Bao*,2018,29(8):2532-2540.

[22]杨万勤,王开运.土壤酶研究动态与展望[J].应用与环境生物学报,2002,8(5):564-570.

[23]郭群召,吴学巧.烟田施用菜子饼肥对土壤酶活性及烟叶质量的影响[J].中国农学通报,2006(12):380-382.

[24]宋建群.化肥减量配施不同有机肥对植烟土壤肥力的影响[J].南方农业,2017,11(11):121-122,124.

[25]李正.绿肥对植烟土壤培肥改良效应及烤烟产质量的影响[D].郑州:河南农业大学,2010.

[26]曹仕明,廖浩,张翼,等.施用腐熟秸秆肥对烤烟根系土壤微生物和酶活性的影响[J].中国烟草学报,2014(2):75-79.

不同施肥量对烤烟多酚氧化酶活性的影响

宋青松，王家民，刘文涛，王永立，宗浩，魏代福、谭效磊，
田洪彰，刘西金，张瑞，邢玉鹏，曹光辉，臧甜甜，王海峰

（山东临沂烟草有限公司费县分公司，山东临沂，273400）

[摘要] 以烤烟 NC102 为材料，比较研究不同的氮肥、磷肥和钾肥施用量对烘烤过程中烤烟各部位烟叶多酚氧化酶活性的影响。结果表明：(1)氮(N)施用量高于 5 g/盆对烘烤过程中各部位烟叶 PPO 活性均有提高作用，低于 5 g/盆能够显著降低烘烤过程中中下部烟叶的 PPO 活性，上部烟叶的 PPO 活性没有显著降低；(2)磷(P_2O_5)施用量低于 7.5 g/盆时能够有效降低前 72 h 烘烤过程中的 PPO 活性，高于 7.5 g/盆时各处理 PPO 活性没有显著变化；(3)钾(K_2O)施用量高于 15 g/盆时提高下部烟叶的 PPO 活性，但显著降低烘烤过程中 PPO 活性的峰值，高于 20 g/盆时显著降低中上部烟叶在变黄后期和定色前期的 PPO 活性。

[关键词] 氮磷钾肥；烤烟；多酚氧化酶

施肥是烤烟种植的重要措施之一。作为烤烟生长过程中的大量元素，氮、磷、钾起着重要作用。随着氮磷钾肥施用量的增加，烟株的株高、茎围和最大叶面积增加，并且能提高烟叶的产量和质量，烟碱和还原糖等内含物质均同时随着不同营养元素施用量的变化而呈现不同的变化趋势[1~3]。

在烟叶成熟后的烘烤调制过程中，由多酚氧化酶 (Polyphenol Oxidase，PPO)介导的酶促棕色化反应将烟叶中的酚类物质转化为醌类化合物，导致烟叶颜色由黄色逐渐变棕变褐[4~6]。田间生长中的烟叶，多酚类物质位于液泡内，PPO 位于质体内，两种物质不能大量接触，酶促棕色化反应不易进行[7]。在烟叶调制过程中，温湿度等外界因素的作用破坏了烟叶的细胞结构，PPO 和多酚类物质相互接触，为酶促棕色化反应创造了条件。

影响 PPO 活性的因素有很多。不同部位鲜烟叶 PPO 活性表现为：上部叶＞中部叶＞下部叶，烘烤过程中也存在着不同的变化趋势[8]。兰俊荣等[9]研究指出，中下部烟叶 PPO 活性随着采收成熟度的增加而降低，上部叶片的多酚氧化酶活性则增加。武云杰等[10]研究发现，适当推迟打顶能降低烟叶烤前和烘烤过程中的 PPO 活性，提高烟叶的易烤性和耐烤性。在施肥上，不同施钾量和氮钾比对烟叶不同部位的 PPO 活性存在不同的影响，以钾肥用量 303.75 kg/hm^2 的处理最能改善烟叶的烘烤特性[11]。此外，马晓林等[12]以马铃薯为研究对象指出，施钾使马铃薯叶片中多酚氧化酶活性显著提高。也有试验结果表明，在 0～5.84 g/盆范围内，随施磷量增加，烟叶氮磷钾、多酚含量及 PPO 活性逐渐增加，均呈显著正

相关；磷肥过多时，抑制作用显著[13]。

目前，施肥对烤烟 PPO 活性影响的研究多集中在烤烟田间生长阶段，烘烤过程中的研究相对匮乏。因此，开展氮磷钾肥不同施用量处理下烤烟烘烤过程中的 PPO 活性变化动态研究，可为烤烟生产中田间施肥调控提供理论依据。

1 材料与方法

1.1 材料与处理

供试材料为烤烟 NC102。供试氮肥为 NH_4NO_3，磷肥为 $Ca(H_2PO_4)_2$，钾肥为 K_2SO_4。盆栽试验于 2017 年和 2018 年在山东临沂费县杨家洼试验田进行。陶盆规格：高 45 cm，盆口直径 36 cm。每盆装土 25 kg，取自该试验田 0～40 cm 土层。其有机质含量为 21 g/kg，全氮含量为 42 mg/kg，速效磷含量为 72.9 mg/kg，速效钾含量为 232.3 mg/kg，土壤 pH 为 6.47。

1.2 试验设计

具体盆栽各试验处理设计如表 1 所示。其中 N1、N2、N3、N4 和 N5 为氮肥（施氮量）试验处理，P1、P2、P3、P4 和 P5 为磷肥（施磷量）试验处理，K1、K2、K3、K4 和 K5 为钾肥（施钾量）试验处理。80％的肥料作为基肥在移栽时施用，20％作为追肥于栽后 30 d 施用。

表 1　盆栽试验处理

处理	施肥量(g/盆)		
	N	P_2O_5	K_2O
N1	2.50	7.5	15
N2	3.75	7.5	15
N3	5.00	7.5	15
N4	6.25	7.5	15
N5	7.50	7.5	15
P1	5.00	2.5	15
P2	5.00	5.0	15
P3	5.00	7.5	15
P4	5.00	10.0	15
P5	5.00	12.5	15
K1	5.00	7.5	5
K2	5.00	7.5	10
K3	5.00	7.5	15

续表

处理	施肥量(g/盆)		
	N	P_2O_5	K_2O
K4	5.00	7.5	20
K5	5.00	7.5	25

1.3 测定方法

烟叶 PPO 活性的测定：当下、中、上部有代表性的烤烟叶片达到适熟时，进行采收烘烤。烘烤过程中每隔 24 h 取样一次，部位为叶中部 1/3 区域，并去除主脉和较大的支脉，测定 PPO 活性。PPO 活性采用邻苯二酚氧化法[14]测定。

1.4 数据处理

采用 Excel 2003 和 SPSS 19.0 软件进行数据分析处理和作图。

2 结果与分析

2.1 不同氮肥处理对烘烤过程中烟叶 PPO 活性的影响

由图 1 可知，各处理下部烟叶烘烤过程中 PPO 活性的变化趋势整体呈抛物线形，烘烤 48 h 左右(变黄后期)达到最大值。N4 和 N5 处理烘烤过程中的 PPO 活性均高于其他 3 个处理，N1 处理的 PPO 活性低于其他处理。

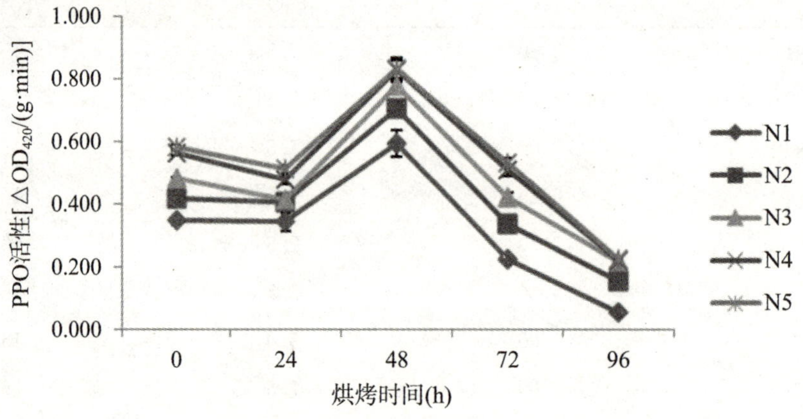

图 1 不同氮肥处理 NC102 下部叶烘烤过程中 PPO 活性的变化

由图 2 可知，烘烤过程中各氮肥处理中部烟叶 PPO 活性的变化趋势整体呈抛物线形。烘烤 48 h 左右(变黄后期)达到最大值；72 h 左右(定色前期)开始急剧下降；96 h 之前，各处理之间的 PPO 活性均表现为：N1＜N2＜N3＜N4＜N5，N1 和 N2 处理显著低于其他处理。48 h 左右各处理之间差异性最小，且高氮处理 N5 在 48～72 h 期间始终维持一个较高的 PPO 活性。

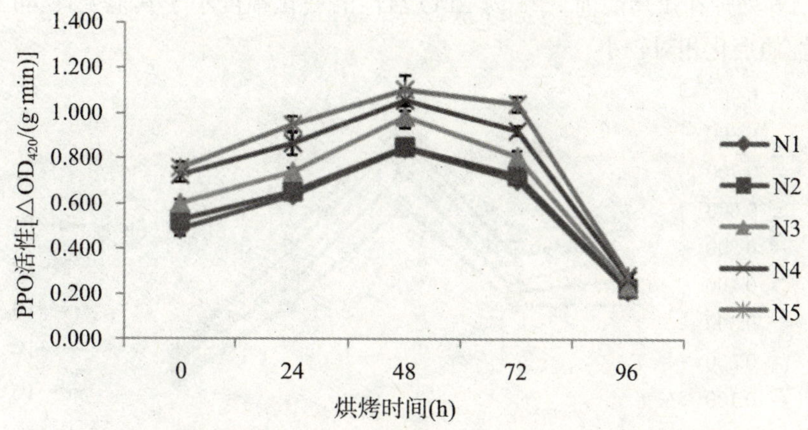

图 2 不同氮肥处理 NC102 中部叶烘烤过程中 PPO 活性的变化

由图 3 可知，烘烤过程中各氮肥处理上部烟叶 PPO 活性的变化整体呈先下降后升高再下降的趋势。72 h 内 N1、N2 和 N3 处理之间差异不显著，但显著低于 N4 和 N5 处理；72 h 之后，各处理 PPO 活性快速下降。

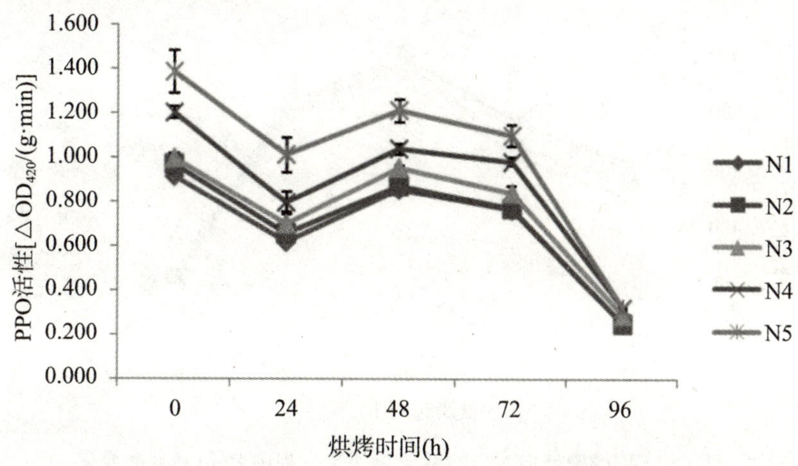

图 3 不同氮肥处理 NC102 上部叶烘烤过程中 PPO 活性的变化

2.2 不同磷肥处理对烘烤过程中烟叶 PPO 活性的影响

由图 4 可知，烘烤过程中各磷肥处理下部烟叶 PPO 活性的变化趋势整体呈抛物线形。烘烤 48 h 左右(变黄后期)达到最大值，其变化规律与氮肥处理相似。在 PPO 活性的峰值阶段，P3、P4 和 P5 处理的 PPO 活性无明显差异，但均显著高于 P2、P1。由此可见，高磷处理对烘烤过程中 PPO 活性峰值没有明显提高作用，低磷处理则有明显降低作用。

由图 5 可知，烘烤过程中各磷肥处理中部烟叶 PPO 活性的变化趋势同样整体呈抛物线形。烘烤的前 48 h，P1、P2、P3 与 P4、P5 的 PPO 活性存在差异，随着烘烤的进行，从 72h 开始各处理之间 PPO 活性无明显差异。

由图 6 可知，烘烤过程中各磷肥处理上部烟叶 PPO 活性的变化整体呈先下降后升高再下降的趋势。72 h 之前，P1 处理 PPO 活性显著低于其他处理，P2、P3、P4 和 P5 处理之间无明显差异。P5 处理在烘烤的前 72 h 内 PPO 活性的变化幅度小于其他处理，可见高磷处理下 PPO 活性的变化相对较小。

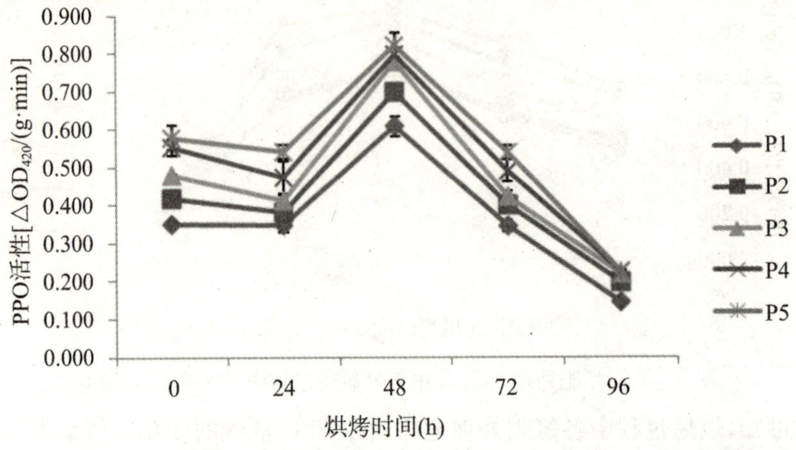

图 4　不同磷肥处理 NC102 下部叶烘烤过程中 PPO 活性的变化

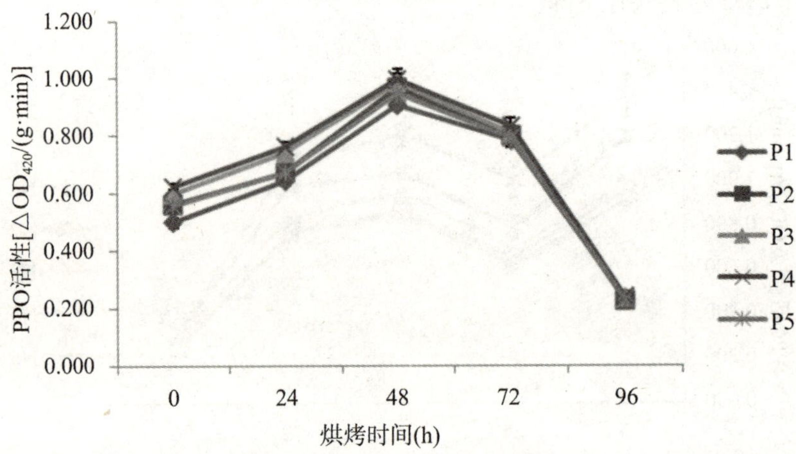

图 5　不同磷肥处理 NC102 中部叶烘烤过程中 PPO 活性的变化

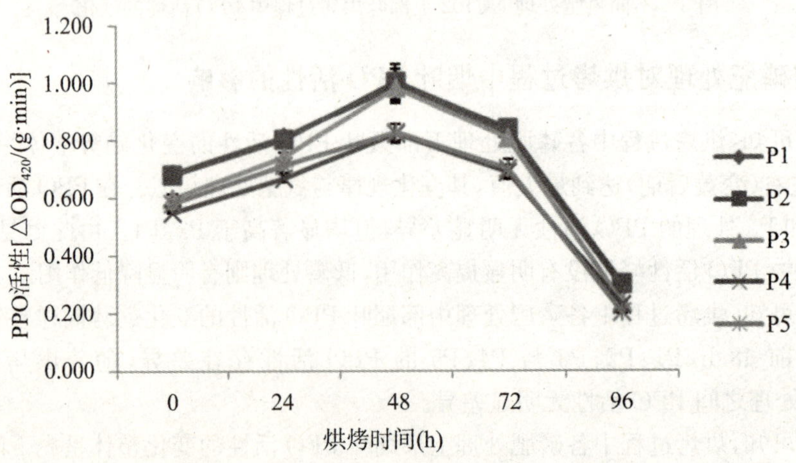

图 6　不同磷肥处理 NC102 上部叶烘烤过程中 PPO 活性的变化

2.3 不同钾肥处理对烘烤过程中烟叶 PPO 活性的影响

由图 7 可知,烘烤过程中各钾肥处理下部烟叶 PPO 活性的变化趋势整体呈抛物线形,其变化规律同氮磷肥处理相似。在整个烘烤过程中,K1 处理 PPO 活性均低于其他处理;K4 和 K5 处理的 PPO 活性高于其他处理。可见,高钾处理可提高 PPO 活性,但并未提高 48 h 处 PPO 活性,且 PPO 活性变化幅度较小。

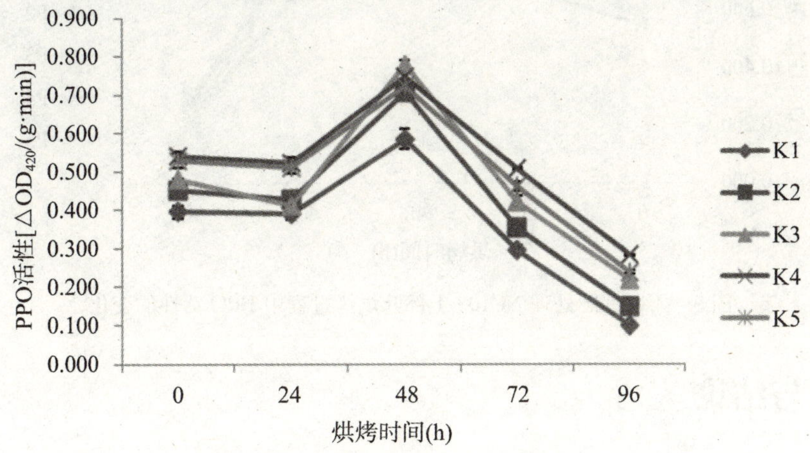

图 7　不同钾肥处理 NC102 下部叶烘烤过程中 PPO 活性的变化

由图 8 可知,K4 和 K5 处理中部烟叶烘烤过程中的 PPO 活性显著低于 K1 和 K2 处理,烘烤 48 h(变黄后期)时显著低于 K3 处理,并且 K4 和 K5 处理之间几乎没有差异。可见,提高钾肥用量能够降低中部叶烘烤过程中的 PPO 活性,使 PPO 活性变化更为平缓。

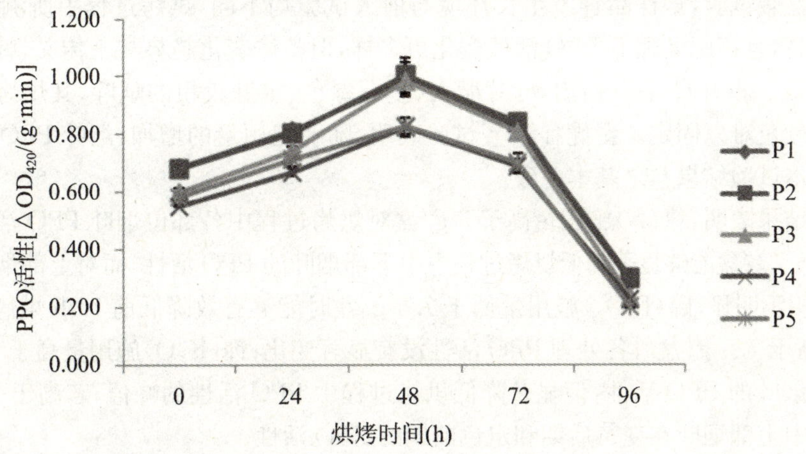

图 8　不同钾肥处理 NC102 中部叶烘烤过程中 PPO 活性的变化

由图 9 可知,不同钾肥处理上部叶 PPO 活性整体呈先下降后升高再下降的趋势。烘烤过程中 K4 和 K5 处理的 PPO 活性均低于 K1、K2 和 K3 处理,且在变黄后期(48 h)和定色前期(72 h)达到显著水平。可见,增施钾能够显著降低上部叶变黄后期和定色前期的 PPO 活性。

由钾肥处理下各部位烟叶烘烤过程中 PPO 活性的动态变化可知，该结果与实际生产中高钾含量烟叶更易于烘烤的特性相一致。

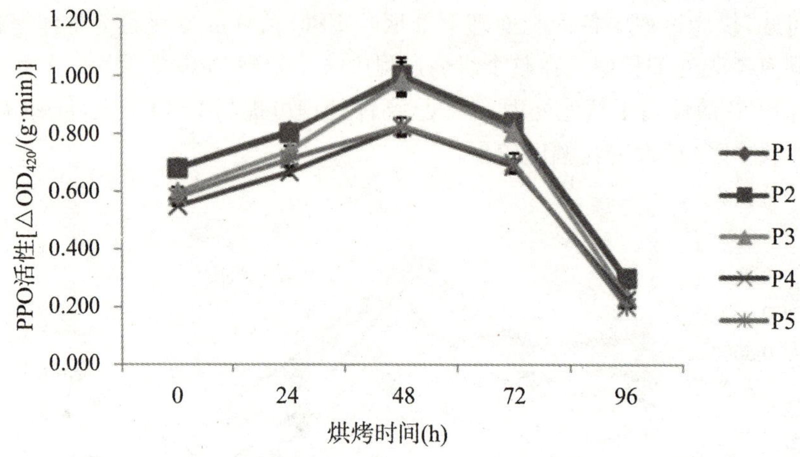

图 9　不同钾肥处理 NC102 上部叶烘烤过程中 PPO 活性的变化

3　讨论与结论

在烘烤过程中，根据 PPO 参与催化的酶促棕色化反应程度大小，烟叶会发生不同程度的褐变，甚至造成严重的品质下降[15]。王传义等[16]对 NC89、中烟 100 等烤烟品种 PPO 活性的研究表明，烟叶 PPO 活性的变化趋势呈抛物线形，在 48 h 左右达到 PPO 活性的峰值。韩孟材等[11]研究发现，随着钾肥用量的增加，下部叶 PPO 活性先升后降，中上部烟叶先降后升。本文为盆栽试验，烟株品种及生长环境与前人试验均不同，烘烤过程中所测得的 PPO 活性相对略高，且钾肥处理下 PPO 活性变化更多样，但整体变化趋势与王传义、韩孟材等的研究基本一致。霍开玲等[17]指出，叶片肥大、呈深绿色、主脉较粗的烟叶，其烘烤时变黄缓慢、不均匀，颜色难以固定。翟优雅等[13]试验表明，随磷肥用量的增加，烟叶 PPO 活性先升高后降低。本试验结果与之基本一致。

本试验结果表明：氮(N)施用量高于 5 g/盆对烘烤过程中各部位烟叶 PPO 活性均有提高作用，低于 5 g/盆能够显著降低烘烤过程中中下部烟叶的 PPO 活性，而对上部烟叶的 PPO 活性降低作用不明显；磷(P_2O_5)施用量低于 7.5 g/盆时能够有效降低前 72 h 烘烤过程中的 PPO 活性，高于 7.5 g/盆时各处理 PPO 活性没有显著变化；钾(K_2O)施用量高于 15 g/盆时可提高下部烟叶的 PPO 活性，但显著降低烘烤过程中 PPO 活性的峰值，若高于 20 g/盆则能显著降低中上部烟叶在变黄后期和定色前期的 PPO 活性。

综合来看，以保证烟株生长需求为前提，氮(N)施用量低于 5 g/盆、磷(P_2O_5)施用量 7.5 g/盆、钾(K_2O)施用量高于 20 g/盆能保证烘烤过程中较低的 PPO 活性。

参考文献

[1]傅雪平．施氮量及氮钾比对茶陵烟区主栽烤烟品种产质量的影响[D]. 长沙:湖南农业大学,2013.

[2]谢瑞,易忠经,申修贤,等. 不同磷肥施用量对植烟土壤磷有效性及烟叶产量和品质的影响[J]. 山地农业生物学报,2017,36(6):38-43.

[3]舒海燕,杨铁钊,曹刚强,等. 烟叶钾含量与烟株农艺性状和烟碱含量的相关分析[J]. 中国农学通报,2007,23(2):275-278.

[4]李玉娥,尹启生,宋纪真,等. 烟草酶促棕色化反应及调控技术研究进展[J]. 中国烟草科学,2008,29(6):71-77.

[5]雷东锋,冯怡,梅建生,等. 烟草中多酚氧化酶的特征分析及应用展望[J]. 中国烟草科学,2003,24(2):2-5.

[6]宫长荣,王爱华,王松峰．烟叶烘烤过程中多酚类物质的变化及与化学成分的相关分析[J]. 中国农业科学,2005,38(11):2316-2320.

[7]王曼玲,胡中立,周明全,等. 植物多酚氧化酶的研究进展[J]. 植物学通报,2005,22(2):215-222.

[8]刘凯,刘朋,苑亚汝,等. 烤烟 NC55 不同部位叶片在烘烤过程中多酚氧化酶活性变化动态研究[J]. 山东农业科学,2018,50(4):25-28.

[9]兰俊荣,靖军领,黄一兰,等. 不同成熟度烟叶烘烤过程中多酚氧化酶活性变化[J]. 现代农业科技,2010(23):54-57.

[10]武云杰,杨铁钊,张小全,等. 打顶时期对不同烤烟品种烘烤特性的影响[J]. 中国烟草科学,2013,34(6):30-37.

[11]韩孟材,朱英华,徐增汉,等. 种植密度与钾肥互作对烤烟成熟期多酚氧化酶及色素的影响[J]. 现代农业科技,2017(17):19-22,26.

[12]马晓林,白雪,李惠君,等. 施钾与蚜害处理后马铃薯叶片中多酚氧化酶活性的变化[J]. 昆虫学报,2013,56(12):1413-1417.

[13]翟优雅,张立新,高梅,等. 施用磷肥对烤烟烟叶氮磷钾养分以及酸性磷酸酶和多酚氧化酶活性的影响[J]. 中国土壤与肥料,2014(2):53-57.

[14]朱广廉,钟文海,张爱琴．植物生理学实验[M]. 北京:北京大学出版社,1991.

[15]吕作新,刘好宝,刘彩萍．烟叶烘烤过程中的酶促棕色化反应及其调控途径[J]. 中国烟草科学,1997(2):19-21.

[16]王传义,吕国新,朱启法,等. 烤烟烘烤特性与烟草多酚氧化酶活性相关性研究[J]. 湖北农业科学,2016,55(6):1495-1499,1503.

[17]霍开玲,江凯,贺帆,等. 鲜烟叶烘烤特性影响因素研究进展[J]. 湖北农业科学,2010,49(5):1225-1228.

新形势下烟农专业合作社可持续发展对策研究

——以山东潍坊烟农专业合作社为例

李现道[1],崔志军[2],李建磊[3],包自超[1],郭全伟[2],侯跃亮[2]

(1. 山东烟草研究院有限公司,山东济南,250098;2. 山东潍坊烟草有限公司,山东潍坊,261205;
3. 中国烟草总公司山东省公司,山东济南,250098)

[**摘要**] 通过对烟农专业合作社现状分析,本文研究探讨了烟农专业合作社持续发展的四点对策:加强资产注入方的监管、强化合作社内部财务管理、积极拓展多元化经营渠道和提升合作社管理者素质。多元化经营注重以烤烟为主开展轮作作物种植,以烟叶生产基础设施为平台开展高效农作物种植、加工,以农机为载体为大农业提供服务。进一步提升合作社的盈利能力,促进烟农专业合作社的健康和可持续发展。

[**关键词**] 烟草;生产组织;专业合作社;发展对策

烟农专业合作社是适应现代烟草农业发展的需要而成立的。经过几年的探索和实践,烟农专业合作社取得了一定的成效,在现代烟草农业的发展中奠定了不可或缺的基础。任重等[1]以山东省潍坊市 542 家烟叶家庭农场为样本,全面分析了烟叶农场这一现代烟草农业组织形式。李现道等[2]、戴成宗等[3]系统分析了烟农合作社发展初期的现状,指出了烟农合作社发展存在的问题。任重等[4]对潍坊市综合社发展状况及其特点、综合社运作机制等进行了分析,提出了实行科学管理和规范运行、提高管理人员综合素质、全面提升综合社发展质量、加大资金支持力度、提升服务质量和搞好多种经营 5 条改进措施。彭奇明等[5]对烟农专业合作社财务状况进行了探讨。薛兴利等[6]从运行模式、运行机制、运行效果及发展状况等方面对烟农专业合作社进行了阐述,指出了烟农专业合作社存在财务管理不够规范、经营渠道有待进一步拓展、补贴政策有待进一步改进等问题和建议。随着卷烟工业对烟叶需求量的减少,烟叶种植规模不断缩减,烟农专业服务社的服务范围也随之缩减,盈利能力减少,持续发展空间明显不足,新形势下如何保持烟农合作社的活力,如何促进烟农专业合作社的可持续发展,成为亟须解决的问题。

1 烟农专业合作社现状分析

1.1 合作社定位分析

烟叶家庭农场[6]的存在是烟农专业合作社存在和发展的基础,烟叶家庭农场和烟农专业合作社[1]是相互依存的关系，但而烟农专业合作社与传统的农业合作社有很大的差别[2,3]。烟农专业合作社对种植计划、种植规模、种植品种、收购标准、经营调拨等环节没有干预权，甚至对烟农生产物资也没有自主采购权，只能按照烟草公司制订的采购目录进行采购。烟农专业合作社的经营以服务烟叶生产为核心，基本职能是服务，主要包括基础设施的建设和管护、机耕、育苗、移栽、田间管理、采烤、烤后烟叶加工、协助小额贷款等。

烟草公司是烟农合作社资产注入方[1,2,5]，赋予了合作社把解决烟农一家一户“办不了、办不好、办了不划算”的问题作为基本职能定位，在此基础上完善了“家庭农场＋合作社”[1]的生产组织模式。因此，烟草公司是烟农专业合作社最大的客户，甚至是唯一的客户。烟草企业和合作社是“互惠互利、合作共赢”的关系，这就决定了烟农专业合作社发展的内生增益能力不足，只能依靠烟草企业。

1.2 合作社发展现状分析

作为行业内最早发展合作社的产区，潍坊从 2008 年开始组建烟农合作社。潍坊的烟农合作社建设经历了从逐步探索到稳步发展的过程。2013 年开始，潍坊市局(公司)根据国家“一基一社”的部署要求，结合烟农服务需求和烟田分布特点，先后将 27 个不同类型的合作社优化整合为 11 个综合服务型烟农专业合作社[4,6]，形成了“家庭农场＋合作社”的生产经营组织模式，解决了原有合作社服务功能单一、服务设施不足、服务能力较弱、服务规模较小的问题，持续满足了家庭农场的服务需求。

烟农专业合作社设置经理、会计、出纳、农机管理员 4 个管理岗位。11 个综合服务型烟农专业合作社共有管理人员 38 人，其中烟草派驻人员 24 人，社会聘用人员 14 人。组建育苗、农机作业、采收、烘烤、分级 5 类 129 支专业队，队员 4849 人。

现有服务机械 2445 台套(其中通用机械 437 台套，专用机械 2008 台套)，育苗工场 69.4 万平方米，烤房 3567 座，能满足 20000 hm^2(300000 亩)烟叶生产规模需要。2017 年潍坊烟区种植计划是 8000 hm^2(120000 亩)，2018 年是 6667 hm^2(100000 亩)，资产配置严重倒挂。

2 烟农专业合作社持续发展对策

2.1 资产注入方的监管

合作社建设过程中，在坚持“推动而不强迫、扶持而不包办、引导而不代替”的前提下，烟草企业给予合作社必要的人财物支持，成为实际的资产注入方。随着合作社服务功能的不断完善、服务能力的持续提升，在注重物质投入的同时，更加重视合作社的规范发展、健康运行。

2.1.1 组织监管

烟草企业财务部门负责合作社财务工作的指导、培训与监管。指导合作社建章立制，建立管理与作业流程，使合作社的运行和管理有规可依、有章可循。优化监事会人员组成，推荐烟草人员进入监事会，加大对烟草投入资产的监管，有效保证了烟草投入资金和资产的安全。2013 年以来，烟草企业先后开展了 5 次财务专项指导，举办 3 次合作社财务会计培训班，开展了 42 次运行督查，促进了合作社健康发展。

2.1.2 烟草企业补贴资金拨付流程监管

烟农专业合作社开展服务前，由理事会召集召开理事会会议，对专业化服务成本进行研究，制订服务价格，确定收费价格，足额核减烟草补贴。通过烟站技术员携带“生产服务单”入户指导、合作社入户调查、烟农与合作社预约三种方式，获取烟农服务需求信息；专业队携带“派工单”开展服务，烟农签字确认；公司业务部门和烟站对合作社服务的对象、面积、质量进行跟踪核实，无误后由烟站填制“×××补贴明细表”和“×××补贴汇总表”，在补贴明细表中列明烟站、植烟村、烟农姓名、面积、补贴标准、补贴金额、所属合作社等项目，补贴明细表经烟农、包线技术员、烟站站长签字确认。烟站综合管理员根据补贴表、合作社收据等原始资料填制报销凭证，经站长签字后报各产烟分公司业务部门、分管领导审批，财务科审核原始凭证后报单位负责人审批。财务部门将汇总的月度现金预算表报上级公司财务科申请资金，月度现金预算批复后，由烟站登录资金监管平台发起资金申请，通过资金监管平台以转账支票或网上银行的方式，将补贴支付给合作社。

2.1.3 合作社服务过程监管

一是严格执行“派工单”制度。专业队严格按照《专业化服务派工单》规定的地点、线路与服务量开展服务，不得随意变更；无《专业化服务派工单》或不按规定要求开展服务的，视为私自服务，合作社不予认可。作业机械在完成环节的服务任务后，一律停放在合作社车库内或指定地点，否则视为私自出车。

二是加强服务过程监管。每个环节的专业化服务特别是机械作业完成后，及时将该环节每台机械的服务情况登记在《专业化服务台账》上，包括服务日期、服务地点、服务户数、服务量、应收款、油耗记录、维修记录、出车时间、收车时间、驻车地点等情况。

2.2 合作社内部财务管理

2.2.1 加强财务制度建设

合作社实行“收支两条线”的财务管理制度[3]，不得坐收坐支，不得白条顶库，每日现金余额不得超过 1000 元，银行存款定期对账，实行网上银行支付业务，尤其是烟草补贴资金应全部通过网银支付；实行内部牵制制度，财务印鉴由会计和出纳分开保管，银行对账必须由两人以上进行，各项支出必须按规定程序办理，作业服务收入必须及时入账，及时清收欠款以免形成坏账，按时向监事会和全体社员公开财务收支状况。

2.2.2 推行会计痕迹化管理有效运行

原始凭证真实、合法、有效，票据内容填制完整、规范、准确；记账凭证记录内容完整，分类正确，签章完整，科目使用规范；账簿登记内容准确、完整、及时、规范；会计报表编制内容完整、数字真实、计算准确、编报及时，表间钩稽关系准确无误；会计资料整理、装订、分类立卷归档及时、规范，财务档案安全、完整。

3 拓展多元化经营渠道，提升合作社盈利能力

3.1 以烤烟为主开展轮作作物种植

选择高效农作物与烤烟轮作，既可以稳定烟叶种植面积，又可以实现烟农增收。

采取"经销商＋合作社＋社员（烟农）"的产销模式，由烟草公司负责制订轮作计划，烟农自愿报名种植，合作社组织按订单生产，收购商负责技术指导和产品销售，并逐渐向规模化、品牌化方向发展。诸城自2015年开始实施"烤烟—丹参"轮作试验，2017年推广面积达到200 hm^2（3000亩），平均亩产496.2 kg，亩产值3302.4元（收购价3.2～3.4元/kg），亩均纯收入1799.7元，取得了明显的经济效益和社会效益。

表1是对潍坊12家合作社烟田轮作情况的调查。从表中可以看出，轮作种植不同的作物，收益大不相同。同种作物因种植区域、管理水平不同，收益差异也很大。选择轮作作物时还要考虑种植规模和市场饱和度，规模太大，可能造成市场供大于求，导致价格下降，影响收益。

表1 基本烟田产业化利用情况调查

合作社	轮作作物	轮作面积(亩)	亩产值(元)	总收入(万元)
1	黄金贡米	51	8000	40.80
2	丹参	75	4000	30.00
3	丹参	220	4182	92.00
4	甜玉米、黄金贡米	208	6058	126.00
5	丹参	470	4251	199.80
6	丹参	100	4500	45.00
7	芋头	100	4800	48.00
8	丹参	100	4060	40.60
9	丹参	100	4000	40.00
10	大葱	100	3200	32.00
11	辣根	330	3750	123.75
12	丹参	200	3600	72.00

3.2 开展烟叶生产基础设施的综合利用

利用生产基础设施进行种植、养殖、加工等开发利用，增加合作社的盈利空间。

烟苗移栽大约在5月10日前就结束了，育苗工场的大棚有半年的闲置期，可以进行传统的蔬菜种植、无土栽培、立体栽培。昌乐石家河烟农专业合作社利用育苗工场建立无土栽培蔬菜生产基地。采取"合作社＋基地＋社员（烟农）"的产业化经营机制，按照"统一操作规范、统一物资供应、统一生产标准、统一品牌销售、统一销售价格"的"五统一"运行机制，与社

员之间结成利益共享、风险共担的经济共同体，使无土栽培蔬菜成为烟农社员除烤烟之外的第二大收入来源。合作社注册了“乐烟蔬菜”商标品牌，利用微信搭建“乐烟蔬菜”销售平台，发展会员开展“蔬菜配送到家”服务，每周一次用快递方式为会员配送蔬菜。由于产品绿色无污染、品质好，蔬菜远销北京、青岛、天津、东营等大中城市。

烟叶烘烤工作在 7 月初开始，到 10 月 10 日就能完成，直到次年 7 月初开始采烤，烘烤工场的烤房等设施处于闲置状态，可以利用烤房等设施进行种植、加工等。高密薛家老庄合作社利用烘烤工场生产生物质颗粒。2017 年，生产生物质颗粒 3120 吨，实现销售额 299.5 万元，获利 30 余万元，不仅烟农收入增加了，还为烟叶烘烤提供了低碳环保燃料。临朐惠农烟草专业合作社利用烤房开展丹参脱水处理。合作社与广东佛山制药企业签订丹参收购、加工协议。2017 年，烤出干丹参 40 吨，烟农盈利 37 万元。诸城孟友合作社利用烘烤工场建立食用菌生产基地。2017 年，利用烤房种植平菇、黑木耳等食用菌 230 万棒，实现销售收入 700 余万元，社员户均增收接近 2 万元。

表 2 是对潍坊 12 家合作社育苗工场利用育苗大棚种植高效作物情况的调查。食用菌种植规模较小，市场需求旺盛，价格较高。育苗工场是保护地栽培，作物选择空间较大，主要是市场供求平衡，也可以考虑立体种植或种植养殖结合，提高设施利用率。

表 2　育苗工场利用情况调查

合作社	种植作物	种植面积（$\times10^4m^2$）	收益（元/m^2）
1	黑木耳	0.240	58.00
2	平菇	0.240	52.00
3	订单蔬菜	1.400	5.00
4	绿色蔬菜	1.150	9.83
5	葡萄、大姜	1.800	4.33
6	蔬菜、甜玉米	1.320	5.05
7	蔬菜	0.700	7.14
8	泡椒	0.430	3.00
9	苦瓜	1.000	3.90
10	红萝卜	0.534	1.80
11	种植福寿花	1.000	8.00
12	无土栽培蔬菜	1.540	5.35

表 3 是潍坊 8 个合作社烘烤工场烘烤设施利用情况的调查。

表 3　烘烤工场示范点利用情况调查

合作社	种植作物/加工产品	种植面积（$\times10^4m^2$）	收益（元/m^2）	用工（个/m^2）
1	烘烤丹参	0.1500	54.7	0.60
2	烘烤丹参	0.2160	54.2	0.50
3	烘烤丹参	0.0500	64.0	0.50

续表

合作社	种植作物/加工产品	种植面积($\times 10^4 m^2$)	收益(元/m^2)	用工(个/m^2)
4	晾晒柿饼	0.0216	351.0	0.70
5	山楂饮片	0.0108	925.9	0.40
6	肉食羊养殖	0.0200	300.0	1.50
7	生物质颗粒	0.3132	191.6	0.57
8	蛋鸡、蛋鹅养殖	0.0700	12.0	0.51

综上所述，无论是烟田轮作，还是基础设施利用，选择目标作物、市场预判及劳动用工都很重要，要综合考虑。

3.3 以农机为载体为大农业提供服务

合作社利用网络和微信平台，搭建农机利用综合服务平台，根据作业需求，提前编制服务计划，按照“就近＋机械状态”，分为“人、机、人＋机”等方式参与机械化服务，提高了机械和人员的利用率，扩大了服务半径。合作社也可以探索与其他农业合作社“联姻”，取长补短，互通有无，形成合力，实现资源的合理配置，共同开拓市场。

烟叶生产季节性强，在农机闲置的时候可为小麦、玉米、丹参等机械化作业需求量大的农作物提供服务，既盘活了社内资产存量，又提高了合作社经营收益(见表4)。

表4 烟草农业机械大农业服务情况统计表

合作社	服务领域	服务面积(hm^2)	亩收益(元)	总收入(万元)
诸城	土地耕整地、秋收秋种、农产品运输	14000	7.5	105.00
临朐	土地耕整地、秋收秋种	700	3.0	2.56
安丘	土地耕整地、秋收秋种	6000	4.0	25.00
高密	土地旋耕、植保	650	4.0	1.60
昌乐	土地耕整地、秋收秋种	1666	3.0	5.83

3.4 创新营销手段

通过“互联网＋”、微信群订单生产、网点直营等销售方式，培育产品销售渠道和目标群体。把利用育苗工场、烘烤工场和基本烟田等场所种植的食用菌、蔬菜、瓜果、中草药等产品，以优质的服务、优良的品质、优厚的价格销售给消费者，逐步建立起自己的市场空间。

4 提升管理者素质

4.1 有计划地开展学习培训和交流

将合作社理事长、经理及管理人员培训纳入公司年度培训计划，定期组织开展交流、学习，增强业务素质，提高管理能力，切实将合作社管理人员打造成“懂业务、善经营、会管理”

的新型实用人才，充分发挥能人带动效应，努力构建“能人带强队”的经营格局。

4.2 培养管理者执行制度的习惯和规范办事的意识

资产注入者向合作社推荐懂业务、会管理、善经营的高素质烟草职工担任合作社经理、会计，推动能人治社。加强对派驻合作社经理的考核，根据工作业绩考核结果确定其服务年限，能者上，庸者下，任期结束后召开社员代表大会举行换届选举。

5 讨论与建议

5.1 积极拓展闲置资源多元化经营渠道

利用闲置资源开展多元化经营，不仅可以稳定烤烟种植规模，同时也能稳定烟叶生产队伍，使合作社拓宽了经营渠道，增加了盈利空间，也有利于合作社的健康和可持续发展。但多元化经营的规模化发展不足，还没有形成产业，也没有产生品牌效应。要合理选择种植作物，形成规模，培育品牌，让品牌推动产业发展。昌乐石家河合作社的“乐烟蔬菜”在品牌建设上先行一步，效果很好。烟农专业合作社县域之间的联合有利于产品开发和规模化发展。

5.2 烟农专业合作社的多元化经营模式有待优化、固化

不论是“经销商＋合作社＋社员（烟农）”，还是“合作社＋基地＋社员（烟农）”模式都存在优化的空间。深加工是延长产业链的必由之路，也是烟农专业合作社持续发展的必经之路。烟农专业合作社与辖区内其他大农业合作社之间的联合有利于延长产业链。

5.3 销售渠道建设和市场空间开发有待更深入细致的探索

烟农专业合作社已经初步建立了一些销售渠道，但还是比较简单，抵御市场风险的能力不足，可以探讨通过建立稳固的小区居民微信群营销、烟草职工微信群营销，逐步扩大到社区、辖区，乃至全市、全省，通过品牌和品质效应建立起比较稳定的销售网络。

5.4 加强烟农专业合作社自身管理有利于持续发展

管理者的素质提升是必需的，同时要加强合作社的财务基础管理，注重加强成本核算，控制费用支出，特别是人力成本的支出，探索使用人工智能和现代科技手段降低劳动力投入。

参考文献

[1]任重，李现道，薛兴利，等. 烟叶家庭农场发展的影响因素分析——基于山东省潍坊市542家烟叶家庭农场的调查[J]. 中国烟草学报，2015(8)：112-120.

[2]李现道，赵黎，黄晓明. 烟农专业合作社现状分析及可持续发展对策[J]. 山东农业科学，2012(9)：135-137.

[3]戴成宗,何铁,杨双剑,等.烟农专业合作社发展探析[J].中国烟草学报,2012(2):82-87.

[4]任重,李现道,薛兴利,等.潍坊市综合服务型烟农专业合作社发展状况调查分析[J].中国烟草科学,2015,36(2):105-109.

[5]彭奇明,贾红风.烟草商业企业关于加强烟农专业合作社财务监管初探[J].财经界,2016(4):207,351.

[6]薛兴利,李现道,等.山东烟农专业合作社发展的实证研究[M].北京:中国农业科学技术出版社,2015.

烟草赤星病抗性位点发掘

朱承广[1]，孟凡龙[1]，冯书强[1]，杨爱国[2]

（1. 山东中烟工业有限责任公司，山东青岛，266101；2. 中国农业科学院烟草研究所，山东青岛，266101）

[摘要] 烟草赤星病是烟草生产中的主要病害之一，研究赤星病抗性遗传规律，发掘抗性相关 QTL，培育抗病品种是最有效的抗病方式之一。以净叶黄×NC82 的 F_2、$F_{2:3}$ 群体为供试群体，利用 SNP 分子标记，在全基因组范围内抗性 QTL，分析不同 QTL 的遗传效应，确定在不同环境下稳定表达的主效 QTL。研究结果共检测到 16 个抗赤星病相关 QTL，分布于 12 条连锁群上。连锁群 chr24 上 172cM 左右存在一个主效抗性 QTL，该 QTL 在不同群体和不同环境下均被检测到，平均 LOD 值均为 7.37，可以解释的表型变异平均为 15.07%；连锁群 chr18 上存在一个主效 QTL，平均可以解释 9.41% 的表型变异；其余连锁群上的 QTL 对赤星病抗性起微效作用。QTL 的定位结果能为分子辅助改良赤星病抗性奠定理论基础。

[关键词] 烟草赤星病；QTL；SNP；连锁分析

烟草赤星病是一种烟草成熟期的叶部病害，各烟区均有流行。烟叶感染赤星病后，产量降低，外观质量严重下降[1]。培育抗病品种是预防赤星病发生的一种有效、安全的措施[2]。生产上已存在部分抗病品种，但目前育成品种的抗病性强度低、数量少，难以满足抗病需求。培育高抗赤星病烟草品种能有效地降低赤星病的发生，同时能提升烟叶产量、质量和使用安全性。

学者对烟草赤星病抗性遗传机制进行了研究。Stavely 等认为赤星病抗性为多基因控制的数量性状[3]。高亭亭等研究发现，抗病性主要由显性多基因控制[4]。冯莹等研究发现，抗源净叶黄的抗病性由两对主基因和多基因共同控制[5]。目前，现有种质材料中还未发现对赤星病免疫的种质材料，多数抗病种质材料表现为水平抗性，具有典型的数量性状特征。

随着分子标记的应用，分子标记连锁图谱开始逐渐应用到包括烟草在内的植物 QTL 研究中。到目前为止，关于烟草赤星病抗性分子标记研究的报道不多[6]。焦天雷等检测到 3 个与赤星病抗性相关的 QTL 位点[7]。蒋彩虹等获得了一个与抗病相关的 SSR 标记连锁群[6]。前期的赤星病抗性 QTL 研究结果主要利用 SSR 等低密度标记，获得的 QTL 数目少、重复性小，并且对表型变异的贡献率较低。烟草赤星病抗性相关 QTL 存在互作效应，并且表达与否跟亲本的遗传背景有关，除受作图群体的遗传背景影响外，抗性相关 QTL 的发掘易受环境的影响，特别是抗病性由微效 QTL 控制时，环境影响更为明显。

本文以净叶黄×NC82组合构建分离群体，通过SNP芯片鉴定基因型，利用连锁分析方法在全基因组范围内发掘赤星病抗性QTL，分析不同QTL的遗传效应，确定在不同环境下稳定表达的主效QTL。研究结果将为最终克隆主效QTL奠定基础，同时也为烟草种质的赤星病抗性改良提供标记信息。

1 材料与方法

1.1 试验材料

河南省农业科学院选育的烤烟品种净叶黄高抗赤星病，是抗赤星病研究中常用的抗源。引进品种NC82品质优良，但高感赤星病。本文以抗赤星病烟草品种净叶黄为父本，以优质烤烟品种NC82为母本配制杂交组合，杂交得到F_1，同时制得F_2及$F_{2:3}$群体。

接种的赤星病菌由中国农业科学院烟草研究所烟草病虫害测报综防研究中心提供。

1.2 表性鉴定

第一年，将F_2和$F_{2:3}$群体种植于中国农业科学院烟草研究所即墨农场，每行20棵，株距0.5 m，行距1.2 m，两次重复。第二年，将$F_{2:3}$群体的186个家系分别种植于中国农业科学院烟草研究所即墨农场和诸城农场，每个家系种植一行，每行20棵，株距0.5 m，行距1.2 m，两次重复。将赤星病菌菌丝体制成孢子悬浮液，在烟草成熟期采用悬滴法进行接菌。菌液制备和接种方法参考冯莹等的研究[5]。在10天后调查接菌群体的发病情况，病情级别划分标准参考国家标准《烟草病虫害分级及调查方法》(GB/T 23222—2008)。调查后计算病情指数(Disease Index, DI)，公式如下：

$$\text{病情指数} = \sum \frac{\text{该病级株数} \times \text{病级}}{\text{最高病级} \times \text{总株数}} \times 100$$

1.3 图谱构建及QTL定位

同一株系内取不同单株幼叶，混合后利用CTAB法提取DNA。由郑州烟草研究院烟草基因研究中心开发SNP芯片，获得SNP基因型数据。利用Excel 2007进行病情指数的统计分析。利用Join Map 4.1软件计算遗传距离，最终构建连锁群[8]。利用Map Chart 2.0软件绘制遗传图谱[9]。采用QTL ICIMapping 3.3软件进行QTL定位，LOD值设为2.0[10]。

2 结果

2.1 群体发病情况

接菌后调查供试群体的发病情况。第一年，即墨基地$F_{2:3}$群体的病情指数分布在6.17～97.22；第二年，即墨基地$F_{2:3}$群体的病情指数分布在15.83～79.17；诸城基地$F_{2:3}$群体的病情指数分布在9.9～100。病情指数小于净叶黄病情指数的家系可进一步选择，用于抗赤星病近等基因系的构建。对 $F_{2:3}$ 群体在不同环境下的赤星病病情指数进行方差分析，结果如表1所示，说明群体病情指数方差变异主要源自材料之间、环境之间以及材料与环境之间的互作。

表1 $F_{2:3}$ 在不同环境下赤星病病情指数方差分析

群体类型	变异来源	自由度	均方差	F值
$F_{2:3}$ 群体	材料	176	715.1	19.8**
	环境	2	4873.5	135.2**
	材料×环境	358	493.5	13.7**
	误差	539	36.1	

注：**表示显著差异($p<0.001$)。

对供试群体的赤星病病情指数或病级进行正态分布检验，结果如表2所示。四个供试群体的偏度值均小于1，峰度值的绝对值均小于2，可认为供试群体的病情指数或病级分布均符合正态分布，同时也可说明赤星病抗性遗传表现为数量性状遗传，可进行QTL定位分析。

表2 连锁分析群体病情指数统计分析

供试群体	样本量	变动范围	平均值	标准差	偏度	峰度
F_2	180	0～9	6.00	3.309	−0.199	−1.795
1J-$F_{2:3}$	173	6.17～97.22	44.33	18.897	0.201	−0.769
2Z-$F_{2:3}$	177	9.90～100.00	47.94	28.063	0.362	−1.163
2J-$F_{2:3}$	177	15.83～79.17	49.70	28.621	0.478	−1.089

注：1J-$F_{2:3}$ 为第一年即墨基地 $F_{2:3}$ 群体；2J-$F_{2:3}$ 为第二年即墨基地 $F_{2:3}$ 群体；2Z-$F_{2:3}$ 为第二年诸城基地 $F_{2:3}$ 群体。

2.2 基因分型及遗传图谱构建

基于烟草基因研究中心开发的SNP平台，分析了以净叶黄与NC82为亲本的186份 $F_{2:3}$ 群体基因型，共检测到44.3万个SNP位点。其中在净叶黄与NC82之间存在多态性的SNP位点36692个，去除缺失率大于25%的位点，过滤偏分标记和位点冗余标记，在 $p<0.05$ 水平下，共获得2462个标记，用于构建遗传图谱。最终共构建30条连锁群，覆盖烟草基因组的24条染色体，遗传距离共4493.17cM，共2312个SNP标记。

2.3 抗赤星病QTL定位

结合病情调查数据进行抗赤星病QTL分析，共检测到16个抗赤星病相关QTL，分布于12个连锁群上，各QTL详细信息如表3所示。连锁群chr4、chr5-b、chr6、chr10、chr15-b、chr16、chr18、chr19、chr22和chr24各有1个QTL；连锁群chr17有2个QTL；连锁群chr20有4个QTL。LOD值高于3的QTL总共被定位到5个，1个位于chr20，2个位于chr17，1个位于chr18，1个位于chr24。

表 3 不同环境下 QTL 分析结果

群体	连锁群	位置	左侧标记	右侧标记	LOD 值	表型变异(%)	加性效应	显性效应
F_2	chr5-b	18.0	M6579	M1792	2.28	3.91	0.61	1.03
F_2	chr5-b	49.0	M1788	M1787	2.07	3.51	0.65	0.98
F_2	chr15-b	2.0	M3636	M3640	2.28	3.94	−0.39	−1.17
F_2	chr16	113.0	M4838	M4839	2.03	3.58	0.63	0.90
F_2	chr18	23.0	M5193	M5200	3.65	6.70	−1.16	0.01
F_2	chr24	170.0	M7441	M7440	12.74	26.06	−2.02	0.70
1J-$F_{2:3}$	chr6	253.0	M1819	M1822	2.49	4.88	4.31	6.35
1J-$F_{2:3}$	chr10	8.0	M3086	M3092	3.32	6.97	−1.79	−10.56
1J-$F_{2:3}$	chr20	1.0	M4689	M6271	3.31	8.20	4.12	10.76
1J-$F_{2:3}$	chr20	200.0	M5279	M5276	2.06	4.21	−5.97	3.29
1J-$F_{2:3}$	chr24	170.0	M7441	M7440	4.45	9.33	−6.71	5.32
2Z-$F_{2:3}$	chr17	26.0	M604	M5007	3.73	6.79	−5.17	−6.91
2Z-$F_{2:3}$	chr18	14.0	M5196	M5201	6.27	12.13	−9.74	−1.85
2Z-$F_{2:3}$	chr20	60.0	M5262	M5272	2.14	4.20	−4.63	5.02
2Z-$F_{2:3}$	chr20	142.0	M5302	M5307	2.70	4.70	−4.78	5.76
2Z-$F_{2:3}$	chr22	78.0	M6751	M6357	2.67	4.62	5.37	−5.72
2Z-$F_{2:3}$	chr24	170.0	M7441	M7440	9.15	18.43	−10.66	0.86
2J-$F_{2:3}$	chr4	17.0	M1663	M1632	2.07	4.03	0.04	0.03
2J-$F_{2:3}$	chr4	34.0	M1639	M1640	2.28	4.42	0.04	0.03
2J-$F_{2:3}$	chr16	81.0	M5844	M4830	2.09	4.26	−0.04	−0.02
2J-$F_{2:3}$	chr17	91.0	M5169	M5081	3.68	7.69	−0.06	0.00
2J-$F_{2:3}$	chr19	168.0	M5220	M5208	2.23	4.36	0.03	0.03
2J-$F_{2:3}$	chr24	179.0	M7477	M7469	3.12	6.45	−0.04	−0.03

注：1J-$F_{2:3}$ 为第一年即墨基地 $F_{2:3}$ 群体；2J-$F_{2:3}$ 为第二年即墨基地 $F_{2:3}$ 群体；2Z-$F_{2:3}$ 为第二年诸城基地 $F_{2:3}$ 群体。

连锁群 chr24 上的一个 QTL 位于 M7441—M7440 之间，该 QTL 被检测到 3 次，如表 4 所示，LOD 值分别为 12.74、9.15 和 4.45，可以解释的表型变异分别为 26.06、18.43 和 9.33；在第二年即墨基地，该 QTL 被定位到区间 M7477—M7469 之间，LOD 值为 3.21，可以解释 6.45%的表型变异。连锁群 chr24 上的 QTL 在不同群体和不同环境条件下都被重复定位到，不易受遗传背景和环境影响，说明是抗赤星病的主效 QTL，命名为 qbs24-1，对应物理距离 5.34Mb，总共有 49 个候选基因，其中多个基因与植物抗病性相关。

在 chr18 染色体上定位到 1 个 QTL，该 QTL 在 F_2 群体和第二年诸城基地 $F_{2:3}$ 群体中被重复定位到，平均 LOD 值为 4.96，平均可以解释 9.41%的表型变异，可认为 chr18 上存在一个抗性主效 QTL。其余连锁群上的 QTL 对赤星病抗性起微效作用。

表4 连锁群chr24上检测到的QTL

群体	连锁群位置	区间范围	LOD值	表型变异（%）	加性效应	显性效应
F_2	170	M7441－M7440	12.74	26.06	－2.02	0.70
1J-$F_{2:3}$	170	M7441－M7440	4.45	9.33	－6.71	5.32
2J-$F_{2:3}$	179	M7477－M7469	3.12	6.45	－0.04	－0.03
2Z-$F_{2:3}$	170	M7441－M7440	9.15	18.43	－10.66	0.86
平均	172	M7441－M7440	5.57	11.40	－5.80	2.05

注：1J-$F_{2:3}$为第一年即墨基地$F_{2:3}$群体；2J-$F_{2:3}$为第二年即墨基地$F_{2:3}$群体；2Z-$F_{2:3}$为第二年诸城$F_{2:3}$群体。

3 讨论

3.1 赤星病的抗性遗传

在目前烟草赤星抗赤星病育种研究中，较为常用的两个赤星病抗源为Beinhart1000-1和净叶黄。其中净叶黄是我国抗赤星病育种中最常用的抗源，国内已育成的单育二号和潘圆黄等抗赤星病品种的抗性基因均来自净叶黄，所以本文选取净叶黄为抗源来配制杂交组合。$F_{2:3}$群体病情指数符合正态分布说明赤星病抗性由多基因控制，表现为数量性状遗传，与前人研究结果相符。本文定位到2个主效QTL，分别位于连锁群chr24和chr18上，与前人研究中净叶黄的抗病性由两对主基因和多基因共同控制的结论相符。

3.2 烟草数量性状研究面临的问题

相比于小麦、水稻等农作物的QTL定位研究，烟草复杂农艺性状的QTL定位研究取得的进展较少。一方面，由于烟草为异源四倍体植物，基因组大约为4.5Gb[11]，受种群遗传瓶颈效应影响，造成现有烟草种质的遗传背景狭窄；另一方面，在现有烟草种质（如烤烟）中，可以检测到的多态性标记数目较少，可利用的标记少。如Tong等利用10005个标记检测在2个烤烟品种存在多态性的标记，结果显示只有大约5.9%的标记存在多态性[12]。多态性标记的稀少限制了QTL研究结果的准确性、全面性。SNP标记不仅多态性好，且广泛均匀分布于全基因组。开发烟草SNP芯片，提高基因型鉴定效率是开展烟草复杂性状定位的前提和基础。本文共检测到44.3万个SNP位点，其中36692个SNP位点在亲本间存在差异。相较于其他分子标记技术，SNP芯片技术极大地提高了多态性位点的获得数目，同时也降低了获取基因型耗费的人力成本和时间成本。

3.3 烟草遗传图谱的构建

目前已公布的烟草分子标记遗传图谱存在或未覆盖全部基因组，或标记数目较少，或密度小等问题。Bindler等构建了一张包含282个SSR标记的遗传图谱[13]。Tong等利用DH群体构建了一张长度为1882.1cM，仅包含611个SSR标记的遗传图谱[12]。

净叶黄是从我国地方品种中选育而成的品种，NC82 是美国地区的优质烤烟品种，两个品种亲缘关系较远，遗传背景差异大。以两者为亲本，可以获得较多的多态性标记，为准确构建遗传图谱奠定基础。相比于 SSR 等第二代分子标记，SNP 标记在生物体内大量存在，高密度的 SNP 遗传图谱可以满足精确定位的要求[14]。本文在 $p<0.05$ 条件下，用 2312 个多态性 SNP 标记构建遗传图谱，构建的遗传图谱覆盖烟草基因组的 24 条染色体，遗传距离共 4493.17cM，平均每 1.94cM 就有一个 SNP 标记，标记数目多，密度大，可以满足全基因组发掘抗性 QTL 的要求，不易遗漏抗性 QTL。

3.4 赤星病抗性 QTL 的定位

在烟草育种上，利用分子标记进行 QTL 定位研究取得了一定进展，但关于赤星病抗性 QTL 研究的报道有限。焦天雷等的研究结果检测到 3 个抗赤星病 QTL，最高可以解释 13.77%的表型变异[7]。Tong 等利用 SSR 标记定位到 3 个抗赤星病相关 QTL[12]。蒋彩虹等获得了一个抗赤星病基因的 SSR 标记连锁群，该连锁群包括 12 个标记[6]。从结果不难看出，目前的抗赤星病 QTL 研究获得的 QTL 数目少，QTL 对表型变异的贡献率较低，且定位的 QTL 各不相同。

本文利用 SNP 标记在全基因组内发掘赤星病抗性 QTL，共检测到 16 个抗赤星病相关 QTL，分布于 12 个连锁群上，检测到的 QTL 数目明显超过前人研究。连锁群 chr24 上 172cM 左右存在一个主效抗性 QTL 位，可以解释的表型变异平均为 15.07%，说明这个 QTL 对赤星病抗性起重要作用；连锁群 chr18 上定位到一个赤星病抗性主效 QTL，平均可以解释 9.41%的表型变异。chr18 上存在的 QTL 与蒋彩虹等定位的 M 连锁群的标记连锁群的结果非常接近，其余连锁群上的 QTL 对赤星病抗性起微效作用。焦天雷等的定位结果与本文定位到的微效 QTL 也存在一定重合。一方面说明了定位结果的可靠性，另一方面突出了利用 SNP 芯片全基因扫描 QTL，定位结果覆盖全面的优越性。

4 结论

利用净叶黄和 NC8 配制的杂交组合及其后代群体，结合 SNP 基因型数据和病情数据，进行抗性 QTL 定位，共检测到 16 个抗赤星病相关 QTL，分布于 12 条连锁群上。连锁群 chr24 上 172cM 左右存在一个主效抗性 QTL，命名为 qbs24-1，该 QTL 在不同群体和不同环境下均被检测，可以解释的表型变异平均为 15.07%；连锁群 chr18 上存在一个 QTL 对赤星病抗性贡献较大，平均可以解释 9.41%的表型变异；其余连锁群上的 QTL 对赤星病抗性起微效作用。定位结果为烟草抗赤星病分子标记辅助改良奠定了一定基础。

参考文献

[1]Yu Qing. Loss Rate Estimation of Yield and Output Value of Tobacco Leaf Infected by Tobacco Blown Spot (Alternaria alternata) [J]. *Plant Diseases and Pests*, 2010, 39(6): 23-27,63.

[2]闫杏杏，蒋彩虹，冯莹，等. 烟草赤星病抗性主效 QTL 人工选择响应研究[J]. 植物遗传资源学报，

2016(5)：929-934.

[3]Stavely J. R. . Inhcritance of brown spot resistance in Nicotiana tabacum[J]. *Phytopathol*. Soc，1975 (2)：228-230.

[4]高亭亭，蒋彩虹，罗成刚，等. Beinhart1000-1 抗赤星病基因的 QTL 定位[J]. 中国烟草学报，2014，20(2)：104-107.

[5]冯莹，蒋彩虹，程立锐，等. 两个烟草赤星病抗源的遗传分析[J]. 中国烟草科学，2015，36(5)：1-7.

[6]蒋彩虹，王元英，任民，等. 一个抗赤星病基因的标记连锁群[J]. 分子植物育种，2013，11(4)：566-569.

[7]焦天雷．烟草赤星病抗性 QTL 的定位分析[D]. 杭州：浙江大学，2011.

[8]Van Ooijen. Multipoint maximum likelihood mapping in a full-sib family of an outbreeding species [J]. *Genetics Research*，2011，93(5)：343-349.

[9]Voorrips RE. . MapChart：Software for the graphical presentation of linkage maps and QTLs[J]. *Journal of Heredity*，2002，93(1)：77-78.

[10]Li Huihui，Ribaut JMLi，Wang Jiankang. Inclusive composite interval mapping (ICIM) for digenic epistasis of quantitative traits in biparental populations[J]. *Theoretical and Applied Genetics*，2008，116 (2)：243-260.

[11]Sierro N. , J. N. D. Battey，S. Ouadi，et al. . The tobacco genome sequence and its comparison with those of tomato and potato[J]. *Nat. Commun*. 2014(5)：3833.

[12]Tong Zhijun，Jiao Tianlei，Wang Fengqing，et al. . Mapping of quantitative trait loci conferring resistance to brown spot in flue-cured tobacco (Nicotiana tabacum L.) [J]. *Plant Breeding*，2012，2(131)：335-339.

[13]Bindler G. , van der Hoeven R. , Gunduz I. , et al. . A microsatellite marker based linkage map of tobacco[J]. *Theor Appl Genet*，2007，114(2)：341-349.

[14]Zou Yuping，Ge Song. . A novel molecular marker-SNPs and its application [J]. *Biodiversity Science*，2003，11(5)：370-382.

002 烟草工业与卷烟材料篇

YAN CAO GONG YE YU JUAN YAN CAI LIAO PIAN

适宜细支卷烟的烟丝结构分析研究

李洪涛，丛亮滋，蒋光伟，张莎莎

（山东中烟工业有限责任公司技术中心，山东青岛，266101）

［**摘要**］为科学合理确定细支卷烟的适宜烟丝结构，本文采用混料均匀设计、数学模型分析、德尔菲法结合相邻指标比较法赋权重的方法，通过二次多项式逐步回归，建立了不同长度烟丝组合与烟支物理指标和烟气指标变异系数的数学模型，并结合指标权重，优化确定了细支卷烟适宜的烟丝结构。结果表明：在试验范围内，当不同长度烟丝组合为 $X=(0.30, 0.35, 0.32, 0.03)$ 时，卷烟物理质量指标和烟气指标稳定性综合评价最好，同时建立了适宜细支卷烟的烟丝结构的确定方法，为提高细支卷烟质量稳定性提供了一定技术支撑，具有科学性和可操作性强的特点。

［**关键词**］细支卷烟；烟丝结构；混料均匀设计；数学模型

细支卷烟作为快速增长的中式卷烟新品类，在减害降焦、节能环保和降本增效等领域有着天然的优势，针对细支卷烟的烟丝结构对烟支物理指标的影响少有报道，大部分是针对常规卷烟进行相关研究。其中，烟丝结构特征及加工工艺在近些年的工艺发展中得到较大的关注。罗登山[1]指出，近年来烟草工艺技术快速发展和水平不断提高，但基础研究相对薄弱，打叶复烤（烟叶—叶片）、制丝（叶片—烟丝）和卷制（烟丝—卷烟）贯穿了从烟叶原料到卷烟产品的整个过程，加工工艺的整体性是烟草工艺研究的核心和基础。申晓锋[2]、余娜[3]等人先后利用筛分方法、机器视觉方法研究建立了烟丝结构、烟丝尺寸分布、烟丝宽度及分布等。通过检测与表征方法的建立，研究了烟丝结构对卷烟卷制质量的影响规律[4]和片烟尺寸分布对烟丝结构的影响规律[5]。结果表明，烟丝结构特征对卷烟单支重量、端部落丝、空头率等指标及其稳定性影响显著[6]。朱文魁等[7]为优化片烟成丝工艺，提升卷烟产品物理质量稳定性，对比了传统切丝与定长切丝不同片烟成丝模式对烟丝结构、产品卷制质量及原料消耗的影响。华刚等[8]为大幅降低叶丝长丝率、改善烟丝结构，设计了一种叶丝限长设备，降低了叶丝的长丝率，提高了中丝率比例，有效改善了烟丝分布的均匀度，减少了卷烟燃烧端掉落现象的发生。

目前尚未检索到适宜细支卷烟烟丝结构确定方法的相关文献报道，只有常规卷烟的烟丝结构的表征方法和烟丝结构对卷烟质量的影响规律的分析。由于烟丝结构是结果性指标，且在制丝过程中易受各种机械力的影响，会产生随机性的造碎，烟丝结构受控程度较低，批间稳定性较低，精细调整烟丝结构困难较大，这在一定程度上限制了适宜烟丝结构的优化、筛选和确定。

本文通过采用混料均匀设计与数学模型分析的方法，建立适宜细支卷烟的烟丝结构确定方法；针对细支卷烟的物理指标和烟气指标的稳定性进行综合评价，通过二次多项式逐步回归求解优化确定适宜的烟丝结构，旨在提高细支卷烟物理指标和烟气指标的稳定性，改善烟丝结构，为优化细支卷烟加工参数提供一定的技术支持。

1 材料与方法

1.1 原料与材料

泰山（心悦）混料烟叶、烟丝，烟用材料若干。

1.2 设备与仪器

1.2.1 生产设备

6000 kg/h 制丝生产线（济南卷烟厂）；PROTOS 1-8 卷烟机（德国 HAUNI 公司）；FOCKE FK3 包装机（德国 FOCKE 公司）。

1.2.2 检测仪器

FED240 多功能热风循环烘箱（德国 BINDER 公司）；YQ-2 烟丝振动分选筛（郑州嘉德机械科技有限公司）；DD60A 填充值仪（Kurt Burghart 公司）；PB153-S/FACT 电子天平（瑞士 METTLER TOLEDO 公司）；Quantum NEO 综合测试台（英国斯茹林公司）；MW3220 水分密度仪（德国 TEWS 公司）；改进后的烟丝分选筛（郑州嘉德机械科技有限公司）；SM450 直线型吸烟机（英国 Cerulean 公司）。

1.3 试验方法

1.3.1 混料均匀设计

在混料均匀设计中，各因素水平数都相同，每个混料的因素（自变量）取值之和为 1。若用 $X_1, X_2, \cdots, X_n$ 代表混料（配方）系统中 n 种组分各自所占百分比，y 为试验指标，混料条件则可表示为 $X_i \geqslant 0 (i=1,2,\cdots,n)$，$\sum_{i=1}^{n} X_i = X_1 + X_2 + \cdots + X_n = 1$。其中 $X_i (i=1,2,\cdots,n)$ 称为“混料组分”[9]。混料试验设计选用 $U_{9*}(9^4)$ 均匀设计表安排试验，其中 9 为试验次数和水平数，4 为待考察的因素数，即对烟丝长度的 4 个组分各取 9 个不同水平并设计成 9 种混料组合进行考察。用 q_{ji} 表示均匀表某列中的第 i 列（$i=1,2,\cdots,n$）个数，将这些数进行换算。$C_{ji} = \frac{2q_{ji}-1}{2n}, j=1,2,\cdots,s-1$。将 $\{C_{ji}\}$ 转换成 $\{X_{ji}\}$，计算公式为 $X_{ji} = (1 - c_{ji}^{\frac{1}{s-j}}) \Pi_{k=1}^{j-1} c_{ki}^{\frac{1}{s-k}}$，$X_{si} = \Pi_{k=1}^{s-1} c_{ki}^{\frac{1}{s-k}}$。$k=1,2,\cdots,s-1$。$\Pi$ 表示各项的乘积。根据以上公式计算，组成了 9 组 $X_1 + X_2 + X_3 + X_4 = 1$（见表 1）。

表 1　烟丝长度混料均匀试验设计表　（单位：%）

试验序号	X_1(<2.29 mm)	X_2(2.29～4.32 mm)	X_3(4.32～6.80 mm)	X_4(>6.80 mm)
1	52.37	34.75	9.80	3.08
2	44.10	15.14	31.94	8.82
3	16.70	1.89	74.99	6.42
4	30.70	44.97	4.79	19.54
5	28.06	20.63	23.25	28.06
6	14.94	5.90	55.68	23.48
7	10.30	61.84	1.08	26.78
8	9.51	27.01	15.93	47.55
9	2.63	10.28	42.43	44.66

1.3.2　数学模型分析

对混料均匀设计的各组分比例进行二次多项式逐步回归分析，建立 4 个因素 X 与卷烟物理指标和烟气指标 Y 之间的回归函数模型。由于各组分比例之和为 100%，因此回归时可以缩减一个参数。采用下面的模型进行逐步回归分析，然后通过优化求解，得出每个指标波动较小的情况下对应的最佳烟丝结构。$Y=\beta_0+\sum_{i=1}^{m}\beta_i X_i+\sum_{i=1}^{m}\beta_{ii}X_i^2+\sum_{i<j}\beta_{ij}X_iX_j+\varepsilon$，式中 $\beta_0,\beta_i,\beta_{ii},\beta_{ij}$ 为回归系数，ε 为随机误差，X_i,X_j 为烟丝比例。

1.3.3　指标权重确定

采用德尔菲法结合相邻指标比较法，通过调查分析、汇总比较，确定各指标的权重[10]。先将所选指标按照一定顺序排列：y_1,y_2,y_3,y_4,y_5,y_6。把 y_2 和 y_1 相比、y_3 和 y_2 相比……y_k 和 y_{k-1} 相比，相比的重要性作为单独一列。ω_i'从该列的值可以算出，它表示各个指标与 y_1 相比的重要性。由于 y_i 总是与上一个 y_{i-1} 相比，g_i 表示 y_i 与 y_{i-1} 相比的重要性。$\omega_i'=\prod_{j=2}^{i}g_i=g_ig_{i-1}g_{i-2}\cdots g_2,i=2,3,\cdots,k$，而 ω_i 只是将ω_i'归一化，这里 $\omega_1'=g_1=1,\omega_i=\frac{\omega_i'}{\sum_{j=1}^{k}\omega_j'}$，$i=1,2,\cdots,k$。

1.3.4　样品制备与指标测定

（1）不同长度烟丝组分筛分与掺配。按照泰山（心悦）正常工艺技术标准生产（烟丝宽度为 0.85 mm），在掺配加香工序出口取样，利用改进后的烟丝分选筛筛分出不同长度烟丝组分，然后根据表 1 混料均匀试验设计表对不同长度烟丝进行掺配，形成 9 个不同长度烟丝组合的掺配烟丝样品。

（2）烟支卷制与取样。利用同一台卷烟机对每个不同长度烟丝组合的成品烟丝进行烟支卷制，待卷烟机生产进入稳定状态后开始取样。对 9 个组合的成品烟丝进行烟支卷制时，卷烟机的工艺参数均保持一致。将 9 个组合的试验烟支分别保存在密封的取样盒中，并作好标志待检。

（3）检测指标及方法。利用综合测试仪主要测试烟支吸阻、硬度、嘴通风率、总通风率等物理指标；利用烟气分析仪测试焦油量、烟碱量、CO 量等烟气指标；计算各指标的变异系数。

2 结果与分析

2.1 常规方法表征烟支质量指标稳定性

变异系数(VC)表征各项烟支物理指标的波动情况或稳定性，变异系数越小，表明烟支物理指标的稳定性控制水平越好，反之越差。9 个不同长度烟丝组合烟支质量指标原始数据如表 2 所示。由表 2 可知：N4 试验样品的吸阻变异系数最小；N2 试验样品的硬度变异系数和焦油量变异系数最小；N7 试验样品的烟支通风率变异系数最小；N6 试验样品的总通风率变异系数最小；N5 试验样品的烟碱量变异系数最小；N8 试验样品的 CO 量变异系数最小。

表 2　不同长度烟丝组合烟支各项质量指标的变异系数　(单位：%)

样品编号	吸阻	硬度	烟支通风率	总通风率	焦油量	烟碱量	CO 量
N1	3.62	5.42	9.95	3.02	5.53	1.77	4.62
N2	4.05	4.08	7.21	2.71	0.79	2.22	2.31
N3	3.45	4.22	6.69	2.94	2.07	4.13	4.22
N4	3.40	5.41	8.49	2.40	3.66	3.18	2.39
N5	3.94	6.78	9.04	2.67	1.74	1.69	2.01
N6	4.02	5.19	7.32	2.35	2.88	2.88	2.00
N7	3.38	5.33	5.76	2.53	3.95	2.16	3.28
N8	3.74	4.88	9.25	3.20	1.90	2.22	1.96
N9	4.02	4.83	9.02	2.74	5.21	2.68	2.98

2.2 数学模型分析

烟丝长度与物理指标和烟气指标稳定性回归结果如表 3 所示，各指标适宜的长度区间及各组分比例统计如表 4 所示。

表 3　烟丝长度与物理指标和烟气指标稳定性回归结果

模型	回归方程
烟丝长度—吸阻变异系数	$y = 5353 + 104.11x_1 + 58.26x_3 - 0.084x_{12} - 0.313x_2^2 - 0.873x_3^2 - 2.42x_1x_2 - 1.825x_1x_3 - 5.06x_2x_3$
烟丝长度—硬度变异系数	$y = 8263 + 1273.58x_1 + 76.84x_3 - 4.24x_{12} + 0.064x_2^2 + 0.204x_3^2 - 22.873x_1x_2 - 22.324x_1x_3 - 16.681x_2x_3$
烟丝长度—通风率变异系数	$y = 10913 + 308.8x_1 - 115.65x_3 - 0.274x_{12} - 1.201x_2^2 + 1.668x_3^2 - 5.586x_1x_2 - 7.948x_1x_3 + 0.825x_2x_3$

续表

模型	回归方程
烟丝长度—焦油量变异系数	$y=-4158+38.7x_1+204x_3+1.79x_{12}+1.82x_2^2-0.51x_3^2+0.17x_1x_2-6.4x_1x_3+4.69x_2x_3$
烟丝长度—烟碱量变异系数	$y=-8451-902x_1-48.9x_3+0.53x_{12}+1.27x_2^2+1.07x_3^2+20.7x_1x_2+16.7x_1x_3+25.4x_2x_3$
烟丝长度—CO量变异系数	$y=-9747-131x_1-157x_3+2.01x_{12}+2.87x_2^2+4.29x_3^2+2.48x_1x_2-0.493x_1x_3+26.8x_2x_3$

通过模型优化分析得出：

(1)吸阻稳定性较好的烟丝长度区间为2.29～4.32 mm，分布为：<2.29 mm烟丝比例0%，2.29～4.32 mm烟丝比例52%，4.32～6.80 mm烟丝比例48%，>6.80 mm烟丝比例0%。

(2)硬度稳定性较好烟丝长度为<2.29 mm烟丝比例最高或其与>6.80 mm烟丝比例搭配使用，分布为：<2.29 mm烟丝比例66%，2.29～4.32 mm烟丝比例13%，4.32～6.80 mm烟丝比例11%，>6.80 mm烟丝比例10%。

(3)烟支通风率：烟丝越短，烟支通风率稳定性越好，分布为：<2.29 mm烟丝比例50%，2.29～4.32 mm烟丝比例39%，4.32～6.80 mm烟丝比例11%，>6.80 mm烟丝比例0%。

(4)烟气焦油量稳定性较好的烟丝长度区间为<6.80 mm，分布为：<2.29 mm烟丝比例40%，2.29～4.32 mm烟丝比例24%，4.32～6.80 mm烟丝比例36%，>6.80 mm烟丝比例0%。

(5)烟气烟碱稳定性较好烟丝长度区间<6.80 mm，分布为：<2.29 mm烟丝比例56%，2.29～4.32 mm烟丝比例23%，4.32～6.80 mm烟丝比例21%，>6.80 mm烟丝比例0%。

(6)烟气CO量稳定性较好烟丝长度区间<6.80 mm，分布为：<2.29 mm烟丝比例34%，2.29～4.32 mm烟丝比例36%，4.32～6.80 mm烟丝比例29%，>6.80 mm烟丝比例11%。

表4 各指标适宜的长度区间及各组分比例统计表

指标	<2.29 mm (%)	2.29～4.32 mm (%)	4.32～6.80 mm (%)	>6.80 mm (%)
烟支吸阻波动(y_1)	0	50	50	0
烟支硬度波动(y_2)	53	25	22	0
烟支通风率波动(y_3)	50	50	0	0
焦油波动(y_4)	30	23	47	0
烟碱波动(y_5)	63	20	17	0
CO波动(y_6)	17	25	35	23

2.3 指标权重确定

采用德尔菲法结合相邻指标比较法，通过调查分析、汇总比较确定各指标的权重（见表5）。

表5 指标权重计算

指标(1)	指标(2)	相对重要性(g_i)	权(ω_i')	归一化权(ω_i)
y_1	y_1	1.0	1.0	0.32
y_2	y_1	0.5	0.5	0.16
y_3	y_2	0.8	0.4	0.13
y_4	y_3	1.0	0.4	0.13
y_5	y_4	1.0	0.4	0.13
y_6	y_5	1.0	0.4	0.13
合计	—	—	3.1	1.00

根据表4和表5可知，经过加权平均计算得出适宜的烟丝结构分布为：＜2.29 mm烟丝比例30%，2.29～4.32 mm烟丝比例35%，4.32～6.80 mm烟丝比例32%，＞6.80 mm烟丝比例3%。

综上，通过混料均匀试验、样品指标检测、数学模型分析和指标权重赋值，在该规格卷烟烟丝宽度为0.85 mm的条件下，分析得出不同长度烟丝组合对烟支物理指标和烟气指标变异系数的影响规律，综合评价卷烟质量（吸阻、硬度、通风率、焦油、烟碱、CO）波动最小的情况下，适宜细支卷烟的烟丝结构不同长度烟丝组合为X=(0.30,0.35,0.32,0.03)。

3 结论

(1)该规格卷烟在烟丝宽度为0.85mm的条件下，分析得出不同长度烟丝组合对烟支物理指标和烟气指标变异系数的影响规律，综合评价卷烟质量最好的情况下，不同长度烟丝组合为X=(0.30,0.35,0.32,0.03)。

(2)本文基于混料均匀设计、数学模型分析、德尔菲法结合相邻指标比较法赋权重，建立了适宜细支卷烟烟丝结构的确定方法。该方法适用于细支卷烟物理指标和烟气指标稳定性的综合评价。

参考文献

[1]罗登山，曾静，刘栋，等.叶片结构对卷烟质量影响的研究进展[J].郑州轻工业学院学报(自然科学版)，2010.25(2)：13-17.

[2]申晓锋，李华杰，李善莲，等.烟丝结构表征方法研究[J].中国烟草学报，2010，16(2)：20-25.

[3]余娜，申晓锋，徐大勇，等.基于分形理论的烟丝尺寸分布表征方法[J].烟草科技，2012(4)：5-8.

[4]申晓锋.烟丝结构对卷烟物理指标的影响研究[D].郑州：中国烟草总公司郑州烟草研究院，2008.

[5]余娜．片烟结构与叶丝结构关系研究[D]. 郑州：中国烟草总公司郑州烟草研究院，2012.

[6]李善莲，申晓锋，李华杰，等. 烟丝结构对卷烟端部落丝量的影响[J]. 烟草科技，2010(2)：5-7，10.

[7]朱文魁，张永川，向光，等. 片烟成丝模式对烟丝结构与卷制质量的影响[J]. 烟草科技，2012(5)：10-12.

[8]华刚，吴卫国，邹炜，等. 新型叶丝限长设备[J]. 轻工机械，2014，12(6)：74-77.

[9]方开泰．均匀设计与均匀设计表[M]. 北京：科学出版社，1994.

[10]胡永宏，贺思辉．综合评价方法[M]. 北京：科学出版社，2000.

RSM 法优化芦荟多糖的提取工艺条件及在卷烟中的应用研究

苏海建[1]，李玉辉[1]，朱友民[2]，张晓韧[2]，刘利锋[1]

[1. 山东中烟工业有限责任公司技术中心，山东青岛，266101；
2. 颐中（青岛）实业有限公司技术中心，山东青岛，266100]

[摘要] 本文以芦荟多糖提取率为指标，考察了浸提时间、料液比、浸提温度等因素对芦荟多糖提取量的影响。在单因素试验研究的基础上采用 Box-Behnken 响应面法考察了时间一温度、温度一料液比、时间一料液比等因素的交互作用，通过芦荟多糖提取率的二次多项数学模型解逆矩阵，得到最优提取条件：时间 2 h，料液比 1∶15，温度 90 ℃。用优化条件进行 5 次平行验证试验，得到多糖平均提取量为 4.97%，误差较小（变异系数 2.75%）。对施加不同量的芦荟多糖的卷烟进行感官评价，结果表明：芦荟多糖在卷烟中能掩盖杂气，去除刺激，改善余味，使香气细腻程度有所提升，烟气状态、圆润感较好，香气协调。这为其在烟草新型香料开发应用中提供了物质基础。

[关键词] 芦荟；多糖；响应面法；卷烟

芦荟隶属百合科，为多年生常绿肉质草本植物，广泛用于化妆品，能起到皮肤保润的功效。目前，已确定芦荟中起保润作用的主要成分为芦荟多糖，其种类有葡甘露聚糖、甘露聚糖、果胶酸及乙酰化的 1,4-甘露聚糖。据药典记载，芦荟多糖具有清肝热、通便之功效。现代研究表明，芦荟还具有抗肿瘤、抗病毒、抗衰老、增强机体免疫力等功效。

近年来，国内对芦荟的研究多集中于对芦荟多糖、芦荟酸以及芦荟总生物碱等活性成分进行提取方面，提取方法主要有水浴法、超声法、微波法和酶法[1~8]等。由于工艺比较落后，提取收率和纯度均较低，不能对其有效成分充分利用，造成资源的严重浪费。而对于芦荟多糖作为香料在卷烟中的应用研究较少。

本文以芦荟为原料，对芦荟多糖的提取工艺进行优化设计，在单因素试验基础上，采用响应面法（Response Surface Analysis Methodology，RSM）分析得到芦荟多糖的较佳提取工艺条件[9~13]，并通过卷烟加香感官评价，对其在卷烟中的应用进行研究，旨在开发出新型天然烟用香精香料，为卷烟品质改善提供技术支撑。

1 材料与方法

1.1 材料、试剂与仪器

芦荟(产自云南,颐中青岛实业公司);无水乙醇(分析纯,南京华嘉化学试剂有限公司);70%乙醇(食品级,市售);丙酮(分析纯,天津市大茂化学试剂厂);A#卷烟叶组(青岛卷烟厂)。

水浴锅(HS-4型,上海医疗器械五厂);真空干燥箱(GOA型,天津市东郊机械加工厂);天平(PL203型,量程210 g,感量0.001 g,梅特勒—托利多仪器有限公司);植物样本粉碎机(FSJ-l14型,农牧渔业部扶沟科学仪器厂);电热恒温鼓风干燥箱(DHG-9145A型,上海一恒科学仪器有限公司);恒温恒湿箱(PBF240型,德国BINDER公司)。

1.2 试验方法

1.2.1 芦荟多糖的提取

称取一定量芦荟,经60 ℃干燥箱干燥,粉碎机粉碎。称取100 g干燥芦荟粉,加入300 mL 80%乙醇,80 ℃回流2次,每次2 h。残渣加入适量蒸馏水,水浴回流提取2次,每次2 h。合并提取液,浓缩至原体积的1/4。搅拌下加入4倍体积的无水乙醇,低温静置过夜。抽滤,并依次用95%乙醇、无水乙醇、丙酮淋洗,真空干燥,得芦荟多糖。

1.2.2 芦荟粗多糖提取条件的优化

1.2.2.1 单因素试验

称取芦荟粉末2g,水浴回流提取,其中一个条件固定,分别考察浸提时间、浸提温度、料液比对芦荟多糖提取率的影响。

1.2.2.2 响应曲面(RSM)试验设计

在单因素试验基础上,选择单因素试验中对多糖得率有显著影响的因子,采用Box-Behnken设计,数据分析及模型建立由Design Expert (Version7.1.3)软件完成。该模型利用最小二乘法拟合响应值与自变量之间的关系方程:

$$Y=B_0+B_1X_1+B_2X_2+B_3X_3+B_{12}X_1X_2+B_{13}X_1X_3+B_{23}X_2X_3+B_{11}X_{12}+B_{22}X_2^2+B_{33}X_3^2$$

式中:Y为响应值,B_0为常数项,B_1,B_2,B_3分别为线性系数,B_{12},B_{13},B_{23}为交互项系数,B_{11},B_{22},B_{33}为二次项系数。

1.2.3 卷烟加香与感官评价

将芦荟多糖用70%的食用酒精稀释成2% (质量比)的溶液;各取100 g空白叶组,按0.01%、0.02%、0.04%、0.06%、0.08%、0.10% (烟丝重量比)称取乙醇溶液,用喷雾器均匀喷洒在叶组中,对照组采用同样量的70%乙醇溶液。处理好的样品密闭储存4 h左右,低温烘干烟丝,手工卷制成烟;然后置于相对湿度(60±2)%,温度(22±2) ℃的恒温恒湿箱内,单层平放48 h,平衡水分至(12±1)%。分别从卷烟的香气质、香气量、浓度、细腻、杂气、刺激、余味等方面进行评吸。

2 结果与分析

以芦荟多糖得率为考察指标，在其他萃取条件都相同的情况下，单独改变某个因素，进行单因素试验，研究各因素对多糖提取效果的影响。然后在单因素试验的基础上，选取对提取效果影响比较显著的因素进行响应试验，找出提取芦荟多糖的最佳工艺参数，并分析各个影响因素对提取效果的交互作用。

2.1 单因素试验结果

2.1.1 料液比对多糖得率的影响

由图 1 可以看出，当料液比(g/mL)小于 1∶15 时，多糖得率随料液比的增大而迅速升高，当料液比达到 1∶15 时，多糖的得率最大(3.88%)，之后随着料液比的增加几乎没有变化。这表明当料液比为 1∶15 时，多糖已提取完全，再增加溶剂对多糖得率影响不大，所以最终选择 1∶15 的料液比。

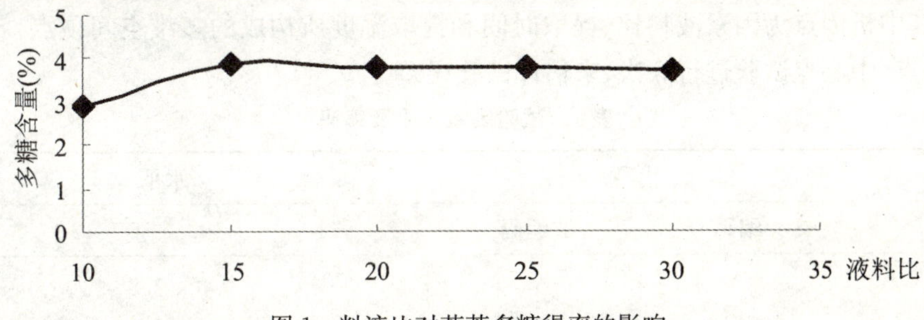

图 1　料液比对芦荟多糖得率的影响

2.1.2 时间对多糖得率的影响

由图 2 可以看出，当时间小于 1.5 h 时，多糖得率随时间的增加而迅速增大，当时间达到 1.5 h 时，多糖得率最大(2.83%)，之后随着时间的增加有所下降。这可能是由于随着提取时间的增加，部分多糖被水解或发生其他反应，导致其提取率下降。

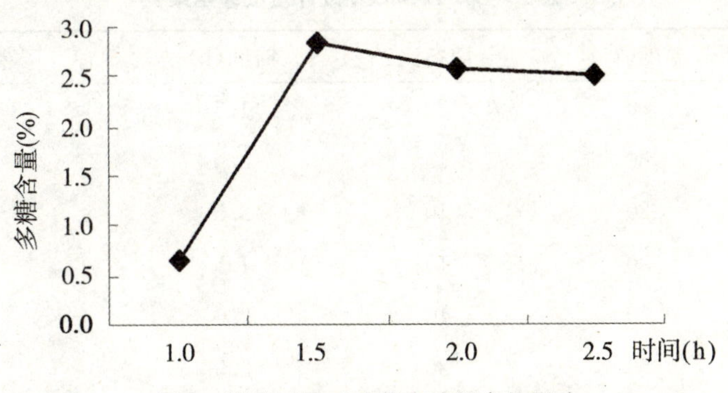

图 2　提取时间对芦荟多糖得率的影响

2.1.3 温度对多糖提取量的影响

由图 3 可以看出，当温度低于 90 ℃时，多糖得率随温度的增加而增大，当温度达到 90 ℃时，多糖得率最大(3.06%)，之后随着温度的增加有所下降。

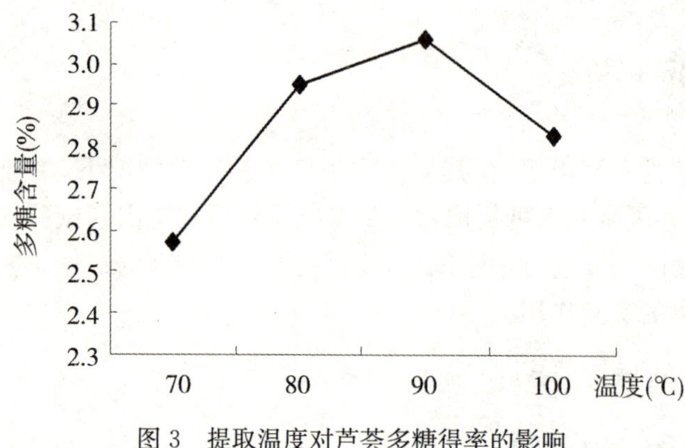

图 3 提取温度对芦荟多糖得率的影响

2.2 响应面分析实验结果

在单因素试验基础上，以液料比、提取时间和提取温度为考察因子，按照 Box-Behnken 设计了 17 组实验，因子水平和编码如表 1 所示，试验结果如表 2 所示。试验点分为析因点和零点，其中析因点为因素液料比、提取时间和提取温度所构成的多维空间顶点，零点为区域的中心点，中心点试验进行 5 次，来估计试验误差。

表 1 试验因素水平及编码

因子	代码		水平		
	编码	非编码	−1	0	1
温度(℃)	A	X_1	70	80	90
时间(h)	B	X_2	1.5	2.0	2.5
液料比	C	X_3	10	15	20

注:各自变量编码值与真实值之间的关系分别为：$X_1=(A-80)/10$；$X_2=(B-2)/0.5$；$X_3=(C-15)/10$。

表 2 Box-Behnken 设计及试验结果

试验号	温度(℃)	液料比	时间(h)	多糖含量(%)
1	80	20	1.5	4.180
2	80	15	2.0	4.182
3	80	10	2.5	4.618
4	90	15	1.5	4.364
5	70	10	2.0	4.561
6	80	20	2.5	4.326
7	90	10	2.0	4.216
8	80	15	2.0	4.370
9	70	20	2.0	3.482

续表

试验号	温度(℃)	液料比	时间(h)	多糖含量(%)
10	80	10	1.5	4.615
11	80	15	2.0	4.247
12	80	15	2.0	4.253
13	90	15	2.5	3.709
14	70	15	1.5	3.926
15	70	15	2.5	4.260
16	80	15	2.0	4.240
17	90	20	2.0	4.111

2.2.1 模型方程的建立与显著性检验

利用 Design-Expert 软件，通过多糖含量试验数据进行多元回归拟合，获得多糖含量对编码自变量温度、液料比、时间的二次多项回归方程。

$$Y=4.83+0.20X_1+0.15X_2+0.12X_3-0.014X_1X_2-0.12X_1X_3-0.064X_2X_3-0.028X_{12}-0.19X_2^2-0.28X_3^2$$

对上述回归模型进行方差分析(见表 3)。

表 3　模型回归方程方差分析

项目	平方和	自由度	均方	F 值	$P>F$
回归模型	1.24	9	0.14	48.04	<0.0001
X_1	0.33	1	0.33	115.67	<0.0001
X_2	0.19	1	0.19	66.92	<0.0001
X_3	0.11	1	0.11	39.67	0.0004
X_1X_2	8.123×10^{-4}	1	8.123×10^{-4}	0.28	0.611
X_1X_3	0.059	1	0.059	20.42	0.0027
X_2X_3	0.016	1	0.016	5.62	0.04957
X_1^2	3.25×10^{-3}	1	3.25×10^{-3}	1.13	0.3225
X_2^2	0.16	1	0.16	55.42	<0.0001
X_3^2	0.33	1	0.33	115.13	0.0001
残差	0.02	7	2.87×10^{-3}		
失拟差	0.017	3	5.544×10^{-3}	6.44	0.0519
净误差	3.443×10^{-3}	4	8.607×10^{-4}		
总离差	1.26	16			

由方差分析结果可以看出，模型的 $F=48.04>F_{0.01}(9,4)=14.66$，$p<0.01$，表明模型极显著；失拟项 $F=6.44<F_{0.05}(9,3)=8.81$，$p=0.0519>0.05$，说明失拟性不显著，模型拟合程度好，试验误差小；模型的调整系数 R2Adj＝0.9636，说明该模型能解释 98.41％响应值的变化，拟合程度良好，试验误差小，可以使用此模型对芦荟多糖得率进行分析与预测。从表中可以看出，提取时间、提取温度、料液比和时间温度的交互作用与多糖提取量有极显著

关系。

2.2.2 **芦荟多糖提取工艺的响应面交互作用**

由回归方程所作的响应面图及其等高线图如图 4 至图 6 所示。

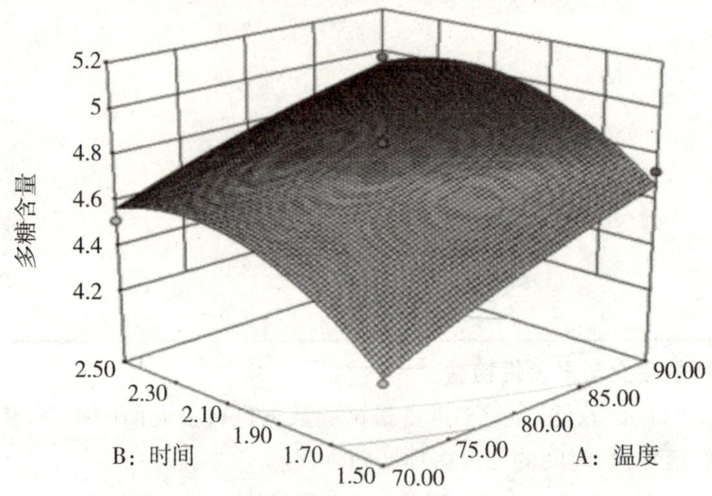

图 4 时间—温度对芦荟多糖提取率的交互作用图

通过该组动态图可评价试验因子对芦荟多糖提取率的两两交互作用，以及确定各个因素的最佳水平范围。由图 4 可知，时间—温度对芦荟多糖提取率的交互作用不显著；多糖提取率主要受时间的影响，随着时间的增加提取率逐步增加；在时间为 2 h 左右时，提取率达最大值。

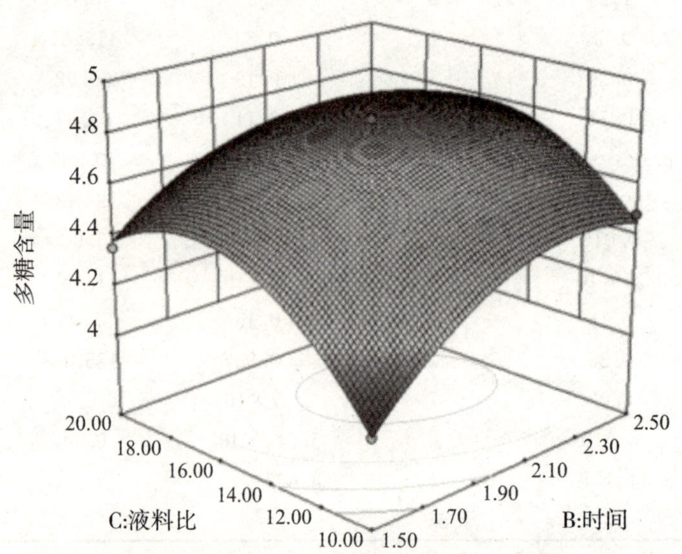

图 5 时间—料液比对芦荟多糖提取率的交互作用图

由图 5 可知，时间—料液比对多糖提取率的交互作用显著，两者在多糖提取率的提高中起到了关键作用，且在时间为 2 h、料液比为 1∶15 左右时提取率最大。

由图 6 可知，温度—料液比两者交互作用对多糖提取率影响显著，随料液比的增大，提取率也不断增加。当料液比为 1∶15 左右、温度为 90 ℃时，提取率最大。

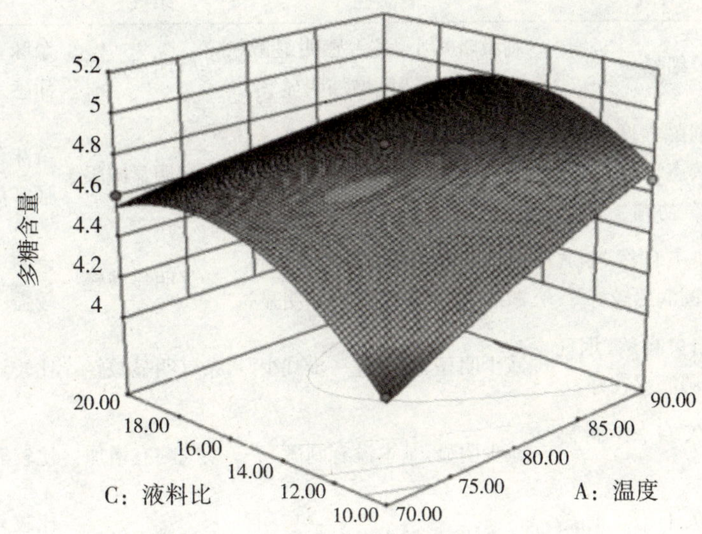

图 6　温度—料液比对芦荟多糖提取率的交互作用图

2.2.3　显著性检验

通过芦荟多糖提取率的二次多项数学模型解逆矩阵，得到最优提取条件为时间 2.18 h、料液比 1∶14.77、温度 90℃。在此条件下，多糖提取量达最大，为 5.03%。考虑到实际操作的局限，同时为了节省时间，节约试剂，效果更好，将提取条件修正为：时间 2 h、料液比 1∶15、温度 90 ℃。

利用优化条件进行 5 次平行试验，试验结果如表 4 所示，可见在多糖平均提取量为 4.97%时，误差较小(变异系数 2.75%)，两者吻合度较好，模型可行。

表 4　芦荟多糖提取的实验结果

提取次数	1	2	3	4	5	平均值	变异系数(%)
多糖提取量(%)	4.98	5.16	4.95	4.87	4.89	4.97	2.75

2.3　卷烟感官评价结果

组织评吸专家进行评吸试验，芦荟多糖在卷烟中的加香试验评吸结果如表 5 所示。结果表明：芦荟多糖在卷烟中能掩盖杂气、去除刺激、改善余味，使香气细腻程度提升，烟气状态、圆润感较好，香气协调，在添加浓度为 0.01%～0.04%的范围内改善了卷烟的吸食品质，起到了烘托香气风格的作用，有助于提高卷烟的品质。

表 5　芦荟多糖在卷烟的感官评价结果

用量(%)	香气	刺激性	杂气	余味
0	香气量较充足，香气质较好	刺激略明显，有炙舌感觉，喉部略不舒适	略有杂气	余味舒适、余味尚干净

续表

用量(%)	香气	刺激性	杂气	余味
0.01	香气较细腻	刺激略减小,炙舌感明显减少,喉部舒适度增加明显	杂气明显减轻	余味尚舒适,略有回甜感
0.02	香气细腻程度提升,烟气状态、圆润感较好,香气协调	刺激明显减小,炙舌感明显减少,喉部舒适度增加明显	杂气明显减轻	余味舒适,回甜感较强,口喉有残留
0.04	香气略欠自然,烟气状态、圆润感较好	刺激明显减小,炙舌感明显减少,喉部舒适度增加明显	杂气明显减轻	余味舒适,回甜感较强
0.06	香气略欠自然,烟气状态、圆润感较好	减少明显,刺激进一步减少	杂气明显减轻	比较舒适,出现甜味
0.08	香气欠自然,润感尚好	减少明显,基本没有刺激	杂气略有增加	比较舒适,出现甜味
0.1	香气欠自然,润感尚好	减少明显,基本没有刺激	杂气略有增加	比较舒适,余味有些腻甜

3 结论

本文以芦荟多糖提取率为指标,考察了提取时间、料液比、提取温度等因素对芦荟多糖提取量的影响。在单因素试验研究的基础上,采用Box-Behnken响应面法考察了时间—温度、温度—料液比、时间—料液比等因素的交互作用,通过芦荟多糖提取率的二次多项数学模型解逆矩阵,得到最优提取条件:时间2 h、料液比1∶15、温度90 ℃。用优化条件进行5次平行验证试验,得到多糖平均提取量为4.97%,误差较小(变异系数2.75%)。对施加不同量的芦荟多糖的卷烟进行感官评价,结果表明:芦荟多糖在卷烟中能掩盖杂气,去除刺激,改善余味,使香气细腻程度有所提升,烟气状态、圆润感较好,香气协调。这为其在烟草新型香料开发应用中提供了物质基础。

参考文献

[1]杨红文,武毅勋. 中华芦荟多糖醇提法工艺优化及体外抗氧化能力测定[J]. 食品工业,2018,39(8):75-78.

[2]闵莉静,郑卫红,赵明星,等. 酶—超声双辅助提取中华芦荟多糖的工艺分析[J]. 南方农业,2016,10(3):155,157.

[3]何沂飞,黄良果,刘平怀,等. 库拉索芦荟凝胶多糖超声提取工艺的响应面法优化[J]. 食品科技,2014,39(7):178-183.

[4]李亚辉,马艳弘,黄开红,等. 响应面法优化复合酶提取芦荟多糖工艺及其抗氧化活性分析[J]. 食品科学,2014,35(18):63-68.

[5]韩秋菊,王美珠. 木立芦荟多糖提取工艺研究[J]. 山东农业科学,2013,45(5):103-104,107.

[6]安胜欣,王纪纪,唐小琼,等．微波辅助提取芦荟多糖的研究[J].安徽理工大学学报(自然科学版),2012,32(3):37-40.

[7]何思微,何凤林,赵立超,等．库拉索芦荟中芦荟多糖提取方法的比较[J].食品研究与开发,2012,33(2):32-35.

[8]李燕,王晓丽,俞飞锋．响应曲面法优化超声辅助提取芦荟凝胶多糖的工艺[J].食品研究与开发,2010,31(6):17-21.

[9]李亮曜,谢丽芳,邓小林,等．星点设计——响应面法优化芦荟多糖超声波提取工艺以及其抗氧化活性研究[J].化学工程与装备,2017(9):45-49.

[10]杨子珍,谭志坚,李芬芳．星点设计——响应面法优化芦荟多糖提取工艺[J].广东化工,2016,43(10):35-36,73.

[11]李海燕,范明辉,时薛丽,等．响应面法优化当归多糖超声提取工艺研究[J].食品研究与开发,2019,40(12):159-163.

[12]蔡月琴,刘艺敏,凡莉莉,等．响应面法优化巴戟天多糖提取工艺[J].森林与环境学报,2019,39(3):303-309.

[13]孟永海,马智超,刘晓冰,等．响应面法优化刺玫果总黄酮提取工艺[J].化学工程师,2019,33(4):73-78.

全叶卷雪茄烟含水率—时间关系的模拟与试验

丘建，常月勇，陈平

（山东中烟工业有限责任公司济南卷烟厂雪茄烟车间，山东济南，250000）

［摘要］研究雪茄烟烟支内部水分的迁移规律，以掌握平衡时间并达到较好的烟支水分平衡效果，是一项重要的工作。根据水分扩散原理和有限元分析，本文建立全叶卷雪茄内部水分传递基本方程，对离散单元建立单元水分传递方程和单元水分传递矩阵，并构建雪茄实体模型进行有限元分析，最终模拟得到了各时刻全叶卷雪茄烟瞬态含水率分布情况，以及内部和表面各特征节点的含水率随时间的变化关系，并进行了实测含水率跟踪验证。结果表明，该模拟方法得到的水分变化模拟曲线与实测结果吻合较好，其平均误差率为3.92%，最大误差率为11.7%。

［关键词］雪茄烟；非稳态；水分；扩散；有限元分析

0 引言

全叶卷雪茄烟是当前世界广泛消费且普遍认可的雪茄烟草类型。在外界一定温湿度条件下，其内部含水率的变化规律会直接影响到烟支水分平衡效果以及平衡时间，因而具有十分重要的意义。在烟草学科中，水分特性研究主要集中在烟草种植过程[1]、烟叶烘烤过程[2]、烟丝处理过程[3]以及对燃吸品质的感官影响[4]，且以试验方法为主，对特性规律的理论分析和模拟是空白。有限元法是目前众多领域最常用的数值模拟方法之一[5]。利用有限元法模拟和预测研究对象内部温湿度发生的非稳态缓慢变化情况，在农业科学的一些研究领域，如稻米籽粒[6]、玉米籽粒[7]等农业物料加工储存过程中，已经得到了有效应用[8]。但有限元法在烟草学科内应用较少[9]，特别是针对全叶卷雪茄烟，并无对其内部在外界温湿度条件下的含水率情况变化规律的研究。因此，本文将理论分析与有限元分析相结合，构建了一种全叶卷雪茄烟非稳态含水率分布模型，为雪茄的平衡养护储存提供了理论依据。

1 水分扩散的有限元分析

1.1 雪茄内部水分扩散模型的研究

1.2.1 水分扩散模型及水分传递微分方程的研究

全叶卷雪茄烟内外部的茄芯、茄套、茄衣具有较为一致的物理和化学特性，且紧实包裹，可以看作是一种均匀的连续介质。其内部包裹杂乱无章的茄芯，宏观上表现为各向同性，可以应用水分传递微分方程。根据水分平衡原理，在任意一段时间内，雪茄烟的任意微小单元体内水分的增加量应该等于传递入的水分与传递出的水分之差。

如图1所示，在直角坐标系下，取微小六面体 $dxdydz$。以 M 表示该单元体的含水率。在 dt 时间内，含水率 M 增加到 $M+\frac{\partial M}{\partial t}dt$。传递入单元体的水分与传递出单元体的水分可分别由 x，y，z 三个方向水分传递的净量相加得到。

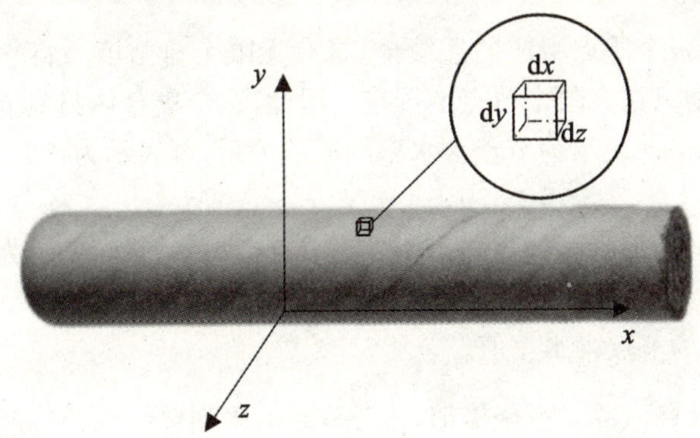

图1 直角坐标系下微小单元体

根据菲克定律(Fick's law)建立雪茄烟内部的水分传递微分方程[10]，即：

$$\frac{\partial M}{\partial t}=D\left(\frac{\partial^2 M}{\partial x^2}+\frac{\partial^2 M}{\partial y^2}+\frac{\partial^2 M}{\partial z^2}\right) \tag{1}$$

由此可见，通过引入水分扩散系数 D，可以用类似推导导热微分方程的方法来处理扩散问题，以推导出水分传递方程。

1.2.2 水分传递微分方程的定解条件

为了能够求解水分传递微分方程，从而求得水分分布场，必须知道雪茄在初瞬时的含水率分布，即初始条件。

$$M(x,y,z,t=0)=M_0(x,y,z) \tag{2}$$

除初始条件外，还要知道初瞬时以后雪茄表面与周围空气之间进行水分交换的规律，即表面吸湿边界条件，这属于第三类边界条件。在单位时间内，从雪茄表面传向周围介质(或反向)的水分是与其差值成正比的，所以边界条件可以表示为：

$$-D\left(\frac{\partial M}{\partial n}\right)_s=h(M_s-M_f) \tag{3}$$

式中：M_s 为雪茄表面含水率；M_f 为环境湿度；h 为表面湿传递系数；D 为水分扩散系数；n 为边界外法线。

1.2 水分传递过程的有限元分析

1.2.1 水分传递过程的求解原理[11,12]

为求解水分传递问题，在满足边界条件(3)及初始条件(2)的许可水分分布场中，真实的水分分布场可使以下泛函 I 取极小值[13]，即：

$$\min_{M\in IC} I=\int_{\Omega}\left[D\left(\frac{\partial^2 M}{\partial x^2}+\frac{\partial^2 M}{\partial y^2}+\frac{\partial^2 M}{\partial z^2}\right)-\frac{\partial M}{\partial t}\right]\mathrm{d}\Omega \tag{4}$$

式中：$\mathrm{d}\Omega$ 为雪茄单元面积域。

为了同时满足边界条件，将式(3)耦合进泛函中，从而转换成求泛函的极值问题。

$$\min_{M\in IC} I=\int_{\Omega}\left[D\left(\frac{\partial^2 M}{\partial x^2}+\frac{\partial^2 M}{\partial y^2}+\frac{\partial^2 M}{\partial z^2}\right)-\frac{\partial M}{\partial t}\right]\mathrm{d}\Omega+\int_{Se}h(M_s-M_f)^2\mathrm{d}A \tag{5}$$

式中：$\mathrm{d}A$ 为表面单元面积域。

1.2.2 问题的离散化

将雪茄看成由无限个质点组成的连续体，具有无限个自由度。将它离散为有限个单元组合的集合体，单元间只在有限个节点上铰接。因此，这个集合体只具有有限个自由度。将单元含水率 $Me(x,y,z)$ 表示为节点含水率的插值关系，可表示为：

$$Me(x,y,z)=N(x,y,z)Me_T \tag{6}$$

其中 $N(x,y,z)$ 为形状函数矩阵，Me_T 为节点含水率列阵，表示为：

$$Me_T=[M_1M_2M_n]T \tag{7}$$

其中 $M_1M_2M_n$ 为节点含水率值。

将式(6)代入到式(5)，并求泛函极值，$\frac{\partial I}{\partial Me_T}=0$，得到单元水分传递方程。

$$Ke_TMe_T=Fe_T \tag{8}$$

其中单元水分扩散矩阵为：

$$Ke_T=D\int_{\Omega e}\left[\left(\frac{\partial N}{\partial x}\right)T\left(\frac{\partial N}{\partial x}\right)+\left(\frac{\partial N}{\partial y}\right)T\left(\frac{\partial N}{\partial y}\right)+\left(\frac{\partial N}{\partial z}\right)T\left(\frac{\partial N}{\partial z}\right)\right]\mathrm{d}\Omega+\int_{Se}hNTN\mathrm{d}A \tag{9}$$

单元负荷向量为：

$$Fe_T=\int_{Se}hM_fNT\mathrm{d}\Omega \tag{10}$$

综上，单元水分关系建立后，可由每个节点的水分平衡原理建立整体水分扩散方程以及整体水分扩散矩阵。将上述分析的水分分布结果作为载荷施加在烟支边界上，并进行有限元分析，获得整体水分分布和烟支截面的水分分布情况。由于分析结果与热传导有限元分析结果相近，可利用通用有限元软件中的热力学分析模块分析水分分布问题。

2 有限元数值模拟分析及结果

本文以山东中烟工业有限责任公司济南卷烟厂的某牌号全叶卷雪茄产品为例(见表1)。

使用软件为大型通用有限元分析软件 ANSYS17.0。

表 1　工艺参数

圆周(mm)	长度(mm)	重量(g)
62±1.5	127±1.5	15±1

将某牌号全叶卷雪茄看成是标准圆柱体进行建模，如图 2 所示。在理想条件下，平衡环境温湿度恒定，外界通风良好，雪茄表面可充分与周围环境进行水分交换。应用 ANSYS 热分析模块，在水分扩散系数等物理参数参考其他烟草制品及农作物的基础上[14]，将雪茄的特性参数与热性能参数相对应，求解了雪茄在初始含水率 20%、终了含水率 13%条件下的内部水分分布情况。

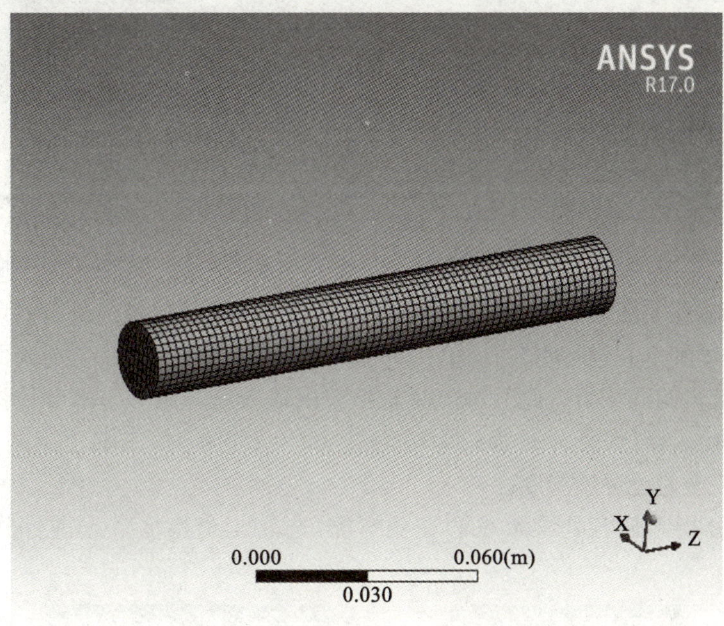

图 2　构建雪茄有限元模型

2.1　有限元分析结果

截取 $t=1$ h，50 h，100 h，150 h，200 h，250 h 的雪茄剖面水分分布进行分析，如图 3 所示。图中红色区域代表当前时刻的水分最大值，随着颜色由红到蓝的变化，含水率逐渐过渡至当前时刻最小值。

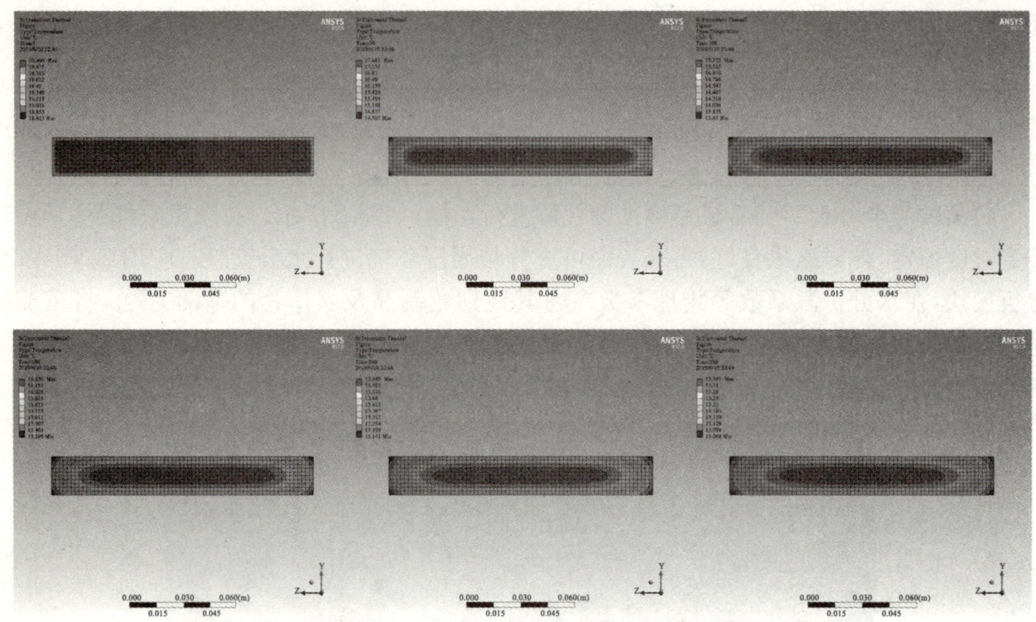

图 3　$t=1$ h,50 h,100 h,150 h,200 h,250 h 的雪茄剖面水分分布特征节点含水率跟踪

在初始时刻,除雪茄表面部分与外界进行水分交换从而降低水分外,内部大部分单元水分平稳,还未与周围单元进行水分传递,因而水分梯度最大处出现在雪茄表面部分,此时表面部分会产生较大的湿应力。此后每个时刻随着内部单元开始参与水分传递,雪茄整体含水率会逐步降低,剖面水分分布都较为均匀。至 $t=250$ h 时,雪茄上下两端单元含水率(13.068%)已完全趋近环境湿度。

为进一步分析雪茄各处含水率的变化情况,选取 4 个特征节点进行分析,如图 4 和图 5 所示。

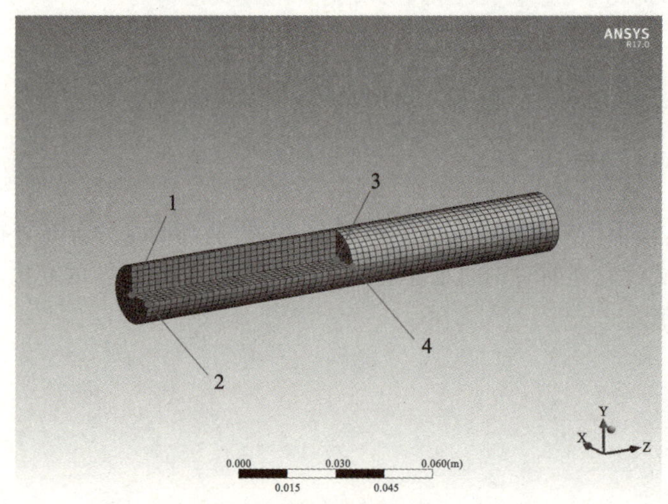

图 4　雪茄水分分布的有限元分析

由图 5 可知,在雪茄表面处的 1 顶部中心、2 顶部边缘、4 中部边缘三处位置的含水率变化

情况较为一致，初始阶段曲线较陡，含水率变化剧烈，以 2 顶部边缘变化最甚，约至 $t=100$ h 后变缓。这与剖面瞬态水分分布分析结果一致。而在 3 中部中心处，初始一段时间内含水率变化较为缓慢。在 $t=300$ h 时，4 个特征节点的含水率先后达到较平衡的状态，至 $t=400$ h 后，基本趋于环境湿度。

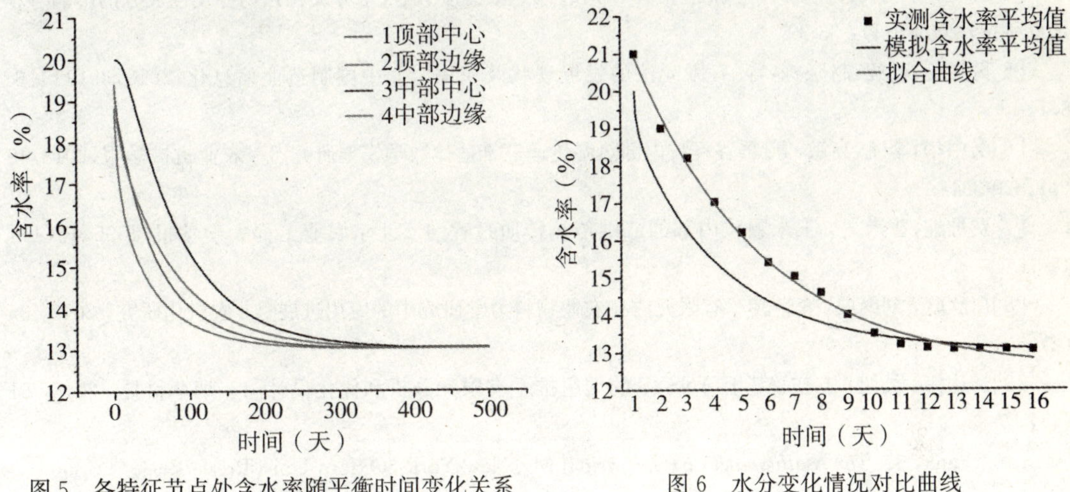

图 5　各特征节点处含水率随平衡时间变化关系

图 6　水分变化情况对比曲线

2.2　验证分析

雪茄平衡间为恒温恒湿环境，温湿度范围为 22 ℃～25 ℃、55%～65%。使用 FED-115 型 BINDER 烘干箱(精度 0.1 ℃，德国 BINDER 公司)、ML303T/02 型电子天平(精度 1 mg，瑞士 METTLER DOLEDO 公司)每天持续跟踪测量雪茄含水率平均值，并与模拟得到的含水率平均值作对比，如图 6 所示。可见，模拟值与实测值吻合较好，实测平均含水率在第 12 天后已降至环境湿度，其平均误差率为 3.92%、最大误差率为 11.7%。

3　结论

(1)根据水分传递微分方程及有限元分析建立了全叶卷雪茄烟内部单元水分传导方程、单元水分扩散矩阵，并建立了其整体水分扩散方程以及整体水分扩散矩阵。基于此利用 ANSYS 软件进行有限元分析，获得各瞬态整体含水率分布情况，以及 4 个特征节点处含水率随平衡时间变化关系。

(2)通过水分变化模拟曲线与实测值对比可以看出，两者吻合较好，其平均误差率为 3.92%、最大误差率为 11.7%。

(3)本文提出的基于水分扩散的有限元分析方法是分析雪茄平衡、养护、储存过程中水分扩散过程的有效工具，可以用于有关问题研究。

参考文献

[1]戴培刚，陈爱国，谢利忠，等.几个烤烟品种成熟期及采后的色素和水分含量变化[J].中国烟草科

学,2009,30(5):6-9.

[2]宋朝鹏,魏硕,贺帆,等.利用低场核磁共振分析烘烤过程烟叶水分迁移干燥特性[J].中国烟草学报,2017,23(4):50-55.

[3]楼佳颖,杨斌,金永明,等.动态水分吸附分析系统在烟草中的应用[J].烟草科技,2012(9):68-70.

[4]孙雯,李雪梅,曾晓鹰,等.烟丝含水率对卷烟燃吸品质、烟气水分及粒相物挥发性成分的影响[J].烟草科技,2009(11):33-39.

[5]陈锡栋,杨婕,赵晓栋,等.有限元法的发展现状及应用[J].中国制造业信息化,2010,39(11):6-8,12.

[6]吴中华,李凯,高敏,等.稻谷籽粒内部热湿传递三维适体数学模型研究[J].农业机械学报,2018,49(1):329-334.

[7]贾灿纯,曹崇文.玉米颗粒内部的二维传热传质过程[J].北京农业工程大学学报,1995,15(1):45-51.

[8]白欣欣,刘继展,李萍萍.有限元法在农业物料力学研究中的应用进展[J].农机化研究,2013,35(2):5-8.

[9]汤达伟,吴旭,方鑫.基于ANSYS的烟组推手有限元分析和优化设计[J].烟草科技,2018,51(4):87-93.

[10]Crank, J.. *The Mathematics of Diffusion*[M]. New York: Oxford Univ. Press. 1964.

[11]C. Lague, B. M. Jenkins.. Modeling pre-harvest stress-cracking of rice kernels. II. Implementation and use of the model[J]. *Transactions of the ASAE*, 1991, 34(4):1812-1823.

[12]N. N. Sarker, O. R. Kunze, T. Strouboulis.. Transient moisture gradients in rough rice mapped with finite element model and related to fissures after heated air drying[J]. *Transactions of the ASAE*, 1996, 39(2): 625-631.

[13]曾攀.有限元分析基础教程[M].北京:高等教育出版社,2008.

[14]郑松锦,李斌,王宏生,等.基于扩散模型的片烟增湿过程动力学分析[J].烟草科技,2010,43(8):5-9.

MIR-01 雪茄卷烟机茄芯库前盖板的设计和应用

张阁，常月勇，王宇，陈珂，陶圣钰，陈平，田明祥，蔡延宇

（山东中烟工业有限责任公司济南卷烟厂雪茄烟车间，山东济南，250000）

[摘要] 为有效降低 MIR-01 雪茄卷烟机茄芯库前盖板挤压变形，使用材料力学积分法求解弯曲变形理论和 abaqus 有限元分析法，同时对茄芯库前盖板受力变形进行分析，并根据变形结果采用增加加强筋的方式对前盖板进行了重新设计和应用，结果表明：前盖板的最大变形出现在盖板中心位置；增加 3 条加强筋后，上下边界位置最大变形量由 7.2 mm 降低为 3.1 mm，降幅达 57%，中心位置最大变形量由 6 mm 降低为 2.3 mm，降幅达 62%。

[关键词] 雪茄卷烟机；茄芯库；弯曲变形；abaqus 有限元分析；结构刚度；优化设计

荷兰 ATD 公司生产的 MIR-01 雪茄卷烟机是国内雪茄烟生产企业的主流设备，该设备生产速度为 13～17 支/min。为提升设备生产能力，促进设备升级，部分学者对此作了一些研究。仕小伟[1]为提高烟支合格率，提出了一种机组逆序式调节方法，比顺序式调节方法单次节省 6 min，烟支合格率提高 1.5 个百分点。张阁[2,3]通过三维建模和试验分析的方法，找到了影响烟支质量的关键因素：压板压力和提升高度，并绘制了烟支质量随提升高度和压板压力变化的三维图，为烟支质量的快速调整提供了工艺参考。同时，张阁[4,5]研究了茄芯含水率对烟支质量的影响规律，指出茄芯含水率与烟支质量呈线性关系。目前，针对 MIR-01 卷烟机茄芯库的研究较少，为此，通过理论计算和数值模拟的方式来探讨茄芯库前盖板受力和变形情况，以期实现新型茄芯库前盖板的设计和应用。

1 问题分析

1.1 存在问题

MIR-01 雪茄卷烟机负责生产机制雪茄烟，该设备分为茄芯定量、上茄套、上茄衣三个工作过程[6]。图 1 为茄芯定量原理图，茄芯库 9 中装填茄芯，上支架驱动轴 6 在机身凸轮的带动下驱动上支架 4 作上下运动；压块驱动轴 3 驱动茄芯库压板 5 作上下运动；茄芯库驱动轴 8 带动茄芯库支架 7 和茄芯库 9 作上下运动；茄芯库压板 5 向下运动时，茄芯被挤压定型，到达最低位置后，茄芯库压板 5 短暂停止；茄芯烟库驱动轴 8 带动茄芯库支架 7 和茄芯库 9 向上维抬，此时被压实的茄芯在茄芯库压板 5 的重力作用下被挤出，茄芯定量过程完成。

区别于卷烟烟丝的生产制备[7~9]，雪茄烟茄芯的生产尚未实现设备自动化，人工喷雾回潮、加料回潮等工艺难以保证不同批次甚至同一批次不同区域茄芯的水分稳定。在实际生产茄芯定量环节中，由于茄芯水分的波动，造成茄芯库压板粘连被压实茄芯。而设备又缺少此类型的监控，导致压板粘连后仍运行，一段时间后造成茄芯库被挤压变形。变形后的茄芯库难以保证茄芯的准确定量，导致成品烟支重量波动较大，更严重时甚至造成茄芯库总成安全保护离合断开。此类型维修耗时较多，严重影响设备有效作业率。

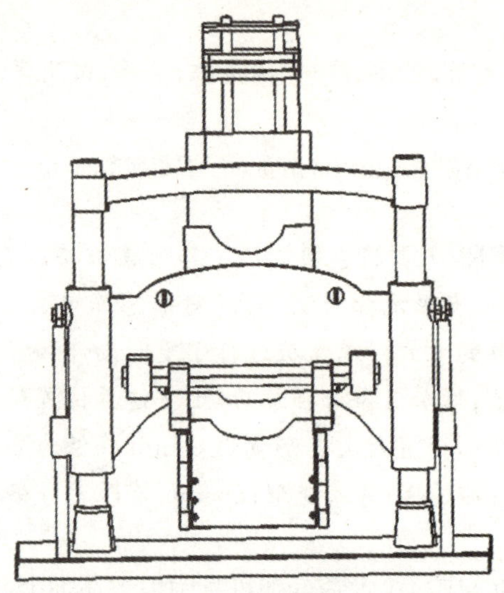

图 1　茄芯定量过程结构示意图

1.2　原因分析

图 2 为茄芯库实物和简化结构图，$l=108.5$ mm，$b=7$ mm，$h=250$ mm，如果把 $b\times l$ 看作截面尺寸，h 看作长度方向，不符合材料力学[10]中关于研究长度远大于截面尺寸的构件等效为杆的条件，但茄芯库中对各面的压力可等效为均布力，因此可只看某一截面上茄芯库的变形情况。图中黄色面(右图)为前盖板，前盖板通过 10 个 M3 螺栓连接于机体上，结构刚度较低，容易发生弯曲变形。

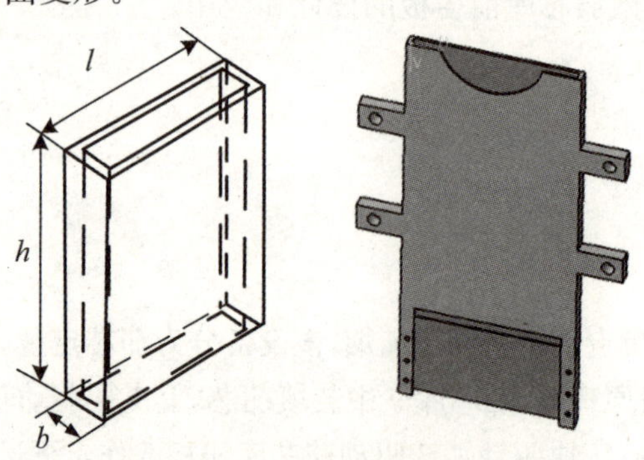

图 2　茄芯库实物图和简化结构图

1.2.1　茄芯库前盖板变形的理论计算

图 3 为变形后茄芯库结构图，在图中使用截面 C—C 去截茄芯库可得到 C 截面的茄芯

库变形量。

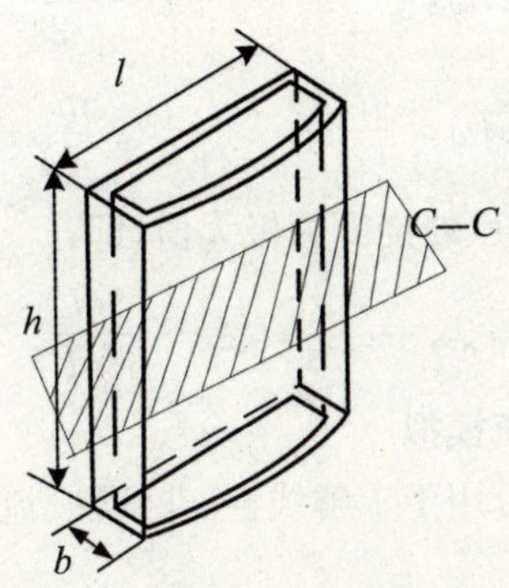

图 3　变形后茄芯库结构图

茄芯库堵塞后，图 3 中前盖板发生弯曲变形，以变形前长度 l 方向为 x 轴、宽度 b 方向为 y 轴，变形后前面板成为 xy 平面内的一条挠曲线(见图 4)。

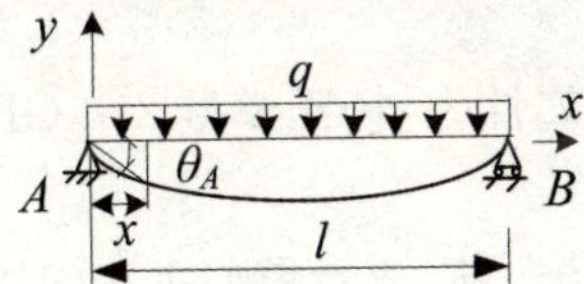

图 4　C—C 截面前面板变形示意图

将茄芯库受力等效为均布载荷 q ，纯弯矩下弯矩与曲率间的关系为：

$$\left|\frac{\mathrm{d}\theta}{\mathrm{d}s}\right|=\frac{1}{\rho}=\frac{M}{EI} \tag{1}$$

因此，挠曲线的近似微分方程为：

$$\frac{\mathrm{d}^2\omega}{\mathrm{d}x^2}=\frac{M}{EI} \tag{2}$$

对式(2)进行一次积分得：

$$\theta=\frac{\mathrm{d}\omega}{\mathrm{d}x}=\int\frac{M}{EI}\mathrm{d}x+C \tag{3}$$

对式(3)再次积分得：

$$\omega=\iint\left(\frac{M}{EI}\mathrm{d}x\right)\mathrm{d}x+Cx+D \tag{4}$$

通过公式推导最后得出：

$$EI\omega'=\frac{ql}{4}x^2-\frac{q}{6}x^3+C$$

$$EI\omega=\frac{ql}{12}x^3-\frac{q}{24}x^4+Cx+D \tag{5}$$

边界条件为：铰支座上挠度为零，跨度中点处转角为零，即 $x=0$ 时，$\omega=0$，$x=\frac{l}{2}$ 时，$\omega'=0$，计算得出 $C=-\frac{ql^3}{24}$ ，$D=0$。

于是得到转角方程及挠曲线方程为：

$$EI\omega' = \frac{ql}{4}x^2 - \frac{q}{6}x^3 - \frac{ql^3}{24}$$
$$EI\omega = \frac{ql}{12}x^3 - \frac{q}{24}x^4 - \frac{ql^3}{24}x \tag{6}$$

从式(6)不难看出,在跨度中点处挠度为极大值,即:

$$f_{\max} = \omega\big|_{x=\frac{l}{2}} = -\frac{5ql^4}{384EI} \tag{7}$$

1.2.2 茄芯库前盖板变形的数值模拟

ABAQUS有限元分析软件可用于求解线性、非线性、流体、模态、多场耦合情境,此处使用该软件进行力—位移的求解。

1.2.2.1 导入模型

张阁等[2]使用CATIA三维软件已经完成茄芯库的数字化建模,通过CATIA软件将模型保存为.stp格式,打开ABAQUS软后,直接导入模型。

1.2.2.2 材料属性

前盖板材质为钢材,设置材料属性为:杨氏模量210 GPa,泊松比为0.3。

1.2.2.3 网格划分

在对茄芯库进行有限元分析[11,12]前,要对模型进行网格划分。进行网格划分时,在受力集中区进行网格细化,划分后的网格如图5所示。

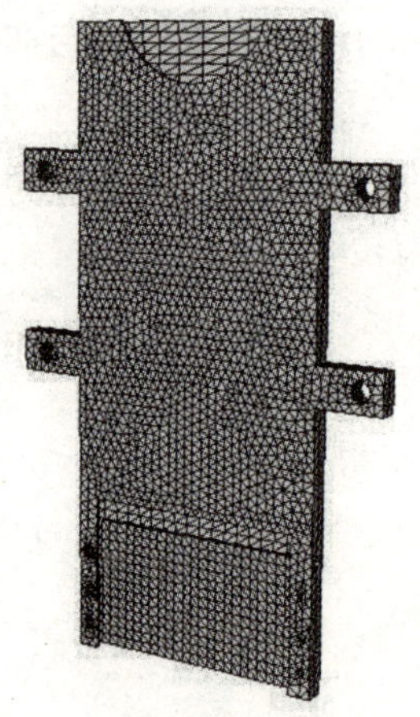

图5 茄芯库网格划分示意图

1.2.2.4 约束及载荷设置

如图6所示,在A和B边施加约束,约束类型为两边无移动和转动,载荷方向如图所示,压力大小为100 N。

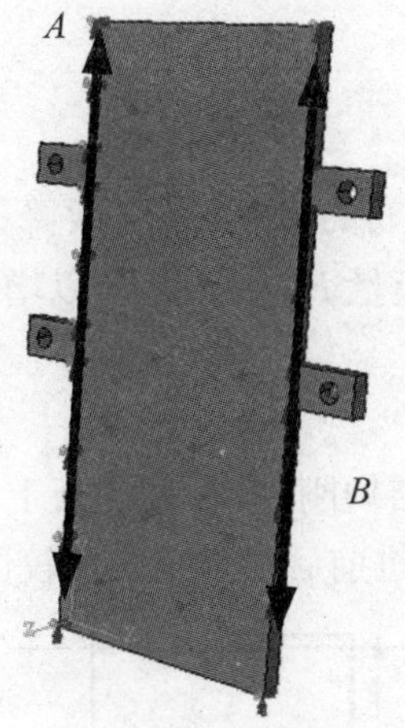

图 6　约束和载荷示意图

1.2.2.5　结果分析

通过有限元计算得到前盖板的位移云图，如图 7 所示。在前盖板距离上边 50 mm 处，选取一条曲线，输出沿该曲线的变形量，如图 8 所示。图 8 中的曲线与理论计算图 4 的变形规律相同，验证了仿真的有效性。

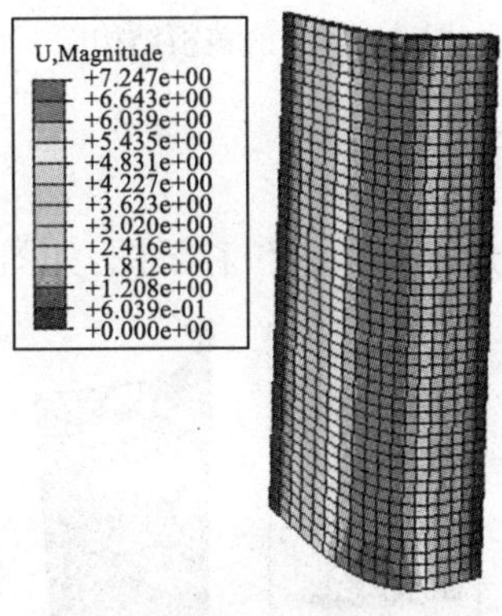

图 7　前盖板位移云图

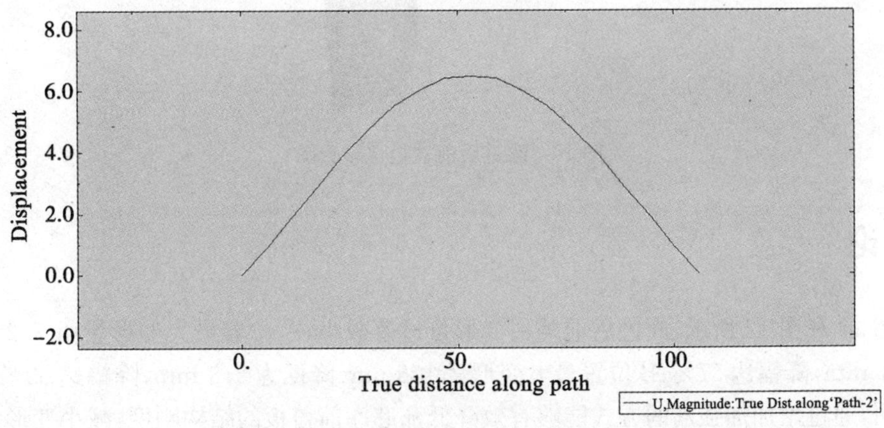

图 8　沿前盖板宽度方向的变形图

2 改进方法

从式(7)中不难看出,在某一分布力载荷 q 下,要降低 $f_{\max}$ 可以尝试改变各参数数值。烟支长度决定了 l 无法改变,弹性模量 E 为常数,所以增加惯性矩 I 可有效降低 $f_{\max}$ 。

2.1 茄芯库前盖板形状设计

如图 9 所示,为增加前盖板的结构刚度,在前盖板上增加 3 条加强筋,结构尺寸如图所示,同时选择 A、B 两个位置作为改进前后变形量的比较位置。

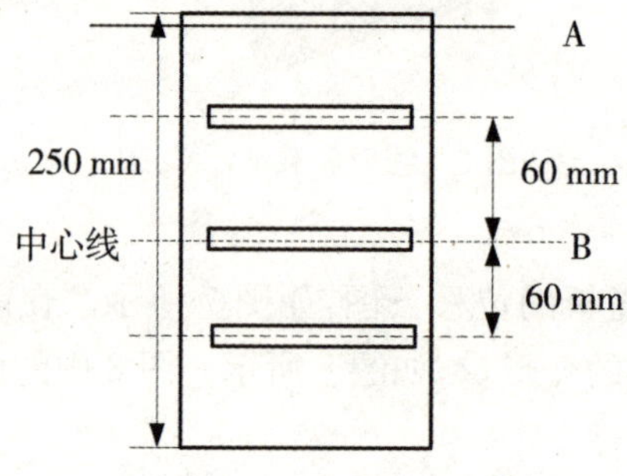

图 9 新型前盖板结构图

2.2 改进后前盖板变形分析

使用相同方法分析得到改进后前盖板的位移云图,如图 10 所示。

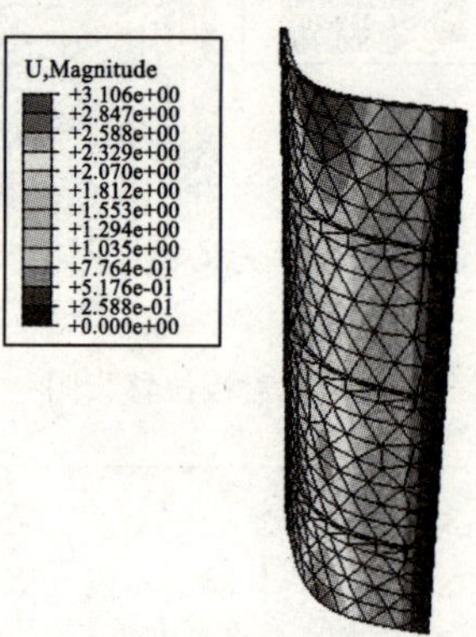

图 10 改进后前盖板位移云图

3 结论

如图 11 和图 12 所示,改进后前盖板变形量显著减小,A 位置最大变形量由 7.2 mm 降低为 3.1 mm,降幅达 57%;B 位置最大变形量由 6 mm 降低为 2.3 mm,降幅达 62%。仿真结果表明,通过增加加强筋的方式能够有效降低茄芯库前盖板的结构刚度,减小变形量。

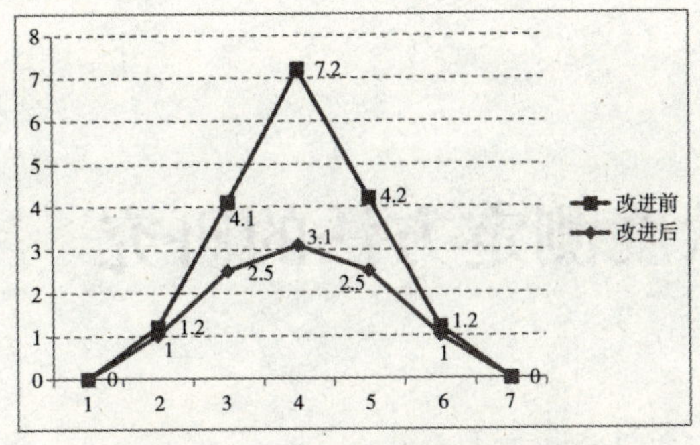

图 11　位置 A 处改进前后位移变化

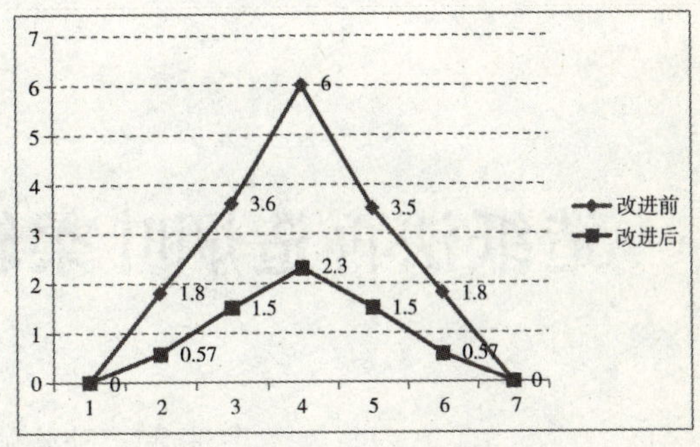

图 12　位置 B 处改进前后位移变化

参考文献

[1]仕小伟，田明祥，陈平 . MIR-01 雪茄烟卷制机组逆序式调节方法建模及仿真[J]. 烟草科技，2016，49(8)：94-98.

[2]张阁，常月勇，陈珂 . MIR-01 机制雪茄烟卷制机芯烟质量特性分析[J]. 烟草科技，2018，51(1)：98-102.

[3]张阁，陈珂，耿昌乐，等. MIR-01 机制雪茄烟卷制机内胚烟重量特性研究[A]. 山东省烟草学会 2017 年论文集[C]，2017.

[4]张阁，蔡延宇 . 芯烟含水率对 MIR-01 机制雪茄卷制机烟支重量的影响研究[J]，科技经济导刊，2017，(3)：84.

[5]Manual：Cigar making machine MIR[G]. *Sluis Cigar Machinery General Tobacco Group*，2007：16-21.

[6]李金学，高尊华，杨帆，等. 烟支内烟丝分布对卷烟质量的影响[J]. 烟草科技，2004(8)：11-12，15.

[7]马明旻 . 烟体重量对于烟支物理性能的影响[J]. 企业开发技术，2015，34(5)：62-63.

[8]倪克平，范铁桢，王涛 . 卷烟硬度、吸阻与单支重相关性分析[J]. 烟草科技，2002(3)：9-13.

[9]刘鸿文 . 材料力学[M]. 北京：高等教育出版社，2004.

[10]石亦平，周玉蓉 . ABAQUS 有限元分析实例[M]. 北京：机械工业出版社，2006.

[11]曹金凤，石亦平 . ABAQUS 有限元分析常见问题解答[M]. 北京：机械工业出版社，2003.

造纸法再造烟叶柔软度测定方法的研究

李洪涛[1]，孙帅帅[1]，刘群[1]，张玉海[2]

（1. 山东中烟工业有限责任公司技术中心，山东青岛，266101；
2. 中国烟草总公司郑州烟草研究院，河南郑州，450001）

[摘要] 为建立造纸法再造烟叶柔软度的测定方法，分析了不同参数对柔软度变异系数的影响，如样品规格、狭缝宽度、下压速度。在试验范围内，结果表明：当样品规格为 100 mm×100 mm 时，柔软度变异系数小于 6%，相对较小；当狭缝宽度为 20 mm 时，柔软度变异系数小于 10%，相对较小；当下压速度为 1.2 mm/s 时，柔软度变异系数小于 10%，相对较小；经过综合分析，当选择样品规格为 100 mm×100 mm，狭缝宽度为 20mm，下压速度为 1.2 mm/s 时，柔软度变异系数较小，测定结果最稳定。

[关键词] 造纸法再造烟叶；柔软度；变异系数

目前，造纸法再造烟叶在实际生产中存在有效利用率较低等方面的问题[1]。其可能的原因：一是在制丝加工过程中经过回潮、加料和干燥处理工序，部分纤维从再造烟叶中脱离、解纤，变成“飞纤”和烟末，影响了再造烟叶利用率和卷烟机生产效率；二是切丝后再造烟丝中的长丝、并条、跑片较多，而在卷制过程中，长丝容易缠绕结团，不易被卷烟机弹丝辊松散，致使部分结团长丝、并条被卷烟机剔除；三是造纸法再造烟叶柔软度等物理特性与烟叶存在较大差异，且强度较大，存在切丝困难、跑片等现象[2,3]。为更好地解决此问题，有必要对影响再造烟叶柔软度测定的因素进行分析和研究。

目前，在造纸法再造烟叶质量控制方面的标准仅有《再造烟叶》(YC/T 16—2014)[4]，在柔软度指标测定过程中则直接引用纸张、纸板柔软度测定标准《纸　柔软度的测定》(GB/T 8942—2016)[5]。造纸法再造烟叶柔软度是指用板状探头将样品压入狭缝中一定深度时，样品本身的抗弯曲力和样品与缝隙处摩擦力的最大矢量之和，柔软度值越小，说明试样越柔软。依据板状探头与样品纤维走向的位置关系，可将造纸法再造烟叶柔软度分为纵向柔软度和横向柔软度。造纸法再造烟叶纵向柔软度是指板状探头与样品纤维走向呈垂直关系时的柔软度。造纸法再造烟叶横向柔软度是指板状探头与样品纤维走向呈平行关系时的柔软度。造纸法再造烟叶作为一种应用于卷烟的特殊纸张，相关物理特性指标的测定方法直接引用纸或纸板的相关测定标准也存在诸多的不适用性。因此，依据造纸法再造烟叶柔软度测定原理，对样品规格(长×宽)、狭缝宽度及下压速度等主要测试参数进行了优化。

1 材料与方法

1.1 试验材料

河南卷烟工业烟草薄片有限公司高、低档两种造纸法再造烟叶；江苏鑫源烟草薄片有限公司高、低档两种造纸法再造烟叶；山东瑞博斯烟草有限公司高、低档两种造纸法再造烟叶。

1.2 试验仪器

PB153-S 型电子天平(感量 0.01 g，瑞士 METTLER TOLEDO 公司)、PR-3K 恒温恒湿箱(日本爱斯佩克)、DHG-9623A 电热恒温鼓风干燥箱(上海精宏)、TTAX-PLUS 质构仪(英国 SMS 公司)。

1.3 试验方法

将造纸法再造烟叶样品放在温度为(23±1)℃、相对湿度为(50±3)%的恒温恒湿箱中平衡 48 h 以上，样品的含水率定为(12.0±0.5)%范围之内；样品规格裁切为：50 mm×50 mm、75 mm×75 mm、100 mm×100 mm，切口整齐，无任何损伤，无折痕；狭缝宽度设置为 10 mm、20 mm、30 mm；下压速度设置为 0.5 mm/s、1.2 mm/s、2.0 mm/s。

2 结果与分析

2.1 样品规格对测定结果的影响

2.1.1 纵向柔软度

由图 1 和图 2 可知，在三个不同规格样品中，随样品规格尺寸的增大两个造纸法再造烟叶样品纵向柔软度的变异系数逐渐变小，其中 100 mm×100 mm 规格样品的纵向柔软度变异系数小于 6%。

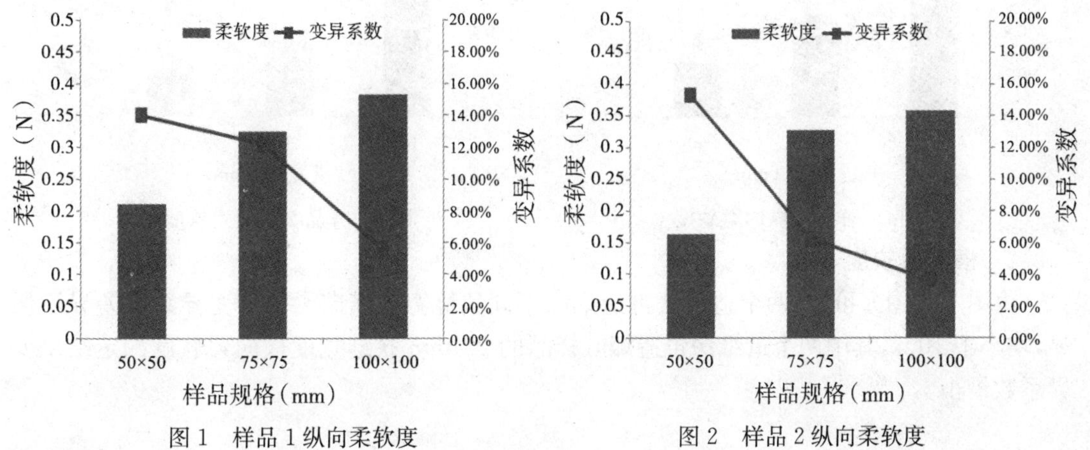

图 1 样品 1 纵向柔软度

图 2 样品 2 纵向柔软度

2.1.2 **横向柔软度**

由图 3 和图 4 可知，两个造纸法再造烟叶三个不同规格样品横向柔软度变异系数均小于 10%，并呈现出随样品规格尺寸的增大两个造纸法再造烟叶样品横向柔软度的变异系数逐渐变小的趋势。

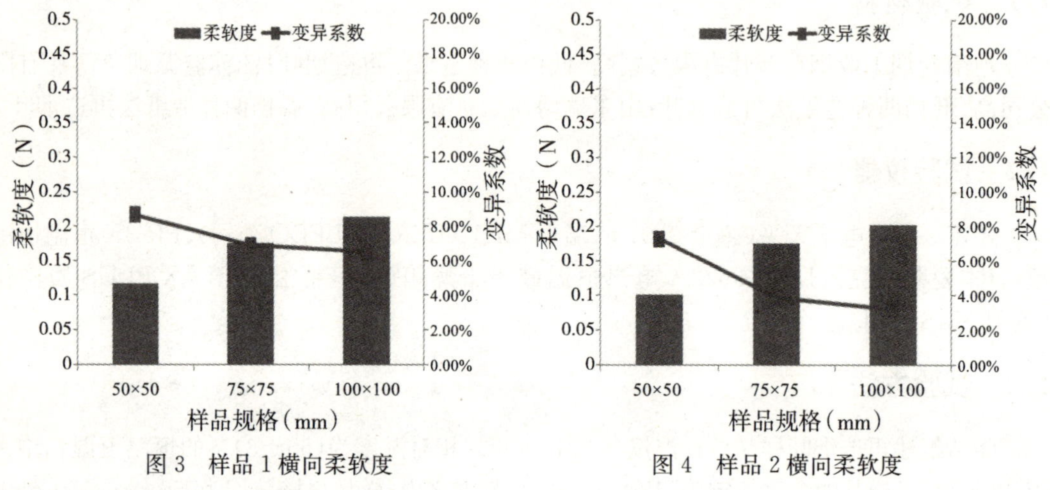

图 3 样品 1 横向柔软度　　图 4 样品 2 横向柔软度

2.2 狭缝宽度对测定结果的影响

2.2.1 **纵向柔软度**

由图 5 和图 6 可知，在三个不同狭缝宽度中，除样品 2 的 10 mm 狭缝宽度纵向柔软度测定结果变异系数略大于 10%以外，两个造纸法再造烟叶不同狭缝宽度纵向柔软度变异系数差异不明显，均小于 10%。

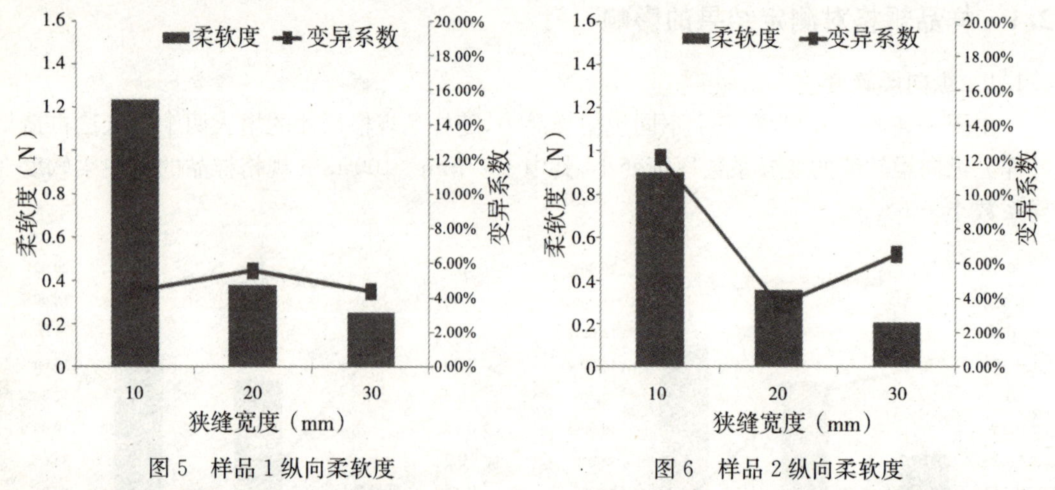

图 5 样品 1 纵向柔软度　　图 6 样品 2 纵向柔软度

2.2.2 **横向柔软度**

由图 7 和图 8 可知，两个造纸法再造烟叶不同狭缝宽度横向柔软度变异系数差异不明显，均小于 10%，其中两个造纸法再造烟叶样品的 20 mm 狭缝宽度横向柔软度测定结果变异系数最小。

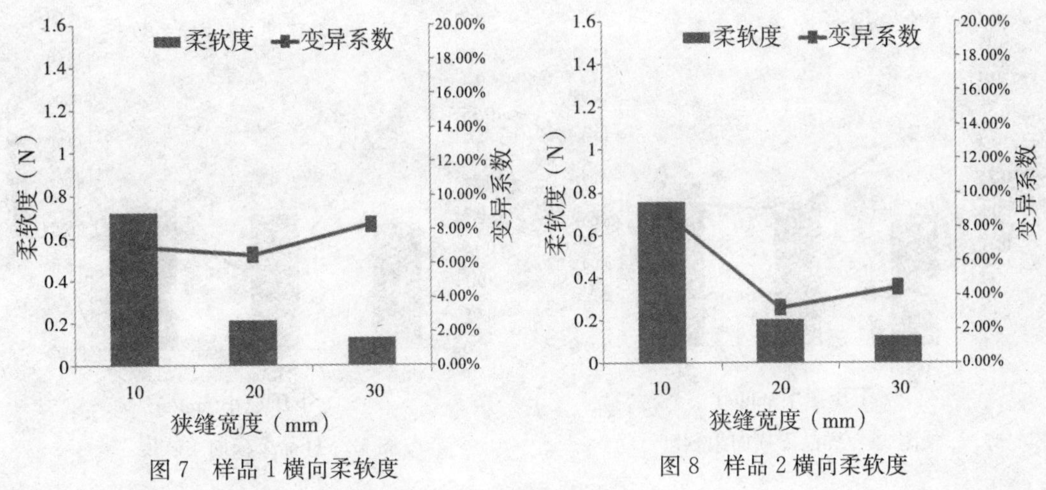

图 7 样品 1 横向柔软度

图 8 样品 2 横向柔软度

2.3 下压速度对测定结果的影响

2.3.1 纵向柔软度

由图 9 和图 10 可知，两个造纸法再造烟叶不同下压速度纵向柔软度变异系数均小于 10%，其中，0.5 mm/s 下压速度条件下的两个造纸法再造烟叶样品纵向柔软度测定结果变异系数最大，其他两个下压速度条件下的纵向柔软度变异系数略小。

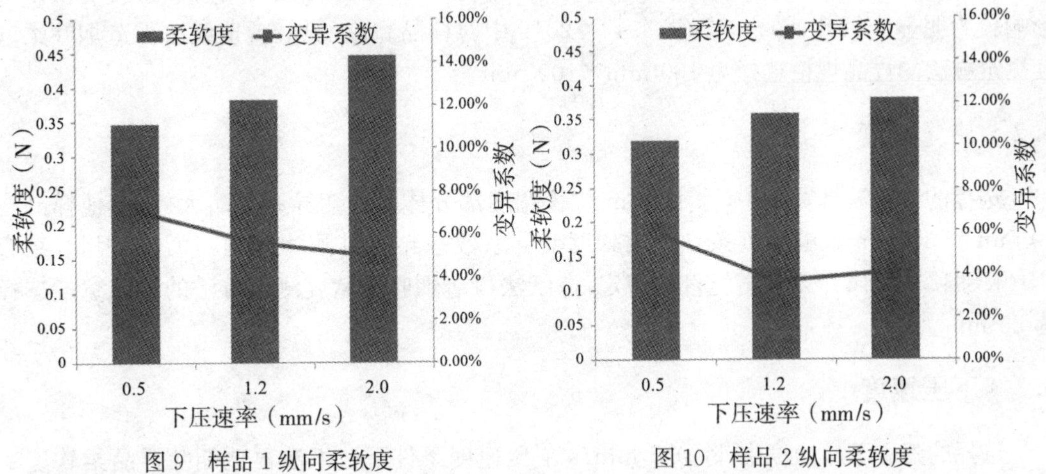

图 9 样品 1 纵向柔软度

图 10 样品 2 纵向柔软度

2.3.2 横向柔软度

由图 11 和图 12 可知，两个造纸法再造烟叶在 1.2 mm/s 和 2.0 mm/s 下压速度条件下横向柔软度变异系数差异不明显，且均小于 10%；在 0.5 mm/s 下压速度条件下，两个造纸法再造烟叶样品横向柔软度测定结果变异系数均略大于 10%。

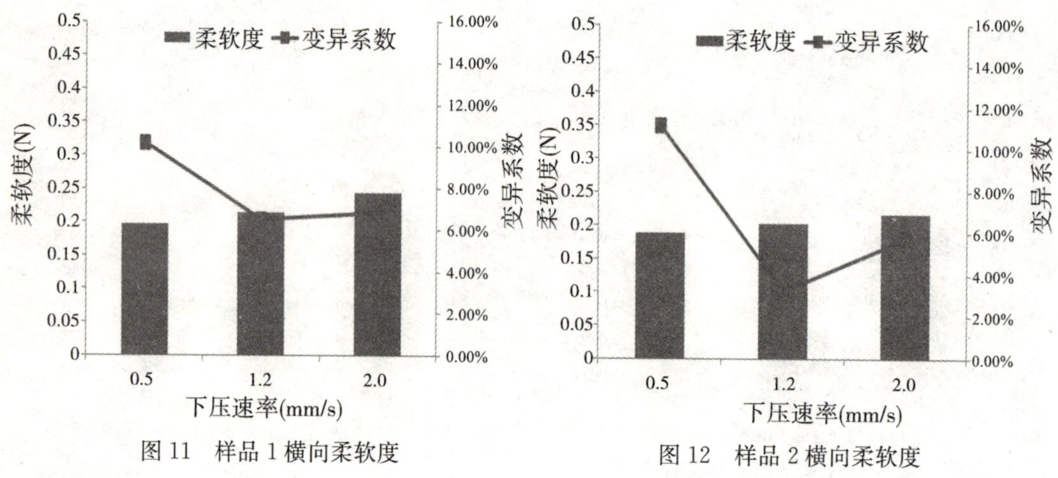

图 11　样品 1 横向柔软度

图 12　样品 2 横向柔软度

3　结果与讨论

3.1　样品规格

选择的三个样品规格中，随样品规格尺寸的增大两个造纸法再造烟叶样品纵向柔软度的变异系数逐渐变小。这主要是因为样品规格越小，样品自身特性的均匀性对测定结果的影响较为明显。因此，结合 GB/T 8942—2016 中对样品宽度的规定，造纸法再造烟叶柔软度测定方法的样品规格选择为 100 mm×100 mm。

3.2　狭缝宽度

选择的三个狭缝宽度中，除 10 mm 狭缝宽度部分样品的变异系数略大外，其他样品在 20 mm 和 30 mm 狭缝宽度条件下柔软度变异系数差异不明显，均小于 10%。因此，结合 GB/T 8942—2016 中对狭缝宽度的规定，造纸法再造烟叶柔软度测定方法的狭缝宽度选择为 20 mm。

3.3　下压速度

选择的三个下压速度中，除 0.5 mm/s 下压速度条件下造纸法再造烟叶样品柔软度变异系数略大于 10%外，其他两个下压速度条件下造纸法再造烟叶样品柔软度测定结果变异系数均小于 10%。这主要是因为下压速度越小，样品在测定过程中所承受的下压力就越小，样品也容易在下压过程中滑动等致使测定稳定性变差。因此，结合 GB/T 8942—2016 中对狭缝宽度的规定，造纸法再造烟叶柔软度测定方法的狭缝宽度选择为 1.2 mm/s。

4　结论

造纸法再造烟叶柔软度的测定方法主要测定参数是：当样品规格为 100 mm×100 mm、狭缝距离为 20 mm、下压速度为 1.2 mm/s 时，测试结果的变异系数较小，稳定性较好。

参考文献

[1]汪华文.造纸法薄片在卷烟中的应用效果分析[J].烟草科技，2000(8):15-16.

[2]《卷烟工艺》(第2版)编写组.卷烟工艺(第2版)[M].北京：北京出版社，2000.

[3]国家烟草专卖局.再造烟草　第3部分:造纸法(YC/T 163—2003)[S].北京:中国标准出版社,2004.

[4]国家烟草专卖局.再造烟草(YC/T 16—2014)[S].北京:中国标准出版社,2015.

[5]国家质量监督检验检疫总局,国家标准化管理委员会.纸　柔软度的测定(GB/T 8942—2016)[S].北京:中国标准出版社,2016.

基于正交设计的烟丝滚筒干燥关键因子排序

徐德龙[1]，付立伟[1]，米强[1]，周显生[2]，岳珩[1]

（1. 山东中烟工业有限责任公司济南卷烟厂，山东济南，250104；
2. 山东中烟工业有限责任公司技术中心，山东青岛，266101）

[摘要] 为提升滚筒干燥后叶丝的质量，明确滚筒干燥关键工艺参数对填充值、结构和感官质量的影响程度，本文采用正交试验的方法，研究了滚筒干燥工艺参数对填充值、叶丝结构和感官质量的影响，建立了滚筒干燥段关键工艺参数对叶丝填充值影响重要程度的排序，结果表明：对填充值影响的主次顺序为 HT 蒸汽压力＞切丝后水分＞筒壁温度，对烟丝结构影响的主次顺序为 HT 蒸汽压力＞筒壁温度＞切丝后水分，对感官质量影响的主次顺序为切丝后水分＞筒壁温度＞HT 蒸汽压力；HT 蒸汽压力对填充值和整丝率的影响最大，但对感官质量的影响最小；在保证较高填充值和对感官质量影响最小的前提下，HT 蒸汽压力可以设定为 0.4 MPa、切丝后水分 21%、筒壁温度 140 ℃。

[关键词] 滚筒干燥；工艺参数；填充值；感官质量

滚筒干燥是卷烟生产加工的重要工艺流程，其干燥过程中的工艺参数是影响烟丝物理和感官质量的重要影响因素[1]，对提升卷烟品质有重要作用。为了提升干燥加工过程中烟丝的各项物理和感官指标，行业内开展了很多相关研究[2~14]，从以往相关研究中可以看出，切丝后水分、HT 蒸汽压力、筒壁温度等指标均对填充值、烟丝结构和感官质量均有重要影响，但是这些工艺参数对其影响程度的排序尚未有报道。建立滚筒干燥关键工艺参数对烟丝物理和感官质量影响程度的排序，对实际生产中调节与控制烟丝质量有重要指导意义。为此，本文研究了滚筒干燥关键工艺参数（筒壁温度、HT 蒸汽压力和切丝后水分）对填充值、烟丝结构和感官质量的影响程度的排序，以期为生产过程中参数的调整提供技术和理论支持。

1　材料与方法

1.1　材料与仪器

“泰山”某规格卷烟全配方烟叶；香精香料（某规格产品所用料液和香精）。

KLD-22Z 两段式滚筒烘丝机（流量为 500 kg/h，德国 HAUNI 公司）；JB285 电子天平

（瑞士 METTLER TOLEDO 公司）；DD60A 型填充仪（德国 Borwah 公司）；FD115 型干燥箱（德国 Binder 公司）；YQ-2 型烟丝振动分选筛（郑州烟草研究院）。

山东中烟工业有限责任公司济南卷烟厂 500 kg/h 试验线。

1.2 试验方法

1.2.1 原料准备

"泰山"某规格卷烟全配方烟叶共 3 个试样，分别设置不同的加料出口水分，其他工艺参数保持一致。每个试样加料结束后平均分成 3 等份，共计 9 个小样。

1.2.2 试验设计

采用正交设计表 $L9(3^4)$[15] 考察滚筒筒壁温度、切丝后水分、HT 蒸汽压力这 3 个因素对干燥后烟丝填充值、整丝率和碎丝率的影响，试验设计如表 1 和表 2 所示，其他工艺技术指标保持一致。

表 1 工艺参数试验变量表

A	B	C
切丝后水分(%)	HT 蒸汽压力(MPa)	筒壁温度(℃)
19.5	0.2	130
21.0	0.3	140
22.5	0.4	150

表 2 试验设计表

实验编号	切丝后水分(%)	HT 蒸汽压力(MPa)	烘丝筒壁温度(℃)
1	19.5	0.2	130
2	19.5	0.3	140
3	19.5	0.4	150
4	21.0	0.3	130
5	21.0	0.4	140
6	21.0	0.2	150
7	22.5	0.4	130
8	22.5	0.2	140
9	22.5	0.3	150

1.2.3 检测与分析

烘丝流量和水分稳定后，在 HT 前和烘丝机出口风选后进行取样，取样后在恒温恒湿环境[(22±2)℃，(60±5)%]平衡 48 h 后，按照相关国家规定，分别测定烘丝机出口风选后的烟丝结构和填充值。

1.2.4 感官评吸

按试验设计表要求，烘丝流量和水分稳定后，从风选后进行取样，分组进行掺配加香和卷制，共九组卷制样品。由山东中烟工业有限责任公司技术中心组织评烟委员，对各组卷烟样品的感官质量按相关国家要求进行对比评吸。

2 结果与分析

2.1 对烟丝填充值的影响

切丝后水分、HT 蒸汽压力、烘丝筒壁温度三因素与填充值的 L9(3^4)正交试验结果如表 3 所示。对表 3 中各试验方案进行直观分析，结果如表 4 所示。

从表 4 中各指标的极差 R 可以看出，各因素对干燥后叶丝的填充值效果影响主次顺序为 B>A>C，HT 蒸汽压力对烟丝填充值的影响最为显著。根据 k 值可初步确定填充值指标的最优组合为 B3A2C2。因素 B 对干燥后的填充值、整丝率效果影响均最显著，如图 1 所示，在相同切丝水分时，随着 HT 压力的增高，填充值均呈现变大的趋势。

表 3　填充值指标测试结果

编号	1	2	3	4	5	6	7	8	9
填充值(cm^3/g)	4.74	5.10	5.02	5.15	5.43	5.00	5.10	5.05	5.12

表 4　加工参数与填充值正交试验结果的直观分析结果

物理指标	评价指标	切丝后水分(A)	HT 蒸汽压力(B)	烘丝筒壁温度(C)
填充值(cm^3/g)	k_1	4.95	4.93	5.00
	k_2	5.19	5.12	5.19
	k_3	5.09	5.19	5.05
	R	0.24	0.26	0.19

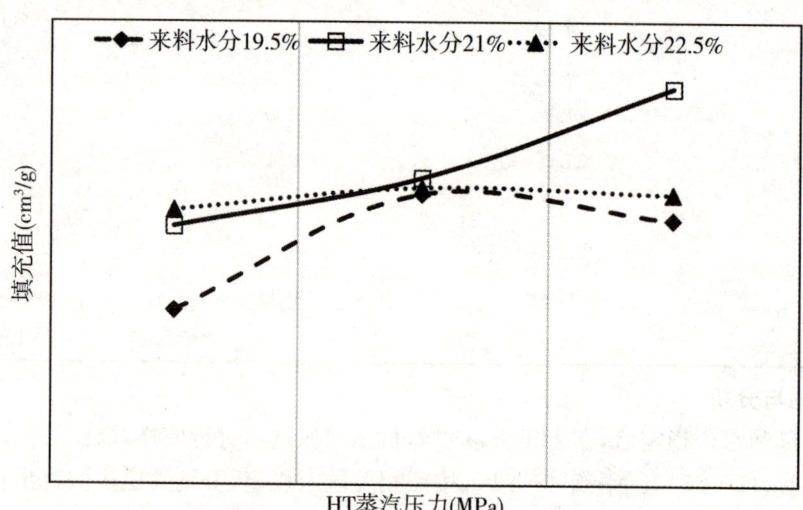

图 1　HT 蒸汽压力与填充值的关系

2.2 对烟丝结构的影响

切丝后水分、HT 蒸汽压力、烘丝筒壁温度三因素与烟丝结构的 $L9(3^4)$正交试验结果如表 5 所示。对表 5 中各试验方案进行直观分析，结果如表 6 所示。

从表 6 中各指标的极差 R 可以看出，各因素对干燥后烟丝的整丝率效果影响主次顺序为 B>C>A，各因素对碎丝率的影响并不显著。如图 2 所示，当来料水分为 19.5%时，随着 HT 蒸汽压力的增大，整丝率增加；当来料水分为 21%时，随着 HT 蒸汽压力的增大，整丝率先增加，后减小；当来料水分为 22.5%时，HT 压力对整丝率的影响并不明显。这可能是因为在一定范围内，HT 蒸汽压力越大，对烟丝的吸湿效果越好，进入滚筒干燥过程中的烟丝造碎较少，但当 HT 蒸汽压力增大到一定程度时，超过烟丝骨架承受的强度，而烟丝的耐加工性较低，整丝率便开始下降。

表 5 烟丝结构指标测试结果

编号	1	2	3	4	5	6	7	8	9
整丝率(%)	84	86	89	90	87	82	86	86	85
碎丝率(%)	0.1	0.1	0.1	0.1	0.1	0.2	0.1	0.1	0.1

表 6 加工参数与烟丝结构正交试验结果的直观分析结果

物理指标	评价指标	HT 前含水率(A)	HT 蒸汽压力(B)	烘丝筒壁温度(C)
整丝率(%)	k_1	86.33	84.00	86.67
	k_2	86.33	87.00	86.33
	k_3	85.67	87.33	85.33
	R	0.66	3.33	1.34
碎丝率(%)	k_1	0.10	0.13	0.10
	k_2	0.13	0.10	0.10
	k_3	0.10	0.10	0.13
	R	0.03	0.03	0.03

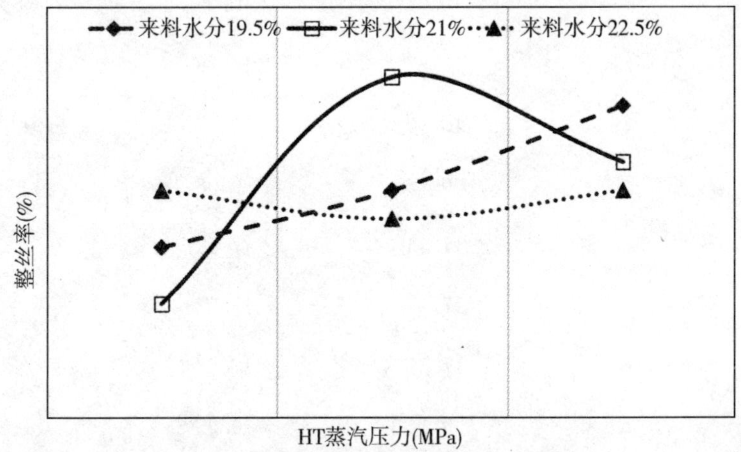

图 2 HT 蒸汽压力与整丝率的关系

2.3 对感官质量的影响

切丝后水分、HT蒸汽压力、烘丝筒壁温度三因素与感官质量的L9(3^4)正交试验结果和直观分析如表7所示。

从表7中各指标的极差R可以看出,各因素对感官质量的影响各不相同。各因素对感官质量的效果影响如下:对香气的效果影响主次顺序为A>B=C;对谐调的效果影响主次顺序为B>A=C;对杂气的效果影响主次顺序为A>C>B;对刺激性的效果影响主次顺序为A>C>B;对余味的效果影响主次顺序为B>A>C;对感官质量总体的效果影响主次顺序为A>C>B。本试验的目的是在对感官质量影响最小的前提下,对滚筒干燥的工艺参数进行优化,提升烟丝填充值。从以上测试结果可以看出,HT蒸汽压力对填充值和整丝率的影响最大,但对感官质量的影响最小。所以,在保证较高的填充值和对感官质量影响最小的前提下,HT蒸汽可以设定为压力0.4 MPa、切丝后水分21%、筒壁温度140 ℃。

表7 加工参数与感官指标正交试验结果的直观分析结果

感官指标	评价指标	切丝前水分(A)	HT蒸汽压力(B)	烘丝筒壁温度(C)
香气	k_1	28.16	28.25	28.32
	k_2	28.32	28.27	28.25
	k_3	28.35	28.32	28.27
	R	0.19	0.07	0.07
谐调	k_1	5.04	5.05	5.06
	k_2	5.07	5.03	5.04
	k_3	5.05	5.07	5.05
	R	0.03	0.04	0.02
杂气	k_1	10.27	10.29	10.39
	k_2	10.37	10.38	10.35
	k_3	10.40	10.37	10.29
	R	0.13	0.08	0.10
刺激性	k_1	17.45	17.52	17.53
	k_2	17.57	17.52	17.51
	k_3	17.59	17.57	17.57
	R	0.14	0.05	0.06

续表

感官指标	评价指标	切丝前水分(A)	HT 蒸汽压力(B)	烘丝筒壁温度(C)
余味	k_1	22.15	22.29	22.27
	k_2	22.24	22.15	22.20
	k_3	22.27	22.22	22.19
	R	0.12	0.14	0.08
合计	k_1	83.06	83.39	83.59
	k_2	83.56	83.35	83.33
	k_3	83.67	83.55	83.37
	R	0.61	0.16	0.26

3 结论

采用正交试验的方法，建立了滚筒干燥关键工艺参数对烟丝质量影响重要程度的排序，对填充值影响的主次顺序为 HT 蒸汽压力＞切丝后水分＞筒壁温度，对烟丝结构影响的主次顺序为 HT 蒸汽压力＞筒壁温度＞切丝后水分，对感官质量影响的主次顺序为切丝后水分＞筒壁温度＞HT 蒸汽压力；HT 蒸汽压力对填充值和整丝率的影响最大，但对感官质量的影响最小；在保证较高的填充值和对感官质量的影响最小的前提下，HT 蒸汽可以设定为压力 0.4 MPa、切丝后水分 21%、筒壁温度 140 ℃。

参考文献

[1]于建军．卷烟工艺学[M]. 北京：中国农业出版社，2003.

[2]崔升，李日南．基于稳健设计的滚筒烘丝机叶丝干燥工艺的优化[J]. 贵州农业科学，2018，46(11)：130-133.

[3]段鹍，王冰，陈孟起，等. 滚筒干燥过程中筒壁温度对烟丝理化品质的影响[J]. 食品与机械，2018，34(12)：200-204，210.

[4]李旭，陈良元，韩李峰，等. 红外—对流滚筒干燥方式下烤烟叶丝质量的变化特征[J]. 南方农业学报，2017，48(12)：2240-2246.

[5]姚二民，周利军，李晓，等. 干燥方式对微波膨胀烟梗梗丝综合质量的影响[J]. 江苏农业科学，2017，45(12)：145-147.

[6]资文华，何邦华，刘坚，等. 滚筒干燥叶丝过程工艺参数优化[J]. 昆明理工大学学报(自然科学版)，2012(4)：85-91.

[7]刘国栋，王旭锋，李向阳．制丝工艺参数对烟叶叶丝耐加工性和填充值的影响[J]. 河南农业科学，2015(8)：145-148.

[8]崔升.HXD工艺参数优化及其对烟丝质量的影响[J].贵州农业科学,2017,45(12):128-132.

[9]段鹍,赵永振,芦昶彤,等.对流干燥对烟丝表面温度及理化特性的影响[J].食品与机械,2017,33(10):184-189.

[10]王岩,朱文魁,刘楷丽,等.滚筒分段变温干燥方式下烤烟叶丝质量的变化特征[J].烟草科技,2015(8):60-66.

[11]张迪,张乾,朱建新,等.烘丝工艺参数对叶丝弹性和填充值的影响[J].云南化工,2015(6):6-10.

[12]崔升,韦小玲.烘丝工艺参数对烟丝加工质量的影响[J].南方农业学报,2014,45(12):2248-2252.

[13]张炜,刘江生,王道宽,等.KLD2-3两段式滚筒烘丝机控制模式研究[J].烟草科技,2013(3):8-11.

[14]郑松锦,段海涛,刘柏松,等.滚筒式梗丝干燥加工参数的优化[J].烟草科技,2015,48(1):59-64.

[15]方开泰,马长兴.正交与均匀试验设计[M].北京:科学出版社,2001.

[16]国家烟草专卖局.卷烟烟丝填充值的测定(YC/T 152—2001)[S].北京:中国标准出版社,2004.

[17]国家烟草专卖局.烟丝整丝率、碎丝率测定方法(YC/T 178—2003)[S].北京:中国标准出版社,2004.

[18]国家烟草专卖局.卷烟　第4部分:感官技术要求(GB 5606.4—2005)[S].北京:中国标准出版社,2006.

FOCKE401 透明纸包装机堆叠塔烙铁的改进

张震，张春雷

（山东中烟工业有限责任公司青岛卷烟厂卷包车间，山东青岛，266101）

［摘要］为了解决 FOCKER 包装机组盒装透明拉线烫死、反折、开启不畅等问题，在不改变包装机组结构的情况下，对堆叠塔烙铁进行了改进设计。改进后的堆叠塔烙铁与拉线接触的部分由金属材料改进为深度 2 mm、宽度 4 mm、具有低摩擦、均匀受热的电木材料。以 FOCKER408 包装机组为对象进行测试，结果表明：改进后的盒装透明拉线缺陷率从 0.17％降低到 0.05％，且能够实现小盒拉线的正常传输，减少了质量隐患；在 380 包/min 的生产速度下运行平稳，生产的小盒包装拉线无烫死、反折、开启不畅，满足工艺规范要求。

［关键词］FOCKER408；堆叠塔烙铁；电木；盒装拉线

FOCKE350 型包装机组是德国佛克公司 20 世纪 90 年代推出的硬盒包装设备，主要由 317 型卸盘机、350 型小包包装机、802 型小包储存器、401 型小包透明纸包装机、408 型条盒条透包装机组成[1]。因为小盒透明成型处的堆叠塔烙铁不平整，导致小包透明纸拉线在包装过程中出现拉线烫死、反折等问题（见表 1）。为了减少 FOCKE 包装机组的产品质量缺陷，对 FOCKE401 小包透明纸包装机堆叠塔烙铁装置进行了改进。

表 1　2018 年 1～3 月 FOCKE 包装机组平均拉线缺陷率统计表

缺陷名称	1 月（％）	2 月（％）	3 月（％）	平均（％）
拉线头撕断	0.041	0.049	0.042	0.044
拉线头烫死	0.070	0.067	0.070	0.069
拉线偏斜	0.039	0.036	0.037	0.037

1　问题分析

FOCKE401 透明纸小包机的主要工作包括：透明纸和拉线的输送与切割，烟包的输送、透明纸的折叠成型及透明纸的热封等[2]。如图 1 所示，透明纸盘和拉线带盘安装在纸圈架上，经过一系列导纸辊后在一对辊子间进行组合黏结，再进行切割。透明纸经切割后送至包装位置，烟包经推杆推送进入转塔盒模时，与透明纸接触、汇合，透明纸顺势包裹在烟包上，经转塔盒模将透明纸正、侧以及顶部、底部包裹到烟包各表面，随后由堆叠塔烙铁进行侧边热封。然后经透明纸包裹的烟包随传输通道进入条包包装，最后完成条包包装成型[3]。

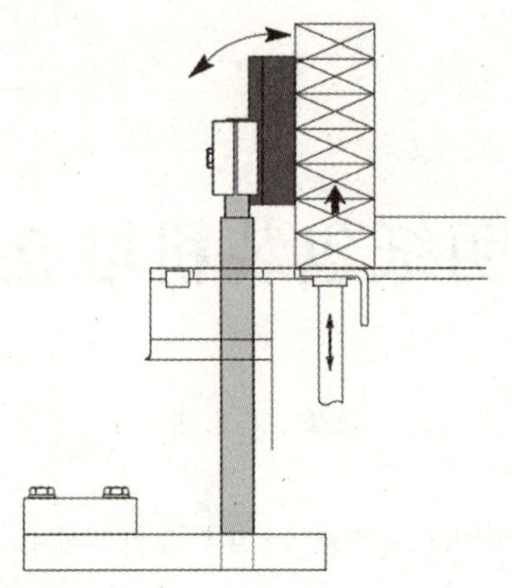

图 1　改进前堆叠塔烙铁的示意图

1.1　透明纸的特性和拉线的厚度

国内现阶段使用的透明纸大多为 BOPP 薄膜，厚度为 18～22 μm，烟用拉线为高温拉线，厚度为 30～35 μm。BOPP 薄膜尺寸稳定、防潮防湿性能好、强度高、印刷效果好，能较好地满足高速包装机的要求[4]。但由于 BOPP 强度高，在折叠包装时反弹较大，被热封折叠后因烙铁表面加热使其反弹外展。当带有透明纸拉线的小包提升至烙铁表面槽口处时，由于烙铁槽口有宽度(6.02 mm)的不平整区域，此时小包侧面的拉线就会向外凸起，在输送至堆叠塔烙铁槽口区域的瞬间，槽口会触碰拉线的拉线头部分，从而导致出现透明纸拉线反折和烫死的现象。

1.2　堆叠塔烙铁槽口对拉线反折的影响

当小包被推入堆叠塔烙铁后，由于惯性的作用，在小包接触烙铁表面时，有一定的压力，运行速度越快，压力越大。在向上提升的过程中，由于压力会导致透明纸与烙铁之间产生一个较大的摩擦力，使得透明纸拉线紧贴在烙铁表面。当提升经过烙铁槽口处时，由于摩擦力较大，透明纸拉线头会陷入槽口处的凹陷中，所以导致拉线经过槽口时拉线头被反折。小包透明纸拉线头虽然是长于小包侧边，但由于进入堆叠塔烙铁是储存式提升，同一时间总有 5 包盒装在烙铁输送通道内，使得拉线头触碰上一包输送的小包侧边表面，从而产生拉线反折的质量缺陷。

1.3　摩擦力对拉线烫死的影响

透明纸拉线在堆叠塔烙铁传送的过程中要经过槽口和加热的金属表面，如图 2 所示，接触过程很容易产生摩擦，运行速度越快，摩擦力越大。透明纸拉线头在烙铁提升的过程中，由于摩擦力导致拉线头的卷起，再经过高温的烙铁表面时由于侧面热封，从而形成拉线头被烫在小包透明纸表面，而导致出现无法正常撕开拉线的问题，同时还会引发小包拉线黏连的问题，降低设备有效作业率，增加劳动强度。

图 2　改进前堆叠塔烙铁的实物图

2　改进方案

在改进前定期检查堆叠塔烙铁和输出推子的磨损和脏污情况，目的是保证设备处于正常的运行状态，从而确保小包在正常输送过程中的稳定性。把堆叠塔烙铁与拉线接触部位更换为电木材料，可使拉线输送到槽口时不发生反折，这样必须使拉线全部被电木覆盖且与电木贴合，而且电木固定牢固，所以，电木加装宽度和深度的选择至关重要。

2.1　电木宽度的确定

电木的宽度是根据透明纸拉线的宽度来确定的。由于拉线的宽度为 1.5 mm[5]，当带有透明纸拉线的小包运转到堆叠塔烙铁处时，拉线与烙铁直接接触，为了使拉线完全与电木接触，必须保证电木的宽度为 1.5 ～2 mm。在生产过程中发现，当设备调换牌号生产时，由于包装材料的不同，透明纸拉线位置会有 0.3 mm 左右的跑动，同时还要考虑电木的强度。因此，最终确定电木的宽度为 2 mm。

2.2　电木深度的确定

电木的深度根据烙铁的深度确定为 4.0 mm。一是保证电木与烙铁之间足够牢固，使电木不易脱落和变形；二是使电木尽可能多地与烙铁表面保持水平，使透明纸与电木接触平整。电木嵌入烙铁 4 mm 不会影响烙铁本身的结构稳定，这样小包经过堆叠塔烙铁处时，透明纸拉线与电木接触且平整无槽口，拉线可以在极小的摩擦力下通过堆叠塔烙铁，从而保证了拉线质量的可靠、美观。

图 3 为改进后堆叠塔铁的实物图。

图 3　改进后堆叠塔烙铁的实物图

3　使用效果

改进后的 FOCKE401 小包透明纸包装机堆叠塔烙铁热封装置经过 6 个多月的实际运行发现，透明纸拉线头的反折、烫死等现象得到了明显改善，拉线的开启顺畅程度得分达到了 99 分，拉线的平均缺陷率由改进前的 0.17%降低到 0.05%，外观质量得分显著提高。

参考文献

[1]中国烟草科技情报中心.世界烟草包装机械汇编[M].北京:北京出版社,1998.

[2]汪家驹,周培清,黄德良,等.卷烟包装设备[M].北京:北京出版社,2001.

[3]FOCKE & CO. FOCKE Mechanical Adjustments Manual[R], VERDEN, 1995.

[4]任民,郭文生.烟草科学与技术[M].北京:中国农业科技出版社,1999.

[5]FOCKE & CO. FOCKE Operating Manual[R]. VERDEN,1995.

辊压法薄片生产线粉尘浓度问题的分析及对策

李墩强，孙宝红，李质播

（山东中烟工业有限责任公司青州卷烟厂制丝车间，山东潍坊，262500）

[摘要] 针对制丝车间辊压法薄片生产线粉尘浓度较高、存在安全隐患等问题，运用分析、调查及试验等多种方法，找到产生粉尘的源头，并采用优化除尘器除尘管路的措施，降低车间内部的粉尘浓度。通过理论分析和实际验证发现，对除尘管路系统的优化及使用达到了降低薄片生产线粉尘浓度的目的。

[关键词] 辊压法薄片生产线；粉尘浓度；安全；除尘管路

0 引言

在烟草制丝生产中，粉尘浓度对员工健康和产品工艺质量都有很大的影响，一直以来都是质量考核的重要指标。当人体吸入粉尘以后，粉尘极易深入肺部，达到一定的吸入量时会引发肺病、尘肺病等；当粉尘在有限的空间内达到一定浓度时，会有爆炸的危险。因此，粉尘浓度一直是我厂防火防爆的重点。制丝车间薄片生产线承担我厂薄片的全部生产任务，配有两个除尘房，目前采用辊压法薄片生产工艺，在薄片生产过程中会产生一定量粉尘，因此，有必要对除尘设备进行改进，以达到降低粉尘浓度的目的。

1 除尘设备发展现状

除尘设备的发展与工业化进程息息相关。在工业化程度较低的时期，我国污染行业排放的烟气量相对较小，对除尘设备的要求较低，旋风除尘器和湿式除尘器由于结构简单且投资少备受欢迎，袋式除尘和电除尘技术发展较缓慢。

20 世纪 80 年代后，城市化和工业化进程加快，烟草、钢铁、电力等行业快速发展，烟气的排放量也随之增长，因此，电除尘技术得到了较大发展，逐渐取代了原有的除尘技术。

21 世纪前后，袋式除尘技术展现出了在除尘效率方面的优异性能，得到了市场追捧。如今，我国主流的除尘技术主要包括电除尘、袋式除尘和电袋复合除尘技术，其发展在今后日益严峻的粉尘污染治理中至关重要。

2 除尘设备分类

除尘器主要应用于烟气治理与粉尘收集方面，且不同类型的除尘器应用于不同的工况条件以满足不同排放要求。想要有效收集粉尘并节省投资和维护成本，需选择合适的除尘方式。

2.1 袋式除尘器

袋式除尘器[1]以布袋除尘器为主，是目前使用最广泛的除尘设备。现我厂薄片生产线主要采用脉冲布袋除尘器。布袋除尘器对处理气量变化的适应性强且除尘效率高，最适合处理有回收价值的细小颗粒物。但袋式除尘器[2]的投资比较高，工作时允许使用的温度低且操作时气体的温度需高于露点温度，当尘粒浓度超过尘粒爆炸下限时也不能使用。

2.2 旋风除尘器

旋风除尘器的优点是维护管理方便且造价较低，适用于收集耐腐蚀性气体、高温高湿烟气等。但存在对粒径在 10 μm 以下的尘粒去除率低的缺点，在气体含尘浓度高时无法作为主除尘器，可将其作为初级除尘，以减轻二级除尘[3]的负荷。

2.3 湿式除尘器

湿式除尘器制造成本相对较低，不仅可除去灰尘，还可利用水除去一部分异味及有害性气体。但湿式除尘器用水量较大，需处理排出的泥浆和废水且设备易腐蚀，所以适用范围不大。

2.4 静电除尘器

静电除尘器[4]，即所说的电除尘[5]，通过静电吸附工业粉尘，除尘效率高、耗能少，适用于除去烟气中(25±24.9) μm 的粉尘，以及压力大、烟气温度高的场合。但静电除尘器设备复杂、投资大，对操作、运行、维护管理等要求严格。目前，静电除尘器主要用于对排放浓度要求较严格且气量大又有一定维护管理水平的企业。

3 除尘设备的改进及应用

3.1 粉尘源的调查

薄片生产线现有 A、B、C 三条生产线，主要分为粉碎加料区。薄片生产区、成品存放区。为进一步了解各区域的烟草尘，在正常生产时间，按照 GBZ 159 要求对每个分区的粉尘浓度采用随机抽样多次测量的方式进行研究，每天取样五次，取样时间规定为每天 9 点、10 点、11 点、14 点、15 点，测量结果收集汇总后如表 1 所示。

表1　粉尘浓度抽样检测值

抽样区	取样次数	第一天（mg/m³）	第二天（mg/m³）	第三天（mg/m³）	第四天（mg/m³）	第五天（mg/m³）
粉碎加料区	1	0.47	0.46	0.48	0.45	0.46
	2	0.50	0.48	0.48	0.47	0.45
	3	0.48	0.47	0.49	0.46	0.48
	4	0.48	0.46	0.45	0.47	0.45
	5	0.45	0.43	0.46	0.47	0.45
薄片生产区	1	0.96	0.95	0.91	0.94	0.94
	2	0.95	0.96	0.94	0.95	0.93
	3	0.98	0.96	0.98	0.99	0.97
	4	0.97	0.98	0.97	0.96	0.98
	5	0.96	0.95	0.97	0.94	0.94
成品存放区	1	0.32	0.35	0.35	0.34	0.36
	2	0.35	0.39	0.39	0.38	0.36
	3	0.37	0.36	0.34	0.35	0.35
	4	0.36	0.36	0.38	0.34	0.35
	5	0.38	0.39	0.42	0.41	0.38

通过粉尘浓度检测结果表可知：粉碎加料区粉尘浓度约为0.466 mg/m³、薄片生产区粉尘浓度约为0.957 mg/m³、成品存放区粉尘浓度约为0.365 mg/m³。按照我厂生产要求，车间内部粉尘浓度需低于2 mg/m³，所测数值都在要求范围内，但通过对比数据测量结果可知，薄片生产区的粉尘浓度明显高于其他区域，这会对操作工的健康[8]造成一定的影响，因此，有必要采取措施降低薄片生产区的粉尘浓度。

如图1所示，薄片生产区工艺流程主要分为辊压段、烘干段和切丝段。为了进一步确定粉尘源头，我们采用了理论分析、访问调查、控制变量等多种方法[6]对现场进行调查。

第一，理论分析法。通过理论分析发现，在切丝之前的辊压段物料湿度较大，产生粉尘可能性较小；切丝之前的烘干段物料含水率虽然较小，但在这一阶段物料没有发生形变，因此这两个工段产生粉尘的可能性较小。在切丝段，切丝机需要将含水率为(16±1.5)%的薄片切成薄片丝，物料需要在较低水分下发生形变，因此猜想粉尘产生的源头在切丝段。

第二，访问调查法。通过对生产线岗位操作工的调查得知，每天生产结束时切丝机下端存在大量因薄片切丝发生形变而产生的粉尘。通过对切丝机下料口工作结束后的情况进行实地调查，发现工作结束后切丝机下料口处确实有大量的粉尘及残丝，这会对现场卫生保持、产品质量和员工的健康安全产生极大影响。

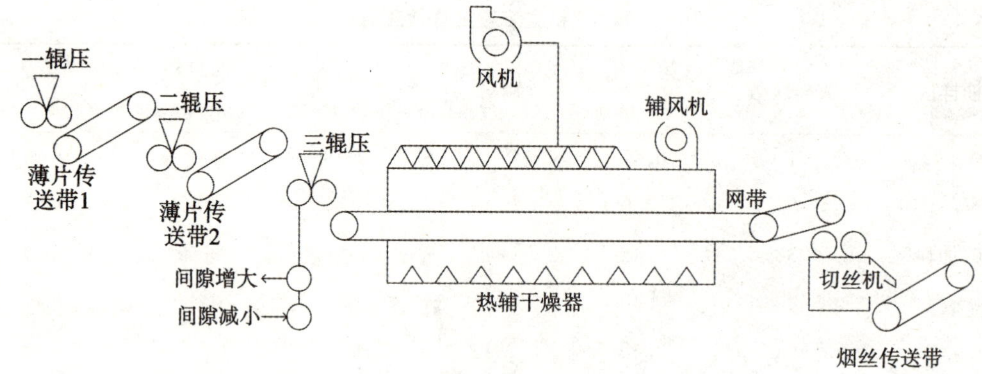

图1　薄片生产区流程图

第三，实验对比法。在正常生产时，保持其他设备运行状态不变，只将切丝机全部关掉，物料经烘箱烘干后直接进行收集，发现薄片生产区的粉尘浓度降低为0.470mg/m^3。如图2所示，与切丝时相比，粉尘浓度发生了明显的降低。通过以上调查，确定生产区产生的粉尘大多来自切丝机下料口。因此，提出优化除尘管路系统、增设切丝机下料口吸尘管路的方案。

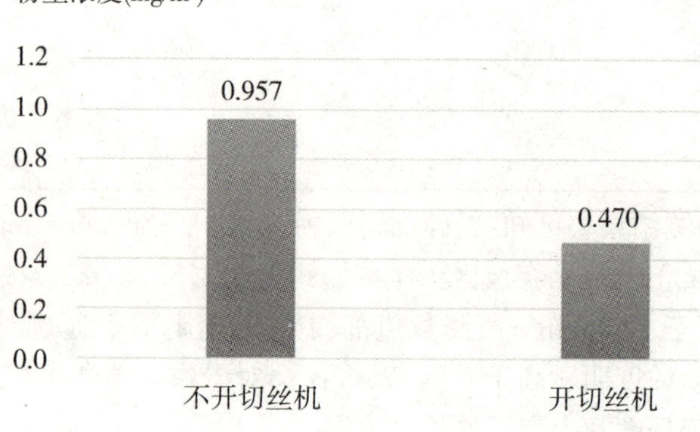

图2　切丝机不同工作状态粉尘浓度对比图

若切丝机下料口增设除尘管路，将会与车间内烘干段除尘器相连，这样使得除尘器[7]风机的工作负荷增加。为保证改造以后除尘系统的正常运转，有必要对增加管路后的除尘器工作状况进行校验。

3.2　增设管路后工作性能的校验

3.2.1　布袋过滤风量校验

目前，薄片使用的脉冲袋式除尘器[8]主要包括过滤和清灰两种状态。在整个生产过程中，滤袋可以对含尘气体进行过滤，属于核心部件，现对其风力大小进行计算。

滤袋的外表面积即为过滤面积，单条滤袋过滤面积为：

$$S_1 = L_1 \times H_1 \tag{1}$$

滤袋除尘器过滤面积为：

$$F=\sum S_1=N_1\times S_1 \tag{2}$$

滤袋过滤风速为：

$$V_1=Q\div F\div 3600 \tag{3}$$

式中：L_1 为滤袋口周长(m)；H_1 为滤袋高度(m)；N_1 为滤袋条数；F 为除尘器过滤总面积(m^2)；V_1 为过滤风速(m/s)；Q 为风量(m^3/h)。

经测量，薄片生产线烘干段除尘器中的滤袋口周长为 1.04 m，高为 1.28 m，滤袋条数为 60，风量为(13715.5±1197.5)m^3/h。代入公式计算得最大风速为 0.0518 m/s。国家规定布袋的风速需要小于 0.6 m/s，所以符合要求。

3.2.2 压力校验

考虑到除尘器位置的特殊性，需要增设吸尘罩口。增设吸尘罩后罩口负压约为 1200 Pa。增设吸尘管路后，除尘器吸尘管路总长度约为 50 m，通过查阅资料可知 50 m 的管道阻力压强为(600±100)Pa。除尘器本身阻力压强约为 1500 Pa。

$$P=P_1+P_2+P_3 \tag{4}$$

式中：P 为除尘器需要的总负压(Pa)；P_1 为管道阻力压强(Pa)；P_2 为除尘器本身阻力压强(Pa)；P_3 为吸尘罩口需要负压(Pa)。

带入数值计算得除尘器需要的总负压为 3600 Pa，除尘器全压设置为 4736 Pa，所以符合使用要求。

3.2.3 新增吸口风量校验

吸风口面积为：

$$S_2=L_2\times H_2 \tag{5}$$

单个除尘口的风量为：

$$Q_2=S_2\times V_2 \tag{6}$$

总风量为：

$$Q_3=Q_2\times N_2 \tag{7}$$

式中：L_2 为吸风口长度(m)；H_2 为吸风口宽度(m)；V_2 为除尘器过滤风速(m/s)；N_2 为吸风口总个数。

经测量统计，吸风口长为 0.45 m、宽为 0.45 m，管道口总个数为 7 个，风量脉冲袋式除尘器的过滤风速为(1.6±0.4)m/s。按照最大风量代入公式计算得所需总风量为 10206 m^3/h，小于设备功率值 12518 m^3/h，所以符合生产要求。

通过对除尘器工作性能的校验，表明增设吸尘口是可行的，下一步将对管路进行设计和安装。

3.3 管路的设计及安装

3.3.1 管路的设计及安装

目前，生产线使用的是脉冲除尘器[9]（见图 3）。1 为粒粉机主机，2 为钢架，3 为关风机，4 为集料器，5 为脉冲除尘器，6 为风机。脉冲除尘器通过喷吹压缩空气的方法除掉过滤介质（布袋或滤筒）上附着的粉尘，新增加的除尘管路与集料器 4 和脉冲除尘器 5 之间的管路连接。

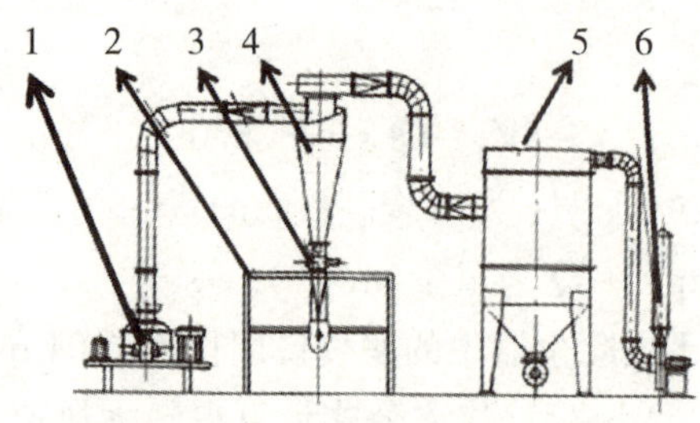

图3　脉冲除尘器管路图例

工作时，含尘气体由进风道进入灰斗[10]，粗尘粒直接落入灰斗底部，细尘粒随气流转折向上进入中、下箱体，粉尘积附在滤袋外表面，过滤后的气体进入上箱体至净气集合管—排风道，经排风机排至大气。

在车间各部门的帮助下，利用两个月时间对薄片生产的A、B、C三条生产线切丝机下料处分别增设了除尘吸附口，效果如图4所示。图中1号、2号、3号为A、B、C三条线新增设的吸附管道，三个吸附口所吸附烟尘最终汇合于管道4号，最终进入图3中的脉冲除尘器5。

图4　新增除尘管路后的现场图

3.3.2　挡位开关的设置

增加切丝机除尘口以后，车间的粉尘浓度得到了降低，但在实际应用时发现，需对除尘管道内的风力进行控制。按照薄片生产工艺流程，薄片丝在切丝前需经烘箱烘烤。烘箱工作温度为(180±20)℃。经过烘烤以后，薄片丝变得轻薄，当吸尘口风力过大时会将烟丝一起吸走。在正常生产时，除尘器[11]仅需对烟丝当中的粉尘进行吸附，所以需要风量较小，当下料口粉尘较多或设备维修时则需要较大的风量。因此，我们在吸尘口的接口处安装控制吸尘风量大小的挡位开关(见图5)。

图5　挡位控制器

为了满足对风量的不同要求，在设计挡位控制器的同时制定了切丝机下料口挡位开关操作手册，主要内容：切丝机处操作工上岗前必须经过严格的培训和规定期限的实习，熟练掌握挡位开关等的使用方法；生产时，挡位开关的挡位不能超过2挡

（一共 9 个挡位），以防止风力过大，将烟丝吸入除尘器，影响除尘器的正常工作；当薄片丝中发现有杂物时，应立刻关闭挡位开关；因设备维修等原因确需调高开关挡位时，需要由相关专业人员操作。

3.3.3 应用后的效果

从现场实际观察来看，增加切丝机下料口吸尘管道后，每天生产结束后切丝机下料口处的烟尘明显减少，效果如图 6 所示。这样可以方便操作工清理卫生，同时保证车间员工的身体健康，还减少了因烟尘浓度过高而引发安全事故的可能性，保证了薄片丝的生产质量。同时，吸附走的烟尘经除尘器的循环系统得到了回收利用，使原料得到了充分利用。

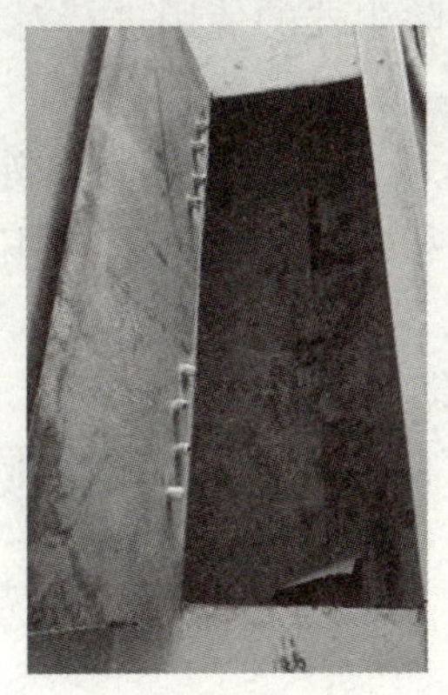

(a)改进前

(b)改进后

图 6 切丝机下料口改进前后效果对比

为了准确了解管路改造[12]后的实际效果，我们委托具有职业卫生技术服务机构资质的单位对薄片生产区的烟尘浓度进行了测量。如图 7 所示，烟尘浓度由改造之前的 0.957 mg/m³ 降为 0.500 mg/m³。由图 2 可知，不切丝时的烟尘浓度为 0.470 mg/m³，前后数值差别不大，说明切丝产生的粉尘大部分都经吸尘管道[13]吸收了，管路改造效果较好。

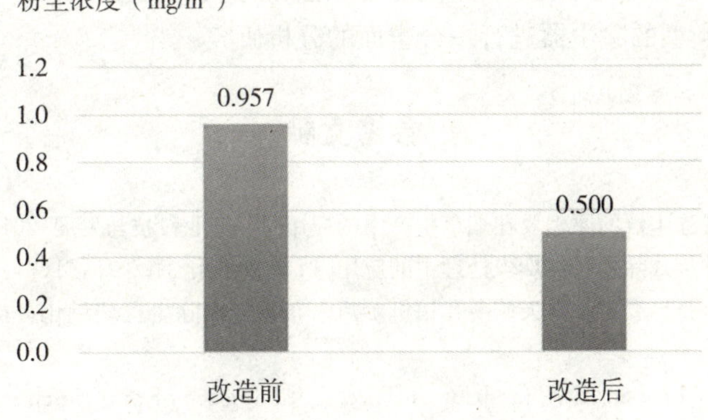

图 7 切丝机除尘吸附口增加前、后粉尘浓度对比

4　结论与展望

4.1　结论

本文在研读国内除尘器分类的基础上，对辊压法薄片线生产情况具体分析，增设除尘管道，使车间内部粉尘浓度得到了降低，取得了良好的效果。同时结合车间实际生产状况，增设了除尘管路，改善了车间生产环境。

(1)分析并研究当前各类除尘器的原理，对各种除尘器的使用进行对比分析，为除尘操作工的正确操作提供理论支撑，保证了操作的安全性。

(2)结合薄片线切丝机下料口碎料较多的难题，增设切丝刀下料口除尘管路并投入使用，从而降低车间的粉尘浓度，保证员工的身体健康和安全，从源头上避免粉尘浓度过高引发爆炸等危险的可能。

(3)在除尘管路的设计改进过程中，试验数据收集上百次，结合车间生产的实际状况，运用理论分析、访问调查、试验对比等多种方法，保证了测量结果的可靠性，同时为辊压法薄片生产线的研究提供了参考。

4.2　展望

本文对制丝车间薄片生产线除尘系统在安全使用和安全防护方面做了一些创新性的工作，对脉冲式除尘器的安全使用和安全维护过程中具有一定的参考价值。但由于专业知识、科研能力等各方面的限制，本文的研究内容还存在不足，有待在接下来的工作中得到改进。

(1) 本文在除尘系统校核研究过程中因为专业性所限，为了计算的便利，采用了一些简化的研究方法，如调查薄片粉尘源、粉尘浓度测算、除尘器参数校核，有待于找到更精确的方法。

(2) 由于时间和能力的限制，本文仅对辊压法薄片生产线使用的除尘系统进行了分析研究，并未对其他类型的除尘器进行综合全面的分析研究。

参考文献

[1]翟海明．带式除尘器的原理及在烟草生产中的应用[J]. 企业科技与发展，2018(24)：63-66.

[2]赵亚鹏．脉冲袋式除尘器在烟尘处理中的应用[J]. 煤炭与化工，2018，41(7)：77-79.

[3]葛少成，高振，张忠温，等. 露天矿潜孔钻机旋风—布袋二级除尘机理量化分析[J]. 环境工程学报，2016，10(2)：811-817.

[4]Meyer. N. K.，Lauber. A.，Nussbaumer T.　et al.. Influence of particle charging on TEOM measurements in the presence of an electrostatic precipitator[J]. *Atmospheric Measurement Techniques*，2009，2(1)：76-83.

[5]薛小鹏．烟尘浓度检测仪控制电路研究[J]. 山西电子技术，2019(2)：83-85.

[6]孙亚男．调查研究常用九大方法[N]. 中国组织人事报，2015 年 4 月 8 日第 8 版.

[7]中国环境保护产业协会袋式除尘委员会. 我国袋式除尘行业 2012 年发展综述[J]. 中国环保产业，

2013(5):12-19.

[8]王宇,刘丽冰,张磊,等.基于遗传算法的袋式除尘器脉冲喷吹清灰自适应模糊控制[J].环境工程学报,2019(5):1-4.

[9]梅奇,陈伟,范维国．降低烧结机头粉尘排放浓度的生产实践[J].武钢技术,2016,54(1):4-6.

[10]张殿印,王纯.脉冲袋式除尘手册[M].北京:化学工业出版社,2010.

[11]于海华,马文杰,马天红,等.国内谷物干燥工程设计中几种除尘方式的探讨[J].粮食与食品工业,2016,23(3):18-20,25.

[12]盛海涛．电焊烟尘呼吸防护研究[J].安全,2018,39(6):30-32.

平准器规格对哈德门(金典)烟支质量影响的试验研究

王瑞,孙春艳,张娟

(山东中烟工业有限责任公司滕州卷烟厂卷包车间,山东枣庄,277599)

[摘要] 为提高哈德门(金典)卷烟物理指标的稳定性,利用车间 ZJ17 卷接机组,在同柜烟丝、同一送丝方式、同一机台、同样车速、相同操作人员条件下,随着平准器规格的改变,对四对不同规格平准器进行了试验研究。通过试验结果对比得出:槽深为 2.8 mm 规格的平准器是与哈德门(金典)卷烟最佳匹配的平准器。

[关键词] 哈德门(金典);物理指标;稳定性;平准器规格

1 前言

《卷烟工艺规范》(2016 版)对过程质量和产品质量提出了更高的要求[1],而滕州卷烟厂在烟支质量加工精度控制上同《卷烟工艺规范》(2016 版)的要求还有一定的差距[哈德门(金典)烟支重量标准偏差均值为 20.78 mg, 2016 版卷烟工艺规范要求为 21 mg;哈德门(金典)烟支吸阻标准偏差均值为 54.4 Pa,2016 版卷烟工艺规范要求为 40 Pa],所以,提高烟支物理指标稳定性及烟丝分布的均匀性迫在眉睫。

烟支重量控制系统由检测控制装置和平准器两部分组成,主要对上游吸丝成形过程形成烟丝束雏形进行重量控制[2]。平准器主要由劈刀、刷丝轮和劈刀传动装置组成。劈刀盘作连续旋转的圆周运动,在吸丝带下上下移动,修剪吸丝带下的多余烟丝,将符合标准重量的烟丝束送到烟枪中。卷烟机平准器规格对烟支中烟丝的合理分布起着关键作用,而烟支中烟丝的合理分布对卷烟物理指标的稳定性有着重要影响[3]。本文在研究四种不同规格平准器生产条件下,分析对烟支密度和烟支物理指标标准偏差的影响,以确定适合哈德门(金典)烟支生产的最佳规格平准器。

2 试验

2.1 主要原材料

哈德门(金典)成品烟丝 5000 kg、卷烟纸(50CU×26.5 mm×26.5 g ×5000 m、100 mm

醋酸纤维滤棒、接装纸(60 mm×36 g×2500 m)。

2.2 试验主要设备及仪器

2.2.1 设备

ZJ17 卷接机组(常州烟草机械有限责任公司)、四种不同规格平准器(六槽槽深 2.5 mm、六槽槽深 2.8 mm、六槽槽深 3.0 mm、六槽槽深 3.2 mm,见表 1)。

表 1 四种不同规格的平准器

编号	槽数	槽深(mm)	槽宽(mm)
A	6	2.5	22
B	6	2.8	22
C	6	3.0	22
D	6	3.2	22

2.2.2 仪器

MW4420 型微波密度水分分析仪(德国 TEWS 公司)、电子天平(JJ200 常熟双杰测试仪器公司)、QTM 型综合测试台。

2.3 样品处理

按《卷烟工艺规范 第 13 部分:过程检测与测试》要求进行取样及制样。

2.4 试验条件

正常工艺生产条件,即环境湿度(60±3)%,环境温度(24±2)℃,气源压力≥0.85 MPa,VE 吸风室负压≥0.85 MPa,MAX 吸风室负压≥1 MPa,卷烟机车速 7000 支/min,包装机车速 370 包/min。

2.5 试验方法

取同柜烟丝,采用同一送丝方式、同一机台、同样车速(7000 支/min)、相同操作人员卷制成相同规格[24.2 mm×(25+59) mm]的烟支,除烟支密度外所有取样和检测均按《卷烟 第 3 部分:包装、卷接技术要求及储运》(GB 5606.4—2005)中的规定进行,结果取平均值。烟支密度的检测:采用 MW4420 型微波密度水分分析仪进行检测,密度系数设定为 0.891,每次检测 20 支,每个样品检测 3 次,取平均值。

根据生产安排,选定 3#卷烟机,在使用同一批哈德门(金典)烟丝的前提下,分别进行槽深 2.5 mm、槽深 2.8 mm、槽深 3.0 mm、槽深 3.2 mm 平准器生产条件下的哈德门(金典)专题试验工作。待设备运行稳定后,在包装机出口处分别抽取 20 条样品进行烟支密度、物理指标检测。

3　结果与验证

3.1　试验结果

3.1.1　哈德门(金典)卷烟烟支密度检测与分析

本文统计每种规格检验样品数据并进行分析，得出不同规格平准器生产条件下烟支密度(见图 1 和表 2)。

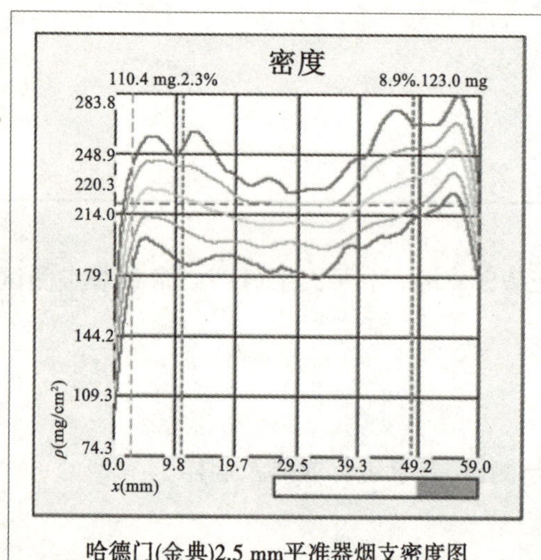

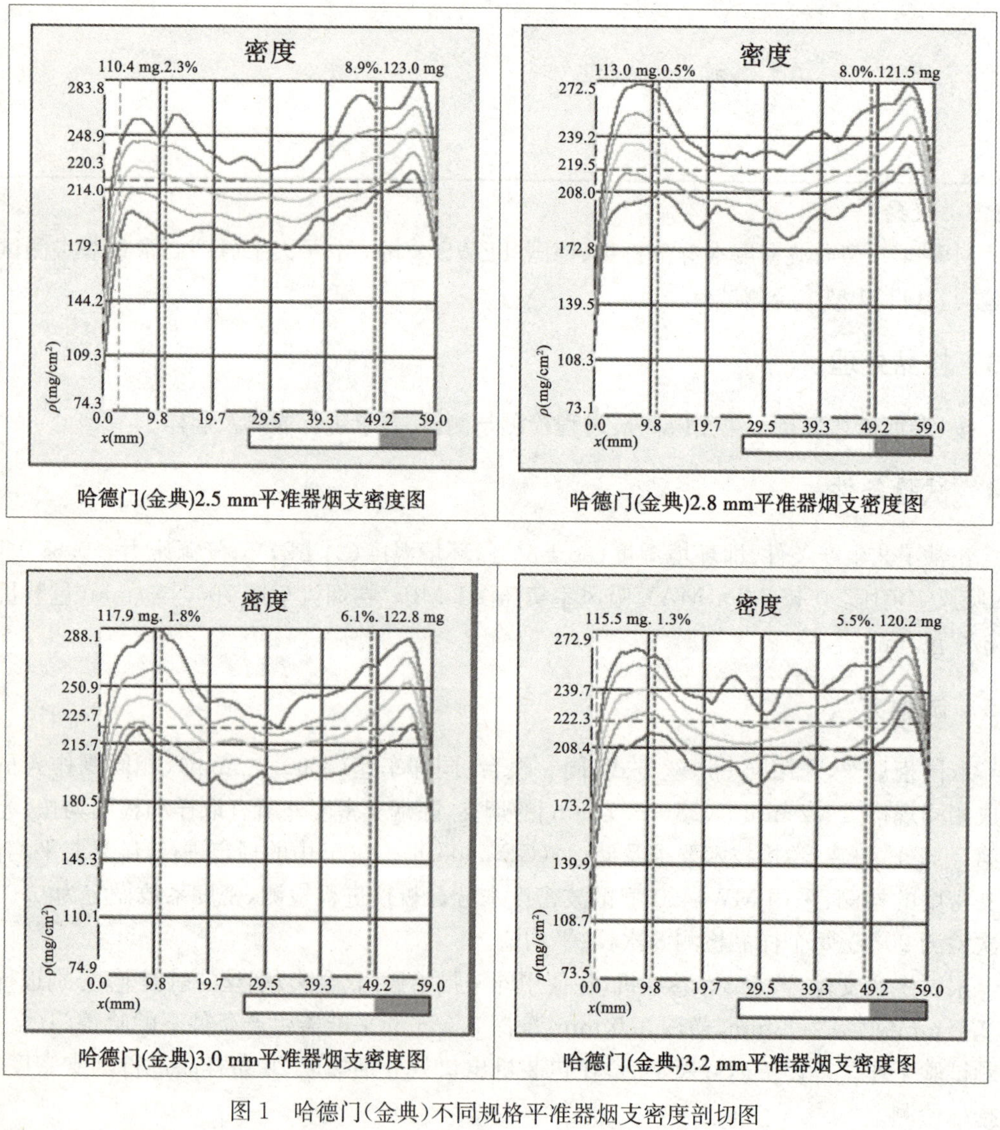

哈德门(金典)2.5 mm平准器烟支密度图

哈德门(金典)2.8 mm平准器烟支密度图

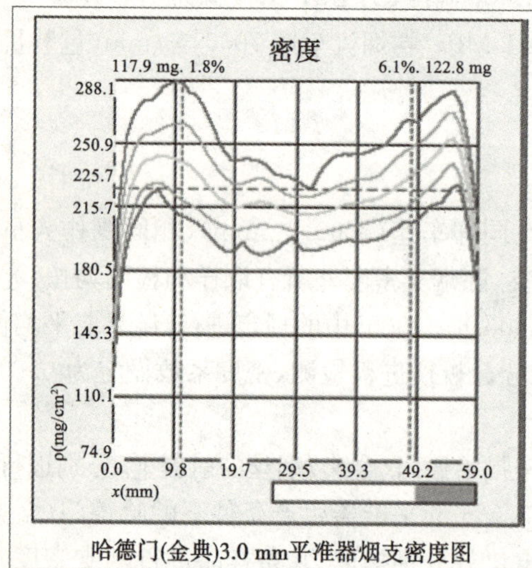

哈德门(金典)3.0 mm平准器烟支密度图

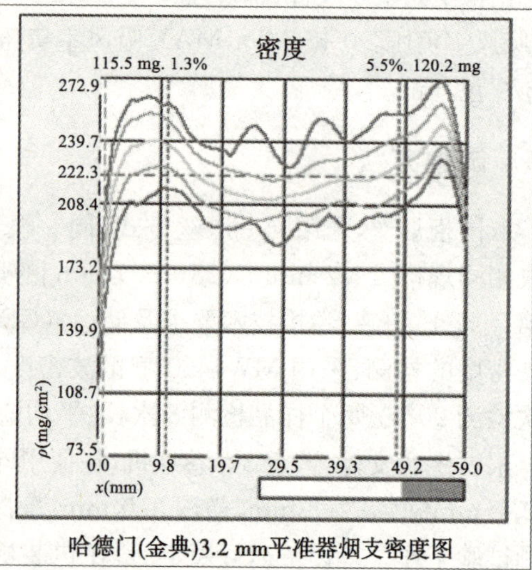

哈德门(金典)3.2 mm平准器烟支密度图

图 1　哈德门(金典)不同规格平准器烟支密度剖切图

表 2 哈德门(金典)不同规格平准器烟支密度测量数据统计表

测量项目 平准器规格	平均密度 (mg/cm³)	密度标准偏差 (mg/cm³)	平均湿度 (%)
六槽槽深 2.5mm 平准器	220.50	6.30	11.80
六槽槽深 2.8mm 平准器	217.45	6.12	12.02
六槽槽深 3.0mm 平准器	221.76	7.03	11.79
六槽槽深 3.2mm 平准器	222.67	7.25	11.78

对表 2 中四种平准器生产条件下哈德门(金典)卷烟密度标准偏差进行比对,结果如图 2 所示。

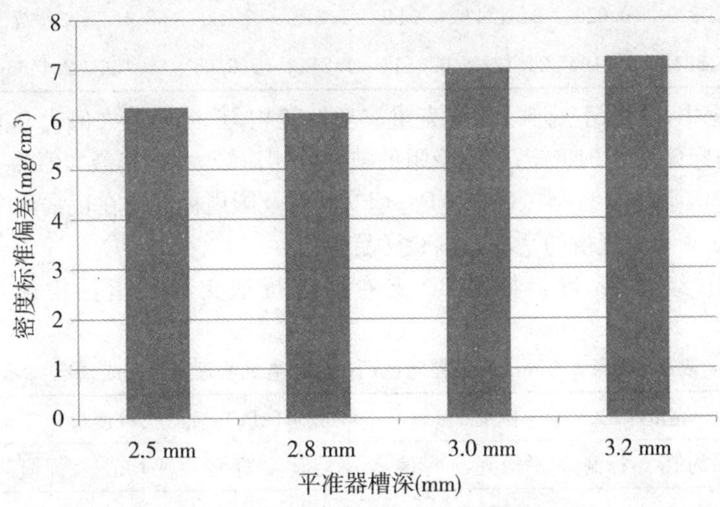

图 2 哈德门(金典)不同规格平准器样品烟支密度标偏比对图

从图 2 可看出,哈德门(金典)烟支密度标准偏差在不同规格平准器下具有较大的差异性。该牌号烟支在六槽槽深 2.8 mm 平准器生产中,其烟支密度标准偏差最小,为 6.12 mg/cm³,远小于其他三规格平准器,表明槽深 2.8 mm 平准器在哈德门(金典)牌号中具有较大的应用价值,在一定程度上可降低其烟支密度标准偏差,提高烟支密度稳定性。

3.1.2 哈德门(金典)卷烟物理指标检测与分析

3.1.2.1 槽深 3.2 mm 规格的平准器试验样品检测

随机抽取 10 组样品,每组样品取 30 支卷烟进行烟支物理指标检测,检测结果如表 3 所示。

表 3 槽深 3.2 mm 平准器哈德门(金典)卷烟物理指标

测试台	克重(g)		圆周(mm)		吸阻(kPa)		硬度(%)		数据来源
	平均值	标偏	平均值	标偏	平均值	标偏	平均值	标偏	
中	0.836	0.022	24.124	0.049	1.209	0.049	67.723	2.147	4 月 17 日
中	0.836	0.017	24.121	0.054	1.214	0.047	68.203	2.349	4 月 17 日
中	0.830	0.019	24.116	0.050	1.194	0.046	68.580	2.220	4 月 17 日

续表

测试台	克重(g)		圆周(mm)		吸阻(kPa)		硬度(%)		数据来源
	平均值	标偏	平均值	标偏	平均值	标偏	平均值	标偏	
中	0.837	0.018	24.140	0.072	1.223	0.042	68.523	2.806	4月17日
中	0.835	0.017	24.118	0.040	1.206	0.049	68.577	2.616	4月17日
中	0.835	0.021	24.132	0.043	1.205	0.050	68.060	2.282	4月17日
中	0.834	0.018	24.135	0.046	1.205	0.043	67.837	2.543	4月17日
中	0.834	0.021	24.132	0.063	1.215	0.048	68.127	2.483	4月17日
中	0.837	0.017	24.133	0.050	1.227	0.050	67.523	2.690	4月17日
中	0.829	0.020	24.124	0.044	1.215	0.041	68.407	2.327	4月17日
平均值	0.8343	0.0190	24.1275	0.0511	1.2113	0.0465	68.156	2.4463	

在10组数据中，哈德门(金典)烟支克重波动性较均匀，标偏最大值为0.022 g，最小值为0.017 g，平均标偏为0.0190 g；烟支吸阻的波动性相对较大，标偏最大值为0.050 kPa，最小值为0.041 kPa，平均标偏为0.0465 kPa；烟支硬度及圆周标准均在正常范围之内。

3.1.2.2　槽深3.0 mm规格的平准器试验样品检测

随机抽取10组样品，每组样品30支卷烟进行烟支物理指标检测，检测结果如表4所示。

表4　槽深3.0 mm平准器哈德门(金典)卷烟物理指标完成情况

测试台	克重(g)		圆周(mm)		吸阻(kPa)		硬度(%)		数据来源
	平均值	标偏	平均值	标偏	平均值	标偏	平均值	标偏	
北	0.834	0.020	24.274	0.052	1.198	0.040	67.700	2.610	4月17日
北	0.825	0.014	24.270	0.058	1.206	0.038	67.960	2.460	4月17日
北	0.833	0.022	24.260	0.051	1.172	0.047	68.123	1.674	4月17日
北	0.829	0.016	24.255	0.043	1.198	0.040	67.417	1.899	4月17日
北	0.831	0.019	24.261	0.051	1.214	0.058	68.550	2.615	4月17日
北	0.833	0.020	24.265	0.046	1.165	0.047	68.673	1.839	4月17日
北	0.828	0.015	24.274	0.048	1.204	0.041	67.720	2.155	4月17日
北	0.833	0.021	24.245	0.048	1.217	0.038	67.780	1.824	4月17日
北	0.832	0.019	24.259	0.050	1.195	0.047	68.557	2.398	4月17日
北	0.838	0.019	24.269	0.048	1.220	0.042	68.240	1.660	4月17日
平均值	0.8316	0.0185	24.2632	0.0495	1.1989	0.0438	68.072	2.1134	

在10组数据中，哈德门(金典)烟支克重的波动性较均匀，标偏最大值为0.022 g，最小值为0.014 g，平均标偏为0.0185 g；吸烟支吸阻的波动性相对较大，标偏最大值为0.058 kPa，最小值为0.038 kPa，平均标偏为0.0438 kPa；烟支硬度及圆周标准均在正常范围之内。

3.1.2.3　槽深 2.8mm 规格的平准器试验样品检测

随机抽取 10 组样品，每组样品取 30 支卷烟进行烟支物理指标检测，检测结果如表 5 所示。

表 5　槽深 2.8 mm 平准器哈德门(金典)卷烟物理指标完成情况

测试台	克重(g)		圆周(mm)		吸阻(kPa)		硬度(%)		数据来源
	平均值	标偏	平均值	标偏	平均值	标偏	平均值	标偏	
南	0.840	0.020	24.115	0.063	1.230	0.035	70.907	2.524	4 月 17 日
南	0.838	0.022	24.122	0.058	1.224	0.044	70.827	2.597	4 月 17 日
南	0.835	0.017	24.124	0.052	1.217	0.040	70.490	2.346	4 月 17 日
南	0.841	0.020	24.127	0.052	1.229	0.042	71.533	2.330	4 月 17 日
南	0.824	0.018	24.125	0.050	1.173	0.050	71.277	2.017	4 月 17 日
南	0.834	0.018	24.121	0.045	1.229	0.046	70.340	2.075	4 月 17 日
南	0.842	0.018	24.123	0.054	1.211	0.046	70.837	2.482	4 月 17 日
南	0.829	0.019	24.111	0.049	1.194	0.042	71.200	2.405	4 月 17 日
南	0.837	0.014	24.131	0.044	1.216	0.040	70.710	2.394	4 月 17 日
南	0.835	0.019	24.114	0.066	1.206	0.043	70.483	2.435	4 月 17 日
平均值	0.08355	0.0185	24.1213	0.0533	1.2129	0.0428	70.8604	2.3605	

在 10 组数据中，哈德门(金典)烟支克重的波动性较均匀，标偏最大值为 0.022 g，最小值为 0.014 g，平均标偏为 0.0185 g；烟支吸阻的波动性相对较小，标偏最大值为 0.05 kPa，最小值为 0.035 kPa，平均标偏为 0.0428 kPa；烟支硬度及圆周标准均在正常范围之内。

3.1.2.4　槽深 2.5 mm 规格的平准器试验样品检测

随机抽取 10 组样品，每组样品 30 支卷烟进行烟支物理指标检测，检测结果如表 6 所示。

表 6　槽深 2.5 mm 平准器哈德门(金典)卷烟物理指标完成情况

测试台	克重(g)		圆周(mm)		吸阻(kPa)		硬度(%)		数据来源
	平均值	标偏	平均值	标偏	平均值	标偏	平均值	标偏	
北	0.834	0.020	24.166	0.053	1.182	0.047	70.763	2.212	4 月 17 日
北	0.831	0.015	24.154	0.063	1.186	0.035	70.640	2.458	4 月 17 日
北	0.835	0.022	24.151	0.057	1.208	0.048	70.697	2.504	4 月 17 日
北	0.834	0.021	24.155	0.055	1.186	0.045	70.927	2.319	4 月 17 日
北	0.825	0.017	24.146	0.046	1.176	0.039	70.340	2.230	4 月 17 日
北	0.829	0.020	24.145	0.053	1.187	0.047	70.693	1.766	4 月 17 日
中	0.831	0.021	24.170	0.051	1.204	0.048	69.370	2.009	4 月 17 日
中	0.829	0.017	24.158	0.046	1.196	0.041	69.673	2.393	4 月 17 日
中	0.834	0.018	24.156	0.055	1.215	0.044	70.620	2.612	4 月 17 日

续表

测试台	克重(g)		圆周(mm)		吸阻(kPa)		硬度(%)		数据来源
	平均值	标偏	平均值	标偏	平均值	标偏	平均值	标偏	
中	0.830	0.018	24.153	0.040	1.197	0.046	70.377	2.298	4月17日
平均值	0.8312	0.0189	24.1554	0.0519	1.1937	0.0440	70.4100	2.2801	

在10组数据中,哈德门(金典)烟支克重的波动性较均匀,标偏最大值为0.022 g,最小值为0.015 g,平均标偏为0.0189 g;烟支吸阻的波动性相对较大,标偏最大值为0.048 kPa,最小值为0.035 kPa,吸阻的平均值为1.1937 kPa,平均标偏为0.044 kPa;烟支硬度及圆周标准均在正常范围之内,但烟支有空沙头现象。

对以上四种不同规格平准器实验所测物理指标烟支克重及吸阻标准偏差进行比对(见图3和图4)。

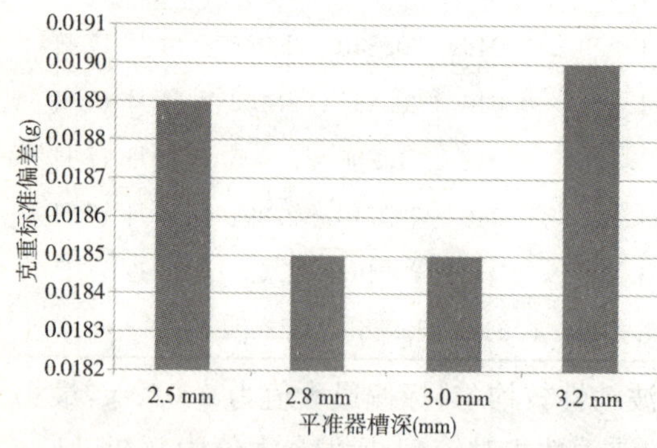

图3 哈德门(金典)不同规格平准器条件下克重平均标准偏差比对图

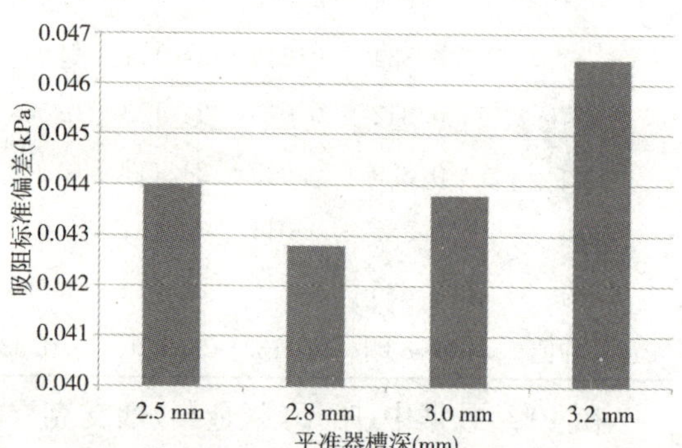

图4 哈德门(金典)不同规格平准器条件下吸阻平均标准偏差比对图

通过对比分析可知,不同规格平准器对哈德门(金典)烟支重量及吸阻标准偏差都有不同程度的影响,槽深为2.8 mm规格的平准器从物理指标来看,最适合哈德门(金典)卷烟的生产。

3.2 效果验证

6~8月跟踪验证试验效果。为了消除不同批次来料烟丝对试验效果验证的影响,车间分别在1号喂丝机(连接5号、6号卷烟机)、2号喂丝机(连接3号、4号)上各选1台卷烟机进行分组验证。4号、5号卷烟机为一组,更换槽深2.8 mm规格的平准器进行生产加工;3号、6号卷烟机继续使用现用的槽深为3.0 mm规格的平准器进行生产加工。经过3个月的跟踪验证,验证效果结果统计如表7所示。

表7 哈德门(金典)跟踪验证物理指标稳定性对比表

月份	机台	吸阻标准(Pa)	吸阻合格率(%)	硬度标偏(%)	硬度合格率(%)	重量标偏(mg)	重量合格率(%)
6月	3号、6号	50.88	98.062	2.359	99.518	20.20	99.428
6月	4号、5号	49.03	98.127	2.340	99.495	19.72	99.699

续表

月份	机台	吸阻标准(Pa)	吸阻合格率(%)	硬度标偏(%)	硬度合格率(%)	重量标偏(mg)	重量合格率(%)
7月	3号、6号	52.23	97.844	2.407	99.635	21.93	98.988
7月	4号、5号	49.81	98.028	2.291	99.667	19.34	99.639
8月	3号、6号	50.97	98.360	2.334	99.757	19.66	99.688
8月	4号、5号	48.73	98.226	2.395	99.482	19.54	99.468

使用槽深为2.8 mm规格平准器的机台加工烟支物理指标稳定性与使用槽深为3.0 mm规格平准器的机台加工烟支物理指标稳定性相比，烟支吸阻、硬度、重量标准偏差均值分别降低了2.17 Pa、0.025%、1.06 mg。

4 结论

本文通过平准器规格对哈德门(金典)烟支质量影响的试验研究，综合烟支密度、物理指标检测结果得出：槽深为2.8 mm规格的平准器是与哈德门(金典)卷烟加工最佳匹配的平准器。通过开展ZJ17卷接机组平准器规格对烟支质量影响的基础性研究，探索出不同规格平准器对哈德门(金典)烟支质量的影响趋势及规律，为今后产品加工、改造、研发时平准器的选择研究提供了参考。

参考文献

[1]国家烟草专卖局．卷烟工艺规范[M]，北京：中国轻工业出版社，2016.

[2]邓光华，邓玉明，吴玉波，等.卷烟卷接工专业知识[M]，郑州：河南科学技术出版社，2012.

[3]黄幼斌，谢忱．卷烟机主要设备参数对卷烟圆周稳定性的影响[J].设备管理与维修.2014(12)：55-57.

潍坊烟区 NC55 复烤烟叶感官质量与化学成分关系的多重分析

任浩[1]，陈帅伟[1]，李学刚[2]，刘群[1]，彭富余[1]

[1. 山东中烟工业有限责任公司技术中心，山东青岛，266101；
2. 山东中烟工业有限责任公司颐中烟草(集团)有限公司，山东青岛，266101]

[摘要] 选取潍坊 NC55 品种复烤 C3F 等级的 123 份样品为材料，采用相关分析、灰色关联度分析、通径分析以及多元线性回归分析对该烟叶感官质量与化学成分的关系进行研究。结果表明：NC55 烟叶的感官质量与总糖、还原糖、总氮、总烟碱呈正相关，与糖碱比、氮碱比、两糖比呈负相关；其香型为中间偏浓，感官质量中等偏上；总糖与香吃味品质的灰色关联度最大；烟碱含量是制约潍坊 NC55 复烤烟叶香吃味品质的关键因子，适当提高烟碱含量可以提高烟叶的感官品质。

[关键词] NC55；复烤烟叶；化学成分；感官质量；关系

烟叶化学成分作为衡量烟叶品质的重要指标，是烟叶质量特征和香味风格形成的物质基础，对感官质量起决定性作用[1,2]，并且与品种、生态存在密切的关系[3]。明确不同产区、不同品种烟叶的化学成分与感官质量的关系一直是工业企业配方人员的研究热点之一。张锦涛[4]研究表明，大理白族自治州红大品种烟叶中的烟碱与香气量呈正相关，与杂气呈负相关。薛琳等[5]通过研究皖南烟区烤烟化学成分含量和感官品质的关系，得出感官评吸得分与总糖、还原糖、总糖/总植物碱、氮碱比均呈显著或极显著正相关，与烟碱、总氮、钾、氯和施木克值均呈极显著负相关。林顺顺等[6]采用偏最小二乘回归(PLSR)方法对湖南主产区烟叶的化学成分与感官质量的关系进行了分析，结果表明，糖碱比与感官刺激性、杂气呈显著负相关，与柔细度、余味显著正相关；总植物碱对香气质具有显著负影响；总氮、总植物碱显著贡献于感官刺激性的增强；还原糖对消除杂气具有显著贡献；钾、氯对增强感官柔细度、降低劲头具有显著贡献。夏冰冰等[7]对遵义烟区上部烟叶的感官质量与化学成分进行了分析，相关性分析结果表明，总糖、还原糖、糖碱比与香气质、余味、杂气、刺激性得分、评吸总分存在正相关性；总植物碱、总氮、挥发碱与香气质、余味、杂气、刺激性得分、评吸总分存在负相关性；钾、钾氯比与香气量、余味得分存在正相关性，氯与香气量、余味得分存在负相关性；通径分析结果表明，总糖、总植物碱、氮碱比对香气质、香气量和余味均有较大的正向直接效应，总氮、糖碱比、施木克值对各评吸指标均有较大的负向直接效应。但有关潍坊烟区 NC55 烟叶感官质量与化学成分的研究很少。NC55 品种的主要植烟区在潍坊。该品种烟叶香气质较好、量较充足、劲头适中、工业可用性较好[8]，因此，对潍坊烟区 NC55 品种复烤烟叶的化学成分与感官质量开展分析，明确两者之前的关系，可为原料的评价和选择提供科学依据。

1 材料与方法

1.1 样品采集

按烟叶原料取样的一般原则[9]，从青岛卷烟厂原料库房中选取 2011～2016 年产自山东潍坊贾悦、石桥子、枳沟的 NC55 品种复烤烟叶，等级为 C3F，样品数量共计 41 个。

1.2 烟叶化学成分的测定方法及评价指标

采用连续流动法[10~14]测定烟叶样品中总糖、总烟碱、总氮、还原糖、钾、氯的含量，并计算钾氯比、糖碱比、氮碱比、两糖比，每个样品重复测定 3 次。

1.3 烟叶感官质量评价方法及统计方法

组织山东中烟技术中心 5 名评委，采用标度为 9 的单料烟评价打分标准[15]（见表 1），对样品的内在质量进行检验评价，分别按香型、香气质、香气量、杂气、浓度、劲头、刺激性、余味、燃烧性、灰色进行打分，并计算其平均值。

表 1　单料烟评吸质量指标及评分标准

香型	香气质	香气量	杂气	浓度	劲头	刺激性	余味	燃烧性	灰色
清香型（1～2）	很差（1）	很少（1）	很重（1）	很淡（1）	很小、很大（1～2）	很大（1）	不净、不舒适（1）		
	差（2）	少（2）	重（2）	淡（2）		大（2）	略净、略舒适（2）	熄火（1～3）	黑灰（1～3）
清香偏中间香型（3～4）	较差（3）	较少（3）	较重（3）	较淡（3）	大、小（3～4）	较大（3）	尚净、尚舒适（3）		
	稍差（4）	稍有（4）	稍重（4）	稍淡（4）		稍大（4）	较净、稍舒适（4）		
中间香型（5）	中（5）	有（5）	有（5）	中（5）	较大、较小（5～6）	有（5）	较净、较舒适（5）	中等（4～6）	灰白（4～6）
中间偏浓香型（6～7）	稍好（6）	稍多（6）	略有（6）	稍浓（6）		略有（6）	较净、较舒适（6）		
	较好（7）	较多（7）	稍有（7）	较浓（7）	稍小、稍大（7～8）	稍有（7）	尚纯净、舒适（7）		
浓香型（8～9）	好（8）	多（8）	似有（8）	浓（8）		似有（8）	较纯净、舒适（8）	强（7～9）	白（7～9）
	很好（9）	很多（9）	无（9）	很浓（9）	中（9）	无（9）	纯净、舒适（9）		

1.4 检测数据分析

采用SPSS 21.0、DPS 7.5统计分析软件对感官质量及化学成分各项指标数据进行描述性统计分析[16]、相关性分析[16]、逐步回归分析[16]、灰色关联度分析[17]、通径分析[17]。

2 结果与分析

2.1 烟叶化学成分及其比值与感官质量综合分析

由表2可知，烟叶样品感官质量的各项指标变异系数分布在8.27%～14.38%，说明感官质量各项相对稳定；烟叶化学成分及比值的各项指标变异系数分布在9.68%～50.37%，说明部分化学成分指标存在广泛变异，其中以钾氯比的变异系数最大，为50.37%。从峰度系数和偏度系数可以得出，总糖、氯、钾、总氮、钾氯比、香型、香气量、刺激性的峰度系数大于0，为尖峭峰，数据相对集中，比正态分布有更短的尾部，其中总糖、总氮、钾氯比的偏度系数大于0，为正向偏态，其余为负向偏态峰；还原糖、烟碱、糖碱比、氮碱比、香气质、杂气、浓度、劲头、余味、燃烧性、灰色峰度系数小于0，为平峰分布，数据相对分散，比正态分布有更长的尾部，其中烟碱、糖碱比、氮碱比、杂气、浓度、劲头的偏度系数大于0，为正向偏态峰，其余为负向偏态峰。

表2 烟叶化学成分与感官质量描述性统计分析

指标	最小值	最大值	平均值	变异系数	偏度系数	峰度系数
总糖(%)	19.88	34.37	24.76	14.92	0.90	1.12
还原糖(%)	16.47	23.63	20.53	9.68	−0.16	−0.62
烟碱(%)	2.01	3.34	2.51	16.41	0.68	−0.92
氯(%)	0.15	0.73	0.48	31.61	−0.27	0.21
钾(%)	1.33	2.13	1.83	11.46	−0.75	0.74
总氮(%)	1.53	2.43	1.99	10.75	0.19	0.77
糖碱比	6.67	15.01	10.15	24.16	0.42	−0.55
氮碱比	0.61	1.14	0.81	19.03	0.37	−0.63
钾氯比	1.82	11.33	4.40	50.37	1.99	5.10
香型	5.00	7.00	6.17	8.34	−0.04	0.62
香气质	5.00	7.00	5.83	10.51	−0.12	−0.77
香气量	5.00	7.00	5.97	9.30	−0.43	0.03
杂气	5.00	6.50	5.51	10.36	0.74	−0.82
浓度	5.00	7.50	6.03	13.18	0.10	−1.18

续表

指标	最小值	最大值	平均值	变异系数	偏度系数	峰度系数
劲头	5.50	7.00	5.98	8.27	0.53	−1.01
刺激性	4.00	7.00	5.94	12.20	−0.95	1.87
余味	5.00	6.50	5.73	9.00	−0.05	−0.97
燃烧性	6.00	8.00	7.11	14.38	−0.24	−2.20
灰色	6.00	8.00	6.86	12.12	0.36	−1.45

2.2 烟叶化学成分及其比值与感官质量的相关性分析

从表 3 可以得出，总糖、还原糖、总烟碱、总氮、糖碱比、氮碱比、两糖比与感官质量存在相关性。其中，总糖与杂气呈显著正相关；还原糖与香气质呈极显著正相关；总烟碱与浓度呈显著正相关，与劲头呈极显著正相关；总氮与浓度呈极显著正相关；糖碱比与浓度呈显著负相关；氮碱比与劲头呈极显著负相关；两糖比与杂气的降低呈极显著负相关，与刺激性的降低、余味呈显著负相关。

表 3　烟叶化学成分及其比值与感官质量相关性分析

指标	总糖(%)	还原糖(%)	总烟碱(%)	氯(%)	钾(%)	总氮(%)	糖碱比	氮碱比	钾氯比	两糖比
香型	−0.163	0.070	0.194	0.090	0.232	0.285	−0.168	0.063	−0.097	0.333
香气质	0.371	0.629**	0.302	0.179	−0.434	−0.056	0.077	−0.258	−0.130	0.059
香气量	0.168	0.379	0.037	0.2 94	−0.172	0.398	0.102	0.234	−0.145	0.112
杂气	0.558*	0.168	0.121	−0.188	−0.117	0.167	0.291	−0.010	0.283	−0.619**
浓度	−0.272	−0.372	0.531*	0.287	−0.256	0.651**	−0.479*	−0.015	−0.147	0.105
劲头	−0.012	0.010	0.638**	0.117	−0.319	−0.414	−0.383	−0.746**	−0.238	−0.018
刺激性	0.396	0.127	−0.140	−0.053	−0.206	−0.060	0.342	0.089	0.034	−0.521*
余味	0.340	0.005	−0.120	−0.214	−0.155	−0.212	0.283	−0.035	0.169	−0.549*
燃烧性	0.289	0.154	−0.197	0.326	−0.420	0.326	0.284	0.344	−0.155	−0.265
灰色	0.019	−0.062	−0.354	−0.296	0.433	−0.378	0.195	0.001	0.150	−0.105

注：* 表示 $p<0.05$，* * 表示 $p<0.01$。

2.3 烟叶化学成分及其比值与感官质量的灰色关联分析

在感官评吸指标中，将香气质、香气量、杂气、浓度、劲头、刺激性、余味得分相加，作为单料烟香吃味指标，去除香型、燃烧性、灰色等指标对感官质量总分的影响，使其符合工业企业的实际需求情况，然后进行灰色关联度分析，研究烟叶化学成分与香吃味的关系。

通过对烟叶香吃味与化学成分及相关比值数据进行灰色关联度的分析，得出表 4，并由此得出总糖与烟叶香吃味的灰色关联度最大、氯含量与烟叶香吃味的灰色关联度最小，分别为 0.7923 和 0.4811。灰色关联度分析主要用于比较各关联度的大小，其值越大，则关联程度越高。通过分析，得出总糖、还原糖、糖碱比与烟叶香吃味的关联性较大，这与相关性分析的结果基本一致。

表 4　烟叶化学成分及其比值与感官质量灰色关联度分析

指标	关联系数	关联序
总糖	0.7923	1
还原糖	0.7100	2
糖碱比	0.5704	3
钾氯比	0.5142	4
总烟碱	0.4972	5
总氮	0.4930	6
钾	0.4918	7
两糖比	0.4839	8
氮碱比	0.4837	9
氯	0.4811	10

2.4　烟叶化学成分及其比值与感官质量的逐步回归分析

对感官评价指标中的香气质、香气量、杂气进行得分相加，作为烟叶的香气品质指标，将浓度、劲头、刺激性、余味进行相加，作为烟叶的吃味品质指标，将香气品质、吃味品质进行相加，作为烟叶的香吃味品质，以总糖（X_1）、还原糖（X_2）、总烟碱（X_3）、氯（X_4）、钾（X_5）、总氮（X_6）、糖碱比（X_7）、氮碱比（X_8）、钾氯比（X_9）、两糖比（X_{10}）作为自变量，进行逐步回归分析，得到的方程如下：

香气品质：$Y=12.15-0.51X_1+1.17X_2+1.42X_3+3.65X_6-20.34X_{10}$（$R=0.8825$，$F=8.4464$，$p=0.0013$），经检验达到了极显著水平。

吃味品质：$Y=73.62-1.54X_1+1.77X_2+2.16X_3-64.00X_{10}$（$R=0.7208$，$F=3.5137$，$p=0.0373$），经检验达到了显著水平。

香吃味品质：$Y=3.41+8.65X_3+1.12X_7+7.42X_8-0.35X_9$（$R=0.7643$，$F=4.5654$，$p=0.016$），经检验达到了显著水平。

由回归方程可知，总糖、还原糖、总烟碱、总氮、两糖比与烟叶的香气品质存在显著回归关系；总糖、还原糖、总烟碱、两糖比与烟叶的吃味品质存在显著回归关系；总烟碱、糖碱比、氮碱比、钾氯比与烟叶的香吃味质存在显著回归关系。

2.5　烟叶化学成分及其比值与感官质量的通径分析

为进一步明确多元回归分析确定的相关化学成分对烟叶香气品质、吃味品质、香吃味品质的具体影响，再次将上述化学成分指标作为自变量，以香气品质、吃味品质、香吃味品质为因变量，进行通径分析。分析结果如表 5 至表 7 所示。

由表 5 可知，还原糖、总烟碱、总氮对香气品质起直接正作用，还原糖对香气品质的直接正作用最大，香气品质随还原糖、总烟碱、总氮含量的增加而提升。总糖、两糖比对香气品质起直接负作用，香气品质随着总糖、两糖比比值的增加而降低。

由表 6 可知，还原糖、总烟碱对吃味品质起直接正作用，即随着还原糖、总烟碱含量的增加，吃味品质提高。总糖、两糖比对吃味品质起直接负作用，即随着总糖含量及两糖比比值的增加，吃味品质降低。

由表 7 可知，除钾氯比对香吃味品质起直接负作用外，总烟碱、糖碱比、氮碱比对香吃味品质起直接正作用，即香吃味品质随着总烟碱含量及糖碱比和氮碱比比值的增加而提升，随钾氯比比值的增加而降低。

表 5　香气品质与化学成分的通径分析

因子	直接作用系数	间接作用系数总和	$\to X_1$	$\to X_2$	$\to X_3$	$\to X_6$	$\to X_{10}$
X_1	-1.5395	2.0580		1.3198	-0.1322	-0.0886	0.9590
X_2	1.8924	-1.3313	-1.0737		-0.0963	-0.2726	0.1113
X_3	0.4738	-0.2512	0.4295	-0.3849		0.0099	-0.3057
X_6	0.6326	-0.4042	0.2155	-0.8154	0.0074		0.1883
X_{10}	-1.2477	1.0351	1.1833	-0.1688	0.1161	-0.0955	

表 6　吃味品质与化学成分的通径分析

因子	直接作用系数	间接作用系数总和	$\to X_1$	$\to X_2$	$\to X_3$	$\to X_{10}$
X_1	-3.7530	3.9119		1.6198	-0.1638	2.4559
X_2	2.3226	-2.4518	-2.6174		-0.1194	0.2850
X_3	0.5870	-0.2080	1.0472	-0.4723		-0.7829
X_{10}	-3.1950	2.8214	2.8848	-0.2072	0.1438	

表 7　香吃味品质与化学成分的通径分析

因子	直接作用系数	间接作用系数总和	$\to X_3$	$\to X_7$	$\to X_8$	$\to X_9$
X_3	1.5912	-1.2128		-0.9562	-0.4083	0.1517
X_7	1.2247	-1.1828	-1.2425		0.2919	-0.2322
X_8	0.5113	-0.6839	-1.2707	0.6992		-0.1124
X_9	-0.3453	0.2906	-0.6992	0.8234	0.1664	

3　结论

山东潍坊 NC55 复烤烟叶的香型为中偏浓香型，香气质中上、劲头较大、杂气稍有、香气量较足、浓度适中至稍大、刺激性较重、余味较舒适、燃烧性较好、烟灰灰白。主要感官质量指标变异系数小于 15％，相对稳定。主要化学指标及其比值变异系数（大于 15％）的排序为钾氯比(50.37%)＞氯(31.61%)＞糖碱比(24.16%)＞氮碱比(19.03%)＞烟碱(16.41%)，其他指标相对稳定。总糖与杂气、还原糖与香气质、总氮与浓度、总烟碱与浓度、劲头呈极显著或显著正相关；糖碱比与浓度、氮碱比与劲头、两糖比与杂气、刺激性、余味呈显著或极显著负相关，这与灰色关联度的分析结果基本一致。多元回归方程显示，总烟碱分别与烟叶的香气品质、吃味品质、香吃味品质存在显著回归关系，通径分析进一步得出了总烟碱对上述三项品质的有正向作用，并对香吃味品质的直接作用系数最大，因此，笔者认为总烟碱是影响潍坊 NC55 品种复烤烟叶香吃味品质的关键因子。

参考文献

[1]中国农业科学研究院烟草研究所．中国烟草栽培学[M]. 上海：上海科学技术出版社，1987.

[2]朱尊权．烟叶的可用性与卷烟的安全性[J]. 烟草科技，2000(8)：3-6.

[3]刘好宝．清甜香烤烟质量特色成因及其关键栽培技术研究[D]. 北京：中国农业科学院，2012.

[4]张锦韬．红大烟叶化学成分与感官评吸质量特征及相互关系研究[D]. 长沙：湖南农业大学，2011.

[5]薛琳，朱启法，季学军，等. 皖南烤烟烟叶化学成分与感官品质的相关性[J]. 烟草科技，2016，49(11)：26-32.

[6]林顺顺，张晓鸣．基于 PLSR 分析烟叶化学成分与感官质量的相关性[J]. 中国烟草科学，2016，37(1)：78-82.

[7]夏冰冰，梁永江，张扬，等. 遵义烟区上部烟叶化学成分与感官评吸的相关性[J]. 中国烟草科学，2015，36(1)：30-34.

[8]张新龙，刘仕民，刘江，等. 引进的美国烤烟 NC55 品种质量评价与分析[J]. 安徽农业科学，2014，42(22)：7567，7570.

[9]全国烟草标准化技术委员会．烟草成批原料取样的一般规则(GB/T 19616—2004)[S]. 北京：中国标准出版社，2005.

[10]全国烟草标准化技术委员会．烟草及烟草制品　总氮的测定　连续流动法(YC/T 161—2002)[S]. 北京：中国标准出版社，2004.

[11]全国烟草标准化技术委员会卷烟分技术委员会．烟草及烟草制品　氯的测定　连续流动法(YC/T 162—2011)[S]. 北京：中国标准出版社，2011.

[12]全国烟草标准化技术委员会．烟草及烟草制品　水溶性糖的测定　连续流动法(YC/T 159—2002)[S]. 北京：中国标准出版社，2004.

[13]全国烟草标准化技术委员会．烟草及烟草制品　钾的测定　连续流动法(YC/T 217—2007)[S]. 北京：中国标准出版社，2007.

[14]全国烟草标准化技术委员会卷烟分技术委员会．烟草及烟草制品　总植物碱的测定　连续流动(硫氰酸钾)法(YC/T 468—2013)[S]. 北京：中国标准出版社，2013.

[15]全国烟草标准化技术委员会．烟草及烟草制品　感官评价方法(YC/T 138—1998)[S]. 北京：中国标准出版社，1998.

[16]王璐，王沁．统计软件 SPSS 完全学习手册与实战精粹[M]. 北京：化学工业出版社，2013.

[17]唐启义，冯光明．DPS 统计分析系统[M]. 北京：科学出版社，2006.

细支卷烟燃烧温度与烟丝尺寸分布的关系

吕健，孙强，孙东亮，张晋，李洪涛，周仕禄，孟杰

（山东中烟工业有限责任公司，山东济南，250014）

［摘要］为探索烟丝尺寸分布对细支卷烟燃烧温度的关系，本文分析了不同切丝宽度、不同筛分尺寸混配后细支卷烟燃烧温度变化规律。结果表明：在一定范围内，随着切丝宽度的增加，燃烧温度先降后升；同一切丝宽度下，长丝比例增加，温度降低，碎丝比例增加，温度升高。

［关键词］细支卷烟；燃烧温度；切丝宽度；烟丝尺寸分布

细支卷烟发展的时间还很短，由于其圆周降低，吸阻增大，在长度不变或者增加的情况下，烟支密度基本与普通卷烟相近，因此，其物理、化学、感官特性均发生了相应的变化，原有普通卷烟的研究结果[1~4]已不适用于细支卷烟，只能作为参考。卷烟燃烧锥的温度是影响主、侧流烟气中化学成分及含量进而影响卷烟品质最基本的特性参数之一。它直接影响着燃烧锥后烟草成分的热解合成反应，影响着卷烟各种挥发、半挥发的成分向烟气中的输送量，也与烟气中有害成分的多少有很大的关联[5,6]。红外成像仪与其他测温方法相比，在对温度分布不均匀的大面积目标的表面温度场进行测量和在有限的区域内快速确定过热点或过热区域两个方面具有明显的优势。红外热像仪的这些特点非常适合烟草燃烧温度的实时、全程和深度监测，而且测温精度高、数据信息量大，便于后期分析[7,8]。

本文以某品牌细支卷烟为研究对象，通过在合理范围内选择 4 种烟丝宽度[9]，并对同一宽度的烟丝进行筛分，得到 4 种不同长度范围的烟丝，在保持卷烟材料不变、卷制过程工艺参数稳定的情况下，采用混料均匀设计方案[10]，按不同比例进行掺配并卷制，获得不同烟丝尺寸的细支卷烟样品，测定细支卷烟样品燃烧状态的变化情况，利用统计分析软件，找出烟丝尺寸分布与燃烧特性指标之间的相关性。

1　材料与方法

1.1　原料与材料

“泰山”品牌某规格细支卷烟配方叶组，香精香料及卷烟包装材料，由山东中烟工业有限责任公司济南卷烟厂提供。

1.2 设备与仪器

PROTOS 1-8卷烟机(德国HAUNI公司);FOCKE FK3包装机(德国FOCKE公司);改进后的YQ-2烟丝振动分选筛(郑州嘉德机械科技有限公司);EV-2515烟丝宽度影像测量仪(珠海市怡信测量科技有限公司);FED240鼓风干燥箱;Quantum NEO综合测试台(英国斯茹林公司);MW3220水分密度仪(德国 TEWS公司);Mikron-7500HT红外热成像仪(美国Mikron公司);RM1/Plus单孔道吸烟机(德国博瓦特凯希公司);KBF240恒温恒湿箱(德国BINDER公司);SM450直线型吸烟机(英国斯茹林公司);QTM05吸阻仪(英国斯茹林公司);XS104电子天平(瑞士梅特勒托利多公司)。

1.3 试验方法

1.3.1 切丝宽度分布

根据细支卷烟常用烟丝宽度,通过调整切丝机切丝宽度,形成0.65 mm、0.75 mm、0.85 mm、0.95 mm四个梯度烟丝样品。经干燥后实测烟丝宽度均小于设定烟丝宽度0.03～0.05 mm,应与烟丝干燥后的体积收缩有关。

1.3.2 烟丝筛分与掺配

使用YQ-2烟丝振动分选筛及孔径为6.80 mm、4.32 mm、2.29 mm的三层筛网,对同一切丝宽度的烟丝进行筛分,分为>6.80 mm(简称“长丝”)、4.32～6.80 mm(简称“中长丝”)、2.29～4.32 mm(简称“短丝”)、<2.29 mm(简称“碎丝”)四个烟丝尺寸区间。

由于各长度烟丝的比例之和总是为1,采用混料均匀设计方案,可以合理地选择少量试验点,通过一些不同配比的试验,得到试验指标与成分百分比之间的回归方程,并进一步探讨组成与试验指标之间的内在规律。以4因素(烟丝尺寸)、9水平(混料比例)进行混料均匀设计,选取试验次数较多的$U_9*(9^4)$均匀设计表变换为$UM_9(9^4)$混料均匀设计表[11](见表1)。

表1 U9 * (9^4)混料均匀设计表

序号	1	2	3	4
1	1	3	7	9
2	2	6	4	8
3	3	9	1	7
4	4	2	8	6
5	5	5	5	5
6	6	8	2	4
7	7	1	9	3
8	8	4	6	2
9	9	7	3	1

根据均匀试验设计表进行表头设计,由于混料均匀设计会多出一列,根据使用表(见表2)选用2、3、4列作为转换依据。得到每种切丝宽度下各9种混料方案(见表3),均匀掺配后使用PROTOS 1-8卷烟机,按照某品牌细支卷烟规格卷制成36个样品。

表 2 U9 * (9^4)的使用表

s	列号	D
2	1 2	0.1574
3	2 3 4	0.1980

表 3 烟丝长度混料试验均匀设计表 UM9(9^4) (单位:%)

试验序号	<2.29	2.29~4.32	4.32~6.80	>6.80
1	52.37	34.75	9.80	3.08
2	44.10	15.14	31.94	8.82
3	16.70	1.89	74.99	6.42
4	30.70	44.97	4.79	19.54
5	28.06	20.63	23.25	28.06
6	14.94	5.90	55.68	23.48
7	10.30	61.84	1.08	26.78
8	9.51	27.01	15.93	47.55
9	2.63	10.28	42.43	44.66

1.3.3 细支卷烟燃烧温度的测定

按照《烟草及烟草制品 调节和测试的大气环境》(GB 16447—2004)《卷烟常规分析用吸烟机测定总粒物相和焦油》(GB/T 19609—2004)的要求,随机抽取 5 盒样品拆包,散放在恒温恒湿箱内,控制温度(22±1)℃,相对湿度(60±3)%,平衡 48 h。抽取 50 支卷烟,称重,计算平均单支重量,挑选平均值±0.02 g 范围内的卷烟;用吸阻仪测定各卷烟样品吸阻,计算平均值,挑选平均值±50 Pa 范围内的卷烟。

采用单孔道吸烟机抽吸细支卷烟,参数设置:抽吸持续时间 2 s,容量 35 mL,间隔 60 s。烟蒂长度:接装纸+3 mm。

采用红外成像仪测定细支卷烟第三口燃烧温度,红外成像仪参数:频谱范围 8~13 μm,测温范围 400 ℃~1000 ℃,测试距离 15 cm。取 10 支卷烟燃烧温度平均值为测定结果。

将同一切丝宽度、不同长度烟丝,按照均匀设计方案掺配后卷制,测试样品燃烧温度,利用 Minitab 软件进行回归,分析第三口燃烧温度与掺配比例的相关性。

2 结果与讨论

2.1 切丝宽度对燃烧温度的影响

将 4 种切丝宽度不同、长短丝配比的 36 个样品第三口温度值取平均,对应切丝宽度作图(见图 1),可以发现从 0.65 mm 到 0.85 mm,随着切丝宽度的增大,温度逐渐降低,到 0.95 mm 时温度又有提高,但未超过 0.75 mm 切丝宽度的样品燃烧温度。分析原因,在卷烟物理指标都一致的情况下,随着切丝宽度的增加,卷烟中部烟丝透气性下降,氧气进入阻力上升，燃烧不充分，温度随之降低。烟丝宽度增大到 0.95 mm 时，可能是不同长度烟丝掺配后，对烟支透气的效应大于烟丝宽度带来的影响，从而造成燃烧温度回升。这种变化趋势与相关研究中的切丝宽度对卷烟烟气焦油量的影响关系类似。

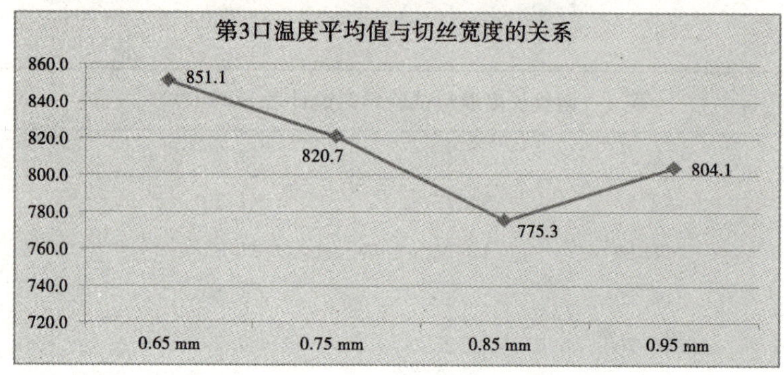

图 1　燃烧温度与切丝宽度的相关性

利用 Minitab 分析软件进行拟合，可以得到二次回归曲线，用于计算不同燃烧温度对应的切丝宽度。

2.2　烟丝尺寸分布对燃烧温度的影响

2.2.1　碎丝比例与燃烧温度相关性

可以发现，切丝宽度为 0.65 mm、0.85 mm、0.95 mm 各组样品趋势较一致，即第三口温度与碎丝比例呈正相关；切丝宽度为 0.75 mm 样品趋势与之相反（见图 2）。碎丝比例增加，在烟支密度不变的情况下，烟丝缠绕减少，空隙加大，有利于空气通过燃烧锥，增加氧气供给，从而提高燃烧温度。

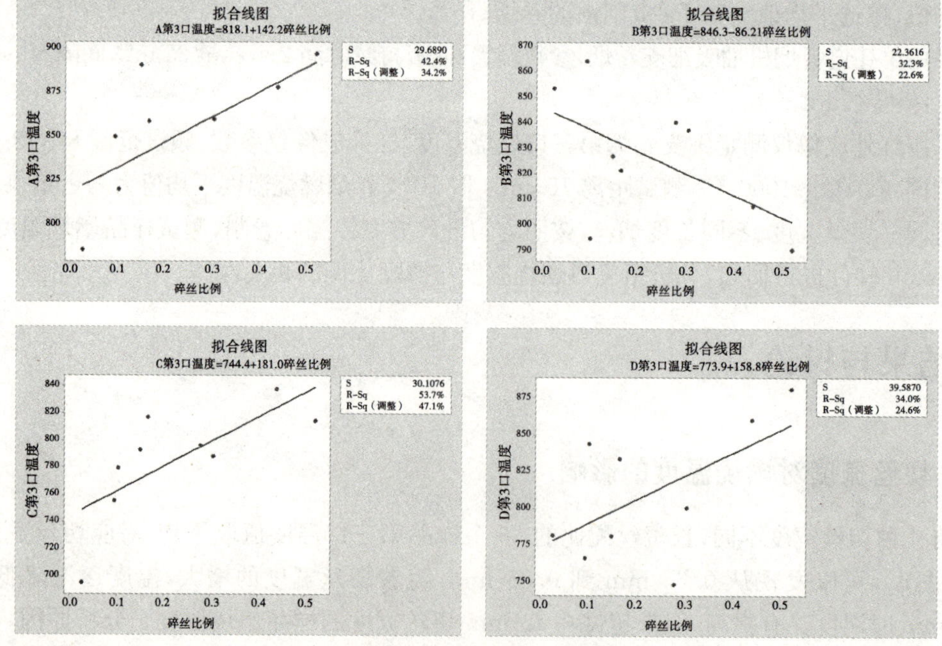

图 2　不同切丝宽度细支卷烟碎丝比例与燃烧温度关系

2.2.2 长丝比例与燃烧温度相关性

切丝宽度为 0.65 mm、0.85 mm、0.95 mm 各组样品第三口温度与长丝比例呈负相关；切丝宽度为 0.75 mm 样品趋势与之相反(见图 3)。长丝比例增加，烟丝缠绕多，透气性差，燃烧不充分，从而温度下降。

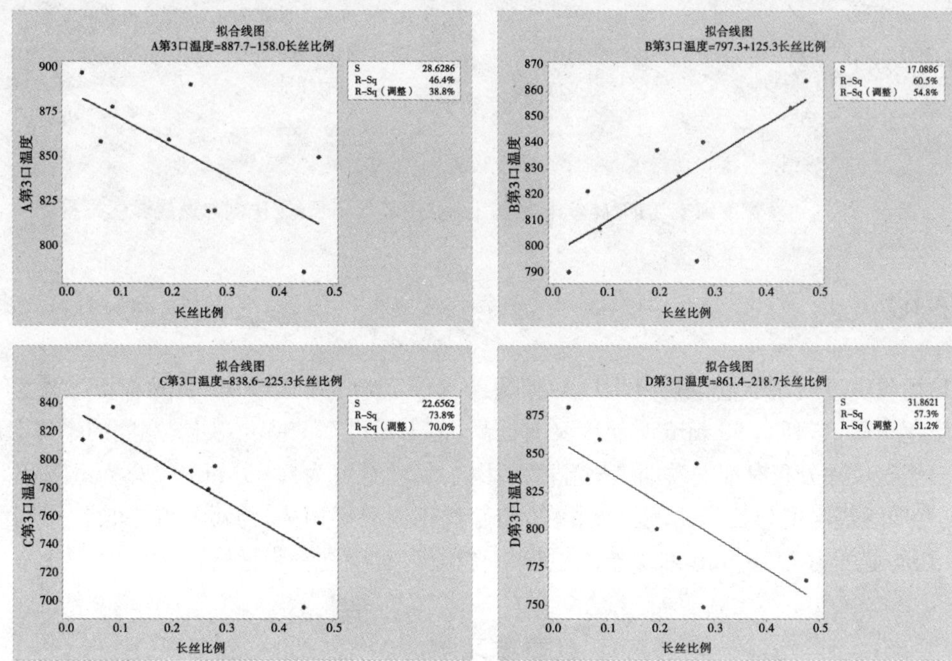

图 3　不同切丝宽度细支卷烟长丝比例与燃烧温度关系

2.2.3 短丝和中长丝比例与燃烧温度相关性

各切丝宽度的短丝及中长丝掺配比例与温度没有相关性(见图 4)；“碎丝＋短丝”“短丝＋中长丝”“中长丝＋长丝”的组合与温度没有相关性(见图 5)。

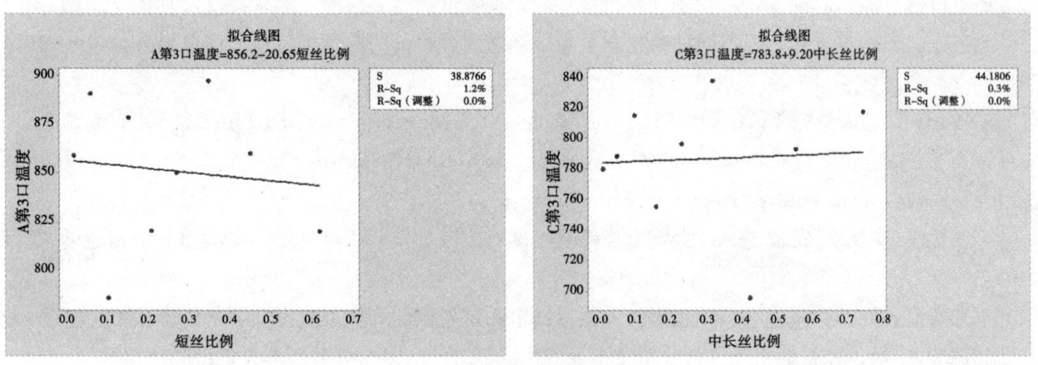

图 4　不同切丝宽度细支卷烟短丝、中长丝比例与燃烧温度关系

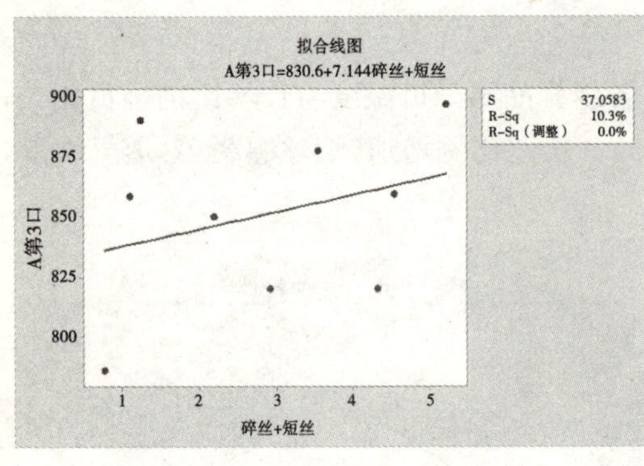

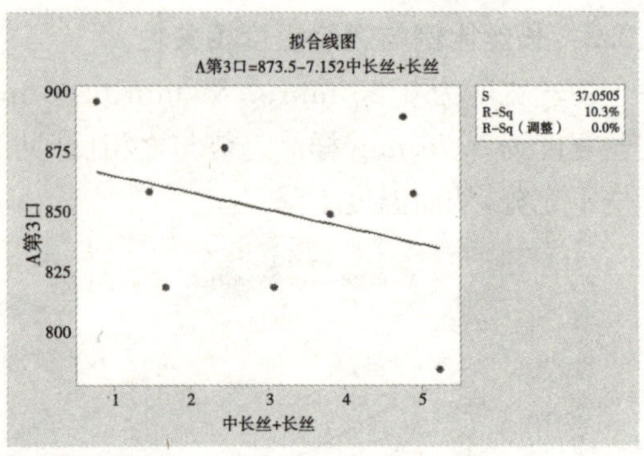

图 5 不同切丝宽度细支卷烟“碎丝＋短丝”比例“中长丝＋长丝”比例与燃烧温度关系

3 结论

(1)切丝宽度对细支卷烟燃烧温度的影响：从 0.65 mm 到 0.85 mm，随着切丝宽度的增大，温度逐渐降低，到 0.95 mm 时温度又有提高，但未超过 0.75 mm 切丝宽度的燃烧温度。

(2)烟丝尺寸分布对细支卷烟燃烧温度的影响：切丝宽度为 0.65 mm、0.85 mm、0.95 mm 的细支卷烟燃烧温度与长丝比例呈负相关，与碎丝比例呈正相关，与短丝或中长丝比例无相关性。切丝宽度为 0.75 mm 细支卷烟趋势与之相反，有待进一步考察。

参考文献

[1]余娜，申晓锋，徐大勇，等.基于分形理论的烟丝尺寸分布表征方法[J].烟草科技，2012(4)：5-8.

[2]罗登山，曾静，刘栋，等.叶片结构对卷烟质量影响的研究进展[J].郑州轻工业学院学报(自然科学版)，2010.25(2)：13-17.

[3]夏营威，冯茜，赵砚棠，等.基于计算机视觉的烟丝宽度测量方法[J].烟草科技，2014(9)：10-14.

[4]王乐，李斌，鲁端峰，等.不同抽吸状态下卷烟动态通风特征的数值模拟[J].烟草科技，2016，49(1)：60-65.

[5]B. Li，L. Zhao，C. Yu，et al.. Effect of Machine Smoking Intensity and Filter Ventilation Level on Gas-Phase Temperature Distribution Inside a Burning Cigarette[J]. *Beiträge zur Tabakforschung International/Contributions to Tobacco Research*，2014. 26(4)：13.

[6]张优茂，李旭华，黄翼飞，等.卷烟燃烧峰值温度对主流烟气 CO 释放量的影响[J].中国造纸，2011，30(9)：39-43.

[7]郑赛晶，顾文博，张建平，等.利用红外测温技术测定卷烟的燃烧温度[J].烟草科技，2006(7)：5-10.

[8]周顺，宁敏，等.卷烟燃烧热解分析技术及应用[M].合肥：中国科学技术大学出版社，2017.

[9]田忠，陈闯，许宗保，等.制丝关键工序对细支卷烟燃烧温度及主流烟气成分的影响[J].中国烟草学报，2015，21(6)：19-26.

[10]李洪涛，杨成.基于混料均匀设计的细支烟烟丝尺寸优化[J].济南大学学报(自然科学版)，2018，32(2)：146-149，155.

[11]李云雁，胡传荣.试验设计与数据处理[M].北京：化学工业出版社，2018.

[12]张槐苓.叶丝宽度对卷烟烟气焦油量的影响[J].烟草科技，1996(5)：5.

基于达西公式的雪茄内胚吸阻形成规律

孙东亮

（山东中烟工业有限责任公司济南卷烟厂，山东济南，250104）

［摘要］为探索雪茄内胚吸阻的形成规律，提高吸阻的稳定性，本文基于固体颗粒固定床压降理论和雪茄内胚固定床特征分析，在试验基础上进行了吸阻理想模型的推导、理论模型的预测，采用变量转换、单因素方差分析、逐步回归等手段，筛选其关键影响因素，最终建立雪茄内胚吸阻的应用模型。结果表明：雪茄内胚吸阻与长度、直径、填充密度、茄芯身份共4个因素存在显著相关性；吸阻与内胚长度、填充密度的3次幂呈正比例相关，与内胚直径4次幂呈反比例相关，且受茄芯身份及身份混料比的影响；控制内胚吸阻可从填充密度和茄芯身份及其混料比入手；基于达西公式可以科学合理、准确有效地指导内胚吸阻建模。

［关键词］雪茄；内胚；吸阻；模型；构建；回归

吸阻是卷烟制品研究的重要方向[1]，也是影响雪茄抽吸体验的重要指标。国内对卷烟吸阻的研究较多[2~14]，且主要集中在吸阻与其他指标间的关系、不确定度测量等方面，对雪茄吸阻的研究鲜有报道。除个别文献[15]外，其吸阻研究[4~11]中多将单支质量作为独立因素处理，未参考吸阻形成的基本模型（达西公式）。王乐、孙东亮的研究[2,3,16]虽涉及了与吸阻形成机理有关的达西公式，但因研究方向原因未予展开，研究尚不够细致。

手卷雪茄内胚是由碎片状茄芯填充、叶束状茄套包裹而成的圆柱体。与卷烟两端存在压实段[17,18]不同，卷制参数的差异影响，内胚吸阻波动大，困扰着雪茄生产，但同时也为内胚吸阻的控制、调节提供了良好的技术条件，成为吸阻建模的理想材料。因此，结合吸阻形成的基本模型，建立内胚吸阻应用表征模型，为卷烟吸阻模型构建奠定基础。

1　材料与方法

1.1　材料与仪器

A牌号手卷雪茄配方叶组，包括打叶处理后的茄芯、抽梗而成的茄套（A卷烟厂）；B牌号手卷雪茄配方叶组，包括打叶处理后的茄芯、抽梗而成的茄套（B卷烟厂）。

P10吸阻仪（测量范围0～6000 Pa，精度1 Pa，上海普朔自动化有限公司）；DGF3004BN电热鼓风干燥箱（重庆永恒实验仪器厂）；203电子天平（精度0.001 g，METTLER TOLE-

DO)；全自动液压定型机(B卷烟厂)；ϕ18 mm、ϕ19 mm、ϕ21 mm内胚定型模板(B卷烟厂)

1.2 试验方法

1.2.1 理论模型推导

根据吸阻定义确定烟支吸阻形成的理想模型，确定与吸阻形成有直接关联的基本要素。将内胚长度 L 、直径 D、茄芯填充密度 M、茄芯厚度 H、含水率 N、通风率 C 共6个现实要素因素纳入模型构建考察范围，进行现实要素与理想要素的关联分析，形成内胚吸阻的理论模型。

1.2.2 原料处理

取A、B牌号手卷雪茄配方叶组，经统一处理，茄芯按其身份，人工挑选为厚、薄两种身份，并按厚、薄质量比1∶1进行充分掺配，取得混合茄芯。处理后烟叶在平衡间内进行不少于24 h平衡，制得(16±1)%的茄芯和(22±2)%的茄套。

1.2.3 应用模型构建

按全因子试验思路，设计具体试验进行卷制，测量重量、吸阻等指标，计算茄芯填充密度，卷制参数代入预定吸阻理论模型，并通过变量转换、回归分析，最终确立内胚吸阻的应用模型。

1.2.4 应用模型验证

采用多牌号验证的方法，对2～3个雪茄烟规格的内胚吸阻进行拟合验证，考察吸阻模型的普遍适用性，确定最终的内胚吸阻应用模型。

2 雪茄内胚吸阻的理论模型预测

2.1 雪茄内胚吸阻的理想模型推导

牛顿流体穿越固体颗粒固定床时，在固定床的进口端和出口端形成压降[20]。根据达西公式 $h_f=\lambda\dfrac{lv^2}{2gd}$，按卷烟吸阻测试条件，$q=\pi\left(\dfrac{d}{2}\right)^2 v$，代入达西公式，则得到 $P=2\lambda\dfrac{lq^2}{g\pi^2 d^5}$。取常数 $\varphi=\dfrac{2}{g\pi^2}$，整理得：

$$P=\lambda\varphi\frac{lq^2}{d^5} \tag{1}$$

式中：λ，l，d，q 为吸阻形成的基本要素。

2.2 现实要素的分析

雪茄内胚固定床有三个显著特征：空气是可压缩气体，而非牛顿流体；茄芯碎片不是均一的圆形颗粒，且碎片的质地、形态、尺寸也有一定差别；茄套组成的管壁存在或大或小的透气性，因而实际穿越内胚的有效气流量 Q 小于抽吸流量 q。

因此，λ 与茄芯含水率 N 存在正相关性。含水率越高，气流通过压降越大，且茄芯含水率本身波动小,可简化为正比例相关,即$\lambda \approx k_3 N$。内胚L即管路长度l,$L=l$。内胚直径D与d为正比例相关,即$d=k_1 D$。λ与茄芯碎片的总表面积正相关,因此λ与填充密度M正相关、与茄芯厚度H大致呈反比例相关,即$\lambda = k_2 \dfrac{M}{H}$。茄套层数多,$C$越小,内胚有效气流量$Q$则越大,即$Q=k_4(1-C)q$。

2.3 理论模型的预测

将L、D、M、H、C、N代入吸阻理想模型得:

$$P \approx \varphi \frac{\left(k_2 \dfrac{M}{H} k_3 N\right) L[(1-C)k_4 q]^2}{(k_1 D)^5}$$

取常数$\partial = \varphi \dfrac{k_2 k_3 k_4^2}{k_1^5} q^2$,得理论模型:

$$P \approx \partial \frac{NML(1-C)^2}{HD^5} \tag{2}$$

3 应用模型的构建

3.1 雪茄内胚回归模型的构建及回归方法

雪茄卷制对茄芯、茄套含水率有要求。仅将实测N代入吸阻模型,M采用实测内胚质量并结合D、L换算取得,H、C采用$\exists$、$\in$两个定性指标处理。参与设计现实要素及水平如表1所示。

表1 其他因素的水平

因素	D(mm)			L(mm)				*茄芯身份			*茄套层数(层)	
水平	Ⅰ	Ⅱ	Ⅲ	Ⅰ	Ⅱ	Ⅲ	Ⅳ	Ⅰ	Ⅱ	Ⅲ	Ⅰ	Ⅱ
设计值	18	19	21	110	140	150	176	厚	混合	薄	1	2

注:1. *表示为定性或非连续定量参数;

2. 茄芯身份的混合指厚、薄叶混料比为1∶1。

茄芯身份与茄芯厚度H正相关,茄套层数与$(1-C)$正相关。因可将式(2)修订为:

$$P = \partial \frac{NML \in^2}{\exists D^5} \tag{3}$$

式(3)为最终确定的内胚吸阻的应用模型,除∂为常数外,其他6个模型参数均为影响吸阻的变量因素。对式(3)等号两侧同时取自然对数,则有:

$$\ln P = \ln\partial + \ln N + \ln M + \ln L + 2\ln\in - \ln\exists - 5\ln D \tag{4}$$

雪茄内胚的吸阻形成机理与理想模型存在差异体现在模型变量的指数上,因此通过多元线性回归方程(即下式)来确定其间的关系。

$$Y = \beta_0 + \beta_1 X_1 + \beta_2 X_2 + \beta_3 X_3 + \beta_4 X_4 + \beta_5 X_5 + \beta_6 X_6 + \varepsilon \tag{5}$$

由于 X_1、X_2 均为定性因素或非连续变量的对数，因此将其构造为虚拟变量 a_1、a_2、b。其中，当 X_1 取（$a_1=1$，$a_2=0$）时茄芯为厚茄芯，当 X_1 取（$a_1=0$，$a_2=1$）时茄芯为薄茄芯；当 X_2 取 $b=1$ 时内胚为单层茄套，当 X_2 取 $b=0$ 时内胚为双层茄套。则得：

$$Y=\beta_0+\gamma_1 a_1+\gamma_2 a_2+\mu b+\beta_3 X_3+\beta_4 X_4+\beta_5 X_5+\beta_6 X_6+\varepsilon \tag{6}$$

3.2 雪茄内胚吸阻应用方程的建立

3.2.1 全因素试验设计与结果

列入吸阻理想模型的茄套层数、茄芯身份、长度、直径、含水率、填充密度 6 个现实要素，其全因素试验数为 4×3×2×3=72(组合)。为简化试验，提高检验效率，根据常见产品规格将长度和直径合并为规格因素，取 ϕ18 mm×110 mm、ϕ18 mm×140 mm、ϕ19 mm×176 mm 和 ϕ21 mm×150 mm 共 4 个规格水平，茄套层数取 2 个水平、茄芯身份取 3 个水平。利用 B 牌号的试料，进行全因素试验设计，并重复试验 3 次，共得到 72 个样品，具体设计方案略。

将试验数据代入式(6)。经逐步回归，共剔除 2 个不显著的模型参数，最终得到下式：

$$Y=-4.23+0.22a_2+0.98X_4-4.09X_5+3.09X_6 \tag{7}$$

拟合优度为 78.4%。

3.2.2 雪茄吸阻应用方程的建立

将式(7)返回到吸阻应用模型，则得到实际应用模型。

$$P=0.0146\frac{L^{0.98}}{D^{4.09}}M^{3.09}e^{0.22a_2} \tag{8}$$

式(8)是内胚吸阻的应用模型，且可确认茄芯身份、内胚长度、内胚直径、填充密度是影响内胚吸阻的关键因素，而含水率、茄套层数对吸阻无显著影响。

与理论模型式(6)比较，应用模型剔除了 2 个无效因素，且：内胚长度与吸阻的正比例相关性依然存在，其指数的差仅为 2%；内胚直径的幂与吸阻呈反比例相关的特征依然存在，但指数降低 0.9；填充密度与吸阻的正相关性依然存在，但相关性由正比例相关变为幂的正比例相关，其差异在于指数约增加 2.1；茄芯身份对吸阻有显著影响，其中当茄芯为薄（$a_2=1$）时，吸阻增大近 24%（即 $e^{0.22}-1=0.24$）。

3.3 内胚吸阻应用方程的验证

为验证应用模型实用性，取得不同参数卷制的内胚，随机取 30 支并进行吸阻、烟支重量检测，折算内胚填充密度，用内胚应用模型预测吸阻 P_0，并计算吸阻实测值 P 偏离预测值 P_0 的比例 $\Delta=\frac{P-P_0}{P_0}100\%$ 。

表 2 表明，吸阻应用模型的预测值与实测值的误差均低于 2%，证明模型有效性良好。其中，内胚吸阻的预测值与实测值拟合情况如图 1 所示。

表 2 吸阻应用模型的验证

牌号	编号	D (mm)	L (mm)	支重 (g)	M (mg/cm³)	茄芯身份	P_0 (Pa)	P (Pa)	Δ (%)	备注
A牌号	1#	18	140	11.143	312.8	混合	793	789	−1.26	原规格
	2#		120	9.567	313.3	混合	683	684	0.44	原规格裁剪而成
	3#		100	7.981	313.6	混合	571	570	0.00	原规格裁剪而成
B牌号	4#	21	150	16.321	314.1	厚	458	460	1.09	厂初级技师
	5#			16.241	312.6	混合	451	449	−0.67	行业中级技师
	6#			16.126	310.4	薄	546	553	1.47	学徒

图 1 证明了吸阻应用模型的可靠性，但在吸阻较大时，实测值略大于预测值；厚茄芯和混合茄芯卷制的内胚吸阻虽有差异，但差异不大；而薄茄芯卷制的内胚吸阻会明显增大，证明应用模型中的变量系数 $e^{0.22a_2}$ 因 a_2 的取值不同(0 或 1)确可对吸阻产生重大影响。

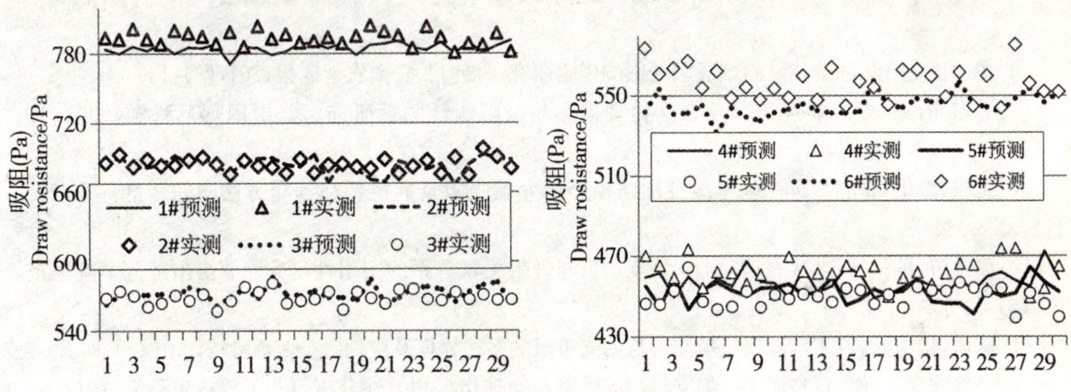

图 1 内胚吸阻预测值与实测值的拟合

为使用方便，将吸阻应用模型简化：
$$P\approx\begin{cases}0.0146\times\dfrac{L}{D^4}M^3 & (\text{厚茄芯}\geqslant 50\%)\\[2ex] 0.0181\times\dfrac{L}{D^4}M^3 & (\text{厚茄芯}=0\%)\end{cases}$$

3.4 讨论

内胚吸阻应用模型的局限性：吸阻与含水率虽然无显著关联，但实际中不能随意改变含水率；对于具体牌号，因内胚直径、长度固定，因此，通过对茄芯身份混合比、内胚密度的控制就能控制吸阻。内胚吸阻应用模型在生产中的使用：内胚应用模型中，混合茄芯与厚茄芯卷制的内胚吸阻接近，但薄茄芯内胚的吸阻陡然增大，不同身份茄芯的混料比对吸阻的影响在厚茄芯比例为 0%～50%的区间内至少存在一个拐点。因此，严格控制茄芯身份掺配均匀性，可防止雪茄吸阻产生差异，反之可据此控制吸阻，甚至生产不同风格的雪茄。

应用模型与理论模型的结构整体一致，仅在个别参数的指数上存在差异，反映了气流在穿越内胚时的具体运动状态(层流、紊流或过渡流)和理想状态有所区别。因此，这种应用模型与理论模型存在“结构大相似、指数小差异”的现象，反映了达西公式的普遍适用性。卷烟较雪茄烟而言，其填充更加“均质”，因此当建立卷烟烟支段吸阻的形成模型时，其关键因子只包括长度、直径、填充密度，且其指数也应与雪茄内胚吸阻应用模型接近。

4 结论

在本文范围内，内胚吸阻与长度、直径、填充密度、茄芯身份 4 个因素存在显著相关性；吸阻与填充密度的 3 次幂、内胚长度呈正比例相关，与内胚直径的 4 次幂呈反比例相关，且受茄芯身份身份及混料比的影响；使用薄茄芯时，内胚吸阻将会有约 24％的增加；在具体的雪茄生产过程中，由于模板和定长刀固定了内胚的长度和直径，因此，控制内胚的吸阻可从填充密度、茄芯身份及其混料比入手；基于固体颗粒固定床吸阻理论的因素，可以科学合理、准确有效地指导内胚吸阻的建模，对卷烟吸阻的建模也有一定的参考意义。

参考文献

[1]王一恒，王迅，陆莹，等. 卷烟吸阻的影响因素研究进展[J]. 安徽农学通报，2017(8)：139-141.

[2]孙东亮，王坤明，魏凤美，等. 卷烟物理指标与吸阻统计关系研究[J]. 中国烟草科学，2008(4)：42-45.

[3]王乐，游敏，崔晓梦，等. 基于线性网络模型的卷烟吸阻及通风特征预测方法[J]. 烟草科技，2017(12)：85-89.

[4]张永涛，顾秋林，李智杰，等. 烟支烟支重量与吸阻关联关系的实用性研究[J]. 洛阳师范学院学报，2016(5)：34-36.

[5]陈霞，魏秀云，孟霞，等. 梗丝填充值与烟支吸阻关系的建模及应用[J]. 烟草科技，2010(8)：86-89.

[6]林婉欣，招美娟，石晓江，等. 细支卷烟的吸阻与物理指标相关性分析[J]. 工程技术研究，2017(5)：115-116.

[7]周海东，方俊俊，黄秋婷，等. 烟支密度与物理指标的关联性研究[J]. 轻工标准与质量，2017(1)：64-65.

[8]章平泉，徐光忠，陆斌，等. 细支卷烟主要物理特性的因素分析[J]. 安徽农学通报，2017(4)：76-77.

[9]孙东亮，米强，胡建军. 卷烟卷制质量的稳定性研究[J]. 烟草科技，2007(4)：9-12.

[10]邹剑，郝伟，张富坤，等. 卷烟烟支吸阻变化的影响因素研究[J]. 工程技术研究，2018(16)：93-94.

[11]李敏. 回归分析在卷烟质量预测控制中的应用[J]. 烟草科技，2006(12)：16-19.

[12]李龙津，葛永丽，姚鹤鸣，等. 稳健统计—迭代法评估卷烟物理测量不确定度[J]. 中国烟草学报，2017(4)：26-32.

[13]吴志英，李力，李东亮，等. 卷烟单支重量、吸阻、通风率与感官质量的关系分析[J]. 中国烟草科学，2010(2)：49-53.

[14]孙华强，郇浩，齐萌，等. 基于全因素实验的激光打孔参量与吸阻关系分析[J]. 激光技术，2018(6)：790-795.

[15]常月勇，仕小伟，陈平，等. 基于物理指标的全叶卷雪茄烟吸阻控制方法[J]. 烟草科技，2019(3)：92-96.

[16]孙东亮，赵华民. 基于消费者感知的细支卷烟轻松感、满足感设计思路[J]. 中国烟草学报，2017

(2):42-49.

[17]向虎,何孝强,王龙,等. 基于烟丝特性和卷制原理的卷烟机最佳回丝量计算模型[J]. 食品与机械,2018(10):217-220.

[18]邹泉,陈冉,赵云川,等. 细支卷烟烟丝分布表征方法及调控技术[J]. 烟草科技,2019(5):87-93.

[19]孙东亮,王坤明,陈孟起,等. 卷烟品牌许可生产质量的差异源分析[J]. 烟草科技,2009(9):5-10.

[20]柴诚敬,夏清 . 化工原理学习指南(第 3 版)[M]. 北京:高等教育出版社,2019.

独活提取工艺优化及在卷烟中的应用研究

周利军，付全青

（山东中烟工业有限责任公司青岛卷烟厂，山东青岛，266101）

［摘要］为研究独活有效成分的提取工艺及其在卷烟中的应用效果，本文采用正交试验设计，以粉碎度、浸泡时间和蒸馏时间为自变量，研究水蒸气蒸馏法对独活中有效成分提取率的影响，并对有效成分进行定性分析，同时在卷烟中进行应用研究。试验表明：水蒸气蒸馏法提取独活根中有效成分的最佳工艺条件为粉碎度20目、浸泡时间4 h、蒸馏时间5 h、有效成分提取率0.93%；GC-MS进行定性分析共分离鉴定出26种有效成分，蛇床子素含量最高，达到30.6367%；在试验范围内，独活提取物能够提高卷烟香气，中草药香突出，当添加比例为0.05%时，香气质好，香气量较足。

［关键词］独活；水蒸气蒸馏；GC-MS；卷烟

独活作为一种传统中药，有抗炎、镇痛及镇静等作用，其提取得到的有效成分有光敏及抗肿瘤作用[1]，因此，独活具有很高的药用价值，被广泛应用在各个领域。随着吸烟与健康问题越发引起人们的重视，卷烟在降焦减害方面投入大量研究工作，国家烟草局明确提出了要提高中式卷烟竞争力就要充分开发应用中草药优势这一重要手段和方向[2]。关于独活的研究主要集中在提取工艺及有效成分分析方面[3~8]，例如王春鹏[3]等用渗漉法对独活进行提取以获得其中的总香豆素，周亮等[4]用超声提取独活中的有效成分，褚立军等[5]在提取白根独活多糖的试验中采用了超声波提取法，但对于独活在烟草中的研究并不多，因此，本文主要研究独活的提取技术及其提取物在卷烟加香中的应用。

1　材料与方法

1.1　试验材料与试剂

材料：独活根，某牌号烟丝。

试剂：石油醚（分析纯，天津市凯通化学试剂有限公司）；二氯甲烷（色谱纯，天津市凯通化学试剂有限公司）；无水硫酸钠（分析纯，烟台市双双化工有限公司）。

1.2　试验仪器

多功能粉碎机（铂欧五金厂）；SHSL调温电热套（上海树立仪器仪表有限公司）；电子恒

温水浴锅(金坛市华峰仪器有限公司);Agilent GC-MS 7890B 5977 型气相色谱—质谱联用仪;SHB-3A 循环水式多用真空泵(郑州杜甫仪器厂);DHG-9145A 型电热鼓风干燥箱(上海一恒科学仪器有限公司);RE-52AA 旋转蒸发器(上海亚荣生化仪器厂);电子天平 YP30002(上海越平科学仪器有限公司)。

1.3 试验方法

1.3.1 样品制备

将独活根样品粉碎后经不同目数分样筛进行筛分,密封待用;每次试验取 20 g 独活根粉末至烧瓶中,加蒸馏水至烧瓶 3/4 处;经萃取、干燥、过滤旋蒸处理后获得独活提取物。

$$\text{独活提取物的得率}(\%)=\frac{\text{提取物的质量}(g)}{\text{独活根粉末的质量}(g)}\times 100\%$$

1.3.2 试验设计

选取粉碎度、蒸馏时间、浸泡时间进行单因素试验,设置参数如下:

蒸馏时间:1 h、2 h、3 h、4 h、5 h。

粉碎度:8 目、20 目、100 目。

浸泡时间:2 h、4 h、6 h、8 h、10 h。

在单因素试验的基础上进行正交试验,确定最优组合参数水平,分析独活提取物有效成分,并以不同比例添加至卷烟中进行感官评吸,确定合适添加比例。

1.3.3 GC-MS 分析

对水蒸气蒸馏法提取到的独活根有效成分进行 GC-MS 分析,分析条件如下:进样方式,GC 自动进样器;色谱柱,HP-5 (30 m×250 μm×0.25 μm)毛细管色谱柱;载气,氦气(He);流量,1 mL/min;进样量,1 μL;升温程序,设置初始温度为 50 ℃,保持时间 3 min,按每分钟 3 ℃的线性关系升温至 150 ℃,保持时间 5 min,再按每分钟 5 ℃的线性关系升温至 250 ℃,保持时间 5 min;分流比,30∶1;分流流量,30 mL/min;离子源温度,230 ℃;电离方式,EI;电子能量,70.007 eV;质量扫描范围,35~550 amμ。通过比较质谱数据与计算机标准谱图库 NIST11.L 中的数据,对各种挥发性成分进行定性分析。

2 结果与分析

2.1 单因素试验

2.1.1 蒸馏时间对独活提取物提取率的影响

蒸馏时间与提取物提取率的关系如图 1 所示。在试验范围内,独活根中有效成分的提取率随蒸馏时间的延长而增加,独活根挥发油提取率蒸馏时间增加而增加。当蒸馏时间为 5 h 时曲线趋于平稳,独活有效成分的提取率最大。

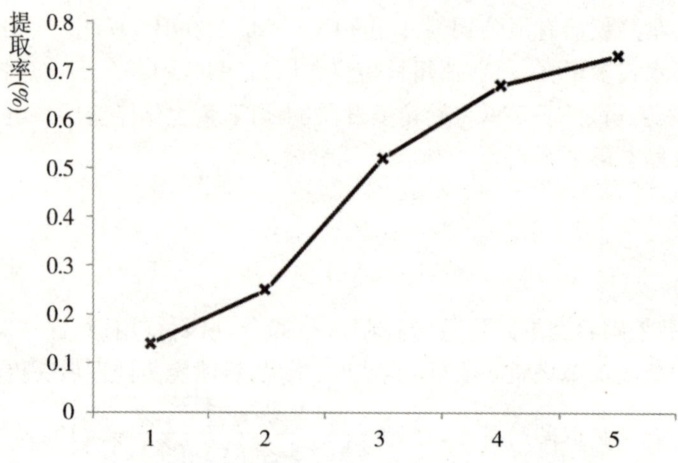

图 1 蒸馏提取时间对独活根中有效成分提取率的影响

2.1.2 **粉碎度对独活提取物提取率的影响**

粉碎度与独活有效成分提取率的关系如图 2 所示。可以看出，在试验范围内，独活根挥发油提取率随粉碎目数增加而增加。当粉碎度为 100 目时，独活根提取率最大。

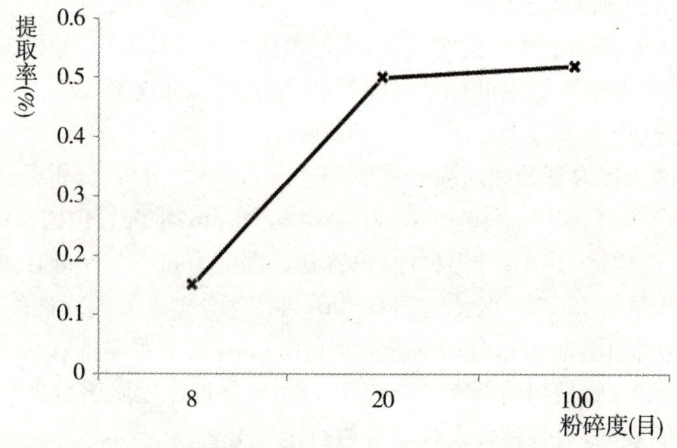

图 2 独活粉碎目数对独活根挥发油提取率的影响

2.1.3 **浸泡时间对独活提取物提取率的影响**

浸泡时间与挥发油提取率的关系如图 3 所示。在浸泡时间达到 6 h 的时候，对独活根粉末进行水蒸气蒸馏试验，独活根中有效成分的提取率达到最大值。浸泡时间在 2～6 h 的时候，独活中有效成分的提取率是随着浸泡时间的增加而上升的，但当浸泡时间超过 6 h 时，提取率开始下降，主要原因是独活粉末经过长时间的浸泡，组织受到损坏，料液体系变得复杂，影响了独活根中有效成分的提取。

2.2 正交试验

根据单因素试验设计正交试验，因素为独活粉碎度(A)、原料浸泡时间(B)、蒸馏提取时间(C)以及相应的试验水平。根据正交试验设计，所得产率及分析如表 1 和表 2 所示。

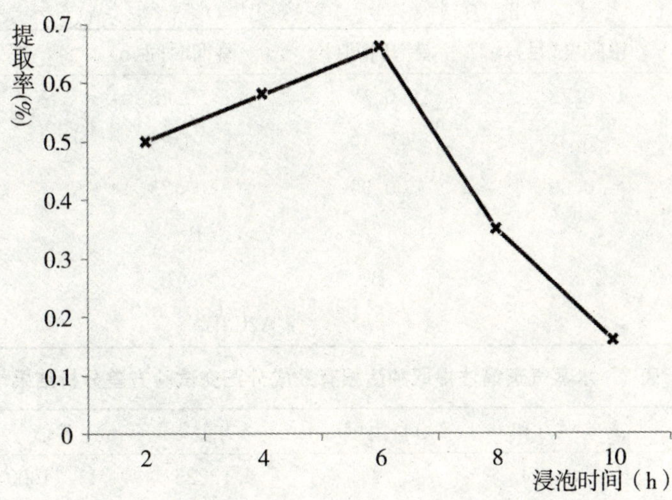

图 3　浸泡时间对独活根挥发油提取率的影响

由表 1 可知，从 k 值大小可以分析出因素 A 的优水平为 20 目，因素 B 的优水平为 4 h，因素 C 的优水平为 5 h。从极差 R 值的大小可知，粉碎度对独活根有效成分提取率的影响最大，其次是蒸馏时间，浸泡时间对独活根挥发油提取率的影响不明显。所以根据因素 A、B、C 对独活根有效成分提取率的影响程度，确定独活根中有效成分的最佳提取工艺为 A2C3B2，即粉碎度为 20 目、浸泡时间为 4 h、蒸馏提取时间为 5 h。采用正交试验确定的最佳工艺参数做验证试验，即准确称量 20 目的独活根粉末 10 g，浸泡 4 h，蒸馏提取 5 h，最后得出独活根中有效成分的提取率为 0.93%。由表 2 可知，因素 A 为显著，因素 B 和因素 C 均不显著。

表 1　水蒸气蒸馏法提取独活根有效成分正交试验极差分析结果

试验序号	粉碎度(目)	浸泡时间(h)	蒸馏时间(h)	挥发油提取率(%)
1	100(1)	2(1)	3(1)	0.41
2	100(1)	4(2)	4(2)	0.45
3	100(1)	6(3)	5(3)	0.52
4	20(2)	2(1)	4(2)	0.64
5	20(2)	4(2)	5(3)	0.93
6	20(2)	6(3)	3(1)	0.60
7	8(3)	2(1)	5(3)	0.43
8	8(3)	4(2)	3(1)	0.19
9	8(3)	6(3)	4(2)	0.36
K1	1.38	1.48	1.20	T=4.53
K2	2.17	1.57	1.45	
K3	0.98	1.48	1.88	
k1	0.46	0.49	0.40	

续表

试验序号	粉碎度(目)	浸泡时间(h)	蒸馏时间(h)	挥发油提取率(%)
k2	0.72	0.52	0.48	
k3	0.33	0.49	0.63	
极差 *R*	0.39	0.03	0.23	
主次顺序			A>C>B	
优水平	A2	B2	C3	
优组合			A2C3B2	

表 2　水蒸气蒸馏法提取独活根有效成分正交试验方差分析结果

方差来源	离差平方和	自由度	方差	F 值	显著性
粉碎度	SA=0.2445	2	0.12225	11.71600	*
浸泡时间	SB=0.0018	2	0.00090	0.08626	
蒸馏时间	SC=0.0790	2	0.03945	3.77960	
误差	0.0208	2	0.01040		
总和		8			

2.3　GC-MS 分析

将水蒸气蒸馏法提取得到的独活有效成分进行 GC-MS 色谱分析和定性分析，结果分别如图 4 和表 3 所示。通过气相色谱质谱及计算机联用对水蒸气蒸馏提取得到的提取物进行定性分析，共分离鉴定出 26 种有效成分，其中蛇床子素、棕榈酸、4-羟基-2-甲基苯乙酮、邻苯二甲酸二丁酯、红没药醇含量较高，分别为 30.6367%、4.361%、3.6255%、3.242%、3.1288%。

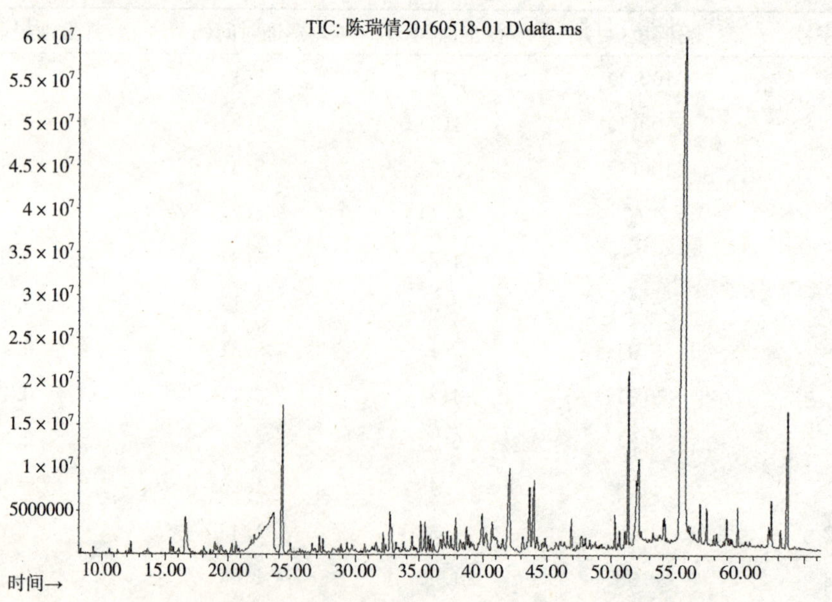

图 4　水蒸气蒸馏法所得独活根挥发油 GC-MS 分析图

表 3　独活根挥发油成分的定性分析

序号	保留值	化合物名称	分子式	相对百分含量(%)
1	8.2282	左旋-alpha-蒎烯	$C_{10}H_{16}$	0.0429
2	11.2750	辛醛	$C_8H_{16}O$	0.0476
3	15.6395	十一烷	$C_{11}H_{24}$	0.1421
4	16.5747	对甲基苯酚	C_7H_8O	1.3456
5	17.3511	萜品烯	$C_{10}H_{16}$	0.0243
6	20.3333	十二烷	$C_{12}H_{26}$	0.2487
7	24.2860	4-羟基-2-甲基苯乙酮	$C_9H_{10}O_2$	3.6255
8	27.2211	1,2,3-三甲基环己烷	C_9H_{18}	0.3075
9	29.9974	石竹烯	$C_{15}H_{24}$	0.0795
10	31.4325	α-石竹烯	$C_{15}H_{24}$	0.0644
11	33.7559	β-红没药烯	$C_{15}H_{24}$	0.1844
12	34.7206	环十二烷	$C_{12}H_{24}$	1.2694
13	36.1440	反式-橙花叔醇	$C_{15}H_{26}O$	0.2006
14	37.3616	α-红没药烯	$C_{15}H_{24}$	0.1369
15	38.9144	α-柏木萜烯	$C_{15}H_{24}$	0.3723
16	41.0143	β-红没药醇	$C_{15}H_{26}O$	0.5703
17	42.0907	红没药醇	$C_{15}H_{26}O$	3.1288
18	46.8963	十四烷	$C_{14}H_{28}$	0.5871
19	47.6491	补骨脂素	$C_{11}H_6O_3$	0.5181
20	50.6313	(E,Z)-1,5- Cyclodecadiene	$C_{10}H_{16}$	0.2770
21	51.3372	邻苯二甲酸二丁酯	$C_{16}H_{22}O_4$	3.2420
22	51.9606	棕榈酸	$C_{16}H_{32}O_2$	4.3610
23	53.3782	花椒毒素	$C_{12}H_8O_4$	0.5433
24	54.4193	油酸	$C_{18}H_{34}O_2$	0.0740
25	55.7192	蛇床子素	$C_{15}H_{16}O_3$	30.6367
26	56.8780	软木花椒素	$C_{15}H_{16}O_3$	0.6031

2.4　应用研究

准确称取某牌号烟配方烟丝五等份，按照0.01%、0.03%、0.05%、0.08%添加比例称取水蒸气蒸馏法优化参数制得提取物，然后用5 mL的70%无水乙醇稀释后，用喷雾器均匀喷洒在烟丝上，烟丝经平衡[相对湿度为(65±3)%，温度为(22±2)℃，24 h]后进行卷制，依次编号为1、2、3、4并进行评吸。其中，对照样为未添加提取物处理后卷制的卷烟，评吸结果如

表 4 所示。由表 4 可知，在一定添加比例范围内，添加独活提取物能够改善卷烟香气，药草香突出。当添加比例为 0.05%时，香气质好，香气量较足，有浓厚的药草香，余味舒适。

表 4　加入独活香料后的评吸结果

序号	加入量(%)	评析结果
0	0.00	香气质中等，香气量不足，余味尚舒适
1	0.01	香气质较好，香气量有所改善，余味尚舒适
2	0.03	香气质较好，香气量有所改善，微有药草香
3	0.05	香气质好，香气量足，药草香增强，余味舒适
4	0.08	与烟香有不协调感

3　结论

通过对独活提取技术及应用的研究，得出结论：水蒸气蒸馏提取独活有效成分的最佳提取工艺条件为粉碎度 20 目、浸泡时间 4 h、蒸馏提取时间 5 h，独活提取物最佳提取率为 0.93%。粉碎度对提取率的影响最大，各因素对独活根中有效成分的提取影响的大小关系依次为粉碎度>蒸馏时间>浸泡时间。独活提取物中分离鉴定出 26 种有效成分，其中含量最多的化合物是蛇床子素。独活提取物在卷烟中的加入量为 0.05%时，香气质好，香气量足，有浓厚的药草香，余味舒适。

参考文献

[1]贾淑云，王斌．HS-GC-MS 法测定绩独活中挥发性成分[J]. 安徽医药，2014(8)：1429-1433.

[2]李冰洁．金莲花香料的提取及其加香应用研究[D]. 郑州：河南农业大学，2012.

[3]王春鹏，罗倩，李晋．正交实验优化独活总香豆素的渗漉提取工艺[J]. 天津中医药，2015(2)：113-116.

[4]周亮，徐梦漪，叶孝兆．正交试验优化超声波提取独活有效成分的工艺研究[J]. 安徽农业科学，2012，40(30)：14702-14705.

[5]褚立军，但飞君，鄢文芳．超声波提取白根独活多糖工艺研究[J]. 安徽农业科学，2010，38(12)：6216-6217，6230.

[6]但飞君，蔡正军，林世龙，等. 不同方法提取白根独活挥发油的对比分析[J]. 精细化工，2009，26(5)：468-471.

[7]张知侠，杨小玲．不同方法提取独活精油化学成分的比较研究[N]. 陕西科技大学报，2009 年 4 月第 4 版.

[8]郭新荣，张秋红，朱子微，等. 超声波法提取独活总香豆素工艺研究[J]. 中国民族医药杂质，2011(8)：57-59.

“泰山”品牌卷烟物理质量与烟丝结构关系模型分析研究

祝文欣，蔺超

（山东中烟工业有限责任公司青岛卷烟厂，山东青岛，266101）

［摘要］为深入探讨卷烟物理质量与烟丝结构的关系，本文以“泰山”品牌卷烟为研究对象，通过因子分析方法，对不同价位卷烟的物理质量进行主成分分析，确定主成分数量并得到各物理指标的载荷值；通过进一步与烟丝结构进行相关分析和回归分析，得出物理质量与烟丝结构的关系。

［关键词］物理质量：因子分析；烟丝结构

近年来，随着科技的不断研发进步，卷烟机型号随之更迭，高速卷烟机也随之出现，不同的烟丝结构对卷制的质量和稳定性都产生了很大影响[1]。卷烟物理质量是指烟支长度、圆周、重量、吸阻、硬度、含末率、水分含量、端部落丝、总通风率、熄火和外观这 11 项指标[2]，其中有研究结果显示，影响卷烟内在质量的指标有卷烟的单支重量、吸阻和通风率[3,4]。烟丝结构的测试方法主要是利用振动分选筛筛分的方式分离不同尺寸的烟丝[5]。振动分选筛只有三层筛网，网孔孔径分别为 3.15 mm、2.5 mm、1.0 mm。在检测烟丝结构过程中，取 3.15 mm 及 2.5 mm 网孔以上的烟丝占所检测烟丝总重的比率称为“整丝率”，取 1.0 mm 网孔以下的烟丝占所检测烟丝总重的比率称为“碎丝率”[6]。

本试验经过研究讨论采用因子分析方法，运用因子分析法构建模型，将问题中多个变量浓缩为几个新因子，新因子变量数一定会小于原始变量数，从而构造成一个结构简单的模型，以此研究卷烟的物理质量，将所得的结果与烟丝结构相关联，可创建关系模型，为调整卷烟设备运行参数并进而提高产品质量提供依据[7]。

1 材料与方法

1.1 试验材料

“泰山”品牌三个牌号的卷烟与其跑条烟丝。

1.2 试验仪器

Protos 70卷接机组；OM-ⅡS烟支综合测试台；AS400旋转筛分仪；YDX-Ⅲ卷烟端部落丝测试仪；JMZV型烟支含末率测试仪（中国科学院安徽光学精密机械研究所）；ACS-30电子计价秤。

1.3 试验方法

1.3.1 卷烟物理质量的检测

(1)取样方法：固定机台，同一操作人员对“泰山”三个牌号卷烟进行取样，每天抽样3次，每次间隔30 min。

(2)检测方法：运用KCOMI2000烟支物理质量综合测试台对样品烟支的重量、重量标准偏差、圆周、吸阻、吸阻标准偏差、硬度以及硬度标准偏差进行测定；运用YDX-Ⅲ型卷烟端部落丝测试仪对样品烟支的端部落丝量进行测定，运用JMZV型烟支含末率测试仪对样品烟支的含末率进行测定，记录数据。

1.3.2 烟丝结构的检测

(1)取样方法：卷烟机正常生产后，固定机台，同一操作人员在VE机料斗、SE机烟枪出口（跑条丝）、回送烟丝储存区（回送丝）处用取样盘各接取烟丝4000 g，用四分法将所取烟丝缩至1000 g[2]，在各取样点分别取样3次，每次间隔30 min之后进行检测、记录。

(2)筛分方法：运用旋转筛分仪对所抽取的烟丝样品进行筛分，将每个样品分为3份，每份约为330 g，先后进行筛分。分别用S_1～S_8表示不同长度范围的烟丝样品占全部烟丝的比率[8]，其中，$S_1>10.00$ mm，4.75 mm$<S_2\leqslant$10.00 mm，3.15 mm$<S_3\leqslant$4.75 mm，2.80 mm$<S_4\leqslant$3.15 mm，2.00 mm$<S_5\leqslant$2.80 mm，1.00 mm$<S_6\leqslant$2.00 mm，0.50 mm$<S_7\leqslant$1.00 mm，$S_8\leqslant$0.50 mm。

(3)计算方法：

$$\text{烟丝比例}=\frac{S}{S_{\text{总}}}$$

式中：S表示每一层烟丝的重量(g)；$S_{\text{总}}$表示试验烟丝的总重量(g)。

1.3.3 统计方法

采用SPSS软件进行主成分分析，计算相关系数矩阵、主成分特征值及累积贡献率，然后进行相关分析、回归分析，研究卷烟物理指标与烟丝结构的相关关系[9~11]。

2 结果与分析

2.1 数据的统计整理

2.1.1 “泰山”三个牌号卷烟物理质量数据统计

通过随机取样，运用KCOMI2000烟支物理质量综合测试台、YDX-Ⅲ型卷烟端部落丝测试仪以及JMZV型烟支含末率测试仪对每一牌号卷烟的重量、重量标准偏差、圆周、吸阻、吸阻标准偏差、硬度、硬度标准偏差、端部落丝量以及含末率9项物理指标进行检测，得到的数据如表1至表3所示。

表1 A牌号卷烟物理质量

日期	重量(g)	重量标准偏差(g)	圆周(mm)	吸阻(Pa)	吸阻标准偏差(Pa)	硬度(%)	硬度标准偏差(%)	端部落丝量(mg/支)	含末率(%)
	0.855	0.022	24.17	1131	41.55	60.6	2.71	7.46	2.48
3.3	0.854	0.016	24.27	1135	40.40	60.6	2.91	5.47	2.16
	0.853	0.026	24.26	1139	34.97	62.4	2.77	8.24	2.25
	0.865	0.015	24.29	1170	39.82	63.0	3.03	8.79	2.42
3.4	0.865	0.015	24.29	1170	39.82	63.0	3.03	8.79	2.42
	0.861	0.022	24.28	1160	49.52	60.8	3.19	6.17	2.51
	0.854	0.022	24.22	1160	56.33	60.4	2.66	9.22	2.39
3.5	0.850	0.018	24.24	1146	34.40	60.9	3.37	12.70	2.28
	0.863	0.020	24.23	1170	43.63	62.9	2.45	11.34	2.64
	0.862	0.017	24.21	1130	37.63	62.9	2.62	11.04	1.68
3.6	0.870	0.016	24.23	1178	33.70	62.7	2.04	5.07	2.32
	0.869	0.024	24.22	1170	39.36	63.3	2.97	10.39	2.49
	0.851	0.021	24.31	1124	49.29	60.7	3.47	12.36	2.45
3.7	0.868	0.019	24.22	1158	32.90	62.7	2.47	11.51	2.72
	0.858	0.019	24.31	1173	56.10	59.7	2.21	15.99	2.95

表2 B牌号卷烟物理质量

日期	重量(g)	重量标准偏差(g)	圆周(mm)	吸阻(Pa)	吸阻标准偏差(Pa)	硬度(%)	硬度标准偏差(%)	端部落丝量(mg/支)	含末率(%)
	0.82	0.02	24.24	1118.50	47.50	61.02	1.96	21.31	2.52
6.15	0.83	0.02	24.25	1123.50	44.50	61.45	2.33	27.06	2.47
	0.86	0.02	24.33	1199.00	46.50	62.19	2.17	17.89	2.62
	0.86	0.02	24.31	1202.50	43.00	62.28	2.49	25.83	2.61
6.16	0.84	0.02	24.27	1160.00	56.50	62.12	2.45	19.66	2.55
	0.86	0.02	24.30	1211.50	64.50	61.83	2.08	24.71	2.70
	0.84	0.02	24.30	1162.50	46.00	60.41	1.96	16.23	2.46
6.17	0.85	0.02	24.28	1208.50	48.00	61.13	1.95	17.01	2.76
	0.84	0.02	24.30	1153.50	41.00	61.38	2.36	15.79	2.31
	0.86	0.02	24.36	1172.00	51.00	62.72	2.21	14.61	2.95
6.18	0.88	0.02	24.33	1263.00	53.00	64.84	1.90	12.31	3.21
	0.87	0.02	24.33	1234.00	48.50	64.03	2.66	13.12	3.02

续表

日期	重量(g)	重量标准偏差(g)	圆周(mm)	吸阻(Pa)	吸阻标准偏差(Pa)	硬度(%)	硬度标准偏差(%)	端部落丝量(mg/支)	含末率(%)
6.19	0.87	0.02	24.31	1234.00	49.50	64.66	1.78	10.52	3.33
	0.88	0.02	24.32	1222.50	50.50	64.10	1.90	10.22	3.06
	0.87	0.02	24.30	1215.00	47.50	64.07	2.19	14.27	3.03

表3 C牌号卷烟物理质量

日期	重量(g)	重量标准偏差(g)	圆周(mm)	吸阻(Pa)	吸阻标准偏差(Pa)	硬度(%)	硬度标准偏差(%)	端部落丝量(mg/支)	含末率(%)
3.17	0.888	0.021	24.34	1211	57.26	62.3	3.34	15.00	2.52
	0.896	0.021	24.24	1224	59.62	62.5	2.26	17.02	2.14
	0.884	0.019	24.26	1212	48.43	61.5	2.52	17.70	1.84
3.18	0.834	0.020	24.12	1138	45.60	57.0	3.08	26.48	2.29
	0.848	0.017	24.21	1191	39.00	59.0	3.87	27.81	2.46
	0.845	0.017	24.18	1182	38.29	58.3	2.32	27.81	2.61
3.19	0.864	0.017	24.17	1180	36.76	60.1	2.45	47.10	2.34
	0.867	0.021	24.19	1178	41.83	61.0	2.35	24.24	2.32
	0.867	0.021	24.19	1178	41.83	61.0	2.35	24.24	2.32
3.20	0.866	0.018	24.19	1158	50.78	60.2	2.39	15.44	2.62
	0.881	0.021	24.18	1190	65.39	61.2	3.23	18.08	2.78
	0.844	0.019	24.16	1168	42.89	58.1	2.75	19.78	2.67
3.21	0.861	0.019	24.21	1192	43.83	60.5	2.79	36.52	3.01
	0.871	0.021	24.19	1137	43.95	60.6	2.54	28.36	2.50
	0.869	0.021	24.22	1135	52.79	60.1	2.05	29.38	2.49

2.1.2 "泰山"三个牌号卷烟跑条烟丝的烟丝结构

对样品烟丝运用AS400型旋转筛分仪(德国Retsch公司,筛网孔径依次为10.00 mm、4.75 mm、4.00 mm、3.15 mm、2.50 mm、2.00 mm、1.00 mm、0.50 mm)进行筛分,得到八层烟丝,对每一层烟丝的比例进行计算,最终得到各牌号烟丝结构如表4至表6所示。

表4 A牌号卷烟烟丝结构比例

日期	1层比例	2层比例	3层比例	4层比例	5层比例	6层比例	7层比例	8层比例
3.3	0.00	11.26	11.47	6.73	13.86	37.85	16.81	2.01
	0.02	12.69	12.62	7.27	14.87	37.68	13.44	1.41
	0.00	11.18	11.32	6.86	14.05	39.12	15.53	1.94

续表

日期	1层 比例	2层 比例	3层 比例	4层 比例	5层 比例	6层 比例	7层 比例	8层 比例
	0.66	11.34	12.42	6.81	13.10	39.07	15.03	1.56
3.4	0.66	11.34	12.42	6.81	13.10	39.07	15.03	1.56
	0.00	13.82	15.80	8.08	16.64	34.41	10.66	0.59
	0.00	8.33	11.63	6.51	14.57	40.87	16.33	1.77
3.5	0.00	10.09	11.63	6.37	14.26	38.84	16.75	2.05
	0.00	5.79	15.64	7.67	15.89	38.59	14.96	1.46
	0.88	11.31	9.32	7.33	14.78	38.27	14.48	1.63
3.6	1.38	16.96	12.70	7.49	15.36	35.76	9.75	0.60
	0.06	10.51	11.83	6.59	14.51	39.20	15.53	1.77
	0.00	11.67	10.20	6.83	14.75	39.95	14.94	1.66
3.7	0.00	10.00	10.89	6.56	14.10	40.46	15.94	2.06
	0.00	9.05	11.37	6.82	14.46	40.62	15.76	1.92

表5　B牌号卷烟烟丝结构比例

日期	1层 比例	2层 比例	3层 比例	4层 比例	5层 比例	6层 比例	7层 比例	8层 比例
	0.00	9.12	14.48	6.06	15.37	38.07	15.29	1.61
6.15	0.00	10.04	14.26	6.00	15.78	37.93	14.63	1.36
	0.00	9.14	15.34	5.91	14.68	37.79	15.36	1.77
	0.50	13.06	14.67	5.99	14.81	35.88	13.60	1.48
6.16	0.00	9.13	14.61	6.98	17.69	34.70	15.27	1.62
	0.00	11.12	13.47	5.90	15.39	37.37	14.88	1.87
	0.00	11.92	14.67	6.14	15.58	36.78	13.69	1.23
6.17	0.00	11.66	15.76	6.17	16.54	35.57	12.95	1.36
	0.21	12.91	14.74	6.36	16.35	36.77	10.68	1.97
	0.00	10.96	14.49	6.55	14.72	36.52	14.89	1.87
6.18	0.00	8.29	13.90	6.49	14.60	38.96	16.01	1.74
	0.00	13.47	13.54	6.36	14.62	36.79	13.85	1.39
	0.00	9.61	13.70	6.69	14.76	38.94	14.78	1.52
6.19	0.00	11.13	13.47	6.71	14.72	37.78	14.74	1.45
	0.00	9.54	12.66	5.89	14.10	39.69	16.27	1.86

表 6　C 牌号卷烟烟丝结构比例

日期	1层比例	2层比例	3层比例	4层比例	5层比例	6层比例	7层比例	8层比例
	0.00	10.10	15.66	7.72	15.98	37.36	11.76	1.42
3.17	0.00	14.44	16.63	8.39	16.50	34.04	9.07	0.95
	0.00	7.56	14.53	8.43	16.45	39.20	12.65	1.18
	0.00	8.90	13.63	7.94	15.47	36.95	15.36	1.74
3.18	0.00	9.95	12.41	7.32	14.57	38.43	16.00	1.32
	0.00	6.54	13.51	7.89	15.31	38.94	16.21	1.60
	0.00	11.43	13.32	7.07	14.73	36.83	15.02	1.59
3.19	0.00	7.32	13.66	7.76	15.43	38.70	15.72	1.40
	0.00	7.32	13.66	7.76	15.43	38.70	15.72	1.40
	0.00	7.66	12.63	7.03	14.64	38.81	17.32	1.91
3.20	0.00	8.35	15.15	11.59	12.02	35.95	15.22	1.72
	0.15	10.39	14.33	6.97	17.60	37.43	11.84	1.30
	0.00	8.49	13.04	6.14	15.43	40.68	14.67	1.54
3.21	0.00	7.69	16.11	8.70	16.45	36.29	13.16	1.60
	0.39	10.03	14.15	6.86	17.81	37.36	12.02	

2.2　卷烟物理质量与烟丝结构的关系研究

2.2.1　卷烟物理指标与烟丝结构的相关性分析

对卷烟物理质量进行因子分析得到对每一牌号卷烟质量影响较大的第一主成分后，运用 SPSS 软件将第一主成分中所包含的物理指标与烟丝结构进行相关关系分析，得到与各牌号主成分包含的物理指标存在显著相关关系的烟丝结构，如表 7 所示。

表 7　A 牌号卷烟烟丝结构与物理指标相关分析表

物理指标	烟丝结构							
	S_1	S_2	S_3	S_4	S_5	S_6	S_7	S_8
重量(g)	0.210	−0.342	0.054	0.500**	0.232	0.256	−0.122	0.124
吸阻(Pa)	0.198	−0.018	0.341	0.412*	0.228	0.223	−0.410*	−0.118
硬度标准偏差(%)	−0.065	−0.401*	−0.046	0.163	0.134	0.475**	−0.075	0.293

注：*、** 分别表示在 0.05 和 0.01 水平上差异显著，下同。

该牌号卷烟单支重量与 S_4 层烟丝有极显著的正相关关系；吸阻与 S_4 层烟丝有显著的正相关关系，与 S_7 层烟丝有显著的负相关关系；硬度标准偏差与 S_2 层烟丝有显著的负相关关系，与 S_6 层烟丝有极显著的正相关关系。同时，重量、吸阻和硬度标准偏差包含于该牌号物理指标的第一主成分，由此可以看出，A 牌号卷烟物理质量与 S_2 层、S_4 层、S_6 层以及 S_7

层烟丝均有不同程度的相关性。

2.2.2 卷烟物理指标与烟丝结构的回归分析

根据逐步回归的原理，采用SPSS统计软件对烟丝结构（S_1、S_2、S_3、S_4、S_5、S_6、S_7、S_8）、烟支单支重量（Y_1）、重量标准偏差（Y_2）、圆周（Y_3）、吸阻（Y_4）、吸阻标准偏差（Y_5）、硬度（Y_6）、硬度标准偏差（Y_7）、端部落丝量（Y_8）、含末率（Y_9）分别进行逐步回归分析，挑出各牌号卷烟物理指标中的第一主成分进行分析，得到多元回归方程及显著性检验结果，如表8和表9所示。

表8 A牌号卷烟烟丝结构与物理指标的回归方程

项目	重量(g)	吸阻(Pa)	硬度标准偏差(%)
常量	0.782	1194.375	−0.870
S_1			
S_2			
S_3			
S_4	0.010		
S_5			
S_6			0.090
S_7		−3.091	
S_8			
R_2	0.251	0.169	0.226

表9 烟丝结构与物理指标回归分析的显著性检验

项目	变异来源	平方和	自由度	均方差	F值	p
重量(g)	回归	0.001	1	0.001	10.414	0.003
	残差	0.003	31	0.000		
	总回归	0.004	32			
吸阻(Pa)	回归	3758.144	1	3758.144	6.282	0.018
	残差	18544.917	31	598.223		
	总回归	22303.061	32			
硬度标准偏差(%)	回归	1.381	1	1.381	9.049	0.005
	残差	4.731	31	0.153		
	总回归	6.113	32			

回归分析结果表明：烟支单支重量与S_4层烟丝有线性正相关关系，即S_4层烟丝所占比例越大，对烟支单重影响越大，回归方程为$Y_1=0.782+0.010S_4$（$p=0.003<0.01$，极显著）；吸阻与S_7层烟丝有线性负相关关系，回归方程为$Y_4=1194.375-3.091S_7$（$p=0.018<0.05$，显著）；硬度标偏与S_6层烟丝有线性负相关关系，回归方程为$Y_7=-0.870+0.090S_6$（$p=0.005<0.01$，极显著）；按照决定系数（R_2）排序，各物理指标与烟丝结构比例层间关系的密切程度由强到弱的顺序是：重量>硬度标准偏差>吸阻；与物理指标关系密切

的烟丝结构分布主要是S_4(2.80～3.15 mm)、S_6(1.00～2.00 mm)、S_7(0.50～1.00 mm)。

3 结论

本文以“泰山”品牌成品烟支的物理指标与卷烟的烟丝结构为研究对象,对不同牌号卷烟物理指标进行主成分分析,结果表明不同牌号卷烟第一主成分包含的物理指标不同。为进一步研究烟丝结构与卷烟物理质量的关系,将各牌号卷烟物理指标与不同比例层的烟丝作相关性分析。根据以上研究得出结论:影响不同牌号卷烟物理质量的烟丝结构不同,对于A牌号卷烟,在卷烟生产中为提高卷烟品质应控制长丝比率,提高中短丝比率;对于B牌号卷烟,应从控制中长丝入手,降低碎丝对整体卷烟品质造成的负面影响,生产中可设置截断装置来改进;对于C牌号卷烟,在卷烟生产中为提高卷烟品质应提升长丝比率,使其烟丝结构更加合理,以便烟支整体质量有所改善。

参考文献

[1]田秋生,侯平贤,姜均停.出料速度对烟丝结构和卷烟质量的影响[J].科技信息,2011(27):380,404.

[2]张强,李军,付宇.烟丝结构对卷烟物理质量的影响研究进展[J].工程科技,2013(7):1-5.

[3]吴志英,李力,李东亮,等.卷烟单支重量、吸阻、通风率与感官质量的关系分析[J].中国烟草科学,2010,31(2):49-53.

[4]石凤学,王浩雅,张涛,等.卷烟感官质量与烟气成分、烟支物理指标、化学成分间的相关性[J].南方农业学报,2013(3):486-492.

[5]申晓锋,李华杰,李善莲.烟丝结构表征方法研究[J].中国烟草学报,2010(2):20-25.

[6]刘著文.烟丝结构参数优化研究[J].山东工业技术,2015(1):26-27.

[7]林海明.因子分析应用中一些常见问题的解析[J].统计与决策,2012(15):65-69.

[8]堵劲松,申晓锋,李跃锋.烟丝结构对卷烟物理指标的影响[J].烟草科技,2008(8):8-13.

[9]姚光明,王文辉,尹献忠.烟丝结构对烟丝填充值和卷接质量的影响[J].郑州轻工业学院学报,2003(4):62-64.

[10]陈宗华,基于主成分分析法的我国上市商业银行绩效评价研究[J].行政事业资产与财务,2011(2):1-3.

ZB25 包装机烟支挤紧器工装的设计

杨琪，刘凯，杜恒

（山东中烟工业有限责任公司滕州卷烟厂卷包车间，山东枣庄，277599）

［摘要］为解决 ZB25/45 包装机烟支挤紧器安装调整过程复杂繁琐、调试精度误差较大、耗用工作时间长等问题，本文设计了一种烟支挤紧器工装。该工装宽度为六支烟（七支烟）直径之和减 1 mm，高度等于一支烟直径，两侧有和挤紧器内凹弧度相同的外凸面，降低了烟支挤紧器安装调整的难度，提高了挤紧器安装精确度。以滕州卷烟厂生产的"哈德门（软）"牌卷烟为对象进行测试。结果表明：该工装在实际使用过程中，挤紧器安装调试时间减少 30 min/次。该方法为提高包装设备的运行效率提供了技术支持。

［关键词］ZB25 包装机；烟支挤紧器；工装；外凸面；安装调试时间

ZB25 型软盒包装机组是我国在 20 世纪 80 年代引进的意大利 GD 公司设计制造的 GD-X1 软盒硬条包装机组，是国家烟草专卖局确定的推广普及机型[1]。该机组在全国卷烟生产企业中的保有量大、使用年限长，是行业内的主力包装机型。

1　问题及分析

1.1　存在问题

烟支挤紧器是 ZB25 包装机组烟组成型机构的关键部件之一。烟支挤紧器的作用是烟支在下烟通道下落到位后，推烟板推送烟支到成型盒模的过程中，挤紧且夹持烟支，使烟支顺利输送到成型盒模中。烟支挤紧器在安装调整过程中如误差较大、安装不合适，会造成烟支破损、触头及表面皱纹等质量缺陷，严重时会损坏设备相关零部件。

现行的挤紧器安装调试方式是在烟支挤紧器一次挤紧行程结束后、二次挤紧行程开始前进行调整，具体步骤为：松开挤紧器底座，使用与烟支直径相同的量棒与挤紧器工作表面贴紧，然后向烟支盒模方向推送量棒，根据量棒前进到盒模中的手感来判断挤紧器工作面和盒模内表面的相向位置（见图 1），最后再借助塞尺验证挤紧器水平面是否水平（见图 2）。

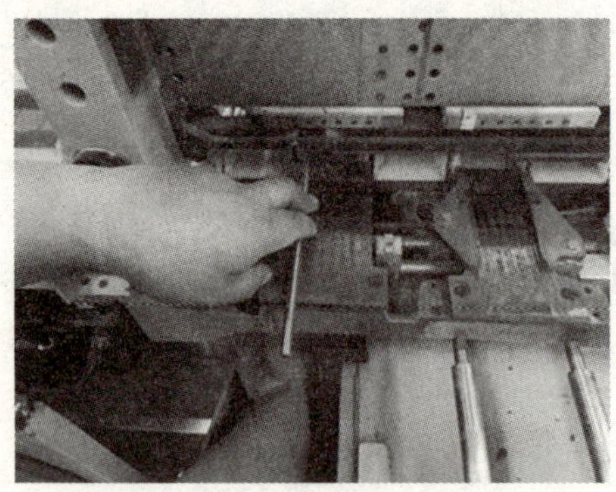
图 1　量棒校准挤紧器相向位置

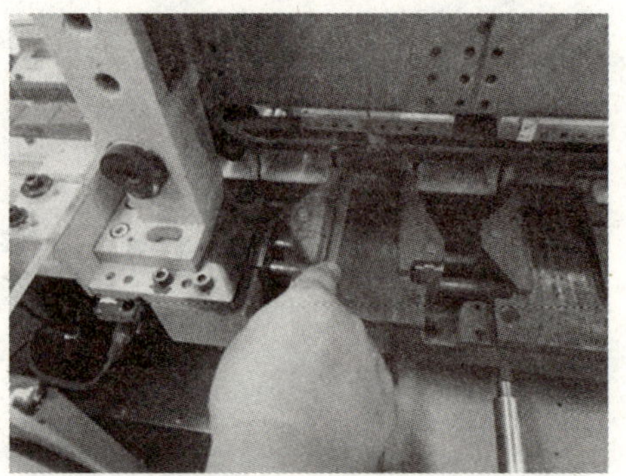
图 2　塞尺校准挤紧器水平位置

1.2　原因分析

传统的安装调整方法耗时长、精度低的原因有以下三点：

(1)难确定相位。烟支挤紧器一次挤紧行程结束后，两挤紧器间隔为其中的烟支直径之和，二次挤紧行程后挤紧器会再向内挤紧 0.5 mm，其间隔为其中的烟支直径之和减去 1 mm。按照安装要求，安装时是在一次挤紧结束、二次挤紧开始前，实际调试过程中是一次挤紧结束与二次挤紧开始，组件没有明显停顿，造成相位确定困难。

(2)安装凭经验。在使用量棒测量和确定挤紧器工作表面与盒模内表面的相向位置过程中，完全是凭维修工的手感来安装，没有具体的定位标准和要求，这样就造成了具体调试过程中的不确定性，每个维修人员安装后实测挤紧器间隔的具体尺寸和挤紧器与成型盒模的相对位置都不尽相同。

(3)过程太复杂。安装调试过程繁琐复杂，组件调整空间较小，零件较多，对维修人员的技术水平有一定的要求。调整步骤比较多，容易在调整过程中出现各种情况和问题。等安装调试结束后再发现问题，需要再重复一遍拆装过程，浪费工作时间的同时影响设备有效作业率。

经过以上分析，挤紧器距离位置和水平状态难以确定，影响了挤紧器安装精度，增加了挤紧器的安装难度。

2　改进方法

2.1　原理分析

经过分析研究，挤紧器距离位置和水平状态的确定是关键。改进方法：研制烟支挤紧器专用工装，使用工装同时定位挤紧器距离位置和水平状态，提高烟支挤紧器安装精度，降低挤紧器的安装难度，简化安装步骤。

首先对烟支挤紧器工作原理与设备运行时各零部件的状态进行分析。该部件在将烟支组送入盒模的具体步骤中，直接参与工作的有推烟板、挤紧器、底板、盒模。当下烟通道的烟支下落到底板上形成 7(6)支的烟支组后，首先挤紧器对烟支组一次挤紧，使烟支组在底板表面整齐无间隙地排列成一排。此时，相对的两个挤紧器在水平方向上其弧形工作面的最大间隙应该是 7(6)支烟的直径之和。推烟板前进至接触到烟支组时，挤紧器二次挤紧，各向前再移动 0.5 mm，夹持着烟支组并配合推烟板顺利地将烟支组推送到烟支盒模内。这时，相对的两个挤紧器在水平方向上其弧形工作面的最大间隙应该是 7(6)支烟的直径之和减去 1 mm。此时烟支输送到位，挤紧器与推烟板后退到起始位置，盒模向前运动一个工位，完成一个工作循环。

2.2 结构设计

依据烟支挤紧器的工作原理和结构分析等，确定烟支挤紧器工装研制思路，在烟支挤紧器中心位置放置一个具有适当长度、宽度为 6 支烟(7 支烟)直径之和减去 1 mm、高度等于 1 支烟直径、两侧有和挤紧器内凹弧度相同的外凸面的工装，即可精准定位烟支挤紧器的位置。

为保证烟支组的挤紧和协助保持烟支组前进，烟支挤紧器的工作面设计有凹弧形面，其弧形表面的弧度与烟支表面的弧度一致(见图 3)。

烟支挤紧器的圆弧面水平方向的直线面都应该与底板互为平行，才能保证烟支组是在与底板表面相水平的方向上进行移动，不划伤烟支(见图 4)。

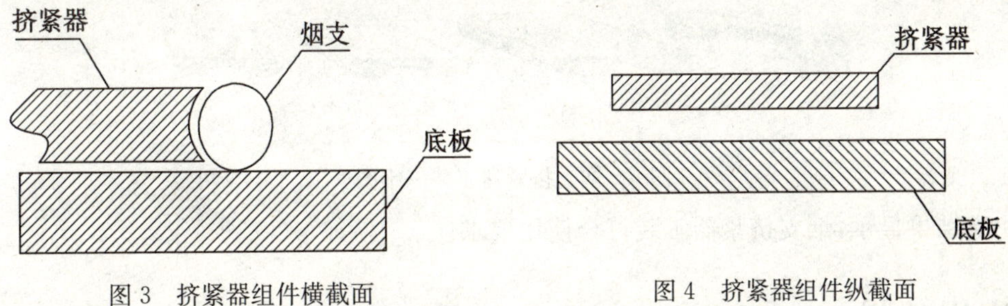

图 3 挤紧器组件横截面　　图 4 挤紧器组件纵截面

烟支挤紧器在二次挤紧后，其圆弧面应该与盒模内表面为平行关系，且两圆弧面的间距应该小于其对应的盒模内表面间距。这四条互相平行的表面线理论上应该共用一条中心线(见图 5)。

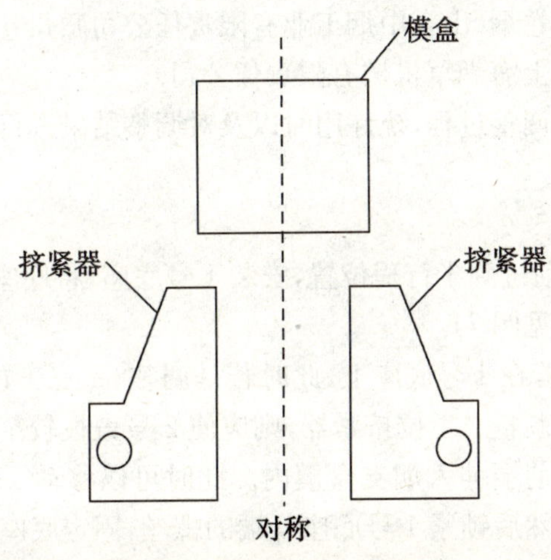

图 5 挤紧器—盒模位置图

烟支挤紧器工装共包含四个部件:底座、盖板、6 支烟模块、7 支烟模块。其具体功能为:底座的作用是确定中心线的位置,定位中心线后为烟支模块提供定位。盖板的厚度为烟支的直径,两端分别设计成正梯形,一端较 6 支烟宽度宽,另一端较 7 支烟宽度宽,其作用是通过将其梯形头插入盒模来配合底座确定中心线的位置。6 支烟模块与 7 支烟模块宽度为 6 支烟(7 支烟)直径之和减去 1 mm,其他样式和大小相同。其两侧工作面的凸圆弧弧度与烟支表面的弧度一致,厚度与烟支直径一致,将其放置到底座上定位后,把两侧的挤紧器紧靠在模块两端的圆弧面上。这时两挤紧器的距离刚好是二次挤紧后的距离,且挤紧器水平方向与底板自然平行,不需再检查调整挤紧器与底板间的间隙。

2.3 三维仿真

根据测量相关数据(推烟板、挤紧器、底板、成型盒模)及其相对应位置,以此确定工装的具体尺寸,并绘制工装的 CAD 图,在电脑上进行三维仿真模拟试验(见图 6),初步确定工装的上机可使用性。

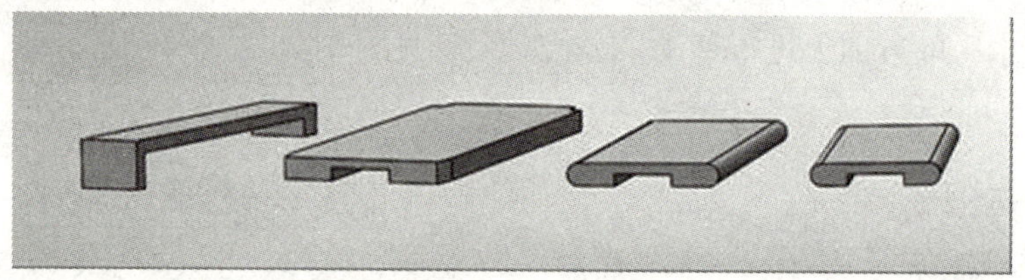

图 6 烟支挤紧器工装三维图

仿真结果显示,烟支挤紧器工装符合使用要求。

3 应用效果

3.1 试验设计

材料:“哈德门(软)”牌卷烟(山东中烟工业有限责任公司滕州卷烟厂)。

设备:ZB25 包装机组(上海烟草机械有限责任公司)。

方法:模拟烟支挤紧器调整过程,统计用时以及对调整结果进行验证。

3.2 试验过程

步骤 1:盘车至推烟板前进到半行程位置,安装 1 号底座,将底座前端的凸起放置到机器底板前端的烟末落料口内(见图 7)。

步骤 2:将 2 号盖板放置在 1 号底座上,此时若是调整一、三工位挤紧器,应使 2 号盖板较宽的一头向内放置,若是调整二工位挤紧器,则应使 2 号盖板较窄的一头向内放置。放置盖板后轻推 2 号盖板,使其前端伸入烟支盒模内。此时可以移动 1 号底座的左右位置来配合 2 号盖板顺利进入盒模,然后锁紧 1 号底座外端的螺丝,固定底座的位置(见图 8)。

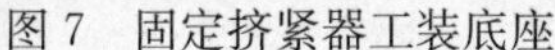

图 7　固定挤紧器工装底座

图 8　在固定底座上安装盖板

步骤 3:拿掉 2 号盖板,将合适宽度的模块放置到底板上(一、三工位使用 7 支烟宽度的模块,二工位使用 6 支烟宽度的模块)。此时将挤紧器固定到底座上,并移动挤紧器底座使挤紧器轻轻靠拢在模块两侧,保证挤紧器的内凹面与模块两侧的凸起面充分接触后,固定挤紧器底座锁紧螺丝,安装完毕(见图 9)。

步骤 4:最后使用模块检验安装效果,轻推模块进入盒模,安装过程正确的模块可以轻柔顺利地进入盒模(见图 10)。

图 9　不同工位安装不同烟支模块

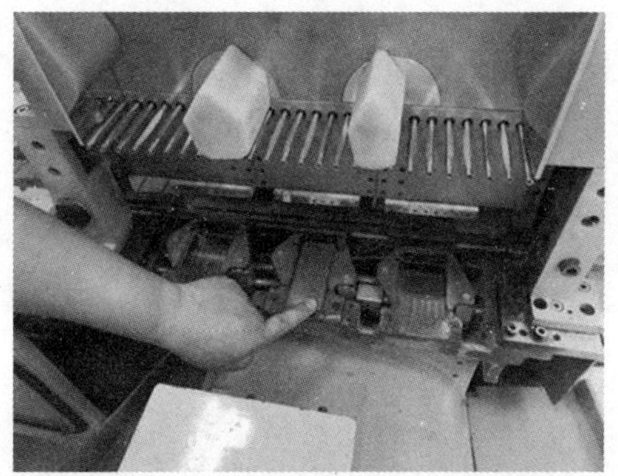

图 10　烟支模块调整挤紧块位置

3.3　效果验证

对使用工装调整挤紧器后的效果进行验证,一、三工位挤紧器在二次挤紧后的最大间隙为 54.0 mm 和 53.8 mm,二工位挤紧器在二次挤紧后的最大间隙为 45.7 mm,调试效果基本达到了工装设计精度。

ZB45(GD-X2)包装机烟库部件与 ZB25(GD-X1)包装机相同,此工装也适用于 ZB45 机型的烟支挤紧器的调整。

4　结论

烟支挤紧器工装的研制提高了挤紧器装置校准效率,同时解决了因位置调整不当造成的维修返工和影响烟支质量问题，提高了包装机组设备有效作业率，降低了维修工劳动强度。

参考文献

[1]吕小波，马立，刀荣贵，等. ZB45 包装机组烟包干燥输出独立驱动装置的设计[J]. 烟草科技，2019，52(3)：107-111.

[2]邓永祥，刘卫兵，李高军 . GDX1 软盒包装机组商标纸加速输送装置的改进[J]. 烟草科技，2016，49(3)：110-114.

[3]吕小波 . GDX2 包装机烟包输出装置独立传动系统的应用[A]. 中国烟草学会 2012 年学术年会论文集[C]. 中国烟草学会，2012.

[4]陈立德 . 工装设计[M]. 上海：上海交通大学出版社，1999.

[5]上海烟草机械有限责任公司. ZB25 型软盒硬条包装机培训教材(内部资料).

[6]上海烟草机械有限责任公司培训教材编审委员会 . ZB45 型硬盒硬条包装机组培训教材(内部资料).

卷烟叶组配方中单等级原料最小使用比例的研究

聂守杰[1]，邱承宇[2]，董全江[1]，柳秋林[1]，曹守涛[2]，冷萃述[2]，周显升[2]，刘志广[2]，孟广宇[2]

[1. 颐中(青岛)实业有限公司，山东青岛，266021；
2. 山东中烟工业责任有限公司技术中心，山东青岛，266101]

[摘要] 卷烟感官质量、吸阻、主流烟气和常规化学成分等品质指标受烟丝混合均匀度影响很大，提高烟丝混合均匀度，有利于卷烟产品质量稳定，减少因烟丝混合带来的吸食差异。本文拟从数理方面研究出能够在不同规格烟支配方中达到混合均匀所需的单等级烟叶原料最小数量理论值，并通过试验分析了按照最小理论值调整前后的化学成分差异以及烟丝混合均匀度，获得了理想的结果，烟丝化学成分差异减小，烟丝混合均匀度提高了近4个百分点。

[关键词] 叶组配方；最小比例；混合均匀度；数理研究

固—固混合作为过程工业中典型的单元操作，在化工、冶金、食品、建筑、医药等众多行业中被广泛应用[1,2]。烟草的加工过程中也存在多处混合过程[3,4]，烟丝(或三丝)的混合效果决定了烟草的化学成分一致性，是决定卷烟产品感官质量的重要因素[5~8]。

目前，烟草行业对于烟丝(或三丝)混合的研究大多集中在如何提高混合效果或混合效果的评价方面。

刘栋[9]利用烟丝物理性质的差异，以CO_2膨胀烟丝作为示踪物对配方烟丝的混合进行了研究。王军、纪朋等[10]以糖碱比为评价指标，以储丝柜出口烟丝为混丝均匀度监控点，以在线近红外多功能水分仪为监控手段，建立了在线混丝均匀性监控方法。赵梦达[11]对烟丝掺配过程中气流烟丝掺配均匀性不佳、松散性差等问题进行了相关改进研究。牛序策、周兆庄等[12]对配比系统进行了优化设计，实现了配比物料预填充功能和配比流量的复合控制，提高了配比系统运行的精确性、可靠性和经济性，提高了产品质量的一致性。王毅等[13]通过对烟草化学成分与感官质量关系进行研究，建立了一糖碱比变异系数来描述烟丝混合均匀度的方法，依次来确定烟丝是否混合均匀。刘垣[14]采用质量分数分布标准偏差表示混合均匀性状态，对检测计算方法以及影响卷烟加工中混合均匀性的主要因素进行探讨。陈景云等[15,16]采用人工挑选的方法，研究配方中梗丝掺配均匀性。

本文从卷烟配方设计方向、数理方面研究推导出能够在不同规格烟支配方中达到混合均匀所需的单等级烟叶原料最小数量理论值，为卷烟产品设计与维护提供理论与技术支持。

1 材料与方法

1.1 材料

山东中烟某牌号卷烟，由20个不同产地、等级、年份的单料烟组成，分别用字母A、B……T表示，表1是20个单料烟的物理特性指标。

表1 单料烟的物理特性指标

编号	单料烟代码	等级	叶片厚度(mm)	页面密度(g/m^2)	填充值(cm^3/g)
1	A	X2F	0.086	56.46	3.87
2	B	C3F	0.083	60.90	4.16
3	C	B2F	0.094	68.70	4.00
4	D	X2F	0.089	78.91	4.95
5	E	C3F	0.093	91.21	4.99
6	F	TBO	0.107	93.45	5.14
7	G	X2F	0.089	79.50	5.40
8	H	X2F	0.082	63.97	5.15
9	I	B3F	0.118	105.37	5.11
10	J	C2F	0.102	79.37	4.56
11	K	C3F	0.097	98.91	4.20
12	L	B2F	0.118	89.41	4.69
13	M	C3F	0.110	71.11	3.66
14	N	C4F	0.067	58.29	3.58
15	O	MBO	0.063	58.05	4.14
16	P	C3F	0.073	62.35	4.25
17	Q	B2F	0.101	85.88	4.69
18	R	C3F	0.076	52.11	5.03
19	S	C3F	0.062	45.38	4.71
20	T	B2F	0.116	84.46	4.54

1.2 试验方法

1.2.1 样品处理

按照该牌号卷烟生产投料比在山东中烟技术中心试验线生产，根据生产工序的加工时间，按照等时间间隔方法每隔1 min取样一次，每次取样200～500 g，待制丝设备稳定运行后于物料出料口开始取样。在取样过程中，保证取样截面上的所有物料均被获得，装袋待测，共取样25个。

按照本文计算结果，调整单料烟物料投料比例，重复上述样品处理方法，取样 25 个，装袋待测。

1.2.2　**烟草常规化学成分分析**

按照连续流动（硫氰酸钾）分析法测定烟草中总植物碱的含量（质量分数），采用近红外方法测定烟草中的总糖和总氮（质量分数），采用近红外方法测定烟草中的钾含量（质量分数），采用烟草行业标准 YC/T 426—2012 中的方法计算烟丝混合均匀度。

2　单等级烟叶原料最小数量推导

烟草作为一种特殊的食品，其本身加工的过程中具有特殊的性质，如填充值、页面密度、弯曲度、造碎率等，本文按照烟草本身具有的性质来推导单等级烟叶原料最小数量。

2.1　常规卷烟的横截面面积计算

根据圆周公式可知，截面半径 $r=\frac{d}{2\pi}$，则截面面积为：

$$S=\pi r^2=\pi\times\left(\frac{d}{2\pi}\right)^2=\frac{d^2}{4\pi}$$

2.2　烟丝总体积的计算

根据叶组配方，我们能够知道叶组中每个单料烟的质量 m(g)。在实际切丝过程中会造成烟丝的破碎，因在卷烟中无法使用，便造成损失，所以实际切成烟丝的烟叶质量为 $m_{ti}=m_i(\text{g})\times(1-Z)$。通过对烟叶的表面理化性质分析可以知道每一个单料烟的填充值 X (cm^3/g)，由此可知，每个单料烟的体积为：

$$V_i=m_{ti}(\text{g})X_i$$

烟丝的总体积为：

$$V=m_{t1}X_1+m_{t2}X_2+\cdots+m_{ti}X_i$$

2.3　烟支总长度的计算

计算出烟支的横截面面积以及烟丝的总体积，根据公式 $V=SL$ 可以推出，长度 $L=\frac{V}{S}$。

2.4　单料烟烟丝总长度的计算

由烟丝的表面理化分析可以知道烟丝的表面密度 Y_s(g/cm^2)以及厚度 h(cm)，便可以求出烟丝的密度 Y(g/cm^3)。

$$Y=\frac{Y_s}{h}$$

求出烟丝的密度之后，根据公式 $m=YV_t=\frac{Y_s}{hV_t}$，可以求出烟丝的真实体积 V_t(cm^3)。

通过烟丝的切丝宽度 e(cm)以及烟丝的厚度 h(cm),可以求出烟丝的截面面积 $S_y=eh$。

根据体积等于面积乘以高,结合烟丝的卷曲度(J)以及造碎率(Z),可以求出单料烟烟丝的总长度 $L_y=\frac{V_t J}{S_y}$。

2.5 烟支截面最多容纳烟丝量的计算

前边已经知道单料烟烟丝的横截面积 S_y 以及烟支的横截面面积 S 的计算公式了,可以通过数学统计的方式,算出目前所用烟丝的平均横截面面积 S_{yv}(cm^2),也可以算出在理想状况下烟丝按单一方向密集排列的烟丝数 $n=\frac{S}{S_{yv}}$。

2.6 单等级原料最小数量理论值的计算

仅当烟丝的长度大于烟支的长度以及叶组中单料烟的数量小于烟支横截面的最大容烟丝量时,理论上能够达到烟丝的混合均匀。以此原则,结合前面的计算方法,推导出单等级原料最小数量理论值。

3 结果与讨论

3.1 试验设计

根据上述单等级原料最小数量理论值计算结果,设计了两组对照试验,以此验证按照所得到的单等级原料最小数量理论值投料能否提高烟丝的混合均匀度。

试验一:采用原配方中单料烟的投料比例在山东中烟技术中心试验线进行投料,投料比例如表 2(原配方投料量 A)所示,按照材料与方法中样品处理的方法取样 25 个,并进行烟草常规化学成分分析,所得数据如表 3 所示。

试验二:按照本文推导出来的公式,调整单料烟代码 B、C、F 的投料比例,如表 2(调整后配方投料量 B)所示,利用同样的样品处理方法取样 25 个,进行烟草常规化学成分分析,所得的烟草常规化学成分数据如表 4 所示。

表 2 烟叶投料比

编号	单料烟代码	等级	原配方投料量(kg)	调整后投料量(kg)
1	A	X2F	2	2.00
2	B	C3F	1	1.22
3	C	B2F	1	1.22
4	D	X2F	2	2.00
5	E	C3F	2	2.00
6	F	TBO	2	2.00

续表

编号	单料烟代码	等级	原配方投料量(kg)	调整后投料量(kg)
7	G	B2F	2	2.00
8	H	X2F	2	2.00
9	I	B3F	2	2.00
10	J	C2F	2	2.00
11	K	C3F	2	2.00
12	L	B2F	2	2.00
13	M	C3F	2	2.00
14	N	C4F	2	2.00
15	O	MBO	2	2.00
16	P	C3F	2	2.00
17	Q	B2F	2	2.00
18	R	C3F	2	2.00
19	S	C3F	2	2.00
20	T	B2F	2	2.00

表 3　调整前烟草常规化学成分分析

编号	总烟碱(%)	总糖(%)	总氮(%)	钾(%)	糖碱比
1	2.19	22.36	2.16	2.82	10.21
2	2.38	23.23	2.04	2.61	9.76
3	2.38	22.78	1.50	2.47	9.57
4	2.17	23.43	1.52	2.59	10.80
5	2.11	22.60	1.95	2.60	10.71
6	2.16	22.58	1.53	2.62	10.45
7	2.28	23.52	1.58	2.50	10.32
8	2.16	21.98	1.60	2.43	10.18
9	2.35	22.47	1.93	2.52	9.56
10	2.16	22.72	2.03	2.43	10.52
11	2.34	23.45	1.80	2.47	10.02
12	2.32	25.59	2.26	2.74	11.03
13	2.45	24.78	2.21	2.83	10.11
14	2.39	24.07	1.47	2.80	10.07
15	2.16	23.73	1.89	2.97	10.99
16	2.27	21.81	1.93	2.38	9.61
17	2.17	22.29	2.47	2.58	10.27

续表

编号	总烟碱(%)	总糖(%)	总氮(%)	钾(%)	糖碱比
18	2.13	21.44	2.45	2.34	10.07
19	2.17	23.20	2.01	2.89	10.69
20	2.21	21.33	2.57	2.56	9.65
21	2.09	22.83	2.05	2.60	10.92
22	2.18	22.88	2.36	2.66	10.50
23	2.13	21.44	2.45	2.34	10.07
24	2.12	22.30	2.45	2.78	10.52
25	2.24	23.30	2.11	2.72	10.40

表4　调整后烟草常规化学成分分析

编号	总烟碱(%)	总糖(%)	总氮(%)	钾(%)	糖碱比
1	2.20	22.92	2.16	2.78	10.42
2	2.27	22.77	2.19	2.72	10.03
3	2.16	23.41	1.47	2.53	10.84
4	2.26	22.76	1.45	2.69	10.07
5	2.11	21.94	2.45	2.42	10.40
6	2.16	23.32	2.07	2.41	10.80
7	2.27	24.55	1.81	2.60	10.81
8	2.22	24.28	1.85	2.56	10.94
9	2.29	22.48	1.80	2.46	9.82
10	2.28	23.77	2.08	2.63	10.43
11	2.30	23.30	2.11	2.67	10.13
12	2.30	25.37	2.28	2.73	11.03
13	2.23	24.24	1.48	2.72	10.87
14	2.27	24.20	1.62	2.67	10.66
15	2.30	23.36	1.44	2.79	10.16
16	2.20	23.61	1.54	2.74	10.73
17	2.37	23.29	1.59	2.73	9.83
18	2.22	22.29	1.79	2.57	10.04
19	2.24	24.35	2.19	2.81	10.87
20	2.16	23.41	1.47	2.53	10.84
21	2.22	22.90	1.53	2.58	10.32
22	2.17	23.43	1.52	2.59	10.80
23	2.28	23.52	1.58	2.50	10.32

续表

编号	总烟碱(%)	总糖(%)	总氮(%)	钾(%)	糖碱比
24	2.30	23.19	1.84	2.60	10.08
25	2.16	22.72	2.03	2.43	10.52

3.2 结果分析与讨论

对于烟草来说,化学成分的一致性代表着烟丝混合均匀度,因此,对化学成分进行分析是评价烟丝混合均匀度的好方法。利用 SPSS 软件对两组试验的烟草常规化学成分进行分析,通过软件求出总烟碱、总糖、总氮、总钾、糖碱比的极差和变异系数(见表 5 和图 1)。

通过对比发现,五类烟草常规化学成分的极差下降,说明这五类化学成分趋于稳定,没有较大的波动,也证明了调整之后的叶组混合均匀度有所提高。在变异系数的结果中,除了总氮一项有略微的上升,其他四项烟草常规化学成分均有所下降,这一结果同样佐证了本文得到的单等级原料最小数量值对提高烟丝混合均匀度有促进作用。

表 5　烟丝常规化学成分分析差异对比表

项目	总烟碱(%)	总糖(%)	总氮(%)	钾(%)	糖碱比
调整前极差	0.36	4.26	1.10	0.63	1.47
调整后极差	0.26	3.43	1.01	0.40	1.21
调整前变异系数	0.047	0.044	0.170	0.067	0.043
调整后变异系数	0.028	0.033	0.171	0.046	0.036

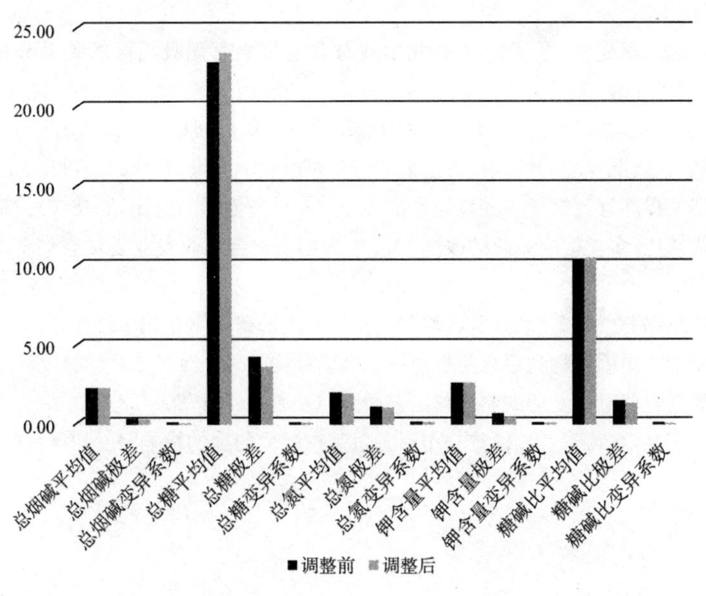

图 1　烟丝常规化学分析差异对比柱状图

通过国标方法计算烟丝混合均匀度,原烟丝(调整前)混合均匀度为 91.47%,调整之后的烟丝混合均匀度为 95.24%。

4 结论

对单等级烟叶原料最小数量进行研究，在一定程度上能够保证烟丝在混丝中的均匀度，从而保证加工物料物理性状的均衡、化学组成的均质，从而促进工艺加工的一致性和质量的稳定性、均一性。

物料的均匀与否是保证产品质量稳定的基础，对于烟草这种特殊的产品，产品质量的稳定显得尤为重要，因此，还需要对制丝工艺、烟丝混丝均匀度、加香加料均匀度进行更深一步的研究，为卷烟配方设计以及卷烟加工生产提供理论和技术支持。

参考文献

[1]谢刚，李霞，田国辉. 固体物料混合过程中混合度的研究[J]. 黑龙江大学学报(自然科学版)，2003(2)：111-113.

[2]吴芳芳. 固体制剂和混合物的含量均匀度研究[J]. 医药工程设计，2005，26(4)：17-21.

[3]刘峘. 烟草加工中固体物料混合的探讨[J]. 烟草科技，2002(7)：6-8.

[4]罗登山，姚光明，刘朝贤. 中式卷烟加工工艺技术探讨[J]. 烟草科技，2005(5)：4-8.

[5]阴耕云，徐世涛，侯读成，等. 以化学指标衡量打叶复烤片烟均质性的初步研究[A]. 2010 年中国烟草学会工业委员会烟草工艺学术研讨会论文集[C]，2010.

[6]孔俊，胡立中，王毅. 卷烟制丝工艺混合能力的评价[J]. 安徽科技，2009(8)：46-48.

[7]魏杰，阴耕云，施红林，等. 不同储叶条件对烟草主要化学成分影响研究[J]. 云南大学学报(自然科学版)，2010(s1)：178-182.

[8]李洪勋，潘文杰，李建伟，等. 烤烟内在化学成分含量与感官评吸指标的关系分析[J]. 湖北农业科学，2013，52(8)：1836-1841.

[9]刘栋. 烟丝混合均匀性研究[D]. 郑州：中国烟草总公司郑州烟草研究院，2011.

[10]王军，纪朋. 在线混丝均匀性监控方法研究[J]. 安徽农学通报，2016(22)：113-114.

[11]赵梦达. 研发提高气流烟丝掺配均匀性的装置[J]. 科技创新与应用，2018(7)：7-9.

[12]牛序策，周兆庄. 多丝掺配系统的改进[A]. 中国烟草学会工业专业委员会烟草工艺学术研讨会论文集[C]，2010.

[13]王毅，李胜群，胡立中，等. 烟草混合均匀度评价方法的研究[J]. 烟草科技，2004(8)：77-79.

[14]刘垣. 烟草加工中固体物料混合的探讨[J]. 烟草科技. 2001(7)：6-8.

[15]陈景云，樊杰，赵急世. 复切式制梗丝工艺研究[J]. 烟草科技，2004(2)：12-15.

[16]陈景云，李东亮，夏莺莺，等. 梗丝分布形态对其掺配均匀度的影响[J]. 烟草科技，2004(8)：24-27.

不同储存温湿度条件下卷烟爆珠物性变化规律研究

李玉辉[1]，苏海建[1]，于浩[2]，李洪涛[1]，张莎莎[1]，韩宜廷[3]，马晓龙[3]，刘利锋[1]

（1. 山东中烟工业有限责任公司技术中心，山东青岛，266101；
2. 山东将军烟草新材料科技有限公司，山东济南，250104；
3. 将军集团济南包装材料分公司，山东济南，250104）

[摘要] 为研究卷烟爆珠适宜的生产、储存和运输环境，本文以自产的、具有代表性的卷烟爆珠为样本，分析了卷烟爆珠在不同储存温湿度条件下的物性变化规律。结果表明，爆珠壁材受环境温湿度影响较大，爆珠壁材配方对保持爆珠稳定性起着至关重要的作用。爆珠壁材含水率对爆珠压碎强度有正相关性，水分含量升高，爆珠压碎强度相应增加。卷烟爆珠的生产加工、存储和运输环境以温度10 ℃～30 ℃、湿度40%～60%为宜。

[关键词] 卷烟爆珠；温湿度；含水率；压碎强度；物性变化规律

0 前言

近年来，随着卷烟市场的消费升级和消费者对卷烟产品个性化需求的日趋强烈，爆珠卷烟在国内外市场的销售额快速增长[1]。据不完全统计，2015年全国在售20个爆珠卷烟规格共计销售2.78万箱，截至2018年年底全国在售120个爆珠卷烟规格共计销售78.85万箱。卷烟爆珠作为一种新颖的卷烟加香载体，对于衬托增补卷烟香味、改善吃味、减少刺激、赋予产品优美的特征香味和风格塑造方面起着重要的作用[2]。相较于传统卷烟加香方式，卷烟爆珠能够在一定程度上克服传统加香方式料液易损耗、燃吸高温下反应复杂、易产生不良感官作用的缺陷，从而确保卷烟质量的稳定[3]。

随着国内爆珠卷烟市场的热度不减，针对爆珠多方面的研究也开始逐渐开展，主要集中在爆珠内容物的测定方法[4～6]、对烟气的影响[7,8]、添加物安全性[9,10]等方面。对影响消费者捏破爆珠体验舒适度的卷烟爆珠整体物性研究还鲜有报道。为探索卷烟爆珠关键物理指标在不同温湿度条件下的稳定性，本文对卷烟爆珠在不同温湿度条件的物性变化规律进行研究，以期为卷烟爆珠生产加工、储运和爆珠卷烟存放提供一定的理论指导。

1 试验材料与仪器

1.1 试验材料

三款卷烟爆珠分别为茶香(C)、酒香(J)、枣香(Z)(均为山东中烟将军集团生产)。

1.2 仪器

KBF720型恒温恒湿箱(德国宾得公司);AB204-S型电子分析天平(瑞士梅特勒-托利多仪器有限公司);CCST-1型滤棒爆珠胶囊强度测试仪[韩国烟草人参公社(KT&G)卷烟物理性能检测设备公司]

2 试验条件与方法

2.1 试验条件

近年来,国内研究人员探索了环境温度、湿度、气压和海拔对卷烟感官品质和常规理化指标的影响[11~13],借鉴其选取的温湿度条件并增加极限条件,兼顾恒温恒湿箱的设定条件范围,设计试验条件,如表1所示。

表1 不同温湿度条件设定表

项目	20%	40%	60%	80%
10 ℃	—	√	√	√
20 ℃	√	√	√	√
30 ℃	√	√	√	√
40 ℃	√	√	√	√

2.2 试验方法

2.2.1 重量变化试验

将表面皿烘干至恒重,称重并记录,每种爆珠样品取5 g左右,放入对应表面皿中,称重并记录,放入设定好的恒温恒湿箱中,每个样品作两个平行样。在放入恒温恒湿箱后12 h、24 h时,分别取出测量其重量。

其中,样品盘及标签质量记为m_0,爆珠质量记为m_1,表面皿和爆珠总重记为m_3,12 h时的总重记为m_4,24 h的总重记为m_5,12 h和24 h的增重率计算公式如下:

$$12\ \text{h增重率}=\frac{m_4-m_3}{m_1}\times 100\%$$

$$24\ \text{h增重率}=\frac{m_5-m_5}{m_1}\times 100\%$$

2.2.2 **压碎强度变化试验**

取约5 g样品，放入对应表面皿，然后一并放入恒温恒湿箱中。在放入恒温恒湿箱后12 h、24 h时各检测一次爆珠压碎强度。每次检测20颗爆珠，并记录数据。

3 结果与分析

3.1 重量变化试验结果

三种爆珠的吸湿率测定结果如表2至表4所示，将试验结果根据温湿度不同因素绘制成图1至图4。

表2 C号样品增重率测定结果

温度	吸湿率(%)			
湿度	20%	40%	60%	80%
10 ℃	—	−0.15	0.05	0.25
20 ℃	−0.45	−0.20	−0.05	−0.05
30 ℃	−0.51	−0.32	−0.06	−0.43
40 ℃	−0.65	−0.43	−0.65	−0.82

表3 J号样品增重率测定结果

温度	吸湿率(%)			
湿度	20%	40%	60%	80%
10 ℃	—	−0.10	0.02	0.17
20 ℃	−0.38	−0.22	−0.06	−0.05
30 ℃	−0.54	−0.34	−0.06	−0.40
40 ℃	−0.69	−0.49	−0.58	−0.52

表4 Z号样品增重率测定结果

温度	吸湿率(%)			
湿度	20%	40%	60%	80%
10 ℃	—	−0.04	0.04	0.15
20 ℃	−0.27	−0.18	−0.00	0.10
30 ℃	−0.35	−0.26	−0.05	0.32
40 ℃	−0.57	−0.38	−0.46	0.66

在相同湿度条件下，三种爆珠的吸湿率随温度的变化如图1至图4所示。

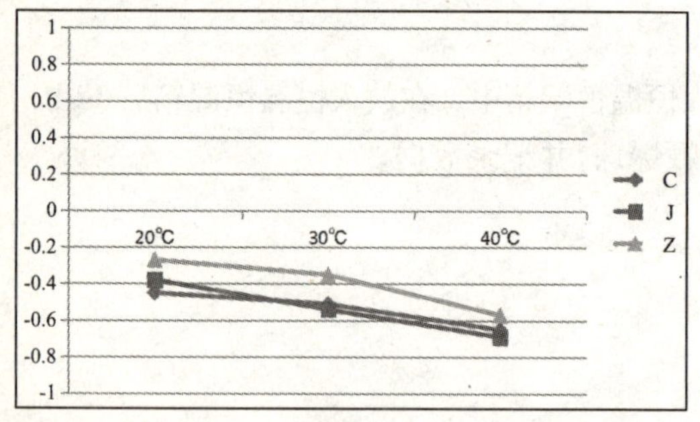

图1　湿度为20%RH时三种爆珠的增重率随温度的变化图

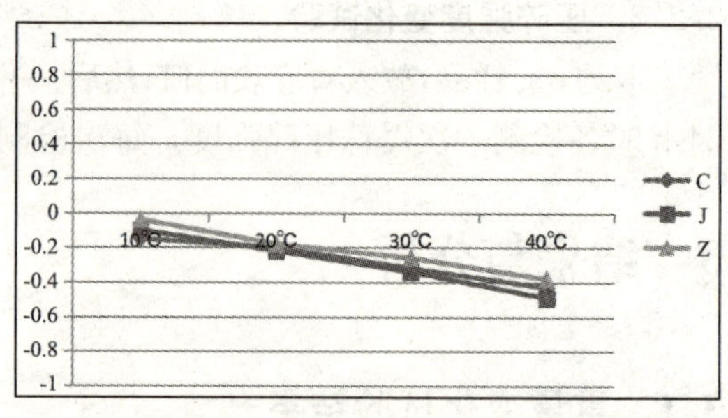

图2　湿度为40%RH时三种爆珠的增重率随温度的变化图

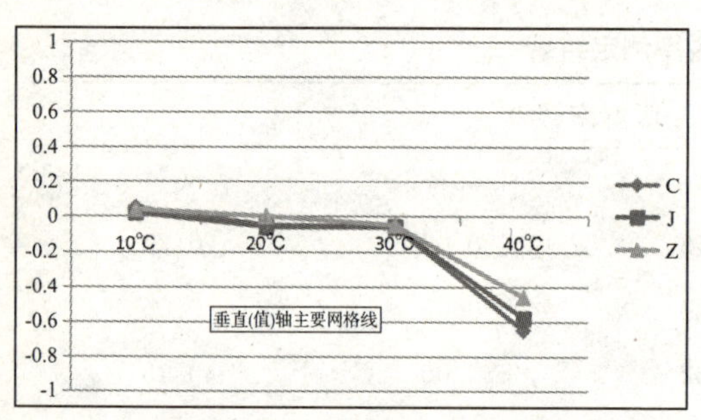

图3　湿度为60%RH时三种爆珠的增重率随温度的变化图

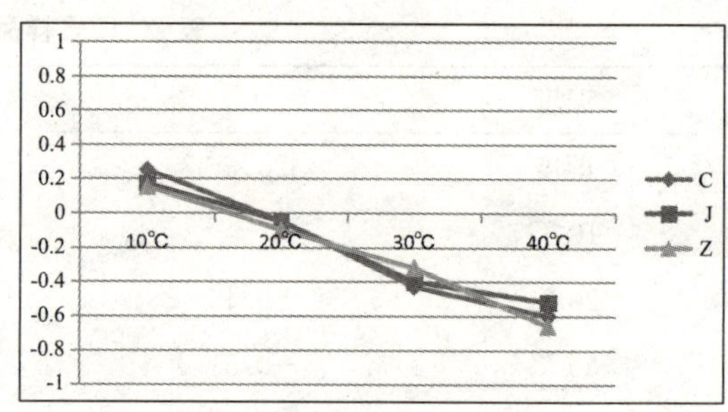

图4　湿度为80%RH时三种爆珠的增重率随温度的变化图

由图1至图4可以看出，当环境湿度为80%时，三种爆珠样品在10 ℃时的增重率大于0，表明爆珠从环境中吸水；当温度上升到20 ℃以上时，三种爆珠样品的增重率小于0，开始失水。在湿度为60%条件下，当温度为10 ℃、20 ℃、30 ℃时，三种爆珠的吸湿率基本都在0%的边缘，故可认为在这个环境温湿度下，爆珠的平衡含水率没有变化，没有发生吸潮或干燥过程。温度超过40 ℃以后，三种爆珠的增重率开始明显下降，而且基本全部低于0，说明爆珠在40 ℃以上时处于干燥的过程，平衡含水率下降。当环境湿度为40%和20%时，样品吸湿率随着温度的升高都呈现降低趋势。由以上种种可以得出结论，高湿低温条件下，爆珠易吸水，随着温度升高，逐渐失水；低湿条件下，爆珠随着温度的升高，爆珠持续失水。

3.2　压碎强度试验结果

随温湿度变化，三种爆珠的压碎强度测定结果如表5至表7所示，将测试结果根据温湿度不同因素绘制成图5至图7。

表5　C号样品压碎强度试验结果　　(单位:N)

温度	20%	40%	60%	80%
10 ℃		9.22	10.39	16.28
20 ℃	6.54	7.45	8.45	14.45
30 ℃	7.52	9.72	9.23	

续表

温度	20%	40%	60%	80%
40 ℃	7.01	9.87	9.92	

表 6　J 号样品压碎强度试验结果　（单位:N）

温度	20%	40%	60%	80%
10 ℃		10.28	11.20	18.51
20 ℃	7.25	8.22	9.25	12.69
30 ℃	7.41	9.45	9.00	13.54
40 ℃	6.85	10.85	9.75	14.23

表 7　Z 号样品压碎强度试验结果　（单位:N）

温度	20%	40%	60%	80%
10 ℃		12.39	15.12	13.42
20 ℃	8.77	11.01	13.24	18.65
30 ℃	9.21	11.31	12.08	15.23
40 ℃	10.35	13.02	14.58	18.55

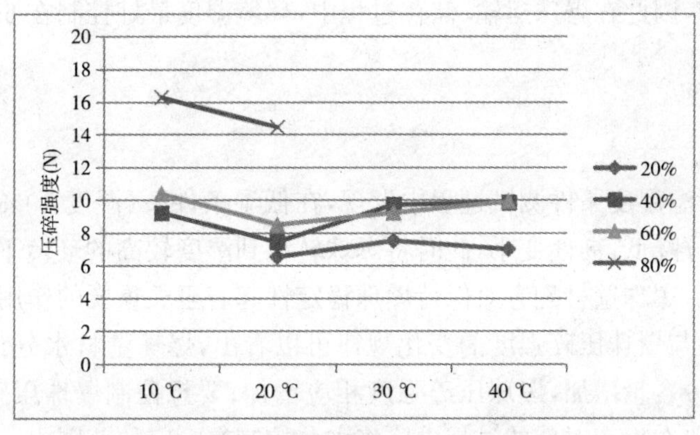

图 5　C 号爆珠样品压碎强度实验

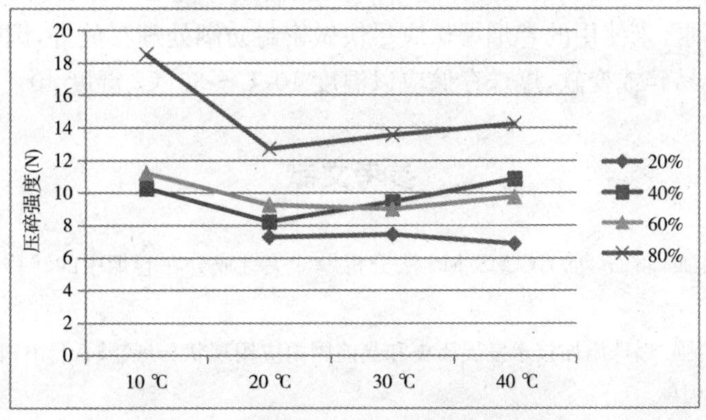

图 6　J 号爆珠样品压碎强度实验

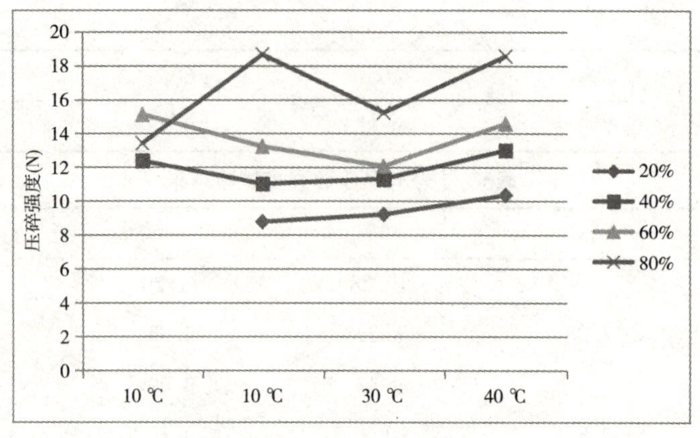

图 7　Z 号爆珠样品压碎强度实验

综上可知，在相同湿度条件下，爆珠压碎强度随温度的变化没有明显规律；在相同温度条件下，湿度越高，爆珠压碎强度越大。在高温高湿条件下，样品 C 出现变软、破裂或气泡太多的现象，无法进行强度测量。在其他湿度条件下，强度变化平稳，没有明显的趋势性。样品 J、Z 在试验设定的温湿度范围内(温度：10 ℃～40 ℃；湿度：20%～80%)均能保持爆珠完整，无破损。当湿度为 80%时，压碎强度明显增大，且不呈规律性变化，说明此湿度条件对爆珠的物理性质有较大的影响。当湿度为 80%时，用于试验的爆珠样品低温时压碎强度过高，高温时易吸水破裂，因此在爆珠运输、储存过程中，环境湿度最好控制在 60%以内。

4　结论

在对爆珠进行温湿度条件测试过程中发现，在低湿条件下(湿度 40%以下)因爆珠壁材发生干燥过程，水分降低，韧性变小，此时将爆珠转移到湿度较高的环境下进行测试，爆珠急剧吸水膨胀。所以，爆珠壁材配方对保持爆珠稳定性起着至关重要的作用。

从温湿度条件与爆珠压碎强度的变化规律可以看出，爆珠壁材水分含量对爆珠压碎强度有正相关性，水分含量增加，爆珠压碎强度相应增加；要想控制爆珠压碎强度在合理的范围内，爆珠生产企业在生产爆珠的过程中应将水分控制在一定的范围内。

卷烟爆珠作为一种香料载体，除了加工、存储、使用环境无异味、清洁，卫生条件应符合相关法律、法规要求，未使用的卷烟爆珠应尽快做密封防潮处理存放外，因爆珠壁材、芯材的成分需求，为防止易碎或变软，爆珠存储应以温度 10 ℃～30 ℃、湿度 40%～60%为宜。

参考文献

[1]朱瑞芝，詹建波，蒋薇，等. GC-MS/MS 法分析爆珠关键成分在卷烟中的转移行为[J]. 烟草科技，2018，51(6)：58-63.

[2]安裕强，顾树强. 爆珠添加技术发展历史和当前国内应用现状与展望[A]. 中国烟草学会 2016 年度优秀论文汇编[C]. 2016.

[3]何媛，彭军仓，吕娟，等. GC/MS 指纹图谱及系统聚类分析用于烟用爆珠内含物的测定[J]. 烟草科

技,2018,51(7):54- 60.

[4]席辉,柴国璧,张启东,等.卷烟爆珠溶剂中链甘油三酯的分离与鉴定[J].烟草科技,2018,51(7):61-66.

[5]朱风鹏,李雪,罗彦波,等.爆珠破碎对主流烟气有害成分释放量和滤嘴截留的影响[J].烟草科技,2017, 50(4): 37-42.

[6]崔春,孟祥士,纪朋,等.陈皮爆珠对卷烟常规理化指标和感官品质的影响[J].轻工学报,2019,34(3):46-49.

[7]刘欣,田丽梅,杨叶昆,等.高效液相色谱法测定卷烟爆珠中的甲醛与乙醛[J].分析测试学报,2018,37(7):810-814.

[8]刘秀明,张健,刘亚,等.高效液相色谱法同时测定爆珠壁材中 8 种水溶性着色剂[J].中国测试,2018,44(3):48-52.

[9]唐纲岭,陈再根,孟红明,等.大气压力对卷烟烟气分析结果的影响研究[J].中国烟草学报,2005,11(1):13-17.

[10]宋旭燕,柯炜昌,张耀华,等.环境湿度对卷烟理化指标及感官质量的影响[J].烟草科技,2007(10):9-17.

[11]许健,李忠任,倪朝敏,等.海拔和相对湿度对卷烟感官质量的影响[J].烟草科技,2009(6):8-14.

基于植物胶的爆珠壁材配方设计及其工艺优化

于浩[1]，王艳梅[1]，孙东亮[2]，王志勇[1]，袁霆[1]，王琦琦[1]，刘哲[2]

（1. 将军烟草集团有限公司，山东济南，250100；
2. 山东中烟工业有限责任公司济南卷烟厂，山东济南，250104）

［摘要］为解决动物胶爆珠在国际市场上的材质禁忌和可储存周期不足问题，在植物胶壁材取代动物胶壁材基础上，本文采用单因素试验粗选和正交试验平衡优化组合的方法，对溶胶温度、搅拌速度、卡拉胶添加比例及丙三醇（甘油）添加比例共 4 个因素进行显著性检验和直观分析。结果表明：溶胶温度、搅拌速度、卡拉胶添加比例及丙三醇添加比例均对植物胶壁材爆珠品质有极显著影响，其影响顺序为：搅拌速度＞丙三醇添加比例＞卡拉胶添加比例＞溶胶温度；植物胶壁材爆珠溶胶工艺参数宜为：溶胶温度 80 ℃、搅拌速度 180 r/min、卡拉胶添加比例 0.5%、丙三醇添加比例 0.9‰；通过提高溶胶温度、搅拌速度、丙三醇添加比例，可使得植物胶壁材爆珠的滴制成型质量优于动物胶壁材爆珠，且可储存周期明显延长。

［关键词］卷烟；爆珠；壁材；工艺；植物胶；动物胶；设计

爆珠添加作为一种卷烟赋香的新技术，实现了卷烟增香和丰富口感层次的作用[1]，为卷烟品类构建提供了更为直接的感知支撑手段，成为当前推动卷烟产品供给侧结构性改革的重要思路[2]。国内爆珠卷烟近些年来虽发展迅速，且爆珠类型日渐丰富，相关产品尤其是壁材的研究报道较少[1]。随着爆珠烟在国际市场的拓展，为避免宗教禁忌、疯牛病等因素影响，爆珠壁材中的动物胶应改用其他植物胶，同时爆珠壁材中的改性淀粉容易吸潮而导致爆珠渗漏、粘连、压力值明显改变，不利于爆珠或爆珠烟的长途海运，质量隐患较大。因此，以爆珠壁材的配方改进为基础，合理调整其他组分配比并进行工艺优化，开发具有国际市场适应力的新型壁材爆珠非常必要。

1　材料与方法

1.1　材料与仪器

1.1.1　材料

速溶琼脂（珠海物美科技有限公司，食品级）；卡拉胶（郑州四阳化工产品有限公司，食品级)；海藻酸钠(青岛南山生物科技有限公司，食品级)；改性淀粉(深圳百晟精细化工有限公司，食品级)；丙三醇(天津大茂化学试剂公司，分析纯)；普鲁兰糖(山东康纳公司，食品级)。

1.1.2 **仪器**

CHI440C 电子天平(精度 0.01 mg，上海辰华仪器公司)；ZNCL 磁力搅拌加热锅(河南爱博特仪器)；NDJ-5S 黏度计(上海方瑞仪巧有限公司)；电动搅拌器(德国 IKA)；电热 DHG-9070A 恒温水浴锅(上海精宏试验仪器设备有限公司)；CTS-I 综合指标检测仪(成都瑞拓科技股份有限公司)。

1.2 试验方法

1.2.1 爆珠生产工艺原理

动物胶壁材爆珠生产工艺流程如图 1 所示。取蒸馏水 1 L(pH 为 6.8～7.2)为溶剂加入溶胶罐，将一定比例的丙三醇(增塑剂)加入溶胶罐，然后加入规定比例的其他壁材粉料(包括速溶琼脂、改性淀粉、明胶、卡拉胶等)。将溶胶罐置入设定好温度的恒温水浴锅，并以设定转速搅拌 30 min，真空脱气 30 min 后静置 15 min，然后进行滴制、成型，最后对滴制成型的爆珠半成品进行清洗、干燥等，从而得到爆珠成品。其中，明胶由动物结缔组织中的胶原部分降解而成，因而以明胶壁材爆珠往往因宗教禁忌、与疯牛病源关联等而对国际市场开拓产生不利影响。

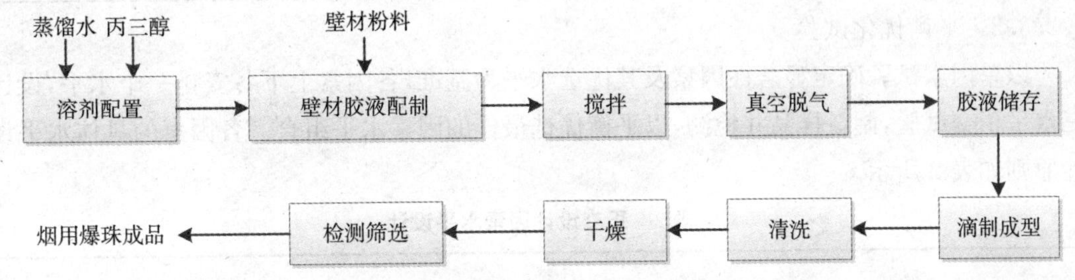

图 1 爆珠生产工艺流程图

海藻酸钠是从褐藻类中提取碘和甘露醇之后的副产物，属于食品级植物胶，可在温和条件下快速形成凝胶，因而可作为明胶的替代物。普鲁兰多糖是国际穆斯林、犹太教和素食协会认可的明胶替代物，且可以有效抑制改性淀粉的吸湿问题，因此，采用海藻酸钠、普鲁兰多糖替代明胶和改性淀粉，可生产出植物胶壁材爆珠。

1.2.2 试验因素选择

为制得质量不低于动物胶壁材爆珠的植物胶壁材爆珠，需同步改进其他相关壁材组分的配比，并对其溶胶工艺进行优化。有研究证明，温度、搅拌速度是影响各种植物胶黏度、凝胶性能的重要因素[3~7]，这是因为温度直接影响胶液所形成的混合相系的稳定，如改性淀粉在 75 ℃时糊化[8,9]而黏度增高，而在溶胶温度达到 85 ℃以上时，糊化加剧而黏度降低。搅拌速度对植物胶黏度的影响主要因为胶液的流变性与搅拌速度存在显著的相关关系[10,11]。同时，考虑到不同材质对爆珠作用以及在滴制过程中适应性特殊要求，可将卡拉胶添加比例、丙三醇添加比例列为试验因素[12~14]。从而，将溶胶温度、搅拌速度、卡拉胶添加比例、丙三醇添加比例等 4 个因素列为试验因素。

1.2.3 **试验方法**

试验分为单因素粗筛试验和平衡优化试验两个部分。

1.2.3.1 单因素粗筛试验

单因素试验的水平设计以动物胶壁材爆珠的配方参数为基础，上下分别设 2 个水平，共 5 个水平(见表 1)。逐因素进行水平轮换试验，制备样品并检测。通过单因素方差分析确定试验各因素对爆珠质量影响的显著性(P 值法[15])，并用直观分析法确定溶胶温度、搅拌速度、卡拉胶比例、丙三醇比例的单因素优选水平 X、Y、Z 和 W。

表 1 单因素试验水平设计表

水平	溶胶温度(℃)	搅拌速度(r/min)	卡拉胶比例(%)	丙三醇比例(‰)	备注
Ⅰ	50	90	0.3	0.5	
Ⅱ	60	120	0.4	0.6	
Ⅲ	70	150	0.5	0.7	原参数水平
Ⅳ	80	180	0.6	0.8	
Ⅴ	90	210	0.7	0.9	

1.2.3.2 平衡优化试验

以单因素试验确定显著性因素及其优选水平为基准，各因素上下各安排一个水平，设计三水平正交试验，制备样品并检测，以平衡优选最佳的因素水平组合。各因素的具体水平设计原则如表 2 所示。

表 2 正交设计因素水平设计

水平	因素				备注
	溶胶温度(℃)	搅拌速度(r/min)	卡拉胶添加比例(%)	丙三醇添加比例(‰)	
1	$X-10$	$Y-30$	$Z-0.1$	$W-0.1$	
2	X	Y	Z	W	基准水平
3	$X+10$	$Y+30$	$Z+0.1$	$W+0.1$	

1.2.4 **样品平衡**

将制备的爆珠样品在(22±2)℃、(55±5)%RH 的环境下平衡 48 h，待用。

1.3 检测方法与数据处理

每样品随机选取 100 粒爆珠，分别请 15 名有爆珠评定经验的人员，根据表 3 对爆珠外观(表面光洁、圆度、拖尾、偏心、气泡)品质进行评分，取各指标 15 人的评分平均值的和为最终外观得分(M_1)。

表 3　爆珠外观评分表

表面光洁		圆度		拖尾		偏心		气泡	
分数	要求	分数	要求	分数	要求	分数	要求	分数	要求
10～15	无杂质，无出油现象晶莹透亮	15～20	良好	15～20	良好	20～25	良好	15～20	良好
5～10	磨砂感，无出油现象，偏暗	10～15	较好	10～15	较好	10～20	较好	10～15	较好
0～5	污浊，出油明显，黯淡无光	0～10	严重	0～15	严重	0～10	严重	0～5	严重

每样品随机选取 100 粒爆珠，利用爆珠专用综合测试仪对爆珠的抗压力值、强度、压陷量及粒径四个关键物理指标进行检测，计算其合格率，并按表 4 转化为分数。共测量 3 次，取各指标得分平均值的和为最终物理指标得分(M_2)。

表 4　爆珠物理指标评分表

合格率区间(%)	抗压力值得分	强度得分	压陷量得分	粒径得分
[100, 100]	30	20	20	30
[100, 90)	每降低 1%得分降 2分	每降低 1%得分降 1分	每降低 1%得分降 1分	每降低 1%得分降 2分
(90, 0]	每降低 10%得分降 1分	每降低 10%得分降 1分	每降低 10%得分降 1分	每降低 10%得分降 1分

计算每个样品的综合得分。

$$M = M_1 \times 0.2 + M_2 \times 0.8$$

2　结果与分析

2.1　单因素粗筛试验结果与分析

2.1.1　方差分析

单因素方差分析的 P 值[15]检验结果如表 5 所示。溶胶温度、搅拌速度、卡拉胶添加比例以及丙三醇添加比例 4 个因素均对爆珠品质有极其显著的影响($p<0.05$)，因此，均应列入平衡优化的试验因素。

表 5　方差分析结果

变异来源	p 值
溶胶温度	0.004
搅拌速度	0.000
卡拉胶添加比例	0.007
丙三醇添加比例	0.001

2.1.2　**直观分析**

各因素不同水平下的爆珠综合得分如图 2 所示。

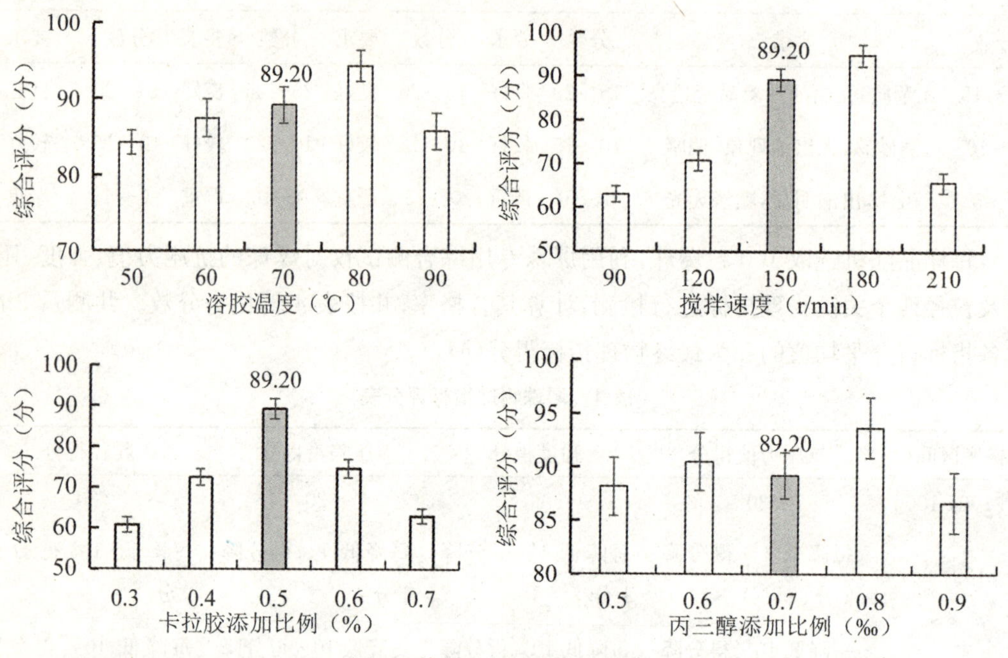

图 2　各水平与爆珠综合评分

溶胶温度、搅拌速度、卡拉胶添加比例对爆珠综合得分的影响均存在明显分界点。在分界点两侧，溶胶温度、搅拌速度、卡拉胶添加比例对综合质量得分的影响趋势截然相反，且低于分界点时与综合质量得分均表现为正相关，高于分界点时表现为负相关。在分界点，爆珠品质综合得分最高且溶胶温度、搅拌速度的分界点所对应的水平（80 ℃、180 r/min）均高于原水平参数，而卡拉胶添加比例分界点对应的水平即为原水平参数（0.5%），没有变化。丙三醇添加比例对爆珠综合得分的规律不明显，但添加比例由 0.7‰增加到 0.8‰时，综合质量得分最高。

因此，将溶胶温度分界点 80 ℃、搅拌速度分界点 180 r/min、卡拉胶添加比例分界点 0.5%、丙三醇添加比例 0.8‰作为平衡优化试验的基准水平。

2.2　平衡优化试验结果与分析

考虑到试验因素的显著性检验均已通过，因此，正交试验仅需对各因素进行综合得分直观分析即可。所以从降低试验量角度出发，可采用 $L_9(3^4)$设计表，将各因素排满各列，不再安排空白列。具体试验设计及试验结果如表 6 所示。

表 6　$L_9(3^4)$正交试验结果

项目	试验号	试验设计				综合得分
		溶胶温度(℃)	搅拌速度(r/min)	卡拉胶添加比例(%)	丙三醇添加比例(‰)	
试验方案	1	70(水平 1)	150(水平 1)	0.4(水平 1)	0.7(水平 1)	72.42
	2	70	180(水平 2)	0.5(水平 2)	0.8(水平 2)	91.94
	3	70	210(水平 3)	0.6(水平 3)	0.9(水平 3)	65.30
	4	80(水平 2)	150	0.5	0.9	92.87
	5	80	180	0.6	0.7	81.23
	6	80	210	0.4	0.8	69.72
	7	90(水平 3)	150	0.6	0.8	79.16
	8	90	180	0.4	0.9	84.50
	9	90	210	0.5	0.7	63.65
水平均值	K_1	76.55	81.48	75.55	72.43	
	K_2	81.27	85.89	82.82	80.27	
	K_3	75.77	66.22	75.23	80.89	
极差	R	5.50	19.77	7.59	8.46	

注：所制造样品检测后，计算每因素各水平综合得分的均值 K_i（i 为水平序号，分表取 1,2,3）并计算每因素 K_i 的极差 R。

根据 R 值的大小可确定因素对成品爆珠品质影响的大小顺序为：搅拌速度＞丙三醇添加比例＞卡拉胶添加比例＞溶胶温度。溶胶温度、搅拌速度、卡拉胶添加比例三个因素的基准水平均呈现出最高水平，这与单因素粗筛试验的结果相似；而丙三醇添加比例的最高得分对应的水平高于基准水平，证明其他三个因素中可能存在交互作用。在所有的组合方案的试验结果中，综合得分最高值为 92.87 分，优于原参数的综合得分 89.2 分。根据各因素 K_i 值的大小，确定最佳的参数组合为：溶胶温度 80 ℃、搅拌速度 180 r/min、卡拉胶添加比例 0.5%、丙三醇添加比例 0.9‰，与原配方参数组合相比，溶胶温度提升了 10 ℃，搅拌速度提高了 30 r/min，丙三醇添加比例提高了 0.2‰。所确定的因素优化组合方案不在正交试验方案设计组合中，所以需要进行生产验证。

2.3　生产验证

对平衡试验确定参数进行生产验证，爆珠的综合得分达到 95.6 分，较原配方参数爆珠综合得分(89.2 分)高出 6.4 分。其中主要的优势在于爆珠偏心减少、表面光洁程度增加以及物理性能抗压力值、粒径合格率均明显提高，且爆珠储存 6 个月后未发现有明显渗漏现象。与原配方相比，植物胶壁材爆珠在严重渗漏、粘连、压力值明显改变等问题上有了极大改善，可储存时间明显延长，满足了爆珠走向国际市场的客观需要。

3 结论

(1)溶胶温度、搅拌速度、卡拉胶添加比例以及丙三醇添加比例均对植物胶壁材爆珠品质有极显著影响,其影响顺序为:搅拌速度>丙三醇添加比例>卡拉胶添加比例>溶胶温度。

(2)植物胶壁材爆珠溶胶工艺参数宜为:溶胶温度 80 ℃、搅拌速度 180 r/min、卡拉胶添加比例 0.5%、丙三醇添加比例 0.9‰。

(3)通过提高溶胶温度、搅拌速度、丙三醇添加比例,可使得植物胶壁材爆珠的滴制成型质量优于动物胶壁材爆珠,且可储存周期明显延长。

参考文献

[1]陈辰．全球爆珠烟发展概况[J]. 中国烟草,2017(1):42-43.

[2]安裕强，顾树东．爆珠添加技术发展历史和当前国内应用现状与展望[A]. 中国烟草学会 2016 年度优秀论文汇编——烟草经济与管理主题[C]. 2016.

[3]范友灵，王黎明，彭宏俊，等. 复方天然植物胶及其在软胶囊制备中的应用[R]. 中国,1449747A, 2003 年 10 月 22 日.

[4]刘文妮，沈科萍，张忠，等. 响应面法优化孜然精油微胶囊工艺[J]. 食品科学,2014,35(18):17-21.

[5]徐博，张闻修，李春，等. 螺杆挤压生产高凝胶强度的低温溶解江蓠属琼脂[J]. 农业工程学报, 2013,29(2):280-286.

[6]杨帅帅，李海朝，黄丽娟．增塑剂改性明胶膜的制备与表征[J]. 食品工业科技,2017,38(21):84-87,301.

[7]Labropoulos K. C. ,Niesz D. E. ,Danforth S. C. ,et al.. Dynamic rheology of agar gels: theory and experiments. part Ⅱ:gelatin behavior of agar sols and fitting of a theoretical rheological model[J]. *Carbohydrate Polymers*,2002(20):407-415.

[8]程东，洪雁，庞艳生，等. 交联和羟丙基改性对蜡质玉米淀粉糊化和流变性质的影响[J]. 食品与发酵工业，2016，42(3):76-83.

[9]卢艳敏，邱立忠，夏凤清，等. 交联酯化淀粉糊化性质的研究[J]. 食品研究与开发，2017，38(12): 5-8.

[10]王元兰，李忠海，张乐华．低浓度海藻酸钠的流变性及影响因素研究[J]. 食品与机械,2008,24(1):29-31.

[11]郑梅霞，朱育菁，刘波，等. 黄原胶的流变性及与魔芋胶等的协效性研究[J]. 食品工业科技, 2016，37(8):303-306.

[12]尹力众．卡拉胶纤维的制备与性能研究[D]. 青岛:青岛大学,2010.

[13]陈志周，王建清．聚乙烯醇成膜性及影响因素研究[J]. 包装工程，2009，30(1):4-7.

[14]鹿保鑫，陆庆明，曹龙奎．辅强剂、增塑剂对改性纤维素膜力学性能影响的研究[J]. 包装工程, 2010(7):29-31.

[15]孙东亮，米强，胡建军．卷烟卷制质量的稳定性研究[J]. 烟草科技，2007,49(4): 9-12.

003 烟草经济与管理

YAN CAO JING JI YU GUAN LI

基于“五五工程”的烟草商业企业创新体系建设

高中昌，曹雪鹏，王昊

（山东济南烟草有限公司综合计划处，山东济南，250098）

［摘要］习近平总书记多次强调，要坚持把发展基点放在创新上，大力培育创新优势企业，塑造更多依靠创新驱动、更多发挥先发优势的引领型发展。烟草行业也将“创新、协调、绿色、开放、共享”的新发展理念作为推动行业发展的行动指南。本文重点阐述了烟草商业企业构建基于“五五工程”的创新体系的具体思路和措施。

［关键词］烟草；平台；项目；创新管理

0 引言

随着经济全球化的发展，以及改革开放的深入推进，我国经济的市场化程度越来越高，市场竞争日趋激烈。党的十九大提出，创新是引领发展的第一动力，是建设现代化经济体系的战略支撑。我国烟草行业自主创新能力、管理水平与发达国家仍然存在差距，国际竞争面临的压力长期存在。烟草商业企业作为烟草行业的一分子，需加快实施创新驱动战略，积极构建基于“五五工程”的创新体系，努力营造良好的科技创新氛围，积极推动创新成果转化，切实提高核心竞争力，助力企业迈向高质量发展新征程。

1 烟草商业企业创新体系的发展现状

1.1 长效机制初步建立

烟草商业企业在质量管理不断完善的过程中，均建立了一套较为完善的创新管理办法，使科技进步和自主创新工作有章可循，提升了创新管理的制度化、标准化水平。

1.2 项目管理逐步规范

烟草商业企业在国家、局统一领导下，认真落实创新项目计划，规范项目管理程序，有序开展自主创新项目的研发和管理工作，不断提高项目管理的科学性、公正性、规范性。

1.3 创新成果不断涌现

烟草商业企业通过不遗余力地开展创新活动，涌现出许多优秀的成果。以济南烟草有限公司为例，2015～2018 年获得省级表彰的创新课题就有 14 项。

2 烟草商业企业创新体系发展存在的问题和挑战

2.1 工作机制活力不足，创新体系尚需完善

烟草商业企业普遍存在员工自发创新热情未能完全激发，创新氛围不够，即存在冷热不均的现象。

2.2 项目管理水平不高，高水平项目成果偏少

烟草商业企业目前对创新项目的管理局限在研究过程中的时间提醒、督促，对于项目研究中遇到的困难、成果水平的提高未能提供足够的支持。

2.3 自主创新能力不足，创新人才队伍急需壮大

烟草商业企业的自主创新能力有限，尤其在针对重点领域开展研究时，依赖外脑的较多，无法完全依靠内部人员完成突破性研究，能够产生自主知识产权、形成较强推广价值的创新活动偏少。

3 烟草商业企业完善创新体系的措施

图 1 为措施简图。

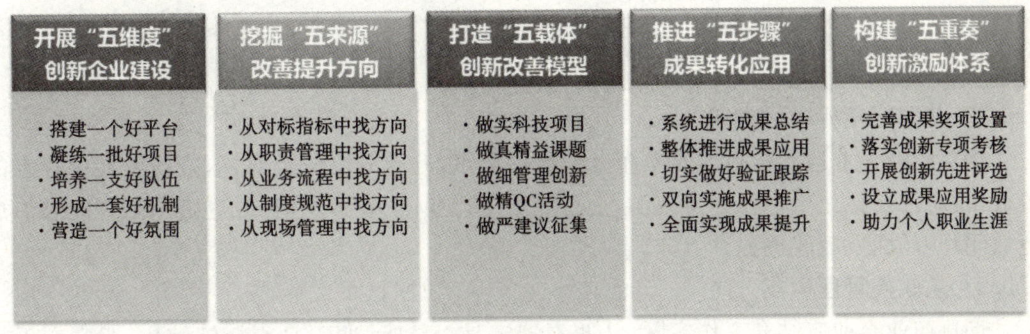

图 1　措施简图

3.1 深入开展“五维度”创新企业建设

3.1.1 搭建一个好平台

一是切实发挥产学研创新平台作用。加强与高校、科研院所和咨询机构的合作，强化信

息互通共享。二是切实发挥群众性创新平台作用。完善群众性创新管理机制，积极组织全员创新培训、QC 小组、合理化建议征集、“金点子”评选、浪费点查找等活动，增强全员创新意识和质量意识，发挥全员才智，推动企业发展，让“想创新的有平台，会创新的有舞台”。

3.1.2 凝练一批好项目

一是紧紧围绕烟草商业企业的专卖经营中心工作，凝练项目，开展研究，着力推进创新与企业发展的有机融合，突出解决制约企业发展的瓶颈问题。二是完善成果转化标准文件，明确成果转化和应用的相关规定，形成较为健全的成果固化机制。三是推进知识产权与标准的结合，将重大成果纳入企业技术标准，并努力将企业标准上升为烟草行业标准。

3.1.3 培养一支好队伍

一是积极贯彻中高层次人才托举工程，加大专业骨干人才的培养力度。二是逐步畅通专业技术和技能岗位晋升通道，建立覆盖全体科研人员、梯次结构合理的专业技术岗位体系，建立“职位能上能下、待遇能升能降”的动态管理机制。三是加大对科技创新做出突出贡献的高层次人才、专业骨干人才队伍、创新团队的奖励力度。四是坚持把培养知识型人才、打造创新型人才队伍作为创新驱动发展战略的根本支撑。

3.1.4 形成一套好机制

一是规范项目立项、结题、奖励、群众性创新等活动流程，注重科技档案痕迹化管理。二是健全完善稳定的投入机制、规范的激励机制、合理的保障机制、高效的产学研合作机制、科学的评估机制以及创新成果管理机制。三是进一步加大科研项目经费投入力度，规范研发费用管理。

3.1.5 营造一个好氛围

一是充分利用网站、报刊、杂志等媒体开展宣传引导，强化创新理念宣贯，营造创新浓厚氛围。二是分层级实施创新培训，通过组织开展全员创新培训，正确掌握创新工具方法，引导干部职工会创新。三是积极开展形式多样的创新活动，丰富完善创新载体，确保干部职工能创新。四是大力弘扬“金叶工匠”追求卓越的创造精神、精益求精的品质精神、用户至上的服务精神，引导广大干部职工多创新。

3.2 充分挖掘“五来源”改善提升方向

3.2.1 从对标指标中找方向

烟草商业企业应紧跟行业及本企业发展的重点，开展分组分类对标，查找发展中存在的短板，看对标指标是否存在异常波动，是否低于全行业、全省平均值，改进措施是否能够形成有效闭环，从而发现改进提升方向。

3.2.2 从职责管理中找方向

烟草商业企业应结合工作实际，从职责规定是否清晰，职责是否分解细化，职责有无交叉重叠，是否存在职责缺位、规定不合理，职责变化后调整是否滞后等中找短板，明确努力改进方向。

3.2.3 从业务流程中找方向

烟草商业企业应持续深化流程再造，全面梳理、优化业务流程和管理流程，看流程是否清晰、顺畅、可操作，流程运转所耗费的资源是否最少，产生的价值是否最大，是否还有进一步优化的空间，从而找准努力改进方向。

3.2.4 从制度规范中找方向

烟草商业企业应围绕解决标准流程执行“不知道、不合理、不执行”难题，从宣贯培训是否到位、思想教育是否深入、制度规范是否切合实际、监督检查是否发挥刚性作用等方面查找出问题短板，明确努力改进方向。

3.2.5 从现场管理中找方向

烟草商业企业应牢固树立“现场管理是一切短板根源”的思想，从“7S”现场定置管理是否到位、员工办公资源是否分配合理、沟通协调是否顺畅等方面找准改进提升方向。

3.3 全面打造“五载体”创新改善模型

3.3.1 做实科技项目

一是要保证项目实，加强立项环节评审，就课题的立意、推广的预期效果、技术路线的可行性、课题组成员及经费预算等进行论证；二是要保证成果实，提升科技项目研发水平，项目成果要有创造性，要对工作有切实的改变和推动作用；三是要保证绩效实，建立科技项目绩效评价体系，对科技项目的既定目标实现程度、完成结果、投入产出效益、资金投入与使用情况进行综合考核与评价，规范科技项目管理，提高资金使用效益。

3.3.2 做真精益课题

一是确保课题真。选择课题要注重针对性、实用性、前瞻性，注重从解决企业实际问题出发，在总结经验的基础上，提出加强、改进工作的思路。二是确保过程真。健全完善精益课题管理机制，推动精益课题管理工作制度化、规范化、长效化。三是确保效果真。完善各类精益改善成果的评价程序和评价标准，健全精益成果标准转化机制。

3.3.3 做细管理创新

一是细心挖掘，寻找管理中的创新点。管理创新来自工作实际，工作中要善于寻找管理创新点。二是细心指导，确保管理创新取得实效。烟草商业企业要形成基层、机关两级研讨机制，交流探讨管理工作中存在的问题与创新点，研究管理创新的价值与方向。三是细心总结，形成管理创新成果报告。要重视报告的撰写，严格按照撰写要求，体现出对管理创新内容的认知从感性提高到理性，反映出管理领域的一定规律。

3.3.4 做精 QC 活动

一是数据收集要精。小组活动是用数据说话的，活动小组要明确收集数据的目的、调查对象及要改进的质量特性，并分析出体现该质量特性波动的影响因素，做到因地制宜、有的放矢。二是工具应用要精。QC 小组活动过程中，要组织开展小班制培训、诊断师带课题等活动，加强全员对 QC 专用工具的学习，提高活动质量。三是技能掌握要精。QC 小组活动涉及专业和管理两方面的技能，要加大复合人才的培养力度，为 QC 活动遍地开花提供人才保障。

3.3.5 做严建议征集

一是程序要严谨。烟草商业企业要明确实施方案、流程和评估办法，切实筛选出有实施价值的建议并组织实施；要进行年度评选，对建议提出人进行表彰奖励。二是评选要严格。建立三级评审机制，由建议提出部门进行一审，商业企业的精益办进行二次审核，专业的评审委员会进行三审。根据三级评审结果，确定采用哪些建议，指定相关职能部门落实。三是改进要严肃。商业企业要切实做好意见建议和浪费点的整改落实工作，建立改善效果评价机制，确保每条建议都能发挥出最大价值。

3.4 扎实推进“五步骤”成果转化应用

3.4.1 系统进行成果总结

结题报告是课题项目验收的主要依据。规范的结题报告需要回答好三个问题：一是“为什么进行课题研究?”即课题是在怎样的背景下提出来的，研究课题的目的和现实意义是什么；二是“课题是怎样进行研究的?”着重讲清理论研究的依据、目标、内容、方法、步骤，讲清研究的主要过程；三是“课题研究取得了哪些成果”，既要讲理论成果，又要讲实践成果，并指出可进一步改进的建议。

3.4.2 整体推进成果应用

一是将创新成果应用于实践，明确成果转化和应用的相关规定，形成较为健全的成果固化机制。二是健全科研开发与推广应用一体化推进机制，推进研究成果应用于生产经营与企业管理，对完成和转化科技成果作出重要贡献的人员给予奖励。三是加大对创新成果获取知识产权的扶持力度，鼓励行业内外科技人才积极申报自主知识产权。

3.4.3 切实做好验证跟踪

开展创新课题回头看活动：一看成果应用效果，检查成果应用后是否达到了课题开展的预期目标。二看成果产生效益。能够计算经济效益的，要看成果的应用是否带来了一定的经济效益或社会效益；不能计算经济效益的，要看是否带来了一定的社会效益，提高了工作效率。三看成果保持情况，要对成果实施的效果进行跟踪验证，确保成果产生的效益真实有效。

3.4.4 双向实施成果推广

一是做好自身成果的应用推广。加大创新成果的宣传力度，让更多的兄弟单位了解成果内容及推广价值；积极向上级单位汇报成果应用情况，争取上级单位协助推广。二是做好行业内优秀成果在本单位的推广应用。积极获取行业内先进成果，引导职能部门进行分析应用。三是梳理重大科技成果和实用技术，制订主推成果和技术名录，构建全系统科技成果共享服务平台，实现科技成果的发布、共享和管理。

3.4.5 全面实现成果提升

一是不定期组织业务骨干开展头脑风暴，鼓励全员学习领会各项成果精髓，结合各自专业领域知识，力求在现有成果中孕育出新想法、新方向、新项目。二是在总结完善成果推广应用的基础上，形成有自身特色、特点的成果推广应用体系，切实提升企业创新应用水平。

3.5 积极构建“五重奏”创新激励体系

3.5.1 完善成果奖项设置

完善创新成果奖励标准，评选科技创新成果奖、精益课题成果奖、质量小组成果奖、优秀“金点子”等奖项，激发团队、个人创新热情。

3.5.2 落实创新专项考核

制定企业管理(精益管理)专项考核办法,督促项目组按照时间要求完成立项、研究推进、通过结题评审等工作。

3.5.3 开展创新先优评选

按照科技奖励规定,在年末组织开展企业管理(精益管理)先进单位及先进个人专项评选,对年度创新项目数量多、成果好的单位、个人进行表彰。

3.5.4 设立成果应用奖励

梳理总结成果转化情况,对成果应用、推广、提升情况进行汇总、评审,以企业管理效益贡献度为衡量标准,有效推动企业发展方式转变和经济效益的提升,对表现较好的单位、个人进行表彰奖励。

3.5.5 助力个人职业生涯

烟草商业企业将科技创新纳入年度岗位考核,作为年度评先树优、干部选拔任用、中级职称评聘、机关员工遴选、职工身份转换的重要依据,激励每一名干部职工“想创新、会创新、能创新、多创新”,为商业企业科技创新再上新台阶打下坚实的群众基础。

参考文献

[1]史新军. 关于加强科技项目管理的探讨[J]. 科技风. 2011(23):10.

[2]祁红. 关于当前形势下烟草商业企业深化改革与创新发展的思考 [A]. 中国烟草学会 2014 年学术年会入选论文摘要汇编[C]. 2014.

[3][美]詹姆斯·沃麦克. 精益思想(白金版)[M]. 北京:机械工业出版社. 2015.

[4]戚维明. QC 小组活动初级诊断师培训教材:质量管理小组基础知识[M]. 北京:中国计量出版社. 2016.

[5]王志刚. 坚持以创新引领发展 加快建设创新型国家[J]. 学习时报. 2018(3):6.

烟草一线专业化服务小组创新

赵晓林，潘继瑞，付增

（山东枣庄烟草有限公司滕州营销部，山东枣庄，277500）

［**摘要**］基层专卖管理是烟草实行专卖体制的基础，而一线专卖管理人员是基层专卖管理的核心，他们作为专卖体制具体形象的执法维护者，为烟草行业经营效益的快速发展提供了重要保障。为更新基层专卖服务和管理的方法，探索以评定守法零售客户星级为引导，以宣传、清扫、分析、驻店和打击更高效的一线专卖管理工作分工合作的模式。除此之外，把专卖服务小组创新进一步延伸到整个专销一线服务人员，将一线服务人员小组化，实现对烟草市场的有效服务、监管和控制。

［**关键词**］烟草行业；基层专卖；分工合作

0 引言

烟草专卖法是国家赋予烟草行业垄断经营的基石，而专卖管理正是保障这一基石的重要力量。一线专卖理人员，每天既要面对形形色色的服务对象，又要耐心地宣传法律法规，预防违法违规行为的发生，还要认真地观察市场的风吹草动，打击一切违法行为。经过近30年的摸索和提高，一线专卖管理队伍积累了丰富的市场管理经验，但在当前构建社会主义法治国家的大环境下，对烟草行业一线专卖管理的执法能力提出了更高的工作要求。当前，如何对一线专卖管理人员进行更加科学合理的分工，减少烟草专卖的违法经营行为，提升一线专卖管理人员的服务本领，是亟待解决的一个问题。

1 现状与问题

1.1 烟草行业一线专卖管理工作的现状

目前，区县级烟草专卖局是具体实施烟草专卖法的基层部门，负责辖区全面的烟草市场管理。区县级烟草专卖局的一线专卖管理人员主要有两种编制。一是由市场管理员与客户经理组成两人小组走访市场，其中，市场管理员主要负责向零售客户进行法律宣传和将市场信息反馈给对应的稽查队；二是由稽查队负责辖区的卷烟市场违法管理工作。而有些区县级烟草专卖局只有稽查队,只负责辖区的法律宣传和违法管理工作。近一两年,有些地市级烟草专卖局尝试成立地市级专卖管理力量。这支新组建的力量人员不多,主要是根据相关信息针对违法行为现场直接进行打击。

1.2 区县级烟草专卖局一线专卖管理工作存在的主要问题

(1)专卖管理人员长期在一个区(县)内工作,因存在脸熟、亲情等情况难以有效执法。

(2)专卖管理分工不细,造成误工等情形发生,影响了专卖管理的作用,比如中队查处一个案件,整个中队就将工作中心转移到案件侦办中,影响了日常巡查和宣传工作。

(3)中队人员组成多为老中青,部分老化的队伍已不能实现整个中队快速有效的集中,以对违法行为进行打击。

(4)专卖管理中队与中队之间信息传递不充分、不及时,不能有效沟通,影响执法效果。

(5)专销结合效果不明显。一方面是卷烟经营的数据是投放模式,不能有效展现市场的真实需求,对销售数据变化分析查找案情的可能性不大;另一方面是营销人员给对应中队反馈的信息时效性和针对性不强。

2 创新设计

2.1 参考原则

一线专卖管理工作的创新设计以满足零售客户和消费者的正当和合理需求为方向。零售客户经营卷烟可以分为两类。一是守法经营的零售客户。这类客户在办理了专卖许可证件以后,需要了解办理订货前的准备与订货技巧,更需要了解违法问题和违法责任,还需要防止掉包等受伤保护,这其中有一些是一次性的需求,有一些则需要不断的提醒,还有一些问题经常变化翻新。二是有故意违法行为的零售客户。这类客户首先是有潜在意识的违法思想,只要来店消费卷烟的消费者的需求得不到及时满足,而外部又有满足的条件时,就会有违法的思想倾向和行为。有个别零售客户会主动到区外收购或运输此类卷烟,还有极少部分客户会销售假冒卷烟行为。在具体经营时,一些零售客户会刻意逃避打击,如大量拆分、零盒经营等特殊现象。

对购买卷烟的消费者进行调查,发现消费者在购买卷烟时首先关注的是零售客户的守法经营情况,主要是怕从不守法的零售客户店中买到假冒卷烟。

2.2 "拉、宣、扫、析、蹲、打"六步完善无缝服务管理

根据零售客户的经营需求和消费者的需要,一线专卖管理工作应当分别施治、科学分工,借助互联网信息平台实现信息高度实时共享,提升服务零售客户的水平,提高专卖市场的管控能力。综合分析零售客户的整体需求和潜在的违法行为,应当从六个步骤分别应对:一是用互联网平台展示零售客户的专卖守法星级,让消费者的需求成为"拉"动零售客户主动配合烟草专卖管理的抓手;二是以专人按时到户"宣"传烟草专卖法律知识,以提升零售客户守法意识和经营能力;三是以专人到店巡查"扫"视零售客户的现场守法和终端展示水平;

四是经过对各类信息、情报和营销数据的专业性分"析",获取违法信息并确定监管的方式;五是对信息不明确的应派专人到嫌疑零售客户的店中"蹲"守,重点监督教育,促其守法经营;六是对即时性违法的行为应当由专业化精兵及时实施重拳,当场给予"打"击。这六项步骤中,零售客户的专卖守法经营为根,其他五项服务管理工作是依次渐进式关系。专卖服务与管理的科学分工,既迎合了绝大部分零售客户对法律知识的需求,又有效对部分零售客户实施监管,还对极个别零售客户实现了有效重点打击,经过对一线专卖管理人员进行科学的分工,实现了对烟草专卖市场的有效服务、监管和控制。

2.2.1 专卖管理的星级评定

对零售客户的专卖管理星级评定的主要目的就是促使零售客户按照一定的规则提升获取星级的速度。这些规则一方面管理零售客户要珍惜守法经营的荣耀,另一方面也对消费者展示守法经营的能力。专卖管理的星级评定在有效地促进零售客户的守法经营后,还应当加入促使零售客户提升终端形象、带动营销升级的条件。零售客户的专卖管理星级的晋升原则是由所在地区的工作人员按要求将客观信息录入系统后自动生成的,整个系统应当自动联动、形成闭环式管理。

原则上,零售客户守法经营每累积12周即可获得一颗星,获得的星星数量不受限制。专卖证件中的负责人和实际经营人一致,专卖管理的星级即可一直累计,负责人或实际经营人变化时,星级即从零开始计算。一次违法经营被查的零售客户被录入系统后,专卖管理的星级立刻由系统自动变成灰色。50周后,未再违法经营即可重新进行专卖管理星级评定,之前的星级仍为灰色且数量不变。

零售客户提升星级晋升速度的条件:一是零售客户的专卖证件按要求悬挂的,提升一个周次晋升一颗星。零售客户进行了电子结算、进行了网上订货、卷烟展示中价签对应率98%以上、连续50个周期未发生消费者投诉、主动配合烟草工作人员的工作、按时参加专卖局组织的培训等即可加快获得星级的周次。地市级局(公司)可以根据实际情况统一标准,建立提升零售客户获取星级速度的办法。零售客户最快获取一颗星的速度为一个周次。

专卖星级应用:一是消费者在烟草网站注册个人信息后即可按照地图搜索到周边经营卷烟的店面,看到该店面的专卖管理星级,促使零售客户获取专卖星级的动力,促使其守法经营。二是让零售客户配合专卖人员的工作,并加强店面管理,提升店面形象。三是零售客户的专卖星级应当被设置为营销星级的前提。

2.2.2 宣传组

宣传小组定岗2人,一人为组长,一人为组员,2人工作相对分开,一人侧重法律知识宣传,另一人侧重营销知识的讲解。宣传地点首选自律互助小组的小组之家,没有自律互助小组的安排在条件较好的零售客户店中,组织附近零售客户参加。每次培训1~15个零售客户,宣传时长不低于40分钟。一个宣传小组负责不低于1000个零售客户的烟草法律法规宣传、营销技巧、新品推介和终端展示等。对管辖的零售客户在2个月内培训一遍,销量前10%的零售客户应当增加一次专题守法经营。在自然人申请办理专卖证件时,各区县局的专卖管理科应当建立证前宣传室,申请人自助式地学习必要的法律培训和订购卷烟的知识学习。宣传组也可以组织区县局附近的零售客户到宣传室进行培训。在组织宣传时,要求参加培训的零售客户将分析处当日安排统计的单个卷烟品牌规格的库存和价格予以提报,

就地录入信息系统

2.2.3 **市管组**

市管小组定岗2人，一人为组长，一人为组员，2人共同管理辖区市场。具体负责1～3个最小区域性市场，零售客户不低于650户，每天应到店检查45名有效零售客户，每月至少到店巡查一次；负责日常维护辖区专卖证件从申请办证到吊销证件的全过程咨询管理工作；负责查处辖区店面违法摆放管理工作，无卷烟查扣任务，只考核市场净化率；肩负由分析处下达登记零售客户单个卷烟品牌规格的库存和价格，就地录入信息系统的工作。同时，每个区县应适当增加专门物流管理小组，小组定岗2人，一人为组长，一人为组员，负责物理寄递案件的查处管理工作。

2.2.4 **分析组**

区县局分析组为临时机构，由分管局长、专卖管理科长和相关市管小组组成；各地市级局应成立3人的专业化分析人员。分析组主要负责对各小组人员反馈的信息、营销数据和举报信息进行综合分析，对目标明确的安排稽查大队进行精准打击，对目标模糊的嫌疑零售客户安排驻店小组进行驻店监督。

2.2.5 **驻店监管组**

驻店小组定岗2人，一人为组长，一人为组员，根据分析组提供的名单进行驻店重点监督守法经营。由于需要驻店监督，这批人员应当具有丰富的基层工作经验，能较好地应对各类突发问题。日常由分析处安排到指定的零售客户店内驻店监督，并验证驻店与非驻店期间零售客户的经营数据变化，同时肩负投诉等需要到零售客户店中现场处理的临时工作。

宣传组、市管组和驻店监管组都是由2名人员一起工作的，其优势有四点。其一是将人员组队降到最低，同时执法时需要有2名人员；其二是起到保险作用，因组中任何一名人员请假或调整，另一名人员能熟悉线路上的情况；其三是起到传帮带作用，新人到岗一般需要几个月的时间了解情况、熟悉工作，另一名老同志可以起到“向导”的作用；其四是起到相互监督、互相提醒、共同进步作用。

2.2.6 **稽查大队**

稽查大队由大队长负责，下辖副队长1名、中队长1名、队员7名(含驾驶员)，满编10人。一般不低于4000名零售客户由一个稽查大队管理。稽查大队的工作重点是根据可靠信息打击违法零售客户和辖区内其他违法经营卷烟的行为，并随时支援其他各小组。

2.3 创新市、区(县)两级一线专业化服务小组

为了有效共享营销、专卖信息平台数据，突破当前基层一线人员管理的困境，基层一线专卖服务管理应当延伸到地市级烟草专卖局(公司)的所有一线服务人员，比如在营销队伍中形成客户经理小组、终端建设小组、数据采集小组、送货小组等，将一线服务人员至少2人成立一个小组进行小组化。另外，专卖打击大队应该增加人手。须将地市级烟草专卖局(公司)确立为市场管理主体，重点进行监督区县局的服务和打击重点违法行为；区县烟草专卖局为市场服务主体，负责辖区零售客户的日常服务工作。

地市级烟草专卖局(公司)作为市场管理主体，一是维护和管理专销信息平台，支撑零售客户的星级管理和监督区(县)人员的出勤、服务、信息传递、后台支援和考核工作，二是建立

市场管理分析处，对全市的各类信息、营销数据和举报信息进行综合分析并制定管理与打击方案，三是建立专卖管理支队，支队直接管理稽查大队，负责全市重点违法行为的打击工作和支援管理工作。

区县级烟草专卖局作为服务市场的主体，一方面是专卖团队：一是专卖管理科增加各个宣传室，宣传室是向申请办理烟草专卖许可的人员提供相关烟草方面的法律知识培训的场所，同时兼顾附近零售客户定期的培训工作；二是宣传组到零售客户店中开展宣传工作；三是市管组每天大面积的市场“清扫”式巡视；四是临时组成的分析小组按时进行分析，并结合市局分析处的建议确定嫌疑违法零售客户；五是驻店组根据分析组的安排到店监督销售。各小组将各自发现的问题及时发布在信息平台上。另一方面是营销团队：一是增加客户经理 2 人小组，其中，一名客户经理负责与零售户沟通交流，另一名客户经理负责系统的数据录入和痕迹化资料填写等；二是增加终端建设 2 人小组，其中，一名终端专员负责收集终端资源并制定终端规划方案，与有打造意愿的零售户进行沟通，另一名终端专员运用 H5、3D 实景打造、沙盘模拟等技术为零售户进行终端打造和后期打造验收等工作；三是增加数据采集 2 人小组，其中，一名数据专员在前台负责云 POS 的安装与维护和人工采集点的信息采集，另一名数据专员在后台负责调取云 POS 的运行情况和处理预警信息；四是增加送货 2 人小组，其中，一名送货人员负责与零售客户面对面沟通，及时解决出现的问题，另一名送货人员负责派送零售户订购的卷烟。

3 结论

一线专卖管理工作是烟草专卖体制的基石，是维护法律的重要力量，市、区（县）两级烟草科学合理分工，各有侧重，利用“拉、宣、扫、析、蹲、打”六步曲，将有限的、不同年龄层次的人员科学地分配到广阔的一线专卖管理中。利用专卖星级管理使零售客户珍惜守法荣耀，对其“经常提醒、教育为主”，让守法经营的零售客户成为大多数，主观故意违规成为少数，因严重违法被重点打击的成为极少数，使零售客户知法、懂法和自觉守法成为常态。重新设定一线服务人员岗位，将一线服务人员小组化，创新一线烟草专业化服务管理流程，实现对烟草市场的有效服务、监管和控制，更好地维护零售客户、消费者和国家的利益。

参考文献

[1]孟超．论加强县级烟草专卖局建设的若干对策[J]. 内蒙古科技与经济，2011(18)：76-79.

[2]裴均．烟草专卖管理创新与操作实务[M]. 北京：经济日报出版社，2004.

[3]李雄伟．转变观念　突出服务　强化专卖——探索新形势下烟草专卖管理工作创新与发展[J]. 湖南烟草，2007(6)：173-179.

“大监督”视角下烟草基层单位内部监督体系的构建及落地

傅斌

[桓台县烟草专卖局(营销部)管理监督科,山东淄博,255000]

[摘要] 基层单位作为业务延伸的最末端,是上级全部工作流程的落地点。虽然多数业务基层单位可能仅涉及个别节点,但因为发生频率较高,随之而来的风险发生概率也将升高。借用安全管理理论 R=f(FC),如一项业蕴含的风险程度不高但发生次数较多,其总体风险发生的可能性也将随之提高。目前,全省系统基层单位通过“三定”职能划分,部门构成更加精简高效,为整合监督力量推进“大监督”体系的落地提供了有利条件。但由于还未形成完整的监督体系,监督的具体执行只能由少数部门和个别岗位承担,在监督事项的选择上,各有侧重,彼此之间少有“公约数”,在监督方式上更偏重职责范围内程序性和规定性以及事后“亡羊补牢”的监督,事前和事中的控制性监督弱。本文拟从基层单位“大监督”体系构建的现实意义及理论框架入手,分析行业基层单位“大监督”建设过程中面临的困难,并从四个方面提出对策建议。

[关键词] 大监督;烟草基层单位

0 引言

“大监督”的概念最早由徐小钟在《构建“大监督”体系》一文中提出。他提出的“大监督”工作体系主要指整合企业内部纪检监察、内控审计、财务监督、人事监督、民主管理监督、综合管理监督等监督资源,形成监督合力,通过内外部监督相结合、专业监督与综合监督相结合,使监督工作渗透到企业生产经营管理的每一个环节。

1 基层单位构建“大监督”体系的现实意义和理论框架

烟草行业实行垂直管理,所以烟草基层单位建立“大监督”体系,就要在上级局(公司)的管理和指导下,把坚持加强党的领导与完善公司治理相统一,强化内部监督,完善内部监督体系,使各类监督力量形成互补。

1.1 落实全面从严治党

党的十八大以来，中央将全面从严治党纳入“四个全面”战略布局，提出了一系列新思想、新理念、新要求。烟草基层单位构建和实施“大监督”体系，首先要在严格落实全面从严治党主体责任前提下，处理好权利与义务、权力与责任、约束与激励之间的关系，使遵规守纪、干事创业成为全员行动自觉，为“大监督”体系的构建及落实提供刚性保障。

1.2 融合共生理论体系

“共生”概念由德国真菌学家德贝里在1879年提出，主要可概况为：世界是由不同互相联系且相互依存的物质所组成的。随后其作为一种视野独特、方法鲜明的方法论很快在社会学中得到了借鉴与应用。我国学者李思强从社会学的角度把“共生”看作一个宽泛的概念，泛指事务或单元之间形成的一种和谐统一、相互促进、共生共荣的命运关系。本文探讨的“大监督”体系，可以将基层单位纪检监察、审计监督、执法监管、工会民主管理等监督资源之间，看作是一种互相促进、优势互补、和谐共生的关系。从这个角度看，“大监督”可以看做管理学中共生理论的一种有机表现形式，只有将单位各种监督资源有效整合，形成统一的“大监督”，才能真正发挥“大监督”的全面性，为单位内部控制提供有效的监督保障。

1.3 融合COSO模型应用

COSO是美国反虚假财务报告委员会下属的发起人委员会的英文缩写，其提出企业内部控制整合框架，即COSO模型，将风险管理要素分为八类，即内部环境、目标制定、事件识别、风险评估、风险反应、控制活动、信息与沟通、监督。烟草基层单位可以融合COSO模型的内控设计及执行的理论框架，以差错防弊为出发点，整合监督资源，构建起督查督办的闭环管理以及标准化流程体系。

2 基层单位监督管理现状分析

烟草行业自2006年取消县级公司法人资格以来，通过几轮机构改革，初步实现了监督工作的全覆盖。但随着行业的发展，每项工作所涉及的节点较多、涉及面较广，基层单位“单兵作战”式的监管，互联互通不足、监督边界不清等弊端逐步显现。

2.1 监督体系不合理

按照基层单位现行监督体系，监督工作大致可分为纪检、财审、法规、内管、工会等方面，相关职能分别由管理监督科、专卖科、综合办三个科室负责。由于三个科室工作性质的不同，通常分别由监察、行政、专卖等不同领导分管，在市级公司对应科室指导下依托内控体系和职责设定各自为政，彼此之间缺少整体联动和协同沟通机制。这种监督体系不可避免地存在管理链条过长、汇报层级过多、监督力量分散等问题，很难从一个综合整体的角度为单位发展提供有价值的参考建议。

2.2 监督力量薄弱

现实中上级对下级监督容易，上级部门能以管理者的身份对下级部门进行监督与管理，积极听取下级部门的建议与反馈，不断对现有的监督机制进行优化与完善。但同级监督作用却难以有效发挥，基层单位监督部门均由内部产生，监督机制上存在一定先天不足，监督部门往往抱有“不得罪人”的思想，造成有些制度执行不严、刚性不足，长此以往，易形成“破窗效应”，削弱制度的权威性和严肃性。

2.3 监督标准不明确

从制度层面来看，基层单位监督制度未成体系，有些制度本身不完善、不配套，落实制度的要求不明确、不具体，缺少“操作指引”类的定量标准，给具体“形景”的定性带来一定难度。致使在实践过程中，监督部门无法在事前提供准确意见，事前监督流于形式，只能在事后追责时引用该条例作为依据。

2.4 内部监督质量低

基层单位监督内容偏重对相关科室“职能”监督，在融入生产经营管理方面还不够，加之有些工作评判标准较难把握，造成监督难、处理难，时常导致被监督部门产生“职能监督业务”，甚至“外行监督内行”的想法。监督主体主要以纪检和审计为主，一般以揭示舞弊为导向，以离任审计、重大项目专项审计等程序性、规定性的监督以及事后“亡羊补牢”式监督多，相关主责管理部门的管理监督职能未得到充分发挥，事前和事中的控制性监督弱。

3 基层单位构建“大监督”体系的总体路径

3.1 根本原则——坚持“党领导一切”的总遵循

基层单位各监督部门职责不同，对应的科室不同，具体分管的领导也不尽相同。要协调各方监督力量，首先要确立共同的领导核心，即基层党组织。遵循“党领导一切”的基本原则，结合基层单位管理模式，以全面从严治党向基层延伸为抓手，发挥好党建工作与公司治理两个优势，推动党内监督与业务监督深度融合，建立上下联动、资源共享的“大监督”机制，才能确保全面从严治党与从严治企责任“双落实”。

3.2 工作目标——整合党内外监督资源，凝聚监督合力

在党支部统一领导下，建立起以支委会统一领导、监督部门组织协调、业务部门各负其责、职工群众积极参与的“大监督”格局。通过职能部门纵向管理制约、纪检监察部门横向组织协调，对党员干部作风建设、生产经营管理重点工作、关键环节进行监督，做到发现问题在先、防范风险在前，使监督工作渗透到生产经营管理的各个环节。

4 基层单位构建"大监督"体系的工作机制及实施要点

立足基层实际,坚持加强党的领导与完善单位管理相统一的原则,从思想认识、组织架构、运行机制、监督质量等方面统筹思考。

4.1 转变思想认识,提供监督保障

思想认识的转变是做好一切工作的前提,基层单位建立和实施"大监督"体系,首先要正确认识监督工作。

被监督者尤其是党员要正确认识监督是促进企业健康发展的保护机制,从规范业务、保护职工的角度出发,能够早发现、早解决工作中存在的苗头性、倾向性问题,避免小问题发展成为重大的严重问题。特别要杜绝"监督就是来挑刺"的对抗情绪,主动将自身职责工作纳入监督体系,积极配合工作。

支委会要确立监督是为了企业高效长久发展的指导思想,强化"一岗双责"意识,将"大监督"纳入全局工作,特别是纳入领导干部工作职责,并给予鼓励和保护,确保监督职责履行和作用发挥。监督者本身做到"打铁自身硬",挺直腰杆,大胆开展工作,能站得住、顶得住,主动参与业务监管工作。

其他人员要牢固树立"一家人、一条心"意识,不仅要扫好自家"门前雪",还要管好他人"瓦上霜",充分调动全员参与"大监督"体系建设的积极性,发挥业务骨干的作用,有针对性地强化不同工作领域的监督工作。

4.2 划分监督模块,明确职责定位

基层单位"大监督"体系组织架构为基层党支部书记总体负责,纪检委员、组织委员组织协调,管理监督科牵头实施,具体涉及党群、纪检、财务、审计、法制、民主公开、内管、工会职代会及其他相关职能管理和业务管理等部门。按照"三定"部门职责划分,综合办公室是党建工作承担部门,重点抓好党组织主体责任的履行和党员的日常管理监督;管理监督科作为新成立的部门,主要承担纪检监察、财务审计、法制审核、办事民主公开等工作;专卖监督管理科主要负责内部专卖管理监督工作,依据《违反〈规范卷烟经营六条禁令〉处理规定实施细则》开展单位内部生产经营日常监管,以及对违反烟草专卖法律法规生产经营问题的查处;工会职代会依据工会法和劳动法,对企业经营管理等情况进行民主监督等。

4.3 建立"大监督"工作机制,确保体系建设有章可循

"大监督"体系建设是一项完整的系统工程,要调动监督职能主体的积极性,避免工作的随意性、盲目性,建立相应的规章制度是基础。

4.3.1 建立"大监督"体系协作平台

由支部牵头建立联席会制度,形成"大监督"信息共享机制,定期召集各监督职能主体进行信息沟通,根据阶段重点调整具体监督工作,并综合运用ECRS法尽可能地合并开展监督,提高工作效率,减少重复监督,以减轻被监督对象压力。同时,参会人员共同分析监督过

程中遇到的问题，及时交换意见，避免因政策理解、专业能力、认识角度等方面的差异所带来的对事物判断上的偏差。

4.3.2 建立各类监督人员工作交流机制

基层单位内部监督涉及专卖管理、卷烟营销、综合管理等各方面。要想监督触及实质，监督人员除熟练掌握相应规章制度外，还应对被监督工作流程了然于心，熟练掌握其关键节点和风险点。这就需要建立经验交流和人员轮岗机制，培养能适应不同监督工作需要的复合型人才，让监督人员熟悉不同类型工作的重点和程序，提升监督队伍的战斗力和监督效果。

4.3.3 建立"大监督"落实考核机制

对发现的问题不能一放了之，要按照"抓早、抓小"的工作要求认真分析研判，制订整改计划，加强监督结果管理。对于发现的苗头性、倾向性问题，贯通运用监督执纪"四种形态"，尤其是第一种形态，作为干部职工提醒谈话的重要内容。赋予整改牵头部门对"重大监督"事项，如离任审计整改、真烟外流案件所涉及具体配合工作一定考核权限，切实激发各监督主体参与"大监督"体系运行的积极性。

4.4 坚持有效监督和常态监督，提升监督质量

要将监督体系嵌入管理流程，坚持有效监督和常态监督相结合，做到业务与监督无缝融合。

4.4.1 融入单位业务工作

基层单位工作头绪多，经营指标压力大，易忽视监督工作，为确保"大监督"体系建设取得实效，就必须把基层单位业务工作的重点、难点作为构建"大监督"体系的出发点和落脚点，通过"流程再造"实现监督工作与业务工作互融共通。

4.4.2 建立监督清单，细化工作职责

各监督职能部门要在明确职责基础上，全面梳理属于职责范围内的监督事项，结合系统性廉洁风险排查，确保"风险定到岗、制度建到岗、责任落到岗"，并明确监督事项的重点环节、监管频次、开展形式等，形成监管清单及相应说明文件，以便增强针对性、可操作性。

4.4.3 前移监督关口，实现全过程监管

综合运用PDCA工作法规范管理的全程监督，实现全过程、全方位的监督。特别是要把准业务工作的关键点，改变过去单纯查处问题的"亡羊补牢"式监管，形成"事前风险提示、事中督促检查、事后总结评估"的常态化监督。在日常检查中，注重整合监督资源，发挥专业优势，实现由"检查型"监督向"管理型"监督转变、"处罚型"监督向"服务型"监督转变。

5 结论

新形势下构建基层单位"大监督"体系，凝聚监督合力，开展全方位监督，是落实全面从严治党的要求，是夯实烟草行业根基的需要，也是加强基层单位内部管控、提升自身经营管理水平的必要途径。本文结合烟草基层单位"大监督"工作实践，提出监督整合并不单纯是监督内容及监督力量的整合，而是构建一条督查督办的闭环管理以及标准化流程体系，打造

一支复合型、专业型监督队伍，建立信息沟通渠道，真正让监督起到实效，做到以监督促发展、以增值为导向。

参考文献

[1]李慧．国有企业构建大监督体系探析[J].内部管理，2018(3):179-185.

[2]国资委.以管资本加强国资监管　深圳先行先试[N].国资委网站，2015 年 9 月.

[3]郭晓东.对构建国有企业大监督格局的探索与思考[J].中国化工贸易，2015(28):713-716.

[4]闫雅萍．国有企业构建“大监督”工作格局的思考[J].现代企业文化；2012(30):51-59.

[5]吕君芳，紫光阁.国有企业应构建内部大监督的工作格局[J].内部管理，2017(8):56-57.

基于高质量发展的烟草商业企业绩效管理机制探索

李友强

[菏泽市烟草专卖局(公司)综合计划科,山东菏泽,274700]

[摘要] 党的十九大以来,中国经济由高速增长阶段转向高质量发展阶段,国家对国有企业高质量发展提出了更高要求,中国烟草也正通过质量变革、效率变革及动力变革努力推动行业高质量发展。本文基于新形势下烟草商业企业高质量发展转型过程中的时代要求,通过多年来的工作实践及绩效管理机制构建,探索烟草商业高质量发展的实现途径及保障机制。

[关键词] 烟草商业;高质量发展;绩效管理;激励;考核

1 基于高质量发展的烟草商业企业绩效管理机制建设的必要性

1.1 实现行业高质量发展的客观需要

高质量发展是当前时代的主旋律,习近平总书记强调“我国经济由高速增长转向高质量发展,这是必须迈过的坎,每个产业、每个企业都要朝着这个方向坚定往前走。”2018 年政府工作报告指出:“国有企业要通过改革创新,走在高质量发展前列。”高质量发展是一个系统性战略工程,国家局出台了《关于建设现代化烟草经济体系 推动烟草行业高质量发展的实施意见》。要落实好烟草行业高质量发展的目标任务,就必须尽快构建推动高质量发展的绩效管理体系及评价运行机制,形成从评价标准、评价主体、绩效考核、绩效反馈到结果应用的管理闭环,为推动行业高质量发展提供机制保障。

1.2 打造行业高素质队伍的必然选择

人才是企业发展的第一资源,张建民局长在 2019 年烟草行业各直属单位主要负责同志半年工作座谈会上强调,“全面加强党的建设,一手抓高质量发展,一手抓高素质干部队伍建设。”高质量发展与高素质干部队伍建设是相辅相成的,高质量发展需要高素质的干部队伍作保障,科学的企业绩效管理运行机制正是推动企业高素质干部队伍成长的必由之路。

1.3 推动创新型企业建设的内在需求

创新是第一动力，张建民局长提出“推动行业发展动力从‘要素驱动’转向‘创新驱动’”，真正实现行业从“有没有”转向“好不好”。烟草行业的创新与变革涉及体制机制、利益格局、政策体系的深刻调整，关乎产业升级、结构优化、动力转换等诸多方面的系统性问题，这些问题的解决都需要从创新入手，通过构建以人为核心的绩效管理机制，激发行业创新活力，建设创新型企业，推动创新与变革，实现高质量发展。

2 烟草商业企业绩效管理机制的构建思路及实践

2.1 企业绩效管理现状分析

2.1.1 把绩效考核当做绩效管理

目前，众多企业把绩效管理与绩效考核的概念混淆，个别企业直接将绩效考核认为是绩效管理，误导了管理方向。真正的绩效管理是指管理者与员工之间就基于战略的计划及目标设置、计划目标实现途径及方法达成共识，通过及时反馈及持续改进不断激励和帮助员工取得优异绩效，从而达到组织战略落地及组织目标实现的科学管理方法。绩效管理的目的在于通过激发员工的工作热情和提高员工的素质能力，使企业战略及目标转化为岗位的实际行动，实现战略落地及企业绩效的改善和提升。绩效管理包括计划制订、绩效辅导、绩效评价、绩效反馈、结果运用五部分，是一套连续和完整的运行体系。绩效考核只是绩效管理系统中的一环，其目的也仅仅是企业目标实现及奖金分配，缺乏干部职工队伍素质能力提升及组织战略实现的策划。

2.1.2 机关考核流于形式

机关部门及岗位考核是当前企业难题。囿于面子、人情、关系等因素，面对指标难以量化、考核主体定位不准、运行机制难以搭建等客观难题，国有企业的机关部门及岗位考核大都走形式，有的蜻蜓点水，有的外聘第三方，有的挂靠企业平均，有的干脆不考核，等等，推诿扯皮、官僚作风、部门协调难、贯彻落实差等现象成为机关通病。究其根源，机关属于企业的领导、组织和管理中心，为发挥部门职能，对基层考核大都不遗余力，而对于机关部门及岗位自身考核，无异于自我革命，鲜有人愿意真正实施，企业分管领导不敢承担此任，企业主要领导缺乏必要响应，导致机关考核成为企业管理软肋。

2.1.3 缺乏科学的绩效评价体系

绩效评价体系包括绩效评价标准体系和绩效评价运行体系，前者解决如何将不同部门、不同岗位放到同一个评价标准下进行科学评价，后者解决怎样构建科学的运行机制以保证绩效评价高效运转。当前，对领导干部的评价按照“德、能、勤、绩、廉”五个方面进行一次性定性打分，笼统而模糊的定性评价结果往往取决于被评价者日常的人缘、关系等诸多人为因素，与被评价者的工作业绩、专业化能力、做出的贡献等脱节，“德、能、勤、绩、廉”成为一种比谁不犯错误的考核机制，导致研究工作少、研究人多，扎实奉献少、形象工程多，战略策划实施少、急功近利多，致使个别干部职工宁可不做事、千万别出事，追求数量、不追求质量，从而使上级决策走歪走偏。同时，科学的绩效评价运行机制没有形成，绩效考核往往成为某个部门的责任及职能，而分管者及主管者游离在责任之外，导致绩效评价流于形式。

2.1.4 绩效评价与职业发展脱节

目前，各单位只有人事科，没有人力资源部，只负责人事档案，没有绩效档案，人事的升迁进退沿袭着传统的全员测评、组织研究、组织任命的套路，缺乏队伍职业生涯规划、素质能力提升、综合业绩评定、专业化及职业化素养培养等，导致企业管理行政化，与市场脱节。同时，很多单位考核中同类问题屡禁不止，个别员工“大错不犯、小错不断”，同一任务不同单位落实效果差距较大。这些问题的深层次根源在于没有充分发挥绩效考核的激励与约束两大职能，没有与干部职工队伍的个人成长及发展实现对接，干部职工在创新与奉献中看不到成就和希望，阻碍企业良性发展及高质量发展。

2.2 企业绩效管理机制建设思路

2.2.1 明确绩效管理的指导思想

实施绩效管理是一项战略性决策，企业必须明确建设的指导思想，并在高层达成一致。第一，确定基于战略的目标管理与基于目标的过程管理相结合的管理思想，对于市级机关及基层单位，根据企业战略规划制订年度绩效目标，对于部门及岗位，根据年度目标及其职能编制季度及月度计划，强化过程管理；第二，确定“谁主管、谁负责，谁辅导、谁考核”的管理主线，形成层层负责、层层辅导、层层监督、层层评价、层层反馈的机制；第三，建立“员工持续成长、基层目标实现、企业战略落地”的管理目标，把员工成长放在首位；第四，明确“简单、高效、灵活、实用”的管理原则，避免繁文缛节、生搬硬套的形式主义。

2.2.2 构建绩效管理的运行机制

在传统的三级（决策层、管理层和执行层）管理中，由于部分管理层解码能力存在局限性，造成决策层的思路无法有效地转变成管理层的措施和执行层的行动，导致执行偏差。按照层级管理原则，有必要在决策层和管理层之间增加监督层，作为决策层思路的转化者和管理层落实成效的监督者，形成“三级四层”管理，即领导级、中层级、岗位级和决策层、监督层、管理层、执行层。每个单位都有绩效考核部门，不应越俎代庖地承担起考核的主导责任，考核部门不是考核的实施者，而是绩效管理机制的顶层设计者，应承担起监督层的责任。科学的绩效管理运行机制应该是，对岗位级的考核评价，由中层级实施，分管领导监督；对中层级的考核评价，由领导级实施，监督层辅助；对监督层的考核，由领导级实施，人事部门辅助。对于每一层级的考核，须置于自上而下的考核、监督和自下而上的监督、评价之下，从而建立起层层负责的绩效管理运行机制，真正发挥绩效管理效能。

2.2.3 确立绩效管理的运行模式

第一，以企业高层领导为核心，建立绩效领导小组，负责战略及目标制定、监督层及管理层的绩效考核、辅导等；第二，以绩效考核部门、人事部门为核心，建立绩效监督办公室，负责方案策划、机制建设、奖惩兑现、运行监督及绩效档案建立等；第三，以部门负责人为核心，建立岗位管理责任制，负责本部门各岗位计划制订、辅导、考核、反馈等；第四，以岗位为核心，按照专业属性建立 QC 小组，负责岗位创新、难题攻关等，创造性地推进计划执行；第五，每一级按照制订计划、绩效辅导、绩效评价、绩效反馈循环推进，绩效监督办公室负责过程督导及绩效结果应用，并将绩效结果与评先树优、岗位升降档、职务及职级升迁对接；第六，以“三级四层”为主线，建立双向的沟通、反馈机制，畅通信息流动，并按照 PDCA 循环建立持续改进和提升的绩效管理流程，实现企业管理良性循环。

2.3 企业绩效管理机制建设探索与实践

本部分以笔者 2003 年担任县局(营销部)考核主任和 2005 年担任市局(公司)绩效管理员、副科长以来的工作实践为例，按绩效管理过程阐述实践操作方法。

2.3.1 科学化制订绩效计划

绩效计划是绩效管理的核心，如何把企业战略转化为部门及直属单位的目标及计划、将部门目标及计划转化为岗位目标及计划，关系到绩效管理的成败。特别是对于机关部门及岗位的绩效计划设置，如何将定性指标量化、不同性质的部门及岗位放到同一个平台上评价，这些都考验着绩效管理部门的专业化程度及能力，也是绩效管理能否顺利推行的关键。真正有效的计划重在激励，因为员工的潜能、积极性和创造性是激励出来的，而不是控制出来的，而 90%以上的现行考核是以控制(即处罚、扣分)为主的，鲜有激励。因此，对于机关部门及岗位，要按照“双因素理论”的原理，建立激励为主、控制为辅的衡量标准，比如利用积分制激励员工主动承担更多的计划、更重的任务，利用约束机制避免部门或岗位突破底线。

2.3.2 专业化实施绩效辅导

绩效辅导是绩效管理的核心，体现着上级对下级的教练及培养。绩效辅导的成效体现了领导级及中层级的业务能力及水平，领导级业务能力若存在欠缺，就很难胜任对中层的辅导，若中层对业务研究不深，就很难辅导所辖岗位。可见，领导干部的专业化能力及素养决定着绩效管理的成败。因此，要真正推行绩效管理，首先必须巡检干部队伍素质，能否胜任教练职能。

2.3.3 流程化开展绩效评价

绩效评价是绩效管理的关键环节，特别是层级考核和监督推行效果关系着绩效评价的成败。如果领导级担心得罪中层、中层担心得罪员工，绩效评价就会流于形式。要实现绩效评价的持续推进与提升，就必须建立科学的运作流程，使之成为企业的制度，甚至将流程以信息化手段固化下来，并发挥监督层的职能，确保流程落地。

2.3.4 技巧化处理绩效反馈

绩效反馈是绩效管理的难点，面对朝夕相处的下属及绩效评价结果，往往使绩效反馈成为尴尬的沟通。高效的绩效反馈是员工素质及业绩持续改进和提升的基础，避免反馈尴尬的前提是扭转双方的心态，上级要从发自内心地关心员工成长的角度进行沟通，下级要从真心获得自我提升的心理迫切渴望着沟通，使绩效反馈成为上下级之间发自内心的真诚对话，这考量的不仅是领导的业务素质，更考量着领导艺术。

2.3.5 全方位兑现绩效结果

绩效评价结果应用的程度决定着全员参与程度。绩效管理办公室要建立全员绩效档案，并实现与人事档案的对接，绩效评价的结果不但用于日常的绩效工资发放，同时应用于年度评先树优、工资档级的升降以及干部职工的年度考评、后备干部的选拔、职务职级的升降等，从而在企业内形成奖惩凭业绩、升降凭能力的绩效文化。

3 烟草商业企业绩效管理机制建设的反思

3.1 构建绩效管理机制的难点及根源

3.1.1 岗能匹配无法从根本上解决

国有企业干部职工队伍很难形成流动，僵化的体制导致单位、部门间人员素质差距较大，很多历史遗留的老职工缺乏学习动力，很难适应岗位要求，但囿于编制计划，有能力的高素质人才无法进来，致使岗能不匹配现象严重，阻碍着绩效管理的有效推行。

3.1.2 垄断体制下的危机意识缺乏

长期垄断保护下的烟草职工缺乏危机意识，国有企业"不患寡而患不均，不患贫而患不安"的思想意识比较浓厚，领导层为维护企业稳定、中层为维护员工支持，不得不极力避免矛盾和冲突，变革动力不强，导致绩效管理缺乏生存的环境。

3.1.3 专业化的人才不足

绩效管理是一项专业化较强的管理模式，对策划及实施者都有较高的理论及实践要求，特别是绩效计划的科学设计、绩效辅导的专业化指导、绩效考核的流程化运作、绩效反馈的艺术化沟通、绩效结果的大胆运用等，没有专业化的领导层及中层，是无法全面推行的。

3.1.4 政策的连续性较差

每项创新型变革都需要长期的坚守及持续的改进提升，才能形成一套科学、完善的管理标准及体系，特别是绩效管理涉及企业的所有直属单位、部门及岗位，更需要长期的探索及实践，但由于国有企业领导更换频繁，每个领导的管理理念及思路各不相同，导致政策随着领导更换而改变，绩效管理很难持续推行。

3.2 构建绩效管理机制的建议

3.2.1 建立企业内人力资源市场

所谓"企业内人力资源市场"，即以地市为单位，打破市县两级部门、岗位壁垒，建立干部、职工依据岗位需求、凭借自身才能自由流动的内部竞聘机制。当市局或县级局某个中层岗位及管理岗位缺编时，在企业内发出招贤启事，按照严格的程序及规则，不分年龄、资历全市竞聘，从而打破行政配置岗位的弊端，为每个岗位找到合适的人才，为每个人才找到适应的岗位，激活人力资源活力，实现真正的岗能匹配。

3.2.2 全方位升级市场化取向改革

烟草行业的市场化取向改革仅限于营销层面，虽推行多年但效果不佳，制约因素较多。要实现真正的市场化取向改革，就要全面升级市场化取向改革内容，以省级或行业为单位，从人力资源的配置到卷烟计划及货源配置，在行业或单位内部实现由行政调配向市场化配置的转变，用具备市场化思维、拥有市场化才能的干部队伍推动内部真正的市场化取向改革，从而形成行业系统内资源的自我优化及配置，既保证了行业稳定，又解决了危机意识不强、专业化人才不足、市场化改革不力等问题。

3.2.3 自上而下构建绩效管理运行机制

绩效管理机制改革涉及众多利益，只能自上而下推行，消除人走政息局面。高质量发展是整个行业乃至国家的大事，基于高质量发展的绩效管理机制建设，应站在国家及行业可持续发展的高度，进行顶层设计、试点推进、全面铺开，并形成制度化的标准及信息化的流程。

3.2.4 创新岗位绩效评价模式及机制

自上而下打破传统的岗位评价模式及机制，建立基于高质量发展的岗位评价标准体系，形成以绩效管理为核心内容的闭环式运行机制，构建现代化人力资源管理模式，实现绩效评价档案与人事档案的无缝对接，打造风清气正、研究业务的学习型组织，推动行业适应新时代发展的需求，向市场化、国际化方向迈进。

总之，基于高质量发展的绩效管理机制研究是一项战略性课题，更是决定行业未来、关系行业命运的大课题，需要自上而下建立起研究型组织，集聚行业更多的有识之士深入实践和探索，为行业可持续发展提供支持。

参考文献

[1]李友强．挖掘“第一资源”助推企业发展[N/OL]. 东方烟草报，2007-12-06[2019-07-29]. http://www.eastobacco.com/dfycb/200712/t20071206_213840.html.

[2]李友强．浅谈烟草商业企业绩效管理[N/OL]. 东方烟草报，2006-12-04[2019-07-29]. http://www.eastobacco.com/dfycb/200612/t20061204_208813.html.

[3]李友强．烟草商业企业绩效考核中存在的问题及对策[N/OL]. 东方烟草报，2007-09-18[2019-07-29]. http://www.eastobacco.com/tjlm/glqy/200709/t20070918_167279.html.

[4]李友强．烟草商业企业绩效考核应做到“三七四三”[N/OL]. 东方烟草报，2007-05-28[2019-07-29]. http://www.eastobacco.com/dfycb/200705/t20070528_211127.html.

山东烟草系统科技工作者评价指标体系研究与设计

刘培江[1],刘祖斌[2],程明文[3]

(1. 山东烟草研究院有限公司信息技术研究中心,山东济南,250101;
2. 山东济南烟草有限公司综合计划处,山东济南,250101;
3. 山东烟草投资管理有限公司监察室,山东济南,250101)

[摘要] 烟草行业正在全力推动高质量发展,创新将成为驱动行业发展的第一动力,而科技工作者作为企业创新驱动发展的主体,是需要重点关注的对象。但是目前烟草行业对于科技工作者的界定尚无严格统一的标准,这就造成很难理清和掌握烟草系统科技工作者数量、结构、分布等"家底"。本文在大量基层调研的基础上,借鉴中国科学技术协会开展科技工作者调查的经验,研究提出了基于岗位、人员、业务流程的三维评价指标体系,并在青岛、临沂、泰安等地进行了试点运行。运行结果表明,该评价指标体系可以准确公正地把科技工作者从广大职工中甄别出来。同时,该方法为在企业微观层面开展科技工作者调查提供了一次有益尝试,填补了这一领域的方法空白。

[关键词] 科技工作者;评价指标体系;科技工作者调查

1 引言

习近平总书记在党的十九大报告中明确指出:"我国经济已由高速增长阶段转向高质量发展阶段。"高质量发展是我国经济进入新时代的基本特征。在这个新时代,创新将是引领发展的第一动力,而科技工作者作为科技、创新活动的主体,其工作情况、生活状况、结构分布越来越引起人们的关注。同时,在当前经济形势下,企业开始更加重视科技创新在企业发展中的驱动作用,对企业的科技工作者也更加重视。

要了解和服务好科技工作者,首先要解决的问题就是"谁是科技工作者"的问题。中国科学技术协会在举行全国的科技工作者调查时,对于科技工作者的定义主要是指"在自然科学领域掌握相关专业的系统知识,从事科学技术的研究、开发、传播、推广、应用,以及专门从事科技工作管理等方面的人员。按行业分类,主要包括工程技术人员、卫生技术人员、农业技术人员、科学研究人员、教学人员等五类专业技术人员"[1,2]。该定义清楚地描述了科技工作者的特征及分类,适合开展普及性的调查工作[3]。但对于一个具体企业来说,要清楚地了解掌握本单位的科技工作者的数量、结构、分布情况，需要在这个定义的基础上结合企业本身实际进行细化，在保证准确公正的情况下提出具有可操作性的评价办法。

烟草行业正在全力推动高质量发展，对科技创新及创新人才的重视程度与日俱增，现在行业同样面临着发现科技工作者及用好科技工作者的问题。基于此，本文在大量基层调研的基础上，借鉴了中国科协及其他行业的先进做法[4]，研究提出了从岗位、人员本身、业务流程三个维度建立科技工作者评价指标体系。从试点情况看，本指标体系能够比较合理、准确、科学地界定科技工作者，为下一步建立科技工作者数据库[5]、用好科技工作者打下了坚实基础。

2 科技工作者评价指标体系

按专业，将山东烟草工业系统科技工作者初步划分为工程技术、信息化、工艺技术、综合管理四个专业。将山东烟草商业系统科技工作者初步划分为卷烟营销与物流、专卖管理、烟草农业、综合管理四个专业。对于每个专业，建立岗位、人员、业务流程三维评价模型（见图1），以岗位、业务流程、人员分析为抓手，以评价指标为量尺，把科技工作者从广大职工中甄别出来。

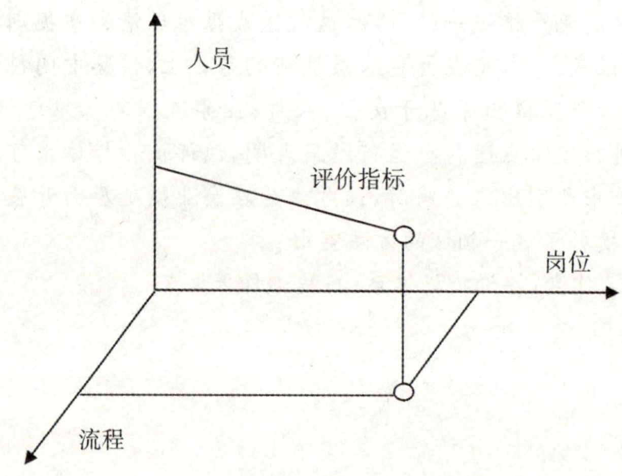

图1　科技工作者三维评价模型

2.1 岗位科技相关度评价办法

针对《山东省烟草专卖局（公司）关于印发全系统市级局（公司）、县级局（分公司、营销部）组织架构和定岗定编定责指导意见的通知》（鲁烟人[2017]39 号）确定的所有工作岗位，根据岗位说明书，通过制定科学合理的评价指标体系及评分办法，对每一项工作的科技相关度进行分析评价，确定是否属于科技工作，再由科技工作占比情况确定岗位的科技相关度。

2.1.1 工作科技相关度评价指标体系

对岗位说明书中某项工作的科技相关度进行评价，首先要建立包括工作的科技相关度评价指标体系，对岗位说明书中的每一项工作分别进行评价，然后按照确定的规则，综合计算对每一项具体工作的评价得分，以此判断该工作的科技相关度。工作科技相关度评价指标体系包括两个一级指标，分别为工作非程序化程度和工作中运用的科学技术、方法的难度和复杂程度。

工作非程序化程度指标是指岗位职责范围内的某一项工作对责任人进行非程序化决策的依赖程度，以工作是否有章可循、是否需要作出判断和决策作为主要判断依据，主要评价等级及评分标准如表1所示。

表1　工作非程序化程度指标等级及评分标准

等级	界限说明	分值
1	事务性工作或程序化工作，无须个人作出决策或只有个别环节需要个人作出判断和抉择	1～10
2	工作制度和流程不健全，但有相关规定或要求，通过个人判断或决策可以完成的工作	10～30
3	工作无程序和规范化要求，需要个人综合各方面情况作出判断和决策，并经集体讨论或经上级研究决定，如制订制度、规划、方案	30～80
4	开展工作无任何依据和借鉴，靠个人或团体研究讨论才能完成，如精益课题、QC小组研究课题等工作	80～100

工作中运用的科学技术、方法的难度和复杂程度指标是指岗位职责范围内的某一项工作对责任人利用现代科学技术和方法的依赖程度，以是否需要责任人运用现代科学知识、高新技术和科学方法及工具作为判断依据，主要评价等级及评分标准如表2所示。

表2　工作中运用的科学技术、方法的难度和复杂程度指标等级及评分标准

等级	界限说明	分值
1	开展工作无须特殊的知识、技能，无须办公工具和技术手段	1～10
2	开展工作需要运用本岗位必备的专业知识和技能，需要利用常规的办公工具和技术手段	10～50
3	开展工作需要学习和综合运用本岗位以外的多种现代科学知识和技术以及特殊的方法和工具，如数据分析工具、数据可视化工具、编程语言等科技创新工具等	50～100

2.1.2　工作科技相关度评价指标体系说明

岗位职责中明确的某一项工作，在两项指标中有一项指标达到90分以上者，认定为科技工作；未达到上述条件，但两项评价指标之和超过100分的，认定为科技工作。

根据岗位说明书中科技工作在全部工作职责中的占比乘以100，确定该岗位科技相关度得分。

2.2　科技工作者人员评价办法

科技工作者评价指标体系建设要充分考虑指标与科技工作的相关性，目的是把真正的科技工作者甄别出来。这里建立了一套包括人员基本信息、科研业绩、创新绩效、创新环境4个一级指标、17个二级指标和19个三级指标的科技工作者人员评价指标体系及量化标准。

2.2.1　科技工作者人员评价指标体系

本指标体系由人员基本信息、科研业绩、创新绩效、创新环境4个一级指标、17个二级指标和19个三级指标组成。

2.2.1.1 人员基本信息

人员基本信息反映人员本身与从事科技创新工作相关的基本信息,包括6个二级指标和4个三级指标。

a. 学历及专业,反映人员的教育背景及所学专业,包括2个三级指标。

学历:人员取得的最高学历学位,反映其教育背景情况。

专业:主要考察现从事专业与所学专业是否一致。

b. 职称及执业资格,反映人员从事工作的专业化程度,包括2个三级指标。

职称:经正式评选获得的专业技术资格,反映人员的职业技能情况。

执业资格:经正式机构考试认定的执业资格情况,反映人员的专业化水平。

c. 从业时间,即参加工作的累计工作年限,反映人员从事科技工作的时间和经验情况。

d. 科技创新工具的掌握情况,对数据分析工具、数据可视化工具、编程语言等科技创新工具,如spass、Matlab、Plotly、Java等的掌握情况,反映人员从事科技工作的技术手段情况。

e. 健康状况,分良好、一般、差三个状况等级,反映人员从事科技工作的身体素质。

f. 社会兼职及荣誉称号,在行业外与科技工作相关的社会兼职情况以及取得行业正式授予的荣誉称号情况,反映人员从事科技工作的被认可程度和社会影响力。

2.2.1.2 科研业绩

科研业绩反映人员从事科技创新已取得的业绩,包括5个二级指标和12个三级指标。

a. 获奖情况,从事科技工作取得的科技进步奖、专利奖、标准贡献奖等以及行业外授予的相关奖励,包括2个三级指标。

奖励级别:包括国家级、省(部)级、市(厅、局)级、社会团体等级别,同一科技成果获得多次奖励时,按获奖的最高级别统计,不得重复计算。

获奖人员名单排名:反映在获奖的科技活动中的贡献度情况。

b. 科技项目情况(含管理创新项目),主持或参与的科技计划项目情况,包括4个三级指标。

项目参与方式:分主持研发、参与研发、独立研发三个维度进行分析。

项目级别:包括国家级、省(部)级、市(厅、局)级、社会团体级等级别。

经费规模:即项目批复费用在同批次所有项目经费总和中的占比。

完成情况:分未结题、已结题未推广、已推广三个维度进行分析,其中已推广范围包括世界范围、全国范围、省(部)级范围、市(厅、局)级范围和社会团体范围等级别。

c. 论著发表情况,近5年发表著作、论文情况,包括2个三级指标

著作发表情况:按以第一作者发表著作和参与发表著作两种情况进行分析。

论文发表情况:以第一作者或通讯作者,在SCI、EI、核心期刊刊源发表论文、高水平学术会议论文的情况。

d. 专利授权情况,近5年获得的专利授权情况,包括2个三级指标

专利类型:分为发明、实用新型、外观设计3种。

发明人排名情况:反映对专利发明的贡献度。

e. 标准制定情况,参与制定的已正式发布的标准情况,包括2个三级指标。

标准等级:包括国家标准、行业标准、地方标准和企业标准四个层次。

制定人排名情况:反映在标准制定时的贡献度情况。

2.2.1.3　工作绩效

工作绩效反映人员从事科技工作的强度和效率,包括 2 个二级指标和 3 个三级指标。

a. 科技工作时间占比,即从事科技活动相关工作的时间在制度工作时间中的占比,由被评价对象自主据实测算,按 60%以上、30%～60%、30%以下三个层次分析。

b. 科技生产率,即过去 5 年内取得的科技成果数量,包括 3 个三级指标。

专利数量:过去 5 年内获得的专利授权数量。

论文数量:过去 5 年内发表的论文数量。

标准数量:过去 5 年内制定的标准数量。

2.2.1.4　工作环境

通过科技创新制度建设、经费配备、团队建设等反映人员所处的创新环境情况,包括 4 个二级指标。

a. 制度建设情况,被评价对象所在单位对科技创新相关制度的建设情况。

b. 经费配备情况,被评价对象能够支配使用的经费总额与所在单位科研经费预算总额的占比。

c. 科技团队情况,是否参与科技创新团队、团队人员数量。

d. 与专业科研机构外协情况,是否存在比较固定的专业科研外协机构、数量。

2.2.2　科技工作者人员评价指标量化标准

评价指标的量化标准是在业务调研的基础上,根据各指标的重要程度来决定评分的高低,具体如表 3 所示。

表 3　科技工作者人员评价指标量化标准

一级指标	二级指标	三级指标	评分标准
人员基本信息	学历	学历	本科及以下 1 分,硕士 2 分,博士 3 分
		专业	现从事专业与所学专业一致 2 分
	职称	职称	初级及以下 1 分,中级 2 分,高级 3 分
		执业资格	具有相关执业资格 3 分
	从业时间		5 年及以下 1 分,5～10 年 2 分,10 年及以上 3 分
	科技创新工具的掌握情况		未掌握 0 分,已掌握 1～3 种工具得 2 分,已掌握 3 种以上 5 分
	健康状况		差 1 分,一般 2 分,良好 3 分
	社会兼职及荣誉称号		有相关社会兼职及荣誉称号 3 分

续表

一级指标	二级指标	三级指标	评分标准
科研业绩	获奖情况	奖励级别	市(厅、局)级和社会团体级每项 2 分,省(部)级每项 5 分,国家级及以上每项 10 分
		获奖人员名单排名	排名 11 名及以后每项 1 分,排名 2～10 名每项 3 分,排名第一每项 5 分
	科技项目情况(含管理创新项目)	项目参与方式	参与研发每项 1 分,独立研发每项 2 分,主持研发每项 5 分
		项目级别	市(厅、局)级和社会团体级每项 2 分,省(部)级每项 5 分,国家级及以上每项 10 分
		经费规模	占比 1%及以下每项 1 分,占比 1%～10%每项 3 分,占比 10%及以上每项 5 分
		完成情况	已结题未推广每项 1 分,市(厅、局)级和社会团体级推广每项 3 分,省(部)级推广及以上每项 5 分
	论著发表情况	著作发表情况	参与发表著作每项 2 分,以第一作者身份发表著作每项 5 分
		论文发表情况	参与发表的论文每篇 1 分,以第一作者或通信作者发表的会议论文每篇 3 分,以第一作者或通信作者发表的 SCI、EI、核心期刊刊源论文每篇 5 分
	专利授权情况	专利类型	发明专利每项 3 分,其他专利每项 1 分
		发明人排名情况	排名 11 名及以后每项 1 分,排名 2～10 名每项 3 分,排名第一每项 5 分
	标准制定情况	标准等级	地方标准或企业标准每项 2 分,行业标准或国家标准每项 5 分
		制定人排名情况	排名 11 名及以后每项 1 分,排名 2～10 名每项 3 分,排名第一每项 5 分
工作绩效	科技工作时间占比		30%以下 1 分,30%～60%3 分,60%以上 5 分
	科技生产率	专利数量	每项 2 分
		论文数量	每篇 1 分
		标准数量	每项 2 分
工作环境	制度建设情况		每项制度 1 分
	经费配备情况		占比 1%及以下每项 1 分,占比 1%～10%每项 2 分,占比 10%及以上每项 3 分
	科技创新团队情况		2～10 人团队 2 分,10 人及以上团队 3 分
	与专业科研机构外协情况		相对固定外协专业科研机构每个 1 分

2.3 业务流程创新程度分析办法

在对各专业领域包括的业务流程进行梳理的基础上，从工作者在执行业务流程过程中的开拓创新程度和取得的成果创新性两个方面对业务流程的创新程度进行分析评价。

2.3.1 业务流程创新程度评价指标体系及量化标准

指标体系包括业务流程开拓创新程度和成果创新性 2 个一级指标。

开拓创新程度，是指执行业务流程对工作者开拓创新的依赖程度，以是否需要工作者经常适应变化的工作环境与工作内容为判断依据，主要评价等级及评分标准如表 4 所示。

表 4 开拓创新程度指标等级及评分标准

等级	界限说明	评价得分
1	日常的简单工作，仅需必备的基础知识，不需要付出很多脑力劳动，很少需要工作者适应变化的工作环境和工作内容	1～10
2	日常工作，需要工作者根据工作环境和工作内容思考确定工作思路、措施等，需要具备一定的工作能力，付出一定的脑力劳动	10～30
3	需要工作者具备一定的专业知识，付出较多的脑力劳动，并根据变化的工作环境和工作内容，综合多方面的情况，制定相应的应对措施	30～80
4	需要工作者通过高强度的脑力劳动，开展研究探索或开发利用，形成创新性学术成果或具有指导作用和推广价值的新技术、新产品、新工艺或新创意等	80～100

成果创新性，是指对某项业务流程工作成果的创新性进行评价，以是否产生新的知识或创造新的应用作为主要判断依据，其等级及评分标准如表 5 所示。

表 5 成果创新性指标等级及评分标准

等级	界限说明	评价得分
1	执行某项业务流程只是完成任务，无创新性工作成果	1～10
2	业务开展中能够形成具有短期或个别指导作用的工作方案、意见或具有长期指导作用的制度、规划等成果	10～30
3	需要在生产经营、管理、监督等方面进行开拓创新性工作，形成新的可推广应用的管理方法、措施等成果	30～80
4	通过业务流程的运行，将现有的科学技术成果转移和扩散到本岗位所负责的工作领域，创造新的应用，并产生经济或社会效益；在现代科学技术转化方面形成开创性成果，例如开发出新技术、新产品、新工艺或者形成了推动工作的新创意等；在基础科学、应用科学等方面形成了开创性的科研成果，如专利、学术论文等	80～100

2.3.2 业务流程创新程度评价指标体系说明

某项业务流程两项指标评价得分的平均值作为该业务流程的创新程度得分。

3 科技工作者评价办法

按照前面的科技工作者评价指标体系，制定了相应的评价办法，具体如下：

(1)由实施单位按照岗位科技相关度评价办法对本单位所有工作岗位进行科技相关度评价，岗位的评价得分作为本岗位从业人员的岗位维度评价得分。对于一人多岗的情况，选择所有岗位中得分最高者作为该人员的岗位维度评价得分。

(2)根据科技工作者人员评价指标体系和量化标准，由被评价对象对自己进行打分并提交相关证明材料，由实施单位核实后登记得分。

(3)实施单位按照业务流程创新程度分析办法对业务流程的创新程度进行分析。对人员进行评价时，由被评价人员根据自己实际从事的或最擅长的，从业务流程中选择三项上报，由实施单位核实后，按照这三项流程的科技创新相关度的平均值作为该人员业务流程指标得分。

(4)按照以上三个维度评价指标体系进行评价打分，如果指标体系总分为非百分制，则通过标准化计算方法计算得到百分制标准分，岗位、人员、业务流程三个维度评价得分按照3∶5∶2的比例计算得出被评价人的综合得分。

(5)对于传播普及、管理决策类科技工作者和非从事科技岗位的工作人员，按照本人意愿也可参加评价指标体系量化评价。

(6)按照本人意愿，参评人员可以选择与现从事专业不同的其他专业领域的评价指标体系进行量化评价。

(7)根据最终评价综合得分，结合各实施单位实际情况确定科技工作者人员名单。

4 试点运行情况

为验证评价指标体系的合理性和可行性，选择了济南、青岛、临沂、泰安市局(公司)和济南卷烟厂进行了试点。从试点情况看，首先，该评价指标体系可以准确客观地将科技工作者从广大职工中甄选出来，发现了一些原来默默无闻的科技工作者；其次，不同专业人员得分差距较大，烟叶技术中心的人员得分略高于营销专业，但不影响同专业人员的甄选；最后，评价指标体系中既有客观指标又存在一些主观指标，不同评价人员由于个人认识的不同对主观指标的理解和把握也不尽相同，在具体实施过程中需加强对评价实施人员的培训，最大限度地提高对主观指标理解把握的一致性。

5 结束语

本文通过建立三维评价指标体系的办法进行科技工作者的甄选，解决了困扰企业的“谁是科技工作者”的问题，进而为更好地发挥科技工作者的价值奠定了基础，符合行业高质量发展的总体要求。本文提出科技工作者三维评价指标体系，是对我国科协科技工作者状况调查的有益补充，解决了企业微观层面甄别、发现科技工作者的问题，经试点运行证明了指标体系的合理性和可行性。如何完善评价指标体系中对主观指标的描述或者将其客观化，并发现其他有价值的评价指标将是我们下一步的研究重点。

参考文献

[1]中国科学技术协会调研宣传部,中国科学技术协会发展研究中心．中国科技人力资源发展研究报告[M].北京：中国科学技术出版社．2008.

[2]何国祥．科技工作者的界定及内涵[J].科技导报，2008.26(12):96-97.

[3]李慷,张明妍,于巧玲,等.全国科技工作者状况调查研究分析[J].今日科苑,2008(11):72-77.

[4]邵丽华．浅谈永锦公司科技创新市场体系的构建与应用[J].价值工程，2014(11):229-230.

[5]徐瀚文,顾云峰,王海洋．建设科技工作者数据库　提升科协组织服务能力[J].科协论坛，2016(9):40-41.

“数据+人性”营销模式在客户拜访中的应用

徐东冉

[济南市历城区烟草专卖局(营销部)卷烟营销科,山东济南,250100]

[摘要] 在互联网时代,大数据的兴起改写了商业运作模式,烟草行业也通过加强对卷烟零售户订购卷烟的数据采集实现了科学的决策,但是数据的应用也是有边界的。本文旨在高效提升客户服务的精准度,主要方法是以零售终端分层分类为契机,在继续利用客户硬件、软件数据进行科学货源投放的基础上,充分发挥营销人员共情、连接、创意的作用,加强对不同层级零售户不同心理和需求的精准学习和把握,在进行客户拜访时将客户数据和客户关注点结合进行政策宣传引导,将“数据+人性”紧密结合地运用到市场营销领域,这不仅促使辖区内零售户的整体终端形象得到提升,客户满意度也逐步提高,利用新科技实现了企业和卷烟零售终端共建共赢的目标。

[关键词] 数据营销;人性化营销;零售终端分层分类;客户服务;营销模式

1 客户拜访对营销工作的重要意义

1.1 提高客户忠诚度

烟草行业要想实现健康、平稳、可持续的高质量发展,离不开终端销售网络,而高质量的终端网建工作离不开广大零售户的支持和坚守,更离不开营销人员日复一日的登门拜访。现阶段来看,烟草零售户对于烟草公司属于垄断性忠诚,零售户处在被动服从的状态,客户黏性不高,属于低依恋、高重复购买的特性。如果随着时间的推移,烟草行业发生任何政策性变化,我们都无法预估会带来的客户损失,因此,居安思危、未雨绸缪,充分利用良好的政策环境,建立好零售终端网络是当前工作的重点和难点。烟草零售户的忠诚度越高,客我关系就越稳定,客户越能适应公司的相关要求,保持公司利润的稳定,增加企业的发展动力,确保企业更好地抵御竞争。

1.2 促进个人业绩和企业发展

从营销人员个人角度来讲,高效的客户拜访不仅能拓宽人脉和交际圈,与客户成为朋友,建立情感上的连接,更重要的是客户拜访也是一项自主性、差异性、灵活性特点较为突出的工作,可以从各方面提升营销人员的工作技能和水平,实现自我价值。在帮助客户提升盈利能力和卷烟经营能力的同时,营销人员可以获得身心愉悦和工作上的满足感,能够取得好的工作业绩,个体好的工作业绩才能组成企业的良好业绩,并确保健康发展。

2 客户拜访工作现状

2.1 工作内容繁琐

在"得终端者得天下"营销观点的指引下,烟草网建工作呈现出日益重要的趋势。结合工作实际,营销人员进行客户拜访时的工作内容可以总结为以下几个方面。

2.1.1 硬件设施提升

近两年,济南市致力于建设"大强美富通"现代化国际大都市,在全市范围内开展形象提升工程。因此,现阶段营销人员的重点工作包括协助客户对店面形象等硬件设施进行优化改造提升。这其中主要包括店面外部形象、空间布局设计、卷烟出样摆放、价签打印整理、店铺现场管理要符合 6S 标准等。

2.1.2 软实力提升

营销人员要加强对零售户的经营指导,以及营销知识和技能的传授,引导客户在营造良好购物环境的基础上,提升自身经营能力,学会识别消费者需求,学习开口营销、吊胃口法、开展会员业务等,增加消费者黏性,掌握消费者消费习惯等数据。

2.1.3 信息化管理水平提升

随着科技发展和社会的不断进步,信息化管理已经走进人们的生活,营销人员需要向广大卷烟零售户推广宣传云 POS 管理系统,引导客户学会用信息管理系统进行库存盘点、扫码销售、经营数据分析、消费者会员管理等,建立并养成信息化管理店铺的习惯。

2.2 政策信息繁琐

2.2.1 自律互助小组信息

为了共同维护卷烟市场价格稳定,所有零售户在办证后都需要加入零售户自律互助小组,承诺不低价销售。营销人员需要将小组成员权利和义务、日常活动等内容讲解到位。

2.2.2 货源投放相关信息

当前货源投放政策日趋科学合理,参考指标较多,营销人员需要将客户档位、终端软硬件设施所处层级、6S 评价标准、云 POS 使用情况等与货源投放、奖励挂钩的指标讲解清楚到位。

2.2.3 卷烟经营信息

营销人员需要将零售户的订烟时间、订烟方法步骤、订货周期、订货方式、结算信息等基础信息告知客户,如客户需要更改则及时记录并申请变更。

2.2.4 云 POS 推广使用信息

需要帮助客户安装云 POS 机器和系统,协助客户进行门店照片的上传和扫码支付的开通,现场演示库存盘点、全商品扫码录入、会员开通、扫码销售、后台管理等功能的使用。

2.2.5 其他信息

告知客户规范经营相关要求等其他临时性政策信息，如遇客户反馈、举报相关违规信息，及时传递给稽查员。

3 客户拜访工作存在的问题

3.1 拜访耗时长、效率低

由于营销人员进行客户拜访时需要做的工作较多，不可避免地会出现信息遗漏、拜访准备不充分、个性化差异化服务不能很好地体现而导致的工作效率低下、客户无法及时联系等问题。

3.2 工作人员思维固化

由于营销队伍人员流动性不强、工作内容变化不大等，营销人员长期的工作经验积累使得他们容易形成思维定势，呈现认知固化，工作方法上缺乏一定的创新性。

3.3 零售户需求多样

营销人员在进行客户走访时，有相应的工作流程作为参考，但是由于辖区内零售户类型多样，素质水平差异较大，部分工作内容对于个别客户来讲需求不大，有时候甚至会引起反感。

4 “数据＋人性”营销模式的对策措施

4.1 “数据＋人性”营销模式的兴起

4.1.1 数据营销模式

大数据营销主要是依托网络平台采集到的消费者搜索、浏览、单击偏好等信息数据，将贴合消费者喜好的广告在合适的时间和地点，通过合适的媒体，以合适的方式精准传递给正确的受众群体。最广为人知的大数据应用案例当属淘宝网，淘宝网可以根据用户的搜索记录、购买偏好等数据，向消费者推送更符合其审美和需求的商品，提升精准营销效率。

4.1.2 人性化营销模式

人性化营销强调为客户提供全面并且体现人文关怀的高素质服务，重视培养客户的重复购买习惯和对企业的忠诚，通过与客户全面接触建立长久的关系。人性化服务的精髓便是“待客户如亲人”。在人性化服务方面，知名度较高的企业是海底捞，等位时可以享受免费的零食、美甲等服务，服务员更会观察客户的行为，从而洞察客户的需求，主动提供暖心的服务，还会为单人就餐的顾客放置“毛绒熊”做伴。其服务除了人性化程度高以外，许多服务内容能够明显地区别于其他餐饮行业，这种差异化、高水平的服务让海底捞的名声响彻海内外。

4.2 "数据+人性"营销模式可在行业外应用

数据虽然在我们日常生活中被广泛运用,但是也会存在误判或失效,它的应用是有边界的,无法脱离人而单独存在。尽管数据、技术、人工智能对营销活动的改造越来越强烈,但营销工作不可能完全由技术和机器来完成,毕竟人是消费群体,人不是机器,是有思想、有喜怒哀乐的高级动物。说到底,营销活动离不开对人性的揣摩,如果能将技术与人性化服务紧密地结合起来,在营销活动中是可以获得竞争优势的。

数据和技术可以帮助我们站到巨人的肩膀上,但是数据也不是万能的,最终还是需要与我们人类的主观能动性紧密结合,因为人性充满了不确定性,不能够完全量化或者进行定量分析,也并不是所有的事情都能够找出明确的原因和结果。因此,在对数据进行运用和分析的基础上,还要考验我们对人性的把握。

4.3 "数据+人性"在客户拜访中的具体应用

要想明确客户的主要需求,多方面、多方位地采集客户的数据信息是很重要的步骤,并且为了给精细化、差异化服务提供依据,越细致的数据越有效。

4.3.1 多方面采集客户数据

经营数据:主要采集零售户日常卷烟订购数据,对客户经营能力和水平做到心中有数。营销人员移动办公平台上能够自动生成零售户的销量、购进金额、单条值、环比、同比数据等信息,将上述信息准确填写到客户服务手册,每月总结客户卷烟订购趋势,如遇卷烟销量大幅增长或大幅下滑等异常数据,及时记录并查明原因。

网建数据:建立客户网建数据档案,内容包括零售户每月的档位、星级客户评定结果、结算成功或失败次数、订货和未订货次数、未订货原因、订货方式、订货过程中遇到的问题、打电话咨询次数、问题得到回复和解决次数、问题未得到解决次数等。

商店数据:梳理调整客户商店基本信息,利用营销人员移动办公平台对客户商店信息进行维护调整,包括商店业态、地理区位、所属商圈、终端层级类型(根据软硬件条件按规定划分为品牌终端、精品终端、标准终端、普通终端)等信息。

云POS使用数据:根据内勤发放的调度表,建立客户云POS数据使用档案,内容包括周均扫码笔数、扫码匹配率、遇到的问题、遇到问题解决反馈次数、未解决次数等信息。

自律小组相关信息:建立小组成员小组建设运行管理档案,内容包括小组成员参与活动次数、违规处罚次数、违规处罚具体情形、意见反馈、反馈问题是否得到解决等信息。

其他数据:客户本人的相关信息,如兴趣爱好、性格特点、家庭情况、主要困难点,举报信息、客户反馈的其他情况等。

4.3.2 建立客户四维数据库

由于卷烟零售户群体数量庞大,营销人员忙于琐碎工作,精力有限,自行建立数据库的难度较大。最理想的状态是营销系统内的各个模块能够有效整合,打开客户档案就可以看到客户的各方面信息。四维数据库主要由经营网建信息、商店信息、云POS使用情况信息、自律互助小组信息四个维度组成,能够显示零售户近两个月的各项信息变化情况。在每次订烟后,还可以添加一项"订烟感受",让零售户可以通过一句话表达信息。从零售户数据库中，营销人员可以重点关注客户咨询、投诉、重视的信息，以此来确定客户拜访的侧重点。

4.3.3 **依托数据发挥人的功能**

数据信息可以通过机器来进行整合梳理，正是因为系统数据将营销人员从重复性、无趣的劳动中解脱出来，才有了数据翔实的数据库。营销人员在拜访前，应当以合理进行终端提升思想为指引，梳理出零售户的关注点、商店有哪些可以提升且能够提升的项目。这时候就要发挥我们作为“人”的优势和能力。梳理出工作重点后，结合店主的性格特点，制定相应的工作方法和策略。在拜访前，制订一份完整的拜访计划。拜访计划并不是今天要拜访哪些客户、多少户数，而是针对每名客户将上述信息整理成一份拜访计划，有目标、有侧重点地去拜访，这样才能提升客户拜访的实用性和效率，将时间用在增值环节上，不增值的环节视具体情况分配时间。

要想充分发挥营销人员的作用，离不开对人性的把握和学习。新时代的营销人员可以从数据中解脱出来，更多地思考如何将客户需要的信息及时传达到位，这与我们前几年“为客户找品牌、为品牌找客户”的精准品牌培育思想是一致的。营销工作最终还是与人打交道，人性的优点、弱点都应在我们学习的范围之内，从工作中提高我们换位思考的思考方式，提升对零售户需求把握的敏锐度。

4.3.4 **常见的人性弱点营销方法**

攀比心理：如果客户的性格好强，凡事不甘于人后，营销人员可以通过四维数据结果，定位客户有进步空间且有能力进步的方面。比如有可以进行云POS推广的可能性时，可以向客户介绍身边的成功案例，树立标杆榜样，引导客户建立成长性思维，与时俱进，鼓励其不断尝试新鲜事物，向高水平、高素质的小企业家目标迈进。社会上有名的利用攀比心理的典型案例广告语是：“让孩子赢在起跑线上”。

免费：如果客户贪便宜、占便宜的心理较强，在分析客户数据的基础上，重点考虑终端形象提升方面，紧紧抓住工业企业做柜台的活动，向客户宣传免费提供柜台，引导客户利用免费柜台提升店面影响，增加相应工业公司卷烟的订购，也不失为一种好办法。

VIP服务：如果客户经营能力比较强，属于中大户，又比较配合工作的话，营销人员可以根据实际适当增加客户的拜访频次，侧重于与客户建立长久的友谊关系，帮助客户解决一些生活或其他方面的难题，让客户有体验了区别于其他客户的优质服务之感。

以上是几个针对人性弱点的方法，除此以外还包括饥饿营销、煽情、名人效应、比较和自卑、社会认同、奖励诱惑、锚定效应等，如果加以有效利用，都可以达到双赢的目的。

5 结论

现阶段，营销系统的数据整合正在逐步完善，营销人员也意识到了“数据＋人性”合理化应用的必要性，辖区内零售户的配合度和满意度有所提升。

参考文献

[1]Dan Ariely. *Predictably Irrational*: *The Hidden Forces That Shape Our Decisions* [M]. USA:

Harper Collins，2017.

[2]王治东．技术的人性本质探究[M]. 上海：上海人民出版，2012.

[3]Tony. 互联网的 3 大悖论：技术与人性的博弈？[N/OL]. 2017-12-23. https://www.jianshu.com/p/10739eb62.

[4]刘敏．技术与人性——弗洛姆技术人道化思想研究[J]. 自然辩证法通讯．2005(5)：18-23.

[5]张阳．好的创新是技术和人性的完美结合[J]. 机器人产业．2016(1)：99.

[6]Dale Carnegie. *How to Win Friends and Influence People*[M]. USA：Simon & Schuster，2006.

卷烟零售户经营能力的心理与行为影响因素模型构建

王金亮

[青岛市城阳区烟草专卖局(营销部),山东青岛,266109]

[**摘要**] 卷烟零售户是连接烟草企业和消费者最为关键的一环,发挥着桥梁、纽带的中介作用,也是完成卷烟销售目标、创建和提升品牌价值、实现经营目标的核心环节。要实现"渠道制胜,零售为王"的目标,需要积极探索卷烟零售户经营能力的影响因素,因此,提升卷烟零售户的经营能力已成为当前烟草企业亟需解决的重大课题。本文扎根理论,通过对深度访谈资料进行三级编码,构建卷烟零售户经营能力影响因素模型。结果显示,卷烟零售户的经营能力以其心理和行为特征为内在核心因素,卷烟零售户属性为一般内在因素,卷烟特性、烟草企业支持和制度技术情景为外部因素。此六大因素构成卷烟零售户经营能力影响因素模型。

[**关键词**] 卷烟零售户;经营能力;扎根理论;心理行为;模型

1 引言

卷烟零售户是连接烟草企业和消费者最为关键的一环,发挥着桥梁、纽带的作用,是烟草企业与消费者直接接触的前沿阵地和最宝贵的市场资源,因此,零售户就成了展示卷烟品牌和传播烟草文化的主要信息窗口。同时,烟草企业也需要依靠零售户的规范经营来抵制假烟、走私烟、非渠道卷烟的流通,以此真正落实品牌培育和做好卷烟消费者服务工作。烟草企业与零售户二者之间相互依存,荣辱与共,前者决定后者的发展,后者的发展又能反作用于前者。在烟草专卖管理体制下,卷烟零售户在整个产销链条中的作用是无法忽视的,其主要任务就是为烟草消费者提供最优质的服务,在生产、经营、消费这三者之间进行有效沟通,进而实现烟草行业的共同价值观,促进整个行业的持续健康发展。国家烟草总公司也多次提出要求,烟草企业必须与零售户保持"四同",即"发展同向、工作同心、服务同步、利益同体",以此促进现代终端建设和提升卷烟服务水平。正因为卷烟零售户在卷烟品牌宣传,开拓卷烟新市场、新领域,保持可持续和稳定健康发展等方面发挥着重要作用,因此这就需要通过各种各样的方式、途径来提升二者的关系,实现互利共赢、共同发展。

鉴于此，针对当前形势下烟草企业和零售户之间关系的发展，以终端建设为突破口，以提升零售户经营能力为抓手，有效推动烟草企业可持续发展，这是当前值得研究的重要课题。但目前对于卷烟零售户经营能力的培育和提升，很少有系统化的长效激励机制和创新性的制度设计，导致卷烟零售户经营能力提升进度缓慢。本文旨在通过对卷烟零售户经营能力的影响因素及内在机理进行探究，不断提高卷烟零售终端经营能力，提升盈利水平，从而为烟草企业制定针对性地促进卷烟零售户经营能力的政策提供理论依据。

2 文献述评

经营能力是目前国内学者研究的热点内容之一。经营能力多指个体顺利完成经营活动，所必须具备的心理特征。经营能力与经营活动密切相关，既通过经营活动表现出来，也通过经营活动得到锻炼。虽然对卷烟零售户的研究日益增多，但是专门针对卷烟零售户经营能力的研究为数不多。本文针对卷烟零售户和经营能力的相关研究，使用不同主题词在知网、万方和维普等数据库里进行查询，具体情况如表 1 所示。

表 1 卷烟零售户、经营能力和“卷烟零售户＋经营能力”的研究统计表(截至 2018 年 10 月 20 日)

检索词	CNKI	万方	维普
卷烟零售户	1158	1238	57
经营能力	4259	138313	2684
卷烟零售户＋经营能力	450	112	2

通过分析研究卷烟零售户经营能力的内容发现，国内相关文献主要集中在卷烟零售终端建设和分类研究等方面，多篇硕博士论文涉及如北京(韦琪，2013)、长沙(陈道颖，2013)、烟台(刘倩，2105)、泰安(冯波兴，2012)和台州(张杰，2016)[1~5]等地区烟草企业卷烟零售终端管理、建设和策略等研究，以及概括分析卷烟零售终端建设及策略研究(杨宇，2013；曾伟平，2016；刘向红，2012；江益忠，2013)[6~9]等方面。部分研究成果或多或少地涉及卷烟零售户经营能力这一研究对象。截至 2018 年 10 月，直接与卷烟零售户经营能力相关的文献只有 2 篇：曹建旺在 2011 年巍山年鉴中运用 SWOT 分析法提升卷烟零售户经营能力[10]，辜莉云(2012)借鉴海底捞商业模式探索卷烟零售户经营能力提升途径[11]，但是皆未深入展开，需进一步加以改进。

本文通过行之远学术搜索中的学术辅助分析系统，进一步统计分析目前卷烟零售户经营能力的相关知识点，发现其主要围绕营销、商品流通、博弈、终端、有限、烟草企业和经济运行质量等方面，具体如图 1 所示。可见，卷烟零售户经营能力主要涉及市场营销、商品流通、烟草零售终端以及烟草企业与卷烟零售户的博弈等方面。同时，鉴于卷烟零售户经营能力的有限性和不足之处，探索卷烟零售户经营能力影响因素，提升其经营能力，已刻不容缓。

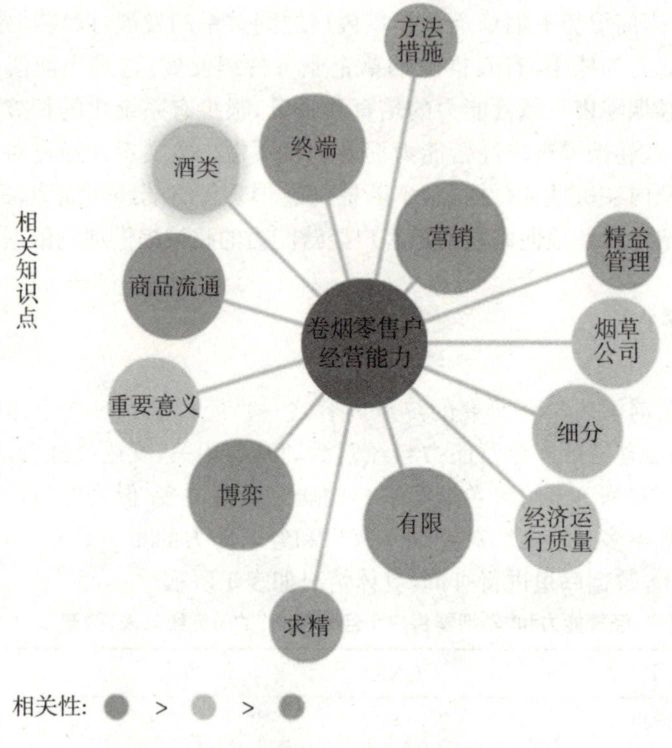

图 1 卷烟零售户经营能力的相关知识点

综上所述可以发现，专门并深入研究卷烟零售户经营能力这一变量范畴的文献还不多，关于各影响因素对卷烟零售户经营能力的作用机制，现有的研究文献在一定程度上缺乏深入研究。因此，本文在前人研究的基础上，针对卷烟零售户经营能力进行深入研究，探索影响卷烟零售户经营能力的主要决定性因素及其作用路径。

3 研究方法与数据收集

3.1 研究方法

虽然烟草企业在实际工作中高度重视卷烟零售户的经营能力，但是针对这方面的研究尚存在不足之处，目前还缺乏相应的成熟研究。进一步说，卷烟零售户经营能力这一课题到底受到哪些因素影响还不清楚，需要进行探索性的研究。鉴于此，本文采用扎根理论(Grounded Theory)方法进行研究分析。扎根理论是由 Glaser 和 Strauss[12] 所建立的一种定性研究方法。该方法的特色之处在于研究之初不作理论假设，强调从原始资料中寻找反映研究对象的相关概念，通过对资料对比分析，进行编码，通过概念之间的联系构建符合实际的理论框架。扎根理论一般包含三个步骤，即三次编码：开放式编码、主轴编码和选择性编码。开放式编码是指研究者以开放的心态，将所有的资料按其本身所呈现的状态进行登录并编码；主轴编码是指发现和建立概念之间的各种联系，显示资料各部分的内在关系；选择性编码是指在已发现的概念类属中找到核心类属，建构出理论模型[13]。

3.2 数据收集

扎根理论研究主要采用深度访谈进行数据收集。根据研究需要和前期调研的基础，研究者设计卷烟零售户经营能力访谈问卷，并对选取的代表性卷烟零售户进行深度访谈。在深度访谈中，研究者为提高访谈效率与效果，防止跑题，采用问题聚焦访谈法，聚焦卷烟零售户自身与经营能力这一研究主题。本文将深度访谈时间设定为30～40 min。在正式开展访谈之前，研究者花费5～10 min向访谈对象说明访谈相关事项。具体情况如表2所示。

表2　卷烟零售户经营能力访谈提纲

访谈主题	主要内容提纲
基本信息	年龄、性别、学历、经营年限、经营业态、从业者性质、是否党员
对经营能力的认知及经营现状	您对经营能力有什么看法，为什么需要提高经营能力
	您认为经营能力主要有哪些表现
	您认为你本人的经营能力如何
经营能力的影响因素	您觉得为什么实现不了高水平的经营能力
	您认为影响卷烟零售户经营能力的主要因素有哪些

3.3 样本选择

根据扎根理论和研究目的，本文采用方便抽样的方法确定访谈对象，将访谈对象根据卷烟零售户属性进行选择。同时，依据理论饱和准则，共选择32个访谈对象，其基本信息如表3所示。

表3　卷烟零售户访谈对象基本信息

分类		人数	比例(%)	分类		人数	比例(%)
性别	男	22	69	经营者受教育程度	初中及以下	17	53
	女	10	31		高中	7	22
年龄	30岁以下	6	19		大专及以上	8	25
	31～40岁	8	25	从业者性质	自主经营	19	59
	41～50岁	11	34		雇佣人员	13	41
	51以上	7	22	经营业态	便利店	8	25
经营年限	5年以下	12	38		超市	9	28
	6～10年	9	28		商场	5	16
	11～15年	6	19		食杂店	7	22
	16年以上	5	16		娱乐服务类	3	9

续表

分类		人数	比例(%)	分类	人数	比例(%)
是否党员	是	6	19			
	否	26	81			

4 研究数据分析及模型构建

研究者根据深度访谈结果进行整理,得到 35674 个字的访谈记录,然后随机选择 22 份访谈记录进行扎根编码分析,剩余的访谈记录进行扎根理论饱和度检验。在扎根编码过程中,严格依据 Strauss 和 Corbin 的扎根编码技术程序进行操作,采用编码小组的形式,组建多个编码小组,并对编码结果进行组间比较,以保证研究的信度和效度[13]。

4.1 开放式编码

在开放式编码过程中,第一步是对访谈资料的译码,要求对原始资料进行逐字逐句的编码、标签和登录,通过持续比较分析获取初始概念。为保证深度挖掘卷烟零售户经营能力的影响因素和消除编码者个人偏见影响,在进行标签选择时,基本采用卷烟零售户的原话,最终共得到 450 余条原始语句及相应的初始概念,并进一步进行概念范畴化。表 4 反映了本文对原始访谈记录的概念化、开放编码和主轴编码的过程。开放编码的结果即为卷烟零售户经营能力的相关影响因素,本文最终得到了 32 个初始概念、28 个开放编码和 6 个主轴编码。

表 4 开放编码和主轴编码过程

原始访谈记录中的代表语句	概念化	开放编码(范畴化)	主轴编码
卖烟不是小事,需要有经营头脑。	经营意识	心理意识	卷烟零售户心理特征
买不买都行,我又不是服务员。	服务意识		
贩卖假烟应该违法吧。所以我店绝对不卖假烟。	法律意识		
做买卖就要赚钱,卖烟也要赚钱。难买的烟自然贵	盈利需要	盈利需要	
自我感觉良好,哈哈,自己还是适合经营烟草专卖店,有点儿收获。	自我认识	自我认知	
卷烟收入对我的店来说比较重要,在所有收入中占很大一块。	重视度	情感态度	
烟草公司有时候让人很生气,觉得不公平。	公平感,满意度		
如果有其他的进货渠道,绝对不从他那里进了。	忠诚度		
要卖更多货,就要勤快点,主动点,多问两句。	主动性	性格特征	

续表

原始访谈记录中的代表语句	概念化	开放编码（范畴化）	主轴编码
很在乎一天卖多少烟，设法多卖一点。	销售量	销售行为	卷烟零售户行为特征
我是个遵纪守法的好公民。当然，卖烟的时候也是如此，其实守法挺好的。	守法行为	守法行为	
加入自律小组，并成为骨干了。	自律行为	自律行为	
严格按照烟草公司要求，明码标价，童叟无欺。	明码标价	价格执行	
如果有可能的话，我想再借点钱，扩大一下规模。	募集资金	融资行为	
特别讨厌，有的店面故意压价，虽然在一条街上，但联系得很少。同行是冤家吧！	恶意竞争 缺乏互助	互助行为	
我是希望公司除了检查外，能多指导指导我这个菜鸟。	业务指导	经营指导	烟草企业支持
现在到烟草公司订货比较方便，做得比以前好多了。	订货服务	订货服务	
希望能多了解一下如何卖更多的货，不过，公司组织的培训活动，去的也比较少。	销售培训	营销培训	
既然是专卖店，是不是应该多支持支持。	专卖支持	专卖支持	
不知道为什么，有时候感觉进烟挺麻烦，有时还说没有烟。郁闷！	货源供应	货源供应	
对卷烟管理制度了解不多，有一些吧，但大都记不住，只是记住大概。	烟草管理	烟草管理制度	制度技术情景
罚得太狠了。没赚几个钱，全让他罚了。	惩罚	奖惩机制	
公司经常派人过来发个材料啥的。	宣传教育	宣传教育	
对烟草销售系统不太了解，我就负责卖卖烟。	烟草销售系统	烟草销售系统	
在进货上，只要让卖，我就进，能进多少就进多少，牌子越多越多，现在消费者太挑剔了。	品牌宽度	品牌宽度	卷烟特性
好烟还是少进，周围买的人不多。	品牌高度	品牌高度	
不一定全部进贵的烟，便宜的也有不少人买，搭配一下。	价格档次	价格档次	
我这个小卖部不进太多烟，也不是贵。要买贵的话，去专卖店或超市吧。贵的我没有。	经营业态	经营业态	卷烟零售户属性
说起来，从开店到现在也有 6 年了吧！	经营年限	经营年限	
要是再年轻几岁，脑子就会更活泛，我一定扩大自己的经营规模。如果学历再高点就好了。	年龄学历	年龄学历	
我这是帮人看店的。不过，我也想积累点经验，自己开个店。	雇佣他人	从业者性质	
我不是党员，好像党员不多吧。	是否党员	是否党员	

4.2 主轴编码

在主轴编码中,研究者围绕每一个范畴进行深度分析,进一步探索相关关系,分析每一个范畴在概念层次上是否存在相关关系。通过主轴编码,最终梳理出以卷烟零售户心理和行为特征为核心的六大范畴。

卷烟零售户心理特征——心理意识(法律意识、经营意识、服务意识)、盈利需要、自我认知、情感态度(忠诚度、重视度、满意度、公平感)、性格特征(积极主动);卷烟零售户行为特征——销售行为、守法行为、自律行为、融资行为、价格执行和互助行为;烟草企业支持——经营指导、订货服务(订货方式、订货需求、订货提示)、营销培训、专卖支持和货源供应(途径、总量、时间);制度技术情景——烟草管理制度、奖惩制度、宣传教育和烟草销售制度;卷烟特性——品牌宽度、品牌高度、价格档次;卷烟零售户属性——经营业态、经营年限、年龄学历、从业者性质和是否党员。

4.3 选择性编码

选择性编码是三级编码,也是核心式登录,是指从主范畴中挖掘核心范畴,系统建立核心范畴与其他范畴之间的联结关系。本文通过对主范畴和其他范畴与卷烟零售户经营能力之间关系的分析,建立其联结关系。如图 2 所示,研究者确定"卷烟零售户经营能力的影响因素及其作用机制"这一核心范畴,围绕这一核心范畴,将其与其他范畴之间的联结关系确定为卷烟零售户心理特征、卷烟零售户行为特征、卷烟零售户属性、卷烟特性、烟草企业支持和制度技术情景等六大因素影响卷烟零售户经营能力,其中卷烟零售户心理特征、卷烟零售户行为特征和卷烟零售户属性是内因,直接影响卷烟零售户经营能力,本文将其界定为前置因素,而卷烟特性、烟草企业支持和制度技术情景等因素是驱动强化因素,其影响前置因素与经营能力之间关系的方向和强度,将此联结关系架构定义为卷烟零售户经营能力影响因素模型。

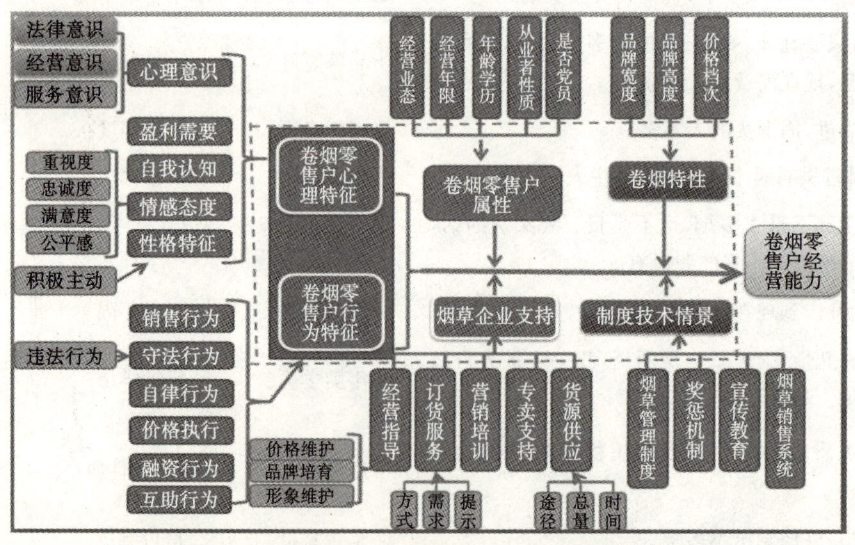

图 2 卷烟零售户经营能力影响因素模型

4.4 理论饱和度检验

Fassinger(2015)指出,扎根理论研究需要进行理论饱和度检验。理论饱和度检验是停止采样的鉴定标准[14]。本文利用预留的10份访谈记录进行,结果显示,模型中的范畴已发展得比较丰富,对于卷烟零售户经营能力的六大范畴均没有发现新的范畴和关系。所以,我们认为本文所构建的卷烟零售户经营能力影响因素理论模型在理论上达到饱和。

5 卷烟零售户经营能力影响因素模型阐述

从模型中可以看出,影响卷烟零售户经营能力的主要因素包括卷烟零售户心理特征、卷烟零售户行为特征、卷烟零售户属性、卷烟特性、烟草企业支持和制度技术情景,但具体影响因素对于卷烟零售户经营能力的作用机制不同。

心理与行为特征是卷烟零售户经营能力的内因,通过深度访谈发现,二者共同构成了影响卷烟零售户经营能力的核心因素。根据认知行为主义心理学的解释,在外部环境的参与下,个体心理与行为相互影响,并共同影响个体的发展。在卷烟零售户的心理特征因素中,经营意识是经营能力的前置因素。首先具有了经营的意识,才可能培育出真正的经营能力,而且如果卷烟零售户对经营"无知无觉",必然的结果也是"无为",不会产生经营行为。本文从深度访谈中发现,心理特征与经营能力之间的一致性取决于心理特征意识的强弱。如果卷烟零售户对于经营能力的意识很薄弱,那么其提高经营能力的可能性则几乎为零。根据经营能力的定义,卷烟零售户经营能力的提高与经营行为(活动)密不可分。缺少经营行为,经营能力也就无从谈起。卷烟零售户的心理和行为特征共同构成了提高其经营能力的核心内部因素。

同时,根据社会心理学,内部因素真正要起到作用,离不开外部环境因素的支持与配合。在一对一访谈中发现,在卷烟零售户高度自我认知和重视卷烟销售以及主动进行经营的前提下,零售户更迫切希望获得烟草公司的大力支持。在模型中,卷烟特性、烟草企业支持和制度技术情景三者共同构成了影响卷烟零售户经营能力的外部情境因素。而且来自外界的帮助会进一步增强卷烟零售户的心理能量和行动力。进一步研究发现,不同属性的卷烟零售户表现出不同的经营心理态度和具备不同的经营行为能力,也表达出不同的服务需要,这都直接影响经营能力的提高。

6 研究结论与讨论

本文基于扎根理论研究得出,卷烟零售户心理特征、卷烟零售户行为特征、卷烟零售户属性、卷烟特性、烟草企业支持和制度技术情景是影响卷烟零售户经营能力的主要影响因素,其中卷烟零售户心理特征包括心理意识(法律意识、经营意识、服务意识)、盈利需要、自我认知、情感态度(忠诚度、重视度、满意度、公平感)、性格特征;卷烟零售户行为特征——销售行为、守法行为、自律行为、融资行为、价格执行和互助行为;烟草企业支持——经营指导、订货服务(订货方式、订货需求、订货提示)、营销培训、专卖支持和货源供应(途径、总量、时间)；制度技术情景——烟草管理制度、奖惩制度、宣传教育和烟草销售制度；卷烟特性——品牌宽度、品牌高度、价格档次；卷烟零售户属性——经营业态、经营年限、年龄学历、从业者性质和是否党员。

本文的理论贡献主要在于：系统探索了卷烟零售户经营能力影响因素的内涵构成，界定了卷烟零售户经营能力的内部核心因素（卷烟零售户的心理和行为特征）、一般内部因素（卷烟零售户属性）和外部情境因素（卷烟特性、烟草企业支持和制度技术情景）；构建了卷烟零售户经营能力影响因素的理论模型，梳理了卷烟零售户经营能力的形成机理，提出卷烟零售户的心理和行为特征是影响经营能力的核心因素，并受到情境因素的调节作用；提出的心理和行为特征因素等丰富了卷烟零售终端建设的研究视角，其中心理特征因素中的三种心理意识、情感态度和自我认知等突破了原有仅仅基于需要的研究的藩篱；丰富了卷烟零售户行为特征的内涵。

此外，本文结论同样具有重要的管理实践价值。为有效提高卷烟零售户经营能力，实现盈利，促进烟草行业的深入发展，烟草企业制定引导政策时应考虑以下四个方面：通过多种方式加强卷烟零售户心理建设，切实改善其心理意识，增强法律意识、经营意识和服务意识，满足其盈利需求，增强其满意度和忠诚度，让其获得更充足的公平感，以及培养其积极主动的性格品质；通过多种方式加强卷烟零售户的良好行为训练、加强自律、遵纪守法、多方融资、开展互助等；烟草企业可以围绕经营、营销和订货等方面加强指导培训和提供服务支持，使得卷烟零售户的经营能力更上一层楼，提高其盈利水平；完善烟草管理制度和营销系统，设计系统化的奖惩机制，改善制度技术，提升烟草系统服务水平。

参考文献

[1]韦琪．北京烟草零售终端建设研究与思考[J]．甘肃科技纵横，2013(3)：7-10.

[2]陈道颖．长沙市烟草公司卷烟零售终端建设研究[D]．长沙：中南大学，2013.

[3]刘倩．烟台地区卷烟零售终端管理强化策略研究[D]．青岛：中国海洋大学，2105.

[4]冯波兴．泰安烟草有限公司卷烟零售终端管理策略研究[D]．济南：山东大学，2012.

[5]张杰．台州市烟草公司卷烟零售终端管理策略研究[D]．兰州：兰州理工大学，2016.

[6]杨宇．我国现代卷烟零售终端建设策略研究[D]．成都：西南财经大学，2013.

[7]曾伟平．浅谈如何推进现代卷烟零售终端建设[J]．中国市场，2016(27)：34-35.

[8]刘向红．加强现代卷烟零售终端建设的对策思考[J]．河北企业，2012(9)：55-56.

[9]江益忠；黄宏．如何推进现代卷烟零售终端建设[J]．现代经济信息，2016(27)：34-35.

[10]曹建旺．提升卷烟零售户经营能力[J]．巍山年鉴，2011：198.

[11]辜莉云．“海底捞”你学得会！卷烟零售户提高经营能力的探索[J]．广西烟草，2012(1)：64-66.

[12]Glaser B.，Strauss A.．*Time for Dying*[M]．Chicago：Aldine，1968.

[13]Strauss A，L.，Corbin J. M. *Basic of qualitative research：grounded theory procedures and techniques*[M]．Newbury Park：Sage Publications，1990.

[14]Fassinger R，E. Paradigms，Praxis，Problems and Promise：grounded theory in counseling psychology research[J]．*Journal of Counseling psychology*，2005(2)：17-21.

烟草商业企业基层单位以创新工作室为核心的“螺旋进化型”创新生态建设与应用

张帆，杨佳，张翔宇

（山东青岛烟草有限公司，山东青岛，266000）

［摘要］近年来，各行各业积极建设创新工作室，发挥其在氛围营造、技术创新等方面的作用，并产出高质量成果，为推动企业创新发展、转型升级注入了强大动力。在新形势下，烟草商业企业基层单位为提高工作效率和质量，实现高质量发展，更需要发挥创新工作室的积极作用。面对当前存在的创新工作室轻运行、少支撑，创新活动仍集中在少数骨干人员等问题，通过建设以创新工作室为核心的“螺旋进化型”创新生态，促进创新生态的宏观整体和微观个体两方面实现“螺旋进化”，进而不断改善企业创新生态，提升人员参与创新的积极性，产出覆盖全领域的高质量创新成果，为企业发展提供不竭动力。

［关键词］创新工作室；螺旋进化型；创新生态建设；目标体系；创新机制建设

1 建设以创新工作室为核心的创新生态的意义

党的十八大以来，党中央高度重视创新发展，明确提出“我们必须把创新摆在国家发展全局的核心位置。”自 2014 年全国总工会命名首批全国示范性劳模创新工作室以来，到 2017 年，全国示范性劳模和工匠人才创新工作室已达 197 家。从各行各业的反馈来看，创新工作室发挥了引领作用，产出了高质量成果，为推动企业创新发展、转型升级注入了强大动力。

近年来，随着经济形势的变化和社会舆论的影响，烟草行业面临新的压力。新形势下，国家局明确提出“让创新贯穿行业一切工作，全面激发行业发展动力”，通过创新驱动，改善优化原有工作模式，实现企业高质量发展。

随着各省市纷纷建立创新工作室，据不完全统计，其产出的创新成果明显增多，增幅约为 12％，且创新成果中约有 71％以上来自创新工作室。同时，企业的创新氛围日渐浓厚，创新生态得到改善。因此，通过建设创新工作室，发挥其弘扬精神、技术创新、人才培养等方面的作用，促进企业高质量发展，在烟草行业是可行且必要的。

对烟草商业企业基层单位而言，这也是行业工作落实和执行的重要一环。工作执行效率和工作完成质量需不断提升，以创新工作室为核心建设创新生态，可以带动更多的人员开展创新工作，输出更多、更实用的创新成果，提高工作效率和质量，对促进企业实现高质量发展是至关重要的。

2 当前基层单位创新工作室及创新生态建设中存在的主要问题

2.1 创新工作室的建设“重形式，轻内容”

当前，部分创新工作室在建设上为了更好地营造创新氛围，内容上以成果、工作经验介绍为主，过于突出展示作用，且制作的展板不便于更换，一旦工作内容发生变化，更换成本较高，虽然整体看起来较为美观，但实用性一般。

2.2 创新工作室缺乏目标体系支撑

调查发现创新工作室都结合企业特色明确了创新工作室的目标定位，但是有半数以上的创新工作室仅有较为远大、宏观的目标定位，缺少能支撑目标定位的、更为详细的中期目标、短期目标或系统的目标体系，导致工作开展时较为宽泛，缺少针对性，不足以支撑创新工作室达成长期目标定位。

2.3 创新活动参与面及成果覆盖面较窄

企业内部开展创新工作的人员，主要为少数业务骨干人员，全员参与度相对较低，创新成果也主要集中在业务骨干的强势领域，未延伸到企业全面工作中，创新生态环境需要进一步改善。

2.4 创新活动的开展缺乏机制保障

当前企业组织创新活动时，缺乏完善的机制保障，活动开展的“随机性”较强，活动开展时间不定，且具体活动形式不定。以某基层单位为例，近三年来开展了金点子搜集、改善提案提报、岗位创新等各类创新活动，但各个创新活动都是单个独立的，没有统一规范的标准，且不具有系统性和延续性。

3 以创新工作室为核心的“螺旋进化型”创新生态建设内容

为解决当前存在的主要问题，以美国质量管理专家休哈特博士提出的PDCA循环理论为原型，结合企业创新生态的特点和发展趋势，探索以创新工作室为核心的“螺旋进化型”创新生态建设体系。

创新生态的组成包括两部分：一是由创新工作个体及个体间的相互关系组成，如创新工作室日常运行制度、内训制度等，是创新生态的宏观整体；二是单个、独立的创新工作个体，如某个创新课题，就是创新生态的微观个体。

“螺旋进化型”创新生态，指的是在创新生态中，宏观整体的运行处于“螺旋进化”状态，微观个体的成长也处于“螺旋进化”状态。

以创新工作室为核心的“螺旋进化型”创新生态建设，主要包含两部分：一是实现宏观整体的“螺旋进化”，二是实现微观个体的“螺旋进化”。

3.1 实现宏观整体的“螺旋进化”

3.1.1 创新生态宏观整体的“螺旋进化”模型

该模型主要是指以创新工作室为核心，以创新生态目标体系为动力，以机制运行为具体路径，推动宏观整体实现“螺旋进化”(见图 1)。

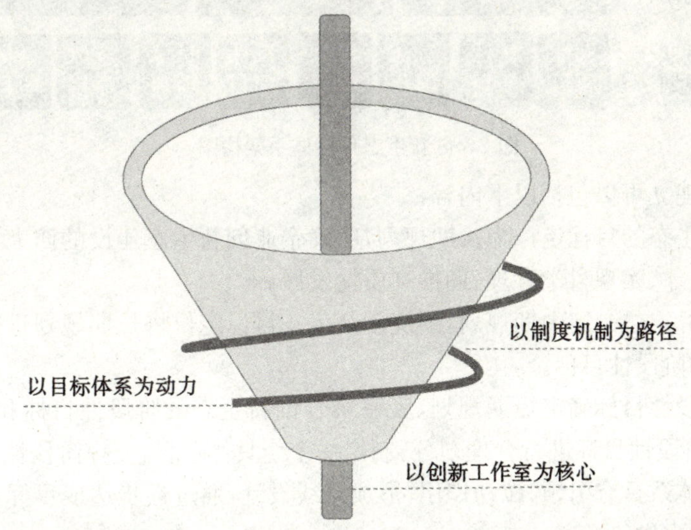

图 1 创新生态宏观整体的“螺旋进化”模型示意图

3.1.2 以创新工作室作为核心

创新生态系统自然状态是松散、自由的，只有发挥创新工作室的核心作用，才能使创新生态中的各个部分更加有效地产生相互作用。

作为核心，创新工作室具有聚集、调配、决策等功能，主要表现为以下两点：

一是集聚信息，实现问题诊断。通过信息的聚集，打破部门壁垒，将企业各类信息聚集在一起，有利于进行问题诊断。

二是调配人才，发挥“狼群效应”。普通的创新工作开展，多按业务领域划分，形成“骨干＋普通职工”的创新攻关模式，仅能发挥骨干的“头羊”效应，以解决具体业务领域为主。通过创新工作室统一调配人才，可以跨业务领域，组建“骨干＋精英”的创新攻关队伍，发挥“狼群效应”，具有更强大的攻坚克难实力，可以解决更难、更复杂的实际难题。

3.1.3 以目标体系作为动力

将创新生态的目标从长期规划到中期规划再到短期规划，通过自上而下的层层分解，建立目标体系，绘制出创新生态目标体系架构图(见图 2)。

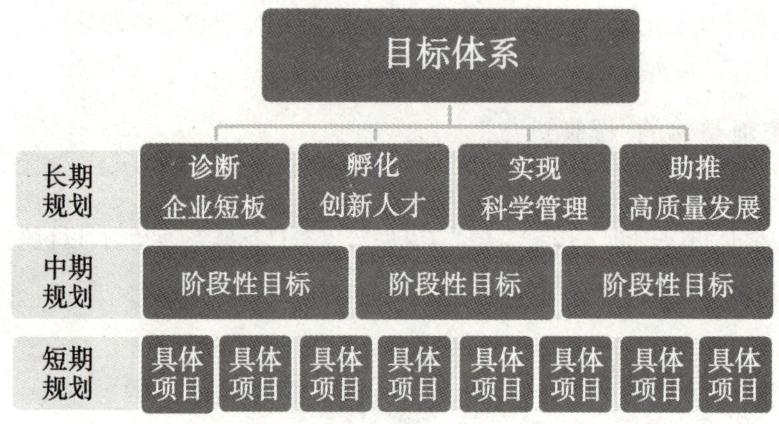

图 2　创新生态目标体系架构图

目标体系的建立可以包括以下内容：

一是以创新生态的目标定位为长期规划，明确企业创新生态建设的四大目标，诊断企业短板、孵化创新人才、实现科学管理、助推高质量发展。

二是结合目标定位制定中期规划，围绕创新生态目标定位将长期规划进行分解，分为一个个清晰、明确的阶段性目标。

三是根据阶段性目标确定短期规划，紧密结合创新生态的阶段性目标和企业创新工作的 KPI 指标，将阶段性目标进行合理划分，制定一个个具体项目，支撑阶段性目标的完成。

完善的目标体系具有引领、拉动作用，形成动线设计，通过逐步达成目标，帮助个体消减创新阻力，打造动力供给通道。

3.1.4　以机制运行作为具体路径

创新生态的各项机制运行是确保工作有效落实的具体路径。创新生态制度机制包括创新工作室日常运行机制、提升创新能力的培训机制、激发全员积极性的保障机制等。

3.1.4.1　创新工作室日常运行机制

目前，大部分创新工作室偏向于“项目制”，即有创新工作或者课题研讨的时候聚集在一起，在日常运行上缺少足够的重视。这种方式虽然能保证工作效率最高，但是很难发挥辐射作用，同时不利于创新人才的互相学习交流，因此，建立日常运行机制，明确日常工作内容并规范创新工作室的日常运行是十分必要的。

日常运行机制的建立，可借鉴华为的轮值 CEO 制度。创新工作室成员轮流担任 CEO，每人任期统一确定为一定周期。此种方式可以充分锻炼每名成员的综合组织能力，既能激发成员的工作积极性，又能提升创新工作室成员的整体素质。

3.1.4.2　提升创新能力的培训机制

为传播创新知识，促进企业创新人才的不断成长，应建立培训机制。宜采用频次高、时间短的“微课堂”培训模式，授课内容须能引发参训人员的思考或能提升具体创新技能，在授课方式上，要轻松灵活，注重互动性，可结合社会最新热点和关注点，提升授课人员兴趣。

3.1.4.3　激发全员积极性的保障机制

实施创新种子培养计划，建立全员创新积分管理制度，将创新工作分为四个维度：一是创新日常活动，参与各项创新活动、研讨，并提出有效意见、建议等；二是创新技能，创新工具与方法的掌握情况等；三是理论创新，参与行业标准制定等；四是创新课题，开展各类创新课题攻关，解决实际问题等。制定详细的积分标准，根据个人参与情况进行积分。积分结果可兑现实物或精神奖励等，以此激发全员参与积极性。

3.2 实现微观个体的“螺旋进化”

3.2.1 创新生态微观个体的“螺旋进化”五阶段

微观个体的“螺旋进化”主要可分为五个阶段，分别是学新、立项、攻关、成果、转化（见图3）。转化结束后，在新的状态下，继续学新，有可能会遇到新的问题、发现新的需要等，进入下一个循环。在这个过程中，无论是个人还是课题，都实现了“螺旋进化”。

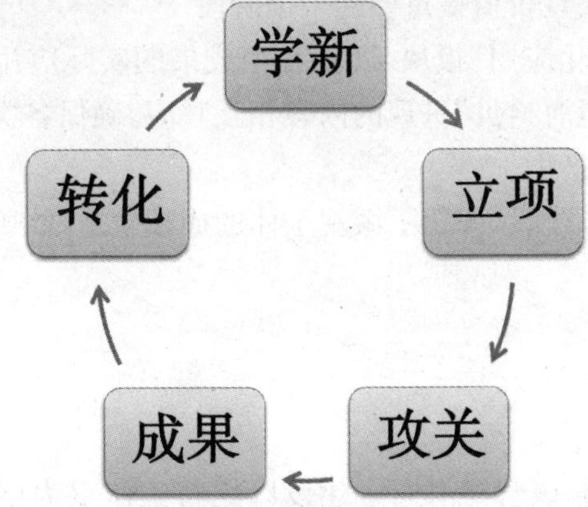

图3 创新生态微观个体的“螺旋进化”五阶段示意图

3.2.2 以创新工作室的硬件建设固化五阶段

在创新工作室建设时，根据微观个体“螺旋进化”五阶段，对创新工作室的硬件布局进行规划设计，作为微观个体成长轨道，确保微观个体在创新工作室中顺着轨道成长，可以顺利完成“螺旋进化”。

3.2.2.1 学新阶段

学新是为创新微观个体注入新内涵、指明新方向的阶段。学习的内容应主要包括：精神指引，涵盖国家、行业各级领导的重要论述及文件精神，行业内外先进的理论和言论；标杆引导，行业内外先进的经验和做法、先进的成果等。创新工作室应建设“学习灯塔”，搜集整理上述内容，便于在该阶段进行充分的学习。

3.2.2.2 立项阶段

立项是创新微观个体“生命的起源”。经历学新阶段后，微观个体掌握了一定的理论知识，需要结合实际工作和现实需求来确定立项方向。

创新工作室应打造“问题海洋”。可借助“漂流瓶”的形式向企业内部职工、上级机关或部门、工业企业、卷烟零售户及消费者采集意见建议，并将采集到的内容分类整理，悬挂在“问题海洋”中，企业职工可随时查看并自由“摘牌领题”，完成立项。

3.2.2.3 攻关阶段

攻关是微观个体成长的重要一步，该阶段需要能激发创新思维的理论和经验，也需要具有实际指导作用的具体工具和方法。

创新工作室应建设“智慧航标”,具体包括:一是能激发创新思维的创新元素;二是最新的创新案例;三是涵盖各类精益方法、工具等应用手册的创新工具箱;四是展示“演算图纸”,可借鉴知名院校共享数学难题解题过程的方式,将优秀成果的攻关思路进行共享,便于互相启发。

3.2.2.4　成果阶段

成果是微观个体成熟的标志,代表课题结题、成果固化等。

创新工作室应建设“慧海拾贝”,将专利、精益课题、QC课题等各类成果展示出来,通过一个个微观个体的成果,就能了解创新工作整体的成果。

3.2.2.5　转化阶段

转化阶段是微观个体实现价值最重要的一个阶段。

创新工作室应建立“转化应用”板块,展示各个成果的实际应用情况以及在其他领域的引用借鉴情况,与建设的“慧海拾贝”呈现的内容相互呼应,确保各类成果持续有效地落地实施,将创新力转化为现实生产力。

通过创新工作室的硬件建设,固化了微观个体的成长轨道,能确保微观个体顺着轨道成长,顺利实现“螺旋进化”。

4　运行效果

以某市SN营销部为例,该营销部通过建设以创新工作室为核心的“螺旋进化型”创新生态,分别统计运行前后12个月的相关数据进行对比发现,运行情况明显改善。

4.1　创新成果数量及质量提高

从表1可以看出,解决实际问题数量明显提升,实际统计中运行前的解决问题占比约为85.7%,运行后解决问题占比约为92.9%。创新成果数量也实现了明显提升,统计中发现运行后平均每个课题用时较之前平均缩短13%。从综合获得荣誉情况也可以得出,创新成果的质量也得到了明显提升。

表1　运行前后创新成果对比统计表

项目	解决实际问题（个）	创新成果总数（个）	获得市局荣誉成果数量（个）	获得省局及以上荣誉成果数量（个）
运行前	12	17	4	0
运行后	26	32	10	2

注:运行前后统计周期均为12个月。

4.2　创新成果覆盖企业全领域

从表2可以看出,财审领域形成了3个创新成果,实现了零的突破,企业创新成果实现了全领域覆盖。

表 2　运行前后不同领域创新成果数量对比统计表

领域	营销(个)	专卖(个)	综合(个)	财审(个)	合计(个)
运行前	7	7	3	0	17
运行后	11	11	7	3	32

注:运行前后统计周期均为 12 个月。

4.3　参与人员范围增加

从表 3 可以看出,活动开展次数、活动参与总人次以及人均参与度都明显提升,创新工作逐渐向全体员工延伸、渗透,职工参与创新工作的积极性也明显提升。

表 3　运行前后创新活动开展情况对比统计表

项目	活动开展次数(次)	活动参与总人次(人次)	月均每人参与活动次数(次)
运行前	38	602	0.85
运行后	86	1566	2.21

注:该基层单位共有在岗在职人员 59 人,运行前后统计周期均为 12 个月。

综上,烟草商业企业基层单位通过以创新工作室为核心、以创新生态目标体系为动力,助推创新生态宏观整体以机制运行为路径,实现宏观整体的“螺旋进化”,并通过创新工作室固化创新生态微观个体成长五阶段,实现微观个体的“螺旋进化”,构建出以创新工作室为核心的“螺旋进化型”创新生态。在实际运行过程中,创新成果的数量和质量明显提升,企业职工参与创新活动的热情不断提高,创新氛围日益浓厚,逐渐构建形成一个完善的企业创新生态,为企业发展提供不竭的动力。

参考文献

[1]桑学峰.数字媒体专业“工作室制”人才培养模式探索[J].大众文艺.2018(23):21-25.

[2]庄佩燕.全国职业院校助产专业技能大赛的启迪和思考[J].广东职业技术教育与研究.2019(1):76-83.

“5+3+X”二次分配绩效考核办法在卷烟物流管理工作中的研究与应用

张伟东[1]，陈晨[1,2]

（1. 山东东营烟草有限公司卷烟物流配送中心，山东东营，257091；
2. 山东东营烟草有限公司综合办公室，山东东营，257091）

［摘要］本文通过在绩效管理中引入流程思想、ECRS分析法、标准化作业（SOP）、PDCA循环等精益工具，对岗位的工作内容、性质以及完成工作所需的条件等进行研究和分析，确定绩效评价的各项要素；建立覆盖绩效计划、绩效辅导、绩效考核、绩效结果汇总与公示、绩效反馈、绩效结果应用等的完整体系，建立可操作、可沟通、可公开、可奖惩的标准化岗位绩效管理体系，促进员工更好地履行职责，从而提升企业管理水平。

［关键词］绩效考核；考核结果汇总及公示；绩效反馈；考核结果应用

1 导论

1.1 研究背景与意义

近年来，卷烟物流配送中心经过不断探索，建立了二次考核机制，现经过多年的实践完善，已相对比较成熟，指标也比较客观、量化，但对一线各岗位工作强度、难度缺乏定量分析、判刑及差异性的考核模式，不能完全客观公平地实现按劳分配。

在行业发展进入新常态的背景下，推进全员考核，以全员业绩考核为抓手，明确岗位职责，落实工作责任，细化管理标准，优化组织流程，实施精细化管理，提高企业管理水平，已成为发展的必然选择。

本文主要以市局（公司）卷烟营销、专卖管理、内部监控、降本增效、大物流建设五个关键指标为维度，通过各岗位工作强度测评，建立对工作特色、工作效率、日常工作三种模式的二次考核标准，建立根据实际情况可调节的X因素（即“5+3+X”二次分配绩效管理办法），从而客观评价物流配送中心一线员工工作质量、工作强度、职责履行情况，进一步加强绩效管理，推动物流环节绩效考核整体工作上水平。

1.2 问题与原因分析

目前，由于卷烟配送工作弹性相对较小，许多工作难以用数字来衡量，部门之间工作差异较大，考核的指标、权重设置很难把握，采用 KPI 等传统绩效考核方法难以令人信服，实施效果也不够理想。主要原因可以归为如下四方面。

(1)岗位的工作内容各不相同，难以制定使员工都认同的考评指标，考评指标很难全面客观反映工作内容及绩效。

(2)仅注重绩效考核，缺乏上下级共同参与绩效计划制订、绩效辅导沟通等环节，考核结果对员工效率提升指导性较弱。

(3)工作难以观测和量化，评价指标主观因素太多，综合评议形式往往沦为“人缘”评价。

(4)管理类部门临时性、突发性工作较多，难以事先计划和确定考核指标。

由于绩效管理是以绩效考核为支撑，并将绩效考核结果应用于绩效奖金、薪酬调整、评先树优等各方面，上述客观问题的存在，使企业对岗位的考核长期难以突破，对一线人员的工作积极性和主观能动性造成了消极的、负面的影响。

2 主要研究方法

主要研究方法是基于工作流程的绩效考核的主要思想，以企业经营目标为核心，以绩效管理为总纲，以各项工作和工作流程为基础(结合企业现有的综合标准管理体系)，以工作职责确定流程，以具体岗位为控制节点，细化岗位职责，优化工作流程，确定岗位评价指标，实现可溯追责。

本文主要按照流程梳理、分析、建立三层次考评体系的步骤展开。重点解决绩效指标提炼与考核体系建立的问题。

第一，进行流程梳理、分析和优化，准确把握各岗位的工作内容。

以综合标准体系建设为契机，多次调研所有部门，对各岗位工作流程进行梳理，经过反复核实、修正，完成所有工作流程的梳理、定义和描述。结合实际，以“流程建设年”为载体，按照“三定”标准，进行流程梳理，科学设计每个岗位的考核方法和月度考核表。在绩效指标的设定上，坚持“能量化的工作进行量化，不能量化的工作予以细化、流程化”原则，梳理、提炼岗位流程 32 项，优化流程 23 项，做到绩效考核全覆盖，使每个岗位工作管理有据、考核有依，增加评价的客观性。

第二，应用 QQTC 模型，提炼岗位绩效考核指标，解决工作量化、细化的问题。

应用 QQTC 模型，提炼岗位绩效考核指标，解决工作量化、细化的问题。本文采用“多、快、好、省”四大类指标来评价工作流程绩效，分别对应数量(Quantity)、质量(Quality)、时间(Time)、和成本(Cost)四方面的标准，即 QQTC 模型。流程绩效评价维度及标准如表 1 所示。

(1)“多”是指此流程一次产生“产出物”的数量(Quantity)。常见的数量类标准有产量、次数、频率、销售额、利润率、客户保持率等。

(2)“快”是指此流程运转一次并产生“产出物”的周期或时间(Time)。常见的时间类标准有响应速度、成果交付时间、天数、及时性、推出新产品周期、服务时间等。

(3)“好”是指此流程完成的有效性和质量(Quality)。常见的质量类标准有准确性、满意度、通过率、合格率、创新性、投诉率等。

(4)“省”是指此流程完成一次运转的成本(Cost)。常见的成本类标准有成本节约率、投资回报率、折旧率、费用控制率等。

结合实际,科学设计每个岗位的考核方法和月度考核表。在绩效指标的设定上,坚持“能量化的工作进行量化,不能量化的工作予以细化、流程化”原则,将每个岗位分为业绩KPI指标、职责履行指标、通用指标、否决指标和增值指标等五类考核指标,使每个岗位工作管理有据、考核有依,增加评价的客观性。

表1 QQTC流程绩效评价维度及标准表

序号	类别	维度	常见的评价标准	举例	考核依据
1	多(Quantity)	数量	产量、次数、频率、利润率、单车配送量等	1. 单车耗油量 2. 送货数 3. 单条分拣线分拣量 4. 装载率	1. 系统报表 2. 物管平台
2	好(Quality)	质量	准确性、满意度、通过率、合格率、创新性、投诉率等	1. 统计报表零差错 2. 服务质量投诉频次	1. 市局(公司)考核表 2. 投诉统计表
3	快(Time)	时间	响应速度、成果交付时间、天数、及时性、准时率、服务时间等	1. 每月上报报表 2. 到户刷卡及时、准确率 3. 文件、通知传达及时率	1. 发布文件 2. 相关查询系统
4	省(Cost)	成本	成本节约率、单箱物流费用、折旧率、费用控制率等	1. 三项费用率 2. 物流费用利润率	财务统计表

第三,建立三层次考评体系,增加绩效反馈等内容,解决临时性工作、沟通不畅等问题。

3 绩效考核的实施过程

从过程上看,绩效考核办法涵盖了绩效考核、考核结果汇总及公示、绩效反馈、考核结果应用四个环节。

3.1 绩效考核

绩效考核主要分为工作特色考核及工作效率考核。

3.1.1 工作特色考核

工作特色考核主要指在市局(公司)下发《各县区局(营销部)月度考核得分汇总表》后,由市局(公司)考核得分分析小组按照汇总表出具《卷烟物流配送中心月度考核分析》,明确市局(公司)考核内加(扣)分项对应部门(个人),作为兑现市局(公司)考核依据。

当市局(公司)对配送中心考核的扣(加)分无法确认部门及个人工作失误时,由配送中心全员分配兑现。当扣(加)分可以确认部门及个人工作失误时,计算方式如下:

A:代表市局(公司)当月兑现卷烟物流配送中心绩效工资总额。

B:代表当月绩效考核系数。

C:代表绩效考核权重(150)。

D:代表扣分兑现权重(3%)。

E:代表加分兑现权重(5%)。

F:代表 A÷B=按绩效考核系数为 1 时所应兑现绩效工资总额。

G:代表 F÷C=按 150 考核权重后折算的 1 分兑现绩效工资数。

H:代表 G×D 考核扣分兑现绩效钱数,兑现到个人,此部分划回卷烟物流配送中心绩效工资总额内。

I:代表 G×E 考核加分兑现绩效钱数,兑现到个人,部分不划回卷烟物流配送中心绩效工资总额内。

J:代表实际用于卷烟物流配送中心二次绩效考核兑现的总额,即 A－I。

举例:

以工资总额 25 万元、当月绩效考核系数 0.98 为例;

A:250000 元。

B:0.98。

F:255102 元。

D:代表扣分兑现权重 3%,2 人承担。

E:代表加分兑现权重 5%,1 人承担。

G:255102 元÷150=1701 元。

H:1701 元×3%÷2=51 元,及每人扣 51 元。

I:1701 元×5%÷1=85 元,及每人奖 85 元。

J: 代表实际用于卷烟物流配送中心二次考核兑现的总额,即 A－I,250000 元－85 元=249915 元。

以本考核方法出现的问题是,一般加分项分解到每月,精益创新课题,一般参加人数较多,每月分配金额较少。建议考核分数每月统计,全年计算员工二次考核分配分数,成为年底考核重要依据。

3.1.2 工作效率考核

工作效率考核指各部门根据岗位标准、工作难易程度,设定分数或系数,以达到多劳多得的目的。

3.1.2.1 储配部考核标准

A. 员工考核系数标准

a. 分拣员绩效系数标准。分拣员根据作业工位及劳动强度确定 4 个工位,工位绩效系数如下:

班组长:1.04(1 人)。

拣烟工位:1.02(2 人)。

补货工位:0.98(2 人)。

贴票工位:0.98 (2 人)。

修正系数：根据岗位操作数量及岗位熟练度修正，每月进行拣烟、补货、贴票岗位的岗位竞赛，确定各岗位平均熟练度，根据拣烟工位拣取卷烟所需时间，补货岗位补货时间，贴票岗位准确率，将三项相加得分前5位最高者修正系数为0.02/每天。

b. 保管员绩效系数标准。

班组长：1.02(1人)。

保管员绩效系数标准：0.99(2人)。

c. 装卸工绩效系数标准。

班组长：1.02(1人)。

装卸工绩效系数标准：0.99(2人)。

B：考核方法

a. 分拣员考核方法。每月按日计算分拣员在各工位作业天数。

b. 装卸工考核方法。每月装卸工按照2分/人作为工作效率考核分配基数。车上作业占60%，车下作业占40%，车上作业按500件/人轮换。月底统算分配。

c. 保管员考核方法。保管员考核按《物流配送中心绩效考核细则》执行。

d. 现场管理。仓储分拣部全体人员根据现场管理日检表进行计算，每月考核全优者加1分。

3.1.2.2　送货部管理标准

A. 考核对象

以配送车辆为单位，按照以下标准考核驾驶员、送货员(即送货员、驾驶员得分一致)。

B. 影响因素

送货里程、送货户数、送货数量。

C. 测算依据

以每日送货里程、送货户数、送货数量的平均数为依据，高于平均数、低于平均数的按照测算标准计算(其中高于平均数的得分无上限)。

D. 分值设置

基本分：70分。安排轮休、年休假人员工作效率得基本分70分。请假人员工作效率得0分。

送货里程基本分：10分。

送货户数基本分：10分。

送货数量基本分：10分。

E. 测算标准

a. 送货里程、送货户数、送货数量三个指标达到平均数的，每项得基本分10分。

b. 高于平均数部分加分标准：

送货里程：每高出平均数20 km按照加1分测算。具体测算公式：高出平局数公里数÷20 km×1分。

因东营区道况特殊，人流密集，每天多加3分。

送货户数：每高出平均数5户按照加1.5分测算。具体测算公式：高出平局数户数÷5户×1.5分。

除批量扣款成功户外，每一现金户均按 1.5 户计算.

送货数量：每高出平均数 300 条按照加 1.5 分测算。具体测算公式：高出平局数送货量÷300 条×1.5 分。

c. 低于平均数部分得分标准：

送货里程：实际里程÷平均里程×基本分 10 分。

送货户数：实际户数÷平均户数×基本分 10 分。

送货数量：实际送货量÷平均送货量×基本分 10 分。

F. 月度绩效得分

每月工作效率＝每天工作效率总和÷每月工作日。

G. 奖励标准

驾驶员、送货员各奖励前八名。统算各配送区域每月工作效率，按照名次进行加分，第一名加 2 分，第二名加 1.9 分……第八名加 1.3 分。每分奖励 100 元。

3.2 考核结果汇总及公示

在考核期结束后第 6 个工作日，考核管理员编制《卷烟物流配送中心月度考核成绩汇总表》，并在卷烟物流配送中心范围内公布考核结果。

3.3 绩效反馈

3.3.1 绩效面谈

考核结果公布 3 个工作日内，考核者与被考核者进行绩效面谈，并填写《绩效面谈记录表》。面谈内容包括：被考核者的综合表现；被考核者的优点、成绩及有待改进的方面；共同制订有效、合理的改进计划；下期考核目标等。面谈结束，双方在《绩效面谈记录表》上签字确认。

3.3.2 绩效申诉与处理

如对考核结果有异议，被考核人可填写《绩效考核申诉表》，向卷烟物流配送中心绩效考核领导小组或考核办申诉。考核办组织调查，明确处理意见，与申诉人进行沟通，反馈结果。如需修正考核结果，由考核办组织实施。

3.4 考核结果应用

考核结果的用途主要体现在薪酬分配、评先树优、职务升降、员工培训等方面。岗位绩效考核结果作为员工月度绩效工资的核定依据。综合部根据部门绩效考核结果核定并下达各部门工资总额，各部门根据每名员工的岗位绩效考核结果进行二次分配，并将二次分配结果反馈回综合部，人事劳资员统一进行工资发放。

如员工因个人违纪违法等原因导致被扣分，但其所在部门未因此同时被扣分的，本人所扣分值对应的绩效工资额度应从本部绩效工资总额中绝对扣除，且由本人全部承担，不影响部门其他人员。在年度考核及评选年度先进个人等荣誉时，将月度绩效考核评定结果获得“优秀”等级的次数(如本年度内月度考核等级获“优秀”等级五次以上)纳入前提条件。

4 成效分析

“5＋3＋X”二次分配绩效管理的研究与应用经过实施运行，在实践中取得了良好的效果。

4.1 构建起可操作、可沟通、可公开、可奖惩岗位绩效管理体系

本文通过深入一线员工调查，了解对方诉求及工作管理中存在的问题，通过自下而上的方式对考核管理进行优化，在考核执行过程中更有说服力；将经营目标及上级考核指标传导到部门和岗位，形成自上而下、自外而内的持续改进提升机制，激发了部门和员工履职尽责、自我管理提升的内在动力；在工作流程分析基础上，提炼形成岗位工作标准和岗位绩效评价指标体系，实施岗位绩效考核办法，规范了一线员工管理，为后续的激励制度安排和员工心理平衡奠定了坚实基础，人力资源配置进一步优化，队伍活力进一步增强。

4.2 解决了考核难以量化难题，提升了岗位精益管理水平

通过在绩效管理中引入流程思想，初步解决了各部门的绩效考核指标难以观测和量化的难题，使员工更加明确岗位职责、工作流程和工作标准，促使员工能够自觉按岗位规范和业务标准工作，提升了工作效率和工作质量；同时作为日常管理的重要工具，能够督促各部门负责人落实对员工进行业务指导、沟通辅导、管理监督等责任，促进绩效反馈和绩效改进落到实处。

4.3 推进了业务管控能力的持续提升

在主要工作上，2018年物流费用下降1.6%。其中，配送费用下降15.8%，分拣费用下降2.3%。在线路优化上，出动送货车辆台次同比下降7.3%；单车日均配送户数80户以上，同比增加1户；月均装载率达到87.7%，同比增加3.7个百分点。卷烟平均装卸效率提高到720件/小时，增幅24.14%；平均备货出库时间缩减到35分钟，下降63.16%；卷烟装卸人员减少1人，累计节约成本约27.43万元。

4.4 企业整体管理水平显著提升，基础管理工作得到了强化

在市局(公司)2018年各直属单位考核中，卷烟物流配送中心得分位于7个直属单位第一名，分数占比26.78%。

5 结语

随着现代物流工作的高速发展，结合卷烟物流配送管理工作的实际，需要改变传统的考核方式，通过多维度、多方式的考核管理机制，使考核管理工作渗透到员工的岗位职责中、工作流程中、上级要求中，充分发挥考核管理的导向作用，激发员工的积极性，提升企业的管理水平，实现内部控制与降本增效的目标。

参考文献

[1]李冠男．R 城烟草员工考核评价体系构建研究[D]. 成都：四川师范大学，2017.

[2]周金亭．新形势下企业绩效考核评价体系的构建[J]. 企业文化旬刊，2016(3)：179-186.

[3]程娓娟．企业对员工考核评价体系的构建研究——以烟草企业为例[N/OL]. 2018-10-19，http://kns. cnki. net/kcms/detail/10. 1337. f. 20181018. 1458. 052. html.

浅谈烟草基层商业企业科技成果转化管理

席元肖，杜传印，王德权，方敏，刘春菊，王玉华

（山东潍坊烟草有限公司，山东潍坊，261205）

［摘要］科技成果转化为现实生产力才能推动社会经济的发展。当前，烟草基层企业科技成果转化率偏低，本文分析了影响企业科技成果转化的可转化度低、共享不充分、经费保障不完善、转化机制不健全、科技人员积极性不高等因素，提出了增强转化意识、提高创新能力、搭建共享平台、加大资金投入、完善转化机制、完善激励机制等对策建议。

［关键词］科技成果转化；产业化；问题；对策

科技成果转化是实施创新驱动发展战略的有机组成部分，对于推动科技与经济紧密结合、加快产业转型升级、激发创新活力具有重大意义[1]。科技成果转化是为提高生产力水平而对科学研究与技术开发所产生的、具有实用价值的科技成果所进行的后续试验、开发、应用推广直至形成新产品、新工艺、新材料，以及发展新产业等活动[2]。加快科技成果转化，促进科技与经济结合，始终是科技发展的主攻方向。党的十九大报告提出，创新是引领发展的第一动力，科技成果必须转化为现实生产力和竞争力，才能推动社会经济的发展[3,4]，如何将创新成果转化为现实生产力，是我们亟须解决的问题。

1　科技成果转化现状

我国的科技成果转化与发达国家相比还存在不小的差距，整体转化率仅为25％左右，远低于发达国家，实际最终产业化的不足5％[3]，技术进步对经济增长的贡献率仅为29％[5]。虽科研经费投入逐年加大，但科技投入的产出并不高，成果转化的投入比例过低，发达国家科学研究∶成果转化∶工业化生产三个阶段的投入比例为1∶10∶100，我国为1∶0.1∶100，经常看到好技术找不到实施的主体。科技成果转化是一个多方参与的复杂过程，受转化主体情况和转化所处环境等多种因素的影响[2,6]，一般包括科技研究开发、科技成果的后续试验和推广、科技成果的产业化这三个阶段。企业是技术创新的第一实施主体[5]。烟草基层企业每年产出大量创新成果，可转化数量很少，科技产出效益不明显。烟草企业由于行业的特殊性，即是创新的主体，也是转化的主体，如何提高成果转化率成为亟待解决的问题。

2 存在问题

2.1 科技成果可转化度低

科研方向与市场需求脱钩，可转化度低，大部分立项科研项目多考虑科技前沿，缺乏问题导向和市场意识。另外，企业内部将科技人员承担的项目个数作为评定职称的重要标准，将授权专利及发表论文作为另一个重要标准，而不能将科研成果能否产业化，产业化带来多少效益作为评价标准[7]，致使为创新而创新。创新成果与实际脱节问题普遍存在，盲目追求数量，科研成果水平不高，中文核心期刊发表数量少，科技研发不适应企业发展需求，供需矛盾较大，不能较好地深度融合，自主创新能力低，缺乏有效集成，能转化为现实生产力的科技成果数量少。

2.2 科技成果共享不充分

当前，烟草基层商业企业在育苗、移栽、烘烤、收购、专卖监管、营销系统、企业管理等方面开展了大量研究，每年承担上级单位和自立项目 30 项左右，但企业内部和烟草企业之间重复研究的现象存在，科技人员对于行业的研究现状不清楚，企业内部不同基层单位之间缺乏沟通交流，前人研究成果不能得到充分共享，在一定程度上造成了人、财、物浪费。

2.3 经费保障不完善

目前，科技成果转化经费是制约该项工作推进的瓶颈问题。企业内部对科研经费的管理采用“俄罗斯套娃”的行政管理模式，而对于非科技项目产生的科研经费，行业内尚没有统一的规定，企业内部也没有明确规定如何列支，科技人员“巧妇难为无米之炊”。目前，企业内部成果转化经费主要是通过两种方式解决的：一是固定资产通过列入采购计划购买，二是占用单位办公费。无论是哪一种列支方式，都在一定程度上阻碍了成果的转化。

2.4 转化机制不健全

目前，烟草基层企业大部分没有建立转化制度，缺乏专门机构和人员来进行科技成果转化的组织、管理和跟踪，即科技成果转化推广主体不明确，“什么水平的成果适合推广、怎么推广、推广前景如何、谁来评价推广的效果、成果推广后产生的效益如何分配”这些问题尚不能解决。

2.5 科技人员积极性不高

员工创新的积极性和主动性不强，科技成果转化意识薄弱。科研人员的转化意愿不强，企业在科技成果转化过程中过多追求实际效益，忽视了对科技人员的尊重，取得效益后，也没有给研究人员相应的奖励，对参与研究人员和转化人员分配不公平，大大降低了科技人员的积极性，不利于成果转化。

3 对策措施

3.1 增强转化意识

通过开展各类培训，转变科研人员思想。科研人员作为科技成果向现实生产力转化的重要力量，引导其树立“成果转化应成为科研成果的终极目标”的意识[8]，摒弃过去搞科研就是为了提高学术水平、发表论文、授权专利的固有模式，改变现在的“重水平、轻效益”的观念，树立科研技术就是经济效益的价值观。在科技项目立项、结题时，将能否转化作为重要的成果评价标准。改革职称评定标准，对于从事基础研究的人员，将专利、论文、成果水平作为重要的评价标准；对于从事应用研究的人员，将科研成果能否产业化、产业化带来多少经济效益作为重要的评价标准。

3.2 提高创新能力

企业应该成为也能够成为创新的主体，只有成为创新主体才能跟上发展的浪潮。著名的管理学大师彼得德鲁克说过：“一个企业只有不断创新，才能成为领域里的标杆，只有不断创新，才能获得长远的发展”。作为烟草基层企业，与市场衔接最紧密的组织，要以问题和需求为导向，以重大专项和重点项目为引领，以解决影响企业发展的瓶颈性难题为突破点，在烟草农业、专卖管理、卷烟营销等领域组织实施一批技术含量高的科技项目，由数量向质量转变，提升自主创新能力，提高科技成果产出与供给能力，逐步实现科技成果产业化。

3.3 搭建共享平台

梳理近年来企业内外取得的创新成果，在企业内部搭建共享平台，“酒香也怕巷子深”，通过成果展示，打通研究人员和转化人员的连接纽带，研究人员充分发挥技术优势，转化人员发挥与市场接轨的优势。此外，引导科技人员充分利用中国知网、中国烟草科教网文献数据库了解科技前沿和研究现状，积极引进企业外创新成果，加以集成，降低重复研究率，节约人力、物力、财力。

3.4 加大资金投入

根据国家行业上级政策，研究制定企业科技成果转化经费管理办法，对于不能通过科技项目立项形式开展成果推广产生的费用，明确列支渠道，设立转化基金，赋予科技人员一定的自主权，敢于投入，提高风险承受能力，解除科技人员转化费用无法列支的后顾之忧，真正做到让经费为人服务。

3.5 完善转化机制

好的制度能促进技术创新，技术创新的私人收益将随着产业的成长而增加[9]。科技成果转化制度是企业应用的综合内驱动力量，是转化生产力的因素。烟草基层企业要落实《中华人民共和国促进科技成果转化法》和国务院实施促进科技成果转化法的若干规定，研究制订科技成果转化管理办法，明确推广责任主体、推广时限，完善成果评价机制，建立健全分类科学和动态调整的评价指标体系，解决成果转化中的操作瓶颈问题。对于项目类成果推广，通过立项形式对转化应用进行管理和评价，促进科技成果落地应用，切实将成果与工作深度融合，加快从研发成果到高附加值成果产出转型的坚实步伐。

3.6 完善激励机制

利益分配是激励机制的核心内容，需要建立公正的分配制度和评价制度。在科技成果转化的过程中，参与各方都会从自身利益来考虑问题，只有分配公平了，才能充分调动参与研究者和参与成果转化人员的积极性，激发研究人员的内在创新动力，增强参与成果转化人员的信心。评价制度主要是对参与研究和转化人员作出公正的评判，为职称评定提供依据。

4 结束语

科技成果转化与推广是科技工作的重要组成部分，高质量的成果不能走向产业化会造成极大的资源浪费，对于企业、行业乃至国家，科技成果转化工作任重而道远。党的十九大报告强调要深入实施创新驱动发展战略，企业作为国家创新的一个主体，要逐步摸索科技成果转化模式，为建设创新型国家做出自己的贡献。

参考文献

[1]谷晓华. 科技成果转化的现状、问题分析及对策研究[J]. 海峡管理，2016(8)：58-61.

[2]董超. 基于过程分析的科技成果转化激励机制研究[J]. 现代情报，2014，34(7)：166-170.

[3]胡罡. 地方研究院、高校科技成果转化模式新探索[J]. 研究与发展管理，2014，26(3)：122-128.

[4]汪志波. 烟草科技成果转化的影响因素及对策建议[J]. 中国烟草学报，2015，21(5)：85-90.

[5]张江. 国有企业科技成果转化及产业化中存在问题的浅析[J]. 商场现代化，2007(1)：259-260.

[6]张慧颖. 科技成果转化影响因素的模糊认知研究——基于创新扩散视角[J]. 科学学与科学技术管理，2013，34(5)：28-35.

[7]王红柳. 企业科技成果转化的问题分析与对策研究[J]. 商场现代化，2007(7)：25-27.

[8]邓小朱. 科技成果转化制度与企业协同度研究[J]. 科研管理 2016，37(4)：116-125.

[9]张武军. 新常态下科技成果转化政策支撑与法律保障研究[J]. 科技进步与对策 2016，33(3)：109-112.

地市级烟草商业企业流程建设初探

高强，高鹏程，韩传友，李岩

（山东临沂烟草有限公司，山东临沂，276000）

［摘要］流程建设作为精益管理的核心和基础，其存在的目的就在于使每一项常规工作都具体可行、可视，通过规范先后环节、衔接节点、责任归属等内容，解决职责不清、衔接不畅、部门壁垒等问题，从而更好地服务于整体目标。通过定期查找流程执行过程中存在的问题及原因并及时反馈，对流程内容和流程管理机制进行优化完善，逐步实现流程管理的良性运行。

［关键词］地市级；商业企业；流程建设

1 引言

流程是指流程事项的活动流向顺序，通常以流程图来展现。流程建设则是对流程的系统梳理与优化整合。它以工作职责为依据，坚持自下而上与自上而下相结合，是一个通过全员参与来梳理工作事项、优化整合流程节点、找准关键节点、建立流程文件、完善工作标准的持续改进过程。

2 抓好流程建设工作中存在的关键难点问题

当前在推进流程建设工作的过程中，存在方方面面的问题，如流程建设目的不明确、流程建设顶层设计不合理等问题。下面，对流程建设顶层设计不合理的关键难点问题进行分析。

2.1 为流程而流程

在一开始实施流程建设的时候，大家对流程建设非常感兴趣，可谓“张口闭口皆是流程建设”，甚至是对所有的相关工作都进行了流程建设，盲目的求大求全，使流程建设变成了一种泛化，或者说是对流程建设没有带有目的地去建设、去设计，没有思考通过建设流程到底能产生什么样价值。如果通过流程建设仅仅就是得到一个文件化的描述文件，那这样的流程不做也罢。有没有文件化，流程都在那里运作，为何一定要强求文件化呢。而且为流程而流程，最后得到的流程文件的可操作性不强，实际操作起来难度也较大，关键还是流程建设过程没有进行有效控制，这也就是为何大张旗鼓地做流程建设，最后又把流程束之高阁的根本原因所在。

2.2 没有以问题为导向

流程建设的目的是提高精细化管理受控程度、提高资源配置效率和工作效益的重要手段，然而在流程建设的过程中，没有形成以“结果倒逼流程节点”来进行流程建设，只是盲目地追求流程建设，仅仅是为了解决问题而解决问题，缺乏前瞻性和整体性，导致流程管理工作事倍功半，即没有坚持以核心问题为导向进行流程梳理、流程建设，没有找准管理提升、提质增效的切入点和着力点，因此无法对症下药，导致流程建设所解决的问题是领导并不关心的，没有找到一条符合烟草行业实际的流程建设之路。

3 针对流程建设顶层设计的不合理提出解决方案

3.1 抓宣贯培训

采取分类培训，让领导层、管理层率先掌握流程建设的基本原理方法，科学地对流程建设提出指导性意见，要求领导层、管理层必须达成统一的认识，对流程建设工作必须大力支持。领导重视，是工作流程得以优化和优化后得以执行的重要组织保障，尤其是“一把手”，如果“一把手”高度重视、亲自参与，流程建设就会取得实实在在的效果。反之，流程建设就会缺乏企业发展战略层面的依据和支撑，在高度上上不去、在深度上难落实。当然，领导重视仅是其中的一个重要方面，同时让执行层将流程建设的原理方法同自身业务进行深度融合，在正确理解和认识企业目标的基础上，深入查找管理短板和瓶颈，科学进行流程建设，使他们成为流程建设的行家里手，通过增强员工的归属感，给企业增添凝聚力。

坚持“以我为主、全员参与、写我应做、做我所写”，通过全面梳理、优化业务流程和管理流程，通过触及到所有领域，形成全员参与流程建设的良好氛围。

3.2 抓过程控制

具体有三个方面的体现：一是通过现场验证来反映流程所暴露的问题，不要抽象和美化流程。为了让流程描述贴近业务实际，需要带着笔和纸、照相机、录像机到现场去，一个动作一个动作去跟，这样才可能发现问题、分析问题、解决问题，从而达到业务改进。我们要的是“现场实录”版本的流程描述，而不是几个参与流程建设人员在办公室里想象出来的、抽象美化过的简洁流程。二是不要流水账流程，通过使流程多一些维度和属性信息，集成各管理体系的要求。例如，在流程建设过程中，要以流程建设为基础，通过整合管理资源，实现质量管理体系、职业健康安全管理体系、企业标准体系“三标合一”，进一步构建系统完善、实用好用的综合管理体系。三是跳出流程来认识流程，“见木也见林”。从自身流程总图出发来思考一个具体流程的描述，通过不断分析制作的流程在企业整体流程中的位置以及同其他流程的接口问题，实现在流程建设的过程中落实企业战略的要求，明晰核心业务，展现出每个流程上的跨部门、跨岗位的协同全貌和工作走向，集成各管理体系要求和最佳实践，落实到具体的流程活动，为企业所有从业人员提供一套统一的工作指引。

3.3 抓落地执行

流程文件落地执行是全员参与的。为确保全员参与，要求流程文件规定每个流程人在流程中的角色定位和流程的执行标准，即要对流程节点的执行标准精细化，每个人都能做到尊重和遵守流程，同时要定期组织对流程文件进行优化提炼、回顾，纵向上实现职能流程层级清晰，实现端到端的流程无缝衔接、接口平滑，横向上实现跨部门协调高效运行，整个流程上的人员都要充分履行自己的职责，以流程目标的实现为核心、为关注重点，确保共同目标的实现。

流程建设不接地气的原因之一是流程建设没有完全实现“从业务中来，到业务中去”。究其原因，体系是基础、是平台，从这个意义上来说，只有体系落地了，流程建设才能真正落地。具体来说，一是做好“面”上的工作，临沂已经实现了“三标合一”，下一步要围绕以流程为载体，进一步完善质量管理体系、职业安全健康体系和标准化建设“三标合一”为核心内容的综合管理这个“面”，真正实现体系落地，真正发挥作用。组织开展“管理诊断基层行”活动，组织内审员、内训师等专业精干力量，结合质量管理体系内审、标准化文件监督检查，解决流程建设与实际工作“两张皮”的问题，把“三标合一”的标准要求体现、落实到流程中。二是做好“线”上的工作。以职能管理向流程管理的转变为主线，结合当前准备召开的精益基层服务站现场会，先做好基层服务站、烟站的流程梳理优化，然后由下溯上，再做好县区流程的梳理优化，最后对接梳理市局(公司)业务流程。在这个过程中，发挥信息化的创新驱动作用，提高业务流程和控制活动上线水平。三是做好“点”上的工作。结合流程的梳理优化，找准改进的“靶点”，健全完善对标指标体系，探索实施分层分类对标。利用精益工具梳理出问题点，梳理、解决一批痛点、难点、堵点，聚焦问题症结，抓短板、求突破，上水平、争一流。

3.4 抓考核督导

为确保流程建设有效执行，制定市局(公司)《流程建设专项考核办法》，用于对全员进行考核，考核内容为将流程规划、梳理、应用情况及目标完成情况等方面赋予不同的分值进行积分，并定期排名通报，将结果作为绩效考核的重要内容，并通过评先评优、集体表彰等形式给予精神奖励，提高流程建设的积极性和有效性；同时采取不定时随机抽查的形式，直接深入基层一线，看是否领会了流程建设的核心思想，是否掌握了流程管理的方法，判断流程建设是否流于形式，并将结果纳入绩效考核，确保基层一线员工熟练掌握应用流程管理方法和工具，确保流程建设发挥实效。此外，通过 k 点考核每一个流程人，使得每个流程人对流程的目标负有责任，只有这样，流程文件才能实现有效执行。

参考文献

[1]陈晶晶．大型国有制造企业的业务流程体系建设研究：以 A 企业为例[D]．长春：吉林大学，2013.

[2]李松，高娜．工作流管理系统用于企业业务流程再造的探讨[J]．现代情报，2005(12)：164-166.

构建流程落地执行 ATE 模式的思考

刘洋，殷超，袁海超，赵仪，王臣立

（山东聊城烟草有限公司临清营销部，山东聊城，252600）

[摘要] 本文从流程建设的意义、流程执行不力的原因对策、流程执行的标准化管理模式三个方面，对构建流程落地执行 ATE 模式进行了系统阐述，提出流程落地执行是流程建设和流程管理的价值所在。ATE 模式是流程落地执行的保障支撑措施，是在流程运行、流程考核、流程优化三个层面探索构建的流程落地执行标准化管理模式。

[关键词] 流程建设；落地执行；ATE 模式；标准化管理

当前，山东烟草系统把流程建设纳入了“一把手工程”，全力推进流程建设，虽然很多基层烟草企业花大力气做了许多流程建设和优化工作，也形成了厚厚的工作手册，然而流程制度在落地过程中却成为一纸空谈，甚至连流程的制定者都不去遵守，使得流程成为一个摆设，过去怎么做现在还是怎么做。如果流程不能执行、不能落地，就会影响整体工作成效。因此，让流程发挥作用的前提就是流程能够被充分有效地执行。

1 流程落地执行对烟草企业的价值

1.1 流程建设的意义

对于流程，《牛津字典》的定义为：流程是指一个或一系列、连续有规律的行动，这些行动以确定的方式发生或执行，导致特定结果的实现。在实际的管理中，流程是多个人员、多个活动有序的组合，是企业价值的体现。从基层单位角度来讲，流程建设就是工作流程、业务流程和规章制度的建设，是促进各种管理体系真正落地的有力抓手，是使企业获得效益最大化、竞争力最大化的一种管理方法。

1.2 流程落地执行的概念

流程落地执行，简单来说就是将流程进行推进和执行。笔者认为，企业保持长久有效的执行力最终体现在流程的执行力上，流程的落地执行要着眼于人员、制度、策略、工具四个层面。

1.3 流程落地执行的价值意义

2018年全省管理创新会上明确指出：在投入的功夫上，编好流程只占10%，落地用好流程占90%。流程能否落地执行，决定了企业精细化管理是否成功，流程不落地则流程建设只能算是“空中楼阁”，毫无意义和价值。

1.3.1 流程落地执行可以推动实现规范管理

企业通过管理来增加效益的理论与方法有很多，它们都能在企业的各个方面，不同程度地指导企业，在规范企业管理与创造效益方面发挥积极的作用[1]。流程落地执行可以助力企业实现规范管理，避免人的主观随意性。同时，流程落地执行可以减少不必要的时间浪费，减少重复劳动，从而提高效率。

1.3.2 流程落地执行可以实现过程监督

流程本身就是工作的过程，是具体的工作步骤。流程落地执行可有效实现分权，将企业各级管理者手中所集中的权力进行分散，将过去以人管事的纵向管理模式转变为上一个节点服务下一个节点、下一个节点监督上一个节点的横向管理模式，既能实现权力监督，避免暗箱操作，又可实现过程监督，避免有始无终。

1.3.3 流程落地执行可以提升企业执行效能

企业所有的问题都可以归结于员工缺乏执行力。但是，缺乏执行力的原因多种多样，并不能仅归结为员工的素质不齐。一套健全的内部流程管理制度体系能规范企业经营管理活动，提高管理效率效益，从而促进企业持续健康运营[2]。如果企业能够抓好流程落地，就为员工提供了明确的执行标准，使员工都能按照最优路径成长为最职业化的员工，从而减少不必要的浪费，大大提升企业各项决策部署的执行效率和执行效果。

2 流程执行不力的常见原因与对策

分析流程执行不畅的原因是为了寻求对策，提高流程执行力[3]。笔者结合流程建设工作相关实践，系统分析了流程执行不力的原因，主要有不懂、不能、不愿等三大方面。

2.1 不懂的问题、原因和对策

不懂，即流程执行者对流程不知道、不了解、不掌握，如表1所示。

表 1　不懂的问题、原因和对策

序号	问题表现	原因	对策
1	沟通不到位：流程编写前，各关联岗位人员没有进行充分有效的沟通，在定位岗位职责时，意见表达不充分	心里没底，担心被嘲笑或批评	沟通期间应当参考头脑风暴使用要求；上司没有指导不作批评，没有实践不作点评
2		下属觉得合理，担心被拒绝或否定	每个关联人员表达观点时，应先了解实际情况；对于合理建议适当采纳，对于不合理建议恰当引导，并作出客观解释
3	参与不到位：不知道有流程	流程编写过程中，存在以“全岗位”代替“全员”的情况；存在以相关的某一个流程代替全部涉及流程的情况	流程编写过程中，要做到全员编写、全员参与，确保全员对全部涉及流程的编写、评审、优化等要点真正理解、达成共识，为流程落地奠定基础
4	宣贯不到位：不知道流程如何执行	流程发布后，宣贯培训流于形式，不具有实效性和指导性	必须对所有流程参与者进行具体的培训和宣导；用浅显易懂的方式（模拟执行、制作影音文件、SOP 等）对大规模重复的流程分析、解读，让使用者掌握并可以标准化地执行

2.2　不能的问题、原因和对策

流程的标准化和合理性是流程能否被有效执行的前提。不能执行，即因流程本身存在不实用、不好用、不管理等问题，使流程执行者无法流畅的操作流程，根源是流程与实际业务脱离，执行十分困难，如表 2 所示。

表 2　不能的问题、原因和对策

序号	问题表现	原因	对策
1	流程不合理，难以执行	在制定流程的过程中，没有进行充分的论证，导致流程本身不合理	落实流程责任人及需承担职责
2		在业务发生变化后，没有及时对流程进行优化调整，导致流程和业务“两张皮”，不具有指导性和可操作性	建立流程执行考核制度，明确主导推动执行部门，及时对流程进行优化调整

2.3 不愿的问题、原因和对策

不愿的问题、原因和对策如表 3 所示。

表 3 不愿的问题、原因和对策

序号	问题表现	原因	对策
1	执行过程困难重重	流程在执行和推进的过程中，得不到上级的重视，或者因为各种顾虑，领导层并不给予足够的支持	领导层发挥表率作用，带头执行流程规定的职责
2	既有习惯阻力强大	由于“惯性”作怪，公司员工不愿意改变现状，也怕改变现状，对新流程的执行充满抵触心理，配合不力，造成流程执行的过程中效率低下	建立基于流程节点设置合理化的“乐捐”制度；定期开展流程优化，确保流程设计合理；强化培训和宣贯，让员工熟悉流程职责条款，引导员工养成遵守流程职责条款的习惯，打造流程执行文化
3	推进手段简单粗暴	在推进执行的过程中，没有配合相应的制度、安排相应的人来具体操作和实施，或者只是将推进置于外部，而非深入人心	在推进新流程的时候，必须要有培训和宣贯，而且要定期进行，来帮助员工认识这种新文化和新流程表层和深层的含义，最终实现认同；要有专门的主导机构去推动流程的执行
4	绩效考核标准不明	企业往往在推进流程的过程中，不启用绩效考核标准，缺少衡量参与流程推进和执行的企业标准，员工的积极性难以有效调动	设置流程专项考核指标，如“节点职责执行率”，明确专门主导机构进行主导考核，通过“奖罚分明”的考核措施，调动员工参与流程落地执行的积极性

3 保障流程执行的标准化 ATE 管理模式

根据流程执行不力的原因分析与对策可知，导致流程执行不力的根本原因在于思想层面、执行层面和保障层面未能制定配套跟进措施，虽然笔者分析梳理出十项对策，但归纳起来，其实“万变不离其宗”，这个“宗”是涵盖思想、执行、保障三个维度，涉及流程运行、流程考核、流程优化三大方面的 ATE 流程落地执行标准化管理模式。

3.1 A(ALL)全员参与

各级人员都是组织之本，唯有其充分参与，才能使他们为组织的利益发挥其才干。领导层、管理层、执行层各级人员都应当参与流程的编写、培训、评审和优化等全过程，只有人人参与，才能实现人人关注，避免流程建设流于形式。全员参与要求每一个岗位、每一名干部员工都要参与编写本岗位涉及的“全流程”内容，包括程序文件(或管理流程文件)、流程管理说明书、流程管理执行标准等，开展公司生产流程化管理[4]。其中应当包含主导流程和非主导流程的节点部分;都要参与本岗位相关流程的宣贯培训;都要参与流程分级评审以及流程的实时优化。

3.2 T(TRAIN)学习培训

流程培训是一项基础性、长期性的工作,必须注重研究培训内容,创新培训方式,规避工学矛盾,保障知行合一,确保培训入脑、入心、入行。

3.2.1 培训内容定期更新

要坚持以流程执行为核心,以战略、环境、问题、成果为导向,及时更新培训内容,确保流程编写前、发布后、评审时和优化中都能够应用最新政策要求。

3.2.2 培训方式便于操作

流程培训的最终目标是让员工以便于接受、易于理解的方式,掌握流程的内容、标准,避免出现不懂、不能、不愿执行流程的问题。应当实行融入工作的培训方式,如工作交接时,在传统的交接痕迹资料基础上,增加工作职责问答、工作政策传递、工作风险防控等相关知识培训。在工作中融入培训,在培训中深化交流。

3.2.3 培训效果及时评估

培训结束后,关联人员应当对培训效果进行及时评估,对未达预期效果的培训分析原因,如采取问卷调查或发放培训评价表等方法,及时了解员工对培训的意见和建议,了解培训的内容与实际问题的关联度,培训内容的难易程度是否适当等信息。避免员工“学而无用”或“消化不良”,持续改进。

3.3 E(EVALUATION)考核评价

3.3.1 设置主导机构

结合流程横向化管控特点,设置专门的机构推动流程的执行。以笔者所在单位为例,流程建设发布后,成立了专门的流程管理办公室,负责流程的跟进管理、执行巡查与考核评价,为流程的执行奠定了组织基础。

3.3.2 评价流程内容

定期对流程内容进行验证评价,确保流程职责条款是合理的;对流程掌握情况进行跟班评价,确保员工熟悉了解并有能力执行相关流程职责;流程内容要包含合理、适当的奖惩激励措施,让执行者产生动力。

3.3.3 明确考核标准

3.3.3.1 考核职责

以企业规章制度、程序文件、作业流程、岗位说明书等制度规范为准绳,以纠偏、教育为目的;受理员工关于流程优化的合理化建议并协调做好修订完善;召集主持被考核部门参与调查座谈会;督导改进考核中发现的问题。

3.3.3.2 考核人员权限

对各岗位行使监督权、检查权和奖惩提报权;对考核工作中发现的问题有改进督导权;相关信息、资源获取权;主导部门对流程的管理协同权;投诉核实权。

3.3.3.3　明确考核内容

流程管理办公室根据流程建设工作开展情况，要始终将检查考核贯穿始终，对流程建设各项常态化工作进度进行督导，每月以不定期不定岗抽查的方式，抽查各岗位流程熟悉程度、节点标准执行、风险防控、资料留存、整体推进等工作开展落实情况（附表一），考核情况即时发布，月末编入考核通报，考核结果纳入员工月度绩效考核。

3.3.3.4　常态化评价运行效果

流程管理工作办公室每月定期召开流程运行分析会，主导部门汇报一个月来流程运行情况，从好用、实用、管用三个维度依次对现有流程进行评价（附表二）。评价达标的流程继续沿用，对评价不达标的流程要进一步查找流程运行过程中的制约及干扰因素，论证节点及标准设置的科学性、合理性，重大问题报流程管理工作领导小组审议。

4　结语

流程建设是一项永远在路上的工作，只有建立流程定期评审、定期优化机制，使现有体系下的流程始终保持“好用、实用”；同时，跟进完善考核管理机制，强化全员宣贯培训，解决“会用、管用”问题。唯有使流程建设真正落地执行，才能真正发挥流程的作用。

参考文献

[1]夏云．企业的流程化管理[J].中国有色金属，2017(2)：8.

[2]陈采灵．基于流程的制度管理体系构建[J].企业改革与管理，2015(24)：23.

[3]周贤．流程执行力：如何让企业的流程执行起来[M].广州：广东经济出版社，2016.

[4]李少峰．完善企业管理体系　实现公司生产流程化管理[J].大众科技，2014(9)：205-206.

附表一

临清市局(部)流程建设考核记录表

被考核部门　　　　　　　　　　　　　　　　　　　　年　月　日

序号	考核内容	评分标准	考核情况及存在的问题	扣分
1	岗位所涉及的工作流程名称、数量、节点名称熟知情况	每个部门抽查 1 名人员,了解其对岗位所涉及的工作流程名称、数量、节点名称是否熟知。对岗位所涉及的流程名称、数量不清楚的,扣 0.5 分;对流程节点名称描述错误的,每个节点扣 0.2 分		
2	岗位工作指导书编制及运行情况	查看岗位工作指导书,岗位工作指导书中未编制的,每个流程扣 1 分;工作标准和相关记录未及时更新的,每处扣 0.2 分		
3	工作流程节点落实情况	每个部门抽查 2 个流程,查看流程节点落实情况,是否按照工作要求及标准开展工作。流程节点未按工作要求及标准落实到位的,每项扣 0.5 分;关键绩效指标未完成的,每项扣 1 分;缺少关键痕迹资料无法认定是否达标的,视为不达标,每项扣 1 分		

附表二

临清市局(营销部)流程运行效果评价表

时间：　　年　月　日

流程编号	流程目录	主导部门	参与部门	好用	实用	管用	存在问题描述

“好用”评价标准：执行起来节点衔接是否顺畅、有无冗余节点、节点说明书标准是否明确、有无遗漏相关制度要求等；

“实用”评价标准：是否能达到部门之间无缝衔接、是否减少了各种浪费等；

“管用”评价标准：是否提升了管理效能、促进了流程目标的实现。

县级局积分制管理考核评价体系研究与实践

——以滨州市滨城区烟草专卖局(营销部)为例

韩冬庆

[滨州市滨城区烟草专卖局(营销部),山东滨州,256600]

[摘要] 针对当前绩效考核中存在的以罚为主、指标不科学、员工参与度低、结果运用单一等问题,探索建立积分制管理考核评价体系。通过设置工作技能、工作态度和工作业绩三个类别的积分指标体系,从时间长度、难易程度、重要程度三个纬度均衡设置积分权重,采取员工提报、部门审核、领导审批、汇总公示的提报流程,将积分制管理考核评价结果应用于绩效兑现、评先树优、员工培训等方面,达到员工工作态度更加积极、员工素质技能得到提升、企业工作业绩实现提升的目的,实现企业和员工的共同成长。

[关键词] 积分;绩效考核;正面激励

0 引言

目前,烟草行业进入了高质量发展的新时代,面临新形势和新局面,机遇与挑战并存,但员工担当作为的积极性不够,队伍活力不足,工作技能、工作态度、工作业绩与行业持续发展不匹配。员工绩效考核作为人力资源的重要核心内容,可以帮助企业管理者有效提升企业的绩效,也能够通过考核反映的状况,对人才培训、评先树优、干部选拔等方面提供重要的决策和参考。然而在现实的工作中,由于考核指标设置的不科学、考核结果应用单一、员工对考核的参与度低、对考核的抵触心理等,导致绩效考核激励、导向作用不明显。

针对如何解决这些问题,滨城区烟草专卖局(营销部)将积分制管理纳入考核评价体系中,通过对员工工作素质、工作态度、工作业绩进行积分积累,并通过绩效考核兑现激励,促进了企业各项工作的持续提升。

1 当前绩效考核存在的问题

1.1 以罚为主，员工存在抵触心理

在日常的考核中，考核指标往往都是以处罚为主，考核人员开展考核则是为了检验工作任务完成而不得已做的一项工作，这样就容易出现“干活多的出错多、干活少的出错少”。干了没有奖励、出错要受到处罚，越忙的员工考核得分越低，越闲的员工考核得分越高，导致部分员工对考核工作产生负面的抵触心理和抱怨牢骚。

1.2 指标不科学，考核结果趋于平均

在考核方式上，注重基层任务指标的考核，如销量、毛利、结构等，轻考核机关综合事务，机关科室一般考核计划执行、现场管理等。在考核指标设置上，通常仅仅考核关键指标，缺乏对员工工作技能、工作态度、工作业绩的全面评价，不能客观真实地反映出员工的整体素质和工作潜能。另外，在机关科室考核方面，量化指标较少，导致科室员工考核结果基本一致，考核得分几乎相同，员工存在懈怠思想，存在“吃大锅饭”现象。

1.3 员工参与度低，考核导向作用不够

多数员工往往认为绩效考核是人力资源管理部门的事情，在考核时配合做好就可以了，只要按照考核标准不被扣分就万事大吉，而对与考核的内容与实际工作是否匹配不关心。员工在考核指标设定上参与度低，不关心考核指标是否涵盖重点工作，甚至认为考核指标越少越好，这样必然造成考核指标与实际工作出现脱节、考核权重设置不尽合理、推动重点工作不理想等。

1.4 结果运用单一，激励作用不明显

当前，绩效考核的结果仅仅运用在月度绩效工作的兑现上，而且由于考核得分差别不大，对绩效工资的影响不明显。而且考核结果对于年度评先树优、岗位晋级晋档、员工技能培训、干部选拔任用等方面影响小。对于绩效考核中反映出来的问题和状况，往往被管理者忽视，没有后续的跟进措施，考核评价的结果运用不尽合理，没有完全发挥督促、指导、激励的作用。

2 绩效考核应用积分制的优势

2.1 发挥正面激励作用，员工接受度高

积分制考核评价注重正面激励，对于员工达到积分标准的项目进行积分奖励。在这样的机制下，对于积分项目涵盖的内容，员工做了就能挣到积分，工作做得越多，积分积累越多，工作技能越多，积分积累越多，工作业绩越好，积分积累越多，改变了过去考核就是扣分

的状况，员工更乐于接受加分的考核模式。例如，把参加活动作为工作态度的积分项目，员工报名参加就能积累到积分，员工参与活动的积极性就比较高。

2.2 科学设置指标，更加准确衡量员工绩效

积分制考核评价的指标设置，是对员工的综合表现进行管理，通过设置工作态度、工作技能、工作业绩三个类别的指标体系，尽可能多地涵盖员工的综合素能。对每项指标通过时间长度、难易程度、重要程度三个纬度设定分值权重，保证指标涵盖的全面和指标权重的合理分布。

2.3 目标清晰可见，员工参与度高

积分制考核评价体系通过设置目标清晰的积分项目，采取员工提报、部门审核、领导审批、OA 公示的方式，员工可以清楚地计算并提报自己的积分。随着积分的积累，员工的成就感和荣誉感会得到满足。这种模式改变了过去那种人力资源管理部门抽查考核、被考核人员参与度低的问题，全体员工都能够参与到绩效考核中来，提高了员工的参与度，考核的导向作用得到了很好的落实。

2.4 结果应用范围广，激励作用明显

在积分制考核结果应用方面，根据员工月度考核结果，直接在当月绩效中进行兑现，体现能者多得、多劳多得、绩优多得；根据员工年度评价结果，作为评先树优的重要依据；根据员工积分分布情况，合理安排员工参加各类培训，弥补短板、强化优势，有针对性地提高员工素质。

3 积分制管理考核评价体系的构建与实施

3.1 设置积分项目

员工的综合能力包括工作技能、工作态度和工作业绩。积分制管理考核评价体系把这三个类别作为一级指标，每个一级指标下面分别设置二级指标和三级指标，通过指标体系涵盖员工综合能力的考核评价。积分项目的设置用一个字来概括就是要“全”，全的目的就是要让每名员工都有通过努力取得积分的可能，只有参与度高，才能让全员关注积分制管理，从而发挥积分制管理的导向作用。

3.1.1 工作技能

工作技能包括取得职业资格、职称资格，参加各类技能竞赛获奖等。举例来说，参加职业资格证书的考试会促进员工素质的提升，但是员工主动报名的寥寥无几。滨城区局（营销部）把取得职业资格证书作为积分奖励项目，两年来员工主动报名的人员倍增。

3.1.2 工作态度

工作态度包括主动参与职工讲堂、主动提报信息、积极参与各类活动等。举例来说，为了持续提高员工的素质，滨城区局（营销部）搭建了每周职工大讲堂，每周五拿出半天的时间

来开展集中培训、学习，但是很多员工以各种理由请假不参加。把参加职工大讲堂听课作为一个积分项目，参加职工大讲堂听课按照课时进行积分，只要来听课打卡，就有积分拿。实行积分制考核以来，请假的人就很少了。另外，对主动报名讲课的员工给予一定的积分，讲课质量被评为优秀的给予另外的积分。以前每次安排大讲堂授课，都是按照部门分派任务，很多人拿到任务都是以应付的心态来讲课，现在大家都抢着报名授课，讲课水平也得到了提升。

3.1.3 工作业绩

工作业绩包括重点工作全市排名、创新成果获得名次、创新论文获得名次、荣获地方荣誉等。举例来说，为了推进高质量发展，近年来行业非常重视精益管理，滨城区局（营销部）把课题成果在行业各级获得奖项作为积分项目。近两年来，员工课题参与度持续提升，课题研究水平得到了迅速提升。

3.2 制定积分规则

为了保障积分项目的权重均衡，根据积分项目的时间长度、难易程度、重要程度设定了不同的分值权重。时间长度分为日、周、月、季、年 5 个档级；难易程度分为 80%以上的人能做到、60%～80%的人能做到、40%～60%的人能做到、20%～40%的人能做到、20%以下的人能做到 5 个档级；重要程度分为公司战略级、年度重点级、部门重点级 3 个档级。具体分级如表 1 至表 3 所示。

表 1　时间长度积分权重

时间长度	年度	季度	月度	周	日
分值	9	7	5	3	1

表 2　难易程度积分权重

难易程度 （能够做到的人数）	20%以下	20%～40%	40%～60%	60%～80%	80%以上
分值	5	4	3	2	1

表 3　重要程度积分权重

重要程度	公司战略级	年度重点级	部门重点级
分值	5	3	1

积分项目权重根据三个纬度的分值相乘得出，以此作为各项目权重之间的平衡，保证各项目之间的积分权重不会失衡。表 4 为积分项目权重计算样表。

表 4　积分项目权重计算样表

纬度	时间长度 (a)	难易程度 (b)	重要程度 (c)	权重 ($d=a\times b\times c$)
项目				

举例来说，在工作技能方面取得国家职业资格证书，按照证书等级从高到低分别赋予分

值(见表5)。

表5 积分项目权重计算表

纬度	时间长度	难易程度	重要程度	权重
取得国家1级职业资格	9	5	3	135
取得国家2级职业资格	9	4	3	108
取得国家3级职业资格	9	3	3	81
取得国家4级职业资格	9	2	3	54
取得国家5级职业资格	9	1	3	27

3.3 积分提报流程

为了提高员工参与度,采取员工提报、部门审核、领导审批、汇总公示的提报流程。由员工发起积分提报申请,按照积分管理权限,分别由员工所在部门和积分项目管理部门进行真实性和合规性审核,经分管领导审批同意后,由人力资源管理部门进行汇总,通过OA办公平台进行公示。

3.3.1 员工提报

每月上旬,由本人通过积分平台发起申请,在提报积分申请时需要提供相关证明材料。

3.3.2 部门审核

员工提报积分申请后,首先经过部门负责人的真实性审核,一方面保证积分的真实有效,另一方面便于部门负责人及时掌握员工工作技能、工作态度和工作业绩。审核通过后,由该积分项目管理部门进行合规性审核,避免出现重复申报、错误申报。

3.3.3 领导审批

积分申请经过部门审核后,提报相关积分项目分管领导审批,便于分管领导掌握所分管工作的总体状况。

3.3.4 汇总公示

经领导审批后,由人力资源管理部门对积分进行汇总,通过OA办公平台进行公示,保证积分的公开、公平、公正。

3.4 积分结果应用

3.4.1 绩效兑现

积分制管理考核得分可应用于月度绩效的奖惩,根据需要可以通过设定积分制管理考核占绩效考核权重的方式来调节积分制管理对绩效工资的影响度。具体来说,员工月度积分按照积分占绩效考核得分的权重换算为考核加分,在月度绩效工资中进行兑现。举例说明,2019年滨城区局(营销部)将积分制考核评价作为绩效考核加分项,最高加10分纳入绩效考核百分制得分中。计算公示如下所示:

员工当月绩效考核得分=员工当月绩效考核基本分+员工当月积分制考核得分

$$员工当月积分制考核得分=\frac{员工本人当月积分}{\max\{全体员工当月积分\}}\times 10$$

3.4.2 评先树优

积分制管理考核得分还可以应用于员工年度评先树优。根据需要，通过设定积分制管理系数的方式来调节积分制管理在评先树优中的影响度。

3.4.3 员工培训

通过积分结果的分析，能够准确合理地评估员工在一定阶段的工作态度和工作技能，及时地反映员工综合素质能力，为人力资源培训管理工作提供全面有效的参考数据。人力资源培训人员能够针对每位员工的工作技能和工作态度，制订有针对性的培训计划，保障人力资源培训效率与质量的双提高。

3.4.4 其他应用

另外，积分制管理的结果还可以帮助管理者掌握员工的工作能力、工作态度，在岗位轮换、职级晋升方面进行整体分析评估，达到人尽其才、才尽其用的目的。

3.5 积分制考核效果

通过两年来的应用，滨城区局(营销部)的积分制管理考核评价体系发挥了三个方面的作用。

3.5.1 员工工作态度更加积极

在课题研究方面，滨城区局(营销部)在研课题参与度持续提升。2018 年立项课题 24 项，员工参与度 65%，2019 年立项精益课题 21 项，员工参与度 72%。在内训师竞赛方面，2019 年 6 人参加全市系统内训师竞赛，全市系统占比 22.2%，4 人通过预选参加全省系统内训师竞赛，全市系统占比 30.8%。

3.5.2 员工素质技能得到提升

员工主动学习、主动提升技能素质的积极性得到了很大提高。2018 年，滨城区局(营销部)2 名员工取得了中级经济师证书，3 名员工取得了职业资格证书，一线人员持有职业资格证书占比达到 91.7%。

3.5.3 企业工作业绩实现提升

2018 年，滨城区局(营销部)QC 课题作为唯一代表市局(公司)参加全省系统 QC 小组成果发布的课题，获得优秀奖。2019 年，3 个课题代表市局(公司)参加全省系统 QC 小组成果发布，获得二等奖 1 项、优秀奖 2 项，取得国家专利证书 3 项，实现了历史性突破。

4 结语

积分制管理考核评价的实施，充分发挥了正面激励的作用，有效转变了员工的工作态度，有力地促进了员工素能的提升，提升了企业的整体工作水平，实现了企业和员工共同成长。通过两年来的运行发现，积分制管理考核评价仍然存在不尽完善的地方，需要在企业的发展中逐渐改进，促进企业实现高质量发展。

参考文献

[1]朱青山．国内外积分制绩效考核研究现状[J]. 现代商业，2017(34):43-44.

[2]刘元甲，蔡强，张艳丽，等. 新形势下的企业员工积分制管理考核[J]. 现代经济信息，2019(2):131.

[3]王玲．绩效管理视角下激励新时代烟草商业企业员工担当作为思路研究[J]. 智库时代，2019(22):267-268.

[4]谢锦华，浅谈国有企业员工绩效管理[J]. 劳动保障世界，2019(15):2.

[5]王胜．在人力资源培训管理中应用绩效考核的价值分析[J]现代营销(经营版)，2019(7):18-19.

中式雪茄文化建设之
清代以降“雪茄”中文名称综论与考证

邢志刚[1]，代由庆[1]，刘松[1]，郭东海[1]，丘建[2]

（1. 山东中烟工业有限责任公司，山东济南，250014；
2. 山东中烟工业有限责任公司济南卷烟厂，山东济南，250100）

［摘要］近年来，我国雪茄市场蓬勃发展，中式雪茄销量快速增长，中式雪茄品质不断提升，但中式雪茄文化的打造相对薄弱。以雪茄中文名称的源起这一基础问题为例，其仍处于认知模糊、莫衷一是的状态。本文摒弃宏大叙事，力求在实地调研和查阅文献的基础上，聚焦“雪茄”二字，抽丝剥茧，略陈管见，希望能为中式雪茄文化的挖掘和弘扬提供一点参考。

［关键词］雪茄；文化建设；语言学；命名；文化自信；品牌力；高质量发展

习近平总书记在党的十九大报告中 79 次提到“文化”一词，并明确指出，“没有文化自信，没有文化的繁荣，就没有中华民族伟大复兴”。在某种意义上，没有中式雪茄文化的自信和繁荣，也难以支撑中式雪茄的伟大崛起。中式雪茄文化的深入挖掘、定力积淀和大力弘扬，有助于中式雪茄品牌力的打造及中式雪茄的高质量发展。系好中式雪茄启蒙阶段的“第一颗纽扣”，才会避免中式雪茄文化拿轶闻趣事当历史事实进行衍生，流为无根之萍。

1 雪茄外文名称的观点与探讨

1.1 1492 年哥伦布“Sikar”动词变名词说

考证雪茄中文名称的由来，首先要对雪茄名称的起源作基本的研究界定。当下主流搜索引擎、雪茄相关书籍上作为史实而非趣闻的说法是：雪茄的原文并不是英文，拼法也不是 Cigar，而是来自玛雅文（Mayan）的一个动词 Sikar，即抽烟的意思。Sikar 由动词演化为名词是 1492 年意大利航海家克利斯朵夫・哥伦布率领着西班牙人首次登陆美洲新大陆时，被当地土著人点燃吸食的浓香四溢烟味所吸引，便通过翻译问：“那个冒烟的东西是什么？”但翻译却误译为：“你们在做什么？”对方回答：“Sikar。”因而这一词就成了雪茄的名字。

1.2 探讨

哥伦布团队在美洲发现当地人抽吸烟草并将种子带回欧洲是共识，但此雪茄命名学说缺乏合理逻辑性,在中国雪茄启蒙阶段的当下造成了非积极的影响。美洲原住民语言繁多,差异很大[1],且有文字的语言极少,对其语言的梳理至今仍是难题。语言学家克尼思·凯泽勒认为有1000种以上,查尔顿·莱德按美洲南部、中部、北部进行划分,认为有2000种左右[2]。极少数有文字的,从西班牙到达美洲至今也无人会读。以发展程度最高的三大土著文明为例:玛雅Maya为表义文字开始向拼音文字转化,但西班牙人到达前已神秘消失;阿斯台克Azteca为象形文字,对于留下的古抄本,现代科学家尝试借助计算机进行破解阅读,但无果而终;印加Inca没有文字,算账和传递信息均靠结绳[3]。哥伦布团队航行的目的是到中国和印度寻找香料和黄金,到达美洲大陆纯属意外,带着同时精通欧洲和美洲语言体系的翻译人员随行,显然是不可能的,因此翻译人员谬误导致"哥伦布'Sikar'动词变名词说"不能成立。

2 "雪茄"中文名称的几种观点与探讨

2.1 1924年秋徐志摩命名雪茄说

2.1.1 观点

关于雪茄中文名字的由来,在雪茄客中有一个广为流传的说法,该说法甚至被很多雪茄书籍和行业内宣传材料采用。1924年秋天,刚从德国柏林和第一任妻子张幼仪办妥离婚手续的徐志摩回到上海。周末,在一家私人会所里,他邀请了当年诺贝尔文学奖得主泰戈尔先生。泰戈尔是忠实的雪茄客,在两人共享吞云吐雾之时,泰戈尔问徐志摩:"Do you have a name for cigar in Chinese?"徐志摩回答:"Cigar之燃灰白如雪,Cigar之烟草卷如茄,就叫雪茄吧!"经过他的诠释,"雪茄"这一音、形、意、神兼备,意境远在英文之上的中文译称便诞生了。

2.1.2 探讨

该雪茄命名说,首先在时间设置上存在较大纰漏——泰戈尔一生三次到访中国[3],分别为1924年4～5月、1929年3月、1929年6月,而1924年秋天不在中国(见表1)。其次,泰翁为1913年凭借《吉檀迦利》获得诺奖,何来"当年诺贝尔文学奖得主"的"当年"一说?

表1 1924年泰戈尔中国行程简表

时间	地点
4月12日	到达中国上海
4月14日	杭州
4月17日	上海
4月19日	南京
4月22日	济南
4月23日	北京

续表

时间	地点
5月21日	太原
5月25日	上海
5月29日	启程前往日本

当然,不可否认徐志摩在其文学创作和社交生活当中与雪茄有颇多渊源。徐志摩1928年创作的诗歌《西窗》和1923年3月11日创作的散文《曼殊斐儿》中均提及了雪茄。但徐志摩所写《吸烟与文化》《泰戈尔来华》和书信集中均未提及雪茄(见表2)。

表2 徐志摩著作中提及"雪茄"情况一览表

作品	时间	提及雪茄	备注
《曼殊斐儿》	写于1923年3月11日,原刊于1923年5月《小说月报》第14卷第5号	"Amy Lowell,听说整天地抽大雪茄!"	寄托对朋友曼斯菲尔德(短篇小说家,文化女性主义者,1923年1月9日逝世)的哀思
《猛虎集》收录的诗歌《西窗》	《西窗》发表于1928年	"他们手指间夹着的雪茄虽则也冒着一卷卷成云彩的烟,但更曲折,更奥妙"	《猛虎集》1931年8月新月书店出版
《吸烟与文化》	—		
《泰戈尔来华》	刊于1923年9月10日《小说月报》第14卷第9号	未提及雪茄相关内容	
《徐志摩书信集》	书信时间1922～1931		江苏人民出版社2017年

2.2 1903～1905年李宝嘉命名说

2.2.1 观点

"雪茄"这一中文名称为李宝嘉(字伯元,1867～1906)在写《官场现形记》[连载于光绪二十九年(1903年)至光绪三十一年(1905年)上海《世界繁华报》,1906年出版单行本]时提出并命名的。提供的依据为:第五十二回"走捷径假子统营头,靠泰山劣绅卖矿产"写道:"尹子崇正在一个人说得高兴,一回那个买矿的洋人又来了,后头还跟着一个通事。尹子崇一见洋人来了,直急得屁滚尿流,连忙满脸堆着笑,站起身拉手让坐,又叫跟班的开洋酒,开荷兰水,拿点心,拿雪茄烟请他吃。"

2.2.2 探讨

首先,该观点之论据只引用《官场现形记》第五十二回已暴露出严谨性问题。因为《官场现形记》第三十五回也有雪茄记述[9],且李宝嘉其他著作中也有关于雪茄的描写。更重要的是,与李宝嘉同时代的梁启超、辜鸿铭、徐珂及前辈薛福成等人的小说、纪文、专著或日记中也都有"雪茄(烟)"的称谓(详见表3,表中引用文献繁体字已整理为简体字)。

表 3　李宝嘉同辈及前辈著作中提及“雪茄”时间对比图

作品名称	时间	具体章节	作者	备注
《官场现形记》	1903～1905 年连载于《世界繁华报》	第三十五回：唐二乱子又好买东西，不要说别的，就是香水，一买就是一百瓶，雪茄烟，一买就是二百匣。	李宝嘉（1867～1906 年）	李宝嘉祖籍江苏武进县（今江苏常州）。父李翼辰（字申之），跟随堂哥李翼清（字念之）生活。李翼清久官山东，1876 年李翼清任登州府宁海州（今山东烟台市牟平区）知州，李宝嘉出生于此。李宝嘉 6 岁时，父殁，由伯父抚养长大，伯父历任莱州府胶州知州、东昌府知府、兖州府总捕水利同知等。李宝嘉 26 岁时，中秀才第一名，翌年赴江阴乡试，按成绩，应名列金榜，可是典试官借口李翼清有“叛逆皇法之前科”而株连子侄，结果名落孙山。此后，李宝嘉到上海发展。有烟癖
《文明小史》	1903～1905 年连载于《绣像小说》	第四十七回：嘴里蜜腊雪茄烟嘴，脸上金丝镜，手上金钢钻，澄光烁亮，耀得人家眼睛发晕。 第四十九回：摸出一枝雪茄烟吸着；劳航芥请他坐下，叫小子开荷兰水，开香摈酒，拿雪茄烟…… 第五十一回：主人让他坐下，开上香滨酒，拿上雪茄烟来。饶鸿生身上穿的博带宽衣，十分不便，一只手擎了满满的一杯香槟酒，一只手拿了一枝雪茄烟，旁边仆欧划着了自来火望前凑。饶鸿生见许多人在此，恐怕失仪，越怕失仪，越是慌得手足无措，几乎把香槟酒打翻了，雪茄烟掷掉了。 第五十二回：火车上，头等客位，多是些体面外国人，有在那里斯斯文文谈天的，有在那里吸雪茄烟的。 第五十八回：侍者开过香槟酒，又送上咖啡，又用盘子托上两支硬似铁黑似漆的雪茄烟来。	李宝嘉（1867～1906 年）	同上
《负曝闲谈》	1903 年连载于《绣像小说》	第六回：他伸手便从桌子上抓过一张新闻纸来，又在怀内掏出一支麻色的雪茄烟来，家人们赶着点上火来。他一面吸雪茄烟，一面看那新闻纸翻来复去…… 第七回：冯正帆不胜稀罕，忙问陈毓俊，毓俊说：这是雪茄出在吕宋的所以又叫吕宋烟。 第十三回：也有戴着金丝眼镜的，也有吸着雪茄烟、纸卷烟的…… 第十八回：嘴里衔着一只蜜蜡雪茄烟，管边上也镶着金子，知道此人很有钱……	欧阳钜源（1882～1907 年）	曾长期担任李宝嘉助手
《西巡回銮始末记》	1902 年石印本	五号晨，华兵复来攻击前，每日应得雪茄烟二枝，自今日起减半。	佚名（清）	《西巡回銮始末记》被史学家认为史料价值极高，辑录当时谕旨、邸报、国书和当事人口述等多种原始资料
《新中国未来记》	1902～1903 年发表于《新小说》	第二回：官领约卡拉，口衔雪茄，见鬼唱喏，对人磨牙，笑骂来则索性由他骂。 第五回：再看时，只见这些人，也有拿着水烟袋的，也有衔着雪茄烟的，也有衔着纸烟卷儿的。	梁启超（1873～1929 年）	清光绪举人。中国近代思想家、政治家、教育家、史学家、文学家，戊戌变法领袖之一

续表

作品名称	时间	具体章节	作者	备注
《海上尘天影》	1904 年石印本	第五十八回：牛奶饼四瓶、广酥二十匣、冬瓜糖两瓶、莲子糖两瓶、雪茄烟两箱。	邹翰飞	书前序言为 1896 年（光绪丙申）王韬撰写
《张文襄幕府纪闻》	著作于清末	昔有一洋行主人作军装生意者……不时宴请各省委员以为招徕。每宴会饭罢，出雪茄烟供客，概用上品价值不赀，而华客每每食未半，辄轻掷之。主人性素吝且黠，以后宴客即暗易以最劣品之烟而袭以最上品之烟盒。一日有某省办军装之道员素自名为熟悉洋务者，至该洋行。主人家晚膳食罢，主人出烟供客道员……（除此之外，电影《建党伟业》有辜鸿铭抽着雪茄上台的情节）	辜鸿铭（1857～1928 年）	学者，翻译家。学博中西，精通 9 种语言。入清末重臣张之洞幕府近二十年。此书即为追忆幕府旧事而作，记载了许多鲜为人知的内幕，史学家认为史料价值较高。1924 年 4 月 23 日，泰戈尔访华，辜鸿铭与梁启超、蔡元培等前往北京前门车站迎接
《庸庵笔记》	作者从 1865 年（同治四年）至 1891 年随笔中删辑而成	《轮船失火》：有为轮船防火议者：概勿吸烟、点灯，船中本别有吸烟之地，所有旱烟、水烟、鸦片烟、雪茄烟、纸卷烟，不得随地呼吸、随手乱抛。	薛福成（1838～1894 年）	先入曾国藩幕 7 年，后随李鸿章办外交。历任浙江宁绍台道、湖南按察使。1890～1894 年任出使英、法、比、意四国大臣
《出使英法义比四国日记续》	记于 1891 年	卷三：记载沙巴的进出口货物时提到“出口货，如屋料船料诸木……雪茄烟……”		
	记于 1893 年	卷七：记述吕宋时提到“土产以阿巴加麻、雪茄烟名天下”；介绍英国税法时讲到“譬之人吸雪茄烟者，日费三本士，今加其税俾日出六七本士”；介绍西俗时讲到“凡稍有身家者，每膳必食兼味，必有牛肉，有洋酒一二品。食毕，有水果、有加非、有雪茄烟；早晚必饮牛奶或牛肉汤。”		
《清稗类钞》	著作于清末民初	92 饮食类【吸雪茄烟】：“光绪中叶雪茄烟、卷烟盛行，而鼻烟一物，势将处于消极之极点矣。然烟愈贵而讲求之者逾专……”“雪茄烟之值较卷烟为昂，于饭后吸之能助消化。吾国之富贵者类嗜之，而上海则吸者甚多……”	徐珂（1869～1928 年）	清光绪举人。曾在天津小站为袁世凯幕僚，未几告退，到上海担任商务印书馆编辑，为《辞源》编辑之一
《原败》	1905 年	问其何能，但饮佛企酒、吸雪茄烟足矣！	严复（1854～1921 年）	翻译家、教育家

特别是薛福成（字叔耘，1838～1894 年）《庸庵笔记》和《出使英法意比四国日记续》中关于“雪茄”的记述。一是史料价值高。薛福成先入曾国藩幕府 7 年，后随李鸿章办外交，历任浙江宁绍台道、湖南按察使，1890～1894 年任出使英、法、比、意四国大臣，所记颇为详细丰富。二是著述时间早。《庸庵笔记》由薛福成从同治四年（1865 年）至光绪十七年（1891 年）所作随笔中删辑而成；《出使英法意比四国日记续》卷三记于光绪十七年（1891 年），卷七记于光绪十九年（1893 年）[15]。

薛福成的记述与《清稗类钞》对“雪茄烟”的专门记载相吻合。《清稗类钞》汇编者为徐珂

(清光绪举人,曾为袁世凯幕僚,《辞源》编辑之一)。该书的92饮食类专门单列“吸雪茄烟”并予以详细介绍,其中明确记载“光绪中叶雪茄烟、卷烟盛行……”。光绪生卒年为1871年8月14日至1908年11月14日,即19世纪90年代雪茄烟在中国盛行。进一步考证当时公开发行报纸刊载的“雪茄”相关报道、旧报纸影印文献,确与之相互印证(见表4)。

表4　19世纪90年代报纸刊载“雪茄”相关报道目录表

新闻标题	报纸名称	时间	期次页码
译西报:英制雪茄:译字林西报(西五月)	《湖北商务报》	1899年	第7期,38～39页
格致新义:考雪茄烟纸(译法国博学报)	《格致新报》	1898年	第8期,16页
泰西各国朝野佥载:大美国:讲求空气、推重教皇、雪茄烟艇、太平洋电	《万国公报》	1896年	第85期,55～56页

2.3　其他雪茄命名说

2.3.1　观点

其一,印光任、张汝霖撰,刊行于乾隆十六年(1751年)年底的《澳门纪略》一书中记载:“烟草可卷如笔管状,燃火,食而吸之”。据说这种“可卷如笔管状”的烟草,就是雪茄烟。其二,“茄”取自“笳”。“笳”是中国古代北方民族的一种吹奏乐器,似笛,外形与雪茄有类似之处。其三,“烟草卷如茄(jia)”,“茄”来源于“荷梗”。其四,“雪茄”来源于蒲草(又名“水烛”)。概因雪茄外形如同蒲草(见图1)的花序(俗称蒲草棒、蒲黄),在“止血治痢”[17]等药用价值方面又有类似之处。其五,“雪茄”一词可能取自中草药“雪见”(又名“荔枝草”)[18],旧时官宦、富足家庭都收藏有医书,在命名发音相近的外来词时可能借用。

图1　蒲草

2.3.2　探讨

首先,“其一”虽非雪茄命名之观点,但常与雪茄中文名称首次命名放在一起作为首次介绍雪茄的佐证,此类断章取义的文章给广大雪茄爱好者造成了一定的困扰。考证发现,《澳门记略》(下卷,澳番篇,二十)记载:“服鼻烟,亦食【烟草】,纸卷如笔管状,然火,吸而食之”[19](见图2)。这里很可能讲的是“纸卷烟”,而非雪茄。如试图说明关于雪茄的最早记载,不如举证史料价值较高、成书于清嘉庆二十年(1815年)的《烟草谱》。《烟草谱》为陈琮[生于乾隆二十六年(1761年),卒于道光三年(1823年)]从前人著作中的辑录。该书《番人食烟》一文记载:“《平阳县志》云:康熙六十年六月,有番人乘小舶,为飓风飘至金乡。其人长大,须发皆卷,食烟。卷叶着火,即衔叶而吃。”[20]

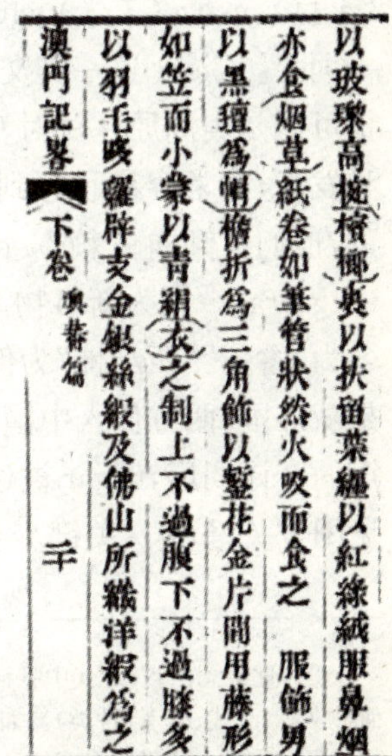
以玻瓈高梃檳榔奩以扶留葉纏以紅絲絨服鼻烟
亦食烟草紙卷如筆管狀然火吸而食之　服飾男
以黑氊爲帽檐折爲三角飾以鏨花金片間用藤形
如笠而小衆以青絹衣之制上不過腹下不過膝多
以羽毛嗶囉辟支金銀絲緞及佛山所織洋緞爲之
澳門記畧　下卷　澳蕃篇　廿

图2　《澳门记略》截图

其次,“雪笳”一词确实被并行使用过,如《华侨商报》1921年

(第 2 卷第 8 期 31 页)“商务:菲雪笳畅销于中国”“雪笳及纸烟出口大为减少”;《新闻通讯》1934 年(第 2 期 11,12 页)“小说家吃雪笳”等,但根据《汉语大字典》通假字表:葭通笳、茄与笳并非通假字。最后,根据《汉语大字典》通假字表:茄通荷,茄古指荷茎。其他观点线索有待一一考证。

3 “雪茄”中文名称的考证

3.1 “Cigar”一词源于西语“蝉”的形象联想

中国烟草学会和中国烟草博物馆编著的《中国烟草文化图录——中国烟草博物馆开馆纪念》(2004 年)490 页,记述“当哥伦布等人到达美洲之后,见到当地的印第安人用玉米叶子裹着烟草吸用,不知道是什么东西,因其形态像蝉(早期雪茄的形状并不是今天所见的笔直形状,而是两头较细、中间较粗,如蝉状),因此雪茄是蝉的音译。”[21] 此观点可信度高,并推断“Cigar”英文一词“首见书证”①源于西语“蝉”的形象联想。

推断依据有两点。一是从雪茄外形角度来讲,最初的雪茄形状不是平头圆尾型,而很可能与 Exquisito(吉士图)、Generoso(贵族)、Short Perfecto(短完美型)、Salomon(所罗门)等外形相近,这符合手工卷制的一般规律。二是从语言学角度来讲,国外语言学界对欧洲语言中来自美洲各地的词汇已有系统深入的探究。高旭和梅雪琴(2016 年)根据伦敦大学语言专家玛丽·塞让特森的《英语中外来词的历史》、法国思想家米歇尔·福柯的《词与物》和美国学者克罗斯比的《哥伦布大交换:1492 年以后的生物冲击和文化影响》等文献,梳理出来“美洲外来词所联结的欧美之间以及欧洲内部语言文化交流”最终演变为英语词汇的单词 169 个,并对各词“通过现场口语记录的形式”而借入的时间、途径、语义学角度划分等进行了详细的考证,其中 tobacco(烟草,16 世纪借入)、petun(一种烟草,除在作为矮牵牛花植物名 petunia 中存在外,现已成为废词。)、kinnikinic(烟草混合物)3 个烟草相关词汇与 potato(土豆)、maize(玉米)、chilli(辣椒/甜椒)等一起归入“来自美洲的物产词汇”,但并无 Cigar 一词[4]。Cigar 这一英文词的“首见书证”并非“直接根据发音由美洲进入英语词汇系统”,而很可能是美洲原住民对 Cigar 发音可能类似 sikar、sicar,哥伦布团队的西班牙人根据其形状和发音,非常容易联想到西班牙语的蝉 Cigarra。在与印第安人语言系统无法互通的情况下,他们更倾向依赖本土语言体系,运用外观和发音形象联想的方式进行借西班牙语蝉(Cigarra)一词为新事物雪茄命名。类似的“形象联想”型借词较多,以 tomato 被汉语体系命名为“番茄”“西红柿”为例,正是由于其果实类似中国茄子形状、又似中国红柿子的蔬菜,还是从外国、西方传入中国。另外,由于人们对语言经济性的追求,说话人倾向于选择词长较短的音译词形,Cigar 被逐渐演变出来,以后又衍生出 cigarette(卷烟)、cigarillo(小雪茄)(详见图 3 关键步 1、关键步 2)。

---

① 此概念出自《近代中日词汇交流研究:汉字新词的创制、容受与共享》一书第 9 页:首见书证表明某一词最先出于何种文献(时代、著者、种类)。如果是新造词,可由此把握造词者和造词理据的情况;如果是借词,可以了解借入者和借入的途径。首见书证是一个新词的源头。

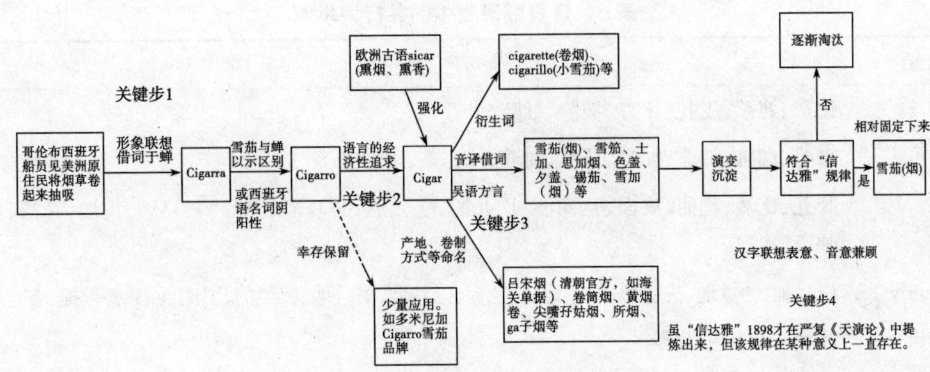

图 3 “Cigar”与“雪茄”名称演变历程图

3.2 “雪茄”一词源于“Cigar”音译借词

“雪茄一词源于 Cigar 音译借词”的线索同样出自《中国烟草文化图录——中国烟草博物馆开馆纪念》(2004 年)。书中记述:“旱烟是不用水而干吸以名,鼻烟是用鼻子闻而得名,惟有雪茄是音译。”[21]

在与外国的贸易往来、文化交流、移民杂居和战争等各种接触中,我国产生了部分借词以填补汉语本无表示这一事物的词汇空缺。借词产生的主要方法有音译、意译、音译结合、英汉夹杂、外语缩略词借用等[22]。虽然汉语在翻译外来词时有意译的文化心理驱动倾向[23],但作为语音转译最初处理过程和迅速便捷的优点使得音译法(即依据纯粹的拟音、谐音进行直译或语音转译的方法)占有重要比重,是翻译专用名词及科技术语时最常用的方法[22]。根据党静鹏、唐兴正等人的研究,“雪茄”就属于音译法产生的汉语词汇,与 coffee(咖啡)、sofa(沙发)、tank(坦克)、nylon(尼龙)、engine(引擎)等相像。推断“雪茄”在音译过程中与吴语的发音有渊源。但“Cigar 之燃灰白如雪,Cigar 之烟草卷如茄”的生动阐释伴随着“雪茄”一词成为借词音译的翘楚,即音译的同时利用汉字联想表意而产生的词汇,如同席梦思(simmons)让人产生一夜安枕的遐想、罗曼史(romance)让人联想到温馨浪漫的气氛、可口可乐(cocacola) 给人畅饮的不自觉体验,结合对所指事物的认识和情感、与原词的本义更相符、且便于理解识记和传播。而“雪茄烟”类似于 internet(因特网)、t-shirt(T 恤衫)、tittup(踢踏舞)、salmon(三文鱼)、beret(贝雷帽),属于音译结合法中的音译加注(即将整个词音译后加表义词缀作为注解,半音半译,音译加本族语词素),并如同 ballet(芭蕾舞和芭蕾)、bowling(保龄球和保龄)、golf(高尔夫球和高尔夫)、jeep(吉普车和吉普)、jacket(夹克衫和夹克),存在“雪茄”和“雪茄烟”并行使用的情况。

3.3 “雪茄”一词在众多并行词的竞争中胜出

汉语音译词除需进行语音改造,还必须经过字形转写的过程。由于同音字的存在,语音改造后生成的语音形式采用哪一个汉字就是借用者的选择过程。同一个外语语音序列,可用不同的汉字来记录(见表 5)。正如表 5 中最初 coffee 的翻译并非只“咖啡”一个,“雪茄”也遵循着语言学的基本规律,与众多并行词进行着竞争。

表 5 语言翻译当中的并行词举例

外语	并行词
pizza	比萨、匹萨、皮扎、比查、披萨、批萨
coffee	咖啡、珈啡、加非、加啡、茄菲、加菲、加非茶、阿非茶等
beer	啤儿、比耳、比而、皮卤、比而酒、比儿酒、碧儿酒、必耳酒、啤耳酒、泌酒、皮酒、脾酒、卑酒、啤酒、比酒
brandy	白兰地、勃兰地、拔兰地、伯兰地、白兰提、巴兰地、罢兰地、罢兰的、罢阑地酒、菩兰提、卜蓝地等
sofa	沙发、梳化、梭发等
cigar	雪茄(烟)、雪笳、士加(烟)、思加烟、色盖、夕盖、锡茄、雪加(烟);吕宋烟(清朝官方,如海关单据)、卷筒烟、黄烟卷、尖嘴孖姑烟、所烟、ga 子烟等
tobacco	淡巴菰、烟、煙、菸、蔫、淡巴姑、淡巴苽、金丝熏、芬草、大孖古等

外来词总是由译者先译出,可能同时会有几个版本。术语规范和统一具有严重滞后性,因此,存在一段时间内有较多并行词的情形。经过检验和使用以后,具有语义价值的字更能为大众结受并沉淀下来,经过"吸收、演变、固定",得体而生动的词得以保留下来并传承沿用。这正是"雪茄"一词不仅在"雪笳、士加(烟)、思加烟、色盖、夕盖、锡茄、雪加"等"一个词位的语音/字形变体"的竞争中被选择,而且打败了在清朝海关单据等官方文件中使用的"吕宋烟"。我们国内进口的雪茄烟一般通过菲律宾的吕宋岛送达)一词的原因。

3.4 对"雪茄"这一中文名词考证得出的结论

(1)出现时间上,"雪茄"中文一词,确证不晚于 1891 年,大致不早于 1815 年。

(2)产生方式上,"Cigar"一词源于西语"蝉 Cigarra"的形象联想,"雪茄"一词源于"Cigar"音译的同时汉字联想表意,"雪茄烟"一词则源于"Cigar"的音意结合中的音译加注。产生过程:"雪茄"一词可能受到吴语"Cigar"发音的触发。传播过程:推断由中产阶级(商人买办、政要、留学生、文人等)逐渐向两端(官方规范、普通百姓)延伸,并最终从"士加、雪笳、思加烟、色盖、锡茄"等众多"一个词位的语音/字形变体"的竞争中胜出,且打败了一度的官方称谓"吕宋烟",逐渐沉淀、固定下来。

(3)历史已经证明并将再次证明:雪茄在中国之兴衰与中国对外开放程度密切相关。但光绪中叶至民国初年的第一次盛行是被动的,而随着"一带一路"、改革开放不断深化势必到来的再次兴盛却是主动的。史鉴明兴替,探寻历史脉搏,把握当前机遇,明晰未来蓝图。

4 小结

笔者走访了上海烟草博物馆、"东方雪茄的原生地"兖州、中国雪茄博物馆,拜谒了徐志摩纪念馆、李伯元故居、薛福成故居,查阅了中国国家图书馆、山东省图书馆及以"见证近 200 年的历史变迁"为宗旨的中国报刊索引网站等收藏的文献,请教了昆虫学教授、语言学教授和徐志摩研究会的相关专家,对"1492 年哥伦布 sikar 动词变名词说""1924 年秋徐志雪茄命名说"、"1903～1905 年李宝嘉雪茄命名说""蒲草棒说""荷梗说""胡笳说"等进行了整理和探讨。雪茄文化的考证、挖掘、开拓和弘扬是中式雪茄品牌着力打造和高质量的重要一环，文化的建设向来需要聚沙成塔和愚公移山，而非一日之功、几人之力。在此抛砖引玉，以期为中式雪茄文化的建设尽绵薄之力。

参考文献

[1]李艳．美洲印第安语系假说[J].当代语言学，2010，12(2)：163-177，190.

[2]孙竞．美洲印第安语言的历史变迁[J].科技信息(学术研究)，2008(12)：438.

[3]安慧君．拉丁美洲土著文明及其对人类文明和语言的贡献[J].吉林华侨外国语学院学报，2006(2)：42-46.

[4]高旭，梅雪芹．词汇中的自然与文化——16～19世纪英语中的美洲外来词及其作用新探[J].学术研究，2016(8)：120-127，178.

[5]刘作忠．泰戈尔中国行[J].贵州文史天地，1998(7)：88-92..

[6]董婷婷．国际科学文化名人访沪及其影响(1919～1937)[D].上海：东华大学，2009.

[7]董燕静．泰戈尔来华对中国思想界的影响[D].上海：复旦大学，2008.

[8]徐志摩．徐志摩文集[EB/OL].百度阅读 APP 电子书.

[9]李宝嘉．官场现形记[M].长沙：岳麓书社，2014：434，661

[10]王学钧．李伯元的家世与诞生地[J].明清小说研究．2009(6)：76-79.

[11]魏绍昌．李伯元研究资料 [M].上海：上海古籍出版社，1980.

[12]赵娟茹．李伯元《文明小史》研究的回顾与前瞻[J].燕山大学学报(哲学社会科学版)，2015，16(1)：62-66.

[13]薛福成，钟叔河．薛福成：出使英法意比四国日记[M].长沙：岳麓书社，1985.

[14]全国报刊索引[EB/OL]. http://www.cnbksy.com/home.

[15]李时珍．本草纲目[N/OL].古代医书，https://www.gushiwen.org/guwen/bencao.aspx 草部：香蒲蒲黄.

[16]赵学敏．本草纲目拾遗[N/OL].古代医书，https://www.sbkk88.com/mingzhu/gudaicn/gudaiyishu/bencaogangmushiyi/ 1765 卷五 草部：荔枝草.

[17]印光任，张汝霖．澳门记略 [M].乾隆十六年(下卷).

[18]陈琮．烟草谱[M].北京：中国农业出版社，2017.

[19]中国烟草学会，中国烟草博物馆．中国烟草文化图录——中国烟草博物馆开馆纪念(内部资料).北京：早春文化传播有限公司，2004.

[20][美]让-亨利·卡西米尔·法布尔．昆虫记(Souvenirs Entomologiques)[EB/OL].百度阅读 APP 电子书第五卷.

[21]葛丽萍，叶少敏．外来词汉语翻译策略探索[J].海外英语，2019(07)：129-130.

[22]吴礼权．汉语外来词音译及其音译文化心理探究[J].译苑新谭，2018(2)：50-61.

[23]唐兴正．英、汉语言中的音译借词与谐音词初探[J].四川理工学院学报(社会科学版)，2007(6)：72-75.

[24]党静鹏．汉语英源外来词借用过程与机制[D].北京：中国社会科学院研究生院，2017.

[25]袁胜军，周子祺．品牌力评价指标体系研究[J].经济学家，2018(3)：96-104.

[26]何青，周宁波．国产雪茄烟高质量发展路径探讨[J].时代经贸，2018(31)：38-43.

[27]辜菊水．中国雪茄市场发展分析[R].中国卷烟销售公司市场管理部，2019.

高质量发展阶段
基层单位营销策略升级的研究与探索

邱纯璞，张乐朝，杜海波

［济南市烟草专卖局(公司)长清区局(营销部)，山东济南，250300］

［摘要］随着烟草行业高质量发展的逐步推进，基层营销工作重点和营销策略逐渐发生了变化，然而部分基层单位长期处于高速增长阶段形成的思维惯性和路径依赖没有改变，仍然使用老经验、老思路、老方法来开展工作。建设现代化经济体系，推动烟草行业高质量发展，是烟草行业在发展环境深刻变化、挑战压力不断增多的形势下保持持续健康发展的必由之路，是遵循烟草行业发展规律的必然要求。通过对烟草行业高质量发展阶段的形势分析，贯穿卷烟流通各个环节的问题分析，以烟草商业企业基层单位——县级局(营销部)的视角，从对接工业企业、服务零售户、面向消费者三个环节提出9项营销策略升级，为基层单位提供借鉴思考，助力行业高质量发展。

［关键词］高质量发展；基层单位；营销策略升级；现代化经济体系

1　高质量发展阶段的形势分析

1.1　数据层面形势分析

党的十九大报告指出，我国经济已由高速增长阶段转向高质量发展阶段。从我国历年GDP数据来看，1978年改革开放时，我国GDP为3679亿元，1992年达到27068亿元，2009年达到345629亿元，超越日本成为全球第二大经济体，2018年突破90万亿元(见图1)。从GDP增长的绝对值看，保持了稳定增长，但从GDP增速上看，从2008年全球金融危机开始，我国GDP增速开始下降，近几年维持在6%～7%(见图2)。

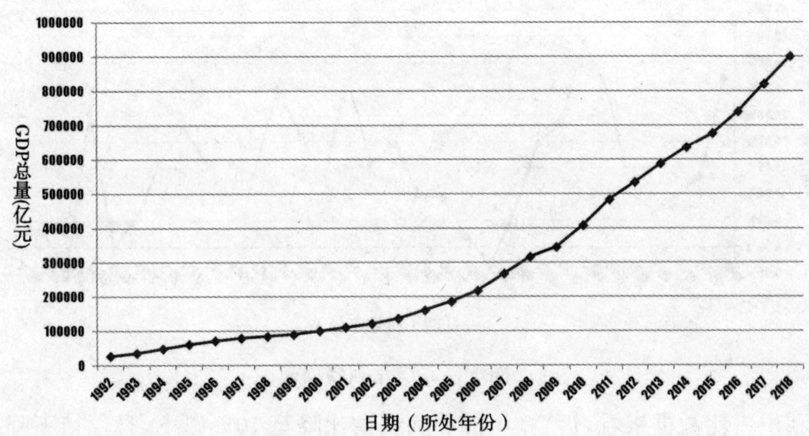

图 1　我国历年 GDP 总量图

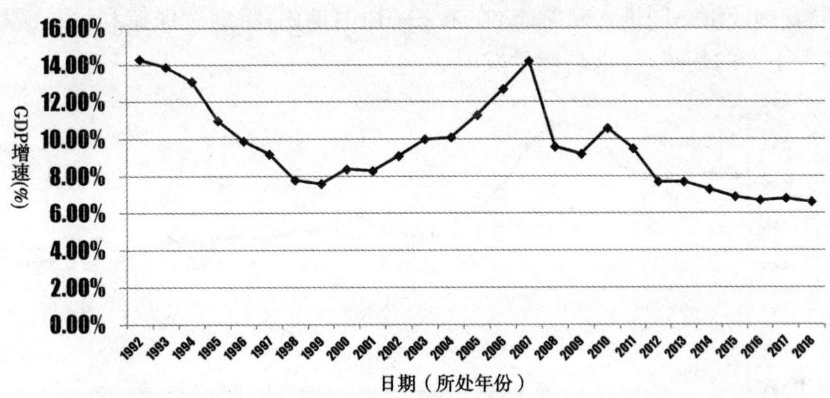

图 2　我国历年 GDP 增速图

烟草行业横跨一、二、三产业，与国家发展态势息息相关。从行业利税总量来看，同样保持稳定增长态势，但从行业利税增幅来看，近年来增幅整体下降（见图 3 和图 4）。

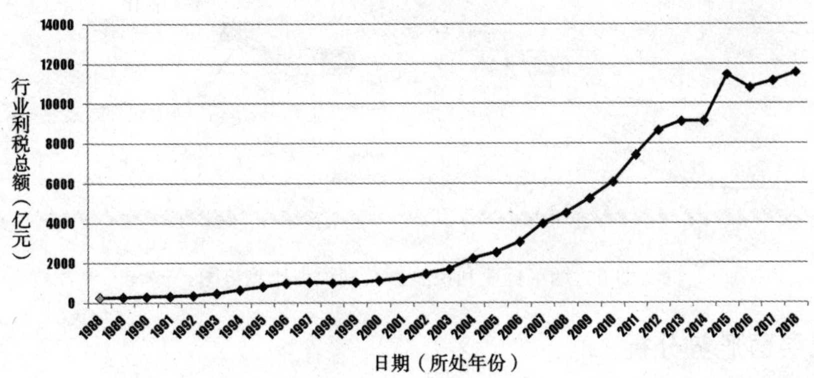

图 3　烟草行业历年利税总额图

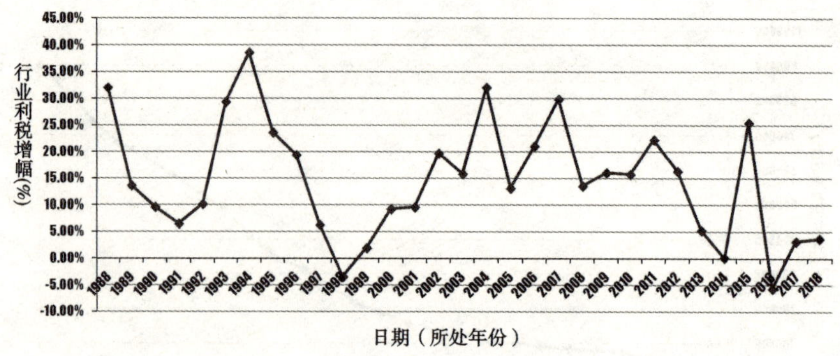

图 4　烟草行业历年利税增幅图

从行业利税占比数据来看，近 20 年行业利税占比降至 10%以下，且保持下降趋势，近几年维持在 6%以上（见图 5 和图 6）。在经历高速发展之后，烟草行业难以依靠数量扩张继续快速发展，同我国经济一同进入新常态，在未来一段时期内，将继续保持利税总额稳定增长、利税占比基本不变的趋势，寻求高质量发展。

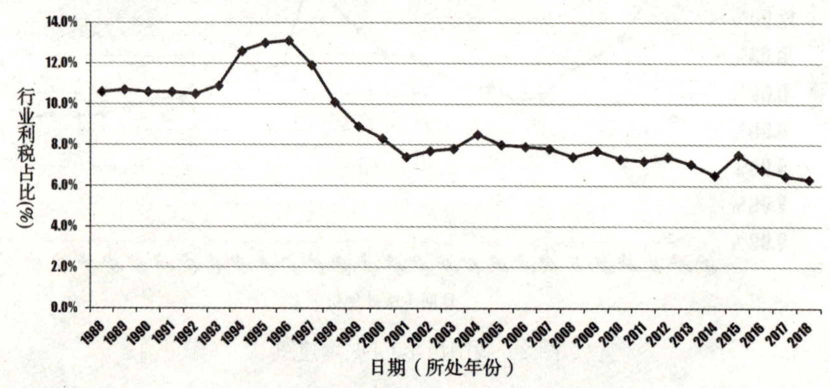

图 5　烟草行业历年利税占比图

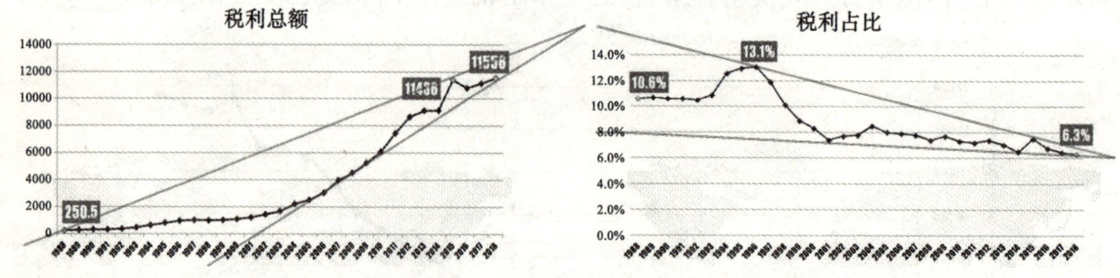

图 6　烟草行业利税总额及利税占比趋势图

1.2　现象层面形势分析

除数据体现的趋势外，在实际工作中，各地商业企业都遇到了制约行业发展的各类问题。比如重点品牌核心竞争力不强，各地在销卷烟规格普遍偏多，但多数重点品牌市场集中度不高，部分规格卷烟老化严重，部分新品市场回响较差，说明对市场研究不够，品牌管理与吸食偏好有所脱节。卷烟零售价格难以保持，尽管近年来各地持续推进自律互助小组建设工作，但零售户低价销售现象时有发生，卖熟不卖生或买烟送赠品更是常态，批发卷烟零售占用资金较多，低价销售导致零售户毛利降低的背后，凸现出终端建设不够、经营信心不足等问题。此类问题是制约行业高质量发展的问题，商业企业独立解决的难度较大。

1.3 总体分析

从数据和现象两个层面的分析来看，在消费拐点逼近、控烟履约加强等不利因素的制约下，烟草行业难以继续依靠销量扩张来换取发展空间，为实现行业长期健康发展，需要透过现象看问题、找矛盾，以全局思维解决当前存在的难题，走高质量发展道路。

2 高质量发展阶段商业企业需要关注的新问题

高质量发展需要建设现代化烟草经济体系，完整的体系是贯穿“工商零消”所有环节的。就商业企业而言，需要有从局部看整体的逻辑思维，在做好卷烟销售和市场监管工作的基础上，需要牢固树立大局观念和整体意识，发挥好中枢纽带的核心作用，更加深入地研究对接工业企业、服务零售户、面向消费者三个环节出现的新问题，以此来抓准未来一个时期的重点工作。

2.1 对接工业企业环节需要关注的新问题

在对接工业企业的环节，重点解决“地产品牌不强势和地产品牌难培育”的问题，让地产品牌成为卷烟经营的有力武器，为地方经济建设提供助力，促进本地市场消费持续升级。

2.1.1 当前对待地产品牌的态度

我国多个省市地产卷烟动销较差，难培育的特点导致员工不愿花大力气培育品牌，而且往往政治属性大于其市场属性，更多是当作硬性指标任务，忽略了对地产品牌管理的跟进和反馈，也未意识到培育地产品牌对本地市场消费升级的长远意义。

2.1.2 销售地产品牌卷烟对地方经济建设和卷烟消费升级的影响

相较于经济发展迅速的南方，山东省经济发展相对滞后。省会济南市 GDP 不到江苏省苏州市的一半，2019 开通第一条地铁线，落后苏州市 7 年，全省 2017 年人口净流出 41.97 万人，排名全国第一，2018 年人口净流出 19.55 万人，排名全国第二（见图 7），人口流失在一定程度上体现了发展落后的影响，也对卷烟销售带来了直接影响。

2017年全国各省人口流动数据

排名	地区	人口流入（万人）	常住人口（万人）
1	广东	68.47	11169
2	浙江	31.3	5657
3	四川	23	8302
排名	地区	人口流入（万人）	常住人口（万人）
21	湖南	-3.4	6860.2
22	江西	-6.7	4592.3
23	辽宁	-7	4368.9
24	上海	-8.17	2418.33
25	北京	-10.4	2170.7
26	黑龙江	-12.02	3787
27	天津	-13.15	1556.87
28	湖北	-15.95	5902
29	吉林	-16.33	2717.4
30	河南	-38	9559.13
31	山东	-41.97	10005.83

2018年全国各省人口流动数据

省份	2018年常住人口总量	2018年常住人口增量	2018年人口自然增长	2018年人口机械增长
北京	2154.2	-16.5	5.75	-22.25
天津	1559.60	2.73	1.95	0.78
河北	7556.30	36.78	36.79	-0.01
山西	3718.34	15.99	15.99	0
内蒙古	2534.0	5.4	6	-0.6
辽宁	4359.3	-9.6	-4.4	-5.2
上海	2423.78	5.45	4.4	1.05
江苏	8050.7	21.4	18.41	2.99
浙江	5737	80	31	49
安徽	6323.6	68.8	40.57	28.23
福建	3941	30	27.6	2.4
江西	4647.6	25.5	34.1	-8.6
山东	10047.24	41.41	60.96	-19.55
河南	9605	46	55	-7
湖北	5917	15	26.83	-11.83
湖南	6898.8	38.6	35.2	3.4
广东	11346.00	177	92.76	84.24
广西	4926	41	40.03	0.97
海南	934.32	8.56	7.88	0.68
重庆	3101.79	26.63	10.75	15.88
四川	8341	39	33.7	5.3
贵州	3600.00	20.00	暂无	暂无
陕西	3864.40	28.96	17.06	11.9
甘肃	2637.26	11.55	11.63	-0.08
青海	603.23	4.85	4.84	0.01
宁夏	688.11	6.32	暂无	暂无

图 7　2017 年和 2018 年全国各省人口流动数据

经济发展水平直接影响卷烟消费水平，而销售地产卷烟可以带动地方经济发展。我国烟草税费由多个部分组成，其中，卷烟生产环节消费税占所有环节税费的 50%以上（见图 8）。就山东省而言，每销售一条“泰山”烟，相比于销售一条同价位的省外烟，可以为本省增加两倍税收。本地税收增加后，能够更好地支撑经济建设，从而吸引企业投资，吸引人才聚集，人多了，商业氛围强了，市场消费水平持续提升，可长期利好本地卷烟经营。

图 8　我国烟草税费构成图

2.2　服务零售户环节需要关注的新问题

在服务零售户的环节，重点解决“终端建设投入大和建设成效不显著”的问题，让终端建设不成为商业企业和零售户的负担，让零售户主动争取并积极配合终端建设。

2.2.1　行业过去推进终端建设模式的分析

2010 年，甘肃兰州网建会首次提出了终端建设思路，此后在终端建设的基础上继续提出现代终端建设、自律互助小组建设、新零售、"互联网+"等新方向，各省市持续推进终端建设相关工作，投入大量资金和人力，但终端建设成效相对缓慢，存在终端同质化较严重、终端功能较简单、客户配合度不高等问题，不少员工将此归结为客户改造意愿不强烈的问题(见图 9)。

图 9　行业历年网建会图

2.2.2　**其他行业终端建设模式分析**

2017 年 8 月，阿里巴巴在举办零售通战略发布会时，宣布计划年内在全国改造 10000 家社区小超市为天猫小店。同年，刘强东宣布五年内在全国开设超过一百万家京东便利店。天猫小店和京东便利店均采取加盟模式，需要经营者付费加盟，天猫小店更是需要缴纳保证金，每年还需支付技术服务费。即便如此，天猫小店和京东便利店的扩张速度仍远超预期，在全国范围内遍地开花。虽然行业和模式不同，但客户意向相同，天猫小店和京东便利店的迅速扩张，反映出客户对终端改造的强烈意愿。烟草行业想取得更大的终端建设成效，还需从零售户需求入手，抓核心客户，抓关键问题，以此增强客户意愿，增加客户黏性，进而增强渠道控制力。

2.3　面向消费者环节需要关注的新问题

在面向消费者的环节，重点解决"市场分析不充分和消费需求难引导"的问题，拉近烟草企业与消费者之间的距离，真正实现以需求为导向，用市场需求引领企业发展方向。

2.3.1　**卷烟消费群体现状**

当今社会发展迅速，连带消费偏好变化同样迅速，消费者本身表现出多样化需求，加热不燃烧卷烟、电子烟、"小烟(一次性)"等成为更多消费者的卷烟替代品(见图 10)。目前，国内淘宝、京东等平台均可购买电子烟、"小烟(一次性)"。这类产品外观吸引人，口味选择多，为年轻消费者所偏爱(见图 11)。近年来，行业"细中短爆"新品类卷烟大量研发上市，但真正引导消费者从短期新鲜感转化为长期吸食偏好的品牌少之又少，仅"南京(煊赫门)""黄金叶(乐途)"少数品牌成绩突出。

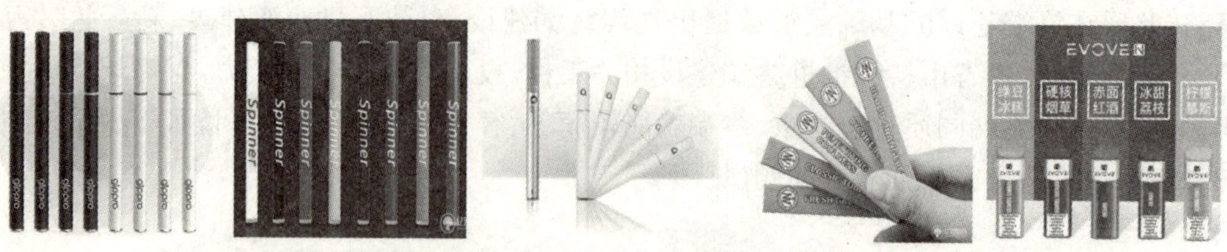

图 10　电商平台高销量产品:电子烟、“小烟(一次性)”

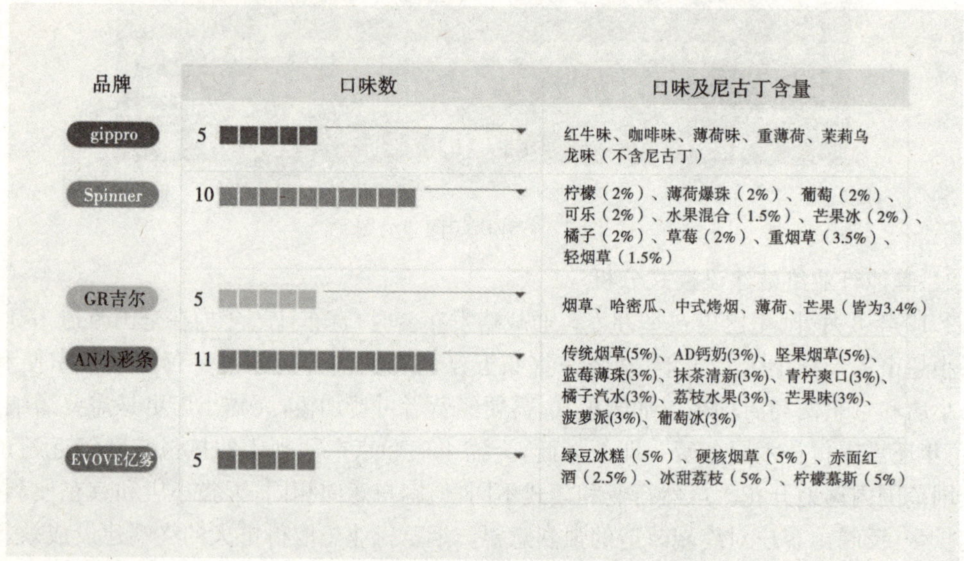

品牌	口味数	口味及尼古丁含量
gippro	5	红牛味、咖啡味、薄荷味、重薄荷、茉莉乌龙味（不含尼古丁）
Spinner	10	柠檬（2%）、薄荷爆珠（2%）、葡萄（2%）、可乐（2%）、水果混合（1.5%）、芒果冰（2%）、橘子（2%）、草莓（2%）、重烟草（3.5%）、轻烟草（1.5%）
GR吉尔	5	烟草、哈密瓜、中式烤烟、薄荷、芒果（皆为3.4%）
AN小彩条	11	传统烟草(5%)、AD钙奶(3%)、坚果烟草(5%)、蓝莓薄珠(3%)、抹茶清新(3%)、青柠爽口(3%)、橘子汽水(3%)、荔枝水果(3%)、芒果味(3%)、菠萝派(3%)、葡萄冰(3%)
EVOVE亿雾	5	绿豆冰糕（5%）、硬核烟草（5%）、赤面红酒（2.5%）、冰甜荔枝（5%）、柠檬慕斯（5%）

图 11　电商平台高销量产品口味类型图

同时,我国人口红利正在逐步减少,“80 后”人口 2.28 亿人、“90 后”人口 1.74 亿、“00 后”1.47 亿,年轻的消费者基数降低,年龄的大消费者受健康等因素影响逐渐减少,在诸多因素影响下,把握消费者需求变得愈加重要(见图 12)。

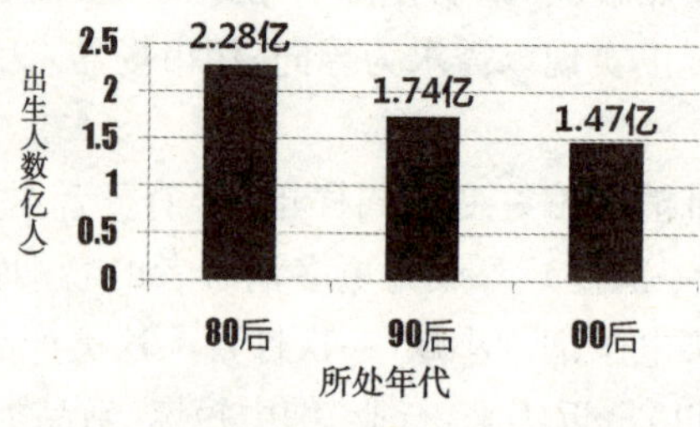

图 12　各年代出生人口数量变化图

2.3.2　面向消费者环节存在的问题

在卷烟流通全过程中,工业企业生产卷烟调拨给商业企业,商业企业批发卷烟给零售户,零售户销售卷烟给消费者,整个销售流通就此结束。这其中,商业企业与工业企业、零售户都有交集,唯独不面向消费者,受政策影响也无法做广告,导致缺少研究消费者和营销消费者的机会。高质量的发展是满足人民日益增长的美好生活需要的发展,烟草行业的高质量发展,需要建立在面向消费者、了解消费需求的基础上,才能实现以需求来衔接订单,满足消费者需要。

3 高质量发展阶段基层单位营销策略升级探索

作为商业企业最基层的单位，县级局（营销部）是构成烟草行业的最小单元，既需要对接工业企业协同发展，也需要服务零售户共建共赢，还需要面向消费者研究与引导。烟草行业推进高质量发展，需要通过基层单位营销策略升级入手，带动行业转型发展，结合行业高质量发展阶段的形势分析和问题分析，从对接工业企业、服务零售户、面向消费者三个环节提出 9 项营销策略升级。

3.1 在对接工业企业环节的营销策略升级探索

3.1.1 卖点升级策略

“烟酒”作为我国两大消费行业，在消费特性上相似度极高。近年来，新生代白酒企业“江小白”找准年轻化定位，通过卖点提炼，引起消费者共鸣，迅速在白酒市场打开空间，从 2013 年销售额 5000 万元，到 2018 年销售额 20 亿元，实现巨大成功（见图 13）。

图 13 江小白“扎心”文案提炼产品卖点

受政策限制影响，卷烟无法广告宣传，也导致消费者对卷烟品牌的了解相对较少，只能通过烟名、包装或者特定方式来了解一款卷烟的卖点和特色。因此，需要对接工业企业深入了解品牌内涵，挖掘卷烟卖点，结合零售户所在商圈或地域的特点提炼品牌卖点，确定主销规格，打造一店一品。以“泰山”品牌为例，可为商务办公区域的零售户打造主销规格——“皇家礼炮 21 响”，提炼卖点“皇家礼炮，成功的味道”，供商务消费群体选择。为军旅驻地区域的零售户打造主销规格——“泰山（功勋）”，提炼卖点，供军旅群体选择（见图 14）。

图 14 “泰山”品牌卷烟卖点提炼示例

3.1.2 包装升级策略

受传统消费习惯影响，卷烟在礼盒包装方面相对于茶叶、补品等产品落后，多数消费者在购买卷烟或赠送卷烟时采用手提袋、报纸的方式来包裹，这种传统消费习惯在一定程度上降低了卷烟产品的潜在溢价，同价值的烟酒茶产品放在一起，因为礼盒包装而拉低消费者对卷烟的价值观感，颇不划算。因此，应协同工业企业深入研究，针对零售户周边消费人群推荐合适的礼盒包装，以此刺激消费。如为婚庆店、酒店零售户推荐“随手礼”式礼盒，为旅游景点周边零售户推荐旅游纪念款礼盒，为商务、政务办公区零售户推荐走访礼盒等（见图15）。

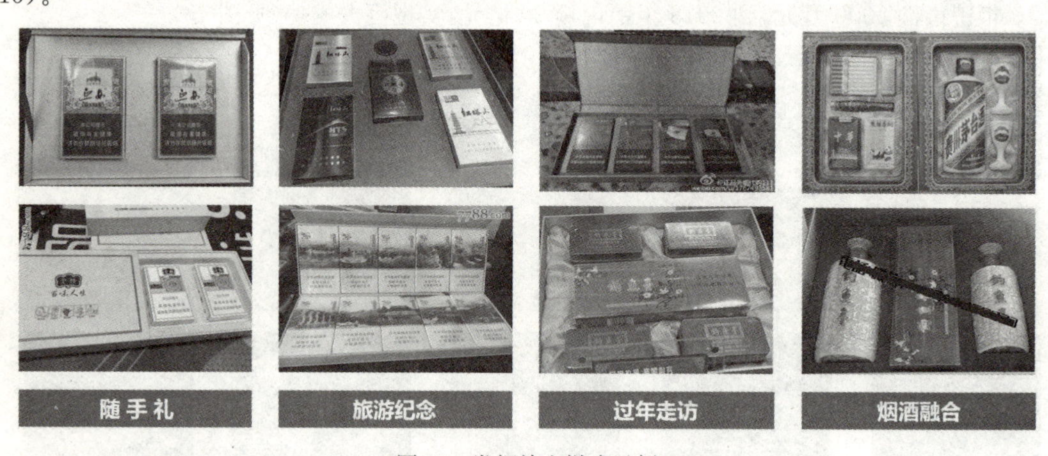

图 15 卷烟礼盒样式示例

3.1.3 反馈升级策略

协同工业企业建立品牌价值评价体系，分析上柜率、动销率、订足率、订足面等关键指标，调研零售户和消费者对品牌的评价情况，从新品上市成活、在销规格跟踪、弱势品牌推出等多方面强化品牌管理，在逐步缩减在销规格的同时，以培育地产品牌为核心任务，全力提升重点品牌价值。

3.2 在服务零售户环节的营销策略升级探索

3.2.1 选点升级策略

目前，零售户中比例最多的业态是食杂店业态，多以夫妻老婆店为主。在线上运作成本逐年上升的情况下，作为线下流量入口，社区周边食杂店是抢位生活服务平台的核心渠道，改造潜力较大。在选点改造过程中，应更加注重整体布局，择优选取。一是尽量靠近主干道，确保人流量较大，日均不低于 1500 人；二是长久稳定租赁的商店，最好是自营的或者与房东签约 2 年以上的，避免资源浪费；三是面积不小于 30 平方米，避免受空间制约出现商品出样不全或陈列混乱的情况；四是经营意识强、配合度高的，便于配合营销网建工作。

3.2.2 陈列升级策略

在卷烟陈列方面，注重分区陈列的方法，将地产品牌或重点品牌放在黄金区域，通过陈列升级的方式突出培育卷烟品牌，利用烟模等工具，在店内背柜空间陈列造型，突出主打规格。在非烟产品陈列方面，注重整店的色彩布局，通过规范整齐的整店陈列来吸引消费者眼球(见图 16)。

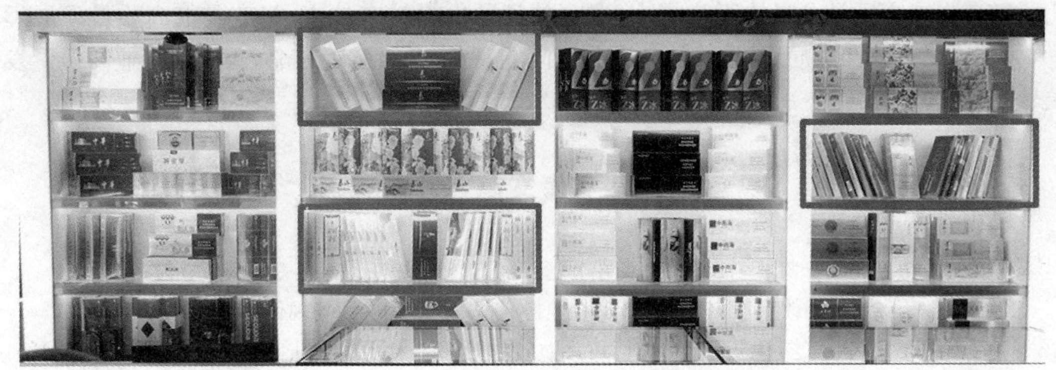

图 16 卷烟陈列示例

3.2.3 功能升级策略

在推进终端硬件设施升级的基础上，更加注重软件功能升级。如通过推广云 POS 智能设备，加强经营数据的采集和分析，为经营提供指导，实现品牌赋能；通过引进竞争力强的非烟产品，为零售户增加利润空间，实现非烟赋能；通过自律互助小组建设、党员之家建设，为零售户相互交流搭建平台，实现组织赋能。

3.3 在面向消费者环节的营销策略升级探索

3.3.1 分析升级策略

借助现代终端建设的有利契机，持续推广云 POS 等智能终端设备，加强零售户的应用跟踪。通过终端销售数据采集、商店会员制度建立、有奖问卷调查等方式，全面采集消费者相关数据，利用大数据分析把握市场变化，适时调整货源投放、品牌培育策略，充分满足消费者需求。

3.3.2 交互升级策略

更加注重维护消费者对烟草行业的感官感受：一是持续推进文明吸烟环境建设，在控烟履约日趋严格的形势下，在人流密集、政策允许的区域搭建吸烟室、吸烟亭，为更多消费者提供自在消费的环境，也避免不吸烟人群受二手烟影响，减少烟民与非烟民之间的冲突。二是通过打造消费体验区，设置一次性烟灰盒、发放设备等方式，塑造良好行业形象。

3.3.3 科研升级策略

高质量发展阶段，有更艰巨的任务和更复杂的难题等待解决，基层单位在日常工作中需要切实增强危机意识和创新意识，持续加强对重点难点问题的研究力度，贯彻新理念，应用新方法，解决新问题。

4 对行业高质量发展的思考与展望

在 2019 年全国烟草工作会议上，国家烟草专卖局张建民局长着眼于未来 10 年，按照高质量发展的要求，提出了“现代化烟草经济体系基本建成”“中式卷烟品牌成为烟草行业发展更加坚强的支撑”等发展目标。这些目标的实现，离不开每一个基层单位的辛勤付出与努力。随着未来高质量发展的逐步深入，遇到的问题也将越来越多，只有贯彻高质量发展理念，树牢大局意识和全局思维，才能精准分析问题，持续升级营销策略，为烟草行业高质量发展奠定坚实基础。

参考文献

[1]朱瑾．市场化改革背景下 S 区烟草商业公司营销策略研究[D]．郑州：郑州大学，2018.

[2]向莉．市场化取向改革背景下烟草工商企业协同营销探讨[J]．商场现代化，2016(1)：114-119.

[3]金欢荣．浅谈地市烟草商业公司如何建立面向消费者的服务体系[J]．东方企业文化，2012(12)：24-27.

[4]张波，彭兆祺．基于消费需求的营销策略探讨[J]．现代营销(创富信息版)，2018(10)：66-68.

[5]陈莹．互联网时代企业营销策略分析[J]．智库时代，2018(32)：35-38.

[6]韩跃龙．基于市场化取向改革的县级烟草营销队伍职能转型探究[J]．中国集体经济，2015(36)：49-55.

烟草商业企业创新工作室创建探索与应用

王永利，王键，王晓

（山东青岛烟草有限公司，山东青岛，266071）

［摘要］烟草行业是一个特殊管制的行业。在发展中，烟草企业的管理目标不仅是追求效率和效益，还要追求规范性、稳定性；企业要实现高质量和可持续发展，就必须开展管理创新，必须集中优势创新资源，重点发力，攻坚克难，持续提升企业经营管理能力。本文引入烟草行业为推动高质量发展探索创建和管理创新工作室，以期对企业管理人员提供借鉴参考。

［关键词］烟草商业；创新工作室；八有标准；晋级降级；创建步骤

创新工作室是创新的孵化器。开展创建创新工作室活动，旨在为先进创新人才和职工群众搭建一个锐意创新、攻坚克难的阵地，发挥作用、展示才能的平台，并通过创新工作室的建设，提升企业的自主创新能力、技能水平和业务能力，促进优秀创新成果的转化应用，培养出高素质的创新人才队伍，推动企业经营管理水平不断提升。

创新工作室是引领创新、引领智慧的团队，是围绕生产经营活动的重点、焦点和难点问题，产学研相结合，将先进技术、经验、方法和成果转化为现实生产力的技能人才组织。在行业各直属单位主要负责同志座谈会上，张建民局长指出，要支持和引导创新要素向企业聚集，不断增强企业创新动力、创新活力、创新实力，大力开展管理创新，要积极营造有利于创新的良好环境，大力弘扬创新文化，鼓励广大员工学习新知识、钻研新技术、运用新方法、展示新本领，让创新在全行业蔚然成风。可以说，创建创新工作室，弘扬创新文化，通过创新驱动发展，通过创新挖潜增效已经成为行业上下共识，是我们贯彻行业推进高质量发展要求的重要举措。

1 创建目标

1.1 基层基础全覆盖

各基层单位应至少各创建 1 个创新工作室，市局（公司）机关应至少在主营业务领域各创建 1 个创新工作室，如专卖领域创新工作室、营销领域创新工作室和烟叶领域创新工作室。

注：基层单位指各区（市、县）局（营销部、分公司）、卷烟物流中心等。

1.2 实现与业务工作深度融合

通过创新工作室的有效运转和促进作用，实现创新与业务工作深度融合，阶段性辅助解决单位（部门）的重点工作，帮助攻克经营管理中的焦点问题和难点问题；有效提升市局（公司）系统的精益课题研究、技术攻关、发明创造、科技创新能力；积极推动群众性的创新活动，开展QC小组、小改小革、合理化建议、浪费点查找等群众性创新活动。

1.3 提升科技项目与课题攻关水平

在市局（公司）层面，至少取得省级科技进步三等奖以上荣誉1项、省级精益课题二等奖以上荣誉1项及行业QC课题二等奖以上荣誉1项；在各单位（部门）层面，每个创新工作室至少取得岗位创新等优秀课题及以上成果3项，并产生一定的经济效益和社会效益。

2 “八有”创建要求

2.1 统一标志

创新工作室要有名称，名称应自行确定，经市局（公司）验收后，颁发统一样式的创新工作室牌匾，并悬挂在醒目位置；创新工作室的名称可参考“冠名权激励”的方式，以本单位（部门）劳模、创新领军人物、创新骨干等名称进行命名。

2.2 场所固定

每个创新工作室要有适当面积的固定办公、学习和活动场所，并醒目展示组织架构、工作制度、工作计划、创新成果、获得荣誉、创新目标等内容。

2.3 设施齐全

创新工作室要配备必要的专业学习资料、器材工具、信息网络、办公电脑、试验仪器等设施和设备。

2.4 组建团队

创新工作室要积极组织创新能手、技术骨干参与，不断扩大创新团队辐射范围。每个创新工作室设主任1名。一个创新工作室可以包含多个创新团队，每个创新团队由3～8人组成。创新团队可结合本团队的创新特点，组织吸纳相应的创新人才。

2.5 经费保障

创新工作室的经费应按照行业采购和财务管理要求，提前列入年度采购计划和财务预算，专款专用，用于创新活动的开展、接受外部培训、学习资料购买、设备添置等方面。

2.6　制度完善

创新工作室除应遵循各地市局(公司)的课题管理、成果奖励等制度文件,还应结合各单位(部门)特点,建立文化理念、目标任务、活动方式、学习安排、创新计划等制度。

2.7　档案翔实

创新活动开展要有准确、翔实的资料记录;要建立创新工作室和成员档案,全面反映工作室的工作流程和工作状况;要有工作计划、已获创新成果、近期创新项目、创新活动等内容记录;各创新工作室每年要汇总、整理工作档案,做好归档管理。

2.8　注重成效

要通过创新工作室,解决企业生产经营的重点、焦点和难点问题,将成果转化为现实生产力,成为各单位(部门)发展的"加速器"、激发职工创新的"发动机"、企业降本增效的"百宝箱"和促进职工成长进步的"加油站"。

3　创建步骤

按照"试点先行、总结经验、全面覆盖"的基本原则,市局(公司)对具备条件的创新工作室进行试点、培养,符合创建标准后,经验收通过予以批准挂牌,确保创新工作室的创建质量。

3.1　发布创新工作室创建指导意见

市局(公司)组织相关人员到青岛市组织较好的创新工作室观摩学习交流,拟定《创新工作室创建指导意见》,并发布实施。

3.2　确定试点单位,打造样板

市局(公司)选择创新工作室筹备基础较好、具有试点意愿的单位(部门)作为试点;试点单位(部门)应按照要求创建创新工作室,在要求的日期前完成试点创新工作室的创建,创建办定期给予指导,总结创建经验,指导各基层单位(部门)进行创新工作室创建。

3.3　对试点创新工作室评价验收

市局(公司)对试点的创新工作室培养达到成熟条件后,由试点单位(部门)提出申请,经创建办评审和实地考察验收通过后,予以批准挂牌。申请资料包括:创新工作室申报表;创新工作室的工作制度、管理办法和组织机构;反映该创新工作室成员近两年来的工作内容和成绩的照片(3～5 张),有条件的可提供相关视频;其他必要的材料。

3.4　组织创新工作室研讨交流

创建办组织各基层单位(部门)对挂牌的创新工作室观摩学习,研讨交流,并总结经验,进一步完善创新工作室的工作内容。

3.5 推广创新工作室

各基层单位(部门)在交流学习的基础上,对本单位(部门)创新工作室继续完善提升,符合创建要求的创新工作室可申请验收挂牌,切实做到"培养一个、成熟一个、挂牌一个"。

3.6 组织开展"评先树优"活动

年底,市局(公司)组织对全市系统创新工作室开展"评先树优"活动,从优秀创新成果、重点工作完成情况等方面,按不超过30%比例,给予表彰,并按级别适当激励。

4 晋级和降级管理

4.1 晋级管理

对创新工作室实施"分级管理"模式,各创新工作室符合高级别的条件后可提出晋级申请,经相关单位(部门)验收通过后,予以晋级。

初级:县区(部门)级创新工作室。为创新工作室的初始级别,各基层单位(部门)新建的创新工作室符合上述"八有"基本条件后,可申报挂牌为县区(部门)级创新工作室。

中级:市级创新工作室。同时符合下列条件,且晋升比例不超高30%的县区(部门)级创新工作室可晋升为市级创新工作室:每年度,取得市级优秀课题或以上(含岗位创新课题、科技项目、QC课题等)不少于5项;专利或计算机软件著作权不少于1项;成果应用转化课题不少于3项;发表论文不少于1篇;参与解决单位(部门)的重点工作、帮助攻克经营管理中的焦点问题和难点问题不少于3项;组织本单位(部门)开展创新氛围营造活动以及改善提案、合理化建议、浪费点整改、小改小革等群众性创新活动不少于2次。

高级:劳模创新工作室。分两种类别,第一类为拥有当地政府部门总工会或以上劳模,经当地总工会或以上政府机构授予的劳模创新工作室;第二类为拥有行业或省局(公司)系统劳模,并在创新工作室中作为领军人物、技术骨干,参与创新、攻坚克难,且所在创新工作室达到市级创新工作室标准,可申报市局(公司)授予劳模创新工作室。

4.2 降级管理

年底,市局(公司)组织对全市系统创新工作室进行评比,从优秀创新成果、重点工作完成情况等方面,对活动开展不力、不出创新成果、流于形式的创新工作室予以通报,降低一级,直至摘牌。

5 结语

创新工作室是创新的平台,创新非一蹴而就,是一个长期而漫长的过程。在这个过程中,创新工作室要充分发挥示范、引领和辐射作用,通过搭建创新擂台,结合对标管理、考核管理、知识管理等工作，让创新工作室“活起来、比起来、赛起来”，积极营造“比学赶帮超”的良好氛围，实现“百花齐放春满园”的局面，促使企业经营管理水平不断提升，推动行业高质量和可持续发展。

参考文献

[1]刘太良．烟草商业企业双向聚合企业管理模式探索研究[J]．现代商贸工业，2019(19)：10-11.
[2]薛丽．烟草商业企业管理创新研究[J]．管理纵横．2017(34)：90-91.

弘扬工匠精神　提升企业核心竞争力

——推进创新工作室建设　激发烟草企业内生动力和创造活力

杨坤

（山东青岛烟草有限公司李沧营销部管理监督科，山东青岛，266041）

［摘要］为进一步激发烟草企业内生动力和创造活力，提升企业核心竞争力。笔者以“创新、协调、绿色、开放、共享”五大元素为切入点，结合青岛烟草企业推进创新工作室建设工作实际，详细阐述了烟草企业在推进创新工作室建设工作中，应如何弘扬工匠精神，激活创新活力。

［关键词］工匠精神；创新工作室；五大元素

在山东省烟草系统企业管理与科技创新现场会上，吴洪田局长强调：“要引导全员大力弘扬追求卓越的工匠精神、精益求精的品质精神，着力营造‘大众创业、万众创新’的浓厚氛围”。当下，全国各企业都在大力推进创建创新工作室，已然形成时代热潮，迫在眉睫。抓创新就是抓发展，谋创新就是谋未来，作为青岛烟草企业，我们正处于改革发展的“深水区”，高起点上继续发力的“爬坡期”，从“山东旗帜”迈向“全国一流”的换挡阶段，比以往任何时候都更加需要强化创新驱动。推进创新工作室的建设，不仅是追逐时代的潮流、管理的形式、工作的要求，还是为那些在企业中敢于创新、勇于创新的学者们提供一片乐土；为促进企业转型发展，提高员工队伍整体素质提供保障；为提升企业核心竞争力，解决企业生产经营中的重点和难点问题提供平台，同时对落实“抓基层、打基础、强管理、重创新”工作部署具有重要意义。

作为企业，我们该如何运用好创新工作室这一大法宝，让其发挥强大的作用。笔者认为要充分运用好“创新、协调、绿色、开放、共享”这五大元素。

十八届五中全会上提出的“创新、协调、绿色、开放、共享”的发展理念作为发展思路、发展方向和发展着力点，是具有战略性、纲领性、引领性的科学内涵和实践要求，同样适用于烟草企业的发展。

1　创新发展

创新发展注重的是解决发展动力问题。青岛烟草企业在到青岛港、青岛卷烟厂、海尔、海信等先进单位开展集优学习的基础上，决定在全市系统11个基层单位和卷烟营销、专卖管理、烟叶生产三大业务领域分别打造1个创新工作室，以此推进创新型企业建设，促进企业核心竞争力持续提升。按照“试点先行、总结经验、全面覆盖”的基本原则和“有标志、有场所、有设施、有团队、有经费、有制度、有档案、有成效”的“八有”创建要求，扎实稳步推进创新工作室建设，为企业注入活力之源。

创新工作室作为推动职工创新的载体，从字面上看，突出的是“创新”二字。因此，高质量发展的创新工作室取决于理念创新、机制创新、功能创新和成果创新的力度和效果。

1.1　理念创新是核心

在创新工作室建设过程中，少数干部职工还没有真正树立起创新驱动发展的理念，对创新工作的认识还存在误区，认为创新就是大方向、大成效、大投入、大产出，是主营业务部门或专业技术人员的事，与己无关；部分一线员工认为自己是执行层，工作一成不变，不懂创新，也不需要创新。我们应该摒弃上述观点，充分发挥工匠精神，合理运用各种手段、方式和载体，并建立起有效的运行和管理机制，激发广大职工参与创新的积极性，营造一个良好的创新理念和环境。

1.2　机制创新是保障

在创新工作室建设过程中，要与对标管理、考核管理、知识管理、流程建设等工作有机结合，建立健全验收评价、分级管理、积分管理、结对帮扶、知识共享五大机制，通过相对固化的制度、流程和方法，形成管理有序、务实高效的良性循环，在各创新工作室之间积极营造“比学赶帮超”的良好氛围，从而实现“百花齐放春满园”的局面。

1.3　功能创新是枝叶

在创新工作室建设过程中，通过对枝叶的不断拓展和延伸，突出创新工作室在人才和专业知识方面的优势，充分发挥工匠们的引领和带动作用，使工匠精神在更多的工作领域得到弘扬，工作室在更多方面发挥作用，而不是仅仅作为工作开展和成果展示的空间，这样就失去了创新工作室这一平台的真正意义，企业只有枝繁叶茂才更具有生命力和活力。

1.4　成果创新是果实

在创新工作室建设过程中，这累累的硕果服务于企业这棵大树才有存在的意义，也是创新工作室的驱动力。工作室的建设成效归根结底要靠创新成果来体现，通过最有利的方式、条件和环境创造出来的成果服务于企业，为企业最大限度地创造内生动力和活力。形成创新工作室建设成效和创新成果互为表里、相互促进的良性循环，才是企业提升核心竞争力的根本支撑。

2　协调发展

协调发展注重的是解决发展不平衡问题。回顾近年来青岛烟草企业的创新成效，多项科技项目、精益课题、QC课题在行业、全省系统获奖，但大多数集中在卷烟营销、物流配送等领域，相比之下，专卖、综合等领域涉及的课题数量少、成果质量不高，一定程度上存在“点强面弱”的问题。在创新工作室建设过程中，要处理好点与面的关系，在领域方面要把卷烟营销、专卖监督、综合管理、物流配送等方面有机地结合起来；在活动方面要把科技项目、精益课题、QC小组活动、六维四级课题研究、合理化建议等活动有机地结合起来。领导干部要充当好“协调者”，在人员配置、场地提供、资金保障、课题攻关、成果推广、宣传应用等方方面面提供大力支持，统筹协调好各方面之间的关系，做到协调规划、统筹推进，实现各项工作的高质量开展。

3 绿色发展

绿色发展注重的是解决发展可持续问题。在十八届五中全会上提出的绿色发展注重的是解决人与自然和谐的问题。在创新工作室建设过程中，笔者认为须解决的就是创新驱动可持续发展的问题，如同一辆汽车，不论你的品牌多么有竞争力、功能配置多么高、花的钱多么多，没有油，没有一个源源不断的动力输出，它上不了路、动不起来，无疑就是一堆“废铁”，毫无意义。可持续发展是立足当下、着眼长远、面向未来的长久之计。同样，创新工作室建设也需要一个可持续的驱动来保证内生动力不断。创新工作室建设不是只注重短兵效应，轰轰烈烈的开始，又轰轰烈烈的结束；不是“三天打鱼，两天晒网”，想起来就去做一做，想不起来就这样“搁浅”下去；更不能是今天上传了一篇工作报道，明天组织了一场培训，后天开了一个创新会等形式的表象。可持续发展是衡量一个高质量创新工作室的标准，只有持之以恒地去发展，潜心地去研究成果，才能为企业带来实实在在的效益，激活创新动力。

4 开放发展

开放发展注重的是解决发展内外联动问题。“闭门造车”无疑是“井底之蛙”，“单打独斗”无疑是“势单力薄”，开放才能发展，开放才能造就发展的持续动力，这是中国成功经验的总结，也是指引实现中华民族伟大复兴的必由之路。烟草企业应该加强基础建设，夯实理论功底与实际问题研究相结合，建设起点要高、立意要远，明确目标、坚定信心，积极推进工作室区域合作和交流，引导各创新工作室做好自我诊断、找准短板弱项的基础上，始终坚持“引进来、走出去”的发展原则，依托“对标结对、共建共赢”活动，寻找结对对象，开展联合攻关，在提升创新成果质量的同时，实现优势资源和创新技能的开放与互补。例如青岛烟草企业的薪火工作室邀请罗盘工作室创新骨干加入鹰眼QC小组，联合开展的《卷烟消费者品牌营销平台的研发》课题荣获省局（公司）QC发布会二等奖；吕本伟工作室与即创工作室联合成立阳光创新小组，围绕二级中转站现场管理、作业流程等实施优化改善，即墨中转站被评为全省精益物流十佳中转站。这些案例都是开放发展很好的实践和最好的证明。

5　共享发展

如果说“创新发展、协调发展、绿色发展、开放发展”注重的是过程，那么，共享发展相对它们而言，更注重的则是结果的应用，或者说是它们的总结和升华。创新工作室建设的目的就是通过解决企业生产经营和管理中的瓶颈和难点问题，进而达到企业管理科学规范、企业经营降本增效、风险控制完善合理的目的，通过对创新成果“以点带面、以面成体”的运用，使广大职工受益的同时驱动企业的整体发展。有句广告语说得好：“你好，我好，大家好。大家好才是真的好！”只有真正地把“创新、协调、绿色、开放”用共享的方式表达出去，才能真正提升企业核心竞争力。青岛烟草企业在创建创新工作室的同时，打造了线上共享创新平台“乐享K吧”，在整合所有资源的同时，打破了“空间”的限制，为企业搭建起风采展示、知识共享、互动交流的线上擂台，带动了各创新工作室“活起来、比起来、赛起来”的劲头。当然，任何事物都需从正反两面来分析和看待。创新工作室的建设过程中不仅要对取得的成就共享，同时，对企业发展中存在的短板共享也尤为重要，只有清醒地认识到企业的不足在哪里，并对错误加以改正、风险合理控制后，才能使企业的发展少走弯路，才能从真正意义上激活烟草企业内生动力和创造活力。

通过青岛烟草企业创新工作室建设的发展情况来看，创新基础不断夯实，创新活力持续释放，取得了实实在在的效益，为烟草企业弘扬工匠精神、提升企业核心竞争力提供了重要依据。

创新氛围由“要我创新”向“我要创新”转变。通过创新工作室的有效运行，越来越多“想干事、能干事”的创新人才被聚拢在一起，工作室对人才的吸引力逐步增强。截至目前，创新工作室人数已由创建初期的125人发展至212人。由过去依靠行政命令、行政手段推动创新管理，课题数量和质量难以保证，到现在依托创新工作室，在企业内部形成了一个自发、自觉的创新组织。在创新骨干示范引领和“传、帮、带”下，工作室成员围绕生产经营中的热点、难点问题，常态化开展头脑风暴，相互启发创新灵感、共同分享创新经验，呈现出“一花引来百花香”的良好局面，员工参与创新的主观能动性明显提升，创新点和改善点源源不断、竞相涌现。

创新领域由“点上突破”向“面上开花”转变。薪火创新工作室积极探索“互联网＋营销”模式，实施《工商零一体化营销模式研究》，构建商业营销渠道、工业营销品牌、零售客户服务消费者的营销新格局。该成果获省公司科学技术进步一等奖，该创新工作室被评为行业年度优秀精益改善团队。罗盘、合信、启城等创新工作室，聚焦日益增长的房屋维修需求与预算使用不平衡、不充分的矛盾，联合开展“提高维修费用预算需求满足率”课题攻关，该成果获省局(公司)QC发布会三等奖。亮剑创新工作室集聚基层业务骨干，扎实开展“打击涉烟违法活动经费管理研究”，日新、超凡创新工作室联合开展“青岛烟区烟叶带茎烘烤法技术研究与应用”，2个项目均已通过省公司立项评审。以上这些创新项目和成果，既在强势领域实现新突破，又在专卖、烟叶、财务、综合等领域探索出适合本领域的创新方法和路径，创新管理呈现出“百花齐放春满园”的良好发展态势。

创新管理由“注重结果”向“花果并重”转变。在过去，将创新成果作为评价各单位、部门创新管理推进成效的主要依据，谁的成果数量多、获奖层级高，谁就是年度创新先进集体。而现在，为了将创新工作室打造成为各领域、各单位的自主创新平台，借助积分管理机制，在关注课题带动作用的基础上，将活动开展、机制建设等过程管理工作纳入评价标准，各单位、部门在实施创新改善过程中，借助创新工作室召开头脑风暴会、开展课题评审、举办学习培训，实现“创客”智慧的聚集、开放与共享。

创新管理由“抓大放小”向“大小并重”转变。在过去，推动创新管理主要依托科技创新、精益改善和QC小组活动，项目团队立足全局，发挥集体智慧和力量，攻克了异型烟分拣效率低、货源投放不精准等一批制约企业发展的瓶颈和难题，在行业上取得了不错的成绩，但这些项目对参与人员要求较高，需要具备一定的理论知识和专业技能，在一定程度上影响了全员参与创新的积极性。到如今，通过创新工作室示范引领作用的有效发挥，带动更多员工开始聚焦岗位创新，关注岗位改善，越来越多的干部职工尤其是一线员工主动参与改善提案、合理化建议等小改小革活动中，涌现出零售终端半截烟箱库存管理法、物流快递环节“看、测、摸、听”四字检查法等一批有实用推广价值的优秀岗位创新成果。“全员参与创新，人人思变求变”在青岛烟草企业已经蔚然成风。

总而言之，在新形势下进一步加强创新工作室建设对于弘扬工匠精神、深化万众创新、推动科技进步等方面有着积极意义，坚持以“创新、协调、绿色、开放、共享”五大发展元素为引领，就一定能让创新工作室在促进企业持续平稳健康发展中发挥更大的作用。

参考文献

[1]王明哲．创新工作室的创建与管理[M].北京：人民日报出版社，2018.

[2]张云峰．以“五大发展理念”推动劳模创新工作室建设[J].中国水运，2016(9)：68-69.

流亭机场关停对城阳卷烟营销的影响

高程

（山东青岛烟草有限公司城阳营销部卷烟营销科，山东青岛，266109）

［摘要］近年来，以青岛流亭国际机场为中心的机场区域卷烟营销工作一直保持着持续健康发展态势，为城阳局（营销部）卷烟营销工作走在全市前列作出了积极贡献。根据青岛市政府规划和官方消息，流亭机场将于 2019 年关停。机场关停后，原址将规划建设“未来之城”。机场关停意味着该区域业已形成的、稳定的卷烟销售市场格局被打破，卷烟供需关系发生变化，必将对城阳区整体卷烟营销工作产生一定影响。基于上述认识，本文从四个方面展开论述：一是研究背景与意义。按照辩证唯物主义的观点，从有利和不利两个方面阐述研究背景，并明确对城阳局（营销部）卷烟营销工作的重要意义。二是理论基础。概述机场对于区域经济发展的潜在影响。三是流亭机场区域卷烟营销发展概况。较为全面地分析了机场区域零售户基本情况、卷烟销售情况及卷烟消费行为。四是 SWOT 分析及应对策略制定。按照分析框架，从优势、劣势、机会、威胁四个维度进行分析，并提出应对策略选项。

［关键词］机场；卷烟营销；SWOT 分析

1 研究背景与意义

1.1 研究背景

长期以来，青岛流亭国际机场（以下简称“流亭机场”）在城阳区卷烟营销格局中扮演着重要角色，其在促销量、提结构及旅游市场开发、特色终端建设等方面均起到了积极促进作用。根据青岛市政府规划和官方消息，新修建的青岛胶东国际机场将于 2019 年 10 月投入使用，届时，流亭机场将停止运营。可以预见的是，流亭机场关停后将在一定程度上对城阳卷烟营销产生影响。按照辩证唯物主义的观点，事物的发展具有两面性。从不利的一方面看，流亭机场关停后，虽部分基础设施会保留他用，但机场航站楼内部零售终端将会大概率歇业、停业或者搬迁，由此带来显性的卷烟销量下滑；从有利的一方面看，流亭机场关停后，城阳区将取消限高，城市面貌会大幅改观，新一轮的城市建设热潮将为卷烟营销带来新的发展机遇。

1.2 研究意义

一是为顺利完成 2019 年以及今后一个时期的卷烟销售目标任务打好基础。多重因素叠加效应必将产生一定的销量缺口，冲击销售结构，减少销售收入，给营销工作带来困难和挑战。二是为制定应对措施提供参考。区域性卷烟市场状态发生变化，相对平衡的卷烟供需关系产生不稳定因素，因此，原先的营销措施、市场调控手段已然不能满足这种改变，必须予以改进，以匹配“后机场”时代城阳卷烟营销发展需要。三是为把握发展机遇、乘势而上开好局。围绕机场原址周边旧村改造、“未来之城”及相关基础设施建设，积极挖掘新的卷烟营销增长潜力点，进一步开发新兴特色市场，为城阳卷烟营销发展增强后劲。

2 理论基础

根据现代经济理论，机场对于区域经济发展的潜在影响主要表现在四个层次。一是原生效应，反映在机场建设本身所创造的地方就业和当地承建商的工作，还反映在这些员工和公司工资和收入的增加及其在当地的支出。二是次生效应，包括直接为飞机、乘客以及客货转运提供服务所创造的就业机会，还包括机场运营创造的地方收入持续增长对本地经济所引发的间接影响。三是衍生效应。源自被机场吸引到本地建厂的个人和产业，特别是高科技产业，对地方经济的刺激和推动。四是永久性效应。研究表明，一个地区的经济一旦开始增长，便具有了自我持续并增强这种增长的机制。与此相关的是，基础设施投入可以作为一个地区经济高速增长的催化剂。航空服务带来规模经济、范围经济和聚集经济，同时为新经济活动提供重要的知识库。

3 流亭机场区域卷烟营销发展概况

下面以流亭机场区域为研究对象，调查分析卷烟营销及消费基本情况。流亭机场区域是指以流亭机场为中心，北至文阳路、南至白沙河，总长 5.6 千米；西至墨水河、东至西流亭村，总长 7.3 千米，总面积约 40 平方千米的区域。常住人口约 7 万。

3.1 零售户基本情况现状调查

截至 2018 年 12 月 20 日，机场区域现有零售户 517 户，其中机场内部 27 户。按地理位置划分，城区 164 户，占比 31.7%；镇区 353 户，占比 68.3%。按经营业态划分，便利店 73 户，占比 14.1%；商场 2 户，占比 0.4%；食杂店 392 户，占比 75.8%；烟酒商店 18 户，占比 3.5%；娱乐服务类 18 户，占比 3.5%；其他业态 14 户，占比 2.7%。按经营规模划分，小户 284 户，占比 54.9%；中户 103 户，占比 19.9%；大户 130 户，占比 25.2%(见图 1)。

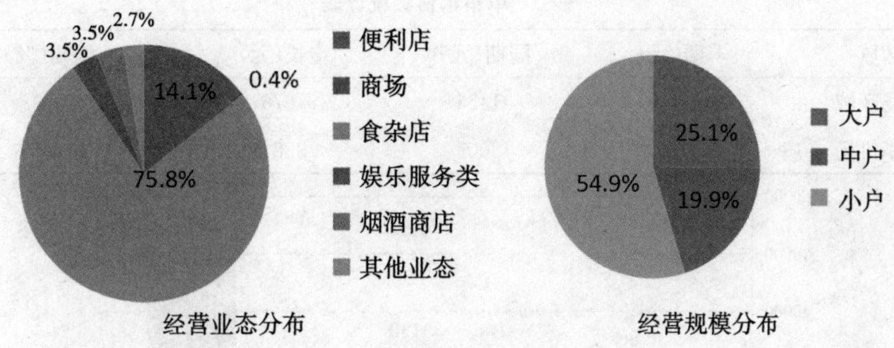

图1　经营业态及规模分布饼图

3.2　卷烟销售情况现状调查

3.2.1　销量情况

2018年1～11月，机场区域卷烟销量9194箱，同比(9115箱)增加79箱，增幅0.8%，占全区总销量(42948箱)的21.4%；机场卷烟销量745箱，同比(728箱)增加17箱，增幅2.3%，占机场区域卷烟销量的8.1%，占全区总销量的1.7%(见表1)。

表1　销量统计表

区域	本期(箱)	同期(箱)	增长(箱)	增幅(%)
机场区域	9194	9115	79	0.8
流亭机场	745	728	17	2.3

3.2.2　销售收入情况

2018年1～11月，机场区域实现销售收入30460万元，同比(28670万元)增加1790万元，增幅6.2%，占全区总销售收入(135259万元)的22.5%；机场实现销售收入3842万元，同比(3495万元)增加347万元，增幅9.9%，占机场区域销售收入的12.6%，占全区总销售收入的2.8%(见表2)。

表2　销售收入统计表

区域	本期(万元)	同期(万元)	增长(万元)	增幅(%)
机场区域	30460	28670	1790	6.2
流亭机场	3842	3495	347	9.9

3.2.3　单箱销售额情况

2018年1～11月，机场区域实现单箱销售额33130元，同比(31454元)增加1676元，增幅5.3%，超出全区平均水平(30289元)2841元；机场实现单箱销售额51587元，同比(48005元)增加3582元，增幅7.5%，超出机场区域平均水平18457元，超出全区平均水平21298元(见表3和图2)。

表3 单箱销售额统计表

区域	本期(元)	同期(元)	增长(元)	增幅(%)
机场区域	33130	31454	1676	5.3
流亭机场	51587	48005	3582	7.5

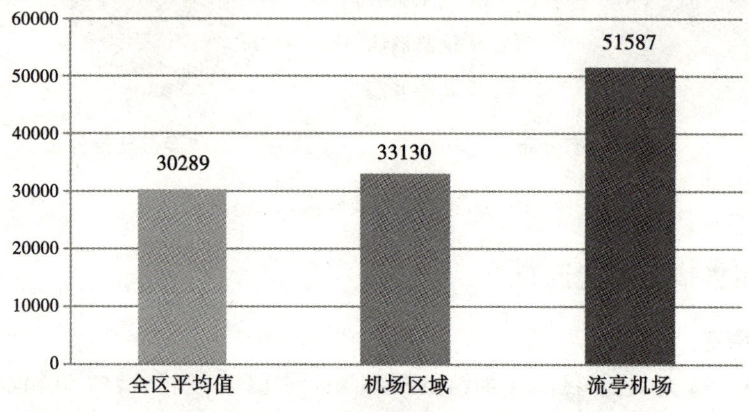

图2 单箱销售额对比

3.2.4 卷烟销售情况分析

从以上数据可以看出,机场区域卷烟销售结构调整成效显著,主要拉动点在于:一、二类烟比重上升,三类烟比重下降,四、五类烟调控到位。其原因在于:一是宏观经济形势稳中向好。前三季度,全国居民人均食品烟酒消费支出1962元,增长5.2%,占人均消费支出的比重为31.3%,市场对高价类卷烟仍有较大需求。二是机场带来的次生效应、衍生效应影响持续发挥作用。前三季度,机场完成旅客吞吐量2114.03万人次,同比增长12.6%,进一步激发了机场及周边区域卷烟消费市场活力,尤其是商务出行、探亲访友旅客及旅行团体,对高价类卷烟购买力相对较强,有效带动了高价类卷烟的销售。三是加盟店、示范店等零售终端,注重对一、二类卷烟的上柜展示和品牌宣传,客户经理通过加大客户营销能力培训力度,不断提升客户对高档卷烟的推销能力,以点带面、辐射带动,促进销售结构整体提升。四是市场价格稳定。自律互助小组的"自我管理、自我监督、自我约束"作用得到有效发挥,全面实现了由"明码标价"向"明码实价"的转变,客户经营效益好转,提高了客户经营信心和购进高档卷烟的积极性。

3.3 卷烟消费行为现状调查

3.3.1 以流亭机场为主体的卷烟消费行为调查

采取实地走访和微信问卷两种形式,对流亭机场内部零售户、正在购买卷烟的消费者、部分机场工作人员及随机选取的游客、路人等进行调查。调查表明,机场内卷烟消费动机以馈赠为主。其中,73%的消费者购买卷烟是为了馈赠亲友,27%的调查者是为了自用。从消费数量、价格区间来看,不同的消费者也呈现不同的特点。如自用消费者多愿意接受10~20元、21~50元两种区间的单包香烟价格,比例分别占到55%和35%;对于馈赠香烟,价格区间比自用上升了一个层次,多愿接受21~50元、51~100元区间价格,比例分别为56%和31%,也有13%左右消费者表示可以接受10~20元区间的香烟作为馈赠礼品,这间接反映了人们赠送礼品时追求高价格心理。当问及在机场内的香烟消费数量时，多数消费者购买数量以条为计量单位，以单次购买4～6条居多，4条以下及8条以上相对较少。有小部分消费者购买数量以包为计量单位，且基本在3包以内(1～2包最多)。这种消费数量与卷烟用途相吻合，即用于馈赠的常为成条购买，单次购买数量相对较多；用于自用的以成包购买为主，单次购买数量相对较少。

3.3.2 以机场周边为对象的卷烟消费行为调查

鉴于本次研究主要侧重于卷烟营销与机场区位因素的关联性，因此，对于机场周边的卷烟消费行为调查时，重点关注零售户、物流企业、高新技术产业、宾馆酒店等与机场产生次生效应、衍生效应相关的经济活动主体，常住居民卷烟消费行为与机场本身并无明显关系，因此不列为调查对象。调查表明，机场周边卷烟消费动机以自用为主，代买与馈赠为辅。其中，58%的消费者购买卷烟是为了自用，42%的调查者是代买或馈赠。其中，代买或馈赠行为主要发生在住宿于机场周边宾馆酒店的旅游团体，从周边零售户店中购买卷烟用以馈赠亲友，或省外游客代为亲友购买鲁产烟。从消费数量、价格区间来看，自用消费者普遍接受10～20元、21～30元两种区间的单包香烟价格，比例分别占到64%和27%；对于馈赠香烟，价格区间多愿接受20～50元，比例为72%；对于代买鲁产烟，热销品牌前三位为"好客细支""泰山(新品)""泰山(宏图)"。购买卷烟时，以条购买和以包购买比例大致相等，其中，以条购买的，单次购买2～4条居多，2条以下及4条以上相对较少；以包购买的，基本在2包以内，2包以上极少。

4 SWOT分析及应对策略制定

本节按照SWOT分析框架，从优势、劣势、机会、威胁四个维度，对流亭机场关停后对城阳卷烟营销的影响进行分析。

4.1 内部条件之公司优势方面(S)

主要优势体现在组织优势、管理优势和基础优势三个方面。一是卷烟营销部门运作效率较高，科室与客户服务站之间能够形成有效的部门联动，有利于为领导决策、公司要求落地提供良好的组织保障。二是管理层人员具有扎实的卷烟营销业务素养和丰富的工作经验，有独特的管理思维和创新意识，能够有效带动、指导卷烟营销工作顺利开展。三是工作基础牢固，引入全市"领头羊、排头兵"的目标管理概念，实现目标同向、工作同心，各项指标长期位于市局(公司)系统前列。

4.2 内部条件之公司劣势方面(W)

主要表现在卷烟营销人员知识结构相对单一，统计学、经济学等专业人才欠缺，业务技能水平有待进一步提升，创新意识和创新举措需要加强。

4.3 外部环境之发展机会方面(O)

流亭机场关停后，机场原址将实施搬迁改造，至少将有7个社区纳入改造范围；原机场航站楼规划建设国际展览中心。建设结束后,该区域形成的高新技术产业、现代服务产业将持续吸引各类务工人员,有望成为卷烟营销新的效益增长点。

4.4 外部环境之环境威胁方面(T)

主要表现在显性的卷烟零售端流失与隐性的卷烟消费群体流失两个方面。在显性流失方面,以 2018 年 1～11 月卷烟销量为参考,机场关停后将减少销量 745 箱,销售收入 3842 万元。考虑到近两年机场卷烟销售呈逐年递增态势,且长期以来形成的卷烟销售市场稳定,因此,实际销量及销售收入流失将不低于 2018 年水平。若以 2018 年机场销量涨幅 2.3%测算,预计销量流失 762 箱。在隐性流失方面,与机场次生效应、衍生效应相关的卷烟消费群体流失。主要包括以下几个部分:第一,涉及空港物流、民航速运等 60 余家物流企业与货运站将停止为机场货运提供物流服务或将相关业务转至新机场,将大幅减少该地区现有从业人员,直接导致其中的卷烟消费者减少。据统计,机场区域物流从业人员 3000 余人,测算卷烟消费量流失约 38 箱[从业人员数量×青岛市烟民比例(19.87%)×年人均条数(15.89 条)÷250 条]。第二,需乘机出行或来青的团体及个人转至新机场,使原先在流亭机场及周边出现的个人用烟、馈赠购烟等卷烟消费行为消失。据统计,2018 年机场区域各宾馆酒店登记入住外地人口约 14000 余人次,测算卷烟消费量流失约 177 箱[登记入住外地人口数量×青岛市烟民比例(19.87%)×年人均条数(15.89 条)÷250 条]。第三,"背包客"现象消失,从业人员将转至新机场。据测算,卷烟消费量流失不少于 60 箱。

SWOT 的分极及策略选项也可参见表 4。

表 4 SWOT 分析及策略选项

条件与选项	S 优势 1. 营销部门运作效率较高,部门联动有效 2. 管理层有独特的管理思维和创新意识,及丰富的工作经验 3. 工作基础牢固,注重考核监督	W 劣势 卷烟营销人员知识结构相对单一,专业人才欠缺,创新意识和创新举措需要加强
O 机会 1."未来之城"区域在建设阶段将形成数量可观的、以建筑工人为主的卷烟消费群体 2. 建设结束后,该区域形成的高新技术产业、现代服务产业将持续吸引各类务工人员,有望成为卷烟营销新的效益增长点	SO 选项 成立专项工作领导小组,对机场关停后涉及区域的后续卷烟销售市场开发进行跟踪调研,提前谋划部署系统的工作方案,确定新建设区域营销工作重点	WO 选项 加强对一线卷烟营销人员的业务培训,并选择业务能力强、工作经验丰富的客户经理负责新建设区域的终端打造、订货指导、客户服务、法律法规宣传等工作,确保新开发的卷烟销售市场运作尽快步入正轨

续表

条件与选项	S优势 1. 营销部门运作效率较高，部门联动有效 2. 管理层有独特的管理思维和创新意识，及丰富的工作经验 3. 工作基础牢固，注重考核监督	W劣势 卷烟营销人员知识结构相对单一，专业人才欠缺，创新意识和创新举措需要加强
T威胁 1. 显性的卷烟零售端销量流失 2. 隐性的卷烟消费群体流失，主要包括物流从业人员、乘机出行旅客及“背包客”，导致卷烟市场需求量下降，影响客户订货积极性	ST选项 争取上级主管部门的政策支持，相应调减机场关停后至“未来之城”建设期间的卷烟营销指标，缓解经营压力。同时，加强对机场周边零售户的订货引导、订单监控，避免订货量陡降，并给予一定的货源支持，最大限度地维护好客户盈利水平	WT选项 保证当前机场区域卷烟营销工作稳定，逐步降低机场区域在卷烟营销重点工作（如“互联网＋”、现代终端建设）中的比重，避免资源浪费。同时，加大专卖监管力度，防范卷烟非法流通等问题发生

5 结论

流亭机场关停后，对于卷烟营销的影响主要源自机场次生效应、衍生效应的消失，由此带来显性的卷烟零售端和隐性的卷烟消费端销量流失。根据外部环境威胁，应加强对机场周边零售户的订货引导、订单监控，避免订货量陡降，并给予一定的货源支持，最大限度地维护好客户盈利水平。而机场关停后，对于“未来之城”建设，需加强后续跟踪调研，及时掌握建设进度，提前谋划部署该区域系统的卷烟营销工作提升方案，促进早日形成稳定、健康、有序的卷烟销售市场，为全区卷烟营销工作增添动力、增强后劲。

地市级烟草商业企业科技项目管理的突出问题及完善对策

薛洁

（山东枣庄烟草有限公司综合计划科，山东枣庄，277599）

［摘要］近年来，地市级烟草商业企业立项的科技项目数量呈递增趋势，企业研发费用也随之增加。为进一步对科技项目、企业研发费用加以管控，本文针对项目立项、项目实施、项目结题环节存在的突出问题进行了分析研究，并制定了相应的对策，从而提升地市级烟草商业企业科技项目的项目质量和管理水平。

［关键字］烟草；科技项目；企业研发费

1　地市级烟草商业企业科技项目管理现状

党的十八以来，国家高度重视创新驱动发展，强调创新是引领发展的第一动力，出台了一系列推动自主创新、创业的政策，全民参与创新、创业的意愿空前高涨。为确保创新工作落地，国家局提出要加速实施创新驱动发展战略，进一步把科技创新、科技减害、科技增效具体到重大课题、重大专项、重大工程上来，加快形成创新驱动发展的新模式。近年来，随着创新氛围的形成，各地市级烟草商业企业科技项目的申报数量呈现上升趋势，企管部门作为科技项目的主管部门，科技项目管理办法一再调整、细化、规范，科技项目经费管理办法更为严格。

2　地市级烟草商业企业科技项目管理的问题分析

地市级烟草商业企业科技项目承担单位存在避重就轻的问题。从科技项目各阶段占用时间来看，项目实施阶段使用时间最长、研发经费投入最多，但在实际工作中，项目承担单位缺乏对这一阶段的重视，注意力往往集中在项目立项和结题阶段，立项意味着工作干完一大半，结题就意味着收工，从而忽视了对项目的全周期管理，出现了重“两头”轻“中间”、为成果而成果以及一次性成果等问题。

2.1 立项环节对提报项目讨论不够充分

科技项目立项评审时，多采用会议的形式，目的是通过头脑风暴法，对项目选题、项目内容进行评价完善，从而达到提升项目立项质量的目的。然而在开会时，讨论发言的人寥寥，多数时候是领导层阐述他们对课题的意见建议，中层管理人员负责记录，那么，召开立项评审会的目的并未达到，虽然项目质量所有提升，但一定程度上低于预期。对于一个科技项目，站在领导层角度审视课题立项的必要性以及课题思路当然是对项目方向的一个整体把控，但项目的实施步骤以及很多细节内容需要中层管理人员各抒己见，尤其是项目提报部门负责人，应借助立项讨评审会的机会，将项目实施中可预计的困难进行说明，并在会上与领导层、其他中层管理人员以及企管部门进行充分沟通，避免项目立项零交流、项目实施问题多的情况，最终导致后期沟通不畅。

2.2 实施环节对项目过程管理力度较弱

2.2.1 科技项目调度频次较低

科技项目调度一般以合同执行一年为周期，如项目实施慢于合同约定，项目只能申请延期。然而，地市级烟草商业企业的科技项目多以当年瓶颈问题作为研究对象，如出现项目进度缓慢导致项目延期，延期一年、两年甚至更长时间，那么，等到项目结题时，其研究价值就无法体现，即便能够得出研究结果，其对工作的指导意义也将减弱，甚至为零。

2.2.2 科技项目调度结果缺少跟踪验证

企管部门主要从项目调度资料中掌握项目实施情况，对于个别急于取得成果、仅仅追求效益的项目，提供的调度资料自然只能对过程进行轻描淡写，而实际工作中极可能存在未严格按照项目申报书或者合同约定组织项目实施。如存在这种情况，加之企管部门不对调度资料跟踪验证，这将为项目的粗制滥造敞开了一扇大门，即便其他管理工作做得再好，粗放管理模式下的项目研究结果将会无法达到预期，项目管理的严肃性更是无从谈起。

2.3 实施环节对项目经费管理不够细致

2.3.1 项目节点验收无规定

按照项目合同约定，项目经费支付一般分为多个阶段，每完成一个阶段支付相应的费用。在实际工作中，项目实施部门是按照合同约定支付各阶段产生的费用，却未在费用支付前组织有关人员对每个阶段的完成程度进行评价，暂时主要以实施部门对项目完成进度进行判定，然而判定是否准确或是有无第三方验收或在场均未作要求，这种“验收”和“支付”是项目监督管理的空白区，容易滋生腐败问题。除了对每个阶段的验收，整体验收是否完成将关乎项目推广应用的衔接。

2.3.2 项目经费管理职能缺失

一般情况下，实施单位申请支付项目费用时，财务部门会将其放入“企业研发费”科目进行统一管理。同时，财务部门按照规定在经费支付环节对项目报销依据进行审核，并对经费是否合理进行管控，财务部门似乎成为企业研发费由始至终的管理部门，企管部门作为科技项目的管理部门，了解项目经费使用情况也只能从财务部门调取数据。由此可见，在项目经费使用环节，项目实施部门与企管部门的沟通联络出现了脱节，从而反映出企管部门在经费管理方面的职能缺失或未尽其职。

2.4 结题环节对项目验收资料不够全面

在结题环节，项目验收资料主要有工作报告、技术报告等几部分，然而这几部分内容并不能反映项目从立项、实施到结题的全部过程，如项目变更、人员变更以及经费支付发票、凭证等材料在验收资料中很少见到。表面上我们看到的是材料的缺失、管理的松懈，长此以往致使一些项目出现“重结果、轻过程”的问题。项目组开展项目研究时本来就不注意留存资料，一旦项目结题，他们更是全身心地投入结题报告的撰写中，对于能否拿出日常研究记录更加不在意，更有甚者认为留存、整理项目日常研究记录是一件浪费时间的事情。这些想法及做法对项目结题以及项目结题后的管理非常不利。

3 完善地市级烟草商业企业科技项目管理的对策探讨

3.1 项目立项分层讨论，集中评价

对于提报的科技项目，企管部门收集后，首先由各业务归口部门对项目的研究价值进行初审，由业务归口部门负责人牵头，根据项目内容组织业务骨干进行讨论，重点对该项目成果能否适用于未来几年的工作发展进行预判，无论项目是否对今后工作开展具有指导性意义，都应当说明原因，并向企管部门提交推荐项目名单。在项目初审环节，除了业务归口部门参与外，应当积极邀请高校、科研院所专家参与项目的初审评价，尤其是在项目涉及工作的未来发展方向上给出意见、建议。企管部门综合业务归口部门及专家提交的推荐意见，向科技委提交通过初审项目名单，科技委组织委员召开立项评审会，由委员从项目可行性、研究价值等方面分别对项目作出评价并打分。科技委应建立项目评分体系，明确每个评分区间与项目立项、推荐立项、不立项等类别之间的关系，便于根据委员打分情况确定立项科技项目。通过两次不同层级的充分讨论与评价，对立项科技项目把关更加严格，所立项项目更具有研究价值。

3.2 项目调度周期缩短，加强验证

科技项目实施时长一年的居多，一般将实施步骤划分为 4～5 个阶段，建议项目调度周期调整为每半年一次，项目实施中期对项目进行调度，有关人员对调度结果进行现场验证或通过其他部门提供数据验证调度结果，从而确保项目研究方向正确、进度正常。如在此基础上，计划再进一步推进项目实施，建议对项目采用目视化管理，即将所有项目的每个实施步骤的时间和内容列在一张表中并公示。每一个阶段实施结束后，企管部门组织有关人员对项目实施内容进行跟踪验证，如该阶段按照计划内容实施，即视为完成，如未按照计划内容实施，写明该阶段实际开展情况，所有项目的跟踪验证结果将通过内部网站或系统定期进行公示。在确保准确掌握各项目实施进度的同时，督促各项目组按部就班地推进项目实施。

3.3　多方合力开展项目验收，经费支付对接企管部门

项目验收不仅要关注对项目整体的验收，更应关注项目每个阶段的验收，尤其是在项目经费支付前，应设置验收环节。这类验收应由项目组发起，企管部门组织业务归口部门、财务部门、审计部门、监察部门等在对项目阶段内容充分了解后，共同对项目进行验收，企管部门负责验收实施的规范性，业务归口部门负责查看验收内容与申报内容的一致性，财务部门负责对经费使用的准确性进行校对，审计部门负责审查财务支出的合法性，监察部门负责监督项目实施中的廉政情况。项目阶段验收后，如项目验收无误，实施部门填写付款凭证，如项目实施不符合合同要求，应抓紧时间整改并由企管部门组织有关部门对整改结果进行确认，最终形成的验收报告将作为凭证资料的其中一部分，有关人员将参考验收资料判断是否同意支付项目研发费用。

3.4　提高员工科技项目管理能力

在日常工作中，除了企管部门对科技项目具有管理职能外，项目实施部门更是承担了大量具体的管理工作，因此，员工学习并掌握一些基础知识是必要的。在项目提报阶段，企管部门应将项目申报、项目立项评审阶段的具体要求进行详细说明，引导员工提交内容完整、格式规范的项目申报书，从而提高企管部门形式审查的工作效率。项目立项后，企管部门组织各项目联络人开展一次专题培训，带领各项目组人员充分学习科技项目管理制度及经费管理制度，并对项目的合同管理、过程管理、经费管理、结题管理等阶段的细节及注意事项进行重点说明，对现场提出的问题予以解答，从而逐步破解员工不会管理科技项目的问题，帮助员工从细节上切实提升科技项目管理能力，使员工对科技项目的管理变被动为主动。

3.5　项目档案管理系统化

对于科技项目管理、审计，建立一套完整的项目档案是非常有必要的，尤其是对于企业研发费用支出的项目。这里提到的项目档案并不单纯是项目结题验收资料或者项目实施资料，而是项目从立项到实施再到结题每个阶段的资料、每个细节的资料，有关人员通过查阅项目档案可了解项目实施的全过程，因此，结题验收资料仅为项目档案的一部分。对于科技项目档案模板的建立可以参考烟草商业企业工程项目一项一卷，并充分融合科技项目所独有的特点进一步细化、丰富，从而建立起全覆盖的科技项目档案体系。

系统性廉洁风险防治工作路径优化与实践

陈宗旭

[济宁市烟草专卖局(公司),山东济宁,272000]

[摘要] 当前,党风廉政建设和反腐败斗争压倒性态势已经形成,但反腐败斗争形势依然严峻复杂,全面从严治党依然任重道远,这要求我们必须高度重视廉洁风险防治工作。本文重点阐述了推进系统性廉洁风险防治工作中存在的问题,提出了系统性廉洁风险防治工作路径优化和实践方法,以期对此项工作的开展带来正向启示。

[关键词] 党风廉政;廉洁风险;防治

烟草行业作为国家财政税收的支柱产业,经营管理范围涉及烟叶、卷烟生产与销售、烟机等诸多领域,随着国民经济的不断发展,烟草行业各项经济业务往来愈加频繁,各种诱惑随之增多,干部职工面临较大的廉洁风险考验,正因如此,烟草行业的廉洁风险防治一直以来备受关注。2016 年,中央专项巡视指出烟草行业要高度关注和防治系统性廉洁风险。2017 年,国家局印发《关于深入开展防治系统性廉洁风险工作的意见》。2018 年,行业落实全面从严治党主体责任工作会议对防治系统性廉洁风险工作作出专题部署。2018 年 8 月召开的行业直属单位主要负责同志座谈会再次强调,廉洁风险防治是一项系统工程,需要行业上下齐抓共管、协同配合。可见,开展具有烟草行业特色的系统性廉洁风险防治体系研究工作,不仅具有高度的政治意义,也是事关全局的发展问题,要求我们必须逐步建立和完善权责清晰、流程规范、风险明确、措施有力、制度管用、预警及时的系统性廉洁风险防治体系。

1 当前推进系统性廉洁风险防治工作中存在的问题

廉洁风险是指拥有公共权力的主体不正当使用公共权力,以权谋私的可能性[1]。廉洁风险防治是防止腐败的发生,将腐败发生的概率降低到最低限度,采取前期预防、中期监控、后期处置等措施,将全面从严治党要求融入日常监督管理的有效形式。国家局、省局(公司)对系统性廉洁风险防治界定为重点向懒政行为、“内鬼”行为、腐败行为作斗争,着力解决工程项目、物资采购、营销费用、大额资金、选人用人等五个重点领域的突出问题[2]。按照行业上级要求,基层单位的系统性廉洁风险防治工作虽然已经起步,但仍然存在诸多问题,影响和制约廉洁风险防治的工作效果。

1.1 廉洁风险防治意识不强

思想认识不到位是开展系统性廉洁风险防治工作的首要难点。在工作推进中，有的干部职工对廉洁风险防治工作不了解，认为与己无关，主动参与的积极性不高；有的认为自己既然不掌握人权、物权、财权，廉洁风险防治无从谈起，存在敷衍应付的态度；有的担心可能会增加额外的工作量，甚至会捆住手脚，不利于工作的灵活性和便利性。

1.2 廉洁风险排查不够全面深入

部分风险排查工作仅停留在部门层面，未能实现岗位全覆盖、基层全覆盖，廉洁风险点排查不够翔实，特别是涉及人、财、物等重点领域排查仍然不实、不全、不细、不准；有的风险点查找避重就轻、应付了事；有的不能从工作实际查找关键风险点；有的查找共性、原则性、普遍性的廉洁风险点较多，个性、针对性、特殊性的风险点较少，影响了风险点查找的覆盖面和深度。

1.3 风险等级评定不够科学，散而不聚焦

由于采取主观评定方式，缺乏科学合理的评级模式，由各部门根据工作实际进行评定，主观性太强，尺度标准不统一，评定后等级不具有可比性，不够准确客观。以济宁烟草为例，从前期风险评定的结果看，高风险等级达到 54%，低风险仅占 10%，不符合“二八定律”，导致了大问题小问题一并谈，主次不分、重点不突出，增加了防治工作量，影响了防治工作效率。

1.4 防治措施不够具体，缺乏针对性、可操作性

部分单位、部门针对存在的廉洁风险制定的防治措施过于笼统和泛化，缺乏量化手段，有的没有落实防控责任、明确防控岗位、形成防控制度，措施缺乏针对性和可操作性，无法抓住一些问题的关键进行重点治理，致使风险防治成效不明显，存在形式化、虚化问题。

2 系统性廉洁风险防治工作路径优化与实践

基于对系统性廉洁风险防治工作中存在问题的分析，学习研究专家学者的理论知识，结合烟草商业企业的工作情况，进而探索如何优化建立起行之有效、符合实际的系统性廉洁风险防控工作路径，并积极推进实践探索。

2.1 理论基础

2.1.1 风险管理理论

风险管理是西方管理学范畴内的一个独立学科，20 世纪 30 年代最早被运用在金融领域，70 年代之后逐渐在全球兴起。目前，风险管理发展的最新趋势是全面风险管理。风险管理的组织实施是领导层决定，其他成员共同参与，对象是各项业务的管理和内部控制活动。手段是对风险进行科学的识别、评估、衡量和管控，不断循环以提升自身应对风险的能

力，目的则是以最小成本达到最大限度地降低风险所造成的损失。全面风险管理过程一般可以概况为风险识别、风险量化、风险评价、风险控制、风险处置和风险监督等环节[3]。

2.1.2 PDCA 全面质量管理理论

PDCA 全面质量管理是质量管理业务标准化的一种方式，由美国学者戴明最早提出，所以，PDCA 全面质量管理又被称为"戴明循环"[4]。戴明循环的整个过程可以概括为四个阶段，即计划(Plan)、执行(Do)、检查(Check)、处理(Act)。在质量管理活动中，要求把每项工作按照作出计划、计划实施、检查实施效果进行，成功的纳入标准，不成功的留待下一循环去解决。这一方法是质量管理的基本方法，也是企业管理各项工作的一般规律[5]。

2.2 系统性廉洁风险防治工作路径优化与实践

在推进系统性廉洁风险防治工作优化中，主要以风险管理理论和 PDCA 全面质量管理理论为理论支撑，以每个岗位为基本单元，广泛深入采集廉洁风险点，建立廉洁风险点数据库，并对每个风险点进行评估定级，分析廉政风险的成因、发生概率、可能造成的损失等核心特征，提出有效预防对策，降低违规违纪风险，保障干部职工从业廉洁、工作严谨和企业健康持续全面发展。以济宁烟草为例，工作实践中的系统性廉洁风险防治工作路径共分权利清理、风险识别、风险评估、风险控制四个阶段，如图 1 所示。

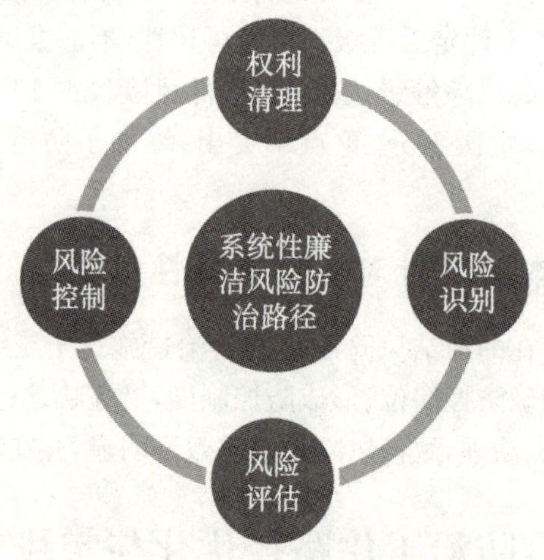

图 1　系统性廉洁风险防治路径图

2.2.1 权利清理

核定权力清单，规范工作流程，是建立整个系统性廉洁风险防治机制的基础。对照烟草专卖法、烟草专卖法实施条例等法律法规和省局(公司)、市局(公司)机构职能"三定"方案，按照"谁行使、谁清理"的原则，对基层单位、机关部门各岗位的权力事项进行清理规范，逐项审核确定权力事项的类别、行使依据、责任主体。以济宁烟草为例，以"流程建设年"活动为契机，推动质量管理体系、综合标准体系和职业健康体系"三标合一"，针对岗位的工作性质和业务特点，绘制业务流程图，共制定业务及工作流程标准结构 8 项、二级流程 38 个、三级流程 239 个、四级流程 399 个，理清了岗位职责、工作步骤和跨部门衔接等控制要点，为围绕岗位和业务识别廉洁风险奠定了基础。

2.2.2 风险识别

针对廉洁风险排查不够全面深入等问题，坚持“全员参与、覆盖全面、务实管理”的原则，做到自下而上与自上而下相结合，采取四步风险点查找法，深入查摆岗位、部门、单位三个层面廉洁风险点。四步风险点查找法可归纳为“自己找、相互帮、领导提、集体定”。第一步：自己找，就是发动每一位在岗职工，对照岗位职权和权力运行节点，参照行业上级风险清单，重点查找岗位职责、业务流程、制度机制、外部环境等方面廉洁风险，填写《岗位廉洁风险排查表》，确保找准查全。第二步：相互帮，就是同事之间相互查找，利用业务流程的关联关系，互相查漏补缺。排查出的风险点公示公开，征求干部职工的意见，作出进一步修改。第三步：领导提，就是上级帮下级找。个人排查出自身风险点后，报上一级领导审核指导，按照上级意见作出修改；修订后的《岗位廉洁风险排查表》经部门负责人把关确认，梳理汇总形成《部门廉洁风险排查表》，由分管领导审核通过。第四步：集体定，就是通过专家评审、领导小组最后审定，这是风险点查找的最后一关。由纪检监察、组织人事、财务审计等部门人员组成评审小组对部门报送的风险点进行评审，获得评审通过后，再由廉洁风险防治领导小组予以确定，最终形成《单位廉洁风险清单》。

以济宁烟草为例，按照“排查岗位全覆盖”的要求，在市局(公司)层面，制定下发《系统性廉洁风险排查方案》，通过以上方法，市局(公司)机关 13 个部门 64 个岗位参与排查，排查出 173 个风险点；13 个直属单位 324 个岗位参与排查，排查出 655 个风险点。通过组织评审，最终整合、修改、确定廉洁风险点 114 个。

2.2.3 风险评估

针对以往风险等级评定不够科学、散而不聚焦等问题，对所有查找到的廉洁风险点构成要素进行深入分析，综合考虑廉洁风险威胁关系、涉及权力重要程度、可能损害影响程度、风险发生概率等关键因素，建立廉洁风险点评估模型，完善评估标准，通过因素量化分析与定性分析相结合，全面评估风险危害程度。

第一，建立廉洁风险评估数学模型：

$$\mathrm{R}=(T+D+A)\times P$$

式中：R(Riskindex)为风险指数；T(Threaten)为威胁，即廉洁风险造成不正当行为的关联程度；D(Damage)为潜在的损害，即可能导致的资产损失、恶劣影响；A(Authority)为职权的重要性，即行为涉及的岗位职权的大小；P(Probability)为行为发生的概率，即行为发生的可能性。

第二，设定相关指数标准，如表 1 至表 4 所示。

表 1 威胁与指数对应表

T	程度描述	指数标准
1	具有关键性或直接性作用	3
2	间接性作用	2
3	潜在可能作用	1
4	不产生因果关系	0

表2　潜在的损害与指数对应表

D	程度描述	指数标准
1	可能导致重大损失、违法犯罪等恶劣后果	3
2	一定损失、违规违纪等后果	2
3	违反企业制度且造成损失较小	1
4	不造成人财物损失	0

表3　职权的重要性与指数对应表

A	程度描述	指数标准
1	涉及高层领导干部	3
2	涉及中层干部	2
3	涉及一般员工	1
4	涉及人、财、物和行政许可、行政执法领域额外附加分值	1

表4　行为发生的概率与指数对应表

P	程度描述	指数标准
1	风险出现概率高，年度内发生过类似廉洁问题3次以上	100%
2	风险出现概率较高，年度内发生过类似廉洁问题1次以上	75%
3	风险出现概率一般，年度内未发生过类似廉洁问题	50%
4	风险出现概率较低，年度内未发生过类似廉洁问题	25%

第三，计算每一个廉洁风险的风险指数，并区分高级风险、中级风险、低级风险，如表5所示。

表5　廉洁风险等级表

风险级别	风险指数	风险描述
高级风险	7.5(含)以上	风险点发生概率较大、风险后果严重、影响程度较强的风险点
中级风险	4～7.5	对于风险发生概率不大，风险后果一般，影响程度不强的风险点。
低级风险	4(含)以下	风险发生概率偏小、风险后果较轻、影响微弱的风险点。

以济宁烟草为例，在所有查找出的114个廉洁风险点中，高级风险15个，中级风险43个，低级风险56个。从风险点分布情况来看，高级风险主要分布在市县两级领导班子、干部选拔、招投标管理、基建等“三重一大”领域；中级风险主要分布在国有资产监督管理、卷烟货源分配、行政许可、行政执法等领域；低级风险主要分布在党建、纪律审查和一般性工作等领域。制定落实到岗位的廉洁风险防控措施223条，并结合正在持续开展的流程建设，将廉洁风险点防治措施嵌入标准化体系与流程图，实现防治工作的常态化。

2.2.4　风险控制

廉洁风险防治，关键在可防，根本在可控。围绕排查确定的不同等级的风险点，有针对性地提出并推进防控措施。措施应体现闭环管理，体现针对性和可操作性，重点建立完善“1＋3”系统性廉洁风险防治体系。

“1”，即制定一《系统性廉洁风险防治工作手册》。手册包含文件制度汇编、职权目录和工作流程图汇编、廉洁风险清单、防治措施一览表等内容，明确防治依据、重点、措施、责任，落实到每个岗位。根据法律法规和企业制度的调整、职责权限的变更、防控措施落实的效果等，实施动态管理。手册每年修订一次，重点更新廉洁风险点，修订完善风险防控措施，及时发现和弥补制度上的缺失和漏洞。

“3”，即前期预防、中期监控和后期处理三道防线。

前期预防方面：组织开展廉洁警示教育，瞄准中高等级和多发风险点，根据岗位特点设置教育内容和教育方式，着重抓好理想信念、职业道德、法律法规和典型案例教育；充分运用学习强国、灯塔在线和烟草网络学院等平台，采取岗位承诺、谈话提醒、公开公示等方式，筑牢“有权力就有风险”“风险无处不在、防范人人有责”的思想意识。

中期监控方面：一是实行分级管理、分级负责，按照“一岗双责”要求，高、中、低级风险和防治措施分别由单位主要领导、分管领导和部门负责人负责监管和督促落实。二是运用“制度＋科技”的思路，打通卷烟销售服务线上平台、专卖管理一掌通、行业资金监管系统、三项工作监督管理平台、法律风险防控系统等监管平台，实行网上留痕和过程管理，及时发现和纠正权力运行中的失误或偏差。三是通过信访举报、案件查处、民主生活会、落实全面从严治党主体责任考核等渠道，全面收集廉洁风险信息，及时发现苗头性、倾向性问题，及早进行风险预警，避免小问题演变成违法违纪行为。

事后处理方面：一是建立完善蓝、黄、红“三色”预警制度，对在中期监控中发现的问题，进行蓝色预警，发出《廉洁风险警示提醒书》；对预警后未整改或整改不力的，实施黄色预警，发出《廉洁风险责令整改通知书》，避免问题进一步恶化；对性质严重的，直接给予红色预警，强制执行并跟踪督导。二是对顶风违纪、突破底线的，坚决从严从速处理，并通过典型案件通报，有力强化震慑作用。三是建立廉洁风险防治问责制。坚持将防治系统性廉洁风险工作纳入党风廉政建设责任制考核范畴，对职权范围内落实廉洁风险防治不力的，视情节轻重，追究相关领导责任。

3　思考和展望

本文通过对系统性廉洁风险防治工作中存在问题的分析，探索提出了符合实际的廉洁风险防治路径。由于尚处于探索运行阶段，还有不少需要完善提升的地方，在实践中还要注意以下事项：一是树立“防治风险、人人有责”的理念，引导带动全体干部职工参与，紧盯“关键少数”，督促领导干部发挥“头雁效应”，形成上行下效的良好氛围。二是坚持把制度流程建设作为基础性工作，在流程中找准和标注重点领域、重点部位、重点环节的风险点，推动廉洁风险防治“进制度、进岗位、进流程、进考核”。三是正确处理廉洁风险防治与业务工作的关系，统筹把握工作进度，做到“两不误、两促进”，避免出现“两张皮”的问题。

参考文献

[1]谢一帆.关于廉政风险管理的理论思考[J],国家行政学院学报,2010(4):35-37.

[2]中共山东省烟草专卖局(公司)党组防治系统性廉洁风险工作实施意见(鲁烟党[2017]75号).2017年5月.

[3]陈栋.浅谈重点岗位的廉政风险及预防对策[J].供电企业管理,2013(5).25-27.

[4]邱国东.建宁县政府廉政风险防控机制研究[D].福州:福建农林大学,2016.

[5]万融.商品学概论[M].北京:中国人民大学出版社,2013.

[6]于纪刚,王秀辉,刘光勇,等.烟草商业企业廉洁风险防控治理实施机制[J].现代企业.2019(6):53-54.

卷烟零售客户自律互助小组资源共享机制的探索与研究

许洁

[泰安市烟草专卖局(公司)泰山区局(营销部)营销科,山东泰安,271000]

[**摘要**] 随着自律互助小组建设工作的深入开展,如何更好地发挥小组的"互助"功能,增强小组的"黏性",成为亟待解决的问题。泰安市泰山区烟草专卖局(营销部)探索建立起一套以信息共享、经验共享、设施共享、货源共享和客源共享为基础的资源共享机制,促使小组成员之间,乃至各小组之间形成了利益共同体。零售客户的盈利水平持续提升,烟草商业企业的渠道掌控力也进一步增强,实现了烟草行业与客户的共同发展。

[**关键词**] 自律互助小组;资源共享机制;渠道掌控力

2018年,山东省烟草专卖局(公司)将自律互助小组建设作为"一把手工程"来抓。泰安市泰山区局(营销部)以提升客户盈利为目标,引导自律互助小组创新互助形式,扎实推进自律互助小组建设"基础工程"。

1　研究背景

1.1　行业发展的必然要求

2017年全国烟草工作会议上,国家局明确指出"要着力提升零售终端服务质量和水平,稳妥推进零售客户自律互助小组建设",将自律互助小组建设摆在了更加突出的位置。

零售客户是建设守法诚信经营自律互助小组的主体,也是建设成果共享的主体。烟草商业企业的职责是引导、协助、配合、服务,为小组成立、运作提供便利、保障。引导零售客户建设自律互助小组,不仅能稳定终端赢利水平,密切客我关系,而且能增强零售客户对烟草行业的忠诚度、依存度,增进同心同行,从而进一步助推卷烟营销、终端建设、内部规范、市场监管等工作迈上新台阶、取得新成效。因此,自律互助小组建设的研究与实践是行业发展的必然要求。

1.2　小组功能发挥的本质要求

自律互助小组的价值体现在稳定市场价格、维持经营秩序、强化品牌培育、优化终端生态等几个方面。而优化终端生态不仅包括个体终端的自我优化，更包括终端间的交互关系。一个小组就是一个平台，其显著特点是将个体化升级为团队化、组织化，使其承载能力、促动能力有较大提升，改变“同行是冤家”的传统观念，形成抱团取暖、互利共赢的新型关系。

烟草企业应当把自律互助小组作为烟草服务链的有效延伸与有益补充，真正把客户之间的“互助”作为常态化的运作方式。坚持“共建、共管、共享”原则，核心便是突出零售客户在自律互助小组建设中的主体作用。烟草企业应千方百计地创造条件让广大零售客户能够切身感受到自律互助小组的益处，进而引导他们参与其中，建立一套资源共享机制，打造互助共赢的卷烟市场新局面。

2 行业内外研究现状

2.1 行业内研究现状

广西卷烟零售客户自律互助小组形成了线上线下、互通共享、沟通顺畅、多维立体的运行新模式。建立完善小组运行规章制度，协助条件成熟的小组打造示范小组、建设“小组之家”，促进愿景共谋、路径共商、资源共享、难题共解。

甘肃省烟草公司酒泉市公司丰富客户互帮互助功能，尝试把自律的原则与互助的宗旨紧密结合，开展非烟商品团购、扫码销售相互督促、价格执行自我监督等自律互助小组发展的新方向，全方位探索激发小组活力的新路子。

2.2 行业外经验借鉴

近年来，以共享单车为代表的共享经济蓬勃发展。共享经济(分享经济、协同消费、协作经济、点对点经济)的商业模式是把闲置资源的使用权暂时转让给他人，从而获得一定报酬。

按照共享对象划分的共享经济模式分为：一是产品(资源)共享，如滴滴、阿里巴巴“淘工厂”等企业，涉及汽车、生产能力等领域；二是资金共享，如京东众筹、Lending Club 等企业，涉及债券众筹、股权众筹等；三是人力资源共享，如春雨医生、京东到家等企业，涉及生活服务行业，为人民生活带来了巨大改变。

3 现状分析

针对自律互助小组“互助”功能发挥不充分的问题，通过市场调查开展原因分析。

3.1 小组长的工作积极性不高

部分小组建立之后长期处于无人管理状态。小组长缺乏责任心，工作积极性不高，不但不发挥模范带头作用，反而将消极、负面的情绪带给组内其他成员。

3.2 小组成员之间沟通渠道不畅

据调查，仍有部分零售客户不知道自己属于哪个自律互助小组，不认识小组长和组内其他成员，相互之间缺乏联系，小组形同虚设。

3.3 小组成员未充分利用自身资源开展互助活动

小组成员之间往往存在较大的个体差异，具备的终端资源优势各不相同。多数小组成员虽然有互帮互助的意识，但并不清楚相互之间的资源差异，无法开展资源互补、互助合作。

4 研究思路及对策

4.1 标杆旗帜引领，发挥组长作用

4.1.1 党建统领

鼓励党员小组长积极发挥先锋模范作用，带动组员共同盈利。同时，按照个人意愿，吸纳零售客户党员参加区局（营销部）组织的党员活动，组建工商零消党小组。引导有条件的党员小组长在自家店内建设党小组之家，方便开展组织生活，发挥党员的先锋模范作用。

4.1.2 培训先行

定期召集自律互助小组长会议，以“如何当好自律互助小组长”“创新小组活动形式”等为主题开展培训。发动小组长严格履行职责，发挥带头作用。

4.1.3 评先树优

每半年组织一次优秀小组长评选活动。从守法经营、小组管理、示范引领作用发挥三个方面设定评选标准，鼓励小组长争先创优。表彰奖励评选出的优秀自律互助小组长，广泛宣传发动，带动小组整体经营水平提升。

4.2 线上线下搭台，畅通沟通渠道

4.2.1 信息共享

按照“营销科—管理服务站—营销线路—自律互助小组”的管理层级建立自律互助小组长以及小组微信群，搭建线上实时沟通交流平台。

一方面，小组成员利用线上交流平台交流经验，寻找商机。另一方面，小组成员及时发布提醒信息，共同抵制盗窃、掉包事件，群策群力，保护零售商的正当权益。

4.2.2 经验共享

倡导有条件的小组长及小组成员在自家店铺设立党小组之家和小组之家。区局（营销部）协助制作小组章程、公约看板，在小组内部推行看板管理，强化小组成员的自律互助意识。利用小组之家定期组织小组成员针对价格执行、终端陈列、品牌培育、非烟经营等共同关心的问题交流心得、分享经验。

另外，自律互助小组还不定期组织市场价格调查巡查、终端维护观摩学习等活动，打造共建共享的自律互助小组。

4.3 众筹众购众销，抱团互助经营

4.3.1 设施共享

通过客户经理的培训和指导，自律互助小组成员之间达成互帮互助的共识。借鉴精益生产中的八大浪费工具，自律互助小组成员主动开展经营过程中的浪费点查找。对于店铺中的闲置资源，比如柜台、货架等陈列设施，小组成员愿意优先在组内转让，有些甚至主动赠予，实现了资源共享的效益最大化。

4.3.2 货源共享

倡导小组成员彻底摒弃“同行是冤家”的旧观念，把小组内的同行当朋友，和谐相处，抱团取暖。对于非烟商品，建议大家抱团采购。单独一家零售商去进货，订货数量很难达到最好的政策，但是如果周边同行一起团购的话，就很容易达到最佳政策的限额，最后参团的零售商平摊政策价格，共享利益，何乐而不为呢？

自律互助小组成员既可以结伴相约，自主与供应商洽谈，也可以借助烟草公司提供的平台——e通宝，众筹众购非烟商品。

e通宝平台的开发与不断优化，就是利用信息化手段应用ECRS分析法简化采购流程的过程。它为零售客户省去了采购过程中的选择供应商、洽谈优惠政策、寻找合伙人等操作步骤，轻松完成采购流程（见图1）。同时，平台还为零售客户提供货款垫付、跨行支付等服务。自律互助小组成员选择e通宝平台众筹众购非烟商品也符合精益管理的理念，以最小的成本投入（最优惠的账期）换取最大的效益产出。

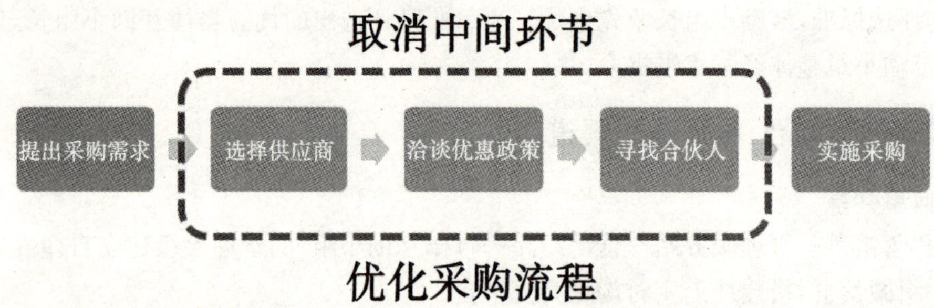

图1 优化流程

目前，平台可供选购的非烟商品涉及食品饮料、啤酒、白酒、葡萄酒、红茶、青茶、水果、营养保健、家居生活、其他共10个类别211种商品（见图2）。2018年，泰山区开通e通宝平台支付的客户达到295户，客户在家动动手指便能以更加优惠的价格采购到非烟商品。

图 2 非烟商品

4.3.3 客源共享

单就卷烟销售而言，目前的卷烟货源投放政策旨在将市场调控到“稍紧平衡”的状态，这就造成了部分零售客户的店内库存可能已经无法满足原有消费群体的消费需求。自律互助小组成立后，倡导零售客户与组内其他成员“共享客源”。

(1)相同或相近业态小组成员之间共享客源。同一小组内，相同或相近业态的零售商之间，当其中一家店的老主顾光顾，店主发现库存不足时，应当主动与邻近的小组成员联系，寻求合作。一是可以满足老主顾的需求，满足消费者需求；二是可以为小组成员争取到商机，获得盈利和新的客源；三是保住了自己的生意，维系了客我关系。这次受益的小组成员也自然会“礼尚往来”，下次遇到合适的商机，也会把自己家的老主顾介绍给小组内的同行，双方客源共享，利益共赢。

通过增强小组成员间的联系，在自身货源储备不足时，相互推荐消费者，以增加和维护更加稳定的消费群体，久而久之，便会形成常态化运行机制，形成互助互惠的小组之风，促进自律互助小组建设向纵深发展，更好地满足消费需求。

(2)不同业态小组成员之间共享客源。对于经营业态或者主营商品范围不同的小组成员，可以根据商圈或者目标客户群，选择共享客源的合作伙伴。比如小组成员为旅游特色终端，它的顾客也就是来泰游客，游客可能在吃住行游购娱等不同的消费场所出现。为了更好地满足游客需求，游客下榻的酒店零售客户就可以与周边便利店、烟酒店业态的旅游终端互相介绍客源，互相引流。对非烟商品还可以再根据推荐效果进行销售提成，也可以在开展促销活动时组合宣传，达到多方共赢的目的。

主营商品范围不同的零售商，完全可以根据客户需求和自身产品特点的差异，相互取长补短、互通有无。也就是通过共享客户资源的方式，把竞争对手变成朋友。比如小组内有婚庆用品专卖店，对于婚庆用烟单规格需求量大，但受货源投放的影响，无法完全满足顾客需求。此时就可以介绍顾客到小组内的其他成员店内购烟。小组成员相互借势，客源共享、利益共享。.

(3)跨小组共享客源。在小组内部无法满足消费需求的情况下，鼓励零售客户扩大“朋友圈”。比如经营能力、商圈等经营要素相同或者相近，同在“品牌示范店群”或者“旅游市场开发群”的零售客户，他们在自律互助小组之外的另一种组织形态中，同样有信任基础，同样可以互助借力，共享客源、共享利益。

5 研究成效

5.1 经济效益

5.1.1 零售客户卷烟经营毛利增加

2018 年年底，零售客户卷烟经营毛利率达到 14.02%，同比提升了 8.52 个百分点。

5.1.2 公司卷烟销售增长

零售客户自律互助小组资源共享机制建立后，进一步拉动了卷烟消费。2018 年，泰山区局(营销部)实现卷烟销售额 75986 万元，同比增长 7.43%；实现单箱销售收入 31180 元，同比增长 2631 元，增幅 9.22%。

5.2 社会效益

5.2.1 建立零售客户资源共享机制

卷烟零售客户自律互助小组逐步建立起一套以信息共享、经验共享、设施共享、货源共享和客源共享为基础的资源共享机制(见图 3)，促使小组成员之间乃至各小组之间形成了利益共同体。

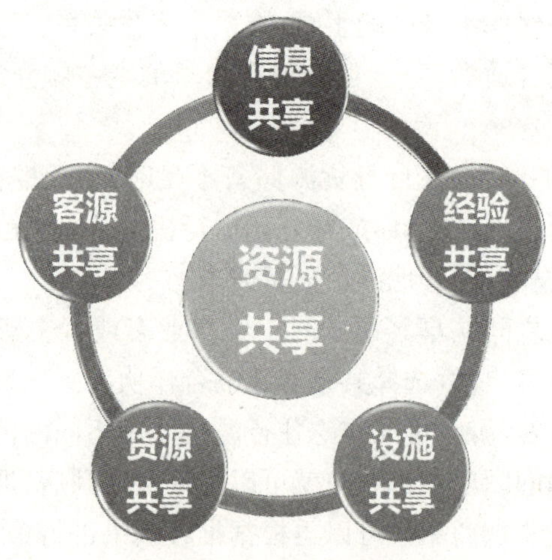

图 3　资源共享机制

零售客户自律互助小组内部“共享”理念得到一致认可，“互助”精神得到传承发扬，“互助共享”蔚然成风，零售客户自律互助小组的黏度进一步增强，小组功能得到有效发挥。

5.2.2 **零售客户满意度明显提升**

得益于资源共享机制的建立，零售客户在卷烟经营与非烟商品经营方面的经营能力与盈利水平均有明显提升，从而带动了零售客户满意度的提升。零售客户满意度调查数据显示：零售客户满意度由 2018 年一季度的 91.49%，提升到四季度的 94.52%。

5.2.3 **消费需求得到进一步满足**

零售客户自律互助小组以“满足消费者需求”为导向建立资源共享机制，尽自身最大努力寻求同行互助合作，共同满足消费者需求，为消费者节约了时间成本，从而提升了消费者满意度。

参考文献

[1]董鹏飞，晁源．推进卷烟零售客户自律互助小组建设的若干问题思考[J]. 中国商论，2017(32)：57-58.

[2]中国烟草市场．全国卷烟营销网络建设现场会在广西南宁召开［EB/OL］. 2016-12-06[2018-05-20]. http://www. tobaccochina. com/news/China/monopoly/20083/20083675448_291925. shtml.

客户经理职能转型与卷烟服务营销的关系之探究

张振荣

［山东省泰安市泰山区烟草专卖局（营销部）岱庙基层服务站，山东泰安，271000］

［摘要］ 服务不仅仅是一种产品，更是一种过程。服务业的蓬勃兴起是现代经济发展的一个显著特征。服务营销从一种营销方式或营销思想逐步演变成一种利用营销知识获取竞争优势的管理理念，这种转变对烟草行业同样有着重要的启示，客户经理职能转型便响应了这一点，对推动卷烟服务营销升级起到了较为突出的作用。对于烟草客户经理职能转型与卷烟服务营销是否有着密切关系，本文从二者的概念、特点、面临的问题及举措等几个方面的内容进行探究，得出二者之间确实存在密切关系的结论。

［关键字］ 服务营销；客户经理职能转型；服务

客户经理职能转型是现在烟草行业发展的必要趋势，它与卷烟服务营销是否存在密切关系呢？下面我们从几个方面进行探究。

1 概念及特点方面

1.1 服务营销概念

服务营销是一种以服务为主的营销方式和营销活动，主体是服务业或服务，目的是提高服务业的市场效益，从而促进服务经济的发展。

1.2 服务营销特点

1.2.1 不可感知性

服务产品很多都是无形无质、看不见摸不到的，而且在提供服务后，一般要在一段时间后才能感觉到其“利益”的存在。

1.2.2 难以分离性

这种特点简单来讲就是服务人员在为客户提供服务的同时，也正是客户进行消费的时刻。这两个过程在时间上是不能够进行分离的。

1.2.3 无法储存性

服务产品具有不可感知性，导致它无法像有形产品一样能够被储存起来。同时，也就使得消费者没有办法将服务产品带回家享受。

1.3 客户经理职能转型概念

为深入推进卷烟营销市场化改革，省局（公司）提出要按真实需求满足市场，实现由管理营销向服务营销转变，继续强化客户经理服务零售户、品牌培育、市场分析等职能转化，更好地给零售户提供优质的服务，提高客户满意度，从而有力支撑行业营销战略和各项改革举措落地运行。

1.4 客户经理职能转型特点

1.4.1 管理型向服务型转变

客户经理职能转型要求客户经理从理念和行动上进行彻底改变，实现从管理型向服务型转变，这就需要客户经理彻底改变以前动口多、动手少的习惯，学会弯下身子，放下架子，从客户的指挥员向客户的服务员进行角色转换，这就是服务性的充分体现。如果仅仅是口头上、思想上进行转变，就算转变得再好，行动上不力也得不到零售户的共鸣，依然很难得到零售户的尊重，因为他们没有真正从客户经理职能转型中得到实实在在的好处，经营上也没有得到实在的变化，所以要做到知行合一，才能更好地融洽客我关系，真正体现向服务型转变。

1.4.2 以客户为中心

客户经理职能转型的核心理念就是以客户为中心，所有的工作都充分体现了这一点，虽然简单地讲，烟草公司就是销售卷烟，但是只有把零售户服务好了，卷烟才能更好地销售，销量、销售额才能上去，所以以客户为中心最重要。客户经理职能转型特点之一就是以零售户为中心，一切想零售户所想，做零售户所做，让零售户充分感觉到我们是在为他们着想，这样才能反过来更好地为烟草开拓销售渠道。

1.4.3 简单化向精细化转变

很多客户经理仅仅认为客户经理就是简单地卖好烟就行了，其他的都不重要，这样的想法是完全不对的。其实，客户经理是一个很复杂的岗位，销售卷烟仅仅是其中的一方面工作，而做好其他工作是销售好卷烟的基础，客户经理职能转型就是要实现简单化向精细化转变，这就又回归到服务上来了。在服务零售户上细心一点，一切走在零售户的前面，做好终端服务、云 POS 系统服务、精品线路打造、旅游示范店创建等精细化工作，让零售户真正感觉到你是在为他们服务的，这就无形中达到了客户经理职能转型的效果。

2 客户经理职能转型在卷烟服务营销中的必要性方面

2.1 卷烟服务营销存在的问题

2.1.1 卷烟服务营销的意识和理念依然不够强化

我们虽然经常说服务营销，但往往对服务营销的内涵认识不够深入。由于传统的营销观念已在企业中根深蒂固，这就使得对服务营销的理念认识浅尝辄止，只是简单地认为产品是首位的，而服务是为产品衬托的，从而把“服务”束之高阁，并没有进行全面、系统、规范的管理。长期以来，我们烟草企业的客户经理虽然在零售户服务方面的改善较为明显，但是仍然存在就工作而工作的情况，在服务意识上仍然不够深入，不能真正深入地与零售户进行沟通交流，明确他们的需求，即使是交流也缺乏了一种耐心和细心，这样一来在一定程度上影响了卷烟服务营销的质量和水平。

2.1.2 人员素质参差不齐，培训力度有待进一步加强

人员素质参差不齐有些是由于文化程度不同造成的，有些是由于接受专业知识层次不一造成的，这时后期的培训就显得格外重要了。烟草行业虽然不定期会组织人员进行培训，但是有时依然会存在培训学习的实效性、可操作性较差的情况，这就在一定程度上影响了营销队伍的整体素质和服务能力的提高。

综上卷烟服务营销中存在的两个问题，与客户经理本身的职能有着得很大的关系，只有真正做好职能转型，才能从根本上解决卷烟服务营销中存在的这些问题，所以，客户经理职能转型对卷烟服务营销十分必要。

2.2 客户经理职能转型目标性要求

2.2.1 深入消费者，增强消费引导力

客户经理作为品牌培育、消费引导和客户服务的一线营销执行主体，消费引导是其首要职能之一，因为，消费者是营销服务的直接感受者，是我们的最终服务对象。客户经理职能转型所设定的目标之一就是切实深入消费者，不断引导消费。客户经理在走访零售户的同时，要留意对消费者进行调查，可以通过发放调查问卷或者网上调查等方式，从中了解消费者的年龄结构、性别差异、品牌档位、品吸习惯等信息，从而为满足消费者需求作铺垫。只有了解了自己片区零售户所属的商圈情况，才能有针对性地为零售户打造自己的品牌和档位，尤其是要对重点零售客户进行消费者分析、制定为消费者提供便捷服务的措施，必要时还要与一些公众场所联系，为消费者建好吸烟室，以满足消费者需求，更好地引导消费。

2.2.2 做好协同营销，夯实新品培育工作

作为客户经理，做好新品培育很重要。因为只有配合好工业企业将新品牌推介进来，才能通过品牌培育提升我们的卷烟营销水平。客户经理做好职能转型工作，就要在新品培育上下功夫，在新品上市前先听取零售户及消费者的心声，采纳他们的意见和建议，并据此制定较为合适的营销方案，在新品上市后及时关注零售户及消费者的反馈，通过实地走访零售户调查、给消费者发放调查问卷、驻店询问消费者等方式，实时了解新品上市后的反馈情况，还有哪些地方需要改进，以此根据消费者的需求，思考品牌提升的策略，为工业企业提供销售促进建议，这样通过工商双方的共同协作，不断提升品牌的文化影响力和市场接受度。

2.2.3 加强零售户服务，提升经营能力

卷烟服务营销的核心在于服务，服务虽然看不见、摸不着，但是可以感知，好的服务可以提升幸福指数，反之则效果下降。客户经理职能转型同时尤为注重服务质量和效果，这与卷烟服务营销是相通的。要想实现良好的效果，客户经理首先要熟知每一零售户的基础信息，并做好维护工作，因为只有知己知彼，才能做到百战不殆。客户经理可以采取网上沟通、电

话交流、实地走访等多种方式向零售户宣传、解释有关货源供应、品牌促销、订货日程、行业政策等方面的信息，并及时听取零售户的意见和建议，第一时间进行反馈，以此做好订货指导工作。同时，根据零售户的实际情况，对其进行终端维护整理，让零售户以良好的形象进行展示，以带动经营能力的提升。

综合卷烟服务营销当前所面临的问题和客户经理职能转型的目标性要求两方面，笔者认为客户经理职能转型与卷烟服务营销关系密切，客户经理职能转型逐渐成为卷烟服务营销提升的必要因素之一，而卷烟服务营销的标准又是客户经理职能转型的必然要求和必要标准。

3 客户经理职能转型工作措施方面

3.1 工作内容力求转变

客户经理职能转型要将客户经理从拿订单的工作中解放出来，回归到客户服务、品牌培育、终端建设等基本职能，推动客户经理从围绕订单的销售职能向围绕终端的服务营销职能转型。

3.1.1 良好服务最重要

客户经理要想真正得到零售户的尊重和支持，良好的服务不可缺少，而良好的服务主要体现在以下几个方面：一是开展销售指导。根据系统预警信息、后台分析指令，解决零售户在卷烟销售、库存、价格方面的异常问题。二是基础信息维护。对零售户提出的电话号码、订货周期、订货频次等需求按规定进行修改，对新办证零售户的基础信息进行维护。三是营销活动指导。开展自律互助小组建设，负责协助小组建立的筹备工作，协助零售客户召开小组会议，开展小组活动。开展文明吸烟环境建设，积极推进交通枢纽区、旅游区、综合商业区等吸烟室(点)建设，同时引导零售客户在门店附近或门店内部开辟消费体验区。开展零售客户培训，根据客户经营情况和客户需求，有针对性地开展培训。

3.1.2 品牌培育很关键

首先加强新品宣传，采用线上线下相结合的方式进行宣传推广。利用企业微信公众号等发布新引入品牌信息，吸引消费者主动购买。客户经理在实地拜访时，加大对新品的推荐力度，根据客户周边消费环境，针对性推介新品卷烟，做好新上市品牌宣传推广工作，切实为零售户的卷烟销售作好铺垫。其次做好重点品牌上柜，细心为零售户介绍不同品牌的卖点、特点、推荐技巧、目标消费人群等信息，有针对性地指导零售户上柜。

3.1.3 终端建设是重点

客户经理注重深入开展精品线路建设、三帮三联三提升工作，手把手传授卷烟陈列方法，引导客户自我维护终端，靓化终端形象，着力打造“终端一条街”。建设尊客加盟店，全面推行双屏机、云 POS 系统、全商品扫码等经营模式，提升卷烟销售使用率和扫码质量，着力打造新型零售终端，塑造零售新形象。

3.1.4 市场开发要注重

从高处树立大市场观念，加强当地旅游市场开发，将游客吃、住、行、玩纳入开发范围，着力打造品牌形象店、终端标准店、线路精品店。注重婚庆市场开发，建立婚庆定点店，指导零售客户宣传婚庆政策，引导消费者多用烟、用好烟，进一步提升全市婚庆用烟结构。积极开展其他特类市场的开发建设，根据辖区市场的情况，从工地市场、集团消费市场、外出务工人员市场等方面分析辖区市场的短板和优势，打造特色终端。

3.2 营销方式转型升级

客户经理职能转型一大重点在于营销方式转型升级，由原来的管理型营销向服务型营销转变，重在给零售户提供满意的服务，从而促进客我关系，提高客户满意度。

3.2.1 现场营销方式

开展驻店营销，准确把握卷烟消费需求和市场信息，打通与零售户和消费者直接联系的渠道。通过开展驻店营销，指导进店购买卷烟的消费者填写调查问卷，掌握周边消费情况；帮助零售户查看分析近期销量数据，协助零售户进行店面形象建设，提升零售客户的经营能力。

3.2.2 “互联网＋”营销方式

首先是搭建管理新平台，提升管理效率。通过企业微信号搭建面向消费数据的工商零直接沟通渠道，实现业务、管理、客户服务的移动互联网化。其次是搭建零售新终端，提升终端服务效率。通过智能 POS 机、小程序等技术为零售户赋能，打通零售户与消费者互动、互通的线上渠道，提升零售户锁定、服务、分析、影响消费的能力，提升现代营销网络中末端的互联网水平。

3.3 有效提升队伍素质

从市场分析、品牌培育、终端建设和客户服务四大职能入手，充分挖掘客户经理专业特长，定期组织培训，为客户经理灌输专业化知识，实现客户经理专业化成长。

4 二者关系总结分析

当前阶段，卷烟服务营销已进入整合时代，机遇与挑战并存，要想化挑战为机遇，必须采取切实可行的对策做好服务营销工作。从前面的论述中可以很明显地看出，当前烟草客户经理职能转型升级与卷烟服务营销有着密切的关系，不论是客户经理职能转型的特点、必要性，还是采取的工作措施，都从不同的角度体现了卷烟服务营销的关系营销策略、品牌化营销策略、沟通化营销策略、差异化营销策略和创新性营销策略都与卷烟服务营销有着不可分割的联系。

首先，卷烟服务营销是客户经理职能转型的一大重要背景，也是客户经理职能转型的重要目标所指。客户经理职能转型要真正实现向卷烟服务营销的跨越才算达到了所期待的效果，才能逐步得到卷烟零售户的认可，实现客我关系融洽。

其次，客户经理职能转型的工作举措是以服务营销策略作为参考的。这需要将卷烟服务营销的策略充分融入客户经理职能转型的举措中才能真正做好客户经理职能转型工作，为烟草打造良好的营销队伍奠定坚实的基础。

最后，客户经理职能转型反过来又是为卷烟服务营销服务的。为什么这么说呢？因为我们实现客户经理职能转型的依据是卷烟服务营销的核心理念，这个过程是一个不断改进、不断提升的过程，当真正实现了客户经理职能转型后，客户经理所执行的一切又是围绕卷烟服务营销进行的，实现卷烟服务营销再升级，这便形成了一个良性循环，进一步促进烟草行业的良好发展。

总之，卷烟服务营销对烟草来讲至关重要，既是加强企业管理的必然要求，又是增强企业竞争力的关键要素。而客户经理职能转型又是服务于卷烟服务营销的，二者相辅相成、不可分离的，只有这样，才能不断创造竞争优势，以适应激烈市场竞争的需要。

参考文献

[1][美]菲利普·科特勒．营销管理[M]．梅汝和，译．北京：中国人民大学出版社，2001.

烟草零售领域信用体系建设研究

任晓东，尹文龙

[威海市烟草专卖局(公司)，山东威海，264200]

[摘要] 开展烟草零售领域信用体系建设，对于规范卷烟零售市场秩序、激发广大零售户市场主体活力具有重要推进作用，是烟草行业推进高质量发展的重要举措和有效途径。本文结合信用体系建设的背景，指出烟草零售领域信用体系建设的重要意义，并以威海烟草信用体系建设实践为例，总结了零售领域信用体系建设的基本经验，并着重指出了在信用体系建设推动过程中的注意事项。

[关键词] 烟草行业；零售领域；零售户；诚信建设

1 烟草零售领域信用体系建设的背景

“诚信”的原则和精神，是促进社会主义市场经济健康发展的道德基石。诚信既是立国、立业之本，也是个人安身立命的法宝。党的十八大以来，党中央高度重视社会信用体系建设，将其提升到国家治理体系和治理能力现代化的高度。习近平总书记多次就信用建设工作作出重要指示，指出：“对突出的诚信缺失问题，既要抓紧建立覆盖全社会的征信系统，又要完善守法诚信褒奖机制和违法失信惩戒机制，使人不敢失信、不能失信。对见利忘义、贩假售假的违法行为，要加大执法力度，让败德违法者受到惩治、付出代价”。2014 年，国务院发布了《社会信用体系建设规划纲要(2014～2020 年)》，标志着社会信用体系国家框架搭建完成。2015 年，出台并实施政务诚信制度和社会信用代码等制度。2017 年，基本建成集合金融、工商登记、税收缴纳、社保缴费、交通违章等信用信息的统一平台，初步实现了资源共享。经过多年的探索和实践，我国社会信用体系建设在很多基础领域和关键环节取得了重要进步。在此基础上，2019 年 7 月国务院办公厅印发了《关于加快推进社会信用体系建设构建以信用为基础的新型监管机制的指导意见》，就加强社会信用体系建设，进一步发挥信用在创新监管机制、提高监管能力和水平方面的基础性作用，更好激发市场主体活力提出了明确要求。

近年来，烟草行业紧跟国家要求，着手推进信用体系建设工作。2016 年，国家局下发了《关于建立完善守信联合激励和失信联合惩戒制度，加快推进烟草行业诚信建设的意见》，就推进烟草行业诚信建设进行了安排部署。2019 年，省局(公司)在高质量发展实施意见中提出，创新市场监管方式，建立以信用监管为基础、以重点监管为补充的市场监管新机制，为信用管理指明了方向。但截至目前，行业诚信建设仍处起步阶段，推进成效尚缺乏更多的工作支撑，本文以威海烟草零售领域信用体系建设实践为例证开展思考和探究。

2 烟草零售领域信用体系建设的必要性

2.1 维护国家利益、消费者利益的必然要求

一直以来，行业始终坚守并践行“国家利益至上、消费者利益至上”的共同价值观，不断推动自我改革、自我完善、自我创新，取得了令人瞩目的成就。但也应当看到，在推动自身发展的同时，在监管机制的创新上还有所欠缺，在监管能力和水平的提升上还存有短板，在服务客户的深度上还有待挖掘，尤其是在信用建设上，与企业高质量发展的目标任务不相匹配。卷烟零售领域信用缺失，零售市场上各类违法违规、违约失信现象禁而不止。以威海为例，2018 年全市查办案件 907 起，其中许可市场涉烟违法 307 户次，占比达 34%。这些不讲诚信、不守信用的行为破坏了正常的卷烟经营秩序，影响了烟草专卖法律法规的公信力。因此，在零售领域推行信用体系建设，敦促卷烟零售户树立诚信经营理念、开展诚信经营活动，对于更好地践行行业共同价值观有着积极的意义。

2.2 规范和发展卷烟零售市场的必然要求

在市场经济中，信用是保障机制高效运行的基石，是维护市场关系的基本准则，是市场经济得以健康发展的关键因素。作为社会主义市场经济的重要组成部分，广大零售户群体连接着烟草部门和消费者，其在经营过程中是否做到诚信守法，直接关系到消费者合法权益能否得到有效保障，关系到卷烟零售市场能否实现健康有序发展。目前，零售户通过自律小组这一载体，实现了赢利水平的稳步提升。零售户能否在实现赢利后坚守诚信，需要烟草部门用科学的方法来加以规范和引导。因此，在烟草零售领域推行信用体系建设，以监管机制创新督促零售户树立诚信经营意识、开展诚信经营活动，已经成为当前客户服务和客户管理的重要内容，成为行业稳步推动卷烟零售市场向更加规范、更高质量、更可持续方向发展的必然选择。

2.3 烟草行业实现高质量发展的必然要求

当前烟草行业正在全面深入贯彻党的十九大精神，推动高质量发展已经成为未来一个时期内全行业工作的主旋律和奋斗目标。作为处在产业链中重要位置的零售户，他们的地位特殊、作用重大，能否为他们提供更优质的、更全面的、更深入的服务红利和管理红利，将直接关系到我们高质量发展目标的实现。而且烟草零售领域信用体系建设的利好是双向的，营造诚实守信的卷烟零售环境，打造规范有序的卷烟零售市场，既有利于行业的持续健康发展，又有利于维护零售户自身的合法权益。因此，要清醒地看到信用“软实力”对铸就发展“硬支撑”的关键作用，把零售领域信用体系建设提升到推动烟草高质量发展的超前战略和重大举措的高度来认识、来把握。

3 烟草零售领域信用体系建设的重点

结合威海烟草开展烟草零售领域信用体系建设的实践，可以概述为“搭建一个平台、建立五项机制、做好一个结合、营造一种氛围”的“1511”模式。

3.1 搭建社会信用管理互联互通平台

信息平台是信用体系建设的核心工程，是各级政府开展社会信用管理的工作基础，是发挥各具有社会管理作用的职能部门开展守信联合奖励、失信联合惩戒的重要依据。要本着客观、准确、全面、详尽的原则，依法、及时对零售户信用信息进行记录，建好零售户信用档案，并将信用信息及时传输到政府部门搭建的社会信用管理“一网两库一平台”，推动行业管理信息与政府信用平台有效对接，确保卷烟零售户经营信息应入尽入社会信用管理系统。要建立收集整合各种信用信息常态化的工作机制，在不断扩大信用信息归集范围的同时，进一步做好信用信息资源的整理整合、维护更新，不断丰富信用平台信息，扩大信息覆盖面，实现零售户信用信息与社会信用信息的实时互联互通、共建共享。

3.2 建立零售领域信用体系建设工作机制

3.2.1 卷烟零售领域信用评价机制

建立信用评价体系，制定《卷烟零售户信用管理办法》，对建立零售户信用管理体系的各要素作出规定。制定千分制计分评级规则，构建“统一计分、统一分档”模式，实现零售户信用评定计分与市信用系统自然人或法人相一致，并与政府信用系统相对接，实现实时动态评价。规范信息采集流程，建立信用信息管理卡，形成“一户一档”，实现守信、失信信息采集的常态化管理。成立卷烟零售户信用管理工作机构，根据失信卷烟零售户当前行政处罚信息和计分评级规则，确定其失信程度(分为一般、较重、严重三种情形)，在录入数据库时予以标注，上传至政府信用管理部门，导入信用平台，计入个人信用记录，通过政府信用管理部门归集整理，形成个人信用报告。

3.2.2 褒扬和激励诚信行为机制

建立《卷烟零售户应用信用评价结果实施办法》，推动卷烟零售领域信用记录和信用报告的广泛应用。对零售户组织实施守信激励，在终端改善、品牌营销活动、客户培训、星级评定等方面实行差异化管理，对信用等级高的守信主体给予更多的优惠和便利。探索建立行政审批绿色通道，在新办、变更、延续烟草专卖零售许可证工作中，对当地人民政府认可的诚信典型和连续三年无不良信用记录的市场主体，可根据实际情况实施“绿色通道”和“容缺受理”等便利服务措施。优化诚信市场主体行政监管安排，根据监管对象的信用记录和信用评价分级分类，对符合一定条件的诚信零售户，在“双随机一公开”检查、专项检查中优化检查频次。在社会层面上大力推介诚信市场主体，烟草部门及时将诚信零售户的优良信用信息报送到当地政府网站进行公示，让信用成为市场配置资源的重要考量因素。

3.2.3 约束和惩戒失信行为机制

在依法依规对涉烟违法行为作出处理和评价的基础上，建立失信主体名单，向社会信用管理部门报送失信主体信息。依法依规加强对涉烟失信主体的行政约束和惩戒，在行政许可过程中，对失信人的行政许可申请要严格审核。加大对失信主体的日常监管力度，对于司法机关认定的失信被执行人和以失信被执行人为高管的单位，要提高随机抽查的比例和频次。要重点监管严重失信的企业和个人，必要时可以对严重失信主体实施烟草零售领域禁入措施，并向有关部门建议取消其参加各类评先树优资格或撤销其获得的相关荣誉称号和奖项等。在开展零售终端改造、品牌营销、小组活动、客户培训、星级评定等活动中，对失信主体予以必要的限制和警示。

3.2.4 守信联合激励和失信联合惩戒机制

积极参与当地人民政府组织的跨地区、跨部门、跨领域的信用体系合作机制建设，推动信用信息共享和信用产品互认。主动配合当地人民政府建立守信联合激励和失信联合惩戒信用信息管理机制，将涉烟信用信息作为对行政相对人信用评价的重要依据。在与政府信用信息管理系统实现互联互通的基础上，及时将信用信息查询使用功能嵌入对行政相对人的审批、监管工作流程中，扩大信用产品的使用覆盖面。

3.2.5 信用主体权益保护和修复机制

建立健全信用信息异议、投诉制度。市、县两级烟草部门在执行失信惩戒措施时发现市场主体失信信息不实的，要及时组织核实，失信惩戒措施在信息核实期间暂不执行，经核实有误的信息应及时更正或撤销。失信主体在规定期限内纠正失信行为、消除不良影响的，引导其通过作出信用承诺、完成信用整改、接受专题培训、参加慈善公益活动等方式开展信用修复。修复完成后，按程序及时停止公示其失信记录，终止实施联合惩戒措施，使其在法定权限内恢复正常运营。

3.3 做好与零售户诚信自律互助小组建设的结合

积极探索推动零售领域信用建设落地落细的方法和途径，与当前正在开展的自律互助小组建设有机结合起来，发挥自律小组在联系零售户、动员零售户、管理零售户等方面的突出作用，以完善《诚信自律互助小组公约》为纽带，将零售户遵纪守法、诚信经营、明码实价等要求纳入公约，作为小组成员履行约定义务的重要内容，并以《诚信自律互助小组公告》的形式接受小组成员和社会的监督，以此强化小组守信自律和履约自治功能。围绕规范经营、信用建设等内容开展日常宣传教育活动，把诚信教育纳入客户服务、小组建设的重点内容，提高小组成员的诚信素养。坚持线上线下相融合的方式，重点向零售户讲清什么是信用、为什么要讲信用、怎样做到诚实守信，推动零售户从“要我诚信”到“我要诚信”的转变。

3.4 营造讲诚信、重诚信的浓厚氛围

坚持法治与德治相结合，突出“征信”与“用信”联动，用制度来约束和规范零售户行为，以信用促自律、以自律筑信用。建立信用“红黑名单”发布制度，对符合条件的守信主体纳入“红名单”作为联合激励对象，在相关媒体公开发布“红名单”，并在法定权限内采取相应激励措施；对失信主体纳入“黑名单”作为联合惩戒对象，除在相关媒体上公开发布“黑名单”外，还要联合相关部门在法定权限内采取相应行政监管性约束和惩戒措施。要适时开展诚信典型的评选，通过发挥典型引路的作用，提高诚信的影响力、渗透力、引导力。把诚实守信作为

加强零售户管理服务的重点,大力弘扬诚信理念、规则意识、契约精神,推动和形成“不敢失信、不能失信、不愿失信”的社会环境。要加大信用知识普及力度,将诚信教育贯穿零售户服务和培训全过程,营造“守信者荣、失信者耻”的浓厚氛围。同时,烟草部门要制定好信用管理服务工作规范,明确专卖、营销人员在信用建设中的工作职责管理、标准、服务流程等,形成信用体系建设的标准化,推动信用管理有序运行。

4 烟草零售领域信用体系建设的注意事项

4.1 组织领导为关键

坚强有力的组织领导,是零售领域信用体系建设工作落到实处、取得实效的关键和保证。要成立专门工作推进机构,强化对信用体系建设工作的协调指挥和统筹推进,及时解决工作中遇到的困难和问题,保证各项工作落实落细。职能部门和相关岗位人员要认真研究诚信建设工作,切实抓好执行,确保各项工作举措有效落地、责任及时落实。同时,要广泛凝聚共识,营造全员关心、支持和参与信用体系建设的良好氛围。

4.2 合力推进为基础

烟草零售领域信用体系建设的推进牵涉众多部门和领域,无论是制定信用评价标准、推进信用信息互通共享,还是实施联合奖惩、提升征信系统应用功能等,都需要各管理机构紧密配合、共同推进。要发挥烟草部门在本领域中的主体规划、协调、推动作用,制订工作计划,健全制度体系,实现工作落实。

4.3 依法依规为前提

要严格按照法律法规和政策规定,科学界定守信和失信行为,开展守信联合激励和失信联合惩戒等相关工作,让守信者受益、失信者受限,切实保护市场主体的合法权益。同时,作为管理机构,烟草部门要坚守诚信守法规范经营,提升依法治理工作能力和水平。

4.4 机制建设为保障

零售领域信用体系建设是一项覆盖面广、条块互动的系统工程,当前没有完备的制度可依,也没有现成的套路可循,在推进过程中存在着信用建设领域问题复杂、工作涉及范围较广、相关制度不健全等现实困难,必须要围绕工作重点狠抓突破、加强督导、强化考核。要坚持在应用中发展、在发展中应用,通过健全完善信用奖惩联动机制,广泛应用信用评价结果,不断优化市场信用环境。

综上所述,通过强化烟草零售领域信用体系建设,持续增强零售客户认同感和参与度,让其切身感受到守信处处受益、失信寸步难行,营造诚实守信的卷烟零售环境、打造规范有序的卷烟零售市场,进而形成“不敢失信、不能失信、不愿失信”的社会氛围,必定对推动行业高质量发展产生深远的影响。

参考文献

[1]全国整顿和规范市场经济秩序领导小组办公室．社会信用体系建设[M].北京:中国方正出版社,2004.

[2]孙智英．信用问题的经济学分析[M].北京:中国城市出版社,2002.

[3]朱冰．从国外经验看我国社会信用体系建设[J].中国经贸导刊,2005(3):38-39.

[4]万里鹏．加大整顿规范力度　加快诚信体系建设　强化企业自律行为　营造良好市场环境[J].中国烟草学会,2004(2):46-49.

荣成海洋市场卷烟消费分析及结构提升路径探析

尹成钢

[荣成市烟草专卖局(营销部)卷烟营销科,山东威海,264300]

[摘要] 海洋市场是卷烟消费的重要潜力市场,在需求拐点逼近的形势下,如何挖掘海洋市场潜力,促进卷烟消费升级,提升卷烟消费结构,是摆在商业企业面前的一项重要课题。本文旨在通过对本地区海洋市场卷烟消费分析,掌握海洋市场卷烟消费特点及卷烟消费趋势,通过在零售终端、品牌培育、市场开发等方面制定针对性营销政策,有效引导消费,充分发挥区域市场优势,促进卷烟营销高质量发展。

[关键词] 烟草;海洋市场;结构提升

当前,烟草行业发展已进入新常态,在卷烟销量增长空间有限的情况下,各级烟草公司都把提升卷烟消费结构作为推动烟草经济持续稳定发展的重要途径。为了企业持续稳定健康发展,荣成市局(营销部)积极贯彻落实"卷烟上水平"基本方针和战略任务,科学谋划结构提升路线图,持续加强海洋市场开发,把海洋市场作为销售结构提升的最大潜力点,抓住荣成海上牧场建设、滨海旅游、海洋高新园建设等契机,在市场调研的基础上,制定针对性营销政策,为全面推进"卷烟上水平"筑牢市场基础。

1 荣成海洋市场发展概况

荣成位于山东半岛最东端,三面环海,海岸线长 500 千米,是全国重点渔业县(市)。渔业是全市国民经济的支柱产业和最具发展潜力的行业。拥有北方最大的渔港——石岛渔港及龙眼港、好当家港等八个国家一类开放口岸。据权威部门统计,荣成全市渔业企业超过 400 家,拥有渔港码头 107 处,捕捞渔船 2915 艘、79.2 万马力,2019 年上半年专业远洋渔船达到 317 艘、朝东项目渔船 402 艘,形成了开发能力强、作业领域广、生产规模大的远近洋捕捞船队。目前,渔业从业人员达 25 万人,对拉动卷烟消费、促进销量提升发挥了积极作用。但是,受船员流动性强、传统消费观念影响,船员在卷烟消费上表现出吸食牌号杂、消费档次低等特点,海洋市场卷烟消费潜力仍有待进一步挖掘。

2 荣成海洋市场卷烟消费分析

2.1 海洋市场客户销售情况分析

根据对海洋区域零售客户的销售及需求调研结果和分析，按照客户的销售构成、销售特点筛选出目标客户 662 户，占全部零售户户数的 20.4%。2019 年 1～6 月海洋市场客户销售收入为 10514 万元，占全市销售收入的 21.1%，卷烟销售结构为 33842 元，同比增加 3787 元，增幅 12.6%，对比全市平均增幅高 4.9 个百分点。从分类别上看，海洋市场客户一二类卷烟共销售 1306 箱，同比增加 72 箱，增幅 5.8%，三四类卷烟共销售 1798 箱，同比减少 529 箱，降幅 22.7%。从海洋市场客户的销售来看，在市局(公司)总体卷烟销售政策的调控下，海洋市场卷烟销售结构的增幅高于整体市场增幅，说明海洋市场卷烟销售结构处于逐步优化的状态，市场潜力较大，前景看好，开发维护好海洋市场对当前结构提升工作十分关键，深度挖潜工作需进一步加强。

2.2 海洋市场消费群体特征分析

在海洋市场中，船员是最大的消费群体，为进一步把握船员卷烟消费特点、购买渠道等信息，选取了辖区 52 个渔港码头、260 名消费者进行调查，为营销政策制定提供有效的数据支撑。

2.2.1 年龄分布

数据显示，船员平均年龄 42.2 岁，以 36～55 岁消费者为主，占比达到 73.7%，其中 25～35 岁消费者占比为 13%，36～45 岁消费者占比为 58.7%，46～55 岁消费者占比为 25%，56 岁以上消费者占比仅为 3.3%(见图 1)。

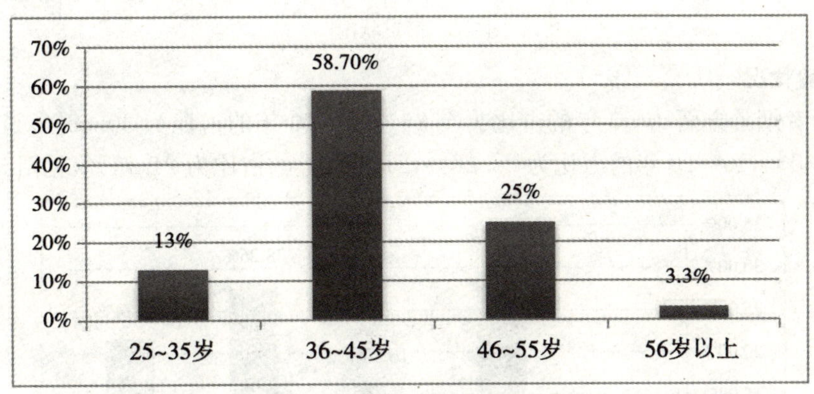

图 1 年龄分布

2.2.2 收入状况

年薪 3 万元以下的占比为 5.74%，4 万～6 万元的占比为 38.04%，7 万～9 万元的占比为 51.87%，10 万元以上的占比为 4.35%(见图 2)；2018 年的收入与往年相比，增长的占比为 53.71%，基本持平的占比为 28.04%，下降的占比为 18.25%(见图 3)。

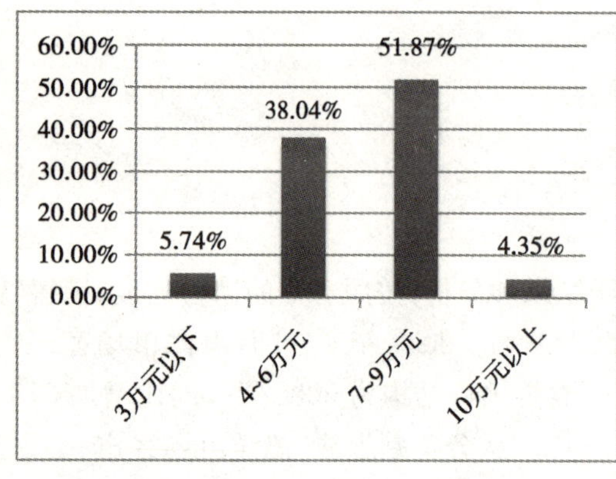

图2　收入分布

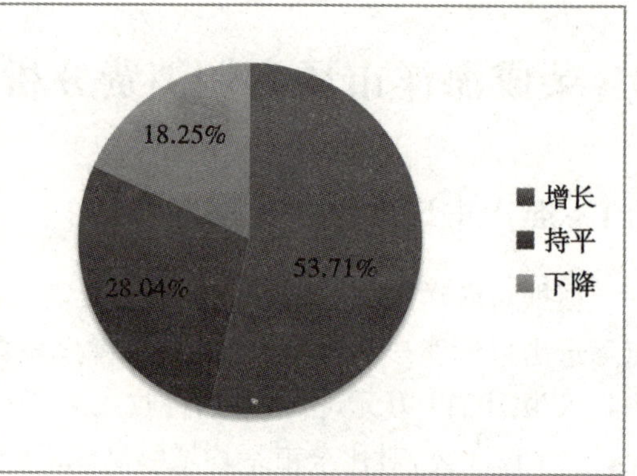

图3　收入变化

2.2.3　籍贯状况

籍贯是威海本地人的占比为35.87%，省内外地人的占比为28.26%，省外人的占比为35.87%(见图4)。

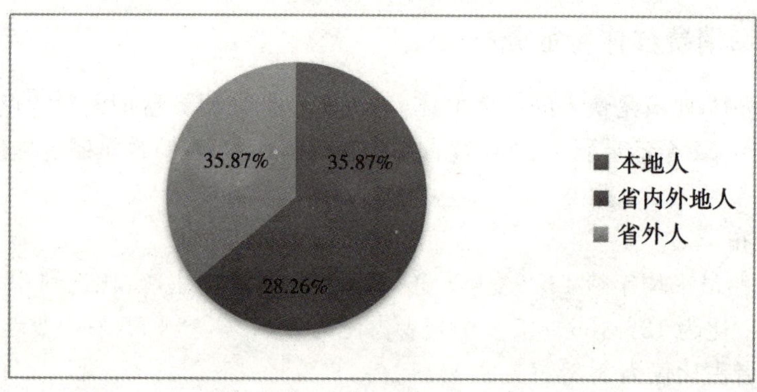

图4　籍贯状况

2.2.4　烟龄状况

在消费者烟龄方面，0～5年的占比为3.26%，6～10年的占比为30.43%，11～15年的占比为16.30%，16～20年的占比为28.26%，21年以上的占比为21.74%(见图5)。

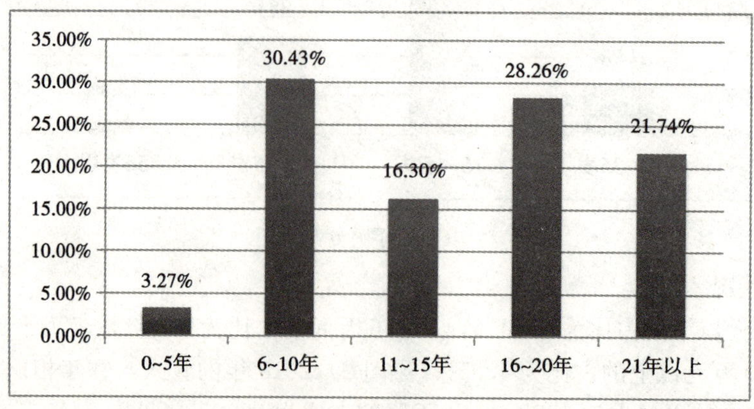

图5　烟龄状况

2.2.5 消费量情况

在卷烟消费方面,消费者在海上一天的消费量,半盒以内的占比为 6.52%,半盒到 1 盒的占比为 28.26%,1～2 盒的占比为 44.57%,2 盒以上的占比为 20.65%;消费者在陆地上一天的消费量,半盒以内的占比为 7.61%,半盒到 1 盒的占比为 46.74%,1～2 盒的占比为 44.56%,2 盒以上的占比为 1.09%,消费者在海上的消费量要明显高于在陆地上的消费量;近海作业船员一次作业携带卷烟的数量为 3～4 条,远洋渔船船员根据作业周期长短携带量有所不同,携带卷烟数量在 50 条左右(见图 6)。

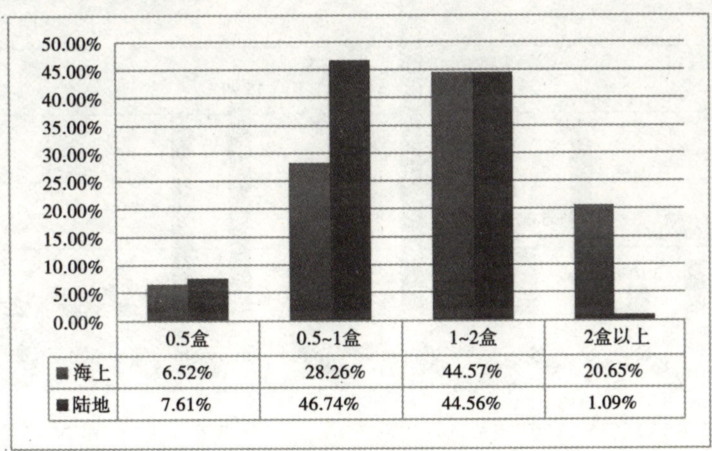

图 6 消费量情况

2.2.6 消费价位

在海上作业期间消费者吸烟的价位,5～6.5 元的占比为 3.52%,7～8 元的占比为 22.96%,10～12 元的占比为 41.96%,13～15 元的占比为 23.47%,16～20 元的占比为 8.09%,消费 21 元以上价位的基本没有,消费的卷烟品牌规格主要为"泰山(红将军)";在陆地期间消费者吸烟的价位,5～6.5 元的占比为 2.87%,7～8 元的占比为 15.87%,10～12 元的占比为 43.57%,13～15 元的占比为 25.95%,16～20 元的占比为 11.74%,消费 21 元以上价位的基本没有,消费的卷烟品牌规格主要为"泰山(华贵)""泰山(白将军)""云烟(紫)""利群(新版)"等(见图 7)。

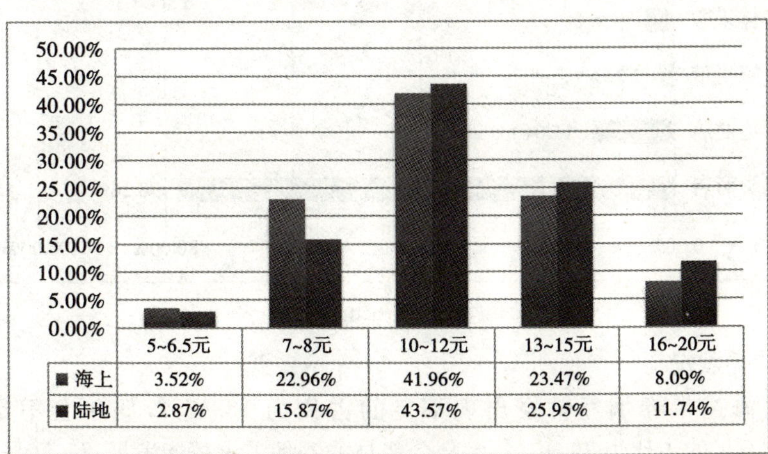

图 7 消费价位

2.2.7 消费品牌

船员携带的卷烟品种船员主要为“泰山(红将军)”“泰山(华贵)”等，船长、轮机长主要为“泰山(红将军)”“泰山(华贵)”“利群(新版)”以及少量的“玉溪(软)”等。另外，从调查中可以发现，极少数的船员消费了本地不投放的“七星”等渠道外卷烟(见图 8)。

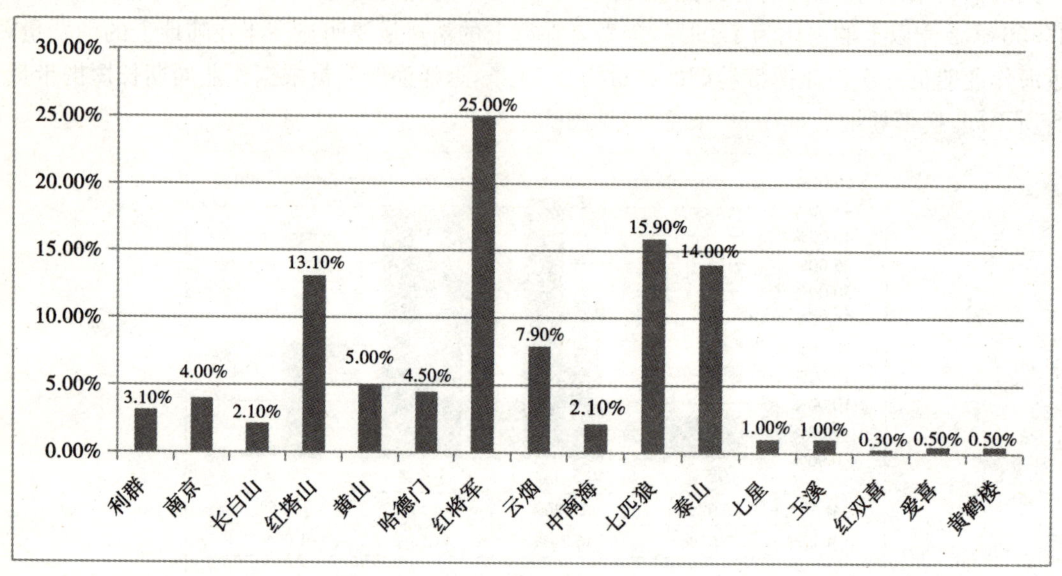

图 8 消费品牌

2.2.8 购买渠道

船员出海时经常购烟的场所，主要在码头商店，其占比为 78.26%，从附近渔村商店购买的占比为 13.04%，从家里带的占比为 2.26%，老板集体采购的占比为 4.26%，从城镇商店采购的占比为 1.18%，其他渠道采购的占比为 1%(见图 9)。

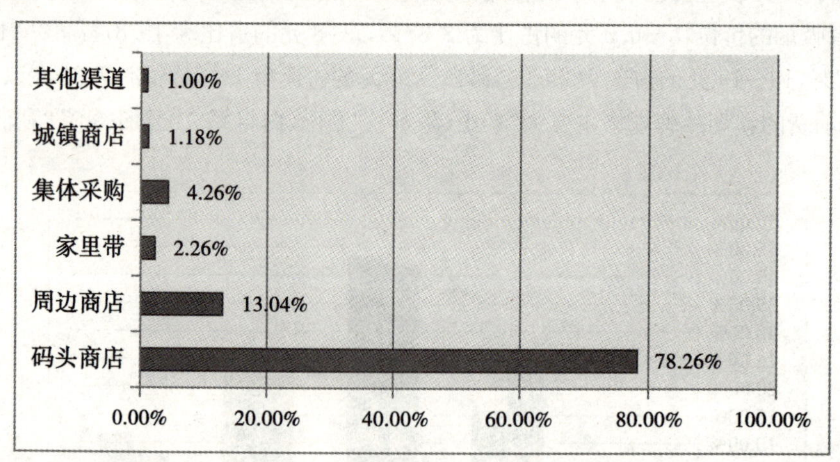

图 9 购买渠道

2.2.9 需求满足状况

消费者出海携带卷烟经常会出现不足的占比为 18.48%，偶尔会不足的占比为 42.39%，不会不足的占比为 39.13%；大部分船员的卷烟需求都能满足，83.70%的消费者表示需要的卷烟容易购买到，16.3%的消费者表示供货不足、经常买不到(见图 10)。

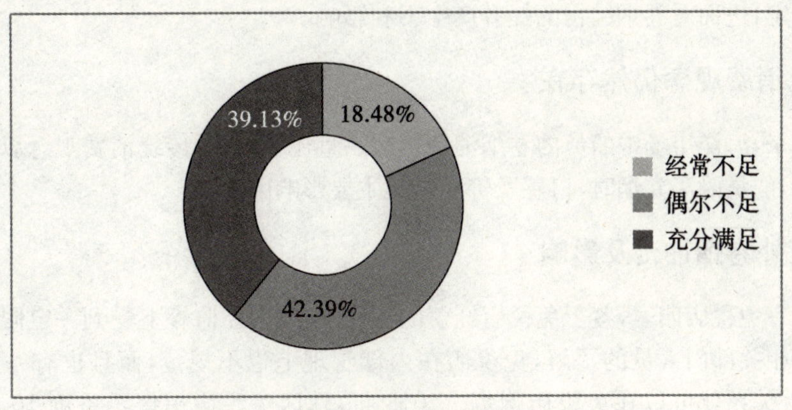

图 10　需求满足状况

2.2.10　**渠道外卷烟消费状况**

4.38%的消费者表示有消费免税烟或走私烟的情况，余下 95.62%的消费者表示没有消费免税烟或走私烟的情况(见图 11)。

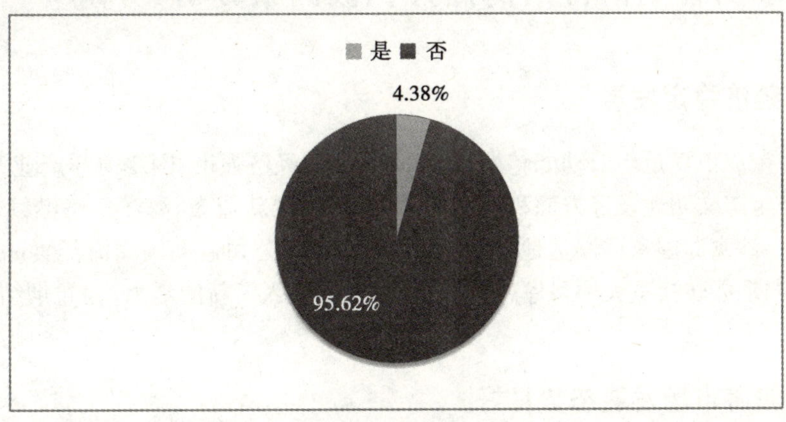

图 11　渠道外卷烟消费状况

3　影响海洋市场卷烟结构提升因素分析

3.1　海洋市场面临产业调整

为打造“自由呼吸、自在荣成”的城市名片，政府持续加大了对环境的整治力度。一是近海捕捞压减产能。据政府经济工作会议材料，年内要压减近海捕捞渔船功率 10%，对渔船外来用工造成影响在 3000 人左右。二是深化鱼粉、海带加工以及石岛、人和区域干海产品整治。近年来共关停了 180 多家鱼粉企业，影响外来人员 2000 人以上，同时职能部门对现有鱼粉企业的监管一直呈现持续状态，全面限制鱼粉厂收购、加工。这种政策性因素对近海捕捞市场和海洋加工市场的影响将是长期的。三是俚岛、人和等区域干海产品加工园逐步建成使用，海带、海米晒场全部取缔，海带加工企业完成规范化改造。受此影响，100 多家小企业将被关停，人和区域影响外来人员在1000人以上。产业结构的调整造成部分卷烟消费者的收入不稳定，进而对卷烟结构的提升产生不利影响。

3.2 传统消费观念仍然存在

长期以来，海洋市场中船员的卷烟消费档次一直比较低，受传统消费观念以及海上作业时间长影响，船员购买卷烟时，口感及价位是其主要影响因素。

3.3 渠道外卷烟冲击及影响

辖区共有免税店四家，鉴于免税店经营的特殊性，我们在监管上受到一定限制。从对客户的走访及相关部门人员的了解，免税店在内部管理上也不规范，而且也有一定的销售指标，通过熟人关系就可以在免税店购烟。2018年，辖区免税店销售零售价10元以上卷烟350.4箱，数量相当客观，一方面对三类以上卷烟销售形成冲击，另一方面这部分消费者会对周边消费人群产生影响，造成不良的社会销售氛围。

4 海洋市场卷烟销售结构提升积极因素分析

4.1 海洋经济稳定发展

近年来，荣成市立足新旧动能转换，着眼建设海洋经济强市，围绕海洋产业升级、科技兴海战略、海洋生态文明建设等方面积极拓展新领域、发展新业态，海洋经济继续保持在10%左右的增长。沙窝岛国家远洋基地、山东蓝润集团有限公司蓝润国家海洋食品产业园等项目列入省新旧动能转换重大项目库，为海洋经济发展注入了新的活力，为卷烟结构提升激发了新的动能。

4.2 滨海旅游市场发展态势良好

荣成市高度重视滨海旅游业的发展，依托寻山爱伦湾、桑沟湾等海洋牧场建设，推出“旅游＋海洋”以及举办各类民俗文化等主题活动，促进了滨海旅游业的蓬勃发展，吸引了大量游客前来，游客的增加对海洋市场卷烟消费升级起到了一定的积极作用。

4.3 远洋捕捞卷烟消费结构提升空间较大

近年来，远洋捕捞产业呈现增长态势。目前，荣成有远洋资质企业19家，专业远洋渔船总数增至317艘，同比增加了10艘。我们可以抓住该市场卷烟消费者忠诚度高的特点，积极提升消费结构，引导消费者由“泰山（红将军）”向“泰山（华贵）”“泰山（白将军）”转移，实现市场内部的结构提升。

5 海洋市场卷烟销售结构提升的思路及对策

5.1 优化品类布局，以品牌培育引领结构提升

针对海洋市场低三类占比过大、一二类烟仍占比较低的状况，着力在培育一二类优势支撑规格上下功夫，提升一二类销售比重；对低三类转高三类、三类转二类进行重点关注，通过保持“泰山(华贵)”等规格合理存销比，加强 75 元价位向 100 元价位上移；通过加强二类烟上柜做好“南京”“南京(炫赫门)”货源不足的向“利群(新版)”“泰山(心悦)”的替代；加强市场分析，培育鲁产骨干牌号，全面提升泰山品牌市场覆盖面和铺货率，加快泰山低三类向高三类的转化升级，对上市重点品牌均按照“按日监控、按周分析、按月诊断”的模式进行过程管理，推动卷烟销售结构逐步提升；加大细支烟牌号培育力度，坚持以点带面，分类施策，强化细支卷烟的辐射力和渗透力，提升细支卷烟上柜率、动销率、复购率，最大限度引导消费。

5.2 深挖市场潜力，以市场开发促进结构提升

5.2.1 远洋渔船消费市场

固化渔业大户的应急补货“五五制”，满足货源调控下渔船需求特别是远洋市场突发性、大批量需求。应急补货“五五制”是在“需求申请—沟通引导—补货审批—卷烟供应—销售监管”5 个环节形成闭环，打破原有的渔业大户“完全满足需求”模式，对远洋渔船提报的低三类卷烟需求，采取“满足 50%、提升 50%”的方式，实现低三类需求向“泰山(华贵)”“泰山(宏图)”等高三类卷烟转移，实现了远洋渔船供应及结构提升引导的规范操作；抓好需求信息收集，引导供货零售终端做好与供货部门负责人的联络沟通，及时收集有效的需求信息，并将重点品牌信息及货源情况及时传递到位。针对远洋渔船提报的免税卷烟的需求信息，对品牌、价位、口味特点作好分析，结合我们的品牌，有针对性地做好宣传替代，力争减少免税卷烟的需求，适当提升销售结构。

5.2.2 渔业社团消费及个人高档烟消费市场

加强社团消费营销，提高品牌认知度。实施“口碑营销”，探索“意见领袖”引领的效益功能；处理好“三个组合”关系，以 200 元/条价位卷烟作为支撑组合，400 元/条价位卷烟作为过渡组合，600 元/条以上价位作为储备组合，实现社团消费结构梯次上移。每个价位结合品牌、口味等需求偏好确定 3～5 个品牌作为重点培育品牌。

5.2.3 海洋民俗消费市场

谷雨节是沿海区域渔民最传统、最重要的节日，人们为了祈求平安、预祝丰收，都会举行盛大的宴请、庆祝仪式。各大渔业企业、渔村、渔业社团组织都会举行庆典活动，渔民们这一天往往都不出海，在一起互相宴请，消费拉动更为明显。针对这一时机的消费特点，主要谋划将品牌文化与民俗文化相结合，将泰山的“品泰山、保平安”的文化宣传与渔民谷雨节祈求平安的民俗结合起来，重点做好 30 个渔民生活区终端的指导工作，把这部分区域打造成为泰山平安文化宣传区，争取把“泰山”品牌佛光、儒风两规格打造成为节日消费高档用烟主导品牌。

5.2.4 滨海旅游市场

发展以社团、导游等为代表的圈层营销，依托海洋牧场游、休闲观光游、美丽乡村游等特色精品旅游线路，针对来荣旅游的消费者开展泰山(好客细支威海八景)的定向推广，引导零售户采取“泰山品牌卷烟＋本地海产品”的营销方式，开展特色组合销售，满足游客消费需求。

5.3 发挥终端作用，以消费体验带动结构提升

5.3.1 提高终端形象

结合终端共建共赢工程，按照《山东威海烟草有限公司卷烟零售终端分类建设规划》，通过印发“靓丽终端宣传册”、终端提升前后对比的两张照片、组织参观学习等多种活动引导客户自主投入改造店面形象，按照7S管理理念，为海洋市场打造良好销售、消费环境。

5.3.2 改善消费体验

在海洋市场中选取店面形象好、卷烟陈列规范、有电脑和网络、有扫码意愿的零售户，推广使用智能云POS终端管理系统。引导客户运用智能云POS终端管理系统开展购销存管理、经营分析和顾客关系维护，培养全商品扫码、全店铺管理、全渠道支付管理习惯，提升管理效率，借助云POS系统中的会员管理模块，开展会员管理，建立海洋市场消费者档案，开展海洋市场消费者的数据分析，制定针对性的营销策略；指导具备条件的零售户设置消费体验区，配置桌椅等硬件，通过工商协同开展消费者品吸会、新品推广会等活动，为海洋市场消费者构建集购买、体验、服务为一体的消费环境。

5.3.3 加强客户培训

开展针对海洋市场客户展专题培训需求调研，了解客户关注的热点、焦点问题及培训需求，在培训内容上有所侧重，有针对性地开展品牌推介、终端陈列、销售技能提升、库存管理等方面的培训。在培训形式上打破常规“我讲你听”的灌输式集中培训，采用小班制专题培训、重点客户座谈会、优秀零售户上讲台及客户经理上门指导等多种形式，注重客户培训的效果和实用性，全面提升海洋市场客户的经营理念和品牌推介能力。

5.4 加强市场监管，以规范经营保障结构提升

针对海洋渔业市场人员流动性强及船员捎带、转销、走私、免税店牌号等因素影响，充分发挥专销协同工作优势，通过市场信息反馈单、专销联席会议等方式，提高市场信息响应速度，成立了由各专卖管理所和打私中队组成的海洋市场专项整治工作小组，对重点区域进行重点监控、重点打击，不定期开展法律法规政策宣传和专项市场治理行动，营造打假、打私、打非的高压态势，通过印制敬告贴、“致零售户的一封信”等对海洋市场零售户进行了重点发放、宣传，以提高零售户的规范经营意识和消费者的健康消费意识，减少渠道外卷烟对市场的冲击。

参考文献

[1]屈云波，郑宏，张平淡．营销方法[M]．北京：企业管理出版社，2007.

[2]费建平．数据库营销方案设计[M]．北京：人民邮电出版社，2006.

鲁产细支卷烟发展现状及思路探讨

任汝周,夏远昇,刘雅

(山东中烟工业有限责任公司青岛卷烟厂卷包车间,山东青岛,266100)

[摘要] 在全球经济下行、卷烟提税顺价和国内控烟舆论的三重压力之下,全国各中烟企业卷烟销量呈下滑趋势,烟草行业面临着严峻考验。细支卷烟作为烟草行业中新的突破点,凭借低焦油的特性成为中式卷烟的重要发展方向,虽然目前规模有限,但近几年来增长迅速,展现出旺盛的发展潜力。随着细支卷烟在工艺技术、消费安全等各方面的不断进步,细支卷烟开始走向市场消费的潮流,成为低焦油卷烟发展的重要支撑。鲁产细支卷烟通过一系列强有力的技术支撑与开放合作,带动了细支卷烟的生产和消费,走在了全国前列,山东中烟应重视并牢牢抓住细支卷烟这一市场机遇,在全国细支卷烟市场中确立不可撼动的重要地位。

[关键词] 细支卷烟;企业现状;市场机遇;营销策略

0 引言

2006 年,江苏中烟推出圆周 17 mm 的细支卷烟"梦都",标志着第一款国产细支卷烟面世,并占据了细支卷烟市场的主导地位。随后,各省中烟工业企业逐步投入细支卷烟的研发之中[1]。细支卷烟凭借低焦油的特性和时尚的外观得到了广大中青年消费者的喜好,在传统品牌市场表现不佳的情况下,细支卷烟销量、销售结构和税收水平显现出逐年高速增长的趋势,市场逐步扩大。山东中烟自 2012 年推出第一款淡苔香细支卷烟"心悦"以来,相继推出"颜悦""好客细支""儒风细支""佛光细支""茉莉香韵"等不同包装风格和抽吸口味的细支卷烟,如今已经在国内细支卷烟市场取得一席之位。截至目前,虽然细支卷烟的规模有限,但是消费群体不断扩大,消费结构和市场活力不断提升,因此就山东中烟而言,充分认识自身发展现状,作到准确定位及规划,对如何在快速扩大的国内市场中继续抢占市场份额以及稳固自己的市场地位具有重要意义。

1 国内细支卷烟行业背景

在全球经济增速下行、各行业发展不景气的压力下,我国烟草行业所创造的经济效益仍呈逐年增长趋势，然而自我国实行控烟政策以来，加之人们健康意识的增强，很多吸烟者开始戒烟，同时为更好地达到控烟效果，在提税的同时适当顺价，国家烟草专卖局便适当提高卷烟批发价格和建议零售价。在三重压力之下，烟草行业下一步的发展面临着严峻考验。虽然工业企业积极整合传统卷烟品牌结构，商业企业将提升一二类卷烟销售作为营销工作的中心，但收效甚微。

一方面，2010 年国家局印发《烟草行业"卷烟上水平"总体规划》，提出积极实施降焦减害战略，努力实现产品质量安全稳定[2]。随后，卷烟降焦技术不断进步，国内低焦油卷烟实现了快速发展。另一方面，随着卷烟品牌的缩减、品系的延伸，而催生出细支卷烟。自细支卷烟进入市场以后，因其外观时尚、焦油含量低、可以减少抽吸口数等特点，迅速得到了中青年消费者的喜好，成为广大烟民的首选，随后品牌不断增多且覆盖了不同价格区间，全国各中烟工业企业纷纷加入细支卷烟阵营。

为促进细支卷烟规范发展，2014 年国家局下发《关于规范和支持细支烟发展的通知》[3]，明确规定商业企业对细支卷烟的市场进入不得设置任何门槛，各省级工业公司要加强细支卷烟工艺技术研发，形成中式细支卷烟的核心技术和知名品牌，各省级局(公司)要积极研究卷烟消费市场的变化，加大细支卷烟的市场培育力度，努力促进细支卷烟品牌发展壮大。2015 年国家局印发《进一步明确细支卷烟产品研发方向》[4]，强调细支卷烟产品研发要坚持以市场为导向，以满足消费需求为目标，以技术创新为支撑，进一步明确"高品质、高技术、高起点、高效益"的细支卷烟产品研发方向。2016 年国家烟草专卖局印发《细支卷烟升级创新重大专项方案》[5]，启动实施细支卷烟升级创新重大专项。方案指出，细支卷烟升级创新重大专项要贯彻落实细支卷烟"高品质、高技术、高结构、低成本、低危害"的发展导向，坚持将细支卷烟作为减耗降本、减害提质、产品升级的战略重点，以技术创新为核心，以产品应用为目的，推动细支卷烟成为中式卷烟发展新的增长极。如今，细支卷烟市场从几年前不到 1%的市场份额，增加到现在的 10%以上，可以说是实现了质的飞跃。

2　鲁产细支卷烟发展现状

2.1　鲁产细支卷烟工艺技术及质量管控现状

山东中烟作为行业内较早开展细支卷烟研发的企业，一直以技术创新为支撑，积极研发新品和拓展市场，在细支烟技术创新发展方面走在了行业前列。在烟用爆珠集控精准滴制技术、爆珠滤棒全息定位检测和爆珠视觉检测技术方面取得重大突破[6]，并将烟茶融合，细支卷烟"茉莉香韵"在 2018 年国内首次推出以来一直在广大消费者口中引起巨大反响，树立了细支卷烟新形象。在细支卷烟制丝工艺上，成功突破了细支卷烟烟丝控长技术、控碎应用技术和控杂应用技术，打造了技术特色鲜明、加工质量稳定的细支卷烟生产专线。由于对细支卷烟加工工艺研究起步较晚，山东中烟对细支卷烟加工工艺与主侧流烟气化学成分相关性以及如何减少烟气中有害成分研究较少，同时在细支卷烟实际生产过程中梗签剔除量较多，因此，对于细支卷烟梗丝加工工艺还需要进一步优化，并寻找最佳的梗丝掺配比例，减少原材料的损耗，实现细支卷烟降焦减害、降本降耗的目的。山东中烟在原料采购上为保证烟叶原料质量，按照所需的烟叶品种、产地、等级要求购进原料，有效保证了细支烟产品的原料稳定性。在生产管理上，车间引进细支卷烟综合测试台，要求各卷烟机机长每隔一小时对细支卷烟进行物理指标测定，同时工艺部门加大了抽检频次，加强对细支卷烟爆珠来料以及卷烟辅料等进行专项检验，确保原辅材料无质量问题。

2.2 鲁产细支卷烟生产设备

就细支卷烟卷接设备来说，山东中烟已经在全国工业企业中处于领先地位。首先在国内细支卷烟机组技术并不完善的情况下，山东中烟通过对原有粗支卷烟机组的改造来保障第一款细支卷烟“心悦”的生产，随后引进一批中高速细支卷烟机组来满足日益扩大的细支卷烟生产任务。以青岛卷烟厂为例，第一台细支卷烟机组是通过对 ZJ17-GDX2 型卷烟机组的一系列改造，使其生产能力可达 150 箱/天，先后在 2015 年、2016 年引进 ZJ17D-GDX2 型、ZJ112A-ZB47B 型等中高速细支卷烟机组。目前，青岛卷烟厂的生产能力可达 500 箱/天，生产细支卷烟种类包括“心悦”“颜悦”“好客细支”“茉莉香悦”等，同时对烟丝结构、梗丝掺配以及各种卷烟辅料的把控上做到精益求精，青岛卷烟厂在细支卷烟设备各种物料的单箱损耗和生产效率上取得了不错的成绩。尽管细支卷烟设备已经处于国内领先水平，以青岛卷烟厂为例，在生产细支卷烟时嘴棒输送和卷烟装箱自动化程度较低，对于高档细支卷烟礼品盒采用人工烫膜装箱，不仅占用了大量的人力、物力，而且在生产过程中容易造成原材料的浪费和质量问题，加大了细支卷烟生产的损耗。相对于芜湖卷烟厂和保定卷烟厂等已经自主研发了细支卷烟封箱机和礼品盒条透包装机来说，山东中烟细支卷烟配套设施并不完善，缺乏必要的嘴棒输送装置、封箱机以及礼品盒条透包装机等，与其他工业企业仍存在差距。

2.3 鲁产细支卷烟销售市场及状况

2014～2018 年，中式细支卷烟度过了一个快速发展期，通过 2014 年与 2018 年全国细支卷烟销售情况对比可以看出：2014 年全国细支卷烟市场主要集中在山东和东北地区，占全国细支卷烟消费市场的 57.04%，原因之一是韩国“爱喜”品牌在这些地区长期存在，随着国内细支卷烟的迅速发展，众多消费者的消费习惯逐渐转向国产细支卷烟，同时也带动了周边地区的细支卷烟消费。2018 年国内细支卷烟销售市场仍然以山东为中心的华北地区和东北地区为主，河南和四川地区因为“娇子”和“黄金叶”品牌的异军突起而成为次要的细支卷烟消费市场，山东地区仍是最大的细支卷烟市场，占全国细支卷烟消费市场的 10.38%，全国各个省份细支卷烟销售越来越均衡化(见表 1)。

表 1　全国主要省份细支卷烟销量情况

2014 年			2018 年		
省份	销量(万箱)	占比(%)	省份	销量(万箱)	占比(%)
山东	6.70	23.22	山东	35.93	10.38
辽宁	3.85	13.34	辽宁	26.56	7.38
吉林	3.10	10.74	黑龙江	21.29	6.15

续表

2014年			2018年		
省份	销量(万箱)	占比(%)	省份	销量(万箱)	占比(%)
黑龙江	2.81	9.74	河北	19.06	5.50
内蒙古	2.07	7.17	内蒙古	18.88	5.45
江苏	1.64	5.68	河南	18.32	5.29
山西	1.14	3.95	吉林	18.15	5.24
河北	0.99	3.43	四川	17.38	5.02
全国	28.86		全国	346.27	

“南京”“黄鹤楼”“泰山”三个品牌在2014年几乎占据了整个全国市场，占全国市场的84.82%，其他品牌仅占15.18%，但前三品牌细支卷烟销量差距比较明显，“南京”以年销量13.83万箱占据着全国47.92%的市场，遥遥领先于“黄鹤楼”和“泰山”品牌。近五年来，随着各省中烟企业相继研发出细支卷烟，全国细支卷烟市场被重新瓜割，截至2018年，“南京”品牌依然霸占着细支卷烟龙头位置，占全国细支卷烟市场销量的28.80%，处于第一梯队，除此之外第二梯队各品牌细支卷烟销量差距较小，但“泰山”在这五年时间里发展较缓慢，已经处于第二梯队的末端，年销售不足12万箱，仅占全国市场的3.39%，相当多的市场份额被其他品牌占领(见表2)。

表2　全国主要品牌销售情况

2014年			2018年		
品牌	销量(万箱)	占比(%)	品牌	销量(万箱)	占比(%)
南京	13.83	47.92	南京	99.71	28.80
黄鹤楼	7.81	27.06	黄鹤楼	31.27	9.03
泰山	2.84	9.84	红金龙	26.86	7.76
红金龙	1.02	3.53	云烟	20.29	5.86
娇子	0.65	2.25	贵烟	18.04	5.21
黄金叶	0.49	1.70	黄金叶	17.83	5.15
长白山	0.13	0.45	长白山	15.69	4.53
利群	0.07	0.24	泰山	11.73	3.39
全国	28.86		全国	346.27	

“心悦”自2012年推出以来一直是鲁产细支卷烟的代表作，销售市场十分可观，占鲁产细支卷烟品牌销量的84.51%；“佛光”自2013年推出以来口碑良好并在2013年行业组织的细支烟、低焦油产品评价中获得第一名，占鲁产细支卷烟品牌销量的11.62%。在细支卷烟刚刚发展阶段，鲁产细支卷烟就凭借这两种规格的细支卷烟获得了广大消费者的喜爱。在2014～2018年的时间里，山东中烟相继推出其他规格的细支卷烟，并对原有规格进行优化。截至2018年，鲁产细支卷烟整体看结构有所提升，依旧以“心悦”为主销规格，占鲁产细支卷烟品牌销量的70.34%，“儒风”“茉莉香韵”因其特殊的茶甜香爆珠口味而迅速崛起，“颜悦”自改版和融入

花蜜口味以及“好客”因在包装上加入青岛和济南元素后也迅速得到了消费者的喜爱，相反“佛光”这五年来的销量一直不容乐观，市场份额急剧下降，发展后劲不足（见表3）。

表3 山东中烟各规格细支卷烟销售情况

2014年			2018年		
规格	销量（万箱）	占比（%）	规格	销量（万箱）	占比（%）
心悦	2.40	84.51	心悦	8.04	70.34
佛光	0.33	11.62	佛光	0.52	4.59
颜悦	0.08	2.82	颜悦	0.98	8.64
好客	0.03	1.06	好客	0.79	6.97
总计	2.84		儒风	1.08	9.52
			茉莉香韵	0.02	0.02
			总计	11.43	

3 鲁产细支卷烟发展思路

鲁产细支卷烟要想在全国细支卷烟市场抢占更多的份额并稳固其在消费者心中的口碑，必须要在营销策略和品牌建设中有所优化，在营销策略上要从自身产品和消费者双管齐下，在品牌培育上要从市场着手并将卷烟产品与山东文化深度融合，走出一条独特的“泰山”品牌复兴之路。

在营销策略上要做到定位、宣传和引导一体化，首先采用产品定位五步法对鲁产细支卷烟准确定位，其次利用各种宣传方式培育细支卷烟，最后还要对消费者加以多方式引导。山东中烟对鲁产细支卷烟做到精准定位及投放，必须对全国市场展开充分调研。第一步要细分全国细支卷烟市场，选择主要市场和潜在市场进行投放；第二步要调研所选择的目标市场对于细支卷烟口味的需求如何；第三步要调研鲁产细支卷烟是否满足了已投放市场的需要；第四步要研究在所投放市场中鲁产细支卷烟与其他品牌细支卷烟的差异性；第五步要准确规划及定位营销组合以使鲁产细支卷烟最大限度地满足市场需求。在宣传方式上要采用网络化、实物化、讲解化多重举措并进，充分利用各种网络宣传平台提升消费者对鲁产细支卷烟的认识度，通过零售客户对鲁产细支卷烟产品的陈列和山东中烟在各种活动中的参与提高鲁产细支卷烟的上柜率，针对特殊的消费群体采用特殊的方式进行讲解来提高鲁产细支卷烟的知名度。在引导方式上采用典型化、学习化、亮点化多重举措并进，通过树立典型、打造模范引领市场消费，通过组织学习、交流经验提升销售能力，通过分析差异、突出亮点促进客户经营。

在品牌培育上要从市场着手，唱响“泰山”口号，融入山东文化，走出一条独特的品牌复兴之路。目前，全国各中烟企业都对细支卷烟进行研发，市场必将出现产品同质化现象，有鉴于此，鲁产细支卷烟可在“泰山”品牌中进行差异化建设和培育，积极开展市场调研，收集市场真实反馈，不断开辟细支卷烟领域，细分细支卷烟品类。目前烟草广告受限，山东中烟可以模仿利群，以旅游胜地泰山打造软广告，结合微博、微信等互联网软件推送企业状态，宣传企业文化，提高“泰山”品牌的曝光度，唱响“泰山口号”。文化是品牌的根基，品牌是文化的载体。最近几年，江西中烟、安徽中烟等细支卷烟的迅速发展得益于文化的融入，山东中烟应深挖百年鲁烟文化，积极推动“泰山”品牌与山东文化的深度融合，构建富有特色和韵味的“泰山”品牌文化体系，凭借书画文化和好客文化打造以“心悦”“颜悦”和“好客山东”为主的基础模块，凭借儒家文化打造“儒风细支”为主的规模模块，凭借泰山文化打造“佛光细支”为主的中高端模块，凭借茶文化打造“茉莉香韵”为主的高端模块，并在品牌特色陈列专区摆放品牌杂志和宣传手册等资料来传播品牌文化，积极参与文化传播活动推介泰山品牌，提升品牌知名度，将泰山产品与文化一体烙印于消费者心中。

4 小结

随着中式细支卷烟在工艺技术、安全标准等方面的不断进步，中式细支卷烟必将成为中式低焦油卷烟发展中的重要支撑和市场消费的主导方向。在各中烟企业积极探索细支卷烟发展面前，山东中烟应充分认识目前自身细支卷烟的发展现状及品牌定位，以消费者的需求为目标不断改进细支卷烟工艺技术和提高细支卷烟质量，通过营销策略和品牌培育等多种举措构造泰山产品体系，借助承担国家细支卷烟研发重大专项这一机会，重视并牢牢抓住细支卷烟这一市场机遇，在细支卷烟市场中确立不可撼动的重要地位。

参考文献

[1]王金棒，洪广峰，高健，等. 细支卷烟研究综述[J]. 中国烟草学报，2018，24(5)：91-101.

[2]张国利．漫谈《烟草行业“卷烟上水平”总体规划》[EB/OL]. 2010-07-07[2019-06-05]. www. etmoc. com/look/Looklist? Id=22346.

[3]赵宸楠．细支烟开发研究进展[J]. 轻工科技，2017，33(10)：12-13.

[4]冯俊霞．国家局印发通知进一步明确细支卷烟产品研发方向[EB/OL]. 2015-01-29[2019-06-05]. http://www. echinatobacco. com/zxzx/2015-01/29/content_494620.

[5]杨鸿光．聚焦烟草行业细支卷烟升级创新重大专项[EB/OL]. 2018-01-04[2019-06-05]. http://etmoc. com/look/looklist? id=38085.

[6]杨鸿光．山东中烟推动细支爆珠卷烟创新发展纪实[EB/OL]. 2018-01-05[2019-06-05]. http://etmoc. com/look/Looklist? Id=38090.

004 卷烟流通与现代物流篇

JUAN YAN LIU TONG YU XIAN DAI WU LIU PIAN

基于数据挖掘的卷烟市场状态指数构建

贺婷

[德州市烟草专卖局(公司)卷烟营销科,山东德州,253000]

[**摘要**] 如何通过市场监测数据有效判断和量化市场状态是烟草商业企业卷烟营销工作中的一个难点问题。本文在借鉴行业有关经验的基础上,利用统计学原理构造一个准确反映市场状态变化、相对科学把握卷烟零售市场波动情况的状态评价模型,进而构建卷烟市场状态指数,为货源投放策略的制定提供依据及建议。

[**关键词**] 信息采集;市场状态;价格指数;数学模型

1 卷烟市场状态研究背景

行业历来高度重视市场状态,强调在状态、销量、结构、税利四者之间,要坚持将状态排在第一位。但近年来受经济环境等因素影响,卷烟营销工作面临严峻考验。很多地区呈现出社会库存偏高、价格指数走低、零售户赢利水平下降等情况。

在此背景下,准确评价卷烟市场状态是实现卷烟市场可量、可控的基础。如何有效提高卷烟市场状态评价精度,并以此指导卷烟的精准投放,规避不规范的风险,确保零售市场价格稳固,成为一个重要课题。

烟草行业近几年对卷烟市场状态进行了许多的研究,但是仍存在两大突出问题:一是市场状态评价不准,对市场状态评级划分更多的是以经验判断为主,缺乏客观的评价标准,缺乏定量的分析和判断,无法客观评价市场现状和长期趋势;二是货源投放策略不精,目前的货源投放以税利和销售目标为导向,无法同时兼顾市场状态,且仅能实现按档位的差异化投放,无法精细到分业态、市场类型、客户特点的个性化投放,难以判断如何分配货源才符合真实市场需求。因此,必须科学准确感知市场、掌握市场、分析市场,提高市场监控水平,提升信息采集质量,科学研判市场状态,为货源组织投放提供有力的数学依据,最终以市场真实需求为导向,精准、及时调控,建立需求拉动的货源保障机制。

当前,烟草行业普遍使用的市场状态评判体系为两种模式:一种是“定性式”评判。具有代表性的是 2012 年上海网建会研究并推广的两级评判指标,第一级反映消费价格与库存,第二级反映零售客户订购和销售状态,最终得出“紧、稍紧、平衡、稍松、松”的 5 个市场状态描述,开创性地创立了以数据指标评价市场状态的办法机制。该方法的优点是计算简单、快捷，结果直观、易懂，但缺点是评判标准人为因素较多，没有实现状态量化，无法比较不同品牌、不同时间段状态情况。另一种是“定量式”评判。具有代表性的是福建漳州市、福建厦门市工作经验，通过对不同维度营销状态数据的数字化处理，形成市场状态调控阈值，并对货源投放进行相应评判指导。该方法的优点是数据维度丰富，数据结果得到量化，数据信息含量高，人为因素少，易用便捷，但缺点是设计原理复杂，难以理解，一些公式计算成本高、时间长，不能满足工作需要，对于软件系统应用程度要求较高。

因此，本文方法在“定量式”评判基础上，结合卷烟营销实际工作，进一步细化数据的收集方案、丰富评判的数学公式、提出丰富的调控措施，为个性化制定市场状态评判方案创造条件。

2 市场状态指数构建思路

2.1 准确采集卷烟市场基础数据

在以往增量上行的市场状态下，烟草行业采取稍紧平衡原则进行卷烟营销，形成适度有序的竞争格局。在当前减量下行的市场状态下，行业则以稳扎稳打为基本原则，形成此消彼长的竞争环境。怎样稳扎稳打，促进卷烟市场稳定发展，经济有序增长，这需要烟草行业改善当前不足，从采集关键、分析模式和研判重点上寻求改善和突破。通过纵深采集法和三个强化分析法挤压出市场转型期的泡沫，还原市场真实状态。

当下卷烟市场发展多元而复杂，品牌主力和定位变化难测，零售经营状态回落而不稳，这对烟草行业因地制宜地制定营销策略提出了严峻的挑战。准确采集卷烟市场数据，持续发挥卷烟市场信息的效力，直接关系到烟草行业对卷烟零售市场的掌控能力与反应能力，直接决定着需求预测、货源采购、货源投放、终端建设以及品牌培育等工作的进行。但从实际情况来看，当前地市级烟草公司卷烟市场的信息采集与分析还存在着一些突出问题：一是零售户对行业信息采集工作不理解，觉得与自身经营需求关联不大，自身得不到相关利益，加上相关调查开展起来比较麻烦，因此采取敷衍应付态度。二是信息采集效率较低，信息采集质量难以控制，分析与应用缺乏可靠性。基于此，本文将从样本管理、采集内容、质量跟踪等方面进行改进和完善，减少“数据失真”困扰，提高采集数据准确率。

在样本管理上，对现有信息采集样本点进行扩充，采集点由原来的1%扩充到5%。以精准营销系统为基础，自主开发样本管理模块，由系统自动筛选出可选样本，保证样本点覆盖全面并有代表性。

在采集内容上，将以往单一的量、存、销、价的采集内容扩充为市场量、价、存、市场销售进度、市场动销水平，重点品牌发展情况、市场消费情况、零售客户及消费者需求建议等几大项内容，为持续的进行市场分析提供全面的信息。

在流程优化上，按照采集前预约、现场采集、数据上报、系统校验、回访验证五个步骤进行，制定《信息采集工作规范》。

在质量跟踪上，为客户经理配备移动采集工具实施过程跟踪；加强考核，考核模式从原来的考核按时上报数据、作好数据校验转变为考核客户经理实地采集率、采集准确率、采集完整率，切实提高数据采集准确率。

在工作沟通方面，一是对信息采集人员强化培训，通过有效培训和沟通杜绝盲目采集信息，提高信息采集工作的实效性和质量。二是对信息采集样本客户强化沟通，争取零售客户的配合，选取信息终端经营主体进行集中培训和实地观摩，引导客户建立库存管理和台账管理，实现以“优”创“优”、以“优”带“优”的终端信息采集氛围。

在模式创新方面，构建“信息终端服务＋”工作模式，从满足客户需求出发，增强功能终端客户和固定样本客户信息采集上传的意愿。改变之前“只询问、不指导”“只催促、不管理”或“只督导，不服务”的终端信息采集方式。实施分区建策建档服务措施，比如可从功能终端客户信息上传意愿和上传质量两个方面判定服务等级和服务区(可用 A、B、C 区分)，不断有针对性地满足功能终端客户需求。对不符合功能终端使用的客户进行更换，对服务等级提升的客户进行合理奖励。从样本稳定程度和上传质量提升程度两个方面对客户经理实施服务质量考核，大力实施奖惩制度。形成信息采集人员与信息采集样本的密切对接，提高需求与服务之间的匹配性，最终采集到真实有效的市场信息，提高市场信息采集水平。

2.2 构建卷烟市场状态评价综合模型

使用 Lasso 变量选择法分析市场状态，再分别使用熵值法、变异系数法将指标降维为量、价、存三个分指标，最后以几何平均原则和乘法合成法构建卷烟市场状态综合评价模型。

Lasso 变量选择法是 Tibshirani 在 1996 年提出的一种方法。这种方法是利用模型的系数绝对值函数作为惩罚来压缩模型系数，使取值较小的系数压缩为 0，从而能够做到同时进行变量选择和参数估计。相比于岭回归，这种方法能够将不重要的变量压缩为 0，因此，Lasso 变量选择法对于变量的解释能力更好。相比于子集选择的方法，Lasso 变量选择法对于具有多重共线性数据的解释能力更强。

2.2.1 销量指数

选取需求满足率、订足率、重需率、消化率、脱销面、上柜率，利用熵权法原理计算各指标权重，然后根据指标值乘以指标权重计算销量指数。具体计算过程如下：

由于熵值法计算采用的是各个方案某一指标占同一指标值总和的比值，因此不存在量纲的影响，不需要进行标准化处理。若数据中有负数，就需要对数据进行非负化处理。由需求满足率、订足率、重需率、消化率、脱销面、上柜率以上六个评价指标，可以得到一个的原始数据矩阵，为：

$$X=\begin{bmatrix} x_{11} & \cdots & x_{1n} \\ \vdots & \vdots & \vdots \\ x_{m1} & \cdots & x_{mn} \end{bmatrix}$$

其中，m 为周期，n 为指标。以上六个指标在评价时有高优指标和低优指标，其中，高优指标为订足率、重需率、消化率、脱销面、上柜率，低优指标为需求满足率。评价时不同指标之间应该具有同趋势性，所以将低优指标化为高优指标即采用倒数法。为了避免求熵值时对数的无意义，在数据清洗时对数据进行平移：

$$r_{ij}=\frac{x_{ij}-x_{ij}^{\min}}{x_i^{\max}-x_i^{\min}}$$

$$r_{ij}=\frac{x_{ij}-x_{ij}^{\min}}{x_i^{\max}-x_i^{\min}}+1$$

计算第 i 项指标下第 j 个方案占该指标的比重，即：

$$f_{ij}=\frac{r_{ij}}{\sum_{i=1}^{m}r_{ij}}$$

式中：$i=1,3,\cdots,m;j=1,2,\cdots,n$。

第 i 个评价指标输出的熵为：

$$H_i=-K\sum_{j=1}^{n}f_{ij}\ln f_{ij}$$

式中：$i=1,2,\cdots,n$。

计算各目标的熵权系数为：

$$w_i=\frac{1-H_i}{m-\sum_{i=1}^{m}H_i}$$

式中：$i=1,3,\cdots,m$。

计算销量指数为：

$$\text{销量指数}=\sum w_i * I_i$$

其中，I_i 指的是 7 个“量”指标，i 为 1，2，…，7 的索引值。

2.2.2　**价格指数**

在价格指数方面，经过分析主要采用了零售价格指数(条)和零售价格指数(包)来量化这一指标，并通过变异系数法将这两个指标综合起来。假设有 m 个周期、n 个指标，变异系数法计算逻辑如下：

计算各指标的均值 Y_j：

$$E(Y_i)=\frac{1}{m}\sum_{i=1}^{m}r_{ij}$$

式中：$j=1,2,\cdots,n$。

计算各指标 Y_j 的均方差。

$$\varphi(Y_j)=\sqrt{\sum_{i=1}^{m}|r_{ij}\cdot E(Y_j)|^2}$$

式中：$j=1,2,\cdots,n$。

计算各指标 Y_j 的权系数。

$$W_i=\frac{\varphi(Y_i)}{\sum_{j=1}^{n}\varphi(Y_j)}$$

式中：$j=1,2,\cdots,n$。

价格指数等于各指标值乘以对应权重，然后求和。

2.2.3　**库存指数**

选取客户存销比这一综合指标来量化库存指数，即：

$$库存指数=客户存销比=\frac{本期样本客户库存}{本期样本客户的市场销量}$$

其中，本期样本客户的市场销量为上期样本客户库存与期间样本客户订单之和减去本期样本客户库存。由于人工采集时间约束的变更，采集时间点的库存可视同为样本客户日常库存，因此不再采用原国家局标准文件《卷烟零售市场信息采集和分析应用基本规范》(YC/T 455—2013)中的推算算法。

将周期存销比换算为以 30 天为单位的月存销比，即：

$$存销比=\frac{客户周存销比\times 7}{30}$$

这一指标反映了当前客户库存水平可维持月度 30 天销售的程度。

2.2.4 市场状态综合指数

采用乘法合成法构造市场状态综合指数如下：

$$市场状态综合指数=\sqrt[3]{销量指数\times 价格指数\times 库存指数}\times 100$$

市场状态综合指数的理论取值范围为 0～100，指数越大，表明市场状态越紧，指数越小，表明市场状态越松。

3 基于卷烟市场状态评价调控货源投放策略

3.1 根据市场状态调控货源投放的总体思路

思路：对所有规格卷烟各年度/季度/月的价位段、溢价能力、毛利贡献度和销量占比等因素运用 K-means 算法进行聚类，将表现情况相似的规格聚为一类，将卷烟商品与自定义的阈值模板相对应起来。根据聚类结果，按照统计学中的 3σ 原则可知，在市场状态综合指数服从正态分布的情形下，市场状态综合指数落在离中心点 3 倍方差区间以外是一个小概率事件，据此计算各个类的市场状态阈值。

流程：

(1)市营销科货源投放管理员根据分规格的市场状态综合指数、常规销量，通过各种市场信息对市场进行综合研判，在上周销量基础上进行本周销量目标的设定。

(2)每周四市营销科科长查询市场状态指数，制定下一周的总策略。

(3)各直属单位营销科长根据区域市场发展情况，结合市级策略，判定区域差异化策略。

(4)市营销科品牌营销管理员根据查询的各规格卷烟的走势趋势图、阈值调控图，每周对所有状态异常的卷烟生成一份《异常卷烟预警表》，为货源投放小组提供下期策略的调控建议。具体调控规格根据市场状态综合指数表现情况，优先筛选市场状态为松到稍松的规格生成《异常卷烟预警表》。

(5)每周五市营销科科长以《异常卷烟预警表》为依据，以分层分级调控为指导思想，确定调整规则。调控级别分为一级调控(策略总量调控)和二级调控(个性策略调控)。一级调控用于确定基础策略，观察单规格卷烟市场状态综合指数所处区间，确定调整方向。具体调控步骤如下：

第一步：确定需要调整的卷烟规格，看各规格卷烟是否发生异常波动及偏离阈值预警，初步判断哪些规格卷烟属于本次货源投放策略调整范围。

第二步：确定货源投放总量调整表。看预警规格市场状态变动幅度，判断货源总体策略量调整基数，即投放总量的调整。

第三步：确定个性化调整量。看预警规格不同维度（档位/区域/业态/市场类型等X因素）市场状态综合指数与均值的差异，从而进行个性化调整；调控级别分为一级调控（策略总量调控）和二级调控（个性策略调控）。

第四步：关注商业存销比，判断可供货源和在途货源是否支撑预计销售量。

第五步：检查货源调控方法的正确性。当货源投放执行一周后，观察对比数据即市场状态综合指数的反映，看其变化是否与策略调控成正相关，是否符合预期判断。

3.2 一级调控

根据市场状态和销量的关系，发现市场状态变动与卷烟货源投放之间存在最优调整幅度，足以对市场造成良性影响，同时又不会造成过大波动，从而得出市场状态和策略量变化的对应公式如下（设市场状态变化量为 X，策略变化量为 Y）：

$$\text{策略调整幅度}=\begin{cases}0\%\sim15\% & (X\leqslant5\%)\\15\%\sim25\% & (5\%<X\leqslant10\%)\\25\%\sim35\% & (10\%<X\leqslant15\%)\\35\%\sim45\% & (15\%\leqslant X)\end{cases}$$

$$\text{下周期策略投放总量}=\text{本周期投放总量}\times(1\pm\text{策略调整幅度})$$

$$\text{策略调控总量}=\text{下周期策略投放总量}-\text{本周策略投放总量}$$

案例说明：

第一步：根据《异常卷烟预警表》，按规格分别进行货源调整。比如某品牌规格的市场状态综合指数为76.4，本期调控阈值范围为66.77～71.32，市场状态综合指数偏离静态阈值上限，需要进行货源调整。根据调整表，市场状态相较阈值上限 $5<x=76.4-71.32=5.08\ll10$，所以全区整体策略上调15%～25%。此时根据月度、季度、半年度销量指标、毛利指标以及可供货源情况，确定本周该品牌规格整体销量在上周基础上增加15%。

第二步：根据历史优化算法，将全区15箱销量增量分配到20个档级，即根据上一期投放的策略，如果本期该品牌目标销量为增加销量，则从高档位至低档位依次增加1的策略量，直至最终的预测销量满足目标销量。

3.3 二级调控

二级调控是在一级调控的基础上，当个别区域、档位、业态、市场类型出现超过动态阈值带上下限的时候，执行二级调控。二级调控调整方法为在总投放T策略基本制定完成后，对分类别的市场状态综合指数与整体市场状态综合指数进行比对，依照具体差值进行调整。考虑到区域及业态平衡的问题，所以二级调控将在较小的幅度内调整。二级调控市场状态和策略量变化的对应公式如下（设类别市场状态综合指数与整体数值差为 X，策略变化量为 Y）：

$$\text{策略调整幅度}=\begin{cases}\text{不调整} & (X\leqslant 10\%)\\ 5\% & (10\%<X\leqslant 20\%)\\ 10\% & (20\%\leqslant X)\end{cases}$$

每周四查询全市市场状态综合指数、分区域市场状态综合指数、重点规格全市及分区域市场状态综合指数，形成《第×××周市场状态综合指数表》。具体调控规格根据市场状态综合指数表现情况，优先筛选市场状态为松到稍松的规格为主要调控规格。

公式：

下周期区域市场策略投放量＝策略投放总量×(1±策略调整幅度)

营销科对分公司调增调减量＝下周期区域市场策略投放量－投放总量

按照个性策略调整规则对突破红色预警的区域进行二级调整，确定各个区域的策略二级调整幅度。

每季度选择一定数量的目标培育品牌规格作为考核规格，设置上柜率、策略订足率、策略订足面、销量增幅等培育指标作为对基层单位考核内容，不断提升品牌市场占有率。采用市场状态综合指数进行市场研判并根据调控规则来制定货源投放策略，以有效改善市场状态，并使其波动性减小。

参考文献

[1]沈晓晴．如何准确采集分析卷烟零售市场状态[OL]．烟草在线，2017-3-28.

[2]茅斯佳．基于数据挖掘技术的卷烟营销 BI 应用初探[N]．东方烟草报，2018 年 12 月 29 日第 3 版.

[3]许瑞琦，毕讯波．卷烟品牌区域市场状态监控模型研究——基于卷烟订单数据的量化观察[J]．中国市场，2017(11)：171-176.

[4]邢阳，黄旭峰，董晓萍，等．卷烟市场运行状态智能评价模型的研究与应用[J]．烟草科技，2018(7)：87-89.

探索构建基于数据分析的市场状态精准调控模式的研究

朱峰，王伟，龚强，高林，李超

（山东青岛烟草有限公司，山东青岛，266011）

［摘要］根据行业高质量发展要求，从数据营销、智慧营销、精准营销等角度出发，依托市局（公司）积累的批发、零售、消费大数据，综合考虑策略执行维度指标、市场状态维度指标，探索构建基于数据分析的市场状态精准调控模式研究思路，通过建立人工智能货源投放模型，使货源投放逐步由“经验式分析”向“数据化分析”转变，实现分规格投放策略的智能化制定，以可视化视图呈现策略执行维度、市场状态维度投放调整后的预期效果，为市局（公司）决策、制定投放策略、调控市场、作好需求预测提供参考依据，提高货源投放科学性精准度，促进市场状态持续向好。

［关键词］数据营销；品牌培育；市场状态；市场调控；货源投放

1 基于数据分析的市场状态精准调控模式的研究背景

2018年，全国烟草行业浙江网建现场会在杭州召开，浙江商业依托“五维一体”信息采集体系，推进大数据与经营活动的深度融合，通过对数据的监测、分析和运用，对需求变化、市场状态和品牌表现做到“心中有数”，为宏观调控、货源投放、品牌培育等工作提供精准“导航图”，实现用数据驱动运营、用数据指导决策、用数据优化管理和服务，初步形成“业务需求驱动数据应用、数据应用推动改革发展”的良性循环，打造了“互联网＋烟草专卖商业”浙江模式，为烟草大数据分析奠定了基础。

目前，烟草行业正处于构建自身大数据应用技术与服务体系的启动阶段，采用数据挖掘、机器学习、深度学习、可视分析、信息融合、知识计算等新技术、新方法，结合工、商、农、政、零、消实际业务场景进行大数据分析模型及算法研发的需求不断爆发，通过构建网络化、体系化、组件化、可视化、智能化、定制化的高质量大数据应用与服务，“让数据说话，让事实说话”，深入挖掘大数据中蕴含的信息、规律、模式、知识、智慧和价值，已成为烟草产业链高质量发展的必由之路。

2 烟草大数据分析的重要性

2.1 行业高质量发展的必由之路

按照国家局全面推进行业改革创新的要求，遵循“总量控制、稍紧平衡、增速合理、贵在持续”的总原则，探索研究“大数据”的应用是深化卷烟营销市场化取向改革的重要举措和步骤，是实现行业高质量发展的必然要求。2018 年浙江网建会提出要“尊重和维护零售客户的自主选择权、消费者的自由消费权”，通过项目的实施，以市场真实需求为导向开展货源投放工作，能够有力保障“两权”的落地生花，使卷烟营销工作始终体现尊重市场、敬畏市场、服务市场。

2.2 优化市场状态的有效路径

虽然近年来商业企业致力于市场状态优化，在货源精准投放方面进行了一系列的探索研究，但当前仍存在工商之间市场状态评价体系不一致、投放策略存在人为干预因素、消费市场需求把握不准、客户档位与货源投放动态调整相关性不强等现实问题，导致市场状态不理想。通过项目实施，使货源投放逐步由“经验营销”向“数据营销”转变，始终保持“稍紧平衡”的市场状态，真正实现“市场为我所控”。

2.3 优化工商资源配置的新举措

通过在商业环节对人工智能投放模式基础性、前瞻性的探索研究，进一步延伸至“互联网＋货源采购管理”，着力打造即时响应的工商网配平台，驱动工业企业更好地向数字化、智能化转变，着眼效率变革，优化“以销定产”的资源配置方式，释放市场资源配置红利。

3 基于数据分析的市场状态精准调控模式的构建过程及思路

3.1 青岛市场调控方式的发展

近年来，青岛市局(公司)一直将市场状态作为衡量营销工作质量的核心依据，根据市场状态实施精准调控，保持卷烟市场供需均衡、库存合理、价格到位、信心充足的良好状态。2017 年，依托基于“三要素”的卷烟精准投放模式研究及应用的课题研究，通过对“市场”“客户”和“品牌”三个要素的细分，进一步提高货源投放精准度，并建立“9＋6X”货源投放模式。在此基础上，2018 年加入订单指标与市场状态指标“双向验证”市场状态维度，形成基于“地理位置＋档位＋星级＋市场状态”的“9＋nX＋Z”的总体货源投放模式，并逐步扩大“一户一策”投放方式的应用，分批次将主销规格纳入重点调控规格，通过监控品牌订单满足率、订足率、订足面等订货指标，结合市场价格、社会库存等市场状态指标，综合分析品牌在不同档位、星级、区域市场零售户的状态变化，以优化品牌市场状态为根本，优化完善投放策略，提升货源投放与品牌市场状态的联动机制，保持品牌良好的市场状态。

3.2 当前调控方式的提升点

目前，青岛市局(公司)市场状态调控的总体思路是，根据每周全市卷烟市场状态通报以及月度、每周销售目标，围绕本期市场状态(总体库存、存销比、价格等)和上周投放策略，确定本周基础策略投放量。具体调控规格根据订单满足率、订足率、订足面、存销比等指标，按照“9＋nX＋Z”投放模式进行分类调控。但在实际工作中，仍存在三方面工作需要完善和提升：一是市场状态判断的精准度有待提升。目前，市场状态评价的标准沿用之前的市场状态评价标准，研判的总体市场状态及单品规的市场状态存在一定偏差。二是投放和调控的精准度有待提升。在投放策略制定和分类实施时，投放量调增、调减主要依靠历史数据分析和人工测算的方式，缺乏科学性及量化指标。三是对消费者数据的应用有待深入挖掘。目前，策略制定、市场调控主要参考系统内的销售数据及终端信息采集数据，在消费者数据的应用方面有待进一步探索，仍需深入挖掘消费者数据的应用价值。

3.3 探索历史数据的应用

依托市局(公司)积累的批发、零售、消费大数据，综合考虑策略执行维度指标、市场状态维度指标，探索构建基于数据分析的市场状态精准调控模式研究思路(见图1)，通过建立人工智能货源投放模型，使货源投放逐步由“经验式分析”向“数据化分析”转变，实现分规格投放策略的智能化制定，以可视化视图呈现策略执行维度、市场状态维度投放调整后的预期效果，为市局(公司)决策、制定投放策略、调控市场、作好需求预测提供参考依据，提高货源投放科学性精准度，促进市场状态持续向好。

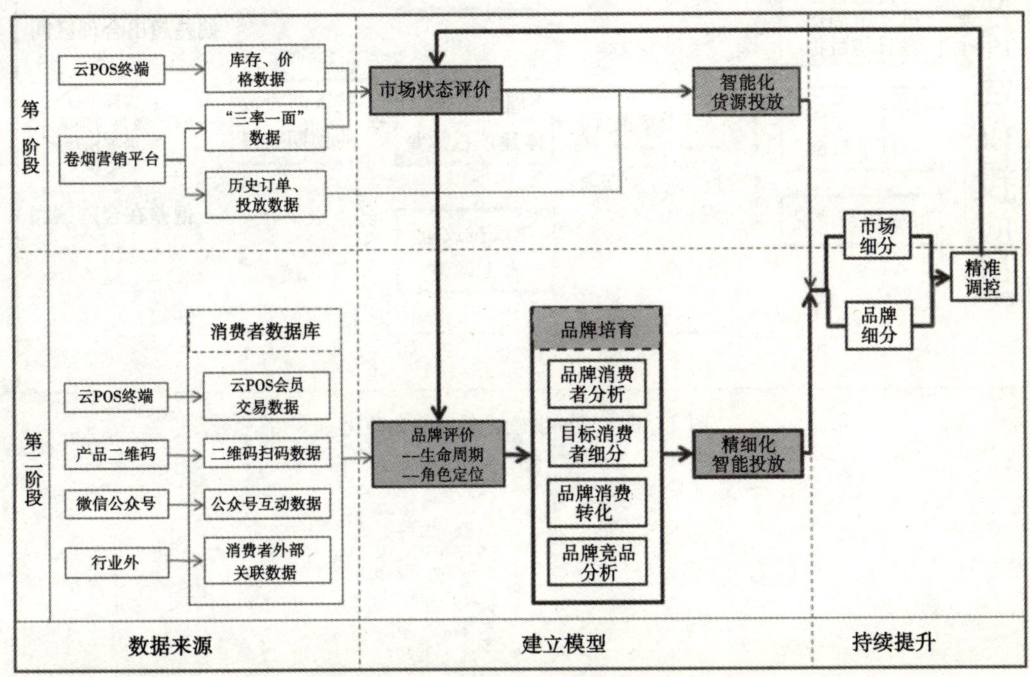

图1 基于大数据分析的市场精准调控模式研究思路

4 基于数据分析的市场状态精准调控模式的主要路径

4.1 优化市场状态评价机制

运用云 POS 智能终端系统等信息采集数据和营销平台的订单数据，调整优化市场状态评价标准。以现行市场状态评价模型(《市场状态判断与调控管理规范》)为基础，深化云 POS 终端数据应用，将云 POS 终端扫码交易记录作为零售户库存、价格信息采集的主要数据来源，经过数据清洗后进行模型的阈值区间调优(可对不同生命周期、不同角色的品牌设置不同的阈值区间)，并实现阈值区间的动态更新，以确保总体、单规格市场状态评价的结果更贴近市场真实情况。

4.2 建立人工智能精准投放模型

4.2.1 改善路径

结合历史订单数据、投放数据，运用人工智能方式(比如机器学习、深度神经网络等模型算法)，搭建智能化货源投放模型，实现总体建议投放量(见图 2)和单规格策略制定(见图 3)的自动化，以及投放效果的自动推演，并通过实际投放效果与推演结果的对比，来验证和优化模型，不断提高货源投放的科学性和精准度。

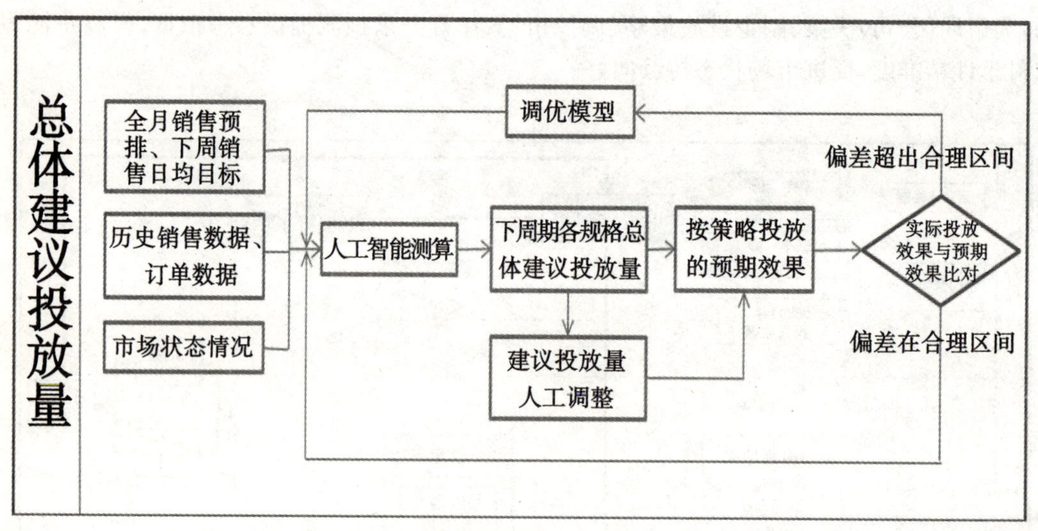

图 2 总体建议投放量制定的自动化

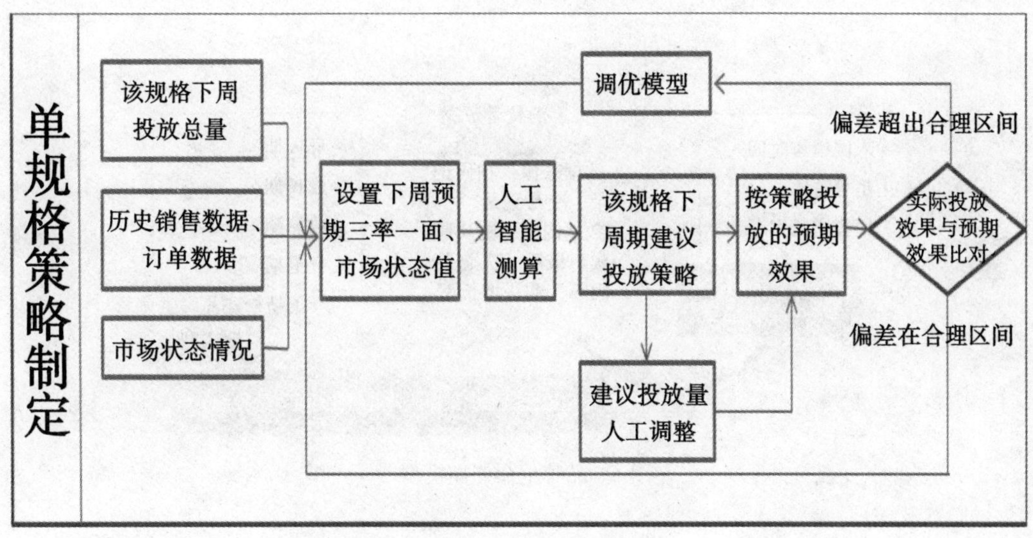

图 3　单规格策略制定的自动化

4.2.2　主要实现功能

一是自动测算下一周期各规格的总体建议投放量。通过全局模型建立，科学规划，实现均衡销售。根据访销周期日销售预排以及下一周期日均销量、单箱值、分类别销量、总体订单满足率目标，参考历史数据(分规格投放策略、“三率一面”、云 POS 监测的市场状态及可用商业库存等)，在保持总体市场状态稳定的前提下，形成对于下一周期规格总体投放建议。同时，根据测算周期的延伸，可以对月度工商网配、季度调整、半年协议和年度预测提供科学依据。

二是主销规格投放策略的智能化制定。在形成总体投放建议的基础上，针对主销规格实现智能化投放，进一步达到状态调优的目的。依托现有系统内数据资源，围绕市场、客户和品牌三个要素的细分，综合考虑策略执行维度指标(调控规格日销量、“三率一面”)、市场状态维度指标(社会库存、市场价格)，实现智能化货源投放，避免人为经验干预，降低数据测算时间占用，实现分规格投放策略的智能化制定，让货源投放更加科学化、智能化，实现主销规格状态的持续优化。

三是投放效果的自动推演(即按策略投放下一周期的“三率一面”及市场状态情况)。建立可视化视图，呈现策略人工调整时，总量及各规格状态的变化等预期推演和投放效果，通过策略实施后的结果验证不断完善投放模型。该模型可以为市局(公司)决策、制定投放调控策略等提供依据，使货源投放更加精准，更好地保持“稍紧平衡”的市场状态。

4.3　建立品牌培育模型

4.3.1　改善路径

以消费者数据来源，即云 POS 终端扫码交易记录、产品二维码扫码数据、微信公众号互动数据、外部数据为基础，建立消费者数据库。依托消费者数据，构建品牌生命周期模型(见图 4)、角色评价模型(见图 5)，进而形成数据驱动的品牌培育模型(见图 6)，指导精准投放策略的制定与执行。

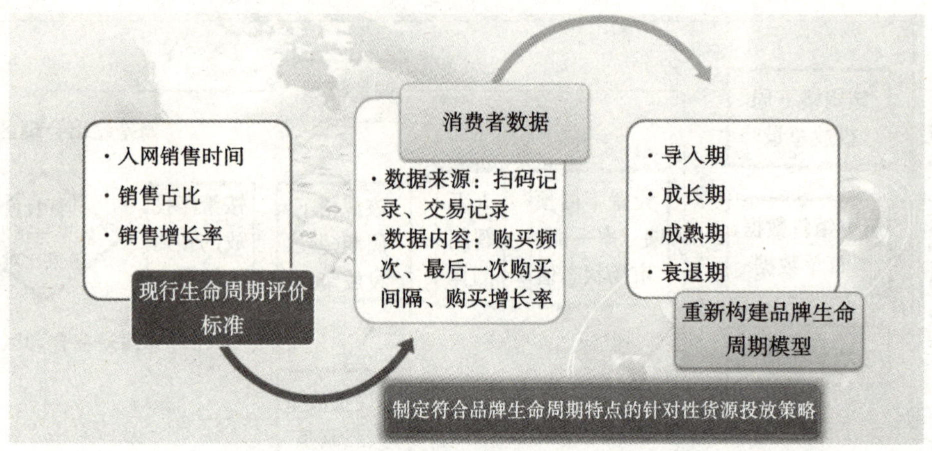

图 4　品牌生命周期模型

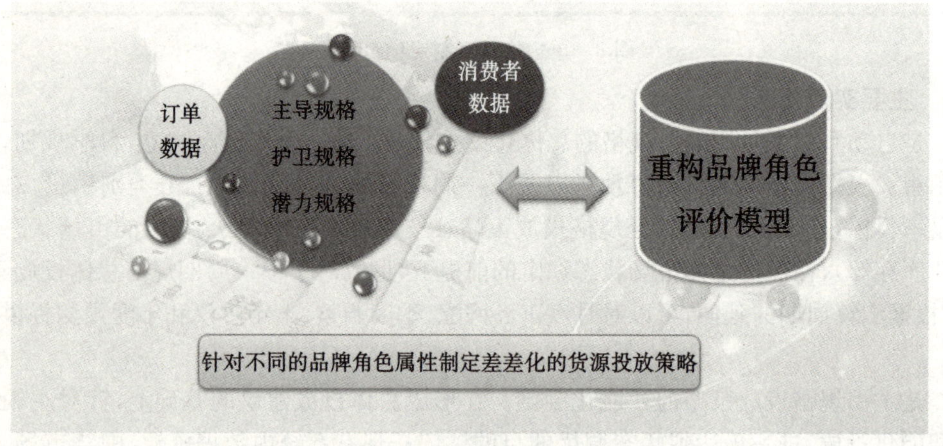

图 5　品牌角色评价模型

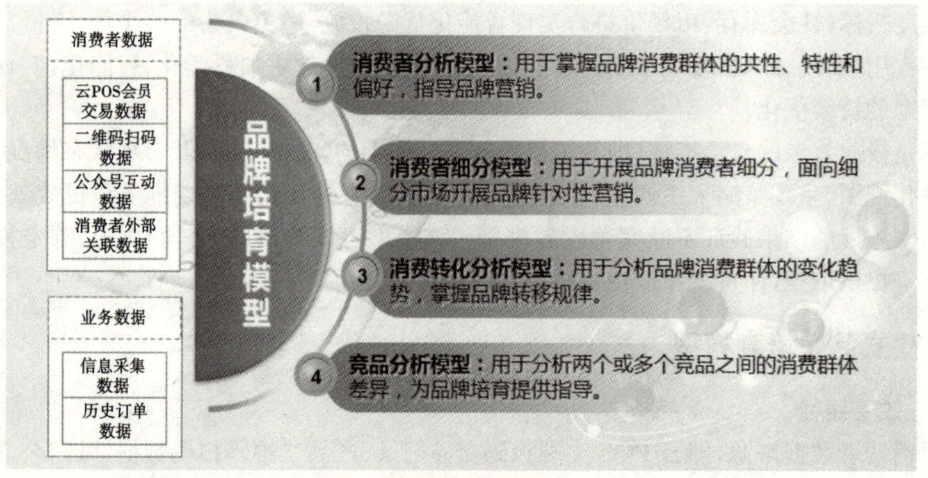

图 6　品牌培育模型

4.3.2 主要实现功能

品牌生命周期模型:主要用于投放策略制定前的品牌生命周期评价。综合运用历史订单数据和消费者数据(包括消费者购买频次、最后一次购买时间间隔、购买量变化趋势等内容),构建品牌生命周期模型,判断品牌处于导入期、成长期、成熟期或衰退期,便于制定符合品牌生命周期特点的针对性货源投放策略。

品牌角色评价模型:用于投放策略制定前的品牌角色评价。从零售市场份额和消费者接受度两大维度出发,运用历史订单数据和消费者数据(消费容量、消费者占比、扫码量占比等)构建模型,判断品牌处于主导规格、护卫规格或潜力规格,明确品牌在各自品类所处的角色定位,便于针对不同的品牌角色属性制定差异化的货源投放策略。

品牌培育模型:以消费者四大数据来源为基础,构建重点品牌培育模型,指导品牌培育、精准营销策略的制定与执行,主要包含四个部分。消费者分析用于掌握品牌消费群体的共性、特性和偏好,指导品牌营销;消费者细分用于开展品牌消费者细分,面向细分市场开展品牌针对性营销;消费转化分析用于跟踪品牌消费群体的变化趋势,掌握品牌转移规律;竞品分析用于对比两个或多个竞品之间的消费群体差异,为品牌培育提供指导。

4.4 建立智能投放漏斗模型

4.4.1 改善路径

通过人工智能精准投放模型和品牌培育模型的建立,最终形成更加精细化的智能投放漏斗模型(见图 7),实现市场、品牌的再细分,构建货源投放与市场状态联动的精准调控机制,从而实现精准调控市场、保持市场状态的稍紧平衡。

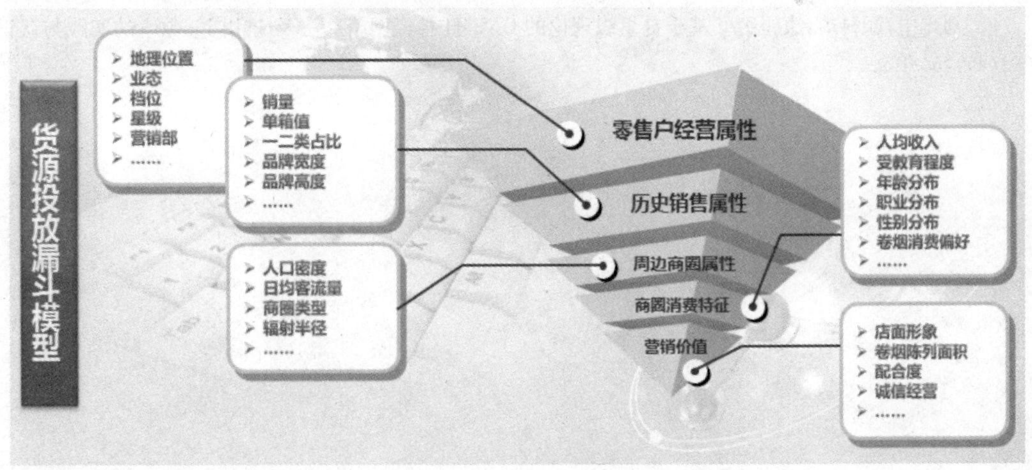

图 7 智能投放漏斗模型

4.4.2 主要实现功能

基于内部数据的智能化货源投放模型应用成熟后,引入消费者数据,建立精细化的货源投放漏斗模型,综合运用零售户经营数据、消费者数据、星级管理基础数据等,从零售户经营、历史销售、周边商圈属性、商圈消费特征、营销价值等维度,选取各品规投放的目标客户群,制定投放策略,形成基于大数据分析的市场精准调控模式。初期可以选取具备消费者数据基础的规格、高端烟、新品进行漏斗模型的建设工作，消费者标签、零售户标签逐渐丰富完善后，分步骤拓展应用至所有品规的货源投放策略制定，构建基于“商圈＋档位＋星级＋市场状态”的货源投放模式。

5 结论

综上所述，本文以烟草行业内部订单数据、外部零售及消费者采集数据为基础，利用人工智能等技术手段，不断优化市场状态评价机制，并建立零售户、消费者标签体系，探讨品牌生命周期评价、角色定位评价的新方法，以此为基础研究市场状态精准调控模式的实现路径及价值。本文从一个新颖角度对人工智能在货源投放环节的应用进行了前瞻性研究，通过数据挖掘算法提取货源投放过程中的规律和算法，减少策略制定过程中的人为因素，从市场需求出发开展精准市场投放与状态调控，智能投放模型具有较广阔的推广应用前景，研究思路值得继续探索和借鉴。

参考文献

[1]韩跃龙．对烟草商业企业货源投放策略的研究[J]. 现代商业，2017(33):9-10.

[2]孟晓东，袁道华，施惠丰．基于回归模型的数据挖掘研究[J]. 计算机与现代化，2010(1):26-28.

[3]张罠．基层单位卷烟精准投放途径探析[J]. 重庆与世界(学术版)，2016(11):1-3.

[4]邵涛，何湘竹，张智志．数据挖掘技术在企业货源投放系统中的应用研究[J]. 电脑知识与技术，2015,11(27):182-183,191.

[5]刘光中，颜科琦，康银劳．基于自组织理论的GMDH神经网络算法及应用[J]. 数学的实践与认识，2001(4):464-469.

市场化取向改革背景下，基于市场状态动态调节的货源精准投放新机制

张正坤

[山东济宁市鱼台县局(营销部)，山东济宁，272100]

[摘要] 目前，烟草行业面临不断深化市场化取向改革的常态化时期，而货源投放作为卷烟营销的重要一环，急切需要适应市场化取向改革的“大方向”。本文以市场状态为导向，针对传统货源投放机制中存在的一些问题，立足精准投放和精准调控，保持合理销售节奏，持续优化市场状态”的部署，提出建立依托市场信息采集体系和市场状态监测体系基础上的、根据市场状态动态调节的货源精准投放新机制，使货源投放能够更加精准、科学和合理。

[关键词] 市场状态；动态调节；精准投放

0 引言

2019年，国家局将“坚持‘总量控制、稍紧平衡、增速合理、贵在持续’，改善供求关系，保持良好市场状态”作为主要经营方向。在此背景下，深入推进市场化取向改革，找到一种更加适宜当前市场发展的投放方式，既能兼顾单个客户微观上的“准”，又能保持市场状态宏观上的“好”，还能实现投放质量效率上的“高”，成为了破解当前难题的关键。与此同时，商业企业的货源供应在很大程度上与消费者利益、零售客户利益、工业企业利益息息相关，和客户满意度、价格指数、市场规范以及各品牌的市场状态都有着密切的联系。因此，对于塑造商业企业服务品牌、落实品牌培育“第一要务”、维持品牌良好市场状态、保持健康协调可持续发展都有着重大的意义。在品牌状态不佳，零售客户不赚钱，卷烟经营举步维艰的大背景下，怎样把恢复市场状态作为营销工作的首要任务，建立一种货源精准投放机制显得更为重要。

1 卷烟货源投放

货源投放是卷烟营销的核心工作之一。当前最为主流的投放方式分为：按档位投放(包括档位扩展投放)、按价位段投放、按档位结合价位段投放、选点投放、按需投放、“一户一策”

模式投放等，针对不同卷烟会有不同的投放方式。

1.1 紧俏品牌(规格)按档位与价位段结合投放

1.1.1 按档位投放

按照零售客户分档结果，由系统根据投放总量自动生成各档位建议投放量。投放要尊重零售客户的经营能力，确保高档位的投放量不低于低档位的投放量，确保同档位客户同一规格投放数量一致，体现普惠性。

1.1.2 按价位段与档位结合投放

根据省局(公司)要求按照批发价统一将卷烟划分为11个价位段。由系统根据投放总量自动生成零售客户单次投放数量，体现零售客户对该价位段的贡献度。按价位段投放量不得超过单次单规格投放量的40%。

1.2 完全满足品牌(规格)

按照商业企业库存量按需投放，可以不制定货源供应策略。为降低营销风险，完全满足品牌规格支持按照不同档位客户设定商品投放上限。

1.3 均衡满足品牌(规格)

1.3.1 按档位投放

按照零售客户分档结果，由系统根据投放总量自动生成各档位建议投放量，卷烟货源投放管理办公室根据货源情况和市场状态对各档位投放量进行微调，确保高档位的投放量不低于低档位的投放量，确保同档位客户同一规格投放数量一致，体现普惠性；可根据品牌的区域特征采取档位扩展投放的模式，选择“区县＋档位”投放和“市场类型＋档位”投放。

1.3.2 按价位段投放

由系统根据投放总量自动生成零售客户单次投放数量，体现零售客户对该价位段的贡献度。

1.3.3 按价位段与档位结合投放

按价位段投放量不得超过单次单规格投放量的40%。

1.4 其他品牌(规格)

其他包含了新品卷烟、高端卷烟和罚没卷烟的投放，一般前两者会根据具体情况选择定点投放，而罚没卷烟会根据《涉案卷烟价格管理规定》进行投放。

货源投放是品牌推广的渠道策略，是调控市场的渠道管理手段，要时刻体现公平、透明的行业要求。

2 传统的货源投放机制中存在的弊端

传统的货源投放机制主要是采用客户的历史订购数据而不是真正的销售数据作为参照

依据，采用不同类别客户按档位统一供货标准的管理思路存在一些问题。

2.1 按档位普惠投放

解决了公平投放的问题，但不能充分尊重客户个体需求差异，在一定程度上存在“投放不精准”的问题。

2.2 “一户一策”差异投放

解决了客户订烟需求差异问题，但对投放效果和市场状态参考不够，存在“调控简单化”的问题。

2.3 目前主流的精准投放方式

目前的一些精准投放方式，如“五要素”“4+4”“分档+分价位段”等，虽然迈出了利用市场状态对全局、最小市场货源投放宏观调控的第一步，但缺少对零售客户个体差异的尊重，仍未突破“凭经验判断、靠人工调节”的局限性，未能破解“调控不精准”的问题。

3 建立适应市场化取向改革要求的货源精准投放机制

为了更好地适应市场化取向改革的要求，应该围绕卷烟消费市场，建立一个以云 POS 系统数据采集为基础、以市场信息采集体系和市场状态监控体系为依托的货源精准投放机制。对主销规格，结合客户“历史、趋势、商圈、季节”四因素与品牌“订足面、订足率、存销比、价格指数”四要素，实施三级测算的货源精准投放。具体通过三级测算，以客户需求为基础确定初始投放量，以品牌稍紧平衡为目的测算调节投放量，以社会消费总量为参考计算最终投放量，进而实现客户、品牌、市场三要素在货源投放上的相互作用、动态调节。

3.1 一级测算尊重客户需求

首先根据客户“历史、趋势、季节、商圈”四因素确定单客户单规格初始投放量，最大限度地尊重客户需求及其变化规律。其中：

历史因素指零售客户指定访销周期内某规格的平均订购量，反映零售客户订购需求强度，是货源投放的最基础因素。

趋势因素指零售客户指定访销周期内该规格订购需求变化升、平、降的趋势，即客户订购数量变化的斜率。

商圈因素指零售客户所在自律小组的趋势因素，反映了该规格在附近商圈的消费需求变化态势。

季节因素指零售客户该规格同期月份订购量与去年全年月度平均订购量的比值，是反应季节变化规律的系数。

通过上述四个因素综合作用，形成每个客户单品初始投放量，最大限度地尊重了不同客户、不同品牌、不同商圈、不同时期市场需求差异，破解了微观上单客户“该投多少”的问题，调出了供需“精准匹配”的良好状态。

3.2 二级测算调节品牌状态

按照品牌“订足率、订足面、存销比、价格指数”四要素，测算单客户该规格调整投放量。在测算方法上，坚持“三多三少” 调节原则。

需求强多投，需求弱少投。依据客户所在小组订足面、订足率两个反映该规格订购状态的指标，当其分别低于85%、80%时，说明投放数量超出客户需求，系统将自动按规则减少投放，反之将加大投放。

库存低多投，库存高少投。当云POS采集的某县区该规格存销比高于1时，说明社会库存偏大，系统将自动按规则减量投放，反之将适度加大投放。

价格高多投，价格低少投。当云POS采集的某县区价格指数低于1时，说明投放过大，导致量价失衡，系统将自动按规则减量投放，反之将适度加大投放。

通过一轮一轮投放，循环应用小组“订足面、订足率”等订购状况数据，参考品牌县区“存销比、价格指数”等市场状态信息，持续优化调整投放数量，构建起中观上单品牌“自动调节”机制，调出了品牌“需求旺盛”的良好状态。

3.3 三级测算实现总量控制

精准投放，既要保证货源供应合理的“紧”，又要促进品牌销售适度的“俏”，更要保持市场状态宏观上的“好”。在“一级测算尊重客户需求、二级测算调节品牌状态”基础上，通过三级测算实现总量控制，系统会自动推算该规格期间社会消费总量，生成投放总量调节系数，进而形成单客户该规格最终投放量。

测算步骤为：系统自动清洗掉存在逻辑错误的云POS样本客户数据，汇总有效样本客户期间零售总量(＝Σ有效样本客户期间零售量)，推算出该规格期间社会消费总量[＝样本客户期间零售总量/(样本客户一年内订购量/一年内全市客户总订购量)]，计算该规格投放总量调控系数(＝该规格期间社会消费总量/∑所有客户单规格调整投放量)，最后确定单客户该规格最终投放量(＝客户单规格调整投放量＊该规格投放总量调控系数)。

通过参考全市社会消费总量实施总量控制，促进了货源投放与社会消费的精准匹配，防范了宏观上调控“过紧过松”风险，控出了市场整体“稍紧平衡”的良好状态。

在三级测算综合发力，各因素、各要素相互作用下，主销规格最终实现了基于市场状态动态调节的精准投放。为此，还要做实以下两项工作。

3.4 建立市场信息采集体系

为了更好地对市场信息进行系统全面地把握，在过去传统的客户经理点对点进行信息采集和基于各类型订货平台的信息采集基础上，寻求一种能够实时采集客户销售卷烟信息的方法，从而将采集客户的订货数据量转化为实时销售数量。

3.4.1 云POS系统实时的信息采集

过去客户经理信息采集采用的是对全市随机选取的信息点，由客户经理进行现场盘点，从而获取客户卷烟卷烟库存信息，结合客户订购卷烟情况对客户存销比进行计算。这种采集信息的工作十分繁重，效率还很低，有时可能会出现信息采集数据的错误，所以不能有太多的信息点客户，很大程度上限制了样本客户的规模。总的来说，样本数据还原后的偏差较大。因此，通过选择具备电脑、扫码枪等比较成熟的客户积极推广云 POS 机，从而建立具备收银功能的云 POS 数据采集系统，实时记录终端信息数据，并通过云存储技术、网络传输，实现数据的实时传输，切实保障零售终端数据的及时性、准确性和完整性。以此为蓝本，积极打造示范店，以点带面，不断扩大云 POS 客户使用规模，提升样本数据的实用性。同时，加大云 POS 数据准确性考核，要求客户经理注重云 POS 的宣传和云 POS 数据的监督；建立云 POS 数据预警系统，对有问题的数据及时传输给客户经理进行入户实盘，从而既能有效减少客户经理的工作量，还能确保数据的准确性。

3.4.2 连锁终端信息共享的信息采集

与当地的酒水销售、超市、大型商场等连锁企业积极联系，构建“扫码销售”卷烟销售数据实时传输的体系，建立“新数据传输端口”，进一步增加实时销售数据的采集范围。

3.5 建立市场状态监测体系

通过对市场信息采集体系所获得的数据进行三级处理，利用科学合理的指标进行精确计算，从而建立全面、系统、科学而有效的市场状态监测体系，从多个层级准确地判断当前的市场状态，进而为实施货源精准投放提供依据。

3.5.1 建立评估模型

将不同价位段品牌细分为主导、护卫、潜力和观察四类规格。同时，从市场占有率、上柜率、重购率、订足率等十项基础指标建立品牌评估模型，在品牌评估的基础上，通过大数据分析，每月对各规格生成一个诊断报告，有了这套科学的评估模型，品牌的市场状态、订购状态、优势、短板一目了然，让我们对品牌状态能有精准的认知。

3.5.2 设定监测指标

为了进一步方便监测，在充分考虑客户实际和市场实际的基础上，确定一级指标，包括动销率、存销比、价格指数，这也是绝大多数经典案例中使用到的几个较为关键的指标。与此同时，样本客户抽样再合理，也无法准确地还原所有品规，会出现数据的损耗，因此还需要设立二级指标，包括合理定量利用率，需求满足度、订足面、订货率，用于考量零售终端的需求强度，并辅助市场状态的评估。

一级指标如下：

$$\text{价格指数}=\frac{\text{市场价格}}{\text{批发价格}}\times 100\%$$

$$\text{存销比}=\frac{\text{月末社会库存}}{\text{月度终端销量}}$$

$$\text{动销率}=\frac{\text{月度终端销量}}{(\text{月初库存}+\text{月度订单量})}$$

二级指标如下：

$$\text{合理定量利用率}=\frac{\text{月度实际订货量}}{\text{合理定量}}\times 100\%$$

$$\text{需求满足率}=\frac{\text{月度实际订货量}}{\text{月度需求量}}\times 100\%$$

$$订足面=\frac{月度订到限量上限客户数}{投放客户数}\times 100\%$$

$$订货率=\frac{实际订货客户数量}{投放客户数量}\times 100\%$$

3.5.3 全品规的市场状态评判

除了监测指标中共性的一级指标外，二级指标对于不同卷烟类型的重要程度有所不同，在评判指标上的选择是有所区别的。此时应该建立对全品规的市场状态评判体系，这样可以更为准确地反映该卷烟规格当前的市场状态。因此，可以通过价位段分析法，邀请县级局客户经理及营销管理人员对各个指标的重要程度进行打分，并计算得出各个指标权重。

3.5.4 总体市场状态评判

可以根据各品规的销量占比和品规的市场状态表现得分情况，计算加权平均分，用以判断总体市场的状态。品牌和全品类的市场状态评判与总体市场状态评判相类似。

4 基于市场状态调节的货源精准投放体系

通过市场信息采集体系和市场状态监测体系的建设，我们能够更好地把握市场状态，提高货源精准投放的能力。

4.1 适度满足需求，供需精准匹配

基于市场状态调节的货源精准投放体系在适度满足市场需求、确保销售指标平稳前提下，自下而上，应用消费者、客户、品牌、市场数据，实现了货源投放的自动精准匹配。区域上更加尊重市场需求，客户上更加尊重个体差异。

4.2 维护稍紧平衡，状态持续向好

基于市场状态调节的货源精准投放体系摒弃了按指标进度安排投放，忽视市场状态模式，弥补了按档位、“一户一策”等投放方式不能实现“稍紧平衡”的弊端，市场状态得到全面恢复。

4.3 投放数据驱动，质效大幅提高

基于市场状态调节的货源精准投放体系实现了微观上的精准投放，又保障了宏观上的“稍紧平衡”，还解决了操作上的简单高效，有效推动了投放模式从经验判断向数据驱动转变，从指标导向向状态导向转变，卷烟经营呈现出“均衡、稳健、协调、持续”的良好态势。

5 结论

随着“互联网＋”时代的不断发展和市场化取向改革的不断深入，在切实加强市场状态监测的基础上，建立基于市场状态调节的货源精准投放机制，在很大程度上能够改进传统货源投放机制中存在的不足，从而对现有的货源投放工作进行完善，大幅提升有货源投放的精

准化水平，实现卷烟经营工作的高质量发展。

参考文献

[1]张翀．基层单位卷烟精准投放途径探析[J].重庆与世界．2016(42)：1-3.

[2]董鹏飞，晁源．推进卷烟零售客户自律互助小组建设的若干问题思考[J].中国商论．2017(32)：57-58.

[3]董念念，胡庆阳．宜昌市卷烟市场零售终端管理研究[J].经贸实践．2017(20)：176.

浅议烟草广告在烟草销售点的合法性

王海涛[1]，王玉杰[2]，李静[1]

（1. 山东省青岛市平度市烟草有限公司营销部，山东青岛，266700；
2. 山东省青岛市莱西市烟草有限公司营销部，山东青岛，266600）

[摘要] 为履行世界卫生组织的《烟草控制框架公约》（以下简称《控制公约》），保护公民生命健康权，我国现行法律法规对烟草广告进行严格限制，其中一项重要举措就是：禁止在公共场所发布烟草广告。本文从现行法律、执法实践两个层面，论证公共场所不等同于烟草销售点，在烟草销售点可以进行烟草广告宣传。但是进一步规范销售点，合法宣传、防范风险，仍是行业持续稳定发展的关键。

[关键词] 烟草广告；销售点；广告宣传

1　现行法律未明确禁止在烟草销售点发布烟草广告

烟草广告是指烟草制品生产者或者经销者发布的，含有烟草制品名称、商标、包装、装潢等以及类似内容的广告。烟草广告具有广告的特性，其通过向公众传播相关信息，引导消费烟草制品。由于面向主体的广泛性，为避免诱导青少年吸烟、减少吸烟带来的危害，国家对烟草广告实行广泛禁止。

1.1　法律禁止在公共场所发布烟草广告

回望我国对于公共场所烟草广告法律规制的发展历程可以发现，早在 1987 年 10 月，《广告管理条例》中首次涉及禁止在公共媒体上刊发“卷烟广告”。这也是烟草广告发布第一次被限制，然而在 2006 年生效的《控制公约》中，限制层面由公共媒体扩展到室内工作场所、室内公共场所和公共交通工具。由于《控制公约》允许缔约方各国根据自身情况进行限度调整，我国 2018 年修订的《中华人民共和国广告法》（以下简称《广告法》）对广泛限制进行具体规定，即禁止在公共场所、公共交通工具、室内工作场所、户外发布烟草广告，禁止向未成年人发送任何形式的烟草广告。广泛禁止发布烟草广告，这不仅是对世界卫生组织《控制公约》关于控烟的立法履行，也是对社会各界控烟呼声的一种回应。

从现行可以看出，烟草广告禁止发布于“公共场所”“公共交通工具”“室内工作场所”“户外”。烟草销售点是否可以合法发布烟草广告，要看销售点是否在烟草广告禁止发布的范围。显而易见,销售点不在“室内工作场所”“公共交通工具”“户外”范围内。那么,烟草销售点是否属于“公共场所”成为关键。

1.2 “公共场所”不包括烟草销售点

卷烟销售点多以食杂店、便利店、超市、商场、烟酒商店、娱乐服务等经营业态出现。现行法律条文中没有对公共场所进行明确界定。《刑法》第二百九十条“聚众扰乱公共场所秩序罪”中将“公共场所”模糊规定为“车站、码头、民用航空站、商场、公园、影剧院、展览会、运动场或者其他公共场所”。虽然本条文中公共场所涉及卷烟销售点的“商场”业态,但是不能以偏概全,认定卷烟销售点就是公共场所。相继出台的 18 个城市地方性控烟法规中,也没有出现“公共场所”的准确定义。例如,被号称“市场最为严厉”的《北京市控制吸烟条例》中关于公共场所规定:“(一)幼儿园、中小学校、少年宫、儿童福利机构等以未成年人为主要活动人群的场所;(二)对社会开放的文物保护单位;(三)体育场、健身场的比赛区和坐席区;(四)妇幼保健机构、儿童医院”,也不能确定公共场所包括烟草销售点。根据“法无禁止即自由”的原则,烟草销售点属于非公共场所,即烟草销售点不属于禁止烟草广告宣传的地理范围。

第二次《广告法(修订草案)》中写道:“除了在烟草制品专卖点的店堂室内可以采取张贴、陈列等形式发布经国务院工商行政管理部门批准的烟草广告,以及烟草制品生产者向烟草制品销售者内部发送的经国务院工商行政管理部门批准的烟草制品广告外,其他任何形式的烟草广告均被禁止。”这说明,烟草制品专卖点内的烟草广告可不被禁止。在法律领域中,当法律条文规定模糊时,通常通过查询草案内容来确定立法本意,以解释法律原文。所以,从法律层面看,烟草销售点并未被禁止宣传烟草广告。

2 现实案例中工商局允许烟草销售点发布广告

2015 年新《广告法》实施以来,工商局作为处罚违法烟草广告的主要行政机关,其相关行为具有实践指导意义。

2.1 北京市工商局处理一起“宾馆以实物陈列方式发布烟草广告”案

2017 年,北京某烟草咨询有限公司与某宾馆签订某品牌卷烟展示合同,将印有卷烟宣传语的展示柜和某品牌香烟模型放置于宾馆一楼楼道,并先后合计支付宣传费 2800 元。北京市工商局认为,当事人属于在公共场所(宾馆),变相进行烟草广告宣传(展示柜、香烟模型),违反《广告法》第二十二条第一款的规定。责令当事人停止发布上述广告,并对北京某烟草咨询有限公司做出罚款 20 万的行政处罚。当事人未提出行政复议与诉讼。

北京市工商局办案人员的办案说明中提及:“本案以展示柜、香烟模型的实物展示方式发布烟草广告,有别于烟草专卖店或柜台的产品展示,并不是说只要烟草专卖店内设置有某烟草品牌的展示柜和香烟模型,就属于违法发布烟草广告行为。”这是工商局在行政处罚案件中第一次明确,在烟草专卖店展示某烟草品牌的展示柜和香烟模型不属于违法行为。

同时,行政处罚依据中写道:“宾馆特设的商品经营部并没有北京某烟草咨询有限公司所宣传的烟草品牌”。因为宾馆内不售卖本案涉及的宣传卷烟，有偿进行卷烟宣传，属于在“公共场所”以陈列方式发布烟草广告。反过来说，如果宾馆宣传在售卖的卷烟品牌，是不受法律约束的。北京市工商局作为全国示范单位，负责查处烟草广告违法宣传，代表着行政机关的官方态度。上述分析可以得出，我国行政机构承认在烟草销售点宣传烟草广告是合法的。

2.2 工商局的相关回应分析

工商总局对《工商行政管理机关行政处罚程序规定》第八条法律适用问题的答复意见(工商法字[2015]169号)：《工商行政管理机关行政处罚程序规定》第八条规定适用于利用广播、电影、电视、报纸、期刊、互联网等媒介发布违法广告的行为，不适用于利用商场、超市的货柜、橱窗等，通过张贴、喷绘等形式发布违法广告的行为。由此推测和判断，以上“利用商场、超市的货柜、橱窗等，通过张贴、喷绘等形式”发布烟草广告不属于“发布违法广告的行为”。这也与《广告法(修订草案)》中“在烟草制品专卖点的店堂室内可以采取张贴、陈列等形式发布经国务院工商行政管理部门批准的烟草广告”一脉相承。进一步证明烟草销售点在店内的货柜、橱窗等区域，宣传烟草广告是不违反现行法律的。

2016年3月22日，北京市工商行政管理局大兴区分局接到一名律师的书面投诉。投诉北京大兴某商场烟草制品销售点张贴、设置带有烟草企业名称以及烟草制品名称、商标、包装内容的印刷品和装潢。3月31日，北京市工商行政管理局大兴区分局书面答复称，经检查，经营场所内确有举报所述的烟草贴图，但在其经营场所外未发现设置烟草广告，当事人的行为不违法，不予立案。通俗意义上，烟草销售点也不属于公共场所。公共场所是指属于公有共用的场所。公园、体育公园、儿童公园、纪念性园林等，以及沿道路、沿江、沿湖、沿城墙绿地和城市交叉路口的小游园等。公众有权进入及使用公共空间，而私人空间会有所限制。例如，流浪汉可以进入公共场所，但是一般被限制进入私人住宅。商店是介于两者之间：公众可以随意进出，但是公众做出与商店期望不符的行为时(例如吵架)可能会被限制，且在商店关门后不允许进出。

3 烟草销售点应当依法发布烟草广告

从现行法律、生效案例层面看，烟草销售点都是非公共场所，可以合法发布烟草广告。这也是烟草作为商品的基本需求。但是烟草广告的危害性毋庸置疑，把握发布烟草广告的限度尤为重要。

3.1 烟草本身的商品属性要求

烟草属于商品，具有价值和使用价值。消费者购买商品，享有知情权，有权“要求经营者提供商品的价格、产地、生产者、用途、性能、规格、等级、主要成分、生产日期、有效期限、检验合格证明、使用方法说明书、售后服务等有关情况。”经营者(烟草零售户)此种情况下针对特定消费者提供相关信息，虽然涉及推广烟草制品，但不属于“违法宣传烟草广告”。如果经营者对消费者的合理需求都避而不达，一方面彻底忽略烟草作为商品的一般属性，另一方面也没有保护好烟草制品消费者的合法权利，难免会有矫枉过正之嫌。

3.2 烟草广告的危害性

烟草作为特殊商品，宣传受到严格限制。据有关调查，烟草销售点广告宣传彩页、海报、灯光、视频、烟盒摆放等形式多样，不仅加重烟民对卷烟的依赖，而且增加25%的非计划购烟，其中对于未成年人的影响尤为显著。在20世纪80年代，骆驼牌香烟的调查充分证实了上述观点。其广告当时以卡通形式播放3年，使18岁以下未成年人选择骆驼牌香烟的人数从0.5%上升到32.8%，销售额从每年600万美元上升到7.4亿美元。烟草销售点虽然可以利用橱窗展示、视频广告等方式合法宣传广告，但是烟草经营者依然要注意宣传的手段和方法。

3.3 烟草销售点发布烟草广告的限制

第一，禁止向未成年人发放任何形式的烟草广告。未成年人吸烟不仅严重影响身体发育，惯性抽烟更会造成长期危害。中国疾病预防控制中心发布的2014年中国青少年烟草调查报告显示，我国19.9%的学生尝试过使用烟草制品，13岁以前尝试的比例高达82.3%，我国初中生吸烟率呈上升趋势。我国预防未成年人吸烟的现状不容乐观。《广告法》明确规定，对未成年人禁止"任何形式"的烟草广告，包括直接、间接方式。例如，禁止向未成年人售卖卷烟；禁止对未成年人宣传卷烟；不得售卖有烟草制品形状的糖果、点心、玩具等。

第二，禁止在户外发布烟草广告。"户外"一般指室外露天处、作为与室内有区别的室外。"室外露天处"一般指露天场所，例如街道、公园、林地等；而"与室内有区别的室外"显然包括烟草销售点室外的招牌和墙面。即《广告法》对于户外的烟草广告限制，要求烟草销售点严格界定广告发布的地理范围，禁止在户外发布烟草广告。

第三，烟草销售者发布的迁址、更名、招聘等启事中，不得含有烟草制品名称、商标、包装、装潢以及类似内容。在现实生活中，此种变相烟草广告十分泛滥。其实早在1996年国家工商行政管理局发布的《烟草广告管理暂行办法》就有明确规定，禁止烟草经营者在迁址、换房、更名等启事广告；招工、招聘、寻求合作、寻求服务等企业经营广告中宣传烟草制品。

第四，不得使用微信公众号进行烟草宣传。微信公众号属于新媒体，向不特定的关注用户发布烟草广告，违反《广告法》第二十二条"禁止在大众传播媒介……发布烟草广告"和《互联网广告管理暂行办法》第五条"禁止利用互联网发布处方药和烟草的广告"。现实行政案例中也禁止微信公众号发布烟草广告。2016年，济南市市场监管局对山东省某文化传媒有限公司通过微信公众号先后四次发布"南京软九五"烟草广告，责令停止发布并处以罚款20万元。2017年，北京市工商局朝阳分局认定菲利普莫里斯(中国)企业管理有限公司微信公众号发布"万宝路"烟盒图片、宣传视频等行为违法，且鉴于当事人短时间内多次发布烟草广告，符合从重处罚情形，最终作出罚款100万的处罚决定。烟草经营者应当准确认识到，不得使用微信公众号等开放媒体平台进行烟草宣传。

参考文献

[1]曹予生．中国广告法律法规选编与题典[M].上海：上海科学技术文献出版社，2016.

[2]刘双舟．新广告法精解与应用[M].北京：中国财政经济出版社，2015.

[3]全国人大常委会法工委经济法室．中华人民共和国广告法解读[M].北京：中国法制出版社，2015.

[4]刘中望．理论范式与意义实践：当代传媒文化前沿问题研究[M].湘潭：湘潭大学出版社，2015.

[5]黄婷婷．移动互联背景下深圳烟草卷烟微信营销策略研究[D].兰州：兰州大学，2017.

[6]孟剑飞．民国时期烟标设计的视觉文化研究[D].无锡：江南大学，2016.

[7]孙盼盼．河南省初中生烟草暴露现状及影响因素分析[D].郑州：郑州大学，2016.

[8]仵星．控烟国际规范在中国的扩散和内化研究[D].上海：华东师范大学，2016.

[9]李素云．中国烟草广告中的多模态隐喻研究[D].济南：山东大学，2015.

[10]杨功焕，串杨杰，黄金荣，等．对《广告法(征求意见稿)》禁止烟草广告有关条款的评议及修订建议[J].中国卫生政策研究，2014(7)：69-73.

[11]夏瑾．中国控制吸烟协会公布对11城市烟草广告调查结果：近五成烟草销售点仍有烟草广告[N].中国青年报，2016年6月30日第6版.

[12]汤瑜．11城市烟草广告调查：烟草销售点是烟草广告的重灾区[N].民主与法制时报，2016年7月3日第7版.

[13]崔刚．向违法烟草广告“亮剑”[N].中国工商报，2016年3月第8版.

[14]谢静．北京朝阳工商分局对违法烟草广告开出百万元罚单[N].中国工商报，2017年6月3日第11版.

[15]陈焕．浅析我国烟草广告法律(术语)定义的不足与困惑[J].法制经济，2017(6)：67-68.

[16]丁东林．隐藏在“市场调研”名义下的违法广告浅析—起在公共场所以实物陈列方式发布烟草广告案 [N].中国工商报，2017年3月7日第8版.

基于POI数据的卷烟消费者行为研究

陈浩[1]，高林[2]

（1. 广西中烟工业有限责任公司互联网研究中心，广西南宁，530001；
2. 山东青岛烟草有限公司网建市场处，山东青岛，266072）

［摘要］随着新零售时代的来临，如何利用大数据分析技术对卷烟消费者行为进行研究分析，成为了烟草企业寻求有效精确营销和产品投放策略的关键所在。通过POI数据分析技术，对某卷烟企业在QD地区的消费者数据进行了实证分析，研究了消费者购买行为的区域聚集规律以及地点和时段偏好。研究为大数据时代下烟草企业的消费者行为分析提出一条新途径，同时对卷烟消费者行为具体研究结论对卷烟企业的产品投放和营销策略提供了参考。

［关键词］新零售；卷烟消费者行为；POI分析

1 引言

随着移动互联网技术的不断发展以及国家对于“互联网＋”的高度重视，整个零售业正在进行一场如火如荼的网上商店革命、全渠道商店革命和智能商店革命，各个企业前赴后继地加入到这次新零售业革命浪潮中。在新零售来临的大环境下，随着卷烟市场需求总量的下降，行业竞争越来越激烈，运用新技术对消费者行为进行研究分析，寻求有效的精确营销和产品投放策略，对于卷烟企业来说具有非常重要的意义。

卷烟消费者行为研究，是指对卷烟消费者为获取、消费卷烟所采用的各种行动以及事先决定这些行动的决策过程的定量研究和定性研究。结合行业所处的技术环境，合理运用大数据相关技术，将消费者数据与目标市场数据结合，对数据进行深入分析，不仅有利于精准挖掘消费者行为偏好，正确引导消费需求，最大化营销效果，也有利于提高产品投放的精准度，抓住卷烟企业长远发展的生命线。

近年来，对POI(Point of Interest)数据的应用越来越受到学术界和产业界的广泛关注。POI可译作“兴趣点”，主要指一切能够被抽象为点的地理实物，特别是为人们生产生活服务的各项服务设施[1]。在地理信息系统中，POI可以是一栋房子、一间商铺、一个公交站等任何一个具有一定特性或功能的具体地理地点。POI数据记录了这些兴趣点的地理坐标信息，该类型数据凭借其覆盖面广、分类明确、精度高、实时性强等特点，在城市规划、商业选址等方面得到了广泛的研究。例如,刘辉等[2]基于 POI 将微博数据网格化,从大数据分析角度为城市规划布局的优化提供了辅助决策。周垠等[3]基于 POI 数据信息,分析了成都市龙泉驿区的商业网点集聚现状与路网可达性的关系,为商业网点的优化布局提供了参考。池娇等[4]利用城市的建筑物 POI 数据来识别城市的功能区划分。张美芳[5]结合面向公众服务的长沙市主城区商业机构兴趣点数据,采用核密度分析法及空间自相关分析法,分析了长沙市零售业的空间布局与集聚特征。段亚明等[6]以重庆主城区 40 余万条 POI 数据为基础,识别城市总体及不同职能的多中心结构及其影响范围。

通过对已有研究的文献分析可以看到,POI 数据在实际中的运用有两种思路:一是运用核密度法和局域 Getis-Ord G 指数法识别某类兴趣点的集聚区域和热点地区,二是运用核密度法识别某地不同兴趣点的集聚区域和热点地区,从宏观和微观的层面去探索兴趣点的空间集聚特征和分布规律。具体到烟草行业,利用 POI 数据对零售业消费者行为分析的研究并不多,尚未见到有学者将 POI 数据用于卷烟消费者行为分析。本文以某卷烟企业为例,将该企业在 QD 地区的消费者扫码数据和 QD 地区的 POI 数据结合分析,期望找出该企业卷烟品牌消费者购买行为的时间和空间规律,以期为未来企业的产品投放和营销提出指导。

2 数据来源和研究方法

2.1 数据来源

本文中所使用的 POI 数据使用百度地图、高德地图等开放平台 API 接口收集,收集了 QD 地区 23 万条 POI 数据,共计 14 个大类、112 条二级分类、771 条三级分类。14 个大类包括餐饮、风景名胜、商务住宅、公共设施等(见图 1)。与此同时,本文采集了某卷烟商品 2017 年下半年度在 QD 地区的共计 69 万条扫码数据,该数据记录了消费者购买卷烟后扫描包装二维码的扫码点经纬度及扫码具体时间。

2.2 研究方法

本文将 POI 数据与消费者扫码数据相结合,使扫码点与 POI 兴趣点相匹配,以挖掘消费者购买行为的位置信息。为将消费者扫码点与 POI 兴趣点联系起来,本文作出如下两个合理假设:

(1)每一位消费者至多从属于一个较近的 POI 兴趣点;

(2)每一个 POI 兴趣点的辐射范围为 100 米。

在上述两个假设的条件下,以 100 米距离作为阈值,筛选出满足该阈值且距离消费者扫码点最近的 POI 兴趣点,作为从属于该消费者该次消费行为的 POI 兴趣点。本文使用了 Python 作为编程语言进行数据处理,在阈值条件下最终得出满足条件有效数据 302962 条。

本文在该有效数据的基础上,首先对购买行为的区域聚集进行了分析,然后以 POI 大类和 POI 大类所对应的小类为指标进行频次统计,观察用户扫码地点偏好趋势,最后结合扫码时间,对各分类各时段扫码频次分别与总扫码趋势相对比,挖掘消费者对不同 POI 分类的扫码时段偏好。

大类	包含二级分类	包含三级分类	数量	比例
公司企业	工厂，公司，农林牧渔基地等	机械电子，冶金化工等	48036	20.755%
餐饮	中餐厅，外国餐厅，快餐厅等	地方风味餐厅，综合酒楼等	36484	15.763%
医疗保健服务	诊所，综合医院，专科医院等	诊所，卫生院，药房等	22846	9.871%
交通设施服务	公交车站，长途汽车站，停车场等	公交车站，长途车站，停车场等	22608	9.768%
生活服务	邮局，维修站点，美容美发店等	摄影冲印，移动营业厅等	20606	8.903%
科教文化服务	学校，驾校，培训机构等	幼儿园，高等院校，文化宫等	19911	8.603%
政府机构社会团体	政府机关，社会团体，公检法等	乡镇级政府及事业单位等	14280	6.170%
住宿服务	旅馆招待所，宾馆酒店等	经济型连锁酒店，四星级宾馆等	12035	5.200%
商务住宅	住宅区，产业园区等	宿舍，住宅小区等	9567	4.134%
金融保险服务	银行，自动提款机，保险公司等	银行ATM，中国人寿保险公司等	8375	3.619%
体育休闲服务	运动场馆，度假疗养，娱乐场所等	疗养院，网吧，KTV等	8163	3.527%
购物服务	商场，超级市场，便民商店等	便利店，购物中心，超市等	4722	2.040%
公共设施	公共厕所等	公共厕所等	2024	0.874%
风景名胜	公园广场风景名生等	城市广场，国家级景点等	1790	0773%
合计	——	——	221880	1

图 1　POI 数据统计

3　结果分析

3.1　区域聚集分析

图 2 是根据已匹配扫码点的各类 POI 数据绘制的热力图。该图显示了与扫码行为关联的 POI 点区域聚集情况。从图中可以看出，如交通设施服务、科教文化服务、商务住宅、体育休闲服务、公共设施等依托于城市发展的 POI 点，大多集中在 QD 各城区中心，尤其以主城区最为集中。因此在主城区内进行产品投放，可优先考虑这些 POI 地点。而在城郊区域，公司企业、餐饮服务、生活服务、政府机构及社会团体、住宿服务、金融保险服务（观察数据中郊区大多以 ATM 机、邮政储蓄所为主）、购物服务（郊区以超市便利店为主）仍然具有一定的市场。企业相关人员可根据 POI 点具体分布情况，制定相应的投放策略和营销规划，以进一步打开产品市场，提升产品的销量。

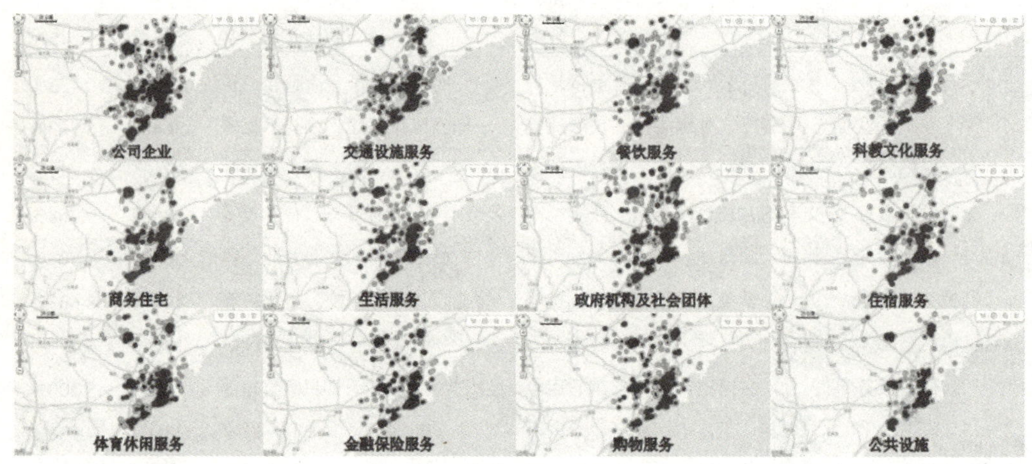

图 2　POI 地理空间分布热力图

3.2　消费地点偏好分析

在 POI 大类和 POI 小类划分的基础上，对扫码点所对应的 POI 类别进行频次统计，从中挖掘消费者购买行为主要地点偏好。

图 3 给出了 POI 大类及排名前六大类下的小分类扫码点频次分布。从图中可以发现，公司企业大类扫码量最高，其次依次为交通设施服务、餐饮服务、科教文化服务、商务住宅及生活服务。下面，依次对这六个排名靠前的大类中的小分类进行分析。

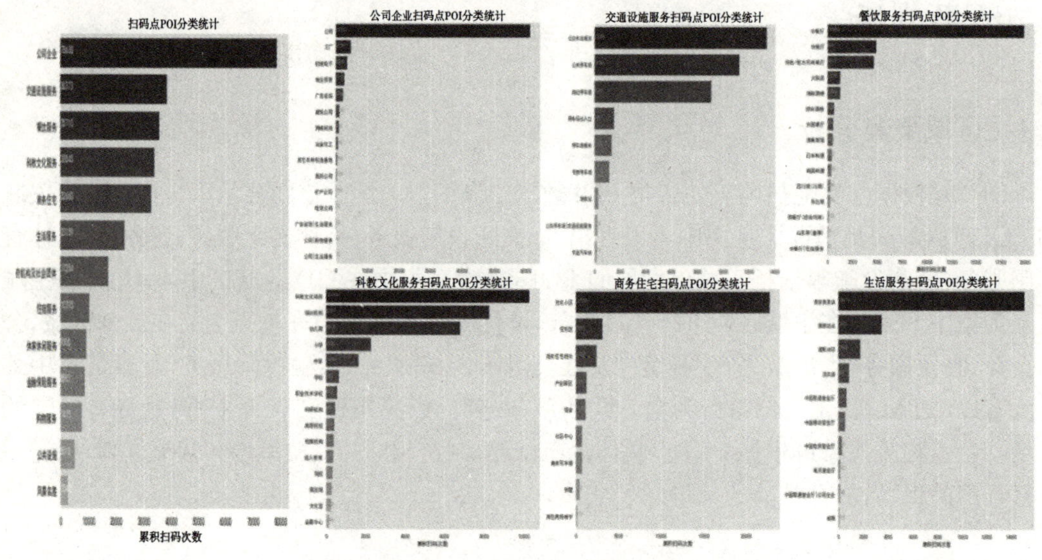

图 3　POI 大类及小分类扫码点频次分布

(1)公司企业类。在有明确含义的小类中，扫码量较高的小类依次是工厂、机械电子、商业贸易、广告装饰、建筑公司，推测扫码用户在机械制造及建筑装饰等第二产业地点可能较为集中。

(2)交通设施服务类。交通设施服务大类中，以公交车站相关地点及各类停车场扫码人数最为集中,停车场中又以公共停车场附近扫码人数最多。

(3)餐饮服务类。餐饮服务大类中,以中餐厅附近扫码人数最多,除中餐厅以外,则以快餐厅、地方/特色风味餐厅、火锅店、海鲜酒楼等地点扫码数量较为集中。

(4)科教文化服务。在有明确含义的小类中,扫码量较高的小类依次是培训机构、幼儿园、小学、中学、学校附近。通过进一步分析,我们发现这些学校类场所扫码主要集中在每天 8～10 点及 16～18 点区间内,且幼儿园、小学附近扫码量明显高于中学及技校来,可以推测是由家长接送孩子所导致的。

(5)商务住宅类。商务住宅大类未发现较明显的集中趋势,在有明确含义的小类中以商务住宅相关、产业园区、宿舍等地点扫码量相对较高。

(6)生活服务类。生活服务大类发现大量扫码点集中在美容美发店附近,其次则依次为维修站点、摄影冲印、洗衣店以及各大通信公司营业厅。

图 4 绘制了排名前 20 的 POI 小类扫码频次分布。在所有小分类中,公司、住宅小区、中餐厅等地点扫码量名列前三,这与之前的结果相符。其次则依次为美容美发店、公交车站相关、停车场、科教文化场所、培训机构、幼儿园、超市等,扫码量较为集中。除幼儿园外,可以考虑针对这些场所展开一些相应的营销活动。

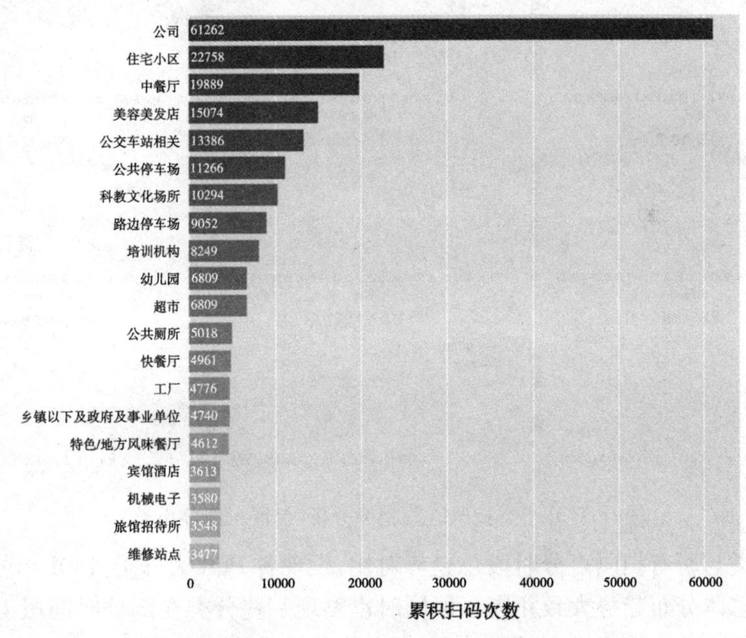

图 4　扫码点频次较高 POI 小类数目统计

3.3　消费时段偏好分析

除了区域聚集分析及扫码地点偏好分析外,扫码时段的偏好同样具有极高的参考价值。本小节对各 POI 大类及扫码频次排名前十二位的 POI 小类,进行了各时段扫码数量统计分析。分析中以每两小时为一个时间段节点,并且分周末和工作日分别进行分析,结果如图 5 和图 6 所示。

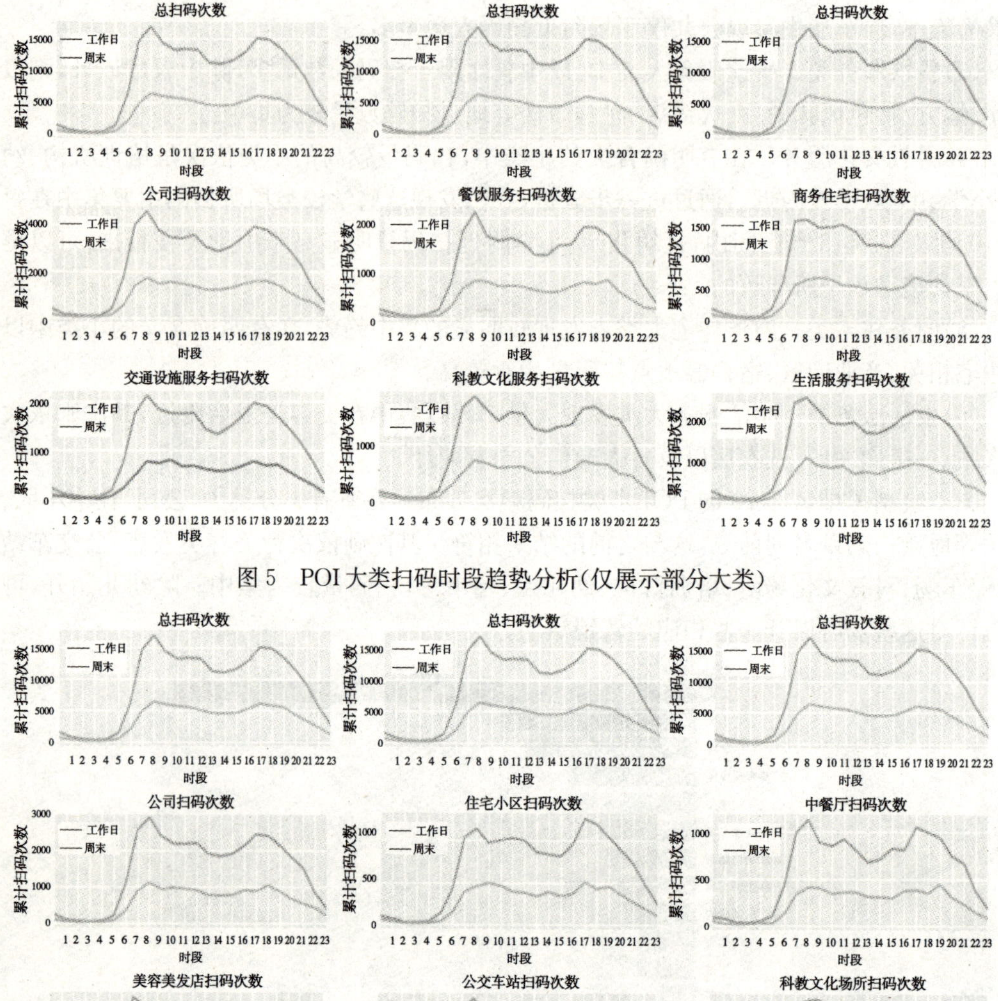

图 5　POI 大类扫码时段趋势分析(仅展示部分大类)

图 6　POI 小类扫码时段趋势分析(仅展示部分小类)

通过各分类与所有扫码点分时段总趋势对比,发现各 POI 大分类、POI 小分类扫码量时段分布情况与总体分布趋势大致相同。但同时也发现一些分类在部分时间段上具有一定的分布特点。例如交通设施大类中,周末上午时段峰值较工作日晚了一到两个小时,大约集中在 8 点至 11 点左右;餐饮服务大类工作日期间扫码量早高峰较为明显,大约集中在 8 点,周末从 8 点开始扫码量分布总体较为平稳,且下午时段峰值较工作日晚了一到两个小时,持续时间较长,大约集中在 17 点至 20 点。

同样,对于 POI 小分类与总趋势的对比也可以发现类似结论。例如,公司周末下午时段峰值较总体趋势和工作日晚了一个小时左右;住宅小区工作日扫码量晚高峰明显,且扫码量高于早高峰,周末上午时段扫码峰值比总趋势和工作日晚了一个小时;中餐厅周末时段从 8 点开始,扫码量一直保持较为平稳,并在 19 点左右达到当天扫码高峰等趋势。

3.4 分析结论

结合消费者的地点偏好和时段偏好分析，可以得出以下关于卷烟消费者行为的有趣结论：

该卷烟品牌用户可能大多为在职人士；

以 8 点和 18 点两个时段的峰值来看，进一步推断该卷烟消费者购买行为可能大多发生在上下班途中，且购烟行为很可能集中在公司、商务住宅、出行交通设施或就餐餐厅附近；

关于就餐餐厅附近的行为可以分别从早晚饭时间的峰值和 12 点左右的扫码小峰值处得到一定的映证，而周末相对平滑的扫码行为趋势也可以进一步有力佐证这一推测；

对于科教文化场所，较为意外地发现了幼儿园、中小学等兴趣热点，推测这些扫码行为很可能发生在家长接送子女上学途中；

而对于生活服务中，也较为意外地发现了美容美发店这一兴趣热点，可以进一步发掘美容美发店消费行为与购烟行为的联系；

在政府机构及社会团体附近周末两天所发生的扫码行为已经非常接近工作日时间五天的扫码总量，进一步分析其周末的扫码聚集点很多集中在乡镇以下级别政府及事业单位和社会团体相关地点，因此可以推断周末团体活动的举办等群体行为对于卷烟的销量和消费者扫码行为也具有一定的影响。

4 结论

本文以 POI 数据技术为基础，将某卷烟消费者扫码数据和 POI 数据相结合，通过兴趣点空间热力图，分析了扫码行为的 POI 点区域聚集情况。通过扫码点 POI 类别统计和扫码时段趋势分析，挖掘用户购买地点及时段偏好。本文从一个新颖的角度对卷烟消费者行为进行了研究，同时实证分析的结果证明了方法的有效性。随着新零售浪潮对卷烟行业发展的进一步推动，势必有更多的烟草企业会采集和消费者行为相关的地理位置数据，本文提出基于 POI 的分析模式值得之后的研究者们借鉴。

参考文献

[1]李德仁. 信息高速公路、空间数据础设施与数字地球[J]. 测绘学报，1999，28(1)：1-5.

[2]刘辉，黄新，王京晶. 基于位置数据和 POI 的聚类方法[J]. 地理空间信息，2017(11)：46-49.

[3]周垠，张诚，崔铭，等. 基于空间句法和 POI 信息的城市商业网点布局研究——以成都市龙泉驿区为例[J]. 四川建筑，2014(6)：15-18.

[4]池娇，焦利民，董婷，等. 基于 POI 数据的城市功能区定量识别及其可视化[J]. 测绘地理信息，2016，41(2)：68-73.

[5]张美芳. 基于 POI 数据的长沙主城区零售业空间分布分析[J]. 经济论坛，2018(7)：176-179.

[6]段亚明，刘勇，刘秀华，等. 基于 POI 大数据的重庆主城区多中心识别[J]. 自然资源学报，2018(5)：788-800.

卷烟零售终端生态系统建设研究

李战军，宋绪涛

［威海市烟草专卖局(公司)，山东威海，264200］

［摘要］近年来，烟草行业高度重视现代终端推广应用。威海烟草从构建卷烟零售终端生态出发，聚焦终端，通过多年摸索，制定终端建设标准，以“尊尚型”“风尚型”设计标准建设品牌店、精品店、标准店、普通店；倡导“超市化管理”理念推广云POS应用系统，提升终端软件应用水平；同时将终端生态延伸至消费者，大力建设文明吸烟环境，为消费者提供方便的卷烟消费场所。威海烟草通过打造零售终端生态，实现了烟草引领、零售户跟随、消费者受益的良好卷烟零售生态圈，共同促进卷烟消费提档升级。

［关键词］卷烟零售终端生态系统；卷烟现代终端；云POS应用；文明吸烟环境建设

2017年末到2018年初，各种新零售概念下的创新模式高潮迭起，互联网巨头对传统零售商的收编和改造亦引起零售行业巨大震荡。新零售更是在推动传统零售理念的深层变革，由以往零售重点关注商品，在逐步转向更加关注人、关注目标顾客。聚焦目标消费者、重构与消费者之间的关系、更好地满足目标消费者的需求，成为新零售理念创新的重要构成。

1 卷烟零售终端生态系统概念

生态系统指在自然界的一定空间内，生物与环境构成的统一整体。在这个统一整体中，生物与环境之间相互影响、相互制约，并在一定时期内处于相对稳定的动态平衡状态。将生态系统理念引入卷烟零售终端环节，也是适应威海烟草近年来卷烟营销环境变化，将营销的触角不断延伸到消费者，实现了从“推销”向“拉销”模式转变的内在规律的变化要求。卷烟零售终端生态系统是现代卷烟零售终端建设为适应新零售的现实环境而采取的新经营思维逻辑和战略视角。零售终端不再是单个封闭的个体，而是将卷烟营销网络与周边的经营环境和消费环境形成一个整体，并用打造生态系统的理念去看待，将自身的命运与整个生态紧密联系在一起，努力实现共同发展。

烟草行业卷烟市场化取向改革不断深入，威海烟草网建工作的重点也从“得终端者得天下”的战略高度来认知零售终端的应用，从打造卷烟零售生态终端的角度，既在零售终端引导卷烟零售户开展卷烟经营软硬件升级，也将营销触角延伸到消费者，抢占文明吸烟环境建设先机，为消费者打造便利的吸烟环境，促进整个卷烟消费生态环境建设。我们从实操的角度指导客户经理将现代零售终端建设工作落地，营造有利于卷烟消费的零售终端生态系统。

威海烟草着力打造的零售终端生态系统主要包括以下四个方面的内容。

1.1 智能商品管理

搭建"真情福万家"移动订货新平台。整合"新商盟"资源,开发"真情福万家"微信服务号,为零售户提供集卷烟订货、新品申购、经营管理等功能于一体的线上服务。引导客户运用智能云 POS 系统开展店铺全商品扫码销售。订货与销售系统的后台链接,帮助卷烟零售户实现了卷烟购销存数据的无缝对接。与农行、银联合作,实现卷烟销货款跨行实时结算,为客户提供优质便捷的网上结算服务。截至目前,利用微信服务号订货客户达到 6016 户,占客户总数的 50.4%;全市网上订货率、电子结算率、结算成功率均达到 100%。

1.2 客流优化系统

搭建智能云 POS 终端管理新平台。引导客户运用智能云 POS 系统开展店铺购销存管理、经营分析和顾客关系维护,培养全商品扫码、全渠道支付、全店铺管理习惯,提升管理效率和盈利水平。推广终端店码,方便消费者通过扫码注册,查看非烟商品信息并进行线上交易;零售户通过采集会员信息,有针对性地提供服务。对智能云 POS 收集到的数据进行分析运用,全视角审视市场态势,及时调整优化销售策略,推动由经验营销向数据营销转型。目前,共安装云 POS 系统 2431 户,采集卷烟消费数据 357.3 万条。

1.3 终端形象场景体验

搭建体验式终端形象管理标准新平台。威海烟草打造新零售时在做精场景、做优体验上下功夫。引导零售户采取更加时尚简约的设计风格,统一柜台形象,设计"尊尚型""风尚型"终端,提升店面形象水平,开辟体验区,变销售型终端为连接意见领袖、吸粉交互的"潮"终端;推动实施零售终端共建共赢工程,以品牌店、精品店、标准店、普通店四种店面打造为抓手,促进城镇、农村零售户的整体形象升级,增强其服务、交流、连接的属性,改善消费体验,使其成为卷烟和非烟营销的新窗口。

1.4 消费环境营造

搭建体验式的文明吸烟环境新平台。以助力文明城市建设为切入点,以"让不能吸烟的地方变成能够吸烟的地方,让不能吸烟的时间变成能够吸烟的时间"为目标,坚持立足长远,谋划在先,综合施策,着力构建吸烟者与非吸烟者和谐共处的环境,营造良好消费生态。搭建"三型四类"吸烟场景分类矩阵:根据烟民体验舒适程度,横向划分为基本型、功能型和体验型;根据吸烟场景所在商圈特点,纵向划分为旅游商务类、休闲娱乐类、便民服务类和厂矿企业类。目前,已建成吸烟室 220 个、吸烟区 869 个、吸烟点 156 个。

2 零售终端现状分析

2.1 威海现代终端建设情况

威海烟草以终端共建共赢工程为突破口,分层开展整店打造的、具有统一形象标志、统一服务品牌、统一店招设计、统一柜台样式、统一管理系统的品牌店；卷烟柜台的迭代升级、云POS系统推广使用、现代终端意识不断成长的精品店；指导改善经营环境的、处于终端启蒙阶段的标准店。客户经理做精做细终端卷烟陈列，指导零售户发掘线下终端优势，引领打造场景化卷烟营销体验平台的终端建设新生态。

2.2 零售终端生态短板

威海烟草经过多年的终端发力，虽然取得了一定的成绩，引导了一批零售户跟随我们指引的方向，重视终端改造、突出卷烟销售、提升自身能力、具备现代零售终端理念。但是仍然存在短板，主要表现为：一是零售户整体经营能力较低。从学历情况看，本科以上学历占比为0.6%，大专学历占比为2.7%，初中及以下学历占比为41.94%。从年龄结构看，经营者趋于老龄化，50岁以上经营者占比为46%，30岁以下占比为1.95%。二是终端信息化水平较低，信息采集点零售户占比仅为5%。三是门店形象参差不齐，普遍存在店铺形象特点不突出，千店一面的情况。四是零售户没有充分认识到终端建设的意义，自主改造意愿不强，动力不足。

2.3 零售终端发展的优势潜力

近年来，互联网巨头大举进军商超连锁甚至传统渠道小店，如京东便利店、天猫小店的线下布局，都对传统零售店产生了一定的冲击。一是部分零售店的传统经营理念发生变化，从只关注商品向关注客户、关注客户体验变化；二是供应链和消费者环节数字化营销氛围逐步形成，零售环节使用互联网、拥抱大数据的热情在升温；三是烟草系统开展的自律互助小组建设工作取得初步成效，零售户盈利能力不断提升；四是云POS系统的免费平台为处于信息化支撑发展初期的卷烟零售户具有很大的诱惑力。

在互联网经济飞速发展的今天，威海烟草从引领零售行业高质量发展的层面上，开展零售终端生态建设势在必行，也是引领广大卷烟零售户抓住互联网时代机遇，搭上大数据的便车，乘势而上的利民之举。

3 云POS系统推广实操

云POS系统推广是卷烟零售终端生态系统的核心环节，是驱动零售终端生态系统建设的灵魂，能够让卷烟零售户从凭经验的个体经营理念向大数据为支撑的“超市化”管理理念转型升级，也为相对封闭的威海零售市场注入了一股引领零售业态发展趋势的“清流”。我们在云POS推广应用中总结出了“言传身教”四步实操工作法，很好地解决了云POS推广过程中的难点问题。

3.1 “言”——按需求选户

按照卷烟零售户不同的发展状态，锁定目标客户，细分发展对象，分类施策。

云POS推广应用，是一次从经营模式到经营理念的大变革，推广的难度主要集中在思想意识层面的革故鼎新，客户经理需要发挥自己与卷烟零售户沟通密切的优势，准确把握零售户发展的不同阶段，找准零售户卷烟经营方面的迫切需求，找准切入点，将云 POS 推广工作做到“润物细无声”，让助推卷烟零售户高质量发展的信息系统“飞入寻常百姓家”。

云 POS 推广卷烟零售户大致可以分成四类：需求型、配合型、货源激励型、新增型。

需求型客户：特征就是年龄在 30～45 岁，能够接受新鲜事物，自己发展有内在动力，认识到卷烟对其经营的重要性，日常走访交流中发现其对我们推荐的云 POS 系统感兴趣。这部分客户还有一些共性特征就是日常有记账习惯，卷烟陈列意识强，对卷烟盈利比较关注，而且开多家连锁超市或自购软件管理店铺，经营能力处于不断上升的区间。

配合型客户：特征是经营思路不清晰，对客户经理信任度高，认可烟草公司在卷烟零售环节采取的措施，对我们提倡的超出自身现实需求的工作也能够积极响应。平时要注重和客户的沟通，及时帮助客户解决困难。

货源激励型客户：特征是“唯利是图”，自己有能力、有条件开展云 POS 系统的使用，但是思想意识还没有认识到使用云 POS 系统会对其卷烟经营有长期的促进作用，眼光只是盯在我们为了促动云 POS 系统推广而采取的货源激励措施上。针对该类型客户，平时走访中务必要抽查，不能直接告诉客户进行重新盘点，而要对客户进行鼓励，从指导经营的角度，让客户感觉到云 POS 系统对其经营的促进作用，让其逐步转化为云 POS 系统应用的拥趸者。

新增型客户：特征是首次开店，对卷烟经营不是十分熟悉，对于如何开展卷烟经营没有成型的思路。这部分客户是我们发展的重点，大多年纪较轻，对新事物接受较快，可从卷烟经营之初就养成规范管理、扫码销售的良好习惯。客户经理需要跟进其经营情况，开展经营指导，帮助其在货源订购、周边卷烟经营环境分析等方面开拓其经营思路，不断增强其对云 POS 系统使用的黏性。

3.2 “传”——安装有方法

第一次为零售户安装云 POS 系统，工作的重点是教会卷烟零售户如何使用，将零售户每天要用到的功能列出详单，手把手地传授零售户如何查找功能菜单，让其亲自操作一遍，掌握功能要领。系统学习推广采取三步法，每步根据客户特点不能“大水漫灌”，要详略得当、重点突出。第一步推广期，库存清点功能使用是重点；第二步使用期，将扫码销售、库存盘点、网上订货、特殊情况入库管理作为重点；第三步提升期，一般在正常使用一个月后，教授客户盈利分析、全商品管理、会员管理、实物库存管理等更加实用的提升功能。

3.3 “身”——使用讲规矩

在为客户安装好云 POS 系统，教会客户如何第一次去盘点库存和修改库存，指导客户在一周或最多两周时间将店内全部卷烟盘点完毕，并按照真实数组录入云 POS 系统，让客户通过亲身体验，了解盘点一次库存的艰难，珍视自己的劳动成果，更加重视使用中的“逢卖必扫、一单一结、库存账实相符”。引导客户关注自己的扫码准确率，关注送货日的卷烟自动入库情况，异常及时处理，将系统运行初期的故障排除作为客户经理后勤保障的重要内容，跟进解决，让零售户用得放心、用得顺手。

3.4 “教”——管理须跟进

客户经理平时走访云POS客户的时候，一定要对客户云POS系统数据进行抽查，主要查看客户卷烟库存有没有负库存，一旦出现负库存肯定是库存不准，让客户开展盘点工作，第二个周进行复查。如果无负库存情况，采取随机抽查几个动销较快的单品方式，或者对抽查的单品进行全部盘点。通过抽查，检查客户的零盒是否准确。如果抽查三个牌号都准确，那么该户大概率全部库存都准确；如果抽查零头发现不准，那么需要客户马上进行全部库存盘点，及时补扫，保证库存的准确性。这样可以最大限度地节约时间，提高客户经理走访的效率。

4 现代终端推广实操

立足于线下卷烟消费者场景化体验式环境打造，按照“务求实效、重点突出、客户自愿、经济适用”的原则，引导卷烟零售户因地制宜地改造升级店面卷烟陈列形象，为消费者提供焕然一新的消费体验。客户经理作为一线实施人员，在现代终端推广过程中起着关键性作用，应按照四部曲工作法，即“利、责、规、评”，做实终端共建共赢工程。

4.1 开展针对零售户的数字化营销，动之以利

提取自律互助小组成立以来的销售数据，制作个性化的卷烟零售户盈利指导书，用“数字说话”，让卷烟零售户真切感受到卷烟经营盈利的增长，推动卷烟零售户自主投入终端的改造。

4.2 树立卷烟零售户终端提升主体地位，晓之以责

制作终端工作明白纸，明确卷烟零售户在终端管理中的主体地位，利用自律小组会和日常拜访指导零售户卷烟终端规范陈列，规划卷烟零售户终端提升方向，开展云POS使用推介以及规范经营相关事项。

4.3 客户经理转换工作思路强化指导管理，引之以规

客户经理逐步调整工作思路，变“保姆型服务”为“引导管理型”，为共建共赢重点客户“量体裁衣”制作终端提升规划表，对精品店重点加强消费体验区打造，提供超前的消费者场景营销场所。精品店以抓规矩养成为重点，升级之处就重点规范陈列标准指导，卷烟精致陈列，突出亮点，客户经理日常多鼓励、多指导，让升级零售户感受到获得感。标准店以意识提升为工作要点，通过组织外出参观学习，逐步提升对终端环境改善的认识程度，增强参与感。

4.4 强化自律互助小组平台作用发挥，促之以评

开展“评分制”管理，让评分结果与零售户星级管理对接，让零售户能够看到自身的差距，找准赶超的目标。充分利用每月自律互助小组例会的机会，把零售户在终端建设中的亮点和改造的成果与盈利能力分析相结合，让零售户认识到别人改造带来的实实在在的盈利效果，利用大家的攀比心理，促进不断有意识的零售户积极参与终端共建共赢工程。

5 文明吸烟环境建设

文明吸烟环境建设是卷烟零售终端生态系统的重要组成部分，从“卷烟消费环境”跨步至“文明吸烟环境”，是一个标志性的大跨越，不仅是思维方式的改变，更是着力点的改变。在社会文明不断进步的今天，建设“文明吸烟环境”是适应生态社会建设，是寓“堵”于“疏”人性化关怀卷烟消费者体验新场景的实践与探索。

5.1 对接场所“摸底数”

对辖区大型企业、行政机关、车站、景区、商场等人流、客流密集区域开展专题调研，全面摸清零售客户、企事业单位、政府机关、消费者、非烟民五类群体对吸烟环境的实际需求，科学制定“先试点后推广、先重点后一般、先室内后室外、市区县区同时推进”的建设策略和规划布局，分类制定环保吸烟室、绿色吸烟区、便民吸烟点、消费体验区四类建设标准，做到有的放矢。

5.2 对接政府“聚合力”

将文明吸烟环境建设纳入地方文明城市建设体系，联合文明办、住建局、城管执法局、卫计委等九部门召开“文明吸烟环境建设”联席会议，构建“烟草与政府共投共建，城管环卫与物业负责维护”的良性工作机制。举办“烟头不落地，威海更美丽”公益活动和百米长卷签字仪式，通过电视、报刊、网络和新媒体等渠道及时跟踪报道最新活动进展，提升威海市民的参与感、认同度。

5.3 对接项目“抓落地”

坚持因地制宜、先急后缓、先易后难，扎实开展吸烟室（区、点）建设。截至目前，共在机场、码头、医院、商场、景区、企事业单位等场所建设环保吸烟室 220 个，在宾馆、酒店、零售户、商场等地点建设绿色吸烟区 869 个，在车站、公园等户外场所建设便民吸烟点 156 个，引导有条件的零售户开辟消费体验区 175 个，发放便携式烟灰收集袋（盒）13000 余个，实现了城区各类场所全覆盖。

5.4 对接消费“强渗透”

探索“消费环境建设＋”活动，开发吸烟区电子地图，建立吸烟室烟头收集分析机制，掌握卷烟消费趋势和市场净化情况；借助吸烟室终端触屏机，采取线下人工调查和自动统计信息、线上依托微信公众号答卷积分兑奖相结合的方式，开展消费跟踪，畅通消费者信息获取和问题反馈渠道，延伸营销网络触角，切实将吸烟室打造成“了解消费者的窗口、营销消费者的阵地、服务消费者的平台”。

威海烟草通过打造卷烟零售终端生态系统，以终端为纽带，打通了卷烟商业企业、卷烟零售户、卷烟消费者的信息壁垒，让商流、信息流、资金流、体验流实现了贯通，在互联网大数据背景下，带领广大卷烟零售商踏上互联互通的高质量发展“快车道”。

日照烟草物流配送线路优化的研究

徐玉华

（日照烟草五莲烟草分公司综合办公室，山东日照，276800）

[摘要] 随着烟草行业全面落实“精益挖掘、降本增效”的力度逐年加大，对节省开支、避免浪费的工作要求越来越高，为更好地满足降本增效的精益需求，提高物流配送效率、降低配送成本亟待必行。以日照烟草为例，本文对如何优化配送路线展开了相关研究。首先利用节约里程法和K-Means聚类算法打破现有行政区划，合理划分配送区域，最后在每个子区域内运用改进后的蚁群算法，提出相应的配送线路优化措施。本文研究成果对于烟草配送中心优化配送路线，构建智能配送体系具有一定的理论指导价值和实践借鉴意义。

[关键词] 物流配送；线路优化；改进蚁群算法

1 课题研究的目的和意义

随着烟草零售户的增多，人工计算寻求最优配送线路的方法已很难满足行业需求。在当前物流配送中，人工计算优化效果不明显和效率低下的缺点日益凸显，利用计算机实现算法来改进配送线路更加适应当前需求。

车辆路径问题（VRP）一直是国内外学者研究的焦点，并有着丰硕的研究成果，但对配送点分布不均匀，路径复杂，零售户订单下单卷烟数量少但是频次高的烟草物流配送系统来说，这些研究成果并不能完全满足行业需求。烟草配送路线优化问题一直是烟草物流系统的核心问题，是一个重要的节约开支、挖掘第三利润源泉的突破口。

本文构建的基于节约里程法、K-Means聚类算法和改进蚁群算法的物流配送算法的目的和意义就是通过构建优化配送路径的数学模型，达到减少配送线路的目标，降低配送过程中花费的成本，来提高物流配送的效率和增加企业的经济收益。

2 国内外的研究现状及分析

2.1 国外烟草物流线路优化算法现状

车辆路径问题（Vehicle Routing Problem，VRP）在1959年被Dantzi和Ramser首次提

出，即使在60多年后的今天也是物流领域研究的热点问题，几十年的研究取得的研究成果已广泛地应用于生产生活各领域。Kuo等采用粒子群算法和遗传算法对模糊需求节点的配送路径进行优化。Ombuki等通过禁忌搜索算法和遗传算法分别优化车辆路径和车辆数，并验证了该混合算法的优势。Dorigo提出的蚁群算法，是一种基于蚂蚁种群的模拟进化算法，模拟蚂蚁觅食过程中通过信息素进行信息传递找到从蚁窝到食物源的最短路线。就目前来讲，发达国家的烟草物流正向着线路更加优化、更加经济化的方向发展。

2.2 国内烟草物流线路优化算法现状

相对于国外一些发达国家的研究，我国对物流配送的研究起步较晚。2010年，蚁群算法求解VRP问题在《不确定信息车辆路径问题及其智能算法研究》中被提出，之后蚁群算法被不断地改进并提高性能。目前，国内烟草商业系统的物流线路研究仍然处于起步阶段，能否建立一套适用的高效的现代化物流系统，将直接决定烟草商业系统能否长期持续稳定发展。作为烟草物流系统的核心问题，烟草物流车辆路径优化问题具有重要的研究及应用价值，而由于我国烟草物流系统的各地销售状况都有一定的特殊性，国外的一些车辆调度系统往往不适用于我国的现状，而国内学者对于此问题的关注并不多，所以多数烟草物流调配系统只能是根据国外的物流配送系统改造而来，便或多或少地存在着不适应于我国烟草物流配送的问题。

3 研究内容及方案

3.1 研究内容

本文正是基于以上阐述，以日照烟草零售户订单为核心，针对国家局对“烟草物流要不断提升三化水平、实现三个转变、力求三效业绩”的重要批示和“努力使物流成为行业一流管理的样板，信息化融合的样板，人本管理的样板”的指示进行深入研究，而作为新兴的生化学算法，蚁群算法对于解决烟草物流配送车辆线路最优化问题有着得天独厚的优势。本文的主要研究内容是：采用节约里程法、K-Means聚类算法和改进蚁群算法对配送线路进行优化，针对蚁群算法的一些缺点提出改进，最终实现烟草物流配送线路最优化这一要求，并通过配送线路的整合优化，带动卷烟配送成本的下降和配送效率的提升，使卷烟物流降本增效。

3.2 现状调查

日照位于我国沿海中段，现辖2区2县，面积5310平方千米，人口280万；日照烟草拥有物流配送中心1个、中转站2个（莒县、五莲），如表1和图1所示。服务全市约13000户卷烟零售户的配送工作，采用“T＋2”配送模式（即当天访销、次日分拣、第三天配送到户），城乡客户比例约为1∶2.08，年配送量约为11万箱。道路以平原道路为主，道路网络通达，交通网络通路率高。全市共有配送车35台，其中中转配送车2台、直接配送货车33台。配送线路165条，其中直配115条、中转站50条。一直采用固定行政区域配送模式，致使配送线路交错复杂、烟草物流配送效率低、配送成本居高不下等问题尤为突出。

表 1　区域中转站分布现状表

区域	中转距离(km)	配送线路(条)	年配送(箱)	零售客户数量	访送模式
物流中心	0	85	56388	7102	T+2
莒县中转	72	50	30581	3958	T+2
五莲中转	55	30	18609	2171	T+2
合计	240	165	105578	13231	

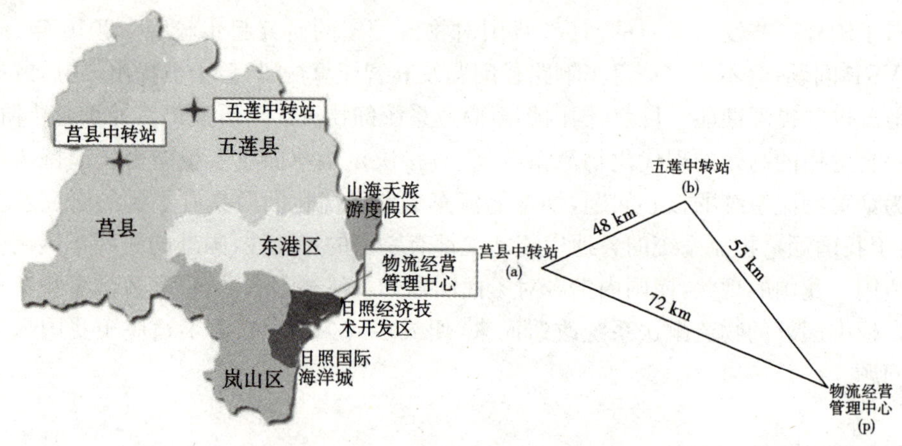

图 1　物流中心及中转站划分和距离

调查结果如下：

(1)配送区域不合理。现在基本按照行政区域配送，导致配送线路交错、配送区域交叉、配送线路工作量不均匀等。

(2)中转站年配送规模小，配送效率不高。五莲中转站配送 1.89 万箱，服务客户 2000 户左右。

(3)配送线路不合理。现有配送线路为人工排定线路，只能做到局部较优，不是总体最优，且存在线路交叉重复、线路间不平衡等弊端。

3.3　解决方案

针对日照烟草物流配送中存在的问题，仅靠人力很难满足线路优化和任务分配需要，依托节约里程法、K-Means 聚类算法和改进蚁群算法，可以对全市配送资源进行优化配置，从而解决物流配送中存在的送货线路重复的问题，打造线路更加优化的配送体系。

3.3.1　构建数学模型

通过对物流配送路径问题的研究和描述，制定以下数学模型。

目标函数：

$$\min(Z)=\sum_{i=0}^{n}\sum_{j=0}^{n}\sum_{k=1}^{m}P_0C_{ij}X_{ijk} \tag{1}$$

约束条件：

$$\sum_{i=1}^{n} y_{ik} q_i < Q \tag{2}$$

其中，$k=1,2,\cdots,K$。

$$\sum_{k=1}^{k} y_{0k} = K \tag{3}$$

$$\sum_{i=1}^{n} y_{ij} = 1 \tag{4}$$

其中，$i \neq j; j=1,2,\cdots,n$。

$$\sum_{j=1}^{n} y_{ij} = 1 \tag{5}$$

其中，$i \neq j; j=1,2,\cdots,n$。

$$\sum_{i=0}^{n} X_{ijk} = y_{jk} \tag{6}$$

其中，$j=1,2,\cdots,n; k=1,2,\cdots,K$。

$$\sum_{j=0}^{n} X_{ijk} = y_{jk} \tag{7}$$

其中，$i=1,2,\cdots,n; k=1,2,\cdots,K$。

$$X_{ijk} = \begin{cases} 1 & (\text{从零售户 } i \text{ 到 } j \text{ 的配送任务由车辆 } K \text{ 完成}) \\ 0 & (\text{其他}) \end{cases} \tag{8}$$

$$y_{ik} = \begin{cases} 1 & (\text{零售户 } i \text{ 的配送任务由车辆 } K \text{ 完成}) \\ 0 & (\text{其他}) \end{cases} \tag{9}$$

模型说明：

式(1)为优化模型的目标函数，表示配送成本。C_{ij} 表示从零售户 i 到 j 所需的距离，X_{ijk} 表示从零售户 i 到 j 的配送任务由车辆 K 完成，P_0 表示单位里程的配送成本。

式(2)至式(9)为模型的约束条件。

式(2)表示最大载重约束，即配送车辆的运输重量总和不能大于该车辆的核定载重量。

式(3)表示每一辆配送车辆都从配送中心出发。

式(4)与式(5)表示每一个零售户的配送车辆都是唯一的。

式(6)与式(7)表示变量之间的关系。

式(8)与式(9)表示变量说明。

3.3.2 运用节约里程法进行初次优化

针对日照烟草的实际情况、地理特点、营销模式，按照“在规定的时间内，最短行驶里程，最佳车辆配置”的原则，运用节约里程法，将需求量中的单位吨替换为需要配送车的单位辆，采用网状闭合型组合策略，使用 2019 年 5 月 20 日到 24 日的平均销售数据进行计算（见表 2）。根据配送车辆 33 辆、满载 99.2 万支，中转车辆 2 辆、满载 1400 万支的情况，得到计算结果（见表 3）。根据计算结果，在不影响营销分配货源及客户订货周期的前提下，打破行政区域，将每个域内的零售户进行从第一户到最后一户的排序，形成每个域的大线路（见图 2）。

表 2　各片区卷烟配送情况统计表

片区	订购总量(条)	平均每天(条)	平均每天(万支)	需要配送车数量(辆)
东港城区(P3)	54109	10821.80	216.44	2.28
东港石臼(P2)	71860	14372.00	287.44	3.03
东港开发区(P1)	51073	10214.60	204.29	2.15
东港陈疃(P4)	19255	3851.00	77.02	0.81
岚山黄墩(P14)	36757	7351.40	147.03	1.55
岚山城区(P15)	49841	9968.20	199.36	2.10
莒县城区(P11)	48900	9780.00	195.60	2.06
莒县库山(P9)	13655	2731.00	54.62	0.57
莒县洛河(P10)	26269	5253.80	105.08	1.11
莒县寨里河(P13)	11484	2296.80	45.94	0.48
莒县凌阳(P12)	7754	1550.80	31.02	0.33
莒县龙山(P16)	28886	5777.20	115.54	1.22
五莲叩官(P5)	22158	4431.60	88.63	0.93
五莲城区(P6)	29402	5880.40	117.61	1.24
五莲汪湖(P7)	9949	1989.80	39.80	0.42
五莲于里(P8)	7924	1584.80	31.70	0.33

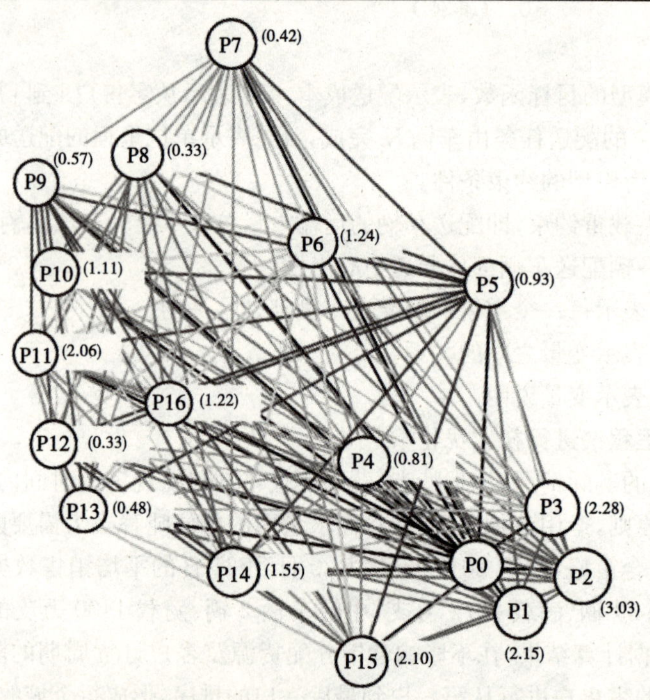

图 2　网络化区域和闭合型组合送货线路

表 3　节约里程法计算结果

序号	线路	节约里程	序号	线路	节约里程
1	五莲汪湖—莒县库山	176	61	五莲叩官—莒县城区	31
2	五莲于里—莒县库山	169	62	莒县寨里河—岚山城区	30
3	莒县库山—莒县洛河	161	63	岚山黄墩—岚山城区	30
4	五莲汪湖—五莲于里	156	64	五莲城区—岚山城区	29.3
5	五莲于里—莒县洛河	155	65	岚山城区—莒县龙山	25
6	莒县洛河—莒县城区	146	66	东港城区—莒县库山	23
7	五莲汪湖—莒县洛河	143	67	东港城区—五莲叩官	22
8	五莲城区—莒县库山	137.6	68	东港石臼—东港城区	21.5
9	莒县库山—莒县城区	134	69	东港城区—五莲汪湖	19
10	五莲城区—五莲汪湖	130.2	70	东港城区—五莲城区	17
11	莒县城区—莒县凌阳	129.2	71	东港城区—五莲于里	17
12	莒县洛河—莒县凌阳	126	72	东港石臼—五莲叩官	16
13	五莲于里—莒县城区	126	73	东港陈疃—五莲叩官	15
14	五莲城区—五莲于里	124.7	74	莒县凌阳—岚山城区	14
15	莒县库山—莒县凌阳	120	75	莒县城区—岚山城区	13
16	五莲城区—莒县洛河	115.7	76	五莲于里—岚山城区	13
17	五莲汪湖—莒县城区	115	77	东港城区—东港陈疃	11
18	五莲于里—莒县凌阳	113	78	东港城区—莒县凌阳	11
19	莒县城区—莒县寨里河	107	79	五莲叩官—莒县凌阳	11
20	莒县凌阳—莒县寨里河	105	80	莒县洛河—岚山城区	11
21	莒县洛河—莒县寨里河	105	81	东港陈疃—岚山城区	11
22	莒县凌阳—莒县龙山	104	82	东港石臼—莒县城区	10
23	莒县城区—莒县龙山	104	83	东港石臼—莒县凌阳	10
24	莒县洛河—莒县龙山	101	84	五莲汪湖—岚山城区	10
25	五莲汪湖—莒县凌阳	101	85	莒县库山—岚山城区	10
26	莒县库山—莒县寨里河	100	86	五莲叩官—莒县龙山	9
27	莒县库山—莒县龙山	99	87	东港城区—莒县城区	8
28	五莲于里—莒县寨里河	94	88	东港城区—莒县龙山	8
29	五莲城区—莒县城区	93.2	89	东港石臼—五莲城区	7
30	五莲于里—莒县龙山	93	90	东港石臼—五莲汪湖	7
31	莒县寨里河—莒县龙山	92	91	东港石臼—五莲于里	7

续表

序号	线路	节约里程	序号	线路	节约里程
32	五莲城区—莒县凌阳	85.6	92	东港石臼—莒县洛河	7
33	五莲汪湖—莒县寨里河	82	93	东港石臼—莒县龙山	7
34	五莲汪湖—莒县龙山	81	94	东港石臼—莒县库山	6
35	五莲叩官—莒县库山	79	95	东港石臼—东港陈疃	6
36	五莲城区—莒县龙山	76	96	五莲叩官—莒县寨里河	6
37	五莲叩官—五莲城区	74.4	97	五莲叩官—岚山城区	5
38	五莲叩官—五莲汪湖	73	98	东港城区—莒县洛河	4
39	五莲叩官—五莲于里	71	99	东港城区—岚山城区	4
40	五莲城区—莒县寨里河	70	100	东港石臼—岚山城区	3
41	东港陈疃—莒县库山	63	101	东港城区—莒县寨里河	2
42	莒县城区—岚山黄墩	61	102	五莲叩官—岚山黄墩	2
43	莒县凌阳—岚山黄墩	59	103	东港城区—岚山黄墩	1
44	莒县寨里河—岚山黄墩	59	104	东港石臼—莒县寨里河	1
45	岚山黄墩—莒县龙山	59	105	东港开发区—东港石臼	0.874
46	五莲叩官—莒县洛河	58	106	东港开发区—东港城区	0.874
47	莒县洛河—岚山黄墩	56	107	东港开发区—东港陈疃	0.874
48	东港陈疃—五莲汪湖	55	108	东港开发区—五莲叩官	0.874
49	东港陈疃—五莲于里	55	109	东港开发区—五莲城区	0.874
50	东港陈疃—五莲城区	54	110	东港开发区—五莲汪湖	0.874
51	莒县库山—岚山黄墩	54	111	东港开发区—五莲于里	0.874
52	东港陈疃—莒县凌阳	53	112	东港开发区—莒县库山	0.874
53	东港陈疃—莒县城区	52	113	东港开发区—莒县洛河	0.874
54	东港陈疃—莒县龙山	51	114	东港开发区—莒县城区	0.874
55	东港陈疃—莒县洛河	50	115	东港开发区—莒县凌阳	0.874
56	五莲于里—岚山黄墩	48	116	东港开发区—莒县寨里河	0.874
57	五莲城区—岚山黄墩	47.2	117	东港开发区—岚山黄墩	0.874
58	东港陈疃—莒县寨里河	40	118	东港开发区—岚山城区	0.874
59	五莲汪湖—岚山黄墩	37	119	东港开发区—莒县龙山	0.874
60	东港陈疃—岚山黄墩	34			

规划后，全市设定一个中心、一个中转站，划分为 2 个域，即一个直送域、一个中转域，具体如图 3 所示。

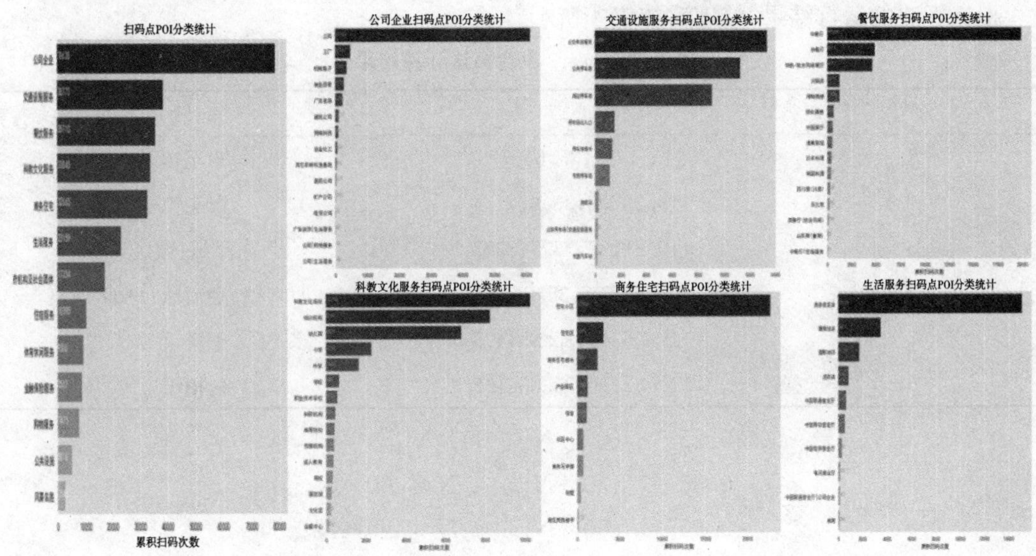

图 3　优化前后区域分布图

(1)直送域:零售户 9106 户,包括东港、岚山、五莲(除汪湖 97 户、于里 158 户)、莒县龙山(170 户),日均送货 86.7 户(按每周 5 天计算)。

(2)莒县中转区域:零售户 4016 户,包括莒县(除龙山)和五莲汪湖、于里,日均送货 80.3 户(按每周 5 天计算)。

3.3.3　运用 K-Means 聚类算法划分子区域

由于蚁群算法的特性,大量的零售户数量都列入算法中会对执行效率非常不利,于是,本文在优化后的配送区域内采用 K-means 聚合算法再次进行零售户区域划分。具体做法如下:先用百度地图 API 获得零售户的地理坐标,再用 Java 实现 K-means 聚合算法,获得零售户的子区域划分结果。以五莲县零售户为例,根据配送车辆分配数量划分为 6 个区域。运行结果如图 4 所示。

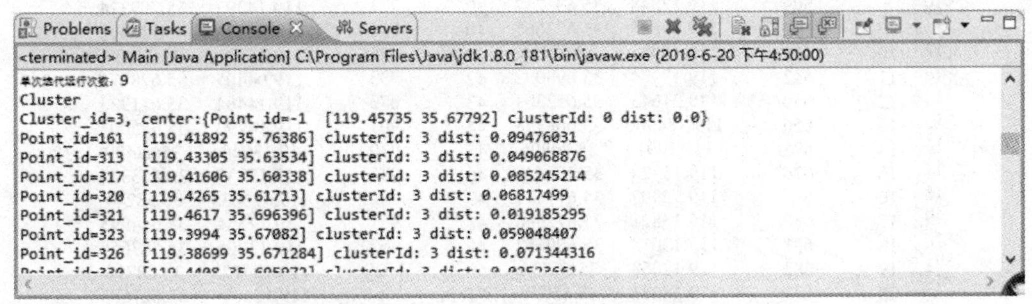

图 4　K-means 聚合算法运行结果

3.3.4　运用改进蚁群算法获得最优配送线路

基本蚁群算法虽然具有较强的稳定性和搜索能力,但仍存在收敛速度慢、效率相对低等问题。如果信息素更新过快,很可能会导致局部最优解;如果信息素更新过慢,会导致效率过低。为了避免基本蚁群算法的局限性,本文对信息素的挥发系数进行了改进,具体改进方法如下:

根据算法的运行结果，整理后如表 4 所示。

表 4　K-means 聚合算法计算结果

序号	中心点	区域
1	119.1371,35.648773	中至镇
2	119.29772,35.637764	街头镇
3	119.21137,35.768303	高泽镇、城区
4	119.45735,35.67792	叩官镇、潮河镇、户部乡
5	119.06369,35.851425	于里镇
6	119.32116,35.830105	松柏镇

$$\tau=\begin{cases}0.25 & (0\leqslant N\leqslant 30\%N_{\max})\\ 0.35 & (30\%N_{\max}<N\leqslant 60\%N_{\max})\\ 0.45 & (60\%N_{\max}<N\leqslant 90\%N_{\max})\\ 0.5 & (90\%N_{\max}<N\leqslant N_{\max})\end{cases}$$

式中：τ 表示信息素的挥发系数；N 表示当前迭代数；$N_{\max}$ 表示最大迭代数。改进后，算法在运行初期，信息素的挥发系数较小，帮助算法加快收敛，运行一段时间后，信息素挥发系数逐渐增大，以保证避免局部最优解。

以第一个子区域，即中至镇为例，选择改进的蚁群算法对此区域的零售户进行线路规划。该字区域的零售户编号与坐标如图 5 所示。

	A	B	C	D	E	F	G	H
1	序号	零售户序号	经度	纬度	序号	零售户序号	经度	纬度
2	0	70	119.11535	35.725034	31	701	119.0853	35.624588
3	1	71	119.11808	35.72385	32	702	119.1017	35.641945
4	2	73	119.093704	35.724438	33	703	119.10198	35.642273
5	3	76	119.09844	35.732677	34	704	119.111176	35.647324
6	4	486	119.21524	35.60709	35	705	119.0922	35.58284
7	5	504	119.15391	35.610138	36	714	119.160164	35.6551
8	6	505	119.15036	35.59701	37	717	119.14229	35.65534
9	7	506	119.1672	35.604202	38	720	119.150856	35.66663
10	8	509	119.17548	35.631252	39	721	119.14393	35.709324
11	9	511	119.19648	35.633667	40	723	119.13976	35.723648
12	10	518	119.19996	35.62458	41	726	119.16321	35.71359
13	11	642	119.19974	35.693092	42	733	119.04405	35.678776
14	12	650	119.21643	35.652363	43	873	119.14464	35.611923
15	13	656	119.184906	35.668358	44	901	119.14792	35.685005
16	14	675	119.1491	35.70806	45	930	119.139404	35.62429
17	15	676	119.15328	35.704525	46	931	119.17737	35.663334
18	16	677	119.12997	35.674477	47	932	119.076035	35.58244
19	17	680	119.13821	35.672596	48	951	119.17354	35.644993
20	18	681	119.13013	35.659157	49	962	119.11005	35.587658
21	19	682	119.12068	35.67334	50	1029	119.194725	35.68718
22	20	683	119.18051	35.65928	51	1061	119.126976	35.627686
23	21	684	119.13518	35.646275	52	1095	119.13279	35.70733
24	22	685	119.13725	35.642914	53	1156	119.16625	35.67105
25	23	686	119.11191	35.642315	54	1225	119.12422	35.61477
26	24	688	119.12954	35.628838	55	1330	119.14808	35.61245
27	25	689	119.103355	35.621223	56	1609	119.21667	35.661423
28	26	691	119.0754	35.598957	57	1618	119.074356	35.597427
29	27	692	119.099045	35.601444	58	1742	119.132385	35.637394
30	28	693	119.093704	35.623962	59	1924	119.222374	35.628746
31	29	695	119.07062	35.598095	60	1961	119.10098	35.58185
32	30	699	119.07634	35.623207				

图 5　零售户编号坐标

用 Java 进行算法的实现，运行结果如图 6 所示。

```
Problems  Tasks  Console  Servers
<terminated> ACO (1) [Java Application] C:\Users\Jessica\MyEclipse\Common\binary\com.sun.java.jdk.win32.x86_64_1.6.0.013\bin\javaw.exe
Start....
The optimal length is: 61
The optimal tour is:
54  25  26  24  27  23  28  29  22  30
21  31  20  32  33  19  18  34  35  17
36  16  37  38  15  39  14  40  13  41
42  12  43  11  44  10  45  46  9  47
8  48  49  7  50  6  51  5  52  53
4  55  3  56  2  57  58  1  59  0
60  54
```

图 6　改进蚁群算法运行结果

3.4　创新点

(1)本文对整个线路的优化采用了三种算法，先用节约里程法进行全市直送区域的划分，再用 K-means 聚合算法对局部区域进行细化，划分为更小的配送区域，最后针对划分完毕的小区域采用改进蚁群算法得到具体的配送线路。

(2)创造性地打破行政区域，用节约里程法进行配送区域和直送区域的划分，解决了配送线路与配送区域的不合理导致的配送里程高、配送油耗高的问题。

(3)针对蚁群算法收敛速度慢，容易陷入局部最优解，搜索时间过长的问题，进行了改进。创造性地根据算法进度动态变化信息素挥发系数，能够有效避免基本蚁群算法的缺点。

参考文献

[1]袁正磊．基于聚类的车辆线路优化算法研究[D]．济南：山东大学，2008.

[2]陆琳．不确定信息车辆路径问题及其职能算法研究[M]．北京：科学出版社，2010.

[3]王保中．基于改进蚁群算法的烟草物流线路优化与系统设计[D]．哈尔滨：哈尔滨工业大学，2015.

[4]张玲玉．基于改进遗传算法的物流配送系统研究与设计[D]．石家庄：河北工程大学，2017.

[5]潘国鹏．安阳烟草公司物流配送线路优化问题研究[D]．郑州：郑州大学，2017.

卷烟物流高质量发展方向探究

于轶颉

（山东烟草研究院有限公司，山东济南，250098）

［摘要］烟草行业已全面进入高质量发展阶段。卷烟物流作为烟草商业企业核心业务，肩负着为广大零售户提供优质、高效、及时的卷烟配送服务的重任。卷烟物流发展现状与行业高质量发展要求还存在一定差距。本文着眼于卷烟区域物流体系构建、成本管理、物流新理念新技术引进等方面，分析存在的问题及原因，并结合当前高质量发展要求，提出下一步卷烟物流高质量发展的方向。

［关键词］卷烟物流；高质量发展；区域物流；智慧物流

当前，我国经济已由高速增长阶段转向高质量发展阶段。国家烟草专卖局局长在 2018 年度行业直属单位负责人座谈会上强调，要建设有机统一、无缝连接的烟草全产业链一体化组织运行体系，实现原料生产、产品制造、商业营销、物流配送、配套保障等有机统一、无缝连接，构建全产业链整体竞争优势。同时强调，要加强烟草生产力优化布局研究，根据原料、资源、市场及现有生产力布局状况，合理安排全国烟叶种植、打叶复烤、卷烟生产、物流配送、配套产业等空间布局和产能布局，形成全国烟草统一的生产力布局体系，通过布局优化逐步破除无效供给、增加有效供给、提高供给质量，有效解决重复建设、生产分散、集中度低等问题。国家烟草专卖局紧密结合烟草行业实际，制定印发了《关于建设现代化烟草经济体系　推动烟草行业高质量发展的实施意见》，明确全行业推进高质量发展的方法路径。卷烟物流配送作为烟草全产业链中连接的重要一环，起着连接行业与零售户、消费者的桥梁作用。物流配送服务是否优质、高效、及时，直接影响广大零售户的体验感。本文着眼于卷烟物流的发展现状，分析与高质量发展要求之间的差距，并提出未来可能的发展路径和方向。

1　烟草物流发展现状

近年来，山东省局（公司）系统物流工作牢牢把握“服务保障、稳定高效、开拓创新”总方向，按照国家局“先企业、后全省、再行业”的建设路径，紧紧围绕卷烟营销中心工作，通过新建、对原有设施扩建或改造，基本形成了以地市级公司为主体，以行政区划为网络布局依据，集中仓储、集中分拣、打码到条、配送到户的卷烟配送模式。努力做实物流基层基础工作，狠抓规范建设、精益管理和工作创新，物流成本有效控制，效率明显优化，物流水平实现了不断提升。

目前,全省共有地市级卷烟物流配送中心 17 个,二级中转站 60 个;仓储总容量 25.22 万箱,相当于全省 29 天卷烟销售量;条烟分拣线 63 条,分拣能力之和为 656450 条/小时;配送业务整体自我管控,3 地市外包,在零售户订烟 1~2 天后完成配送,配送到户率 100%。2018 年上半年单箱物流费用对标指标居全行业第三。物流业务整体运行平稳,实现了对现阶段卷烟销售工作的有效支撑。着眼于打造烟草核心竞争力 和"物流利润中心",进一步提升零售客户体验,对比于社会先进物流企业,还存在以下短板亟待改善:

1.1 物流体系分散化、割裂化现象突出

烟草物流目前仍处于企业物流发展阶段,缺乏供应链物流管理思维。由于工商分设的体制现状,以行政区划为依据进行空间布局,物流整体呈现分段分块、各自为政的现象,缺乏全局高度、供应链系统角度和物流标准化意识,工商一体化物流建设进展缓慢,导致因卷烟总库存偏大而产生大量资金占用、因运力分散而产生大量返程空载、因资源无法共享而产生大量重置浪费、因网络布局不合理而产生重复建设、集中度低、时效性差、成本高企等问题,不利于优化物流资源配置和降低物流成本,不利于实现物流专业化和规模化。

1.2 "最后一公里"成本居高不下

目前,全省卷烟配送到户率达到 100%,体现了卷烟物流配送对广大零售户的服务意识和社会责任。但完美数据的背后也隐藏着巨大的成本冰山——部分位置偏远的农村与小城镇,零售户分布分散,卷烟订货数量少、结构低,道路交通状况较差。在这种情况下,不论零售户订购了几条卷烟依然保证送货到户,耗费了远高于销售利润的人力、物力资源。整体上缺少对于配送距离与订货条数之间合理化关系的有效论证,缺乏成本控制意识。

1.3 前沿物流管理理念、技术应用探索滞后

新零售时代,传统物流体系正在加速变革,新的物流管理理论、方法迭出,国际企业中有大量成功应用案例;人工智能和物联网技术飞速发展,智慧物流、无人物流技术遍地开花。京东物流无人仓、人工智能分拣、无人机配送等智能化物流手段已经投入使用。与之形成鲜明对比的是烟草物流管理依然局限于行业内小天地,看不到外面澎湃而来的大势所趋。物流对标仅在行业内企业间进行,缺乏与社会先进物流企业的指标对比意识;仓储和分拣依然需要配备大量人工、配送线路动态优化无法落地应用,总体上物流管理理念、智能化和自动化水平已全面落后于社会先进物流发展水平。

2 原因分析

2.1 烟草物流阶段性发展的结果

近十年来,按照国家局"先企业、后全省、再行业"的物流建设路径,烟草物流理论上经历了先企业内部建物流、后以省为单位建物流、再工商一体化建物流的过程。从发展现状看,

"后全省、再行业"步伐缓慢、难以推进，烟草物流仍停留在"先企业"的发展阶段，孤岛一片、各自为政。地市级单位在完成物流自建的基础上，探索以省为单位统一建设，但长期处于顶层设计和理论规划阶段，区域物流一体化建设困难诸多，尚未取得实质性进展；工商企业在卷烟托盘联运、资源共建共享、供应商管理库存等方面合作意愿不强、办法不多、措施不力，工商物流一体化建设举步维艰。以上层层壁垒导致了行业物流分段化、割裂化的现状，与国家局建设有机统一、无缝连接的烟草全产业链一体化组织运行体系、优化烟草生产力布局的高质量发展要求不相适应。

2.2 在物流服务与成本核算间未取得平衡

当前，卷烟物流管理对配送到户率的严格考核体现了优质到位物流服务和加强渠道掌控的意识，出发点是积极正面、极其必要的。但在实际操作中，容易陷入不计成本来完成100%配送到户目标的陷阱，缺乏零售户布局规划、分层配送设计支撑，缺乏成本控制观念，没有取得效益与成本之间的最佳平衡点。

2.3 烟草物流定位导致缺乏发展先进物流的动力

行业物流囿于规模分散、集中度低的发展现状，缺乏积极探索新技术、新理念提升效率、改进管理的内生动力；将物流业务定位为"成本中心"而非"利润中心"，物流管理主要着眼于"降本"，缺乏在控制市场、赢得客户、降低库存、加快周转等方面主动挖掘物流潜能的意愿，而社会先进物流企业已经实现大幅盈利；虽然行业很早就将物流能力定位为核心业务，但在专卖制度保护下，一定程度上缺乏危机意识，安于现状，没有认识到有朝一日如需面对国内外烟草企业的市场化竞争，高效有序、统一协调的烟草供应链物流体系将成为制胜关键，因而缺乏发展先进烟草物流的目标动力。

3 卷烟物流高质量发展方向

除中式卷烟技术的市场适应能力、卷烟营销网络的渠道控制能力外，物流配送体系的敏捷响应能力也是中国烟草核心竞争力之一。从行业长远发展来看，着力构建面向未来、不可替代的现代烟草物流体系，是现代化烟草经济体系的重要组成部分，是行业持续健康发展的重要支撑，是行业价值实现的重要环节。

构建与现代烟草经济体系相适应的现代烟草物流体系，助力烟草行业高质量发展，关键在于充分认清自身发展瓶颈、差距和不足，学习借鉴社会先进物流企业经验，以烟草供应链一体化为统领，以自我管控为基础，以敏捷高效低耗为目标，以信息化、智能化手段为支撑，以打通现有企业物流孤岛为突破口，着力打造绿色循环、精益高效、协调共享的供应链物流体系，逐步实现烟草物流由"分散孤岛"向"集成一体"转变、由"成本中心"向"利润中心"转变、由"核心业务"向"核心能力"转变。

3.1 实施以省为单位区域协同和工商一体化战略，实现物流发展质量变革

在坚持各地市公司经营主体地位的基础上，按照"全省一盘棋、拧成一股绳"的思路，以

区域性经济中心城市和交通枢纽为依托，建立若干烟草区域一体化物流中心，加强工商联动，将成品卷烟运输与配送业务全部纳入区域一体化物流中心组织运作，统筹协调卷烟由工业至商业、由商业至零售户这条供应链中的物流、资金流、信息流，对订单采集、准运证确认、财务核算、仓储分拣、信息共享等业务流程进行优化再造升级，按照“统一仓储、统一分拣、分级配送”模式，为所辖区域内市级公司提供卷烟仓储、分拣、中转运输服务，实现直通式物流网络向轴幅式物流网络转变。基本运行模式如图 1 所示。

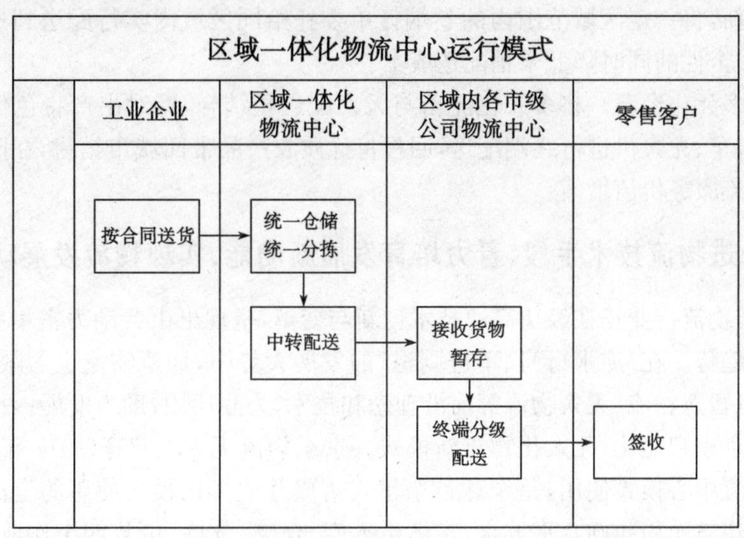

图 1　区域一体化物流中心基本运行模式

在此基础上，可进一步根据工商战略合作深度探索应用供应商管理库存模式。所谓“供应商管理库存”(VMI)，是一种在客户和供应商之间的合作性策略，在一个双方协定的目标框架下由供应商来管理库存。这是一种先进的零售库存管理方法，可以有效降低供应链成本，在国外多个大型企业如沃尔玛、宝洁等都有成功应用案例。将这个理念迁移到卷烟销售供应链中，就是由工业企业作为供应商来进行库存管理，改变以往按商业企业订单进行产品所有权转移的交易形式。工业企业按照商业企业对市场需求的预测，将一定数量的卷烟运输至区域一体化物流中心，所有权依然归工业企业所有，商业企业负责进行库存管理及卷烟营销工作，在商业企业提示需要补货时再进行补货。这种模式可以使工业企业更直接地面对市场销售数据和需求变化，从而在安排生产计划时具备较高的敏感性，改善需求信息在供应链中逐层传递所造成的需求放大现象，有效降低工商库存。

3.2　探索多种方式创新优化卷烟配送末梢管理，实现物流发展效率变革

准确把握服务公平、讲求效率与成本核算的关系，探索多种行之有效的方式方法，着力解决部分偏远户、农村户卷烟终端配送效益低下、成本高昂、效率的现状。基于“二八原则”，易于配送的、创造 80%利润的零售户配送仍以自我管控为主，配送难度较大的、创造 20%利润的零售户配送尝试外包等方式。

积极探索“最后一公里”配送模式创新。农村物流正成为各大物流企业争相抢食的蛋糕，京东物流目前已经覆盖到全国 60 多万个行政村。综合行业内外物流发展速度，在现阶

段，要充分借助外界优势资源，取长补短，降低末端配送成本，同时探索物流服务增值路径，实现成本效率的平衡统一。

一是探索末端配送外包。可以尝试将配送业务分级化管理，整体上依然以自我管控为主，在充分进行成本核算论证的基础上，对处于配送最末端的、耗费成本与收益比例失衡的订单，委托第三方物流公司进行配送。

二是探索联合配送。可以尝试开展与其他快消品的联合配送，结合唯一零售户可解锁的包装模式创新，将一定区域范围内的卷烟订单委托给同区域内实行配送到户的糖酒饮料公司，在保证安全性的同时降低末梢配送成本。

三是探索多元化经营。将多元化经营与无人配送相结合，针对出产特色优质农产品的区域，采用无人车、无人机进行终端配送，回程将优质农产品带回城市销售，在降低配送成本的同时实现物流服务价值增值。

3.3 借力先进物流技术手段，着力培育发展新动能，实现物流发展动力变革

放眼全国，物流行业正在经历高速技术创新与变革，呈现出由劳动力密集型向技术密集型转变的整体趋势。在“逆水行舟、不进则退”的发展大势中，烟草物流也需敞开大门、勇立潮头，探索学习智慧物流、无人物流等前沿理念和技术，为我所用，助力发展。

学习借鉴京东智能化、无人化物流新模式。京东物流无人仓已于2017年10月在上海“亚洲一号”物流中心投入使用，是全球首个正式落成并规模化投入使用的全流程无人化绿色物流中心。建筑面积40000平方米，主体由入库、仓储、分拣、包装四个作业系统组成，其自动化、智能化设备覆盖率达到100%。一是仓储系统由8组穿梭车立库系统组成，可同时存储商品6万箱；在货物入库、打包环节，配备了3种不同型号的六轴机械臂，应用在入库装箱、拣货、混合码垛、分拣机器人供包4个场景下；分拣环节配备3种不同型号的智能搬运机器人执行任务，同时为了实现这些机器人与周围环境的互动交互，匹配了2D、3D以及由视觉技术与红外测距组成的2.5D视觉识别技术。京东无人仓智能化、自动化日处理订单能力超过20万单，有效缓解了“6.18”“双11”订单量暴增期的巨大压力。在订单处理能力与自动化设备综合匹配能力方面，京东无人仓均处于全行业领先水平。

相比于京东等电商巨头门类繁多、包装各异的产品种类，卷烟包装形态、体积大小相对统一，尽管近几年涌现出不少异形品规，但整体上商品标准化水平远高于京东，这是烟草物流探索应用智能化、自动化、无人化物流技术设备的较大优势。在未来，以快速响应为特征的新零售及服务营销模式将以破竹之势席卷线下零售终端，卷烟物流目前先交款后配送的“T+1”“T+2”供货模式势必呈现落后态势，存在终端流失的风险。在建设区域一体化物流中心的基础上，借鉴引进与行业物流特征相适应的智能化、自动化技术手段，将大大降低仓储分拣环节的人力、时间成本耗费，缩短广大零售终端收货时间，将成为未来加强渠道管控、提升物流服务水平的必经之路。

习近平总书记在视察山东临沂物流基地建设时曾强调：“要与时俱进，不断探索多元发展，向现代物流迈进。”国家“十三五”发展规划中明确统筹谋划现代物流发展，要重点推进城乡配送、“智慧物流”等方面工作。行业物流作为曾经的物流领域领跑者，具备发展现代烟草物流体系的客观需求和成熟条件，应抓住机遇，大胆谋划，加快实施，探索出一条契合烟草行

业长远发展的现代物流之路。

参考文献

[1]毕业，徐子明，杨明，等.烟草商业企业推进区域物流运作的模式及路径研究[J].物流管理与工程，2015,37(5):30-32.

[2]徐佳宏.烟草商业区域物流核心竞争力的构建[J].物流科技，2011(9):52-54.

[3]张小勇.从供应链角度谈烟草物流建设的合理规划[J].物流技术与应用，2009(5):92-96.

烟草商业企业物流分类分层对标管理体系研究

蔡继军，彭莹莹，吕本伟，温鹏起，李利洁

（山东青岛烟草有限公司物流中心，山东青岛，266072）

［摘要］随着世界经济的高速发展，当前我国烟草行业在其生产及物流管理上都面临着越来越多的竞争和挑战。作为20世纪80年代在企业管理中非常热门的管理理论，对标管理体系在当前的烟草商业企业物流工作中依旧适用，并且对于烟草商业企业的物流管理绩效有明显的提升。本文通过阐述对标管理体系的含义，对于对标管理体系中存在的问题进行分析，并从多角度入手，提出全面完善烟草商业企业对标管理的建议。

［关键词］分类分层；对标管理；烟草商业

当今时代，全球烟草市场处于供给约等于需求的态势，但国际上的卷烟市场整体被英美等国家垄断。我国的烟草商业企业想要在国际市场竞争的洪流中站稳脚跟并不是易事。我国加入WTO及烟草控制组织之后，烟草商业企业面临着更大的压力。在企业规模、市场品牌等方面都还是和国际社会有一定的差距，而且国际烟草也在逐渐靠近中国市场，这对于我国内地的烟草商业企业而言，既是挑战也是机遇。

1 对标管理的起源与发展

1.1 “对标管理”的起源

“对标管理”起源于20世纪70年代末、80年代初的美国，随着对标管理理论、方法的不断更新，对标管理作为一种企业管理方法逐步被全球企业所广泛采纳和运用，成为企业发展的动力源泉之一。对标是一种目的性、针对性、实效性、创新性极强的学习手段和管理方法，通过对标可以向一切优于自己或可带来有益启示的东西学习借鉴并在此基础上改进创新。在全球化、信息化、网络化的今天，对标管理是企业赢得核心竞争力的一种重要手段。

1.2 “对标管理”在我国的发展

我国在引入对标管理后，一直在稳定持续发展当中，并得到政策上的支持与保障。2013年，国务院国有资产监督管理委员会先后下发了《中央企业做强做优、培育具有国际竞争力的世界一流企业对标指引》《中央企业做强做优、培育具有国际竞争力的世界一流企业要素指引》两项通知，号召企业广泛开展对标活动并就此提出“对标管理及管理提升”的企业发展指导方针，积极推进各类型企业的标杆管理导入，促进产业结构优化升级，推动战略性新兴产业健康发展。

1.3 “对标管理”在烟草行业的发展

当前，烟草行业的持续发展既存在近中期的卷烟市场回升势头不稳定、烟叶库存过高、传统产能过剩和创新能力不足等突出问题，也面临着控烟履约、新型制品、完善体制等方面的严峻挑战。长远来看，如何通过改革创新摆脱长期以来形成的惯性思维、路径依赖、体制机制和政策体系，有效解决规范、效率、活力问题，仍需要进一步探索。为了解决这些问题，烟草行业将对标管理作为提升管理创新水平的重要手段，客观评价各层级管理主体的综合管理水平，充分发挥标杆引领作用，营造良性竞争的工作氛围。

2 当前烟草行业对标管理工作现状剖析

近年来，烟草行业内通过颁布对标制度、印发工作要点，建立起完整的对标管理机制；定期通报行业对标指标情况，开展重点城市和卷烟工厂分类对标，建设行业对标信息系统，搭建了对标管理平台，对标管理人员队伍素质不断提升。同时，工作中存在的问题也不容忽视：一是一些单位的对标工作没有围绕中心工作展开，没有坚持问题导向，对标工作容易流于形式；二是部分单位没有很好把握指标与基础、上下级指标、结果与过程、借鉴和创新之间的关系，使得对标工作的基础不牢，不能有效找寻指标数据背后的管理差距；三是有些单位在对标管理过程中，忽视了与精益、贯标、标准化等工作的融合。如何更有效地发挥对标管理的导向作用，解决落后单位对标管理工作动力不足，指标对标难以转化为管理对标等问题，成为对标管理亟待解决的现实问题。

在行业对标指标体系“规定动作”大框架下，积极选取“自选动作”，构建反映降本增效提质导向、符合本省实际、逻辑关系强、互为因果、层级支撑的分层分级的对标指标体系，推进全员、全过程、全方位的精细管理，同时对标过程中需要科学树立内部标杆，推进分类分层对标，让不同对象均学有榜样、赶超目标，是下一步的工作方向。近年来，浙江、湖南等省级商业公司已开展了分类分层对标管理的初步探索，该模式必将成为未来烟草行业对标管理发展的趋势。

3 烟草商业企业物流分类分层对标体系的内容

按照当前烟草行业物流工作要求及工作重点，从物流成本、效率、服务及安全四个维度，建立覆盖物流仓储、分拣、配送、综合管理四个环节，包含企业级、部门级、基层班组级和岗位级的“四维度四环节四层级”对标指标体系。根据运行管理模式、设备自动化程度等的不同，对各项指标进行分类对标，对不同对象设定不同标杆，使对标工作更具针对性。

3.1 体系构建原则

3.1.1 综合分层

按照行业物流工作要求及全省物流工作重点，从物流工作最关切的成本、效率、服务及安全四个维度考虑，指标内容涵盖物流仓储、分拣、配送、综合管理四个环节，同时将指标延伸至物流中心基层班组、中转站以及各工作岗位，建立系统完善、重点突出、上下一体、层级支撑的对标指标体系。

3.1.2 分类可比

充分考虑各项指标的构成及影响指标的客观因素，综合分析设计，通过对标指标的分类设置，基本实现相同的事情对比，提升对标管理的针对性、实用性。通过完善对标指标架构，基本解决结果性对标指标的参考性和分类过程类指标的可比性问题。

3.1.3 统筹兼顾

实际操作中各项指标的影响因素往往不止一个，在设计分类办法时，不可能找到完全一模一样的两个单位进行对标。通盘考虑，抓大放小，关注主要问题，而非面面俱到，找到对标操作可比性和分类合理性的平衡。

3.1.4 可操作性强

在对标指标的设置以及分类对标的设计上，充分考虑指标计算以及分类对比的操作难易程度，指标选取要考虑能否进行定量处理，尽量便于获取基础数据且便于计算；明确指标量度和计算方法，保持一致，便于对标分析。

3.2 体系构建方法

商业企业物流分类分层对标体系的构建过程主要分为前期规划、调查研究、体系构建、试点应用四个阶段。

3.2.1 前期规划

选择业务熟练、专业能力强的烟草内部员工和行业外咨询机构、高校专家联合成立专项工作小组，明确体系研究内容、研究步骤、进度计划等，并对任务进行分工安排，按照项目管理的方式制定《工作配档表》。

3.2.2 调查研究

采用书面调查与实地调研相结合的方式，科学选取不同层级具有代表性的调研主体，详细了解其对标运行管理情况、对标管理需求、具体业务流程及成本、效率、服务及安全各项指标现状，掌握第一手资料。

3.2.3 体系构建

综合考虑各地市工资水平、销量规模、设备自动化程度以及管理模式等的不同，对指标逐一进行分析，将指标分为综合类指标以及分类对标指标，并逐个对分类对标指标进行分析研究，对不同指标分别根据各地市设备自动化水平、业务管理自管/外包模式、就业人员平均工资水平、从业人员数量等方面的差异分别进行分类对标设计

3.2.4 试点应用

选择具有代表性的单位开展试点应用，发动试点单位各层级广泛参与、认真试用、实时反馈，并针对试点反馈信息进行深入的分析研究，动态改善对标指标体系，持续提升对标体系的实用性、综合性、可操作性。

3.3 指标及分类标准

综合类指标:分为两种。一种为指标构成复杂、影响因素繁多,难以就某项因素进行合理分类,而对影响因素分析过细则会造成“无标可对”的情况,因此列为综合类指标,如企业级指标中的单箱物流费用、物流费用率、库存周转次数等指标。一种为国家烟草专卖局、省局(公司)统一要求的指标,如企业级指标中的人均配送效率、配送到户率、分拣打码率、电子结算率等指标,此种指标不再进行分类设计和目标要求。

分类对标指标:对此类指标的指标构成及其各项影响因素进行深入分析,结合各地市物流运行管理现状,抓住其主要构成内容和影响因素,确定分类标准,逐个进行分类对标设计。分类标准重点把握以下几类情况:

(1)业务自管/外包模式差异;

(2)设备自动化水平差异;

(3)就业人员平均工资水平差异;

(4)综合车辆品牌型号、使用年限、载重量及地形交通等因素差异;

(5)物流人员数量及园区规模差异;

(6)车辆油耗分类对标模型构建。

3.4 特点与优势

3.4.1 上下衔接紧密,对标基础更“牢”

通过分类分层对标,形成了上有统领、下有支撑的目标管理体系,对重点工作目标进行分解和细化,将对标指标层层分解至部门、基层班组和岗位,压力层层传导,实现了物流中心一线人员的全员对标,使对标活动全面深入、任务目标有所支撑,推进各项工作的有效落实,有效解决“两张皮”的现象,基础管理的根基更加牢靠。

3.4.2 逐步推广应用,对标适用性“强”

以山东烟草商业系统为例,于 2018 年 8 月首先选择了济南、青岛、枣庄、潍坊 4 家具有代表性的单位进行试点应用,于 2018 年 10 月又增加了淄博、烟台、临沂三家单位开展试用,充分证明了该体系在推广应用方面的可行性。体系在试运行过程中面向全省征求意见,不断修改完善,确保体系的合理性、实用性。

3.4.3 坚持问题导向,对标运行更“真”

指标体系和分类方案建立过程中紧密结合业务实际和全省物流运行情况,确保对标的结果真实反映实际问题;与各物流配送中心三级绩效考核体系形成有机结合,以指标对标支撑绩效评价,以绩效评价结果引导对标过程管理,实现过程管控与目标管理的双核驱动模式;将分类分层对标活动与夯实基础管理、基层评先树优工作相结合,管理重心下沉,创新性地开展全省精益物流十佳中转站、十佳分拣班组评选活动,有效激发基层人员活力,以抓实过程管理和基础工作促进全省物流管理水平的不断提升。

3.4.4 强化信息支撑,对标落实更“实”

在潍坊市局(公司)开展信息化管理探索,依托潍坊地市级精益物流综合管理平台,理顺工作流程,将分类分层对标体系纳入平台进行信息化管理,实现指标数据的自动化采集、智能化分析，并与全省物流综合管控平台做好接口对接，为下一步在全省物流综合管控平台实现全省分类分层对标打好基础，提升全省物流管理智能化水平。

3.4.5　**做好管理融合，对标发挥更“精”**

通过对标工作，使每个单位横向同先进单位找差距，纵向与历史最好数据找不足。对发现的短板，加强与精益、贯标和标准化等工作的融合，进一步运用精益思想消除浪费，通过贯标将好的工作措施用标准化形式固化，实现针对性更强的改进和提升，使对标工作“风向标”的作用发挥更加精准。

4　推广建议

4.1　在充分掌握地市级公司物流运行情况的基础上开展分类分层对标

开展分类分层对标的基础是全面掌握不同地市的运行管理模式、设备和车辆状况、人员规模、费用核算情况以及地形地貌、零售户分布等多方面情况，以此为依据确定分类对标设计，确保分类对标的合理性、实用性，方便不同单位找到合适的标杆对象、准确发现短板、比学结合促进管理水平提升。

4.2　跨省开展地市之间的分类分层对标

由于地市之间规模、设备条件、运行管理水平等方面存在差异，会造成个别地市级单位在省内找不到相似对标对象的情况。若能在全行业广泛开展将有助于提升对标单位积极性、发挥分类分层对标精准实用的作用，让不同对象均学有榜样、有目标。同时也可以促进不同省份、不同地市之间的工作交流，互比互促互学，提升管理水平。

4.3　利用信息化系统支撑分类对标工作开展

深入开展此项工作，势必会给各层级物流人员增加一定工作量，同时在指标评价、数据分析、智能追溯各方面需要信息技术手段的支撑。建议在推进的同时将其加入行业物流综合管理系统中，一方面能够减少数据采集、汇总、计算、分析的工作量，设备自动化水平高且管理精细的单位还可实现基础数据的自动采集，同时保障数据的真实准确；另一方面借助信息系统查询分析、数据挖掘功能，可以使分类对比更加形象、短板问题更易查找、原因分析更加准确。另外，信息系统的应用也可以使各省份之间的信息共享、跨省对标更加便利。

参考文献

[1]贾成松．烟草商业企业构建对标管理体系研究[J]. 商场现代化，2019(2)：95-96.

[2]张进明．烟草商业企业对标管理财务指标体系构建探析——以渭南市为例[J]. 西部财会，2016(11)：65-67.

[3]徐锋．对标在烟草企业财务管理中的应用探讨[J]. 财会学习，2016(9)：43-44.

[4]金梦．烟草商业企业贯标与对标“两标结合”问题研究[J]. 学理论，2010(35)：87-88.

浅析精益管理在烟草商业物流中的应用

夏敏嘉

（山东威海烟草有限公司物流配送中心，山东威海，264200）

［摘要］企业管理在当代烟草商业物流的经营与发展中占据着不可替代地位，将精益管理这一思想引入其中，可以使烟草商业物流管理理论更丰富，全面优化管理工作的质量与效率。以精益管理为基础的企业管理模式，可以为烟草商业物流自主创新战略的落实奠定坚实的基础，使其在激烈竞争中不断拓展自身规模，实现全面可持续发展。基于此，本文将精益管理作为研究背景，阐述与烟草商业物流管理模式相关的内容，希望能有所帮助。

［关键词］精益管理、烟草商业物流、管理者

在现代管理学中，我们将管理分为三个层次：第一层次是规范化，第二层次是细化，第三层次是个性化，追其根本就是在精益管理的基础上不断进行管理的衍变与完善。以日本丰田公司为首的现代企业管理，让我们看到了管理从规范化到细化再到个性化的成效，也让我们认识到：管理是有成本的，既不能过度，也不能不及；管理需回归其本质，不能把管理泛化。因此，要实践精益，笔者认为应对企业的组织架构、发展战略、人力资源、社会责任、企业文化、资产管理、销售任务等一系列活动进行全方位的细化管理。在此基础上，梳理出每项工作的价值流，消除每个环节浪费，并让价值在每个环节拉动信号的辅助下持续流动，不断改进以趋完美，从而达到每项工作持续精细的目的。

当今，有很多企业都在接触精益，也开始有越来越多的企业采取了这样或那样的形式进行过尝试，不幸的是，我们单纯地将精益思维当成了精益生产，将其更多地关注到用来削减成本或解决问题的“一套工具”上来。这是因为大部分人没有理解精益管理之根本，致使尽管理念很简单，但实施起来却并不容易，这也是没有几个企业能真正从中获益的原因所在。那么，面对日益激烈的竞争环境，烟草商业物流如何调整其管理模式，才能有效地适应时代的变化，实现真正意识上的精益管理呢？

1　精益管理的基本内涵

精益管理是一种理念，同时也是一种文化。它是建立在常规管理的基础上，并将常规管理引向深入的基本思想和管理模式，是对社会分工以及服务质量的进一步精细化，以最大限度地减少管理所占用的资源和降低管理成本为主要目标的管理方式。

在现代管理学中,精益管理是整个企业运行的核心工程。因为,企业要做强,需要有效运用文化、技术、智慧等各种企业精华要素来指导工作,以促进企业的发展。其精髓在于:企业需要把握好产品精品的特性,为企业形成核心竞争力和创造品牌价值奠定基础。其精密在于:企业内部各环节与工序之间的精密配合与协作,企业生存与发展环境的精密适宜,以及与企业相关联的机构、客户、消费者之间的精密关系。以精益求精、精而有序的基调,打通企业内外部的精益管理。

精益管理运用到物流企业,就是探寻物流公共信息平台建设与运营的协同,实现需求信息、交易信息、资金信息等众多信息的实时动态,减少信息的不对称性,较全面地掌握相关信息,可以增加物流企业与其他机构的合作机会,有利于其发展新的业务,提高自身竞争力。对于烟草商业物流来说,其卷烟的入库、仓储、出库、配送等一系列的动作,就是其工作的根本,那么在管理过程中,如何做精做细,就是根本之所在。丰田生产体系的产生,让我们看到了通过精益的方式,追求"日常改进"以及"优秀的思维、优秀的产品"模式的强大效益,也让我们看到了有效配置资源是精益管理的基本职责之一,提高要素资源的有效性是精益管理的本质。

2　烟草商业物流管理的现状

德鲁克说:"管理是一种实践,其本质在于行,而不在于知,其验证在于结果,而不在于逻辑。"即强调企业的执行力、行动力的重要作用。实际中我们也看到了很多管理者强调行动的意义,始终"兢兢业业、埋头苦干",然而却没有取得成绩。其实在很多情况下,行动结果不理想的根本原因是知得太少,知得不彻底。换言之,也就是我们对一件事情的本质把握得不深刻、不透彻,却过早地采取了行动。因此,我们需要先分析烟草商业物流管理的现状,才能找到问题之根本并加以解决。

2.1　管理制度不合理

目前,烟草商业物流有自己的管理体制,其主要内容有业务指标的完成、工作态度、思想意识等。对于烟草商业物流的许多相关负责人来说,应该选择什么样的管理制度,如何科学地制定管理制度,如何进行实际操作,将管理制度进行考核,等等,都需要进行深思。然而在实际运作中,一是烟草商业物流管理体制大相径庭,不分领域在不同部门、不同性质的管理体系之间都是相似的,导致管理没有针对性,泛泛而谈也就无从而谈。如果这种情况持续的时间较长,会严重影响企业的长远发展。二是第三方协助设计和引入管理机制的过程中,他们的角色更多的是一个运营执行人,忽略人的基本内涵,也忽视了一直以来"人是企业最宝贵的资源",尤其在人力成本居高不下的今天,致使"以人为本""人本管理"等众多企业管理理念仍停留在"喊口号"阶段,并未真正落实,使管理缺乏基本的动力。

2.2　缺乏联动机制

丰田生产体系理念让我们认识到机器、设备和人员协同工作从而在不产生任何浪费的情形下增加价值,这才是改进工作的最佳状态。目前,各物流公司正在努力探寻"如何压缩商品流通过程中的库存数量及库存时间?"这是因为库存的数量及时间关系到整个物流配送过程的营运成本及效益。为了实现流通库存的最优化,零售企业除了通过特约代理店、特约经销店等手段来进行一系列必要的库存压缩、库存集约外,也凭借与生产厂商之间的战略同盟关系来尝试"店铺直送",即无中间流通环节的进货形式,解决库存数量及时间等问题。然而,烟草商业物流的单一性决定了其实现信息的共享以及坚固的同盟关系存在困难,即联动机制缺乏存在的条件。

2.3 绩效考核过程不合理

在通常情况下,烟草商业物流的从业人员长期从事某些工作,习惯了按部就班的工作节奏,缺乏热情。因此,一旦需要进行工作考核,就会缺乏信心和抱怨,甚至出现反对绩效考核或故意拖延的现象,也会给评估带来很大的障碍。此外,即使已经出台了绩效考核制度,只有量化的指标被评估,不能量化的指标被盲目地删除,成为不重要的指标。且在评定时,往往没有具体的信息可供应用,使绩效考核指标过于粗劣,并过度泛化与员工具体工作之间的相关性,导致考核结果不足以清楚和准确,更无法让员工信服。另外,由于物流人员的复杂性,各部门需结合不同的生产和管理流程制定自己的评估方法,致使考核没有统一的措施,使评估系统难以整合,并带来许多弊端,最终使考核流于形式。

3 精益管理在实际工作中的应用

"精"就是切中要点,抓住运营管理中的关键环节;"益"就是管理标准的具体量化。具体来说,可以从以下节点来促进精益管理的实行,以形成良好的执行文化。

3.1 将管理工作归结于人的管理

著名的管理大师大前研一曾经这样总结日本企业的成功奥秘:日本企业的成功,远不止创作了公司歌曲和形成了终身雇佣制度,最重要的是在组织上重新发现了"人"。也就是说,一个成功的企业不单单具有外在的表象:漂亮的业绩、宏伟的三/五年计划,更有一群普通人共同参与、为了完成某项任务而成立的组织。所以,一个企业应该有两个目标:一个是组织目标,另一个是组织内成员的个人目标。只有在个人目标得到实现的基础上,组织目标才有可能实现,因为所有的事情都是由组织内部一个个成员来完成的。所以,人的管理是精益管理的根本。企业如此,烟草商业物流也是如此。简单来说,就是将管理工作归于"以人为本",以员工的需求为本。烟草商业物流可以以现阶段开展的"流程建设"为切入点,以全员角度对工作流程进行梳理,形成一套完备的流程管理体系,在梳理工作精细化的同时规范人的行为,并在此基础上,寻求个性化的人本管理。

3.2 完善考核机制

要实现精益管理,应建立相应的、完善的考核机制。通过考核来落实管理责任,将管理责任具体化、明确化。这要求每一个管理者都要到位、尽职,以促进各项工作的平稳开展。在制定考核机制时,有必要充分考虑烟草商业物流自身运行的综合情况,从实际出发,有的放矢，综合考虑企业文化、员工素质、行业发展等因素。同时，在考核系统的设计中，还必须确保员工充分参与，以便他们能更清楚地了解企业绩效考核的内容，且有效确保完善绩效评估系统。

3.3 建立综合联动机制

因信息共享的发展，打破了传统的信息层级传递壁垒，实现了组织结构的扁平化、网络化发展，和同行企业形成以专业化联合、共享过程控制和共同目的为基本特征的企业综合联动机制。在此基础上，可以以网络化为媒介，建立综合共享平台，打破区域壁垒。同时，还要看到在边际收益递减的情况下，企业的利润在边际收益为零的那一点上实现了最优，在最优点上边际收益等于边际成本。鉴于此，战略经营要求管理者必须审时度势，及时作出反应，从实际出发，注重对长期计划和战略的研究。那么，在建立综合联动机制时，从长远角度出发，还要将人、机、物进行有机融合，从而真正实现综合联动机制下的人本物流。

4 结束语

烟草商业物流建设仍处于发展阶段，而精益物流的发展，使其需要进一步优化物流业务流程和强化人本物流的理念，并进一步健全物流作业区现场管理。在具体实施过程中，可以通过进一步加强人才队伍建设、物流费用分析等一系列的有效手段，营造一个充满活力、不断进取的企业。

参考文献

[1]李岚．精细化管理在国企绩效管理中的应用[J]. 中国市场，2017(7)：160-169.

[2]胡卫东．管理九章——提升效率的常识[M]. 北京：中国人民大学出版社，2017.

[3]王荣增．精进管理——如何成为卓有成效的管理者[M]. 北京：北京大学出版社，2018.

烟草商业企业物流配送线路优化和服务提升路径探索

——以山东日照烟草为例

刘佰卿，张加部，张雷

（山东日照烟草有限公司卷烟物流配送中心，山东日照，276800）

［摘要］以送定访，是指通过深入开展配送线路的优化来集中配送区域，避免送货车辆空跑路、跑回头路，从而提高效率，降低劳动强度。班组管理，是指将全市送货区域划分为小的单元，责任到班组、到责任人，是落实网格化管理、推行网格化送货的具体体现，也是明晰职责、强化送货责任意识、提升对客户服务质量的一个重要手段。以送定访、班组管理的配送方式，打破了以往行政区域的限制，建立了一种“网格管理、集中连片、只跑一次、动态优化”的卷烟配送新模式，可以用最短的时间，跑最短的路，用更少的车辆、人员服务更多的零售户，实现卷烟物流配送的提质增效。目前，“以送定访、班组管理”的配送模式在日照烟草已成功运行，并取得了较好成效。

［关键词］以送定访；班组管理；配送线路优化；服务提升

目前，地市级烟草商业企业大多实施“以销定送”的送货方式，即以访销为主导、送货跟进的运行模式。由于送货线路受客户经理访销线路的限制，存在同一线路零售户区域跨度大、部分相邻零售户因送货周期不一致需多次配送的情形，造成了人车资源浪费，且送货线路路线长、弹性送货零售户不固定等原因也造成了责任划分不清晰、服务质量不稳定。

为解决这些问题，充分发挥物流中心集中配送管理的优势，改善物流经营指标，提升配送服务水平和服务效率，可以探索实施“以送定访、班组管理”的物流配送提升方案。下面就以山东日照烟草为例进行阐述。

1 背景意义

实施“以送定访、班组管理”模式主要有以下三个方面的意义：

1.1 有助于适应物流配送转型升级需要

配送线路的合理制定，是物流环节降本增效的重要手段，也是实现卷烟物流高质量发展的必然选择。以日照烟草为例，以往的运行模式是 1 台送货车基本对应 3 条客户经理访销线路，而各个客户经理拜访线路之间都有一定距离的间隔，产生了“空跑”的浪费。

采用“以送定访”的送货方式，可以突破客户经理访销线路限制，对全部零售户按照“距离最近、配送方便”原则，根据地理位置进行优化排列，科学划分配送线路，提升车辆装载率，降低车辆空驶率和运输成本。

1.2 有助于落实配送责任、提升送驾人员素质

当前，在行业普遍推行的“弹性送货”模式有效地解决了销售量不均衡和人员相对不足的问题，但这种方式由于送货线路不固定，使送驾人员在思想上弱化了责任意识，客观上淡化了为零售户服务的责任感、责任意识。“班组管理”的方式，通过将服务单元最小化，将责任压缩在班组，将问题、矛盾化解在最小单元，从而可以提高一线人员的责任意识、大局意识，促进提升服务质量。通过班组长的设置，这一方式客观上也可以为送驾人员搭建职业发展的平台，增强配送队伍的凝聚力，促进人才梯次发展。

1.3 有助于在物流配送环节实施精细化管理

目前，行业已全面吹响高质量发展号角，全系统工作会议上将精益物流作为全省精益管理首批推进的三项重点工作之一。而在目前的物流管理中，存在管理相对粗放的问题。以日照为例，卷烟物流中心有送货员、驾驶员 60 余人，其中送货部和中转站分别负责 40 余人和 20 余人，由于管理人员数量限制，难以实施全面有效的精细化管理。同时，在目前的卷烟配送中，为将卷烟及时送达零售户，普遍存在送驾人员出发时间早、工作时长不固定的现实，召开全员参加的会议培训难度较大。大多送驾人员无固定办公设备，传达上级政策精神经常需要靠电话、微信群等方式开展，信息传递效果受到影响。集体参与的项目较少也一定程度上造成送驾人员较易缺乏归属感和团队观念。要推动物流配送质量提升，增强送驾人员的归属感，落实配送责任，也迫切需要划小管理单元，实施班组化管理的新型配送管理模式。

基于以上三个原因，日照烟草彻底打破以往行政区域的限制，探索建立了一种“网格管理、集中连片、只跑一次、动态优化”的卷烟配送新模式，力求以最优的线路、最短的时间、最少的精力、最低的成本完成物流作业，在卷烟物流配送环节实现提质增效。

2 理论支撑

“以送定访、班组管理”工作以网格化管理和管理幅度理论为支撑。

2.1 网格化管理理论

网格化管理，是源于城市管理的社会管理理论，指以精细化管理为指导，将城市管理辖区按照一定的标准划分成为单元网格，网格内设置“片长”负责管理与服务，通过加强对网格的巡查，主动发现、及时处理遇到的问题，实现“层层有人管、事事有人抓”，形成一个“纵向到底、横向到边”的管理网。网格化管理可以将过去被动应对问题的管理模式转变为主动发现问题和解决问题。

网格化管理理论可以为物流精细化管理提供一种思路，指导送货班组的设立，合理划分管理责任。

2.2 管理幅度理论

一般来讲，管理幅度是指一个组织中一个管理者直接管理和控制的人员数量。管理幅度受工作任务繁杂程度、管理者及所属人员素质和员工情感诉求等方面因素影响。管理幅度过宽会导致领导者负担过重或出现管理无序，而幅度过窄会增加管理层次，降低工作效率。一般认为，最优管理幅度为6～8人。

管理幅度理论可以指导科学确定班组规模，提升管理效率。

3 实施条件

实施“以送定访、班组管理”需要具备一定条件：

3.1 零售户订货时间与客户经理拜访时间的“解绑”

日照烟草已开展了全市卷烟营销人员职能转型工作。转型以后，将零售户按照重要程度分为A、B、C、D类，客户经理可以根据各类客户自行确定拜访时间和拜访频次，对零售户的拜访不再受访销批次限制，实现了零售户订货时间与对零售户拜访时间的“解绑”，从而减少了以送定访工作推进与客户经理拜访习惯的冲突，在管理和执行层面为开展“以送定访、班组管理”工作提供了有利条件。

3.2 “班组”的划分需兼顾销售指标的体现

划分的班组以方便送货、不走弯路为第一原则，实施打破行政区域的配送方式，但同时也需要兼顾各批次销售指标的实现。可以在每个班组内划分5个批次，每个批次内均涵盖各个区县分公司（营销部）一定数量的零售户，保证每天各单位都会有相对均衡的销售数据体现，力争实现全市整体日均卷烟销量和结构的平稳有序。

4 主要工作措施

4.1 送货班组建设方面

4.1.1 合理划分班组

根据零售户的数量、地理位置条件和卷烟销量情况，本着相对集中的原则，突破行政区域限制在全市划分班组。贯彻最优管理幅度理论，每个班组内设3～4台送货车、6～8名送驾人员，每个班组车均服务零售户数原则上达到90户以上。送货区域集中，可以有效解决送货中存在的跨乡镇、偏远地区批次多、零售户不集中、多次重复经过偏远路线的问题，提升单车配送效率。

4.1.2　**明确班组职责**

将全市送货区域划分为小的单元，责任到班组，由班组组织学习传达上级政策和会议精神，提出班组内访销批次和送货线路调整的建议，根据班组内送货人员请休假情况合理安排每日送货人员，开展送货经验、送货信息交流等工作，增强送驾人员团队意识和责任意识，促进片区更加精细管理。

4.1.3　**组织选拔班组长**

每个班组设组长1名，负责协助做好班组内零售户访销批次维护和调整，以及班组内送货线路优化、车辆调配和人员安排等事项。根据班组长工作要求形成遴选方案，明确遴选要求和方式，尽可能降低或不设门槛，让全体送驾人员广泛参与。班组长可实行动态管理，每年定期对组长进行评议。通过设立班组长，可以为送驾人员提供发展的平台和职业晋升希望，更好地保障送驾人员休息休假权益，充分调动送驾人员的工作积极性。班组成员可以采取与班组长双向选择和熟悉线路的方式确定。

4.1.4　**发挥好传帮带作用**

送货线路调整后，原线路送货员或驾驶员应通过跟车替班、轮班的方式将零售户位置及送货注意事项告知新送驾人员，最大限度缩短线路变更的磨合时间，确保送货的及时性和准确性。

4.1.5　**强化班组考核**

强化送货班组管理主体责任，从班组工作量、基础工作、团队建设、服务质量等方面加强对各班组工作的考核引导，明确召开班组例会、及时处理班组内咨询投诉、服务质量等方面的考核要求，以班组建设为载体，促进各班组工作的标准化和工作效率的提升。

4.2　配送线路优化方面

4.2.1　**明确物流中心线路调整职责**

“以送定访、班组管理”实施后，零售户调整访销、送货批次集中应由物流中心统一负责。其中，新增零售户由客户经理在营销系统维护订货方式、访销周期、结算方式、经营业态、客户类型等信息，区县营销科进行审核；物流中心维护配送域等信息，同时审核访销批次是否在现有送货区域内，如不在现有送货区域内将进行调整，并通知各单位；市局(公司)卷烟销售科维护电访等信息后录入销售网络。现有零售户批次调整可以由零售户向卷烟送货员提出调整批次申请，物流中心送货管理部门研究决定是否调整，并将审核情况反馈给区县分公司(营销部)营销部门。

4.2.2　**重新规划送货线路和配送顺序**

第一，运用ECRS等精益工具，在班组设立后，可以借助GIS、GPS等信息技术，制定各班组配送线路优化初步方案。第二，由班组长组织熟悉辖区零售户位置的送驾人员，本着路程最短和送货方便的原则，将班组内零售户划分为5个批次。每个批次的零售户位置分布相对集中，送货量和送货户数基本均衡。第三，综合考虑全市销量均衡因素，充分征集相关单位(部门)意见进行调整后形成最终的访销批次。第四，送货班组长根据确定的访销批次组织送货员梳理形成各批次配送顺序。第五，物流中心对批次和线路划分的情况进行审核，对班组辖区划分有争议的地区组织相关班组长进行讨论，必要时组织相关人员开展实地走访，确保线路划分科学合理。

4.2.3 强化部门协调

应把物流中心确定的访销批次和送货线路与营销部门密切对接，并针对营销工作的管理需求和工作实际对访销批次进行适当调整，使线路调整与营销工作更好衔接。线路确定后，营销部门根据优化后的批次安排访销工作。各区县分公司(营销部)应积极适应转型需要，在客户拜访方面寻求新的思路。信息部门应做好后台信息和技术保障支撑。物流中心作为责任部门，应积极主动开展工作，抓好工作的落实、推进，按照时间节点稳步实施，确保工作顺利进行。

4.2.4 做好对零售户的宣传

访销批次调整，应通过多种形式进行宣传，使零售户能够及时根据订货批次变化调整订货数量，确保销售平稳衔接。可以根据零售客户订货批次调整情况推送短信温馨提示，在批次调整前一周零售户订货前进行群发，告知调整批次的零售户本次订货时间、下次及以后订货时间、卷烟配送时间等事项，并提醒零售户根据订货时间间隔合理安排批次调整前的订货。

可以通过结合客户经理拜访、在零售户微信群和零售户订货系统推送通知等方式多管齐下，确保批次调整宣传到位。

4.2.5 适时压缩送货车辆

通过对送货线路的取消、重排，实现了送货线路的优化整合和单车送货效率的有效提升。可以充分利用这一契机，实现在基本不增加送货时间和服务质量稳定提升的情况下，压缩10%以上的送货车辆，从而进一步提升车辆装载率，降低车辆运行费用。

4.2.6 做好完善提升

在实施过程中可以以问题为导向，通过专题沟通、召开研讨会等形式及时总结提升，查找、消除工作中的浪费点，不断完善访销、送货线路，确保每条送货线路里程最短、线路最优、销量均衡，提升卷烟物流配送效率和整体卷烟运营质量。

5 结论

本文分析了当前卷烟物流配送工作中存在的问题，针对问题提出了“网格管理、集中连片、只跑一次、动态优化”的“以送定访、班组管理”物流优化提升思路，使卷烟配送能够更好地适应当前配送户数增加、配送服务要求提升及推行精细化管理的实际，在配送时间基本不变的情况下，有效压缩物流配送车辆，缩短配送车辆总行驶里程，降低车辆运行费用，提升服务质量。目前，“以送定访、班组管理”的配送模式在日照烟草已成功运行，并取得初步成效。

参考文献

[1]周磊、王建军．商业卷烟物流精益管理应用实例与工具方法[M]. 济南：山东人民出版社，2018.

[2]胡红春，吴耀华，廖莉．物流配送车辆线路的优化及其应用[J]. 山东大学学报(工学版)，2007，37(4)：104-107.

[3]李朵．地级市烟草现代物流配送系统优化[D]. 西安：西安建筑科技大学，2016.

[4]周伟武．基于GIS烟草配送线路优化技术的研究[D]. 杭州：浙江理工大学，2010.

005 专卖与法律法规篇

ZHUAN MAI YU FA LU FA GUI PIAN

以物流寄递环节为突破的互联网涉烟案件查处模式研究

薛伟，王强

［德州市烟草专卖局（公司）专卖监督管理科，山东德州，253000］

［摘要］在互联网涉烟案件中，人流、物流、资金流彼此分离，调查难、取证难、抓捕难，使得互联网涉烟违法犯罪查处具有艰巨性、复杂性、长期性和易反复性等特征。但是分析近年来的互联网涉烟典型案例不难发现，不法分子大多通过物流寄递的形式运输卷烟，有效把控这个环节，是查处的关键。在分析总结互联网涉烟违法犯罪活动形式、行为特征和发展趋势基础上，以物流寄递环节为突破，运用互联网思维、数据分析技术，创新检查机制，建立物流寄递专业稽查队伍，强化数据分析，布局监管网络，完善调查程序，形成比较系统的工作方法，建立以物流寄递环节为突破的科学化、规范化互联网涉烟案件查处模式，构建互联网涉烟违法犯罪行为精准打击体系。

［关键词］物流；互联网；烟草；犯罪

1 研究意义

近年来，利用互联网从事涉烟违法活动作为一种新型犯罪方式，给正常卷烟市场带来严重冲击。越来越多的不法分子，利用互联网发布制售假烟的非法信息吸引买家，采用网上交易结算方式，通过伪装物流手段实现暗中销售。由于互联网信息传播速度快，广告效应明显，违法成本低廉，加之作案方式隐蔽，使得涉烟犯罪团伙在经营假冒伪劣卷烟暴利驱使下铤而走险，这不仅冲击了卷烟市场正常的经营秩序，造成国家税收的大量流失，而且严重损害了消费者的利益。

本文结合地市烟草商业企业实际，以物流寄递环节为突破，旨在运用互联网思维、数据分析技术，创新检查机制，研究通过建立物流寄递专业稽查队伍、强化数据分析、布局监管网络、完善调查程序等措施，探索形成比较系统的工作方法，建立以物流寄递环节为突破的科学化、规范化互联网涉烟案件查处模式，进一步严厉打击利用互联网涉烟违法犯罪活动，规范卷烟市场秩序，维护国家利益和消费者利益。

2　互联网涉烟违法行为特点与查处难点

2.1　互联网涉烟案件特点及危害性

(1)信息传播速度极快，涉案范围广。互联网信息传播的速度和范围是目前任何通信设备、器材所无法比拟的，短时间内可对各地卷烟市场都形成冲击，涉案范围辐射全国各地，危害极大。

(2)假烟交易隐蔽性强，破网难度大。互联网的最大特点就在于它的虚拟性，涉烟违法分子在发布涉烟信息时，可以通过匿名、隐藏 IP 地址等多种方式躲避追查和监管。同时，采用网上交易、物流运输，上下线之间不需要直接见面，故很难找到犯罪分子的准确地址。

(3)违法事实不易掌握，证据认定难。互联网涉烟案件主要采用“网上发布信息、业务洽谈和交易订货，物流寄递配送，网上银行转账”的方式，买卖双方、上下线之间并非直接接触，具有很大的隐蔽性。信息流、物流、资金流都很难掌握，难以形成证据链，增大了打击难度。

(4)涉案环节纷繁庞杂，打击成本高。互联网涉烟案件由于涉及的人员杂、环节多、地域广，要查实非法信息的来源、网络之间的脉络关系，往往要动用大量的人力、物力、财力，有时花费大量人力财力，也未必收到应有的效果。

2.2　互联网涉烟违法犯罪查处难点

(1)综合协调难。由于查处利用互联网从事涉烟犯罪案件涉及的执法部门多，且执法权限并不相对集中，在对犯罪网络进行深挖时，往往需要多部门配合，如果哪个环节出现纰漏，那么案件侦办随时可能停滞。

(2)调查取证难。与传统实体店不同，网店、微店经营者身份、场所均为虚拟，作案人员常常使用假证件、网名或代号相互联系，加之网络 IP 地点不停变换，常常使目标对象很难锁定，因而给执法部门跟踪调查带来很大难度。

(3)证据认定难。在侦办互联网涉烟犯罪案件过程中，执法人员采集到的大部分是聊天记录、留言等电子证据，难以转化为定案依据。要认定这些电子证据需要审查其真实性、合法性和与案件的关联性，必须与其他证据相互印证。

(4)刑事立案难。在通常情况下，不法分子利用互联网交易的烟草专卖品数量少、频率高，有些案件往往需要长期跟踪才能达到立案标准。

3　物流寄递环节涉烟案件精准打击模式

针对物流寄递领域涉烟案件，要探索建立日常监管模式、多部门联合监管机制、社会监督相结合的方式，精准打击互联网涉烟违法犯罪活动，减少物流寄递涉烟违法行为的发生，进一步规范卷烟市场秩序，维护国家利益和消费者利益。

3.1 物流寄递领域涉烟案件的线索来源

(1)监管物流企业。物流企业是互联网营销行为的关键环节,所有的物流、快递企业都是互联网涉烟案件发生的核心,因为互联网销售的物品都是通过物流、快递这种方式去送达的。

(2)了解支付方式。通过网络营销的支付中间人和所有者,从侧面去调查网络销售的物品到底是什么,网销、网购行为有无涉嫌违法违规。

(3)调查电子银行网上销售数据信息。电子银行也是网络营销的支付方式,通过电子银行的消费台账去调查互联网涉烟案件。如果付款的数额和香烟的销售价格一样或者类似,就要去调查电子银行账户的户主,及时了解电子银行台账、账单支付、账户收入等相关信息。

3.2 涉烟物流寄递的单号锁定技术

在物流货场内货量巨大,涉烟货物查找费时费力,同时每个包裹密封包装,内容物判定困难,如果能通过单号锁定提前确定检查目标,并且探索出针对性强的检查方法提高检查实施的效率,将会极大地改善涉烟寄递案件查办中的不足。

涉烟单号锁定是寄递案件查办技战法的核心。

(1)建立核心比对数据库。核心比对数据库是通过收集、整理、验证大量涉烟寄递原始信息后建立起来的涉烟寄递特征信息,包含快递企业、发货网点、收件员等字段,用于在海量物流信息中分析、比对、筛选可能的涉烟单号。

(2)选择适宜的查单软件。查单软件是指能够快速查询物流寄递流通信息的专门软件,其作用类似于百度搜索功能。当前涉烟单号的查询一般根据物流、快递企业的不同,选择市场上已有的一种或多种查单软件结合进行数据分析。

(3)确定有效的分析流程。分析流程是通过长期验证后形成的,包括时间与方法两个要素。首先是确定分析时间。由于实时信息与查询信息会有2～3 h不等的滞后期,因此一般分析时间选在货物在上级站点发出后2 h但还未到达下一站这之间的时间区域。其次是进行单号锁定。有两个基本方法:一是通过软件对已查证的原始单号进行推导、筛选、比对后得出新生可疑单号;二是通过软件查询核心比对数据库中涉及的地域信息,并对结果进行比对后得出新生可疑单号。

3.3 涉烟物流寄递的检查实施

寄递案件检查包括始发地、中转站和终点站。始发地检查的对象主要是大批量发货的网点,该节点涉烟包裹量最大。中转站检查的对象是涉烟单号指向的物流车辆,包括落地和过境的涉烟包裹,数量相对较多。终点站检查的对象是最终网点和买家,重点是以物查人、追根溯源。这三个节点的检查均有较强的时间要求,需准确预测最佳查处时机,及时总结实战技巧经验。

4　互联网涉烟案件查处 SOP

4.1　情报搜集:涉烟信息识别和整理

为了提高调查效率,调查可以按照如下思路进行:第一,侧重知名互联网商务平台企业;第二,调查对象侧重于地理位置为本市区域;第三,侧重于证据信息较为明显的违法情况。

4.2　根据案值标准和管辖权归属确定是否立案

在调查过程中,关注网络销售卖家销售非法卷烟金额是否已达到 5 万元以上,是否构成销售假冒注册商标的商品罪或生产、销售伪劣产品罪。可以通过查询该网店的注册时间、信用评价、销售业绩、买家评价等内容进行分析,另外充分利用公安、烟草联合执法机制,发挥公安网监部门职能对该网店进行监控,获取其真实的销售数据。在管辖权归属方面,只有互联网涉烟交易行为明确发生在本地,才能把它作为案件去经营,这也是立案的立足点。

4.3　根据物流信息确定仓库地址

互联网涉烟案件中的犯罪嫌疑人与快递公司往往有比较频繁的联系,目前快递公司已要求发件人出具身份证信息,故可通过物流快递信息的追溯,顺藤摸瓜,获取发件人及发货地址信息,由一个对象的监控、排摸线索从而掌握整个案件情况。

4.4　初步确定案情:理清犯罪团伙角色关系

(1)确定主要嫌疑人落脚点。依托网监部门调取嫌疑人网络注册的手机号码、银行信息、身份信息、IP 信息以及网店的经营情况,初步确定落脚点,开展实地调查,掌握身份证信息。

(2)确定涉案的犯罪团伙。通过物流和现金流查清犯罪团伙成员的角色关系和上下家关系。通过本地银行对犯罪嫌疑人在网上捆绑的银行账户信息的查询,确定开户及经营规模。

(3)初步确定嫌疑人身份。通过身份信息来确定嫌疑人相互之间的关系。通过银行监控与户籍信息比对,判断真实身份。

(4)与公安、检察院、法院加强案情沟通。及时与检察院、法院进行沟通,实时召开联席会议,通报案情,分析案情以及提出下一步审查的工作重点。

4.5　多部门多警种跨区域实施抓捕

在理清案情、取得公安和网监部门支持后,要充分利用公安侦查和网监部门提供的信息,制定缜密的抓捕方案。

在抓捕过程中要充分运用技术手段,通过多部门多警种联动实现跨区域同步抓捕。涉烟网络犯罪分子主要在网络上联系买家,但是其登录的时间非常短暂。在这种情况下,如果逐个抓捕,可能会惊动其他涉案人员,导致后续抓捕工作难度增加。因此要充分利用公安网监部门的技术手段，调取涉烟互联网案件相关的信息，为公安机关抓捕违法分子和案件侦破提供技术和信息支撑；在需要情况下联系外省市公安、烟草部门配合，分几个条线同步进行抓捕。

4.6 证据采集和固定：电子取证与传统取证相结合

互联网非法涉烟活动点多、面广、量少，对办案人员的调查取证工作带来极大困难。实践中，在公安机关进行立案侦查后，应从资金流、信息流、物流等多管齐下，分头调查取证。

4.6.1 互联网涉烟案件证据收集渠道

第一，通过已经掌握的互联网案件犯罪嫌疑人的 QQ 号、淘宝账号、支付宝账号、手机号、银行账号、运输方式，调取其交易记录，查清交易人的真实身份、交易时间、交易地点、交易金额等信息进行电子取证。

第二，通过查阅涉案物品交易清单，调取银行交易流水账，查明涉案人员的数量、居住地，涉案物品数量、价值以及非法交易的事实。

第三，通过调取物流公司业务资料，根据发货地址、退货地址等信息，对照资金交易的时间，查清卷烟的流向，从而确定犯罪嫌疑人的大致区位。

第四，根据买家信息线索发协查函，请求各地公安、烟草部门协助查找交易下线，印证已查证的相关证据。

公安机关一般采取网络监控、技术侦察等手段，锁定犯罪嫌疑人使用的电脑 IP 地址，精确布控，准确实施抓捕，实现“精确定位、快速抓捕、无缝衔接”。

4.6.2 互联网涉烟案件证据收集程序

第一，打印违法行为信息。直接打印网站（网页）内容或截取电脑屏幕显示的网页内容，注明打印时间、数据信息在网站（网页）中的位置、取证人员等。

第二，提取视听资料。将涉及违法内容的网站页面打包成文本形式复制到 U 盘、移动硬盘或者直接刻录到光盘中。对于网店网页及销售商品的信息，可以采取截屏或拍照的方式进行固定。可以通过对违法内容进行拍照、录音、拍摄后，存入 U 盘、移动硬盘或者刻录光盘。

第三，网店注册信息及非法交易信息，可以通过提取支付交易记录来固定。支付记录所提供的都是电子证据，需要将电子证据转换成书面证据，将电子证据与书面证据一起作为证据进行固定，方便检察院、法院的查阅，也防止电子证据的损坏。

第四，查封或扣押涉案计算机以及犯罪嫌疑人手机等作案工具。经报请批准，可以联合有关部门对计算机及相关设备进行查封或扣押，防止当事人损毁、破坏数据。现场勘查发现的移动硬盘、U 盘、手机、数码相机等各种存储介质，也要进行获取和封存。

第五，固定外围证据。查阅、复制与违法活动有关的合同、发票、账册、单据、记录、文件、业务函电和其他资料，并对相关证人制作询问笔录。

第六，去对应的银行查询银行开户信息来确定和固定账户所有人的基本信息，账号的交易明细来固定账户持有人的资金走向，银行取款视频资料的固定来确定账户使用人的真实情况。

第七，核实犯罪嫌疑人真实身份信息。通过现场搜查和利用公安部门的人员信息系统来获得身份证明信息，以便掌握犯罪嫌疑人是否利用购买的身份信息来从事犯罪活动。

第八，固定犯罪嫌疑人的口供。嫌疑人的口供重点要突出：所销售的商品为什么；所销售卷烟的主要品牌及销售价格；所销售卷烟的来源；交易记录上所记录商品名代表的含义；涉案人员的分工情况。

第九，证据分析和生成报告。对获取的各种证据进行深入检查，发现可能的电子证据并生成报告，以便在诉讼中作为证据提交法庭。在提取电子数据时，主要寻找犯罪嫌疑人历史进货、销售记录、所销售烟草专卖品的价目表、实际销售烟草专卖品的价格以及可能涉及的供货渠道等信息。

综上所述，利用互联网从事涉烟违法犯罪活动是一种新型手段，具有违法成本低、隐蔽性强、蔓延快、覆盖范围广、社会危害性大等特点，如不及时采取措施遏制和打击，势必会愈演愈烈，导致不可收拾局面。目前，我国烟草行业正处于改革发展关键时期，专卖管理保驾护航责任重大，打击利用互联网从事涉烟违活犯罪活动任重道远，因此，更应立足长远，高屋建瓴，科学决策，周密部署，加大力度，重拳出击，多管齐下，标本兼治，切实保障卷烟市场的长治久安与健康发展。

参考文献

[1]姜一，杨越尧，李晓帆．大数据在“互联网＋寄递”涉烟犯罪领域的应用研究[J]. 计算机产品与流通，2018(10)：14-16.

[2]马新．我国物流运输环节法律体系健全和完善问题的研究[J]. 物流技术，2012(23)：22-25.

[3]黄珣．论企业物流运输中存在的法律问题[J]. 物流技术，2014(1)：11-12.

[4]吕锋．基于移动互联网的烟草专卖管理系统的整合及应用[D]. 南京：南京邮电大学，2014.

卷烟物流运输市场监管机制建立的研究及应用

李圣男

[济南市天桥区烟草专卖局(营销部),山东济南,250000]

[摘要] 近年来,随着经济社会的快速发展,物流快递行业快速发展,货物运输和信息交流越来越方便。现代物流方便快捷的特点,也被部分不法烟贩所利用。现在的不法烟贩对卷烟进行了较好的伪装,然后借助物流渠道运输,隐蔽性更强,增加了执法难度。这样一来,烟草专卖管理工作便面临一个新问题:如何监管通过物流渠道的非法运输卷烟。天桥辖区内共有宇鑫物流、永昌物流、柱子物流等大型物流集散中心 15 个,以及中小型货运站 200 多个。2018 年,我局查获违法卷烟 581.078 万支,其中通过物流运输环节查获违法卷烟 258.21 万支,占全年查获总数量的 44%。针对辖区卷烟市场物流中心繁多的特点,加强运输环节监管力度,研究确立卷烟物流运输市场日常监管长效机制至关重要。

[关键词] 无证运输;烟草专卖执法;快递物流

1 问题的提出

现代物流业已成为我国的一个重要产业,分布广,与群众联系密切。近年来,随着物流业的快速发展,以及我国物流快递法律法规的不完善,各个物流公司通过大量加盟连锁、廉价经营等方式吸引客户,这样的竞争方式对于广大消费者而言,降低了托运成本,扩大了选择空间,但同时对于不法烟贩来说,无疑也为他们提供了一条更加便捷、更加隐蔽的"黄金通道"。他们改变以往非法自运、非法携带等方式,通过物流方式将大量非法烟草制品源源不断地运往各地,不仅严重干扰了正常的卷烟市场秩序,也使国家利益和消费者利益受到严重侵害。

我辖区共有宇鑫物流、永昌物流、柱子物流等大型物流集散中心 15 个。这些物流中心经营规模较大,一般每个含有 10 个以上中小型货运站,最大的货运站覆盖 10 多条线路,拥有 20 辆以上运输车辆。同时,这些物流集散中心所处位置较为集中,地处辖区城乡结合部,居住人群社会关系复杂,出租房较多,为卷烟非法运输提供了便利条件,大大增加了烟草专卖行政管理部门的日常监管压力,导致烟草专卖行政管理部门在涉烟物流运输企业监管和打击非法托运卷烟工作上频频遭遇困境。

不法烟贩利用物流运输方便快捷、隐蔽性强、成本低、风险小等便利条件分销卷烟,打起

"隐蔽战""零星战"和"转移战",给涉烟运输的监管增加了查处难度。

2 快递物流无证运输案件执法过程中存在的问题

2.1 隐蔽性强

随着卷烟打假工作力度的不断加强,卷烟犯罪活动更加多样、隐蔽,而借助物流的方式运售假烟具有隐蔽性强、成本低、效率高的特点,正越来越被不法分子所利用。不法烟贩在向物流公司办理托运手续时,对所托运的烟草制品几乎都经过精心改换包装。有的把烟草制品同其他物品混装起来,或者登记其他物品作为掩饰。总之,他们为了掩人耳目费尽心思,将非法卷烟伪装成各种形式,非专业人员很难查出其中隐藏的猫腻,大量非法卷烟源源不断地销往各地,严重干扰了正常物流秩序和卷烟市场秩序。

2.2 线索受限、不易拓展

物流托运部门依靠收取托运费用来获取利益并维持其运转。我们在物流领域查处其托运的"货物",势必要影响到他们的生意,由于涉及其切身利益,他们常常推三阻四,不予配合。况且多数不法分子为掩人耳目,在托运烟草制品时都精心伪装,不打开检查无法查清真相。而且部分不法烟贩在托运卷烟时,发货人常常使用的是化名、假地址,使调查取证、缉捕等工作异常困难,更不用说上追下查向纵深拓展了。

2.3 法律意识淡薄

一些物流快递工作人员由于法律意识淡薄,并不知道超过限量异地邮寄卷烟是违法行为,仍然在无意中帮助不法分子实施违法;或者有些工作人员明知这种行为是违法行为,但在不法分子利益的诱惑下,帮助其无证运输卷烟,从而导致此类案件的查处难度加大。而在此类案件中,快递物流工作人员反馈的信息对于案件的查处有关键的作用,所以,发展快递物流工作人员为我们的社会信息员是很有必要的。但目前有些地区的信息员多是在传统市场监管区域发展的,有些快递工作人员并没有发展成为信息员,这就需要我们不要拘泥于传统的信息员的发展,要做到与时俱进。

3 建立健全卷烟物流运输市场监管机制

针对上述问题,需要结合我局工作实际,建立健全卷烟物流运输市场监管机制。

3.1 构建监管数据信息库

建立完善的物流市场数据是强化对其实施管理和监控的基础。

一是稽查人员对辖区物流集散中心进行全面排查,整合信息,建立监管数据档案,包括:每个物流集散中心内含有货运场站情况、仓储位置,每个货运场站覆盖线路情况、拥有车辆信息和业务来往情况等基础信息,建立相应的信息库,以确保未来监管工作的顺利进行,为今后物流运输市场监管提供信息保障。

二是在建档的基础上，坚持实施动态化管理，每年定期及时对相关信息进行更新维护，确保基础管理信息准确完备，为提升对物流领域实施监管水平夯实坚实的基础。

三是将近几年在物流运输环节查获的案件进行梳理，绘制热点图，确定重点监控对象，对有不良记录的物流配货站进行重点监管，防止非法卷烟的流入和流出，确保卷烟经营井然有序。

3.2 建立对物流企业日常监管模式

一是加强稽查人员烟草专卖法律法规及道路货物运输管理相关法律法规宣传，主动上门对物流企业从业人员进行专卖法律法规知识宣传培训，正面教育引导广大托运业主，同时借助市场监管局等部门召开物流企业负责人、法人代表例会等，加大宣传力度和广度。

二是加强情报信息收集，强化与快递物流公司的合作力度，注重在物流企业内部和附近群众中培养固定的情报线人。在整个快递物流无证运输违法行为的链条中，快递物流工作人员扮演着重要的角色。实践中，除了快递物流工作人员没有认真履行工作职责外，还有少数物流快递公司人员与不法烟贩也存在互相勾结、实施违法犯罪的情况。非法贩烟团伙对物流快递公司员工人员千方百计地加以拉拢，使其在检查货物时故意放松警惕，铺平道路，让其为非法经营铤而走险，捞取不义之财。在金钱的诱惑下，少数物流快递公司人员利用手中权力和工作便利，与不法贩烟团伙勾结为伍，形成有组织的团伙，从而使假烟得以猖獗地在物流公司的各个运输环节得以流通。因此，专卖执法人员应该加强与快递物流工作人员的联系，对其进行相关的法律法规知识宣传，结合利用举报奖励机制，发展部分业务人员为烟草案件的信息员，为此类案件的破获能得到及时、可靠的信息打下基础。

三是创新工作方法，提升打击能力。面对近年来不法分子涉烟犯罪活动越来越诡秘的手段，如何提升涉烟犯罪打击能力是广大专卖稽查人员不断探索的动力。天桥区局通过创新总结，成立物流特稽中队，专门对辖区物流市场实施监管，并提炼了"看、掂、听、闻、探""以变应变法""打破惯性思维法"等系列检查手法，探索出一套卷烟物流运输市场监管机制。

"看"，一是看流向，即查看货物包装上的流出地，若流出地是易制假贩假地区，则对所托运货物进行重点检查。二是看包装，即查看货物的外包装，如果包装箱大小恰好与能装50条或者100条卷烟的体积相似，则实施重点检查。三是看运费，即查看其货运单上注明的运费是否与运载普通货物时正常的运费价格相符，若运费明显高于正常价格，则实施重点检查。

"掂"，即掂重量。50条装的卷烟一件大约15千克，稽查人员手掂其托运物的重量，根据重量来判断其包装内的物品是否与其运单上标注的物品重量相符，对标注明显不符的或者与卷烟重量相似的实施重点检查。

"听"，即听声音。晃动包装物，听其声音判断其包装箱内是否有违法卷烟，对有嫌疑的实施重点检查。

"闻"，即闻味道。卷烟制品通常味道比较独特，稽查人员在包装物上通过闻其味道判断是否疑似烟草制品，对有嫌疑的实施重点检查。

"探"，即探内质。在发现可疑物品时，如在其包装允许的情况下，用自制工具插入包装内，看是否有烟草制品附着物。

“以变应变法”，即根据非法托运者经常变换包装形式和手法的特点，及时调整对托运物品进行检查的方法和手段，以变化了的检查方法来应对变化中的包装形式。

“打破惯性思维法”，即打破“烟方包装亦方”的传统定性思维模式。不断创新检查方法，才能对物流领域涉烟犯罪造成高压态势。

四是断源截留，端点破网。在物流领域涉烟违法案件查办过程中，决不能停留在对孤案的办理上，要紧抓关键线索不放，深入开展案件追查，以抓获违法案件主要当事人，破获非法托运、经营网络案件为最终目标。通过不断拓展办案思路，达到断源截留、端点破网的目的。

“就地蹲守”。这种方法主要适用于货物目的地是在当地，而且是由收货人自提的基础上。在办理此类案件中，一经发现线索，即联合公安部门采取蹲点守候，等待接货人提货时一举抓获。

“以烟找人”。如果现场抓获的接货人不是货主，及时联系公安部门介入，跟踪接货人，在交接货物时抓获货主。

“跟货上门”。稽查人员在检查物流货运场站时发现线索，积极联合公安部门后，要求物流人员配合工作，通过货运信息，深追上线。

五是建立定期检查机制。物流领域非法运输卷烟有其规律存在。周五至周日多，非法烟贩试图利用执法部门公休日或监管力量薄弱时进行托运；节假日前多，节假日特别是重大节假日前，不仅是正规商品交易的高峰，也是假冒产品充斥市场的高峰，非法烟贩往往也试图趁机赚取更高的利润，因而就会铤而走险，利用节前的交易高峰阶段进行违法犯罪。针对其规律，应采取“明查与暗控相结合、全面普查与重点检查相结合、突击检查与暗中监控相结合、对重点户不断调整检查时间、发现异常不间断监控和充分打乱时间差，以每日早、晚卸货高峰期作为重点检查时间”等系列有针对性的检查机制，定期实施全面检查。

六是建立重点监控机制。当前，我们的稽查人员不仅要面对飞速发展的物流行业，而且要立足辖区市场管理，工作量大，任务重，要想面面俱到绝非易事。天桥区烟草专卖局辖区共有持证零售户 2882 户，稽查人员 17 人，人均户数约 170 户，具备一定规模的物流集散中心 15 个，仅登记注册的就有货运场站 200 余个。在如此大的工作量下，要实现对所有货运场站实施全面监控，仅凭现在的专卖力量是绝不可能的。况且这些物流货运场站并不是全部都会参与非法运输的，大多是安分守己、合法经营的。因此，解决好专卖力量不足，而又能够形成足够的打击力量，必须在对所有货运场站进行全面排查的基础上，确定出有过参与非法运输历史和重大嫌疑的货运场站为重点监控对象，对这些站点实施定期和不定期的全面重点监控，既解决好自身力量不足的问题，也能保持较好的打击成效。

3.3 构建联合监管体系

烟草专卖执法部门构建对物流企业监管体系，首先需要解决信息共享问题。由其原来单一的、孤立的信息转化为集中统一指挥的信息，从而使多元化信息产生集中效应。其次通过构建监管体系解决执法力量的统一协调问题。从各自为政、孤兵作战的传统状况转化为联合执法，发挥破网的联合效应。最后用该体系解决区域延伸问题，即使得从烟草部门单独执法转化为串联执法，产生全局整合效应。

通过构建监管体系，进一步完善烟草、公安、市场监管局等职能部门联合执法协作机制，形成强大的工作合力。把集中打击与日常监管有机结合，深入研究物流快递渠道涉烟违法犯罪活动的特点及规律，不断完善机制，强化措施，推动打击物流快递渠道涉烟违法犯罪工作制度化、规范化、常态化。

一是与区公安分局、市场监管局加强协作，区公安分局、市场监管局指派专人常驻天桥区局，以实地走访与调查的形式对辖区物流企业进行监管，定期不定期地对辖区物流企业上门检查，重点根据物流企业监管信息系统分析情况对高危线路或者曾因运输非法卷烟被查处的物流企业进行针对性检查，努力从源头上控制和减少非法运输烟草专卖品违法行为的发生。

二是建立工作协调机制与联席会议制度，解决联合监管的长效性问题。与区公安分局、市场监管局召开联合整治物流企业座谈会、工作联席会、协调会，相互交流与沟通，就如何有效打击非法运输卷烟等有关问题进行探讨。建立联席会议制度，及时通报涉烟违法案件查处及物流涉烟活动监管情况，共同研究和分析物流企业监管中遇到的问题，优化执法资源，提高执法效率，形成制度化的工作格局，逐步构建联合执法长效工作机制。

3.4 充分发挥社会民众的监督作用

通过网络、宣传标语等媒体进行宣传教育，提高广大民众对涉烟违法行为的认识，并在日常工作和生活中遇到不法行为及时举报。通过这种全民参与的方式，把监督深化到日常生活的各个角落，强化社会民众对涉烟违法行为的监督。只有通过这种全民监督的方式才能使犯罪分子无地可遁，压缩违法犯罪活动空间，使违法犯罪活动无机可乘。

烟草专卖行政执法风险防控探析

王炜

（青岛市烟草专卖局专卖监督管理处，山东青岛，266071）

［摘要］烟草专卖行政执法是我国烟草专卖行政主管部门的法定职权，是维护国家利益、消费者合法权益的重要保障。在当今社会，烟草专卖行政执法不可避免地面临着一定的风险。本文主要对烟草专卖执法风险的含义、主要分类以及烟草专卖行政执法风险防控的基本原则进行阐述，并对如何从事前、事中、事后三个维度进行烟草专卖行政执法风险防控进行分析。

［关键词］烟草专卖行政执法；风险；烟草专卖行政执法风险；风险防控

党的十九大报告提出，依法治国是我国的基本方略，依法行政则是实现依法治国的重要组成部分。习近平总书记指出，执法是把纸面上的法律变为现实生活中活的法律的关键环节。当今社会是一个“风险社会”，德国社会学家乌尔里希·贝克认为：“在风险社会中，不明的和无法预料的后果成为历史和社会的主宰力量。”烟草专卖行政执法作为一项重要的执法活动，不可避免地面临着各种各样的风险。对于烟草专卖行政执法风险以及相应的防控措施进行研究具有重要的现实意义。

1 烟草专卖行政执法风险的含义及其分类

从一般意义上来讲，风险就是指“可能发生的危险”，最主要的特征就是“不确定性”，其产生危害结果的概率介于“可能发生”和“必然发生”之间。当前社会，行政执法面临的形势和外部环境非常复杂，甚至可以说作出行政行为即伴随着风险。从行政法律关系的一般理论①可以引申出烟草专卖行政法律关系和烟草专卖行政执法风险的概念。烟草专卖行政法

① 行政法律关系是指由行政法调整的、具有行政法上权利义务内容的行政关系，其主体包括行政主体和行政相对方。行政主体是指享有国家行政权，能以自己的名义行使行政权，并能独立地承担因此而产生的相应法律责任的组织。行政相对方是行政法律关系的一方主体，无论是包括行政机关在内的国家机关，还是公民、法人或者其他组织以及外国人、无国籍人、外国组织，都可以作为行政法律关系的行政相对方主体参加行政法律关系，享受一定的权利，并承担一定的义务。但是，行政主体只能是国家行政权的享有者。

律关系是由烟草专卖法[①]调整的、具有烟草专卖法上权利义务内容的行政关系，其主体是烟草专卖行政主管部门和行政相对方。烟草专卖行政执法风险是指烟草专卖行政主管部门和行政相对方，在烟草专卖行政主管部门履行法定职权、从事烟草专卖管理工作的过程中，由于主客观因素的影响，发生烟草专卖行政主管部门违法执法、执法不当或履职不到位等问题，以及相对方不接受监督管理、暴力抗法等情形，发生纠纷与冲突，造成人员伤亡、财产损失，妨碍烟草专卖执法目标的实现，给烟草专卖行政执法的“公信力”造成负面影响等所应当承担相应的不利后果和相应责任的可能性。

(1)根据责任承担主体的不同，可以分为烟草专卖行政主管部门承担的风险和行政相对方承担的风险。

烟草专卖行政主管部门和行政相对方是烟草专卖行政法律关系的主体，也是烟草专卖行政执法风险责任的主要承担者。对于行政相对方而言，比如取得烟草专卖许可证的公民、法人或其他组织，如果拒不配合烟草专卖行政主管部门对其生产经营活动进行监督检查，阻碍执法，甚至暴力抗法，就有可能被公安机关给予治安管理处罚，情节严重的，将会被追究刑事责任。对于烟草专卖行政主管部门而言，执法人员在烟草专卖行政执法过程中，发生不规范执法、违法许可、违法处罚等情形，会侵犯相对方的合法权益，引发行政复议、诉讼案件，引起社会舆论广泛关注，甚至动摇烟草专卖制度的根基。因此，从规范行政执法权的行使、保护相对方合法权益的角度出发，对烟草专卖行政主管部门及其执法人员面临的行政执法风险进行研究具有重要意义，这也是本文研究的重点[②]。

(2)根据烟草专卖执法行为涉及对象的不同，可以分为行为的风险、物品的风险和费用的风险。

行为的风险主要是指烟草专卖行政主管部门及其执法人员在实施行政许可、行政处罚过程中，因为违法许可、违法处罚等行为而产生的风险。比如在行政许可的受理、审查、后续监管等环节，存在应受理而不予受理，超期决定，违法许可、变更、延续许可证等实体上和程序上的风险；在行政处罚的立案、调查取证、审查和决定等环节，存在着管辖权确定不当，未及时处理先行登记保存物品，认定事实错误，适用法律不当等实体上和程序上的风险。物品的风险是指在行政处罚实施过程中，特别是在处罚生效之后，对查获的假烟、走私烟、非法渠道卷烟、烟丝烟叶等涉案烟草专卖品进行仓库管理以及进行假私烟销毁、真烟变卖等工作中存在的风险。费用的风险是指在卷烟打假打私工作中，办理举报费、检验检测取证费等 9 项打击涉烟违法活动相关费用过程中存在的风险。

(3)根据承担责任的性质、追责方式的不同，可以分为刑事法律风险、行政法律风险和管理风险。

刑事法律风险是指烟草专卖行政执法违反了刑事法律的规定，需要承担刑事法律责任。例如烟草专卖执法人员在办理烟草专卖许可证或进行监督检查时，索取、收受他人财物或者

---

① 这里的“烟草专卖法”是广义的“烟草专卖法”，包括《中华人民共和国烟草专卖法》《中华人民共和国烟草专卖法实施条例》以及《烟草专卖行政处罚程序规定》(工信部令第 12 号)《烟草专卖许可证管理办法》(工信部令第 37 号)等法律规范。

② 本文主要针对烟草专卖行政主管部门及其执法人员面临的行政执法风险防控问题进行研究。

谋取其他利益，构成犯罪的，依法追究刑事责任。行政法律风险是指由于烟草专卖行政执法不规范，引发行政复议、行政诉讼，一旦败议、败诉，要承担相应的行政法律责任。管理风险主要是指由于存在工作过失、管理不善、效率低下等原因，虽未造成严重后果，但是对烟草专卖执法行为已经造成了一定负面影响。例如，对涉案物品台账保管不善、罚没卷烟摆放混乱、打假经费支付不及时等。

2 烟草专卖行政执法风险防控的原则

2.1 依法防控原则

风险最主要的特征就是"不确定性"，法律则是防控风险的有效手段，因为法律所具有的确定性、安定性、可预期性等功能，能够满足处于风险情势中的人的内心需求，降低面对风险时的忧虑和不安。因此，合法性既是烟草专卖行政执法要遵循的首要原则，也是烟草专卖行政执法风险防控要遵循的第一要义。烟草专卖行政主管部门在进行风险防控的过程中，往往会出台许多内部规定，这些规定不仅要遵循宪法、法律，还要遵循行政法规、地方性法规、行政规章等，既要合乎实体法，也要合乎程序法。

2.2 预先防控原则

风险防控的根本目的是要避免风险的发生或者使风险产生的危害后果最小化，也就是"防患于未然"。预先防控并不是要消除非常可能出现的损害事件，或者事后弥补已经造成的损害，而是专注于风险可能发生的潜在根源，其目标在于通过公共机关的管制行为来干预危险源，进而影响人们的行为，最终使损害得以避免。行之有效的事前预防要远胜于事后的责任追究，事前的预防成本要远低于事后的弥补、救济成本。

2.3 精益防控原则

精益防控就是要以最少的资源、最少的浪费、最低的成本来实现效益最大化、最有效率的风险防控。实施精益防控可以从两个方面来理解：一方面，防控烟草专卖行政执法风险并不是鼓励"消极执法"，而是要在依法行政和保障行政相对方合法权益的前提下，开展"积极执法"，提高服务质量和行政效率，实现行政管理目标。另一方面，防控烟草专卖行政执法风险的措施要在多种可选择的防控措施中选择最可以接受的、最具有时效性、成本最低的措施。

2.4 综合防控原则

烟草专卖行政执法是一项复杂的系统工程，涉及人员、物品、费用等多个领域，涉及管理、经济、行政、刑事等多种风险防控措施。从外部来说，烟草专卖行政执法涉及公安、海关、市场监管、交通输运、邮政等多个执法部门和领域；从内部来说，烟草专卖行政执法涉及专卖、内管、法制、财务、审计、监察等多个部门。因此，烟草专卖行政执法风险防控措施不能是片面的、单一的，必须是全面的、综合性的。

3　烟草专卖行政执法风险防控的主要措施

党的十九大报告首次提出要坚决打好防范化解重大风险攻坚战，并将其摆在三大攻坚战的首位。风险防控是一项重大课题。笔者认为，开展烟草专卖行政执法的风险防控，应当从事前预防、事中控制、事后救济三个方面来进行。

3.1　强化建章立制，加强事前预防

3.1.1　明确执法依据，减少执法盲区

立法是法制建设的前提和基础，也是行政执法的来源和依据。“立善法于天下，则天下治；立善法于一国，则一国治理。”立法层面要及时为烟草专卖执法提供明确的法律依据，保障执法顺利开展。如近年来在市场上出现的加热不燃烧新型烟草制品，对国内卷烟市场造成极大的冲击，国家烟草专卖局协调和配合有关部门，通过出台规范性文件、对个案进行批复等手段，有效解决了新型烟草制品定性、鉴定问题，为依法查处非法经营加热不燃烧新型烟草制品行为提供了可靠依据。

3.1.2　深化联合协作，提升执法效果

烟草专卖执法可以分为许可市场监管和非许可市场监管。就许可市场监管来说，目前全国共有 500 万户左右的合法持证零售户，数量庞大，地域分布广泛。就非许可市场监管来说，根据法律法规规定，烟草专卖行政主管部门可以会同海关对海关监管区内经营免税的卷烟、雪茄烟进行监管，可以会同交通运输部门对非法运输烟草专卖品行为进行检查、处理，等等。由于执法力量有限，执法对象点多、面广、性质复杂，再加上执法水平参差不齐，执法效果难以保障。因此，烟草专卖行政执法必须要与相关职能部门加强联合协作，借助外力来弥补自身执法权限的不足，防控执法风险。

3.1.3　完善内控制度，构建完备的防控体系

烟草专卖行政主管部门应当按照风险识别、风险评估、风险管控的步骤，构建完备的内控制度和防控体系。首先，要做好风险识别。可以通过系统排查、员工互查、个人自查等方式对烟草专卖行政执法全过程所面临的风险点进行全面、细致的排查、梳理，最大限度地甄别风险点，这是风险防控的基础性工作。其次，要进行风险评估。对执法风险发生的可能性、可能涉及的工作环节和岗位、风险造成损失的范围与程度进行估计和衡量，确定风险量和等级，为风险防控提供科学依据。最后，要做好风险管控。根据风险评估的结果，采取制定执法风险预警、建立健全应急处置机制等措施，以达到避免风险、转移风险、减少或控制风险损失的目的。

3.2　依法履职尽责，加强事中控制

3.2.1　依法行使职权，促进严格规范公正文明执法

法律是防范风险最有效的手段。烟草专卖制度从确立到现在，有接近 30 年的时间，从全国人大常委会制定的法律《中华人民共和国烟草专卖法》、国务院制定的行政法规《中华人民共和国烟草专卖实施条例》，到工信部出台的部门规章《烟草专卖行政处罚程序规定》，等

浅议如何提高真烟非法流通隐患识别精度

邱焕金，吴其鹏

［威海市烟草专卖局(公司)内部专卖管理监督派驻办公室，山东威海，264200］

［摘要］ 根据前期调研发现的、当前存在的具体问题以及问题发生的本质原因，利用5W1H精益工具，制定行之有效的解决方案，重点解决两个问题：一是有效防范并减少真烟非法流通隐患的发生；二是提高真烟非法流通隐患识别精度和治理效果。具体做法为构建真烟非法流通预防惩戒机制，同时从卷烟规格、时间、地域等维度，构建真烟非法流通隐患数学模型，以经营数据为基础，将真烟非法流通隐患量化、可视化，进而提高隐患识别的精度、排查的深度和管控的力度。

［关键词］ 真烟非法流通案件；隐患识别；排查维度；识别精度

近年来，行业高度重视规范经营工作，不断强化措施，狠抓落实，卷烟外流数量逐年减少，规范经营效果显著，但是在个别时段、个别区域，真烟外流案件时有发生，真烟非法流通形势仍然非常严峻，绝不允许掉以轻心、麻痹大意。2018年，省局(公司)对规格卷烟经营工作提出了“要继续保持狠抓规范经营的态度不变、力度不减、劲头不松，确保真烟外流数量降幅不低于行业平均水平”的新要求，要彻底割掉不规范经营这颗“毒瘤”，从卷烟商品流通的各个环节入手，逐层逐级分析真烟非法流通的隐患点，制定有针对性的防范管控措施，同时加强逆向查找工作水平，不断压缩违法违规经营行为的生存空间，进而有效遏制真烟非法流通行为。

1 真烟非法流通隐患筛查与管控中存在的问题

1.1 真烟非法流通隐患识别不够精准

随着真烟非法流通治理工作的不断深入，真烟非法流通行为得到了一定程度的控制，但并未彻底禁绝，相反，真烟非法流通行为正变得越来越隐蔽，手段也越来越多样。特别是大多数非法流通行为都是由违法违规经营的大户或者烟贩一手操作的，这就造成在真烟非法流通隐患的识别中存在难度。

1.2 真烟非法流通隐患排查不够彻底

隐患排查分为两个方面，一是对真烟非法流通线索或者异常情况进行排查，二是对已经发生的真烟非法流通案件进行调查核实。前者由于只有预警信息，没有违法违规经营的“实锤”，加之烟草行业专卖稽查的权限等问题，往往无法确定真实操控者；而后者是案件已经发生的情况，零售户由于担心受到处罚而配合意愿不强，面对调查存在敷衍塞责的现象。两种情形最终都会造成同样的结果，即线索中断。

1.3 真烟非法流通隐患管控不够到位

一是真烟非法流通隐患仍时有发生，受内部职工和零售客户思想上不重视、卷烟营销流程中可能存在不完善、内部监管不到位、市场管控力度不足等因素影响，非法流通隐患发生的可能性并未彻底消除；二是真烟非法流通隐患处理不及时、措施不得当，处置过程中存在敷衍了事、不负责任等问题，由“隐患”向“坐实”发展的路径并未彻底切断，最终导致真烟非法流通行为的发生。

2 多维分析，不断提高隐患的识别精度、排查深度、治理力度

2.1 品规维度

2.1.1 真烟非法流通规格方面的规律

设计制作真烟非法流通规格月度预警表和累计预警表，查找当前及长期存在重大隐患的卷烟规格。月度以10万支、5万支和1万支为界，分别设为红色预警、橙色预警和黄色预警；年度累计以20万支、10万支和5万支为界，分别设为红色预警、橙色预警和黄色预警。从这个角度来看，当前存在真烟非法流通隐患最大的规格是“泰山(红将军)”“哈德门(纯香)”“中南海(金8 mg)”“南京(炫赫门)”“红塔山(软经典)”等卷烟，累计非法流通总量都超过了20万支(见表1和表2)。

表1 2018年10月真烟非法流通规格预警表 (单位:万支)

序号	规格	类别	数量	其中				
				本地流出	外地流入	跨区流动	区内流动	来源地不明
以下为黄色预警								
1	泰山(红将军)	三类	4.300	0.00	0.70	0	0.44	3.160
2	红塔山(软经典)	三类	3.174	0.00	0.22	0	0.00	2.954
3	中华(软)	一类	2.650	1.60	0.00	0	0.00	1.050
4	南京(炫赫门)	二类	2.164	0.00	0.82	0	0.06	1.284
5	泰山(华贵)	三类	2.024	0.00	1.26	0	0.12	0.644
6	云烟(紫)	三类	1.616	0.02	0.28	0	0.14	1.176
…	…	…	…	…	…	…	…	…

表 2　2018 年 1～10 月真烟非法流通规格累计预警表(单位:万支)

序号	规格	类别	数量	其中				
				本地流出	外地流入	跨区流动	区内流动	来源地不明
以下为红色预警								
1	泰山(红将军)	三类	80.212	0.04	44.028	0.08	4.540	31.524
2	哈德门(纯香)	四类	42.074	0.00	28.232	0.00	0.380	13.462
3	中南海(金 8 mg)	三类	36.708	0.00	14.220	0.00	0.800	21.688
4	南京(炫赫门)	二类	24.162	0.00	9.166	0.00	0.120	14.876
5	红塔山(软经典)	三类	22.460	0.00	4.260	0.00	0.660	17.540
以下为橙色预警								
6	雄狮(红)	五类	19.904	0.000	17.012	0.00	0.000	2.892
7	中华(软)	一类	19.548	5.600	0.360	0.00	1.020	12.568
8	中华(硬)	一类	18.360	7.260	0.100	0.00	2.640	8.360
9	泰山(华贵)	三类	17.936	0.000	8.240	0.02	3.120	6.556
10	利群(新版)	二类	17.908	0.860	1.160	0.02	2.180	13.688
…	…	…	…	…	…	…	…	…
以下为黄色预警								
18	长白山(777)	二类	9.988	0.00	1.660	0.00	0.740	7.588
19	泰山(白将军)	三类	8.866	0.10	1.920	0.00	1.818	5.028
20	红梅(软顺)	五类	7.870	0.00	4.360	0.00	0.000	3.510
…	…	…	…	…	…	…	…	…

考虑到真烟非法流通不同类型卷烟数量不同以及危害程度不同等因素,简单地将各种类型非法流通卷烟进行数量叠加并不能完全反映隐患的严重过程度。本文提出一种真烟非法流通隐患危险系数的概念,通过将不同的外流类型分别设置不同的权重,利用加权平均法,重新进行危险系数核算,用于指导真烟非法流通隐患的筛查与管控。具体公式如下:

$$y=\frac{a_1x_1+a_2x_2+a_3x_3+a_4x_4+a_5x_5}{a_1+a_2+a_3+a_4+a_5}$$

式中:a 为不同类型的权重;x 为不同流通类型的卷烟数量。

假设本地流出、外地流入、跨区流动、区内流动和来源地不明的权重分别为 100、5、3、2、2,对表 2 重新进行计算,可以得到以下结果(见表 3)。结果基本符合当前市场真实状况,存在真烟非法流通隐患危险系数最高的规格中,中华系列、利群系列以及“泰山(红将军)”“哈德门(纯香)”“中南海(金 8 mg)”“雄狮(红)”“南京(炫赫门)”等低档或紧俏卷烟的危险系数较大,其中中华系列、利群系列主要涉及卷烟外流,“泰山(红将军)”“哈德门(纯香)”“中南海(金 8 mg)”“雄狮(红)”“南京(炫赫门)”主要涉及外地流入。

表3 真烟非法流通规格危险系数测算结果

序号	规格	价类	数量	危险系数
1	中华(硬)	一类	18.360	6.683036
2	中华(软)	一类	19.548	5.258714
3	利群(软红长嘴)	一类	11.680	3.446071
4	泰山(红将军)	三类	80.212	2.647393
5	利群(软长嘴)	一类	7.720	1.677857
6	哈德门(纯香)	四类	42.074	1.507536
7	利群(新版)	二类	17.908	1.103536
8	中南海(金8 mg)	三类	36.708	1.036393
9	雄狮(红)	五类	19.904	0.811107
10	南京(炫赫门)	二类	24.162	0.676982
…	…	…	…	…

2.1.2 真烟非法流通价类方面的规律

对2018年以来的全部真烟非法流通案件进行跟踪调查,通过对所涉卷烟规格的价类进行汇总分析(见图1),发现非法流通数量占比最大的价类为三类烟,主要涉及的规格为"泰山(红将军)""中南海(金8 mg)""泰山(华贵)""红塔山(软经典)""南京(红)"等。从流通类型上来看,主要为各单位查扣外地流入卷烟,通过市场调研、组织座谈发现,上述卷烟货源紧张,本地市场严重缺货,导致外地卷烟大量涌入。外地卷烟的主要来源地为烟台、临沂等地。一类卷烟也是非法流通数量占比较大的价类,主要涉及的规格为中华系列、利群系列。从流通类型上来看,主要为本地卷烟流到省外。非法流通的五类烟跟三类烟的情况基本一致,也是因为本地投放较少,市场空缺较大,像"雄狮(红)""哈德门(软)""红梅(软顺)"这样的卷烟流入数量较大。以上反映出的问题,除了可以将有关情况反馈给各单位内管部门、专卖管理部门以外,同时也向卷烟营销部门反馈,提出卷烟投放策略制定的建议。

2.2 时间维度

总结近几年真烟非法流通数量在时间上的规律(见图2),发现真烟非法流通主要集中在每年的12月到次年的1月、4～5月和9～10月。市场调研发现,12～1月、9～10月分别为元旦春节、中秋国庆双节销售旺季,这段时间内卷烟销售市场活跃,非法流通的频次也会增加;对于4～5月,春节过后市场往往会在一段时间内比较低迷,由于客户或者消费者对卷烟的储备比较充足,2～3月市场需求并不大,到了4～5月,随着卷烟前期库存消耗殆尽,卷烟市场需求会有所增加,这期间如果市场需求和货源投放把握不好就会造成真烟非法流通数量的急剧增加。因此,可以向营销部门和专卖稽查部门建议在以上三个时间段加强管理,准确把握市场需求,合理制定货源投放政策,加大市场走访检查力度,严防真烟非法流通。

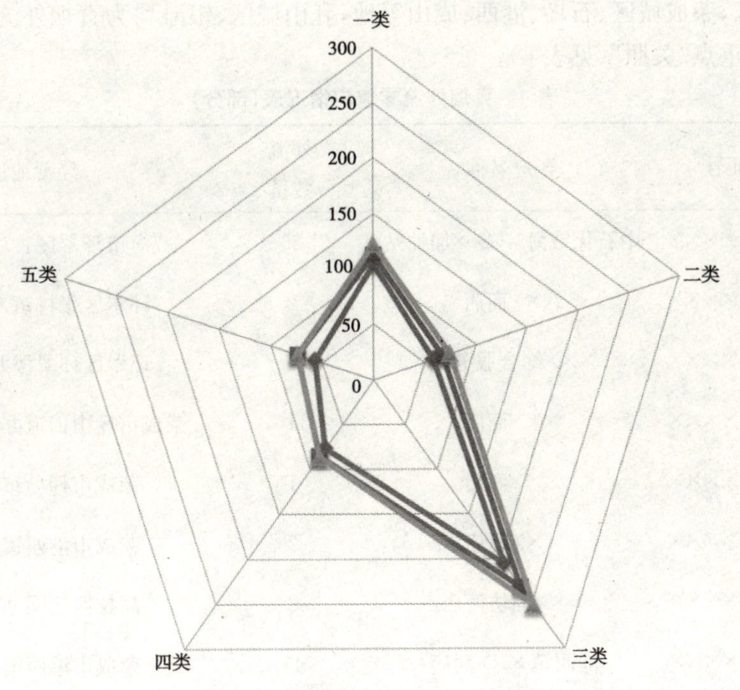

图 1　真烟非法流通价类分布图

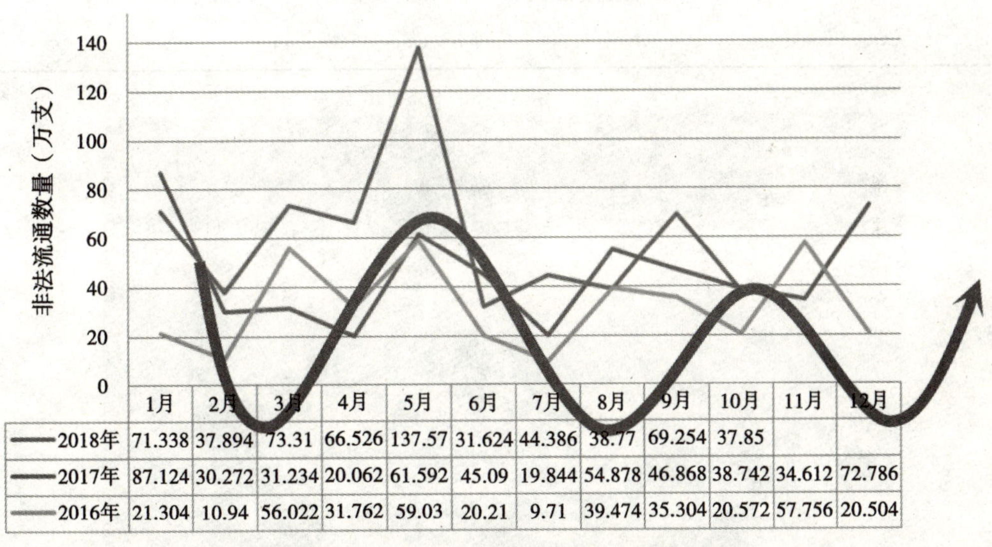

	1月	2月	3月	4月	5月	6月	7月	8月	9月	10月	11月	12月
2018年	71.338	37.894	73.31	66.526	137.57	31.624	44.386	38.77	69.254	37.85		
2017年	87.124	30.272	31.234	20.062	61.592	45.09	19.844	54.878	46.868	38.742	34.612	72.786
2016年	21.304	10.94	56.022	31.762	59.03	20.21	9.71	39.474	35.304	20.572	57.756	20.504

图 2　真烟非法流通数量月变化情况(单位:万支)

2.3　地域维度

汇总发生真烟非法流通的零售户,结合零售户非法流通卷烟的数量,利用电脑软件,在地图中绘制真烟非法流通高发地带热力图,为真烟非法流通隐患的识别和筛查提供有利的数据支撑和指向导引。

2.3.1　真烟外流方面

通过绘制真烟外流零售户热力地图(见图 3 至图 5),可以发现市区城区、张村镇、泊于镇等地，文登城区，荣成城区、石岛、港西、成山等地，乳山城区、银滩均为真烟外流的“重灾区”，需要内管人员重点“关照”(见表 4)。

表 4　真烟外流零售户情况表(部分)

序号	许可证号	客户名称	外流数量	经营地址
1	37100121××××	中石化威海××××加油站	23	威海市环翠区竹岛办××××
2	37100110××××	×××商店	2	环翠区张村镇××××区
3	37100110××××	×××综合服务部	1	环翠区环翠楼办××××
4	37108210××××	×××商店	1	荣成市斥山街道办事处××××
5	37108210××××	×××商店	1	荣成市俚岛镇××××
6	37108210××××	×××商店	2	荣成市港西镇××××
7	37100110××××	×××酒坊商店	2	高技区怡园办××××
8	37108210××××	港西镇×××商店	45	荣成市港西镇××××
9	37100110××××	×××糖酒批发部	38	环翠区××××
…	…	…	…	…

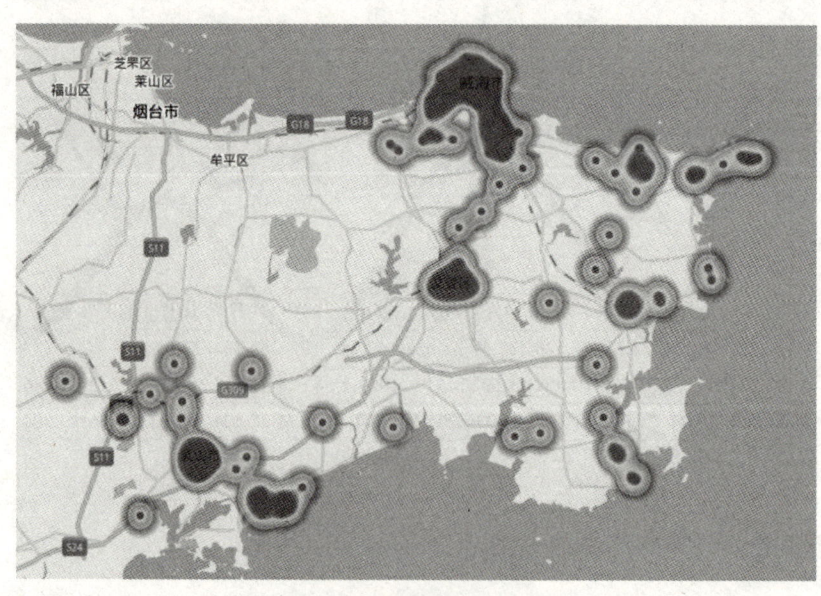

图 3　全市真烟外流热力地图

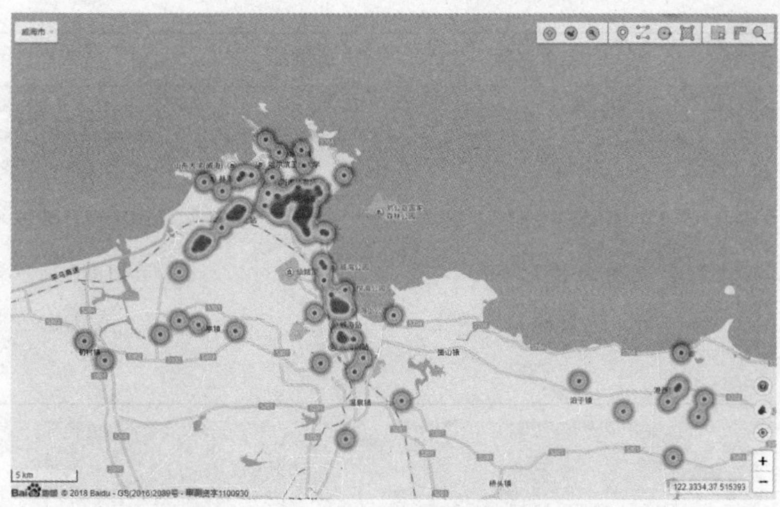

图 4　市区真烟外流热力地图

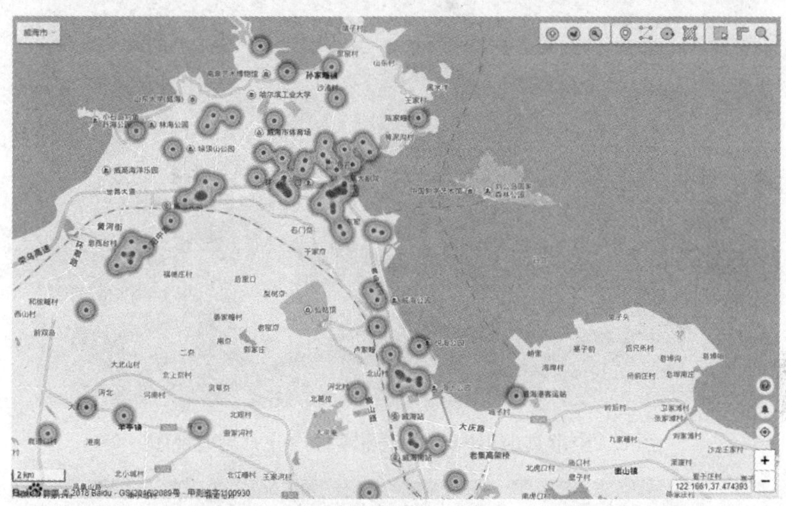

图 5　市区城区真烟外流热力地图

2.3.2　真烟市内流通方面

绘制真烟非法流通市内流动零售户热力地图(见图 6 至图 8),可以发现真烟非法流通市内流动主要集中在各单位城区,此外各单位经济相对较好的乡镇驻地也是高发地区(见表 5)。

表 5　真烟市内流通零售户情况表(部分)

序号	许可证号	客户名称	流动数量	经营地址
1	37108310××××	乳山市×××商店	1	乳山市白沙滩镇××××
2	37108310××××	乳山市×××商店	2	乳山市白沙滩镇××××
3	37108310××××	乳山市×××商店	2	乳山市白沙滩镇××××
4	37108310××××	乳山市×××商店	2	乳山市白沙滩镇××××
5	37108310××××	乳山市×××超市	2	乳山市白沙滩镇××××

续表

序号	许可证号	客户名称	流动数量	经营地址
6	37108310××××	×××糖酒副食经营部	3	乳山市建设街××××
7	37108310××××	乳山市×××商店	4	乳山市白沙滩镇××××
8	37108310××××	乳山市曹家庄×××商店	4	乳山市白沙滩镇××××
9	37108310××××	乳山市×××超市	8	乳山市银滩××××
10	37108310××××	乳山市福海×××超市	12	乳山银滩××××
…	…	…	…	…

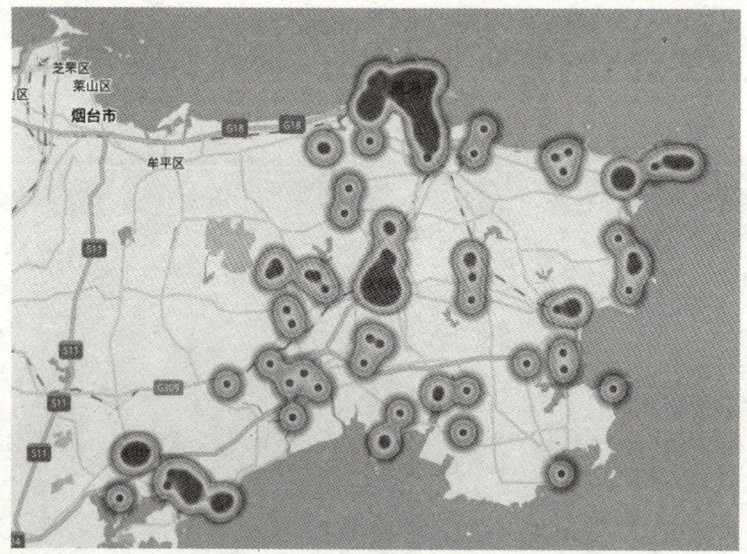

图 6　全市真烟市内非法流通零售户分布热力地图

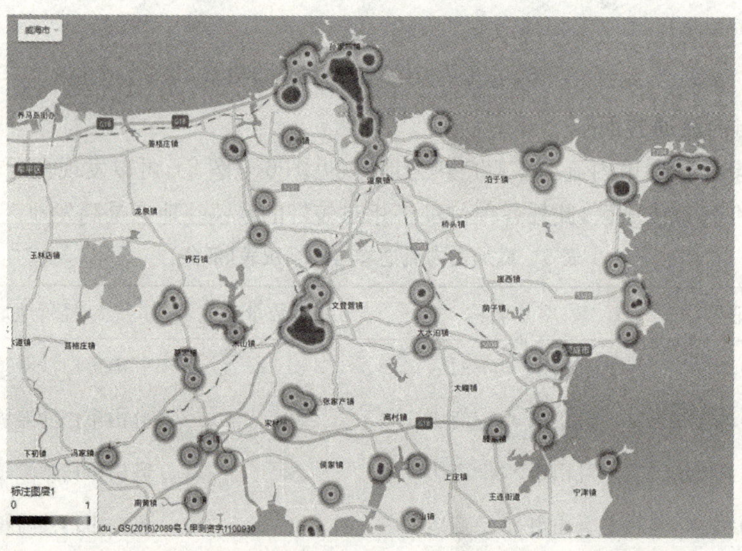

图 7　市区、文登、荣成真烟市内非法流通零售户分布热力图

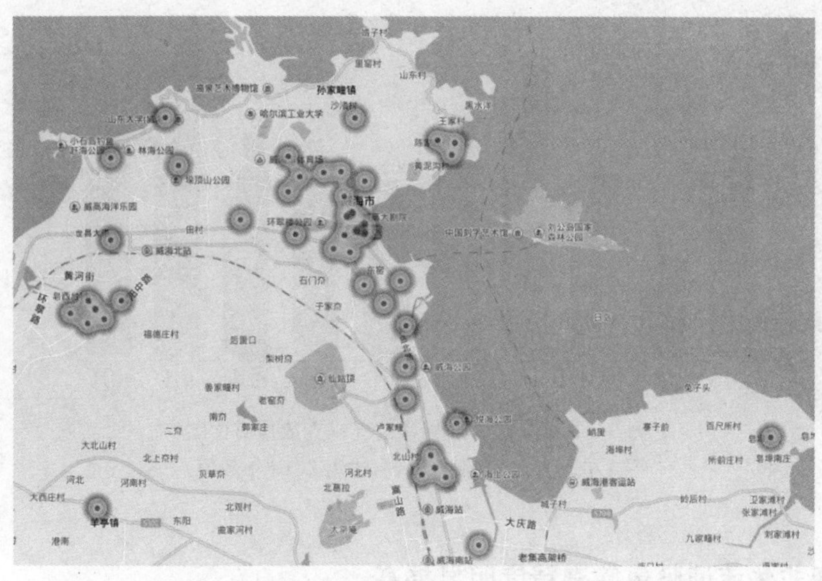

图 8　市区城区真烟市内非法流通零售户分布热力图

3　效果论证

通过调查问卷、访问座谈等形式，对采取措施前后情况进行对比，发现在真烟非法流通隐患防范控制和精准筛查方面均取得不错的效果。

3.1　真烟非法流通隐患防范控制效果显著

统计 2017 年 1～10 月以及 2018 年 1～10 月的真烟非法流通异常情况排查数量(见表 6 和图 9)。异常情况排查主要是针对市县两级内管部门在日常监管中认定的存在较大真烟非法流通隐患。近两年内管工作人员相对固定，对真烟非法流通隐患的评判要求及标准基本一致。经过对比发现，2018 年 1～10 月下发真烟非法流通异常情况排查表的数量较 2017 年同期减少了 549 份，同比降低了 22.01%，真烟非法流通异常情况的数量较 2017 年同期降幅明显，达到了有效防范控制真烟非法流通隐患的目标。

表 6　真烟非法流通异常情况排查数量对比表

年度	1 月	2 月	3 月	4 月	5 月	6 月	7 月	8 月	9 月	10 月	累计
2017	231	114	209	317	291	202	229	257	368	276	2494
2018	185	74	153	277	254	172	205	183	246	196	1945
减少	46	40	56	40	37	30	24	74	122	80	549

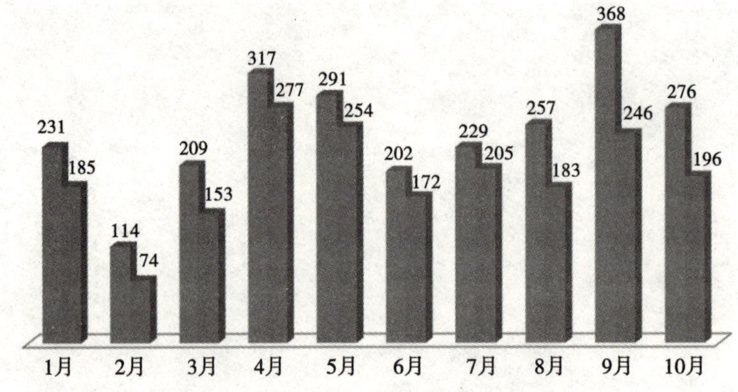

图 9 真烟非法流通异常情况排查数量对比图

(注:左边为 2017 年数值,右边为 2018 年数值)

3.2 真烟非法流通隐患筛查精度明显提高

根据真烟非法流通规格危险系数,结合卷烟投放情况、市场需求情况,就可以准确地找到真烟非法流通隐患的所在,从而提高真烟非法流通隐患的识别精度,大大缩短了真烟非法流通隐患的筛查时间。调研市县两级内管人员 7 月初和 11 月初的隐患筛查情况,统计隐患筛查耗时天数和转入排查的转化率两项指标(见表 7)。从调查结果来看,采用真烟非法流通隐患危险系数法进行筛查,平均每月可以节省 1.75 个工作日,减少筛查订单 1200 余条,异常情况排查转化率从 2.49%提高到了 4.54%,达到了提质增效的目标。

表 7 各单位 5~6 月、9~10 月筛查情况调查统计表

单位	采用危险系数前				采用危险系数后			
	耗时(天)	筛查订单数	转入排查数	转化率(%)	耗时(天)	筛查订单数	转入排查数	转化率(%)
市区	5.000	3100	86	2.77	3.000	1500	68.0	4.53
文登	3.500	1700	25	1.47	2.000	700	32.0	4.57
荣成	4.500	2500	61	2.44	2.500	1300	47.0	3.62
乳山	3.500	1700	52	3.06	2.000	600	39.0	6.50
平均	4.125	2250	56	2.49	2.375	1025	46.5	4.54

注:表内数据为月均数据。

3.3 规范经营长效机制构建成型,真烟非法流通控制效果显著

设计形成真烟非法流通隐患筛查与管控"三维工作法",重点通过卷烟的规格维度、投放的时间维度和违规经营零售户的地理维度三个方面入手,找到真烟非法流通的规律,形成有价值的调查线索,从而有效提升隐患的识别精度、排查深度和治理力度。从结果上看,真烟非法流通隐患得到有效减少。2018 年 1~10 月,全市真烟外流数量 25.56 万支,较 2017 年同期减少 54.97%,继续保持全省最低水平;从月度来看,真烟外流呈现逐月下降的整体趋势(见图 10 和图 11)。

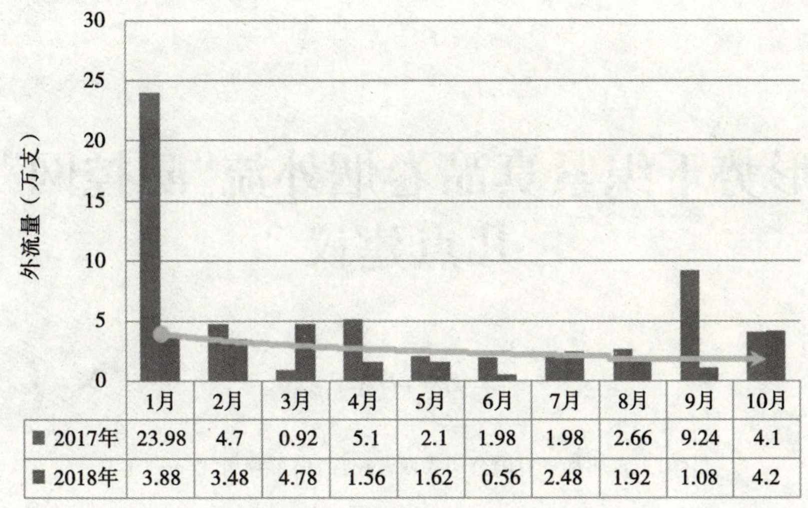

	1月	2月	3月	4月	5月	6月	7月	8月	9月	10月
2017年	23.98	4.7	0.92	5.1	2.1	1.98	1.98	2.66	9.24	4.1
2018年	3.88	3.48	4.78	1.56	1.62	0.56	2.48	1.92	1.08	4.2

图 10　月度真烟外流数量同比情况(单位:万支)

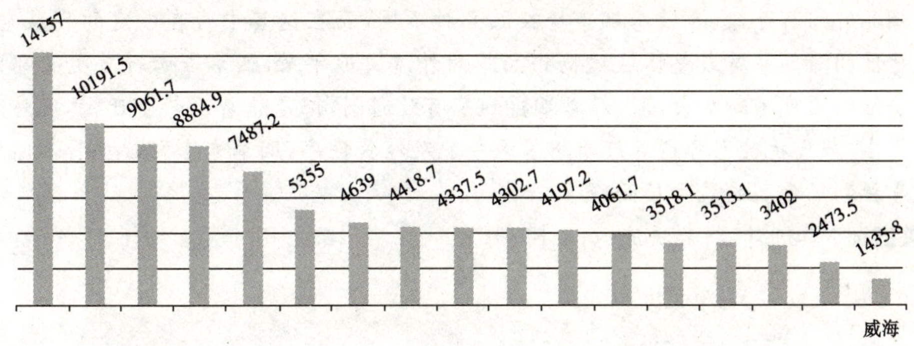

图 11　2018 年 1～10 月各市局外流真烟数量排序图表(单位:条)

[注:摘自省局(公司)《关于 2018 年 10 月真烟非法流通情况的通报》]

参考文献

[1]黎云．对当前真烟非法流通现象的思考[J]．广西烟草,2015(5):36-37.

[2]周廷昆．试析真品卷烟非法流通的现状成因及对策[A]．中国烟草学会 2016 年度优秀论文汇编[C],2016.

[3]王颖．如何治理辖区真品卷烟非法流通的思考[A]．中国烟草学会 2016 年度优秀论文汇编[C],2016.

[4]唐启孝．浅论真烟非法流通的成因及对策[A]．中国烟草学会 2014 年学术年会优秀论文汇编[C],2014.

[5]曾召普．真品卷烟非法流通的原因与治理方法探究[J]．产业与科技论坛,2018,17(18):35-36.

[6]张仪娜．新形势下治理真烟非法流通的几点思考[A]．中国烟草学会 2016 年度优秀论文汇编[C],2016.

[7]杨光．浅谈如何遏制真品卷烟非法流通[A].中国烟草学会 2014 年学术年会入选论文摘要汇编[C],2014.

新形势下织紧真品卷烟外流“防控网”的几点建议

王晓辉，吕宗良

（山东青岛烟草有限公司莱西营销部，山东青岛，266600）

［摘要］真烟外流，即各个地区之间，特别是跨省区域存在不同的卷烟经营重点、消费习惯与卷烟品牌培育导向，导致卷烟市场投放品种不同，而在这其中存在一定的利益空间，从而造成地区间滞销品牌或整体区域畅销品牌的外流。近年来，烟草专卖行政主管部门打击卷烟违法活动力度不断加大，假、私卷烟得到了有效遏制，但是随着形势变迁，真烟外流现象却频频发生，严重扰乱了各地卷烟市场货源分配及经营秩序，烟草专卖行政主管部门把真烟外流监管放到了更高的监管层面。

［关键词］真烟外流；非法流通；成因；对策

1　问题的提出

在烟草专卖管理工作中，通常把真品卷烟未落地、落户进行销售，而由不法烟贩因受利益驱使暗中收购卷烟，并在省内各地市之间或省外进行真品卷烟非正常流动的现象，称为“真品卷烟外流”。众所周知，真品卷烟外流是卷烟市场上不法烟贩的一种非法牟利手段，不仅严重破坏了卷烟市场经营环境和卷烟流通秩序，还损害了国家利益和消费者利益。近年来，尽管烟草专卖管理部门不断加强对真品卷烟外流的打击力度，但受供求关系变化和利益驱使的影响，真品卷烟外流现象在很多地区都屡有发生。如何切实管控、遏制辖区真品卷烟外流，本文从真品卷烟外流的情形和原因进行分析，同时提出几点防控建议以供参考。

2　真品卷烟外流的情形

现阶段，真烟外流主要呈现两大趋势：一是中高档紧俏烟，如天价烟及中华、利群、苏烟等市场供应相对紧张的卷烟，因为高端烟消费潜力很大，当地市场难以满足客户需求，造成外流；二是低端烟，一般为2～5元/盒的卷烟，一些地方盲目追求结构、不投放或者少投放低档卷烟，不能满足客户需求，特别是偏远农村地区的低档卷烟需求，以此出现了低档卷烟外流。

2.1 非法人员从事真品卷烟收购、外流

由于某些品牌卷烟供应的参差不齐与部分地区某些品牌卷烟需求量之间存在矛盾，面对高额利润的诱惑，市场上一直活跃着一些非法卷烟收购者，他们把外地的真品卷烟带到本地的同时，收购本地的卷烟流向外地，由于其专业从事真品卷烟收购倒卖活动，一旦发生外流，涉及真品卷烟外流数量往往较大。

2.2 本地零售大户收购卷烟

零售大户的经营规模较大，资金充足，辐射范围广，往往会主动收购经营规模较的小零售户的滞销卷烟，并与外来收购者进行约定，导致本地滞销卷烟品牌集中大批量外流，如此一来，涉及的卷烟外流量也较大。受现金存量、店面规模、营销方式、经营者综合能力等客观因素影响，城镇与农村、大户与小户的卷烟销售水平存在较大差异，零售大户因为获取的信息相对全面，往往想方设法地从销售疲软的地区调取卷烟货源以弥补他处的短缺，反之亦然。另外通过"控证"、逐户收货、串货等手段囤积卷烟，其中包括零售大户低价回收的本地中小零售客户源源不断的滞销烟，有了这些廉价、充足的"货源"，零售大户以二次批发的形式将其倒卖给不法烟贩或直接贩运到适销对路的异地市场加价倒卖，赚取利润，为真品卷烟非法流通构建了外部机制。

2.3 外籍本地零售户携带或运输卷烟

外来零售户一般在自己户籍所在地都有熟识的卷烟经营朋友，他们会利用返乡的时机，把经营地的真品卷烟带回给他们销售，赚取差价，返回时又把户籍所在地的真品卷烟带回经营地进行销售。外来零售户一般驾驶私家车亲自携带或通过车辆运输回家乡，由于迁徙流动人口较多，因此外流数量也不容小觑。

3 真品卷烟外流的原因

各地区间经济发展水平的差异，以及不同卷烟经营的侧重点在很大程度上影响着消费者的吸食习惯，久而久之，不同地区间形成卷烟销售差异，直接导致卷烟市场投放品种与数量的不同，在一定程度上为各地区间紧俏、滞销品牌卷烟提供了外流的温床。

3.1 供需不平衡

各地区卷烟投放政策的差异性，导致有些区域部分品牌供给量少而无法满足消费需求，或者某些品牌供应量过大而无法消化，供求关系的不平衡必然导致卷烟的流动。但对卷烟外流来说，本地畅销品牌卷烟一般外流的概率较低，一般外流数量较大的是一些本地常规或者滞销，而在某些地区有需求的卷烟。

3.2 区域间差价

一些知名的热销卷烟品牌，在各地区间存在零售差价。职业烟贩看准各地区间价格行情，在本地加价收购这类卷烟，然后贩运到异地销售，赚取更多利润。而客户也乐意将这类卷烟卖给烟贩，一来有利可图，二来回笼资金，长此以往，就形成了一定规模的收购网。

3.3 地区间吸食习惯不同

由于各地消费者的吸食习惯具有稳定性，但是卷烟的供给是适量趋紧的，紧俏品牌基本无法得到满足，而其他区域可能该类卷烟量过剩，这就导致了某一区域的卷烟流向其他区域。

4 防控真烟外流的对策建议

真品卷烟非法流通，扰乱市场秩序，败坏行业经营理念，腐化经营作风。有效遏制真品卷烟的非法流通，维护良好的卷烟市场秩序，是当前各级烟草专卖部门亟需着力解决的重点工作。管控真品卷烟非法流通是一个与时俱进、不断创新的动态过程，需要不断探索、挖掘、掌握辖区卷烟外流的新形势、新动向、新特点，不断理清工作新思路，采取可行有效的措施，“防、控、打”结合，遏制卷烟外流趋势。

4.1 加强法律宣传，倡导守法经营

对内，通过召开专题会议、集中培训、专销例会、内部平台等多种方式，带领员工认真学习行业上级规范经营相关制度、要求和规定，切实提升员工规范意识，使广大干部职工充分认识卷烟非法流通对烟草行业的严重危害性和规范经营工作对烟草行业持续健康发展的极端重要性。对外，以零售户自律互助小组建设为抓手，通过召开小组会议、走访入户、集中培训等方式，广泛宣传大户治理相关政策规定、举报奖励政策和违法后果，引导其规范经营，拒绝假私非卷烟，杜绝低价倾销和不正当恶性竞争行为，共同维护好市场经营秩序。

4.2 攻坚大户顽疾，开展重点打击

一是聚焦信息采集，加强信息共享。利用异常订单监控平台，认真筛选重点监管对象，列入“红色预警名单”，以敏感牌号订购数量、是否存在代订卷烟、是否落地销售等为监管重点，纳入市场检查和重点治理计划，实现精准监管，及时处理苗头性问题，杜绝不规范行为发生。二是聚焦数据排查，实现精准监管。全面梳理违规卖烟大户名单，建立监管档案，对卖烟大户存销比、同期销售数据进行分析，确保全面准确掌握大户信息。同时，加强专销信息共享，要求专卖、营销部门在市场检查及拜访过程中，重点关注、时刻留意卖烟大户状态，准确掌握其卷烟销售常态，查清重点经营大户的基本情况，梳理异常线索，针对波动大、有异常信息的大户及时实地监管核查。三是聚焦市场监管，保持高压态势。通过错时检查、交叉检查等方式，充分调动各稽查中队及机动中队力量开展市场检查，严查无证经营、无证运输、非法渠道进货等不法行为，坚决杜绝“二次批发、左右价格、扰乱市场”行为；对出现卷烟非法流

通行为的卖烟大户,严格落实处理措施,保持高压严管的震慑态势。四是聚焦考核问责,巩固治理成果。进一步加强对内部人员的内管考核力度,将内管考核与绩效工资挂靠,通过预警、监管、整改、问责机制的有效建立,细化措施要求,严格奖惩要求,确保卷烟非法流通活动得到有效遏制。

4.3 加大清理整顿力度,建成有序市场

一是关停“僵尸户”。“僵尸户”是指零售客户办证后经营场所长期停业或转向经营,基本不经营卷烟,但其许可证仍在网运行并一直从烟草公司订购相当数量的卷烟。这些套购的卷烟无论是被本地市场其他零售客户收购还是直接外流到外地卷烟市场销售,都会严重扰乱该区域卷烟市场秩序,必须坚决予以清理关停。二是整顿“代订户”。“代订户”是指货源交由其他零售客户(多为零售大户)代订代销的零售客户,对于这部分零售客户要积极予以教育,对存在进货量与实际经营能力不符、卷烟外流、违规行为突出的零售客户,采取降级、停供货等经济手段进行调节。三是打击“地下网络户”。密切关注零售大户销售异动情况,凡是发现卷烟未落地落户销售的,要及时调整其货源供应,果断堵住真烟外流源头。

4.4 把握真实需求,实施精准营销

要逐步建立健全卷烟市场信息采集体系、消费者调查体系和需求预测体系,加强信息的采集、分析与应用,不断提高把握市场真实需求的能力。加强市场信息研判,时刻关注卷烟零售价格、商业和客户存销比、库存变化等情况,准确把握市场销售状态,完善销售预警机制,适时适度地调控卷烟货源供应总量、类别、品牌、规格与节奏,力求供求基本平衡、需求有效满足、结构类别合适、价格保持稳定、库存总体合理、销售平稳有序。

4.5 定期总结分析,形成长效机制

根据非法流通卷烟的有关码段信息,定期汇总分析查获真烟案件卷烟的品牌、数量、来源情况以及大要案件情况,深入查摆辖区超市场容量投放的卷烟问题、规范大户经营行为的问题及地下倒卖卷烟网络的问题,认真分析原因,及时整改规范。加强管理、监控和督导,坚决防止反弹,着力推动治理卷烟非法流通的各项措施落到实处。认真总结治理卷烟非法流通方面好的做法和经验,积极发挥典型示范作用。建立预防问题发生的监管体系,完善“查防并举、以防为主”的长效机制,提升自律规范水平,把发展建立在可靠的市场基础之上和扎实的工作基础之上。

参考文献

[1]兴涛、有效遏制卷烟非法流通对策研究[J]. 今日中国论坛,2013(17):111-112.

[2]吴明俭 . 曾智云、试论当前治理卷烟非法流通的主要对策[A]. 中国烟草学会 2012 年学术年会论文集[C]. 2012.

物流寄递环节烟草制品监管的探索与实践

金广利，廖开雷

[山东枣庄烟草有限公司专卖监督管理科(稽查支队)，山东枣庄，277500]

[摘要] 当前，我国烟草行业的发展环境深刻变化、挑战压力不断增多，正处于深化变革的关键时期，亟须更加平稳的经营秩序，亟须更加有序的市场环境。近年来，随着我国“互联网+”以及电子商务的迅猛发展，寄递物流业正以前所未有的速度迅猛发展壮大，已经成为经济增长的重要推动力。而犯罪分子却利用寄递业监管存在的漏洞，想方设法地开辟卷烟非法流通新渠道，使得寄递行业成为“假、私、非”卷烟流通的重要环节。如何开展寄递渠道涉烟违法案件监管工作，成为烟草行政主管部门目前亟须研究的课题。

[关键词] 互联网+；寄递环节；监管

近期乃至今后很长一段时期，源于控烟形势加剧、卷烟销量增长乏力、涉烟违法多样隐蔽，我国烟草行业面临的内外部环境将更趋复杂多变。在行业改革与发展的关键时期，国家局旗帜鲜明地提出，全行业要牢固树立“国家利益至上、消费者利益至上”的共同价值观，切实维护国家利益和消费者利益。全力推动高质量发展，坚持把专卖管理监督放在突出位置，始终保持高压态势，持之以恒地推进打假打私。

伴随着互联网、电子商务的迅猛发展，寄递业成为现代物流的重要组成部分。据统计，2018 年中国快递业务量达到 507.1 亿件，快递业务量超过美、日、欧发达经济体之和，规模连续五年稳居世界第一。寄递物流业在给人们的生活带来快捷，给国民经济带来增长的同时，也为一些犯罪活动提供了“绿色通道”。当前烟草行业寄递环节案件数量逐渐增加，涉案卷烟数量、案值呈趋势拔升，这对烟草行政主管部门实施卷烟市场监管带来了新的挑战。为了对隐藏在寄递物流领域的各类涉烟违法活动做到及时发现、精确打击，笔者将从近年来发生在该环节的各类涉烟案件入手，结合本地市在该领域所做的一些举措，对该环节违法行为特点、监管存在的问题进行深入分析，以期形成完善有效的、针对该领域犯罪的打防策略。

1 寄递环节涉烟违法行为概述

1.1 寄递环节涉烟违法行为的概念

寄递是指物流寄递企业通过自身的独特网络，或以联营的方式，互利互用各自的网络，通过铁路、航空、公路等运输方式，将用户委托的文件或包裹，快捷而安全地送达目的地，递交给指定的收件人的一种“门到门”的运输方式。寄递环节涉烟违法行为是指违法分子利用邮政企业、快递企业寄递服务，非法寄递“假、私、非”卷烟，转移涉案物品，非法销售的行为。

1.2 寄递环节涉烟违法行为的特点

1.2.1 效率高

相对于物流来说，寄递具有便捷性、高效性等特点，人们通过客服电话预约即可上门取货，足不出户就能完成信件、物品运输。寄递的运送效率越来越高，例如从山东济南到福建云霄，顺丰速递能够做到一天到货的效率。所以即使通过大数据分析、举报投诉可以得知可疑包裹的动向，但是由于受信息传递效率、数据共享速度、联合执法能力等因素的影响，可疑包裹已经送到收货人手中，造成寄递环节出现短暂失控。

1.2.2 成本低

一是互联网的发展打破了常规的违法卷烟交易模式，违法涉烟人员通过网络就可以完成整个违法涉烟买卖交易流程，并在网上完成支付，更有利于逃避烟草机关的监管打击。二是寄递业的快速发展实现了“人货分离”，相比于传统的物流运输方式，有效避免出现交易行为双方“人赃并获”的被动局面，“安全系数”获得保障。三是为逃避烟草部门的视线和打击，违法涉烟分子多采取“少量多次、蚂蚁搬家”的方式寄递违法卷烟，降低了被查获的风险。四是巧妙藏烟、瞒天过海。违法涉烟分子想方设法对违规卷烟进行伪装，如将涉案卷烟夹藏在食品、日用品、工艺品、服装衣物、家用电器等货物中。

1.2.3 追溯难

2018年，根据国家邮政局统计数据，包括顺丰、“三通一达”在内，国内各类快递企业已超过8000家。电商快递产品同质化、人力成本攀升、纸张等原材料价格上涨等，已经成了快递企业共同面临的问题，在白热化的竞争以及微薄的利润面前，很多快递企业不得不选择通过保证快件数量来获取盈利。在此背景下，对于“问题快件”快递企业往往采取“睁一只眼，闭一只眼”的态度，不严格落实收寄验视、实名寄递、过机安检“三个100%”制度，导致各种违禁品通过寄递渠道畅通无阻。涉烟违法分子往往利用递业“实名制”还不健全的空隙，在寄件时往往填写的都是虚假的信息用以隐藏身份，即使被烟草部门查获，也因案值较小、证据缺乏、线索中断等，多数案件很难追查到寄件人。

1.2.4 警惕性高

第一，经过统计，涉烟违法寄件人所在地往往都来自几个常见地区，如广州、揭阳、石嘴山、深圳、漳州等地。这些地区的违法涉烟分子在进行违法活动前，往往会反复试探，以检测邮件收揽地和送达地寄递企业的检查能力和烟草机关的检查侦破能力。对于检查能力弱的寄递企业(甚至部分寄递行业人员主动从事假烟销售)，违法分子会选择一两个揽件点从事非法运输。第二，收件人在取件时大多数为保险起见会找人代取，确保安全后才亲自接收。

2 寄递环节涉烟违法行为监管存在的问题

烟草专卖行政主管部门要开展寄递环节涉烟违法行为监管，主要存在以下几个难题：

2.1 预防难

通过物流寄递渠道进行涉烟违法行为极大地增强了运输的隐蔽性，增加了烟草行政主管部门预防涉烟违法行为的难度。一是利用虚拟网络进行沟通。通过各种方式发布售烟信息，并利用虚拟网络聊天工具等进行沟通、交易，在交易沟通时多使用暗语、隐语、黑话等，这就使得监控的人员很难通过监测关键词来进行防范。二是通过网上支付平台完成支付，财付通、微信、支付宝等的支付功能的发展更是为其提供了便捷安全的支付手段。三是通过物流寄递完成交付，无须面对面交易，实现了人货分离，无形中增加了烟草机关对涉烟违法行为的预防难度。

2.2 取证难

对于物流寄递渠道涉烟违法行为来说，涉烟违法分子往往填写虚假的寄件人和收件人的个人信息，即使违规卷烟被查获，收寄双方也无法确定，使侦查活动面临“发现线索难、确定对象难、证据固定难”的“三难”困境。即使涉烟违法分子的虚拟身份暴露，或者代收邮包的第三者被抓，烟草机关也很难从中获取有力证据。同时，“网络贩烟”打破时空、地域和人员的限制，往往一个地区的涉案卷烟数量很难达到追刑上线，导致公安机关很难立案。在破获案件时，这就需要进行跨区合作，无形中增加了取证难度，影响了打击效果。

2.3 执法难

受执法检查权限的限制，烟草部门难以对疑似违法邮件拆件确认，寄递行业人员通常对烟草执法不配合，所以现场检查阻力较大。根据《中华人民共和国邮政法》《邮政行业安全监督管理办法》的相关规定，对寄递企业的检查，一般情况下必须由邮政部门执行。烟草部门要行使这项权力，必须要得到邮政部门或公安部门的配合，实行联合执法才能得以实现。而邮政执法部门队伍人员薄弱，只在市级设立执法部门，县级没有执法主体，难以做到配合联合执法检查，由此可见，烟草专卖行政主管部门对寄递企业的执法权和监督权面临着很大缺失。

2.4 情报系统不完善

情报信息在寄递渠道涉烟案件侦查中具有举足轻重的地位。但是从目前实际工作来看，由于观念意识、人力物力、经费装备等多方面因素的影响和限制，寄递监管数据化中心建设发展极不平衡。大部分地区寄递渠道涉烟违法情报收集仍然依赖于快递企业人员的“发现”和其他地区同事的“移送”，以及群众的举报，主动侦查获取案件的情报较少。这就使得寄递渠道案件情报的收集途径单一，覆盖范围小。

3 寄递环节涉烟违法问题的防治思路及对策

3.1 防治思路

面对寄递打假新课题，本文提出“分线协作、多点发力、均衡发展”的工作思路。一是在机制建设上。要与邮政部门建立协作机制，解决邮政执法人员少、无法长期陪同执法的问题；在机制中明确了开箱验视包裹的周期，避免可疑包裹积压无法得到妥善处理；另外与各大寄递企业进行有效的沟通，规范自身执法行为，避免阻碍寄递企业日常工作的运转。二是在人员调控上。在原有的人员基础上，首先确保本级其他专卖管理工作不脱节。其次从全市选调人员参加寄递打假，把适合的人放在适合的位置，做到大件、小件分线把关。坚持全面覆盖、重点检查方针，确保打击全面，重点突出，争取最大限度地减少违规卷烟从寄递环节流入市场。三是在信息支撑上。一方面继续借鉴学习先进地市寄递环节大数据运用成果。另一方面根据本地特点，与邮政部门、公安部门开展技术合作，争取邮政部门全国的寄递信息，开展大数据信息的碰撞分析。四是在措施保障上。通过完善考核、表彰先行等激励机制激发人员活力，提高专卖执法人员参与寄递打假工作的积极性。

3.2 防治对策

3.2.1 构建部门工作联动机制，切实提高寄递环节涉案查处工作效率

一是建立联合协作机制。根据《中华人民共和国邮政法》《邮政行业安全监督管理办法》相关规定，邮政管理部门对整个寄递业的监管负有主要监督管理职责，也是寄递业设点审批的主要审批主体之一，对寄递企业具有极强的监管力和震慑性。烟草部门要建立寄递环节涉烟案件查处的长效机制，必须建立由邮政管理部门和烟草专卖行政主管部门共同主导，公安、交通、国安、工商等多部门参与的寄递监管合作机制。重点在与邮政部门的协作机制中，要充分明确协作的内容及各自的工作职责。要详细说明在执法过程中发现利用寄递渠道非法经营烟草专卖品的处理流程，解决部分地区寄递环节执法难的问题。

二是成立寄递渠道打击涉烟违法行为联合执法工作办公室。有条件的地区，要积极协调公安、邮政、烟草在分拨中心成立联合执法工作办公室，明确办公室工作职责和检查流程。政法委部门和邮政部门对联合执法工作办公室成员可以授予一定的包裹先行登记保存的权利，并完善案件移送制度，规定在一到两个工作日由邮政部门进行验示。烟草部门可以派驻一定的人员到重点企业的分拨中心，提高寄递案件的查处效率和对涉烟分子的威慑力。

三是有条件的地区在分拨中心安装验视设备，推动货物检查制度，对所托运的货物进行严格检查。在日常监管工作中，烟草部门要根据各个物流企业的到货时间段进行分片管理。有条件的区市局开发手机终端功能，将物流寄递企业纳入正常监管范围，并严加考核，强化稽查人员责任机制。给执法人员配备金属探测仪、执法记录仪等设备，确保建立起一支信息共享、沟通及时、反应快速的联合执法队伍。

3.2.2 利用寄递大数据对涉烟违法行为进行准确预警和深度打击

情报信息对寄递渠道涉烟违法案件侦破有着重要的作用。如何开展寄递渠道犯罪案件情报信息的搜集、研判与运用，决定着寄递渠道涉烟案件侦破的成败。从辩证唯物主义角度看，寄递渠道尽管为各类犯罪提供了便利，但是大数据背景下的寄递物流业也使得犯罪嫌疑人在实施犯罪的过程中留下了各种“异常数据”。对于“异常数据”的发现、分析、研判，能够对预防和打击各类犯罪提供精确的指向。烟草机关可通过公开举报、秘密跟踪、寄递企业举报等途径搜集寄递渠道涉烟违法情报。但是在今天，上述获取情报的方式已逐渐满足不了现代化监管的需求，所以烟草部门亟须建立一个寄递环节大数据信息监管平台。寄递物流

大数据包括收寄人员姓名、物品名称、邮寄地址、联系方式等与案件工作息息相关的诸多要素，利用好这些数据将有利于拓展涉烟打假的新途径。例如围绕已发生涉案信息，我们会查到收寄人的联系方式(见图 1)，根据发件人的联系方式进行比对搜索，我们可以查到发件人发往全国其他地区的案件包裹信息，将这些包裹信息反馈到兄弟单位，很容易将这些案件进行串并，能够及时建议公安机关立案，扩大案件成果。

汕头市	长沙市	153****4188	139****3896	中通快递	75146966040358	2019-05-09:17:27:55
汕头市	上海市	153****4188	150****0313	中通快递	75146059962787	2019-05-05 17:11:06
汕头市	洛阳市	153****4188	185****2678	中通快递	75146288336535	2019-05-06 16:40:24
汕头市	枣庄市	153****4188	136****2113	中通快递	75148308669416	2019-05-15 17:09:26
汕头市	广州市	153****4188	135****3940	中通快递	75146532215212	2019-05-07 18:25:59
汕头市	枣庄市	153****4188	136****2113	中通快递	75148308769919	2019-05-15 17:09:26
汕头市	枣庄市	153****4188	155****5779	中通快递	75148310197688	2019-05-15 17:14:31
汕头市	南京市	153****4188	171****2520	中通快递	75146744910485	2019-05-08 17:29:24
汕头市	南京市	153****4188	171****2520	中通快递	75146744972176	2019-05-08 17:30:02
汕头市	汕头市	153****4188	177****1041	中通快递	75148319438681	2019-05-15 17:58:22
汕头市	盐城市	153****4188	138****3777	中通快递	75146745011784	2019-05-08 17:29:23
汕头市	重庆市	153****4188	151****7880	中通快递	75146521431156	2019-05-07 17:12:05
汕头市	吉林市	153****4188	155****5099	中通快递	75146288257675	2019-05-06 16:40:23
汕头市	昭通市	153****4188	135****8778	中通快递	75148302375231	2019-05-15 16:47:40
汕头市	南京市	153****4188	132****9296	中通快递	75145459684611	2019-05-03 00:34:02
汕头市	南京市	153****4188	171****2520	中通快递	75146744948455	2019-05-08 17:28:16
汕头市	深圳市	153****4188	132****0600	中通快递	75146968860980	2019-05-09 17:42:26
汕头市	承德市	153****4188	189****6360	中通快递	75146096885927	2019-05-05 22:24:32
汕头市	苏州市	153****4188	176****5090	中通快递	75146096816442	2019-05-05 22:24:32
汕头市	天津市	153****4188	150****9924	中通快递	75147187833853	2019-05-10 17:49:49
汕头市	唐山市	153****4188	156****2833	中通快递	75146968860936	2019-05-09 17:42:31
汕头市	惠州市	153****4188	132****4228	中通快递	75146532284450	2019-05-07 18:26:53
汕头市	珠海市	153****4188	184****0722	中通快递	75146965822466	2019-05-09 17:27:55
汕头市	上海市	153****4188	181****8837	中通快递	75146530060287	2019-05-07 18:13:05
汕头市	开封市	153****4188	182****8898	中通快递	75148319642718	2019-05-15 17:58:23
汕头市	廊坊市	153****4188	189****6360	中通快递	75146521430843	2019-05-07 17:12:06
汕头市	沧州市	153****4188	189****1226	中通快递	75146744837314	2019-05-08 17:29:24
汕头市	唐山市	153****4188	189****6360	中通快递	75146521647293	2019-05-07 17:13:14

图 1　快递数据查询一览表(一)

该分析模型(见图 3)用于对涉烟案件的分析研判，也可用于其他行政或刑事案件分析。结合本地涉烟案件发案情况以及对梳理出的高危人员的活动情况进行综合研判，就能够对处于犯罪预备阶段的违法嫌疑人进行落地跟控以及对未破案件进行深度打击。当烟草专卖人员发现涉案包裹后，立即主动对寄递包裹的面单信息进行分析。如图 1 所示，是对寄件人信息进行关联，会发现寄件人经营涉案卷烟的范围、时间以及经营规模。如图 3 所示，是对本地收货人进行分析，同样得到本地涉案人员的经营时间、经营规模等信息。如果本地涉烟前科人员与“云南、广东、广西、福建等国内涉烟邮包主要发出地”有频繁快递往来，那么该前科人员再次“经营违规卷烟”的可能性就极大。

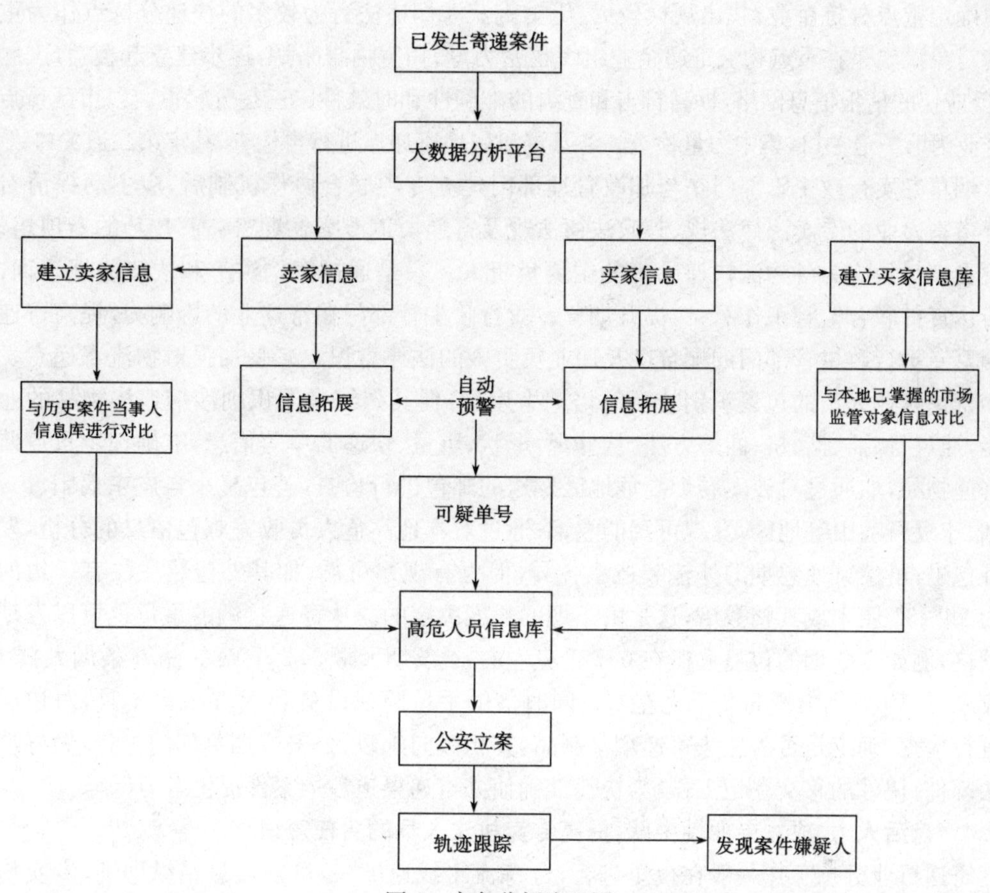

图 2　高危分析流程图

可疑度	发货城市	收货城市	寄件电话	收件电话	快递公司	快递单号	寄件时间
暂无			137****7052	138****9366	申通快递	3709292576301	2019-06-27 18:39:55
暂无	广州市	枣庄市	137****7052	198****9988	申通快递	3716089539889	2019-07-07 18:39:40
暂无	广州市	枣庄市	137****7052	198****9988	申通快递	3715589668127	2019-07-03 21:03:10
暂无	广州市	枣庄市	137****7052	198****9988	申通快递	3715969783376	2019-07-06 18:45:09
暂无	广州市	枣庄市	137****7052	198****9988	申通快递	3715590151750	2019-07-03 21:03:58
暂无	广州市	枣庄市	137****7052	198****9988	申通快递	3715590294071	2019-07-03 21:03:18
暂无	广州市	枣庄市	137****7052	198****9988	申通快递	3715455203254	2019-07-01 21:19:12
暂无	广州市	枣庄市	137****7052	198****9988	申通快递	3716089080592	2019-07-07 18:39:17
暂无	广州市	枣庄市	137****7052	198****9988	申通快递	3715969535961	2019-07-06 18:45:00
暂无	广州市	枣庄市	137****7052	198****9988	申通快递	3715590293144	2019-07-03 21:03:42
暂无	广州市	枣庄市	137****7052	198****9988	申通快递	3715842842102	2019-07-05 18:22:12
暂无	广州市	枣庄市	137****7052	198****9988	申通快递	3715969492907	2019-07-06 18:45:22
暂无	广州市	枣庄市	137****7052	198****9988	申通快递	3715842842655	2019-07-05 18:22:55
暂无	广州市	枣庄市	137****7052	198****9988	申通快递	3715511523460	2019-07-02 11:51:04
暂无	广州市	枣庄市	137****7052	198****9988	申通快递	3715969782152	2019-07-06 18:45:01
暂无	广州市	枣庄市	137****7052	198****9988	申通快递	3715843180043	2019-07-05 18:22:18
暂无	广州市	枣庄市	137****7052	198****9988	申通快递	3715843181231	2019-07-05 18:22:09
暂无	广州市	枣庄市	137****7052	198****9988	申通快递	3715318407087	2019-06-30 21:08:00

图 3　快递数据查询一览表(二)

3.2.3　分类监管,增强对寄递渠道涉烟案件的发现与打击能力

各地烟草部门要密切关注利用寄递渠道涉烟活动的动向,分析已破案件的信息,增强对寄递业的阵地控制能力。一是抓好重点区域、重点集散地(各类货运场站、物流园区、配送中心等)和重点企业企业的阵地建设。通过数据分析、调研摸排,在全市众多大小物流、快递站

点中确定重点分拣企业，找出规模较大、历史查获涉烟违法行为较多的快递分拣点作为重点关注对象。二是在重点物流寄递企业组织秘密力量，拓宽情报来源，逐步建立起覆盖广、触角深、反应快的情报信息网络，提高打击和查缉的准确性和时效性。三是分轻重。以市区重点分拣企业为第一道关口，集中力量检查。各县局对属地寄递点进行再检查，扎牢第二道关口。

烟草专卖行政主管部门在与邮政管理部门建立专项联合协作机制后，应主动提请召开对全市寄递业的专卖法律法规、邮政法律法规及寄递渠道涉案卷烟“盲查”技巧的专项培训，主要受训对象应为各物流快递品牌的主要负责人。一是通过案例讲解和法律法规培训，全面传达宣贯联合监管工作意见，提升烟草专卖行政主管部门在寄递业的影响力，提高寄递业对烟草专卖行政主管部门的配合度及递业负责人的法律意识。二是加强对物流寄递专卖人员和寄递从业人员的包裹识别技巧的培训力度，督促其熟练掌握识别涉烟违法物品的业务技能，通过看、摇、掂、挤、闻等方法，从外观、形状、重量、快递面单等信息，准确锁定重点监管的寄递物品，如通过对涉案卷烟高危地区发送的邮包进行检查，若包裹来自广东揭阳、广州、深圳、宁夏石嘴山等地区，发现可疑的卷烟；通过对本地高危人员收寄邮包信息的分析，发现可疑包裹；虽然寄递卷烟的外包装造型各异，但也有规律可循，如其外包装往往有一边的长度为29～31厘米或其整数倍，这是由条烟的长度决定的。从寄递卷烟的重量也可以发现蛛丝马迹，例如2条烟的包裹大概在0.7千克左右，4条烟大概1.2千克左右，6条烟大概1.7千克左右，10条烟大概2.8千克左右。同时借助手持验视设备和X光机等工具，对快递包裹进行检查，确定是否为违法寄递烟草制品，并积极向邮政、公安或烟草部门报告，做好涉烟违法邮件、快件的移交登记工作，为快速准确侦办寄递渠道涉烟案件提供有力保障。

3.2.4 盘活人力、成立专业性中队，提高专卖执法人员的责任意识

寄递行业分拣工作一般在夜里进行，分拣流水线速度快，可疑包裹稍纵即逝，专卖执法人员必须时刻保持清醒状态。没有强烈的工作责任心，即使在分拣现场，往往也很难有出色战果。因此，建议烟草专卖行政主管部门在原有的人员基础上，首先确保本级其他专卖管理工作不脱节，从辖区选调有一定工作经验和执法能力的专卖人员参加寄递打假，成立物流寄递打假专业性中队，把适合的人放在适合的位置，做到大件、小件分线把关。坚持全面覆盖、重点检查方针，确保打击全面，重点突出，争取最大限度地减少违规卷烟从寄递环节流入市场。寄递环节案件查办工作相对来说比较辛苦，执法风险性较大，建议烟草专卖部门通过完善考核、表彰先行等激励机制激发人员活力，提高专卖执法人员参与寄递打假工作的积极性。

参考文献

[1]梁春燕.物流寄递行业治安管理问题初探[J].江西警察学院学报，2013(6):49-52.

[2]中华人民共和国邮政法[S].北京:中国法制出版社，2015.

[3]中华人民共和国烟草专卖法[S].北京:中国法制出版社，2015.

[4]熊纬辉，徐彬.“互联网+”背景下物流寄递行业违法犯罪治理对策研究[J].河北公安警察职业学院学报，2016(1):48-53.

[5]马滔.物流寄递行业涉毒犯罪侦控研究[J].湖北警官学院学报，2015(2):6-10.

[6]洪仕哲.浅谈如何加强物流寄递环节的专卖监管[A].中国烟草学会优秀论文[C].2016.

论新形势下加热不燃烧烟草制品案件查办

马大勇

（威海市市区烟草专卖局，山东威海，264200）

［摘要］加热不燃烧烟草制品是国际烟草巨头近几年研发的主力产品，目前仅在部分国家准许销售，国家烟草专卖局已下发严格开展加热不燃烧烟草制品监督工作的通知，指出市场上出现的进口加热不燃烧烟草制品均无合法来源证明进口，按照相关法律规定，不允许在国内销售。本文分析了加热不燃烧烟草制品概念及对国内市场的冲击、现阶段该类案件的特点、目前案件查办中存在的难题，提出了今后一段时期内如何查办此类案件。

［关键词］加热不燃烧烟草制品；专卖；销售

烟草制品作为一种高税赋的特殊商品，由于违法生产、销售以及走私可以获取暴利，因此烟草制品的走私活动屡禁不止。我国作为全球最大的烟草消费国，烟草制品走私及非法贸易造成了大量税收流失。而近几年，加热不燃烧烟草制品作为一种新型卷烟也正在通过各种非法渠道进入我国卷烟市场，不仅会扰乱中国卷烟市场秩序、影响国内新型烟草制品的发展，还会对我国烟草税收造成严重影响。世界卫生组织《烟草控制框架公约》要求消除一切形式的烟草制品非法贸易，所以，如何更有效地打击加热不燃烧烟草制品走私及非法贸易，对于我国维护国家税收、履行公约都具有现实和法律意义。笔者从一名基层烟草专卖行政执法者的角度，就加热不燃烧烟草制品概念和相关政策、现阶段该类案件的主要特点、案件的线索来源等方面存在的瓶颈问题、案件经营和侦办采取的措施来论述新形势下如何查办加热不燃烧烟草制品案件。

1　加热不燃烧烟草制品概念和相关政策

1.1　加热不燃烧烟草制品概念

加热不燃烧烟草制品是指以低于烟草燃点的温度加热烟草，挥发出烟草中物质的烟草制品，通俗来说就是“加热烟丝而非燃烧烟丝”，因而不产生烟灰，也有利于减少烟草高温燃烧裂变产生的有害成分。加热方式有电加热型、燃料加热型、理化反应加热型等。加热不燃烧烟草制品与传统烟草制品相比只是加热方式的不同，其烟草配方与材料、产品整体结构设计、添加剂和吸附剂、加热装置、控制系统等方面的改进与创新，并不改变其作为烟草制品的本质属性。

1.2 相关专卖法律法规等规定

世界卫生组织《烟草控制框架公约》规定:烟草制品指全部或者部分由烟叶作为原材料生产的供抽吸、吸吮、咀嚼或鼻吸的制品。《中华人民共和国烟草专卖法》第二条:烟草专卖品是指卷烟、雪茄烟、烟丝、复烤烟叶、烟叶、卷烟纸、滤嘴棒、烟用丝束、烟草专用机械。《中华人民共和国烟草专卖法实施条例》第三条:烟草专卖品中的烟丝是指用烟叶、复烤烟叶、烟草薄片为原料加工的丝、末、粒状商品。《中华人民共和国烟草专卖法》第三条:国家对烟草专卖品的生产、销售、进出口依法实行专卖管理,并实行烟草专卖许可证制度。《中华人民共和国烟草专卖法实施条例》第二条:烟草专卖是指国家对烟草专卖品的生产、销售和进出口业务实行垄断经营、统一管理的制度。加热不燃烧烟支里面的填充物是烟草薄片,而该薄片也是烟叶作为原材料生产的,还是属于烟草制品,所以,新型卷烟属于烟草专卖品,应纳入烟草专卖监管。

1.3 加热不燃烧烟草制品对传统卷烟销售市场的冲击

自 2008 年起,菲莫国际投资超过 45 亿美元用于低风险烟草产品的研发和科学检验,并最终研发出加热不燃烧 IQOS 等产品,其由烟具和烟支组成,烟支也就是俗称的“烟弹”。2014 年在日本名古屋和意大利米兰试点销售,2016 年 4 月在日本全国推广,仅 2 年 IQOS 市场占有率从不足 1%增长至 15.8%,但已使普通卷烟销售量处于下降的趋势。在这期间,日烟 PLOOM、英美 GLO、雷诺 REVO、韩国 FIIT 等品牌先后投入国际市场。据来自《日本时报》(the Japan Times)的消息,近年来,随着新型烟草制品诸如电子烟、蒸汽烟以及后来居上的加热不燃烧产品在日本市场上销售量的增长,已使传统烟草制品的销售量处于下降的趋势,进而也使政府从烟草业所获得的税收额逐渐下降。原因在于政府对于新型烟草制品的税率较低,在这种情况下,如果不进行税制的调整,预计到 2020 年,政府从烟草业所获得的税收将会再减少 3000 亿日元。

1.4 加热不燃烧烟草制品“健康无害”的无稽之谈

随着人们健康意识不断加强,在有关部门对吸烟的管制日趋严厉的背景下,加热不燃烧等烟草制品自问世以来,各大烟草巨头推动的号称“帮助戒烟”“健康无害”的加热不燃烧烟草制品真的“健康无害”吗? 2018 年 6 月,韩国政府卫生部门的一项研究发现,目前在该国市场上出售的两种加热不燃烧烟草制品的焦油量超过了普通的卷烟产品,而且被测试的产品中含有多达 5 种致癌物质。对此,韩国卫生部门介绍称,他们测试的加热不燃烧烟草制品是菲利浦·莫里斯烟草国际公司的 IQOS 加热装置和英美烟草公司的 glo 加热不燃烧烟草装置。而且相关研究表明,加热不燃烧型烟草制品相较于传统烟草制品,虽然烟气和焦油释放量较低,毒性和烟气生物学活性有所降低,但添加了更多的甘油及多种呈烟熏香韵的酚类化合物,糖类裂解成分的释放量也较高,不一定比传统烟草制品更利于身体健康。目前,除了国外正规烟草企业生产的产品外,社会上还充斥着大量未经许可的山寨产品,质量无从保证,对消费者的身体健康危害更大。

1.5 新型卷烟监管目录指引

2017 年 6 月 14 日，国家烟草专卖局下发《关于落实开展加热不燃烧卷烟监管工作的通知》。

表 1 新型卷烟监管目录指引(仅供参考)

序号	1	代表图片
烟支品牌	Malboro/Heets/Parliament	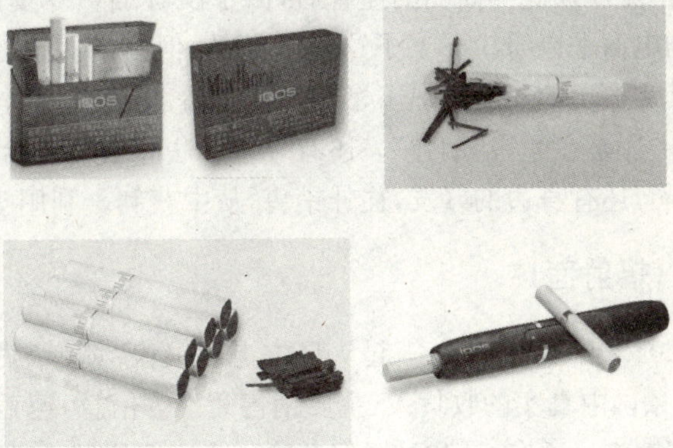
烟具品牌	iQOS	
产品性质	典型卷烟	
原料性质	烟丝(烟草薄片制成)	
原料形态	丝条状	
包装材料	卷烟纸	
包装外形	圆筒状	
加热方式	内芯电加热	
摄入途径	口腔吸入	
序号	2	代表图片
烟支品牌	Kent	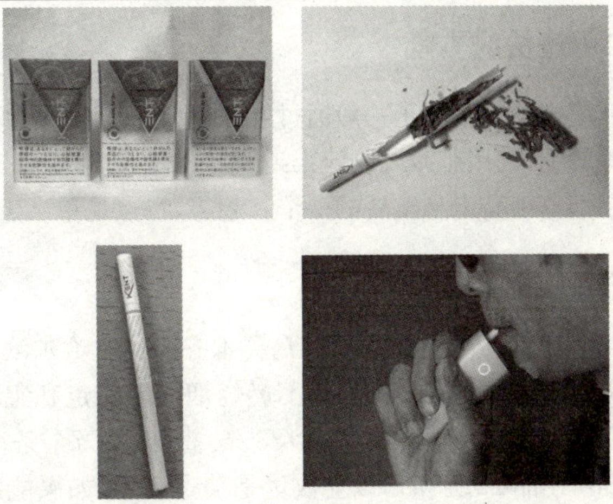
烟具品牌	Glo	
产品性质	典型卷烟	
原料性质	烟丝(烟草薄片制成)	
原料形态	丝条状	
包装材料	卷烟纸	
包装外形	圆筒状	
加热方式	外围电加热	
摄入途径	口腔吸入	

通知中要求严格把握监管范围。“新型卷烟与传统卷烟没有本质区别，适用相同的法律法规。监管范围只包括烟支，不包括烟具。”

2 现阶段加热不燃烧烟草制品案件的主要特点

2.1 走私形式多样化

2018 年 1～11 月，仅新疆霍尔果斯等多个口岸，海关人员就在通关现场查发了 531 次这种“烟弹”走私。而这些走私入境的烟弹，都来自相邻的哈萨克斯坦。海关明确要求，根据我国对烟草入境的管理规定，年满 18 岁以上旅客入境时，可携带免税香烟 400 支，即两条，且属于自用，不得用于销售。但走私团伙组织水客，将囤积在中哈合作中心的烟弹，以蚂蚁搬家、化整为零的方式走私入境，最后通过物流基地发往国内的消费地。有的走私分子在国外采购货源，把集装箱运到第三方国家，再通过变相行贿通关到国内销售。还有日本的走私分子在境外批量囤积“烟弹”后，化整为零，伪报为免证免税物品，快递给国内批发买家。

2.2 销售方式隐蔽化

国家加强此类商品的监管后，由于没有烟草专卖许可，过去一些销售这种“烟机”和“烟弹”的电商平台纷纷下架了这样的商品，但有的打着维修烟机或者更换零件的名目仍然买卖，其实买卖的还是加热不燃烧烟草制品，更有甚者“挂羊头卖狗肉”，明明是红烧肉的图片，实际上还是在兜售“烟弹”。还有一些不法商家也开始另辟蹊径，通过他自己的朋友圈、微信朋友圈，还有身边的好友，往外销售，从中获利。利用互联网多媒体已成为销售的主渠道。

2.3 辐射面广

2018年，海关查办一起从日本走私销售“烟弹”案件时，在其中一个上线的微信里发现82万条国内真实的收货人、主要销售商家等信息，覆盖了我国境内除西藏外的所有省、自治区、直辖市。还有一起案件，仅其中一个犯罪嫌疑人就掌握了500～600名客户，涉及全国20多个省、自治区、直辖市。

2.4 违法成本低

境内外走私分子一般通过互联网确定走私“烟弹”的牌号及数量后，由境外走私分子组织好货物，利用邮政及物流渠道直接发给境内走私分子，再由境内走私分子组织国内销售，这是烟草制品走私发展的一个新趋势，特点是单次走私数量较少，“人货”分离，违法成本低。

2.5 危害严重

2018年1月至12月初，乌鲁木齐、天津、哈尔滨、南宁、湛江、汕头、福州、兰州等多地海关缉私部门共立案侦办加热不燃烧烟草制品走私犯罪案件70起，案值5.4亿元，查扣涉嫌走私加热不燃烧烟草制品63188条，查证47万余条；烟草部门共立案557起，查获加热不燃烧烟草制品22万条。以上数量是被查获的，如果能统计出实际进入国内的数量，那将是非常巨大的，可以推断其不仅扰乱我国卷烟市场秩序，还造成大量税收流失。

3 查办加热不燃烧烟草制品案件面临的问题

3.1 违法线索收集难

由于法律宣传方面的问题，普通民众对违法走私销售加热不燃烧烟草制品危害性认识不足，普通吸烟者认为购买消费加热不燃烧烟草制品是一种新奇、时尚的行为，并且消费群体中也不乏一些受关注度高的明星和公众人物，大家没有认清其背后的违法行为，所以通过举报投诉收集涉烟案件线索的较少。

3.2 确认涉烟违法当事人难

互联网具有虚拟性，联系不使用真名；他人身份注册微信、QQ；使用昵称联系；从不见面；交易后即删除记录；教唆、利用快递员的名字寄件；使用假名运输等。

3.3 查找涉烟资金流难

进行转账交易；利用地下钱庄与境外进行转账；使用他人身份注册银行、微信、支付宝账号。

3.4 调查取证难

要调查涉案人员的手机号码、银行信息、身份信息、IP 地址信息、涉案物品交易清单、银行交易流水账、交易金额等信息，因调查权限的限制，烟草专卖行政主管部门无法实施，需由多个部门配合开展。

4 加热不燃烧烟草制品案件查办的措施

4.1 健全法律法规，加强宣传力度

加热不燃烧烟草制品作为近年来的新兴产品，烟草专卖主管部门也要与时俱进，从国家层面加快法律法规的修订工作，健全法律法规，将加热不燃烧烟草制品纳入《中华人民共和国烟草专卖法》管理范畴，加强加热不燃烧烟草制品涉烟有关法律规定和社会危害性的宣传，提高举报投诉电话和邮箱的知晓度，借助社会的监督力量，提高烟草专卖行政主管部门对此类涉案信息来源的获知。

4.2 强化网络巡查力度，及时发现涉烟线索

通过各种互联网搜索引擎检索此类涉烟信息，或开发应用专用软件动态收集、监控互联网涉烟信息。检索关键字筛选关键词“原味 X 条”“浓薄荷 X 条”“IQOS”“烟弹”“百乐门”“万宝路”“HEETS”等，发现线索可以用购买者的身份在涉烟信息发布平台上留言咨询，或通过涉烟信息中的联系方式，如微信、QQ、电子邮箱等，与案件嫌疑人取得联系，逐步了解网上经营的持续时间、涉及的地域等有关的案件信息。如网上涉烟交易有微信、QQ 群的，则应尽量加入群并与群成员进行交流，获取嫌疑人的交易银行账号、快递发货地址和电话号码等，为锁定嫌疑人、查清案件情况提供支撑。

4.3 完善联合执法机制

在政府打私办的统一领导协调下，海关、烟草、公安、边防、市场管理、邮政等各级执法部门，继续坚持“各司其职、各负其责、协调联动”的联合执法理念，不断完善和强化联合执法协作机制建设，明确各部门在联合执法过程中的责任，实现执法资源的合理配置，加强各联合部门间相关法律法规的衔接研究，明确各部门间的工作重点，克服部门间权责交叉模糊、彼

此推诿，形成更加有效的监管打击合力。

4.4 公安机关提前介入调查取证

烟草专卖主管部门对于收集或查获的加热不燃烧烟草制品案件线索如果涉嫌构成犯罪，要及时协调公安机关提前介入，并作好相关证据的保存和案件移送。公安机关通过信息技术手段，监控嫌疑人互联网涉烟违法交易的情况和嫌疑人活动情况，并通过向银行、电信通信、互联网网站等有关单位开展调查，从淘宝、京东、腾讯等网站调取嫌疑人的注册信息、用户ID、账户名、登陆IP、手机号码等，调取银行交易流水账，查清交易人的身份、交易时间、交易地点、交易金额等信息；通过电信通信部门的信息记录，确定嫌疑人活动地域，等待查处的有利时机。

4.5 运用大数据

“电子商务＋现代物流”成为涉烟违法新常态，使得加热不燃烧烟草制品的推广和销售更加隐蔽，查处难度进一步加大，烟草专卖主管部门可以通过与淘宝、京东、腾讯等互联网企业的沟通合作，共同组建情报研判室，通过五大数据源（信息数据、行为数据、资金数据、物流数据、关系数据）对案情深入分析，为办案提供数据支援，并对证据进行固定，共同加强加热不燃烧烟草制品的监管。

烟草专卖零售许可证后续监管问题及对策

鞠明

［山东省菏泽市定陶区烟草专卖局(营销部)专卖监督管理科,山东菏泽,274100］

［摘要］烟草专卖零售实行许可证制度:一方面,为国家财政创造巨大税利,不仅是我国经济建设中的重要组成部分,也是推动社会发展的力量之一;另一方面,做好这项工作,可以稳定我国现有的卷烟市场,还能够起到一定的示范作用,杜绝卷烟违法犯罪现象的出现。目前,我国烟草专卖零售许可证的后续监管过程仍存在许多问题,包括证照不符、人证不符、有证无照等。而烟草专卖零售许可证后续监管的工作大致可以分为三步,分别是发证前、发证中和发证后,只有在对每个环节进行跟踪管理的基础上,才能实行许可与监管的完美结合。而要解决后续监管的问题,就需要杜绝以往市场上的“重许可、轻监管”现象,不断加大监管力度,科学整顿和规范我国现有的烟草专卖零售市场许可证制度,从而提高消费者的满意度。

［关键词］烟草专卖;零售许可证;后续监管

为了进一步确保烟草专卖市场秩序,我国根据市场需求和发展规律拟定了相关条例,并出台了专门的烟草专卖许可证制度,从而为该行业提供法律保障。从授予的角度来看,烟草专卖许可证具有较强的法律效应,且不支持非法转让。一旦获得此证,必须依据法律规定使用证件,并严格按照相关的事项规定开展经营活动,信息变更事宜需要严格按照法定程序执行。

卷烟零售实行许可证制度:一方面,为国家财政创造巨大税利,不仅是我国经济建设中的重要组成部分,也是推动社会发展的力量之一;另一方面,做好这项工作,可以稳定我国现有的卷烟市场,还能够起到一定的示范作用,杜绝卷烟违法犯罪现象的出现。为避免出现“重许可准入、轻后续监管”的存在,相关部门需要加大监管力度,不断完善后期工作。现阶段,我国经济实现了进步发展。与此同时,新零售行业迎来了发展契机,县级烟草的市场需求量逐步提高,导致监管部门的工作量进一步加大,因此,寻求行之有效的许可证后续监管方法迫在眉睫。

1 相关理论概述

1.1 烟草市场信用监管的目的和意义

烟草市场信用体系是整个社会信用体系的组成部分。完善烟草市场的信用奖惩方案，可以起到一定的示范作用，进一步促进其他行业失信惩戒体系的发展。根据现有烟草市场信息的收集发现，很有必要对此类信用信息进行分类，并将其作为行政管理的参考要素之一，进一步推动公共服务质量的提高。建立烟草市场的信用体系，对相关人员的信用状况进行收集，合成专业化的"黑名单"，此外还需要注重对许可证申请人的综合考察。将卷烟经营户的信用状况作为市场检查的重要依据，是信用监管的必要手段。相应地，将包括卷烟经营户和烟草公司在内的烟草市场主体的信用信息运用到烟草执法与守法，甚至立法、司法的全过程也有着相当重要的意义。

1.2 烟草专卖行政主管部门在信用监管中的功能和定位

烟草专卖行政主管部门在市场信用监管中主要的功能和定位：第一，完善信用监管体系建设。按照上级部门及政府的安排部署，建立完善相关规范，加快推进信用信息共享，严格落实信用信息公开制度，进而推动信用监管体系发展。第二，整合信用信息。在对许可证申请人的信用信息进行分析的同时，还需要结合相关平台进行信息收集，了解行政处罚概况，从而加大监管力度。第三，完善信息披露流程。通常可以使用各种信息公开方法在公共公告板中显示信息，引起大众的注意，并进一步引导烟草行业的健康发展。第四，失信惩戒。烟草行政主管部门运用行政法律手段，打击违反市场经营秩序、侵害消费者权益的失信行为。

2 烟草专卖零售许可证的现状

在新的市场环境下，我国主张对商事法规进行修订。同时，烟草市场的许可证管理流程也进一步规范化，不仅有相关的申请标准，政府部门还致力于提高服务质量，进一步优化办事流程，以保证市场的运营水平。一定程度上，以信用监管为基础的"严管"能够较好地适应"宽进"政策，以充分保障烟草市场经济互动秩序。目前，全国都在加强政府对于大数据的运用，建立以信用监管为主要模式的新型监管机制，提质增效，努力降低管理成本。

2.1 取得的成效

2.1.1 监管方式有所创新：分类监管实践推进有效

当前，我国各省市烟草主管部门对零售户的分类监管已经有了一定的实践探索，都在致力于通过各种行政手段，进一步加强零售许可证后续管理。在后续管理的过程中，需要根据地区实际拟定发展模式，致力于进一步提高监管水平。在此过程中，部分城市的监管模式具有一定的参考价值。这类城市在合理利用已有的烟草监管信息系统的基础上，致力于建设专门的执法平台，优化市场交易流程，并为消费者提供专业化的分类信息和信用管理服务。建立起零售户的守法等级，根据等级来确定监管重点，为后续的信用监管做好了充足准备。

2.1.2 监管理念有所转变：服务与管理并重

受到我国正在推行的新商事制度影响，我国许多行业都陆续开展制度改革。在改革的过程中，烟草行业重点关注的是许可证的发放和后期审核监管环节。在实施严管时，市场需要与执法方进行配合，但是，杜绝“徇私枉法”现象的出现，成为了必须思考的问题。一直以来，我国烟草部门不断加强基层专卖执法队伍建设，常态化开展军事化训练、专卖技能竞赛及其他学习教育活动，加强考核激励，完善各项配置，服务与管理水平都有了很大的提升。

2.1.3 监管长效逐渐完善：推动市场联合监管

烟草与政府部门加强沟通协调是建立市场主体信用信息共享的必要程序，也是推进卷烟市场规范化建设的重要途径之一。在这方面，我国采用多种主体协调的办法，不断完善各地区烟草市场的管理，同时还提出引入公安力量的倡议，旨在为市场监管的落实奠定基础。此外，我国还陆续开展了专业化的“守法激励、违法限制”宣传。与此同时，对于守信守法的零售户予以方便、支持和激励。相应的政府部门也在牵头加强职能部门共同参与、市场主体自觉自律、全社会广泛监督的监管局面。

2.2 存在的问题

2.2.1 证照不符的问题

分析证照申请人的资料可知，经营者之间的关系相对密切，其中以亲属居多。一般而言，如果存在证照不符现象，常见的原因如下：由于多人经营，申请人在完成许可证办理之后，因其他业务原因办理了新的营业执照；零售的业务打理人与证照持有人不是同一个人，但是二者之间存在亲属关系，对此，必须提交有效证明才能准予经营；工商营业执照到期后未及时换发营业执照，造成有证无照情形。

2.2.2 人证不符的问题

一般而言，如果出现人证不符现象，则可能是以下原因导致的：第一，存在转让现象，这类零售户受到其他因素的影响，不得不结束烟草经营，因此选择了转让店铺和相关证件；第二，证照持有人没有亲自经营烟草店铺，这类人员虽然具备工商执照，但是一直不在本地，没有直接打理相关店铺业务；第三，店铺由多人共同经营，属于合伙打理业务，其中一人掌管工商执照，另一人则负责其他工作。

2.2.3 有证无照的问题

主要表现在城市和农村的食杂业态类的零售户。究其原因主要是：此类店铺大多位于小巷小道或住宅区，经营规模偏小，位置及店面形象均不显眼。对于这类店铺，工商部门在证照管理上相对灵活宽松，没有硬性要求。

2.2.4 无证无照的问题

形成无证经营的主要原因是：经营者经营能力差、资金缺乏、营业时间无规律，且店面小、形象差、业务单一，不适合零售卷烟；属于特殊业态经营户、特殊群体、流动摊点和一些学校周边不符合合理化布局要求。

2.2.5 **中小学附近卷烟零售点的问题**

受到城镇化建设的影响，许多烟草经营者为了提高营业收入，在中小学周边开设了专门的店铺。这种现象发生的背景是政府重视教育，并积极开办学校，学校周围形成了一个相对全面的商圈，许多持证户也纷纷拓展自身业务。

2.2.6 **证址不符的问题**

这种现象通常是以下问题导致的：其一，经营者改变了营业范围，受到店面租赁和迁移等因素的影响，经营位置发生了搬迁；其二，经营者缺乏登记意识，其地址信息发生了改变，但是没有及时向相关部门报备；其三，原经营地址面临改造，造成路名与烟草证地址不符。

3 许可证监管问题产生的原因分析

总体而言，影响许可证后续监管的因素很多，具有代表性的是监管工作者数量、单位和相关法规。本文主要分析单位因素。

3.1 卷烟零售户许可证意识淡薄，配合意识不强

分析现阶段烟草市场存在的问题可知，虽然烟草专卖管理部门加大了监管投入，但是部分从业者缺乏法律意义上的经营意识。对此，必须从强化经营户的法律意识入手进行调节，在为其提供专门的法律知识培训基础上，还需要重点介绍许可证的优势。部分经营户参与了法律培训，且已经准备了办理许可证的基本条件，然而在面对法律文书时，这类营业者的表现相当迟疑。也有部分经营者文化水平较低，对办理流程持质疑态度。

3.2 市场监管力量与措施滞后，监管水平不高

受到各种市场乱象的影响，我国的市场监管依然存在一定的缺陷。比如从前，我国存在明显的“重事前审批、轻事后监管”现象。分析其原因可知，这类行为的背后是行政管理泛滥。对此，我国已经开展了专门的市场整治，并提出积极调动“三员”的积极性，杜绝出现人证不符和非法经营现象。但是受到零售户动态性因素的影响，市场监管依然有待完善，体现为部分店铺在巡查时基本达标，但是状态无法保持，过段时间就会出现严重的违规行为。实际上，这就是零售许可证监管不到位的体现。

4 加强后续监管的具体对策

4.1 加强日常监管，强化许可证后续监管职责

4.1.1 **强化证照规范管理意识，杜绝证照违规现象**

不仅需要清理证照违规现象，还需要进行及时查处，进一步整顿市场秩序。在落实工作的过程中，可以通过责任到人的方式加大整顿力度，还可以对已有的管理档案进行整合分析。如果存在证照不符现象，需要对其原因进行明确，并杜绝非法转让现象，责令相关人员及时补办或更正证照信息。

4.1.2 加大宣传力度，提高许可证申请人的法律意识

在此阶段，可以充分发挥网络平台的优势，实现烟草经营许可证的常识宣传，并适当开展法规讲座。如果零售户是初次办证，相关部门需要对其进行关照，并定期走访，收集其经营数据，进一步排查安全隐患。

4.1.3 合理引导办证，并适当劝退

在对经营地址进行审核的过程中，需要对中小学周围的烟草零售店进行考察，如果其距离不超过100米，则可以进行引导和劝退，以免影响到青少年的健康成长。此外，还可以通过与零售户达成协商，并签订承诺书的形式来对其进行积极引导。如果申请人属于异地经营，则需要适当放宽权限。

4.2 加强部门协作，提升管理职能

4.2.1 积极协调工作，与相关部门达成合作共识

在处理疑难问题的过程中，可以与公安达成共识并使其加入监管工作，还可以与工商部门进行交流沟通。联合管理的方式可以提高监管效率，还能促进联合执法协作机制的完善。在处理“无证户”问题的过程中，可以采用联合打击的方式责令其改整。

4.2.2 采用“多岗互控”的方案，进一步完善市场秩序

在此过程中，相关部门需要明确烟草行业的内部营销策略，并采集信息，增强与物流配送部门的交流与联系。在明确市场信息更新问题的基础上，相关部门能够及时掌握地址搬迁信息，如果存在证址不符现象，相关部门应该及时通过网络平台了解信息变更去向，并及时反馈给消费者和物流人员。如果存在违法转让和出借店铺现象，则需要对其进行调查并依法惩处，从而确保辖区卷烟市场的秩序。

4.3 完善许可证后续监管考核机制

4.3.1 实现捆绑考核

在对“三岗”人员基本情况进行统计的基础上，可以发挥网络平台的信息整合作用，不断完善经营店铺的管理方案。在实施“三岗协同”的过程中，需要明确市管员的职责，并使其与客户经理和送货员互相配合。在对收到的反馈信息进行研究的同时，还需要不断更新考查机制，实现“线上”与“线下”的结合。

4.3.2 加大许可证的后续监管力度

必要条件下，可以将其视为工作人员日常考核的一个参考指标。片区需要落实许可证的监管责任，使每个工作人员与具体管理范围挂钩，发挥“三岗”人员的后续监管作用。

5 结语

烟草专卖零售许可证后续监管是一项长期的、系统的工程，关系着卷烟零售市场的稳定，关系着烟草零售业态经营秩序的规范。监管工作大致可以分为三步，分别是发证前、发证中和发证后，在对每个环节进行跟踪管理的基础上，才能实行许可与监管的完美结合。要杜绝以往市场上的“重许可、轻监管”现象，不断加大监管力度，科学整顿和规范我国现有的

烟草专卖零售市场许可证制度，从而提高消费者的满意度。

参考文献

[1]胡蕊．烟草专卖行政执法法律风险防范问题与对策[J]. 中小企业管理与科技，2019(1)：126-127.

[2]耿志勇．政府规制视角下烟草专卖制度优化研究[D]. 兰州：兰州大学，2018.

[3]王增龙，梁斌．县域烟草专卖行政执法标准化体系的实践效果——以渭南市烟草公司大荔烟草分公司为例[J]. 法制与社会，2018(26)：145-146，158.

[4]杨天，范翔宇，路宏伟．浅谈互联网在烟草专卖零售许可证管理工作中的应用[J]. 新西部，2018，447(20)：70-71.

[5]杨静．烟草专卖零售许可证后续监管问题及对策——合肥烟草市场零售许可证实证分析[J]. 当代经济，2018，478(10)：74-75.

[6]霍明辉．浅析如何加强烟草专卖零售许可证后续监管[J]. 环球市场，2017(3)：167-181.

[7]张翔．新形势下烟草专卖许可证管理[J]. 现代营销：学苑版，2017(3)：134-134.

[8]唐桥．浅析如何进一步规范卷烟零售点合理布局规划[A]. 广西烟草学会 2018 年论文汇编[C]. 2018.

[9]武立军．论如何提高烟草专卖市场监管效果[J]. 环球市场，2017(3)：1.

[10]兰杰锋．管理卷烟零售大户的几点思考[J]. 湖南烟草，2018，178(2)：53-54.

[11]杜萍．大连市烟草公司营销渠道案例研究[D]. 大连：大连理工大学，2018.

[12]章鸿．中国烟草专卖制度质疑[J]. 安庆师范学院学报(社会科学版)，2004，23(6)：35-37.

[13]张利娟．我国烟草专卖管理体制的问题与对策研究[J]. 长江丛刊，2017(2)：119-120.

006 信息化管理篇

XIN XI HUA GUAN LI PIAN

卷烟生产高级计划排产要素分析与研究

李琳，孙永，黄秀，高阳，方超

（山东中烟工业有限责任公司滕州卷烟厂信息处，山东枣庄，277599）

[摘要] 为提高卷烟排产的效率和准确性，本文对卷烟精益生产高级计划排产要素进行分析研究，包括智能采集、智能模拟排产、智能调度、智能适应和模拟仿真。通过对产品组合、牌名切换、均衡生产等方面的优化应用，使得生产加工成本得到精细控制，实现了排产结果的高效化，提高了生产计划的及时性及准确性，有效协调了生产物资的及时供应及物料投送安全，有效分配了设备负载，大幅降低了计划人员工作量。

[关键词] 烟草；高级计划排产；智能调度；智能适应

1 引言

在烟草工业企业生产执行系统(MES)建设过程中，很多企业构建了高级计划排产(APS)系统，但是很难精确预测软硬包平衡、各生产点之间及生产点内的机台平衡，以及难于精准预测原辅料供应、设备盈余能力、人员情况等综合因素影响，导致计划变更、调整、管控困难，浪费产能。目前，烟草行业内 APS 的应用效果不太理想，仍主要靠人工经验估算，精确度低，计划的可行性低，做不到资源的优化配置，并没有实现物料、能源、班次等资源的滚动排程。

为了解决上述问题，本文提出了一种精益生产高级计划排产系统及方法，基于某种约束条件下，采用调度算法进行资源的优化配置，在考虑企业资源(物料与产能为主)限制条件与生产现场的控制和派工法则下，规划可行的物料需求计划与生产计划排程，实现精益化生产。该系统及方法通过选择适合烟草制造企业的算法及技术路线，借助信息物理系统(CPS)平台，实现生产组织方式的智能感知、排产优化、快速响应、动态配置，以提升企业生产自适应能力。

2 系统功能架构及模型设计

2.1 系统功能架构

卷烟精益生产高级计划排产系统功能架构如图 1 所示。

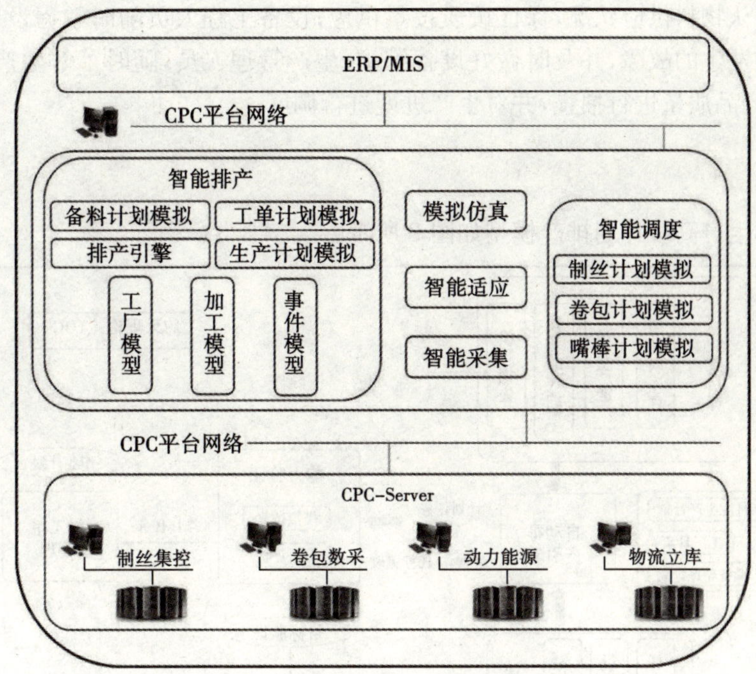

图 1　卷烟精益生产高级计划系统功能架构图

卷烟精益生产高级排产计划系统功能架构包括智能采集模块[1]、智能模拟排产模块[2]、智能调度模块、智能适应模块[3]和模拟仿真模块等几个功能模块，以工厂模型为基础，通过修改排产参数，在加工模型支撑下自动生成排产计划，从而实现订单分解、计划下发的全过程自动化运行，实现生产任务合理分配、排产耗时大幅减小。

智能采集模块用于实时访问生产线上的生产信息、质量信息，自动接收生产订单、生产规范信息，并对采集的数据信息进行预处理。

智能模拟排产模块，系统采用“整体建模、分段排程、上游拉动、交互排程”的策略来实现智能排产。系统以工厂模型为基础，通过建立全厂工艺、设备等生产模型，固化多种排产策略，综合考虑销售需求、库存压力、品牌定点等因素，以公司生产计划为源头，通过设定多种排产策略及参数配置，将生产全过程统一为一个有机整体，提高生产计划的及时性和准确性。在排产过程中采用上游拉动、分段排程的策略，降低排产的复杂度，提高排产的准确性和可行性。实现原辅料备料、制丝生产、卷包生产过程的联动控制及统筹安排，有效协调生产物资的及时供应和物料投送安全，缩短决策链。

智能调度模块从系统层面建立统一的调度指挥中心。智能调度是智能排产中敏捷执行的重要体现。智能调度充分考虑生产现场的复杂性，快速应对现场生产变化，合理调度现场生产资源，实现管理扁平化，明确各级管理责任，规范生产控制流程，将生产指挥由事后统计向及时指挥转变。

智能适应模块用于实时采集生产数据，包括订单执行状态，机台产量、消耗，设备运行信息数据，采用 BP 神经网络自适应学习算法，实现滚动排程、紧急插单、快速换线(换机台)。

紧急插单采用 A、B、A 的方式，主要涉及的相关工作包括：生产计划人员，调查与分析紧急插单的计划与执行情况、物料供应情况等信息，统筹安排插单生产任务，确定产量指标；物料控制人员确认物料供应状况，保证按质按量供应；设备工程人员随时掌握设备运行状况，提前预防可能发生的故障，并及时做好设备维护；生产管理人员，随时了解生产人员工作状态，不定期对产品质量进行抽查，并对生产进度进行调度。

2.2 模型

卷烟精益生产高级计划排产模型如图 2 所示。

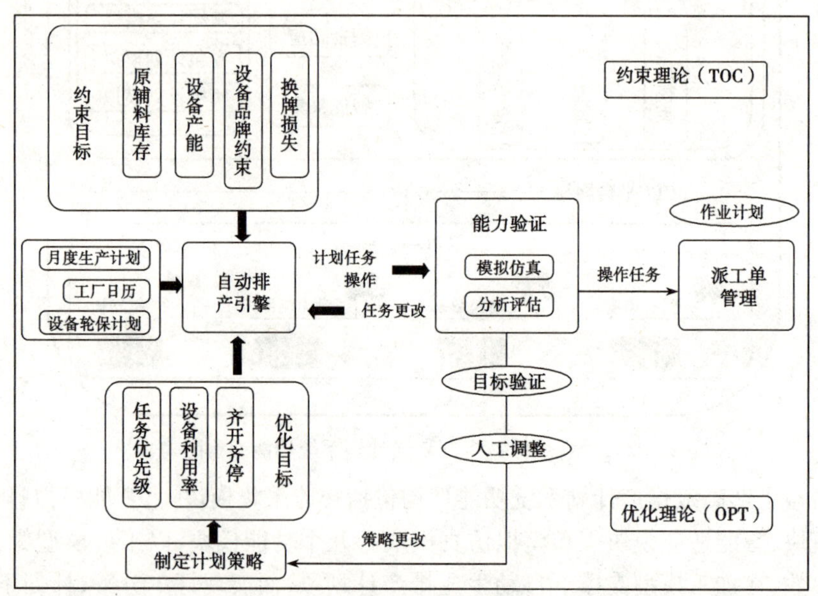

图 2 卷烟精益生产高级计划排产模型

自动排产引擎借助约束理论（TOC）和优化理论（OPT），针对输入条件（月度生产计划、工作日历、设备维保计划等），采用启发式算法引擎，将约束目标（原辅料库存、设备产能）和优化目标（任务优先级、齐开齐停等）进行综合考虑和运算，针对每个排产方案进行评价打分，计算各个方案得分情况，然后将排产方案进行遗传和变异，计算新排产方案得分。如果新方案得分超过当前方案，则记录新方案为最优解，针对新方案进行遗传变异；如果新排产方案没有超过当前方案，则以当前方案为基础继续进行遗传变异。通过不断遗传进化，以及模拟退火等操作，最终得到满足用户要求的可行解。当排产方案得分满足用户要求时，用户可以终止算法优化进程，系统将最优排产结果进行模拟仿真后展现给用户，用户可以针对排产结果进行分析和评估，验证原辅料的满足情况、订单按时交单情况、设备齐开齐停情况等内容。用户可以对排产结果进行手工调整和修改。当用户对排产结果不满意时，也可以通过调整排产策略或参数，然后重新进行智能排产，系统在新的参数和策略下重新优化排产并输出。当用户对排产结果评估或调整满意后，则进入派工单管理环节，可以将计划发布并形成设备任务工单，同时关联工艺配方和标准，发布到车间或机台进行执行。

2.2.1 智能采集

2.2.1.1 数据采集

智能采集通过 CPS 系统平台和网络实时访问生产线上所有相关的生产信息、质量信息，自动接收生产订单、个性化生产规范，并具备一定的智能感知能力，对采集的数据进行适当处理，剔除脏数据，并作初步分析。

2.2.1.2 数据预处理的方法

由于信号问题或失控等导致的异常数据剔除；通过数理统计理论对历史数据进行分析，得出对当前有参考或指导性的结论；通过对柜存和销售需求等数据的实时分析，并根据模拟模型预测未来生产计划。

2.2.2 智能模拟排产

智能模拟排产模块包括备料计划模拟单元、工单计划模拟单元、排产引擎单元、生产计划模拟单元、工厂模型单元、加工模型单元和事件模型单元。

备料计划模拟单元用于根据卷包计划排产结果、烟丝库、储柜结存(含烟丝库库存和过程柜结存)、卷包车间现场结存等信息进行综合测算，采用排产引擎进行优化安排，使原料库或辅料库按品牌集中备料，保证车间卷包生产和制丝生产连续不断料，提高库存物资周转效率，降低资金占用率。

工单计划模拟单元用于将卷包计划或制丝计划分解到具体设备或工序的工单，关联相关的工艺标准和配方信息，并可以针对工单计划进行模拟仿真、工艺路线冲突、设备瓶颈资源分析等。

排产引擎单元是智能排产的核心，是将各类算法、规则、约束等因素进行综合处理的中心环储丝柜存数据。本系统主要采用启发式算法引擎，针对各类生产计划进行优化和处理，系统通过将历史最优方案、经典配置方案、系统随机选择方案一起作为遗传算法的初始解，提高遗传算法祖先的优良性，达到快速收敛和优化的目标。借助模拟退火处理，来避免遗传算法陷入局部最优的情况，从而提高启发式算法引擎的运行效率和结果可行性。

生产计划模拟单元负责将销售订单借助排产引擎，根据工厂模型、加工模型、事件模型等信息，综合利用 TOC 约束理论和 OPT 优化生产技术，进行分解和优化生成卷包生产计划。通过卷包计划拉动，借助排产引擎进行优化和安排生成制丝计划、嘴棒计划、备料计划等。系统可以针对卷包计划、制丝计划、嘴棒计划、备料计划等采用甘特图展示，并可对各类生产计划进行模拟仿真、上下游物资保障验证、路线冲突检查等。

工厂模型单元主要用于定义和维护排产所需要的各类工厂模型，如卷烟厂、生产车间、生产线、生产工段、生产设备等。

加工模型主要用于用户定义和维护设备生产能力、换牌时间、工艺路线等信息。

事件模型主要用于定义排产过程各类控制事件，如插单、按开始时间锁定、按结束时间锁定、按订单量锁定、工艺路线冲突、进柜冲突等。

2.2.3 智能调度

智能调度模块包括制丝计划模拟单元、卷包计划模拟单元和嘴棒计划模拟单元[4,5]。

制丝计划模拟单元用于根据卷包计划、储柜结存、制丝计划、制丝生产反馈情况信息进行制丝计划的调整和重排，并针对排产结果进行仿真[6]和验证。

卷包计划模拟单元用于根据卷包排产结果、卷包实际产量、辅料库存情况、烟丝库存情况对卷包计划进行模拟仿真，验证卷包计划的可行性，方便调度手工调整或系统滚动重排。

嘴棒计划模拟单元用于根据嘴棒排产结果、卷包计划、嘴棒实际产量、辅料库存情况、嘴棒库存情况对嘴棒计划进行模拟仿真，验证嘴棒计划的可行性。

工单驱动辅料呼叫的具体流程为：PQM（中烟质量系统）下发月度生产计划到 MES 系统，MES 高级排产生成卷包生产作业计划、制丝生产批次计划和嘴棒生产作业计划后，将生产计划发送到 ERP 系统，ERP 系统根据生产计划生成生产订单下发到 MES 系统，MES 系统高级排产接收生产订单后，分解生成卷包工单、制丝工单和嘴棒工单，并将工单发送到辅料立库系统，触发辅料呼叫，辅料立库系统接收辅料请求后，进行基础数据配置，下发辅料。

3 结果与讨论

模拟排产首先根据公司每月下达生产计划，生成卷包排产计划。制丝的排产采用“拉式”方法，即以满足卷包车间连续生产为目标，根据卷包车间机台工单、成品烟丝库存情况，倒推制丝批次作业计划。其生产顺序通过建立竞争队列生成。

3.1 卷包高级计划排产

卷包高级计划排产采用“遗传算法＋神经网络算法”（根据生产执行结果修正参数）实现。

BP 神经网络自适应学习算法[7]为：

$$w(k+1)=w(k)+\alpha(k)[(1-\eta)d(k)+\eta d(k-1)]$$

式中：$w(k)$为第 k 步时的权值；$d(k)$为第 k 步时的负梯度；α 为学习率，$\alpha>0$；η 为动量因子，$0\leqslant\eta<1$。模拟仿真模块通过在现实生产环境中模拟计划方案，计划员可以准确评估生产异常事件产生的后果，从而实现事前的控制，可以根据生产实际情况进行维护。

卷包 APS 主要考虑工艺约束、资源利用、按期交货（订单完成率）、换牌次数少（减少换牌成本）、均衡生产、软硬平衡、齐开齐停（能源利用）等影响因素。

在考虑生产订单对应香烟品牌安排到相关生产设备时，首要考虑该香烟品牌对应设备的优先级。优先级着重考虑两个因素：生产能力与产品的质量情况，生产能力强且质量好的优先考虑。

生产能力和质量情况这两个因素有时是相互矛盾的，因此在生产任务紧张与生产任务清闲时，两个因素的侧重点不同，需考虑多策略排产。

生产能力和质量情况可根据生产实际信息进行修正，从而使排产结果更具合理性。所谓“滚动排程”，不仅仅是根据实际产量进行滚动，更多的是考虑相关因素或参数的修正进行滚动，从而达到智能排产。

3.2 制丝高级计划排产

制丝高级计划排产，首先考虑是批次的执行顺序。只有顺序合理，才能保证卷接包生产的连续性，减少因无空柜而停机等待的时间，保证设备有效作业率的提高。批次的执行顺序主要体现在叶处理和制叶丝时，目前生产科在制订制丝批次计划时，考虑了制叶丝和叶处理的执行顺序。排产示意图如图 3 所示。

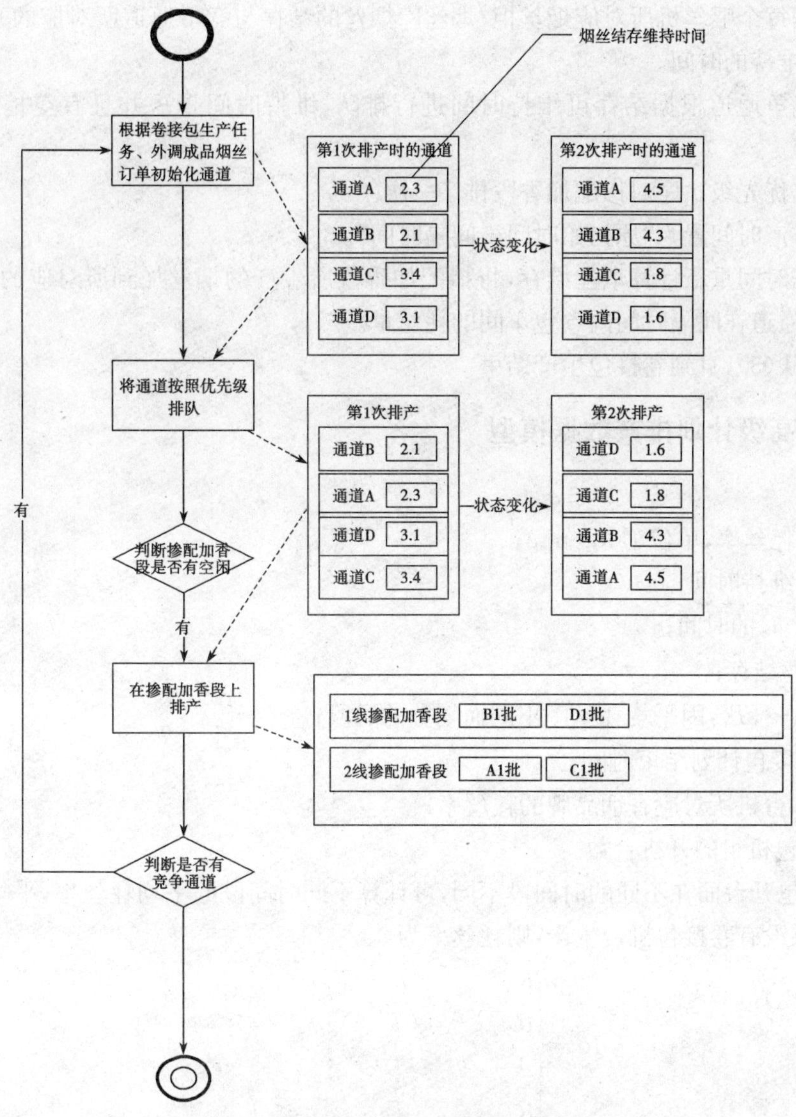

图 3　卷烟精益生产高级计划排产示意图

假设有 A、B、C、D 四个通道，第一次排产时，计算各个通道的烟丝结存可维持的时间，然后将竞争通道在竞争放入竞争队列时进行排队，通道 B 与通道 A 优先级最高，且都有空柜，将通道 B 与通道 A 分别排在两个掺配加香段上；第二次排产时，重新初始化通道，计算烟丝结存的可维持时间，并重新排队，将优先级高的两个通道排在两个掺配加香段上。

将上述理论模型转变为具体的解题步骤，如下：

(1)将卷包车间每个喂丝机对应的卷接包机组作为竞争通道，并设第一次的排产时间为掺配加香段的开班时间，即开始生产的时间（如果一批烟丝在掺配加香段有跨天的情况，即一批烟丝在掺配加香段当天未生产完成，第二天白班继续生产，需考虑第一次的排产时间为掺配加香段生产完上一批烟丝后，有空闲时的时间）。

(2)两个掺配加香段，分别间隔 T_1，T_2[各掺配加香段生产一批烟丝所需要的时间，已包括换牌（即香烟品牌）间隔时间]，排产一次。

(3)根据每个喂丝机所对应烟丝柜/烟丝库烟丝的结存与竞争通道所对应的开台面计算烟丝结存可维持的时间。

(4)将竞争通道根据结存可维持时间进行排队,维持时间越短并且有空柜的,优先级越高。

(5)根据优先级次序对掺配加香段排产一次。

(6)将排产时间置为“原初始时间+间隔时间”。

(7)根据时间重新计算烟丝结存,将掺配加香段所生产的烟丝加到所对应的竞争通道,减去该竞争通道在间隔时间内卷包车间的耗丝量。

重复步骤(3),直到卷接包生产结束。

3.3 制丝高级计划排产数据模型

定义:

R:平均耗丝率,单位为 kg/min;

T:库存维持时间;

T_0:排产时的时间;

M_0:烟丝结存;

$T_1,T_2,\cdots,T_i$:因平均耗丝率不同而划分的时段;

T_{end}:卷接包计划结束时间;

r_k:第 k 台机所对应香烟品牌的耗丝率;

n:卷接包机组的开机台数。

因卷接包开台面在不同的时间段不同,可计算不同时间段的平均耗丝率,平均耗丝率为分段值,如果没有卷接包机台生产,则耗丝率为 0:

$$R=\begin{cases} R_1 & (t<T_1) \\ R_2 & (T_1<t\leqslant T_2) \\ \vdots & \qquad\vdots \\ R_i & (T_{i-1}<t<T_i) \end{cases}$$

其中,$R_i=\sum_{k=1}^{n} r_k$ 。

假设,从排产时刻,经过 T 时刻到库存烟丝消耗完毕,则有:

$$\int_{T_0}^{T_0+T} R(t)\,\mathrm{d}t=M_0$$

根据烟丝结存可求得库存维持时间 T,进而求得烟丝批次最晚进柜时间。

$$T_{\text{烟丝批次最晚进烟丝柜时间}}=T_0+T-T_{\text{烟丝储存时间}}$$

对各竞争通道按照是否有空柜和烟丝批次最晚进柜时间进行排序,有空柜并且最晚进柜时间越早,优先级越高,将优先级高的排产一次,分解到两个掺配加香段。之所以用烟丝批次最晚进烟丝柜时间,是因为不同香烟品牌烟丝的储存时间可能不同,烟丝进储丝柜和进烟丝库储存时间不同。

排产时刻:对于烟丝排产,排产时刻的确定尤为重要。在用户的经验模型中,假设排产间隔时间为 1.2 小时,排产的初始时刻为 7:12,排产时刻依次累加,即排产时刻为 7:12,8:24,9:36……然而不同香烟品牌其掺配量不同,其掺配时间也不同,由此,设排产的初始时刻为掺配加香段当天的最早开始时间或开工时间(在“天”的意义上,要与卷包车间的时间同步,用来计算是否有空柜、烟丝维持时间等)。当掺配加香段有空闲时为排产时刻。在排产时刻,排产一次,将通道优先级最高的安排生产。

4 结论

开展卷烟生产高级计划排产要素分析与研究,实现了卷包线、制丝线的智能化排产计划。通过对产品组合、牌名切换、均衡生产等方面的优化应用,使得生产加工成本得到精细控制,实现了排产结果的高效化;提高了生产计划的及时性及准确性,有效协调了生产物资的及时供应及物料投送安全;有效分配了设备负载,大幅降低了计划人员工作量。

在制丝高级排产时需要注意以下几点:一是掺配加香段的处理时间与香烟品牌有关。各香烟品牌在掺配加香段的处理时间不一定相等,所以排产间隔时间也因香烟品牌不同而不同。二是机台耗丝率与香烟品牌有关。三是同一通道上需考虑换牌间隔时间。四是要考虑烟丝存储时间的要求,因烟丝存储时间要求不同,在排优先级时,要将该因素考虑在内。五是计算结存烟丝维持时间时,用(上一次烟丝结存+新增烟丝)/卷接包机组开台面/单机单时耗丝率-排产间隔时间,此方法为近似求解,为精确计算,需重新设计算法。六是烟丝结存=上一次烟丝结存+新增烟丝-该通道上卷接包耗丝量。七是该排产模型的关键在于求竞争通道的优先级,考虑库存维持时间。库存维持时间主要取决于卷接包的生产,应根据该通道对应的卷接包机组的实际生产计算库存维持时间。

参考文献

[1]韩家炜 . 数据挖掘概念与技术(第 2 版)[M]. 北京:机械工业出版社,2008.

[2]Hong Cheng, Xifeng Yan, Jiawei Han, Philip S. Yu. Direct Discriminative Pattern Mining for Effective Classification [C], Proc. 2008 Int. Conf. on Data Engineering (ICDE' 08), Cancun, Mexico, April 2008.

[3]Hong Cheng, Xifeng Yan, Jiawei Han, Chih-Wei Hsu. Discriminative Frequent Pattern Analysis for Effective Classification[C], Proceedings of the 2007 IEEE International Conference on Data Engineering (ICDE 07). Istanbul, Turkey, April 2007.

[4]R. S. Thakur, R. C. Jain and K. R. pardasani, Fast Algorithm for Mining Multi-Level Association Rules in Large Databases [J], *Asian Journal of Information Management* 2007:1(1): 19-26.

[5]朱明 . 数据挖掘(第 2 版)[M]. 合肥:中国科学技术大学出版社,2010.

[6]J. Wang, J. Han, J. Pei. CLOSET+: Searching for the Best Strategies for Mining Frequent Closed Itemsets[C], Proc. 2003 ACM SIGKDD Int. Conf. on Knowledge Discovery and Data Mining (KDD'03), Washington, D. C., Aug. 2003.

[7]邵峰晶,于忠清,王金龙,等. 数据挖掘原理与算法(第 2 版)[M]. 北京:科学出版社,2009.

山东烟草数据安全探索与实践

宋楠,仇道霞

(中国烟草总公司山东省公司信息中心,山东济南,250101)

[**摘要**] 为进一步提升信息安全水平,山东烟草运用现代化技术手段识别现有信息系统数据安全风险,探索解决数据泄漏、弱口令、敏感隐私数据泛滥等数据安全问题,制定针对性的管理措施和安全防护策略,确保数据的完整性、可用性、保密性和可靠性,提升了山东烟草数据安全防护水平。

[**关键词**] 烟草;数据安全;基本实践;数据分类;成熟度模型

1 引言

随着信息化程度越来越高,山东烟草积累了大量数据资源,业务种类繁多,横向涉及卷烟营销、专卖管理、烟叶管理、企业管理等各个业务领域,纵向贯穿行业、省、市、县(区)等多个层级,数据呈现出数据量大、复杂性高、多样性强等特点,对安全性保护、规范性管理、技术架构升级改造等提出了新的要求和挑战。全系统数据资源开放共享程度越来越高,数据安全问题也日益突出,如个人信息泄露事件层出不穷、敏感数据泛滥成灾、数据管理权责不清、数据保护措施不足等。如何更好地使用和保护数据资源,解决数据安全面临的各类挑战,成为当前亟待解决的一个重要问题。山东烟草立足识别数据安全风险隐患,着力从数据的全生命周期(采集、存储、传输、使用、提供、销毁)开展数据安全方案研究探索,着力解决数据的完整性、保密性、完整性、可用性等安全问题,设计完善数据安全防护策略,提高数据安全防护水平。

2 数据安全发展趋势

随着大数据、云计算等新兴技术的蓬勃发展,数据资源共享开放变得更加方便、快捷,但同时也带来了一些安全隐患,如企业泄密事件层出不穷、个人信息过度收集屡禁不止、敏感隐私数据泛滥成灾等。放眼全球,各国都把数据安全上升成为国家战略,把数据安全治理、隐私保护当做首要任务来抓。

欧盟议会于 2018 年 5 月 25 日通过了 GDPR[1]《通用数据保护条例》新规。新的条例完全更新了欧盟成员国以及任何与欧盟各国进行交易或持有公民（欧洲经济区公民）数据的公司存储和管理个人数据的方式。GDPR 的目标是保护欧盟公民免受隐私和数据泄露的影响，同时重塑欧盟的组织机构处理隐私和数据保护的方式，从个人数据权利的法律归属上，设定了个人数据、数据主体和数据主体权利，以及采取了严格的全球个人隐私保护要求。

2018 年 1 月 18 日，美国联邦贸易委员会[2]（Federal Trade Commission，FTC）发布《2017 年隐私与数据安全保护工作报告》。FTC 对公司提出实质性保护和程序性保护两个要求，即不仅要注重保护方式内在的合理性与安全性，也要将保护作为公司的例行工作和日常事项，还提出企业所收集的用户信息应当满足"最小化的密切联系原则"，即机构收集的信息以实现服务目的为限。

2017 年《网络安全法》正式实施，不仅将网络安全上升为国家战略，更明确指出网络运营商关于个人信息保护的责任，数据安全已经成为网络安全的重要保证。在信息时代，数据资源已经成为一个企业的重要资产，无论从资产保护的角度，还是从《网络安全法》等法律法规要求的角度，都要求我们加强对数据资源的安全保护。

3　山东烟草数据安全挑战

随着我国信息化水平的不断提高，烟草行业也在向信息化高速迈进。在加快信息化建设的同时，烟草行业所面临的数据安全问题也在日益增加，数据泄露、黑客攻击、第三方恶意软件等问题正无时无刻地威胁着烟草行业的数据安全，因此，烟草行业必须进行数据安全建设，需要从管理、技术、人员等多个层面整体提高数据安全。

山东烟草由于资金、管理、技术、人员等多重原因也存在着一定的数据安全问题。其中，现阶段较为突出的问题集中在：数据资产不清、敏感数据不明、敏感数据防护有缺陷、管理制度不完善、安全从业人员安全水平不足、数据接触人员安全意识不足、安全应急体系不完善、缺乏科学有效的数据治理方法等。

4　山东烟草数据安全探索思路

山东烟草在进行数据安全探索的过程中，针对以上数据安全风险，提出的数据安全对策和思路是：以数据安全能力成熟度模型与数据生命周期相结合［通用安全以及阶段 DSCMM[3]（框架、技术、方案）］为数据治理指导原则，结合山东烟草的特点规划适合山东烟草的数据安全解决方案。

4.1　数据安全能力成熟度模型

数据安全能力成熟度模型（见图 1）是一套数据安全建设中的系统化框架，是围绕数据的生命周期，结合业务需求以及监管法规的要求，持续不断提升数据安全能力，从而形成以数据为核心的安全框架。

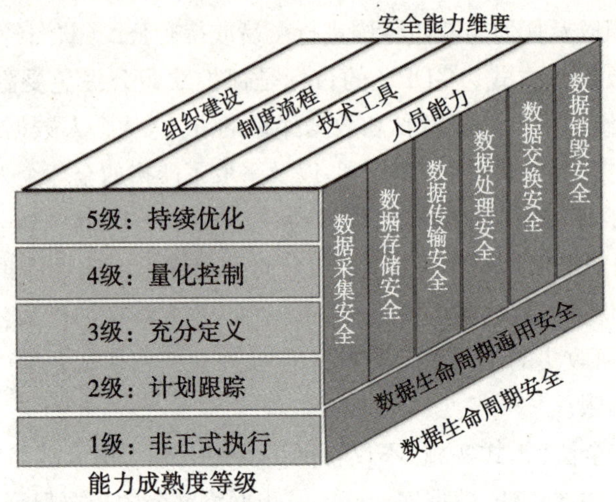

图 1　数据安全能力成熟度模型

4.2　数据生命周期安全

围绕数据生命周期，提炼出现有数据环境下，以数据为中心，针对数据生命周期各阶段建立的相关数据安全过程域体系，并定义了数据生命周期中的交个阶段，如图 2 所示。

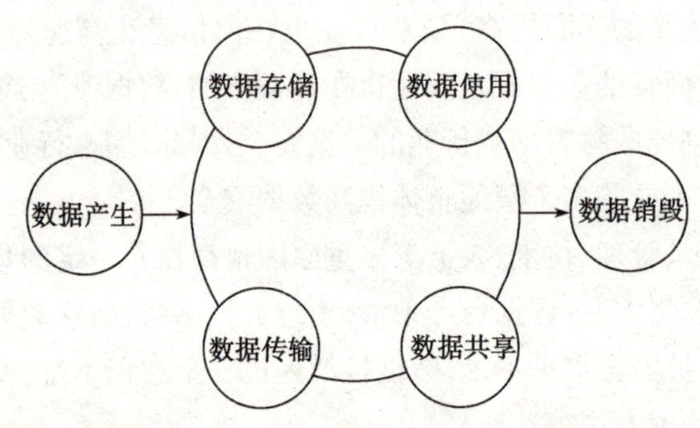

图 2　数据生命周期

数据产生：指新的数据产生或现有数据内容发生显著改变或更新的阶段；

数据存储：指非动态数据以任何数字格式进行物理存储的阶段；

数据使用：指组织在内部针对动态数据进行的一系列活动的组合；

数据传输：指数据在组织内部从一个实体通过网络流动到另一个实体的过程；

数据共享：指数据经由组织与外部组织及个人产生交互的阶段；

数据销毁：指利用物理或者技术手段使数据永久或临时性的不可用过程。

根据数据生命周期各阶段安全要求，结合山东烟草数据安全特点，整理出近期数据安全治理要解决的重点内容，包括：数据资产梳理、敏感数据识别、数据分级分类、数据资产安全检测、数据资产安全加固、数据监控与溯源、数据加密防护、数据分发脱敏、数据安全管理制度、数据权限加固、人员安全培训和数据安全应急响应等（见图 3）。

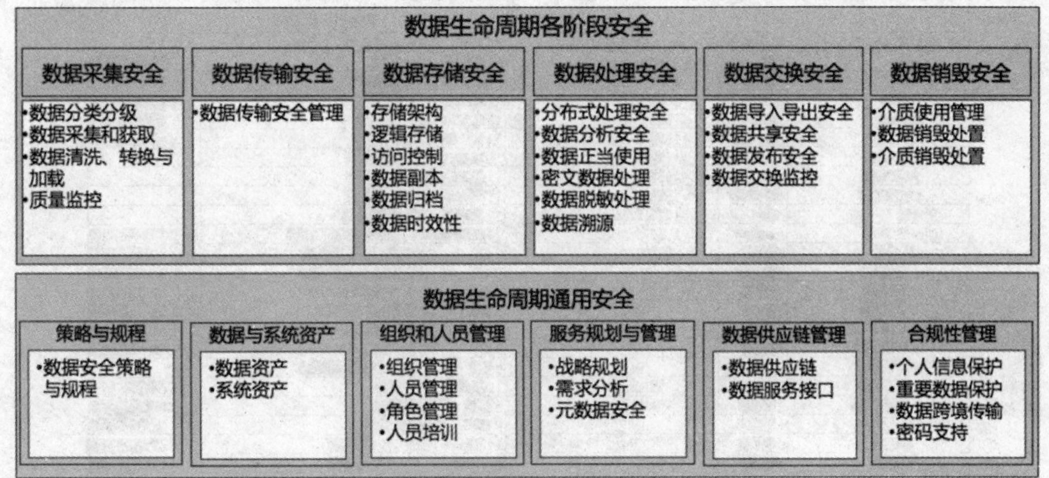

图 3　数据生命周期各阶段安全

5　山东烟草数据安全基本实践

山东烟草数据安全实践的整个过程就是以解决上述问题为目标。下面详细论述采用何种方法解决上述问题。

5.1　数据资产梳理

资产梳理是解决敏感数据安全问题的必要手段。数据资产梳理可以帮助管理人员了解数据资产的规模、分布情况和使用场景，从而根据不同场景下的数据安全需求建立有针对性的安全防御手段。

山东烟草借助专业的梳理工具，对业务系统中的数据库进行了快捷、高效的数据资产梳理工作，获得了清晰、直观的数据资产分布情况。梳理的内容包括：

(1)数据库数量、类型、版本及详细信息；

(2)确认数据资产分布情况及数量，精确到字段、行数；

(3)梳理数据库账户信息及账户对资产的访问权限。

梳理完毕后，将梳理结果进行汇总，形成数据资产清单，部分结果如图 4 所示。

梳理后的结果将作为后续数据安全建设的依据，为规划数据安全方案提供参考。

山东省烟草专卖局(公司)数据资产清单

序号	数据库实例名	数据库名	端口号	数据库类型	版本号	业务系统名称	运维单位
1	t	t	15	Oracle	11	资金	厦门
2	o	o	15	Oracle	11.	办公	上海
3	o	o	15	Oracle	11.	办公	上海
4	f	f	15	Oracle	11	办公	上海
5	z	z	15	Oracle	11.	办公	上海
6	z	z	15	Oracle	11.	烟叶	
7	d	d	15	Oracle	11	烟叶	
8	d	d	15	Oracle	11	烟叶	
9	t	t	15	Oracle	11.	烟叶	
10	p	p	15	Oracle	11	实物	山东
11	d	S	50	DB2	9.	物	北京
12	db	S		DB2	9.	物	北京
13	db	T		DB2	9.	物	北京
14	db	S		DB2	9.	物	北京
15	db	S		DB2	9.	物	北京
16	db	T		DB2	9.	物	北京
17	db	R		DB2	9.	物	
18	o	o	15	Oracle	11	三	杭州电子
19	db	u	50	DB2	9.	财	北京
20	d	n		DB2	9.	财	北京
21	c	c	15	Oracle	11.	专控	浪潮
22	s	s	15	Oracle	11.	专控	浪潮
23			15	Oracle	11	人力	山东
24	db	db	50	DB2	9	资金	厦门
25	db	db		DB2	9.	资金	厦门
26	db	db		DB2	9.	资金	厦门
27	db	db		DB2	9.	资金	厦门
28	db	db		DB2	9.	资金	厦门
29	w	w	15	Oracle	11.	安全	
30	y	y	15	Oracle	11.	安全	
31	r	r	15	Oracle	11.	安全	
32	s	S	15	Oracle	11	安全	
33	db	T	50	DB2	9.	安全	
34	营销	x	15	Oracle	11.	营销	浪潮
35	营销	x	15	Oracle	11	营销	浪潮
36	营销	x	15	Oracle	11.	营销	浪潮
37	营销	x	15	Oracle	11.2.0.4.0	营销	浪潮
38	营销	x	15	Oracle	11.2.0.4.0	营销	浪潮

图 4　数据资产清单

5.2　敏感数据识别

敏感数据识别是发现系统中的敏感数据。在数据梳理的基础上，在有限的识别范围内，通过对敏感数据特征的提炼，提炼出一套山东烟草敏感数据特征库。利用特征库快速找出系统中的敏感数据，为后续数据分类分级奠定数据特征基础。山东烟草敏感数据特征示例如图 5 所示。

5.3　数据分级分类

数据分级分类是将识别后的敏感数据进行筛选，根据数据的价值、重要程度分门别类，为不同级别的数据提供不同程度的安全防护。

山东烟草依据的分级原则如下：

(1)信息外泄或披露不会造成商誉损失，不会造成经济损失；

(2)信息外泄或披露会造成轻微商誉损失，不会造成经济损失；

(3)信息外泄或披露会造成商誉损失，会造成经济损失，或存在轻微经营风险；

(4)信息外泄或披露会造成严重商誉损失，会造成严重经济损失，或存在严重经营风险。

图 5　敏感数据识别

5.4　数据资产安全检测

为了进一步明确山东烟草数据库安全面临的问题，采用数据库安全检测工具对数据库进行了安全扫描。扫描的安全问题包含：数据库漏洞、配置缺陷、危险代码、缺省口令、审计情况、补丁状态等一系列安全问题的情况以及修复建议。图 6 是一个 Oracle 数据库存在的安全隐患综合图。数据管理员根据修复建议，对数据库问题进行了漏洞整改、数据库版本升级、口令强化、关闭不必要用户等修复工作。

5.5　数据资产安全加固

升级数据库或系统配置是提高数据安全性的常见手段，但是山东烟草存在复杂的应用体系以及海量的数据，升级时必须进行全适应测试，以防止业务异常问题出现，会耗费极大的人力、财力。因此，为了提高效率同时保证数据库的安全性，采用了带有虚拟补丁功能的数据库防火墙产品（见图 7）。

数据库防火墙能够解决数据漏洞、错误配置、恶意代码等多种数据库安全问题。虚拟补丁不需要升级、重启数据库，就可以达到防护数据库遭到漏洞、恶意代码攻击的问题，是一种符合山东烟草数据安全现状的有效方法。

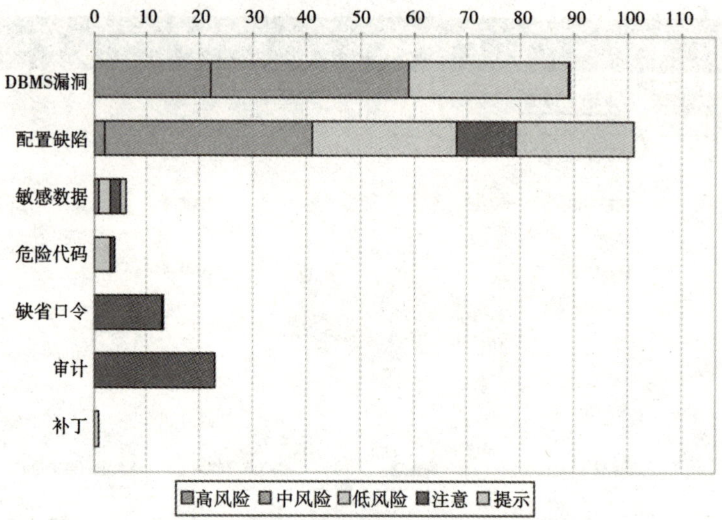

图 6　风险分布一检测项类型

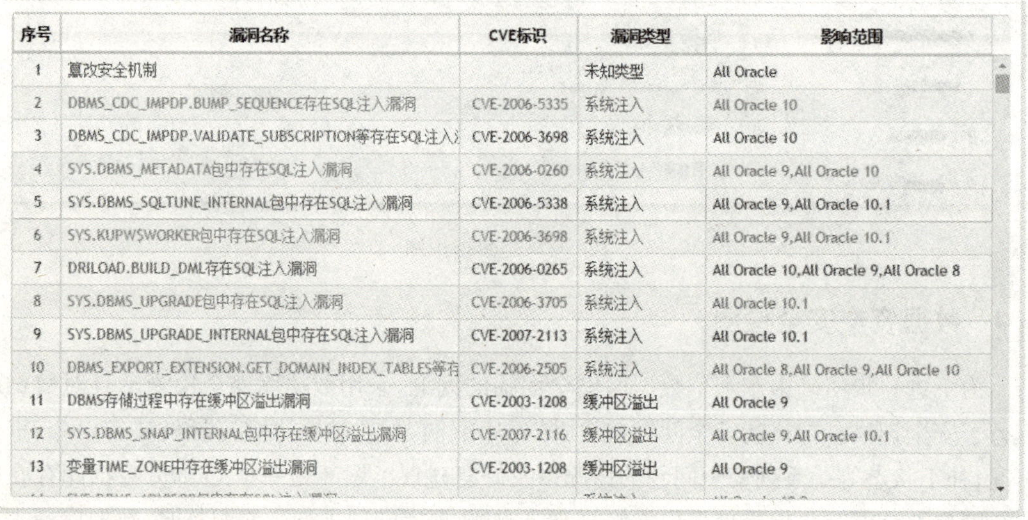

序号	漏洞名称	CVE标识	漏洞类型	影响范围
1	篡改安全机制		未知类型	All Oracle
2	DBMS_CDC_IMPDP.BUMP_SEQUENCE存在SQL注入漏洞	CVE-2006-5335	系统注入	All Oracle 10
3	DBMS_CDC_IMPDP.VALIDATE_SUBSCRIPTION等存在SQL注入	CVE-2006-3698	系统注入	All Oracle 10
4	SYS.DBMS_METADATA包中存在SQL注入漏洞	CVE-2006-0260	系统注入	All Oracle 9,All Oracle 10
5	SYS.DBMS_SQLTUNE_INTERNAL包中存在SQL注入漏洞	CVE-2006-5338	系统注入	All Oracle 9,All Oracle 10.1
6	SYS.KUPW$WORKER包中存在SQL注入漏洞	CVE-2006-3698	系统注入	All Oracle 9,All Oracle 10.1
7	DRILOAD.BUILD_DML存在SQL注入漏洞	CVE-2006-0265	系统注入	All Oracle 10,All Oracle 9,All Oracle 8
8	SYS.DBMS_UPGRADE包中存在SQL注入漏洞	CVE-2006-3705	系统注入	All Oracle 10.1
9	SYS.DBMS_UPGRADE_INTERNAL包中存在SQL注入漏洞	CVE-2007-2113	系统注入	All Oracle 10.1
10	DBMS_EXPORT_EXTENSION.GET_DOMAIN_INDEX_TABLES等存	CVE-2006-2505	系统注入	All Oracle 8,All Oracle 9,All Oracle 10
11	DBMS存储过程中存在缓冲区溢出漏洞	CVE-2003-1208	缓冲区溢出	All Oracle 9
12	SYS.DBMS_SNAP_INTERNAL包中存在缓冲区溢出漏洞	CVE-2007-2116	缓冲区溢出	All Oracle 9,All Oracle 10.1
13	变量TIME_ZONE中存在缓冲区溢出漏洞	CVE-2003-1208	缓冲区溢出	All Oracle 9

图 7　虚拟补丁列表

5.6　数据监控与溯源

审计系统能够自动化监控用户行为，及时发现针对数据库的攻击行为，阻断风险操作。当安全问题发生后，还能根据审计日志追本溯源，便于责任追查。

对于数据库监控审计系统，要求能做到以下几点：

报表类型：日报、周报、月报、专项报表等。

报表内容：风险分布状况、客户端统计分析、语句统计分析、性能状况等。

统计图展现形式：柱形图、曲线图、双轴折线图等。

如图 8 所示，审计产品能够检测到高危操作，并以图标的形式直观地展现出来。

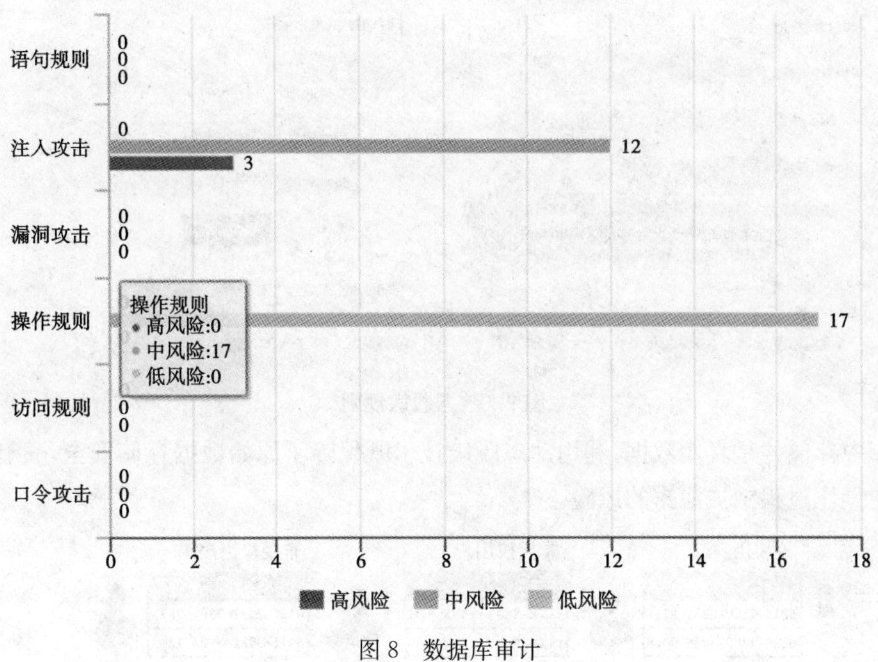

图 8　数据库审计

5.7　数据加密防护

数据加密是数据防护的最后一道防线。数据加密的目的是即便数据泄露,也能保障数据不会被识别或恶意利用。我们从应用层、网关层、交换基层、数据库层、主机层等多个层面进行了数据加密方案的论证和实验,最终发现数据库层加密最适合烟草行业的业务场景。

其他层面的数据加密要么会导致应用的大幅改造,要么会导致业务性能下降超过 20%,这些都是难以接受的。而数据库层加密对性能影响较低,是目前最佳的数据加密解决方案。

5.8　数据分发脱敏

数据安全的一个关键点是做流动中数据的安全。数据的价值来自共享和分发。分发必须符合一定的规范,对不同类型的数据采用不同的脱敏方案后,再实施分发。山东烟草基于自身数据特征和分发场景形成了一套标准的数据分发规范,详细规范了不同类型数据的脱敏规则。具体脱敏规则如图 9 所示。

5.9　数据权限加固

数据资产自身虽然提供了一定的权限体系,但这些权限体系在权限的细粒度上存在问题,导致很多能接触到数据的数据操作者可能成为数据泄露的潜在风险。为了兼顾实时性和安全性,我们采用动态脱敏技术。使不同权限的数据操作人员,看到的数据形态、特征各不相同。这保障了数据在操作过程中不出现泄露的问题。具体如图 10 所示。授权用户可以看到真实数据值,而非授权用户 A 只能看到遮蔽后的部分值,而采用不同策略的非授权用户 B 则会看到仿真数据。

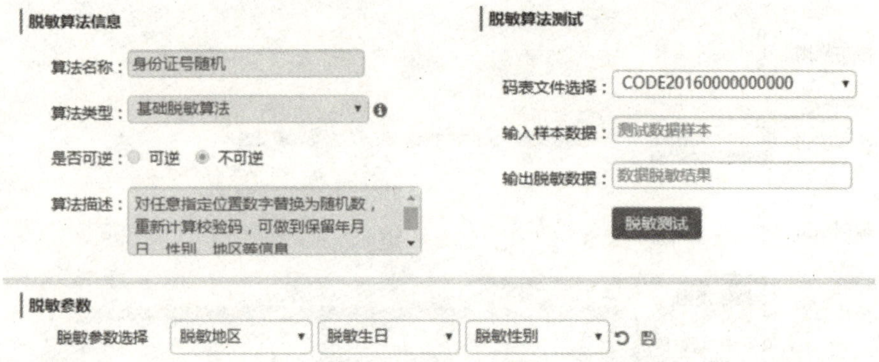

脱敏算法信息
算法名称：身份证号随机
算法类型：基础脱敏算法
是否可逆：可逆 不可逆
算法描述：对任意指定位置数字替换为随机数，重新计算校验码，可做到保留年月日、性别、地区等信息
脱敏算法测试
码表文件选择：CODE20160000000000
输入样本数据：测试数据样本
输出脱敏数据：数据脱敏结果
脱敏测试
脱敏参数
脱敏参数选择 脱敏地区 脱敏生日 脱敏性别

图9 数据脱敏规则

但库中存储的是真实数据，利用动态脱敏技术既保障了原始数据存储安全，又有效防止了数据在操作过程中被泄露的风险。

授权用户
原始值
6225-7500-0231-8731
6228-4800-4438-9018
非授权用户A
屏蔽值
XXXX-XXXX-XXXX-8731
XXXX-XXXX-XXXX-9018
非授权用户B
脱敏值
4467-2231-2391-8873
6471-3981-3902-1290
按用户身份进行动态数据脱敏
包含敏感数据的数据库
数据库中的真值
6225-7500-0231-8731
6228-4800-4438-9018

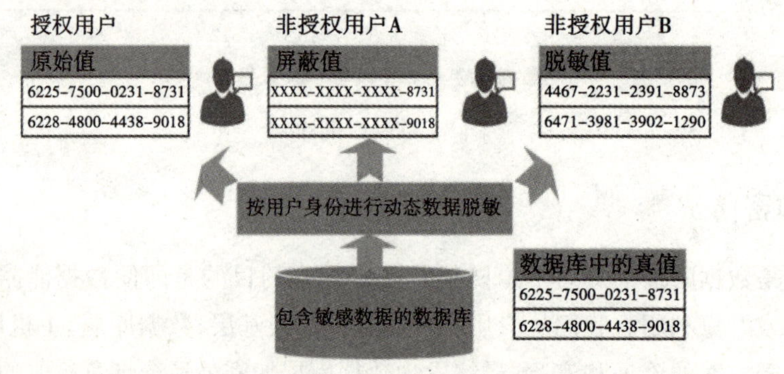

图10 数据权限加固

5.10 数据安全管理制度

数据安全实践必定是技术和管理相结合，所以，制定合理的数据安全管理制度非常重要。我们参考《信息安全管理体系要求》(ISO 27001－2013)，将管理制度分为四级进行建立，如图11所示。

一级管理制度文件为方针政策，二级管理制度文件为制度规范，三级管理制度文件为操作明细，四级管理制度文件为基础模板。除一级文件外，其他级别的文件在制定的时候具有唯一上级，同级文档内容不能重复，最终形成树状结构。

6 展望

山东烟草开创性地把熟度模型与数据生命周期相结合，形成了具有特色的数据安全治理思路。山东烟草不光有数据治理思路，更有治理决心、整体规划、短期目标以及实践能力。在做了大量实践调研的基础上，针对数据资产梳理、敏感数据识别、数据分级分类、数据资产安全检测、数据资产安全加固、数据监控与溯源、数据加密防护、数据分发脱敏、数据安全管

理制度、数据权限加固、人员安全培训和数据安全应急响应等棘手问题，提出了解决方案。随着数据安全形势的发展变化，还会出现新的挑战，在不断深入实践的过程中也会有新的安全问题出现，相信我们山东烟草人一定会迎难直上，披荆斩棘，不断面对新的安全挑战，不断征服新的安全挑战。

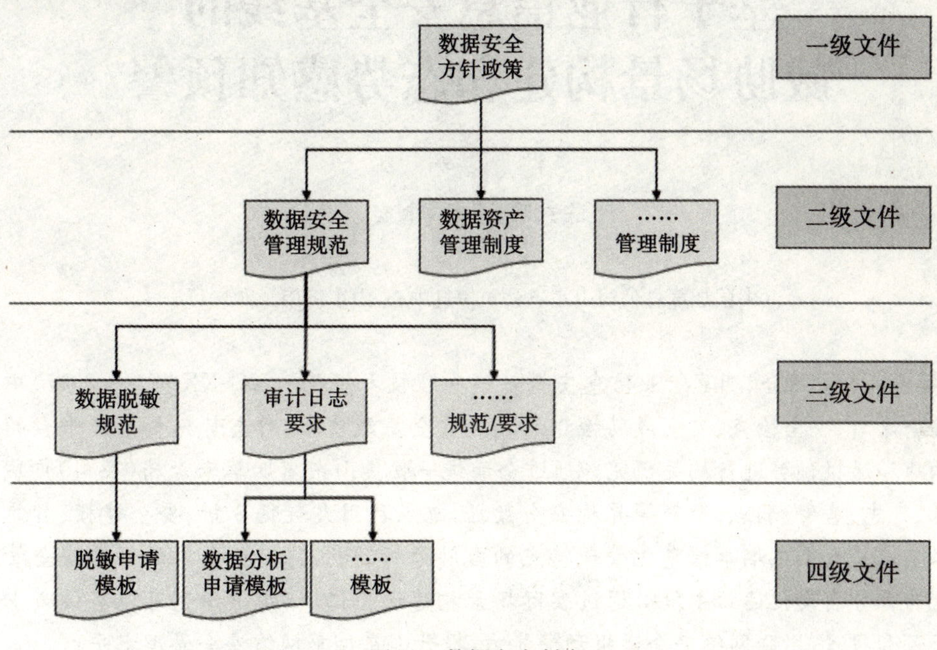

图 11 数据安全制度

基于行业信息安全基线的威胁场景构建和态势感知预警

陈东晖，李林，朱宏

（中国烟草总公司山东省公司信息中心，山东济南，250101）

［摘要］本文结合《烟草行业信息安全基线管理技术规范》（YQ-XX/T 3—2017）中关于网络安全诊断、安全检查、安全威胁检测的相关安全基线要求，对态势感知系统平台的威胁场景构建和通报预警进行相关研究。通过全面统一收集山东省烟草专卖局（公司）广域网内的流量、日志、告警、弱点、资产等异构安全数据，重点利用大数据分析、安全建模、智能算法等技术构建符合山东烟草信息化管理特点的威胁分析场景，将行业要求的网络安全管理制度转化为部分自动化运维手段。通过实际场景构建和验证，证明该研究可以有效减少运维人员干预和投入，增强网络安全通报预警能力，提升山东烟草网络安全管理水平。

［关键词］行业信息安全基线；威胁场景；态势感知预警；自动化运维

1 绪论

1.1 研究的背景及意义

近几年来，信息安全问题已经成为业界关注和讨论的热点。黑客攻击正在从个人向组织化、国家化方向发展，他们目的性强，动机也很明显，往往有明确的商业、经济利益或政治诉求，攻击手段从传统的随机病毒、木马感染及网络攻击，到近来的利用社会工程学、各种零日漏洞以及高级逃逸技术（AET）发起的、有针对性的APT（高级持续性威胁）攻击，能够轻易绕过传统的安全检测和防御体系。中国烟草总公司山东省公司（以下简称“山东烟草”）为加强对各类网络行为和安全事件的监测和预警，提高发现隐患和追踪溯源能力，建设了全天候、全方位的态势感知系统，集中收集全省广域网中各类异构安全数据，利用威胁情报、大数据分析、风险建模等技术进行分析和展现，结合行业信息安全基线要求构建符合山东烟草网络安全管理特色的威胁分析场景，实现网络安全态势可感知、安全威胁可预警、异常行为可监控、安全价值可呈现。

本文的研究意义如下：

(1)落实要求,提升技术和管理水平。本文将根据行业 CT155[1]关于“整体保护、积极预防、动态管理”安全策略要求,将行业信息安全基线的部分内容转换为自动化技术手段,从而提升技术和管理水平。

(2)精准溯源,提高安全识别能力。将研究山东烟草行业不同的业务场景和数据类型,选用、设计相应最合适的模型,从而能够显著地降低安全告警的误报率,根据大数据分析对威胁进行精准溯源,把最关键的信息和最重要的威胁进行统一展现。

(3)提前预警,减少安全事件发生。通过态势与预警平台,关联分析多维数据,及时发现烟草系统中存在的安全事件、安全风险点,能够进行实时安全威胁预警,并根据预警和整改情况转化为安全通报。

1.2 国内外研究现状

面对越来越严峻的网络安全形势,以及复杂网络环境自身的网络异构特征、系统脆弱性,许多国家都非常重视复杂网络环境的安全威胁态势感知研究。自 2008 年起,美国国土安全部通过 Project Shine 项目,搜索链接在互联网上的关键信息基础设施。美国及一些西方发达国家如英国、德国等,也都开发了相应的系统来掌握和监测本国和其他国家的关键基础设施及其安全态势情况。

在国内,2015 年 1 月,公安部要求建立网络安全态势感知监测通报手段和信息通报预警及应急处置体系[2];2016 年,习总书记谈到:建设基于全天候、全方位的网络空间安全感知能力。

随着《网络安全法》正式实施和等级保护 2.0 相关标准的发布,各行业企业也逐渐开始探索高级威胁检测分析和网络安全态势感知预警技术在本行业的应用与实践。目前,全国烟草行业各单位仍主要依靠分散部署的传统安全设备进行信息系统安全防护体系的建设,各设备独立部署,分散工作,容易形成信息孤岛,且尚未形成安全规则和检测场景,无法智能地保障行业安全基线要求的落地。同时,缺乏必要技术手段,无法对系统底数和安全情况进行全面掌握,不能清晰、准确地判断存在的安全风险,无法构建符合烟草行业网络特点的威胁检测分析场景,无法清晰直观地呈现整体的网络安全态势和及时有效的事前预警。

2 平台整体架构设计

山东烟草态势感知平台通过建立安全大数据中心,实现网络内安全类、管理类、流量数据以及资产、用户的基本数据的采集、标准化和集中化存储,并在安全大数据中心的基础上建立安全态威胁分析与预警能力,实现全网的安全要素分析、安全威胁事件联动分析、异常行为快速发现的能力,并实现整体网络的安全态势可视化和整体网络环境安保能力综合评估。

平台数据处理及功能应用架构如图 1 所示。

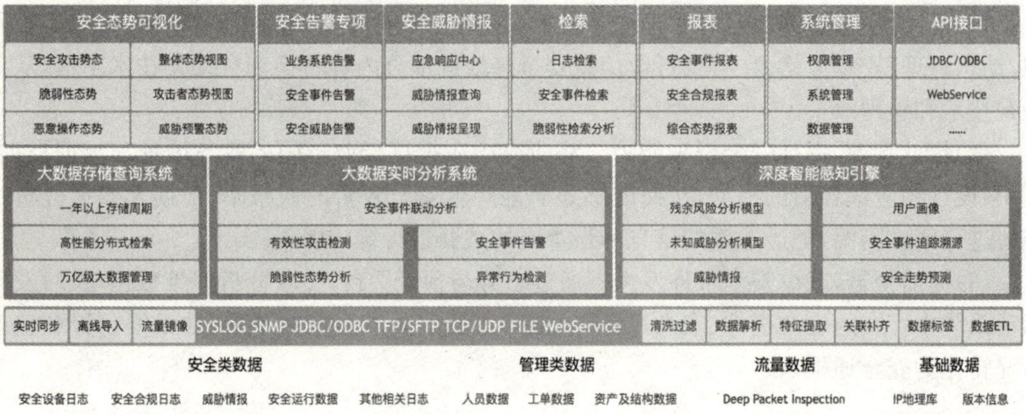

安全态势可视化
安全攻击势态
整体态势视图
脆弱性态势
攻击者态势视图
恶意操作态势
威胁预警态势
安全告警专项
业务系统告警
安全事件告警
安全威胁告警
安全威胁情报
应急响应中心
威胁情报查询
威胁情报呈现
检索
日志检索
安全事件检索
脆弱性检索分析
报表
安全事件报表
安全合规报表
综合态势报表
系统管理
权限管理
系统管理
数据管理
API接口
JDBC/ODBC
WebService
......
大数据存储查询系统
一年以上存储周期
高性能分布式检索
万亿级大数据管理
大数据实时分析系统
安全事件联动分析
有效性攻击检测
安全事件告警
脆弱性态势分析
异常行为检测
深度智能感知引擎
残余风险分析模型
用户画像
未知威胁分析模型
安全事件追踪溯源
威胁情报
安全走势预测
实时同步
离线导入
流量镜像
SYSLOG SNMP JDBC/ODBC TFP/SFTP TCP/UDP FILE WebService
清洗过滤
数据解析
特征提取
关联补齐
数据标签
数据ETL
安全类数据
安全设备日志
安全合规日志
威胁情报
安全运行数据
其他相关日志
管理类数据
人员数据
工单数据
资产及结构数据
流量数据
Deep Packet Inspection
基础数据
IP地理库
版本信息

图 1　平台整体架构图

3　安全大数据中心(SDC)设计

通过全面收集网络内各种异构安全及泛安全类数据，通过数据治理，将原本零散的数据变成统一规范的主数据，使之满足上层应用和数据共享的需求，同时满足行业安全基线中关于安全审计和日志审计的相关要求。

数据流转的整个生命周期如图 2 所示。

数据采集
清洗
是否
过滤
否
是
标准化
数据整理
数据分层
数据分级
数据标签
丢弃
数据存储
分布式
文件存储
分布式
索引存储
消息总线

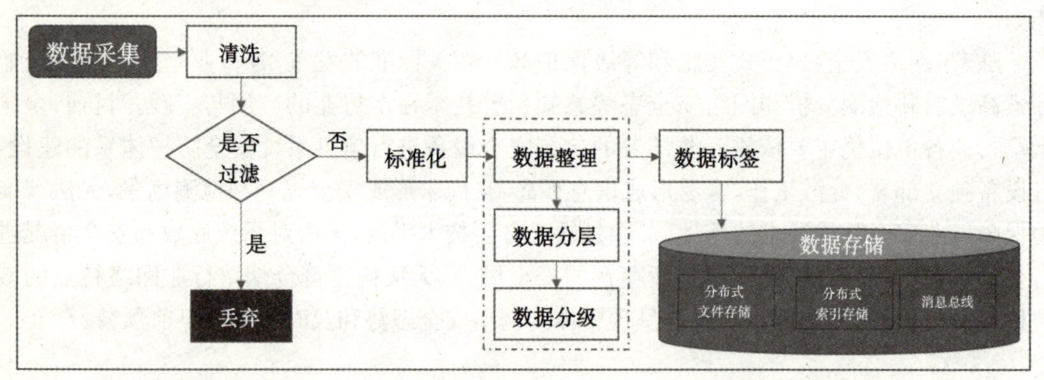

图 2　数据流转图

数据在 SDC 中的整个生命周期包括数据采集、清洗过滤、日志内容标准化、数据类型整理、数据功能分层、数据应用类型分级、数据标签化处理以及数据存储、超过存储周期的数据销毁。

4　分析引擎和安全威胁分析场景设计

安全大数据分析模块对日志、安全事件通过统计分析、机器学习、人工智能、关联分析发现全网威胁动态及全网安全态势，并对威胁进行分类定级。通过机器学习、人工智能提供在线和离线大数据分析能力，及时有效发现安全威胁。

数据分析整体流程如图 3 所示。

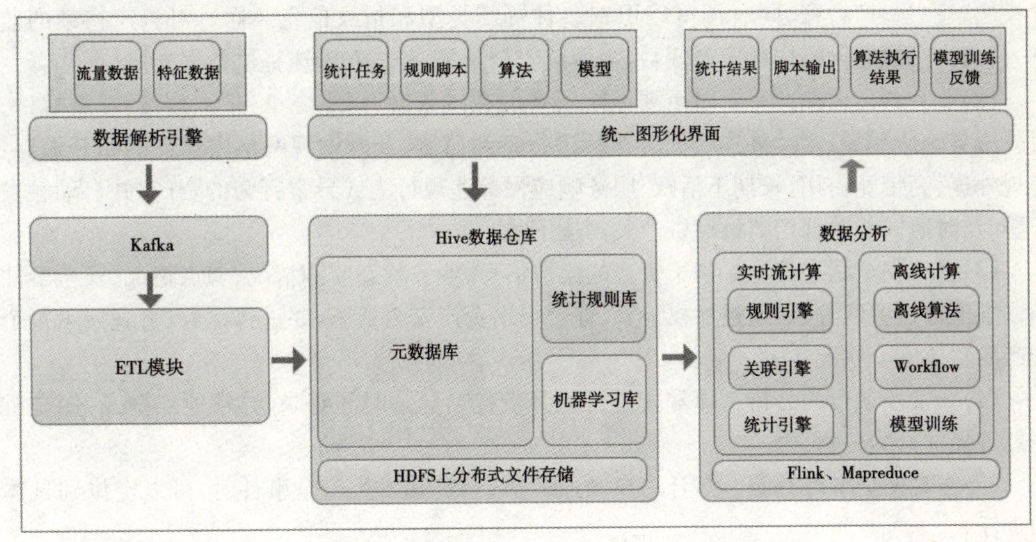

图 3　数据分析流程图

4.1　机器学习模型设计

使用有向非循环图(DAG)计算模型、图计算模型、机器学习库、流计算模型、离线模型进行数据处理,同时平台提供拖拽式安全建模能力,可实现包括规则建模、安全事件关联、安全事件统计、威胁情报关联以及 AI 学习建模等安全威胁建模功能。

4.2　基于行业安全基线的分析场景设计

基于模块化设计的思路,结合行业信息安全基线要求,举例说明如何将行业信息安全基线的部分要求转化为系统的安全监测模型和分析场景,形成持续的自动化监管能力,将过去不定时的人工检查转化为机器的自动持续监控,切实提高安全基线的落地保障和监管能力。

4.2.1　网络安全分析场景

网络安全分析场景实现网络层面的安全攻击、入侵分析要求,主要提供如下功能:

(1)攻击方向识别。通过日志数据和流量数据以及烟草的实际网络环境关联分析,实现对攻击方向的识别,为运维人员提供区分外对内、内对内、内对外攻击视角;提供外部威胁感知、横向(内部不同安全域)威胁感知和资产外联感知功能。

(2)异常行为分析。能够使用安全模型及算法进行深度关联分析,利用 AI 分析模型发现各系统存在的安全风险和异常的用户行为,主要包括但不限于下列分析场景:账户异常行为分析、账户权限变更行为分析、资产被访问异常分析、账户监测异常、非法外联外访、数据违法泄露、业务违规场景、APT 攻击场景、挖矿病毒类等异常场景。

4.2.2　主机安全分析场景

主机安全分析功能主要对主机、服务器、中间件等资产的访问情况、对外服务情况、弱点情况等进行安全分析和审计,主要提供如下功能:

(1)资产梳理与管理。采用无侵入式被动资产发现方式,通过对流量数据、日志数据、脆弱性等数据的实时流式分析，可以在 30 秒内识别新入网资产和终端，并可自动加入资产管理模块，建立资产台账，同时还可以识别多种资产类型和指纹信息。通过对资产持续的监测，摸清山东烟草网络内的资产底数，为后续安全预警、分析和响应提供数据支撑。

(2)业务状态监测。平台对重要系统资产的在线状态、网络流量、日志数量、开放端口、对外服务响应质量、主动外连行为等指标进行持续监测，及时发现网络内存在的私开端口、违规外连、高带宽占用、长期不活跃、服务响应慢等违规行为或异常行为的资产，并自动触发告警，及时通知相关部门将可疑资产关停或下线。

(3)资产安全状态评分。基于资产的流量信息、业务状态监测情况、弱点情况、安全事件等多维度进行关联分析，通过加权计算，综合得出资产安全状态，并进行评分，直观展示每个资产的整体安全状况。

(4)异常登录行为分析。异常登录行为分析包括异常时间登录、异常地点登录、堡垒机绕过等异常行为分析。

(5)终端安全事件溯源。结合用户画像分析，当终端发生安全事件时，可以定位到具体的责任人。

4.2.3 应用安全分析场景

实现对核心应用系统的访问行为、连接行为、攻击行为以及应用系统性能进行监测分析，及时发现异常行为进行预警，及时发现针对应用系统的安全攻击，主要实现如下功能：

(1)操作对象分析。提供对应用系统的操作对象进行安全分析，分析对象包括应用的登录用户、访问用户等，对应用系统的访问频次、访问时间、访问地点等行为进行安全监测，及时发现异常的访问或登录连接。

(2)访问流量监测分析。提供对应用系统的来自互联网的访问流量进行监测分析，包括协议解析、应用会话行为、深度风险行为、合规行为等，并结合山东烟草实际场景创建对应安全模型，目前已可识别非堡垒机的运维操作、运维端口违规开放、来自互联网的运维行为试探。

(3)漏洞被利用行为监测分析。提供针对应用系统的漏洞探测、尝试利用漏洞攻击等行为进行安全分析，及时发现漏洞的被利用情况。

5 全网态势感知预警设计

态势感知平台为山东烟草安全运维和管理人员提供了网络安全威胁可视化的入口，通过历史安全数据的归纳总结、实时安全威胁分析以及对态势发展情况的预测评估，来全面描述全网的安全情况、影响评估、威胁预警和态势演化。

通过对实时告警、攻击来源、网络威胁、系统安全、用户行为、重要业务系统安全、攻击者/资产威胁溯源等内容综合归纳分析，为运维人员提供安全可视化视图，支持安全事件调查、取证、溯源和处置等功能联动。为领导提供安全可视化视图，实现安全建设成果可视化、安全威胁统计可视化，辅助领导进行安全决策。提供如下维度的安全视图和安全决策数据：

网络入侵态势。网络入侵态势主要关注来自山东烟草外部不同地区的攻击源对内部资产的威胁情况，实时监控境内境外攻击源的地域分布和排行，掌握各攻击链阶段的威胁变化趋势和最新外部攻击事件。

横向威胁感知。横向威胁感知主要关注山东烟草内部资产之间的违规操作和攻击行为,实时监控安全域间的访问行为和业务系统访问情况,观测不同资产之间的威胁关系,及时发现并制止恶意 IP 对烟草内网环境造成的破坏。

应用安全监测。应用安全监控提供应用服务的被访问状态和受攻击情况,包括网站区域访问量、访问地区排行、攻击网站排行、攻击类型排行、网站访问和攻击变化趋势等。

资产监控感知。资产监控感知通过资产卡片形式实时监控重大保障活动中的关键资产,利用标签切换不同的活动资产分组,及时发现并处置风险资产,保障业务的可持续平稳运行。

攻击者追踪溯源。攻击者追踪溯源可视化分析大屏提供包括攻击行为分析、团伙分析、攻击取证信息、攻击趋势、攻击手段,攻击影响范围等信息,可生成详细的攻击者溯源报告,并能够一键导出报告。

资产威胁溯源。资产威胁溯源可视化分析大屏提供包括被攻击行为分析、影响资产范围分析、攻击取证信息等,可呈现被访问趋势、被攻击趋势、被攻击手段、资产状态、资产评分等信息。

6 研究总结

山东烟草通过部署态势感知平台,实现了对全网各类异构安全数据的综合收集和统一存储分析,利用威胁情报、大数据分析、风险建模等技术进行数据深度挖掘和威胁检测,弥补传统设备静态防御和检测的不足。同时结合烟草行业信息安全基线要求以及山东烟草安全运维管理需要,在平台中构建符合山东烟草特色的威胁分析场景。最终形成对山东烟草广域网安全态势的感知与风险通报预警,提高了发现问题和主动防御能力。平台搭建完成后,通过近一年的运营和实践,给山东烟草的网络安全管理带来了如下价值:

6.1 治理异构安全数据

参考国内外异构安全数据治理的建设方案和技术,实现复杂多源异构网络安全数据的治理要求。通过建立安全大数据中心,采用多样的、异构的安全资产的数据采集方式,实现对整体安全要素的体系化、集中化管理。安全要素主要包括内部安全要素、外部安全要素及威胁情报等。使用可适配数据源的方式对各类安全要素数据数据进行采集、清洗、标准化、存储,提供离线、实时、全文检索等多种数据订阅及分析等功能。

通过建立体系化的管理方式,方便了运维人员对安全要素集中管理,提升了企业的网络安全自主可控能力。

6.2 溯源高级安全威胁

通过本项目建设实现利用全流量数据分析、APT 威胁检测、威胁情报、大数据协同分析、情报共享、协同作战、全生命周期跟踪安全事件的处置流程。建设安全态势要素的输出和整体安全态势可视化感知能力,实现预警通知,并对其范围、类型、危害以图形化展示,为安全分析人员提供直观、强大、清晰的安全威胁预警能力，以及重大问题、事件的整体性报告，为决策工作提供可靠的数据支撑。对已确认事件提供对应的安全响应的处置策略和任务，协同各安全产品对于威胁事件进行终止、隔离、取证，快速终止安全事件的持续威胁，构建一体化联动防护能力。

极大程度地方便了运维人员开展安全威胁排除、攻击链分析、事件溯源等工作，提升了山东烟草的整体安全事件分析能力。

6.3 落实安全基线要求

根据行业信息安全基线的要求，从网络安全、主机安全、应用安全等方面，将行业信息安全基线的部分内容转换为自动化的分析场景，实现 7×24 小时的实时监测，改变了过去只能依靠人工逐个资产、逐项要求检查的低效率方式。切实通过技术手段实现对相关要求的落地和监管，及时发现违反行业信息安全基线要求的行为，并进行及时响应处置，提升网络安全运营保障能力。

参考文献

[1]国家烟草专卖局．国家烟草专卖局关于印发烟草行业信息化发展规划(2014～2020 年)的通知(国烟办[2014]370 号).

[2]公安部．关于加快推进网络与信息安全通报机制建设的通知(公信安[2015]21 号文).

[3]韩晓露，刘云，张振江，等.网络安全态势感知理论与技术综述及难点问题研究[J].信息安全与通信保密，2019(7):61-71.

[4]张勇．网络安全态势感知模型研究与系统实现[D].合肥:中国科学技术大学，2010.

[5]王楠，孙璐．基于安全态势感知在网络攻击防御中的应用[J].电信技术，2017(3):76-79.

基于深度信念网络的烟叶部位近红外光谱分类方法研究

韩凤，韩冬，刘培江，张磊，曲晓娜

（山东烟草研究院有限公司，山东济南，250101）

［摘要］近红外检测作为一种快速无损的检测方法得到了广泛关注，但光谱中存在大量噪声以及光谱数据的高维度和非线性等特点影响了分类模型的准确率。本文将深信网络(DBN)的理论改进并引入光谱特征学习中，解决高维特征间非线性关系的学习问题，采用逐层训练策略和随机梯度上升法分别进行网络预训练和微调获得网络权值；并结合支持向量机(SVM)建立近红外光谱多分类模型 DBN-SVM。通过与基于主成分分析的分类模型 PCA-SVM 和基于线性判别分析的分类模型 LDA-SVM 进行应用比较。结果表明，DBN-SVM 算法能有效地学习高维数据中的内在结构和非线性关系，由该算法构建的模型具有良好的特征学习能力和分类识别能力，而且在稳健性、各类别上的灵敏度和特效度也更优。

［关键词］深度信念网络；近红外光谱；特征学习；分类模型

0　引言

近红外检测是一种简便快速、无损的检测方法[1]，因其快速高效、安全的特点，被广泛应用于农产品、食品、烟草、中药等领域的质量检测和分析[2~4]。由于近红外光谱数据在测量中存在设备误差、温度、湿度等多种因素影响，使得光谱偏离，特征光谱中存在大量的噪声和冗余，而且特征波长一般达到千维，因此，近红外光谱数据是具有非线性特征的高维数据。在具体的某一种物质的近红外光谱中，根据化学计量学和光谱学原理，有效特征信息主要分布在部分波段中，因此，光谱数据具有稀疏性。在进行建模和成分分析时，通常要进行特征选择和降维。

秦玉华等提出了一种基于随机森林（RF）和主成分分析（PCA）的特征优选方法 RF-PCA，建立了 5 种不同质量级别卷烟的分类模型[5]。孙通等建立 CARS-PLS-LDA 方法判别纯山茶油和掺假山茶油[6]。罗微等采用 PCA 和 SPA 进行特征选取和降维，建立了白菜种子的分类模型[7]。目前，常用的降维方法有 PCA、LDA，以及相应的改进算法等[1,2,5~8]。这些降维方法都是线性降维方法，不能准确提取光谱数据的非线性特征，导致数据降维后信息的丢失。

DBN 由多层 RBM 组成，是一种无监督学习方法，采用编码的方式进行降维，可以用于特征提取，尤其针对高维数据的特征提取效果更好。柴瑞敏等利用 RBM 对得到的 Gabor 人脸特征进行编码，进行二次特征提取，从而达到对高维人脸特征降维的目的，取得了较好的学习效率和识别效果[10]。张利民等提出 RBM 网络结合新的交叉熵稀疏惩罚因子，进行文本特征提取，在文本表征上性能较好，分类准确度更高[11]。黄晨晨等利用深度信念网络(DBM)自动提取语音信号中的情感特征。通过训练一个 5 层的深度信念网络提取语音情感特征，把连续多帧的语音并在一起，构成一个高维的特征，把深度信念网络训练完的特征作为非线性支持向量机(SVM)分类器的输入，建立一个语音情感识别多分类器[12]。DBN 是 Hinton 提出的深度学习方法[9]的一种，近年来被应用于图像处理、语音识别等领域[10,11]，取得了显著的效果。在近红外光谱数据分析方面，文献较为鲜见。

本文针对光谱数据的多维、非线性特征，提出基于 DBN 对光谱数据进行特征学习的分类算法。首先根据光谱数据的特征构建 DBN 网络，以通过 DBN 学习后的特征作为输入，利用 SVM 算法建立 3 个烟叶部位的分类模型，并与其他常用数据预处理、降维方法结合 SVM 的模型以及常用分类模型进行分析对比。试验表明，DBN 能够学习数据中更本质的特征，减少非线性特征信息的丢失，从而提高算法分类准确率。在进行模型训练时，采用逐层训练的方法和对比散度算法，提高了网络训练的效率。

1 基于深信网络的近红外光谱的分类算法

DBN 是一种无监督学习，能够自动提取信号特征，通过多层抽象来学习数据特征，并按层由浅入深。

本文设计的分类算法结构如图 1 所示，由三层 DBN 网络和 SVM 分类器两部分构成。DBN 由一个可视层 V 和多个隐层 h^1、h^2 构成。相邻的两层即一个限制玻尔兹曼机(RBM)。因此，DBN 是由 $V-h^1$、h^1-h^2 多个 RBM 组成。

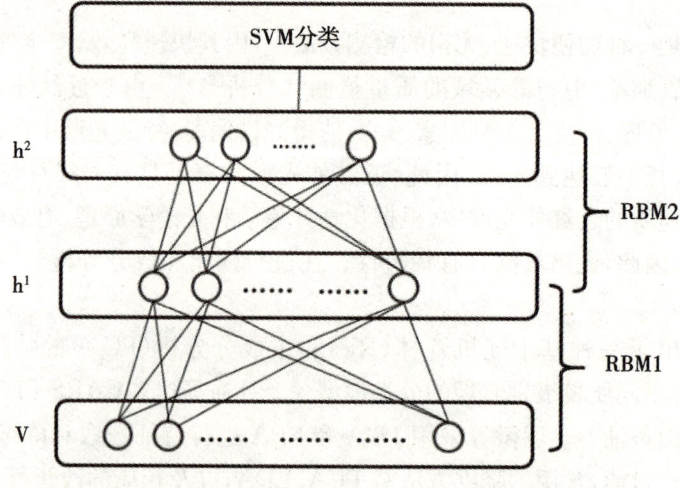

图 1　基于深信网络的分类模型结构图

算法步骤如下：

第 1 步，将光谱数据作为 DBN 的可视层数据，对 DBN 网络进行预训练，进行光谱数据特征的抽取和降维。

DBN 的学习过程是非监督逐层训练的方式。即首先对可视层 V 与隐层 h^1 构成的 RBM1 进行训练，得到第一层的网络参数；再对隐层 h^1 与 h^2 构成的限制玻尔兹曼机 RBM2 进行训练，得到第二层初始参数。h^1 层是对可视层 V 的抽象表达，h^2 层是对 h^1 层的抽象表达。随着层数加深，将获得更加抽象的特征表达。

RBM 是依据能量平衡原理的一种概率生成模型，利用无监督学习初始化权重值，从而学习出特征间的内在结构和关系。RBM 是层间节点有连接，同一层内节点无连接，比玻尔兹曼机的结构简单，便于训练。通过定义网络能量函数，定义出网络各个节点的概率分布公式，通过吉布斯采样与样本概率分布误差最小化为目标，采用梯度上升算法进行网络权值的学习，最终求得满足指定约束的网络权值，从而得到输入节点与输出节点的关系，即对输出节点的表达。

其结构如图 2 所示，V 为可见层，用于表示样本数据，可见单元的个数为样本数据的特征数量；h 为隐层；W 为两层间的连接权值。RBM 通过（V，h）的状态定义网络能量，其网络能量函数为：

$$E(v,h;\theta)=-\sum_{i=1}^{n}a_iv_i-\sum_{j=1}^{m}b_jh_j-\sum_{i=1}^{n}\sum_{j=1}^{m}v_iW_{ij}h_j \tag{1}$$

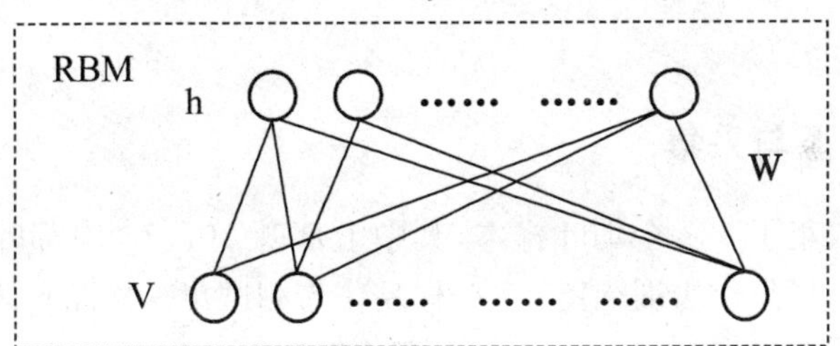

图 2　限制玻尔兹曼机

其中，n 为可见单元数量，m 为隐单元数量，向量 v 和 h 分别表示可见单元和隐单元的状态，v_i 表示第 i 个可见单元的状态，h_j 表示第 j 个隐单元的状态。$\theta=\{W_{i,j},a_i,b_j\}$ 为参数，$W_{i,j}$ 表示可见单元 v_i 与隐单元 h_i 的连接权重，a_i 和 b_j 分别为可见单元和隐单元的偏置。

通过定义网络能量函数得到联合概率分布，从而得到观测数据 V 的分布，即似然函数。

$$P(v;\theta)=\frac{1}{Z(\theta)}\sum_{h}exp[-E(v,h;\theta)] \tag{2}$$

其中，$Z(\theta)=\sum_{v,h}exp[-E(V,h;\theta)]$ 是归一化因子。

给定可视单元的某一状态时，由于各隐单元的激活状态之间是条件独立的，因此，隐单元的激活条件概率分布为：

$$P(v_i=1\mid h)=g(a_i+\sum_{j}W_{ij}h_j) \tag{3}$$

同理，得到可视单元的激活条件概率分布公式。

$$P(h_j=1\mid v)=g(b_j+\sum_i v_i W_{ij}) \tag{4}$$

其中，激活函数 $g(x)=\dfrac{1}{1+e^{-x}}$。

RBM进行训练时采用的对比散度算法(CD)[13]，是RBM的一个快速学习方法。

主要过程：用一个训练样本初始化可视层 v_0；利用式(3)计算隐层状态；在确定的隐层状态下，由式(4)计算可见层的状态 v_1，也是可见层的重构；然后采用梯度上升算法对参数进行更新，由对数似然函数式(2)求导，所得参数更新公式为：

$$\Delta W_{ij}=\alpha(\langle v_i h_j\rangle_{\text{data}}-\langle v_i h_j\rangle_{\text{model}}) \tag{5}$$

$$\Delta a_i=\alpha(\langle v_i\rangle_{\text{data}}-\langle v_i\rangle_{\text{model}}) \tag{6}$$

$$\Delta b_j=\alpha(\langle h_j\rangle_{\text{data}}-\langle h_j\rangle_{\text{model}}) \tag{7}$$

其中，α 为学习率，〈〉model是每一次重构后模型定义的分布。

第2步，将降维后的特征作为SVM分类器的输入，进行反向传播；采用梯度上升算法对网络权值进行微调，得到最终网络权值和分类模型。

训练过程中采用随机批量梯度上升算法。批量梯度上升稳定性高，但运行时间长；随机梯度上升法效率高，稳定性差。随机批量梯度上升法具有稳定收敛和高效的特点，每批的数量选择根据样本数与输入特征数、分类数来确定。

2 试验部分

2.1 光谱数据来源与采集

试验过程中共收集了327个烟叶样本，其中上部叶107个、中部叶108个、下部叶112个。随机选取260个样品作为训练集、67个样品作为测试集。样品具体信息如表1所示。

表1 样品信息表

部位	训练集(260)	测试集(67)
上部叶(106)	85	21
中部叶(108)	86	22
下部叶(113)	89	24

因为烟叶的产地、品种、烘烤技术等因素都会对烟叶成分及吸收光谱产生影响，试验中选择的样本产地均为山东，品种为K326，在60 ℃下烘干4 h，粉碎后装入密封容器储存。

试验设备采用尼高力公司的AntarisⅡ近红外光谱仪，设备的扫描范围为4000～10000 cm^{-1}，维数1557，采集烟叶样本的吸收光谱，部分样本光谱如图3所示。为降低样品在装样过程中的环境影响、样品在样品杯中的厚度不均匀等问题，每个样品重复装样3次，每一次装样扫描2次，计算平均值作为测量数据。

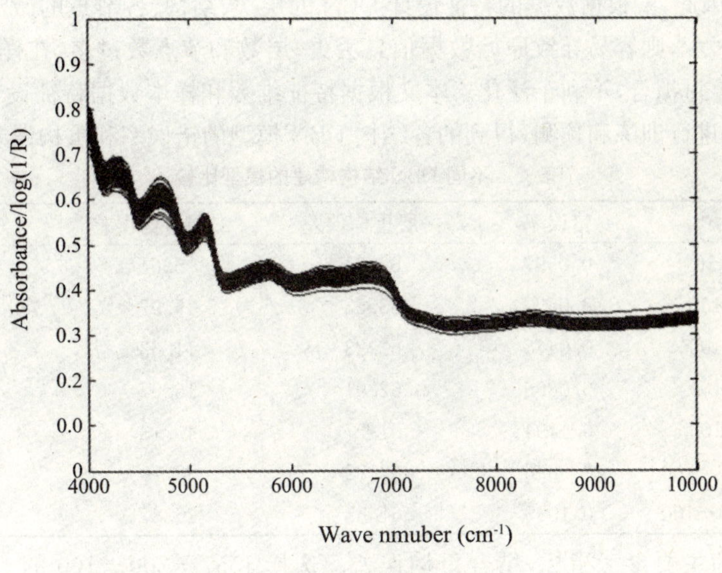

图 3 烟叶原始光谱图

2.2 光谱预处理与建模

测量中的仪器误差，以及人为操作过程的差异和噪声等都会对采集的光谱产生影响。因此，本文采取一阶求导和平滑预处理，消除基线和背景干扰，提高分辨率和灵敏度。使用 MATLAB2014R 软件和 Deep Learn Toolbox 工具箱完成光谱数据的预处理和建模。按照约 5∶1 的比例从 327 个样本中随机选取训练集(260)和测试集(67)样本，并进行 5 次训练样本的随机选取和网络训练，最终计算重构误差和准确率的平均值。

3 结果与讨论

以预处理后的烟叶光谱作为试验数据，首先进行 DBN 特征学习和降维，对输出特征进行 SVM 分类，并反向传播微调网络建立多分类模型，与 LDA、PCA 降维后结合 SVM 建立的分类模型 PCA-SVM、LDA-SVM 进行对比研究。

首先，对预处理后的光谱数据运用 DBN 进行降维。numepoches 设为 3，采用随机批量梯度上升方法。以分类错误率和重构误差对模型进行评价。重构误差是以训练数据作为初始状态，根据 RBM 分布进行 Gibbs 采样后所获样本与原数据的差异，计算公式为：

$$re = \sum_{t=1}^{n} || V - V^{(t)} || \tag{8}$$

其中，V 是采样后获得的样本，$V^{(t)}$ 为每个样本。

重构误差在一定程度上反映了 RBM 对训练数据的似然度，虽然并不能够完全表现模型的效果，但总体来说，重构误差与模型的效果基本是一致的。重构误差过高的模型与样本的拟合度较低，其效果表现较差。

对于特定的数据集，如果 DBN 结构和参数设置不合适，RBM 将很难对真正的数据分布正确建模[14]。因此，要根据数据的特征设计 DBN 的层次、结构、各节点的激活函数及参数。层数和节点数过少，则容易导致原始数据信息丢失；层数和节点数过多，在样本数据量有限的情况下将产生过拟合，不利于泛化。本文根据特征维数和样本数据特征设计了 7 种 DBN 网络结构，分别进行训练和预测，得到的各结构 DBN 模型的错误率和重构误差如表 2 所示。

表 2　不同 DBN 结构构建的模型比较

DBN	错误率	一层重构误差	二层重构误差	三层重构误差
1557－100－50	0.0597	63.61	5.61	
1557－100－100	0.0597	63.53	5.97	
1557－200－100	0.0448	62.23	11.63	
1557－300－100	0.0896	62.91	16.07	
1557－700－100	0.1194	61.77	40.13	
1557－500－200－100	0.0896	62.82	28.70	21.66
1557－700－200－100	0.1045	61.85	26.87	16.86

以错误率为主要参考指标，结合重构误差。选择 1557－200－100 的 DBN 结构结合 SVM 进行分类建模(DBN-SVM)，对测试集进行分类预测后的混淆矩阵如表 3 所示。

表 3　混淆矩阵

部位		预测结果		
		上部叶	中部叶	下部叶
实际分类	上部叶(21)	21	0	0
	中部叶(22)	1	20	1
	下部叶(24)	0	1	23

分别与 PCA-SVM、LDA-SVM 算法模型进行对比研究，三种算法模型的准确率如表 4 所示，可见本算法的准确率高于后两者。

表 4　不同算法识别准确率

算法	错误率
PCA-SVM	0.9104
LDA-SVM	0.9254
本算法	0.9552

灵敏度衡量分类器对正例的识别能力，特效度衡量分类器对负例的识别能力。这三种算法模型的灵敏度、特效度对比如表 5 所示。

表 5　不同算法的灵敏度和特效度

算法	灵敏度(%)			特效度(%)		
	上部叶	中部叶	下部叶	上部叶	中部叶	下部叶
PCA-SVM	90.48	89.70	91.67	95.65	93.30	95.35
LDA-SVM	95.24	90.91	91.67	95.65	95.56	97.67
本算法	100.00	90.91	95.65	97.82	97.78	97.67

从表 4 可以看出,本文提出算法的识别错误率低于 PCA-SVM 和 LDA-SVM 算法,对烟叶部位的分类准确率达到 95.52%;对训练集的分类准确率达到 96.54%。由图 4 和图 5 可知,本文算法在每个类别的灵敏度和特效度方面均高于 PCA-SVM 和 LDA-SVM 算法,尤其在上部叶的灵敏度最高。这三种算法的上部叶灵敏度普遍高于其他部位烟叶灵敏度,说明上部叶与其他两部位烟叶区分度大,不易将上部叶与其他两部位的烟叶混淆。这三种算法的中部叶的灵敏度相对较低,说明容易将中部叶划分为非中部叶的类别中。由图 5 可知,下部叶的特效度普遍高于上部叶和中部叶的特效度,说明对非下部叶的识别率较好,上部叶和中部叶不易被划分为下部叶。

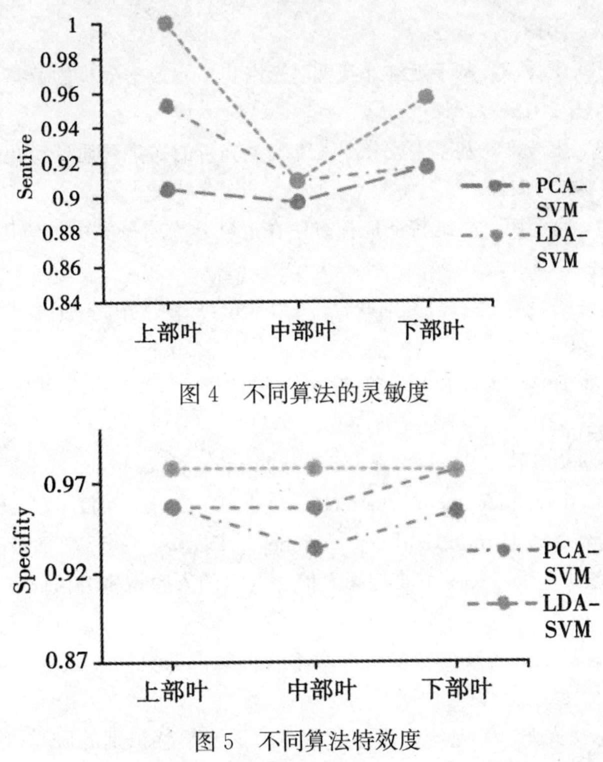

图 4　不同算法的灵敏度

图 5　不同算法特效度

4　结论

不同部位的烟叶品质差异较大,进行烟叶部位识别对于控制卷烟品质有着重要意义。本文设计了一种基于 DBN 的构建烟叶部位分类模型。针对近红外光谱数据高维度、非线性的特点,首先对光谱数据进行预处理,然后采用三层 DBN 网络进行近红外光谱特征学习,将学习后获得的特征用 SVM 进行烟叶部位分类,并选取 327 个样本进行了模型测试,以重构误差作为模型稳健性的评价指标,以烟叶部位识别率作为评价标准。试验结果表明,利用该算法构建的模型具有较低的重构误差,分类准确率达到 95.52%,优于采用 PCA、LDA 降维后进行分类的算法模型,在不同类别的灵敏度上表现也更好。该算法对于高维、非线性特征的光谱数据具有良好的特征学习能力和分类识别能力。DBN 作为一种深度学习算法,随着数据量的增加,将会得到更高的准确率,在近红外领域有更好的应用前景。后续可以根据光谱数据的稀疏性和稀疏程度进一步改进DBN结构。通过降低DBN结构的复杂度，将能更好地表达光谱数据的稀疏性，同时提高算法效率。

参考文献

[1]Krepper G., Romeo F., Fernandes D., et al.. Determination of fat content in chicken hamburgers using NIR spectroscopy and the Successive Projections Algorithm for interval selection in PLS regression (iSPA-PLS)[J]. *Spectrochim Acta A Mol Biomol Spectrosc*, 2017(189):300-306.

[2]Mees C., Souard F., Delporte C., et al.. Identification of coffee leaves using FT-NIR spectroscopy and SIMCA[J]. *Talanta*, 2018(177):4.

[3]李化，苏建春，柯华香，等. 基于近红外漫反射光谱和多元数据分析的黄芩质量标准的快速评价方法研究[J]. 药物分析杂志，2015(3):518-523.

[4]许美玲，肖炳光，焦芳婵. 基于主成分和系统聚类分析的烤烟种质资源化学品质评价[J]. 南方农业学报，2017，48(11):1937-1947.

[5]秦玉华，丁香乾，宫会丽. 高维特征选择方法在近红外光谱分类中的应用[J]. 红外与激光工程，2013，42(5):1355-1359.

[6]孙通，吴宜青，许朋，等. 近红外充谱联合CARS-PLS-LDA的山茶油检测[J]. 核农学报，2015，29(5):925-931.

[7]罗微，杜焱喆，章海亮. PCA和SPA的近红外光谱识别白菜种子品种研究[J]. 光谱学与光谱分析，2016，36(11):3536-3541.

[8]Materazzi S., Risoluti R., Pinci S, et al.. New insights in forensic chemistry: NIR/Chemometrics analysis of toners for questioned documents examination. [J]. *Talanta*, 2017(174):673-678.

[9]Lecun Y., Bengio Y., Hinton G.. Deep learning[J]. *Nature*, 2015, 521(7553):436.

[10]柴瑞敏，曹振基. 基于Gabor小波与深度信念网络的人脸识别方法[J]. 计算机应用，2014，34(9):2590-2594.

[11]张立民，刘凯. 基于深度玻尔兹曼机的文本特征提取研究[J]. 微电子学与计算机，2015(2):142-147.

[12]黄晨晨，巩微，伏文龙，等. 基于深度信念网络的语音情感识别的研究[J]. 计算机研究与发展，2014(s1):75-80.

[13]Hinton G. E., Osindero S., Teh Y. W.. A Fast Learning Algorithm for Deep Belief Nets[J]. *Neural Computation*, 2006, 18(7):1527-1554.

[14]Hannes Schulz, Andreas Müller, Sven Behnke. Investigating Convergence of Restricted Boltzmann Machine Learning[J]. *Textile Research Journal*, 2010, 55(12):713-717.

基于大数据的数据中台在烟草商业企业中的建设应用研究

徐云松，王云胜，王肖奕，杨勇

（山东青岛烟草有限公司信息中心，山东青岛，266000）

[摘要] 烟草行业面临的机遇与挑战前所未见，如何通过信息化技术提升企业核心竞争力成为目前行业探索的热点。本文立足新形势下的烟草商业企业发展定位与业务模式转型，寻找大数据技术与企业应用需求的契合点，结合大数据特点，探索构建以大数据为核心的信息化基础架构，设计搭建符合企业的数据中台，对各业务领域数据进行统一整合、挖掘，以数据驱动支引领企业数字化转型。

[关键字] 大数据；数据中台；数据驱动；Hadoop；MapReduce

1 引言

大数据(Bigdata)，或称“巨量资料”，指的是所涉及的资料量规模巨大到无法通过传统数据库软件，在合理时间内达到撷取、管理、处理，并整理成为帮助企业经营决策更积极目的的资讯。烟草商业企业经过近些年来的高速发展，积淀了大量经营类信息，随着市场化取向改革的不断深入，更会面临处理规模快速增长的数据，如何从庞大的数据中挖掘出有用信息，实现信息的价值最大化，为企业发展提供智力支持是本文的出发点。本文探索的主要内容是:企业新型业务模式特点及大数据需求分析，基于大数据的数据中台建设思路以及技术方案。

2 烟草商业企业业务模式转型

2.1 背景及必要性

当前，我国经济正在向形态更高级、分工更复杂、结构更合理的阶段演化，经济发展进入新常态。对于与国民经济发展紧密相关的烟草行业来说，也必然面临着新机遇和新挑战。增长速度回落、工商库存增加、结构空间变窄、需求拐点逼近四大难题，其核心在于“需求”。因此，基于市场的真实需求，从卷烟营销生态链的角度推进专卖体制下卷烟营销市场化取向改革，促进行业在新常态下稳定健康发展，是当前有效破解难题、应对挑战的重要路径。

从烟草商业的从事领域来分，包括市场经营、客户关系维护、品牌培育与专卖稽查等。为了适应我国经济新常态与行业现状，各领域都在求变、求新，努力从原有的较粗放经营模式向精细化、精准化转变，经营策略与工作模式都以面向市场为新的方向，尊重市场、与市场良性互动是烟草商业未来相当一段时间的发展思路。如何真正取得市场化取向改革的成功，真实把握住市场的脉动，对烟草商业企业提出了新的要求。信息化成为破解这个要求的前沿阵地，如何更好地采集数据、加工数据、应用数据、挖掘数据，为主体业务的开展提供可靠有力的支持，成为这一阵地上的战略要点。

2.2 大数据需求

目前，烟草行业随着业务的快速发展，使用数据的幅面不断扩大，数量迅速增加，数据间的关系更为复杂，但由于历史原因，各类在用的业务类系统相对独立，存在数据壁垒，同时由于许多新型探索类项目的开展，积累了大量非结构化数据，探索应用一种技术实现将所有上述数据统一整合、综合利用，以极高效率对其检索挖掘，为新型业务模式的转变提供有价值的参考，同时为未来更加庞大的数据提供可行的处理、分析解决方案具有极大的现实意义。

大数据技术在行业的应用前景日渐明朗，营销、专卖、烟叶等各领域的若干信息化需求已经不单纯局限于浅层次的应用结构化数据，提出更高的数据应用分析维度与数据分析要求，这些都需要引入大数据技术进行支持。

2.2.1 大数据来源

大数据包含多种类型：结构化数据、半结构化数据、非结构化数据。当前，省级烟草公司建设了数据中心，对常用的营销类结构化数据进行梳理、汇总，并建设了数据仓库对历史数据进行多维加工，地市级商业企业通过 OLAP 等在日常业务中灵活使用此类数据。但是可以看到，数据中心目前的数据仅仅是结构化的数据，且主要集中于订单、结算、客户等营销相关信息，更多的数据存在于相应的业务系统中，以及主管部门的各类电子文档中。半结构化和非结构化数据的管理、分析、使用基本属于起步阶段，大多靠人工方式进行，这部分数据的价值基本没有被挖掘出来。这类数据包含的信息相当丰富且繁杂，如消费者吸食习惯、终端活动策略及效果、烟田环境参数、网络案件线索等。这些数据并没有标准规范并固化的格式，但其中包含的信息无疑具有巨大的价值。

2.2.2 需求类型

预测在未来烟草商业企业的大数据应用上，以下类型都会出现：预测型、归因型、洞察型、建议型、基准型。

预测型应用考量多种变量、维度来描述不同业务场景下的决策制定，利用统计和数据挖掘特定场景下变量及变量组合产生的预期目标。高级应用可以内置风险及敏感性评估，使用户了解哪些变量对最终结果更为重要。

归因型应用用于评估特定事件在多阶段复杂活动中产生的影响，属于结果倒推式，如多渠道营销有效性分析，帮助决策者在策略、宣传、线下活动、渠道方式等评定转换功绩。

洞察型应用主要用来识别异常行为和情况。比如产品分销和紧缩洞察应用，可以持续跟踪产品流转环节，识别预期情况与实际情况之间的差异；通过监控零售终端销售情况，发现卷烟流通渠道是否受到冲击等。

建议型应用基于用户属性、行为等可分辨属性，识别和创建用户行为模式，得出衡量用户属性、行为、偏好之间的关联关系和倾向信息，根据分析结果推荐引导用户的下一步行为，如根据用户卷烟消费喜好推荐较大可能获其青睐的品牌规格。

基准型应用将分析对象的指标同某一基准（行业标准或前期事件）相比较，如将企业某项指标及投入情况同行业均值或对照单位进行比较，得出横向比较结果。

2.2.3 具体业务需求

营销类业务需求主要集中在利用大数据扩大数据分析维度，将非格式化数据同关键业务指标挂钩，更加全面地把握市场信息，分析评估业务模式、市场策略、活动措施对目标贡献程度等。

(1)客户服务方面。分析客户区域、业态、档级等基础属性以及日常销量、结构、品牌上柜情况；对照客户经理拜访频次、服务质量等，洞察服务真实情况及相关措施有效程度。

(2)品牌培育方面。采集卷烟商品生命周期各环节信息，如商品物理属性、市场推广策略、品牌培育措施、品牌发展趋势等，得到品牌发展规律及特性，为培育方案的制定提供指导。

(3)消费引导方面。消费引导是建立在真实把握市场情况基础上的更高级主动行为，应用大数据分析消费区域、消费行为、群体阶层等，因势利导，提供更加契合不同消费者习惯的个性化消费引导方案。

专卖类业务则围绕案件经营和基础市场净化两方面，将与两者相关的因素尽可能纳入管理中来，并发掘出其中的关键因素，有的放矢。

(1)案件经营方面。将专控系统基础数据、黑名单库、一线稽查人员反馈、互联网线索等进行关联，搜寻出关键人员、车辆、事件间的关系，为专卖部门处理较复杂的网络案件提供线索支持。

(2)基础市场净化方面。对执法人员服务质量、监管到位程度等同市场净化结果联动分析，洞察影响后者的关键因素，予以改进。

烟叶生产类业务较为单一，主要是分析考量生产环境类因素和管理类因素在烟叶生产中的影响，为提升生产质量与效率提供指导。如将天气情况、病虫害事件、土壤肥料、耕种移栽、田间管理、技术服务等数据同烟叶生产产出指标进行关联，发现经验与不足。

管理同样可以应用大数据，结合行业倡导的精益化管理，可以将管理的各个环节进行数据建模，分析发现哪些环节是制约企业运行效率的短板，并加以改进。

3 大数据基础设施建设

3.1 大数据技术概述

大数据技术，就是从各种类型的数据中快速获得有价值信息的技术。它能够将隐藏于海量数据中的信息和知识挖掘出来，为人类的社会经济活动提供依据，从而提高各个领域的运行效率，大大提高企业组织和社会经济的集约化程度。

3.2 设计思路

在烟草商业中应用大数据技术同时应当结合行业特色，明确建设目标：打造性能优越、经济适用的大数据基础设施平台，在数据可用性、同一致性、扩展性间实现良好平衡，提供多维度烟草业务数据的检索、关联、挖掘，实现数据资产的价值最大化。

据此，我们的设计思路是应用成熟先进的技术架构搭建开放式、服务型的大数据应用平台，由用户提供数据素材，数据分析工程团队协助定制挖掘模型，提供数据元素相关性结果为主的应用报告，提升管理决策和业务操作的科学化、精准化。

3.3 技术架构方案

传统的数据来源单一，且存储、管理和分析数据量也相对较小，大多采用关系型数据库和并行数据仓库即可处理。对依靠并行计算提升数据处理速度方面而言，传统的并行数据库技术追求高度一致性和容错性，根据 CAP 理论，难以保证其可用性和扩展性，而这与大数据的特性是不适应的，因此，需要采取一种对非格式化数据可以进行高速处理，并支持高可用与扩展性的技术构架。

目前，比较成熟的大数据技术解决方案主要是基于谷歌公司的三篇理论文章，其中最为典型的为 Hadoop 体系架构。此架构已经较为成熟，且被全球多家 IT 厂商用作生产环境，为其业务开展提供了可靠支持，烟草商业企业可参考此模型设计技术构架。

大数据技术构架基本可以分为三个层次：数据层、业务逻辑层、应用展现层；结合 Hadoop 架构可细分为数据集成层、文件存储层、数据存储层、编程模型层、数据分析层和上层应用，如图 1 所示。

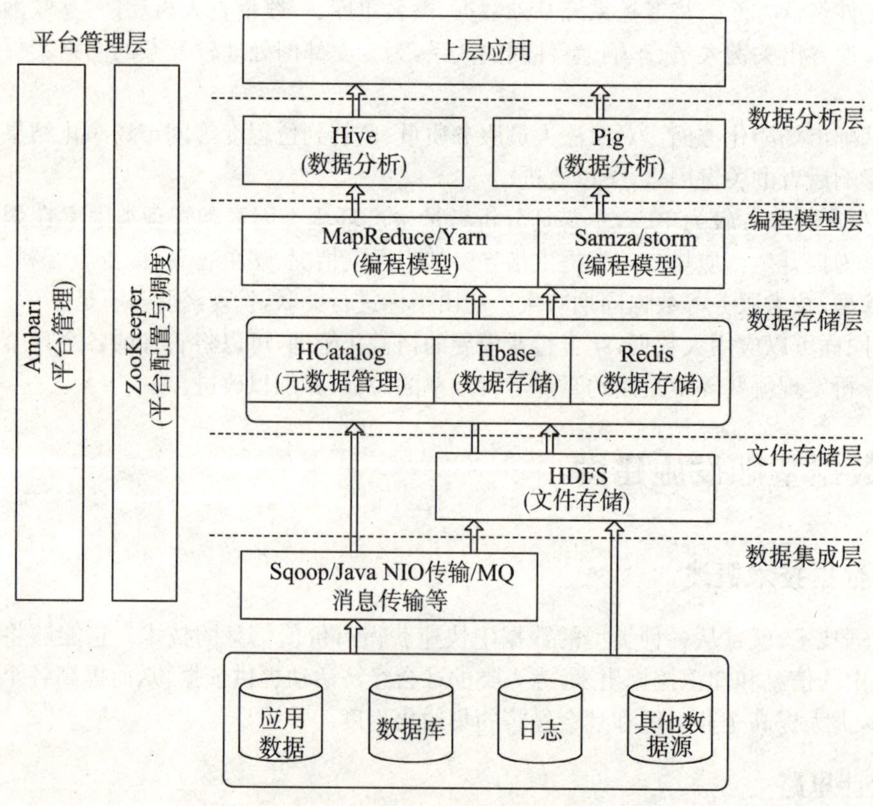

图 1 基于 Hadoop 的大数据基础设施架构

3.3.1 数据集成层

本层的目的在于将各种类的数据进行整合，如可以使用 Sqoop 部件完成关系型数据库向 HBase 的迁移。

3.3.2 文件存储层

HDFS，是一个分布式文件系统。它是高容错的，可以部署在低成本的硬件之上，提供高吞吐量的对应用程序数据访问，适合大数据集的应用程序，同时支持单节点的非强依赖、简单一致性、异构软硬件平台访问等特性。

3.3.3 数据存储层

在文件存储层基础上，提供数据层面的管理，如 HBase 是一个高可靠性、高性能、面向列、可伸缩的分布式存储系统、一个 NoSql 数据库，其目标是主要依靠横向扩展，通过不断增加廉价的商用服务器，来增加计算和存储能力。

3.3.4 编程模型层

MapReduce 是一种分布式计算框架，设计用来并行计算大规模海量数据，Map 把工作流分划到大量的机器上去并执行运算，Reducer 接收并把运算结果数据聚合在一起，然后返回一个输出值。新一代 Hadoop 使用 YARN 架构，提供了兼容各种其他计算框架的接口，可以根据具体业务的特点采用更具有针对性的计算框架。

3.3.5 数据分析层

可以使用数据流分析语言 Pig 或类 SQL 语言 Hive 来实现对 HDFS 和 HBase 中数据的操作。

3.3.6 上层应用(展示层)

主要是应用上述各层提供的数据服务的最终应用，如 Web 应用、BI 报表等。

4 基于大数据的数据中台

4.1 中台概述

中台的概念最初由美军的作战体系演化而来，信息化领域引入此概念主要是借用其灵活、高效的理念。随着企业规模的不断扩大、业务日益多元化，数据规模迅速扩大，基于数据的决策、业务创新需求日趋强烈，数据中台架构应运而生，它的好处在于能够为前台的快速迭代和后台要求相对稳定的“二轮匹配失衡”问题提供良好的解决方案。

国内，阿里率先开展此领域的研究与建设，提出“双中台＋ET”数字化转型方法论，为其线上线下整体业务提供全面支持，传统电商业务效率质量明显改善，同时满足盒马鲜生等创新项目快速上线推广。

4.2 数据中台建设的意义

数据中台是指通过数据技术依照数据治理标准对数据统一管理，形成大数据资产层，并依托算法工厂、标签工厂等对业务热点数据与分析需要提供支持，面向用户提供标准化的数据服务。

2019 年,烟草行业网信工作会议明确指出:“从 IT(信息技术)时代进入 DT(数据技术)时代,数据成为经济创新发展的基础资源和新动力,驱动要素投入结构变革和资源配置方式优化。”开展以数据为核心的业务模式转型,加速信息化基础设施建设已成为关系行业健康发展的重要课题。另外,从企业经营方面考虑,企业建设数据中台的意义主要体现在以下几个方面:

4.2.1 数据整合复用的需要

烟草企业目前积累了大量的业务数据,由于系统分批建设等历史原因,数据多头管理现象突出,缺少对数据管理进行监督和控制的途径,数据标准落地困难,信息孤岛问题尚未得到根本性解决。企业整体经营决策、面向市场化的业务创新所提出的跨领域、多维度、深层次数据需求无法得到有效支撑,因此亟须建立一套对各类数据进行统一管控的数据平台,做到数据源头管理,实现“书同文、车同轨”,避免重复数据抽取和维护、数据质量校验带来的成本浪费。

4.2.2 数据与业务互为促进

业务的创新离开了数据的支持终归是盲目的创新,要实现高水平的业务创新必然需要坚实的数据管理分析平台,而数据中台正是企业生产经营产生的数据体系和业务模型沉淀而来的基础设施,与业务有着先天的紧密性,能够快速支持业务模式的迭代创新。如精准投放策略的制定需要考虑全体客户档位 1 年的购销情况、商圈变动情况等信息,如果直接从营销系统订单明细汇总数据,效率无疑是不能接受的,采用传统数据仓库又难以支持众多的个性化定制维度,且不能处理非结构化和第三方数据类型,拓展困难,而应用数据中台可以通过定制数据模型来完成的多维度分析,为客户灵活标志多样化标签,实现精准画像。业务开展产生的成果又进一步完善原有数据中台中的数据、模型,两者同步演进,更为紧密地结合。

4.2.3 企业数字化转型的基础

如今的互联网时代,企业都在谋求转型,尤其是传统行业,如何具备同互联网公司一样的快速创新能力,大数据是关键,单纯拥有数据是不够的,更重要的在于管理、加工、应用数据的水平,建设数据中台,是以数据为企业赋能、完成数字化转型的必由之路,数据中台的建成将显著提升企业的数据质量和在此基础上的创新速度,降低企业的试错成本,为企业创造更多的发展时间与空间。

4.3 数据中台架构设计

数据中台建立在大数据计算平台之上,通过调用后者的批量计算、及时计算、对象存储等基础服务接口来实现企业数据的管理、加工、应用。数据中台主要分为三个层级:治理层、智能层、价值层(见图 2)。治理层实现数据汇聚、数据标准管理、数据模型管理、数据体检、成熟度评估等内容,实现数据的规范化和体系化;智能层为数据中台的核心,包含标签工厂、分析引擎等组件,为业务提供全面多样的计算服务;价值层主要面向创新型业务探索提供支持,可以根据业务关注数据维度编制具体的算法模型,还可以对数据指标进行血缘追溯,以可视化工具为企业决策层提供全景监控,实现数据价值的最大挖掘利用。

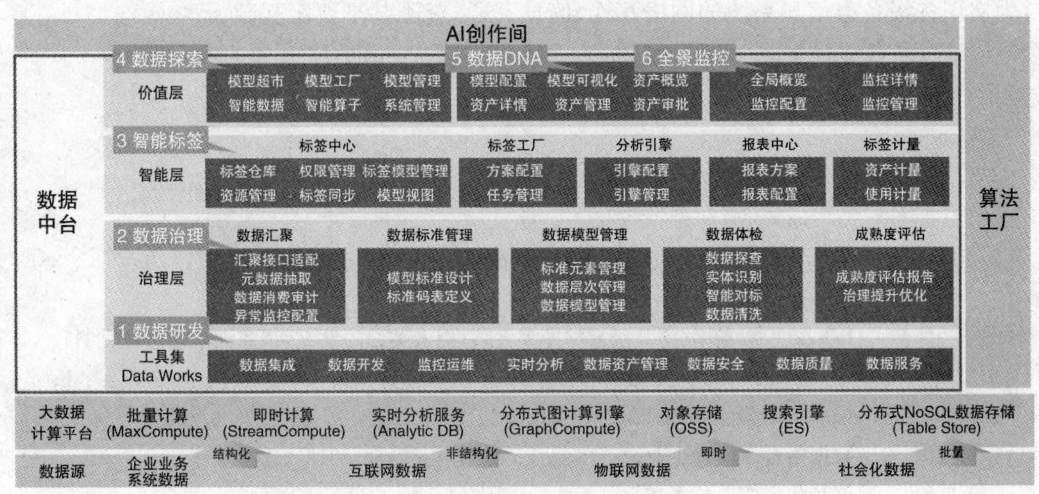

图 2 数据中台设计架构图(一)

4.4 基于数据中台的智能业务应用

以货源投放模型为例,依托于底层大数据计算平台的分布式离线计算能力,应用数据中台提供的数据治理能力、模型开发能力,可以对涉及货源投放的各种数据进行交叉应用、验证优化算法模型,最终产生推荐参数供业务参考(见图 3)。

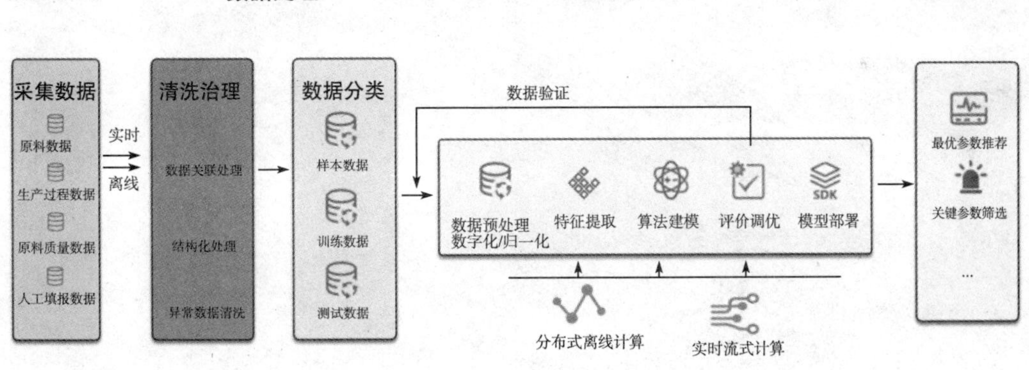

图 3 数据中台设计架构图(二)

5 工作展望

大数据建设是一项有序的、动态的、可持续发展的系统工程,青岛烟草在大数据应用方面的探索才刚刚起步,目前企业已实施完成服务器虚拟化项目,为大数据应用提供了良好的软硬件基础环境,借鉴行业内外先进经验,初步形成了适合企业的数据中台的建设方案。下一步工作将从三方面切入:一是继续深入研究大数据理论及技术,打造高可用、高性能、可扩展的大数据应用平台;二是推进数据中台项目建设,优化完善平台功能,建立规范的运行机制;三是基于业务实际,建立面向不同主题、覆盖各个领域、不断动态更新的大数据建设标准，为实现各级各类信息系统的网络互连、信息互通、资源共享奠定基础。

参考文献

[1] G. E. Blelloch. . Programming parallel algorithms[J]. *Communications of the ACM*，1996，39(3)：85-97.

[2] F. Chang，et al. . Bigtable：A distributed storage system for structured data[J]. *In Proc. OSDI*，2006(7)：205-218.

[3][美]怀特 · Hadoop 权威指南(第 2 版)[M]. 曾大聃，周傲英，译. 北京：清华大学出版社，2011.

[4] 张培，市场化取向改革下大数据营销的应用实例[OE/OL]. 中国烟草在线. http://www. tobaccochina. com/revision/obsemanagement/wu/20154/201548165423_669506. shtml.

[5]朱红甫. 打造数据中台　推进企业智慧运营[J]. 通讯企业管理，2018(2)：32-33.

[6]王昌玲. 大数据和数据挖掘技术在烟草行业的应用分析[J]. 电子信息，2019(1)：32-33.

[7]高金标. 基于 Hadoop 的全国零售户数据处理与市场感知[D]. 杭州：浙江理工大学，2015.

基于六西格玛设计的信息系统网络安全风险测评模型研究

李琳，孙永，黄秀，高阳，方超

（山东中烟工业有限责任公司滕州卷烟厂信息处，山东枣庄，277599）

［摘要］信息系统网络安全风险测评，包括资产价值和风险系数。信息系统网络安全风险评估流程采用六西格玛设计（DFSS）方法，建立企业信息系统网络信息安全风险测量评价模型，对识别出的资产价值和风险系数实施测评后，分析出关键影响因素（CTQ），并针对CTQ采取技术手段和管理措施进行安全加固。测评验证结果表明，测评指标中有17项不符合项和2项弱符合项得到完全解决，企业网络信息安全风险防范能力得到有效提升。

［关键词］网络信息安全；六西格玛设计；风险评估；测评模型

1 引言

近年来，网络信息安全已上升到国家安全战略高度。信息系统在卷烟生产过程中发挥着不可替代的保驾护航作用，如何有效防范并规避信息系统网络信息安全风险是正常卷烟生产的前提和保障。当前，开展网络安全风险评估面临的最大挑战已经不再是通用的理论方法和技术规范，而是风险评估的有效度量和评估结果的可信度提高。为建立卷烟企业全面、高效、可靠的信息安全风险管理体系，有效加强企业网络信息安全风险防范能力，本文提出了构建基于六西格玛设计的网络信息安全风险测量评估模型，开展网络信息安全风险识别、分析、验证、处理，有效提升网络信息安全风险识别和分析能力，并对发现的关键影响因素进行控制处理，全面提升企业网络信息安全防范能力。

烟草信息系统的网络信息安全风险评估，是依据国家有关信息安全技术标准，对信息系统进行科学评价，判断企业信息系统安全现状与国家有关信息安全等级保护标准[1]要求之间的差距，并明确具体安全措施建议的过程。全面提升企业网络信息安全风险防范能力，重点是对信息系统的物理安全、网络安全、主机安全、应用安全及数据安全等五个技术层面，以及安全管理制度、管理机构、人员安全、系统建设及运维管理等五个管理层面实施优化和加固。

由于在全厂信息系统中的MES系统安全级别最高，本文以企业MES系统为例，阐述信息系统网络信息安全防范相关事项。

2 相关概念

网络信息安全风险值的计算主要包括资产价值和风险系数两个部分，为了便于描述，我们给出如下定义：

2.1 资产价值

系统资产包括被测信息系统相关的所有软硬件、人员、数据及文档等[2]。资产具有可用性、机密性、完整性三个属性。在风险评估中的资产价值不仅包括它的经济价值，还包括资产的三个属性和信息系统的其他安全属性。

本文中的信息系统资产价值五分法评分标准定义如表1所示。

表1 MES系统资产价值五分法评分标准

资产赋值	标志	C—机密性	I—完整性	A—可用性
5	很高	关键系统主机；关键网络设备、安全设备、存储设备；域控制器和关键基础设施服务器；网络和主机管理及监控设备；备份设备、备份介质；打印机；复印机；传真机；个人办公电脑	关键系统主机；重要系统主机；关键网络设备、安全设备、存储设备；重要网络设备、安全设备、存储设备；一般网络设备、安全设备、存储设备；域控制器和关键基础设施服务器；重要(机房)环境设施监控设备；备份设备、备份介质	关键系统主机；关键网络设备、安全设备、存储设备；域控制器和关键基础设施服务器；备份设备、备份介质
4	高	重要系统主机；一般系统主机；重要网络设备、安全设备、存储设备；域成员服务器和重要基础设施服务器；重要(机房)环境设施监控设备；打印机；复印机；传真机；个人办公电脑	一般系统主机；域成员服务器和重要基础设施服务器；一般(机房)环境设施监控设备；网络和主机管理及监控设备	重要系统主机；重要网络设备、安全设备、存储设备；域成员服务器和重要基础设施服务器；重要(机房)环境设施监控设备；一般(机房)环境设施监控设备；网络和主机管理及监控设备
3	中等	一般网络设备、安全设备、存储设备；一般(机房)环境设施监控设备；打印机；复印机；传真机；个人办公电脑	完整性价值中等，未经授权的修改或破坏对组织造成影响，对业务冲击明显，但可以弥补；打印机；复印机；传真机；个人办公电脑	一般系统主机；一般网络设备、安全设备、存储设备；打印机；复印机；传真机；个人办公电脑
2	低	—	—	—
1	很低	—	—	—

2.2 系统风险

风险[3]是对组织的资产引起不期望事件而造成的损害的潜在可能性，风险可能源于对企业/组织的信息直接或间接的攻击，如非授权的泄露、篡改、删除等，在机密性、完整性或可用性等方面造成损害。

风险的赋值[4]主要包括风险发生的可能性、风险所能造成的严重性，以及风险是否可监测。风险的可能性就是指风险发生的概率和风险发生的频率。

本文中的信息系统风险发生可能性赋值标准定义如表 2 所示。

表 2 风险可能性赋值表

赋值	描述	说明
4	几乎肯定	预期在大多数情况下发生，不可避免(90%)
3	很可能	在大多数情况下，很有可能会发生(50%～90%)
2	可能	在某种情况下或某个时间，可能会发生(20%～50%)
1	不太可能	发生的可能性很小，不太可能(<20%)
0	罕见	仅在非常例外的情况下发生，非常罕见，几乎不可能(0%～1%)

将风险严重性分为 5 个等级，分别是极高(VH)、高(H)、中等(M)、低(L)、可忽略(N)，并且从高到低分别赋值 4～0。

本文中的风险严重性赋值标准定义如表 3 所示。

表 3 风险严重性赋值表

赋值	简称	对手等级	影响程度说明
4	极高(VH)	占有中等资源，有组织的，技能熟练，愿意冒较小风险的对手，一般为有组织的内部人员，熟练的黑客组织和犯罪组织。相对客户整体资产，还包括占有丰富程度资产的熟练的对手，愿意冒较大的风险，一般为特别复杂、有强大资金支持的敌对国家组织和恐怖组织	可以造成资产全部损失或不可用，持续的业务中断，巨大的财务损失等非常严重的影响
3	高(H)	占有中等资源，有组织的，技能熟练，愿意冒较小风险的对手，一般为权限很大的或内外勾结的内部人员，熟练的黑客组织和犯罪组织	可以造成资产重大损失，业务中断，较大的财务损失等严重影响
2	中等(M)	占有少许资源，无组织的，技能熟练，但愿意冒较大风险的对手，一般为权限较小的内容人员，熟练的黑客和犯罪分子	可以造成资产损失，业务受到损害，中等的财务损失影响
1	低(L)	占有很少资源的非常熟练技能的，而且愿意冒少许风险的对手，一般为零散的黑客和犯罪分子	可以造成资产较小损失，并且立即可以受到控制，较小的财务损失等影响
0	可忽略(N)	无意的或意外的事件	资产损失可以忽略、对业务无损害，轻微或可忽略的财务损失等影响

风险是否可监测，根据各类安全风险可监测程度划分为 5 个等级，如表 4 所示。

表 4　风险是否可监测赋值表

等级	标志	监测可能性定义
5	很高	极其难监测
4	高	非常难监测
3	中	较难监测
2	低	较容易监测
1	很低	很容易监测

如果某种资产具有极高的价值（如绝密的信息），攻击者可从中得到巨大的好处，或可给被攻击者造成极大的损失，而这种价值为他人所知，它就越能引起攻击者的兴趣，资产受攻击的可能性会很大。

3　测评模型设计

3.1　网络信息安全风险评估流程

信息系统网络信息安全风险评估[5]以 MES 系统为例，风险综合测评工作流程图如图 1 所示。

3.2　网络信息安全风险测评模型

3.2.1　测评指标

依据 MES 系统确定的业务信息安全保护等级和系统服务安全保护等级[6,7]，选择《信息安全技术　信息系统安全等级保护基本要求》(GB/T 22239－2008)[4]第二级(S2A2G2)的要求中对应级别的安全要求作为等级测评的基本指标，其表格形式如表 5 所示。

表 5　测评指标

安全层面	安全控制点	测评项数
物理安全	10 项（物理位置的选择、物理访问控制、防盗窃和防破坏、电力供应、防雷击、防火、防水和防潮、防静电、温湿度控制、电磁防护）	19
网络安全	6 项（结构安全、访问控制、安全审计、边界完整性检查、入侵防范、网络设备防火）	18
主机安全	6 项（身份鉴别、访问控制、安全审计、入侵防范、恶意代码防范、资源控制）	19
应用安全	7 项（身份鉴别、访问控制、安全审计、通信完整性、通信保密性、软件容错、资源控制）	19
数据安全及备份	3 项（数据完整性、数据保密性、备份和恢复）	4
安全管理制度	3 项（管理制度、制定和发布、评审和修订）	7

续表

安全层面	安全控制点	测评项数
安全管理机构	5项(岗位设置、人员配备、授权和审批、沟通和合作、审查和检查)	9
人员安全管理	5项(人员录用、人员离岗、人员考核、安全意识教育和培训)	11
系统建设管理	9项(系统定级、安全方案设计、产品采购和使用、自行软件开发、外包软件开发、工程实施、测试验收、系统交付、安全服务商选择)	28
系统运维管理	12项(环境管理、资产管理、介质管理、设备管理、网络安全管理、系统安全管理、恶意代码防范管理、密码管理、变更管理、备份与恢复管理、安全事件处置、应急预案管理)	41

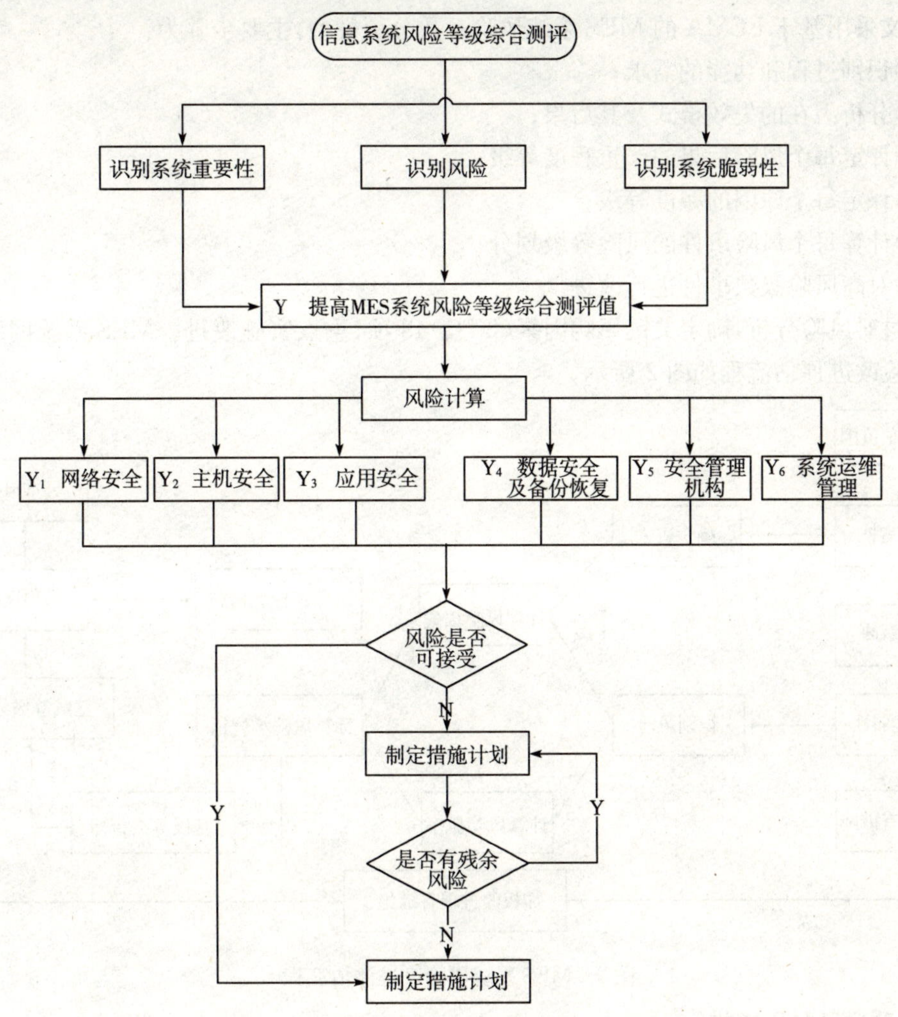

图1 MES系统网络信息安全风险评估流程

3.2.2 测评模型

网络信息安全等保测评值的计算公式为：

$$测评值 = \sum 资产价值 \times (1 - 风险系数)$$

资产价值的计算公式为：

$$V = \log_2\left(\frac{2I + 2C + 2A}{3}\right)$$

资产价值计算时需综合考虑资产 C（机密性）、I（完整性）、A（可用性）三个方面属性的同时，重点突出某一属性的特点。

风险系数测评公式为：

$$RPN = S \times O \times D$$

风险系数是风险事件发生的严重程度（S）、频率（O）、监测可能性（D）三者的乘积，其数值愈大潜在问题愈严重。

3.2.3 风险分析及改进

本文采用基于FEMA的MES系统风险系数分析模型，主要步骤为：

(1)识别过程和功能的需求；

(2)分析潜在的失效模式及其后果；

(3)评定每个风险后果的严重程度等级；

(4)评定每个原因的频度等级；

(5)计算每个风险事件的风险等级划分；

(6)对高风险级数事件进行改进。

通过对风险分析，确定关键影响因素(CTQ)48项，重点实施改进。MES系统网络信息安全风险改进评估流程如图2所示。

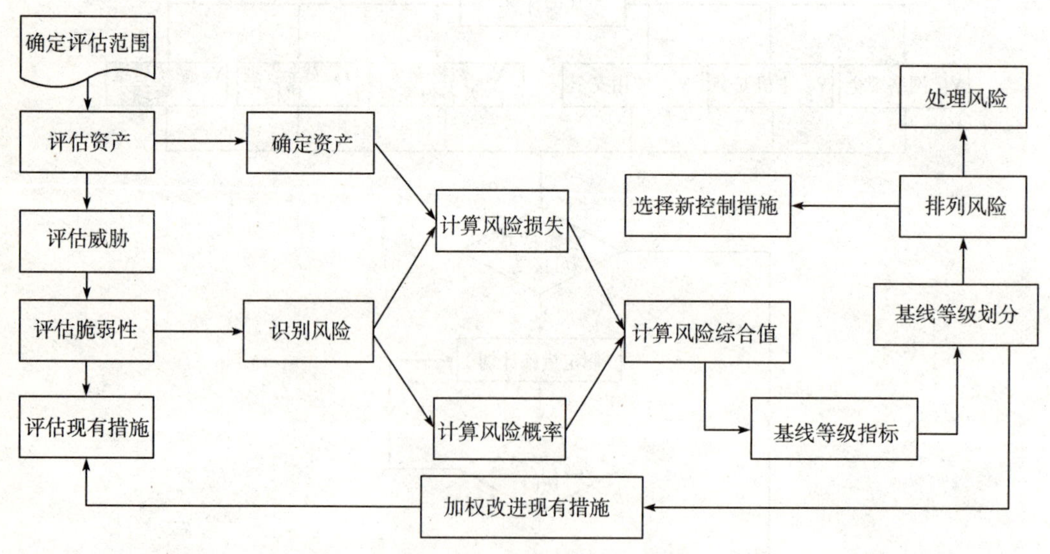

图2 MES系统风险改进评估流程

3.2.4 改进及加固措施

(1)构建网络信息安全保障体系。对《信息系统运行管理规定》《信息化管理程序》等体系文件进行修订，同时新起草《信息系统数据管理规定》《数据备份与恢复管理规定》等体系文件，印发《山东中烟工业有限责任公司滕州卷烟厂2018年网络安全工作要点》，进一步加强网络安全管理制度、完善信息安全事件应急机制、建立自查自评长效机制。

(2)增加网络安全设备。在实施全厂信息系统网络安全风险识别分析的基础上,重点在工控系统边界和网络边界部署防火墙和审计设备,实现对各网络安全区域隔离和身份鉴别。部署工控统一管理平台,对工业网络、系统的运行状况进行监视,及时发现并处理各种非法操作或异常行为。

(3)召开系统季度运行分析会议。为安全保障 MES 系统稳定运行,每季度召开 MES 系统运行情况分析会议,通报系统整体运行情况和用户使用情况,以及本季度主要解决的问题。同时对上次运行分析会议提出问题的解决情况检核评价,并经过业务部门验证,对于本次运行分析会议提出的问题进行改善,建立基于 PDCA 循环的信息系统运行稳定性保障机制,降低网络信息安全风险。

4 实例分析

对 MES 系统采用基于六西格玛设计的网络信息安全风险测评模型进行评估[8]后,又对 48 项关键影响因素采取了控制措施实施安全加固,并对实施改善后的 MES 系统再次进行了等保综合测评,发现测评指标中有 17 项不符合测评项和 2 项弱符合项得到彻底解决,企业网络信息安全风险得到有效控制,网络信息安全防范能力得到进一步提升,具体改善效果如图 3 所示。

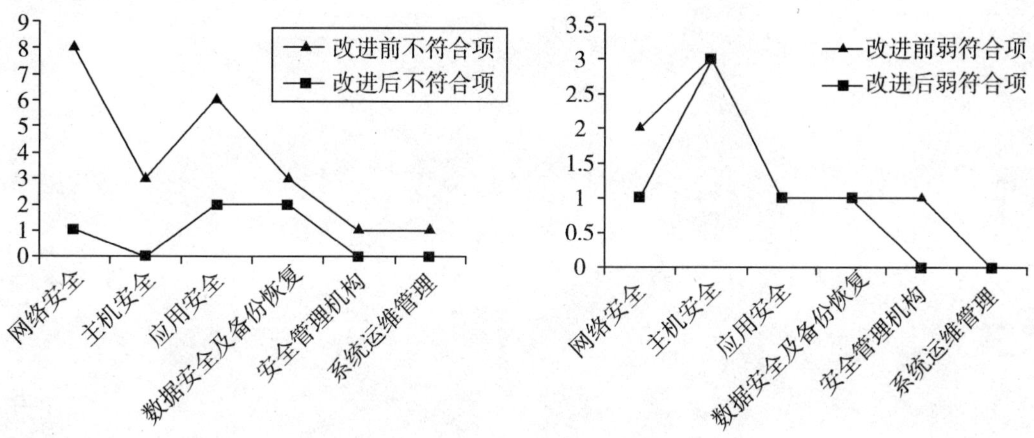

图 3　MES 系统风险改善效果

5 结语

本文将六西格玛设计方法应用在 MES 系统网络信息安全风险评估过程中,对基于六西格玛设计的网络安全风险测评模型进行了尝试和探索,提高了风险评估结果的符合性、确定性、有效性和可信度。通过开展 MES 系统信息安全风险测量、分析,MES 系统共有 19 项不符合项和弱符合项得到有效改进和控制,进一步降低了企业网络信息安全风险,真正提高了企业网络信息安全风险防范能力。

参考文献

[1]中华人民共和国国家质量监督检疫总局，中国国家标准化管理委员会. 信息安全技术　信息安全风险评估规范(GB/T 20984—2007)[S]. 北京：中国标准出版社，2008.

[2]中华人民共和国国家质量监督检疫总局，中国国家标准化管理委员会. 烟草行业信息系统安全等级保护基本要求(国烟办综[2011]440 号).

[3]中华人民共和国国家质量监督检疫总局，中国国家标准化管理委员会. 烟草行业信息系统安全等级保护与信息安全事件的定级准则(YC/T 389—2011)[S]. 北京：中国标准出版社，2012.

[4]中华人民共和国国家质量监督检疫总局，中国国家标准化管理委员会. 信息安全技术　信息系统安全等级保护基本要求(GB/T 22239—2008)[S]. 北京：中国标准出版社，2009.

[5]中华人民共和国国家质量监督检疫总局，中国国家标准化管理委员会. 信息安全技术　信息系统安全等级保护测评要求(GB/T 28448—2012)[S]. 北京：中国标准出版社，2013.

[6]中华人民共和国国家质量监督检疫总局，中国国家标准化管理委员会. 信息安全技术　信息系统安全等级保护测评过程指南(GB/T 28449—2012)[S]. 北京：中国标准出版社，2013.

[7]贺二博. 基于风险权值的信息系统安全等级测评模型的研究[D]. 郑州：郑州大学，2012.

[8]杨晓勤. 六西格玛在银行信息安全风险评估的应用[D]. 北京：对外经贸大学，2007.

基于定时器模拟编码器的成品件烟分拣系统设计与应用

黄其德，高阳，马成龙，单静

（山东中烟工业有限责任公司滕州卷烟厂信息处，山东枣庄，277599）

［摘要］本文在卷烟加工企业现有成品卷烟分拣系统设计基础上，提出一种基于定时器模拟编码器成品件烟自动分拣控制模式，通过对成品件烟自动分拣系统 PLC 程序优化、条码和二维码应用优化及相关硬件的改造，杜绝了不同品牌成品件烟分拣出错，实现了大批量成品件烟自动分拣的精准控制。

［关键词］自动分拣系统；信息识别；PLC；模拟编码器

1 引言

自动分拣系统[1]作为自动化物流技术的核心之一，有较长的发展历史。精益物流作为精益生产的重要组成部分，对企业的连续生产有重要的支撑作用。随着"智能制造"概念的提出，物流自动化技术得到了进一步提升。自动分拣系统是由若干台设备集成、完成大批量货物全自动分拣功能的一种输送设备系统，主要用于根据输送货物的分类拣选到不同的输送线上而专业设置的输送设备。自动分拣系统一般是由自动控制系统、计算机管理系统、自动识别装置、分拣机构和主要输送装置、前处理设备及分拣道口组合而成的。成品烟入库分拣系统初始设计包括件烟识别装置、到位检测装置、信息判断、分拣执行机构四部分构成。根据任务传递机制、外界干扰因素、成品件烟识别装置识别信息存储及信息绑定作深入分析和设计，排除成品件烟自动分拣系统分拣失败的各项因素，杜绝此类分拣系统不同品牌成品件烟分拣出错的现象。本文以找出影响物流环节存在的问题并加以解决为主要出发点，通过研究内容的成功应用为下一步物流环节精益管理、精益维护提供思路和经验。

2 设计方案分析

图 1 为分拣系统设备平面示意图，成品件烟通过 332 积放输送机并根据箭头指示方向输送，经过 328、329 处进行烟箱信息识别，根据识别信息在 325、324、323、322、321、320、319

斜流分拣机进行分拣输送。

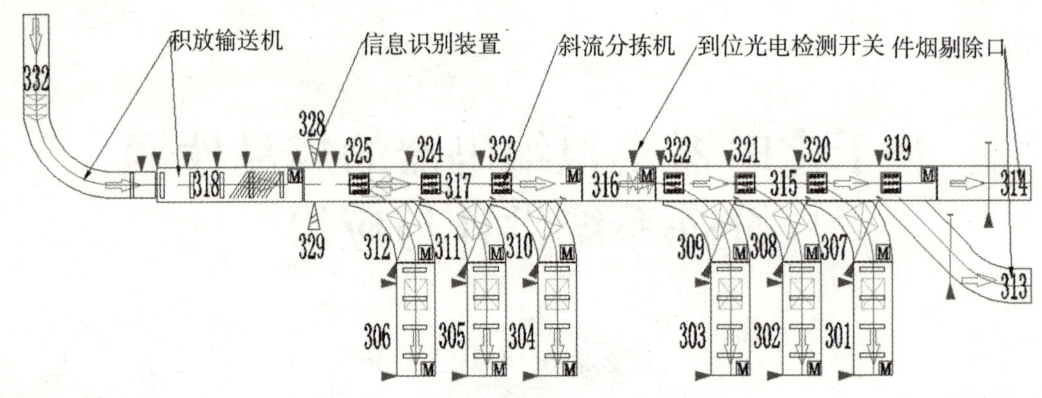

图 1　分拣系统设备平面示意图

在成品件烟输送过程中，在 328、329 处进行信息读取和存储，到达斜流分拣机前的到位光电检测开关时，进行成品件烟信息判断。信息符合且非满杯情况下斜流分拣机构执行分拣动作(45°)；信息不符或满杯情况，斜流分拣机构执行复位动作(0°)，继续输送至下游斜流分拣机前的到位光电检测开关，进行信息判断。当信息均不符合、成品件烟信息未读取、巷道满杯情况时，运行至 313、314 件烟剔除口。

成品件烟在 318 输送机运行过程中根据光电开关的信号进行动作，确保成品件烟之间拉开必要的距离。成品件烟输送过程中因卡顿会造成件烟粘连，因此，斜流分拣执行机增加斜流分拣机构分拣动作执行后复位功能，确保无件烟跟随粘连分拣现象。

件烟信息以任务的形式进行传递，成品件烟信息读取后生成任务，并根据信息判断情况进行任务传递，同时成品件烟实物进行运输，当触发到位光电检测开关时进行下一步信息判断。此期间容易出现成品件烟实物与信息分离的现象，人为干扰较为容易出现。增加光电开关数量和到位程序判断，设计定时器模拟编码器的控制程序对成品件烟和信息进行约束绑定，减少信息错误。同时，优化扫码器触发扫描、信息存储、任务生成、清零设计。

3　使用定时器模拟编码器对成品件烟实物和信息绑定的可行性分析

成品件烟积放输送机额定输送速度为 30 m/min。测试输送机的速度稳定性，若干件烟由扫码完成后至各斜流分拣机到位光电开关的时间如表 1 所示。

表 1　成品件烟运输时间统计表　　(单位：ms)

斜流分拣机平面号 测试件烟序号	325 到位光电	324 到位光电	323 到位光电	322 到位光电	321 到位光电	320 到位光电
第 1 件	2051	4558	7364	16580	19419	22009
第 2 件	2046	4645	7442	16605	19464	21951
第 3 件	2040	4640	7448	16681	19528	22016
第 4 件	1973	4513	7307	16543	19396	21786

续表

斜流分拣机平面号 测试件烟序号	325 到位 光电	324 到位 光电	323 到位 光电	322 到位 光电	321 到位 光电	320 到位 光电
第 5 件	2053	4625	7405	16632	19430	21927
第 6 件	2048	4642	7430	16574	19414	21905
第 7 件	1973	4464	7223	16673	19468	21865
第 8 件	2044	4634	7410	16387	19231	21724
第 9 件	2047	4638	7428	16665	19496	21996
第 10 件	2048	4634	7442	16691	19516	22022

经过测试，成品件烟经过各斜流分拣机到位光电开关的时间基本一致，最大误差在 310 ms 内。因此，使用时间验证的方式将成品件烟任务信息与行走时间进行绑定，可以模拟实现件烟输送编码器校验的功能。

4 定时器模拟编码器件烟跟踪优化程序设计

设计成品件烟定时器时间验证程序，模拟编码器工作过程，实现成品件烟信息与件烟实物信息绑定。确定各斜流分拣机时间设定值，如表 2 所示。

表 2　成品件烟运输时间设定值　(单位：ms)

斜流分拣机平面号 测试件烟序号	325 到位 光电	324 到位 光电	323 到位 光电	322 到位 光电	321 到位 光电	320 到位 光电
成品件烟到位用时	2000	4600	7500	16600	19500	22000

程序设计流程如图 2 所示。

5 电控系统硬件选型设计

本方案依托成品立库系统入库区电控系统，主控器件为西门子公司 S7-400 系列 PLC；电控系统控制网络采用 PROFINET 架构控制网络，PROFINET 是 PI(Profibus International)创新的自动化标准，用于实现基于工业以太网的集成、一致的自动化解决方案[2]；通信处理器采用西门子公司的 CP443-1 Advanced 通讯网卡，CP443-1 Advanced 通信网卡集成了一个千兆以太网接口和四个 PROFINET 接口[3]，现场各交换机、条码识别器、控制子站通过 PROFINET 通信卡接入主控 PLC。

电控系统网络架构示意如图 3 所示。

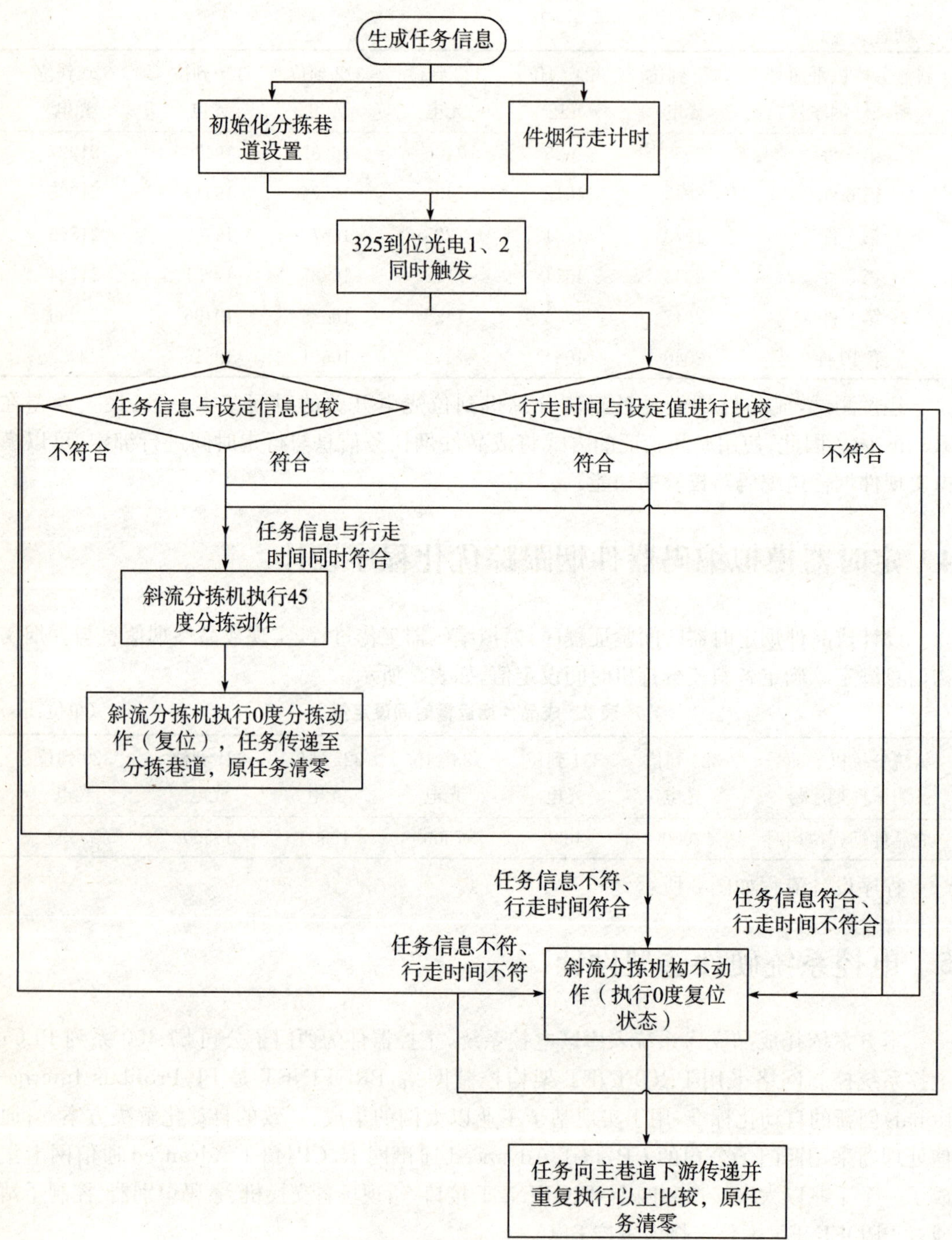

图 2　定时器模拟编码器件烟跟踪程序流程图

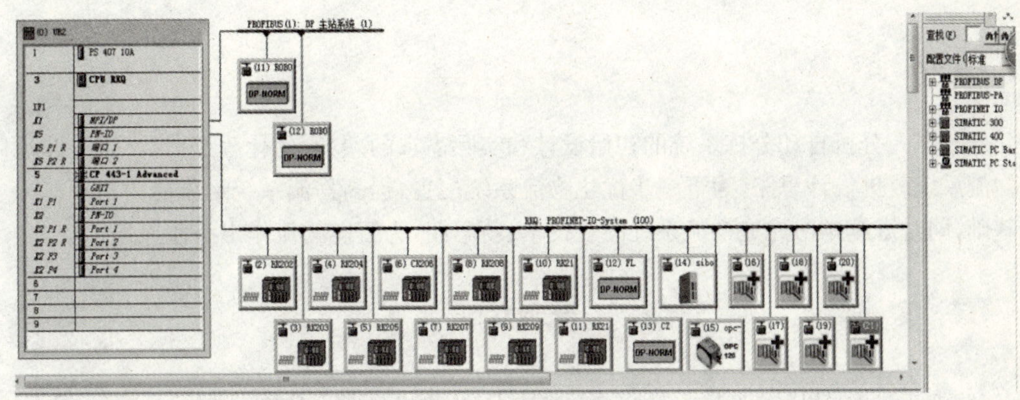

图 3　电控系统网络配置示意图

现场 PLC 程序采用西门子 STEP7[4] 编写，在原 PLC 程序中编写定时器模拟跟踪件烟行走过程，部分程序如图 4 所示。

⊟ 程序段5：位置合格，把到位值写入参考值

#YSZ改成#DWZ就是动态
动态值可以用来测试到位时间

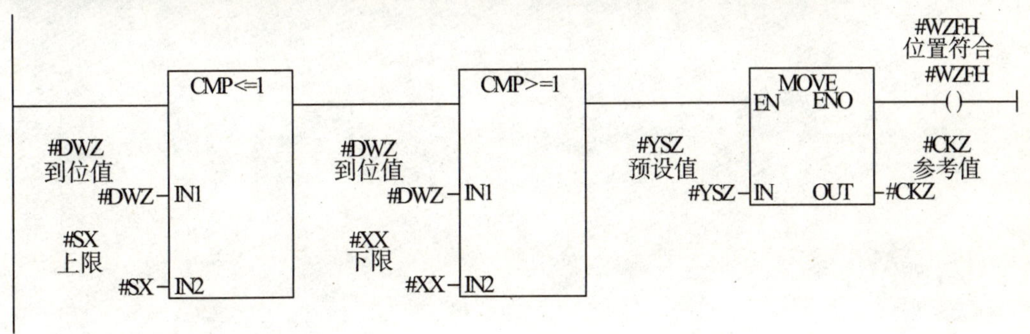

⊟ 程序段6：实测值和到位值清零

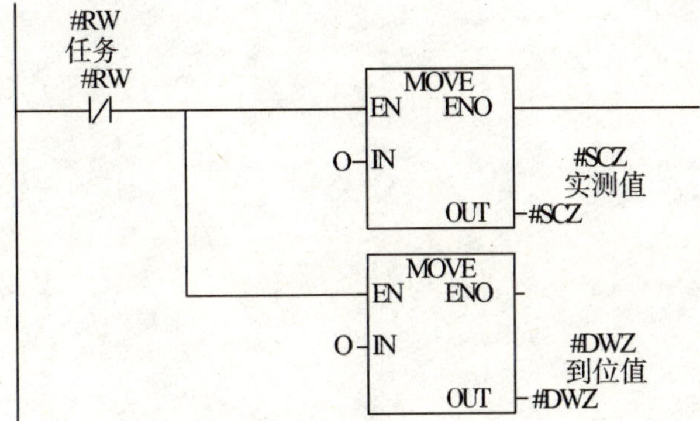

图 4　定时器模拟编码器位置识别程序

成品件烟自动分拣系统改造完成后，进行生产测试，跟踪成品件烟分拣的效果和成功率。从 2017 年 9 月以来，均能实现成品件烟有效分拣，未发生一例成品件烟混牌现象。

6 结语

通过深入分析自动分拣系统的初始设计和实际需求的差异、优化程序设计，进一步明晰了物流系统改进设计思路，为下一步优化物流系统配置、提高物流系统运维能力打下了坚实的基础，同时继续学习先进物流系统的新技术、新思路，为智能物流作出有益探索。

参考文献

[1]吴继强．基于PLC的材料自动分拣系统设计[D]. 马鞍山：安徽工业大学，2015.

[2]崔玉朋，张薇，王万峰，等. 浅谈PROFINET在汽车制造的应用[J]. 汽车工艺与材料，2016(1)，6-10.

[3]高阳，李坤，单静．基于射频识别的滤棒存储输送控制系统的应用研究[J]. 包装与食品机械，2016(6)，43-45.

007 综合管理篇

ZONG HE GUAN LI PIAN

基于党员绩效考评体系的党建与业务深度融合的应用探索

贾东东，夏冠平，董建国，王玉龙

［聊城市东昌府区烟草专卖局（营销部），山东聊城，252000］

［摘要］为贯彻落实省局（公司）党组“抓基层、打基础、强管理、重创新”总思路，进一步落实全面从严治党要求，持续用力夯实党建基层基础，不断提升党员干部服务群众的能力和水平，聊城市东昌府区局（营销部）坚持“业务工作开展到哪里，党的基层组织就跟进到哪里”的原则，针对以往基层服务站党员人数少、机关党员比重高的实际，以管理重心下沉、服务重心下沉为目标，扎实推进“党建＋基层服务站”；针对以往“重业务、轻党建”、党建与业务工作“两张皮”等问题，探索构建党员绩效考评体系，尝试通过党员先锋模范带头作用可量化的方式，促进党建与业务深度融合。

［关键词］绩效考评；深度融合；可量化

1 引言

为深入贯彻落实党的最新理论学习及相关要求，以“便于加强党员的教育和管理、便于发挥党组织职能和党员干部先锋模范带头作用、便于联系服务群众”为根本原则，聊城市东昌府区局（营销部）以管理重心下沉、服务重心下沉为目标，扎实推进“党建＋基层服务站”，重新划分了在职人员党小组，并根据各机关业务科室工作性质及各基层服务站的业务职能及需求特点，运用精益管理中“持续改善”思维，采用“缺啥补啥”的方式，将 22 名机关党员分别编入 5 个基层服务站党小组，进一步壮大了基层服务站的党员队伍力量，增强了服务群众能力。

2 存在的问题

党小组是基层党组织的重要组成部分，“党建＋基层服务站”是党建工作向一线延伸的“前沿阵地”。自“党建＋基层服务站”推行以来，切实增强了组织管理党员的成效。为进一步提升党员干部服务一线的积极性、主动性，在日常二级考核中为党建考核专设 2 分，作为对基层服务站的党建活动考核评价。但是，如何正确评价党员干部先锋模范作用在业务工作中的发挥、有效评价党员干部的服务效能、确保各党小组党建考核的客观性和有效性成为制约党建与业务深度融合的新瓶颈。经过深入调查分析发现，现行党员党建考核中存在以下问题：

2.1　党建考评内容单一，定性多、定量少

考核内容设计上，涉及“三会一课”等规定性内容多，涉及“党建＋业务”“党建＋专卖”等特色活动少，涉及党员干部作用发挥方面定性多、定量少，考核内容和指标设计偏重于党建业务本身，存在“就党建考党建”问题，容易造成党建与业务工作“两张皮”。

2.2　考评方式方法过于单一，重形式、轻实质

考评一般采用查阅痕迹化资料的方式进行，存在考评工作“形式主义”；日常二级考核中，考评组成员未包含具体负责党建工作的人员，造成考核尺度标准不易掌握，在很大程度上造成被考核单位的考核结果不准确、不客观；同时，考核缺乏过程管控的手段和结果，导致各党小组存在“平时放一放、考核补一补”现象。

2.3　考评结果反馈不及时，运用不到位

考核“重数量、不重质量”，考核数量的多，考核效果的少；考核结果的反馈及运用不规范，存在“考核大张旗鼓、结果大同小异”现象。

3　构建党员绩效考评体系基本原则

3.1　构建原则

构建党员绩效考评体系，必须满足烟草行业作为国有企业的政治、经济、社会和企业自身发展的要求，必须遵循四项原则。

(1)坚持正确政治导向。紧扣“党要管党”“全面从严治党”主题，以党的十九大精神及习近平新时代中国特色社会主义思想为指导，牢牢把握“把方向、管大局、保落实”政治定位，充分发挥党的领导和党的建设的“独特优势”，切实体现党建工作的价值创造。

(2)坚持融入中心工作。始终坚持“融入中心、把握大局，以党建促进企业提质增效”这一主线，通过构建党员绩效考评体系，充分调动党员干部的积极性、创造性，将党建工作的各个要素与经营质量、重点工作、服务客户等有效贯通、融为一体，切实破除党建与业务工作“两张皮”难题。

(3)坚持科学设计。紧紧把握考评体系的统一性，将考评的内容、流程、方法有机地融为一体，构建一个互相协调、互为补充的有机体，实现定性与定量相结合、简单易行、公平客观。

(4)坚持注重实效。着眼实际，坚持问题导向，聚焦重点工作和关键环节，切实增强考评体系的针对性、指导性和有效性；结合最新要求，与时俱进调整考核内容及方式，确保考评体系始终与新形势、新任务、新要求相适应。

3.2 体系框架

运用精益管理中的 5W2H 法，对构建党员绩效考评体系建设进行深入思考，分别从“为什么考”“考评谁”“考什么”“谁来考”“怎么考”“结果怎么用”六方面进行探究，针对考核的根本导向和基本用途是什么、责任主体和重点对象是什么、考核的主要内容以及相应的指标设计是什么、考核的组织实施主体和参与主体是什么、考核的方式方法和技术运用是什么、研究解决绩效考评的结果应用的落实措施的问题，探索构建党员绩效考评体系（见图 1）。

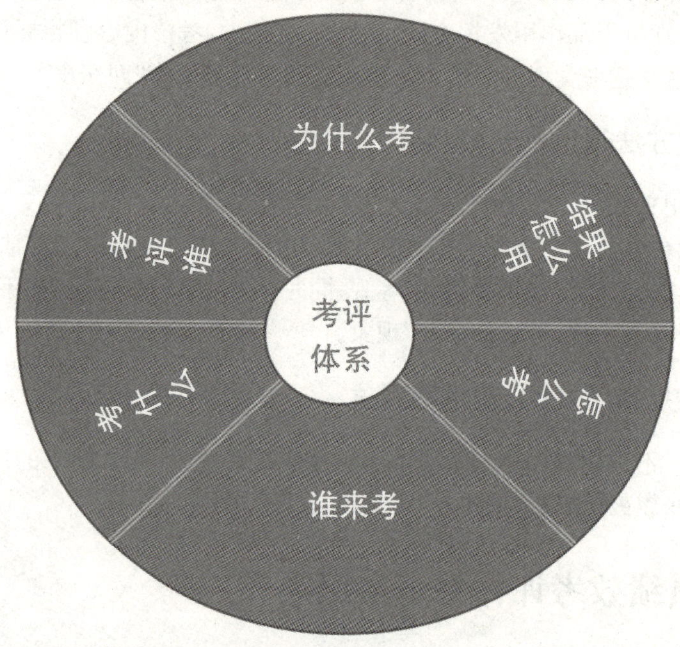

图 1 探索构建党员绩效考评体系

4 党员绩效考评体系的实施路径

4.1 强化党的领导，明确“为什么考”

习近平总书记指出：“坚持党的领导、加强党的建设，是我国国有企业的光荣传统，是国有企业的‘根’和‘魂’，是我国国有企业的独特优势。”烟草行业作为国有企业，始终坚持以党建为引领，始终把强化党的领导作为构建党员考核评价体系的出发点和落脚点，积极引导广大党员干部增强“四个意识”，坚定“四个自信”，做到“两个坚决维护”；扎实推进党的建设各项任务在企业落地落实；不断提升党建工作质量，调动全体党员积极性、主动性；切实推进党建与业务工作深度融合，切实把党的政治优势转化为企业的核心竞争力。

4.2 强化责任主体，明确“考评谁”

开展考核必须抓住重点对象，党建工作考核更是如此。全面落实各级党组织、党员干部的责任主体，确保党建工作落到实处：一是分类考评。针对机关党员与一线党员工作内容、工作性质的不同,结合实际情况,采用差异化考评,彻底杜绝"一刀切"现象,增强考评的针对性。二是精准考评。加强对基层服务站党小组组长的考核评价,根据其党内职责进行精准考核,确保党小组长切实担负起责任,确保党建工作责任制任务由"虚"变"实"。三是量化考评。细化分解全年党建各项工作任务,将其分解至季度、月、党小组、党员干部,并赋予科学分值对每名党员干部进行考核,再将考评结果与薪酬挂钩,以"精神+物质"双重激励的形式,确保责任落实落地。

4.3 强化指标管理,明确"考什么"

设置考评指标时,要通过逐层分解、逐级细化,着力拓宽评价维度,从主体责任、基础工作和工作效果三个维度考虑评价,将党员绩效考评关键指标分为基础、约束、激励三大类,内容上要涵盖政治建设、思想建设、组织建设、作风建设、纪律建设和制度建设等各方面,克服过去"就党建考党建"的问题。其中,基础类指标包含"三会一课""主题党日""党建+"主题活动等基础类学习教育及主题活动;约束类指标包括党费缴纳制度、组织生活日制度、谈心谈话制度等制度约束类内容;激励类指标包含在某项活动中的突出表现、重点工作中作出的突出成绩等。在激励类指标中,如确有突出表现,也应坚持审慎原则。通过指标设定,强化考核的导向作用,切实摆脱以往"重处罚、轻奖励,重形式、轻实质"的倾向。

4.4 强化组织统筹,明确"谁来考"

在组织日常二级绩效考核时,进行科学分工,特别是针对党建工作考核项,邀请专门人才进行考评,确保考核实施主体的责任更加明确、协同性更强。

4.5 强化过程管控,明确"怎么考"

年度考评工作,采取日常考评和年终考评相结合形式,在对日常考评情况和年终考评信息进行综合分析后,得出年度考评结果,实现年度考评工作的全过程管控。其中,日常考评主要通过任务督办、专项督查、痕迹化材料查阅等方式,对指标完成状态监控;年终考评采取"现场查阅+现场抽检+无记名投票"方式分步推进。考评结束后,及时反馈、公示考评结果(考评得分、考评排名和存在的问题等)。

4.6 强化结果运用,明确"结果怎么用"

党员绩效考评结果应与其他岗位指标一并考虑,并将其作为评先评优、表扬立功、选树典型、选拔任用、管理监督、责任追究的重要依据,进一步凸显国有企业的价值特征,扎实推进党建与业务工作"深度融合",其路径如表1所示。

表1 党员绩效考评体系的实施路径

序号	4W2H	内容	目标
1	"为什么考"	考核的根本导向和基本用途是什么	强化党的领导
2	"考评谁"	责任主体和重点对象是什么	强化责任主体
3	"考什么"	考核的主要内容以及相应的指标设计是什么	强化指标管理

续表

序号	4W2H	内容	目标
4	“谁来考”	考核的组织实施主体和参与主体是什么	强化组织统筹
5	“怎么考”	考核的方式方法和技术运用是什么	强化过程管控
6	“结果怎么用”	研究解决绩效考评的结果应用的落实措施	强化结果运用

5　党员绩效考评体系初探

5.1　发挥乘数效应考评模式

当前，在国有企业中，党的建设工作发挥着政治核心作用，以党建为引领是国有企业的必然要求和重要举措。党建与业务工作之间已不是单纯的并列关系、相加关系，而是在党建引领下的相融关系，因此，在构建党员绩效考评体系时，改变原来党建与业务工作考核相加的简单操作，调整为将党建工作绩效考评结果得分转换成排名系数，再与工作业绩考评得分进行相乘计算应用。

5.2　定性与定量指标核算

在以往设计考核指标体系时，秉持“持续改进”的原则，结合最新工作要求及重点工作推进情况，对考核指标不断完善，出现“上面要求多、考核指标繁”的现象，进而造成指标越来越多，基层负担越来越重，考核工作量也不断增大。同时，一些指标的设计与评分方法有问题，存在“对定性工作进行简单数量计算”的情况，不注重具体实效的“跑偏”问题。针对以上情况，从“学习强国”系统排名中激发灵感，尝试采用“定性工作看排名，定量工作看结果”的方式，破解定性工作难以量化考核的难题，真正实现定性指标与定量指标“同考核”。

5.3　持续完善指标“数据库”

按照统一原则、标准、程序及规范化方法，建立党员绩效考核评价标准指标库，并进行实时动态管理及持续改进，真正发挥考核“指挥棒”作用，扎实推动全面从严治党在一线更好落地，激发党员干部的战斗力，提升国有企业党建工作科学化水平，为企业改革与发展提供强大的政治、思想和组织保障。

参考文献

[1]白伟．论党建工作绩效考核评价体系[J]. 市场论坛，2015(3)：241-242.

[2]付亚和，许玉林，宋洪峰．绩效考核与绩效管理(第 2 版) [M]. 西安：电子工业出版，2009.

[3]林筠．绩效管理[M]. 西安：西安交通大学出版社，2006.

[4]周云华，毛政相，徐少兵．长沙市党的建设研究会课题组着力构建体现科学发展观要求的基层党建工作考评机制——基于长沙市的调查与思考[J]. 中国党政干部论坛，2014(5)：52-54.

[5]赵青．新形势下基层党建考评工作的问题及优化途径[J]. 学术杂志，2018(6)：1991-1992.

“立体化”推进党支部标准化、规范化建设

王蕃

[滨州市沾化区烟草专卖局(分公司)综合办公室,山东滨州,256800]

[摘要] 党的十九大以来,中央抓党的建设的力度非常大,连续开展了一系列专题教育活动,效果颇为明显,目的就在于把抓好党建工作列为最重要的工作。习近平总书记在全国组织工作会议上明确指出要加强党支部标准化、规范化建设。党支部是党在基层组织中的基石和堡垒,是党的全部工作和战斗力的基础,必须一以贯之地持续推进党支部标准化、规范化建设。

[关键词] 党支部;标准化;规范化;思想;组织;作风;制度;保障

1　党支部基本现状

沾化区烟草专卖局(分公司)党支部下设5个党小组,共有37名党员。第一党小组由专卖监督管理科、营销科7名成员组成,第二党小组由专卖监督管理科、营销科7名成员组成,第三党小组由专卖监督管理科、1532沾化分公司6名成员组成,第四党小组由综合办、管理监督科7名成员组成,第五党小组由10名退休人员组成(见图1)。

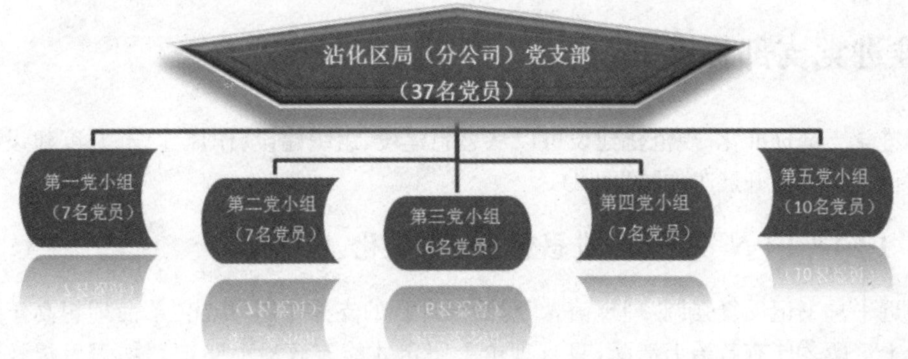

图1　沾化区局(分公司)党支部架构图

尽管各个基层党组织的组织架构和工作职能不一样,但都要担负起宣传和贯彻落实党的理论和路线方针政策以及对党员进行教育、管理、监督和服务等重要职责,努力完成各自

所担负的任务。2019 年以来，沾化区局(分公司)党支部建设严格按照“实、真、细、精”的工作标准，以思想建设、组织建设、作风建设、制度建设、保障建设“五位一体”的基层党建工作规范为抓手，严格工作标准、工作成效、考核办法，高质量地完成了各项工作任务，党建工作水平显现“新动能”。同时，也存在着与新的形势任务要求不相适应的问题。围绕全面从严治党的新要求，当前党支部建设中的突出问题和制约瓶颈主要表现为：一是党员干部在观察、分析、处理问题上的敏锐性还不够强，对上级精神的理解不深刻、不全面，对自身政治要求还不够严格，针对工作中出现的新情况、新问题，没有全面掌握、深入分析，缺乏针对性、操作性；二是在规范“三会一课”和“支部主题党日”活动上，学习领会习近平新时代中国特色社会主义思想还不够深入，在创新学习方法、因人而异开展学习教育方面做得还不够到位，习惯常规做法办事，缺乏“钻”的精神；三是党员教育管理缺乏针对性，对新形势、新矛盾、新问题缺乏足够的理论和知识准备，思想不够解放，创新意识不足，导致党员先锋模范作用不能够全面发挥；四是在基层联系点工作中只满足于走访的天数、调研零售户的户数和交谈的人数，没有把自己摆进消费者的角色深入了解现阶段市场中存在的问题，距离上级要求还有一定差距。

2 党支部标准化、规范化建设的重要性

2019 年是我们党在执政的第 70 个年头，也是实现“两个一百年”奋斗目标的关键年。随着行业发展和改革的不断深化，党建工作步入了新环境、面临着新挑战，需将基层党组织标准化、规范化建设向纵深推进。

笔者理解的支部标准化、规范化，就是按照中央、行业上级的党建工作制度和标准，逐步完善自有工作体系，形成系统的、流程化的工作方法，用规范化、科学化的管理模式提高支部党建工作的质量和实效。所以，开展基层党建工作是落实全面从严治党的重要抓手，能够为企业转型发展提供坚强的政治保证，有利于充分发挥党组织和党员的双作用，有利于加强动态联系、统筹各部门力量，有利于解决基层党组织缺乏系统性、标准化、规范性等问题。

3 推进党支部标准化、规范化的建设设想

推进党支部标准化、规范化建设可以从思想建设、组织建设、作风建设、制度建设和保障机制建设五个方面开展工作(见图 2)。

3.1 “1+1+1+N”工程，推进思想建设标准化、规范化

习近平总书记反复强调“理想信念”对治国理政的支撑作用，指出“革命理想高于天”“只有理论上清醒才能有政治上清醒，只有理论上坚定才能有政治上坚定”“加强思想教育和理论武装，是党内政治生活的首要任务，是保证全党步调一致的前提”。从党的群众路线教育实践活动到“两学一做”，再到“不忘初心，牢记使命”主题教育等一系列活动，充分说明深入学习贯彻党的十九大精神，思想从严是关键。当前，学习贯彻习近平新时代中国特色社会主义思想是全党、全国的首要政治任务，通过实施“1+1+1+N”工程(见图 3)，能够有效推进

思想建设标准化。

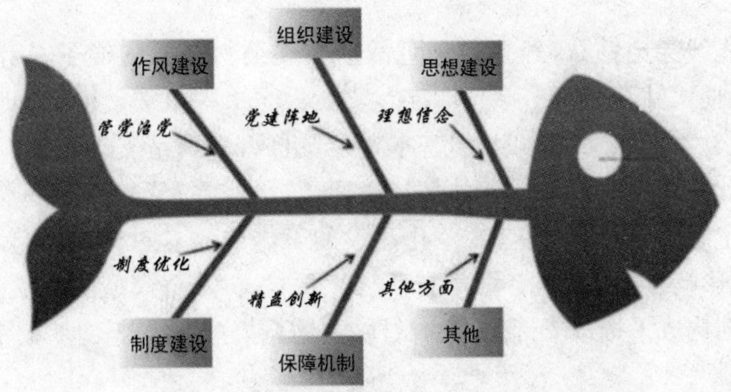

图 2　推进党支部标准化、规范化的建设设想"鱼骨图"

图 3　"1+1+1+N"工程图

第一个"1",就是站稳唯一的政治立场。要牢牢把握政治性这个第一位的要求,树牢"四个意识",坚定"四个自信",坚决做到"两个维护",把党的领导落实到具体工作中、体现到日常言行中,做对党绝对忠诚的老实人。第二个"1",即打造一个团结和谐的支部班子。领导班子瞄准岗位职责和工作标准,坚持每周召开一次班子会议,分析总结、安排部署思想政治工作,做到班子成员之间互谅互让、相互信任,力求心往一处想、劲往一处使,形成接地气、有实效、受认可的支部党建工作载体。第三个"1",即开展一系列特色活动。认真落实"三会一课"制度,探索"党建+业务"深度融合,将党小组建设与精益课题、QC 活动、科技创新等实践活动相融合,积极开展"不忘初心、牢记使命"主题教育、"富强滨州"解放思想大讨论、"推进发展、狠抓落实""优化环境、树立形象""烟草要发展,我该怎么办"大讨论活动,利用"灯塔——党建在线""学习强国"、烟草网络学院等平台进行全方位学习,进一步提高政治站位、深化思想认识。第四个"1",即锤炼由 N 名党员组成的支部团队。鼓励干部职工争做业务精通的示范者、创先争优的开拓者、清风正气的传播者,把党的十九大精神的学习触角延伸到各党小组、覆盖到全体职工,形成从支部到一线、从党员干部到普通群众的分层次、全覆盖的学习宣传贯彻体系,推进基层党组织标准化、规范化建设稳中求进,确保把全员思想和行动统一到习近平新时代中国特色社会主义思想上来,凝聚到实现行业高质量发展的目标及要求上来。

3.2 橄榄式“钻石模型”党建阵地，推进组织建设标准化、规范化

众所周知，光线穿透钻石，经折射和色散后呈现缤纷多彩的样子。有一种钻石形似橄榄，又被称为“橄榄式钻石”。

我们可以把党支部想象成由四个“基本要素”组成，分别是支部主体、工作对象、活动载体和保障机制，此外还有宣传途径和外部环境两个“影响要素”。四个基本要素形成双向作用关系，共同决定着党支部标准化、规范化建设的工作成效。同时，两个影响要素分别对四个基本要素产生影响作用，在一定程度上影响着橄榄式“钻石模型”的运行状态。六个要素的有效整合，共同构成了推进支部工作的橄榄式“钻石模型”党建阵地（见图 4）。

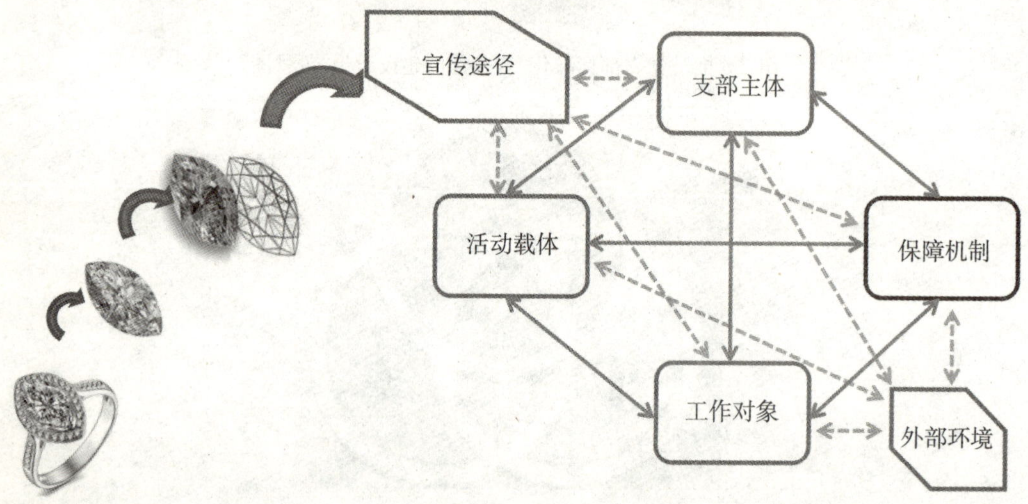

图 4　橄榄式“钻石模型”党支部建设阵地图

“支部主体”是党支部建设的组织者和领导者，是指党支部书记和支部委员，以“党建工作领导小组”为抓手，主要负责同志带头抓、分管领导亲自抓、各部门负责人靠前抓，形成横向互动、纵向联动的领导格局，进一步明确党支部标准化、规范化建设的目标要求、责任部门、完成时限和推进措施；“工作对象”是党支部各项工作的宣传者、贯彻者、施行者和实践者，承担着推动企业发展的重要任务；“活动载体”主要包括一系列支部组织的活动；“保障机制”即组织生活制度、民主生活会制度、“三重一大”制度等；“宣传途径”是展示党支部工作成果、鼓舞士气、凝心聚力的重要手段，也是树立典型、推广经验、创新工作的有效途径；“外部环境”主要是社会背景因素、政府政策支持、设施设备因素等相关的硬环境和软环境。如此，形成橄榄式“钻石模型”党支部建设阵地用于分析一个党支部如何才能取得良好的支部工作成效，显示出较强的战斗堡垒作用和先锋模范效应，体现出基层党组织的先进性和强大的凝聚力。

3.3 “永远在路上”的决心，推进作风建设标准化、规范化

党的作风建设是党的形象体现，是观察党群干群关系、人心向背的“晴雨表”，是管党治党的重要法宝，在优化政治生态、改进工作作风的同时，也在不断巩固党的创造力、凝聚力和

战斗力。党员干部应带头落实中央八项规定，学习习近平总书记关于进一步纠正“四风”、加强作风建设重要批示精神，及时解决职工反映的热点难点问题，严肃整治和纠正损害群众利益的不正之风，通过开展组织生活会和民主评议党员、集中整治形式主义、官僚主义工作、推进“两学一做”学习教育常态化制度化问题查摆活动，围绕思想、组织、作风、纪律等方面存在的问题，严厉问责“不作为”，消除“中梗阻”，追责“太平官”，以“一刻不松、半步不退”的劲头推动作风建设永远在路上。据调查显示，沾化区局(分公司)党支部内87.2%的党员干部认为落实中央八项规定精神、纠正“四风”工作“成效显著”，12.8%的党员干部认为“较有成效”，无人认为“没有成效”或“成效差”。

3.4 聚力流程建设，推进制度建设标准化、规范化

党的制度是党在长期革命、建设和改革实践中形成的党的领导工作和党内生活经验的总结和概括，是党组织和全体党员共同遵守的党内规章、条例、规则的总称。制度是管理的行为准则过程，标准化建设是制度化的最高形式，制度化管理是企业由“自主化”向“标准化”“规范化”过渡的具体表现，建立健全党支部制度建设是做好其他各项工作的重要保证，对于党支部工作走上规范化、系统化轨道，具有非常重要的意义。

我们现在的一些党建制度，如“三会一课”制度、党员干部基层联系点制度、干部选拔任用制度等，在基层党组织中执行的好坏是在一定程度上反映了我们工作是否到位的一个基准。当下，以“制度优化年”为契机，结合精益渗透和流程建设工作，认真做好流程清单的梳理和评审整改工作，推动制度向流程转化。结合系统性廉洁风险防控排查工作，突出对职责部门、职责岗位和关键经营环节的排查，查找职责分配不清、流程优化不到位、节点描述不规范、风险识别不准确等违规经营风险点，提出有针对性的防范措施，着力化解廉政风险点，规避不规范经营行为，从而发挥党支部强大的生命力。同时，认真梳理各岗位职责，将涉及的制度用流程图形式展现，清晰说明职责、工作流程、关键点及控制点，并做好各级流程节点的说明，形成流程节点说明表，完善节点说明、相关制度和相关记录等信息。开展KPI关键绩效点和风险点梳理工作，将质量、安全、成本、廉政、法律风险点嵌入工作流程中，把对工作流程的重点KPI关键绩效点测量纳入绩效考核，促进流程建设与党建、四个“一把手工程”、管理创新等重点工作相融合，实现流程建设对工作质量推进、质量目标实现、工作效率提升等的促进作用，为企业高质量发展提供有力保障。

3.5 点燃创新引擎，推进保障机制建设标准化、规范化

新时期，烟草行业的新目标、新定位、新任务对我们的工作提出了新的更高要求。在这个关键时期，如何种好“创新之树”，进一步完善基层党支部建设，帮助企业高质量发展，值得深入探索(见图5)。

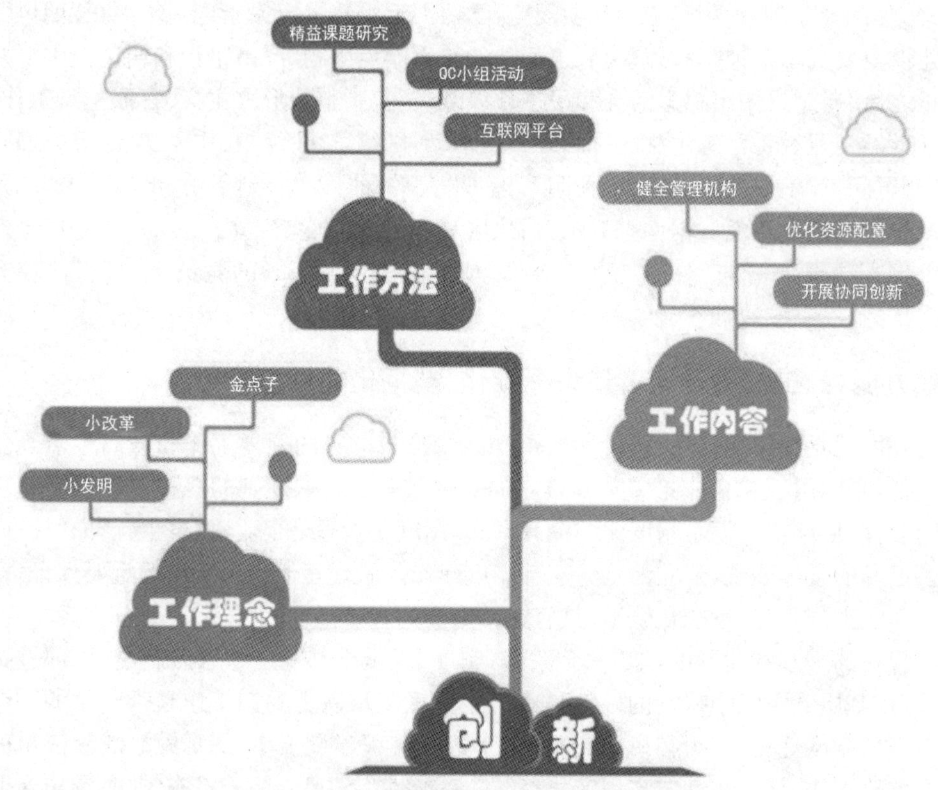

图 5　种好“创新之树”，收获累累硕果

以创新精神建设基层党支部，可以从创新工作理念、创新工作方法、创新工作内容等方面着手。面对新形势，把党建工作标准化、规范化建设放到当前的发展大局中定位和衡量，放到实现各项目标任务上把握和谋划，坚持党建服务企业生产经营不偏离，找准党建与业务工作的结合点，积极创新理念、创新载体、创新方法，敢于破除以往工作中的“条条框框”，创新研究党建“新文章”，构建“精益党建”新模式，着力解决党建与业务工作“两张皮”问题。如今，要大力实施创新驱动发展战略，把建设科技创新型企业摆在突出位置，引导更多的业务骨干参与精益、不断创新。如以精益课题研究为引领、以 QC 小组活动为基础，协调、鼓励、共享员工提出的小发明、小改革、金点子，打通“精益＋党建”“精益＋专销”“精益＋财务”等多个系统的“互联网＋”交流平台，以专卖市场控制力促进卷烟营销力，以党建与业务融合力推动企业核心竞争力，不断适应经济发展新思路、新方法、新动力、新状态，推进企业管理与科技创新工作再升级，推动“抓基层、打基础、强管理、重创新”工作落地落实，为促进全系统持续平稳健康发展作出应有的贡献。

推进党支部标准化、规范化建设任重而道远，我们应以“舍我其谁”的担当和使命感，把党建工作成果转化为谋划工作的思路、转化为促进工作的举措、转化为领导工作的本领，进一步锤炼队伍、提升能力水平、点燃干事创业激情，不忘初心、牢记使命，在习近平新时代中国特色社会主义思想的指导下，矢志不渝地用自己的实际行动履职尽责，以时不我待、勇立潮头的历史担当为新时代党的伟大事业奋斗终生！

参考文献

[1]廖晓文．新时期党支部建设丛书:创新型党支部建设[M]．北京:中共党史出版社,2013.
[2]金水法．党支部工作[M]．北京:中共党史出版社,2005.
[3]邹志民,张圣友．和谐型党支部建设[M]．北京:中共党史出版社,2010.
[4]薄谊萍,韩刚．新时代党支部建设的基本遵循[M]．北京:新华出版社,2019.
[5]国明理．机关党支部标准化规范化建设操作实务全书[M]．北京:东方出版社,2019.
[6]姬旭辉．基层党建工作实用手册[M]．北京:红旗出版社,2019.

新形势下加强员工思想政治工作探索与实践

董志平，李伟，王慧君

（山东金建物流有限公司，山东淄博，255000）

［摘要］随着社会的快速发展、国有企业改革形势的不断深入，以仓储物流为主要业务的金建公司的员工呈现出价值取向多元化和自身需求多样化的特征，由此产生日益复杂的思想动态和利益诉求。特别是面对当前高质量发展的新要求，企业面临着前所未有的压力。全面了解员工的压力状况，准确把握他们的思想脉搏，找准当前形势下的心理探索和思想引领，可增强金建公司转型升级的信心和力量。所以，积极探索员工思想政治工作的方式方法引领经营转型，有效发挥思想政治工作的导向作用，成为金建公司转型升级的重要课题。

［关键词］员工思想政治；幸福指数；企业转型升级

提升思想政治工作是新形势下推进金建公司转型、迎接市场挑战的必然选择。当前，国有企业面临着前所未有的挑战：经济结构调整和产业转型升级全面推进，对国有企业的经营增长和高质量发展提出严峻挑战；市场化进程的加快和行业激烈竞争的加剧，使得金建公司面临着利差收窄和客户流失的困境；移动互联技术的发展和互联网仓储物流企业的发展，撼动了金建公司的客户基础和业务领域。要想成功应对这些挑战，金建公司势必持续推进全面深入的转型和脱胎换骨的变革。

而顺应时代的变革，需要创新的思想来引导和独具活力的团队去执行。提升思想政治工作水平和效率成为金建公司转型升级的必然选择。其突出优势体现在：一是以思想政治工作统一思想，引领经营转型，积极创新、永葆活力；二是以思想政治工作重塑团队，迎接市场挑战，凝聚人气、提升士气。

1　新形势下员工思想政治工作面临的问题

1.1　员工思想多样化加大思想政治工作难度

随着经济的多样化，人们的社会生活方式、道德观念、价值取向、心理状态都发生了深刻变化，企业员工思想也受到冲击。有的员工对经济新常态不了解、不理解，感到茫然；有的认识不清，方向不明，思想混乱，甚至有负面情绪；有的缺乏价值观认同和敬业奉献精神，事业心、责任心和主人翁意识减弱;有的更加关注个人自身价值的实现。员工思想多元、多样、多变给思想引领带来难度。

1.2　队伍思想作风能力不适应企业快速发展

近年来,随着金建公司快速发展,部分员工市场观念、竞争意识不强,缺乏风险意识、创新意识,知识能力、抗挫折能力较弱,缺乏“真、严、细、实”的工作作风,个别亏损业务的部门员工存在失落感、忧虑感,影响思想情绪和工作状态。员工思想作风和能力还不适应企业的改革和激烈的市场竞争形势。

1.3　员工流动性增强影响企业队伍稳定

由于职业生涯自我实现的需要和经济利益的诱惑,员工尤其是年轻员工辞职率增多。而这部分员工跳槽后在职务或经济待遇上的变化,对在职员工有较大的震撼力、吸引力,客观上对少数员工的心态会产生一定的负面影响。同时,对公司员工思想行为管理工作的针对性和时效性提出了更高的要求。

2　新形势下员工思想政治工作开展的必要性和重要性

2.1　员工身体和心理压力加大

随着企业的改革发展,面对严峻的市场形势,职工普遍存在着思想压力。特别是员工工资收入、工作压力、自身成长、技能提升、老人赡养、婚恋问题等,迫切需要正确的心理面对,合理释放压力,理性表达诉求。

2.2　收入分配差距大引发情绪波动

当前,业务经营考核力度加大,基础工资占比下降,往往会造成收入分配差距不断扩大。特别是个别业务能力较弱的员工,与业务能力较强的员工相比考核工资收入差距较大,而且年轻员工有购婚房按揭压力等问题,思想难免有一定波动,不满情绪增加,甚至滋生抵触,形成一些不稳定因素。

2.3　企业思想政治工作方式方法需创新

与国外相比,我国许多企业有关思想政治工作的思想及理念都是相对落后且陈旧的,而且与其相关的制度也不尽完善,致使一些企业在开展思想政治工作时所采用的是与新形势发展需要不相适应的方式,仍然是逐层地开会,然后再层层地加以贯彻和落实。这种工作方法不仅时效性相对比较差,而且还比较随意和单一。

3 加强员工思想政治工作的措施

3.1 加强基层党组织建设,充分发挥基层党组织战斗堡垒作用

党支部是基层组织的基本单位,支部作用发挥如何直接关系到员工思想动态。工作中,坚持"一把手负责制"和"一岗双责",夯实党建基础管理,规范支部党建工作,注重充分发挥党支部战斗堡垒作用,力求把员工思想问题"发现在支部,解决在支部",形成党政工团齐抓共管格局。

3.1.1 发挥党建工作政治核心作用

针对员工多层次、多元化的利益,从职工素质提升、文化生活、法律援助、心理关爱等多层面拓展思路、创新载体,构建全方位员工服务体系。调动和发挥一切积极因素,带领员工攻坚克难、勠力同心,以攻城拔寨的突围精神和永不言败的拼搏精神,巩固壮大党组织优势,积极融入和服务于生产经营,温暖员工,团结动员广大员工发挥主力军作用,在提质增效升级中建功立业,打赢转方式调结构攻坚战。

3.1.2 着力深化主题教育活力

加强党建工作系统化、垂直化管理,全面落实"两个责任",坚持"三会一课"、组织生活会、民主评议党员等制度,组织党员集中学习,深入学习习近平新时代中国特色社会主义思想、中央和省市有关文件精神及重大决策部署,进一步统一思想,提高对新时代新发展理念的认识;认真分析员工思想动态,积极化解各种矛盾,加强企业战略的统领,为推动企业发展提供坚强的思想保证。

3.1.3 提高政治思想工作者的综合素质

作为企业政治思想工作的执行者,思想工作者担负着对全体员工进行政治思想教育的重要责任。首先,通过开展多样化的专业知识理论培训,提高政治思想工作者的综合素质,不断强化政工队伍,为企业员工服好务。其次,政治思想工作者应以企业员工的思想作为基础开展思想教育工作。最后,政治思想工作者必须要坚持与时俱进的理念,以开放的姿态,在新时势下对企业员工有效开展政治思想教育工作,以提高企业的政治思想水平。

3.2 以人为本,积极探索建立员工帮助的长效机制

打造一流的企业,就要有一流的员工队伍。针对员工存在的压力问题,从企业实际出发,从解决好员工的思想、工作和生活等方面入手,坚持开展好"走、访"工作,全面提升员工的生活质量、发展潜能和幸福指数,为建设一流员工队伍奠定思想、物质和精神基础。

3.2.1 了解分析员工心理及想法

深入了解员工队伍生产生活情况,有效解决员工群众的实际困难,构建密切联系员工群众的长效机制。定期开展调研,与广大干部员工广泛开展谈心谈话,准确把握员工的思想动态和意愿呼声,准确把握员工合法权益落实情况,准确把握制约思想政治工作发展的重点、难点问题,把关怀疏导与员工教育相结合,夯实"创一流、促和谐"的思想基础。在谈心谈话中,坚持与做好日常思想工作、发展和谐劳动关系、解决实际困难相结合,增强员工与企业同

呼吸、共命运的责任感，增强员工依靠组织依法维权的认同感，增强员工对企业的归属感。

3.2.2 创新员工缓解压力的合理方式

当今时代，社会思想观念和价值取向日趋活跃，主流的和非主流的同时并存，先进的和落后的相互交织，社会思潮纷纭激荡。根据员工思想心理需求，宣传心理健康理念，普及心理健康知识，帮助干部员工自我调适。开展"压力和情绪管理""有效沟通""卓越团队""魅力提升"等不同形式的心理培训，引导员工正确面对困难、挫折和荣誉。定期开展心理健康测评和问卷调查，及时了解掌握员工心理状态，通过面对面交谈等多种方式，对员工进行一对一的心理帮助，帮助员工提高心理应对能力，解决心理和行为问题，建立和谐人际关系，提高个人幸福度。

3.2.3 实施员工"暖心工程"

不断改善员工生产生活环境，每年有计划地为员工购置配备各类丰富的体育文化用品及书籍；定期检查餐厅卫生，不断提高伙食质量；每年定期组织有毒有害岗位体检、女工体检、员工健康体检和疗养；开展高温期间和节假日为一线员工送去组织的关怀慰问；关爱单身员工，组织节日慰问、座谈、联谊等活动。完善困难职工档案制度，坚持走访看望伤病员、离退休职工及家属；定期组织节前走访慰问困难户，开展员工互助互济等多种帮扶活动。

3.3 拓宽渠道，创新思想政治工作的方式方法

3.3.1 注重工作方法

要虚心听取员工的意见和建议，多与员工谈心谈话，并通过设立内网员工意见建议通道、微信群、QQ群、召开座谈会等方法，拓宽交流沟通渠道，及时了解员工思想动态，关注员工生产生活，弄清每个员工心里的疙瘩，有针对性地疏导，化解不良情绪，增强员工的自信心、忠诚度、主人翁精神，增强抗压能力。

3.3.2 把握工作重心

利益问题，是一切矛盾产生的根源。要想做好思想行为管理工作，就要善于分析各种利益产生的动因，从解决员工最关心、最迫切的实际问题入手。特别是对涉及员工切身利益的重大政策的出台，既要事先做好全面淡入的宣传发动，又要事后做好经常性的个案解答。同时，要力所能及地改善员工工作生活条件和环境，从而把握工作主动权，尽可能地将员工的不良情绪化解在萌芽之中。

3.3.3 落实全面管理

新形势下员工思想行为管理应该从过去单纯的劳动纪律管理向全面管理方向转变，主要突出员工道德风险、员工价值实现、员工幸福指数三大管理方向。为此，要着力完善员工思想行为分析记录模板，设立员工行为类、岗位类、幸福类共三项指标。其中行为类指标内容包括员工工作状态、服务态度、差错情况及其较大变化的行为等方面；岗位类指标可以将反映岗位匹配度的管理能力、应变能力、营销能力、沟通能力、自控能力等内容列入其中；幸福类指标可以将员工对工作的满意度、个人爱好、8小时以外的生活状态等内容记录在内。同时，对三类指标实行分类管理，积极探索图形化分析模式，加强分析结果的多元化运用。如根据幸福类指标汇总的各类意见以及员工普遍关心的热点问题等，针对性地开展各类关爱活动。

3.4 加快机制建设，打造和谐团队

通过机制建设，尽可能为员工创造一个公开、公平、公正的竞争环境，使不同层次的员工找到自己的位置，都学有所用、人尽其才。只有这样，员工思想行为管理工作才有广泛的群众基础。

3.4.1 健全激励机制

坚持效率优先和兼顾公平的原则，进一步完善薪酬福利体系和分配办法，要做到从结果考核到过程考核的转变，把以前比较虚化的部门职责职能考核做实做细，职责职能要求什么，日常工作干什么，就考核什么，考核重视过程管理，提前预判，从经营管理细节抓起，夯实基础，强调全面提升。要设立专项奖励，根据各部门业绩实现情况，提取专项奖励，专项奖励能不能拿到，如何分配，决定权在部门，完成的越多，奖励的越多，不怕奖的多，就怕拿的少，通过专项奖励，进一步激发动力，实现多劳多得、奖励先进的目的。通过建立完善配套的考评体系，增加员工危机感，使员工工作凭考核，薪资看业绩，提升员工的整体积极性，进一步增强企业整体效益。

3.4.2 完善选拔机制

对员工的激励除了加强正常的培养入党、提干以外，要根据不同员工的知识、才艺和专业技能等特长，通过公开选拔，不拘一格，将各类最优秀的专业员工不断充实到基层后备人才库中去。此外，还可以在培训深造、评先创优、岗位竞聘、员工等级管理等方面进一步拓宽激励渠道。

3.4.3 完善教育机制

要采取多种形式着力抓好员工思想教育、职业道德教育、案件警示教育等，引导员工爱岗敬业、遵纪守法、珍惜职业，将自身价值实现与企业发展紧密结合。特别是要根据新员工特点，有针对性地加强纪律和职业操守教育，强化各项规章制度、业务知识和操作技能培训，加强对他们职业生涯规划和管理。针对情绪波动较大的员工，要作为重点关注对象，落实责任人，做好思想引导和帮教工作。

3.4.4 打造团队文化

品牌团队彰显企业精神，积极开展拓展训练、大众喜闻乐见的文艺活动，深入挖掘每名团队成员的“闪光点”，促进团队成员间相互比较、相互学习、相互借鉴，进一步鼓舞员工斗志，激发全员创新发展活力，提高干部员工队伍整体能力，建立一支目标明确、团结一致的团队，进一步增强企业的向心力和凝聚力，唱响金建精神，呈现风正、气顺、心齐、劲足的良好风貌。

4 总结

员工政治思想工作是企业发展的生命线，也是促进现代企业和谐发展的重要手段。在企业当前改革发展转型期，开展职工思想政治教育工作是一个新难题，和谐企业的建设对政治思想工作的要求越来越高，还需要在实践中不断探索和完善。既要抓好企业转型升级的发展大局，又要聚焦服务职工，积极推进员工政治思想工作，能有效提升员工的思想政治水

平，为企业的发展奠定良好的思想基础，也能有效促进和谐企业的建设。

参考文献

[1]张月波. 新形势下强化银行思想政治工作的实践探索[EB/OL]，2014-12-04，http：// www. m. sohu. com.

[2]王玺. 如何加强银行员工思想行为变化分析和管理[EB/OL]，2014-09-19，http：// www. m. sohu. com.

烟草行业基层党委落实党风廉政建设主体责任存在的问题和解决对策

胡菲菲

（山东东营烟草有限公司河口营销部综合办公室，山东东营，257200）

［摘要］“落实党风廉政建设责任制，党委负主体责任，纪委负监督责任”，这是党的十八届三中全会创新反腐败体制机制作出的重大决策部署。落实主体责任，对于坚持党要管党、从严治党，落实党风廉政建设责任制意义重大。对于烟草行业基层党委在新形势下完善党风廉政建设和推进反腐败工作、推进行业落实全面从严治党主体责任具有十分重要意义。

［关键词］烟草行业；党委；纪委；党风廉政；主体责任

加强党的纪律建设，推进反腐倡廉建设，是我们党面临的一项艰巨的政治任务，坚持把纪律和规矩放在前面，强化党风廉政建设主体责任和监督责任，事关行业改革发展的大局，事关行业坚持专卖制度的大局。作为烟草行业基层单位，在党风廉政建设上要关口前移、标本兼治、预防为主。长期以来，烟草行业在党风廉政建设工作方面虽取得了一定的成绩，但在实际工作中也发现了一些问题，值得深入思考。

1　落实党风廉政建设主体责任的重要性

1.1　落实党风廉政建设主体责任直接影响着党的执政基础

党员是党的执政基础，是党的肌体细胞。党员是党的一切活动的主体，是党的事业的发展者和实践者，没有党员，党的一切纲领、政策都无从实践。[1]党的先进性、纯洁性和优良政风行风体现的根本要素是素质过硬的党员，所以，党员素质过硬在相当程度上是巩固党的执政之基的重要源泉。因此，作为烟草行业基层党组织的一员，党员在日常工作中，个人行为有时能够反映出一个单位、一个行业的精神面貌。如果党员不严格遵守党纪法规则直接影响一个单位的形象，影响一个行业的形象，更有甚者，影响一个行业的前途命运。如果党员队伍中存在着过多的“害群之马”，则直接影响党的执政根基。

1.2　落实党风廉政建设主体责任是推动“五位一体”党的建设不可或缺的重要环节

党的十八大以来，党中央为什么要以猛药去疴、重典治乱的决心，以刮骨疗毒、壮士断腕的勇气，坚决把党风廉政建设和反腐败斗争进行到底？结合当前严峻的反腐败斗争形势看，塌方式腐败、系统性腐败、家族式腐败不断发生，一个个大老虎被揭露出来，数量之多、频率之高，令人触目惊心。如果不从严治党、铁腕治吏，将有脱离人民群众、失去党心民心、亡党亡国的危险，这绝不是危言耸听。因此，烟草行业必须认识到从严治党的重要性，否则将会影响行业在社会上的声誉，甚至影响到行业专卖体制的运行。烟草行业基层单位党组织在落实党风廉政建设主体责任上，一定要做清醒人、明白人，真正把担子担起来，种好“责任田”。

1.3　落实党风廉政建设主体责任是贯彻党要管党、从严治党要求的重要内容

习近平总书记在十九届中央纪委二次全会上发表重要讲话，深刻分析反腐败斗争形势，提出当前和今后一个时期的任务目标，“要深化标本兼治，夺取反腐败斗争压倒性胜利”。落实“四个全面”战略布局，最关键、最重要的是全面从严治党，各级党委（党组）和党员领导干部要自觉按照中央、省委、市委的统一部署，牢固树立“抓党建是最大的政绩和第一责任”的理念，以敢于担当的精神抓好“两个责任”落实。从严治党，压实管党责任，凝聚党心民心，体现了从中央到地方对落实党风廉政建设主体责任的高度重视，也为我们在新常态下抓好主体责任落实提供了重要遵循。

1.4　落实党风廉政建设主体责任是加强反腐倡廉和作风建设的迫切要求

党的十八大以来，党中央坚持有腐必惩、有贪必肃，依纪依法严惩腐败分子，特别是坚决查处了周永康、薄熙来、郭伯雄、徐才厚、令计划、苏荣等严重违纪案件，广大群众无不拍手称快、坚决拥护，国际舆论也给予高度评价。但冰冻三尺非一日之寒，滴水穿石也非一日之功。值得特别注意的是，习近平总书记在党的十九大报告中指出：“当前反腐败斗争形势依然严峻复杂，巩固压倒性态势、夺取压倒性胜利的决心必须坚如磐石。”广大党员干部一定要头脑清醒、态度坚定、旗帜鲜明，严格按照“一岗双责”的要求，始终绷紧落实主体责任这根弦，层层传导压力、层层抓好落实，努力形成党风廉政建设和反腐败斗争工作新常态。

2　落实党风廉政建设主体责任中存在的问题

近几年，烟草行业基层党委在落实党风廉政建设主体责任中，存在或多或少的问题，被通报的党员干部也不在少数。因此，工作人员对落实党风廉政建设主体责任存在的问题，采取座谈交流、查阅资料等方式确定主要存在以下几个方面：

2.1　思想认识不足

少数同志对落实党风廉政建设主体责任认识不到位，存在责任不明的现象。有的认为党风廉政建设是纪委的事，只要纪委靠上去，发挥好监督责任就万事大吉，没有真正认清党委应该做什么、怎么做。还有的认为只要把具体工作做好就行，对党风廉政建设的重要性认识不到位，存在重形式轻内容，不求有功但求无过。有的认为抓党风廉政建设会影响正常工作开展，会伤和气，搞不好还会得罪人，抱着于人方便、于己方便的态度，不敢真抓。由于对不抓党风廉政建设带来的危害认识不清，就不能很好地履行自己的职责，工作流于形式，对

党风廉政建设主体责任落实不到位,抓得不死,扛得不牢。

2.2 主动担当意识不强

工作人员详细询问相关岗位人员,通过反馈了解到,在实际工作中部分同志存在畏难情绪,不愿担当,不敢担当,甚至有的认为为工作得罪人不讨好,对抓不抓好党风廉政建设主体责任存在无所谓的态度。有的当“老好人”,工作中,拉不开情面,发现苗头不提醒,出现问题不批评,甚至帮助藏着。特别是对党风廉政建设方面的工作讲得多、实干得少,部署得多、落实得少;更有甚者遇到困难绕着走,回避矛盾,不正视问题,放任“四风”蔓延,丧失了担当的意识和担当的能力,实际成了不正之风的保护神,充当了党风廉政建设的拦路虎。有的认为落实党风廉政建设主体责任就是开开会、发发文、提提要求、签签责任状,依然存在“重形式轻内容、重安排轻落实、重业务轻党风”等现象,穿新鞋走老路。也有的有抵触之情,认为主要工作就是要促发展、保稳定,廉政工作抓多了,搞得人心惶惶,不利于其他工作开展,会影响团结和谐的好局面,没有把反腐败工作归入工作的“主业”,将党风廉政建设看做是“软差事”。

2.3 考评机制不完善

在实际工作中如何对党风廉政建设主体责任进行科学地、有效地综合考评,方法方式还不多。通过考核过程看,现行的考评过于重视开展了几次教育活动、多少人参加了学习、交了几篇心得体会。查看资料也是仅停于表面,最终导致考核机制简单,形式过于单一,监管手段鞭长莫及,使考核、监管留在纸上。通过座谈了解到,烟草行业有的单位对基层党组织落实党风廉政建设主体责任的考评属于粗放式,没有细化,没有针对被考核单位的实际情况进行考核,导致考核千篇一律,走形式,没有发挥考核的真正作用。

3 烟草行业基层党委落实党风廉政建设主体责任对策建议

3.1 在“学习教育”上下功夫,提升对主体责任的认识

近几年,烟草行业从群众路线教育实践活动、“三严三实”专题教育、“两学一做”学习教育等看出,学习教育是持续的、经常性的。只有经常性地组织党员干部认真学习《党章》《条例》《准则》等党内法规,常听、常讲、常看,反反复复地学,才能将各项党内法规在全体党员干部心中烙上深深的“烙印”,才能使全体党员干部充分认识到反腐败工作是一项艰巨复杂的任务。继续坚定不移、坚持不懈地执行中央八项规定和反“四风”,这是维护党和国家的兴旺,维护改革开放和中国特色社会主义事业的根本保证,也是促进烟草行业持续健康发展的必备条件。[2]

3.2 在“抓好关键少数”上下功夫,强化主体责任意识

要充分发挥领导干部的导向作用,推进“一把手”工程。作为“一把手工程”亲自抓,以重点、难点的突破,推动党风廉政建设的深入开展。强化“一把手”主导和驾驭全局的作用,对党风廉政建设事项亲自抓、亲自管、亲自问,带头谋划部署本单位党风廉政建设和反腐败工

作，带头参加党内政治生活，带头开展学习交流和谈心谈话。通过“一把手”的身体力行，上行下效，当好落实党风廉政建设主体责任的“领头雁”，以实际行动传递落实党风廉政建设主体责任的“正能量”。

3.3 在“加强作风建设”上下功夫，引导主体责任落实

作风建设是党风廉政建设治本之策，也是落实党委主体责任的重要内容，必须以锲而不舍、弛而不息的决心和毅力，把作风建设不断引向深入。要始终坚持落实中央八项规定，坚持不懈纠正“四风”，不断加强对党员干部的政治思想和理论学习，正确认识纠正“四风”工作的极端重要性和紧迫性，认真查、坚决改，坚决防止和杜绝“四风”问题反弹，要把纠正“四风”形成长效常态，主动把握作风建设永远在路上的内在要求，常常抓、环环抓、反复抓，自觉接受内部与外部共同监督，真正做实做好。

3.4 在“完善制度保障”上下功夫，明晰主体责任内容

要以制度建设为保障，把权力关进制度的笼子里，认真落实上级党风廉政建设制度，细化完善本单位本部门管人管权管事制度，制定责任清单，强化“治庸问责”，引导党员领导干部树牢纪律观念，切实做到思想上有位置，计划上有安排，执行上有举措，防止产生懈怠情绪[3]。使党风廉政建设落实有依据、考核有标准、检查有痕迹。切实做到思想上有位置、计划上有安排、执行上有举措，保持经常的、稳定的、全过程加压的状态，时刻帮助大家绷紧廉政这根弦，积极营造党风廉政建设常态化的机制和氛围。

3.5 在“支持纪委工作”上下功夫，严格主体责任追究

烟草行业基层党委要充分发挥纪检监察部门的职能作用，加大对纪委日常工作的支持力度，强化监督职能，完善监督机制。在日常工作中落实党风廉政工作与业务工作同部署、同实施。同时按照“谁主管、谁负责”的原则，通过层层分解责任、明确目标任务，建立起一级抓一级、层层抓落实的责任体系，对发现案件实行“一案双查”，既查直接责任，又查领导责任，既查案件本身的问题，又查监督监管不力的问题。从责任内容上，明确把好选好用好干部关，防止出现选人用人上的不正之风和腐败问题；坚决纠正损害群众利益的行为；强化对权力运行的制约和监督，从源头上防治腐败。

综上所述，烟草行业基层党委要深刻认识到落实党风廉政建设主体责任工作的重要性，把落实党风廉政建设主体责任放到重要位置，同时找准工作中的问题和不足，制定有针对性、可落实的整改措施并加以改正。通过不断培养廉洁勤政之风，夯实党风廉政建设之基，不断取得行业党风廉政建设和反腐败斗争新成效。

参考文献

[1]王江. 新时期企业党风廉政建设的思考[J]. 化工管理，2016(3)：102.

[2]洪厚顺. 抓好基层烟草行业党风廉政建设[J]. 时代报告，2015(6)：9-10.

[3]卜思元. 新时期增强党风廉政建设[J]. 法制与社会，2018(16)：1.

充分发挥基层烟草企业中层干部思想政治工作的作用

滕新亮

（山东烟台烟草有限公司栖霞营销部，山东烟台，265300）

［**摘要**］思想政治工作是促进企业发展的精神动力，职工是促进企业发展的精神动力之源，而中层干部则是密切干部职工的重要桥梁和纽带。随着市场经济的快速发展和烟草行业的改革创新，当前基层烟草企业的思想政治工作存在诸多弊端，甚至影响到商业企业的成功转型，因此，充分发挥好中层干部思想政治工作的作用，是烟草行业持续、健康、高质量发展的有力保障。

［**关键词**］思想政治；基层；烟草；中层干部；作用

思想政治工作是促进企业发展的精神动力，职工是促进企业发展的精神动力之源，而中层干部则是密切干部职工的重要桥梁和纽带。随着市场经济的快速发展和烟草行业的改革创新，当前基层烟草企业的思想政治工作存在诸多弊端，甚至影响到商业企业的成功转型，因此充分发挥好中层干部思想政治工作的作用，是烟草行业持续、健康、高质量发展的有力保障。

1 当前思想政治工作存在的问题及原因

1.1 思想上轻视

当前，烟草企业尤其是商业企业普遍存在“重业绩、轻思想政治工作”的现象，认为烟草企业的主要目的是创造利税，中心工作就是卷烟营销和专卖管理，其他的工作都是为之服务的；虽然知晓思想政治工作是有一定作用的，但却不能直接体现在盈利数字和考核指标上，比较“务虚”，因此就不够重视，难以将思想政治工作的重要性、必要性与行业发展有机地结合起来。

1.2 专职人员配备不到位

在当前部分基层烟草企业人员配备方面，政工人员非常少，有的甚至在定岗定编方面就没有设置该岗位，直接导致政工人员缺乏；而且当前部分基层烟草企业属于非法人主体，没有自主招聘人才的权利。即使有的基层烟草企业配备了政工人员，要么大都身兼数职，其他工作牵扯精力较大，要么非思想政治相关专业出身，工作能力和工作水平欠佳。

1.3 考核机制不健全

由于考核体系的建立是自上而下的，因此基层烟草企业的考核体系是以上级局的考核为导向的；而在当前的考核标准中，没有明确思想政治工作开展情况的考核和员工思想政治方面的考核，甚至有的就没有思想政治工作方面的考核机制架构。可见，大部分基层烟草企业的思想政治工作无法起到正向激励的作用。

1.4 职能界定的误区

在当前行业高质量发展的有利时机，随着“把烟草当做企业来办”思想意识的转变，基层烟草企业员工的竞争意识不断增强。虽然业务经营工作趋好发展，但是也导致有的同志认为思想政治工作属于“上层建筑”，与基层还很“遥远”；有的则认为只有专职政工人员才是思想政治工作的主体，与其他部门和人员无关；而有的基层干部则认为当前工作压力已经很大，思想政治工作费时费力，短时间又无法见到成效，因此，应当将有限的资源投入到经济建设中，导致思想政治工作基本上流于形式。

2 政工队伍的重新界定

“狭义”的政工队伍，是指专职或主要从事思想政治工作的小部分人。

“广义”的政工队伍，是指肩负思想政治工作责任的党员干部均应纳入政工队伍中，并将思想政治工作作为重点工作之一，在岗位职责中清晰界定并认真落实的一群人。

由于当前基层烟草企业受客观条件的限制，只能在现有人员构成的基础上，发挥好各自的作用。因此在政工队伍的建设中，只能摒弃“狭义”的人员范围，着重建设“广义”的政工队伍，充分发挥中层党员干部思想政治工作的作用。

3 中层干部开展思想政治工作的重要性和必要性

3.1 岗位的重要性和必要性

在基层烟草企业中，中层干部一般是指各部门的负责人和副职，他们处于整个基层企业职能架构的中间部位，在工作开展方面起着承上启下、桥梁和纽带的作用。中层干部直接领导基层人员，在日常工作中，既熟知业务工作，又与本部门员工接触频繁，具有开展思想政治工作的有利先决条件，能更好地熟悉每位员工的思想动向和工作表现，为开展思想政治工作奠定了坚实的基础。

3.2 企业发展的需要

思想政治工作可以化解矛盾、聚拢人心，对企业内部管理有着重要作用，有助于企业健康持久发展。面对新形势、新要求，烟草企业更要以政治建设为引领，围绕中心工作，最大限度地凝聚“正能量”。而中层干部作为基层烟草企业的中坚力量，其工作成效和思想意识直接关系到上级的路线、方针和政策能否在基层得到贯彻落实，关系到广大员工的思想问题和实际问题能否得到有效解决，因此，必须充分发挥其在日常经营和管理中的先锋模范作用，引领广大员工树立正确的世界观、价值观和人生观，增强思想政治工作的有效性，为行业发展构建坚强的思想政治堡垒。

4 充分发挥中层干部思想政治工作作用的对策思考

4.1 专职和兼职相结合

一方面设置专职岗位，加强培训和引领。自上而下提高思想政治工作的重视程度，在基层烟草企业设置政工人员专职岗位，尽可能招聘思想政治相关专业的人才充实该岗位，不仅要具备较强的专业技能，还必须具备正确的思想观念和较高的综合素质。充分发挥专职人员的专业性，主要充当思想政治工作统领作用，在加强自身专业理论知识学习的同时，加强对中层干部的教育培训；同时，时刻把握国家、党和行业的政治理论、方针和政策，经请示汇报后，及时将相关精神传达到基层，尤其是中层干部要同样熟知、掌握并融会贯通，以此提升其政治觉悟和工作水平。

另一方面明确兼职责任，加强配合和落实。明确中层干部思想政治工作的重要性和必要性，在员业健康安全体系建设、工作流程建设等方面明确岗位职责、风险管控、关键节点等，实行“一岗双责”制，即中层干部除了主营岗位外，思想政治工作也是管理职责的必要组成部分，并且是重点工作之一，从而形成“大政工”格局，树立“思想政治工作人人有责”的观念。在党组织的正确领导下，中层干部积极配合专职政工人员的工作，带领本部门人员迅速统一思想，严格贯彻党、国家和行业的政策，落实上级的安排部署，聚焦行业的发展改革，提高全员的执行力。

4.2 政工与经营相结合

一方面完善思想政治机制建设，加强考核激励。通过壮大政工队伍、提升其整体素质，设计并完善一套科学、完整、有效的思想政治工作机制，明确思想政治工作的工作内容、职责分工、工作对象、权限范围、工作方式等；并在该机制下完善思想政治方面的考核标准，使思想政治考核也具有可操作性、可衡量性，强化监督、落实和整改，尤其是制定中层干部思想政治工作的考核力度，利用考核正向激励的作用，凝聚企业员工干事创业的精神动力，激发中层干部开展思想政治工作的积极性和主动性。

另一方面两手抓，两手都要硬。思想政治工作是生产经营的重要保障，生产经营是思想政治工作的主要载体，轻视思想的经营往往是发展缓慢甚至是停滞的，而一味说教和脱离实际的思想政治工作往往是收效甚微甚至起反作用的。所以，要把思想政治工作贯穿于生产经营的全过程，将两项工作同规划、同管理、同考核，开创全体干部职工思想文化素质与工作实干能力相互融合发展的局面，积极为企业的生产发展和经营服务，并且要将思想政治工作深入基层、深入群众，让员工感受到思想政治工作就在自己身边，与自己的工作息息相关，确保思想政治工作的实效性。

4.3 创新与传承相结合

一是坚持党的领导。始终坚持党对一切工作的领导，把党的政治建设摆在首位，并突出政治建设在党的建设中的统领地位。基层烟草企业要建立完善的思想政治工作机制，就要形成党支部统一领导、党政齐抓共管、各部门组织协调、全体干部职工积极参与的工作格局。加强思想政治建设，关键是教育好党员干部，坚定正确的政治方向，保证一切活动均处于国家政策和党的方针限定范围内，在日常管理工作中做到“忠于党、忠于集体”，并增强自身思想道德与政治意识，在思想上和行动上自觉与党组织保持高度一致，并通过党员干部辐射带动周边群众，从而以点带面，切实起到示范引领作用。

二是传承“以人为本”的优良传统。思想政治工作的对象是人，只有以人的需求为出发点和落脚点，坚持以人为本，注重人文关怀，才能真正发挥思想政治工作的实效。尤其是基层烟草企业的中层干部，充分利用职务的便利性，围绕“员工”这个中心任务和重点下功夫，经常关注员工的思想动向和情绪变化，针对出现的苗头性、倾向性问题，深入调查、诚恳交谈，切忌千篇一律，坚持开展“因人而异”“对症下药”、有针对性的思想政治工作；切忌以权压人，坚持以德服人、以理服人、以情服人，做到疏通思想、理顺情节，将问题和隐患解决在矛盾源头、化解在萌芽状态。

三是创新思想政治工作内容。随着社会的发展、经济的进步和行业的变革，思想政治工作面临员工的价值观多元化、个人需求多样化的现状，因此，思想政治工作不能因循守旧，要随着行业的发展调整政策、改变方法，运用“互联网＋”思维，融合企业文化，实现思想政治工作的优化升级。在思想政治工作内容上，不光要将党和行业的政策精神宣贯到位，还要结合各年龄段员工的喜好，将其关心的问题和社会热点融入其中，“擅谱新曲”而不是“老调重弹”，让员工更容易接受，更愿意接受。

四是创新思想政治工作方式。随着信息科技的不断发展，互联网、新媒体、移动终端的出现，单纯的谈话、会议和思想汇报已呈现出死板、机械的负面效应，因此，思想政治工作必须与时俱进，创新工作方式。积极拓展和畅通了解员工思想动态和心理特点的渠道与方式，比如通过开展趣味比赛、演讲比赛、红色教育等形式多样、内容丰富的活动，以及开办“职工书屋”等，使思想政治工作由灌输型向互动型转变，把思想性、知识性、趣味性统一起来，缓解员工工作压力，为员工提供展现才华的平台，增强员工的竞争意识和主人翁意识，让员工在身心愉悦的活动中接受思想政治教育。

参考文献

[1]邓小平. 邓小平思想政治工作理论学习纲要[M]. 北京：学习出版社，1997.

[2]钟惠龙. 新形势下烟草行业创新员工思想政治工作的思考[J]. 青年时代 . 2016(8)：54.

[3]吴振华. 加强新形势下中央企业员工思想政治工作的探索[D]. 兰州：兰州大学，2011.

[4]逯延津. 开创新时代行业思想政治工作新局面——就行业党的建设和思想政治工作访国家局副局长杨培森 [N]. 东方烟草报，2017 年 12 月 13 日第 1 版.

零售户党建工作模式的思考与探究

尹文龙

[威海市烟草专卖局(公司)办公室，山东威海，264200]

[摘要] 零售户党建工作作为行业全面推进从严治党的重要领域，承载着行业全面实现高质量发展的内在要求，迫切需要行业党建工作的广度拓展和深度延伸。本文以威海烟草零售户自律互助小组建设过程中加强党员零售户管理和发挥“党员之家”作用为例，就零售户党建工作进行探讨，旨在为强化零售户党建工作启发思考、探索路径、提供借鉴。

[关键词] 基层党建；党员零售户；自律小组；党员之家

1 党员零售户的重要作用

党员零售户是烟草行业基层党组织建设的重要组成部分，也是最容易被忽视、被遗忘、被弱化的群体之一，充分调动党员零售户的积极性、提升党员零售户的归属感、激发党员零售户的能动性，发挥其先锋模范作用，对于卷烟零售市场价格稳定、秩序规范、健康发展有着十分重要的意义。从威海的情况来看，全市共有卷烟零售户 11681 个，其中党员零售户 522 个，占比 4.5%，平均年龄 53 岁，分布于全市 966 个自律小组之中；有 98 人担任小组长或副组长；全市建立小组之家 106 个，其中党员之家 12 个，占比 11.3%。2018 年以来，全市依托党员之家推进零售户党建工作，组织党员零售户学习 139 次，开展跨区域组长交流 14 次，小组之家品牌宣讲 134 场，小组文体活动 12 次，累计参与客户 3562 人次。通过党员之家创建活动，党员零售户的党员意识显著增强，旗帜标杆作用有效发挥，在广大零售户中较好地发挥了示范引领效应，有效带动了小组全体零售户卷烟价格执行。据统计，卷烟盒价执行到位率为 100%，条价执行到位率为 98.3%；许可市场净化率达到 99.1%，推动零售环节卷烟平均毛利率由 6%提升到 14%，社会存销比维持在 1 左右的合理水平，市场状态持续优化，客我关系更加密切，零售户对企业的满意率和信任度有了根本性提升，客户满意度始终位居全省前列。

2 基本做法

2.1 依靠党员发动零售户,为小组建设添注动能

抓住推动发展的主要矛盾,将党员零售户作为自律小组建设的排头兵和先遣队,把全市党员零售户充分发动起来,不断加强政策宣传,进行集中教育培训,逐步将党员零售户队伍打造成推进自律小组建设的播种机和宣传队。同时根据日常经营特点和店面所在区域,将党员划组建成 12 个党员之家,他们深入广大卷烟零售户,普及自律知识,强化培训指导,较好地发挥了火种作用,形成了燎原势头,建设自律小组 699 个,自律小组覆盖率达到 100%。在将党员零售户打造为烟草零售领域的旗帜和堡垒的基础上,围绕做强内核、充实外环,将党员之家和党员有机嵌入 303 个自律小组中,在党员零售户中扎实开展争创党员先锋店活动,做到一个先锋店就是一面自律的旗帜,一个党员之家就是一座规范的堡垒,真正形成了你中有我、我中有你的同步发力、互融共促的良性发展格局。

2.2 建好机制、用好平台,激发党员零售户队伍活力

紧紧扣住制度建设这一管长远、管根本的利器,在零售户党建工作中,注重做好顶层设计、夯实四梁八柱。建立党员零售户登记制度、党员零售户年度培训指导制度、党员零售户走访谈心等制度,用制度规范党员管理。依托基层服务站和现有党员活动室,按照“有场所、有标准、有设施、有制度、有资料、有实效”的六有标准,强化自律小组党员之家阵地建设;组织党员每季度开展一次驻店观摩活动,通过驻店观摩发现经营过程中的问题,指导零售客户科学经营;每季度开展一次自律小组价格暗访活动,收集、反馈自律小组建设过程中的问题,巩固自律小组建设成果。在此基础上,推动党员零售户走上讲台,宣讲习近平新时代中国特色社会主义思想和党的十九大精神,进一步武装头脑、指导实践、推动经营,通过开展各类活动,积极传播党的声音,宣传党的政策。注重引导广大零售户争做诚信经营和价格维护的示范标杆,在不断的强化学习交流中,互通经营技巧,提升了规范经营能力,从而化党建“虚功”为经营“实策”,真正将党员之家办成集服务、管理、教育、培训活动于一体的服务党组织、服务党员、服务群众的阵地,使其成为党组织发挥作用的新阵地、密切联系零售客户的新桥梁和传播诚信理念的新场所,进一步促进党建工作在基层一线和零售客户中落地生根。

2.3 丰富载体创新内容,促进零售户成长共建

以丰富多彩的活动为载体,增强党员零售户的归属感和凝聚力。在党员之家内设置党情党史学习区、图书阅览区和交流互动区等,发动企业党员为党员零售户买书送书、捐书赠阅,定期组织党员零售户集中开展党史学习、座谈交流,切实增强其在卷烟经营和组织生活中的责任感和积极性。以党员之家为媒介,积极搭建思想桥梁,组织党员零售户赴胶东党性教育基地参观学习、观看红色影片,促使其进一步坚定理想信念、强化使命担当。开展党员先锋店争创活动,引导党员零售户亮身份、守承诺,作价格自律、诚信经营的榜样。各党员之家积极发挥主导作用,推动自律小组根据自身特点,开展春游秋摘、健步踏青、赶海登山、“晒

晒我的店"等形式多样的线上线下文体活动，累计参与零售客户人数 3562 人次。以市县两级机关党员"六个一"党建活动为依托，强化党员之家精准帮扶功能。从困难零售户的家庭基本情况、当前收入和经营现状入手，编制扶贫日志和民情台账，进而摸清致困症结，掌握一手资料。聚焦帮扶与扶智、帮扶与扶志、眼前帮扶与长远帮扶三个发力点，在拓宽经营思路、提升店面形象和强化服务引导等方面采取个性化措施，激发困难零售户自身造血功能，进一步提升其经营能力和盈利水平，确保实现广大卷烟零售户在致富奔小康路上"一个都不能少"的目标。

2.4 强化考核突出激励，有效提升党员之家建设质量

坚持严格考核与激励惩治并举，注重提升党员之家建设质量内涵，同时为打造过硬自律小组和维护卷烟价格持续稳定保驾护航。积极探索自律小组建设与诚信管理相结合的工作模式，制定了卷烟零售户征信管理办法、诚信自律互助小组协调服务引导工作规范、诚信自律互助小组评先树优管理办法和党员诚信示范户评选办法等制度，激励党员零售户在自律小组建设过程中树立标杆、展示形象。各直属单位对诚信经营、带头履约的党员零售户，通过自荐、审查、评议、公示等程序，授予相关荣誉称号。在加强正向引导激励的同时，实施负向考核倒逼机制，加大对违约失信行为的惩戒处罚力度。由党员零售户牵头，不定期进行走访巡查和跨区域交流暗访，加强对价格执行和自律小组运行情况的跟踪，将发现的违反公约、扰乱市场行为反馈至各直属单位，按属地管理和有关规定进行处理，切实促进党员之家和自律小组建设同向发力、螺旋发展，推动党建与业务工作在深度融合中上档次、上水平、上台阶。

3 工作推进的关键点

当前，行业上下积极推动党建工作向基层党员零售户延伸，以党建激活力、聚合力、挖潜力，探索了一些"党建＋零售户"的新做法，具有积极的借鉴意义。但由于有些组织对新形势、新变化、新问题认识得不够深、研究得不够透、破解得不够多、处理得不够好，在不同程度上出现了务虚过多、闭门造车等现象，偏离了党建工作向零售户延伸的初衷。因此，我们必须要用习近平新时代中国特色社会主义思想为指导，坚持创新驱动，用新的工作理念、新的方式方法、新的机制模式，推动党建工作科学化水平提升，具体来说就是树立"四种理念"，做实"两项保障"。

3.1 四种理念

3.1.1 树立服务理念，实现重心下移

紧密结合基层党建工作责任制和领导班子成员抓基层工作联系点等制度，坚持深入基层开展工作，到一线调研、在一线办公、向一线学习，保持与基层党组织和基层群众的血肉联系。

3.1.2 树立学习理念，做好组织表率

紧紧抓好道德建设这个基础，引导党员干部争做社会主义道德的示范者、诚信风尚的引

领者、公平正义的维护者，不断增强党性原则、提升党性修养，始终保持共产党人的蓬勃朝气、昂扬锐气、浩然正气。

3.1.3 树立开放理念，坚持“拿来我用”

打破闭门搞党建的藩篱，以开放的思维、开放的视野、开放的形式推进党建工作，在继承和借鉴已有经验的基础上，立足实际，向先进单位学习借鉴，推动自身在工作思路、工作方法、工作机制等多方面进行探索和突破。

3.1.4 树立创新理念，健全机制建设

通过创新，进一步明晰各级领导干部的工作机制和权力责任，发挥其在推进党建工作科学化的示范带头作用。通过创新，进一步建立完善的科学考评体系、透明的组织建设信息公开机制和规范的党建费用保障机制，推动党建工作提质增效。

3.2 两项保障

3.2.1 建强“火车头”，夯实组织保障

紧扣促进零售户增收致富目标，着力强化基层党组织建设，发挥引领作用。基层党组织是强化党员零售户工作的主体和关键，必须突出鲜明政治导向，把推动零售户增收盈利作为检验党组织发展功能的一条重要标尺，实行“一组一策”，明确党员领导干部定点包保联系，强力推进此项工作落实。依托党员之家、零售户自律小组等载体，以“党建＋小组”“支部＋”等形式，把党员零售户充分聚集到党组织中来，确保党组织覆盖最大化、设置最优化、功能最强化，实现基层党组织建设与零售户发展的有机统一，不断优化党组织建设模式。

3.2.2 织牢“制度网”，夯实机制保障

建立零售户党建主体问责机制，在确立零售户党建工作中各级党组织及党员干部工作职能职责的基础上，实行分类问责，通过责令整改、通报批评、书面检查等方式，对工作落实不力的相关责任人予以必要的问责。建立创先争优引导机制，按照“三好”（终端建设好、宣传教育好、盈利增收好）的标准，在申报、考察的基础上，每年评选表彰一批成绩优异和贡献突出党员零售户。建立动态调控考评机制。实行“一周一督查、一月一调度、一年一观摩”，对零售户党建工作情况进行督查，加强横向对比、纵向拉动，并将零售户党建工作纳入各单位绩效考核，充分发挥考核问责“指挥棒”作用，促进行业干部职工自觉履行工作职责，能够主动走村入户、现场督查，发现问题、立查立改，确保零售户党建工作落在实处、落得扎实、落有成效。

综上所述，做好零售户党建工作，就是要充分发挥基层党组织的战斗堡垒作用，在组织和机制建设等方面夯实工作保障，在宣传发动、平台搭建、载体创新、考核激励等方面同向发力，不断增强零售户党员的归属感和使命感，从而激发其干事创业的积极性和主动性，使其成为推动行业高质量发展的动力源泉和市场基石。

参考文献

[1]金万平.新形势下加强基层党支部建设的有效对策[J].办公室业务，2016(2)：36.
[2]许明.浅谈如何加强新形势下党支部的建设工作[J].现代企业文化，2018(5)：100.

新形势下烟草行业创新基层党建的思考

张玲玲

[高唐县烟草专卖局(营销部)综合办公室,山东聊城,252800]

[摘要] 党的十九大报告指出:“伟大斗争,伟大工程,伟大事业,伟大梦想,紧密联系、相互贯通、相互作用,其中起决定性作用的是党的建设新的伟大工程。”新时代党的建设总要求是:“坚持和加强党的全面领导,坚持党要管党、全面从严治党,以加强党的长期执政能力建设、先进性和纯洁性建设为主线,以党的政治建设为统领,以坚定理想信念宗旨为根基,以调动全党积极性、主动性、创造性为着力点,全面推进党的政治建设、思想建设、组织建设、作风建设、纪律建设,把制度建设贯穿其中,深入推进反腐败斗争,不断提高党的建设质量,把党建设成为始终走在时代前列、人民衷心拥护、勇于自我革命、经得起各种风浪考验、朝气蓬勃的马克思主义执政党。”我们要准确理解、深刻领会新时代党的建设总要求,把握总体布局,聚焦重点任务,统筹推进全面从严治党各项工作。

[关键词] 基层党建;创新;必要性;瓶颈;路径

基层党建工作是整个党建工作的基础工程,是改革发展稳定全局工作的基础性环节,也是加强党的执政能力建设的重要方面。创新发展是党建工作的生命力,也是必然要求。在新形势下,只有开拓工作思路,转变工作方式,知难而上,才能不断增强党组织的战斗力、凝聚力与吸引力,推进基层党建工作的持续发展。

1 新形势下创新基层党建工作的必要性分析

1.1 创新基层党建是应对新变化、新挑战的需要

改革开放已经走过了 40 多年的历程,随着改革开放的深化和社会主义市场经济的发展,基层党组织所处的环境、担负的任务、工作的条件以及自身状况都发生了深刻的变化。很多同志有做好工作的真诚愿望,也有干劲,但缺乏新形势下做好工作的本领[1]。如随着大量国有企业、集体企业等破产,职工下岗,生产和经营方式已不再像过去那样集中统一,党员分散在各自的生产经营场所。在烟草行业表现最为突出的是离退休党员越来越多,由于居住越来越分散,甚至随子女长期居住外地,与党组织联系不再那么密切。这对基层党建工作的有效管理,对基层党组织保持先进性提出了挑战。同时,随着社会思想的不断解放,民主

意识的不断深化,新型媒体的持续普及,使得党员干部思想意识趋于复杂化,这就更需要我们积极应对新挑战,主动投入"新战场",努力开创基层党建工作新局面。

1.2 创新基层党建是打基础、稳根基的需要

基层党组织不是一般的社会组织,而是政治组织,政治属性是其根本属性。要发挥基层党组织的战斗堡垒作用,就必须扎好基层党建这个"马步"。反观一些基层党组织,特别是基层党小组,凝聚力不强,号召力弱化,说话没人听,办事没人跟,说到底还是因为党建工作僵化,政治引领不强[2]。党的十八大报告指出:"创新基层党建工作,夯实党执政的组织基础。"就烟草行业而言,存在面广、点多、线长的特点,要引领上游的烟草种植、中间的卷烟销售与专卖管理、末端的零售客户和消费者,这需要一个强有力的核心。如果不能创新基层党建,就无法保持核心的持久有力,也无法团结烟草行业生产经营及专卖管理网络上的点和线。

1.3 创新基层党建是强活力、利长远的需要

改革创新既是基层党建工作的应有之义,也是基层党建工作的活力之源,更是新形势下落实党要管党、从严治党的必然要求。习近平同志高度重视党的建设创新问题,对党的建设创新特别是基层党建工作创新提出了许多新思想、新要求。如要继承优良传统,深入研究新情况、新问题,以改革创新的精神状态、改革创新的思维方式、改革创新的思想作风、改革创新的工作方法,大力推进党的各方面建设的创新,不断提高工作水平等[3]。从当前烟草行业内的党建创新工作来看,还存在思维僵化、视野狭窄、站位不高、立意不深,务虚不实,就党建抓党建、就基层组织抓基层组织,跳不出原有的框框套套的问题。这直接造成抓党建思路不作调整,方式方法不作改进,干事创业没有激情,群众不接受、上级不认可,显不出特色、看不到亮点,照葫芦画瓢还感觉累。

1.4 创新基层党建是做好事、服好务的需要

习近平总书记讲过:"老百姓是天,老百姓是地。忘记了人民,脱离了人民,我们就会成为无源之水、无本之木,就会一事无成。"党的根基在人民、血脉在人民、力量在人民[4]。党的最大政治优势就是密切联系群众,党的最大危险就是脱离群众,加强联系服务群众,是我们一切工作的出发点和落脚点。当前,还存在开展群众工作措施不力、方法简单、合力不够、执行不好等问题,对群众所思、所想、所盼、所忧掌握不到位、解决不彻底等问题。特别是在"放管服"改革、"一次办好"改革等工作中,将基层党建与中心业务相结合,更好地服务于零售客户和消费者,需要我们的党员干部敢于负责、主动作为,探索有效途径,进一步发挥"党建带业务、业务促党建"的积极作用,不断提高党服务群众的工作水平。

2 新形势下创新党建工作的瓶颈探究

创新是块"硬骨头",党建是项"持久战"。近年来,虽然基层党支部的领导水平、建设状况、党员队伍素质等有了提升,但也存在影响党建工作创新的瓶颈,主要表现在以下三个方面。

2.1 思想上不重视创新

仍有党员干部认为党建是“虚把式”,做好“规定动作”就完成政治任务了,而“创新动作”不过锦上添花,没有多大必要。表现出来就是党建工作局限于传达上级精神,组织党员学习,发展几个新党员。同时,因行业的特殊性,与市场联系密切,有些领导便产生“重业务、轻党建”的思想,认为完成任务,创造利润是硬指标,党建工作是软任务,被动应付尚且做不到,何况创新发展呢?

2.2 管理上不利于创新

受行业管理机制影响,上级党委与基层党小组接触较少,局限在松散型的指导关系层面。在实践工作中,要求较多,督导较少,一定程度上压缩了下级党组织的“发挥空间”,也养成了基层党组织的“惰性”。

2.3 资源上不支持创新

基层单位专职党务工作者较为缺乏,多为本单位的主要负责人或业务骨干,承担较多的业务工作,很难集中时间与精力去抓党务工作。就烟草行业而言,近年来市级局逐步实现了党建工作部门独立设置,有专门的办公机构和专职人员负责,开展的党建工作也相对较为系统规范。然而,县区一级的基层单位,党建工作多由办公室等综合部门承担,如同电梯,有了任务就忙一阵,没了任务就“停止运行”,缺少创新的自发性。

3 新形势下创新党建工作的路径探索

党中央要求,要“以改革创新精神全面推进党的建设新的伟大工程”。笔者认为,新形势下创新基层党建要在以下五个方面着力。

3.1 创新基层党建要树立新观念

观念转变是基层党建工作创新的前提和基础。在新的形势下,基层党建工作要有新的起色,实现新的突破,必须改变因循守旧、不思进取的旧观念。要以习近平新时代社会主义思想为指导,着力克服和排除各种落后思想和狭隘观念,特别是要力戒形式主义和官僚主义,牢固树立勇于创新、乐于创新的理念。基层党员干部要将自己强烈的事业心和责任感,不计较个人名利、地位得失的品格,全心全意为人民服务的信念转化为创新的胆识和勇气,在思想和行动上将党建工作当做一项事业去追求,以强烈的责任感、使命感主动作为,全身心投入,推动党建工作创新发展。

3.2 创新基层党建要明确新思路

防止和纠正“就党建抓党建”、党建与业务“两张皮”的党建工作思路,牢固树立“围绕中心抓党建、抓好党建促中心”的工作新思路,根据烟草行业职能确定党的工作内容,根据中心工作的需要安排党支部的活动,丰富“党建+”活动载体,把企业管理、卷烟营销、专卖管理等中心工作的难点作为党建工作的重点，把业务工作的薄弱环节作为党建工作的重要抓手，贯穿落实于党建工作的各个方面、各个环节。同时要确保党建工作人员和资源投入，使得党建创新“源头活水来”。

3.3 创新基层党建要探索新方法

创新绝非天马行空，更不是搭建空中楼阁，必须深刻把握基层的实际情况。一要调研先行，通过了解党建工作的成长过程，掌握行业基层党组织建设、党员队伍结构、党建与业务工作融合点等详细内容，根据调研结果制定相应的思路和对策。对于创新调研成果，要敢于放在实践中提出新方案，并制订新的工作计划，提高工作效率。二要完善机制。对一些成熟的经验，要提升为加强党的建设的意见、办法和规定，指导基层党建创新，提高整体工作水平。同时要有“容错机制”，允许失误，鼓励基层党组织放开手脚、大胆实践、勇于探索、敢为人先。三要倡树典型。结合烟草行业特点，打造一批基层党建创新工作示范点，以点带面，做到“提出一个好思路，设计一个好载体，建立一个好机制，培育一批好典型”，积极营造党建创新的氛围。

3.4 创新基层党建要搭建新平台

先搭台，再唱戏，搭建平台是延伸党建工作触角、丰富党建工作内容、活化党建工作方式的现实需要。创新学习平台，搭建特色学习载体，如网上课堂、答题比赛等，特别要利用好“学习强国”这类高质量的学习平台，提升党员素质。创新管理方式，充分利用“互联网＋”，将互联网与平台建设、大数据、学习培训、便民服务等结合起来，提高信息化管理水平，从而更好地服务改革、服务发展、服务群众、服务党员。创新组织活动形式。作为烟草商业企业可以考虑与零售客户互动，结合“一次办好”改革开展服务窗口评比，结合业务学习组织练兵比拼等，让广大党员积极参与争先创优活动，带动基层党建工作开展。

3.5 创新基层党建要发动新势力

群众的创造力是无穷的。改革开放以来的实践证明，不少成功做法都是由基层和群众首创的。在基层党建创新上，要尊重基层的首创精神，自上而下与自下而上相结合，激发基层党员，特别是客户经理、稽查员中党员干部的动能和活力。同时畅通渠道，发现好的想法、举措要科学调研，积极引导，发展壮大，形成成果，进而推而广之，真正让基层组织敢于创新、勇于创新、乐于创新。

参考文献

[1]中共中央宣传部. 习近平新时代中国特色社会主义思想学习纲要[M]. 北京：学习出版社，人民出版社，2019.

[2]中共中央宣传部. 习近平总书记系列重要讲话读本(2016 年版本)[M]. 北京：学习出版社，人民出版社，2016.

[3]中共中央宣传部. 习近平总书记系列重要讲话读本[M]. 北京：学习出版社，人民出版社，2014.

[4]中共中央宣传部. 习近平新时代中国特色社会主义思想三十讲[M]. 北京：学习出版社，2018.

浅谈基层党支部如何抓好党员队伍建设

康田

（山东菏泽烟草有限公司定陶营销部管理监督科，山东菏泽，274100）

[摘要] 习近平总书记说过，面对复杂多变的国际形势和艰巨繁重的国内改革发展任务，实现党在各历史时期阶段的各项目标任务，进行具有许多新的历史特点的伟大斗争，关键在党，关键在人。关键在党，就要确保党在发展中国特色社会主义历史进程中始终成为坚强领导核心。关键在人，就要建设一支宏大的高素质干部队伍。而基层党建工作是我国党的建设的重要组成部分。在新的历史条件下，由于基层单位具有重要的基础性作用，直接与党员、干部、群众接触，因而必须大力加强基层党建工作。要想发挥我们基层党员队伍的力量，首先基层党员的底子要硬，素质要强，政治觉悟要高，要以身作则，时刻严格要求自己。创新理念，加强基层党员队伍建设，建设一支具有引领性、综合素质强大的基层党员干部队伍势在必行。

[关键词] 党的建设，基层党建，创新理念，党员队伍建设

1 加强党员队伍建设的重要性

1.1 加强党员队伍建设是实践十九大精神的要求

党的十九大报告提出，要建设高素质专业化干部队伍及加强基层组织建设。注重培养专业能力、专业精神，增强干部队伍适应新时代中国特色社会主义发展要求的能力。大力发现储备年轻干部，注重在基层一线和困难艰苦的地方培养锻炼年轻干部，源源不断地选拔使用经过实践考验的优秀年轻干部。统筹做好培养选拔女干部、少数民族干部和党外干部工作。坚持严管和厚爱结合、激励和约束并重，完善干部考核评价机制，建立激励机制和容错纠错机制，旗帜鲜明地为那些敢于担当、踏实做事、不谋私利的干部撑腰鼓劲。党支部要担负好直接教育党员、管理党员、监督党员和组织群众、宣传群众、凝聚群众、服务群众的职责。坚持“三会一课”制度，推进党的基层组织设置和活动方式创新，加强基层党组织带头人队伍建设。

1.2 加强党员队伍建设才能发挥党员的先锋模范作用

党员队伍的建设问题说白了就是党员的教育管理问题。党员教育管理首先要加强党性

修养,全面提高党员自身的素质,起到先锋模范作用,成为群众的表率,以自身的高尚品格、优良作风去带动广大人民群众,保持党员的先进性和战斗力,确保党始终走在时代前列。

1.3 加强党员队伍建设也是完成党在十九大中提出的党的历史任务的需要

在全面建成小康社会决胜阶段、中国特色社会主义进入新时代的关键时期,党的十九大提出了夺取新时代中国特色社会主义伟大胜利的奋斗目标,要实现这一历史阶段党的奋斗目标及中华民族伟大复兴这一梦想,就需要广大党员通过自身不懈的努力,使人民群众认识到党的路线、方针、政策代表了广大人民的根本利益,进而广泛组织和动员广大群众积极投身到建设社会主义现代化的奋斗目标中去。而青年党员队伍建设则十分重要,青年兴则国家兴,青年强则国家强。青年一代有理想、有本领、有担当,国家就有前途,民族就有希望。中国梦是历史的、现实的,也是未来的;是我们这一代的,更是青年一代的。中华民族伟大复兴的中国梦终将在一代代青年的接力奋斗中变为现实。

2 目前基层党员队伍中存在的主要问题

2.1 党员更多了,党组织的力量更弱了

虽然党员和党组织的数量大量增加,但随着经济社会的深刻变化,数量庞大的基层党组织特别是"两新"组织极大增加了上级党委管理难度。传统党支部设置形式与现实发展需求不匹配的问题日益凸显,基层党员流动的规模、频次不断增加,基层党组织难以有限聚集,整合党员力量成为最现实的挑战。一些党员自身觉悟不够高,为了入党而入党,对入党的真正意义思考较少,不能以入党成为一名共产党员深感自豪且不能按高标准严要求时刻告诫自己,党员素质不够高。一些党员思想上出现不同程度的迷茫,少数人淡漠对马克思主义的信仰,导致官本位思想、特权思想、等级观念等思想严重,导致工作作风漂浮,工作态度消极,容易产生拜金主义、享乐主义和个人主义,把"吃苦在前、享受在后"的入党誓言、把全心全意为人民服务的宗旨抛之脑后,理想信念不够坚定。党员数量多质量不高,散沙活不成泥,导致党组织凝聚力、向心力、领导力不够强。

2.2 党建工作手段老套,缺乏创新理念

从当前一些基层单位开展党建工作的实际情况来分析,很多基层单位尽管看起来各类工作体系比较完善,但实质上十分薄弱。比如个别基层单位在组织体系建设方面,尽管落实到了纸面上,既有负责人也有具体的工作人员,但这些人基本上都属于兼职人员,在开展党建工作过程中无法全身心投入,党建工作水平可想而知。再比如个别基层单位不注重制度体系建设,在开展党建工作方面缺乏有效的制度支撑,而且还存在着一定程度的"边缘化"问题,突出表现就是重视都在"口头"上,出现了忽视党建工作的真正开展等严重问题,特别是很多基层单位更注重实际工作,而没有将党建工作作为重要的支撑,创新动力不足也就成为必然现象。对于基层党建工作创新来说,一定要高度重视理念创新,只有这样,才能推动基层党建各方面创新。从当前情况来看,尽管很多基层党建在工作理念方面已经取得一定成

效，但仍然存在一些不到位、不科学的方面，比较突出的就是一些基层单位不注重形式创新与实质创新的关系，很多时候都是喊出一些口号，但却“换汤不换药”，党建工作并没有实质性创新内容。比如个别基层单位在开展党建工作方面，还没有针对新形势进行深入的研究，特别是对很多新情况不了解、很多新问题不研究，一些基层单位开展工作缺乏“融合性”，谋党建、抓党建仍然没有得到有效的改进。再比如个别基层单位在开展“两学一做”活动时，基本上都是完成“规定动作”，对于“自选动作”则缺少创新。

2.3 学习不到位，工作作风还不够扎实

一些党员在学习中注重业务知识，对党的基本理论知识缺乏系统的学习和掌握，对党建工作业务知识不熟悉，对实现共产主义远大理想的长期性、复杂性、艰巨性认识不足，对马列主义、毛泽东思想、邓小平理论、“三个代表”重要思想、科学发展观、习近平新时代中国特色社会主义思想的精神实质学习理解不深刻，理想信念相对淡化，更不善于运用发展着的马克思主义立场、观点和方法来指导工作，政治敏锐性和政治鉴别力不强，用辩证的观点分析问题的能力有待提高。同时，企业内部党员教育培训缺乏针对性，一些机关对党员的知识和能力素质结构现状缺乏分析，致使教育培训工作缺乏针对性，对不同层次的党员没有区分培训等。工作作风不够扎实，存在急于求进的情绪。接到任务，有时首先想到的是怎样尽快完成，而不是怎样做到最好，特别是任务多、压力大的时候更是如此，存在应付、以求过关的想法，导致工作缺乏耐心，产生急躁情绪，影响工作效果，没有时刻以高标准严格要求自己。一部分党员工作缺乏敬业之情，有的工作麻木不仁，责任心不强；缺乏奋斗的热情，习惯于按部就班，墨守成规；缺乏追求，没有理想及目标，没有开拓创新的激情；缺乏服务群众的真情，脱离群众，害怕困难与矛盾，不够深入基层。

3 加强基层党员队伍建设的几点想法

建设一支适应新形势发展要求的基层高素质党员队伍，必须贯彻全面从严治党的总要求，通过建立健全和落实相应制度，用制度管好党员干部。

3.1 健全发展党员机制和主体机制

党的十九大指出，要加强基层组织建设，注重从产业工人、青年农民、高知识群体中和在非公有制经济组织、社会组织中发展党员，稳妥有序开展不合格党员组织处置工作。发展党员工作是党的建设的一项经常性的工作，也是加强党的执政能力建设的一项基础性工作，要认真按照“坚持标准、保证质量、改善结构、慎重发展”的方针，严格制度，规范程序，严把党员队伍“入口”关，让入党积极分子在入党前就了解党的性质、指导思想、宗旨、最高纲领和现阶段的任务，知道党员有哪些义务和权利。严格履行党章规定的入党手续，不走过场、不程序化，切实做好对入党积极分子的党性教育。不让为了入党而入党，以及对党性了解不深、觉悟不高的员工入党，对入了党表现差、信仰不强的党员进行及时的教育和警告。建立以党员责任目标管理为基础、定性考核和定量考核相结合、党内考核与群众评价相结合的党员保持先进性考评制度。考核评价结果要与党员的奖惩、使用挂钩，加强对党的管理、监督工作，把

党员工作实绩评定作为干部选拔任用的重要依据。党员发挥先锋模范作用需要有一种内在的动力，即党员主体意识，是党员对党的事业的自觉认同、自觉参与、自觉奋斗。通过确立党员主体机制来提高党员的主体意识：一是党员的参与机制。通过完善党内各项制度，如建立党员议事机制，鼓励党员参与重大问题的讨论，提高党员参与党的工作的积极性和主动性。二是党员的监督机制。疏通党员民主监督的渠道，开辟更多有利于党员监督的渠道，使党员的意见、批评等能够顺畅上达并得到及时处理和解决。三是党员的权利保障机制。切实落实党员的各项权利，避免发生侵犯党员权利的行为。

3.2 创新基层党建工作理念

推动基层党建工作理念创新，做好新形势下基层党建工作，最为重要的就是创新工作理念，这样才能使工作创新拥有良好的思想基础，否则根本无法取得实效。这就需要基层单位首先要对党建工作给予重视，要严格按照“不忘初心、继续前进”的各方面要求，积极探索党建工作新模式。要改变基层党建创新意识不强的问题，正确处理好基层党建工作与基层单位改革发展的重要关系，将“有为才有位”作为基层党建工作的重要指导思想，既要引导基层党组织开展创新，又要给予基层党建工作更多的支持，如在人员方面的支持、经费方面的支持等。要将基层党建纳入考核体系当中，特别是上级党组织要深入开展基层党建创新示范工程，引导基层单位推动党建工作创新。一定要重视“规定动作”与“自选动作”的有效结合，对于创新性工作要给予表彰奖励，进而形成创新的氛围。

推动基层党建工作体系创新，基层单位在党建工作创新方面一定要注重工作体系创新，努力为更好地开展党建工作奠定坚实基础。要大力加强组织体系创新，紧紧围绕党中央以及上级组织的要求，进一步健全和完善党建组织机构，有条件的要成立党务办公室，没有条件的也要单独设立党建组织机构，这样才能够更好地开展工作。要大力加强党建制度建设，对于已经形成长效机制的党建工作，要以制度的形式固定下来，这样才能够提升规范化水平，同时还要提升制度的执行水平，确保党建工作更具有成效。要积极推动党建工作职能的拓展和创新，要把凝聚人力作为重要的基础、把化解矛盾作为重要的内容、把推动发展作为重要的目标，既要加大政策宣传力度，又要更好地维护职工权益，通过延伸党建工作的触角推动工作创新。

3.3 加强基层党员队伍学习，扎实工作作风

首先要加强党员的思想理论教育。通过集中对党员进行政治理论教育培训，加强党员理论基础学习，提高自身素质。其次要加强党员理想信念教育。党的十八大指出，党员要坚定建设中国特色社会主义的信念，要与党在政治、思想、行动上保持一致，高举中国特色社会主义伟大旗帜，坚定地走社会主义道路。党的十九大指出，要增强学习本领，在全党营造善于学习、勇于实践的浓厚氛围，建设马克思主义学习型政党，推动建设学习大国。继续学习马列主义、毛泽东思想、邓小平理论、“三个代表”重要思想、科学发展观、习近平新时代中国特色社会主义思想，用基本原理联系具体实际，用唯物主义立场、观点和方法观察问题、分析问题，树立远大的理想、正确的世界观和人生观，正确处理国家、集体、个人三者之间的利益关系。认真学习和领会党的金融方针政策，正确对待目前面临的困难，激发爱岗敬业的热

情，在平凡的岗位上作出应有的贡献。改进工作作风，一是学习教育管理。思想是行动的先导，干部工作作风中的诸多问题是其思想意识的松懈滑坡，转变作风必须从思想的根上找问题、抓整治，有效的途径就是大力推进学习教育管理。一方面，要充分利用党校教育阵地，采用集中轮训的方式，重点学习现阶段党的方针、政策和有关的法律法规，拓宽知识面，保证方针、政策的正确理解，以增强党员干部工作的责任感和使命感。另一方面，举办讲座，请领导讲、请专家讲，也可以利用身边的人和事，现身说法自己讲，从同行身上学经验、转观念、拓思路。二是干部队伍管理。干部队伍结构好坏直接关系到工作效率的高低和经济发展的水平，要采取多种措施优化干部队伍结构。其一是严把入口关，要拓宽干部选拔渠道，将遵纪守法、廉洁奉公、作风正派、办事公道、群众拥护的人选拔进干部队伍；其二是严格执行干部选择制度，把德、勤、技、能俱佳的人放在干部岗位上；其三是要抓干部队伍素质建设，解决干部队伍中存在的懒、拖、浮、空等突出问题，加强警示和教育，树立和重新塑造干部队伍的新形象，形成"能者上、平者让、庸者下"的用人机制，优化干部队伍结构，提高素质。

参考文献

[1]张琦琦，宋新.浅谈在新形势下基层党建工作的特点与创新[J].赤子，2016(18)：6.

[2]纪立鹏.新形势下基层党建工作创新模式的思考[J].东方企业文化，2015(22)：171.

[3]张郴芝.新形势下基层党建工作创新研究[J].低碳世界，2015(32)：172-173.

基于过程控制的国有产权交易管理研究

——SYT公司产权转让的案例

周燕，席昕，刘恒，李艳华，田洪伟，刘聪

（山东烟草投资管理有限公司企业管理部，山东济南，250101）

［摘要］党的十八大以来，国有企业深入开展瘦身健体、提质增效，为我国经济持续健康发展作出了积极贡献。产权交易作为国有企业瘦身健体、提质增效的一项重要举措，在国有企业深化改革、转型升级过程中发挥着重要作用。通过以SYT公司若干国有产权交易案例为研究对象，本文将国有产权交易流程区分为程序控制和实体权利保障两个方面，重点分析国有产权交易管理过程中遇到的诸多问题，寻求预防和解决措施。通过查阅、鉴别、整理、研究大量的国内外相关文献，寻找事实的本质，获得了本文的理论基础。针对实际案例操作过程中出现的若干问题，本文提出解决建议，以更加合理有效地强化国有产权交易过程管理，降低国有产权交易过程的风险，提升企业经营管理水平。

［关键词］产权；国有产权；产权转让；过程管理；案例研究

1　导论

本文以笔者牵头组织的SYT公司若干国有产权交易案例的实践经验为研究对象，以相关国有产权交易过程管理的历史研究情况为重要参考，以交易时间顺序为主线，将国有产权交易流程区分为程序控制和实体权利保障两个方面，关注国有产权交易过程中的重点环节，重点分析国有产权交易管理过程中遇到的诸多问题，进而寻求预防和解决措施。同时，以规范国有产权交易过程管理为触点，将研究延伸至如何提高企业综合管理水平，以期对提升国有产权交易过程管理综合水平提供有效的理论和经验借鉴。本文以国有产权交易的程序控制和实体权利保障为中心，研究思路如图1所示。

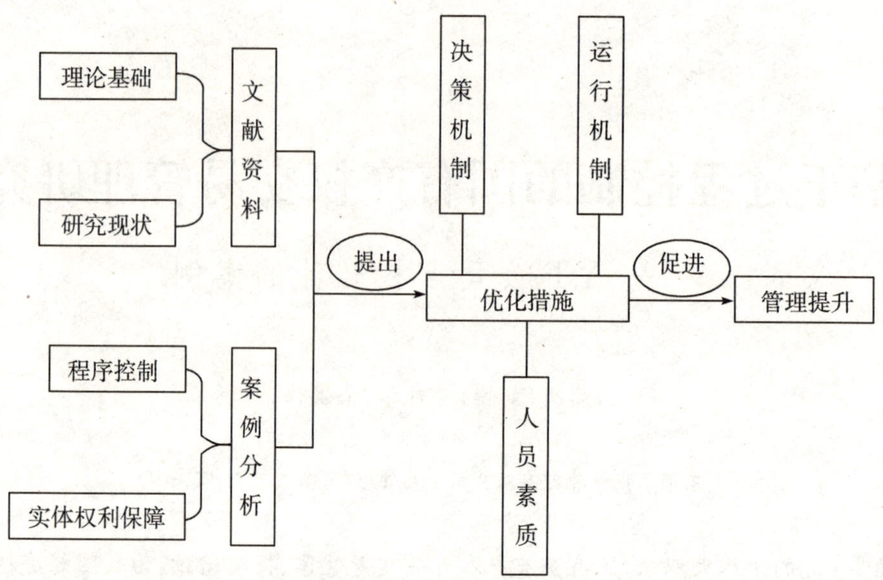

图 1　研究思路

(1)历史研究情况。查阅相关的国有产权交易管理的历史研究文献资料，了解到理论界关于国有产权交易过程管理的研究基本侧重于理论方面或者侧重于某个或某几个交易环节可能存在问题，由此引出按照从程序控制到实体权利保障这一视角来研究国有产权交易很有必要。

(2)SYT 公司案例分析。以 SYT 公司国有产权转让案例为基础，按照国有产权交易的时间顺序，将整个交易过程划分为程序控制和实体权利保障两个方面，通过分析研究这两个方面的重点管理事项，明确国有产权交易管理的关键业务，查找国有产权交易关键业务中存在的易发多发问题，分析问题产生的原因，以便找到改进的重点，制定针对性的优化措施。

(3)优化措施。通过前述了解历史研究情况和 SYT 公司案例分析，以解决国有产权交易过程中存在的易发多发问题为出发点，分析问题产生原因与企业管理现状的关联，以提升企业管理水平为引领，从决策机制、运行机制和人员综合素质等多个方面提出更好的管理完善意见，确保国有产权交易过程中可能发生的问题能够得到有效控制，进一步提高企业管理水平。

2　SYT 公司国有产权交易的案例分析

2.1　案例背景与研究设计

SYT 公司成立于 2010 年 3 月，是其股东在报请行业上级批准，正式注册成立的一家具有独立法人资格的国有独资多元化投资实体。业务范围主要包括酒店管理、物业管理、新零售、房地产开发、化肥等领域。SYT 公司内设办公室(董事会办公室)、财务管理部、人力资源部、法律与风险管理部、资产运营部、企业管理部、安全保卫部、审计管理部、监察室(分党组纪检组办公室)9 个职能部门，下辖 5 家酒店公司、14 家地产公司、2 家肥业公司和 3 家专业化公司。2011～2013 年，SYT 公司投资额度快速增长。截至 2013 年年底，投资总额将近百亿元，地产板块和化肥板块作为多元化投资的一个重要领域，在整个 SYT 公司的投资体系中占有很大的比重。但从地产板块和化肥板块的实际运营情况来看，由于管理机制不灵活、专业人员配备不够以及成本管控不到位等诸多因素影响，长时间内经营情况不理想，投资效益很难体现。自 2014 年起，SYT 公司所属行业多元化投资政策发生调整变化，要求以保障国有资产保值增值为基本原则，对经营情况一直不佳、连续亏损且扭亏无望的多元化投资领域坚决清退。自 2014 年起，SYT 公司按照上级要求逐步退出房地产领域和化肥领域投资，开始相继转让其名下的多个涉及土地和化肥资产的国有产权。SYT 公司组织架构具体如图 2 所示。

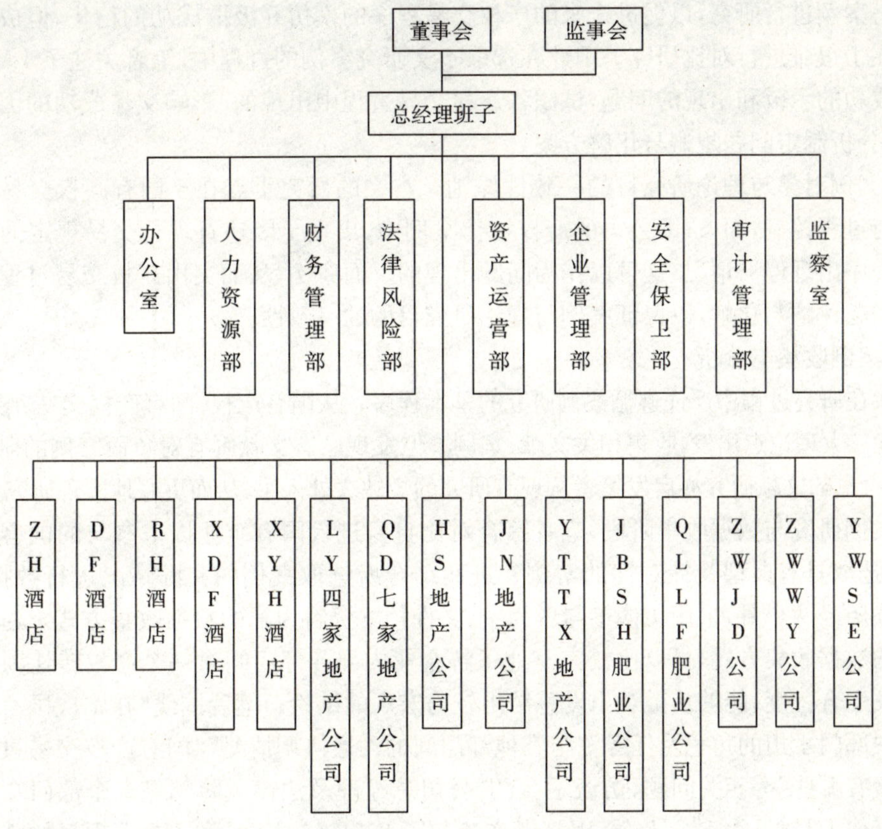

图 2　SYT 公司组织机构图

2.1.1　研究方法

笔者选择亲身参与经历的 SYT 公司国有产权交易的多个案例进行综合研究。主要原因是：(1)本文旨在回答如何有效管理国有产权交易过程出现的问题，选取的这些案例具有典型性与针对性，能实际反映国有产权交易过程中存在的一些突出问题，对如何强化国有产权交易的过程管理具有重要借鉴意义，所以适合运用案例研究方法。(2)本文探讨国有产权交易全过程的管理，选取的案例各具特点，所有案例的综合情况能够反映不同阶段出现的问题，所以适合运用多个案例综合研究。

2.1.2 研究样本

研究案例主要涉及SYT公司的LY和HS等项目的产权转让。案例选取主要遵循以下三个原则：

(1)典型性与重要性原则。SYT公司作为我国规模较大的国有企业，在国有产权交易实践中积累了大量经验，伴随着我国国有产权交易制度的不断革新与完善，SYT公司也逐渐完善其国有产权交易过程中的内部运营管理模式。同时，SYT公司的LY和HS项目的产权转让过程，发生于2016年《企业国有产权交易监督管理办法》颁布实施之际，如何在新规则颁布伊始处理好理论与实践之间的关系，亦是本案例的典型之处。

(2)正反面案例结合原则。在过去的研究过程中，大多数学者或专家会针对成功的国有产权交易案例进行研究，以促进未来的产权交易程序的模仿并汲取成功的精华，但成功案例的弊端在于很难进行对比研究。因此在选取本文研究案例的过程中，笔者关注了LY和HS项目中成功的示范和出现的问题，试图将产权交易过程中出现的、影响交易成功的因素总结出来，并分析制定问题规避与化解方案。

(3)案例对象与理论研究目的一致性原则。本文的研究重点在于国有产权交易中的重点环节与过程控制，而SYT公司的产权转让案例中，出现了因违背现行交易规定的事由导致转让程序出现停滞情况，这可以作为问题出现的反面案例，从而突出产权交易过程中关键环节的问题评估与化解，以保证案例与理论研究目的的一致性。

2.1.3 案例收集与分析

笔者在研究过程中严谨遵循案例研究的基本程序。从国有产权、国有产权交易、国有企业管理制度三大理论点出发，收集相关文献、案例。但发现已有文献鲜有对负面案例的研究与解析，通过大量的文献研究亦启发笔者从现有研究的短缺之处入手，从而更好地实现研究目的。

在案例研究与数据收集阶段，笔者综合对比自身进入国有企业以来参与的国有产权交易案例，选取具有典型及针对性的案例。进而结合所选取案例的实际情况进行数据收集。数据收集历经两个月，采用访谈参与者为主、文件档案资料为辅的数据收集方式。通过采访参与者的数据收集方式，可以比较完整地了解企业内部各部门间对一个产权转让项目之间的分工及配合程度，能够从微观出发总结出较为宏观的结论。笔者围绕“在本次国有产权交易过程中部门承担的角色及任务”“与其他部门间的沟通协调情况”“国有产权交易过程中的阻力因素有哪些”等相关问题，访谈了SYT公司总经理及法律风险部等五个部门在内的管理者与工作人员(见表1)。此外，因笔者亦参与了SYT公司LY和HS等项目的产权交易程序，为本次研究的档案文件及数据分析提供了丰富的参考资料。

表1 访谈名单与主题

访谈部门	人数(人)	时间(min)	访谈主题
总经理室	1	60	国有产权交易过程中的审批程序
法律风险部	2	130	国有产权交易过程中的法律风险防范与化解方案
企业管理部	2	50	国有产权交易中的制度把控与运营模式
财务管理部	3	200	国有产权交易中与审计机构的职责划分与风险防范
资产运营部	1	45	国有产权交易过程中与评估机构间的工作协调与风险防范

在上述文献整理分析与案例研究、数据收集的基础上，确定了案例分析基本思路：第一，沿着国有产权交易的基本流程，梳理 SYT 公司在作为转让方参与国有产权交易的程序，并同时识别其中的阻碍因素。第二，分析 SYT 公司如何通过内部修正进行实体及程序上的双重改进，化解此次产权转让过程中的阻力因素。第三，探讨国有产权交易过程中国有企业自身在问题预防与化解中承担的责任与改进的路径，从而通过案例分析充实路径完善的理论分析。

2.2 案例描述

2.2.1 转让程序控制方面——LY 项目产权转让案

自 2014 年开始，SYT 公司正式启动 LY 项目产权转让计划。转让之初，SYT 公司向行业上级报送了转让请示，决策层考虑到批复时间过长，同时基于一些其他因素考虑，并未打算按照国有产权转让的规定要求开展相关工作，决定直接以协议转让的方式转让 LY 项目产权。尽管 SYT 公司相关工作人员在内部组织的会议上多次提出采取该种方式可能会存在的一些问题以及出现的不良后果，但相关建议仍未得到采纳。SYT 公司按照决策层初步确定的方式开始与意向方接触，最初确定与 RD 公司签订了转让协议，并且 RD 公司支付了一定比例的保证金，最终 RD 公司因为顾忌国有产权交易应当在取得国资监管机构批复同意后通过产权交易平台公开转让的强制性规定，LY 项目产权交易第一次陷入僵局。初步的碰壁并未动摇 SYT 公司决策层仍然坚持协议转让方式的想法，再次与 GD 集团达成产权转让协议。双方甚至草拟完毕相关合同及产权转让后续涉及产权变更的文件材料，但在 GD 集团报送内部股东会决议时，其股东会再一次对该项目的交易程序进行了质疑，焦点仍然集中在：SYT 公司作为本次产权转让应当在取得国资监管机构批复同意后取得通过产权交易平台公开转让。LY 项目产权交易再次陷入僵局。具体操作过程如图 3 所示。

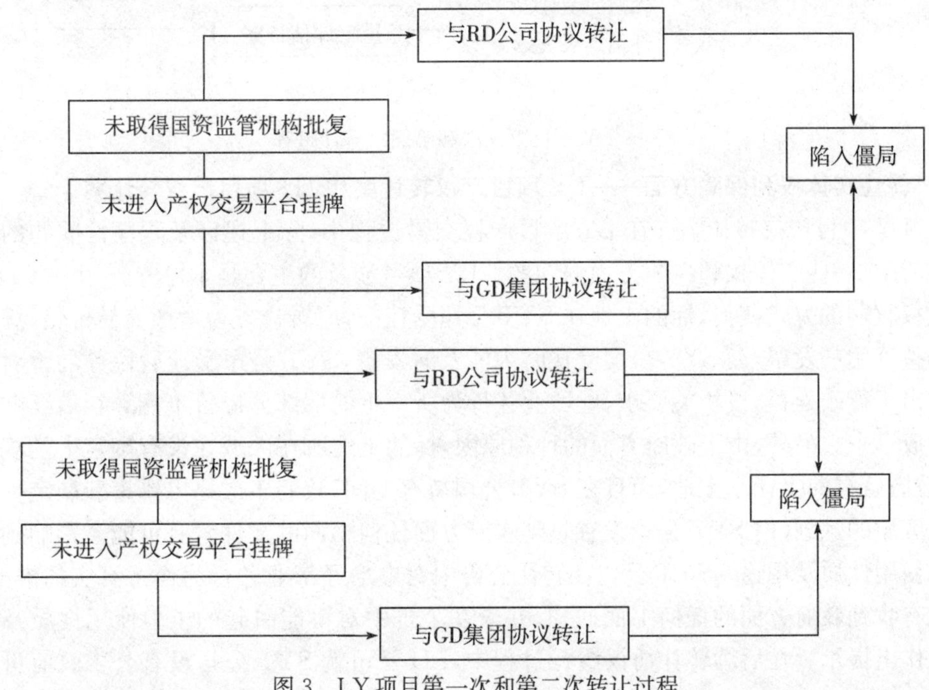

图 3　LY 项目第一次和第二次转让过程

鉴于上述两次碰壁的现实,SYT 公司决策层意识到随着时间的推移,如果一直坚持最初的意愿,LY 项目转让很难推进,难以完成清理清退的任务要求,慢慢开始转变想法,决定按照国有产权交易的相关要求,组织研究讨论产权转让的相关具体问题和注意事项,将形成的转让事项逐级上报,并于 2016 年 2 月取得行业国资监管机构批复。2016 年 5 月中旬完成评估结果备案手续。在确定受让方的主体资格、相关受让条件和转让协议后,2016 年 10 月,LY 项目产权对外公开挂牌转让信息经省产权交易中心平台对外发布。挂牌期间,SYT 公司与多家意向方就转让事项进行了多轮推介,但由于投资环境的变化以及市场行情的转变,整个挂牌期间并未有任何意向方参与竞买,LY 项目转让第三次陷入僵局。由于一直没有找到合适的意向方,按照行业国有资产管理有关要求,LY 项目于 2017 年 6 月评估备案时间超过一年,评估结果失效,需办理挂牌撤销手续,重新履行资产转让评估备案手续后再开展挂牌转让。其间,SYT 公司明确了管理层收购、职工安置等事项。

2017 年 9 月,LY 项目产权再次挂牌转让,挂牌期满后,经省产权交易中心核实,LD 公司成为唯一一家符合 LY 国有产权项目受让主体资格要求的企业。2017 年 11 月,SYT 公司正式确认 LD 公司为 LY 项目国有产权项目受让方,后续 SYT 公司继续根据国有产权交易法定要求及协议约定完成了价款受让与产权变更的工作。具体操作过程如图 4 所示。

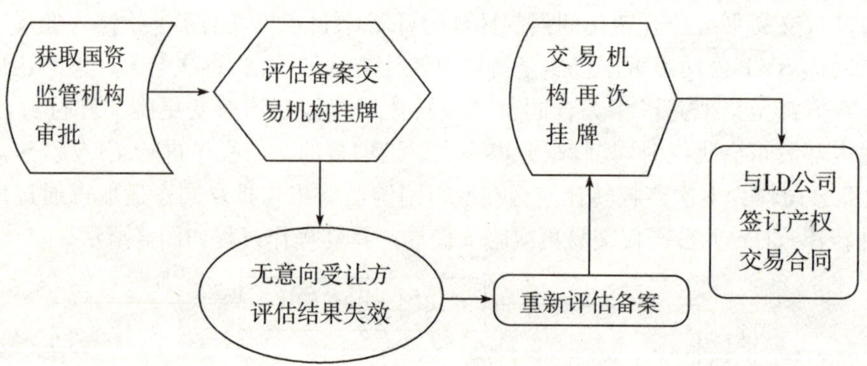

图 4　LY 项目第三次和第四次转让过程

2.2.2　转让实体权利保障方面——LY 项目产权转让案和 HS 项目产权转让案

(1)LY 项目产权转让案。在 LY 项目产权交易过程中,除上述涉及程序性问题的把控以外,亦存在一些实体权利保障方面的问题。LY 项目涉及的主要是土地资产,由 SYT 公司通过股权收购的方式获得,标的土地在 SYT 公司受让前,原转让方为增加交易价格,虚开了土地平整费用的发票,而 SYT 公司受让时未能及时发现,SYT 公司受让后税务局曾对标的公司作出了行政处罚,按相关要求,虚增业务行为所产生的那部分溢价不能算在后续购买方的开发成本中。另外,由于政府方面的种种原因,标的土地所在区域在没有确定大的规划情况下,政府就提前出让了土地,而且在 SYT 公司持有期间,政府多次提出要重新制定标的土地所在区域的规划(但 SYT 公司没有收到政府方面任何书面的文件),有可能会影响到标的土地的使用性质及用途。SYT 公司在转让公告中对虚增经济业务行为作了真实的披露,但基于没有收到政府方面的任何书面通知,并未在公告中对可能引起的土地使用性质及用途的变化作出提示。在后续转让协议履行过程中,LD 公司就 SYT 公司没有公告政府可能调整规划导致标的土地使用性质及用途改变为由，提出一系列诉讼请求，导致纠纷的发生。具体操作如图 5 所示。

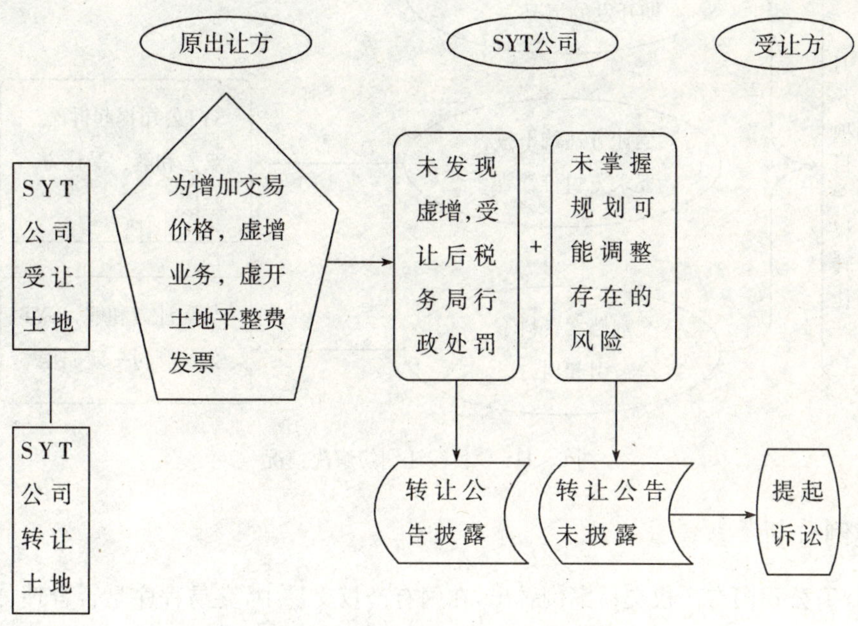

图 5　LY 项目转让公告情况及结果

(2)HS 项目产权转让案。HS 项目是 SYT 公司于 2012 年底通过政府招拍挂的方式竞得的一块土地，由于当时竞拍价格相当于当时同区域土地价格的 2 倍，而且受当时房地产市场因素的影响，在一定时间内该区域房价上升空间有限，如果 SYT 在当时的情况下开发建设该土地，基本很难盈利，甚至会出现亏损的局面。基于上面的原因，SYT 公司在竞得该宗土地以后，一直处于未开发的状态。2014 年，按照 SYT 公司所在行业关于清理清退的要求，HS 项目必须转让，至此 SYT 公司已持有该宗土地超过两年，按照我们国家国有土地使用权管理的相关规定，如果没有属于政府方面的原因，应当无偿收回。经过 SYT 公司与政府国土管理部门的充分沟通，国土部门最后下达了限期开发的通知，要求 HS 项目必须在 2015 年 3 月底之前完成建设手续的办理，达到开工建设的条件，否则无偿收回。SYT 公司在转让时对上述风险作出了如实披露。同时，SYT 公司在转让公告中对担保条件、转让价款支付、股权交割、违约责任承担作了明确要求。但在后续转让协议履行过程中，由于受让方自身的原因，不能按时支付价款，SYT 公司按照转让协议提起了诉讼，最终受让方提出和解。最后，HS 项目在交割过程中，由于人员变化的原因，项目档案资料不全，导致受让方提出异议并要求赔偿，经过与受让方多次沟通取得了谅解，虽然没有按照协议承担高额的违约责任，但仍然作出了一定赔偿。具体操作如图 6 所示。

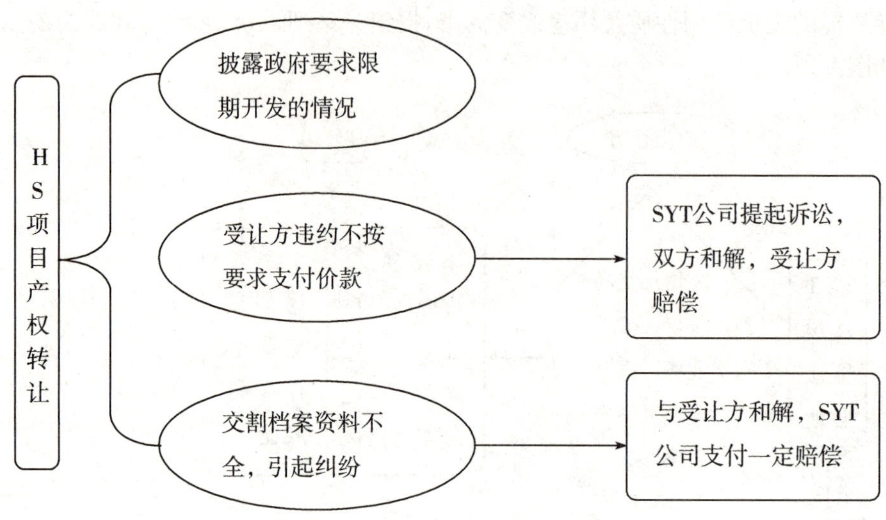

图 6 HS 项目转让纠纷解决情况

2.3 案例分析

从 SYT 公司国有产权交易案例看出，在国有产权交易中，交易程序是否合理、交易环节操作是否合规、交易细节把控是否到位是影响国有产权交易成功率及国有资产能否保值增值的重要因素。交易顺序前后颠倒影响交易过程迂回，整个交易耗时较长，严重者会错失交易良机，导致交易失败。交易环节操作不规范会增加不必要成本，甚至会有系列牵连的法律问题。交易细节把控不到位，会给整个过程带来诸多潜在风险。

具体原因分析：(1)内部决策程序不规范。决策主体应遵循相关法律法规，在国有资产监督管理机构的监督下，由转让方按照企业章程和企业内部管理制度要求，组织召开办公会、董事会进行集体决策，形成书面决议或决定，然后再逐级上报。(2)没有获取国有监管机构的审批。按照 SYT 公司所在行业的国有资产管理规定，LY 项目产权转让应当报总公司批准。国有股权转让在履行法定审批程序后，方可保证股权转让行为有效。(3)没有按要求进入产权交易中心公开挂牌。除法律明示的场外交易情形外，国有产权交易均应在场内进行(见表 2)。

表 2 LY 项目转让前两次失败原因

主要原因	具体表现
内部决策程序不规范	未按要求召开办公会、董事会集体决策，形成书面决议或决定
无监管机构审批	未取得行业国资监管机构批准
不在交易机构挂牌	通过洽谈方式协议转让

LY 项目顺利完成转让，主要得益于整个转让程序的控制符合法律法规的相关要求。具体原因分析：(1)正确履行了内部决策、上级审批和进场交易的相关程序。(2)评估备案阶段程序比较到位。评估机构的选择完全按照行业国有资产监督管理要求，在行业资产评估备选库中随机抽取。评估机构确定以后，能够独立开展工作，评估结果完全公开公正，并且按

要求开展了二次评估，确保了评估结果在挂牌期间的有效性。(3)相关程序按要求经过全体职工大会通过。

3 国有产权交易过程管理的优化

3.1 完善国有产权交易决策机制

3.1.1 内部决策机制的完善

(1)合理配备各级决策机构人员。在重视决策效率的同时，注重各个决策机构的制衡关系，既要避免出现决策一言堂的情形，也要避免各层级决策流于形式，实质把关不严的情形。

(2)建立各层级决策程序的标准流程。梳理公司办公会、董事会的工作规则，明确办公会、董事会的召开程序、讨论机制、表决机制等内容，组织修订公司章程和相关制度，建立一套各层级决策程序的工作流程，固化各工作流程的工作标准，同时强化各个决策阶段过程记录和文字档案管理工作，确立重大事项“办公会——党委会前置审核—董事会”的决策流程。

3.1.2 外部审批机制的完善

从外部审批程序来看，SYT 公司 LY 项目已经超过 1 亿元，转让的最终批复权应当在财政部。SYT 公司如果要拿到有效批复，就得经由“SYT 公司—省公司—总公司—财政部”这四个层级，也就不难理解 SYT 公司历时一年半才拿到 LY 项目转让批复的尴尬。

从层级审批制度的完善层面来讲，为保障国有产权交易的效率进行，作为国资监管部门，应当对审批期限进行制度规制，对期限的限制亦应当根据产权交易标的的种类及涉及价值进行分段处理。具体如图 7 所示。

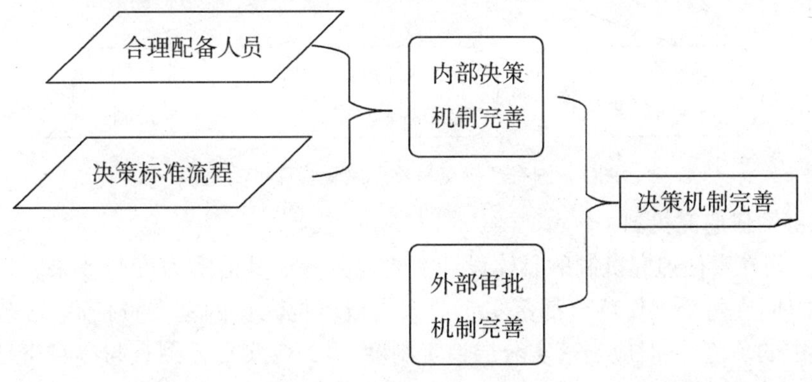

图 7　国有产权交易决策机制完善

3.2 完善国有产权交易工作机制

3.2.1 完善风险防范相关制度

结合 SYT 公司现状来看，其现行规章制度基本是以各个部门自身业务及发展现状为基础形成的，这就使得各个部门间的规章制度存在矛盾冲突或无法衔接的状况，没有将其深入公司整体运行模式中，导致企业内部规章制度存在无效运行的现象。完善企业内部规章制度以达到能够有效运作并防范风险的目的，很重要的一点就是建立目标性业务制衡协作机制。

3.2.2 完善重点风险管理机制

（1）信息披露环节的控制。完善企业内部责任追究管理，对于直接负责信息披露人员，应当对信息的真实性、完整性、准确性及披露前的保密性负责，防止发生权力寻租的风险；改善企业信息披露形式，企业在向外披露产权转让信息时，应当选择省级以上或点击率靠前的信息传播媒介进行披露，将信息披露的广泛性与针对性相结合；规范企业内部信息披露审批程序，对于需要披露的文件信息进行多人、多部门联合审查，确保信息真实无误。

（2）资产评估环节的控制。一方面，对各评估机构进行基本调查，获取其担任过评估机构项目的基本情况，选任能够在人员及专业素质上符合要求的评估机构；另一方面，针对不同的转让标的，进行有针对性的选取，由于评估分为房地产评估、土地评估、矿业权评估等多种专业性评估，因此针对不同的交易标的应当制定针对性的选任标准。最后，关于事后救济及责任追究机制，应当提前做好风险应对及化解方案。

（3）交易环节的控制。从 SYT 公司角度来说，针对内部决议应当及时报上级监督管理部门审批，而针对具有公开性的公告等文件应当聘请律师出具相关法律意见书，从而最大限度地预防及规避风险，避免产权交易过程中可能出现的障碍。另外，涉及产权的归属是否明晰、国有产权本身是否涉及其他法律争议等事项，SYT 公司可根据风险大小及企业内部风控部门专业能力决定由律师事务所出具相关风险告知书或法律意见书，审核重大事项及风险，以避免合规风险的发生。具体如图 8 所示。

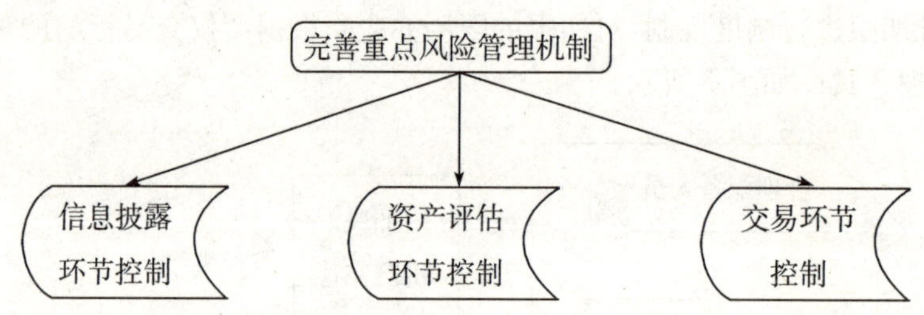

图 8　国有产权交易重点风险管理机制完善

3.2.3 完善责任追究机制

SYT 公司在责任追究机制的具体设计上要充分考虑其落实力度与效果。（1）应当明确责任追究主体，在每个工作环节都落实企业人员或审批人员的基本责任后，区分其在决定、审批、监管中的角色，同时应当落实分层追责制度。（2）落实责任倒查与终身责任机制，高级管理人员如在职期间出现违法违规或重大失职行为，应随时追究其责任。（3）责任追究机制也应当有一定的约束与限制，否则会引导工作人员的消极态度或过于谨慎的工作原则，因此在落实责任时，一方面不能仅追求个人对责任的承担，应当有对其进行教育或弥补损失的前置程序，另一方面在问责过程中，应当以事实为依据，充分调查事件的起因后果，并给予涉及问责人员的复议权利。具体如图 9 所示。

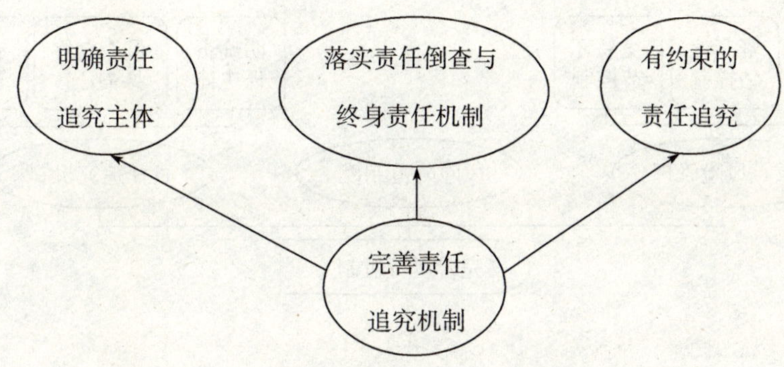

图 9　国有产权交易责任追究机制完善

3.3　提升国有产权交易工作人员综合素质

SYT 公司在 LY 项目转让公告中的瑕疵以及在 HS 项目转让档案资料交接过程中的被动，一方面反映的是 SYT 公司在国有产权交易过程中管理水平不高，存在着或多或少的漏洞，从另一个方面来讲，也反映了 SYT 公司人员综合素质有待提升的现实。

(1)把好新进人员关口。正常情况来讲，作为行业新设的参与市场竞争的多元化企业，人员招聘应当完全通过市场化选取综合素质高的专业人才。但是 SYT 公司新进人员显然受到了很多人为的干预，一方面从系统内部调入大量人员，另一方面招聘的人员无论是在专业能力还是综合处理能力上明显不足，这也就导致了在相关项目转让的时候不可避免地出现漏洞。因此，把好人员进口关尤为重要。应当建立一套完整的人员招聘工作流程，考虑各个环节的关键因素，最大程度的公开、公平、公正，尽可能降低人为干预的可能，提高招聘质量。

(2)提高职业素养和专业知识。由于国有产权交易中的每一个环节都有各种风险存在，SYT 公司应当重点培养员工的风险防范意识与风险化解能力，并根据风险的不同类型制定具有针对性的风险化解报告与处置机制。同时，从普遍意义上来讲，应培养员工的基本职业素养与职业道德，尤其是作为转让方的国有企业员工，应当时刻对防止国有资产流失这一基本底线保持较高的警惕性。

综上，针对国有产权交易过程中可能出现的问题，笔者认为 SYT 公司应当从内部角色出发保障国有产权交易的顺利进行，在决策机制完善、运行机制完善和人员综合素质培养等方面采取积极的优化措施。通过合理配备各个决策层级人员和建立标准的决策程序流程等措施来完善国有产权交易决策机制；通过明确风险防范制度、管理重点风险(控制好信息披露、资产评估和交易环节等方面)和建立责任追究机制(明确责任主体、实行责任倒查和终身追责以及有限度的责任追究机制)等措施来完善国有产权交易运行机制；通过把好新进人员入口关和提高人员职业素养和专业知识等方面来提升国有产权交易管理工作人员综合素质，进一步提升企业管理水平，确保国有产权交易过程顺利推进。具体的基于国有产权交易流程的过程管理优化如图 10 所示。

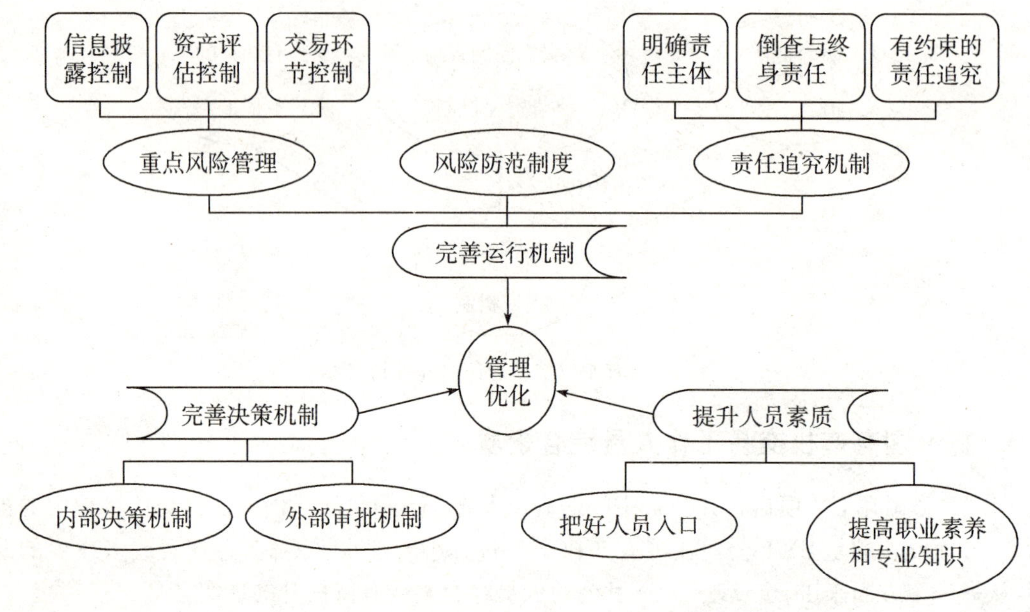

图 10　国有产权交易过程管理优化

参考文献

[1]曹儒国.国有产权交易中存在的问题及治理对策[J].中国监察，2016(15)：19-21.

[2]杜凯.论股权转让款分期支付适用《合同法》第 167 条[J].广西政法管理干部学院学报，2017(9)：74-80.

[3]党巍.浅谈国有产权交易中交易资金结算的管理[J].财经界，2012(2)：58-59.

[4]郭朝晖.国有产权交易探究[J].贵州社会科学，1998(4)：7-13.

[5]高寻念.论国有股权转让中股东优先购买权的行使[J].法制经济，2018(3)：105-106，113.

[6]高岳.国有产权交易的法律保障[J].产权导刊，2012(3)：34-35.

[7]赫秀梅.对企业国有产权交易性流失的几点思考[J].中国高校科技与产业化，2006(5)：61-63.

[8]贾玲玲.防范国有资产流失的法律思考——以《企业国有资产法》为思考[J].法制博览，2017(4)：185-186.

[9]金列文.企业国有产权交易法律制度探讨[J].现代国企研究，2015(1)：15-17.

[10]蒯继志、唐勇.国有产权交易的法律规制——以贵州省为例[J].贵州社会科学，2008(11)：117-121.

[11]晋入勤.企业国有产权交易法律制度创新轮[D].上海：华东政法大学，2010.

[12]黎凌.国有产权交易中资产评估存在的问题及对策研究[J].中国管理信息化，2005(10)：4.

[13]廖树中.我国企业国有产权交易信息披露制度解析[D].桂林：广西师范大学，2014.

[14]刘向阳.中国产权交易市场研究[D].北京：中共中央党校，2007.

[15]李宪普.论企业国有产权交易管制及其限度——以企业国有产权向管理层转让的法律管制为例[J].当代法学，2006(1)：101-106.

[16]李一宁.企业在国有产权交易过程中的风险防范[J].质量与安全，2017(1)：214-215.

[17]孙大鹏.制度缺陷框架下的国有企业管理层收购问题研究[D].大连：东北财经大学，2005.

[18]孙戈.企业国有产权交易非可控程序完善之探究[D].北京:北京化工大学,2016.

[19]孙立武,傅博.企业国有产权交易中的股东优先购买权的保护[J].产权导刊,2008(3):53-54.

[20]宋荟伊.以股权转让方式转让房地产中的土地增值税问题[J].经济研究导刊,2014(7):134-136,176.

[21]王祥军.完善企业国有产权交易制度的思考[J].法学杂志,2008(1):131-133.

[22]许林.浅议当前国有产权交易存在的问题和对策[J].产权导刊,2016(1):29-31.

[23]谢小军.论企业国有产权交易的理论与实践[J].求索,2004(4):36-37.

[24]张晨阳.重视国有产权交易的法律意见书[J].产权导刊,2005(5):26-27.

[25]郑海航,张多中.新国有资产管理体系中国有控股公司的定位与运作探讨[J].首都经济贸易大学学报,2004(2):18-23.

[26]曾晶晶.浅析国有股权转让中的股东优先购买权[J].产权指南,2017(9):55-57.

[27]张军扩,马骏,袁东明,等.完善国有资产评估与进场交易[J].中国经济报告,2018(6):38,40-41.

[28]张卫东,孙颖.企业国有产权交易的"一体化模式"研究[J].管理世界,2014(11):182-183.

[29]赵元林.国有企业整体产权交易价格与构成[J].江苏纺织,2006(1):14-15.

[30]赵元松.国有产权进场交易中其他股东优先购买权行使规则的司法认定[J].法制经济,2018(10):33-41.

[31]周异.国有产权交易期间损益的界定[J].合作经济与科技,2017(5):159-160.

[32]郑子涵.浅议国有股权转让中股东优先购买权的行使[J].法制与社会,2017(4):87-88.

烟草企业实施全面预算管理的浅析

孙心灵

[德州市烟草专卖局(公司)财务科,山东德州,253000]

[**摘要**]随着时代的发展,企业预算管理在实践中得到了不断丰富与完善,我国大部分集团化企业均将预算作为财务控制和业绩评价的依据。全面预算管理在企业发展中的角色越来越重要。在此种环境之下,烟草商业企业自2001年也引入了全面预算管理,并根据行业特点,发挥自身优势,逐步注销了县级法人,确定了国家、省、市三级预算管理的模式。但由于我国对全面预算管理的研究和实践只是近些年才开始的,仍有相当一部分企业实施效果不理想,主要原因是企业在推行全面预算管理时还存在很多问题。如何更好地发挥预算管理的作用,成为财务工作者急待解决的课题。本文以烟草企业预算管理过程中存在的问题为切入点,就如何实施构建全面预算管理进行了初步探讨。首先对全面预算管理的基本概念进行阐述,同时阐述了全面预算管理在实际工作中的重要性,然后通过对烟草企业全面预算管理存在的问题进行简单分析,提出应如何实施全面预算管理,进而全面提升企业预算管理水平。

[**关键词**]全面预算;预算管理;管理流程

1 全面预算管理的基本概述

全面预算管理作为对现代企业成熟与发展起过重大推动作用的管理系统,是企业内部管理控制的一种主要方法。这一方法自从20世纪20年代在美国的通用电气、杜邦、通用汽车公司应用之后,很快就成了大型工商企业的标准作业程序。从最初的计划、协调、发展,到2013年的兼具控制、激励、评价等诸多功能的一种综合贯彻企业经营战略的管理工具,全面预算管理在企业内部控制中日益发挥核心作用。正如著名管理学家戴维·奥利所说的,全面预算管理是为数不多的几个能把企业的所有关键问题融合于一个体系之中的管理控制方法之一。

1.1 全面预算管理的基本概念

全面预算是关于企业在一定的时期内(一般为一年或一个既定期间内)各项业务活动、财务表现等方面的总体预测。它包括运作计划(如公司与部门的年度运作计划等)和预算

(如收入预算、费用预算、资本性支出预算、损益预算、现金流量预算、资产负债预算等)。"全面"存在两方面的含义:预算管理贯穿公司业务活动的全部过程,是以公司的发展战略、中长期规划及年度经营计划为基础的预算管理;预算管理需公司上下所有员工的共同参与,而不仅仅是财务人员的事情。

综上所述,可以认为,全面预算是在未来一定时期内,为了实现企业目标而制定规划的量化说明,是为了落实公司战略而采取的措施。那么,全面预算管理就是围绕预算而展开的一系列管理活动,包括预算编制、预算执行、预算分析、预算调控和预算考评等多个方面。

1.2 全面预算管理的基本内容

以烟草销售企业为例,介绍全面经营预算的基本内容。全面经营预算主要由两部分构成:一是有关生产经营活动的预算;二是有关财务状况的经营成果方面的预算、成本及费用预算等。有关财务状况和经营成果方面的预算也叫"财务预算",主要包括现金预算、预计资产负债表、预计损益表和预计现金流量表等。这类预算涉及企业未来一定期间(预算期)的财务收支、财务成果、财务状况和资产、负债、所有者权益的增减变动情况与结果,是企业全面经营预算中不可缺少的组成部分。预算的具体内容因企业不同而略有差异,但作为一个完整的预算体系通常是由销售预算、采购预算、销售及管理费用预算、资本支出预算、其他现金收支预算、现金预算、预计资产负债表、预计损益表和预计现金流量表等组成的。

1.3 全面预算管理的必要性与作用

全面预算管理是为数不多的几个能把组织的所有关键问题融合于一个体系之中的管理控制方法之一。全面预算是企业综合的、全面的管理,是协调的依据,是控制的标准,是具有全面控制机制的一种整合性管理系统。全面预算管理是一个全员、全过程、全方位的管理工具和手段,具有以下五个方面的特性:全员性、全额性、全程性、目标性、指令性,其中"三全性"是其主要特征。其在企业管理中的地位如图1所示。

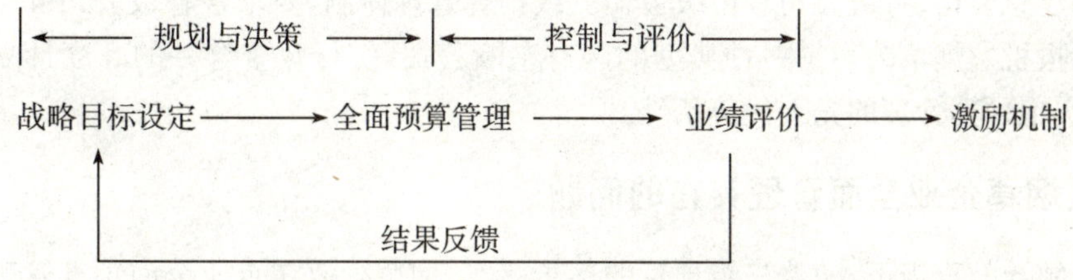

图1 全面预算管理在企业管理中的地位

全面预算管理在企业管理中所占的重要地位是由其作用决定的,主要表现在以下几个方面:

(1)落实企业战略的目标。企业通过编制全面预算,可以有计划、有步骤地将企业的长期战略规划、短期经营策略和发展方向予以具体化和有机结合,明确各级责任单位努力的方向,激励员工参与实现经营目标的积极性,齐心协力地从各自的角度去完成企业的预算目标、战略目标和发展目标。

(2)完善企业管理机制。推行全面预算管理,完善经济责任制,管理人员和广大员工参与预算制定，了解企业的经营目标、战略目标和发展目标以及各自的责任，可以调动管理人员和广大职工各尽其才、人尽其力，走管理、技术与经济相结合的道路，有助于完善企业管理机制，为优化公司治理结构提供了切实保障。

(3)明确各部门的工作目标。通过编制全面预算，让企业业务部门、各责任单位参与预算目标制定，并将预算目标层层分解到各责任单位和各责任人，明确其权、责、利，使预算真正成为全员参与的管理，更好地发挥各责任单位和员工的积极性。

(4)协调各部门的工作。通过全面预算的编制和综合平衡，促使企业内部各个责任主体之间相互协调、环环紧扣，减少内部矛盾，达到销、供产、管理各个环节都能在确保企业总体目标实现的前提下，组织各自的经营活动和管理活动，实现企业资源的优化配置和最优利用，促进企业目标的实现。

(5)有利于及时发现偏差并予以控制。预算数是标准，将实际执行情况与预算数进行对比发现，及时发现偏差，分析原因并反馈给预算责任主体，以便采取必要的措施，使企业的生产经营活动符合预算目标的要求，通过预算目标的顺利实现，达到全面预算对经济活动的事中控制作用。

2 全面预算管理现状与存在问题

2.1 我国烟草企业全面预算管理现状

随着我国市场经济体制改革的不断深入，烟草行业受到来自各方的压力和挑战越来越大。为了应对挑战，国家加快了中国烟草改革的步伐，在取消县级法人、进行组织结构调整的基础上又进行了产权制度的改革。产权制度改革以后，烟草企业的所有权与经营权分离，真正实现了产权清晰、权责明确。国家以资本为纽带，对烟草企业按照公司治理结构进行管理。国家烟草专卖局、中国烟草总公司是授权代表国资委行使所有者对烟草企业的管理权，在全行业构建总公司、省级公司和市级公司三级预算管理体制，要求各省级公司和工商企业的预算都要报批。烟草公司是一种典型的国有垄断公司，实行政企合一的高度计划管理模式，具备了实施预算管理的先天优势条件。

2.2 我国烟草企业全面管理存在的问题

在各级领导的重视下，随着三级预算的逐步落实，烟草行业在企业全面预算管理方面虽然取得了一些成效，但发展是不平衡的，普遍地都或多或少地存在一些问题，主要表现在以下几个方面：

(1)把预算管理与财务预算混淆。有些企业把预算管理等同于财务预算管理，甚至视为财务部门的预算，是一种财务行为，应由财务部门负责预算的制定和控制，造成了预算组织机构不全面，部门之间缺乏配合，缺乏预算的全员参与性，造成了全面预算不全面。

(2)预算编制只注重短期指标而不考虑长期规划。企业预算编制往往关注于销量、毛利、费用、税利等短期指标，在上一年数据的基础上，考虑到预算年度增减变化因素，对年度指标进行简单增减运算，而忽视了与企业长期规划的有机结合。

(3)预算的编制与执行不协调。目前,企业预算工作中普遍存在"重预算、轻执行"的问题。编制预算时轰轰烈烈,编制完毕束之高阁,执行成了走过场。预算管理办公室虽然设在财务部门,实际上执行预算都是财务部门做。由于财务工作的局限性,它无法对所有企业支出的合理性和必要性作出正确的判断,只能单纯根据预算额度决定是否批准支出。而且也增加财务部门和其他部门的扯皮情况,大大影响了企业管理效率。

(4)对预算执行的考核不够。有的单位对预算执行结果缺乏应有的措施,在考核过程中,常常掺杂太重的个人情感,戴着"有色眼镜"看事看人,使考核不全面或不公正;有的在考核后没有配套的奖惩措施,缺乏应有的激励机制。

3 如何实施全面预算管理

基于我国烟草企业实施全面预算管理的现状和存在的问题,为确保全面预算管理的有效实施和管理作用的充分发挥,企业在实行全面预算管理的过程中应采取一定的措施。

3.1 设置完善的全面预算管理机构

全面预算管理机构是在公司管理过程中起着主导作用的集合体,也是全面预算管理运行的主体,既包括在预算管理过程中负责预算决策、组织、审批和监控的有关机构,也包括在预算管理过程中负责预算编制、执行、控制和分析的有关部门。一个公司的全面预算管理组织体系通常包括预算审批机构、预算决策机构、预算组织机构、预算执行机构和预算控制机构等五大系统。

其中,预算控制机构负责对企业预算的全过程进行监督控制,以确保预算的合理编制、有效执行、严格控制、及时分析和正确考评,通常包括内部审计、财务管理、会计核算、人力资源管理等有关机构。预算控制机构的职责如图 2 所示。

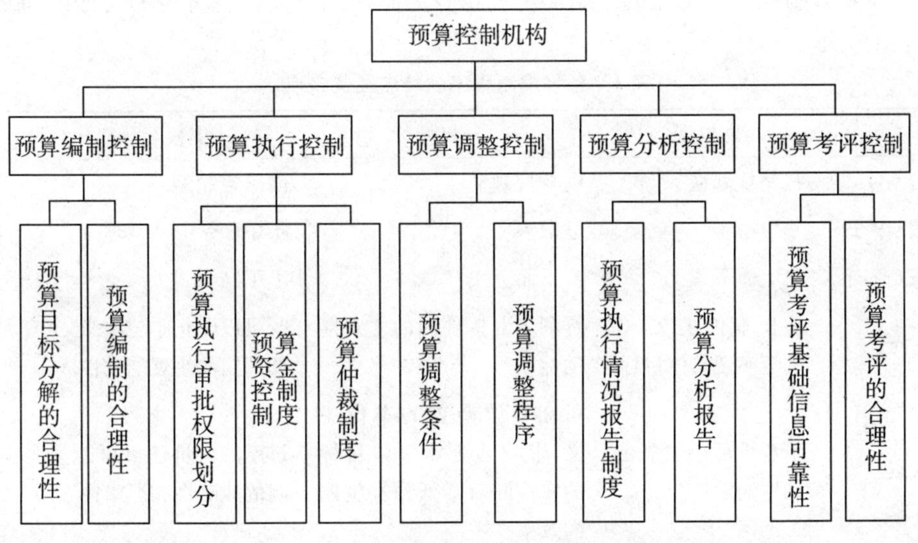

图 2 预算机构职责图

3.2 构建完善的全面预算管理流程

全面预算管理是指企业围绕预算而展开的一系列管理活动，包括预算目标确定、预算编制、预算控制、预算分析和预算考评五个环节(见图 3)。

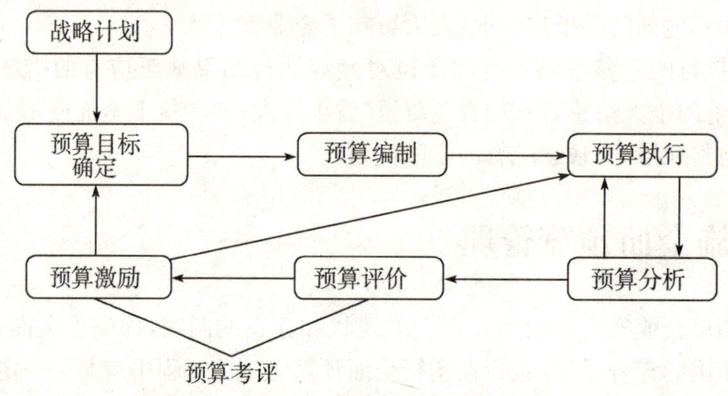

图 3 全面预算管理流程

3.2.1 结合企业具体情况制定预算目标

企业实施全面预算管理，首先要确定预算的目标。确定预算目标能将企业的努力方向具体化、数量化，使其变成各部门、各层次职工的行动准则。其结果是不仅明确了企业的工作重点，而且提供了评价工作绩效的标准。预算目标的确定恰当与否，关系到全面预算管理体系是否有效，其重要性不言而喻。

3.2.2 选择合适的全面预算编制程序

全面预算管理编制程序是指全面预算编制的具体过程和步骤，是目标细化和责任具体落实的过程，也是资源的配置过程。预算编制程序分为自上而下式、自下而上式和上下结合式三种。预算编制程序与企业的组织类型和预算编制模式有关。各种编制程序的特点及优缺点如表 1 所示。

表 1 各种编制程序的特点及优缺点

组织类型	集权型	分权型	集权与分权相结合
管理控制模式	战略规划型	财务控制型	战略控制型
预算编制模式	集中型	分散型	折中型
预算编制程序	自上而下式	自下而上式	上下结合式
优点	防止本位主义，有利于实现整体目标	有利于发挥部门的主观能动性	既可以防止本位主义，又有利于发挥部门的主观能动性
缺点	不利于部门主观能动性的发挥	可能导致严重的本位主义，影响到企业整体目标的实现同时降低预算编制的效率	过度的讨价还价可能削弱预算编制的战略性和严肃性

3.3 建立完善的预算考核指标体系和实行合理的预算激励方式

预算考评在全面预算管理中处于承上启下的关键环节。一方面，在财务活动和预算执行过程中，通过业绩评价信息的反馈及相应的调控，以随时发现和纠正实际业绩与预算的偏差，从而实现对经营管理活动过程的控制；另一方面，预算编制、执行、评价作为一个完整的系统，相互作用，周而复始地循环以实现对整个企业经营活动的最终控制，而业绩评价既是本次预算管理循环的总结，又是下一次预算管理循环的开始。预算考评的重点是全面预算考评指标体系的构建和如何实行有效的预算激励方式。

3.3.1 全面预算管理考核指标体系的改进和完善

过程中的预算考评主要关注实际执行过程是否偏离预算目标，考查预算执行进度及其质量，并对预算责任单位发出不同性质的预警提示，以改善管理、强化预算，是预算管理的重要一环。

3.3.2 实行合理的预算激励方式

在激励过程中管理者面对的是一个个活生生的现实个体，所以激励方法要因时因人而异，没有一个普遍适用、统一的模式，应根据人们不同需求层次来采用不同的激励方法。

(1)要注意把长期奖励与短期奖励结合起来，这既有利于企业安排现金流量，也使员工把企业的长中短期利益结合起来。

(2)要将预算目标的实际完成数和原预算目标相结合，使每个员工更加关心企业整体的价值和整体的竞争优势，同时增加了员工的责任心。

(3)要加大个人薪酬中可变薪酬的比重，并将其与组织的预算考评结果挂钩。实行具有一定弹性的薪酬，将奖惩与每个员工的利益相关联，同时与组织的考评结果相挂钩。但一定要注意考评指标的科学性，防止因组织的评价指标不科学而扼杀员工的积极性。

(4)也可采用负激励。所谓“负激励”，就是指对员工的某种行为给予否定、制止和惩罚，使之弱化和消失，朝着有利于全面预算目标实现的方向发展。

4 结论

全面预算管理使企业实现了业务流、信息流的整合，是企业规划战略目标、控制日常活动、分散经营风险以及优化资源配置的重要手段，尤其随着我国企业化进程的加快，已发展成为一种较为成熟有效的企业内部控制方法。本文就企业如何保证全面预算管理有效实施进行了探讨。总结出以下几点：一是设置完善的全面预算管理机构；二是构建完善的全面预算管理流程；三是建立完善的考核体系和实行预算激励。同时由于企业预算管理并不具备自行机制，从我国成功企业的案例来看，企业预算管理内在功能的发挥必须有一定的前提条件作保证。如：高层领导的参与和支持；营造全员参与的预算管理环境；规范基础工作、提高预算信息质量；合理地配置资源；建立和健全企业内部经济责任制。总之，全面预算管理作为一种系统的管理模式，其成功运作需要多角度认识和多方面的配合。一个企业如果能具备以上保证全面预算管理有效实施的条件，并采取合理措施对企业的预算管理环节进行改进，必能提高企业的管理水平，从而实现企业的战略目标。

参考文献

[1]李莉.企业集团全面预算管理[J],合作经济与科技,2007(8):41-42.

[2]员红星,全面预算管理应注意的几点问题[J],会计之友,2007(2):54-55.

[3]佟成生.集团公司实施全面预算管理的实例[J],财会通讯,2004(5):33-35.

[4]薛燕,张峻峰.企业预算管理中应注意的问题[J],财会通讯,2002(6):20-21.

[5]吴云军.对企业推行全面预算管理的几点思考[J],河南科技,2005(10):38-39.

[6]赵团结.关于企业全面预算管理的几点思考[J].中国总会计师,2010(2):117-118.

[7]韩吉茂.企业实施全面预算管理的问题与对策[J].辽宁经济,2010(2):81-81.

[8]彭韶兵.财务管理[M].北京:高等教育出版社,2009.

[9]梁莹,乔栋良,刘建斌.企业集团预算管理的原理与应用[M].哈尔滨:黑龙江人民出版社,2007.

[10]包红霞.企业全面预算管理现状及对策研究[J].甘肃科技纵横,2011(5):11-14.

关于县级烟草公司财务报销流程精益优化的探索与尝试

李海霞

（山东淄博烟草有限公司周村营销部管理监督科，山东淄博，255300）

［摘要］本文从烟草企业面临的形势、企业的内生发展及县级烟草公司财务管理情况入手，以财务报销流程的现状背景、存在的问题分析为切入点，以JIT工作理念、财务管理中的资金成本分析延伸至精益财务的实施方案中，尝试着对财务报销流程精益优化的实施尝试并进行效果及价值分析，旨在为企业财务管理工作不断向好，助推企业实现高质量发展略谈一下自己的工作思考。

［关键词］烟草企业；财务报销；精益优化；探索尝试

有关数据显示，烟草行业作为国民经济的一个重要产业，其所创造的经济收益呈逐年上涨趋势。2018年，全行业实现利税11556.2亿元，同比增长3.69％，全年上缴国家财政总额10000.8亿元，同比增加3.37％。可以这样说，作为一名烟草人，面对行业成绩，自有一份荣光与欣喜，但同样地，作为一名烟草人，特别是一名烟草行业的基层工作者，更是深深地感受到烟草行业发展的压力与困境：卷烟销量、行业利税、企业发展、竞争破局、社会责任……一个个课题不断地向烟草人提出新的发展诉求。笔者身处烟草行业的基层单位——县级烟草公司（纯销区县—单一卷烟经营业务），从事财务管理工作20余年，尝试从实际工作入手，对财务报销流程精益优化作一点尝试，从细微处着眼，不断夯实企业财务管理的根基。

1　财务报销流程精益优化尝试的背景

1.1　面临的形势

1.1.1　政策影响

一方面，烟草行业是国家垄断的行业，施行烟草专卖专营的政策，这是行业的特殊性，是行业的一种核心竞争力；另一方面，正因为行业的特殊性，一直以来烟草行业备受关注，面对国际控烟履约的日益严峻、国内禁烟政策的不断深化实行，企业的竞争与压力扑面而来，竞争、破局、发展、应对，企业需要不断完善自身，提升核心竞争力。

1.1.2 经济环境

当今世界正面临百年未有之大变局，社会产业格局正在重新洗牌，我国经济已由高速增长阶段转向高质量发展阶段，正处于新旧动能转换、经济转型升级的关键时期，企业所面临的各种外部环境更加复杂多变，防范财务风险的内在要求变得更加强烈。与此同时，会计准则修订、“营改增”税制改革、减税降费等财税政策的不断推出，毋庸置疑地给企业发展带来了更多机遇，但同时最直接的影响是给财务工作带来了更多的压力和挑战，对财务工作人员的素质与能力提出了更高的要求，财务工作必须聚焦专业，精益求精，逐步由会计核算向价值创造转变。

1.2 企业的内生发展

不可否认，烟草行业作为受国家计划宏观调控影响的国有企业一直以来承袭一定的思维模式与管理体制，笔者身处烟草企业，更是深刻感受着烟草企业的发展、变革、求新、图强与勇于自我剖析、内生发展的动力。

1.2.1 流程建设和精益管理的管理理念

以笔者所在的淄博烟草系统作为本文研究的对象，“流程建设、精益管理”既是企业工作的管理理念，也是当前的一项重要工作，正推动着企业规范化、高标准落地各项工作。

1.2.2 坚持“审慎理财、适度从紧”原则

2015年，山东省局（公司）吴洪田局长提出“审慎理财、适度从紧”，从而确立以财务管理为中心的企业管理理念及工作原则。

1.2.3 坚持把财务管理作为企业精益管理的中心

山东省局（公司）2019年全面启动精益财务工作实施方案，财务管理中的“精”“益”二字要求凸显。

1.2.4 业财融合，不断推进财务业务一体化

业财融合，作为当前企业财务管理工作的主线工作，必将推动财务与业务融合、财务与信息融合，企业管理全面协调、统筹运行的局势已然形成。

1.3 县级烟草公司财务管理情况

1.3.1 报账制单位

目前，县级烟草公司为非独立法人单位，实施财务报账制的财务工作机制。

1.3.2 非独立财务机构

自2018年年底企业机构改革的“三定”工作全面结束，纯销区县（单一卷烟经营业务）财务机构不再独立，基本是作为企业管理监督部门的一项业务参与企业的生产经营工作。

1.3.3 “收支两条线”

一直以来，烟草企业严格资金管理，规范资金运作，实行“收支两条线”，即企业资金收入与支出分别开立收入、支出专户，从而以资金规范运行促使两项业务的可预测、可管理、可统筹。

1.3.4 **全面预算管理**

烟草企业实行全面预算管理,笔者所在的淄博烟草系统不断发展工作理念、创新工作模式,费用支出预算与现金预算实现日常管理结合,达到二者执行的无缝衔接,从而全面加强预算刚性作用的发挥

1.3.5 **先进的财务工作平台**

集团化账务处理、资金监管平台结算、财务工作平台现代化。

1.3.6 **面临的问题**

(1)管理作用不再凸显,职能弱化。因企业管理现状,县级烟草公司财务管理工作在企业管理中的作用不再凸显,相应的财务传统工作职能逐渐弱化。

(2)人员职责不清,工作接续不力。因财务为非独立工作机构且人员数量相对较少,导致财务人员工作中难免出现工作职能交叉、混乱现象,导致职责不清;而不再专业的机构却相对要求专业的工作,在不可避免的人员更迭过程中,工作接续不力的状况发生,对财务工作带来一定的影响。

(3)部门沟通不畅,效率不高。网络化资金监管平台点对点的操作模式取代传统面对面的现金结算方式,而部门之间相对独立、人员之间信息不对称、工作进度传导时间的差异,难免会导致平台操作环节错位,出现工作效率不高的情况。

2 财务报销流程精益优化的思考

2.1 财务报销流程精益优化的背景

笔者从工作实际出发,着眼于淄博烟草及县级烟草公司财务管理工作背景及现状。

2.1.1 **行业上级要求**

流程建设和精益渗透作为山东省烟草年度重要工作,要求"以我为主、全员参与",而财务报销作为财务管理的重要基础性工作,其完善性、效率及改善应该是财务管理人员需要思考的重要环节。

2.1.2 **财务管理工作上水平要求**

2018年,省、市烟草公司先后开展会计基础工作检查及复查。规范会计基础工作,促进财务管理工作上水平刻不容缓,财务报销流程精益优化的尝试与实施提上工作日程。

2.1.3 **财务报销工作现状**

对于财务报销工作的规范以及要求,行业内及淄博烟草财务部门都有相应的要求,但是具体到县级烟草公司的实际操作过程中,总是会存在这样或那样的问题,给实际工作效率及效益带来一定影响。

2.2 财务报销流程存在的问题分析

针对目前财务工作现状,运用一定的分析工具,梳理财务报销流程中容易出现滞留、迟延的工作环节,从而明确财务报销流程中影响其运行的因素。

2.2.1 **从源头入手,考虑相关经济业务起始环节**

随着财税知识的变更,工作规范化要求日益严格,而相关人员思想方面、业务能力方面、相关要求方面不能实时更新,从而对具体的票据知识、要求欠缺,导致财务工作不能顺畅执行或是不能得以执行。

2.2.2 **从前提着手,衡量信息的精准性**

资金监管平台的运行,便捷工作、实时业务办理的前提是对经济业务对口单位账户等其他信息的精准要求,而这一点相关人员还停留在“似是而非”的思想意识之下,于是资金拒付、业务退付情况时有发生。

2.2.3 **从质量入手,看待财务报销工作的办结率**

正如前文提到的“财务管理工作上水平”的要求,财务报销是财务基础管理工作中的基石,而现实工作中是财务报销附件不合规、不完整、不准确的情况不乏出现,从而在财务报销工作、报账工作中会出现不能办结、不能办理的情况。

2.2.4 **从效率考虑,计量财务报销工作的总体情况**

虽是现代化的资金结算方式,但因为沟通不畅、操作环节错位等,从而使得资金监管平台流程运行不畅,反而导致财务报销工作效率低下。

2.3 财务报销流程优化的总体思想

笔者从事财务工作二十余年,历经县级烟草公司财务工作管理模式转变、财务机构改革、财务人员整体情况的变化以及从企业管理角度来审视财务管理工作的作用,认为企业当前的“精益财务”“流程建设”适逢其时地为财务报销流程的精益优化指出了工作原则、目标及着力点。笔者试着用管理学中的JIT工作理念、财务管理中的资金成本分析延伸至精益财务的实施方案中,尝试着对财务报销流程精益优化。

2.3.1 **JIT的工作理念**

本文中,仅以JIT理念代入财务报销流程进行思考。

JIT(Just In Time,准时生产系统),其实质是保持物质流和信息流在生产中的同步,实现以恰当数量的物料,在恰当的时候进入恰当的地方,生产出恰当质量的产品。而在这里,我们可以尝试着考虑财务报销流程中保持票据流、信息流、资金流的同步,实现在恰当的时候实现恰当的操作,实现财务报销的恰当高效。

JIT基本思想是“只在需要的时候,按需要的量,生产所需的产品”,也就是追求一种无库存,或库存达到最小的生产系统。那么在这里,我们可以考虑与“收支两条线”的资金管理模式、全面预算的管理要求及实现资金价值中资金时间价值的最大化为切入点尝试财务报销流程精益优化的必要性。

JIT的关键要素包括不断改进、消除浪费(包括时间、资源以及材料的浪费,如生产过剩的浪费、等待的浪费、搬运的浪费、加工的浪费、库存的浪费、动作的浪费、不良产品的浪费)、全员参与等方面,而这些要素恰恰为我们的财务报销流程精益优化提供了落脚点与操作的可行性。

2.3.2 **财务管理中的资金成本分析**

本文引入成本分析模型来考虑最佳现金持有量,从而在最大限度内降低资金(这里专指县级烟草公司持有的支出专户资金)成本。在成本分析模型下,企业持有的现金将会有三种成本:机会成本、管理成本、短缺成本。而管理成本与短缺成本此处应甚少涉及,因而这里专指资金的机会成本,即指因资金账面滞留而产生一定的机会成本。当然,本文仅是限于实际工作进行的尝试,不作理论范畴的研究,因而此处不作明确的计算分析,只是引入此种财务管理理念来考虑具体方案的可操作性。

2.3.3 “精益财务”工作实施方案的落实

“精益财务”,要求在“精”字上下功夫,落细落小,减少投入,精炼高效;要在“益”字上做文章,促进改善,增加价值,提升效益。而在2019年该方案全面启动,财务报销流程作为财务工作细、小的方面,务必求精、求实。

2.3.4 明确工作机制与工作理念

(1)“一把手”负责制。县级烟草公司的主要负责人是财务管理工作的第一责任人,对企业财务信息质量负责。因此,财务报销流程精益优化需“一把手”负总责、统一领导,分级管理,责任到岗。

(2)可操作、实用高效的工作理念。财务报销流程精益优化是立足于宏观经济、行业形势及企业管理要求,着眼于企业财务管理现状及实际工作要求,不是作纯理论范畴的研究,因此,其须遵循可操作、实用且高效的工作理念。

2.4 财务报销流程优化的目标

2.4.1 实现“六个转变”

实现财务报销流程由粗放式向精细化转变、由部门分散操作向企业整体调控转变、由岗位各行其是向协调工作转变、由沟通不畅向顺畅沟通无缝衔接转变、由静态管理向动态管控转变、由财务的专业工作要求向“业财融合”的财务业务一体化转变。

2.4.2 务必“三流合一”

实现财务报销过程中的“三流合一”,即票据流、信息流、资金流完全统一,真正实现财务报销流程的“精益管理”。

2.4.3 实现全员参与、动态管理

不断改进、全员参与,作为JIT的关键要素,为财务报销流程精益优化中实现全员参与、动态管理奠定了基础。

3 财务报销流程优化的尝试与效果

3.1 实施尝试

3.1.1 统一思想,全员参与

企业的财务管理工作由主要负责人全面负责,而财务报销流程精益优化的实施则须全员参与,因此,财务报销流程精益优化的实施尝试务必要求企业全员统一思想,实现全员参与,进而为工作的推行奠定思想基础。具体操作可通过召开专题会议,明确该项工作的目标、要求及实施意义;通过制定一定制式的工作方案,为财务报销流程精益优化的实施提供

制度或标准化的规范操作指导。

3.1.2 **明确要求，提升素质**

结合前文的问题分析情况，财务报销流程中的问题其实始于流程之外，即经济业务发生之时相关人员的办理情况就已经对财务报销工作产生了根本性影响，如票据的合法、合规、真实、合理，信息的精准等。因此，财务报销流程精益优化应该会涉及相关人员知识的培训、素质的提升及各岗位的职责和工作要求的精准明确等。在这里，我们可以尝试采取分类人员培训、效果验证的形式来操作，从而尽可能地避免职责不清、责任不明、知识不全、要求不精等情况的存在，进而为实现财务报销流程精益优化的实施提供内在的框架支撑。

3.1.3 **利息信息化平台，加强业财融合**

可以尝试从财务与业务、财务与信息化相融合的角度推进财务报销流程的精益优化，并不断完善、实时更新。主要是利用单位微信群等工作平台适当推送相关经济业务进程及节点，避免出现延误；及时推送发票等方面的法律法规及政策变更，相关知识实时更新，提升工作效率。

3.1.4 **通过编制相关工作指导，固化财务报销流程精益优化成果**

由财务专业人员承担，与相关经济人员商讨，形成并编制《财务报销流程指导书》等类似的操作规范，包括发票的取得及注意事项、业务结算账户信息规范要求、凭证粘贴规范及填写要求、财务报销签批流程、资金监管平台操作要求等相关内容，进一步扩大财务报销流程的时间节点及过程范围，将相关工作前置，提高财务报销流程的运行效率，不断实现财务报销流程精益优化并加以成果固化。

3.2 效果及价值

3.2.1 **避免资金溢缺，减少资金沉淀，节省财务费用**

通过财务报销流程精益优化的实施，能够很好地将县级烟草公司的资金余额进行控制，甚至实现账户零余额，最大限度地避免资金闲置的浪费，加速资金周转，提高资金使用效率。

3.2.2 **大幅缩短经济业务处理时间，减少等待、协调不力等管理方面的浪费**

通过财务报销流程精益优化，相关人员明确岗位职责，资金监管平台与票据流转同步进行，杜绝经济业务办理周期长、在某一节点滞留的情况发生；相关人员责任心加强，经济业务发生时核实对口单位银行开户相关信息，杜绝某一款项退付等情况的发生，实现资金、信息、票据同步流转。

3.2.3 **提高工作效率，不允许出现未达账项，减少对账、资金处置等管理成本**

通过财务报销流程精益优化，能实现相关报销业务精准处理，从而减轻甚至不出现未达账项，大大减轻财务人员对账、资金处置的时间，减少管理成本。

3.2.4 **加强会计基础工作，促进财务管理工作上水平**

目前，淄博烟草系统的财务工作考核体系分为定性指标与定量指标的考核，定量指标与卷烟销售、费用执行等有关，而定性指标中财务基础管理工作则占有较大分值。通过财务报销流程精益优化，会使得企业在票据取得环节的合法、合规性，票据整理粘贴环节的整齐、美观方面以及付款回单的及时性上都有较大的改善，从而促进财务管理工作上水平并不断完善。

4 结语

2019 年是企业发展的关键之年，是省、市烟草公司“精益财务”方案实施的启动元年，企业着力“抓基层、打基础、强管理、重创新”，坚持“审慎理财、适度从紧”原则，重点在做实、做真、做细、做精上下功夫，目前已初见成效。我们深知变革与创新会带来企业质的飞跃与发展，但企业管理的不断改善、优化与精益求精将使得企业行稳致远，不断实现高质量发展。然变革不能常有，而变化与改变却是在企业的发展中不断发生的。所以说，精益财务，将财务管理工作重心下移，不仅是企业管理理念的转变，也是一种企业的自我剖析与企业内生动力的发展，更是企业切实提升核心竞争力的基础所在。笔者立足工作实际，结合工作现状进行思考与尝试，以期通过财务报销流程的精益优化，进而以点及面促进县级烟草公司财务管理工作不断向好，助推企业实现高质量发展。

推进精细化财务管理　提升企业管理水平

孟娟

（山东淄博烟草有限公司沂源分公司，山东淄博，256100）

［摘要］本文以精细化财务管理为出发点，以“细”为起点，做到细致入微，对每一项具体的业务都建立起一套相应的工作流程和业务规范，在实践中狠抓落实，分析企业精细化财务管理存在的主要问题，并有针对性地提出了对策和具体措施，把精细化财务管理渗透到企业的每个业务环节，通过行使财务监督职能，拓展财务管理与服务职能，有效提升企业管理水平。

［关键词］烟草行业；精细化财务管理；思考对策

推进精益管理是国家局为强化企业管理工作的一项重要部署，是建设具有国际竞争力的一流企业的现实需要，是行业推进管理创新，向管理要效益、向管理要方法、向管理要进步的重要举措，是破解行业“三大课题”的有效抓手，对转变行业发展方式、提高行业发展质量和效益具有重要而现实的意义。

精细化财务管理其实并不复杂，只是细中求精、深化预算管理，细化定额标准，从一点一滴做起，精打细算，不该花的钱坚决不花，最大限度地降低费用支出。正确认识并切实落实这个要求，对于解决当前经济运行中出现的问题，对于全系统主动适应新常态、保持平稳健康发展，都具有重大的现实意义和长远意义。

1　精细化财务管理概述

精细化财务管理，是以精细化管理思想为出发点、以预算管理为核心、以集中资金管理为线索、以财务信息系统为基础的财务管理理念，将财务管理贯穿于公司经营和管理的各个环节，并细化财务管理过程的一项价值管理活动。核心思想是充分挖掘和利用企业现有可用资源，尽可能减少无价值作业活动，并以最小投入获得最大价值，最终达到提高企业价值的目的。“天下难事始于易，天下大事始于细”，精细化财务管理并不复杂，只是细中求精。

2　推进精细化财务管理的几点思考

面对国际、国内形势的变化，烟草行业的改革取向离不开真实可靠的会计信息，而会计信息的质量在很大程度上依赖于企业内部财务精细化的运行效果。财务管理是企业管理的核心，因此要以预算为重点，将精细化管理理念引入财务管理中，克服传统财务预算管理的弊端，发挥财务预算管理精细化的优势。通过财务精细化管理能让企业在经济增长方面真正关注增长质量，关注企业整体价值的提升，财会人员也从单纯的理财目标变为企业价值的整合者。结合企业实际，从以下四个方面对推进精细化财务管理进行思考：

2.1 预算管理"精细化"

在探讨预算管理的"精细化"问题前，首先要了解预算管理的定义。

预算管理是企业根据已经规划好的战略目标，对未来企业的运营管理和财务需求情况作出统筹规划，并在实施过程中有效地进行监督管理，不断根据实际完成情况和预算情况进行对比分析，从而能够让企业的管理者有针对性地对企业的运营情况进行改善，帮助企业管理者更好地实现战略目标，提升企业的经营效益，并且能够做到防患于未然，增强企业的抗风险能力。

2.1.1 烟草企业预算管理的现状分析

烟草行业是我国特殊行业之一。近几年，我国加强了对烟草行业的整顿，加强企业内部的监督。2004 年，国家提出要加强预算的管理水平，企业要大力推进预算管理的发展进程，让预算管理水平在企业中能够更好的发展。因此，烟草企业也逐渐意识到预算管理的重要性和必要性，并且预算管理受到了企业的重视。在国家的提倡下，烟草企业积极将预算落实到各部门，并且建立了预算管理的制度体系，但是在此过程中，还存在着以下几个问题：

2.1.1.1 对全面预算管理的定位不够清晰

由于对全面预算管理的定义缺乏正确的认识，许多部门都以为全面预算就是财务预算。在预算管理实施过程中，有些部门缺乏相应的沟通和协调，造成个部门侧重全面预算管理的编制，忽视全面预算管理的执行。导致很多部门认为预算已经完成，对于预算的执行是由财务部负责执行的，这就造成了全面预算管理在执行中比较混乱，责任不明确。

2.1.1.2 全面预算管理在实施过程中存在较大的偏差，未能发挥预算机制作用

全面预算在实施过程中未能做到层层落实，缺乏有效的监督管理，造成预算与实际结果有着很大的偏差。在实际工作过程中，各部门没有根据预算的目标来调整工作。另外，财务部门缺乏对业务的了解，也是导致预算分析只是停留在财务指标上的比对分析，而没有更深入地剖析预算偏差问题的原因。对预算管理的监督力度不足，导致在考核预算成效之时，考核结果对其没有太大的影响，不足以让各部门重视。缺乏有效的奖励机制和考核机制也是预算管理存在的一大问题，造成各部门或者个人缺乏积极性和主动性。

2.1.2 加强预算管理的策略

通过以上分析发现，烟草企业在预算管理中还存在着相当多的问题，为了解决烟草企业预算管理存在的问题，结合自身在工作中的实践经验，笔者提出以下几个方面的建议：

2.1.2.1 加强宣传，树立全员预算管理的意识，完善预算编制的管理体系

烟草企业的预算涉及的各部门信息较多，但是最终都是以货币形式反映出来的，要做好预算管理工作，各部门要加强预算管理意识，做好本部门的预算，因为各部门的管理细节和业务流程不是财务部门所能一一了解的。因此，烟草企业要加大预算管理文化的宣传力度，转变传统的思维模式，营造良好的氛围，充分调动员工的积极性、主动性和创造性，鼓励广大

员工在工作实践中去积极探索应用。要强化“一切开支来源于预算”的观念。同时要完善预算编制的管理体系，重点制定控制费用的预算定额标准，主要包括人均办公费用、物资采购价格、业务招待支出等方面的预算定额标准体系，建立各部门预算管理实施细则方案，层层落实，确保预算的完整性、真实性和可靠性。

2.1.2.2　加强预算执行的监督力度，确保预算能够高效执行

在预算执行过程中，要加强预算执行的监督力度，成立预算监督委员会，时刻关注各部门的预算执行情况。同时要落实预算执行责任制，各部门要严格做好预算方案的审批和执行工作，确保预算能够高效执行。俗话说，“计划不如变化”。在预算执行过程中，某些部门因为特殊原因或者经营需要，要增加部门开支，这时就要制定相应的实施细则，在预算执行中严格根据预算进行开支，允许通过办理规定的程序修正预算执行年度的预算金额，同时要强化预算管理和预算审批程序，建立“没有预算不得开支、有预算不得超支”的观念。

2.1.2.3　加强对预算执行情况进行分析，找出造成偏差的原因

在执行预算过程中，预算目标与实际结果往往会出现一定的偏差，就要通过预算分析找出偏差的原因，这有利于管理者发现企业在运营过程中存在的问题。通过预算分析，一方面能够通过科学合理的预算分析，找出预算的偏差原因，另一方面也让预算执行者对预算的执行情况有更深刻的认识，随时调整内部管理工作，起到监督控制作用，确保能够完成年度的预算目标，充分发挥预算管理在烟草企业中的作用。同时，预算分析不单单是财务部门的工作，烟草企业的各个部门都有责任，通过层层落实，明确每个部门的工作职责，预算目标才能按时完成。

2.1.2.4　建立完善的预算考核体制，做到奖惩分明

建立一套完善的精细化管理评价体系，对各项绩效考核指标进行核定、整合、优化，持续有效地推进精细化管理上水平。通过定期评估和考核激励，整合优化创新管理资源，完善创新激励评价制度，在企业内部营造出一种鼓励创新、敢于创新的氛围，充分激发员工锐意进取的精神，进而增强企业整体创新能力和管理水平。

总之，执行预算管理时要严格遵守相应的管理制度，这是烟草企业提高预算管理水平的根本途径。根据财政部制定的《关于烟草企业实行全面预算管理的指导意见》，并且结合当前烟草企业的情况，将预算管理过程正规化、程序化，保证预算在烟草企业的有效运行。

2.2　财务流程“精细化”

(1)要加强财务人员思想作风建设，树立财务人员大局意识、服务意识和责任意识。紧密结合财务管理工作快速发展的新形势，制订会计人员培训计划，有步骤、有目的地进行专业及业务知识培训，加强对《会计法》、财务规章制度、行业会计制度、财务软件等方面的学习，熟悉财务工作流程，积极参加各种形式的学习，努力提高专业及业务能力水平。

(2)严格遵守国家财经纪律，认真贯彻执行行业财务管理制度，对报销事项严格审核把关，规范会计事项和原始记录，增强会计信息的准确性和真实性。

(3)建立健全以会计控制为核心的内部控制制度，根据国家政策、省市局政策，严格执行相关制度，如《新企业会计准则》《四项费用管理实施细则》《差旅费管理实施细则》等，增强企业的抗风险能力。

2.3 费用管理"精细化"

2.3.1 精细化费用管理的概念

精细化费用管理指的是通过削减不必要的浪费，构建合理费用支出框架，达到"降本增效"的目的，推进企业健康稳定发展。近年来，外部市场竞争形势日益激烈，内部成本费用上升压力增大，对烟草企业的发展影响日益显现、不断加深，成为了困扰和制约企业发展的新问题。推进精细化费用管理，施行有效成本费用控制，对烟草企业进一步提高企业精细化管理水平、打造节约型烟草具有重要意义。

现代商品流通企业支出费用一般可划分为销售费用、管理费用、财务费用，统称为"三项费用"。

销售费用，是指企业销售商品和材料、提供劳务的过程中发生的各种费用，包括运输费、装卸费等以及为销售本企业商品而专设的销售机构的职工薪酬、业务费、折旧费等经营费用。

管理费用，是企业为组织和管理生产经营所发生的各种费用，包括行政管理部门职工工资及福利费、管理类资产折旧、业务招待、办公、维修、差旅等费用，烟草商业企业另外还包括专卖管理和打假经费。

财务费用，是指企业在生产经营过程中为筹集资金而发生的各项费用，主要包括利息支出、金融机构手续费等。

各项费用支出，按照控制弹性大小可划分为不可控费用和可控费用。不可控费用是刚性的费用，主要包括职工薪酬、保险费、折旧费、无形资产摊销、税费等。可控费用主要有业务招待费、差旅费、办公费、车辆运行费用等，可控费用在费用中所占比例并不大，但可以通过良好的运作而向有利的方面发展，也是精细化费用管理的重点所在。

2.3.2 精细化费用管理的探索与实践

精细化费用管理需从费用支出各个细节出发，严格进行费用控制，达到缩减开支的目的。

2.3.2.1 严格财务预算

在核定费用预算定额时，既要充分考虑历史数据的参考性，更要结合现实情况的可预见性，尽量做到先进、合理、科学、可行。对固定费用要严格实行定额预算，刚性管理；对可变费用也要确定合理费用率，以费用率从严控制。同时，做好日常跟踪管理。做到按月及时检查、考核、反馈财务预算的执行情况，及时通报和提出整改建议。

2.3.2.2 管理难点分环节逐项消除浪费

对费用支出项目分解后，梳理出业务招待费、差旅费、办公费、维修费等几项费用管理的重点突破口，逐项制定措施，消减浪费。严格执行省、市局相关要求，制定详细具体的公务接待、交通工具乘用和办公用具使用系列标准。注重责任层层分解到人，形成一级抓一级、层层抓落实的管理制度。持续开展对标管理，明确改进指标，缩小与先进水平差距，实现目标追赶。由绩效着手，明确考核内容、标准和方法，定性与定量相结合，并将考核结果与薪酬、晋级、评优等挂钩，对管理流程的每个环节都做到严密监督和控制。

2.3.2.3 强化财务监督

从两方面入手，做好企业内部财务监督工作：一是加强财务对各经营、管理部门的日常财务监督，监督的范围侧重在业务招待费、会议费、差旅费等费用开支的报销审核上；二是加强纪检员对财务收支程序、效能、过程、结果的惩防监督，关注财务收支程序的合法性，及时查处超越开支权限、超越开支范围以及“化整为零”“搞上有政策下有对策”、变通费用等违纪现象。用经济和行政的手段，双管齐下，严控费用增长。

精细化费用管理不是一蹴而就的，它强调持续的改进，是一个循序渐进、逐步深化的引入过程。要坚持以国家局和省、市局推进企业精细化管理意见为指导，以消除浪费、优化资源配置、提升效率和效益为目标，合理运用管理工具，持续优化费用支出流程，全面导入精细化思想，塑造精细化管理文化，构建精细化费用管理工作长效机制，全面提升企业管理水平。

2.4 资金管理“精细化”

2.4.1 加强资金的精细化管理

一要严格按照预算编制及用途申请资金，做到“无预算不支付”，及时编制《资金使用情况表》，了解资金整体使用情况，严控账户余额，确保资金安全，提高资金使用效率；二要按照财务制度规定，合理确定报销额度，保证收支平衡，强化资金日常管控，提升资金的管理水平，合理控制营运风险，防范资金风险。

2.4.2 往来账款的精细化控制管理

一要认真负责地编报好每月的资金需求预算，提高资金需求预算的准确度；二要加强与上级公司的沟通协作，充分利用资金监管系统平台，进一步优化工作流程，提高资金使用效率；三要建立往来账款清理机制，完善往来账款管理责任制度、催收责任制度、清查制度、坏账核销制度等，严格程序，及时催收催办，进一步规范往来账款的管理，提高财务管理水平。

2.4.3 突出监管，规避资金管理风险

企业要借助资金监管系统，严格按照规定履行审批程序，加强资金结算全过程监督，加强银行对账工作，防范资金安全风险。

3 结语

财务管理是企业经营管理的中心，精细化财务是企业精益管理的重要基础和关键内容。推行精细化财务管理是企业财务由核算型向价值型转变的基本内容，是企业实现稳定健康发展的重要基础。

参考文献

[1]宋昀.浅析烟草行业的企业精细化管理在财务工作中的思考及对策[J].企业导报，2014(24)：19-21.

[2]洪芳.烟草企业全面预算管理存在的问题及策略探析[J].新财经，2013(8)：93-93，95.

[3]张敏.浅谈基层推行精细化财务管理问题及对策[OE/OL].烟草在线，2014.

[4]胡倩.浅谈县级局精细化费用管理[OE/OL].烟草在线，2015.

[5]崔维艳.对财务预算管理精细化化的思考[N].东方烟草报，2014年3月6日第2版.

烟草企业财务支出管控体系工作流程优化研究

靖素华

(山东济宁烟草有限公司,山东济宁,272000)

[**摘要**] 随着烟草行业改革的不断深入和企业内控制度理论的不断发展,烟草商业企业实施财务精益化管理是企业实现内涵式发展、推进降本增效的重要举措。本文立足于精益化财务支出管理的内在需要,结合工作实际,以济宁市局(公司)为例,分析了财务支出管控体系现状,找出了问题和不足,对财务支出管控体系工作流程进行了优化设计,期望对烟草行业财务管理的改革进程中具有借鉴意义。

[**关键词**] 烟草企业,财务支出管控,工作流程优化

随着烟草行业改革的不断深入和企业内控制度理论的不断发展,如何将现代企业内控理论应用到烟草行业经营管理实践,以更好地提高烟草企业管理效率,是烟草行业管理者不断努力的方向。为进一步发挥财务管理在企业管理的核心作用,助推企业提质增效,加强费用支出控制,按照统筹规划、总体设计、分步推进的原则,有效整合会计资源,积极开展财务支出管控体系设计,同时也为下一步高速、高效、有序地推进济宁烟草财务信息化建设,加速财务业务一体化进程,提升管理与应用水平,打下坚实的基础。

1 烟草企业财务支出管控体系现状

目前,山东省烟草企业多数单位的会计核算仍是手工录入记账凭证,单位预算、结算与核算系统独立运行,数据基本未实现共享共通,财务报销、事项审批等会计控制仍是线下运行,基本未实现无纸化管理,全省尚未解决财务支出管控一体化管理,且进程缓慢。

1.1 会计核算占用会计资源较大

随着信息化水平的提升,会计人员逐步由核算型会计向管理型会计转变。电算化的出现取代了繁琐的总分类账、明细账等账簿的手工登记。网银出现后,出纳的大部分工作移到了网络,但是会计基础核算工作仍占用了大量的人力精力。截至 2018 年 12 月,全市处理记账凭证核算岗位的人数占全市财务人员的 51.43%,远远高于其他岗位设置。为保证会计核算的准确、规范,配备记账凭证稽核人员占全市财务人员的 20%,会计核算工作效率进一步提升的空间很大。

1.2 预算(计划)控制作用发挥不强

虽然部分单位实现了报销业务电子填写、智能指引,在一定程度上提高了报销程序规范化水平,提升了财务报销效率,但是预算和报销不能无缝对接的现象时有发生,导致年度采购计划项目过于关注招标率,而忽视预算执行效率,不利于企业决策和财务管控。根据 2018 年决算数据显示,2018 年资本性支出预算执行率为 69.60%,预算执行偏差较大,控制力较弱。

1.3 流程控制比较繁冗,业财间融合度低

从事项审批、财务报销和会计核算一体化流程看,事前审批和报销流程控制节点存在重复,三项工作委员会审议通过后的审批项目,财务支付前仍需填制相应事项审批、报销审批后支付。外出办案等市县间往来大额审批耗费大量人力物力,且及时性差、效率偏低。由此,财务部门与其他部门在审批流程、业务流程的沟通乏力致使财务管控效率亟待提升。

2 烟草企业财务支出管控体系管理问题分析

深入分析掌握当前财务管理工作现状,找到原因所在,是对工作流程进行优化的基础。基于精益思想的财务管理在企业管控中的作用尚未得到充分发挥,流程控制的标准、方法和措施未能形成合力,限制了财务管理水平和工作效率的进一步提升,具体从以下四方面进行分析。

2.1 预算核算系统数据方面

在实际工作当中,基于税利导向的烟草商业公司,对内提供各项预算执行分析数据数量庞大,频率较为频繁(至少每月一次),完全靠人工判断和手工提取数据会产生差错率。由于业务报销与财务核算数据未能有效同步,执行数据滞后。随着行业数据分析需求增强,预算执行数据的上报质量不能满足测算工作及时性的需要,无法实现预算、核算数据同步提取,业务报销和核算数据共享共通迫在眉睫。

2.2 年度采购计划管理方面

年度采购计划作为年度全面预算方案的重要部分,其执行率的高低直接影响年度预算执行能力,其中年度采购计划中批复的资本性支出项目、房产、不动产维修改造及零星建设项目的预算执行偏低是影响年度采购计划执行率高低的要因。在日常管理中,年度采购计划项目开展过多,侧重项目的批复立项、招标率的考评,执行跟踪评价不够。如何管理好、督导好、完成好采购计划中各项目的执行进度是提升年度费用执行率、年度资本性支出预算执行率的关键。

2.3 会计核算基础工作方面

由于公司财务报销和会计核算系统相对独立,财务业务数据共享性欠缺,业务报销经办

人填报相关单据后，财务核算人员重复录入相关信息，造成工作效率偏低。例如每月社会保险费的缴纳，财务人员根据人事劳资科提供的缴纳明细，单张记账凭证需手工录入几百行数据，致使稽核人员在会计复核工作中产生较大时间上的浪费。据不完全统计，正确完成单张社会保险费凭证制作在 30 分钟以上。时间、精力的浪费成为财务管理工作从会计管理到管理会计的拦路石。

2.4　财务报销效率方面

由于报销制度多、报销程序繁琐、报销规范严格，经办人办理报销业务时要面对填制哪种单据、如何填制、是否需要事前审批、需要哪些部门签字等众多问题，导致报销业务占用工作时间长、部门负责人无法及时签批、财务支付效率低等问题。例如，经办人员在报销时填制报销凭证封面录入的单位全称、开户银行、银行账号等信息，由于经办人账户填制错误导致支付退款，付款人需重新发起支付流程，将延迟支付业务 3～4 天。

3　财务支出管控体系工作流程优化

3.1　提高预算管理管控能力

依托财务支出管控平台，设置预算管控规则，将预算管理前置到业务报销业务中，实现用预算控制报销，用流程弥补制度短板，重点控制项目无预算不能生成报销业务，提高预算编制的严肃性、预算执行的刚性，真正让预算管理在资源配置中发挥作用。将预算管理、报销支出、流程标准与会计核算紧密结合，形成业务融合、控制有力、规范流畅、平台稳定和持续改进于一体的财务支出管控体系，打通事前、事中、事后费用开支全过程管理，对企业费用支出管控实施闭环式管理，如图 1 所示。

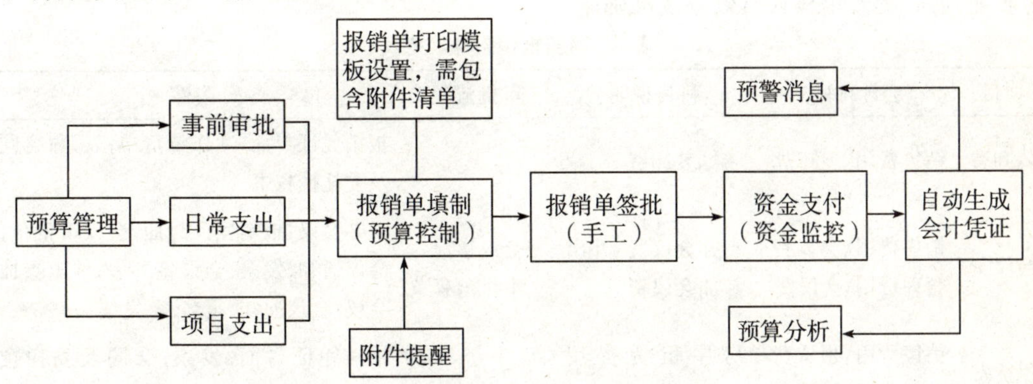

图 1　财务支出管控体系的闭环管理图

3.2　财务工作流程优化

按照 5W1H 制定对策实施表(见表 1)，可以采用 ECRS 精益工具对现有财务工作流程进行优化。通过建立预算管理、业务报销和会计核算一体化的信息系统，促进财务管理工作信息化、规范化、流程化建设，提升工作效率。

表1 对策实施表

问题	对策	目标	措施
会计预算、核算数据手工录入时间较长	打通预算、报销和核算一体化通道	平均单张凭证制作时间降低90%	1. 梳理核算、报销稽核作业的重复节点，求同存异，共享数据，减少重复作业 2. 依托信息平台，探索预算核算同步数据提取，提升数据分析能力
报销凭证附件不全	制定报销规范明白纸	减少稽核凭证发现的附件不全问题	1. 分析统计需求 2. 设计稽核报表结构 3. 创建稽核报表 4. 借助系统推送报销附件等规范清单
项目预算执行率低	新建计划项目管理库	及时统计计划类项目执行情况	1. 明确年度计划批复项目明细 2. 为每一个项目建立项目档案 3. 跟踪管理各项目实施开展情况
外出办案等专项大额支出审批，市县间签字耗时长，效率低	流程优化，改大额线下审批为线上审批	取消市县间纸质文件财务事项审批	1. 梳理审批事项，求同存异，设置通用审批单和专卖专项审批线上审批 2. 依托信息平台，运用信息系统打通县市间审批界限，减少基层单位来往市局(公司)签字时间，提高工作效率

3.3 制定报销规范明白纸

在财务支出管控体系中，建立各支出项目财务报销附件明白纸，及时向报销经办人推送相关支出会计凭证附件要求(见表2)。降低财务复核时由于附件缺失产生的差错率，减少人为职业判断，提升稽核人员效率及准确率。

表2 财务报销附件规范表

项目	会计科目	科目说明	审批流程	附件
装卸费	销售费用\装卸费	卷烟装卸费	无	报销凭证封面；工作量清单；发票；合同及委托授权书
会议费	销售费用\会议费 管理费用\会议费	自办会议费\外出参加会议费	会议事前审批流程	自办会议：报销凭证封面、会议审批单、会议通知、发票、会议签到表；外出参加会议：会议通知、报名表、发票
租赁费	销售费用\租赁费 管理费用\租赁费	房屋租赁费用支出	无	报销凭证封面；发票；合同及委托授权书

3.4 新建计划项目管理库

依托财务支出管控平台，新建计划项目管理库，细化年度采购计划单元。以修理费为例，根据年度批复的采购计划，逐项建立大额修理费项目档案，并根据项目档案安排支出(见表3)。及时分析相关部门项目开展情况，针对项目开展缓慢的异常项目进行预警，提升项目预算执行效率。

表 3 修理费管控方式优化表

预算项目		原控制方法	存在问题	优化后
修理费	车辆修理费	成本费用预算定额	预算控制难，执行查询难	成本费用预算定额
	房屋修理费	总额控制		项目档案单项控制
	零活维修费	总额控制		总额控制

4 结论及推广意义

山东省内不少烟草企业近年来均对财务管理系统的融合应用开展了探索和实践，但大部分单位在加强实用性和提高效率等方面仍有欠缺。本文提出构建的预算管理、会计核算、财务报销三位一体的财务支出管控模式，是一项财务与业务深入融合的管理方式创新，同时也是市局(公司)积极创新思路，从财务会计主动向管理会计转型所迈出的探索性步伐。

随着预算管理理念逐步深入，降本增效和标准化意识明显的增强，企业日常管理更加注重规范和效率。根据测算，事项审批实行网上签批，直接在系统首页推送，减少了经办人因为等待相关环节签字人临时不在而产生的时间浪费，由原来单次平均 2 天时间可以缩减到 0.5 天，事项审批业务签批时间缩短一半以上。由于业务报销和会计核算系统的有效结合，通过业务报销人员在财务支出管控系统录入凭证，财务人员在系统自动生成凭证，减少了财务人员和稽核人员重复录入校对次数，节约了凭证录入时间，工作效率大幅提升。本文在财务管理体系创新方面的新举措，推进财务业务一体化的深入应用方面做出有益探索，对提高全系统财务管理水平具有较好的借鉴意义。

参考文献

[1]陈蕾. 对网络经济时代下国有企业财务管理工作的研究[J]. 商业经济，2018(11)：131-132.

[2]杨敏. 企业集团财务管控核心内容探讨[J]. 知识经济，2018(21)：97，99.

[3]王清华. 高校财务预算精细化绩效管控路径探析[A]. 财金观察(2018 年第 1 辑)[C]. 2018.

[4]高永波. 企业成本核算与财务管控[J]. 中国商论，2018(28)：97-98.

[5]陈煜. 企业集团管控模式优化研究[J]. 商场现代化，2018(19)：105-106.

[6]靖素华. 信息条件下归口预算管理管控模式的优化研究[J]. 通讯世界，2016(13)：236-237.

[7]靖素华，王万银. 信息化条件下会计核算模式的重建[J]. 现代工业经济和信息化，2016，6(4)：86-88.

[8]上海烟草(集团)有限责任公司. 上海烟草：探索“三算合一”的集团化财务管控模式[N]. 中国会计报，2015 年 10 月 16 日第 8 版.

国有企业内部财务分析模式探索与研究

张颢，李艳娜，曲乐

（山东烟草投资管理有限公司财务管理部，山东济南，250000）

［摘要］针对当前国有企业内部财务分析存在的“重数据堆砌、轻分析研究，重投融资分析、轻经营分析，重经济分析、轻风险把控，重分析过程、轻结果应用”的现状，本文以样本集团为例，提出了坚持 1 个核心定位、明确 3 个主体责任、针对 6 项分析要素、开展 3 个分析阶段的财务分析模式，以使得财务分析能够更好地适应企业管理者的决策需求，保障企业规范运行，防范各项经营风险。

［关键词］国有企业；集团化；内部管理；财务分析

1 前言

财务分析属于管理会计，或者说是财务管理的范畴，是财务人员以财务报表为基础，采用一系列技术和方法，搜集各种财务信息并加以分析的经济管理活动，主要目的是发现经营管理中的问题、把控企业的各项风险，为科学决策提供依据。内部财务分析作为企业管理活动的重要组成部分，对于加强管理、科学决策、促进企业健康持续发展具有重要的意义。好的财务分析，能够科学评价企业经营业绩和财务状况，为管理人员提供正确的信息，帮助各级人员全面了解企业现状，为企业决策提供科学依据。

随着信息技术的发展，人们对于内部财务分析的重视程度越来越高。在这种情况下，如何发挥财务数据优势，为企业决策献言献策？如何透过数据发现背后的问题，为企业经营保驾护航？就成了掌握企业最大量数据的财务部门和人员需要重点关注的问题。

2 样本集团内部财务分析现状

T 集团是国有企业，下辖酒店、地产、物业、商贸等多个业态，实行母子公司管理体制。母公司对各子公司实行制度控制、预算控制和评价控制相结合，行政管理和资产管理相结合的管控模式。T 集团虽然已建立了内部财务分析机制，但在运行过程中存在以下问题：

2.1 重数据堆砌，轻分析研究

仅仅把财务分析作为上级摊派安排的工作任务，只是被动地开展；没有把财务分析当成发现问题、揭示短板的工具，去主动地探索；只是进行简单的数据堆砌和指标计算，忽视对数据背后价值的挖掘分析；对生产经营的分析不全、不深、不透；对财务指标的内采逻辑性缺乏认识，导致分析结果不能真实反映企业状况；财务分析作用发挥不到位，难以服务业务，不能助力决策，失去了财务分析的意义。

2.2　重投融资分析，轻经营分析

过分强调财务分析与经济运行分析的区别，习惯于罗列各类高大尚的财务指标，并对此沾沾自喜，敝帚自珍。轻视日常经营数据的收集，不会或不能经营业务的研究。财务分析成为了财务专业人员的自娱自乐，经营管理等非财务人员弄不懂、看不明。

2.3　重经济分析，轻风险把控

过分关注企业盈利指标和短期目标完成情况，淡化企业风险的分析预警和防控。即使提到风险，也仅限于对企业流动性风险蜻蜓点水似的解析，与国有企业当前实际情况结合不紧密、不深入。尤其是对于国企在当前形势下的合法合规性风险、内部控制风险等，财务分析不关注、不分析、不预防、不把控。

2.4　重分析过程，轻结果应用

财务分析仅仅对企业进行了体检，找出了异常，不会诊断病因。或者找出了病因，却没有开药治疗，不能提出问题解决建议和措施。即使有时提出了建议措施，也只是列在纸面上，体现在汇报中，却落实不到行动上。财务分析报告被束之高阁，财务分析结果无法使用、难以跟踪、无法验证。

3　财务分析体系

基于对内部财务分析现状的分析，T 集团决定对财务分析体系进行完善，建立以“坚持 1 个核心定位、明确 3 个主体责任、针对 6 项分析要素、开展 3 个分析阶段”新的内部财务分析体系。新的财务分析体系总体遵循“分—总—分”的思路，首先从各单位散乱驳杂的财务数据中整理筛选出所需要的有效可分析数据，清洗修正由于特殊因素和人为失误导致的异常数据。其次借助各项分析工具对数据进行统合汇总和纵向横向分析，将分析中发现的问题进行归纳整理。最后再对问题进行分析，一步一步拆解到最基础的科目数据变化和最具体的经济活动变动，从而真正明确定位问题所在，从而进一步寻找解决办法。

3.1　1 个核心定位

1 个核心定位，是指要牢牢把握内部财务分析是为企业决策参谋服务的核心定位，把财务分析是否为企业决策提供了充分的依据，是否助力了企业发展作为衡量内部财务分析工作的唯一标准。能够发现问题、找出原因、提出措施、持续改善的内部财务分析，才是好的财务分析。反之，内部财务分析即使做的花团锦绣，也只是流于形式，不能称之为合格的财务分析。明确内部财务分析的核心定位，可以适当解决内部财务分析“重数据堆砌、轻分析研究”的问题。

3.2 3 个主体责任

3 个主体责任，即明确内部财务分析发现问题的主体责任、解决问题的主体责任、结果验证的主体责任。明确财务分析的 3 个主体责任，可以适当解决财务分析结果应用不足的问题。

3.2.1 发现问题的主体责任

将财务部门作为内部财务分析发现问题的主体，要求财务部门通过财务分析发现企业在生产经营中存在的问题和不足，确保隐患能够及时排查、风险能够及时防控。

3.2.2 解决问题的主体责任

将问题涉及部门作为内部财务分析解决问题的主体，即在财务部门提出问题之后，要把问题改善的责任人落实到位，确保每项建议都有人跟进，每项措施都有人负责。

3.2.3 结果验证的主体责任

将财务部门作为内部财务分析结果验证的主体，即在下个财务分析周期中，要对上个财务分析中的措施实施情况、建议采纳情况进行效果验证，确保事事有回音、件件有反馈。

3.3 6 项分析要素

6 项分析要素分为绝对数据和相对数据两类。绝对数据是指会计的 6 个基本要素：资产、负债、权益、收入、成本、利润，相对数据是指与 6 个基本要素有关的 6 类财务指标。明确财务分析的各个要素，可以适当解决分析项目不全的问题。

3.3.1 6 大基本要素

6 大基本要素即对会计中的资产、负债、所有者权益和收入、费用、利润 6 项绝对数据进行分析，体现企业的实际财务状况和经营能力。分析时不仅仅要对各要素的总体情况进行分析，还要利用结构分析法对各要素组成部分进行分析。比如对资产的分析，需要细化为流动资产和长期资产的分析。对流动资产的分析，需要再细化为对货币资金、存货、应收款项的分析等。在单项分析结束后应对该要素的整体变化趋势和要素间的相互影响进行总结。

3.3.2 6 类财务指标

分析的主体是由六大元素共同算出的各项数据，包括但不限于：一是反映企业盈利能力的指标，如销售利润率、净资产收益率、国有资产保值增值率等；二是反映企业偿债能力的指标，如流动比率、速动比率、资产负债率等；三是反映企业运营能力的指标，如总资产周转率、存货周转率、应收账款天数等；四是反映企业发展能力的指标，如收入增长率、利润增长率、总资产增长率等；五是反映企业获取现金能力的指标，如每元销售现金净流入、现金利息保障倍数等；六是其他指标，如税负比率、人均收入等。

相较于 6 大会计要素绝对数受到报表编制主体一定程度的主观意识作用，存在为实现短期绩效考核目标或掩盖实际情况而粉饰报表、调整数据的情况，导致会计信息不准确甚至失真，6 项指标更符合 T 集团财务分析需求。集团内部各单位由于涉及地产、酒店、商品销售、物业管理等多个行业，其盈利模式、经营方式、资产结构等均存在较大差异，即使是同属于酒店行业的企业也分为商务政务型和旅游度假型，各酒店地理位置、区位条件、消费水平、物价水平、政策形式均存在差异，所以在分析中，需要寻找能够排除特殊因素的相对指标进行分析比较，从而更全面、公平、客观地进行分析。

财务指标分析一方面解决了集团企业个体之间存在差异的问题，另一方面也解决了绝对数量分析片面性问题。一般我们用资产负债表数据来体现企业的财务现状，用利润表数据来体现企业的经营水平。但实际在分析时应重点关注各项指标对报表间数据的统合，从而更全面地了解企业的现状。比如净资产收益率统合了资产负债表和利润表的数据，通过净资产和利润的比率可以更清晰地体现出企业投资者在现有企业经营情况下可以取得投资回报，净资产收益率在分析时可以参考杜邦分析法，将净资产收益率进一步分解利润率、总资产周转率和财务杠杆最后还原为基础财务数据从而进一步分析企业盈利能力、营运状况和偿债能力；现金利息偿债系数将经营现金径流量与负债情况相联系，体现企业偿债能力；经营收现比率将经营现金收入和营业收入联系起来，体现企业收入的健康程度。

从绝对数据和相对指标两方面分析，除了分析企业经营发展指标的正常波动从而评估企业经营和财务状况，也要关注在分析过程中妨碍常规对比的异常数据，如纵向对比数据同比或环比突然高企或降低，横向对比与其他同行业企业在相同事务上存在较大的差异，以及影响资产、利润的其他特殊因素。这些因素的发生可能来源于：一是核算方式错误。在分析中发现 RH 酒店购销比率和经营收现比率远高于其他酒店，在详细分析现金流量表后发现其银行存款核算存在错误，导致现金流量表数据失真。二是核算不规范。在分析中发现部分酒店工会经费和职工教育经费计提于工资总额不成比例，物业公司工资总额与企业人数不成比例。三是违反会计准则和行业统一会计政策。部分酒店存在已使用资产未进行转资折旧，部分业务收入与成本不配比等。

3.4 3 个分析阶段

3 个阶段，是指对财务分析要经过 3 个阶段，分别是财务分析的 5 个维度、4 个层级和 3 项总结。明确财务分析的 3 个阶段，可以适当解决分析角度不广、层级不全、深度不够的问题。

3.4.1 5 个纬度

3.4.1.1 要素反映企业的效益性

分析企业各项经济要素和经济资源，是否实现了最大化的经济效益，是否存在浪费、闲置行为。这是财务分析的最重要纬度。

3.4.1.2 要素反映事项的规范性

分析各要素所反映的经济事项是否合法合规，事项发生的依据是否充分可靠。对于国企而言，规范与效益是“1”与“0”的关系，做不到规范性的“1”，创造多少个“0”的效益都是事倍功半，对规范性的需求应放在企业管理的首要位置。在实际分析时，需要重点关注企业投融资、资产购置折旧和处置。

3.4.1.3 要素反映内控的有效性

分析各要素所反映的企业内部控制措施是否符合国家法律法规的要求，内控措施是否健全完整、是否覆盖经济活动的各个环节，各种经济行为是否严格按照内部控制要求开展。对内控管理的有效性重点关注资产配置管理、资金收支、重点费用核算。

3.4.1.4 要素反映风险的适配性

风险是企业经营发展中必然存在的产物，天然具备两面性。一方面，企业风险的累计可能会造成危机进而影响企业经营；另一方面，风险也是效益和创新的源泉，因此，财务分析的重点不应只着眼于单纯地规避风险，而应该从事前监测、事中诊断、事后处理三方面对企业风险进行全过程的监控和评估，通过财务分析建立财务风险监督预警机制，将风险严格控制在可接受的范围内。在实际分析中，应重点关注反映企业偿债能力、盈利能力以及现金流健康程度的指标，如速动比率、资产负债率、总资产报酬率和现金利息偿付倍数等。

3.4.1.5　要素反映记录的准确性

分析各经济事项的记录是否客观、准确、完整。尤其是对于子公司，分析是否存在为了完成绩效目标而不遵守会计准则和行业制度。

3.4.2　4 个层级

4 个层级，是指对各个要素和各个纬度分析的 4 个方向。

要素层级，即对要素自身每个纬度进行分析，一般可以采用水平分析法和趋势分析法。

整体层级，即对要素在企业整体中的作用和占比进行分析，一般可以采用垂直分析法和因素分析法。

行业层级，即对各个要素在同行业中的竞争地位进行分析，一般可以采用对比分析法和对标分析法。

战略层级，即对各个要素是否符合公司战略要求进行分析，一般可以采用进度分析法和综合分析法。进度分析法一般用于对要素与短期目标的适配程度进行分析，综合分析法一般用于对要素与长远规划的适配程度进行分析。

4 个层级之间并不是一成不变、泾渭分明的，而是相互融合、相互关联的。如对短期目标的进度分析，可以将进度情况进行水平分析，分析与历史情况相比进度完成的快慢；可以将进度情况进行垂直分析，分析该要素进度在整体进度完成中的情况；可以将进度情况进行对比分析，分析与其他类似单位相比，该要素进度完成是否符合客观环境的变化。

3.4.3　3 项总结

3 项总结，是指对要素的各个纬度和层级进行分析的 3 个具体方法。

是什么（WHAT），即通过收集数据，对每个要素、每个纬度、每个层级的实际情况进行展现，进而发现其中的问题。通过“是什么”，对企业进行全面体检，找出异常数据。

为什么（WHY），即通过收集经营数据，运用各种分析工具，对“是什么”中发现的问题，分析经济活动结果背后的原因，通过对数据的收集、分析，要将问题不断分解，分解到末端。通过“为什么”，对企业体检出的异常进行诊断病根。

干什么（HOW），即通过思考研究分析，针对“为什么”中找出的原因和层级，提出改善措施。一是整改过去已发生的问题，实行建档立案销号管理。二是改进现有核算方法，通过信息化手段对部分风险数据进行检测预警，对数据真实性进行验证，对各项重点费用报销进行刚性控制。三是固化财务管理体系，通过建立完善的核算办法，确立横向对标管理的标准，修订集团统一制度，保障经济业务在会计法规和行业制度的范畴内运行，同时结合各单位具体实际制定符合其实际工作的个性化制度标准，保证制度对经济业务的全面覆盖性和可执行性。通过“干什么”，对企业诊断出的病根，开出药方积极治疗。

三内容，就是对企业体检、诊断、开药的过程。

4　应用效果

自 2018 年 6 月至今，T 集团公司按照“坚持 1 个核心定位、明确 3 个主体责任、针对 6 项分析要素、开展 3 个分析阶段”的财务分析新模式，按季对集团进行内部财务分析，为企业带来了很好的效果。

4.1 增加了企业效益

如通过对集团母子公司资金这一要素的分析，发现了各单位资金收益不均衡，资金管理存在薄弱环节。经与各单位和银行多方沟通，提出了解决措施并予以实施，为集团年增收益 400 余万元。

4.2 降低了财务风险

如通过对费用这一要素的分析，发现部分单位费用开支方面存在不规范的风险。鉴于此，及时召集这些单位进行集中培训，提高各单位风险意识，避免企业风险。

4.3 夯实了核算基础

如通过对应付职工薪酬这一要素的分析，发现个别单位在职教费、工会经费、社会保险等方面的计提和使用方面存在不足。为此，T 集团专门召开研讨会，明确各项会计核算的要求，夯实了核算基础。

4.4 确保了企业战略目标的实现

如通过对盈利能力指标的分析，发现个别单位部分指标完成情况不利，进而影响到了集团战略目标的实现。为此，财务分析人员与该单位多次研讨，提出了改善建议并顺利实施，确保了集团战略目标的完成。

5 结束语

内部财务分析是企业财务管理的重要内容。切实发挥财务分析作用，切实体现财务分析价值，切实助力企业长远发展，既是企业财务部门和财务人员的追求，又是企业科学决策的需要。本文通过对样本集团内部财务现状的分析，探索建立实施了“坚持 1 个核心定位、明确 3 个主体责任、针对 6 项分析要素、开展 3 个分析阶段”的财务分析模式，希望能够为相关企业提供一定的借鉴。

参考文献

[1]中国注册会计师协会. 公司战略与风险管理[M]. 北京：经济科学出版社，2013.

[2][美]博迪，凯恩，马库斯. 投资学精要(第 8 版)[M]. 北京：清华大学出版社，2011.

[3]张先治. 财务分析理论发展与定位研究[J]，财经问题研究，2017(4)：81-86.

[4]金亚文. 财务报表分析存在的问题与改进方法研究[J]，企业技术开发，2015，34(36)：131-132.

“互联网＋”背景下的财务开支电子审批应用

徐正波，王勇

（山东中烟工业有限责任公司财务管理部，山东济南，250014）

［**摘要**］财务开支电子审批，是基于“互联网＋”背景下，将财务报销管理的相关制度和流程要求固化到信息系统中，由业务经办人在系统中填制电子审批单据，发起审批流程，审批人通过网上办公，依次在系统中进行网上审核、签批，实现实时、秒批、业务财务的融合。本文重点关注“互联网＋”背景下的财务开支电子审批的实际应用，首先分析了“互联网＋”背景下实施财务开支电子审批的背景和意义，其次分析了新形态下的财务开支电子审批变化，然后介绍了项目实施的内容和主要关键点，最后分析了财务开支电子审批在山东中烟公司企业中的应用，以期为烟草行业以及其他行业单位探索“互联网＋”背景下的财务开支电子审批的进一步应用与发展提供参考与借鉴。

［**关键词**］财务开支电子审批；互联网＋；业务财务融合；企业应用

1 背景意义

“互联网＋”是创新2.0下的互联网与传统行业融合发展的新形态、新业态。随着全球信息化的快速发展，各种新兴系统软件的应用让企业在财务管理中受益匪浅，但是在财务一个很重要的基础领域——报销业务中，延续了数十年的传统模式依然罕有变化。2016年10月，财政部制定的《会计改革与发展“十三五”规划纲要》指出，各界要密切关注大数据、“互联网＋”发展对会计工作的影响，推动各单位会计信息系统与业务系统有机融合，促进财务、业务数据的融合与互联，研究探索会计信息资源共享机制、会计资料无纸化管理制度。国家对于新时期信息系统与业务系统有机融合的重视，将信息系统与业务系统的有机融合建设提升到重要的战略层面，为“互联网＋”背景下的企业财务开支发展提供了重要的政策支持。信息化的高速发展对传统财务工作提出了更高的要求，改变了传统的财会观念，将作为会计循环起点的原始单据的传递、审批也纳入整个网络财务系统之中，已经成为财务管理工作的当务之急。

2 基于“互联网＋”背景的财务开支审批需求变化

传统财务开支模式，主要是以纸质审批为主的“单轨”运行模式或纸质与电子审批并存的"双轨"运行模式，存在的问题显现得愈加突出。"互联网＋"模式开启了一次重大的创新转型。这种形态和渠道，不但促进了传统行业的换代和升级，而且创造了人们巨大的想象空间，促进了传统财务核销方式的重大变革，主要体现在审批理念、效率提升、角色转换、业财融合四个方面。

2.1 基于"互联网＋"的财务核销审批理念之变化

伴随着信息化，特别是"互联网＋"的高速发展，现代化的企业管理理念不断冲击和改变着传统的财会常规管理，使用电子审批取代纸质审批，已被越来越多的单位所接受，很多单位都已经用现代信息技术改造传统的财会业务流程。通过互联网的联通性和智能化，报销人员能够不受时间地点的约束进行报销工作，领导能够随时随地完结单据的批阅，财务人员也能够轻松地进行审核、付款、统计分析，一切工作网上完结，互联网打破了时间和空间限制，极大地提高业务、财务人员的办公效率和财务管理水平。

2.2 基于"互联网＋"的财务核销效率之变化

互联网、大数据对传统财务核销发出挑战，传统方式下的弊端凸显。一是业务人员核销单据填写效率低。业务人员需手工填写大量的繁琐信息，如付款事由、付款单位信息、收款单位账户账号等，受财会知识限制，一旦单据填写有误，将前功尽弃，面临作废重签字问题。二是财务人员审核记账效率低，在做审核及账务处理过程中，需将纸质单据中包含的众多信息录入账务系统中去，造成重复劳动。三是审批效率不高。员工需要携带纸质单据找各级审批人面签，如果审批人出差，则需要等待较长时间。

2.3 基于"互联网＋"的财务核销人员角色之变化

"互联网＋"背景下的财务核销，无论是业务人员还是财务人员，角色都发生了重大变化。首先，解放了业务人员，业务人员仅通过电脑或手机即可完成一站式财务核销，不用再追着领导签字，不会再因财务报销而耽误正常工作。其次，对财务人员的工作也是一个巨大的减负，不再需要手工录入凭证，重复机械工作，耗费大量时间和精力，互联网的出现大大促进了会计人员由核算型向管理型的转变进程。

2.4 基于"互联网＋"的财务核销业财融合之变化

一是业务数据财务化。新形势下的管理要求数据采集关口尽量前移，互联网提供了信息支撑，从业务人员录入单据开始，即开始原始业务数据收集，同时将业务数据转换为财务语言，实现业务数据财务化。二是财务数据共享化。电子审批的使用不但提高了报销效率，更进一步实现了财务数据和业务管理的共享。业务人员可自助查看到个人的历史报销记录和报销进程，部门负责人可查看到部门费用和使用情况，企业领导可以实时掌控公司预算、现金流的情况。

3 关键技术研究

面对问题，众多的企业和专业化的厂商在寻求变革之路，微软、惠普、中兴通讯等国内外知名企业均不约而同地选择了网上审批、报销这种新的业务模式。我国烟草行业内一些单位也进行了探索,并取得了很好的效果。山东中烟工业有限责任公司自2017年起,也进行了"互联网+"背景下的财务开支电子审批模式大胆创新。

(1)设计项目实施方案。依据公司现有的信息化系统,研究设计符合公司实际的系统实施方案。

(2)费用预算校验。在发起业务开支审批登记时,系统即可自动进行预算检查,并在预算额度不足时,及时作出相应调整。

(3)现金预算校验。办公系统判断如果是现金支付,则发送相关信息到资金监管系统进行现金预算校验,返回校验信息。

(4)合同校验。在发起业务开支审批登记时,系统即可自动进行有关合同执行情况的检查,在业务核销完毕时,又自动将有关信息反馈至合同中,反映出合同的执行情况。

(5)预算指标(业务事项)。经办部门在发起业务登记时,根据实际核销内容选择对应的预算指标(业务事项),同时自动带出对应的会计科目,并能够自动调用。

(6)集成方案制定。研究办公系统(OA)与ERP、资金监管系统(TFM)在主数据、费用核销、付款申请、合同汇审等方面流程与数据关系,设计数据集成方案。实现ERP系统供应商、科目、成本中心、订单、人员账号、原因代码等数据与OA的集成;实现两项系统合同编号、合同额、供应商等信息与ERP系统和OA系统的集成。财务开支网上审批作为业务发起系统,以及与两项系统、ERP系统、资金监管系统的业务集成方式。需要付款时,将纸质凭证传递至出纳,同时要将电子凭证信息从ERP系统传递至TFM系统,自动进行资金预算校验,通过规则校验和审批后,由出纳对应纸质凭证和电子支付信息办理付款。

4 "互联网+"背景下的财务开支电子审批设计与实现

自2017年起,山东中烟工业有限责任公司启动"互联网+"背景下的财务开支电子审批项目的相关工作,依托公司现有信息化系统,通过系统集成开发,优化公司财务开支流程,完成财务开支审批业务由纸质审批向电子审批的过渡。

4.1 总体方案设计实施

按照"统一标准""统一平台"的行业信息化要求,完成了在信息标准、技术路线、应用程序开发架构、应用集成架构等方面的开发,实现了以ERP基础数据为基础,各项费用业务审批、管控流程在办公系统中平稳运行,资金支付在资金监管系统中规范运行为目的的系统应用开发(见图1)。技术实现内容包括:一是在信息标准方面,按照"统一标准"的要求,系统采用符合国家、行业制定的标准和规范(国标);二是在技术路线方面,根据"统一平台"的行业信息化要求,系统采用遵循J2EE标准的B/S结构,采用组件式开发技术;三是在应用程序开发架构方面,采用基于Web服务的架构思想和多层架构思想指导系统设计,实现表示层、Web服务层、业务逻辑层和数据层的分离建立可根据业务需要进行组装、定义的信息化应用平台;四是在应用集成架构方面,采用面向服务的体系结构(SOA),通过企业服务总线实现对服务的注册、路由和数据交换,各应用之间的接口则基于Web Service服务方式。

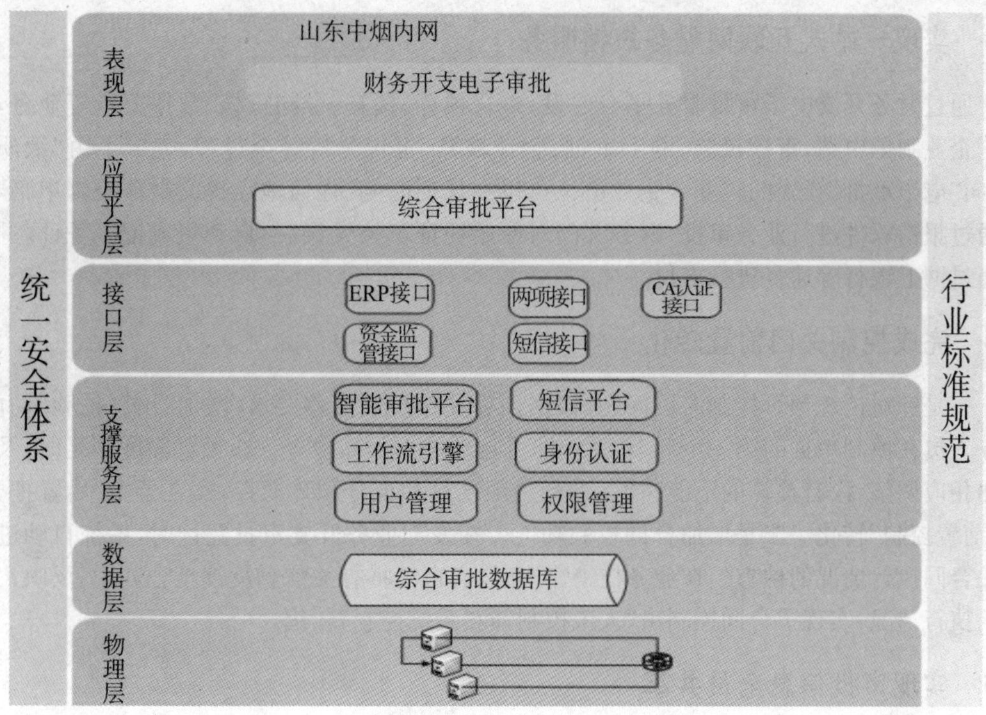

图 1　总体技术架构图

4.2　系统功能实现

系统总体功能包括个人业务(大循环)、个人业务(小循环)、对公业务、现金预算审批四大类财务开支电子审批应用(见图 2)。ERP 系统负责业务(费用)预算编制、预算控制、预算执行反馈及会计核算。OA 系统负责财务开支电子审批单据的登记制作及业务审批。资金监管系统负责资金预算的控制、资金支付监管、审批及办理,两项工作平台系统负责合同审批。

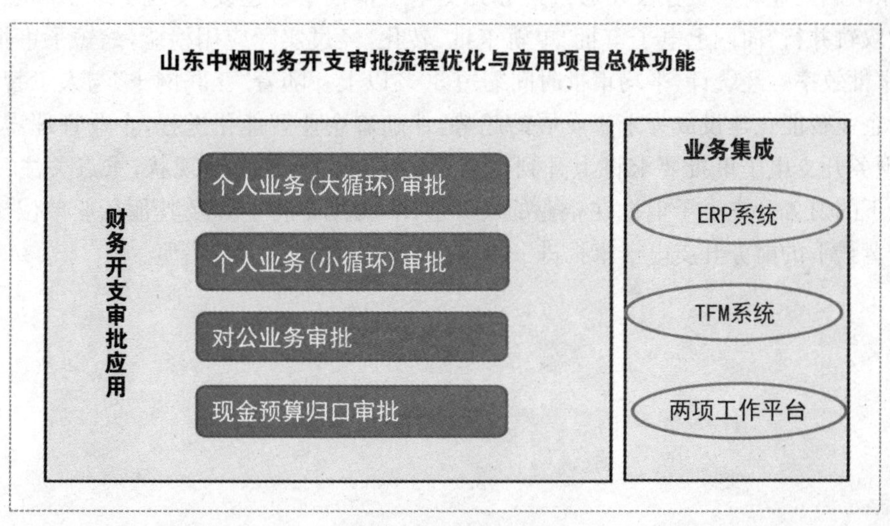

图 2　总体功能实现图

4.3 实现一站式互联网财务核销服务

通过财务开支电子审批服务平台建设，整合预算、核算、合同审核、数据分析等业务，打通了企业制单申请、审核校验、网上审批、会计核算、报告分析等全过程，完成了由“纸质审批”向“电子审批”模式的转变。企业员工可以在任何时间、任何地点提交财务报销申请，领导通过报销软件进行业务审批，财务部门对原始凭证审核无误后，自动生成记账凭证，并可以通过网上银行等途径进行支付。

4.4 完成控制关口前置转化

一是针对传统预算控制滞后问题，根据预算关口控制前移要求，增加“预算校验”功能。业务人员在填制单据的第一个环节，系统即可自动进行预算检查。在预算额度不足时，及时作出相应调整，没有预算的不能付款，进行费用预算和现金预算双控，实现了由“后置把关”向“前置控制”转化。二是增加合同校验功能。在发起业务开支审批登记时，系统自动进行有关合同执行情况的检查。在业务核销完毕时，又自动将有关信息反馈至合同中，反映出合同的执行情况，实现了合同控制由“人工控制”向“系统控制”转化。

4.5 实现审批信息全员共享

财务开支电子审批服务平台上线后，打通了ERP系统、OA财务开支电子审批系统、TFM资金监管系统间的数据传递，实现从预算控制到费用核销、会计核算、资金支付和数据分析的全流程信息化管理，每项开支的业务事项类别、审批流程、审批进展、各节点的审批情况等信息更加完整、公开、透明，便于企业各级人员按需使用，便于系统间信息的共享。

5 结论

山东中烟工业有限责任公司通过财务开支电子审批平台建设，实现了纸质和电子审批流程由“双轨并行”向网上电子审批“单轨审批”转化，经过实际应用检验，缩短了审批时间，提升了审批效率。经统计，平均审批时间缩短30%以上。随着“互联网+”与人工智能的高速发展，企业智能化建设成为未来发展的趋势，伴随着企业智能化进程，企业管理需求特别是企业财务开支电子审批要求将上升到更高层次。本文立足企业现状，重点关注“互联网+”背景下的财务开支电子审批在企业的实际应用，为烟草行业以及其他行业单位探索“互联网+”背景下的财务开支电子审批进一步应用与发展提供参考与借鉴。

关于烟草企业内部审计工作转型的探索

王海峰

(山东临沂烟草有限公司,山东临沂,276001)

[摘要] 烟草企业内部审计是对本单位的财务收支状况,经营活动的真实性、合法性和经营效益等作出严格审核、实施评价和内部监督的过程。新形势下,随着烟草行业深化改革进程的不断推进,对企业的内部审计工作转型进行思考探索,加快建立现代企业管理制度,保障企业规范经营,确保实现经营目标。

[关键词] 烟草行业;内部审计;转型探索

1 烟草企业内部审计所面临的压力

随着烟草企业的不断发展,企业内部组织结构不断增多,行业规模逐渐扩大,烟草行业内部审计工作面临着巨大的压力和挑战。实施内部审计监督,落实行业规范经营管理要求,保障企业资产的安全,提升会计信息质量,实现对各直属单位经营业绩进行客观、公正的评价是烟草企业内部审计的主要职责[1]。

1.1 烟草企业实现健康发展的需要所面临的压力

近年来,烟草行业面临"烟草控制、完善体制、构建和谐、国际竞争"四大挑战,迫切需要加强企业生产经营的内部规范和提高外部市场的竞争力,以抵御市场竞争的巨大压力,谋求烟草行业自身的发展机遇。内部审计作为烟草企业实施公司治理、内部规范和风险控制管理的职能机构,可以保障烟草行业可持续健康发展,这对行业内部审计工作提出了新的更高要求。

1.2 烟草企业完善企业内部治理结构所面临的压力

我国经济已由高速增长阶段转向高质量发展阶段,随着烟草企业法人治理结构的不断完善,烟草企业内部监督发挥了降低企业的财务风险、保障企业规范经营的良好作用。多年来,烟草行业不断加强自身规范管理工作,通过纪检监察、整顿规范、内部监督管理等部门的监管和控制,保障企业规范经营,严格落实国家烟草专卖制度。在行业内部审计工作中,通过审计监督评价企业规范经营状况,保障利税目标的实现,确保行业严格执法,规范经营。

这种广角度、多方位、立体化的监督管理体制给烟草企业内部审计带来了较大压力。

1.3 烟草企业内部审计工作转型所面临的压力

烟草企业需要充分发挥内部审计监督作用，加快内部审计工作转型，努力适应经济新常态的发展需要。国际内部审计师协会认为，企业内部审计是一种以风险为导向的责任审计。烟草企业内部审计对于完善公司治理结构、加强风险管理发挥了重要的作用。随着烟草行业自身规范管理工作的严格落实，对烟草行业现行的财务导向和管理导向提出改进方向，亟须提高企业内部控制力和外部竞争力，而内设的审计控制部门职责的多样性、职能定位的科学性，对于实施企业生产经营的全面监督带来更大的压力。

2 烟草行业内部审计全面转型的探索

2.1 加强内审监督，优化内部审计流程

烟草企业内部审计工作流程优化是为实现审计目标服务的。根据现有内部审计流程，分析影响审计效能的审计环节，按照审计程序、审计环境和审计目标的实际需要制定科学合理的内部审计工作流程[2]。

2.1.1 内部审计流程的规划

烟草企业内部审计流程分为审前准备、现场审计、审计报告、审计整改四个阶段，也可以细分为审前调查、编制方案、审前培训、现场审计、制作底稿、撰写报告、结果沟通、审计整改等流程。审计人员通过对现有的流程进行客观的分析与审视，认为内部审计流程的关键节点是审前知识培训、审计方案执行、审计文书撰写，这些节点是保障审计工作质量的关键环节。

2.1.2 内部审计流程的设计

加强烟草企业内部审计流程的分析和对关键节点的辨识，最大限度地简化影响审计工作质量和效率的不必要流程。通过对审计流程的整合优化，缩短下达通知书、编制内部审计方案等前期准备工作时间，提高内部审计流程运行效率。通过简化环节和整理流程，确保审计问题早检查、早发现、早整改，通过边审边改，不断优化、提高内部审计工作效率。

2.1.3 内部审计流程的实施

烟草企业内部审计工作人员通过提高思想认识，加强学习交流，严格执行新的内审工作流程，确保内部审计工作顺利实施。在内部审计流程运行的过程中，内部审计人员要特别注意发现新流程运行过程中出现的问题，通过持续改进、不断优化，确保内部审计工作流程在全行业推广实用。

2.1.4 内部审计流程的评价

根据烟草企业内部审计新流程的实际运行效果，对内部审计工作流程优化结果进行评价分析，判断哪些流程有利于审计质量提升，哪些流程影响审计工作效率，通过审计人员的综合分析，集思广益，对相关内审流程进行再优化、再补充。总结内部审计经验成果，加快推广应用，确保烟草企业内部审计工作质量得到稳步提升。

2.2 加快内部审计信息化建设,发挥网络审计功能

2.2.1 提高现代内部审计信息化建设水平

内部审计信息化是审计工作开展的趋势,符合风险导向理念和提升审计技术的需要。现代化的审计软件和信息管理平台已经拓展到更广阔的审计应用领域。审计对象转变为既要审核会计账簿和凭证,又要对内部控制进行评价和梳理。在风险导向理念的指导下,审计模式由以前的事后审计监督转变为事前和事中控制。充分利用先进的信息化审计软件和丰富的传统审计方法,解决审计困难,提高工作效率。同时,通过内部审计控制评价体系的分析可以减少企业运行风险,保障企业规范经营。

2.2.2 建立科学的信息化网络审计模式

网络内部审计软件设计由四个工作模块组成,包括审计管理信息系统、预警管理系统、在线审计系统和现场作业系统。通过审计管理信息系统的建立实现数据之间的分析和共享,同步实现内部审计职能,便于提高审计效率,做好内部控制工作。预警管理系统可以高效率地实现数据的分析和预警,利用数据同步实现内部审计人员的远程互动,是履行信息网络化环境下的审计监督的最有效模式。在线审计系统是及时有效的审计监督模式,通过数据采集和交换,实现远程审计和实时审计,系统中设置底稿编制和疑点记录功能模块,突破人工审计的障碍,确保审计准确有效。而工作现场作业系统能够解决重要审计事项和重点线索的收集和取证,并且考虑到信息化未达到全面覆盖的实际情况,审计人员通过现场审计工具对对象实施审查,然后反馈到管理系统,现场审计和远程审计有效结合,突破内部审计工作的局限性。

2.3 健全内部审计机构,提升内审人员素质

2.3.1 健全内部审计机构

随着内部审计的发展,内部审计的范围逐渐扩展到经济责任审计、项目投资审计和经济效益审计等范围。在风险导向意识理念指导下,烟草行业需要强化机构设置,转变内部审计职能。烟草行业内审机构实行双重领导、垂直化管理的委派制,确保了地市级法人单位的内部审计机构的独立性,有利于保障省级公司充分履行出资人的职责,提高对子公司的管控能力,有效地解决了内部审计机构的职权局限性的问题。

2.3.2 提升内审人员素质

随着烟草行业内部审计工作的拓展深入,需要企业内部审计人员掌握丰富的财务和审计业务知识,熟悉企业生产管理流程,熟练操作财务、审计信息化软件,满足企业审计业务拓展的需要。烟草企业内审人员也要加强岗位职业教育培训,采用“走出去、请进来”的方式,学习新理念、新政策、新经验,提高审计专业化水平和服务意识,激发内部审计人员的积极性和创造性。通过不断提升业务素质,一专多能,从会计中看审计,透过账目看全面,从政策和机制方面发现问题,抓住要害,不断提高全行业内部审计工作实效。

3 结语

烟草行业内部审计是企业健康发展的免疫系统，对于提高企业生产经营效益，促进企业健康发展，实现生产经营的严格规范具有十分重要的意义[3]。从烟草企业内部审计体制、审计人才建设和技术创新着手，通过优化流程，提高内部审计工作质量和效率，发挥行业内部审计效用，适应经济社会发展新需求，为烟草行业的持续健康发展提供更多的增值型服务。

参考文献

[1]刘昂．在信息技术条件下对公司远程内部审计的展望[J].商品与质量，2012(8)：214.

[2]江燕云．内部审计在企业中的发展应用——以烟草行业为例[J].中国商论，2018(6)：120-121.

[3]郑敏．烟草企业增值型内部审计的探析[J].现代经济信息，2015(15)：173-174.

财务分析在烟草企业精益管理中的探究

张萌

[山东菏泽烟草有限公司东明县局(营销部),山东菏泽,274000]

[摘要] 目前,财务分析工作是烟草企业精益管理中的重要工作事项,在企业管理和经营决策上发挥着指导性的重要作用。将企业财务分析与精益管理有机结合是一个逐步完善的过程。新的管理方式的完善与推广是一个长期的过程,从当前财务分析工作的实际发展状况出发,来分析其在实际应用过程中产生的作用,结合现有管理模式与企业长远发展规划,合理灵活运用精益管理,将其效能发挥至最大化。

[关键词] 财务分析;精益管理;烟草企业

1 引言

烟草企业的生产经营和管理,通过财务分析的相关工作部署和决策机制来强化企业精益化管理。烟草行业财务核算管理较为规范。现在,烟草行业根据财政部相关要求,在公司内部搭建了统一的平台,采用了标准的财务管理软件,用于处理会计业务,推行行业财务业务一体化管理,这为公司财务分析工作提供了良好的基础。在当前市场化竞争愈加激烈的发展环境中,烟草企业对于市场信息的处理和分析能力已经成为了衡量一个企业管理能力的重要考量指标。通过财务分析,对市场信息和企业内部经营管理状况信息的汇总,进而开展分析和总结,为企业实现精益化管理提供了强有力支持。将烟草企业现有模式与精益管理有机结合是一个逐步完善的过程。新的管理方式的完善与推广是一个长期的过程,必须结合行业实际情况,结合现有管理模式与企业长远发展规划,合理灵活运用精益管理,将其效能发挥至最大化。

2 财务分析在企业精益管理中的价值分析

2.1 财务分析在提升精益管理工作中的必要性

财务分析为现代企业良性发展中必不可少的重要过程,推动着企业的健康、有序发展。对于烟草企业而言,当前国家对烟草行业的监管控制力度增加,无形中加剧了企业的发展压力，为了在这一紧张的局势下实现良性发展，提升其经济效益，越来越多的烟草企业选择提升自身管理水平，逐步实现完善的精益化管理。烟草企业进行财务分析可以提升会计信息资料的质量。由于烟草企业当前的发展局势较为紧张，为了在瞬息万变的市场经济中平稳发展，就要借助财务分析手段来确保会计信息数据的精准度、实用度，帮助企业及时掌握各种有效信息，从而作出正确的决策。

2.2 财务分析能够提高企业财务制度的科学性

在当前企业财务管理体系下，财务分析可以依靠其丰富的功能模式和强有力的分析能力，为企业管理和经营各项事务进行精准的测算、规划和管控，可以逐步完善财务体系制度，对以往财务工作中出现的问题进行深刻的反思和研究，以正确的信息作为依据，进而找出问题所在，并制定合理的对策加以解决，大大提升了财务管理工作的科学性与合理性，坚持把财务分析作为精益管理的基础，财务分析的持续优化和落地执行是全过程精益的主要载体，通过财务分析，在各个环节避免浪费、降本增效，进而实现全过程精益管理。

2.3 财务分析能够提升精益管理工作的规范化程度

财务分析可以及时发现财务工作中存在的环节上的问题和不足，有利于建立更健全的财务体系和管理机制，由于财务分析的对象包含了多种业务信息和数据，可以形成综合性的事务分析和处理结果，所以优化财务工作的流程和细化财务管理工作要求，大大提高了管理效率和质量。这样就能够将各类财务工作事项充分进行整合，实行统一集中式的管理，并相互促进和支持，通过规范化的工作流程来让各项工作精益化。

2.4 财务分析能够帮助企业防范财务风险

财务风险和漏洞一直是企业发展经营中面临的重大问题，而财务分析的相关工作职能可以提高企业对于财务风险的防控和治理能力，进而获取更多的经济效益，降低安全风险系数。烟草企业进行财务分析有利于保证企业资产的安全完整。利用财务分析可以对企业货币资金的收入支出以及财产物资管理进行控制，从而规避一些贪污腐败等恶性事件发生，保证企业的资产不受侵害。

3 烟草企业财务分析中存在的问题

3.1 财务分析意识有待加强

在烟草企业，由于一些基层财会工作人员不了解企业财务分析所涉及的过程及目标，没有企业财务分析这个概念，同时也缺乏相应的专业理论知识，所以，他们在思想上很难意识到企业财务分析在企业精益管理中所具有的重要作用。因此，这些企业即使制定了完善的企业财务分析制度，也很难付诸实施。企业财务分析的监督管理制度有必要做到实处。

3.2 财务分析报告过于单一，未与业务信息融合

目前，财务分析对事后分析比较注重，并没有认识到事前分析与事中分析的重要性，所提出的报表分析仍旧处于事务型状态，这种模式下财务分析报告形式呈现出单一性与片面性。从另外一个角度分析，财务数据与业务信息并非仅仅由财务部门提供，还离不开业务部门，两个部门因为存在区别，所以所提供的数据也存在差异，并且因为部门对信息的需求度不同，也容易导致企业财务管理效率受到制约。

3.3 财务分析人员综合素质有待提高

众所周知，任何一套财务报表都不能完全反映出一个单位的生产经营、财务状况等信息，除了财务报表自身信息量不足的缺陷外，财会人员的专业水平参差不齐，也有些财务管理人员是非财务专业出身，这不仅使对报表数据的分析仅停留在数字表面，对关键财务指标分析也有了很大的局限性，财务分析也不能与宏观经济政策、企业战略目标相结合，这影响了会计报告所反映信息的客观性，同时也阻碍了企业实现精益化管理的进程。

4 烟草企业财务分析制度发展建议

4.1 增强财务分析管理意识

在行业高质量发展的背景下，要想真正推动财务分析的创新发展，那么在企业精益管理中树立正确的财务管理意识，正确认识财务分析对企业发展的重要作用。将财务分析与企业行政管理、组织活动等融为一体，在财务分析中主要沿用发现问题、分析问题、解决问题的思路，并且要注重加强事前分析，严格执行相关法律法规，提高企业经济实力。财务分析工作中，企业经营者要全面系统化地分析企业经营、职能分配及经营成果展示等方面存在的问题，对管理与经营决策进行优化，密切关注高质量发展的新要求，促进企业实现长远发展。

4.2 构建完善企业财务分析的管理体系和战略

企业需要严格按照时代发展的要求，针对性地制定配套可行的财务战略，构建科学且合理的财务分析体系，还需要对业务量与信息量加以明确，依据数据规模对财务分析的层次与结构加以明确。良好的企业规范制度是一个企业有序运营的根本保证。烟草企业只有健全管理制度，其财务分析结果对企业的运营才会产生良好的效果。在大数据时代需要对业务、财务等信息进行深度挖掘，即数据信息呈现出海量性，如果采取人工模式是无法完成的，所以要制定智能的财务分析体系，使其贯穿数据、信息等内容。另外，财务分析还需要将环境、业务等贯穿其中，对企业的利润以及成本来源加以了解，并针对性地改善结算流程，制定智能化的分析系统，这样能够使精益很好地融进财务管理工作中，也能够辨别风险，起到防范作用。

4.3 提升财务分析人员素养

财务分析人员要正确认识新时代变化的要求，深入学习新的分析方法，具备扎实的财务处理能力与数据分析能力，且还要对数据加以正确判断，树立正确的财务思想，在无形中提高自身的财务大数据处理能力。如财务分析中需要对当期管理费用明细加以查找，并实现数据的有效对比，发现管理费用中所存在的变化规律，明确变化原因，必要的时候还需要制定多维度的核算项目模型。更重要的是要引导财会人员运用业务思维，跳出财务部门的局限性，站在企业管理的高度来拓展分析视角，将指标数据与数据背后的经营实质联系起来，保证分析结果能让业务部门更好地把控经营业务活动，能加强企业精益管理。

5 结束语

财务分析在当今烟草企业的精益管理中发挥着重要的指导和监督作用，对于管理决策部署也具有十分重要的作用和意义。企业要想从根本上提高财务分析质量与效率，就要以计划、风险与职能等为契机，改变财务工作，以此确定财务目标。为了推进企业精益管理的发展，以企业财务分析制度为发展核心，采取科学合理的对策来解决当前财务分析管理工作中存在的缺陷和问题，进而推动并完善财务分析制度和体系，进一步明确合理的发展建议，提高企业内控能力和竞争力，为烟草企业精益管理献力。

参考文献

[1]周柳燕．财务报表分析的作用和局限性探讨[J]. 财会学习，2017(1)：72.
[2]李玲玉，李露．探析财务报表分析的局限性及对策[J]. 经营管理者，2017(1)：19-20.
[3]赵丽燕．论财务报表分析对企业财务管理的影响[J]. 中国集体经济，2017(19)：99-100.
[4]王涛．财务报表分析中存在的常见问题及改进方法[J]. 企业改革与管理，2017(11)：151-152.

山东烟草多元化企业集团预算管理模式研究

陈德明，李琳，李月腾

（山东烟草投资管理有限公司财务管理部，山东济南，250098）

［摘要］本文通过对行业多元化企业集团预算管理现状的梳理，指出了其中存在的工作定位不清晰、战略支撑作用不明显、归口管理不给力、控制方式较单一等问题，分析了多元化企业与主业单位在预算管理方面存在的不同点，提出了建立“统一领导、分级管理、分类管控、全面归口、灵活调整”的预算管控模式。

［关键词］多元化；企业集团；预算管理

1　目前多元化企业预算管理现状

山东烟草投资管理有限公司成立于2010年3月。自设立之日起，投资公司根据省局（公司）的要求，参照主业单位的做法，搭建了多元化企业预算管理体系。

一是成立了“统一领导、分级管理”的两级预算管理机构。投资公司本级，作为集团管理总部，建立了投资公司系统预算管理委员会，制定了预算管理制度，负责全系统的预算管理工作。投资公司所属各单位，作为独立法人，成立了本单位的预算管理机构，负责本单位的预算管理工作。

二是明确了归口部门。根据上级要求，按照“谁管理、谁负责”的原则，结合当时的实际情况，制定了预算归口管理办法，将各个预算项目分配给相关部门。

三是制定了预算工作流程。明确了预算编制、控制、监督的流程和要求，指导投资公司系统各级开展预算编制控制工作。

2　预算管理中存在的不足和问题

全面预算管理，对投资公司加强内部控制、打牢财务基础发挥了重要作用。但在预算管理运行期间，也发现存在一些不足和问题。

2.1　预算工作定位不够清晰

投资公司成立之初，建立全面预算管理体系，除了自身实际需要之外，还有响应上级要求完成工作任务的因素，预算管理体系和主业保持一致。而对于多元化预算管理，在企业经营发展和决策管理中，应该起到什么作用不清晰，充当什么角色不明确，定位模糊。在一定程度上存在为预算而预算的情况。

2.2 战略支撑作用不够明显

自 2014 年后，投资公司逐步实行了以“战略目标管理”为核心的多元化集团管控模式。战略层面，集团总部制定了长期发展规划，如酒店业扭亏为盈五年规划。目标层面，每年底通过“自上而下、自下而上、上下结合”的方式开展目标编制工作，年度内开展目标调度工作，年底开展目标考核工作。但在战略目标管理实施过程中，预算管理较为滞后，存在着预算与战略目标脱节的情况，存在着为了确定总体目标而硬性且不合理地调整明细预算的情况。

2.3 归口部门作用不够给力

根据行业要求，全面预算项目较多，包括财务预算、业务预算、资本性支出预算、专项预算等。投资公司下辖单位业态多，包括酒店、物业、贸易、零售、地产等领域，且各单位处于不同的阶段，工作重点不同，很多项目难以归口。投资公司本部部门数量少，对各基层单位具体业务掌握少，难以一一对应各单位的业务项目，部门不好归口。虽然通过制度的方式进行了强制归口，但归口部门难以发挥作用，不知怎么审核、怎么管理，存在“只归口、不管理”的情况。

2.4 预算控制方式较为单一

投资公司对各直属单位的各预算项目均实行了由集团总部单项金额控制的模式。一方面，各单位预算项目之间存在着很大的关联。如酒店餐饮成本，与其餐饮收入密切相关，收入高，自然成本大。对成本实行单一的金额控制，导致在收入超出预期时带来成本超预算执行的问题。另一方面，即使同样的业态单位，因处于不同的阶段，预算标准和特点也不相同。如刚开业的单位，处于拓展阶段，为了打造品牌，相应的成本率、费用率就高。处于成熟阶段的单位，运营较为稳健，成本率或费用率可以相对稳定。这种情况下，对各单位实行统一的预算管控模式，采取统一的成本费用标准，导致预算与企业情况不符，反而给企业经营管理带来了障碍。这种情况下，各直属单位为了确保不发生超预算情况，在预算编制环节容易少报收入、多报成本费用，形成了事实上的集团总部与直属单位之间的博弈。

2.5 存在预算“重费用控制、轻收入管控”的问题

由于收入受客观环境和市场状态影响比较大，预算工作把易于掌控的成本费用作为了预算控制的重点。在日常工作中，对于成本费用关注多、要求多，对于收入类指标关注少、分析少。预算成为了简单的成本预算和费用预算，与全面预算存在差距。

2.6 存在“重编制、轻控制”的情况

一方面，由于没有预算考核，各单位仅根据要求于年初编制预算，而在年度内，对预算的控制反馈较弱。另一方面，由于各单位处于市场竞争中，市场情况变化大、变化多，预算也难

以实时控制。同时，已经有了目标考核，也难以在目标考核之外增加预算考核项目。

3 问题产生原因分析

预算管理中出现这些问题，在很大程度上是因为投资公司是参照主业单位建立的预算管控模式，并融入了省局（公司）系统全面预算管理框架之中。但是，投资公司作为多元化企业，与主业单位相比，在预算管理方面存在诸多的不同。

3.1 预算的编制更加困难

一方面，与主业计划经济垄断行业不同，多元化企业处于市场经济中，属完全竞争行业，具有较强的易变性、不确定性、复杂性和模糊性。各单位对于经济指标的预测更加困难，对于市场把控更加困难。因此，预算编制的准确性更低。另一方面，不同的企业处于不同的阶段，工作重心重点也会不同。如处于起步阶段的，需要扩大市场，可能会采取扩张性战略，加大投入，费用总额和费用率会相应提高。处于成熟阶段的，需要保持市场，一般采取稳健型战略。处于收缩阶段的，一般采取收缩型战略。阶段不同，重心不同，各单位间预算编制难以照搬。所以，预算的编制相比主业需要更加的细致，需要归口作用更加充分的发挥。

3.2 预算的控制更加困难

完全竞争的行业，年度预算受市场和外界影响更大。市场形式的变化，会对预算产生较大的影响。如酒店行业收入预算，会受到周边客流情况的影响，如果客流情况因社会热点发生变化，就会影响到酒店的收入。会受到竞争对手的影响，如酒店附近有新的竞争对手推出更加具有竞争力的营销策略，就会影响到酒店的收入。会受到突发安全卫生事件的影响，如社会上如果出现酒店卫生安全事件，则会导致酒店收入明显减少。会受到大型会议的影响，如在召开国家大型会议时，会对酒店营业造成冲击。所以，多元化预算的调整、考核等控制工作，相比主业需要更加的灵活。

3.3 预算与企业目标管理战略管理联系更加紧密

目前，行业实行以目标管理为中心的绩效管理模式，即上级单位确定绩效目标，下级单位自主经营，上级单位根据目标予以考核。相比主业单位，多元化企业经营效益、财务指标在目标管理中的比重更高、要求更严、考核结果兑现更多。为了确保企业长期战略和短期目标与实际情况相符，预算需要与目标和战略联系更加紧密。

4 调整建议

为了建立适合多元化特点的全面预算管理体系，可以从明确定位、完善模式等方面进行探索。

4.1 进一步明确预算的定位

将预算管理作为企业整体管理体系的一个组成部分，切实起到支撑战略目标、支撑资源配置、支撑常态管控的作用，解决“为预算而预算”的问题。

发挥战略目标的支撑作用。预算要作为战略目标管理的一部分，在战略制定目标管理中起到参谋助手的作用，提供数据支撑。具体就是要把预算管理嵌入目标考核管理中，作为目标制定的依据、考核的依据，实现预算与战略目标的一致性。

发挥资源配置的支撑作用。预算要作为贯彻落实企业规划的抓手，在资源配置中发挥预算硬约束作用。具体就是要在预算编制和控制过程中，区分各单位不同的工作重点，采取不同的控制方法，倾斜不同的资源。

发挥常态管控的支撑作用。预算要作为加强集团日常监管的方法，在常态管控中发挥预算的调度分析作用。具体就是要加强预算的日常控制分析监督，防止预算偏差，防范规范风险。

4.2 建立“统一领导、分级管理、分类管控、全面归口、灵活调整”的预算管理模式

4.2.1 统一领导

根据资产管理关系与行政管理关系，由投资公司对整个集团预算进行统一管理，包括成立预算机构、建立预算制度、审核各单位预算情况、向上级上报预算情况、对下视项目不同审批和备案预算、对全系统预算进行管控考核等。

4.2.2 分级管理

各直属单位在预算管理中分级负责，包括建立健全本单位预算管理机制、根据要求编制上报本单位预算、负责本单位预算工作的具体实施等。

4.2.3 分类管控

区分预算项目，实行集团管控与各单位自行掌握相结合、金额控制与比率控制相结合、审批与备案相结合的办法。

集团管控与各单位自行掌握相结合。集团把各单位作为利润和投资中心，结合目标考核管理的特点，严格和重点管控其利润总额、资本性支出和职工薪酬等部分专项预算，以及行业要求重点控制的招待费、会议费、福利费等项目，行业有标准的车辆、差旅等项目。对于行业不要求控制的项目，则由各单位结合各自实际情况自行控制，仅作为集团确定目标管理的依据。

金额控制与比率控制相结合。对于与企业经营存在直接关联的项目，如餐饮成本、能耗费用等，采取比率管控模式，通过比率控制促进企业降本增效。对于资产折旧摊销、业主费用等固定性支出，采取金额控制，确保符合规定。对于其他营销费用、办公费用等，在规范的基础上，结合各单位生产经营情况，依法依规控制。

审批与备案相结合。对于各单位利润、重点控制费用、资本性支出总额、部分专项预算等实行审批制，由集团总部予以审批，要求严格执行，并予以考核监督。如果调整，必须经集团审批。对于其他项目预算，在总部予以备案存档，作为总部日常监督的依据，具体由各单位自行控制。各单位可根据经营情况，在集团总部审批预算之内自行调整。下一步，探索逐

渐将预算控制与对标控制相结合，即首先确定各单位在本行业中的地位，然后根据行业的整体情况来进行预算的编制、控制和考核。

4.2.4 全面归口

完善制度机制，让归口部门全面介入预算管理中。制度建设方面，让归口部门介入，区分不同的项目，制定不同的控制办法；预算编制方面，由归口部门制定项目预算编制意见，进行预算编制审核；预算控制方面，通过信息共享的方式，由归口部门实时掌握各单位预算执行情况，及时发现执行过程中的问题；预算考核监督方面，明确归口部门对预算考核监督的权利和义务。为了实现全面归口，将预算项目由会计科目变更为业务类型，便于非财务人员更好地开展预算工作。

4.2.5 灵活调整

多元化企业，市场变化更加频繁，预测更加困难，调整也就更有必要。要建立预算调整的工作机制，明确不同预算项目调整的程序。对于重大预算项目调整，由集团董事会审批；对于一般预算项目调整，由集团预算管理委员会审批；对于较小的预算项目调整，则由各单位自行调整并报备。

5 结语

全面预算管理是企业生存和发展的客观需要。预算管理，可以通过预测支撑企业的战略规划，并进行细化分解；可以整合优化企业资源，获取竞争优势；可以监控企业的经营状况，发掘企业潜在的价值，发现新的增长机会。本文通过对多元化企业集团预算管理现状的分析，提出了探索建立“统一领导、分级管理、分类管控、全面归口、灵活调整”的预算管理模式，充分发挥预算的战略目标支撑、配置资源支撑和常态管控支撑作用，最终为企业发展护航。

用于动力高压气罐排水装置的研究与应用

张楠，李骞，胡山君

（山东泰安烟草有限公司物流配送中心，山东泰安，271000）

［摘要］本文介绍了泰安烟草物流配送中心实施全面规范化生产维护（Total Normalized Productive Maintenance，TnPM）。TnPM 是建立在 TPM 之上的针对自动化设备规范化、全员参与、不断改善的生产维护模式。但在执行 TnPM 的过程中，储气罐因凝水导致气动系统故障情况频繁出现，影响工作效率，亟待解决。通过自行研制一种用于动力高压气罐的排水装置，提高了工作效率，降低了物流成本。

［关键字］气动系统；气罐；凝水；空压机；设备故障；动力高压气罐的排水

1 研究背景及内容

山东泰安烟草有限公司物流配送中心是山东烟草行业第一家率先引入密集式仓储理念的卷烟物流配送中心，是密集式仓储与自动化分拣于一体的现代化仓储分拣配送物流模式。目前，物流配送中心坚持走“控制费用、提高质量、提高效率、增加效益”的发展之路，且随着自动化程度的不断提高，配送中心自动化设备的运行状态日益影响到物流配送中心的整体运行水平。

物流配送中心（见图 1）由气动系统设备作为支撑整个库区设备正常运行的动力基础，卷烟入库、分拣等设备均是利用气源运行工作，同样按照全面规范化生产维护（TnPM）要求，维护保养也成为消耗人工较多的环节，要求工作人员维护快、稳、好，否则会影响库区工作效率和出现气罐存水导致的安全隐患。配送中心库区气泵房由空压机和 1 个压力缓冲气罐组成，设备区共分布 7 个卧式储气罐，具有高效、安全、方便等特点。随着设备的运行时长，发现储气罐频繁出现故障，人员维护次数频繁增加，使工作效率严重下降，本文通过对储气罐的改善进行研究，能更好地提高工作效率和安全防范水平。

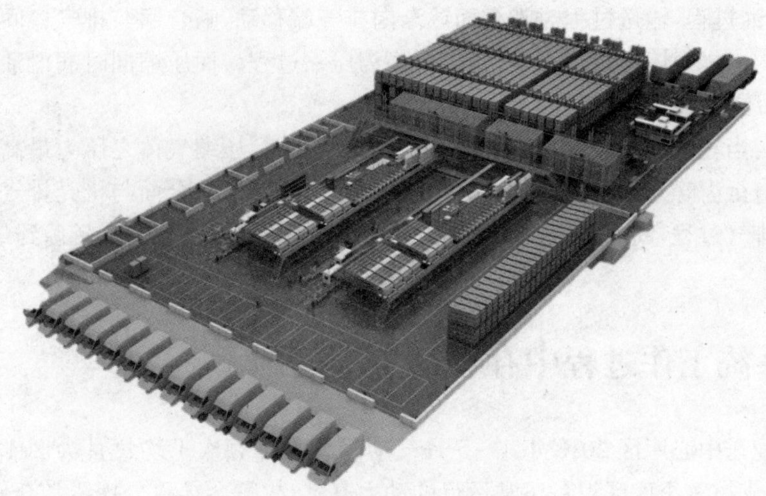

图 1　配送中心库区展示图

2　空压机运行的原理

图 2 为气泵房室压机示意图。

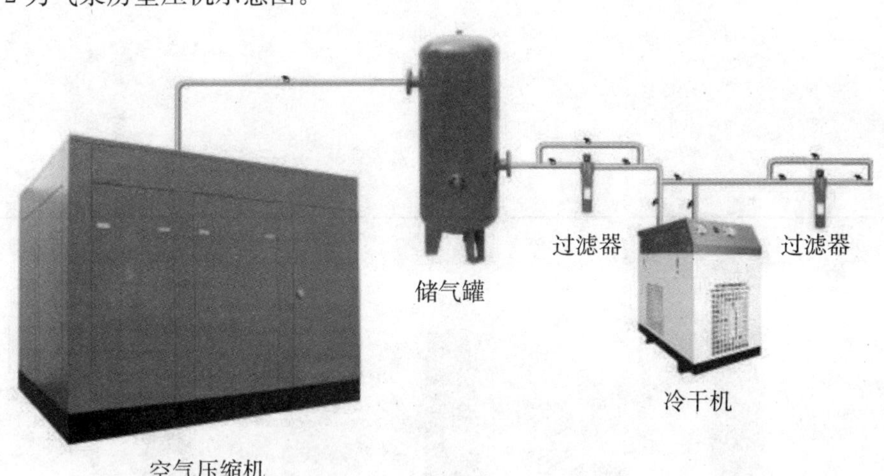

图 2　气泵房空压机示意图

吸气过程：螺杆式的进气侧吸气口，须设计得使压缩室可充分吸气，螺杆式压缩机并无进气与排气阀组，进气只靠一调节阀的开启、关闭调节，转子转动时，主副转子的齿沟空间在转至进气端壁开口时其空间最大，转子的齿沟空间与进气口的自由空气相通，因在排气时齿沟的空气被全数排出，排气结束时齿沟乃处于真空状态，当转到进气口时外界空气即被吸入，沿轴向流入主副转子的齿沟内，当空气充满整个齿沟时，转子的进气侧端面转离了机壳的进气口，在齿沟间的空气被封闭为进气过程。

封闭及输送过程：主副两转子在吸气结束时，其主副转子齿峰会与机壳闭封，此时空气在齿沟内闭封不再外流，即封闭过程。两转子继续转动，其齿峰与齿沟在吸气端吻合，吻合面逐渐向排气端移动为输送过程。

压缩及喷油过程：输送过程时啮合面逐渐向排气端移动，啮合面与排气口间的齿沟间距渐渐减小，齿沟内之气体逐渐被压缩，压力提高为压缩过程。而压缩同时润滑油亦因压力差的作用而喷入压缩室内与室气混合。

排气过程：当转子的啮合端面转到与机壳排气相通时，压缩气体之压力最高被压缩之气体开始排出，直至齿峰与齿沟的啮合面移至排气端面，两转子啮合面与机壳排气口这齿沟空间为零，完成排气过程，同时转子啮合面与机壳进气口之间的齿沟长度又达到最长，其吸气过程又再进行。

3 气动系统工作过程中存在的主要问题

经统计，配送中心库区 2018 年 1～5 月气动系统故障频次平均每月为 204.3 次。气动系统设备作为支撑整个库区设备正常运行的动力基础，故障会导致分拣线和仓储补货待机、停运等现象，影响工作效率(见表 1 和图 3)。

表 1 气动系统故障次数

月份	2018 年 1～5 月启动系统故障次数
1	512
2	217
3	467
4	488
5	501

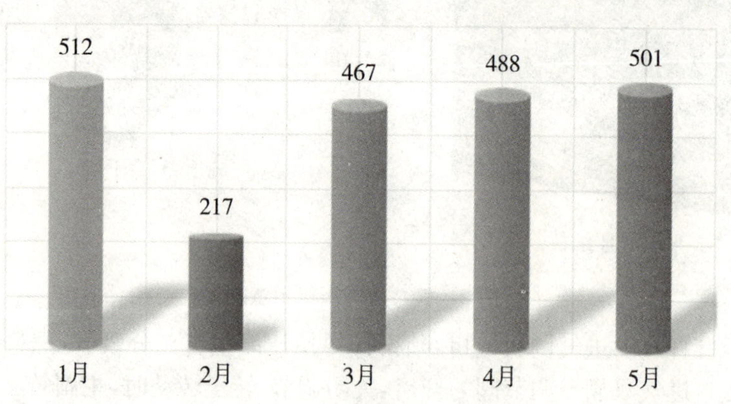

图 3 气动系统故障柱状图

将涉及气动系统各类气动设备设施报修情况排查，涉及气动系统设备故障 466 次(见表 2)。

表 2　各类气动设备故障次数

气动系统涉及设备	故障频次	故障百分比(%)
分拣卧式机	12	2.6
分拣柜式机	48	10.3
拆烟机	48	10.3
包装机	39	8.4
叠烟机	25	5.4
移栽机	12	2.6
提升机	8	1.7
高速堆垛机	32	6.9
拆盘机	4	0.9
提升移栽机	28	6.0
补烟小车	76	16.3
出库堆垛机	56	12.0
气压输送管道	78	16.7
合计	466	100.0

将库区气动系统故障再按照故障因素类别归纳，通过对库区自动化物流设备故障排列图进行分析，得出结论：在导致故障的各环节中，气动系统故障占比为 74.46%。因此，气压低是造成气动系统设备故障的主要故障因素(见表 3 和图 4)。

表 3　故障因素类别

造成气动系统故障因素	故障频次	故障百分比(%)	累计百分比(%)
高压软管气压低	347	74.46	74.46
真空发生器堵塞	65	13.95	88.41
PVC 压力管道漏气	24	5.15	93.56
气压控制阀滑丝	19	4.08	97.64
其他	11	2.36	100.00
合计		466.00	

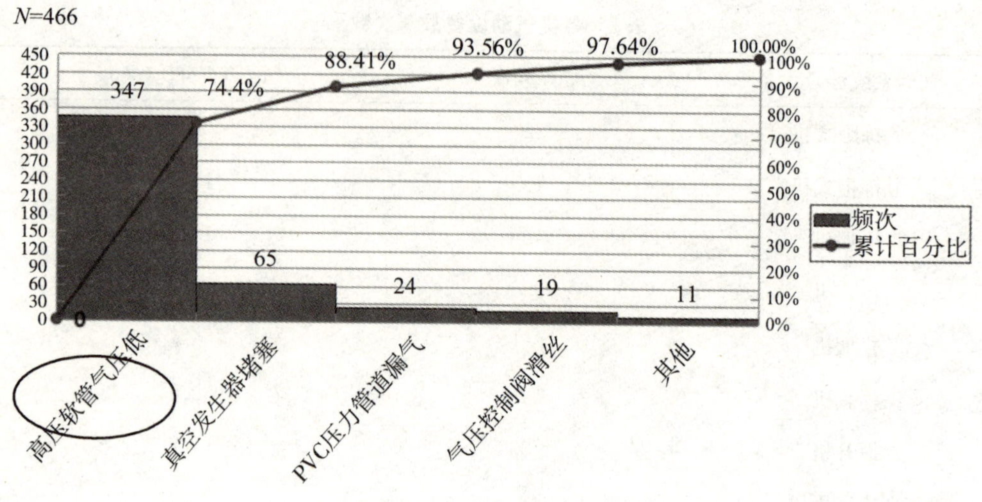

图 4　气动系统故障排列图

4　原因分析

4.1　储气罐存水现象

室内湿空气下降到低于露点温度时，就会有冷凝水产生，且在同一温度时，相对湿度越高，水蒸气压力越大，则露点温度也越高，越易结露；相对湿度相同时，温度越高，露点温度也越高，也就容易结露。物流配送中心以打造精益物流为主要任务，以建设精益物流为重点思想，我们查找原因并进行改进。通过调查发现，设备故障的主要原因是储气罐冷凝水过多，同时也是工作效率下降的重要因素。

4.2　库区设备高压软管与设备接口处松动

高压软管与设备接口处松动，造成高压软管压力低而形成故障，同时带来安全隐患。软管规定的工作压力通常情况下不能小于最大系统压力。系统的冲击压力若高于软管规定的工作压力，不仅缩短液压软管使用寿命，且可能导致人身设备事故。高压软管末端漏气造成的影响程度较大，甚至严重影响工作效率。

5　技术改造方案

5.1　加装气罐定量自动排水装置

保障好物流正常运行以及库区安全，首要条件是保证设施设备的顺利运行，这方面一旦出现问题，会严重影响烟草物流的运作，必须特别注意，不能出现任何的差错。为此，我们不但要加强设备的配备，还要注意设施设备的改进、保养与维修。首先要对储气罐排水问题进行改善，在各储气罐上加装气罐定量自动排水装置，能够减少人员重复维护（见图 5）。

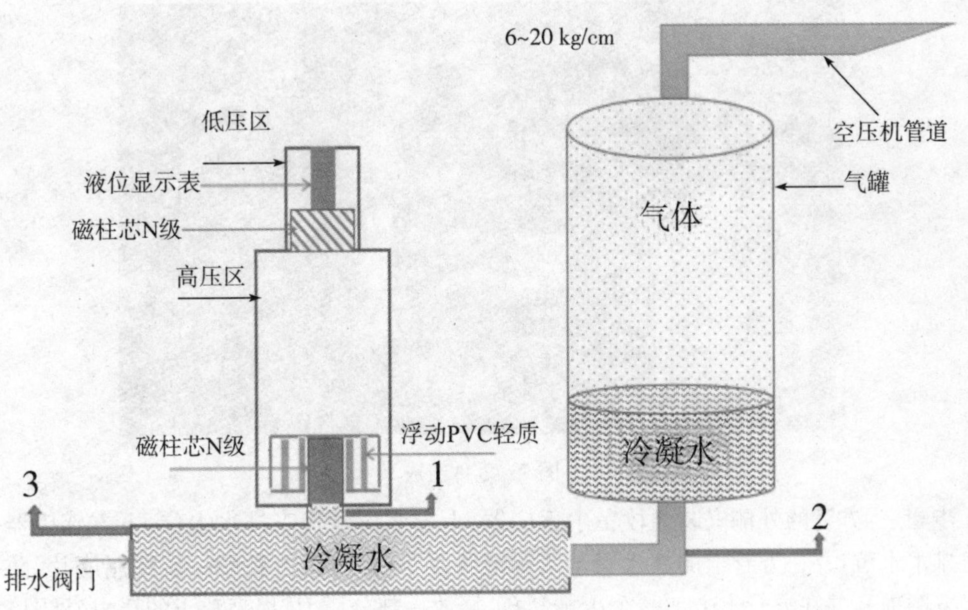

图 5　气罐液位控制图

利用霍尔感应器只对磁场输出，不受其他因素影响的特性，使浮子带动磁铁上升或下降。磁场靠近霍尔感应器，使传感器输出。由于霍尔传感器负荷较低，不能带动 12 V 电磁阀，因此，需在集成电路板上加装两个继电器进行增幅(见图 6)。

图 6　传感器组装

其工作原理：首先，当水位上升时，浮子载磁铁开始上浮，当上浮到磁铁的磁场能影响到霍尔感应器时，霍尔传感器发出指令，闭合电源开关，开启由电磁阀控制的排水阀门，进行排水作业；其次，当水位降低到下端霍尔感应器时，霍尔传感器再次发出指令，断开电源开关，电磁阀断电，自动闭合排水阀门。

步骤一：通过气罐排水口的直径大小，连接一个长 35 cm 的四分管，且口径与排水口相符，对丝连接，并在靠近气罐排水口的四分管上安装一个应急排水阀门，以防设备因故障无法排水。

步骤二：在四分管外端安装变量三通，三通上部焊接方管，并与四分铜管对接(见图 7)。

图 7　零件组成

步骤三:方管的外侧安装两枚霍尔感应器,上方感应器代表排水水位,下方感应器代表停止排水水位,并在方管上侧放入聚苯乙烯泡沫浮子(浮子下方粘贴一层树脂磨片,防护浮子碰壁磨损),并在方管上方加一个小排气孔,释放一部分压力,提高浮子的浮力(见图 8)。

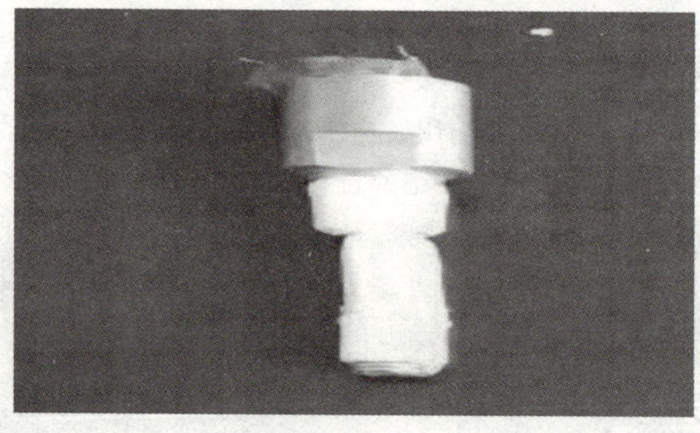

图 8　零件浮子

步骤四:在三通的最后一个空安装电磁阀排水阀门,并与霍尔传感器电路相连,接通电源即可(见图 9)。

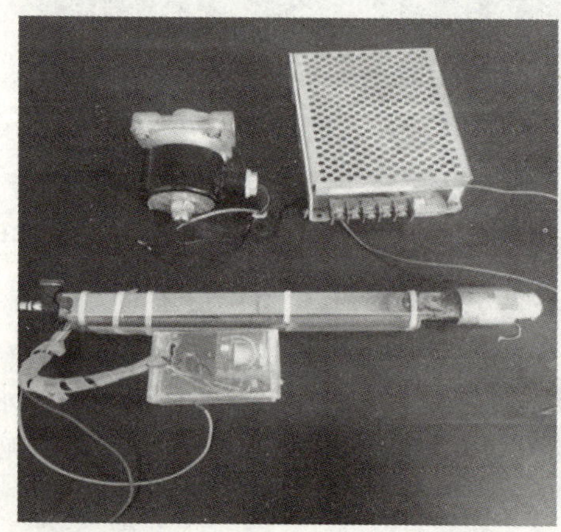

图 9　安装测试图

5.2 高压软管与设备接口处进行密封

利用防水胶带将接口处100%密封，根据接口处所处的位置进行责任人的划分，对下一步实施打好基础，制定定期巡检制度，责任到人，做到“谁管理、谁负责”(见图10)。

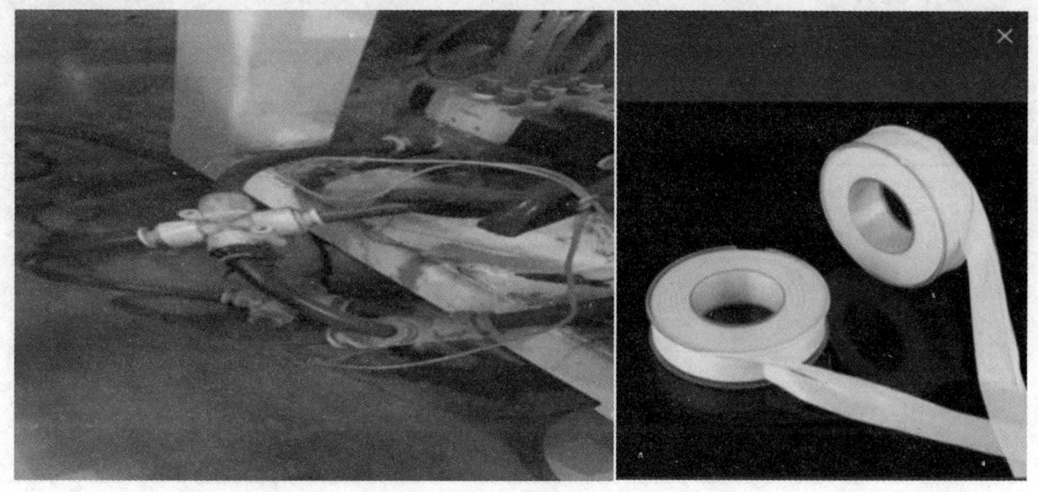

图10 胶带密封

5.3 国家实用新型专利

用于动力高压气罐的排水装置是我们自行研制的实用新型装置，目前已获得国家实用新型专利(见图11)。

图11 专利证书

6 改造后效益分析

6.1 效率提升

从 3 个月的平均数据看，466 次/月降低至 150 次/月，气动系统故障次数下降，提高了工作效率(见表 4 和图 12)。

表 4 统计次数

造成气动系统故障因素	活动前次数	5 月	6 月	7 月
高压软管气压低	347	33	32	34
真空发生器堵塞	65	62	67	64
PVC 压力管道漏气	24	25	22	24
气压控制阀滑丝	19	18	17	20
其他	11	10	12	10
合计	466	148	150	152

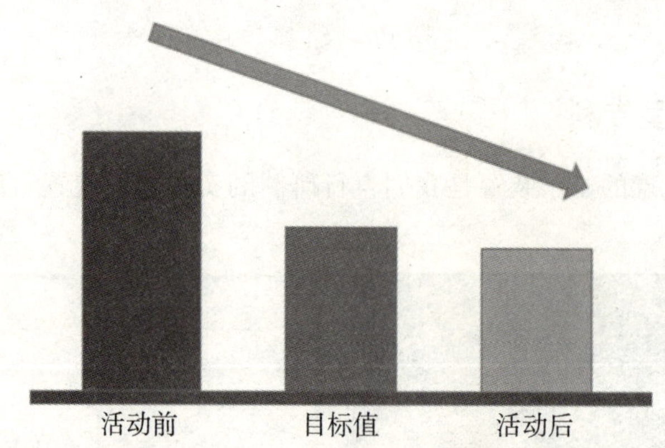

图 12 前后对比图

通过对造成气动系统故障因素故障频次的统计和前后对比发现，高压软管气压低问题已经不再是气动系统故障的关键症结(见表 5 和图 13)。

表 5 故障因素故障频次的统计次数

造成气动系统故障因素	故障频次
高压软管气压低	31
真空发生器堵塞	63
PVC 压力管道漏气	25
气压控制阀滑丝	16
其他	11
合计	146

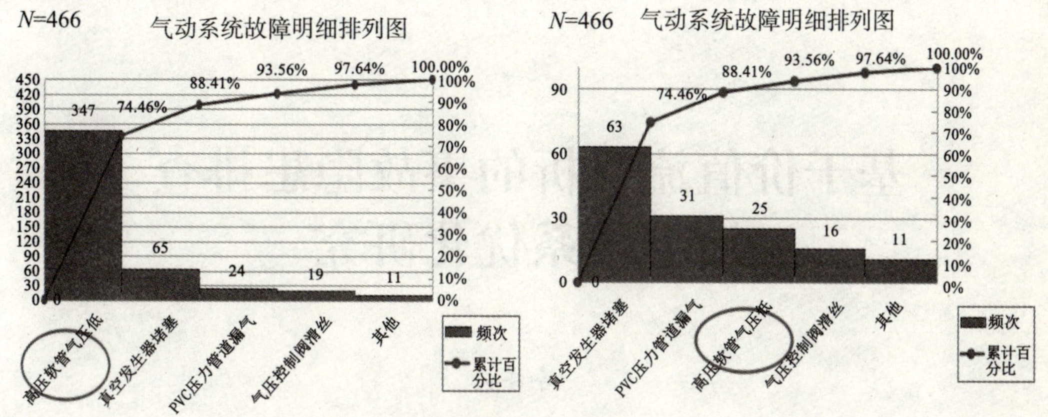

图 13 排列图前后对比

库区气动系统故障问题的解决，提高了设备的工作效率，延长了设备生命周期，保证了库区各个环节自动化设备的正常运行。用于动力高压气罐的排水装置研制成功后，我们优化了流程，降低了员工的劳动强度，卷烟包装箱回收时间效率提升了 62.1%，提高了分拣工作效率(见表 6)。

表 6 降低系统故障

项目	内容	活动前(M1)	活动后(M2)	效率提升
降低系统故障	降低系统故障次数	466	150	210%

6.2 降低费用

动力高压气罐排水装置的研究与应用，不仅提高了工作效率，节约了工作时间，实现了降本增效，而且充分应用了现有资源满足建设需求，解放了大量的劳动力，使我们的工作效率得到了提升。同时，专利产品对行业内地市级单位同类问题的故障排除提供了有效的思路和方向，即可采取相应的措施进行改善，具有较强的推广价值和使用价值。

7 结论

本文采用配送中心库区工作人员自行研制的、用于动力高压气罐的排水装置，缩短了维护保养的工作时间，提高了库区生产效率的同时也增加了机器设备的运维能力。

专利文献

专利申请者：张楠，周燕，李骞，张华民。专利题名：用于卷烟箱的分类捆绑装置。专利国别：实用新型专利。专利号：ZL 2017 2 1073819.6。公告日期：2018 年 5 月 1 日。

基于价值流分析的事故隐患排查治理体系优化研究

李洋

［滨州市沾化区烟草专卖局(分公司)综合办公室,山东滨州,256800］

［摘要］ 基于供应链的价值流分析的目的就是对于某个具体产品和服务的整个价值流进行管理,明确浪费,找到一条合适的路径去消除不增值活动。事故隐患排查治理体系是基于安全生产责任制体系和国家生产安全事故管理规范所衍生的一套集事故隐患分类识别、风险分级管控、事故排查和隐患治理等于一体的综合性安全事故隐患治理体系。通过对烟草行业事故隐患排查治理体系各作业过程的科学分析,找到不增值的环节和需要改善的增值点,画出未来价值流图和制订切实可行的改善计划,进一步提升事故隐患排查治理体系的运行效率,减少冗余环节,将增值点的价值最大化,确保单位安全管理工作的可持续、科学化水平。

［关键词］ 价值流;价值流图;隐患治理

近年来,烟草行业各级、不同领域对安全管理的重视程度不断增强,注重形成以构建预防管理为主的事故隐患排查综合治理体系建设,将事故隐患从识别到整改落实有机统一为一个整体,发挥安全管理部门的居中调度功能,完善安全生产责任制建设,不断提升烟草行业的本质安全水平。而价值流作为宏观描述作业过程和程序,并寻找过程之中的价值改善点的精益工具,越来越受到烟草行业的高度重视,成为转变工作思维方式、减少浪费、提高效率的重要应用手段,本文也将从价值流对构建更加完善的事故隐患排查治理体系的角度全方位进行阐述。

1　价值流的概念和价值流分析

1.1　价值流

价值流是指从原材料转变为成品并赋予它价值的全部活动,包括从供应商处购买的原材料到达企业,企业对其进行加工后转变为成品再交付客户的全过程,企业内以及企业与供应商、客户之间的信息沟通形成的信息流也是价值流的一部分。一个完整的价值流包括增值和非增值活动,如供应链成员间的沟通、物料的运输、生产计划的制定和安排以及从原材料到产品的物质转换过程等。

1.2 价值流的特点

1.2.1 隐蔽性

价值流隐藏在整个供应链的运作过程中,需要有关人员去挖掘。

1.2.2 连续性

价值流是在供应链上连续不断地进行的。

1.2.3 周期性

产品有其生存周期和生命周期,产品的生产、销售随着季节的不同有其周期性,体现出了价值流运作的周期性。

与单个企业价值流分析类似,供应链上的所有活动也可以分为下面三种类型,但其包含的内容比单个企业价值流分析时包含的内容广泛得多。

第一,不增值(non-value adding,NVA):这是纯粹的浪费,包含那些不能创造用户所能接受的价值,并且可以立即取消的活动。

第二,必要但不增值(necessary butnon-value adding,NNVA):必要但不增值活动是指那些不创造价值,但是产品开发、补充订货、生产系统还需要,因而不能马上取消的活动。为了消除这类型的浪费需要对现有的运作系统作出较大的改变,这些改变不可能马上实施。

第三,增值(value-adding,VA):真正能创造出顾客可以接受的价值的行动。

1.3 价值流分析

1.3.1 价值流分析

价值流分析(Value Stream Analysis, VSA)是针对生产的产品,利用生产作业的文件及采购成本,分析产品的规格与需求。基于供应链的价值流分析的目的就是对于某个具体产品和服务的整个价值流进行管理,明确浪费,找到一条合适的路径去消除不增值活动,尽量减少必要但不增值活动,提升竞争优势。

实现精益生产管理,最基本的一条就是消灭浪费,而在企业的生产经营活动中,要消灭浪费,就必须判别企业生产中的两个基本构成:增值和非增值活动。统计研究发现,在企业生产活动中,增值活动约占企业生产和经营活动的5%,必要但非增值活动约占60%,其余35%为浪费。价值流管理就是通过绘制价值流图,进行价值流图分析,以发现并消灭浪费、降低成本,赢取最高的边际利润。

1.3.2 价值流图

价值流图(Value Stream Mapping,VSM)是一种使用铅笔和纸的工具,用一些简单的符号和流线从头到尾描绘每一个工序状态、工序间的物流、信息流和价值流的当前状态图(见图1),找出需要改善的地方后,再描绘一个未来状态图(见图2),以显示价值流改善的方向和结果。价值流图分析就是先对运作过程中的现状进行分析,即对"当前状态图"进行分析。从顾客一端开始,首先了解顾客的需求情况和节拍,然后研究运作流程中的每一道工序,从下游追溯到上游,直至供应商。分析每个工序的增值和非增值活动,包括准备、加工、库存、物料的转移方法等,记录对应的时间,了解分析物流信息传递的路径和方法,然后根据分析情况来判别和确定出浪费所在及其原因，为消灭浪费和持续改善提供目标。最后根据企业的实际情况，设计出新的价值流程，为未来的运作指明方向。

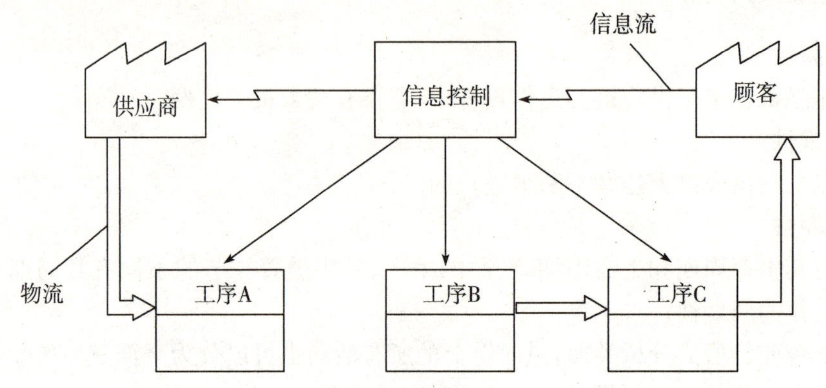

图 1　现状价值流图

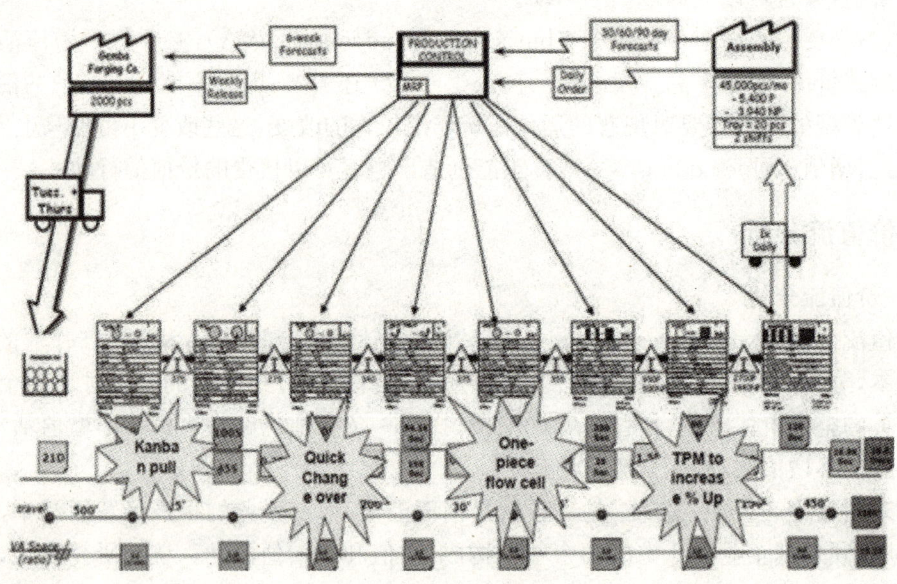

图 2　未来价值流图

2　烟草行业事故隐患排查治理体系现状

2.1　事故隐患排查治理体系

2.1.1　事故隐患

安全工作中出现的事故隐患，通常是指在生产、经营过程中有可能造成人身伤亡或者经济损失的不安全因素。它包含人的不安全因素、物的不安全状态和管理上的缺陷。

事故隐患是客观存在的，存在于企业的生产全过程，而且对职工的人身安全、国家的财产安全和企业的生存、发展都直接构成威胁。正确认识隐患的特征，对熟悉和掌握隐患产生的原因，以及时研究并落实防范对策是十分重要的。

2.1.2 事故隐患分类

事故隐患分为一般事故隐患和重大事故隐患。

一般事故隐患是指危害和整改难度较小，发现后能够立即整改排除的隐患。重大事故隐患是指危害和整改难度较大，应当全部或者局部停产停业，并经过一定时间整改治理方能排除的隐患，或者因外部因素影响致使生产经营单位自身难以排除的隐患。

事故隐患与危险源不是等同的概念，事故隐患是指作业场所、设备及设施的不安全状态，人的不安全行为和管理上的缺陷。它实质上是有危险的、不安全的、有缺陷的“状态”，这种状态可在人或物上表现出来，也可表现在管理的程序、内容或方式上，如检查不到位、制度不健全、人员培训不到位等。

2.1.3 事故隐患排查治理体系

事故隐患排查治理体系是基于安全生产责任制体系和国家生产安全事故管理规范所衍生的一套集事故隐患分类识别、风险分级管控、事故排查和隐患治理等于一体的综合性安全事故隐患治理体系，具有参与范围广、隐患识别充分、风险管控有效、隐患治理措施切实可行、重大危险源得到可靠控制等特点，是目前国家在安全管理领域极力提倡和推广的事故隐患管理工作机制。

2.2 烟草行业事故隐患排查治理体系建设现状

2.2.1 目标分析

烟草行业推行事故隐患排查治理体系建设是坚持“以人为本、依法治安”，有效“管控风险、消除隐患、防范事故”的要求，为全面落实安全监管责任和企业安全主体责任，提升安全基础管理水平，进入推进安全生产标准化建设，持续构建安全生产长效机制，不断提高安全生产保障能力，有效降低安全风险提供了坚强的制度和机制保障，也有助于实现“三零(零事故、零伤害、零违章)三百(三级教育培训率 100%、持证上岗率 100%、隐患排查整改率 100%)”的安全工作目标。

2.2.2 事故隐患排查治理体系过程梳理

目前，烟草行业事故隐患排查治理机制主要包括 8 个作业过程(见图 3)

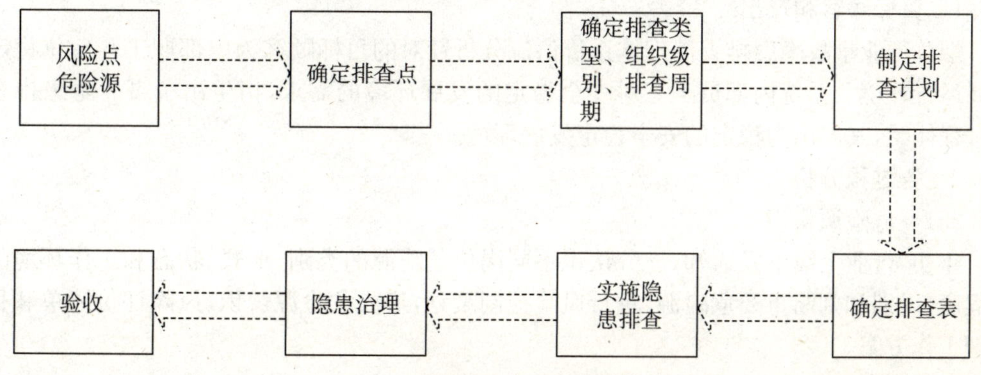

图 3 事故隐患排查治理流程

2.2.3 **烟草行业精益管理工作概述**

目前,烟草行业推进精益管理、加强企业管理创新的工作力度不断加大,做好精益管理与各项管理的融合也成为烟草行业发展转型、创新驱动的关键环节和必由之路。实施精益管理与各项管理的有机融合,应当从全面优化价值流程的角度出发,将质量管理体系、标准化、现场管理和精益管理进行整合,全面梳理管理现状、业务流程、组织架构等基本管理信息和管理体系文件、职能流程、规章制度等,进行深入分析、评价,准确寻找改进空间。

3 价值流分析在烟草行业事故隐患排查治理体系优化中的应用

3.1 烟草行业事故隐患排查治理体系过程价值流分析

首先,绘制一张事故隐患排查治理体系现状价值流图(见图4),明确各关键业务流程节点和价值流的流向,然后对每一个节点进行详细的说明。

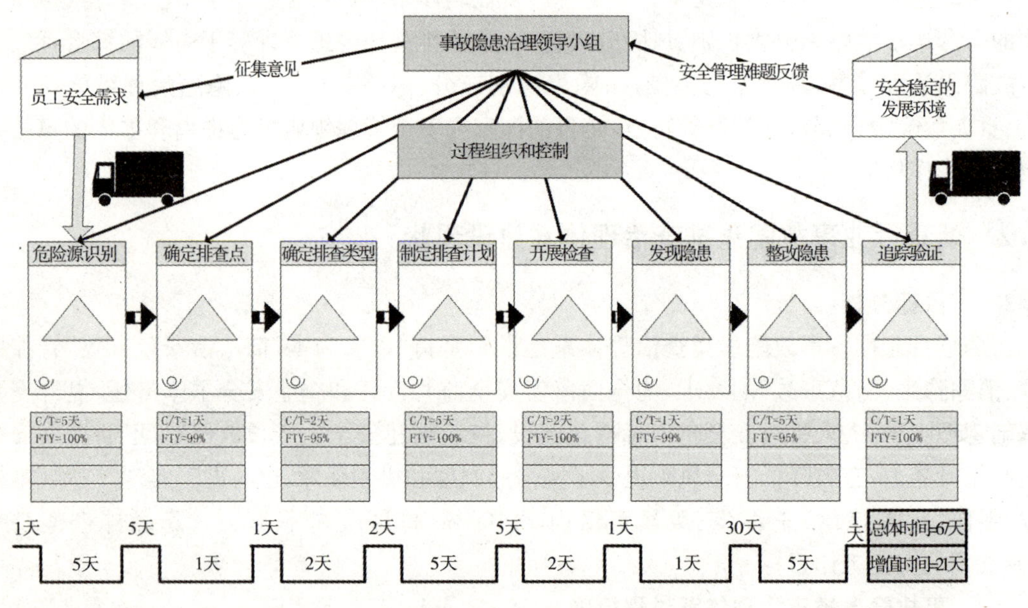

图4 事故隐患排查治理现状价值流图

3.1.1 **目标顾客和产出**

烟草行业事故隐患排查治理体系价值流分析针对的目标顾客为内部职工和单位稳定的发展运行环境。系统内部员工有对安全稳定的发展环境的需求,衍生出了事故隐患排查治理过程体系,其产出为稳定的安全稳定发展环境。

3.1.2 **各过程分析**

3.1.2.1 危险源辨识

年初,行业上级下发通知,充分认识不同岗位危险源的类别、形式、状态和工作环境的风险程度,识别和判断重要危险源,进行风险控制策划,形成危险源辨识、风险评价清单和目标管理工作方案。

3.1.2.2　确定排查点

形成危险源辨识和风险评价清单的同时，按照风险级别和标准，将危险源分为一般危险源和重点危险源，并确定重点监管区域。通过制定安全管理方案和应急预案加强对重点部位的安全管理。

3.1.2.3　确定排查类型

将识别出的危险源按照级别进行划分，确定不同的管理和监控类型。

3.1.2.4　制订排查计划

结合实际和行业上级要求，确定年度和专项的安全检查、排查工作计划。

3.1.2.5　开展检查

成立由主要负责人和安全分管负责人带队的安全检查领导小组，全面负责安全检查和复核工作。

3.1.2.6　发现隐患

发现在作业过程中存在的不安全因素，也就是安全隐患，并记录在《安全检查登记簿》上。

3.1.2.7　整改隐患

针对找到的安全隐患，对相关责任部门和责任人下发安全隐患整改通知书，明确整改期限、整改标准。

3.1.2.8　追踪验证

在安全隐患整改期限到期时，由事故隐患排查领导小组对安全隐患的整改情况进行实地验证，确保隐患的有效整改。

3.2　基于未来价值流图的事故隐患排查治理体系改善计划

按照上述分析，结合现状价值流图，绘制事故隐患排查治理体系的未来价值流图(见图5)。

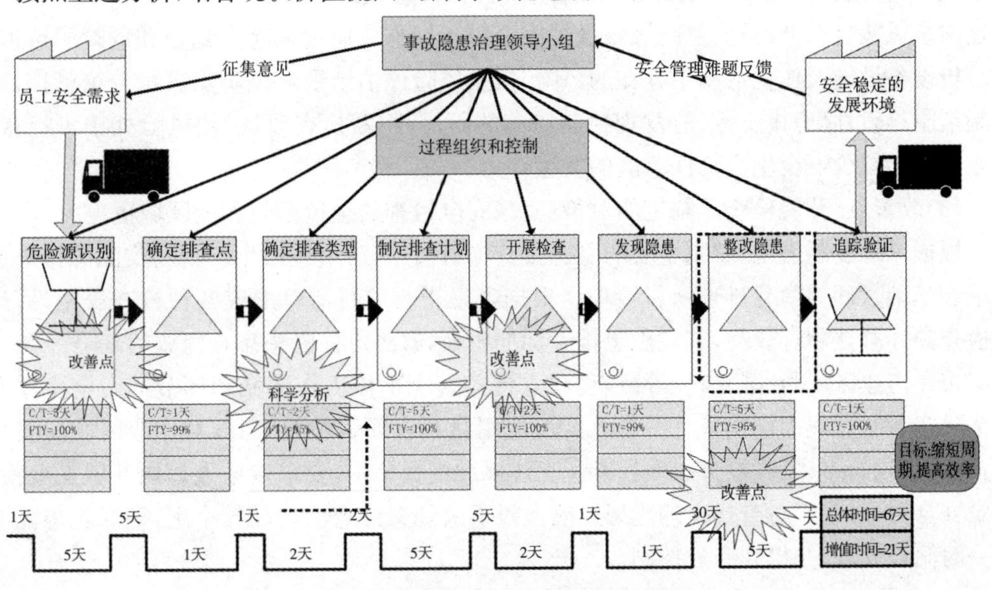

图5　事故隐患排查治理未来价值流图

结合现状价值流图，目前事故隐患排查治理体系共有8个模块，从第一步的危险源识别到第八步的追踪验证整体时间为67天，而增值业务时间为21天，增值时间率为31.3%，针对安全管理工作，效率较低，所以根据目前的安全管理工作现状，绘制了未来价值流图，并确定了4个改善点和制定了工作目标为将整个体系的整体时间缩短为30天，而有效工作时间缩短为10天。为此，制订了改善计划(见表1)。

表1　改善计划

步骤	改善点	对策	可衡量指标	现状值	目标值	目标
1	危险源识别	开展双重预防体系建设	作业时间	5天	3天	缩减危险源识别时间
2	确定排查类型	开展双重预防体系建设	作业时间	2天	1天	缩减确定排查类型的时间
3	开展检查	实现安全检查的全员参与和全区域覆盖	作业时间	2天	1天	减少开展安全检查的时间
4	整改隐患	建立信息化管理系统	作业时间	30天	5天	大幅减少整改隐患所需的时间

(1)改善点：危险源识别。制定的对策：开展双重预防体系建设。

(2)改善点：确定排查类型。制定的对策：开展双重预防体系建设。

按照全员参与、自下而上的工作原则，采用头脑风暴法，由各岗位、班组、部门逐级识别确定本岗位、部门的风险点，形成风险点危险源清单，对风险点、危险源进行评价。用危险分析法LEC或风险矩阵对辨识出的危险源进行风险评价，建立危险源辨识、风险评价信息表，形成明确的风险分级控制信息一览表。从工程技术措施、管理措施、培训教育措施、个体防护措施、应急处置措施5个方面制定具体管控措，在各风险点设置风险告知牌，高风险岗位印发岗位风险告知卡，重大风险区域设置安全警示标志。通过风险点划分和危险源辨识，全面分析设备设施及作业活动中存在的风险，根据风险评估结果对风险点进行分级管控，制定控制措施；通过隐患排查治理，发现控制措施的不足，不断检查改进，使风险处于可控状态，有效杜绝和减少安全生产责任事故的发生。

(3)改善点：开展检查。制定的对策：实现安全检查的全员参与和全区域覆盖。

根据风险控制措施，编制企业的隐患排查项目清单，清单包括生产现场类隐患排查项目清单和基础管理类隐患排查项目清单。根据隐患排查项目清单形成各种检查表格，提高安全检查的针对性和有效性，实现隐患排查标准明晰，解决以往隐患排查粗放的缺陷。

按照作业区域和部门岗位等特点，建立覆盖整个单位工作区域和环节的安全生产责任网格化实名制管理工作体系。在重点区域使用目视管理等精益工具，对作业区域的安全生产责任人、风险点、需要检查的项目以及工作标准进行公示，要求责任人每周开展安全检查，记录安全管理信息，对查找出的隐患及时上报事故隐患排查治理领导小组，确保隐患能够在第一时间被发现，并得到有效控制。

(4)改善点：整改隐患。制定的对策：建立信息化管理系统。

在目前的隐患整改中，出现重复的安全问题频发的现象，需要责任部门建立健全事故隐患台账制度，并适时建立事故隐患信息库，对重复发生的安全隐患，高度关注和重视，成立专门的调查小组，查明事故原因和重复发生的原因，对其进行彻底给予整改。

建立隐患整改的销号制度和动态管理模式。目前，安全隐患的整改周期较长，普遍为30天左右，这给安全管理和职工的作业环境带来了诸多不稳定因素。针对此种现象，要通过建立销号制度和动态管理模式，缩短隐患整改的时间，并确保整改到位。

建立隐患整改销号制度。基于政府事故隐患管理信息系统，建立对事故隐患的台账式信息管理。隐患整改一项销号一项，对长期未整改的隐患和到整改期限未能及时整改的安全隐患，成立工作专班，督导隐患的整改工作，必要时可以引入绩效考核工作体系。

建立动态管理模式。为进一步缩短事故隐患的整改周期，需建立一套安全隐患整改动态管理模式。即对需要整改的安全隐患进行分阶段督导，并在每一阶段督导结束后，提出进一步的整改建议，督促加快隐患的整改进度。全部隐患整改完毕后，关闭隐患事项。

参考文献

[1]印德春.破茧——烟草行业精益管理指南[M].天津:天津科学技术出版社,2018.

[2][美]凯特，劳克尔.精益办公价值流[M].张晓光，谢安平，译.北京:中国财政经济出版社,2010.

烟草行业储叶柜安全联锁防护装置的研制

孟科峰，马广智，梁盟，李哲

（济南卷烟厂制丝车间，山东济南，250104）

［**摘要**］卷烟厂物料储叶柜出料端的“拨辊挤伤”安全隐患危险值较高，需要整改，通过触发单元和控制单元两方面设计方案，进行分析、筛选、评价和加权计算，最终选择拉线式触发和程序控制设备方案，相互结合为最终方案。对方案分解和细化，选择合适开关型号、拉线材料、安装方式、安装位置等配置拉线，选择合适的信号传输方式、控制方式、报警形式等配置程序控制设备，安装测试后，“拨辊运行中接触造成挤伤”安全隐患的危险值从改进前的135降低到改进后的21，将“拨辊挤伤”风险等级降至二级，提高了储叶柜的本质安全。

［**关键词**］储叶柜；拨辊；拉线；程序控制

1　引言

安全生产是我国的一项重要政策，也是社会、企业管理的重要内容之一。特别对生产企业来说，安全生产是一项需要真抓实干的重点工作。储柜是烟草制造企业常见的制丝设备，一般分为储叶柜、储梗柜、储丝柜等。储柜不仅能够储存烟丝制品及在制品，还有调节生产线工艺流程、平衡物料水分等一系列作用，因此，在烟草制造企业使用非常广泛。物料储叶柜出料拨辊采用的链轮传动机构运行时存在安全风险[1]，需要不断进行改进，降低风险值。

2　问题提出

危险值是危险发生的可能性、频繁程度和产生后果三者的乘积，在LEC评价体系[2]中，可作为危险源最终的危险性评价。

$$危险值(D)=可能性(L)\times频繁程度(E)\times产生后果(C)$$

利用LEC评价方法，对我厂制丝车间进行危险源辨识及风险评价，其中储叶柜“接触运动部件的机械伤害”的危险值最高。利用同样方法，对储叶柜所有运动部件逐个分析，发现安装在储叶柜出料端的“拨辊挤伤”安全隐患危险程度较高，达到135，风险等级高达三级，从而导致储叶柜“接触运动部件的机械伤害”危险值较高，如图1所示。

LEC风险评价法危险等级划分		
风险等级	D值	危险程度
五级	>320	极其危险,不能继续作业
四级	160~320	高度危险,要立即整改
三级	70~160	显著危险,需要整改
二级	20~70	一般危险,需要注意
一级	<20	稍有危险,可以接受

图 1 LEC 风险评价法危险等级划分

3 方案设计

对于安全类型的装置,我们通过查新发现生产线上常用的急停装置和流水线上常用的启停装置可以提供借鉴[3,4]。根据安全装置的实现形式,设计方案将分为两部分:触发单元和控制单元,如图 2 所示。触发单元指安全开关的实体部分,包括装置本身以及可能用到的触发及传动装置;控制单元指在程序中对安全功能进行实现的电气控制部分。

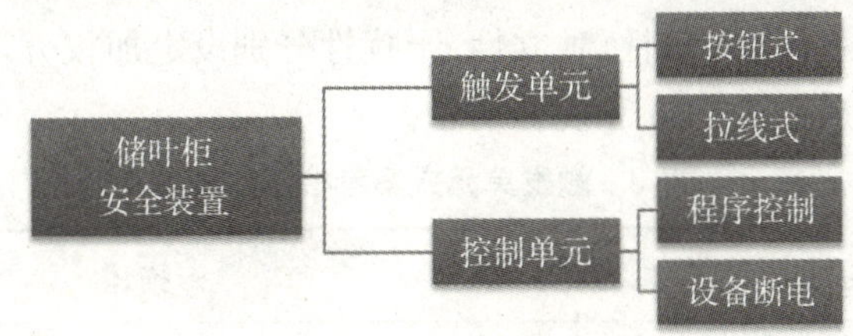

图 2 总体方案图

3.1 方案分析

3.1.1 触发单元方案分析

按钮式触发单元是车间最常见的急停开关,几乎所有电控柜以及部分 IO 箱都装有按钮式安全开关。拉线式触发单元指在储叶柜内安装一条拉线,操作人员在储叶柜内部触动拉线便可触发开关。具体优缺点如表 1 所示。

表 1 触发单元优缺点

项目	优点	缺点
按钮式	操作便捷;属车间常用备件,不需要对电气元件进行采购;器件可靠性高,在车间使用多年未出现失灵情况	操作范围小,按钮式安全开关的主要问题在于它的可操作范围较小,操作人员必须靠近开关才能对开关进行操作;由于需要安装在储叶柜内部,环境粉尘含量较高,若增加外壳,无疑又会增加对开关的操作时间,不利于发生危险时快速操作
拉线式	安装方式选择灵活,可采取多种安装方式实现对开关的操作;不受环境影响,拉线本身不因粉尘或物料影响使用	由于储叶柜内物料本身有高度,结合人员的操作情况,需对拉线的安装位置设计进行全面考虑;拉线需要与其他开关配合使用才能实现功能

3.1.2 控制单元方案分析

程序控制是对设备进行改造的常见思路[5]，在原控制程序中增加部分内容，实时监测开关的状态，当开关触发后，由程序控制对设备进行停止，从而实现保护的功能。设备断电是车间现场急停开关的常用方法，即按下后对设备进行断电。具体优缺点如表 2 所示。

表 2 控制单元优缺点

项目	优点	缺点
程序控制	实现思路较为简单；对正常生产影响较小；控制灵活，可以利用程序实现对任意设备的启停控制	对原有控制程序有修改，需要增加实现安全装置功能的程序段；需要对程序的逻辑细节进行设计
设备断电	对设备的停止采用直接断电的方式，较为彻底；实现方法较为简单	代价较大，断电可能造成电气元件损坏；触发后会引起设备停止和断料，误触发代价大

3.2 方案筛选

3.2.1 方案评价

由于触发单元和控制单元相对独立，分别设计方案考核条件表，如表 3 和表 4 所示，然后对操作性、稳定性、维护性、时效性、独立性、干扰性分别设定加权分，并根据实际情况进行评价筛选，得出方案评价表，如表 5 和表 6 所示。

表 3 触发单元方案考核条件表

序号	项目	描述
1	操作性	能够方便快速地进行操作
2	稳定性	运行稳定，故障率低
3	维护性	方便进行安装和维护

表 4 控制单元方案考核条件表

序号	项目	描述
1	时效性	从触发到设备停止的时间短
2	独立性	尽量减少对原有程序的修改
3	干扰性	尽量减少对正常生产的干扰

表 5 触发单元方案评价表

项目	加权分	描述	按钮式	拉线式
操作性	1	较难触发		
	2	容易触发	√	
	3	随时触发		√

续表

项目	加权分	描述	按钮式	拉线式
稳定性	1	稳定性差		
	2	稳定状况一般	√	
	3	保持稳定状态		√
维护性	1	安装和维护难度大		√
	2	安装和维护难度一般	√	
	3	易于安装和维护		

表 6　控制单元方案评价表

项目	加权分	描述	程序控制	设备断电
时效性	1	反应速度慢		
	2	反应速度一般		
	3	反应速度快	√	√
独立性	1	对原程序改动较大	√	
	2	对原程序有改动		
	3	对原程序基本无改动		√
干扰性	1	对生产影响较大		√
	2	对生产影响一般		
	3	对生产无影响	√	

3.2.2　方案选择

根据方案评价加权分和评价目标的加权系数进行加权计算，运用评价法对两种方案进行比较，分析得出最优方案。

得分计算如表 7 和表 8 所示。

表 7　触发单元方案评价计算表

项目	加权系数 q_i	按钮式		拉线式	
		b_{1i}	$b_{1i}q_i$	b_{1i}	$b_{1i}q_i$
1. 操作性	0.4	2	0.8	3	1.2
2. 稳定性	0.3	2	0.6	3	0.9
3. 维护性	0.3	2	0.6	1	0.3
$b_{\max}=3$		$\sum b_{1i}q_i=2$		$\sum b_{2i}q_i=2.4$	
$w_t=\dfrac{\sum b_i q_i}{b_{\max}}$		$w_{t1}=0.67$		$w_{t2}=0.8$	

表 8　控制单元方案评价计算表

项目	加权系数 q_i	程序控制		设备断电	
		b_{1i}	$b_{1i}q_i$	b_{1i}	$b_{1i}q_i$
1. 时效性	0.4	3	1.2	3	1.2
2. 独立性	0.2	2	0.4	3	0.6
3. 干扰性	0.4	3	1.2	1	0.4
$b_{max}=3$		$\sum b_{1i}q_i=2.8$		$\sum b_{2i}q_i=2.2$	
$w_t=\dfrac{\sum b_iq_i}{b_{max}}$		$w_{t3}=0.93$		$w_{t4}=0.73$	

最优方案选择时，对评价值进行对比，如表 9 所示。

表 9　方案选择表

触发单元	按钮式	拉线式	触发单元	按钮式	拉线式
评价值(*W*)	0.67	0.8	评价值(*W*)	0.93	0.73

根据评价值(*W*)可以明显地看出，触发单元的拉线式触发、控制单元、程序控制设备分别为两个单元的最佳方案，将两部分单元组合即形成了最终方案。

4　方案分解

根据方案的详细内容，进行了方案分解(见图 3)。

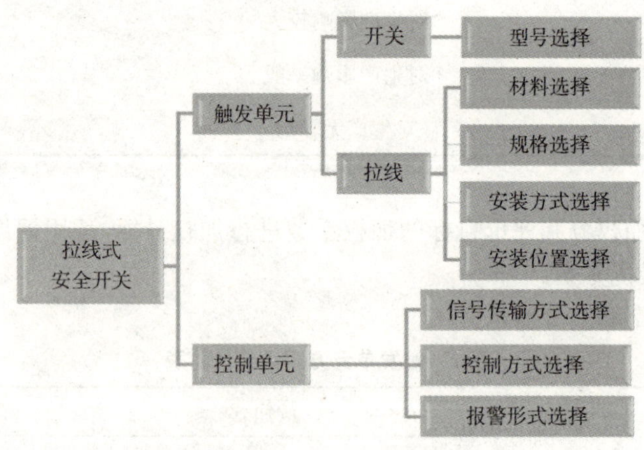

图 3　方案分解图

5　方案细化

5.1　触发单元配置

5.1.1　开关型号选择

从防护等级、复位方式、有无急停按钮、规格等方面，综合分析选择施迈赛 SCHMER-

SALTQ 441-0101YUR-M20 开关，具体分析如表 10 所示。

表 10　开关型号选择表

开关模式	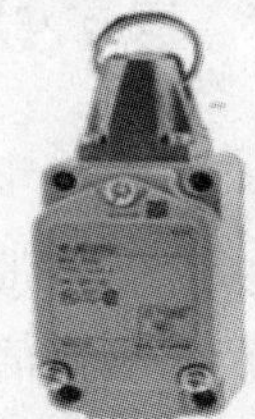		
开关型号	欧姆龙 OMRON WL-MD202	施耐德 Telemecanique XY2-CD111	施迈赛 SCHMERSAL TQ441-0101YUR-M20
防护等级	触点防护等级 ip65 外壳防护等级 ip65	触点防护等级 ip65 外壳防护等级 ip55	触点防护等级 ip65 外壳防护等级 ip65
复位方式	自动复位	手动复位	手动复位
有无急停按钮	无	无	有
规格	250AC48CD2A	AC-15:230 V/4 A	AC-15:230 V/4 A
结论	不选用	不选用	选用

5.1.2　**拉线材料选择**

拉线是触发开关的关键部件。据查阅资料，常用的拉线材料一般有带 PVC 外皮的拉线、钢丝绳、尼龙绳[6]，具体分析如表 11 所示。

表 11　拉线材料选择表

选择条件	1. 耐磨损：磨损系数，材料的磨损系数越高，越耐磨 2. 安全性：材料的安全性，有无保护 3. 干扰性：产生杂物及是否可剔除，越低越好								
选择方法	对 3 个方案的三个指标分别制定了相应的标准，通过调查分析，把调查的结果填入相应指标分数栏进行加权计算，最后选取加权分数最高的方案								
项目	加权系数	加权分	指标描述	带 PVC 外皮的拉线		钢丝绳		尼龙绳	
1. 耐磨损	0.3	1	较差(<0.2)					✓	0.3
		2	一般(0.2～0.4)	✓	0.6				
		3	较好(>0.4)			✓	0.9		
2. 安全性	0.3	1	无保护						
		2	一般			✓	0.6	✓	0.6
		3	有保护	✓	0.9				
3. 干扰性	0.4	1	有难剔除杂物	✓	0.4			✓	0.4
		2	有杂物			✓	0.8		
		3	无杂物						
		合计		1.9		2.3		1.3	
		结论		不选用		选用		不选用	

根据标准对拉绳的材料进行优选，发现带 PVC 外皮的拉线虽然是标准配件，能够有效地保护操作人员手部不被划伤，但是磨损后会产生杂物(与尼龙类似)，不可剔除；而钢丝绳保护程度虽一般，但磨损后的杂物能够在金属探测器处剔除。综合分析，选择钢丝绳作为拉线的材料。

5.1.3 拉线规格选择

安全开关的主要工作方式是通过拉动拉线，使拉线产生形变量，带动拉线开关的感应机构。当开关行程达到开关的动作行程尺寸 74 mm 时，便会产生动作信号。利用 SolidWorks Simulation 模块对拉线进行强度校核，对拉线开关施加动作力，并记录其满足规定形变量所需的动作力数值。通过将模型导入及相关参数输入，得到等效应力云图，如图 4 所示。当拉线形变满足动作行程 74 mm 时，分析可知需要动作力 5.5 N。

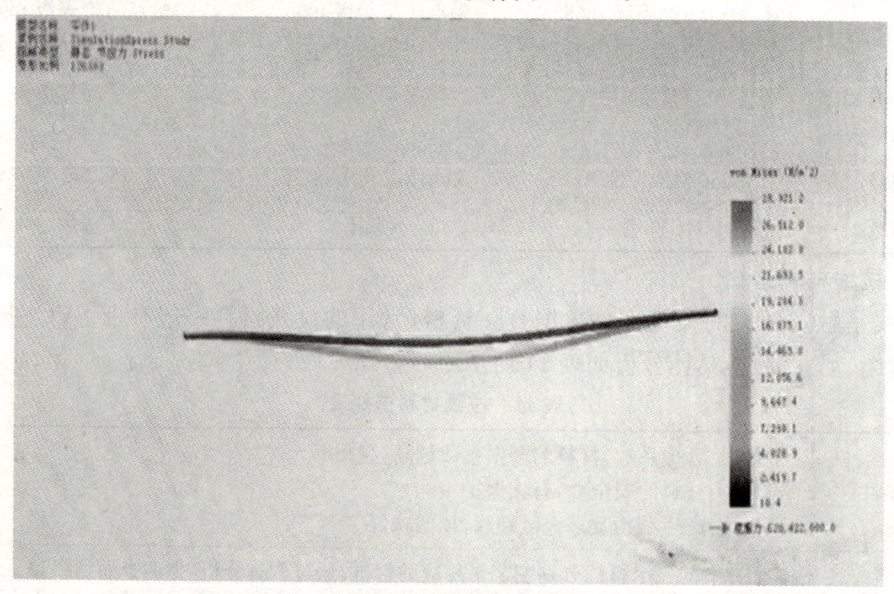

图 4 应力分析图

查阅《金属材料手册》获知钢丝绳直径与破断力的关系[7]，如表 12 所示。

表 12 钢丝最小绳破断力

钢丝绳直径(mm)	钢丝总断面积(mm^2)	钢丝绳参考重量(kg/100 m)	钢丝最小破断拉力总和(kN)
3	5.50	4.70	7.7
4	9.29	7.94	9.8
5	15.80	13.58	11.7
6	26.60	21.98	16.8

从表 12 可知，车间现有规格的钢丝绳中，直径 3 mm 的钢丝绳的最小破断力最低，为 7.7 kN，远大于触发安全开关所需要的动作力 5.5 N，即不会出现钢丝绳断裂而开关未触发的可能性。因此，选择直径为 3 mm 的钢丝绳作为拉线。

5.1.4 拉线安装方式选择

利用 TRIZ 技术创新理论选择[8]，将出现矛盾的情况转化为通用工程参数，可以理解为拨辊在运动中会产生有害作用，符合通用工程参数中的第 31 项：物体产生的有害因素。而对于违规操作无法完全避免的情况，符合通用工程参数中的第 37 项：控制和测量的复杂度高(见表 13)。

表 13 矛盾矩阵

项目		37. 控制和测量的复杂度	解释
31	物体产生的有害因素	1. 分割	1. 把一个物体分成相互独立的部分 2. 把物体分成容易组装和拆卸的部分 3. 提高物体的可分性
		2. 抽取	1. 从物体中抽出产生负面影响的部分或属性 2. 从物体中抽出必要的、有用的部分或属性
		21. 减少有害作用的时间	快速执行有害动作
		27. 廉价替代品	用便宜的物品替代昂贵的物品，实现同样的功能

通过查阅阿奇舒勒矛盾矩阵[9]，找到了解决物体产生的有害因素和控制和测量的复杂度高之间矛盾的四种发明原理，并选择分割原理来解决这一矛盾。结合储叶柜内的具体情况，拉线的安装方式选择横跨式，安装于拨辊和操作人员之间，在对拨辊和人员进行分离的同时，来实现触发安全开关的功能。横跨式安装方式具备以下优点：作为分割介质将拨辊与人员分离开，保证接触拨辊前使拨辊停止；最大限度地利用柜内空间，使人员在拨辊附近的任意位置都能够触发。储柜截面如图 5 所示。

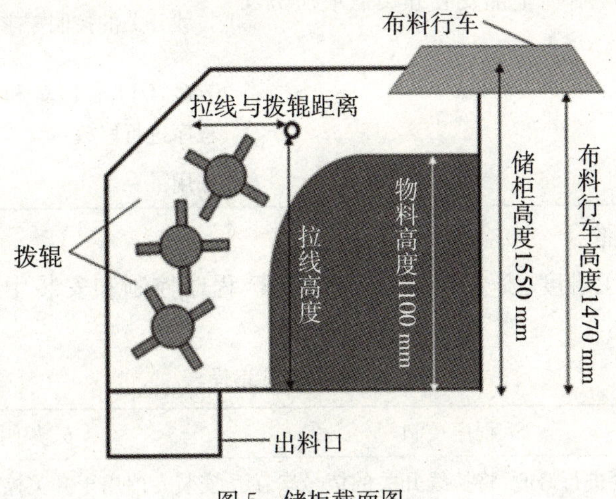

图 5 储柜截面图

5.1.5 拉线安全位置选择

根据现场测量，储叶柜高度为 1550 mm，布料行车略低于储柜，最低处高度为 1470 mm，储叶柜内物料高度为 900～1100 mm(根据进柜烟叶量高度有差别)。拉线的高度应当高于物料可能的最高高度，低于布料行车最低点的高度，这样能够在最大限度上避免物料或者布料行车运动中触发拉线开关导致停车情况发生的可能性。因此，拉线安装的高度应该在

(1100 mm,1470 mm)的范围内。通过对数据分析与模拟试验确定,人员的身高在 1500～1800 mm 范围内,臂长 350～450 mm,弯腰后高度最低至 1300 mm。

综合考虑可能发生的几种情形下的动作,结合拉线安装范围的要求,最终将拉线高度设计在 1250 mm 高、距离拨辊水平距离 400 mm(距拨辊耙钉 300 mm)的位置。

5.2 控制单元配置

5.2.1 信号传输方式选择

从方案概况、施工难度、成本、程序修改量等综合分析集中通信和分布式通信两种信号传输方式,最终选择分布式通信(见表 14)。

表 14 信号传输方式选择表

方案选择	集中通信	分布式通信
方案概况		
方案概述	所有开关的信号线与主电柜 CP804 相连	信号线与该储柜对应的 I/O 箱相连
施工难度	布线距离较长,路径复杂,难度较大	已有桥架连接,布线难度小
成本	高,由于主电柜 PLC 模块剩余 I/O 点较少,若要后期全部安装开关需增加 I/O 模块	低,PLC 模块有剩余少量 I/O 点,能够满足拉线开关的控制需求
程序修改量	较少	较多,I/O 箱 PLC 和主电柜 PLC 都需要对程序进行修改
结论	不选用	采用

5.2.2 控制方式选择

从方案概述、施工难度、安全性等综合分析 S7 程序控制和安装中间继电器,最终选择 S7 程序控制(见表 15)。

表 15 控制方式选择表

方案选择	S7 程序控制	安装中间继电器
方案概述	对程序进行修改,将拉线开关的信号串在拨辊启动之前	安装专门用于开关控制中间继电器,由此来控制拨辊
施工难度	难度小,充分利用原有程序,硬件无任何修改	难度较大,需对硬件软件都进行更改
安全性	较为安全	安装中间继电器,存在隐患
结论	采用	不选用

5.2.3　**报警形式选择**

从方案概述、施工难度、效果等综合分析采用综合报警(见表16)。当人体碰触拉线使拉线开关动作,正在运行的拨辊和底带就会停止运转,并且发出报警,主控柜上的红警灯闪烁、警铃响起,安装在储叶柜 I/O 箱上的喇叭也会响起。当按下主控柜上的消音按钮后,喇叭停止发声。

表16　**报警形式选择表**

方案选择	声光报警	人机交互报警	综合报警
方案概述	触发开关后启动现场的声光报警装置	在人机交互界面对报警进行显示	声光报警和人机交互报警都有
施工难度	较小,只增加报警信息即可	一般,需在 InTouch 界面增加信号显示	较大,程序改动较多,任务量大
效果	较好,能够及时提醒	一般,若不在触屏附近无法及时获取信息	较好,能够及时发现报警并查看到报警信息
结论	不选用	不选用	采用

6　最优方案确定

通过以上方案的分析与细化,确立了最优方案配置(见图6)。

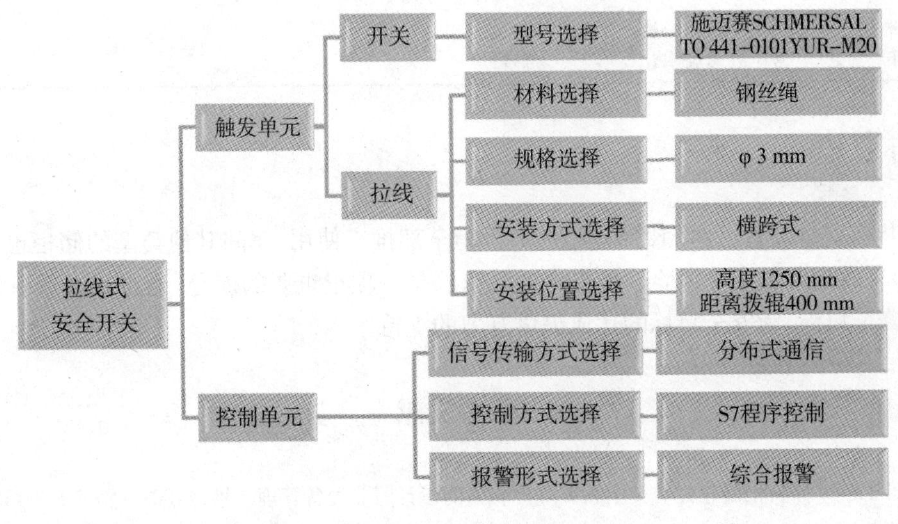

图6　最优方案配置

7　方案实施与效果评价

通过拉线制作、布线、增加相应程序、安装调试、测试等程序装置安装,经测试装置有效,并对储叶柜进行了为期三周的跟踪观察,未出现因为安全装置造成储叶柜停机情况的发生。

利用 LEC 评价法对"拨辊挤伤"的安全隐患进行了重新评估,通过增加安全装置,在拨辊与人员之间建立了一道安全防线,降低了事故发生的可能性,L 值从3降低至1;有可能因拨辊卷入发生安全事故的时候,人员可以立即通过开关来关停设备,而不是向柜外人员求救，这样能够避免造成更严重的后果，C值由15降至7(见表17)，因此，“拨辊运行中接触造成挤伤”安全隐患的危险值从改进前的135降低到改进后的21，将“拨辊挤伤”风险等级降至二级，提高了储叶柜的本质安全，消除了安全隐患，保障了员工生命安全。

$$危险值(D)=可能性(L)\times 频繁程度(E)\times 产生后果(C)=1\times 3\times 7=21$$

根据上述情况，拨辊挤伤的最终评测结果如表17所示。

表17　接触运动部件的机械伤害的LEC评价表

序号	设备设施/场所/岗位	作业活动	第一类危险源	第二类危险源			危险性评价				风险等级	是否为重点危险源	危险程度
				危险源描述	可能导致的事故/伤害	可能伤害的对象	可能性	频繁程度	产生后果	危险值			
1	安全门	操作/维修	动能	门自动关闭造成伤害	机械伤害	操作工/维修工	1	6	1	6	一级	否	稍有危险，可以接触
2		操作/维修	动能	门自动打开造成伤害	机械伤害	操作工/维修工	1	6	1	6	一级	否	稍有危险，可以接触
3	底带	操作/维修	动能	运行中接触造成伤害	机械伤害	操作工/维修工	3	2	7	42	二级	否	一般危险，需要注意
4	拨辊	操作/维修	动能	运行中接触造成伤害	机械伤害	操作工/维修工	1	3	7	21	二级	否	一般危险，需要注意
5	布料行车	操作/维修	动能	运行中接触造成伤害	机械伤害	操作工/维修工	1	2	3	6	一级	否	稍有危险，可以接触
6	底带链条	操作/维修	动能	运行中接触造成伤害	机械伤害	操作工/维修工	1	2	7	14	一级	否	稍有危险，可以接触

8　结束语

储叶柜安全装置已在8K储叶柜的8个柜全部推广使用，车间其他类型的储柜也计划逐步推广，有效地降低安全风险。低安全风险依然是一项很重要的课题，通过提高设备的本质安全来降低风险，为安全目标的达成提供有力的支持。

参考文献

[1]毋玉莲．储料柜链轮传动安全联锁防护装置的设计[J]. 设备管理与维修，2014(S1)：158-159.

[2]何梦婷，包良君，陈士凯．LEC法在检维修中的应用[J]. 中国石油和化工标准与质量，2014，34(12)：244.

[3]罗春鑫，刘美红．车床卡盘扳手急停保护设计与应用[J]. 机电一体化，2014，20(7)：70-73.

[4]张圣驰．带式输送机联锁启停装置设计[J]. 煤矿机电，2017(4)：98-99，103.

[5]杨爱兰，聂玉凤，孔峰．基于PLC程序控制变频器的方法[J]. 煤矿机电，2019，40(1)：64-66，69.

[6]刘红铭．钢缆带式输送机急停装置改造[J]. 煤矿现代化，2015(5)：51-52.

[7]温秉权．金属材料手册[M]. 北京：电子工业出版社，2019.

[8]刘卫艳．基于FESA、TRIZ和FBD的产品创新设计方法研究[D]. 上海：上海工程技术大学，2016.

[9]本刊编辑部. TRIZ创始人根里奇. 阿奇舒勒[J]. 家电科技，2010(4)：34.

穿梭车安全运行检测系统研究与应用

李春杰,刘燃祥,张广喜,刘金龙,胡遵宝

(山东中烟工业有限责任公司青岛卷烟厂卷包车间,山东青岛,266101)

[摘要] 烟草企业货物搬运和运输广泛采用穿梭车,青岛卷烟厂成品高架库目前在用穿梭车一台,有效提高托盘入库作业效率的同时,也是潜在安全隐患的源头,行业内曾发生穿梭车碰撞导致人员伤亡的事故。为了保证人员、设备安全,需要对运行过程中轨道的异物或人进行检测,确保穿梭车前进、后退时均能紧急停车。此项目研究内容分两部分:一是在穿梭车轨道首尾四角安装红外热释电传感器以检测人员闯入轨道运输区域,同时使用微波进行人体探测,双重检测人员闯入危险区域;二是应用机器视觉检测与识别模型,使用工业摄像机所采集的运输轨道与穿梭车图像数据来识别运行轨道上是否有异物,检测到异物时紧急停车,提升设备本质安全。此研究针对烟草行业存在的共性安全技术风险,成果可以推广、借鉴。

[关键词] 穿梭车;红外热释电;微波;图像识别;机器视觉;本质安全

1 项目的研究依据

1.1 项目的研究背景和目的

在仓储系统中,货物搬运与运输占据着重要的地位,是连接生产与仓储的必要中间环节。烟草企业物流运输普遍采用自动化无人监管穿梭车运输的方式以提高作业效率(见图1)。穿梭车相对于传统的固定运输方式,具有智能化、速度快、可靠性高和稳定性好等特点。但烟厂穿梭车运输轨道一般为敞开式,两侧不设置栅栏,小车周围亦未添加挡板,这种方式可以提升分拣速度及工作效率,但同时存在生产安全问题,如工作人员检修维护、无意识穿越导致人员碰撞意外伤害,货运平台货物掉落导致的生产故障等。

机器视觉又称为“计算机视觉”,是一种将图像处理、图像分析和图像识别等结合的技术。随着计算机软件、硬件技术的发展,以及机器视觉检测、模式识别理论的发展和完善,机器视觉已逐渐在生产安全领域得到了广泛研究和应用。

针对此现状,本文的研究基于机器视觉的生产线安全监测系统,拟采用机器视觉的方法检测穿梭车轨道区域是否有人员闯入或轨道上是否有货物掉落,判定运输轨道是否安全,并

图1 生产现场穿梭车

将轨道区域安全与否信号输出给物流调度控制系统，以解决烟草企业现场的全自动化物流运输轨道区域的安全隐患问题。项目基于视觉检测，辅以红外热释电检测方法，以 VC++ 6.0 为软件开发平台，通过实现图像处理算法检测，设计开发一套烟厂生产线物流穿梭车运行轨道安全实时检测系统，以保证生产的高效、安全、可靠进行。

1.2 同类技术的研究现状

厦门烟草工业有限责任公司钟毅虹申请了《穿梭车安全距离检测装置》的实用新型发明专利。该专利采用在穿梭车车体上安装光电管以检测穿梭车行进方向是否存在障碍物来确保穿梭车安全。该方法对于障碍物对光电管光信号产生遮挡时有效，但对光信号未遮挡和突发状况等的情形无效。北京邮电大学王小宁对直线往复式轨道穿梭车的避让策略进行了仿真研究。该研究主要是对穿梭车的运行轨迹进行优化仿真，以实现生产线的快速、合理运行，但未针对运行轨道区域安全检测和控制策略进行研究。北京交通大学鲁欣研究了基于机器视觉的道岔安全检测系统的设计与实现，以解决铁路道岔口的突发安全问题。浙江工业大学林璐璐针对自动门的安全，研究基于全方位视觉的自动门安全和节能检测技术。兰州交通大学马宏峰针对铁路运营中异物侵限事故频发，严重影响列车行车安全的问题，研究基于机器视觉的铁路异物侵限分布式智能监控技术研究。通过机器视觉技术实现铁路异物侵限的检测与识别，并达到铁路行车安全全过程的监测、预警及安全管理。东北大学杨丽针对汽车行驶车道安全，研究基于机器视觉的车道安全预警算法的研究与实现，提高道路交通安全。

通过查阅大量的文献发现，目前尚未有专门针对穿梭车运行安全的研究或报导，基于机器视觉的安全检测的研究在铁路和城市道路交通等领域有集中体现。烟草企业现场生产线的高度自动化和智能化，穿梭车安全可靠运行是保证高效生产的重要前提，因此，本文针对穿梭车运行作业现场工况特点和目标特征，提出基于机器视觉的生产线穿梭车安全运行检测系统。

2　项目的研究内容

2.1　研究思路

穿梭车生产线安全监测的目标事件包括人员闯入和轨道异常(有异物)两部分。

2.1.1　人员闯入

为了严格保障人身安全,通过在穿梭车轨道首尾四角安装红外热释电传感器以检测并获得人员闯入轨道运输区域的触发信号。无论穿梭车在前进或后退情况下,该触发信号有效则判定轨道有人员闯入,穿梭车则减速、紧急停车。

2.1.2　轨道异常(有异物)

本文研究实时获取安装在轨道斜上方的工业摄像机所采集的运输轨道与穿梭车图像数据,并对所获取的图像数据进行预处理,识别判定轨道的安全状态,一旦检测到异物则紧急停车,项目研究思路如图 2 所示,系统组成示意图如图 3 所示。

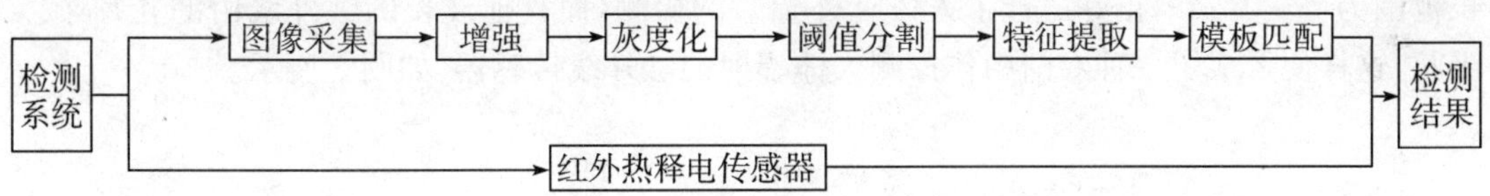

图 2　项目研究思路

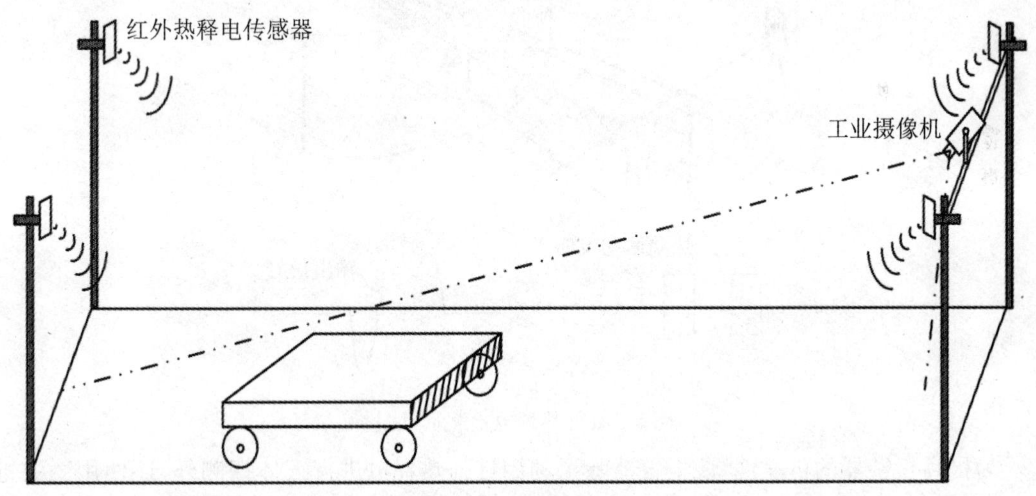

图 3　项目系统组成示意图

2.2　研究内容

基于上述研究思路,本文研究内容主要分为两大部分:红外热释电检测和机器视觉识别检测。

2.2.1　红外热释电检测

红外热释电 (PIR)传感器亦称为“热红外传感器”,是一种能检测人体发射的红外线的新型高灵敏度红外探测元件。它能以非接触形式检测出人体辐射的红外线能量的变化，并将其转换成电压信号输出。而且该传感器可以鉴别出运动的生物与其他非生物。

红外热释电报警器将菲涅尔透镜和热释电红外传感器结合使用，其工作原理示意图如图 4 所示。

图 4　红外热释电(PIR)传感器报警结构图

该结构图中的菲涅尔透镜利用透镜的特殊光学原理，在探测器前方产生交替变化的盲区和高灵敏区，以提高它的探测接收灵敏度。当有人从透镜前走过时，人体发出的红外线就不断地交替从盲区进入高灵敏区，这样就使接收到的红外信号以忽强忽弱的脉冲形式输入，从而增强其能量幅度。

人体辐射的红外线中心波长为 9～10 μm，而探测元件的波长灵敏度在 0.2～20 μm 范围内几乎稳定不变。在传感器顶端开设了一个装有滤光镜片的窗口，滤光片可通过光的波长范围为 7～10 μm，正好适合于人体红外辐射的探测，而其他波长的红外线由滤光片予以吸收，这样便形成了一种专门用作探测人体辐射的红外线传感器，如图 5 所示。

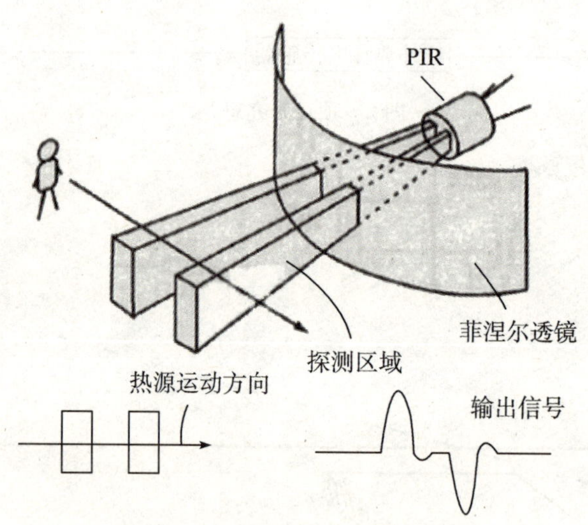

图 5　红外热释电检测示意图

为提高报警器的可靠性，该报警器除了利用红外热释电进行人体探测外，还使用微波进行人体的探测，双重检测可将误报降到最低。

针对人员的安全，本文已设计红外热释电报警电路，具体测试模块如图 6 所示，主要包括红外热释电报警器、主控电路板、电源等。经过试验测试，红外热释电报警电路可实现准确的人体探测报警。当有人员闯入穿梭车轨道区域，电路即发出报警信号并将该信号送入物流调度控制系统，控制穿梭车减速和紧急停车。

图 6 红外热释电测试实物图

2.2.2 机器视觉检测与识别模型

为检测是否有人进入烟厂生产线，视觉检测算法流程主要包括图像获取、运动目标检测和运动目标识别三个过程(见图 7)。相对应地，从图像处理技术角度看，主要涉及图像采集、图像增强、灰度化、阈值分割、特征提取和模板匹配等环节。图像增强用以提高目标图像中的背景(本文图像中的运输轨道)和前景(感兴趣目标，如在本文出现在运输轨道上的运输小车、人或掉落的货物)的差异程度；图像灰度化和阈值分割则是为后续的特征提取作准备，目的是将感兴趣目标和图像背景尽量分成不同的亮度特征集合；特征提取则为提取感兴趣目标的轮廓或统计等的信息；最后将目标的轮廓或统计信息通过模式匹配的方式进行判定，以确定运输轨道区域是否与正常生产模式相符合，生产是否安全。

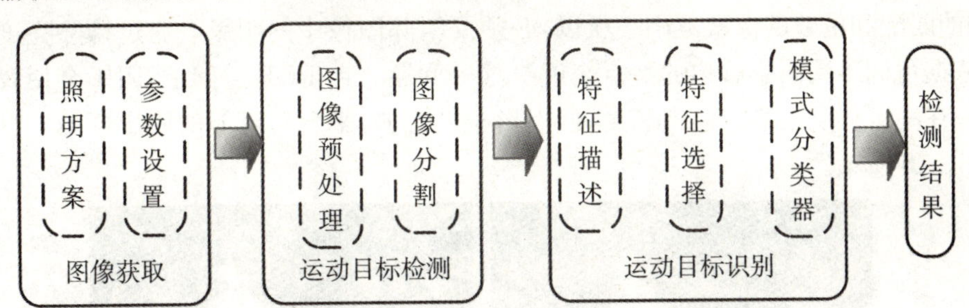

图 7 机器视觉检测与识别流程图

2.2.2.1 高质量图像获取

为了抓拍生产线穿梭车和人图像，通过调节照相机的亮度和参数设置，使得照相机获得清晰的图像。其中，光照的均匀程度、照相机的相关参数配置和兴趣区图像的获取是获取高质量的关键。本文在实验室搭建了视觉检测平台，图像和感兴趣区域获取如图 8 所示。

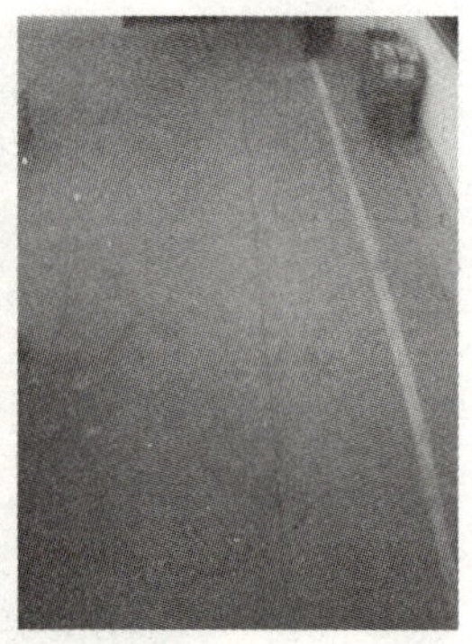

图 8　摄像机图像和感兴趣区域获取

2.2.2.2　运动目标检测

运动目标分割:如图 9 所示,采用混合高斯模型进行建模,其本质是建立一个和当前帧进行比较的背景图片,其背景图像通过对过去图像序列的学习来获得,并能够很好地描述当前时刻的背景信息。该建模方法的优势在于,建模和更新的过程能够较好地描述存在一定周期变化和缓慢变化的背景,对缓慢的光照变化也有较好的适应能力,而且计算较为简单。

图 9　运动目标检测过程

阴影消除:通过运动目标分割得到的运动目标区域,是包含大量噪声和运动目标的阴影,这一问题会对后续目标提取操作产生极大的影响,其目标区域的分割结果直接决定着目标模型的匹配和更新的像素范围。所以,必须要消除图像中的阴影。通过排除亮度信息的影响,依据色调不受阴影影响的特点来解决这一问题。在 RGB 空间中,阴影会使背景亮度减低,并在一定程度上影响色饱和度,但不影响其色调,来分辨可能的阴影区域。具体处理结果如图 10 所示。

图 10　阴影消除结果

形态学处理:经过阴影处理后的图像目标包含大量孔洞,背景区域也存在很多噪声点,采用形态学处理方法进行处理。其基本操作是膨胀和腐蚀,或组合成开/闭操作来对形状进行过滤。

为提高计算效率,针对噪声不严重的情况,只删除前景点中的孤立点;当噪声严重时,采用先开后闭的操作，对整个前景检测结果进行过滤。将二值图像数据打包成整型变量中的位数据，再以位操作来实现膨胀和腐蚀操作中的“或”和“与”的运算，可以极大地提高形态学操作的速度。处理结果如图 11 所示。

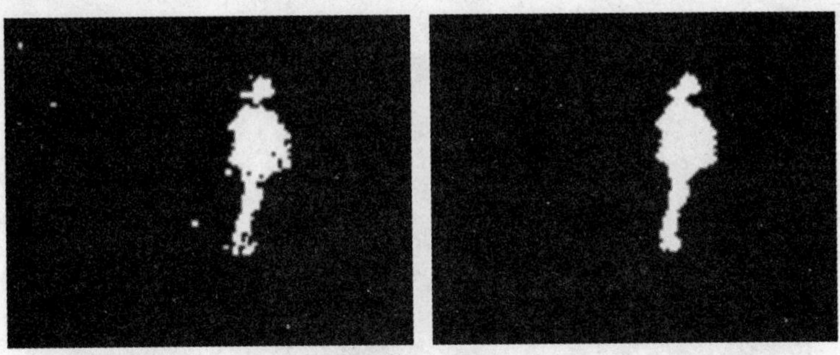

图 11　形态学处理

2.2.2.3　运动目标识别

运动目标的识别过程如图 12 所示。

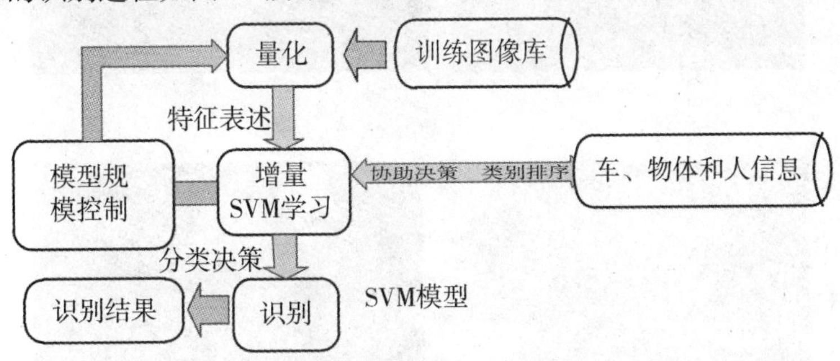

图 12　运动目标识别过程

特征描述：由于局部特征描述子在外观变化中表现出很强的鲁棒性，并能自适应地处理目标分割和部分遮挡的情况，选用 SIFT(Scale-Invariant Feature Transform)描述子。为了提高计算效率，提取轨道内的区域进行分析，如图 13 所示。

图 13　运动目标识别过程

目标识别：支持向量机识别方法(SVM)，其优势在于它有高维和稀疏的特性，使用线性核方法已经足够达到分类效果，同时保证了分类和学习的效率，识别结果和过程如下：

(1)通过特征描述建立特征子训练库,并进行量化(描述图像的特征频率统计向量)。

(2)将辅助信息(车、人和物体等信息)进行增量 SVM 学习;

(3)根据学习的特征,进行决策识别。视觉检测对人的识别结果如图 14 所示,对物的识别如图 15 所示。

图 14 人的识别

图 15 物的识别

经过上述三个过程,当采用机器视觉的方法对运动目标识别确认后,如果检测到穿梭车轨道区域有人员闯入或轨道上有货物掉落,则判定运输轨道为不安全状态,并将信号状态输出给物流调度控制系统,控制穿梭车紧急停车,消除安全隐患。

3 结束语

穿梭车的运行环境决定了其是否存在生产安全问题。此文通过红外热释电和微波技术双重检测穿梭车运行轨道人员入侵,将误报、漏报率降至最低,通过机器视觉检测与识别技术来检测穿梭车运行轨道上的异物或者人员,自动控制穿梭车减速、停车,避免了人员伤害和设备损伤事故的发生,同时也为智能物流智慧设备提供了一种解决方案,有效提高了设备的可靠性、安全性。

参考文献

[1]鲁欣.基于机器视觉的道岔安全检测系统的设计与实现[D].北京:北京交通大学,2006.
[2]林璐璐.基于全方位视觉的自动门安全和节能检测技术[J].计算机应用,2014(34):1825-1829.
[3]马宏峰.基于机器视觉的铁路异物侵限分布式智能监控技术研究[D].兰州:兰州交通大学,2014.
[4]杨丽.基于机器视觉的车道安全预警算法的研究与实现[D].沈阳:东北大学,2012.

智慧安全移动天网在烟草企业安全管理工作中的应用

邱在伦，李昶君，张学阁，马成龙

（山东中烟工业有限责任公司安全管理部，山东济南，250000）

［摘要］随着物联网技术、传感技术、移动终端 APP 技术等现代科技手段在企业安全管理工作中的应用和普及，为安全基础大数据采集提供了硬件技术支持。烟草企业充分利用物联网、传感、人工智能和手机 APP 等前沿技术，将企业消防、安防和配电等系统产生的基础数据、关键参数，通过人工智能系统进行汇总、归纳和分析，第一时间通过移动终端传递给安全管理人员，降低人工成本，提供工作效率，进一步提升安全管理工作的时效性和科学性，促进烟草企业安全技防管理能力再上新水平。

［关键词］智慧安全；安全监管；物联网；大数据

1 前言

目前，部分烟草企业安防、消防和电气火灾监控系统已经运行了较长时间，存在无法与移动终端连接、监控死角较多、信号传输速度慢、信息存储能力不足等诸多问题，无法满足现代化企业对安全管理工作的基本需求。

2017 年，原公安部消防局相继发布了《消防信息化“十三五”总体规划》《“十三五”消防信息化建设项目 2017 年度实施方案》和《关于全面推进“智慧消防”建设的指导意见》，明确提出了建设“智慧消防”的工作目标及重点任务，要求综合运用物联网、云计算、大数据、移动互联网等新兴信息技术，加快推进“智慧消防”建设，全面促进信息化与消防安全工作的深度融合，实现“传统消防”向“现代消防”的实质性转变。

烟草企业通过硬件投入、软件配套，利用物联网技术，将安防、消防、配电监测系统等安全设施的异常信息或报警信息自动推送到移动终端，实现对各重点要害部位数字高清监控、实时录像，各级安全管理人员可以通过移动终端，随时调阅所辖范围内的智能数字高清监控画面，将常规安全检查难以发现的事故隐患和安全问题装进智慧的“笼子”。

2 背景

2.1 烟草企业安全技防设施概况

2.1.1 安防系统建设概况

安全技术防范系统由电子监控系统，门禁、巡更、巡查系统，车辆出入管理和周界防范等多个子系统组成，通过声音、图像、数据等多种媒体表现形式将生产现场、物流仓储和重要部位等公共区、生产区环境内的活动信息进行实时的监视和记录。在综合安防系统的管理下，各子系统能够独立运行，实现报警信息的综合管理。

2.1.2 消防系统建设概况

消防系统主要由两大部分组成，一部分为火灾自动报警及联动控制系统，用于火灾初期预警及消防设备设施联动，另一部分为消防灭火系统，是建筑物的主动防火设施，在接收消防联动控制器的指令后进行自动灭火。

2.1.3 配电系统建设概况

配电系统大致分为配电动力系统和配电监控系统，其中配电动力系统由高压部分、低压开关柜和终端屏组成；配电监控系统包括配电室现场终端屏、服务器屏、模拟屏及工程师站。监控系统软件采用多种人机交互系统来完成控制中心的数据显示和人机交互界面显示。

2.2 现阶段存在的突出问题

2.2.1 安防系统存在的突出问题

2.2.1.1 监控画面无法实时查看

安防控制室多与消防控制室集中布置，采用上位机对企业各部位现场进行实时监控，且未采用无线传输设备对监控画面进行高质量有效传输，无法用专用移动终端或者手机客户端对现场画面进行实时查看，视频监控的时效性较差。

2.2.1.2 视频监控采用模拟信号

部分烟草企业视频监控系统运行时间较长，多数采用模拟信号传输，主要缺点是总是受到杂讯的影响，信号被多次复制，或进行长距离传输之后，噪声效应会使信号产生有损，有损后的模拟信号几乎不可能再次被还原。同时，采用模拟信号的视频监控系统视频画面颗粒感强，清晰度较差。

2.2.1.3 数据存储技术存在局限性

大多数烟草企业监控视频多采用本地存储的方式，和云存储相比，存在数据存储时间比较短、占用本地资源较多等缺点，存储技术存在局限性。如果采用模拟信号的视频监控系统，长时间存放后视频质量会降低，无法像数字视频一样能够长时间存放，视频资料的可追溯性差。

2.2.2 消防系统存在的突出问题

2.2.2.1 系统监管时效性差

现有的消防设施管理由于不具备智能化功能，无法自动监控，在查看消防设备设施完好性时，只能查阅已经产生的点(巡)检记录或检查记录，或是依靠人力去相关部位进行查看或测试，难以满足现代消防管理的实际需要，而且监管成本高，费时费力，效率低。

2.2.2.2　记录繁琐正确性差

消防设备设施管理内容多，记录多，按照企业相关规定要求，消防管理人员需要建立消防设施清单和消防器材管理台账，填写消防设施月度、季度等各类检查记录，成本高，效率低，正确性差，数据统计分析几乎无法用计算机实现，更不能利用移动终端对消防系统运行情况进行实时查询、动态跟踪和安全监控。

2.2.3　配电系统存在的突出问题

2.2.3.1　故障处置存在滞后

配电系统安全故障的主要因素有线缆温度、剩余电流和电流、电压的数值体现。主配电室的高低压配电系统和变压系统的运行数据可以从配电室计算机获取，出现异常情况时，能够及时处置。二级箱柜、末端的配电箱等各关键节点的剩余电流、电流和温度大多由电气操作人员进行每天或每周的定期检测，未能实现关键参数的实时检测，出现故障也不能及时进行处置，存在安全风险。

2.2.3.2　数据统计准确性差

配电系统出现安全故障时，由电气操作工对故障原因、故障现象以及处理办法进行人工登记，事后查阅只能翻看当时记录的原始数据，且未实现对一定周期内隐患数量的详细统计分析，难以摸清设备运行规律，不能为设备的使用和维护保养提供科学合理的依据。

3　智慧安全移动天网项目建设

3.1　安全隐患巡查系统

3.1.1　检查程序

在企业内部的重点安全部位、消防设施、特种设备等位置处张贴 NFC 射频芯片建立特有身份证标志，用于企业日常防火、巡查检查、设备维护等工作。巡查检查人员通过手机感应射频芯片，感应后自动提示检查标准与方法，检查完后自动上传检查痕迹记录，保证检查信息的真实性。

3.1.2　检查标准

当手机感应到射频芯片时，手机自动提示检查标准与方法，检查人员只需按照提示进行逐项检查即可，避免了检查过程不规范、检查质量不高等问题。

3.1.3　隐患整改

检查过程中发现隐患后，可通过手机直接拍照上传，安全管理人员可实时接收，并安排责任人进行整改，整改后的照片上传后，由安全管理人员审核，审核过之后存档，减少了隐患整改处理时间，实时掌握隐患整改进度。隐患整改流程如图 1 所示。

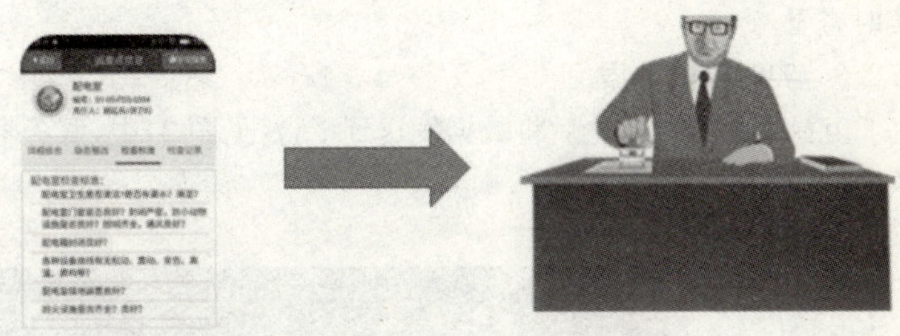

图 1　隐患整改流程

3.1.4　检查痕迹

企业安全管理人员利用移动终端或手机，可实时查看企业内安全巡查人员的检查情况，解决了巡查检查不真实的问题，确保了年度安全检查计划的有效落实。

3.2　智慧用电云监测系统

在企业配电柜中加入电气火灾监控探测器、电流传感器、温度传感器以及剩余电流传感器，实时采集用电线路的电压、电流、温度、剩余电流等数据，通过云端实时传入后台数据库（见图 2），实现电气火灾事故隐患监测。

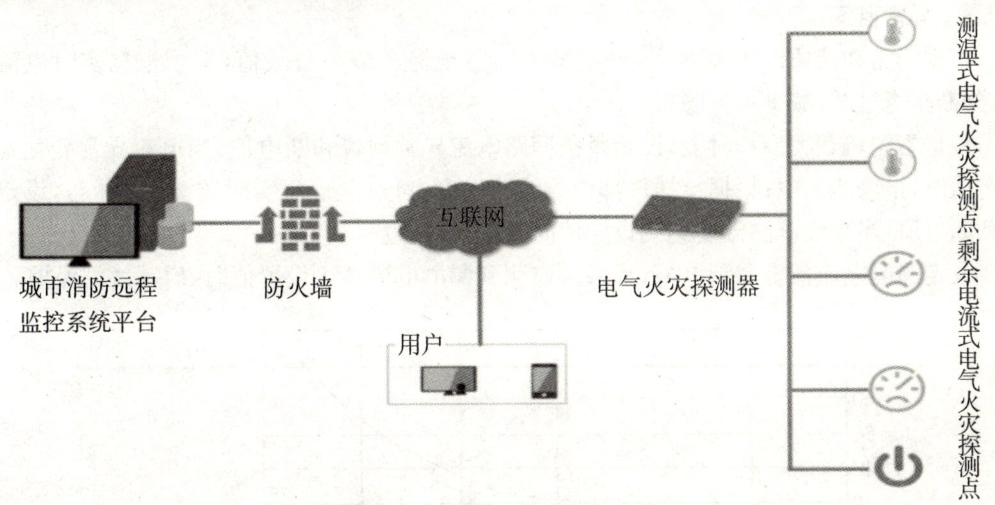

图 2　智慧用电云监测系统架构

3.2.1　系统先进性

智慧电气安全云监测功能是具有远程服务平台的电气火灾监控系统。它对引起电气火灾的主要因素进行实时在线监测和统计分析，可实现对配电柜、二级箱柜、末端的配电箱等各关键节点的剩余电流、电流和温度的实时检测。安全管理人员利用移动终端，能够及时掌握线路存在的用电安全隐患状态，判断故障发生的原因，第一时间消除潜在的电气火灾安全隐患。

3.2.2　设备采集发送数据

对配电柜、二级箱柜、末端的配电箱等各关键节点的剩余电流、电流和温度的实时检测，采集剩余电流、导线温度、电压和电流的数据变化，并将数据发送到服务器，可通过移动终端实时查看。

3.2.3 实时接收数据

互感器采集数据之后将数据发送到平台(见图 3)中,服务器实时与设备建立连接,并接收数据。

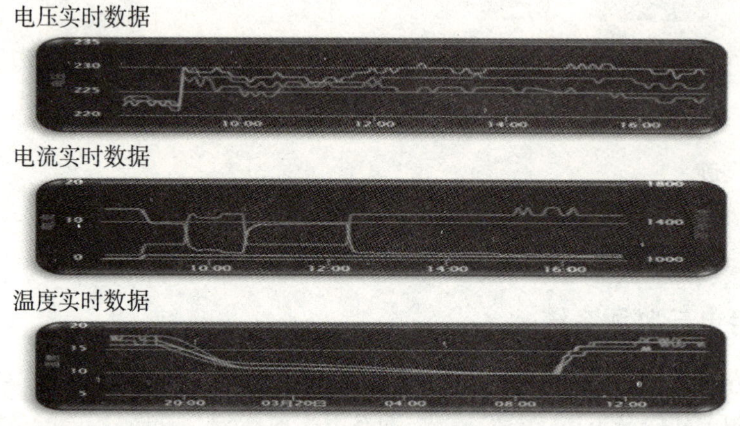

图 3　配电实时数据

3.2.4 异常监测

根据线路和接插件标称功率,设定每条回路预警和最高负载值,系统根据实时电流监测,判断是否过载,减少火灾隐患。

根据不同负载类型和时段,设定每条回路电流异常预警和断电值,当电流异常变化达到设定值时,报警或断电;根据接插件部位或线路温度,对过温现象实时监测(见图 4),设定预警和断电值,当系统监测温度达到设定值时,报警或断电。

设定漏电电流预警和断电值,当系统监测到漏电电流高于设置值时,启动跳闸保护。

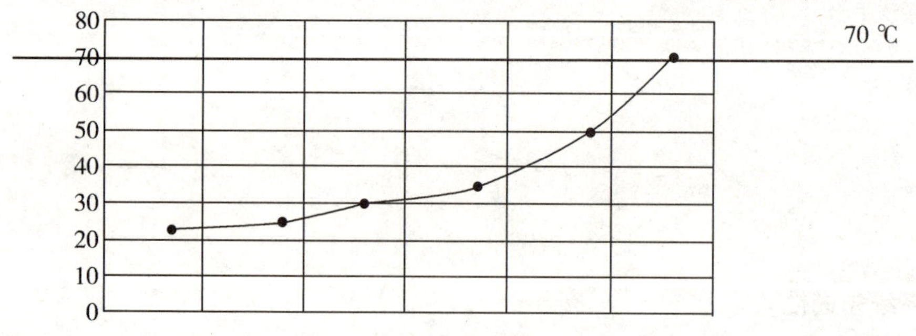

图 4　配电过温数据实时监测

3.2.5 预警断电

加装脱扣装置,系统通过实时监测电流变化,根据电流强度和高频率波动,设定预警和断电值,防止插座插排及用电设备出现高强度、高频率打火引发火灾,消除火灾隐患。也可实现移动终端远程断电,解决人员不在现场无法断电的问题。

3.2.6 大数据报表

智慧电气安全云监测系统利用日常采集到的数据,自动生成用电安全报表(见图 5),对一周内的隐患进行汇总分析，定期发送给企业用户，让用户更加直观地了解隐患情况，有效预防了电气火灾事故发生。

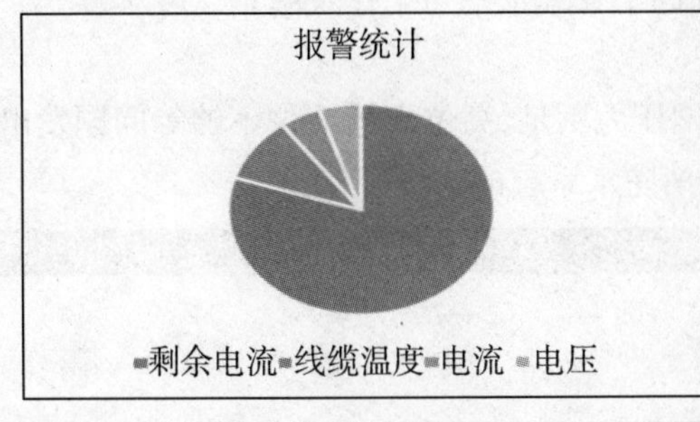

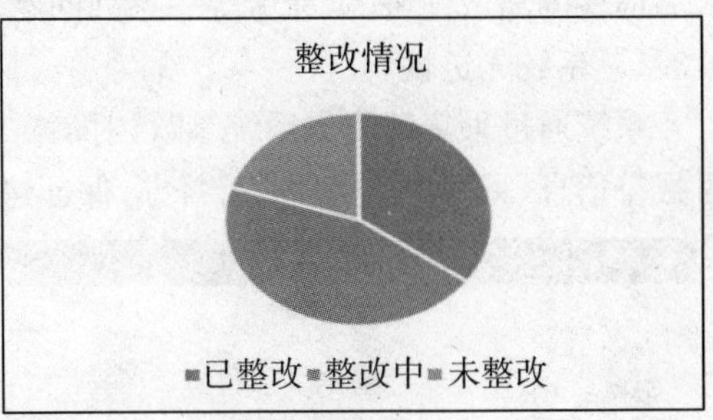

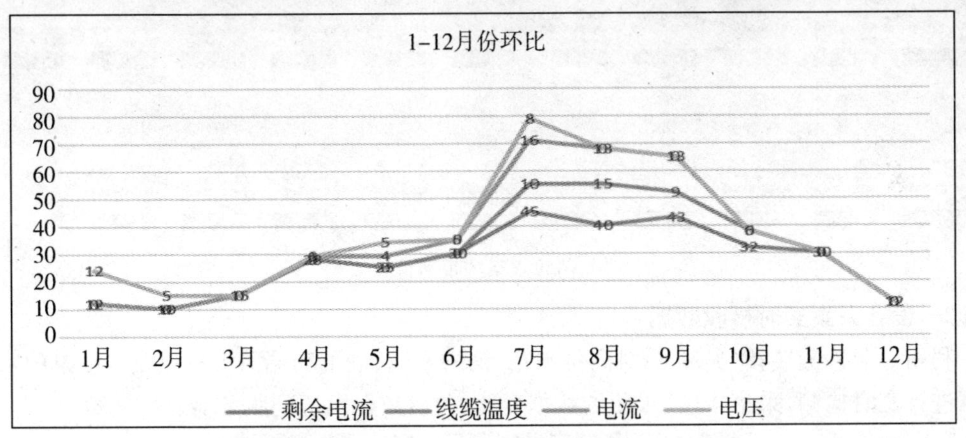

图 5　用电安全报表

3.3　建筑消防用水云监测系统

在建筑的关键部位（如消防水池、消防水箱、最不利端消火栓、喷淋末端试水装置）安装液位或压力传感器，由远程测控终端设备采集传感器数据，经无线网络发送到远程的云服务器上，实现对消防供水设施关键参数连续收集与整合上报（见图 6）。

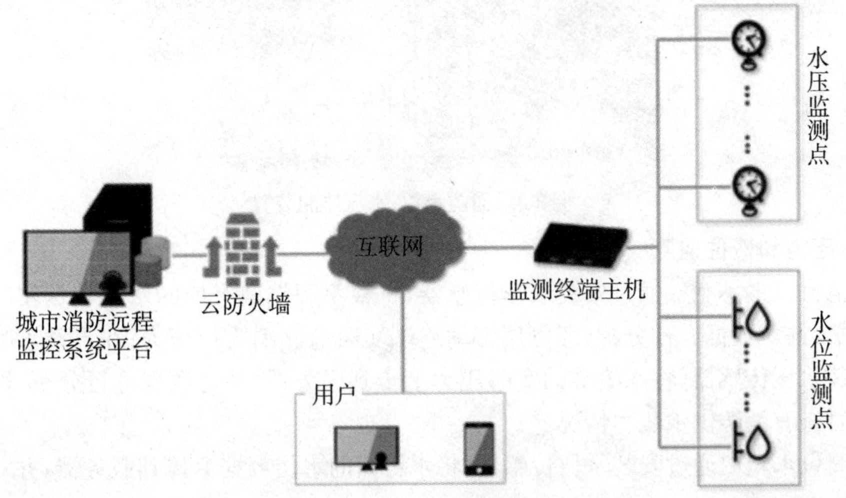

图 6　建筑消防用水云监测系统架构

通过后台数据中心动态实时分析，针对异常情况实时推送警示信息，定期形成运行报告。企业消防安全管理人员、维保单位可以通过授权实时掌控消防供水系统的状态，解决了人为巡检的离散性、视觉疲劳等一系列问题，提高了管理水平与工作效率。

3.3.1　系统先进性

系统通过采集消防水系统参数，对消防管网压力不足、高位水箱液位不够等问题发出实时报警信息（见图7），及时进行督办，保证建筑消防水系统的正常工作。

图7　消防水系统报警信息监测

3.3.2　设备采集实时接收数据

利用专业检测装置（见图8）对高位水箱、消防水池、最不利端消火栓以及水喷淋的水位、水压进行实时检测，采集水位、水压的数据变化，并将数据发送到服务器。

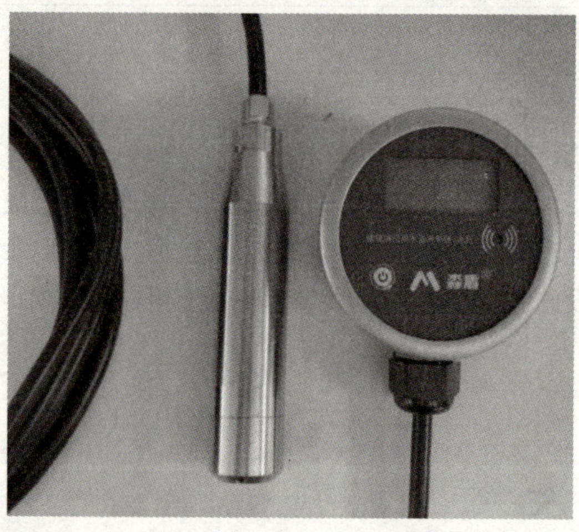

图8　消防水位、水压监测装置

3.3.3　压力和液位监测

在消火栓最不利端通过安装水压传感器，将最不利端消火栓的水压数据实时上传到系统服务器，并对数据进行分析，即可用移动终端实时监测消火栓压力；在自动水喷淋系统中通过安装水压传感器，将水喷淋的实时压力上传到服务器，并对数据进行分析，即可用移动终端实时查看消防供水压力情况。

在高位水箱内通过安装水位传感器，将水箱内的水位数据上传到服务器，并对水位数据进行分析，即可用移动终端实时查看水箱水位情况；在消防水池内通过安装水位传感器，将水池内的水位数据上传到服务器，并对水位数据进行分析，即可用移动终端实时查看消防水池水位情况。

3.3.4 短信报警

在实时监测过程中，一旦发现水压不足以及水箱无水情况，系统自动将报警短信推送到消防安全管理人员手机上，整改完成后，报警信息恢复。

3.4 火灾自动报警云监测系统

火灾自动报警云监测系统（见图 9）利用物联网应用的技术思想，采用专用网络、宽带网络、移动网络等多种联网方式将分散的前端感知设备控制器（如火灾自动报警控制器）联成网络，实时采集联网建筑物内前端感知设备（如感烟探测器、感温探测器、紫外火焰探测器、可燃气体探测器等）的报警信息和运行状态信息，提前发现前端消防设施存在的各种故障隐患，督促进行相关整改，降低火灾风险。

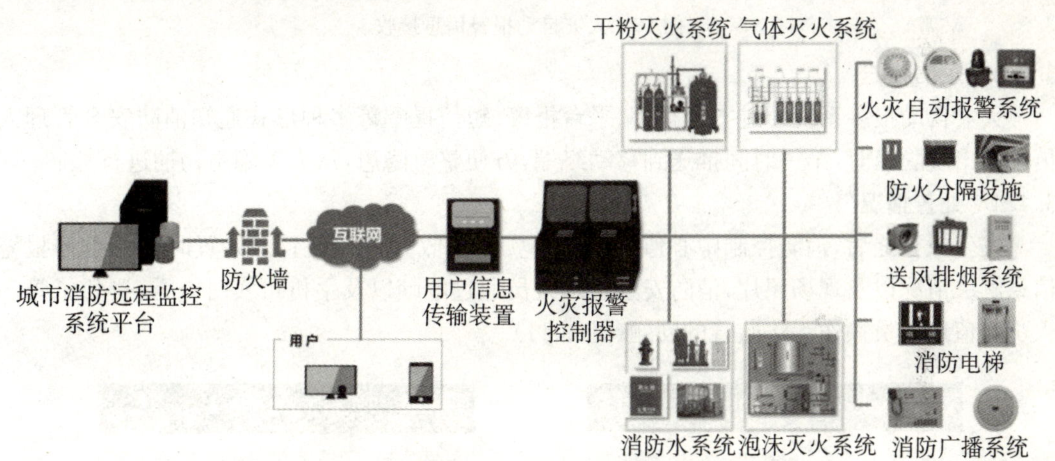

图 9 火灾自动报警云监测系统架构

3.4.1 报警信息接入

安装火灾报警联动装置，并监控建筑物内的自动喷水灭火系统、气体灭火系统、泡沫灭火系统、干粉灭火系统、防烟排烟系统、防火门及卷帘系统、消防应急广播、消防应急照明和疏散指示系统运行情况和报警信息。

3.4.2 报警信息接收

一旦监测到各个系统的异常，包括火警、误报、故障以及其他，服务器会实时接收，将事件自动存入报警数据库，并对报警信息进行核实和确认，过滤掉误报报警等信息之后，把检索到的发生警情点的详细地址和周围的消火设施及相关情况发送到平台（见图 10）。

返回首页　火灾自动报警系统联网

	用户地址	设备名称	报警信息具体内容描述	事件类型	处理状态	处理人	发生时间	设备编号	[illegible]	接收时间	处理时间
1			恢复-未标注探测器(探测器编号：00971075 探测器类型：)	其它	未处理		2018-04-18 13:03:31	00971075	00901	2018-04-18 13:03:42	
2			恢复-未标注探测器(探测器编号：00952014 探测器类型：)	其它	未处理		2018-04-18 13:03:31	00952014	00901	2018-04-18 13:03:40	
3			恢复-未标注探测器(探测器编号：00972074 探测器类型：)	其它	未处理		2018-04-18 13:03:30	00972074	00901	2018-04-18 13:03:37	
4			恢复-未标注探测器(探测器编号：00973060 探测器类型：)	其它	未处理		2018-04-18 13:03:30	00973060	00901	2018-04-18 13:03:35	
5			恢复-未标注探测器(探测器编号：00953010 探测器类型：)	其它	未处理		2018-04-18 13:03:29	00953010	00901	2018-04-18 13:03:33	
6			恢复-未标注探测器(探测器编号：00954008 探测器类型：)	其它	未处理		2018-04-18 13:03:29	00954008	00901	2018-04-18 13:03:31	
7			动作-未标注探测器(探测器编号：00974056 探测器类型：)	其它	未处理		2018-04-18 12:58:42	00974056	00901	2018-04-18 12:58:44	
8			恢复-未标注探测器(探测器编号：00974056 探测器类型：)	其它	未处理		2018-04-18 12:58:38	00974056	00901	2018-04-18 12:58:40	
9			恢复-未标注探测器(探测器编号：00976043 探测器类型：)	其它	未处理		2018-04-18 12:33:36	00976043	00901	2018-04-18 12:33:41	
10			恢复-未标注探测器(探测器编号：00971077 探测器类型：)	其它	未处理		2018-04-18 12:33:36	00971077	00901	2018-04-18 12:33:39	
11			恢复-未标注探测器(探测器编号：00975048 探测器类型：)	其它	未处理		2018-04-18 12:33:35	00975048	00901	2018-04-18 12:33:37	
12			恢复-未标注探测器(探测器编号：00984057 探测器类型：)	其它	未处理		2018-04-18 12:33:31	00984057	00901	2018-04-18 12:33:35	
13			恢复-未标注探测器(探测器编号：00955005 探测器类型：)	其它	未处理		2018-04-18 12:33:28	00955005	00901	2018-04-18 12:33:33	
14			恢复-未标注探测器(探测器编号：00983065 探测器类型：)	其它	未处理		2018-04-18 12:33:28	00983065	00901	2018-04-18 12:33:31	
15			恢复-未标注探测器(探测器编号：00976046 探测器类型：)	其它	未处理		2018-04-18 12:26:42	00976046	00901	2018-04-18 12:26:45	

第 1 / 96 页每页 15 行，共1440行　首页 上一页 下一页 末页

图 10　火灾自动报警信息接收

3.4.3　短信推送

火灾自动报警系统通过本地报警、平台报警、短信提醒等多种形式通知消防安全管理人员。当出现隐患时，第一时间推送到移动终端，方便整改隐患，从火灾隐患初期进行控制。

3.4.4　处置情况

发生报警之后，消防控制中心值班人员可实时接收并进行处置。处置时需要上传报警信息解决情况以及现场照片，消防安全管理人员通过电脑以及手机可实时查看，避免了管理人员对值班人员操作无法监管的问题(见图 11)。

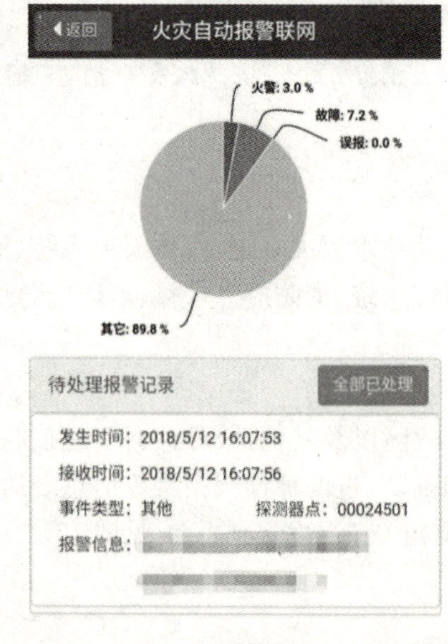

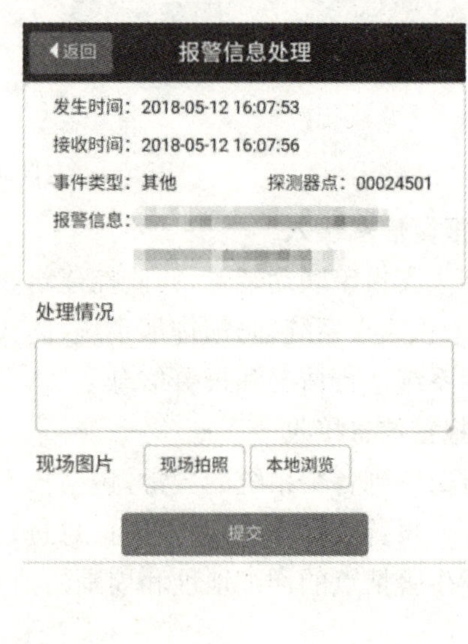

图 11　火灾自动报警信息推送及处置界面

3.4.5 报警信息统计

将报警信息进行统计，形成周报表(见图 12)，方便消防安全管理人员查看企业消防系统运行状态。

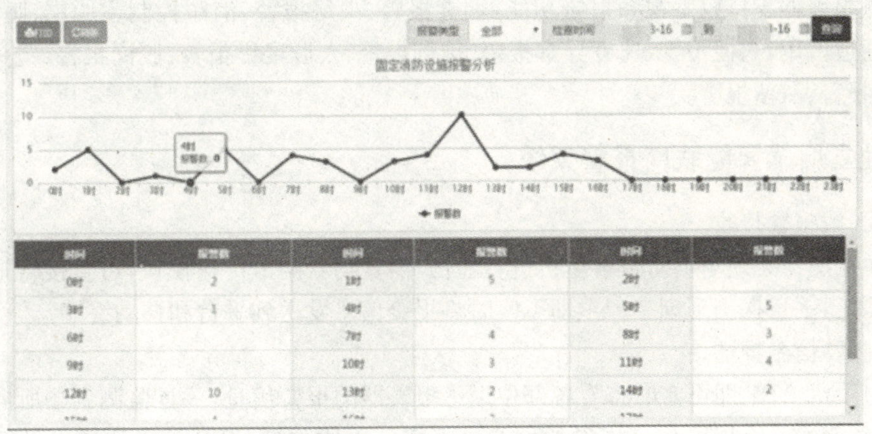

图 12 火灾自动报警信息推周报表

3.5 重点部位可视化监管系统

3.5.1 系统先进性

可视化联网报警系统，是采用了“消防报警＋紧急预警”与“监控＋防盗”相结合的安全看护模式，真正把视频监控与防盗消防报警防融为一体的系统平台(见图 13)。系统平台采用通信模式，基于云服务器上传、下发，具有推送数据量大、快的特性。前端以多种探测器为核心、视频监控为后盾，构建了立体防控系统，多元防御、实时防范，更有效地保障人身安全、财产安全。

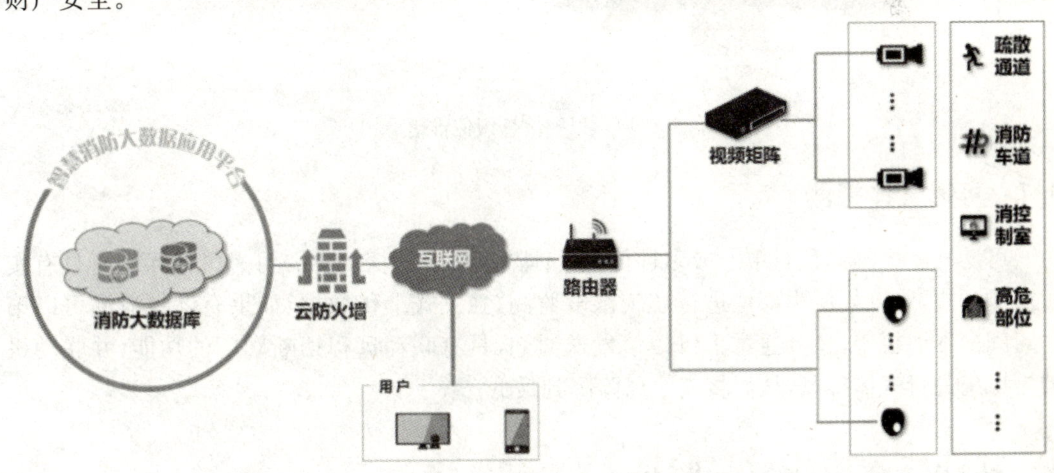

图 13 重点部位可视化监管系统架构

3.5.2 视频监控

采用视频报警技术，让普通的录像监控系统变为智能视频报警系统，只需要一根网线将视频报警器接入交换机就可实现“智能化”升级，将事后处置转变为事前预防；视频报警器在满足用户日常安防监控需求的同时，还提供其他服务，如实时视频的查看/录像回放、报警查询、远程布/撤防控制、设备联动控制等功能，支持移动终端的控制。

3.5.3 实时报警

视频报警器支持以下视频报警功能：烟雾报警、火焰报警、消防控制室脱岗、睡岗报警、消防车通道占用、入侵报警、速度异常报警、徘徊报警、人群聚集报警、脱岗报警、镜头异动报警、偷窃报警、滞留报警。

3.6 独立烟感智能联网报警系统

3.6.1 无线报警接收

烟感探测器无须与消防报警主机进行通信，内置物联网卡传输模块，可直接将报警信息传输至系统，一旦探测到烟雾产生即可实时将报警信息发送到平台和移动终端。

3.6.2 报警信息推送

通过手机 APP 即可实时查看各部位烟感报警器的报警信息，一旦监测到场所内有烟雾产生，系统会实时将报警信息推送给用户。报警的方式包括 APP 推送报警以及短信提醒(见图 14)。

智慧监管云平台

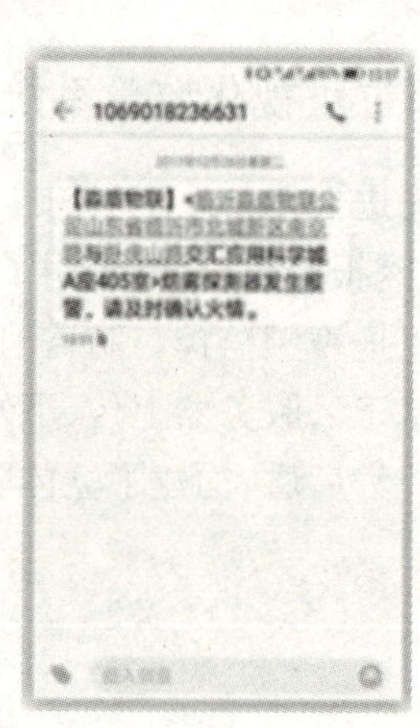

图 14 报警信息短信推送

3.7 可燃气体探测

可燃气体探测器是对单一或多种可燃气体浓度响应的探测器。可燃气体探测器具有实时探测功能，对燃气使用部位进行燃气浓度监测，独立式上传数据，如果有燃气泄漏可以第一时间向本地报警，还会通过手机短信发送通知，具有联动远程切断阀门的功能，并联动机械排风扇进行气体排风，从而将安全风险降到最低。

4 移动终端应用效果验证

智慧安全移动天网针对企业各类安全参数监管时效性不强的突出问题，运用物联网技术和移动终端 APP 技术，实现配电系统、消防系统、安防系统等关键参数和报警信息在 PC 端和移动终端随时调阅的功能，提高了安全监管工作的针对性和时效性。

4.1 实现电气运行参数和电气隐患在移动终端实时显示和预警

智慧安全移动天网实现计算机端和移动端可 24 小时查看电流值、线缆温度、是否漏电等关键参数和相关信息。当监测数据超过预警值时，系统自动产生报警，并将报警信息推送到相关人员手机上，指导开展隐患治理，以消除潜在的电气火灾安全隐患，有效预防电气火灾的发生。

4.2 实现消防系统参数和报警信息在移动终端实时显示和预警

通过后台强大的数据中心动态实时分析，针对出现的异常情况实时推送警示提醒信息，定期形成运行报告，消防管理人员、维保单位可以在移动终端实时查看消防系统的运行状态，解决了人为巡检的离散性、视觉疲劳、技术水平不平衡等一系列问题，提高了管理水平与效率。

智慧安全移动天网通过企业消防报警控制柜数据传输装置，把各类报警信息实时上传到云服务器。企业消防安全管理人员通过移动端随时随地掌握各种消防设施报警情况，一旦出现消防系统故障信息、火灾报警信息、可燃气体浓度超限等相关信息，消防安全管理人员可安排相关人员进行现场处理，有效解决。

4.3 实现重点部位在移动终端实时监管

智慧安全移动天网系统改变了传统监管模式。传统模式下对于企业内部的消防设施以及重点部位可视化监管需要人工 24 小时值守，智慧安全移动天网可随时随地利用移动终端对重点部位进行重点视频监控，减少了人力、物力，提高了工作质量。

5 结束语

将智慧安全移动天网项目建设引入现代企业安全管理工作中，利用安全基础大数据，有效地将消防系统、安防系统和配电系统的基础数据和关键参数进行汇总、归纳和分析，并可在移动终端随时查阅和处理，是创新安全管理工作的重要举措，对提高安全管理工作质量、提升企业安全管理水平有着重要的意义。

通过智慧安全移动天网的搭建，能够实现客观、真实、全面、及时地实时查询、动态跟踪和安全监管，可以让有限的监督力量得以充分“释放”，对企业落实安全责任、夯实安全基础、提升安全管理水平提到了积极的促进作用。

参考文献

[1]张福好. 关于“智慧消防”建设的实践与思考[J]. 中国消防，2017(8)：40-43.

[2]傅永财. 探索大数据思维下的智慧消防[J]. 消防科学与技术，2016(12)：1758-1762.

[3]丁祥郭. “智慧消防”建设与发展的思考[J]. 计算机安全，2012(10)：66-69.

[4]丁宏军. 基于物联网技术的智慧消防建设[J]. 消防技术与产品信息，2017(5)：67-69.

[5]董秋根.基于大数据技术的“智慧消防”应用体系研究[J].消防技术与产品信息，2018(4)：59-63.
[6]付明月.基于物联网的消防智能化装备管理系统设计[J].中国新技术新产品，2017(13)：19-20.
[7]段彬.基于物联网技术设计智慧型消防装备管理系统[J].电子技术与软件工程，2014(10)：69.
[8]姜自清.大数据条件下的消防精细化战评[J].消防科学与技术，2015(8)：1086-1088.
[9]徐卫东.电力系统自动化技术安全管理研究[J].山东工业技术，2019(1)：166.

变配电系统电容补偿柜安全改造应用

曲广庆，李红

（山东中烟工业有限责任公司青州卷烟厂，山顶潍坊，262500）

［摘要］在变配电系统运行过程中，本文针对厂供电系统配备电力电容柜发现的问题、故障进行分析，提出改进措施并实施改进，达到了良好的安全运行效果。

［关键词］变配电；电容补偿柜；安全；改造应用

1 现状

变配电系统安全关系重大，直接影响着我厂的生产、生活。电容补偿柜是配电系统的主要设备之一，其能否安全运行是保证整个变配电系统能否安全稳定运行的重要因素。

电容补偿柜在供电系统中通过自动补偿控制器收集到负荷端的无功损耗（功率因数）情况，自动进行电容补偿的投切动作，从而达到减少无功损耗、提高功率因数的目的，同时通过电容器及电抗器的作用，消除部分谐波。

在供电系统运行过程中，电容频繁投切、绝缘损坏、谐波等原因都会造成电容柜内器件老化、烧坏、鼓肚等，导致电容器的投放不正常或补偿效果较差，因而就会造成功率因数低、配电线路电流增加、电容温度升高甚至爆炸（见图1），导致电气事故和大面积停电，直接影响企业的正常安全生产运行。

图1 电容器损坏示意图

我厂共计 5 个分所、2 个配电间使用电容补偿柜，采用电容柜集中跟踪补偿，以无功补偿投切装置作为控制保护装置，将低压电容器组补偿在 400 V 母线上，补偿容量及位置如表 1 所示。

表 1　电容补偿柜位置及容量统计表

位置	电容柜数量(个)	补偿电容量(kvar)
1#分所	4	1200
2#分所	4	1200
3#分所	3	720
4#分所	2	240
除尘配电间	1	300
5#分所	1	240
应急 400 间	1	240

根据供电公司管理要求(高压供电合同)，供电公司对我厂电网功率因数的要求为 $Q \geqslant 0.9$，在高峰时段应达到 0.95。在运行过程中，发现我厂整个电网功率因数会低于 0.9，出现不合格现象。我们采集 3 个月功率因数(每小时采集一次，共计 2159 个点)，进行了统计并形成了散点图(见图 2)。

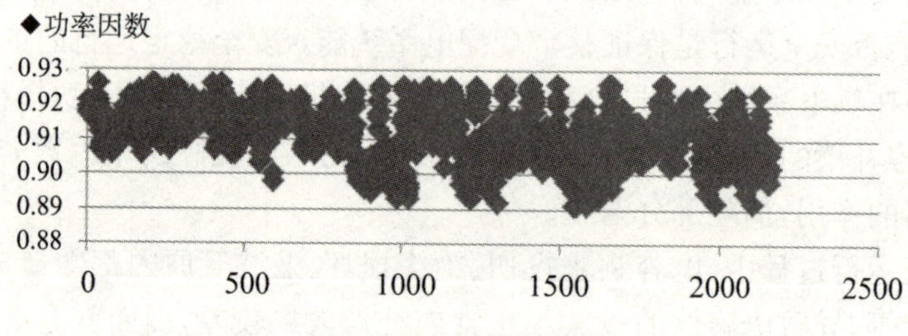

图 2　功率因数散点图

根据合格、不合格点数做成统计表(见表 2)。

表 2　我厂功率因数合格情况统计表

统计总个数	2160
不合格个数	125($Q<0.9$)
合格率	94.21%
不合格率	5.79%

针对出现的供电系统功率因数不稳定、补偿效果差等问题，检查统计车间电容补偿柜内出现氧化、变色等存在不安全因素的设备数量，如表 3 所示。

表 3 电容柜主要损坏器件明细表

名称	故障	损坏个数
功率因数控制器	控制紊乱,不能自动控制	1 个(SIEMENS\EPCOS 功率因数控制器 BR6000-R12 工作电压:230 V L—N)
连接线	氧化、烧坏	39 根(带焊接鼻子、套管)50 mm^2
	氧化、烧坏	118 根(带焊接鼻子、套管) 35 mm^2
电抗器(大)	变色、老化	10 个(B44066D7075)
电抗器(小)	变色、老化	2 个(B44066D7050)
电容	鼓肚	5 个(MKK440-D-28S)
接触器	烧坏	2 个(B44066S74100)

可以清楚看到,电容补偿柜补偿未达到安全运行要求,存在重大安全隐患,已直接影响到变配电系统的安全运行。

2 原因分析

我厂供电系统中的负载类型大部分属于电机等感性负载,加上广泛地使用电力电子设备,使电网功率因数较低。制丝车间的功率因数在 0.6 左右,严重影响了我厂的总体功率因数;卷包车间功率因数基本稳定在 0.91 左右。另外,由于变频器等可控设备的应用,增加了谐波成分,影响了我厂的电能质量及电容设备的正常运行。

组织人员对现场电容柜内断路器、熔断器、电抗器、接触器、电容器等器件及布局从现场检查、职工反馈、数据检测、集中讨论等几个方面进行调查,并进行分析研究。

2.1 熔断器不利于检查、复位

电容柜使用熔断器数量多(现正在使用的有 320 个),熔断器容易熔断,底座连接处容易烧毁,如图 3 所示。

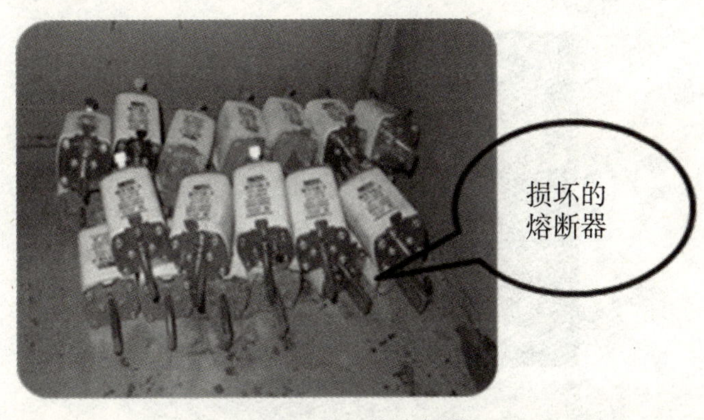

图 3 损坏的熔断器

熔断器损坏后，不易发现，点巡检人员要专门停电后进行测量才能判断熔断器好坏，故障熔断后必须重新更换熔体才能继续运行。表 4 为近两年熔断器损坏数量统计表。

表 4　熔断器损坏数量统计表

年份	1 月	2 月	3 月	4 月	5 月	6 月	7 月	8 月	9 月	10 月	11 月	12 月
2016	10	12	9	13	10	9	11	10	7	8	12	11
2017	12	9	12	10	13	10	12	10	13	9	9	10

熔断器产生熔断时，有时一相熔断，有时三相熔断，因为存在合闸涌流或系统有某次数的谐波。当电容投入以后，遇到谐振频率点，导致供电系统发生谐振，放大谐波，而工作尚未稳定，故烧毁其熔断器，而烧毁后避开谐振点，系统又恢复正常，如图 4 所示。

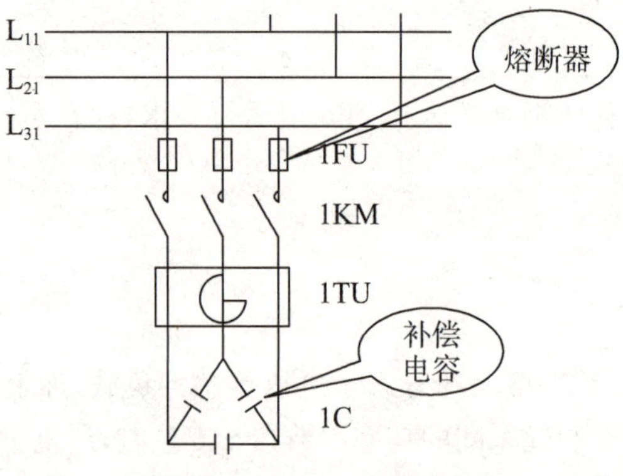

图 4　电容补偿示意图

当缺相运行时，三相补偿度不均衡，使得一次电压出现偏差；从继电保护的观点来看，一般电容器的保护只有过流保护和零序过流保护，缺相运行时，不会导致保护动作。电容供电三相不平衡，极易造成电容的爆炸损坏，继而严重影响到供电系统的正常运行。

2.2　电容柜内器件布局结构不合理

低压母线位于柜内最里面，最外层上端为熔断器、接触器，最下面为补偿电容，柜体低压母线与最外层中间为电抗器，柜体后盖在设备运行过程中不能打开，如图 5 所示。

图 5　电容柜内器件分布

电容柜内器件部局结构不合理，无法进行完整检修和保养，容易造成电抗器、电容电缆连接线氧化、损坏，如图 6 所示。

图 6　电容柜内器件损坏

2.3　电容柜无 PLC 数据采集设备

现场电容柜各器件的工作状态及故障情况没有及时上传到能源控制中心，操作人员无法准确、及时掌握设备运行状态，只能通过每班次的巡检发现问题，具有延时性，容易造成故障问题出现，影响设备安全正常运行。

2.4　无电抗器或电抗器 *K* 值配置不合理

电容补偿柜的设计大多只考虑无功补偿，不考虑设点的电能质量，因此在运行点电能质量低时，存在较大谐波干扰，如果无电抗器或现有电抗器 *K* 值和电网存在谐波不匹配，常造成补偿装置投不上、电容损坏、电容器保护熔断丝频繁熔断，甚至发生串并联谐振。这种谐振往往会使谐波电流放大到几倍甚至数十倍，对电网及并联电容器和与之串联的电抗器产生很大的威胁，并使电容器和电抗器烧毁，如图 7 所示。

图 7　电抗器损坏示意图

3 制定对策

针对我厂电容柜出现的问题故障,组织技术人员制定相应的对策。

(1)针对熔断器损坏,用不易损坏、快速复位的微型断路器代替熔断器。

(2)针对电容柜无数据采集功能,配置 PLC 控制模块,将断路器的故障和信号接点接到配电自动化系统,并完善后台计算机监控系统。

(3)针对电容柜内器件布局结构不合理现象,改变低压母线位置,尽量把低压母线位置上移;电容器后移,电容从电柜内下端移到下端后部;熔断器和接触器位于电容柜体中间;电抗器位于最底层外侧,或和电容器分开安装。

(4)针对电抗器 K 值配置不合理问题,现场测量系统谐波,根据谐波测量数据,配置 K 值合理的电抗器。

4 对策实施

4.1 用断路器代替熔断器

对电容柜内熔断器进行改造,用分断能力能满足要求的塑壳断路器代替熔断器,如图 8 所示。

图 8 断路器改造示意图

这样用微断替代熔断器运行,可以带负荷操作,便于点检,状态数据可以上传,不会造成因跳闸缺相的现象,维护起来比较方便,出现故障后,可以方便地进行操作,消除了熔断器的缺点隐患。

4.2 优化电容柜内器件布局结构

按照安装流程示意图对除尘电容柜柜内器件按照制定的对策方案进行电容器、电抗器等器件安装,如图 9 所示。

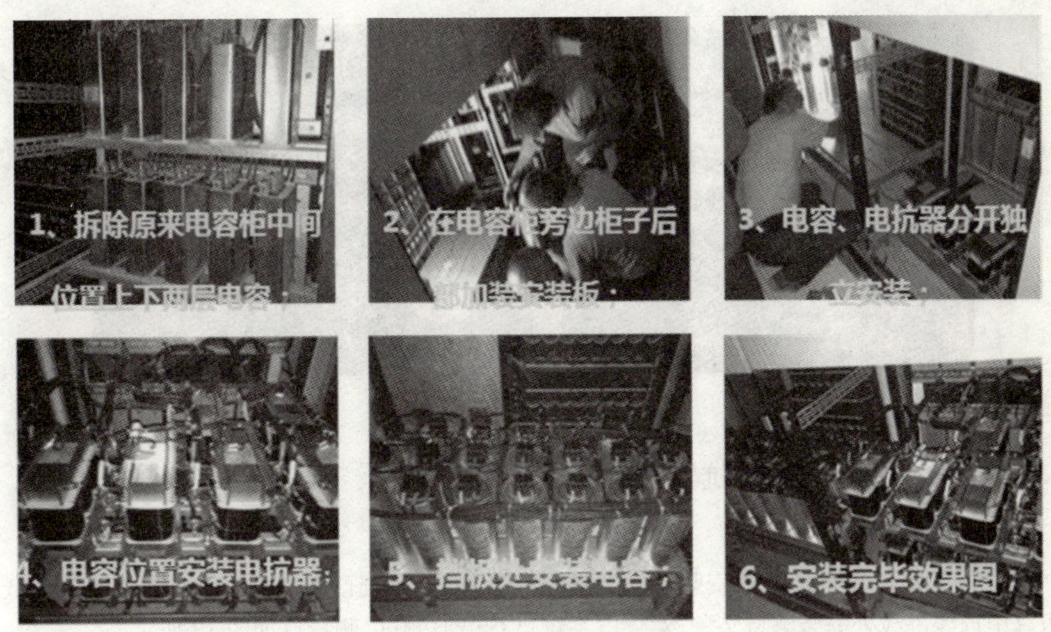

图 9　安装流程

在电容柜安装电抗器和电容器后，在盘后开孔，加装视窗，可以方便地对电抗器、电容器进行巡检，安装完毕后如图 10 所示，保证设备安全运行。

图 10　安装完毕

除尘配电间电容补偿柜改造完成后，又对各个分所电容补偿柜内器件按照制定的方案进行优化改造安装，如图 11 所示。

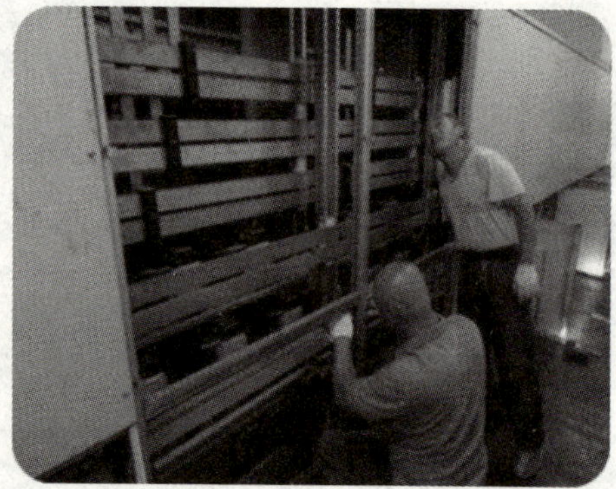

图 11　优化改造安装

4.3　选择合适 *K* 值的电抗器安装

4.3.1　谐波测量

选择合适 *K* 值的电抗器安装，首先要掌握我厂供电系统谐波数据。在 1＃、2＃分所低压总柜母线进线处安装测量装置，对供电系统进行谐波测试，测量点如图 12 所示。

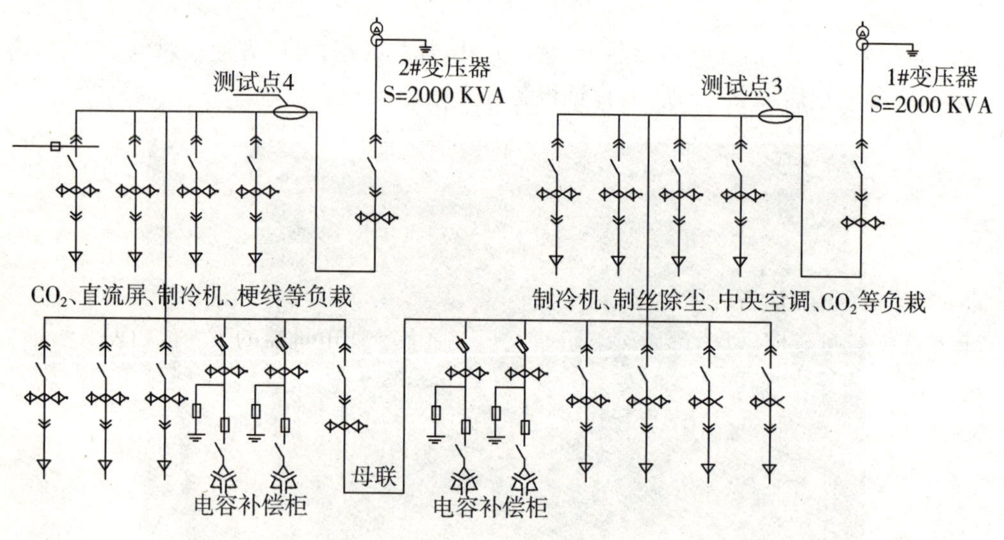

图 12　谐波测试点

测量数据记录如表 5 和表 6 所示。

表 5　基本参数测量记录表

有效值参考		有功功率（kW）	功率因数	相电压（V）	相电流（A）	电流畸变率（%）	频率（Hz）
1＃变低压总进线	A 相	334.9	0.9258	219.69	1646.5	12.67	49.985
	B 相	340.7	0.9421	220.84	1637.4	12.75	
	C 相	347.8	0.9393	220.06	1682.7	13.12	

表 6　谐波参数测量记录表

测试条件							
变压器/发电机供电		变压器		电容器组投/切		切	
变压容量/(KVA)		2000		短时测量/长时间跟踪		短时	
负载率	谐波电流、谐波电压测量记录						
	谐波电流有效值及畸变率						
	谐波次数	A 相		B 相		C 相	
		谐波电流(A)	畸变率(%)	谐波电流(A)	畸变率(%)	谐波电流(A)	畸变率(%)
1#变低压总进线	THDn	206.85	12.67	207.05	12.75	218.78	13.12
	1	1632.6	—	1623.9	—	1667.5	—
	3	26.4	1.62	5.9	0.36	31.9	1.91
	5	189.1	11.58	190.5	11.73	200.7	12.04
	7	48.3	2.96	47.6	2.93	43.8	2.63
	9	4.2	0.26	6.2	0.38	5.9	0.35
	11	42.2	2.58	42.9	2.64	44.3	2.66
	13	24.4	1.49	25.2	1.55	28.1	1.69
	15	2.7	0.17	2.3	0.14	5.1	0.31
	谐波电压畸变率(%)						
	谐波电压	A 相		B 相		C 相	
		4.71		4.45		4.84	

4.3.2　谐波分析，确认各分所电抗器 K 值

谐波数据测量完成后，通过谐波测量、分析，确定各分所电抗器的 K 值，如表 7 所示。

表 7　电抗器 K 值确定

测点	位置	结果	配置
1 号测试点	2 号分所 1#变压器	电流总畸变率最大达到 13.12%，不符合标准要求，谐波电流主要为 5、7 次	配置 $K=7\%$电抗器
2 号测试点	2 号分所 2#变压器	电流总畸变率最大达到 20.74%，不符合标准要求，谐波电流主要为 3、5、7、11 次	配置 $K=12\%$电抗器
3 号测试点	1 号分所 1#变压器	电流总畸变率最大达到 21.55%，不符合标准要求，谐波电流主要为 3、5、7、11 次	配置 $K=12\%$电抗器
4 号测试点	1 号分所 2#变压器	谐波含量很少而仅考虑限制合闸涌流	配置电抗器选 $K=(0.5\sim1)\%$满足标准要求

4.3.3　实施安装

选择合适时间申请停电，选择 K 值配置合适的电抗器按优化后的布局方案进行了安装，如图 13 所示。

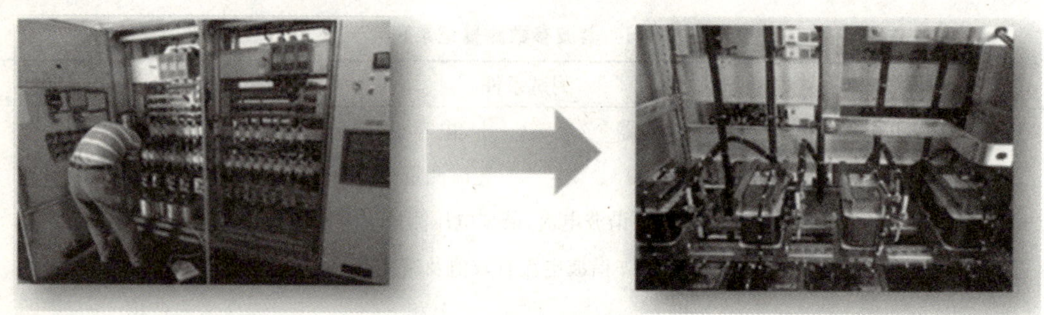

图 13　电抗安装

4.4　数据采集、上传

配置 PLC 控制模块，将断路器的故障和信号接点接到配电自动化系统，并完善后台计算机监控系统，如图 14 所示，操作人员可以在上位机及时掌握电容柜补偿数据。

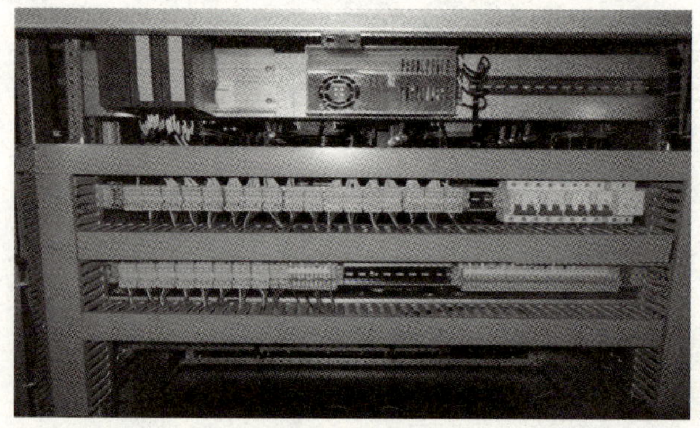

图 14　PLC 安装

5　完善日常巡检内容

由于电容器柜对全厂供电系统的重要性，车间针对技术改造后的电力电容器日常运行巡查内容进行了重新整定及优化，内容及周期包括：补偿电容器无放电声，无鼓包、线路、桩头无发热和烧损痕迹，无异味；外壳温度不高于 60 ℃；放电装置完好，绝缘子清洁。每班白班、头半夜对变配电站、1＃、2＃、3＃、4＃、5＃所的变配电装置进行常规巡检 2 次，下半夜巡检 1 次。

6　验证

6.1　改造前后效果

把改造前后进行了对比，如图 15 所示。

从前后对比图中可以清楚地看到改造后，巡检人员、检修人员可以方便地对柜内设备进行检查、测试、维修、保养，可保证设备更加安全地运行。

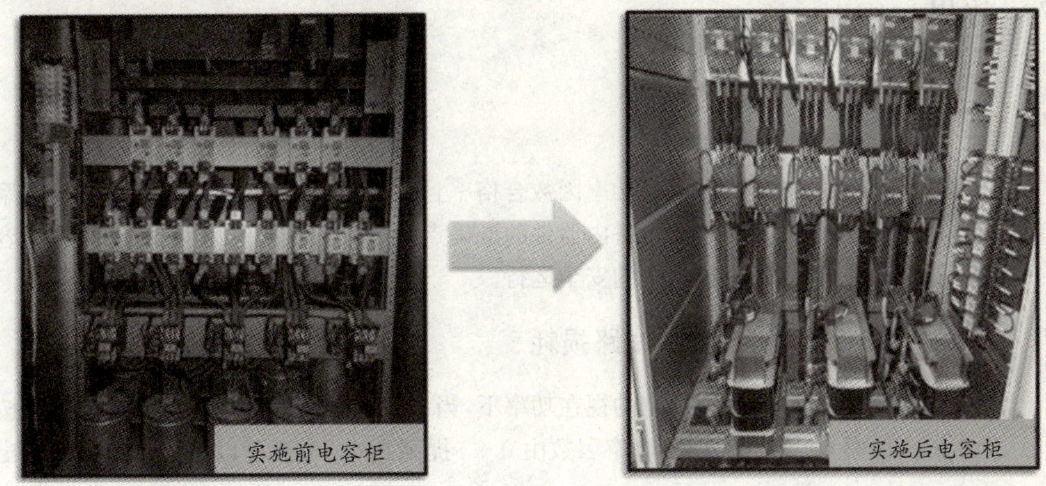

图 15　对比效果图

6.2　效果检查验证

6.2.1　功率因数验证

为了检查本次活动的效果，从变配电管理系统中采集 3 个月功率因数数据进行了检查验证，形成了分布图(见图 16)和功率因数统计表(见表 8)。

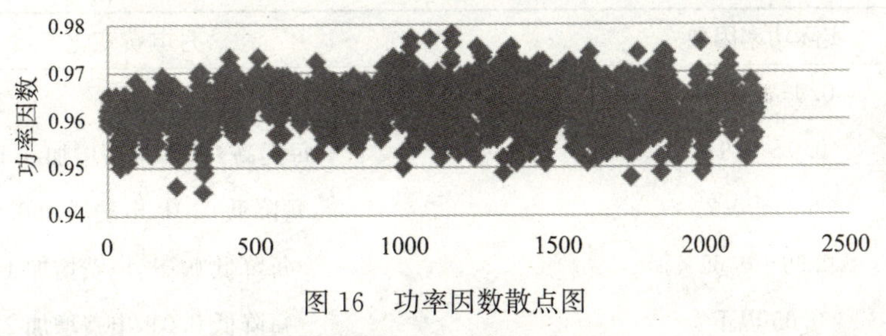

图 16　功率因数散点图

表 8　功率因数合格情况统计

统计总个数	2184
不合格个数	3($Q<0.9$)
合格率	99.9%
不合格率	0.137%

6.2.2　安全运行验证

改造实施后试运行 3 个月，正常运行一年半，然后对整个电容补偿柜进行了检查验证：所有电容柜对策实施后运行正常，电容投切正常，功率因数补偿器显示正常，供电系统功率正常达标，电容柜内器件未进行更换。

7 效果

7.1 安全运行

通过对电容柜的安全改造，提高功率因数合格率且保证功率因数在 0.96，保证变配电系统稳定性，方便了操作人员对每台设备内器件的准确点检、及时监控、维修保养，消除了电容补偿运行安全隐患，保证了供电系统的安全运行。

7.2 增加设备供电能力，减少线路损耗

提高功率因数合格率后，在一定的视在功率下，当 $\cos\Phi$ 增加时，有功输出就会增加。按我厂现在视在功率 6000 kW 计算，功率因数由 0.90 提高到 0.96，则可以增加有功功率输出 360 kW 左右。因 $I=\frac{P}{U\cos\Phi}$，提高用电器的功率因数，可以减小输电电流，进而减小了输电线路上的功率损失。

根据功率因数调整电费办法，凡功率因数达不到规定的用户，电网公司会加收一部分电费，这部分电费称为“力率电费”。同样，如果高于标准，将获得电网公司奖励，减少企业开支。力率电费调整如表 9 所示。

表 9 以 0.9 为标准值的功率因数调整电费

实际功率因数	月电费变化
0.95～1.00	0.75%
0.9～0.94	每提高 0.01，电费增加 0.15%
0.89～0.7	每降低 0.01，电费增加 0.5%
0.69～0.65	每降低 0.01，电费增加 1%
0.65 以下	每降低 0.01，电费增加 2%

提高功率因数合格率后，力率考核标准为 0.9，而实际力率达到了 0.96，按 0.75%进行的奖励，按每年 2000 万元电费计算，可以奖励电费 2000×0.6%＝12 万元。

8 结束语

电容补偿柜优化改造后，我们对车间电气操作人员、维修人员进行了新系统及 PLC 状态数据上传系统的培训，将电容柜新图纸纳入车间设备档案，修订电容柜点巡检标准，保证变配电系统电容补偿柜安全运行。

参考文献

[1]周志敏，周纪海，纪爱华．无功补偿电容器配置运行维护[M]．北京：电子工业出版社，2009.

[2]陈家斌．变电运行与管理技术[M].北京:中国电力出版社,2004.

[3]中国电力企业联合会.并联电容器装置设计规范[S].北京:中国计划出版社,2008.

[4]法国施耐德电气有限公司.电气装置应用(设计)指南[M].施耐德电气(中国)投资有限公司,译.北京:中国电力出版社,2006.

[5]丁毓山,雷振山．中小型变电所使用设计手册[M].北京:中国水利水电出版社,2000.

[6]郭永基．电力系统可靠性分析[M].北京:清华大学出版社,2003.

[7]王大志．电力系统无功补偿原理与应用[M]. 北京:电子工业出版社,2013.

[8]汤继东．中低压电气设计与电气设备成套技术[M].北京:中国电力出版社,2004.

[9]张建军,孙红华,肖寒．环境温度对运行中高低压并联电容器影响的分析[J]. 电力电容器与无功补偿,2016(1):6-10.

卷包车间安全金字塔模型构建与应用

王永超，王国兴，岳保中，赵明，高辉

（山东中烟工业有限责任公司青州卷烟厂卷包车间，山东潍坊，262500）

［摘要］针对卷包车间生产过程复杂、安全管理点多面广、员工安全素养有待提升等现状，车间贯彻“立足实际、点面结合、系统管控”构建原则，落实“理念层、战略层、环境层、制度层”构建路径，对安全管理工作进行深入分析与探索，成功构建并应用安全金字塔模型，保障了车间安全生产，提升了员工安全素养，营造了安全稳定氛围。该模型实现了安全管理工作的系统化与精益化，并对其他单位开展安全管理工作具备一定的借鉴意义。

［关键词］安全问题；金字塔；模型；安全管理；创新

1　研究背景

1.1　安全重要意义

习近平总书记指出，树立安全发展理念，弘扬生命至上、安全第一的思想，健全公共安全体系，完善安全生产责任制，坚决遏制重特大安全事故，提升防灾减灾救灾能力。烟草行业强调，坚持安全发展理念，加强安全生产管理，提升安全管理实效。时刻绷紧安全生产这根弦，强化“安全第一、预防为主、生命至上、安全发展”理念，夯实安全管理基础，提升安全保障水平，是落实人本理念的必要举措，也是企业繁荣发展的必然要求。

1.2　车间现实要求

卷包车间安全管理工作任务繁重，主要因素：一是责任区域广，包含车间生产大厅、装封箱区、烟丝库、辅料库、嘴棒库、成品库等区域；二是物件种类杂，包含卷包设备、装封箱机、叉抱车、电梯、烟丝、纸张等，可能发生机械伤害、高空坠落、触电、火灾等风险；三是工作强度大，员工在夜班工作等情况下容易疲惫，存在安全隐患；四是车间员工多，现有近 400 名员工，受工作经验、文化程度、年龄等因素影响，安全意识与技能参差不齐。

2 模型构建

2.1 构建原则

模型构建原则视图如图 1 所示。

图 1 模型构建原则视图

2.1.1 立足实际原则

安全工作必须立足实际，确保切实可行[1]。引入问卷调查、圆桌会议等方法，广泛收集意见建议；科学运用 5M 因素分析法，准确剖析车间实际；通过安全考评等形式，摸清员工安全素养；积极与厂安全保卫处沟通交流，学习安全工作先进经验；合理配置人、财、物等资源，确保与现有安全条件匹配。

2.1.2 点面结合原则

安全工作既要考虑车间工作环境、设备状况、员工素养等大“面”，又要着眼安全关键点、薄弱点、边缘点等小“点”……[2]在安全金字塔模型构建过程中，要将各项措施进行细化、提炼、扩充和升华[3]。确保各类安全要素定位清晰、细致，使具体内容综合兼顾车间安全工作的方方面面。

2.1.3 系统管控原则

安全工作应恪守系统思维，注重逻辑性和严密性，综合施策，齐抓共管。坚持做到“系统、严谨、直观、实用”，对安全金字塔各层级科学划分，避免层级间重复交叉及内容矛盾，努力实现各层级衔接有序、协调互补，形成科学、稳固的安全管理模型，发挥一体化效应，推动安全工作迈向新台阶。

2.2 构建路径

模型构建路径视图如图 2 所示。

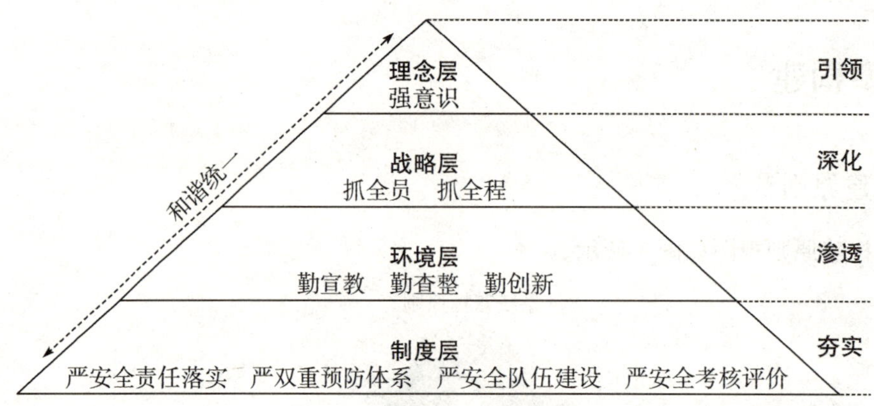

图 2 模型构建路径视图

2.2.1 金字塔模型理念层发挥引领作用

意识是行为先导,思想是行动指南,理念对行为习惯具有无形且持久的引领作用,良好意识能够为大家提供思路和方向[4]。模型顶层设计为理念层,多措并举,不断强化员工安全意识,促使车间上下在思想认识上形成协同性,不断增强凝聚力和向心力。

2.2.2 金字塔模型战略层发挥深化作用

从管理学角度来讲,安全管理工作应当树立战略思维,整合各类资源形成合力[5]。模型第二层设计为战略层,明确“抓全员、抓全程”战略,深化“时时想安全、处处讲安全、事事抓安全”行为,强化全员投入与全程管理,深化安全管理工作旺盛活力。

2.2.3 金字塔模型环境层发挥渗透作用

组织环境文化具备较强渗透力,推进安全环境层面建设,能够营造浓厚安全氛围[6]。模型第三层设计为环境层,遵循联动效应与突破效应,坚持“勤宣教、勤查整、勤创新”,保证安全管理针对性与实效性,完善各类安全要素,使其渗透到车间每个角落。

2.2.4 金字塔模型制度层发挥夯实作用

严抓制度层面建设,夯实车间安全基础工作,对安全管理水平提升尤为重要。模型底层设计为制度层,制定具体可行措施,落实“严安全责任落实、严双重预防体系、严安全队伍建设、严安全考核评价”四个方面,进一步规范化安全管理基础性工作。

3 模型应用

3.1 理念层应用

强意识:卷包车间抓紧安全“方向盘”,系好思想“安全带”,加大对国家相关法律法规,公司党组、厂党委安全文件精神的宣传贯彻,积极做好政策解读和业务指导工作。强化员工安全意识培养,严格“红线意识”,将安全视为不可逾越的“高压线”,使“逢会必讲安全”成为常态。车间上下牢固树立“安全第一,预防为主,生命至上,安全发展”理念,落实“四无两控”目标,实现车间全体员工“高高兴兴上班来,平平安安回家去”。

3.2 战略层应用

抓全员:车间通过全员学习、车间演练、安全标语征集、“安全小故事”宣讲比赛、安全合理化建议提报、“安全主题月”、安全亲情互动等形式多样的活动,充分调动大家安全主体意识和参与热情。认真开展安全岗位达标测评,做好职工安全生产标准化岗位达标分值比对,开展双机制建设和安全生产标准化全员学习,不断提升车间员工安全执行能力。表1为车间班组安全自查检查表。

表1 车间班组安全自查检查表

班次: 检查人:

消防器材	消防通道	电控箱柜	移动平台	吸烟点	劳保佩戴	联锁装置	防护罩壳	重点防火部位	特种作业	护栏平台	安全标志	问题项及整改时间	检查时间

备注:检查人为班次兼职安全员。每班对照相应检查要求最少巡查三次,无异常请在对应栏内打“√”,出现异常或隐患请填写隐患清单并上报车间,能立即整改的在保证安全情况下自行整改并作好消耗记录,不能立即整改的立即上报车间安全员。

抓全程:强化安全全程管理,针对各生产环节的关键点、薄弱点、边缘点,从现场每个环节规范安全管理及作业行为。采取“统、报、查”方式,实施全天候安全监管机制,畅通安全应急处理沟通渠道。制定下半夜安全值班制度,细化值班职责及考核要求。从实时产生的安全信息中着重分析现场管控问题,识别安全生产主要风险,及时预警补强。建立完善的车间安全组织覆盖体系,形成专管成线、群管成网的安全“网格化”格局。

3.3 环境层应用

勤宣教:“居安思危抓宣教,未雨绸缪保平安。”车间创新培训内容、形式和载体,充分利用班前会、电子屏、微信群等,宣贯安全理念,弘扬安全知识。注重新入职员工、转岗员工、外协人员安全培训与学习,营造人人学习安全氛围[7]。车间及班组积极开展应急疏散演练、消防器材实操、安全知识竞赛、安全案例说教等活动,进一步提升员工安全技能,增强事故预防与应急处理能力。

勤查整:“风险排查零盲区,隐患治理零搁置。”车间持续开展“隐患随手拍”风险点排查,重点检查车间生产、消防、应急救援、特种设备等领域,从严治理各类隐患苗头[8]。实施安全隐患排查治理闭环管理,对日常检查发现的安全隐患,明确整改措施及整改期限,明确责任人,确保隐患有人查、处置有人盯、销号有依据,真正抓实、抓细、抓深(见图3)。

勤创新:卷包车间高度重视安全创新工作,积极鼓励和指导员工开展安全创新项目、安全论文、安全自主改善、安全SOP课题等工作,合理制定安全创新工作的任务与要求,实行集体、个人安全创新工作奖惩机制,进一步激发广大员工参与安全创新工作的积极性和主动性,推动各项安全工作在创新中不断丰富发展。图4为车间安全创新类工作开展情况同比。

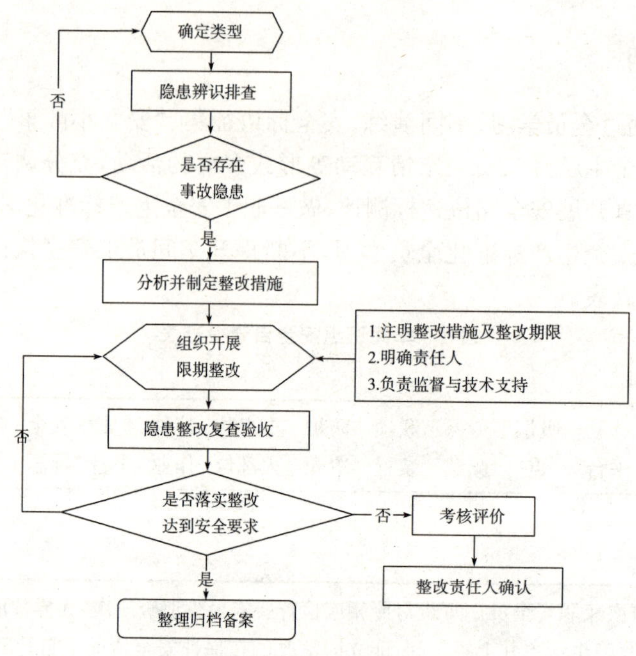

图3　车间安全隐患排查治理流程图

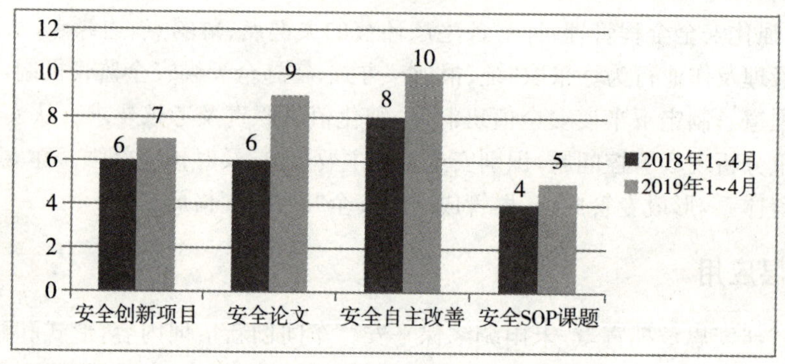

图4　车间安全创新类工作开展情况同比

3.4　制度层应用

严安全责任落实：车间做好目标分解与责任书签订，将安全目标细化分解到车间、班组、岗位，车间主任与各管理人员、带班长与班次职工逐级签订安全目标责任书。明确各岗位人员和兼职安全员、安全机长的安全责任，严格落实“奖优罚劣、奖罚分明、尽职免责、失职追责”工作要求。对权、责、利进行明确界定，传导压力，强化问责，将安全责任目标和工作任务层层分解落实。

严双重预防体系：按照《安全生产风险分级管控规定》和《安全生产事故隐患排查治理管理规定》，组织开展风险调查，分级制定各项控制措施，车间现场进行风险公示，各岗位张贴风险告知卡[9]。建立健全各类隐患排查清单和计划，及时整改隐患。按照“大小适中、便与分类、功能独立、易于管理、范围清晰”原则，使用LEC法进行风险分级，制定相应控制措施，汇总形成安全生产风险分级管控清单[10]。通过双重预防机制培训，让员工掌握风险类别、风险评估方法、风险管控措施，以及隐患排查治理内容与标准、工作程序、方法等。

图 5 为“双体系”建设流程图。

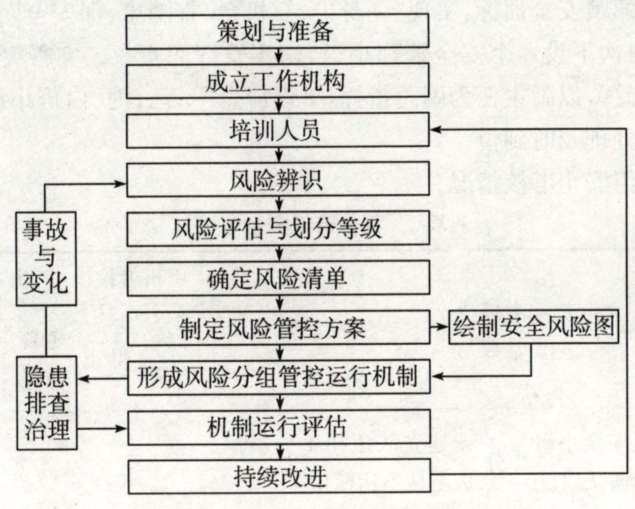

图 5 “双体系”建设流程图

图 6 为车间安全工作委员会框架图。

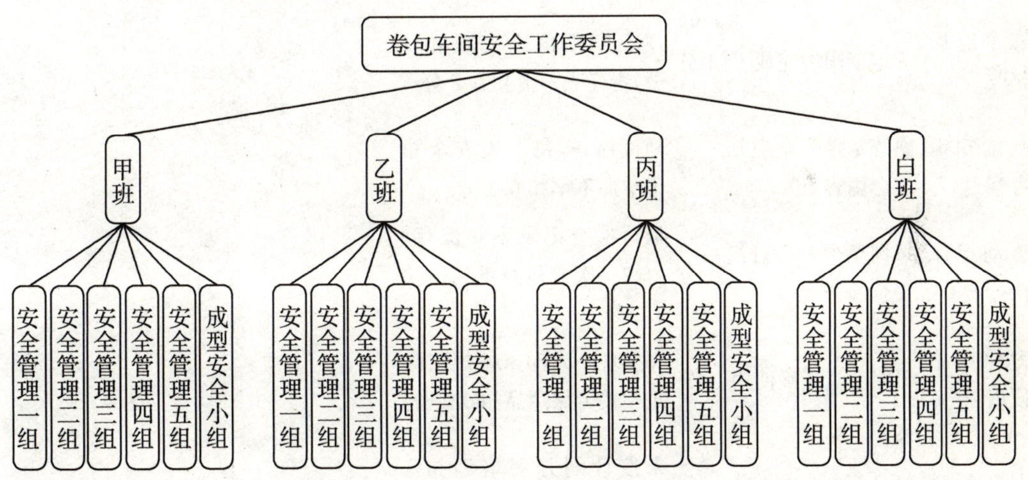

图 6 车间安全工作委员会框架图

图 7 为车间应急指挥框架图。

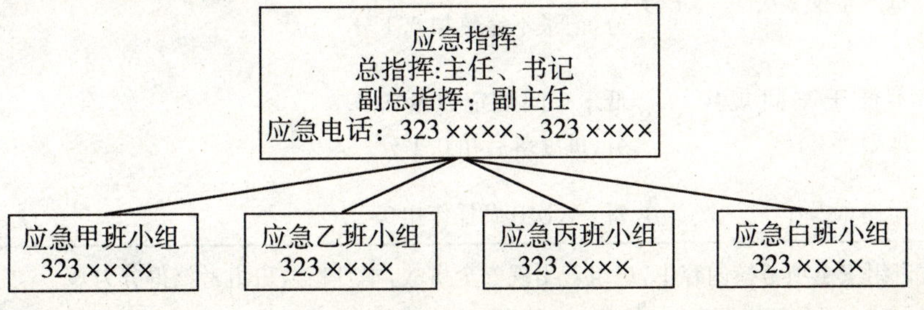

图 7 车间应急指挥框架图

严安全队伍建设：建立由主任、书记、分管安全副主任、安全员、班组长、安全技术员、兼职安全员、安全机长组成的安全管理团队，强化责任担当。落实安全技术员、兼职安全员联合检查制度，制作、佩戴安全袖标，实现“亮身份、靠机台、查隐患、保安全”。巩固车间安全工作委员会建设，各班次下设六个安全管理小组，切实发挥职责[9]。完善突发应急处理机构，以主任、书记为总指挥，以副主任为副总指挥，下设应急甲、乙、丙、白班小组，畅通应急电话，确保安全突发应急处理及时到位。

表 2 为精益班组安全考核情况。

表 2　精益班组安全考核

目标	目标值	考核基数	责任人考核	甲班考核		乙班考核		丙班考核	
				考核情况	得分	考核情况	得分	考核情况	得分
安全队伍建设	强化班组安全小组及志愿消防队建设	1 分	未建立队伍扣 1 分，每一人考核不达标扣 0.1 分						
消防器材检查	每周检查 1 次	1 分	未按要求检查维护、未填写检查记录卡每处扣 0.2 分						
安全隐患整改	规定期限内完成	1 分	规定期限内未完成扣 1 分，责任人不清扣 0.2 分						
基础知识考察	熟练掌握安全应知应会内容	1 分	随机检查，每一人安全知识掌握不牢扣 0.1 分						
劳动纪律执行	每周至少 1 次班组安全检查	1 分	填写检查记录表并保存，每缺一次或检查不到位扣 0.1 分						
劳保用品使用	班组全员正确使用	1 分	每发现一人次未按规定佩戴相关劳保用品扣 0.1 分						
安全培训	每月至少 2 次	1 分	未按计划开展培训扣 1 分，记录不完整扣 0.1 分						
应急演练	每月至少 2 次	1 分	未按计划开展演练扣 1 分，记录不完整扣 0.1 分						
安全创新	不低于车间规定计划	1 分	低于车间规定数量扣 0.5 分，进度落后扣 0.1 分						
违章操作	无违章操作	1 分	每一人次违章操作扣 0.5 分						

注：精益班组安全项考核内容中，班组若出现安全事故，本月精益班组考核得分为 0。

严安全考核评价：开展年度优秀安全班组、兼职安全员、安全机长评比，形成强有力的激励约束机制。安全内容纳入《卷包车间精益班组考核》，班组安全考核分基础安全、劳保用品两部分[11]。安全管理员、带班长以“随时、随机、随地”方式，对员工应知应会知识、安全达标手册内容等进行抽查与考核。开展员工“手指口述”式安全检查，重点检查《岗位达标手册》和风险点防控措施，考察当事人安全意识、相关知识掌握情况、应急能力等。引入虚惊事件风险辨识与控制现场问答，增强员工安全意识。

4 实施成效

卷包车间紧扣安全金字塔模型构建原则与构建路径，对安全管理工作进行了深入分析与探索，成功应用安全金字塔模型，实现了理论与实践的紧密融合。该模型自 2019 年 1 月实施以来取得了阶段性成效，车间安全生产管理水平和员工安全素养得以进一步提升。

对照卷包车间 2018 年、2019 年安全生产标准化岗位达标考核，从车间随机抽取 6 名员工分值(见表 3)进行分析得知，员工安全生产素质能力进一步增强。

表 3　安全生产标准化岗位达标分值

员工姓名	王××	李钊××	耿××	张××	任××	梁××
2018 年分值	95	96	96	94	96	94
2019 年分值	96	98	96	98	98	97

对照卷包车间精益班组安全考核，将 2018 年 4 月与 2019 年 4 月精益班组安全考核分值(见图 8)进行分析，发现精益安全管理水平有所提升。

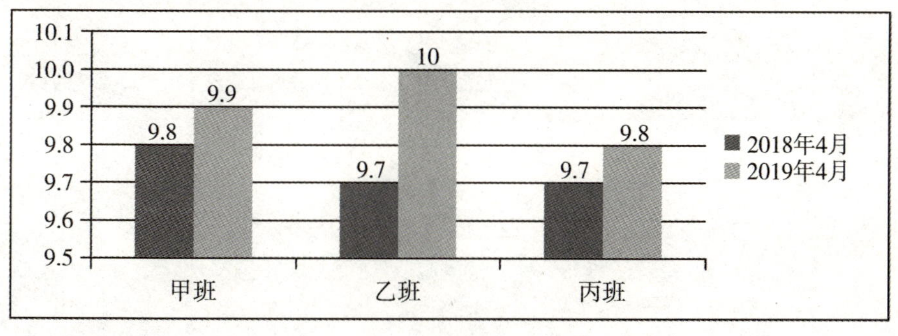

图 8　精益班组安全考核

5 结束语

青州卷烟厂卷包车间构建起结构合理、扎实稳固的安全金字塔模型，并成功运用到工作实践，实现了安全管理工作的系统化与精益化，保障了车间安全生产，提升了职工安全素养，营造了安全稳定氛围。但是，安全管理是一项持续性、艰巨性的工作，卷包车间将会继续紧抓安全金字塔模型研究，不断改进完善内容，适应形式变化趋势，促进车间安全工作水平持续提升，从而更好地为企业高质量发展奉献力量。

参考文献

[1]韩伟．用科学手段促安全发展[J].现代职业安全,2018(10):38-39.

[2]毛海峰,郭晓宏．企业安全文化建设体系及其多维结构研究[J].中国安全科学学报,2013,23(12):3-8.

[3]张伟．安全自主管理模式在基层车间的实践与探索[J].安全、健康和环境,2018,18(11):60-62.

[4]张华．提高企业安全培训实效性的路径探析[J].现代国企研究,2016(22):78.

[5]俞宏广．对企业安全文化建设的思考[J].理论学习与探索,2009(6):69.

[6]Phil Hughes,EdFerrett. *Introduction to health and safety at work*[M]. Taylor and Francis. 2015.

[7]杜宇．企业安全生产管理人员的素质现状及培训建议[J].企业改革与管理,2016(23):64-66.

[8]黄淑卿．新形势下加强安全生产监督管理工作的对策[J].中外企业家,2016(36):212-213.

[9]Nijs Jan Duijm,Cécile Fiévez,Marko Gerbec,Ulrich Hauptmanns,Myrto Konstandinidou. Management of health, safety and environment in process industry[J]. *Safety Science*,2007,46(6).

[10]王玉．对烟草企业应急管理标准化体系建设的思考[J].中国学术期刊全文数据库,2013(1):241.

[11]杜栋．现代综合测评方法与案例精选[M].北京:清华大学出版社,2018.

印刷废气处理系统的研制及应用

张燕，李军，魏泽阳

（青州新华包装制品有限公司，山东潍坊，262500）

[摘要] 印刷企业在生产过程中产生的挥发性有机化合物（VOCs）对环境及人体健康均会造成巨大影响，同时会对生产车间产生安全隐患。因此，有效处理印刷过程中产生的废气成为亟待解决的重要问题。以青州新华包装制品有限公司为实例，本文探讨了采用活性炭吸附的方法处理印刷包装行业的有机废气。结果表明：经过该方法的处理，VOCs排放总量及产品溶剂残留量均大大减少，车间职业健康安全系数显著提高，效果显著。该研究可为印刷企业的废气处理提供一定的思路。

[关键词] 挥发性有机物；危害；安全生产；印刷废气处理

1 前言

近年来，我国印刷行业迅猛发展，保持了持续稳定增长的趋势，已经成为美国、欧盟、日本之后的世界第四大印刷市场，对我国经济的快速发展和社会进步作出了巨大的贡献[1]。印刷行业快速发展的同时，印刷油墨、黏合剂、清洁剂和其他有机溶剂等原材料消耗也随之增长，在生产过程中排放了大量挥发性有机化合物废气[2]，给印刷车间操作工人的职业健康带来了一定的危害。根据《中华人民共和国大气污染防治法（修订草案）》的规定：印刷企业除了在清洁生产水平方面需要提升之外，还需要对废气进行统一收集和处理。如何对现有印刷机进行改造，以使印刷品满足检测标准，进而达到绿色印刷要求是烟草印刷企业需要解决的问题[3]。林敏等研究了一种利用碳纤维吸附及水蒸气脱附再生的方法治理印刷废气[4]。该方法虽然有一定的效果，但工艺复杂，成本较高。张立艳等研究了一种利用催化燃烧法处理印刷废气的方法[5]。该方法燃烧温度高，有一定的安全隐患。本文以青州新华包装制品有限公司为例，通过在凹印机组加装风扇，印刷在承印材料上的油墨在未干燥之前，其中所含的有机挥发物可在气流的扰动下快速挥发，以减轻有机挥发物在印品中的含量，进而降低烟盒等产品上有害物质的含量。通过风扇加速有机挥发物的挥发，并将收集而来的有害气体经活性炭固定吸附床吸附，最终进行无害化处理。该方法已经申请国家实用新型专利并获得授权。该处理系统成本低廉，安全高效，对印刷企业的废气处理有一定的推广价值。

2　挥发性有机化合物的定义、分类和危害

2.1　挥发性有机化合物的定义

VOCs 是挥发性有机化合物(Volatile Organic Compounds)的英文单词缩写。因为成分复杂、来源广泛,治理 VOCs 污染首先要对其进行定义。因为定义不同,涵盖的物质成分也就有差异[6]。VOCs 可定义为满足以下条件的有机化合物:

(1)在太阳紫外线照射下可与氮氧化物(NO_x)发生反应,产生光化学氧化物。

(2)20 ℃下饱和蒸气压大于 13.33 Pa。

(3)标准大气压(101.3 kPa)下沸点不高于 260 ℃。

2.2　挥发性有机化合物的分类

光化学反应活性是 VOCs 最重要的特性,常见的工业企业排放 VOCs 污染物分类如表 1 所示。

表 1　工业 VOCs 污染物分类

污染物种类	代表性污染物
烃类	苯、甲苯、二甲苯、正己烷、环己烷
卤代烃	三氯乙烯、三氯乙烷、二氯甲烷、三氯苯
醛酮类	甲醛、乙醛、丙酮、环己酮等
酯类	醋酸乙酯、醋酸丁酯
醚类	甲醚、乙醚、甲乙醚、四氢呋喃(THF)等
醇类	甲醇、乙醇、异丙醇、正丁醇、异丁醇等
聚合用单体	氯乙烯、丙烯酸、苯乙烯、醋酸乙烯等
酰胺类	二甲基甲酰胺(DMF)、二甲基乙酰胺等
腈(氰)类	氢氰酸、丙烯腈等

2.3　挥发性有机化合物的危害

2.3.1　挥发性有机化合物对环境的危害

VOCs 会对大气造成严重的间接危害,即光化学污染。光化学污染烟雾中的代表成分是臭氧、过氧乙酰硝酸酯和甲醛等。光化学污染的产生机理在于大部分 VOCs 降解的半衰期较短(一般在几个小时至 3 个月),在受到紫外线的催化作用时,发生分解或化学反应,并与氮氧化物通过一定的反应过程产生臭氧。高空中的臭氧层能够吸收和屏蔽来自宇宙空间的各种有害射线,对保护地球上的生存环境是有利的,而 VOCs 会对高空臭氧层产生破坏作用[7]。

2.3.2　挥发性有机化合物对人体健康的危害

挥发性有机化合物具有易挥发和亲油等特点,被广泛应用于印刷、玩具、化妆品等工业

领域，但是 VOCs 对人体健康影响巨大，不仅损害肝脏、肾脏、大脑和神经系统，造成记忆力减退等严重后果，甚至可能致癌[8]（见表 2）。

表 2　VOCs 对人体健康的危害

VOCs	刺激性、腐蚀性			器官毒性				致癌性
	皮肤	眼睛	呼吸道	神经系统	肝脏	肾脏	胃	
苯	△	△	△	△				★
甲苯	△	△	△	▲	▲			
邻二甲苯	△	△	△		▲	▲	△	
氯苯	△	▲	△	▲	△	△		
丙酮	▲	△	▲	▲				
乙酸乙酯	▲			▲				
二氯甲烷	▲	▲	▲	▲	▲	▲		☆
三氯甲烷	▲	▲		▲	△	△	▲	☆
四氯乙烯	▲	▲	▲	▲	△	△		☆
四氯化碳		▲	▲	△	△	△		☆
二氯乙烯	△	△	△	△				
偏二氯乙烯	△	▲	▲					
丁二烯	△	△	△	△		△		
乙醛	△	△	△	▲	△	△	△	
乙醚				▲	▲	▲		
乙腈	▲		△	△	▲	▲	▲	
丙烯腈	△	△	△	△	△	△	△	☆

注：△表示低浓度下人体损害；▲表示高浓度下人体损害；★表示 IARC 确认的人体致癌物；☆表示 IARC 认为可能的人体致癌物。

2.3.3　挥发性有机化合物的安全隐患

VOCs 是多种有机化合物的混合物，当在生产车间富集到一定浓度时，会达到爆炸极限而引起爆炸，对车间的安全生产造成极大隐患。

3　印刷工艺挥发性有机化合物的处理方法

3.1　印刷工艺挥发性有机化合物的排放特征

目前来说，油墨分为酯溶性油墨和醇溶性（即水溶性）油墨，其中酯溶性油墨占据比例较大，含有乙酸乙酯、乙酸丙酯、乙酸丁酯、丙二醇甲醚、异丙醇等组分，且耗量较大，而醇溶性油墨中大部分溶剂为乙醇。印刷工艺过程中的排放特征是浓度低、风量大，浓度范围主要在

300～800 mg/m^3，每台印刷机的排风量在30000～50000 m^3/h，由于其油墨组分多，故VOCs排放成分复杂。不同印刷工艺的VOCs排放特征如表3所示。

表3 不同印刷工艺的VOCs排放特征

工艺类型	含VOCs的原辅材料	VOCs排放特征	VOCs特征污染物
平版印刷	溶剂型油墨、UV固化油墨、水性油墨	印刷与干燥过程排放，使用溶剂性油墨VOCs排放浓度较高，其他类型油墨VOCs排放浓度较低	异丙醇、乙醇、丁醇、丁酮、醋酸乙酯、醋酸丁酯、甲苯等
凸版印刷	溶剂型油墨、UV固化油墨、水性油墨	印刷过程排放，使用醇溶性油墨VOCs排放浓度较高，使用水性油墨VOCs排放浓度较低	醇类
凹版印刷	溶剂型油墨、水性油墨	印刷与干燥过程排放，使用溶剂性油墨VOCs排放浓度较高，使用水性油墨VOCs排放浓度较低	酮、醇、醚和芳烃类
孔版印刷	醇溶性油墨、UV固化油墨、水性油墨	印刷与洗版过程排放，使用溶剂性油墨VOCs排放浓度较高，使用水性油墨VOCs排放浓度较低	酮、醇、醚和芳烃类

3.2 印刷行业挥发性有机化合物的治理技术

挥发性有机化合物处理技术主要有两类：一类是回收技术，另一类是分解技术。回收法主要有吸附法、冷凝法及膜分离法，其中吸附法是实现溶剂回收最常用的方法，活性炭吸附是经典的成熟技术代表，可去除气相或者液相中的有害成分；冷凝法是溶剂回收的最终手段，即通过改变温度、压力将气态的有机污染物经冷凝从废气中分离出来；膜分离是以选择性透过膜为分离介质，在外力的推动下对混合物进行分离、提纯、浓缩的一种新型分离技术。此外，还有生物处理法等。从分解的角度处理有机废气的方法有直接燃烧法、蓄热式热氧化法、蓄热式催化氧化、生物氧化降解法[9]、等离子体法、紫外光催化氧化法及其集成技术。

(1)冷凝法：将废气直接冷凝或吸附浓缩后冷凝，冷凝液经分离回收有价值的有机物。该法用于浓度高，温度低、风量小的废气处理，但此法投资大、能耗高、运行费用大，不适用于低浓度、大风量的包装印刷尾气治理。

(2)低温等离子法：利用介质放电产生的等离子体以极快的速度反复轰击废气中的气体分子，去激活、电离、裂解废气中的各种成分，通过氧化等一系列复杂的化学反应，使复杂大分子污染物转变为小分子的安全物质(如二氧化碳和水)，或使有毒有害物质转变为无毒无害或低毒低害物质。该法消耗低，具有装置简单、易于操作、占地面积小、使用方便等优点，但是在实际应用中存在着净化效率低的问题。由于是一项新技术，人们对其作用机理研究得不够充分，还没有形成规律性认识，很多企业只是在模仿这项技术，并没有真正掌握其核心技术[10]。

(3)生物法：该法是基于成熟的生物处理污水技术上发展起来的，具有能耗低、运行费用低的特点，在国外有一定规模的应用。其缺点在于污染物在传质和消解过程中需要有足够的停留时间，从而增大了设备的占地，同时由于微生物具有一定的耐冲击负荷限值，增加了整个处理系统在停启时的控制。该法目前在国内污水站废气治理中有少量应用，在工业废气治理中的应用很少[11]。

不同的处理方法各有其优缺点，其对比如表 4 所示。

表 4　废气治理技术对比

处理技术	优点	缺点	适用范围
活性炭吸附	经济效益高、能耗低、操作简单	对设备的防腐要求高、选择性高	种类较为单一、经济附加值高的 VOCs
冷凝法	经济效益高、投资少	外排浓度高，难以达标	单一的、风量小、浓度高的 VOCs
低温等离子法	能耗低、基本无二次污染	投资高、催化剂易中毒	低浓度的 VOCs
生物法	能耗低、运行费用低	处理效率不高	污水处理站、固废堆场等低浓度、恶臭废气

4　一种印刷机用有机挥发物去除系统的研制及应用

4.1　工艺介绍

本处理方法的运行机理是印刷在承印材料上的油墨在未干燥之前，其所含的有机挥发物可在气流的扰动下快速挥发，所以在凹印机组加装风扇，以减轻有机挥发物在印品中的含量，进而降低烟盒等产品上有害物质的含量。通过风扇加速有机挥发物的挥发，并将收集而来的有害气体经活性炭固定吸附床吸附，最终进行无害化处理。通过气体探测系统可实时监控车间内可燃气体的含量。其运行机理如图 1 所示。车间内气体探测报警系统平面图如图 2 所示。

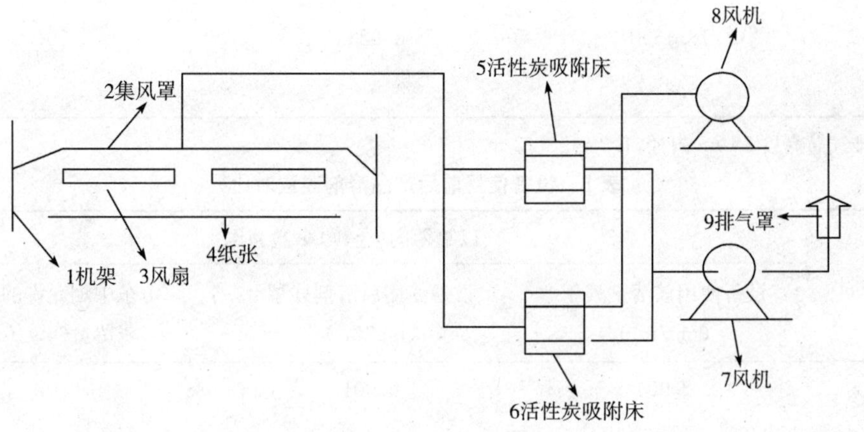

图 1　有机挥发物去除系统设备运行图

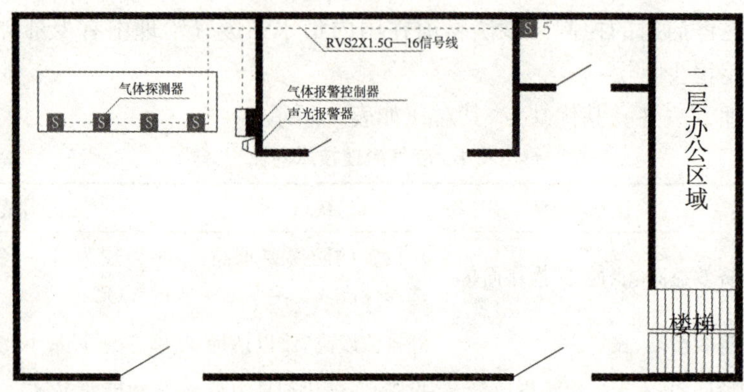

图 2　车间内气体探测报警系统平面图

4.2　运行效果

经过一段时间的运行情况来看，该处理技术性能稳定、操作简单、安全可靠、无二次污染，且设备占地面积小。设备安装使用前后污染物排放量的对比如表 5 所示，设备安装使用前后烟盒溶剂残留量的对比如表 6 所示，设备安装使用前后车间内可燃气体含量的对比如表 7 所示。

表 5　设备使用前后印刷废气排放量对比

检测项目	凹印、胶印、印刷工序排气筒		
	设备使用前排放浓度（mg/m^3）	设备使用后排放浓度（mg/m^3）	国标允许排放的最高浓度（mg/m^3）
苯	4.5230	0.0223	12
甲苯	16.712	0.119	40
二甲苯	18.1590	0.0233	70
VOCs	60.8	24.9	—

注：排气筒高度 15 m，内径：1.2 m×1.3 m。

表 6　设备使用前后产品溶剂残留对比

检测项目	以哈德门（金典）小盒为例		
	设备使用前溶剂残留（mg/m^2）	设备使用后溶剂残留（mg/m^2）	山东中烟允许的最大残留量（mg/m^2）
苯	0.004	0.001	0.02
苯系物	0.18	0.05	1.0
VOCs 总量	59.6	40.8	100

表 7　设备使用前后生产车间可燃气体浓度对比

检测项目	凹印、胶印、印刷工序排气筒		
	设备使用前排放浓度(%LEL)	设备使用后排放浓度(%LEL)	国标允许排放的最高浓度(%LEL)
VOCs	7.88	4.02	—

由表 5 至表 7 可以看出,印刷机用有机挥发物去除系统使用后,生产车间的印刷废气排放浓度和产品的溶剂残留量明显下降,排放标准均达到了国家标准的要求,产品的安全卫生指标也达到了山东中烟的标准。同时,车间的安全生产系数显著提高,避免了对职工职业健康的危害。

5　结论

印刷企业生产车间空气中的挥发性有机物复杂多样,大部分浓度都较低,但长期接触这种多物质低浓度的职业病危害因素对人体健康的危害应该引起足够的重视。同时,印刷废气也会对车间造成极大的安全隐患。本文以青州新华包装制品有限公司自主研发的印刷机用有机挥发物去除系统为例。印刷车间使用该去除系统后,挥发性有机化合物的排放量和产品溶剂残留量均大大降低,保证了车间的安全生产。该方法技术成熟、安全可靠、处理效率高、投资运行成本低,有机废气经治理后可稳定达标排放,可作为有效的挥发性有机物污染控制技术进行推广。

参考文献

[1]张彪,胡更生,李阳,等.凹印水性油墨与溶剂型油墨印刷性能对比[J].印刷杂志,2012(12):46-49.

[2]王家德,吕建璋,李文娟,等 . 浙江省包装印刷行业挥发性有机物排放特征及排放系数[J].环境科学,2018,39(8):3552-3556.

[3]陈颖,叶代启,刘秀珍,等.我国工业源 VOCs 排放的源头追踪和行业特征研究[J].中国环境科学,2012,32(1):48-55.

[4]林敏 . 包装印刷行业废弃治理解决方案[J].塑料包装,2017,27(2):36-43.

[5]张立艳,程炳杰 . 印刷包装材料行业利用催化燃烧法处理有机废弃的案例研究[J].绿色科技,2011,11(11):125-127.

[6]杨秀竹 . 对挥发性有机废气治理技术的研究[J].环境科学与管理,2016,41(9):96-100.

[7]黄清明,许鹏,包能胜,等 . 包装印刷有机废气排放控制与治理研究[J].轻工机械,2009,27(3):103-106.

[8]马生柏,汪斌.有机废气处理技术研究进展[J].内蒙古环境科学,2009,21(2):55-58.

[9]杨永刚 . 微生物燃料电池的电子传递方式及其在典型有机污染物降解中的应用研究[D].广州:华南理工大学,2011.

[10]戎晓林 . 热等离子体技术在有机废气处理工程中应用研究[D].广州:广州大学,2016.

[11]王小军,徐校良,李兵,等.生物法净化处理工业废气的研究进展[J].化工进展,2014 (1): 213-218.

基层安全培训讲师人才培养的探索与思考

孟令威，孟磊

（山东中烟有限责任公司青州卷烟厂能源动力处，山东潍坊，262500）

［摘要］如今，山东中烟正处于转型升级的关键时期，新形势下对于安全管理工作的要求越发严格，安全主管部门强化监督管理，生产车间及其他部门落实安全规章制度，设备设施及生产工艺升级改造创新，全员积极参与安全管理，均确保了企业的安全稳定。而安全培训无疑是增强职工安全素质最有效的途径，但目前的安全培训还存有一部分问题亟待解决。针对目前安全培训中存在的问题，本文通过分析 2018 年山东中烟创新性开展的培养选拔基层安全培训讲师这一活动，一方面总结归纳出培养相关人才的基层安全培训讲师“123”部法，另一方面剖析这批青年安全培训讲师的作用。

［关键词］转型升级；山东中烟；基层安全培训讲师；安全培训

1　课题背景

1.1　安全培训的含义

安全生产是一个企业发展的底线，关乎人民的生命健康和社会的安定和谐，国家自上而下建立起“政府统一领导、部门依法监管、企业全面负责、群众参与监督、社会广泛支持的安全生产格局”[1]。在安全生产中，我们最关心的是员工的安全行为表现，安全教育的目的是使员工获得相关安全知识及有效决策，而安全培训的目的是使员工有效运用所学的安全知识、技能提高安全行为表现，所以，安全行为的改变需要安全教育和安全培训的共同努力，因此在安全生产的过程中，安全教育和培训的概念是相互统一的[2]。本文在论述过程中对安全教育和安全培训不作严格区分。

1.2　山东中烟基层安全培训讲师选拔工作

为了更好更专业地培养行业基层内部专业讲师，选拔出一支能够承担起基层安全讲解的讲师队伍，2018 年山东中烟通过内部反复论证，结合行业发展需要和自身实际工作，组织开展基层安全培训讲师选拔工作，旨在从基层青年工人中培养出一批合格的基层安全培训讲师，这也是山东中烟乃至全国烟草行业第一次进行相关的尝试，选拔活动的开展得到了各级职工的积极参与。各部门高度重视，积极配合公司选拔活动，输送了一批年轻有为的青年职工参与到选拔活动中来。

一年来的实践证明，选拔培养人才的方法是科学有效的，这批安全培训讲师在基层安全培训工作中也确实发挥出了巨大的作用。

2　目前基层安全培训现状分析

2.1　目前人员年龄结构分析

近年来，随着行业的不断转型升级，各烟厂集团的现代化、集成化程度越来越高，人员结构经过几年的更新换代呈现出年轻化的趋势。以青州卷烟厂为例，从图1中可见2014～2018年35岁及以下职工占比的变化情况。随着高学历、高能力青年职工的加入，让整个行业充满了活力，但与此同时，大量青年职工长期从事基础性操作工作，虽然加强了自身操作方面的能力，但同时也确实有一部分优秀的青年职工无法发挥自身能学善究的特点，无法更好地将所学用到实处，无法尽其所能地奉献于山东中烟大发展的洪流中。所以在这种背景下，从研究安全生产等方面入手，在加强自身对于安全方面研究的同时充分发挥自身能力，不负国家培养，不负肩上责任，无疑是很好的发展方向。

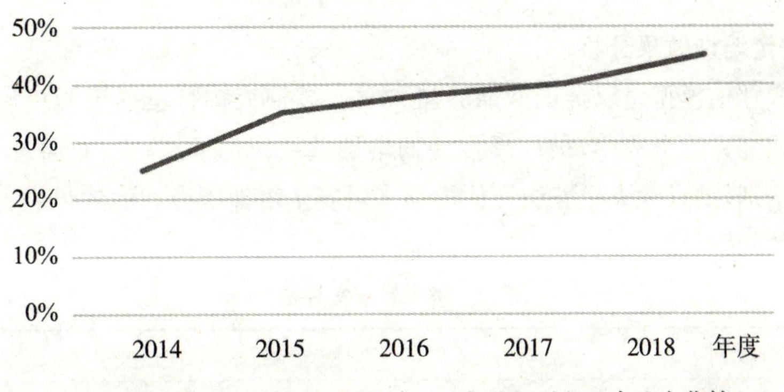

图1　青州卷烟厂2014～2018年35岁及以下职工占比变化情

2.2　目前安全培训状况分析

2.2.1　安全事故原因分析

安全事故的发生原因从根本大类上可以划分为硬件原因（与设备环境有关：技术和设计有缺陷；设备、设施、工具、附件有缺陷；安全设施缺少或有缺陷；生产场所不良；个人防护用品缺少或有损失）和软件原因（与人有关：没有安全操作规程或不健全；违反操作规程、劳动纪律；劳动组织不合理；对现场缺乏检查或指挥错误；培训教育不够）[3]。

根据2004年全国工矿商贸企业死亡事故统计数据[4]，本文从硬件、软件两方面分析安全事故产生的原因，并进行了分析比较，分析结果如图2和图3所示。

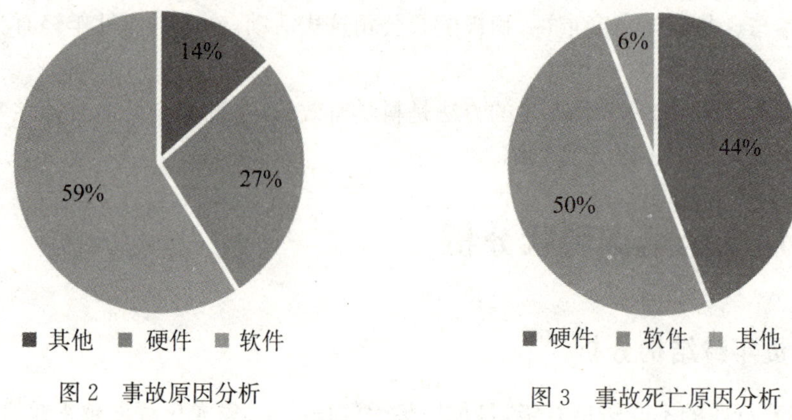

图 2　事故原因分析　　图 3　事故死亡原因分析

通过对事故原因和死亡原因两类进行分析比较，可以看出其中与人有关的原因占到事故发生率的 65%、死亡人数的 50%。有关研究表明，我国企业工伤事故产生的原因 50%～80%与人的不安全行为有关，操作工人的不安全行为是职业伤害的重要原因。根据心理学、行为科学的理论和大量的事故案例分析，相关人员安全知识匮乏、安全意识欠缺、安全习惯不良是一切事故的共性原因，人的不安全行为是导致事故发生的最主要原因。从中也可以看出，软件因素是其中最重要的因素，而安全培训则是提升软件环节最为切实有效的办法[5]。

2.2.2　当前安全培训效果分析

考夫曼五级评估模型是以美国威斯康星大学教授柯克帕特里提出的培训模型为基础，并在后期不断研究完善形成的、被广泛接受的培训效果评估模型[6]。而通过分析公司近几年展开的安全培训，结合考夫曼五级评估模型来对安全培训所得到的效果进行评估，主要发现应用中存在的问题。

表 1　考夫曼五级评估

级别	评估
1a. 可能性	人力、财力和物力的有效性、可能性和质量
2b. 反应	方法、手段和程序的接收情况和效用情况
掌握	个人和小组的掌握能力情况
应用	在组织中个人和小组(产品)的应用情况
组织效益	组织的贡献和报偿情况
社会效益	社会和客户的反映、结果和报偿情况

首先，在以往安全培训中，多次从外部或相近行业中选择培训师对职工进行培训。这其中不乏有很多积极的一面：职工对于烟草行业的安全政策、安全管理、安全技术等确实有了一定的了解。但由于烟草行业相对封闭的特殊性，一些设备原理、操作方法、安全防护等与职工的日常生产距离较大，理解难度较大，不能充分应用于实际操作[7]。

其次，后期继续培训的延续性不足，培训效果在后期很难得到巩固，且培训的成果很难惠及每位基层职工,而生产一线又是安全风险最大的地方,最需要实际的基础安全培训。

最后,从投入的成本来看,外聘讲师若采取外训的调用对各厂区及部门进行培训所耗费的人力、物力、财力相对较大。

因此,从基层培养属于我们自己的青年安全培训讲师,做到"身边人讲身边事,身边人听懂身边事"显得尤为重要。为此,在如此的行业大环境下,山东中烟在全国烟草行业中率先进行安全培训方面的变革——立足行业内部,从基层一线选拔有能力的青年职工,将其培养为专业的基层安全培训讲师。

3 "123"部法的建立

3.1 "123"部法核心内容

图 4 为基层安全讲师培养方法。

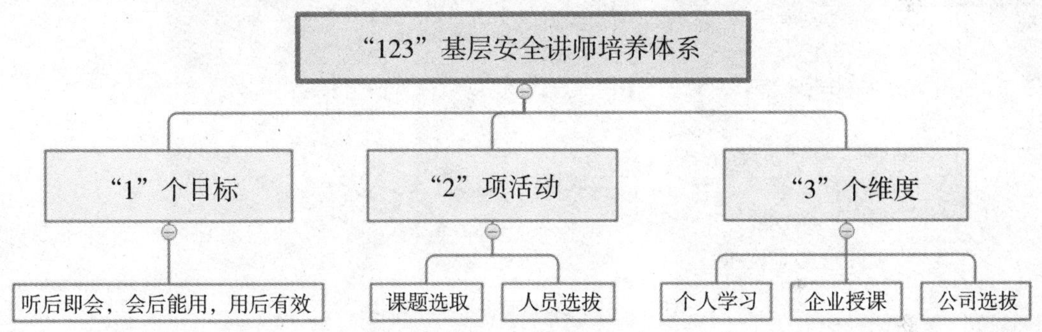

图 4　基层安全讲师培养方法

3.1.1 "1"是明确一个目标

通过基层一线职工的言传身教,达到讲解的安全知识让更多的员工明晰、明了、明白的目标,达到"听后即会、会后能用、用后有效"的效果[8],更贴近行业实际生产,解决外聘讲师讲解内容与实际生产相脱节的问题。

3.1.2 "2"是搞好两项活动

两项活动指课题选取工作和人员选拔培养工作。课题要结合当前烟草行业形式和我公司所处环境及所面临的问题,还要适应企业的实际生产要求。注意两点:一是选题内容过于"高谈阔论",与公司生产实际脱轨;二是过于浅显,本身就被一线工人熟知的内容就不需要再耗费精力去组织讲解[9]。

人员的选拔培养工作要做到全方位、多角度。人员选拔方面重点把握住两点原则:一是要对于安全方面有一定的了解与积累,对于日常基础工作要熟练;二是选择有一定表达能力的职工,因为毕竟作为一名讲师要面向广大员工进行讲解,所以要具备一定的表达能力,让其愿意去听取学习。做好这两项活动就可以为接下来的人才培养打下良好的基础。

3.1.3 “3”是构建三个维度

从基层讲师的学习及培养入手，从“个人到车间再到企业”这三个维度来展开进行（见图5）。通过这三个维度，将一名基层职工逐步培养成一名专业的安全培训讲师[10]。

个人学习方面：各车间通过选拔车间优秀职工展开对于课题的学习研究，包括法律制度、国家安全标准、安全操作章程、安全装置、实际操作等方面的学习。

企业授课方面：企业对选拔出来的人员安排内部授课，针对授课过程中产生的问题进行细致的指导。一方面，对于其中存在的知识性方面的不足给出指导；另一方面，对于一些职工上台讲述经验的缺乏也进行系统性的指导，让授课人员做到“心中有、口中清、听者明”，将其培养为一名专业的基层安全培训师。

公司选拔方面：对企业挑选出来的讲师按照车间进行统一比赛选拔，从讲解思路、内容结构、语言表达等方面对讲师进行选拔，对选拔出来的人员给予一定的意见建议。人员选拔完成后，组织开展对于企业的宣讲工作。

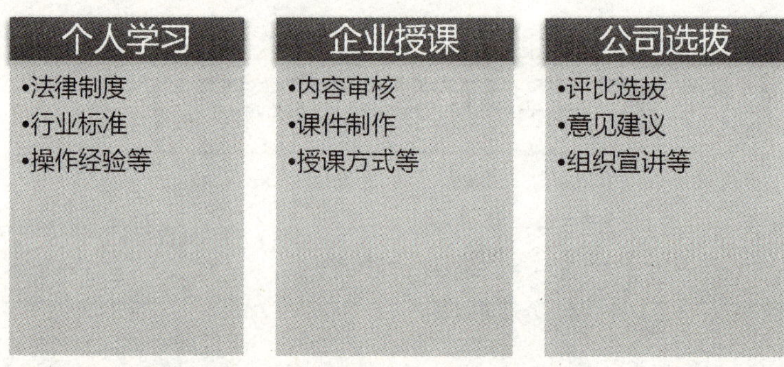

图 5　安全培训师培养三个维度

3.2 在烟草行业中的应用/具体实施步骤

图 6 为基层安全培训师培养流程。

图 6　基层安全培训师培养流程

3.2.1 选题的确立与分配

公司就目前全国烟草行业中出现的安全事故问题和社会在发展过程中广泛关注的问题，结合企业所面临的实际情况，从生产、仓储、管理、职工健康等方面提出相关研究方向，企业再从中选择确定方向来进行基层安全讲师的人才培养。

3.2.2 人员选择

企业将能够真正指导基层安全工作为出发点，在内部组织开展了“安装装置讲解大赛”、“PPT 制作大赛”、“安全创新成果展示”、“QC 成果发布会”、“专业技术练兵”等相关比赛活动，综合课件制作、语言表达等方面进行人员的选择，也为广大优秀青年职工提供了广阔的平台，让其充分展示自我。

3.2.3　**个人学习**

人员选拔出来以后，企业确定了“一个课题、一个车间、一个人员、一个团队”的指导思想[11]，制定了“以车间为核心、从理论到实践”的学习思路来指导个人的学习，而个人学习的主要内容如图 7 所示。

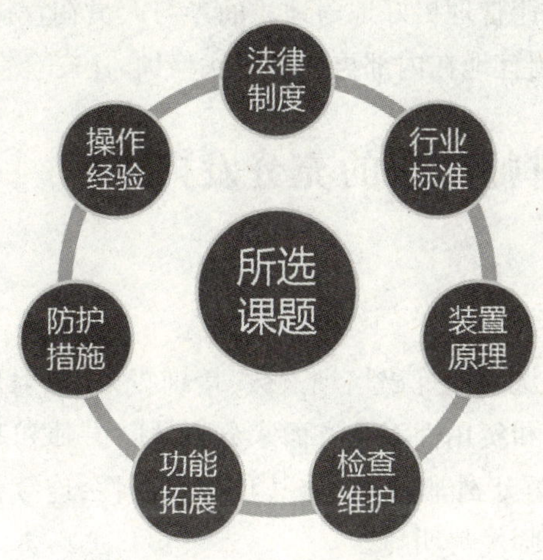

图 7　个人学习流程图

通过这个流程进行学习后，各青年职工自身受益良多，不仅对车间设备、常见问题、操作技巧有了很详尽的了解，更对法律法规、行业标准、管理制度等有了充分的认识。

3.2.4　**企业授课**

在个人学习进行到一定程度，对课题各方面内容都有一定的了解后，企业每个月定期召集各车间选拔出来的讲师进行统一部门内的试讲授课活动，从实战中发现和改进所出现的问题。主要进行两个方面的指导：一方面，针对各课题进行更深入的研究，针对企业中共性和非共性的部分进行深入的指导学习，做到“立足本车间，辐射兄弟厂”；另一方面，选取专业老师，针对讲师的讲台风格、台风、课件制作、授课方式等进行专业指导。最终，将每一名讲师通过系统训练培养成一名专业的基层安全培训讲师。

3.2.5　**公司选拔**

在各厂区和集团针对内部选拔的讲师培训结束后，省公司安全主管部门组织进行人员的选拔，企业相关领导及部门负责人担任评委，每个讲师针对前期课题的研究成果进行翔尽的展示，评审根据课件制作水平、内容适应程度、讲师授课能力三个主要方面进行打分，并最终将参加课题讲解的基层安全讲师聘为“山东中烟工业有限责任公司安全培训师”。

3.2.6　**讲师宣讲**

公司根据企业需要合理安排基层安全培训讲师进行宣讲。

这里提出了两种思路供公司根据实际情况进行选择。

第一种是“讲师到实地”的宣讲思路[12]，安排讲师深入旗下各企业内部进行实地宣讲，可以更好地在一线面对各企业的实际情况进行了解和探究，并进行翔尽的指导。基层讲师也可借此机会更好地了解生产实际，以便在今后的安全课题研究中更好地结合行业实际情况。

第二种是“以点带线、以线带面”的宣讲思路[13]，安排企业中的一部分安全管理人员和一线职工代表集中参加基层安全讲师的宣讲，集中力量进行基层安全知识和技能的普及，同时讲师也可以更灵活地同各安全主管人员对目前安全管理中产生的问题进行探讨，让安全问题同安全管理结合起来，让管理更好地落地。而参与人员在宣讲结束后，可就所学习探讨内容在回到本企业后因地制宜地在内部再展开二次培训，让安全宣讲内容更好地惠及一线。

4 基层安全培训讲师作用的充分发挥

4.1 培训效果提升

结合考夫曼五级评估，从中提炼出培训人数、培训投入、辐射地区、连续性(后续重复培训或展开相关培训的程度)和实用性五个方面来分析外聘讲师和基层讲师的效果[14]。从表 2 可以看出，基层讲师都要好于外聘讲师，尤其是在实用性、连续性和培训人数这些直接关系培训效果的方面，基层讲师优势明显。

表 2 安全培训师各方面效果对比

项目	培训人数	培训投入	辐射地区	连续性	实用性
外聘讲师	较少	较大	单一企业	后续无法跟进	与实际生产脱节
基层讲师	较多	较少	整个公司	可反复展开培训	符合实际生产

4.2 榜样作用

一方面，讲师多是基层一线青年职工，在普及基层安全知识方面更可以身体力行，所起到的示范作用是无可替代的，更能够深入到最基础的日常操作中[15]。同时，讲师也可以从一线工作中发现安全问题，研究并解决问题，具有相辅相成的作用。

另一方面，作为青年职工的基层安全讲师能够激励更多的年轻人投身于企业发展中来，以其为榜样，发挥自身高学历、高能力的优势，培养自身敢吃苦、敢钻研、敢奉献的精神。尤其是在安全研究领域，行业迫切需要更多年轻的有识之士参与进来。

4.3 责任与发展

作为山东中烟乃至全国烟草行业第一次采取的这种“基层安全讲师培养”，经过实践证明是完全可行的，且效果明显，适应烟草行业相对封闭的特性，又能让安全培训扎根到一线。被聘为“山东中烟工业有限责任公司安全培训师”的讲师们，未来也需承担起四个方面的任务：

(1)承担公司安排的安全教育培训课题研究；

(2)负责组织编制安全教育专题培训课件；

(3)承担公司安排的安全教育培训授课任务；

(4)宣传安全生产知识,示范安全错操作技能。

这也是每名讲师的责任,而这种责任感已逐渐显现。各基层安全讲师在回到各自企业后,又在企业组织安排下在基层展开了“常见压力容器”“阻火装置分类”“职业病防治宣传”等安全培训课程,既增强了讲师本身的安全生产素养,同时又为广大基层职工普及讲解安全方面知识,成为行业中一笔宝贵的财富。

建设一支立足于车间、立足于生产一线、属于我们公司和行业自己的一线安全培训师,将会在今后的基层安全事务中发挥更大、更重要的作用。

5 总结

本文通过立足烟草行业,以山东中烟开创的基层安全培训讲师的选拔培养为蓝本,通过横向纵向对比,分析其存在的意义。在深入了解剖析具体实施过程中,发现基层安全工作的核心要点,从安全培训的背景、安全培训的重要性、基层安全培训师的培养方面进行了研究。主要提出以下观点:

第一,培养层安全培训师是大势所趋。从行业存在的安全隐患、职工的整体素质提高等方面来看,加强基层安全培训势在必行,而在效果方面,在有限空间、时间和投入的限制中,基层安全培训师能够在一定程度上解决外聘讲师等无法解决的问题。

第二,安全培训师的培养要与时俱进,创新方法。从人员结构发展的趋势、现有安全培训的不足来看,处于转型升级中的山东中烟率先采取的“123”基层安全培训师的三步法起到了创新培养基层安全培训师的作用,并且从实际效果来看符合时代和行业发展规律。

第三,一批基层安全培训师的作用逐渐显现。从各厂区和车间来看,先行培育的基层安全培训师承担起一部分安全研究任务,而在普及安全知识方面,更是发挥出巨大的能量,只要各厂区集团能够继续深入探索发挥其更大职能,将会起到“以点带线、以线带面”的效果。

虽然本文在安全培训领域有了一定的收获,但是由于安全问题涉及的方面较为复杂,为了更好地加强基层安全效果,希望以后从以下两个方面展开理论研究和实践验证工作[16]:加强安全培训培训方式和方法研究,调高安全培训效果;完善安全培训效果的评估,使其更加向基层倾斜。

参考文献

[1]彭冬芝.安全教育方法新论[J].电力安全技术.2004(2).20-22.

[2]金龙哲,宋存义.安全科学原理[M].北京:化学工业出版社,2004.

[3]徐德蜀,邱成.安全文化通论[M].北京:化学工业出版社,2014.

[4]王万兵.企业安全教育培训浅析[J].煤炭工程.2006(6).17-18.

[5]Parasuraman A. Zeithaml A., Berry L., Conceptual of Service Qualityand Its Implication for Future Research[J]. *Journal of Marketing*,2011(2):985-987.

[6] Dale Neef. *The Knowledge Economy* [M]. London: Butterworth-Heinemann Publishing

Company, 1998.

[7]罗云,程五一.现代安全管理[M].北京:化学工业出版社.2004.

[8]D. L. Kirkpatrick. ,"*Evaluation*", *in The ASTD Training and Development Handbook* [M]. New York: McGraw-Hill, 1996.

[9]廖德恩,林镇雄.香港职业安全健康教育的双向模式[J].劳动保护.2001(5).44-45.

[10]朱建军.论安全文化与职业教育的有机融合[J].中国公共安全.2006(9).110-112.

[11]吴伟.美国这也安全管制及其对国的启示[J].国家行政学院学报.2006(3):86-88.

[12]Peter Hawkins. Organizational Culture: sailing between evangelism and omplexity [J]. *Human Relations*, 1997, 50(4):5417-5420.

[13]Dianne Lewis. How useful a concept is organizational culture [J]. Strategic Change, 1998(7): 251-260.

[14]罗云,黄毅.中国安全生产发展战略——论安全生产保障五要素[M].北京:化学工业出版社,2005.

[15]James L. R., Jones A. P., Organizational climater a review of theory and research [J]. Psychological Bulletin, 1974. 81(12):1096-1100.

互联网时代企业离退休人员自我教育信息集散平台建设研究

宋力波

[青岛市烟草专卖局(公司)离退休管理处,山东青岛,266000]

[摘要] 本文以互联网时代企业离退休人员自我教育途径为研究对象,通过调查研究、图表对比等方式,了解目前企业离退休人员自我教育的现状和困境,同时理论联系实际,运用A3报告八步法,提出了利用互联网思维和新媒体优势建立离退休人员自我教育信息集散平台这一思路,并通过一点课(OPL)进行培训,有效解决了离退休人员自我教育面临的难题,对凝聚离退休人员正能量、助力企业高质量发展起到了积极促进作用。

[关键词] 离退休;互联网;自我教育;信息集散

近年来,随着互联网的日益普及,企业离退休人员队伍发生重大变化,这种变化体现在文化层次、年龄跨度、身体状况、兴趣爱好、社交方式、生活习惯等方方面面。2016年1月,中央办公厅、国务院办公厅下发了《关于进一步加强和改进离退休干部工作意见》(中办发[2016]3号),把“积极稳妥地推进老干部工作转型发展”作为总体要求。全国老干部局长会议强调:“要深入研究离退休干部队伍变化提出的时代课题,努力在服务理念、管理体制、工作机制、方法手段等方面实现与时俱进。”在这样的背景下,传统的离退休人员工作重点即“两项待遇”的落实显然已经成为非常基础的一部分工作,如何提升精准服务能力,引导离退休人员在信息冗杂的网络时代自觉、自愿、自主地接受学习教育,时刻为企业高质量发展增添正能量,成为新的工作侧重点。为此,本文以互联网时代离退休人员自我教育为切入点,旨在通过打造属于离退休人员自己的网络家园,实现离退休人员思想健康、精神健康、生活健康、身体健康“四大健康”目标,开创企业离退休工作新局面。

1 绪论

随着社会环境的不断变化,笔者所在的企业自上而下相继提出离退休工作要主动适应新形势变化,创新工作思路,拓展工作内容,制定切实有效的办法措施,发挥离退休人员的独特优势,为企业发展增添正能量。面对时代变化提出来的新课题、新任务,笔者认真调查研究当前企业离退休人员队伍出现的新变化、新形势，认为离退休人员自我教育是时代发展的必然要求，而随着互联网和新媒体在离退休人员中的普及度越来越高，离退休人员自我教育的途径也发生了深刻的变化。如何更好地发挥互联网的作用，凝聚起离退休人员助力企业发展的强大动力尤为重要，为此，笔者进行了深入研究，并提出了有效的解决办法。在这一部分将重点介绍研究的背景与意义、研究的工具与方法以及创新之处。

1.1 研究的背景与意义

有关企业离退休人员自我教育途径的思考是全国老干部局长会议中提出的“精准服务”理念的贯彻落实，是笔者所在企业“创新离退休（内退）人员管理服务”这一要求的具体体现。以目前笔者所在企业为例，全市系统共有 490 余名老同志，其中机关 70 余名老同志，这一庞大群体在年龄跨度、思想观念、实际需求等方面存在较大差异，笔者在此背景下带着问题导向和求解思维，在“精准掌握老同志情况、精准落实政策、精准解决老同志问题”理念的指引下，创新性地提出了建设离退休人员自我教育信息集散平台这一思路，并将信息集散平台作为自我教育的有效途径加以对比分析。这一平台依托智能手机或平板电脑中的微信群，充分挖掘并拓展微信群的使用功能，以满足老同志日益增长的精神文化需求为前提，以统一思想、精准服务、自我教育、情感沟通、强心健体、益寿益智为基本内容，以开展党建活动、主题活动月、健康论坛、文化养老成果展示等为主要途径，是紧跟互联网时代大背景，将“互联网＋”思维和精益管理思想引入离退休人员工作下的创新产物。

本文所提出的工作方法简单易行，具有较大的研究价值。离退休老同志接受新事物相对较慢，对网络有着本能抵触。而这一平台操作简单、方式灵活、时间随意、形式新颖，老同志容易接受、容易学习、容易使用，会在一定程度上协助老同志克服“谈网色变”的心理障碍，让老同志在退休之后找到终身教育的场所，有效缓解其离岗后的失落感和空虚感。

1.2 研究的工具与方法

本文在研究过程中引入了精益管理思想。精益管理是一种新的管理思想和方法论，其本质是利用最小的资源创造最大的价值。其核心就是消除一切浪费和不断改善，通过对精益工具的使用来实现管理效率的提升。因此，本文在研究过程中分别使用了精益工具中 A3 报告常用的八步法，即明确问题、分析问题、目标设定、寻找真因、制定措施、对策实施、效果评价和成果固化，通过 A3 报告的形式，输出论文研究成果；5W2H 原则（When，Where，Who，What，Why，How，How much），制定了对策表，明确对策、目标、措施、负责人、完成地点和日期，推动自我教育信息集散平台发挥最大作用；一点课（OPL）教材培训，根据老同志特点，现场培训操作手册，培训时长 10 分钟作用，鼓励离退休工作者根据离退休人员接受程度、行为习惯等诸多要素，编制灵活的培训内容，一方面锻炼离退休工作者的培训能力、表达能力，一方面拉近离退休工作者与离退休人员的距离，便于将离退休人员自我教育的新途径植入人心。

本文所采用的研究方法主要有三种：一是访谈研究法，即电话调查、入户走访、实地调研等方式，掌握了大量有价值的一手资料；二是表格对比法，即通过大量表格对比，直观输出论点；三是文献研究法，即搜集阅读老干部工作文件、老年人心理学研究、新媒体思想普及等书籍，结合实际情况提出自己观点。

1.3 研究的创新点

纵观当前笔者所在的省市离退休工作领域，已经建立并使用微信群开展工作的不在少数，但本文通过细致研究后拓展微信群的使用功能，将微信群打造成离退休人员自我教育信息集散平台尚属首创，其创新之处体现在以下几个方面：一是服务理念上由离退休工作主管部门是老同志服务主体转变为老同志自我服务加组织关心的双模式运行，为老同志发挥作用提供了平台；二是管理体制上由主管部门负责平台建设转变为与老同志中的网络达人共同管理平台，在平台上开展主题活动月、健康论坛等活动，促进自我教育常态化；三是工作机制上拓宽了微信群的使用功能，使微信群不单纯成为聊天工具，而是成为老同志自我教育、自我认同、文化养老的大舞台；四是方法手段上利用一点课（OPL）培训教材进行培训，老同志学习快，接受度高，复制推广更容易。本文的研究成果适用于行业各级离退休工作部门，其操作步骤简单、使用方式灵活，在零经济投入的情况下，最大限度地利用网络思维，更好地服务广大离退休人员，实现效益的最大化。

2 企业离退休人员自我教育途径现状分析

2.1 目前现状

调查研究是我们党的传家宝，也是做好一切工作的基础。离退休人员工作看似平凡琐碎简单，实则极为敏感，开展任何工作前都要充分考虑政治、年龄、身体等因素。笔者在论文研究之初，充分运用调查研究这一法宝，重点调查了解了不同时期离退休人员队伍变化情况，并以机关为试点，了解了机关离退休人员互联网使用情况、熟练程度等，具体情况如表1至表3所示。

表1 不同时期离退休人员队伍变化对比表

项目	文化层次	年龄跨度	身体状况	兴趣爱好	社交方式	生活习惯
2018年以前	学历偏低	较小	发病率较高	较少甚至没有	单一、刻板	居家家务、电视等
2018年及目前	集中在高中、专科或本科	相对增大	发病率下降	广泛	微信、微博等灵活多样	外出旅游、朋友聚会等

表 2　机关离退休(内退)人员互联网使用情况统计表(部分)

序号	姓名	性别	出生日期	政治面貌	联系电话	家庭住址	是否使用互联网	熟练程度
1	任××	男	1955.××.××	党员	139××××××××	青岛市××××××××	是	达人
2	孟××	女	1962.××.××	群众	135××××××××	青岛市××××××××	是	达人
3	李××	男	1960.××.××	党员	186××××××××	青岛市××××××××	是	达人
4	傅××	女	1959.××.××	群众	158××××××××	青岛市××××××××	是	熟练
5	郝××	女	1959.××.××	群众	13×××××××××	青岛市××××××××	是	熟练

表 3　机关离退休内退人员互联网使用情况分布表

总人数	使用互联网人数	网络达人	熟练使用人数	了解但不熟练人数	完全不会人数
73	66	3	24	39	7

通过对以上内容的调查分析和数据的研究，笔者将目前离退休人员在自我教育过程中存在的问题归纳为以下四点：一是老同志集中学习教育难度较大，参与度低；二是老同志自我学习教育积极性不高；三是老同志自我教育平台单一；四是基层自我教育普及度不够。

2.2　原因分析

找到了存在的问题，笔者按照 A3 报告课题研究八步法，逐条分析问题产生的原因。在广泛征求离退休人员和涉老相关部门的意见后，将原因分为内因和外因两大方面、六点内容。内因主要有三点：一是离退休人员受限于家庭琐事，自我教育的原动力不足；二是离退休人员性格特点以及认知程度的差异导致老同志对自我教育重要性的理解能力不同；三是网络时代信息冗杂，老同志甄别能力欠缺，部分老同志害怕上当受骗，拒绝接受网络信息，进行再教育、自学习。外因主要有三点：一是集中学习教育经费紧张、场地受限、内容枯燥、形式刻板；二是离退休人员管理服务理念没有与时代变化提出的新要求有效结合；三是老同志自我教育工作机关与基层、基层与基层之间发展不平衡，载体、形式缺乏创新。

3　建立离退休人员自我教育信息集散平台，优化离退休人员自我教育途径

3.1　离退休人员自我教育信息集散平台的建立

笔者通过摸情况、察实情、听意见，了解到目前存在的问题并分析出原因后，设定了离退

休人员自我教育信息集散平台建设的目标，即"打造离退休人员网络家园，在组织关心与离退休人员自我教育的有机结合下，发挥平台在'统一思想、精准服务、自我学习教育、拓宽自我教育普及度以及为企业发展增添正能量'这五大功能上的作用，实现离退休人员思想健康、精神健康、生活健康、身体健康"'四大健康'目标"。

为实现这一目标，笔者根据 5W2H 的原则，制定对策表，明确了对策、目标、措施、负责人、完成地点和日期(见表 4)。

表 4　对条表

序号	主要原因	对策	目标	措施	负责人	地点	完成日期
1	离退休人员受限于家庭琐事，自我教育的原动力不足	建设离退休人员自我教育信息集散平台	发挥平台"统一思想、精准服务、自我学习教育、拓宽自我教育普及度以及为企业发展增添正能量"这五大功能，实现离退休人员思想健康、精神健康、生活健康、身体健康"四大健康"目标	提供灵活多样的教育学习形式，让自我教育即时化、常态化	离退休管理部门负责人	网络平台	2019 年 6 月
2	离退休人员性格特点以及认知程度的差异导致老同志对自我教育重要性的理解不同			加强日常的教育引导，强化终身教育的重要性，通过多种手段和渠道让老同志了解自我教育将给生活带来的切实改变			
3	网络时代信息冗杂，老同志甄别能力欠缺，部分老同志害怕上当受骗，拒绝接受新鲜事物			将离退休人员划为三个不同的单元区，根据不同分类，采取有针对性的精准培训，将互联网思维深入老同志的头脑和心灵，引导老同志与时代接轨，不作时代的弃子			
4	集中学习教育经费紧张、场地受限、内容枯燥、形式刻板			改变集中教育模式，打造灵活多样的自我教育、即时教育平台			
5	离退休人员管理服务理念没有与时代变化提出的新要求有效结合			定期组织离退休工作人员开展业务培训，将最新的文件、政策、要求进行宣贯教育，运用头脑风暴法，征集新思路、新做法，将离退休工作做到与时俱进			
6	自我教育工作机关与基层、基层与基层之间发展不平衡，载体、形式缺乏创新			动员自我教育骨干分子在本单位发挥示范带头作用，本着"成熟一个、带动一片"的原则，促进自我教育工作全面开花			

针对制定出来的对策表，笔者逐项落实，明确具体的时间节点和操作步骤，将对策实施分为四个阶段，分别为准备阶段、动员阶段、实施阶段和推广阶段(见表 5)。

表 5 对条实施

序号	时间阶段	对策实施
1	准备阶段 (1～2 月)	广泛调研、掌握基础信息 将离退休人员队伍进行细分，划分不同单元区 编制一点课(OPL)培训教材
2	动员阶段 (3～4 月)	针对不同单元区，开展一对一精准培训 广泛动员老同志，下载微信 APP，并协助老同志开通微信账号
3	实施阶段 (5 月至今)	建立机关离退休人员微信群，累计 66 人加入群组，占比 93.2% 制定群规，推选 3 名网络达人监管微信群日常运行 筛选高质量微信公众号以及网络平台，定期推送文章供老同志自我教育、学习(灯塔党建在线、健康青岛等) 设置主题活动月，开展丰富多彩的主题活动
4	推广阶段 (7 月)	在全区分享平台建设运行经验及不足，促进全体离退休人员认同并实践信息时代带来的新变化和学习教育的新模式，用好属于自己的网络家园

在准备阶段，课题组成员对机关 73 名老同志的互联网使用习惯进行调研，并根据调研结果将 73 名老同志分为三个不同的单元区：第一个单元区为完全不掌握互联网知识、拒绝接受新鲜事物的老同志(7 人)；第二个单元区为接受互联网，但对互联网信息缺乏有效甄别，盲目相信、转发不实言论或文章的老同志(39 人)；第三个单元区为互联网知识丰富、接受新事物能力的老同志(27 人，含 3 名精通的网络达人)。根据不同分类，采取有针对性的精准培训，按照一点课(OPL)培训的方式，制定培训教材，开展即时培训。

在动员阶段和实施阶段，课题组充分发挥老同志的作用和优势，以点带面，逐步发展，建立了机关离退休人员自我教育信息集散平台，目前 66 人已经加入这一平台。鉴于离退休人员工作政治性较强，在平台运行期间，课题组成员充分考虑政治因素，本着“注意政治影响、守住政治底线”的原则，推选出平台管理员，监督网络运行环境以及平台中发布文章的政治导向，真真正正地把正确的价值观宣贯到离退休人员心中，确保平台发挥积极作用。

3.2 效果评价

离退休人员自我教育信息集散平台的建设和使用有效解决了笔者所在部门目前在服务理念、管理体制、工作机制和方法手段四大方面的七大难题，即：一是解决了工作人员短缺，以一对多的服务模式导致的服务精准度欠佳的难题；二是解决了离退休工作主管部门主导学习内容、学习形式、学习地点导致学习内容枯燥、形式刻板，参与人员常年是老面孔，广泛参与度较低的难题；三是解决了传统通信平台受时空限制难以图文并茂传递信息的难题；四是解决了部分老同志被家务事缠身，难以走出家门参加集体学习的难题；五是解决了部分老同志退休后空虚寂寞，难以找到存在感、价值感的难题；六是解决了部分老同志对互联网存在恐惧心理，不接受智能手机、平板电脑等新事物的难题；七是解决了部分老同志对网络信息难以准确甄别的难题。与传统平台相比，优势非常明显，详细对比如表6所示。

表6　传统平台与自我教育信息集散平台优劣势对比

项目	传统平台(飞信)	自我教育信息集散平台
信息传达	学习内容受篇幅限制	随时将学习内容以文件、图片、视频等形式发送
学习时间	确定时间后集中学习	灵活选择，可以是睡前或者午后
参与人数	受天气、场地、交通等因素影响，参与人数较少，不足10人	不受客观因素影响，参与人数60余人
互动性	互动性较差，单纯的“一对多”教学模式	互动性强，可以角色互换，互动是万向的、多时空的
学习效果	学习效果不理想	效果理想，大家可以原原本本学、追根溯源学、联系实践学、形成常态学，反响较好
费用	需要市局(公司)统一缴纳通信费用	无须市局(公司)缴纳费用，节约成本，符合精益思想

自平台运行以来广大离退休人员发挥其独特优势，坚持自觉自愿学习，传递向上向善的精神力量，开展了以党建、养生等为主题的主题活动月“文化养老十周年人・事・作品征集”等系列活动，平台利用率较高，取得了较好的效果。

为巩固自我教育信息集散平台的运行效果，保护离退休人员的参与热情，笔者特将2019年平台中老同志交流的作品、经验等内容集结成册，编辑出版《薪火传承续初心——青岛烟草文化养老十周年人・事・作品汇编》一书。同时，笔者编制了离互联网应用常识培训教材(OPL)，便于其他单位推广使用及复制(见表7)。

表 7　互联网使用知识培训教材

<table>
<tr><td colspan="4">市局(公司)离退休人员一点课教材</td></tr>
<tr><td>编写人</td><td>宋力波</td><td>岗位</td><td>离退休管理员</td></tr>
<tr><td colspan="4">编写课题描述:互联网使用常识、微信的日常使用</td></tr>
<tr><td colspan="4">讲解内容
一、互联网使用注意事项
1. 注意个人信息安全,确保不登录未经认证的网站,留下个人信息;
2. 不要轻易打开陌生人发来的邮件或者网络链接;
3. 抵制低俗网络产品,保证个人身心健康;
4. 具备一定的信息甄别能力,选择正规公众号或者网站查询信息,进行自我教育及学习。
二、微信的操作使用流程
1. 在有网络链接的情况下,下载微信 APP;
2. 打开微信 APP,注册微信账号,设置密码,登录;
3. 添加好友;
4. 微信聊天;
5. 微信视频;
5. 微信图片和视频发送;
5. 微信钱包功能;
6. 朋友圈功能;
7. 其他。
三、离退休人员自我教育信息集散平台的使用
1. 如何加入平台;
2. 平台使用注意事项;
3. 平台运行模式及管理员;
4. 平台的日常维护及监管。</td></tr>
<tr><td>讲解人</td><td>离退休管理员</td><td>讲解时间</td><td>2019 年 4～5 月</td></tr>
<tr><td>审核人</td><td>接收培训人员</td><td>审核评级</td><td>一般、良好、优秀</td></tr>
<tr><td colspan="4">学习人员签字:</td></tr>
</table>

下一步,笔者将继续探索研究这一平台功能,计划开展微课堂等,邀请有关专家进行微课堂授课,讲解老同志所关心的党的建设、养生保健、心理健康等知识,最大限度地将企业对离退休人员的关心关爱通过这一平台传达到位,让广大离退休人员自我教育有场所、有平台、有内容、有成效,最大限度地在离退休人员中凝聚起强大的正能量,助力企业走上高质量发展的快车道。

参考文献

[1][美]沃美克,琼斯. 精益思想珍藏版[M]. 沈希瑾,张文杰,李京生,译. 北京:机械工业出版社,2015.

[2]王玉荣,彭辉. 流程管理[M]. 北京:北京大学出版社,2016.

[3]陈光峰. 互联网思维[M]. 北京:机械工业出版社,2014.

评级实训中提升烤烟产区识别准确性

代琛，赵百英

（中国烟草总公司青州中等专业学校烟叶分级实验室，山东潍坊，262500）

［摘要］在评级实训中，学员因为烤烟产区混淆所造成的等级误判问题比较突出。针对此类问题，本文以2019年上半年烟叶评级赛前培训班人员数据为样本，结合学员单片烟、把烟评级试卷以及学员的调查问卷反馈情况，统计分析后发现问题集中表现为部位误判、颜色误判（包括柠橘色误判、杂色误判）两个方面。采用理论讲解与评级实训相结合的方式进行针对性系统培训后发现，学员的烟叶评级技能得到了提升，产区特征混淆所致等级误判率有所降低，所以，此为准确识别烤烟产区特征的有效方式。

［关键词］评级实训；产区识别；准确性；部位；颜色

我国目前有5个一级烟草种植区，不同产区的自然条件、生产习惯等复杂多样，烤后烟叶的外观质量各不相同，外观特征更是千差万别。笔者所在培训中心目前的烟叶评级技术培训主要有三类：烟叶评级技能鉴定培训、烟叶评级技能提升培训、烟叶评级赛前培训等。据统计发现，在烟叶评级实训中，评级人员往往对自己省内的烟叶比较熟悉，准确率均高于80%。但对省外不同生态区域烟叶外观特征差异理解不够清晰，导致出现部位、颜色、等级误判等问题，准确率只有60%左右。针对此问题，本文统计分析烟叶评级实训中烤烟外观特征理解错误所产生的问题，总结培训过程中所采取的措施以及培训效果，以作交流。

1　评级实训中的烤烟产区外观特征混淆情况

1.1　样本来源

本文以2019年上半年烟叶评级赛前培训班人员数据为样本，共五期，300人左右。人员来自吉林、辽宁、山东、江苏、重庆、湖南、云南、福建等十几家工商企业，均代表各企业较高水平。单片烟、把烟评级实训样品涉及多产区，因此以培训中的单片烟、把烟评级实训数据为分析样本，具有代表性。

1.2　数据统计分析过程

统计分析单片烟、把烟评级试卷，发现学员的错误主要在部位、组别、相邻等级误判三方面。专家讲评解疑时，南方学员的误判集中于河南、辽宁等北方偏厚烟叶的部位区分，柠橘色判定，以及杂色的界定；而北方学员的误判则为湖南、贵州等南方薄叶、窄长烟叶的判断，以及颜色的判定。问题均为非已产烟区烟叶的特征判定。于是，发放调查问卷，调查学员因产区特征把握不准确所导致的部位、组别、相邻等级错误情况，并进行统计。

1.3 烤烟产区外观特征混淆情况统计

结合学员单片烟、把烟评级试卷，以及学员的调查问卷反馈情况，进行数据统计分析。对五期培训班摸底试卷分析发现，准确率不高，如表 1 所示，单片烟、把烟平均错误率分别为 34.52%，30.16%。表 2、表 3 为根据调查问卷与试卷综合分析得到的烤烟产区外观特征混淆问题的表现统计。

表 1　单片烟、把烟评级实训中试卷错误率

项目	第一期(%)	第二期(%)	第三期(%)	第四期(%)	第五期(%)	平均(%)
单片烟	34.3	35.1	33.2	36.2	33.8	34.52
把烟	31.0	29.3	30.2	31.4	28.9	30.16
平均	32.65	32.20	31.70	33.80	31.35	32.34

表 2　单片烟实训中产区外观特征混淆致错情况

项目	部位误判(%)	组别误判(%)			相邻等级误判(%)	合计(%)
		柠橘色误判	杂色误判	其他		
第一期	8.3	3.8	1.6	0.2	0.0	13.9
第二期	8.1	4.8	2.1	0.0	0.2	15.2
第三期	7.8	4.7	1.0	0.3	0.0	13.8
第四期	7.7	3.7	1.1	0.0	0.1	12.6
第五期	6.7	4.4	1.5	0.0	0.1	12.7
平均	7.72	4.28	1.46	0.10	0.08	13.64

表 3　把烟实训中产区外观特征混淆致错情况

项目	部位误判(%)	组别误判(%)			相邻等级误判(%)	合计(%)
		柠橘色误判	杂色误判	其他		
第一期	5.5	4.0	1.3	0.0	0.1	10.9
第二期	6.3	3.7	0.9	0.0	0.0	10.9
第三期	4.5	3.2	1.5	0.2	0.0	9.4
第四期	5.3	4.1	1.8	0.0	0.1	11.3
第五期	5.1	3.4	1.0	0.1	0.1	9.7
平均	5.34	3.68	1.30	0.06	0.06	10.44

由表 2 可知，片烟实训中，部位误判平均为 7.72%，与试卷错误率比为 0.23；组别误判中，柠橘色误判平均为 4.28%，杂色误判平均为 1.46%，其他情况平均为 0.10%，合计为 5.84%，与试卷错误率比为 0.17；相邻等级误判平均为 0.08%。所以，产区外观特征混淆所

产生的等级误判情况合计平均为 13.64%,与试卷错误率比为 0.40。

由表 3 可知,把烟实训中,部位误判平均为 5.34%,与试卷错误率比为 0.21;组别误判中,柠橘色误判平均为 3.68%,杂色误判平均为 1.30%,其他情况平均为 0.06%,合计为 5.04%,与试卷错误率比为 0.17;相邻等级误判平均为 0.06%。所以,产区外观特征混淆所产生的等级误判情况合计平均为 10.44%,与试卷错误率比为 0.35。

综上所述,学员烤烟产区特征混淆问题比较突出,且集中表现在部位误判、颜色误判两个方面(组别误判中的柠橘色误判、杂色误判)。

2 烤烟产区外观特征混淆原因分析

2.1 理论知识体系不完整

没有接触过系统的理论培训,对于国标的准确理解只局限于自己的产烟区,对于不同区域烤烟的外观特征缺乏理论框架,评级中不懂得考虑产区差异性。

2.2 不能准确识别烤烟产区

接触烤烟产区较少,对省外、不同生态区域烟叶一些外观差异理解不够清晰,导致部位、颜色、等级误判等问题。

2.3 环境及其他问题

环境也是影响因素之一,如水分过大容易影响南方薄烟中下部的判断。

3 评级培训中应对烤烟产区外观特征混淆的措施

3.1 认识不同区域烤烟的质量区域特征

由表 4 可知,不同区域烤烟的质量差异较大。培训中首先结合烟叶实物样品向学员讲授烤烟区域特征理论知识,帮助学员构建完整的理论知识框架。由于文字描述比较枯燥、抽象,难以理解透彻,让学员亲自接触烤烟实物样品,分产区分别进行单片烟、把烟代表性样品等级观摩,充分认识烤烟的区域质量特征差异,形成烤烟实物区域特征框架,结合理论理解烤烟区域特征。

表 4 烤烟的质量区域特征

项目	北方烟区	黄淮烟区	长江中上游烟区	东南烟区	西南烟区
颜色	金黄—深黄,多属橘黄浅色色域,叶面多浮现青白色	金黄—深黄,属橘黄色域。隐含暗灰和浮青色,轻度晒红、烤红,支脉多乳白	金黄—深黄,多属橘黄深色色域,轻度晒红、烤红、挂灰	深黄,隐含暗红色,多属橘黄深色色域	金黄—深黄,多属橘黄浅色色域

续表

项目	北方烟区	黄淮烟区	长江中上游烟区	东南烟区	西南烟区
成熟度	略欠	略欠	相对较高	较高	较高
叶片结构	尚疏松—疏松	尚疏松—疏松	疏松	较疏松	较疏松
叶面	叶面组织较密,硬脆感较强	叶面组织较粗松,有僵硬感	叶面组织较细致	叶面颗粒感强	叶面组织较细致
身份	适中	尖基差较大,中部身份适中	尖基差较大,多数适中	相对偏薄,尤其是下部	尖基差较小,多数适中
油分	多	有	多	有—多	多
色度	强—浓	强	强—浓	强—浓	强—浓

3.2 不同区域烤烟的识别、判定

3.2.1 不同区域烤烟的区分

根据郑州烟草研究院对烤烟质量评价特征相似性归类研究结果,初步确定底色、叶面组织、柔韧性、蜡质感、光泽度等为烤烟外观区域特征指标,不同指标典型分布如表 5 所示。通过对区域特征因素差异性的分析,进行烤烟区域定位[1,2]。首先利用蜡质感和柔韧性这两个指标,基本可以确定烤烟样品的南北方区域定位(以淮河为限)。对于北方烟区(淮河以北)烟叶,可以通过叶面组织、底色、蜡质感三个指标进行区分。北方烟区烤烟叶面组织为细腻—较细腻,底色为白色,蜡质感强于黄淮烟叶;黄淮烟区叶面组织为较粗糙—粗糙,底色为微灰。对于南方烟区(淮河以南)烟叶,通过烤烟底色微红、光泽度较暗、叶面组织较粗糙—粗糙三个方面进行判定。西南烟区光照、雨水等条件适宜,烟叶内含物质要比长江中上游烟区的充足,云南烟叶会有明显的高原红特点。长江中上游烟区叶片的叶尖、叶基部身份差最大,叶型多为细长型,叶尖部较突出。

表 5 烤烟外观区域特征指标典型分布

项目	北方烟区	黄淮烟区	长江中上游烟区	东南烟区	西南烟区
底色	白	微灰	白	微红	白
叶面组织	细腻—较细腻	较粗糙—粗糙	细腻—较细腻	较粗糙—粗糙	细腻—较细腻
柔韧性	柔软—较柔软	较脆	柔软—较柔软	柔软—较柔软	柔软—较柔软
蜡质感	强	中	弱	弱	弱
光泽度	鲜亮—较鲜亮	鲜亮—较鲜亮	鲜亮—较鲜亮	较暗	鲜亮—较鲜亮

3.2.2 不同区域烤烟的部位判定

国标[3]中对烤烟的部位判定描述得较为翔尽,主要从脉相、叶形、叶面、厚度、颜色五个方面进行判定,如表 6 所示。

表 6　不同部位烟叶主要外观特征

部位	脉相	叶形	叶面	厚度	颜色
下部	脉相较细，主支脉夹角大	较宽圆	平坦	薄至稍薄	多柠檬黄色
中部	脉相粗细适中，遮盖至微露，叶尖处稍弯曲，主支脉夹角大	叶形较宽，叶尖部较钝	皱缩	身份稍薄至中等	多橘黄色
上部	脉相较粗至粗，较显露至突起，主支脉夹角较小	叶形较宽至较窄，叶尖部较锐	稍皱褶至平坦	稍厚至厚	多橘黄至红棕黄色

但是不同产区烟叶部位分组时需要注意的是，主要参考因素略有不同，需要避开易混淆因素。

(1)北方烟区下部烟叶较“空松”，中上部烟叶主要从结构和脉相上来把握。

(2)黄淮烟区下部烟叶主要考虑叶形宽圆，叶尖、基部身份差较大，叶面“嫩相”。中上部烟叶主要从结构上来判断。

(3)东南烟区因叶片较薄，不宜考虑身份因素。中下部烟叶的区分主要从脉相和结构入手，中上部烟叶主要根据脉相、结构进行区分。

(4)长江中上游烟区部位特征比较明显，叶尖叶基部身份差明显，注意的是少数烟叶身份较薄，中上部烟叶也主要从脉相、结构区分。

(5)西南烟区的部位特征明显，可直接按照不同部位的基本特征进行判定。

3.2.3　不同区域烤烟的颜色判定

结合烤烟产区，烤烟颜色差异性较大，颜色分组时应将底色和光泽度两个指标纳入考虑，东北地区、西南地区烤烟颜色纯正，东南地区烤烟叶面隐含暗红色，而黄淮地区烤烟叶面多隐含暗色。需要注意的是，我国烤烟橘黄色区域范围宽，区域差异大。同为橘黄烤烟，北方地区、黄淮地区多为浅色橘黄，而西南地区多为金黄，东南地区则多为深色橘黄。

对于杂色烟，经常表面挂灰，颜色较灰暗，杂色中的烤红或潮红烟颜色深浅不一，或呈不均匀的块状棕红或红褐色斑，烟叶表面不鲜亮[4]。

3.3　针对性评级实训

(1)烟叶评级实训。首先对五个产区分别进行单片烟、把烟实训自测，通过返场回看、专家讲评，使学员逐一产区理解区域外观特征。其次按照大南方(东南、西南、长江中上游)烟区、大北方(北方、黄淮)烟区分别进行单片烟、把烟实训自测，然后返场回看、专家讲评，深刻理解烤烟南北方差异。最后进行多产区混合实训，平衡学员眼光。

(2)烟叶样品制作训练。根据学员产区，交错分配烟叶样品，制作分产区、分组别样品，然后由专家进行现场点评、解答疑惑。最后将样品标记混合，进行实训，先学员相互解答疑惑，再专家点评解惑。

4　培训效果

经过 10 天的高密度、高强度培训，最后进行结业考试。同样结合学员单片烟、把烟评级试卷，以及调查问卷反馈情况，进行数据统计分析，如表 7 和表 8 所示。

表 7　单片烟评级实训错误率情况

项目	产区特征混淆错误率(%)		试卷错误率(%)	
	培训前	培训后	培训前	培训后
第一期	13.9	9.7	34.3	29.3
第二期	15.2	10.6	35.1	31.1
第三期	13.8	10.2	33.2	28.2
第四期	12.6	9.7	36.2	30.5
第五期	12.7	10.5	33.8	26.6
平均	13.64	10.14	34.52	29.14

表 8　把烟评级实训错误率情况

项目	产区特征混淆错误率(%)		试卷错误率(%)	
	培训前	培训后	培训前	培训后
第一期	10.9	6.7	31.0	26.0
第二期	10.9	7.1	29.3	24.3
第三期	9.4	5.7	30.2	25.2
第四期	11.3	7.3	31.4	26.4
第五期	9.7	6.5	28.9	23.9
平均	10.44	6.66	30.16	25.16

由表 7 和表 8 可知，经过培训，学员的烟叶评级技能得到了提升，在单片烟、把烟实训中，产区特征混淆所致等级误判都有所降低，平均分别降低 3.5 个百分点和 3.78 个百分点，而且单片烟、把烟评级准确率均得到了提升，平均分别提升 5.38 个百分点和 5.0 个百分点，培训效果显著。

事实证明，结合学员实际，通过理论讲解与评级实训相结合的方式，有针对性地进行系统培训，是准确识别烤烟产区特征的有效方式。这种由抽象文字轮廓到具体烤烟实物的逐步深入研究理解，由简单的单一产区烤烟到复杂的五大产区混合的进阶实训，对于提升培训中烟叶评级准确率是有效的，而且不局限于赛前培训班，评级技能提升等培训班同样适用。

参考文献

[1]中华人民共和国国家质量监督检验检疫总局，中国国家标准化管理委员会. 烤烟[S]. 北京：中国标准出版社，1992.

[2]王信民，李锐，魏春阳，等. 烤烟外观区域特征感官评价指标的筛选[J]. 烟草科技，2011，(3)：59-68.

[3]过伟民，蔡宪杰，王信民，等. 烤烟中部烟叶外观区域特征分布及其与外观品质与物理特性的关系[J]. 烟草科技，2016(12)：21-27.

[4]杨祝军. 不同产区烤烟外观特征及分级中常见问题分析[A]. 广西烟草学会 2011 年学术论文集[C]，2011.

以目标效果为导向的“匠人孵化基地”人才培养模式的构建与实施

赵坤，罗志强，赵晓孟，张泽坤，曹凯，苗强

（山东中烟工业有限责任公司青岛卷烟厂，山东青岛，266101）

［摘要］青岛卷烟厂为适应烟草行业高质量发展需要，针对目前公司内部亟须高端维修后备人才的现实需要、公司内部大量高学历人才亟须成长的迫切需求，构建起一种依托匠人孵化基地的维修后备人才培养模式。就电气、机械两个匠人孵化基地对培训需求分析、培训策划、培训实施、效果评价等各环节业务流程进行优化，健全教育培训管理的组织机构和制度，完善培训配套措施，建立培训师资库和教材库，形成以目标为导向、培训需求分析为前提、培训计划管理为主线、培训过程管控为抓手、培训效果评价为核心、师资教材配套为保障的企业人才培训体系，提升青年员工的素质，实现教育培训的综合目标。

［关键词］人才培养模式；匠人孵化基地；提升员工素质；实现教育培训的综合目标

1 以目标效果为导向的“匠人孵化基地”人才培养模式构建与实施的背景

1.1 落实国家“大国工匠”匠人培养政策的具体体现

党的十八大以来，党中央、国务院围绕实施科教兴国、人才强国、创新驱动发展战略，把加强技能人才队伍建设作为一项战略任务，相继出台了一系列政策措施，在弘扬工匠精神、培育大国工匠方面取得了良好的社会效果。但在新形势、新要求、新制造下，需要我们培育更多的“大国工匠”。在中国制造日益走向世界的今天，需要更多的高技能人才，也需要为人才营造更好的环境。

1.2 培养企业高端维修后备人才的现实需要

青岛卷烟厂动力部门设备众多，管线复杂，需要一支高水平的维修队伍保证现场设备的正常运转。现场设备分为 6 个大系统、24 个子系统、26 个站房网格，管理现场设备应具备相关的专业知识，涉及的专业有机械、电气、暖通、给排水、计算机、计量等。

2 以目标效果为导向的“匠人孵化基地”人才培养模式构建与实施的内涵和主要做法

青岛卷烟厂为适应烟草行业高质量发展需要，针对目前公司内部亟须高端维修后备人才的现实需要、公司内部大量高学历人才亟须成长的迫切需求，构建起一种依托匠人孵化基地的维修后备人才培养模式。就电气、机械两个匠人孵化基地对培训需求分析、培训策划、培训实施、效果评价等各环节业务流程进行优化，健全教育培训管理的组织机构和制度，完善培训配套措施，建立培训师资库和教材库，形成以目标为导向、培训需求分析为前提、培训计划管理为主线、培训过程管控为抓手、培训效果评价为核心、师资教材配套为保障的企业人才培训体系，提升青年员工的素质，实现教育培训的综合目标。

以目标效果为导向的“匠人孵化基地”人才培养模式构建与实施的流程图如图 1 所示，主要做法如下：

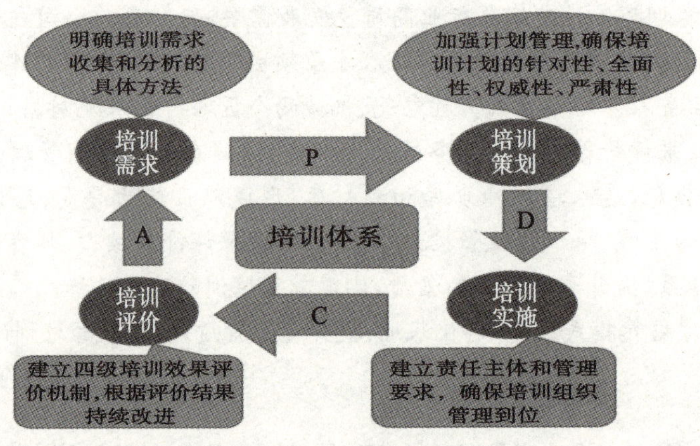

图 1 流程图

2.1 坚持创新驱动和问题导向，明确体系建设的指导思想和总体目标

紧密结合烟草工业企业改革和发展的实际需求，坚持统筹规划、分级管理、分类实施、注重创新、务求实效、服务企业的原则，突出目标导向和效果评价这两个关键环节，着眼于企业核心需求和中心工作，充分考虑员工自我发展的需要，突出解决企业应该培训什么和如何确保培训效果这两个难题，针对目前维修作业人员存在年龄断层问题，综合运用一系列先进的工具和方法，构建分工明确、协调配合、运转高效、动态管理的闭环式培训体系，全面提升员工队伍素质，为推动企业平稳发展提供组织和人才保障。

2.2 健全组织和制度保障体系，确保培训体系流畅运行

2.2.1 健全组织

为保证培训体系的平稳落地和流畅运行，青岛卷烟厂依托匠人孵化基地，人才培养模式的构建与实施工作实行先在设备动力处试点进行。在厂领导的领导下，由劳资培训处、设备动力处分工负责，匠人孵化基地负责整体的管控体制。劳资培训处负责审批匠人孵化基地

年度培训计划和中长期培训规划，负责落实山东中烟工业有限责任公司各项教育培训任务。设备动力处负责本部门教育培训工作的部署、组织、管理，负责本部门培训的组织和具体实施。青岛卷烟厂匠人孵化基地教育培训工作由一名领导班子成员分管，在劳资培训处配备一名专职教育培训管理人员。设备动力处处长负责主抓匠人孵化基地的日常管理活动，部门配备一名负责教育培训的工作人员，部门配备一名教育培训工作的工作联络员。

2.2.2 固化标准

对培训各环节确定的工作流程、工作标准和管理要求以标准的形式进行固定，建立《员工培训管理规范》《培训师管理规范》《培训教材管理规范》等规范性标准，为教育培训工作的开展提供制度保障。

2.3 聚焦培训需求，系统确定培训目标

培训需求分析是确定培训目标和制定实施培训计划的前提，同时也是效果评价的依据。针对匠人孵化基地，按机械、电气两个专业制定一系列科学有效的培训需求收集方法和培训需求分析工具，确保培训需求既能适应公司人才成长路线，又能结合本部门员工培养方针目标，既能保证维修后备力量的培养，又能满足各层次员工个人成长的需要。为保证匠人孵化基地制定的相关培训具有针对性，设备动力处确定了收集需求、分析需求、确定目标三步走的培训需求分析法。

2.3.1 培训需求收集

为保证匠人孵化基地培训需求分析的系统性和前瞻性，在培训需求分析上，将厂级年度员工培训任务、部门员工成长跑道、员工素质能力短板、员工职业生涯规划、员工绩效考核情况等内容全面纳入培训需求收集范围(见图2)。

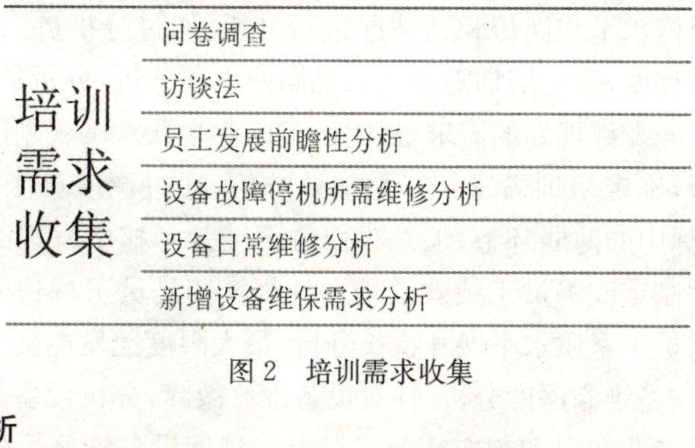

培训需求收集	问卷调查
	访谈法
	员工发展前瞻性分析
	设备故障停机所需维修分析
	设备日常维修分析
	新增设备维保需求分析

图2 培训需求收集

2.3.2 培训需求分析

为确保需求分析的科学性和有效性，形成了组织分析、人员分析、设备分析的三级培训需求分析法(见图3)。

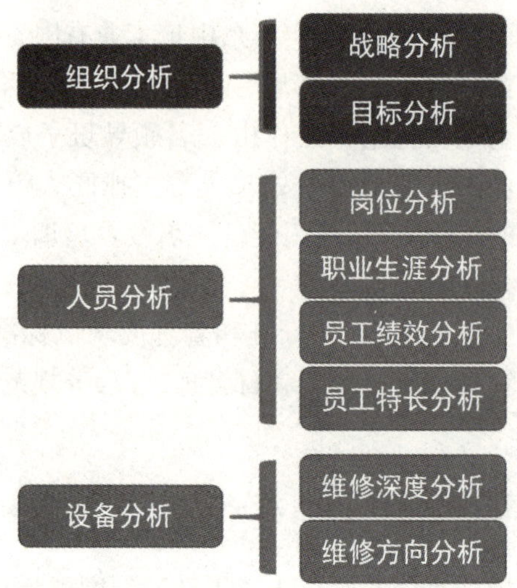

图 3 培训需求分析

(1)组织分析。一是战略分析,结合青岛卷烟厂面临的机遇和挑战、人才战略、战略规划以及卷烟设备维修,针对设备动力处亟须培养后备维修人才的现状,形成满足设备维修需要、加快员工成长、服务于企业人才战略的培训需求。二是目标分析,对厂级维修人员培养目标进行分析,重点是对厂部提出的“保姆式维修”目标进行分析,着重对目前维修提升性方面和上一年度未达成的维修培养目标进行分析,从维修水平和人员素质两个维度入手,找出差距,形成培训需求。

(2)人员分析。一是岗位分析,分析目前维修人员所在岗位,通过岗位评价、个人年度自评的方式等,针对机械维修和电气维修,选出重点机型、重点岗位进行分析,根据岗位工作标准有关要求对员工维修水平和岗位相适情况进行分析,通过分析员工现有素质能力水平与岗位任职要求的匹配程度,确定培训需求。二是职业生涯分析,分析员工现有素质能力水平能否满足员工职业生涯发展规划的需求,根据员工职业生涯发展规划的最高要求,梳理目前员工素质能力的短板,确定培训需求。三是绩效分析,通过调取员工上一年度绩效考核情况,梳理员工考核指标中的薄弱环节,汇总维修方面绩效考核中发现的共性和普遍问题,针对维修技能有目的地制定改善员工绩效的培训计划。四是员工特长分析,结合员工所学专业,针对维修方面,对员工素质水平展开特长分析,最大限度地发挥员工的特长优势。

(3)设备分析。一是维修深度分析,针对设备维修故障,分析设备维修所需要的深度,梳理设备维修所需要的专业知识和相应技能。对上一年度设备维修故障报告进行分析,对关键维修进行分析,针对维修深度制定相应的培训需求。二是维修方向分析,梳理现有设备维保要求、新增设备维保要求和行业内先进设备对维修技能提出的更高要求,制定适应设备维修的相应培训,发挥匠人孵化基地的最大作用。

2.3.3 培训目标明确

成立由部门领导、内训师和管理业务骨干组成的培训需求评审委员会,召开年度培训需求评审会。部门领导根据需求调研情况,在汇总整理组织、人员、设备三个层面培训需求的基础上,进行综合分析,形成年度培训需求分析报告,提交厂部劳资培训部门进行研究,确定年度匠人孵化基地培训需求分析报告，确定年度重点培训任务，明确培训目标。同时，对重点培训任务进行分解，明确培训内容、培训对象、培训时数和培训目标，生成匠人孵化基地年度培训计划。

2.4 加强计划管理，科学制订培训计划

培训策划是保证培训科学实施的抓手，加强计划管理，确保培训计划的针对性、全面性、权威性、严肃性。

2.4.1 突出目标导向，确保培训计划的针对性

要求匠人孵化基地所有培训项目实施前，必须细化确定培训目标，培训结束后，围绕培训目标进行培训效果评价。

2.4.2 分级分类、全员覆盖，确保培训计划的全面性

按照机械、电气分开的原则，将维修人员分为两大类，按照维修技能的掌握程度，将维修人员分为三级。

2.4.3 印发正式文件，确保培训计划的权威性

匠人孵化基地年度培训计划作为维修力量年度教育培训工作的纲领性文件，需要部门领导审核后印发红头正式文件，不得随意增删调整培训项目，保证培训计划的权威性。

2.4.4 加强计划执行管理，确保培训计划的严肃性

科学编制年度培训计划，结合厂部年度生产安排，科学制定“内训”和“高技能人才培训”年度计划，充分利用停产期间，开展“请进来”和“内训师”培训，确保生产、培训两不误、两促进。对纳入匠人孵化基地的培训项目执行情况进行监督考核，每月对匠人孵化基地培训计划执行情况进行调度，每半年对培训计划执行情况进行通报。同时，将培训计划情况纳入月度绩效考核进行奖惩兑现。

2.5 注重过程控制，精准管控培训过程

培训实施保证培训策划落地，培训实施明确责任主体和管理要求，确保培训组织管理到位。

2.5.1 严肃培训纪律，针对问题，探索专业培训模式

建立培训签到和请销假制度，严格进行培训考勤。按照企业构建“保姆式”主责维保模式要求，设备动力处匠人孵化基地树立“打破班组边界、打破专业边界”的思路，合理配置人力资源和专业分工，建设操维一体、计控一体、机电一体的专业化高效协同团队。在维保模式创新过程中，匠人孵化基地针对员工技能与岗位不匹配问题，设备动力处以“一人一机一专家”为专业技能培训目标，实施系统性专业培训，确保设备维保模式创新效果，进一步提升人员技能水平和工作积极性。

2.5.2 加强培训保障，针对目标，探索多元内训模式

一是根据培训的规模、内容、形式和培训对象，合理选择培训地点和授课讲师，提前一星期下发培训通知。同时，布置教室，准备并调试投影、计算机、黑板等培训设备。

二是以教学相长为目标，广泛开展内训师培训。匠人孵化基地运用部门精益道场、班组特训营、岗位小微讲坛等多种形式，开展部门内部点餐式、开放式培训，使每名青年员工有各

自专长的技术领域。内训师培训不断推进教学相长，全年有 3 名员工被聘为公司级安全培训讲师。

三是以精准培训为目标，匠人孵化基地创新“诊断式”培训模式。

四是以发挥高技能人才作用为目标，匠人孵化基地建立部门内六个技术协会。由各专业的技术带头人担任会长，覆盖动力六大系统。

2.5.3 **引进竞合机制，探索赋能培训模式**

匠人孵化基地加强青年员工实战培训，引入赛马机制，开展多样化的岗位技能竞赛，以赛代训，不断为员工岗位成才赋能。

一是匠人孵化基地相关成员积极参与公司技术比武和厂内擂台赛。以赛代练、赛马相马，通过技能竞赛选拔成绩优良、能力突出的员工，安排外出参加各类培训，系统全面地学习专业知识。

二是开展多种形式的“匠人”维修岗位竞赛。建立岗位知识库，组织岗位精准培训，并通过信息化平台，开展岗位每日考试活动。

2.6 健全培训效果评价机制

培训评价方面，建立培训效果评价机制，根据评价结果持续改进。培训效果评价是整个培训过程的最后一个环节，但培训活动却不止于这一环节，开展培训效果评价既是为了检验培训目标是否达成，同时也是为了为培训其他环节持续改进提供依据。不仅要对培训对象进行评价，还要对培训讲师、培训课程、匠人孵化基地组织情况进行评价，确保评价的全面性。

对于培训对象，建立三级评价指标，即知识层、精神层和绩效层三层评价机制（见图 4）。

图 4　三层评价机制

一是知识层评价，主要通过闭卷考试、口头测试、实操模拟测试等方式评价学员对所培训知识技能的掌握程度。

二是精神层评价，主要通过上级领导、分管领导、同岗位人员、自查自评等方式，评价学员在工作中的态度及行为方式的改变程度。

三是绩效层评价，主要通过对比前后一定周期内具体绩效提升情况的方式，评价学员工作绩效的改善程度。

对于培训讲师、培训课程和匠人孵化基地组织情况，采用积分制的方式，完善内训评价激励机制。一是培训开始前，组织专业人员（技术协会等）对培训课件、配套试卷进行评价并计分。二是在培训过程中，通过音像资料（参训人数、培训时长、过程效果）评价培训质量并计分。三是培训结束后，培训管理部门组织考试验证培训效果并计分。根据授课人积分分值，实施季度培训费奖励、年度内训师评级奖励，并将授课积分作为技师、高级技师和专业技术等人员评聘依据等，进一步激发内训人员积极性，提升内训质量。

2.7 跟进配套保障措施，加强培训资源管理

完善的配套保障措施和丰富的培训资源是以目标为导向的匠人孵化基地人才培养模式的重要支撑。在以往人才培养的基础上，进行了资源的优化和整合，形成了以师资库建设和教材库建设为抓手的配套保障机制。

2.7.1 加强师资库建设

企业的人才培养不同于高校传统的教育模式，培训应以目标为导向、以解决实际问题为需求。因此，依托匠人孵化基地建立了多层次、有针对性的师资库。师资库第一层级为具有一定经验的维修工和操作工，也是匠人孵化基地的培养对象之一。员工之间相互熟悉，各有所长，通过“P2P”点餐式培训的方式互相学习，在底层形成良好的学习氛围和沟通环境。师资库第二层级为有多年维修经验的首席员工、维修主管，带领员工熟悉现场问题，传授基本维修方法。师资库第三层级为技师工作站入站导师，主要由工程师、技师和高级技师等组成，帮助员工建立系统的学习框架，由浅入深，将实际与理论紧密联系起来，同时通过参与导师的科技创新项目，提高学习和改善能力。师资库第四层级为外请的高校老师和设备厂家的技术人员，帮助有一定基础的员工进一步提升理论高度，学习设备的专业知识，为解决实际工作中的问题打好理论基础。

2.7.2 加强教材库建设

匠人孵化基地整合现有技术资料，同时依托丰富的网络资源，建立多种形式、多种专业、多种技能的教材库。教材库涵盖了一点课（OPL）、OPS、操作规程、国家行业标准、高校教材、网络视频、在线试题等多种形式，涉及机械、电气、安全、暖通空调、热工、计算机、实用软件等多种专业，包括操作、维修、润滑、计量检定、特种作业等多种技能，各类资料多位一体、有机整合、内容丰富。同时，匠人孵化基地对内训师和学员日常培训、学习的资料进行定期评选，选取优秀课件资源进行归档，并编写成纸质教材，方便重复使用。

参考文献

[1]沈晓帆，张展赫，等.航空维修技术人才培养模式探索与研究[J].中国管理信息化，2019(13)：1673-1680.

[2]尚林燕．浅谈汽车维修企业人才现状与人才培养[J].南方农机，2018(21)：1672-3872.

[3]贾洪成，刘增勇，刘亚东，等．信息化条件下装备维修改革人才建设研究[J].中国管理信息化，2018(19)：673-680.

车间青年职工安全培训教育模式的构建与探讨

李浩杰

（山东中烟工业有限责任公司青州卷烟厂能源动力处，山东潍坊，262500）

[摘要] 近几年，青州卷烟厂不断引进大学毕业生等高学历人才，车间青年职工队伍不断壮大。由于职工结构快速变化带来的“421”现状问题，使得青年职工安全成为车间生产运行中“最大的安全隐患”。为了做好青年职工的安全教育培训及安全意识提升，本文结合目前青年职工安全培训教育的现状，通过建立一种适用于青年职工安全培训的教育模式，来加强青年职工安全培训工作，这不仅有利于快速提升青年职工能力、提高安全生产技能、强化安全生产意识，而且对于加强企业安全生产管理、预防安全事故发生，都具有十分重要的意义。

[关键词]职工结构；青年职工安全；安全教育培训；安全生产技能；安全生产

1 背景及现状分析

动力车间是青州卷烟厂生产运行的重要基础部门，承担着能源供应、生产环境温湿度控制、设备运行维护、内部职工安全稳定等工作，核心任务是保障生产、节能降耗、安全稳定。

车间责任区域大、站室分布广、设备种类多，站室分布在厂区各个位置，其设备与作业种类也呈现出“四个多”现象，即：

(1)空调箱、除尘器、高空管道、高空电气线路等涉及空处作业的设备设施较多，操作、巡检、维修难度较大。

(2)变压器、高压配电盘等高压电气设备较多，操作人员均需要取得相关资格证，安全操作和运行管理要求较高。

(3)储气罐、分汽包等压力容器设备较多，操作人员均需要取得特种作业资格证，运行管理难度较高。

(4)地下水池、空调箱等涉及有限空间作业区域较多，操作、巡检、维保易造成人员伤害。

另外，各站室、各设备又同时存在“四个不同”的问题，即：每个站室、每种动力设备的危险源不同；每个站室、每种动力设备的安全操作方法不同；每个站室、每种动力设备要求员工掌握的岗位安全知识不同;每个站室、每种动力设备的安全管理措施不同。这些因素都是车间安全管理工作中亟须关注的问题。

动力车间在设备安全方面不断强化安全管理,但现阶段存在因职工结构快速变化带来的"421"现状问题。

1.1 4个不平衡

近几年,车间内退人员数量较多,未来两年内内退人员数量激增。同时,我厂有一段时间没有招聘新职工,自近几年开始引进大学生以来,车间青年职工人数剧增,达到了车间总人数的半数左右。由于车间运行需求,青年职工被迅速补到各个岗位,造成"新老职工交替不平衡、职工知识结构不平衡、职工工作经验不平衡、职工安全素质不平衡"的4个不平衡现象,优秀操作人才的延续断档严重。

1.2 2个有待促进

由于老职工的知识结构较低,对新的安全管理理念和技能不熟悉,安全生产意识有待促进。另外,受知识层次和总结表达方式的限制,老职工将安全操作经验传授给青年职工也有待促进。

1.3 1个隐患

青年职工工作热情高、干劲足,但存在"初生牛犊不怕虎"的思想,工作过程缺乏细心和耐心,岗位安全生产意识、自我防护意识、应急处置技能等非常薄弱,易发生安全事故,成为了车间生产运行中"最大的安全隐患"。

这些问题都严重制约了车间职工队伍的安全文明工作建设,也在一定程度上影响了车间设备的安全操作和广大职工的人身安全,极大地增加了车间安全管理工作的难度。为此,车间一直以来对于广大青年职工的安全培训工作非常重视,从未敢有丝毫松懈[1~4]。然而,传统的课堂讲安全这种培训模式带来的收效不大,已经不能够满足青年职工对安全教育模式的需求。

我们利用柯氏(Kirkpatrick)培训四级评估模型(见表1),对随机抽取的20名青年职工进行培训效果分析,结果表明:现有的培训模式由于形式和内容单一枯燥,使得学员对培训内容热情不足,对培训过程反应迟钝,学到的知识有限,运用到工作中的知识就更少了,技能水平提升不明显。这些无疑暴露出现有培训模式的不足及缺陷。因此,建立一种适用于青年职工安全培训教育的新模式[5~8],以满足当前安全培训的教育需求显得尤为重要。这不仅有利于快速提升青年职工能力、提高安全生产技能、强化安全生产意识,而且对于加强企业安全生产管理、预防安全事故发生都具有十分重要的意义。

表 1　柯氏(Kirkpatrick)培训四级评估模型

评估级别	主要内容	可涉及问题	衡量方法
一级评估：反应层面评估	评估被培训者的满意程度	1. 对讲师培训技巧的反应 2. 对课程内容设计的反应 3. 对教材挑选及内容、质量的反应 4. 对课程组织的反应 5. 是否在将来的工作中，能够用到所培训的知识和技能	问卷、评估调查表
二级评估：学习层评估	测定被培训者的学习获得程度	1. 学员在培训中学到了什么 2. 培训前后，受训者知识及技能有多大程度提高	评估调查表、笔试
三级评估：行为层评估	衡量培训前后的工作表现	1. 学员在学习的基础上有没有改变行为 2. 学员在工作中是否用到培训中的知识	由上级、同事进行绩效考核、测试和观察
四级评估：成果层评估	计算培训创出的经济效益	行为的改变对组织的影响是不是积极的	考察事故率

2　安全培训模式的建立

传统的安全培训教育由于受资源限制，使得培训模式单一、内容枯燥、学员动力不足，已经远远不能满足广大青年职工日益增长的对安全培训教育的需求。为此，车间结合目前青年职工安全培训教育的现状，提出建立了一种适用于车间青年职工的安全培训教育模式，主要从青年职工能力、安全管理需求以及培训形式和流程等方面进行了探讨，涵盖了青年职工从入职到成长的整个时间阶段。

2.1　多措并举，丰富青年职工安全培训形式

随着青年员工不断地充实到车间中来，他们已经成为了车间职工队伍的主力。青年职工们饱含着学生的热情，学技术、钻业务，给车间带来了年轻人活力。然而在安全生产过程中，青年员工也是最薄弱的一个环节，胆大、鲁莽、缺乏安全意识，是青年员工群体中普遍存在的问题。

动力车间根据青年员工特点，采取措施完善安全教育形式[9,10]：

(1)开展集中培训。车间对新进员工如何能熟悉车间生产运行概况、如何能掌握动力设备基础知识、如何能提高安全生产意识、如何能快速融入岗位工作、如何能摆正心态正视职业成长等问题进行充分思考。经反复讨论研究，制定了综合安全知识培训方案，大学生到车间后，首先开展集中培训。车间结合实际制订详细的培训计划，安排车间领导、设备员、管理骨干等人员授课，整体讲解动力系统运行、能源供应、安全生产等知识，灌输“责任重大、安全第一”理念。

(2)以教促学。安排往届青年职工将自身掌握的安全操作、维修保养、问题处理等工作心得总结为课件,开展轮流授课,达到以教促学、以学促教的效果。

2.2 充分发挥班组安全主阵地作用,完善并丰富班组安全培训活动

车间集中培训后,青年职工分配补充到各个班组中,班组作为生产的第一线,是培训员工最好的阵地。车间往年发生的伤害事件,直接原因往往就是在班组生产过程中违章作业、思想麻痹、纪律松弛以及隐患未及时发现消除等。因此,安全管理工作的重心在生产班组,开展班组安全活动则是安全管理的重要内容,是保证安全生产的重要措施,是提高员工安全素质的重要手段。过去,班组培训以安全培训为主,形式、内容较为单一,为充分利用班前会、班后会及班组自主培训的组织灵活、协调便捷、职工集中特点,车间将设备技术、安全法规、规章制度、应急处置、6S 现场、管理体系以及政治业务等知识一起融入班组培训中,确保职工学业务的同时必学安全和政治理论知识,班会部署工作的同时必谈安全和思想稳定,可以达到较好的培训效果。

2.3 开展青年职工轮岗学习

青年职工进入班组后,安排其在空调、除尘、空压、制冷等多个重点岗位轮岗学习。在每个岗位的学习过程中,老职工充分发挥"传帮带"作用,将自身掌握的操作经验、工作心得、安全防控技能等传授给青年职工。轮岗结束后,车间开展理论、实操考试和座谈会,验证岗位学习情况。通过轮岗,青年员工掌握了各个岗位、各个动力设备的安全操作技能。

2.4 做好青年职工岗位安全达标

为落实安全培训效果,做好青年职工岗位安全达标工作意义重大。车间在岗位手册编写策划过程中,组织老员工带领青年员工充分调研岗位安全运行实际,遵循实用为主和易学易懂原则,突出安全知识普及和安全技能应用,便于职工学习掌握,青年职工亲自编写岗位手册(见图 1)。

图 1 岗位安全生产标准化手册

在岗位安全达标评审过程中,车间组织评审组,对近几年新进青年职工的设备操作、巡检维保、问题处理、应急处置和自我防护等重点知识的掌握情况逐人进行了评价,切实提升了青年职工的安全生产意识。

2.5 全面提升青年职工应急处置能力

在车间生产运行过程中,如何减少事故的发生,把事故消灭在发生之前,是车间一直在思考研究的问题。各类事故发生的过程证明,各种人为或非人为因素造成的事故,如果当事者能够抓住有利时机,机智应变,正确处理,都能够最大限度地减少事故造成的损失,甚至能杜绝事故的发生。这就体现了提升职工应急处置能力的重要性。

车间认真总结以往应急预案培训、应急演练的经验,并进行了创新。一是强化应急演练

实战效果。在演练中采取了不打招呼、不定时间、随机设定事故场景的方式，在某个位置点设置模拟事故，现场人员完成信息上报，接警人员完成人员组织、现场处置等应急流程的实战演练，部门安排评审人员全程进行监督记录，演练结束后组织全体参演人员对演练过程中存在的问题进行分析交流，并对处置方案的实用性、可操作性提出改进建议。二是创新应急演练形式。车间组织人员根据安全生产法律法规、应急预案管理、车间处置方案以及应急处置常识等，编制应急管理知识题库，并下发全体员工进行学习，编制试卷进行考试。组织青年职工进行口述式演练竞赛，结合所在岗位应急管理工作以及岗位实际，采用面试答辩的形式，对火灾、触电、高处坠落等事故发生后的应急处置措施进行问答，组成评委进行评分。

2.6 以后备维修人才培养为平台，提升青年职工安全维修技能

维修工岗位，需要熟悉各类动力设备的运行原理，需要熟练使用各种维修工具，需要进行高空、临时用电、动火等危险作业，需要具备较强的综合知识和安全技能，属于危险性较高的岗位。目前，车间维修人员断档严重，而青年职工又缺乏维修岗位学习、工作经验，如果直接安排青年职工担任维修工，存在较大安全隐患。

车间编制后备维修人才培养方案，并以此为平台提升青年职工安全维修持能。一是集中培养与岗位分散培养同步。集中培养与岗位分散培养同步进行，跟随老维修工学设备安全维修保养、安全作业知识。二是全面参与。生产实践中突发的设备问题、有计划的维修保养都是教材，组织车间大学生以此为机会参与其中，生产过程中的维修、保养、润滑项目均有大学生参与，实现边干边学。三是学精学细。既通过系统学习详细把握动力设备结构、原理，还要通过“解剖麻雀”的方法，以维修作业使用的最小零部件如螺丝、轴承等设计教学项目，做到系统学习与解剖麻雀相结合，达到精细安全维修的效果。四是持续练习。日常没有维修任务时，准备各类备件、原材料，组织青年职工不断练习切削、打磨、钻孔、焊接、拆装等基础技能，达到“常练熟生巧、常学记于心”的效果。五是动态管理。通过考核激励机制，实现奖优罚劣、优胜劣汰，开发青年职工潜能，激励青年职工工作、学习积极性。对于培训成绩显著、达到维修工要求的青年职工进行维修岗位转岗；对于未达到要求的，继续培养。

2.7 鼓励青年职工利用技术创新手段，保障个人操作安全

鼓励青年员工利用技术创新手段研制多种维修工具，利用工具来辅助维修，降低劳动强度，保障个人操作安全[11]。

如空调箱内部电机拆装工具：防止狭窄空间内更换大型电机造成挤伤、撞击、砸伤、搬抬重物劳损等。

小尺寸电机轴承快速拆装工具：普通轴承拆装工具无法使用，防止人工敲击造成的砸伤、甩出等机械伤害。

加湿器密封垫拆装工具(见图 2)：防止人工拆装密封垫造成割伤、挤伤等。

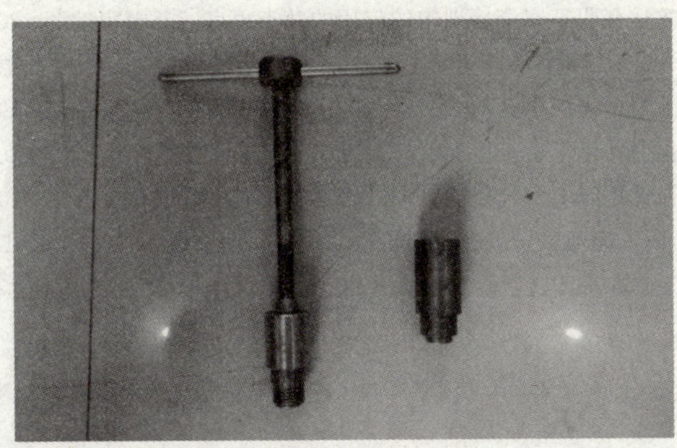

图 2　加湿器密封垫拆装工具

污水过滤器拆装工具：防止人工抬起过滤器盖板造成的挤伤、砸伤、搬抬重物劳损等。各类工具可确保维修时机出现时，能够快速高效地完成维修任务，确保维修人员安全。这些维修工具都是青年职工根据维修中的困难自主构想、制作的，这些小工具不仅大大提高了维修效率，最重要的是保障了维修人员的人身安全问题。

我们随机抽取 20 名接受过新安全培训模式的青年职工，利用柯氏(Kirkpatrick)培训四级评估模型对其培训结果作出评价分析。经分析发现，这种新培训模式能够更好地调动学员积极性，提升学员学习获得感，能够快速提升学员的技能和知识水平，提高其运用所学知识的使用能力，为其今后的工作奠定了一个良好的基础。

3　结论

动力车间青年职工安全培训教育模式的建立，使得青年职工安全生产意识、自我防护意识、遵章守纪意识及应急处置技能等得到了有效提升，消除了职工结构不平衡造成的各类问题，确保了部门安全生产稳定。

新的安全培训教育模式的建立，不仅快速提高了青年职工的业务操作水平，使得动力设备运行更加安全、高效，减少了设备运行异常隐患，还有效预防和杜绝了各类设备安全事故的发生。

另外，车间青年职工安全培训教育模式的建立，使车间安全培训管理更加细致、完善，安全培训工作有章可循、有法可依，生产运行更加安全稳定，职工行为更加标准规范。

通过建立与践行车间青年职工安全培训教育模式，车间安全管理水平不断提升，也有力地确保了安全生产事故为零。

参考文献

[1]张士田. 浅析提高企业安全培训实效性的途径[J]. 中小企业管理与科技，2018(10)：130-131.

[2]张华. 提高企业安全培训实效性的路径探析[J]. 现代国企研究，2016(22)：78.

[3]张士田. 浅析提高企业安全培训实效性的途径[J]. 中小企业管理与科技，2018(10)：130-131.

[4]丁志云. 油田企业职工安全培训的开展及优化思路论述[J]. 科技创新导报，2018(21)：184-186.

[5]赵建文.对案例教学在职工安全培训中的应用的几点思考[J].中职教育，2019(11)：107.

[6]孟晶，张华.调动职工培训课堂参与积极性提升安全培训效果[J].人才资源开发，2019(4)：75-76.

[7]赵建文.关于职工安全培训中互动式教学法的应用探析[J].交流平台，2019(2)：120-121.

[8]张延飞.兰州石化公司青年员工培训管理研[D].西安:西安理工大学，2007.

[9]赵杏喜.关于加强青年职工安全技能培训的思考[J].人民铁道政文专刊，2013(2):31-33.

[10]袁锦峰.加强新职工岗前教育的方法与价值研究[J].理论观察，2016，4(118)：108-109.

[11]任开福，姚云，叶鹏.谈以创新为导向的发电企业青年职工技能提升途径[J].人才培养，2012(36)：41-42.

烟草干馏及干馏香料的应用研究

柳秋林，乔冶，聂守杰，何宁，吕文昌，李学刚，安芦芦

[颐中(青岛)实业有限公司品质控制部，山东青岛，266021]

[摘要] 采用正交试验法研究烟草干馏最优工艺条件，并开展干馏香料在新型烟草中的应用研究，结果表明：在试验范围内，干馏温度 150 ℃、升温速率 5 ℃/min、干馏时间 1 h、吹扫气为空气、不采用溶剂吸收、将干馏物溶于两倍原料质量的丙二醇中使用时，干馏香料评价最好；干馏香料在电子烟烟液中最优添加量为 3%～5%，此时烟草特征风格突出，烟香浓郁、饱满，具有更接近传统卷烟的抽吸感和满足感；该方法为干馏香料和新型烟草制品的发展指明了方向。

[关键词] 烟草；干馏；香料；新型烟草；正交试验

新型烟草制品与传统卷烟在抽吸时，由于温度和机理的不同，新型烟草制品产生的有害成分远远小于传统卷烟[1]。目前，在国际控烟的大环境下，大力发展新型烟草制品是烟草领域的发展方向，但新型烟草制品在抽吸口味上与传统卷烟存在较大差异，成为制约新型烟草制品快速发展的瓶颈，因此亟须寻找弥补新型烟草制品香气成分的物质，以改善提高新型烟草制品抽吸质量[2～4]。

目前，国内外都在积极探索采用不同的提取分离技术从烟草中获取适用于新型烟草制品的致香物质，主要有溶剂提取法、超临界萃取法、分子蒸馏法等[5～8]。干馏法是指隔绝空气加热，干馏过程中不生成有害物质，且操作控制方便，产品得率高、质量好[9～11]，通常用于油页岩、生物质、煤等制备可燃气，在烟草行业应用的报道相对较少。用干馏法制得的香料称为“干馏香料”，因具有木烟样的焦熏香气。又被称为“烟熏液”或“烟熏香味料”[12]。常规的干馏工艺是将原材料在隔绝氧气的条件下将其加热至热解所需温度，称为“无氧干馏过程”。本文在原有无氧的条件下，提出引入空气为载气的工艺，对比评价所得干馏香料在新型烟草制品中的应用效果，确定最佳的干馏工艺，为烟草干馏香料提供了新的研究方向。

1 材料与方法

1.1 原料

根据感官质量评价，初步选取了云南原料(C3F-2014、C3F-2013、B-C2F-2013)及津巴布

韦原料(LLBL/S-2014、L1L/C-2015)5种烟叶原料。由于烟叶产品质量受地区气候影响较大,如采用单一品种烟叶作为原材料,则可能导致产品质量的稳定性较差。为保证原材料产品质量的稳定性,对初步筛选的5种烟叶原料按照1∶1∶1∶1∶1的配方进行组合,切丝备用。

1.2 试验设备

该试验设备(见图1)为自主设计,其中干馏管可以进行旋转,干馏管的原料加热区内壁上镶有刮板,可以保证原材料受热均匀,避免与干馏管接触部分温度较高,而远离干馏管的部分温度较低,收集瓶中的收集液为丙二醇或甘油,收集瓶放于−5 ℃的低温槽中。使用时将原材料添加到干馏管内,干馏管旋转加热,同时通入吹扫气,将干馏物扫出,在出口进行冷凝、捕集,得到烟草干馏物。

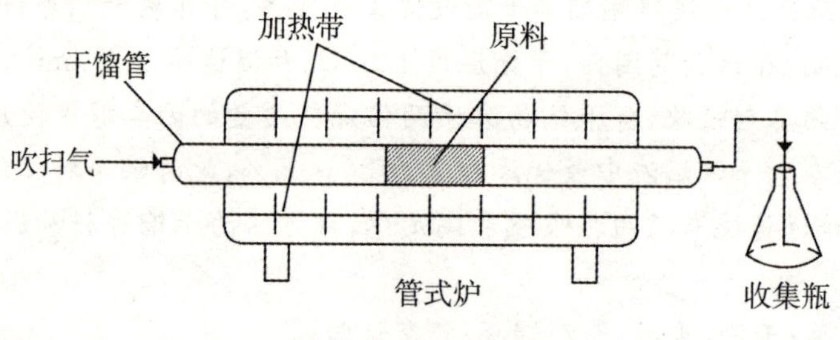

图1 烟草干馏设备

1.3 评价工具及方法

感官评价工具为颐中920 mm仿真型电子烟烟具(见图2),感官评价以烟草香型电子烟烟液评价8分为基础,分别加入5%(质量比)烟草提取物,对混合后的电子烟烟液进行评价。

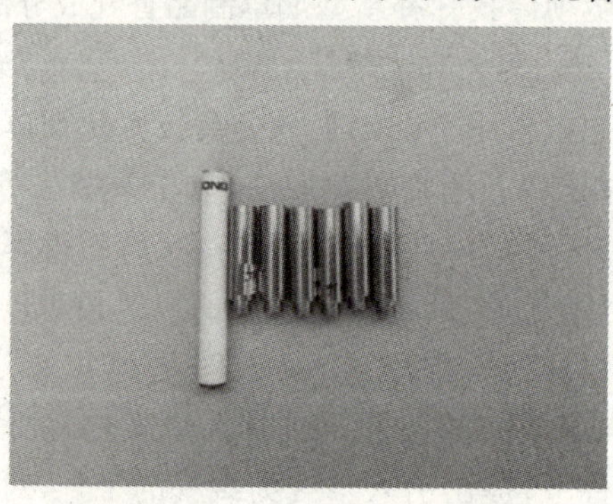

图2 920 mm仿真型电子烟烟具

1.4 烟草干馏法工艺研究方法

影响干馏产品感官评价质量的主要因素包括干馏温度、升温速率、干馏时间、吹扫气、吸收溶剂和原料与吸收溶剂质量比(物液比)[13,14]。根据初步试验,确定因素大致范围:干馏温度为100 ℃～200 ℃,升温速率为5～15 ℃/min,干馏时间为1～2 h,吹扫气可选用空气或氮气,吸收溶剂可选用丙二醇、甘油或不用溶剂吸收,物液比为1∶(1～1.5)∶3,原料质量为

50 g。因为影响因素较多,采用正交试验法进行研究,据此选取干馏温度(A)、升温速率(B)、干馏时间(C)、吹扫气(D)、吸收溶剂(E)和物液比(F)6 个因素。各因素选取 3 个水平,如表 1 所示。

表 1 烟草干馏法正交实验因素水平表

水平	干馏温度(A)	升温速率(B)	干馏时间(C)	吹扫气(D)	吸收溶剂(E)	物液比(F)
水平 1	150 ℃	5 ℃/min	2 h	空气+氮气(1∶1)	丙二醇	1∶2
水平 2	100 ℃	10 ℃/min	1 h	氮气	甘油	1∶1
水平 3	200 ℃	15 ℃/min	1.5 h	空气	无	1∶3

此为六因素三水平的正交试验,故采用 $L_{18}(3^6)$ 正交表安排试验方案,如表 2 所示。

表 2 烟草干馏法正交试验方案

样品号	干馏温度(A)	升温速率(B)	干馏时间(C)	吹扫气(D)	吸收溶剂(E)	物液比(F)
1	1	1	1	1	1	1
2	1	2	2	2	2	2
3	1	3	3	3	3	3
4	2	1	1	2	2	3
5	2	2	2	3	3	1
6	2	3	3	1	1	2
7	3	1	2	1	3	2
8	3	2	3	2	1	3
9	3	3	1	3	2	1
10	1	1	3	3	2	2
11	1	2	1	1	3	3
12	1	3	2	2	1	1
13	2	1	2	3	1	3
14	2	2	3	1	2	1
15	2	3	1	2	3	2
16	3	1	3	2	3	1
17	3	2	1	3	1	2
18	3	3	2	1	2	3

注:不采用溶剂吸收时,将产物溶于对应物液比的丙二醇进行感官评价。

2 结果与讨论

2.1 正交试验结果分析

各样品正交试验结果如表3所示，感官评价分析结果如表4所示。根据正交设计特性，可采用极差 R 来判断各因素的主次顺序，R 值越大，表明该因素水平变化对试验指标影响越大，因素越重要。样品感官评价结果表明，因素主次顺序为：E>A>D>C>B>F，吸收溶剂对产品感官质量影响最大，其次是物液比和吹扫气，干馏温度、升温速率和干馏时间影响相对较小。在试验范围内，干馏温度为150 ℃时干馏香料感官质量比100 ℃和200 ℃时要好；升温速率由5 ℃/min升高到15 ℃/min时，感官质量逐渐变差；干馏时间由1 h增加到2 h时，感官质量逐渐下降；吹扫气为空气时，感官质量比氮气和氮气空气混合气要好；无吸收溶剂时感官质量明显优于有吸收溶剂；物液比对感官质量影响不大。选取各因素 k 值最大的水平作为最优水平，确定最优组合为A1B1C2D3E3F1。

表3 烟草干馏法正交试验结果

样品号	感官质量评价	样品号	感官质量评价
1	8.57	10	8.50
2	8.50	11	8.79
3	9.21	12	8.57
4	8.43	13	8.43
5	9.07	14	8.21
6	8.07	15	8.64
7	9.00	16	8.64
8	8.29	17	8.36
9	8.36	18	8.07

表4 感官评价分析结果

水平	A	B	C	D	E	F
K1	52.14	51.57	51.14	50.71	50.29	51.43
K2	50.86	51.21	51.64	51.07	50.07	51.07
K3	50.71	50.93	50.93	51.93	53.36	51.21
k1	8.69	8.60	8.52	8.45	8.38	8.57
k2	8.48	8.54	8.61	8.51	8.35	8.51
k3	8.45	8.49	8.49	8.65	8.89	8.54
极差 R	0.24	0.11	0.12	0.20	0.55	0.06

感官评价变异系数分析结果如表5所示。由表5可知，各因素对感官评价变异系数影

响次序为:D>C>B>F>A>E,吹扫气、干馏时间、升温速率对感官评价变异系数影响较大,主要可能由于各次试验吹扫气与原料接触时间、接触面积有所不同,干馏时间和升温速率也有误差所致;干馏温度由机器控制,物液比、吸收溶剂整体固定,对变异系数影响相对较小。根据变异系数影响确定的最优组合为 A1B1C1D2E2F1。

综合以上分析可知,干馏温度对产物感官质量影响较大,温度为 150 ℃时,感官质量较好,变异系数也较小。干馏时间对感官质量影响较小,变异系数有一定影响,干馏时间越长,变异系数越小,但同时可能有些杂质馏出从而对感官质量有一定影响。升温速率对感官质量影响较小,对变异系数影响较大,可能由于升温控制方面存在一定误差所致。吹扫气对感官质量和变异系数影响都较大,主要由于吹扫气与原料混合接触不均匀。吸收溶剂对感官质量影响最大,变异系数影响最小,宜不采用溶剂吸收。料液比对感官质量影响最小,对变异系数有一定影响,可选用试验最优水平。因此,综合最优工艺条件组合为 A1B1C2D3E3F1,即干馏温度 150 ℃、升温速率 5 ℃/min、干馏时间 1 h、吹扫气为空气、不采用溶剂吸收、将干馏物溶于两倍原料质量的丙二醇中使用。

表 5　感官评价变异系数分析结果

水平	A	B	C	D	E	F
CV1	3.18	2.50	2.02	4.67	2.26	3.42
CV2	4.15	3.88	4.35	1.60	2.07	3.61
CV3	3.83	5.05	4.82	4.41	2.67	4.74
极差 R	0.98	2.55	2.79	3.07	0.60	1.32

2.2　干馏工艺优化

根据前期分析,以 2.1 节中综合最优条件进行数次试验,对产物进行反复评价,认为产品香气质尚不够纯净,香气量稍欠,因此,对提取工艺进行优化,在正交实验最优工艺条件附近进行试验对工艺进一步优化。

根据试验设备条件以及正交试验结果,认为升温速率、干馏时间、吹扫气、吸收溶剂、物液比均不需进行优化,干馏温度从 100 ℃~150 ℃~200 ℃跨度较大,需要进一步优化,因此选取 130 ℃~170 ℃进行干馏试验,间隔 10 ℃,其他条件同正交试验最优条件,样品评吸结果如表 6 所示。

表 6　不同干馏温度产品感官质量评价表

样品编号	干馏温度(℃)	感官评价结果
1#	130	香气质欠,略有木质杂气,香气量不足
2#	140	香气质尚可,略有木质杂气,香气量一般
3#	150	香气质较好,较为纯净,香气量较充足
4#	160	香气质好,烟香协调、纯净,香气量充足
5#	170	香气质较好,略有焦糊煳味,香气量一般
综合评价		4#>3#>5#>2#>1#

根据感官质量综合评价，160 ℃时样品感官质量最好。综上，干馏温度 160 ℃、升温速率 5 ℃/min、干馏时间 1 h、吹扫气为空气、不采用溶剂吸收、原料 50 g、原料与丙二醇物液比为 1∶2，该条件为烟草干馏最优工艺条件。

2.3 干馏香料应用研究

为进一步探究干馏香料在新型烟草制品中的应用效果，将干馏香料分别以 1%、3%、5%、7%的比例添加到原有烟草型电子烟液配方中进行感官评价，结果如表 7 所示。

表 7 不同干馏香料添加比例电子烟液感官质量评价表

添加比例(%)	感官评价结果
1	香气质欠，特征不明显，香气量不足，有甜腻感
3	香气质好，风格突出，烟香纯净，香气量较充足，满足感、舒适度好
5	香气质好，风格突出，烟香较为纯净，香气量足，满足感略强，略有冲击感
7	香气质较好，略有杂气，喉部冲击感较强，有焦煳味
综合评价	3%≥5%>7%>1%

由表 7 可知，当干馏香料添加量为 3%～5% 时，电子烟液配方烟草特征风格突出，烟香浓郁、饱满，相对同类产品具有更接近传统卷烟的抽吸感；烟气整体柔和、谐调，余味干净、舒适，并能满足抽吸者对烟碱的需求。

3 结论

(1)对烟草干馏工艺条件进行正交试验及优化。在试验条件下，烟草干馏温度 160 ℃、升温速率 5 ℃/min、干馏时间 1 h、吹扫气为空气、不采用溶剂吸收、原料 50 g、原料与丙二醇物液比为 1∶2 为最优工艺条件。

(2)将烟草干馏物用于新型烟草制品中，当添加量为 3%～5%时，烟香浓郁饱满，特征突出，较为舒适，满足感强，更接近传统卷烟的抽吸感，为新型烟草制品进一步发展提供了技术支持。

参考文献

[1]李翔，谢复炜，刘惠民. 新型烟草制品毒理学评价研究进展[J]. 烟草科技，2016，49(1)：88-93.

[2]金鑫 . 新型烟草制品发展状态及预测[J]. 中国市场，2019，1(12)：59-60.

[3]窦玉青，沈轶，杨举田，等. 新型烟草制品发展现状及展望[J]. 中国烟草科学，2016，37(5)：92-97.

[4]张兴伟，邢丽敏，齐义良，等. 新型烟草制品未来发展探讨[J]. 中国烟草科学，2015，36(4)：110-116.

[5]李晓芹，杜咏梅，张怀宝，等. 烟草绿原酸、芸香苷、烟碱和茄尼醇的提取技术研究[J]. 中国烟草科学，2015，36(1)：1-4.

[6]高勇，朱友民，吴庆之. 烟草净油的超临界流体技术提取[J]. 烟草科技：烟草化学，1995，1(5)：28-30.

[7]徐清泉,徐金巧,陈勇,等.超临界 CO_2 萃取烟草致香物质的工艺优化[J].精细化工，2017，34(4)：431-436,480.

[8]邹鹏,戴魁,张亚平,等.云南烟叶提取物的分子蒸馏分离及在卷烟中应用[J].烟草科技,2019,52(5):40-49.

[9]杨艳芹,储国海,周国俊,等.双内标气相色谱——质谱联用法测定烟草干馏香料致香成分含量[J].理化检验(化学分册),2016,52(11):1272-1276.

[10]秦宏,岳耀奎,刘洪鹏,等.中国油页岩干馏技术现状与发展趋势[J].化工进展，2015,34(5)：1191-1198.

[11]孟斌斌,朱凯.杉木屑干馏及干馏香料组成的研究[J].林产化学与工业,2018,38(6):88-94.

[12]周洪仁.浅谈我国的干馏香料[J].香料香精化妆品,1999,1(2):21-22.

[13]梁辉.油母页岩分级干馏工艺技术研究与生产实践[D].长春:吉林大学,2017.

[14]朱凯,曹少元,陈科.杉木油的提取及干馏油的精制[J].农业工程学报,2012,28(9):282-286.